中國考古學會

1979

《中国考古学年鉴》编辑委员会

中国社会科学年鉴

中国考古学年鉴 2018

YEARBOOK OF ARCHAEOLOGY IN CHINA

中国考古学会 编

中国社会科学出版社

图书在版编目（CIP）数据

中国考古学年鉴．2018／中国考古学会编．—北京：中国社会科学出版社，2020.6

ISBN 978－7－5203－5956－6

Ⅰ.①中…　Ⅱ.①中…　Ⅲ.①考古学—中国—2018—年鉴　Ⅳ.①K87－54

中国版本图书馆CIP数据核字(2020)第019565号

出 版 人　赵剑英
责任编辑　王鸣迪
责任校对　林福国
责任印制　张雪娇

出　　版　中国社会科学出版社
社　　址　北京鼓楼西大街甲158号
邮　　编　100720
网　　址　http://www.csspw.cn
发 行 部　010－84083685
门 市 部　010－84029450
经　　销　新华书店及其他书店

印刷装订　三河市东方印刷有限公司
版　　次　2020年6月第1版
印　　次　2020年6月第1次印刷

开　　本　787×1092　1/16
印　　张　42.25
插　　页　12
字　　数　1120千字
定　　价　348.00元

新疆吉木乃县通天洞遗址——遗址现状

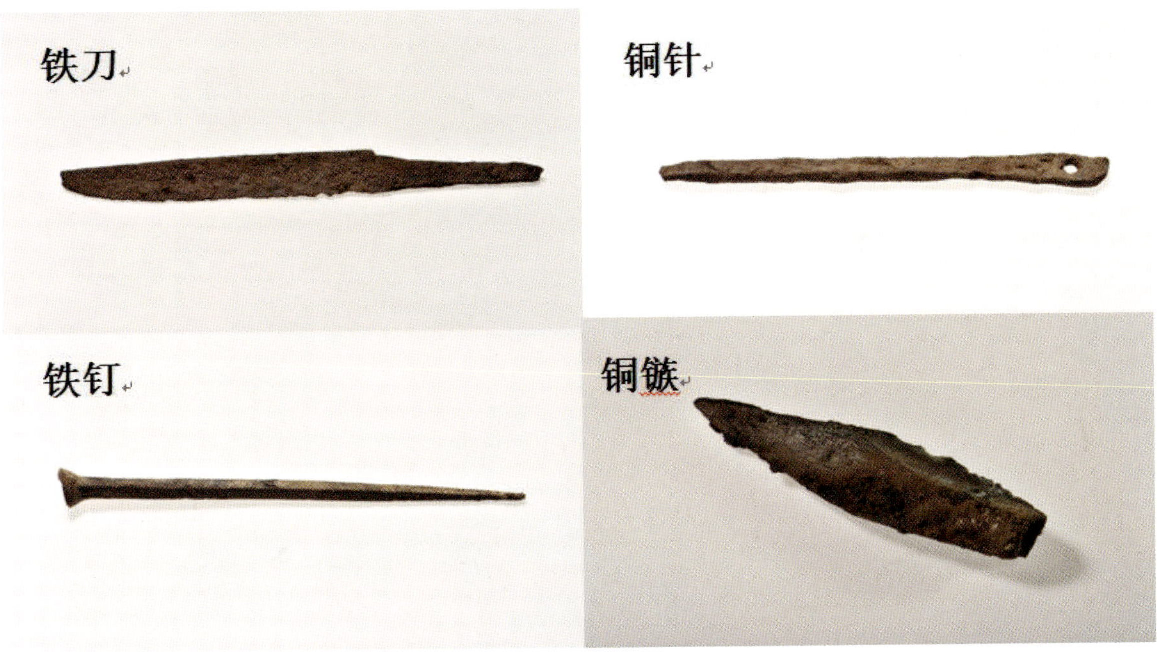

新疆吉木乃县通天洞遗址——出土的铁器和铜器

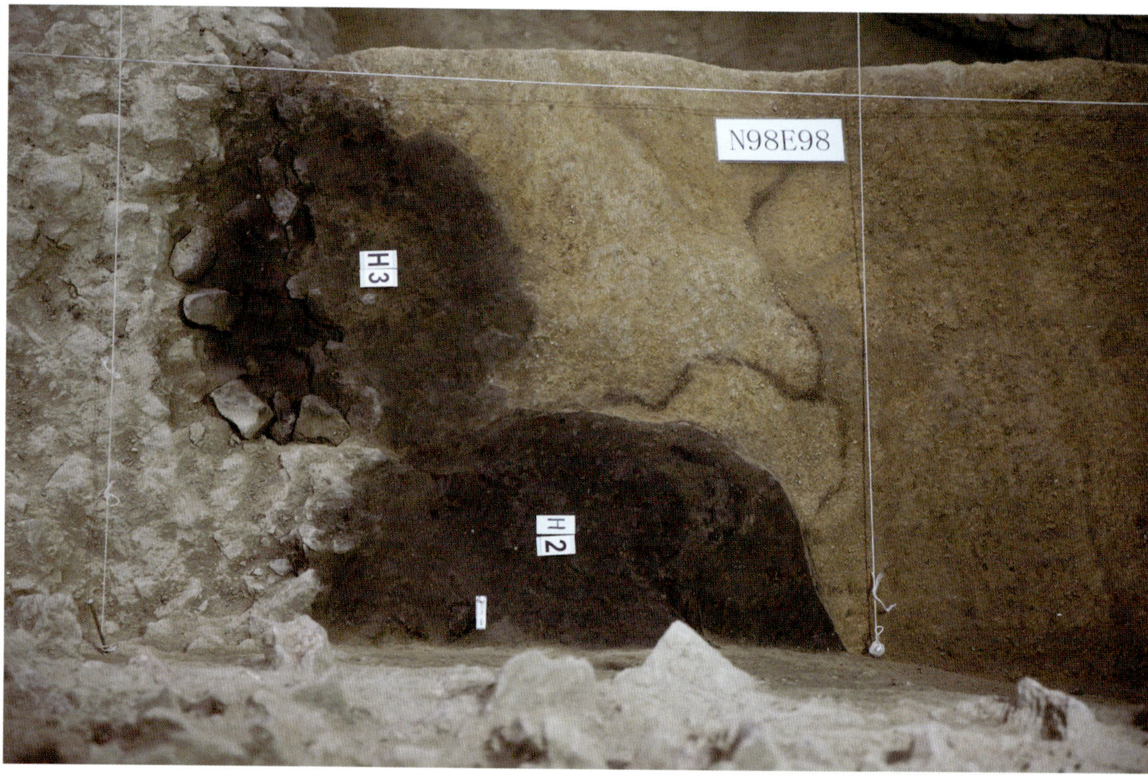

新疆吉木乃县通天洞遗址——发现的灰堆

新疆吉木乃县通天洞遗址
——出土的石制品组合

新疆吉木乃县通天洞遗址
——碳化小麦和其他植物

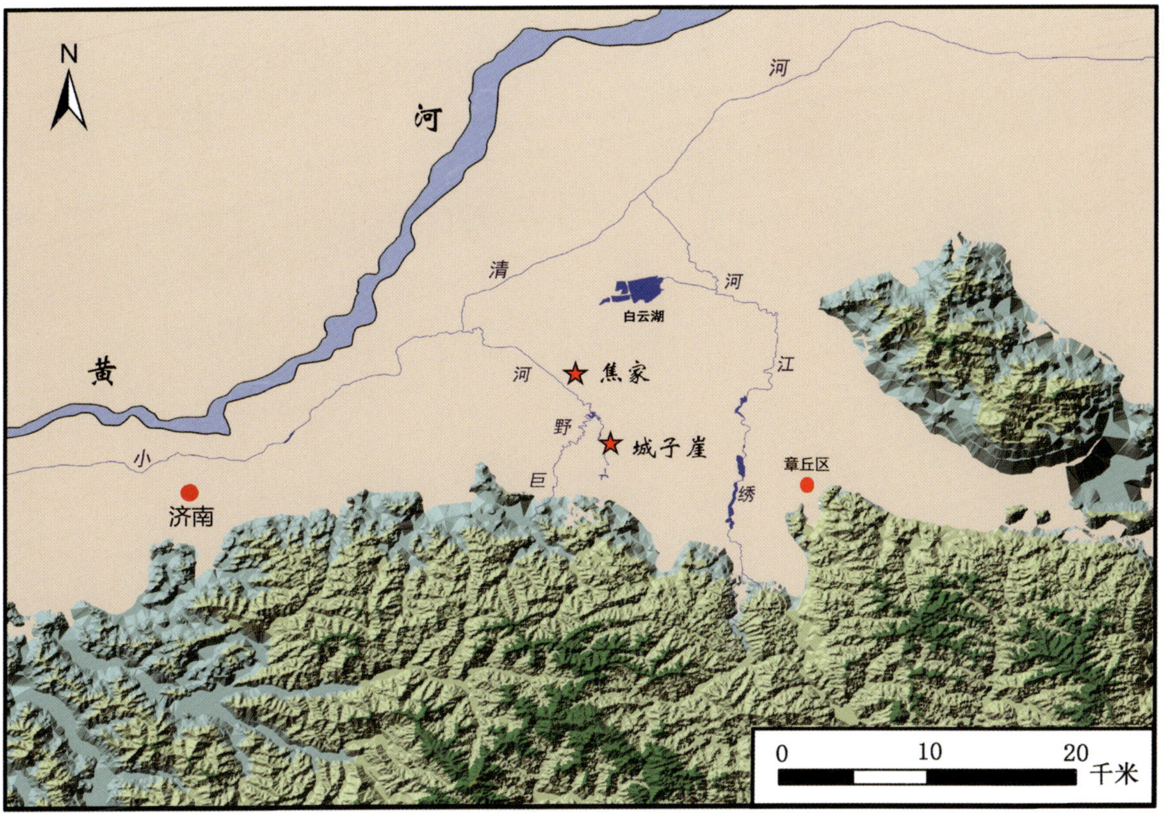

山东章丘焦家遗址——焦家遗址位置

山东章丘焦家遗址——大型墓葬墓例M152

山东章丘焦家遗址—— M152 出土的陶器

山东章丘焦家遗址——M152 出土的玉器

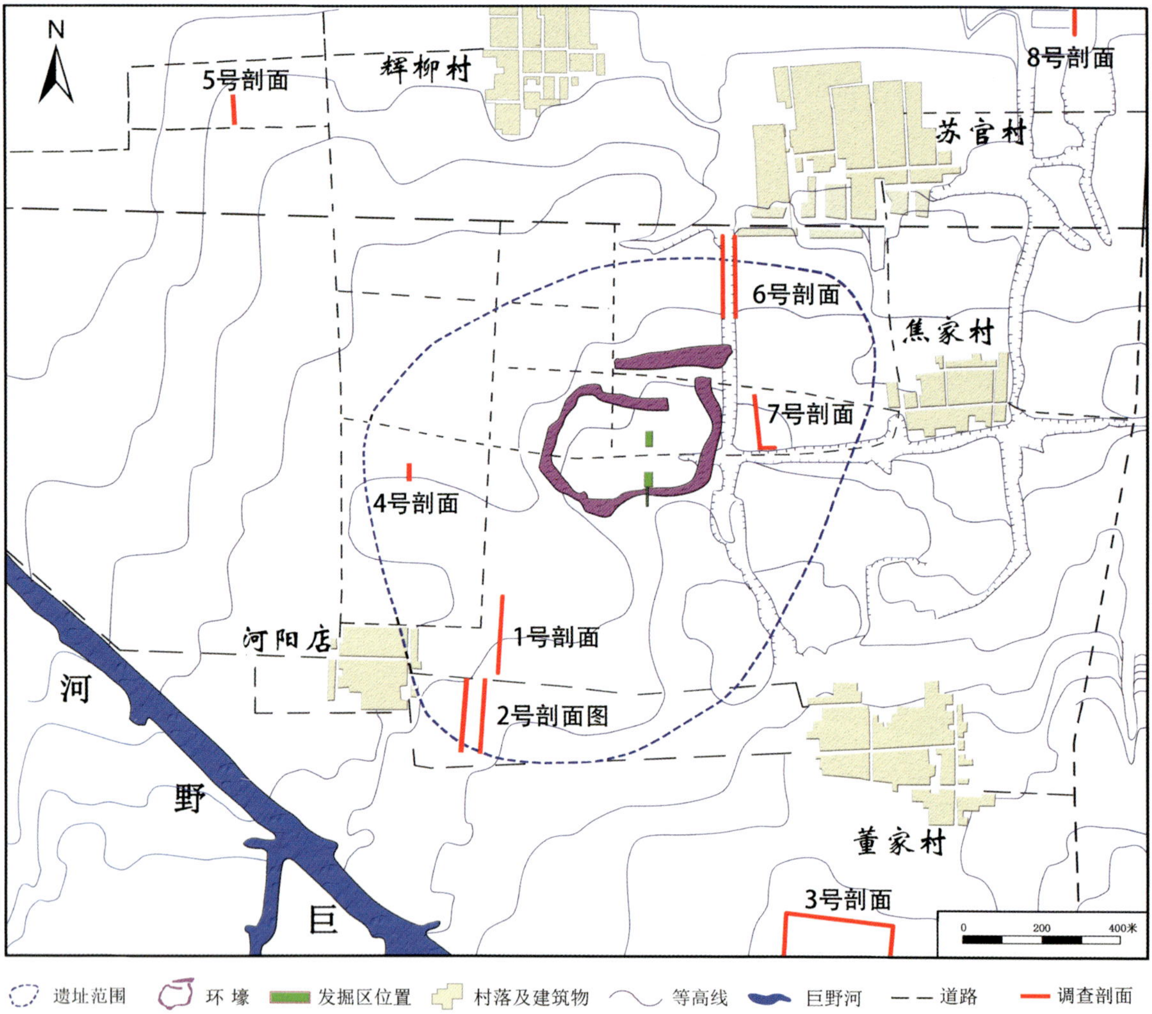

山东章丘焦家遗址——遗址分布范围及壕沟位置

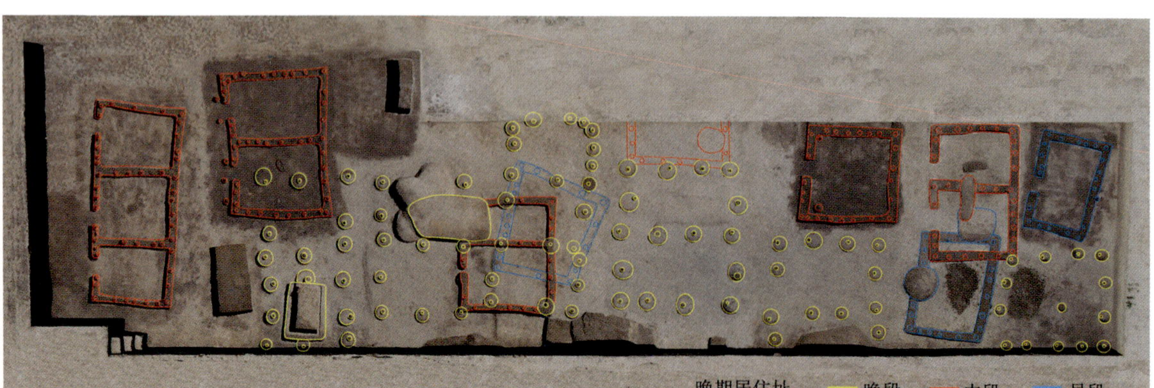

山东章丘焦家遗址——北区晚期居住址局部

陕西高陵杨官寨遗址庙底沟文化墓地——杨官寨遗址鸟瞰

陕西高陵杨官寨遗址庙底沟文化墓地——竖穴偏洞室墓 M283

陕西高陵杨官寨遗址庙底沟文化墓地——M114 埋葬儿童与随葬龟甲

陕西高陵杨官寨遗址
庙底沟文化墓地——彩陶壶

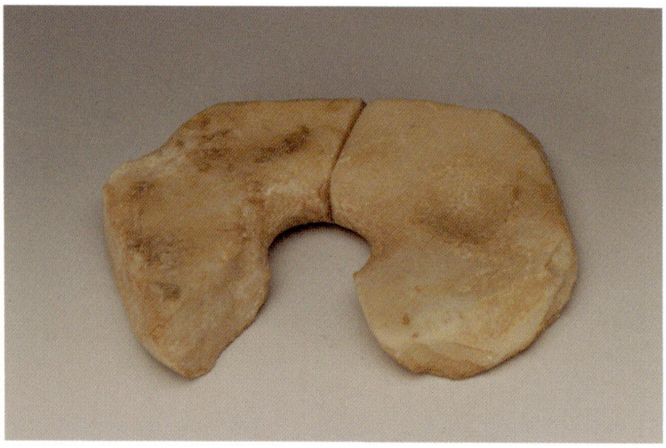

陕西高陵杨官寨遗址庙底沟文化墓地——石璧

陕西高陵杨官寨遗址
庙底沟文化墓地——夹砂陶罐

陕西高陵杨官寨遗址
庙底沟文化墓地——小陶杯

宁夏彭阳姚河塬西周遗址——车马坑（马匹压在车辆的下面）

宁夏彭阳姚河塬西周遗址——刀把形马坑和墓葬的特殊形制

宁夏彭阳姚河塬西周遗址—— 出土的青铜器

宁夏彭阳姚河塬西周遗址
——灰坑出土的无字卜骨

宁夏彭阳姚河塬西周遗址
——出土的玉器

宁夏彭阳姚河塬西周遗址
——铸铜作坊出土的遗物

河南新郑郑韩故城遗址——北城门遗址鸟瞰

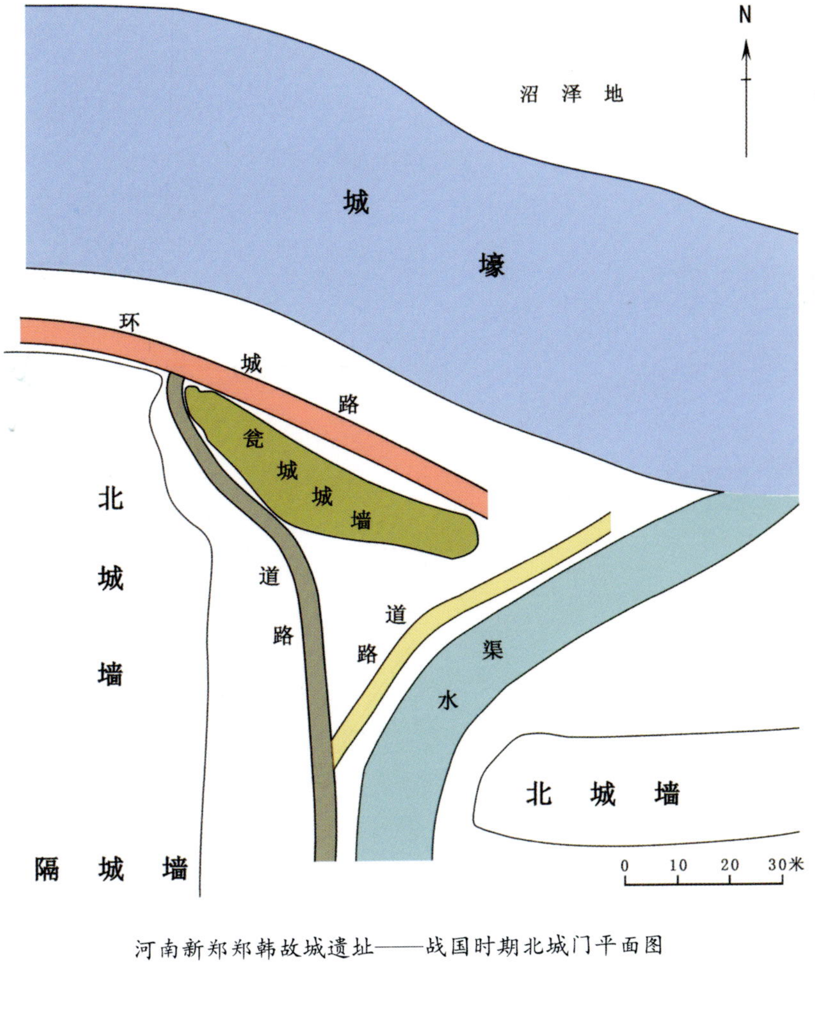

河南新郑郑韩故城遗址——战国时期北城门平面图

河南新郑郑韩故城遗址——郑国三号车马坑全景

河南新郑郑韩故城遗址——郑国三号车马坑一号大型安车

陕西西安秦汉栎阳城遗址——三号建筑内地下室建筑（由西向东）

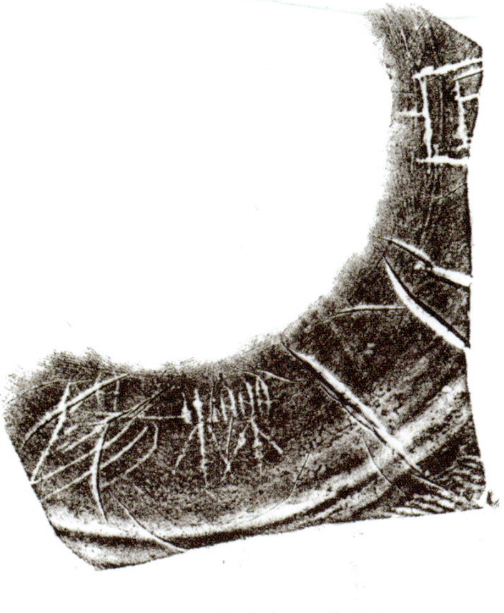

陕西西安秦汉栎阳城遗址
——“栎阳”“宫”陶文

陕西西安秦汉栎阳城遗址——巨型筒瓦

陕西西安秦汉栎阳城遗址——四号建筑内 Z8 全景（由西南向东北）

陕西西安秦汉栎阳城遗址——四号基址内浴室（由南向北）

河南洛阳东汉帝陵——朱仓 M722 陵园遗址 1 号台基东部及内陵园东门址（由东向西）

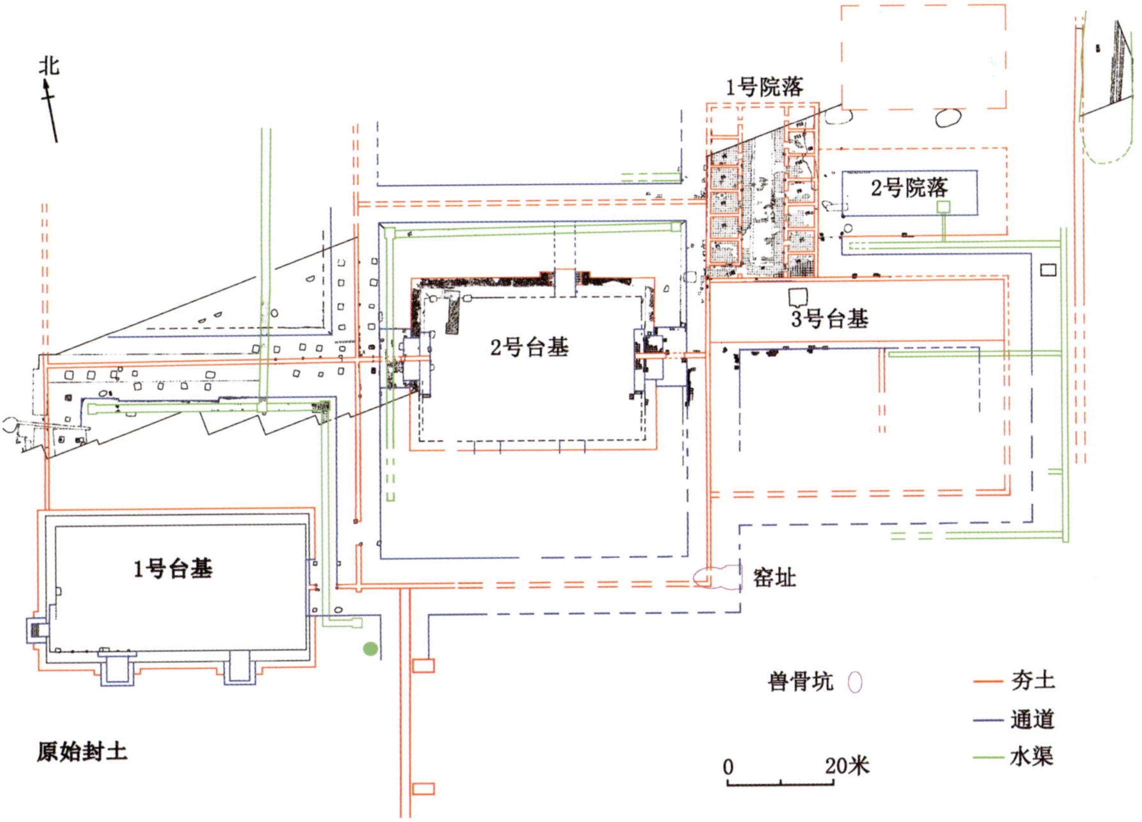

河南洛阳东汉帝陵——朱仓 M722 陵园遗址主要遗迹分布平面图

河南洛阳东汉帝陵——朱仓 M722 陵园遗址祭祀坑牛骨（由西向东）

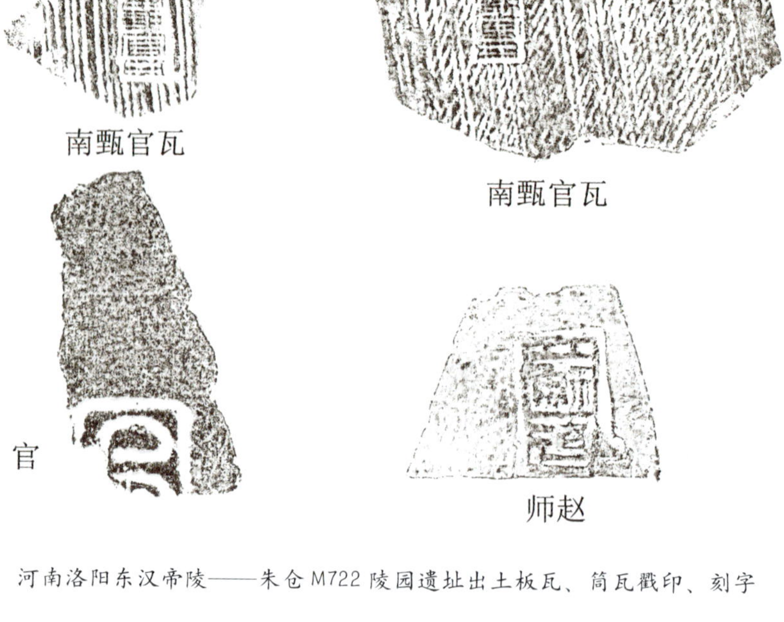

河南洛阳东汉帝陵——朱仓 M722 陵园遗址出土板瓦、筒瓦戳印、刻字

江西鹰潭龙虎山上清镇大上清宫遗址——遗址考古发掘现场

江西鹰潭龙虎山上清镇大上清宫遗址——厢房

江西鹰潭龙虎山上清镇大上清宫遗址——青石古镜柱础

江西鹰潭龙虎山上清镇大上清宫遗址——黄琉璃龙纹滴水

江西鹰潭龙虎山上清镇大上清宫遗址——绿琉璃龙纹瓦当

江西鹰潭龙虎山上清镇大上清宫遗址——屋脊构建：仙人骑凤

吉林安图长白山神庙遗址 ——JZ4 正投影（下北上南）

吉林安图长白山神庙遗址
——高浮雕兽面瓦当

吉林安图长白山神庙遗址
——玉册（癸丑）

吉林安图长白山神庙遗址 ——大门与三瓣蝉翅（由西向东）

四川彭山江口明末战场遗址——发掘区全景

四川彭山江口明末战场遗址
——崇祯十四年五十两银锭

四川彭山江口明末战场遗址
——西王赏功金币

四川彭山江口明末战场遗址
——万历二十六年金册

目　　录

第一篇　考古学研究

第二篇　考古文物新发现

第三篇 赴外考古

第四篇 学术会议

第五篇　对外学术交流

第六篇　考古教学

第七篇　逝世考古学家

第八篇　考古学文献资料目录

第九篇 大事记

第一篇

考古学研究

旧石器时代考古与古人类学研究

王社江　夏文婷

2017年，中国的旧石器时代考古和古人类学发现与研究工作取得了显著成果，一批重要的遗址及材料的发现填补了一些区域的研究空白，进一步完善和充实了我国旧石器时代考古学的时空分布框架，推动并深化了学科发展。石器技术、古人类学、古环境学等方面进行的系统研究工作为梳理我国旧石器文化发展谱系、探索人类演化历程、探讨古人类生存策略及对自然环境变化的响应等重大科学问题提供了新视角。

据统计，2017年度发表旧石器考古与古人类研究简报、报告及论文100余篇，另有1部旧石器技术研究专著、2部研究文集及1部科普读物出版。同时，围绕特定的学术议题召开了一系列旧石器时代考古学术会议，如“旧石器时代考古青年论坛”（6月，河北阳原）、“旧石器考古在丁村：回顾、进展、研讨学术论坛”（7月，山西襄汾）、“沈阳地区旧石器考古进展与突破——中国考古学会旧石器专业委员会年会”（10月，辽宁沈阳）等。

一　田野考古发现

（一）华北地区

泥河湾盆地是目前学术界公认的早期人类扩散至东亚最早、且证据最为集中的所在地之一，也是研究中国北方早期人类石器技术、演化和环境之间关系的关键地区。卫奇等人对泥河湾盆地内发现的几处旧石器时代早期遗址进行了报道。黑土沟遗址是泥河湾盆地目前所发现的时代最古老的旧石器时代遗址，距今195万~177万年，该遗址N111E85探方出土了石制品377件（《文物春秋》2期）；另外有44件石制品发现于黑土沟遗址文化层露头上部覆盖的含粗砂和细砾的灰色黏质粉砂堆积中，时间超过180万年，暂时被定名为黑土沟遗址上文化层，年代与黑土沟遗址上部一致或略晚（《文物春秋》6期）。广梁遗址坐落于桑干河右岸岑家湾台地北缘陡坎上，年代可能为距今160万~150万年。广梁遗址发现的48件石制品的初步研究表明，石制品总体尺寸偏小，类型包括石核、石片、石器及断块。加工石制品的原料主要为燧石及火山角砾岩。石核均为锤击石核，剥片率较低。石片为锤击石片，台面未见修理现象。器物组合有刮削器、砍砸器及尖状器，刮削器以单边修理居多，刃缘以凸形为主（《砥砺集：丁村遗址发现60周年纪念文集》，三晋出版社）。

2015~2016年，中国科学院古脊椎动物与古人类研究所在河北省蔚县吉家庄调查和发掘中获得丰富的石制品和动物化石，裴树文等人对此进行了报道。蔚县盆地为广义的泥河湾盆地的一部分。吉家庄遗址群由前上营A、B和吉家庄A、B等地点组成。文化层位于地表深度15米以下的泥河湾层，厚1米～1.5米。发掘共揭露面积120平方米，出土石制品1000余件，动物化石2000余件。石制品岩性以硅质白云岩、中基性火山岩为主。类型包括石核、石片和经过第二步修理的石器等，还有大量碎屑和断块。石核类型与泥河湾盆地北部类似，但剥片序列显示古人类具备了模式Ⅱ阿舍利工业常见的盘状石核和两面向心剥片技术的特点，部分石片扁平且个体较大。遗址出土动物化石丰富，以披毛犀、野牛、马、鹿等类型居多，还有丰富的鸵鸟蛋皮碎块，部分骨骼上还有切割、敲砸等古人类的行为痕迹。地层对比及哺乳动物群面貌显示古人类在该遗址活动的时间大致为中更新世（《人类学学报》1期）。

板井子遗址位于河北省阳原县化稍营镇板井子村北，是泥河湾盆地最重要的旧石器时代中期遗址之一。2003年以来，河北省文物研究所在遗址周围新发现旧石器时代遗址12处，王法岗对相关情况进行了报道。目前该区域发现旧石器遗址14处，这些遗址的文化遗物埋藏部位和地层相近，属一处分布密集的旧石器时代中期遗址群。石制品原料主要为燧石。石制品类型有石核、石片、刮削器、雕刻器、断块等。锤击法剥取石片，并对石片二次加工形成工具。遗址表现出明显的中国北方以小石制品为主的工业类型特征（《文物春秋》4期）。

柿子滩遗址位于山西省吉县，S29地点是柿子滩遗址发掘面积最大、埋藏最为丰富的一处地点，宋艳花等人对相关发现进行了报道。S29地点于2009～2010年发掘，揭露面积约1200平方米，深度15米，共发现8个文化层，出土遗物8万余件。S29地点的石器工业经历了两大发展阶段：①石核—石片工业，第⑧文化层的石制品属于该工业类型；②细石核—细石叶工业。第⑦文化层（距今2.6万～2.4万年）保留有一定数量的石核—石片产品，但开始出现半锥状细石核。遗址石料以燧石为主，石英岩、石英和砂岩次之。剥片技术主要为锤击法，砸击法也占有一定比例，但间接技术主要用于细石叶的剥制。石器加工以压剥法为主。石器刃缘的加工以单向或单面加工为主。石器类型组合以刮削器和端刮器为主，其余仅占很小比例。S29地点发现了丰富的遗迹、遗物，集中分布的285处用火遗迹均为一次性使用，说明该地点属于人类的临时活动营地。^{14}C测年数据表明S29地点的文化堆积大致距今2.9万～1.3万年（《考古》2期）。

任海云对山西省近年来旧石器遗址调查或复查时所获的一批新材料进行了整理研究。后河洞遗址位于晋城市附城镇西瑶泉村，2012年试掘中发现1405件石制品。后河洞石制品石料以黑色或灰黑色燧石为主，其次为石灰岩。石制品组合包括石核、石片、石器及断块、碎屑等。石核均为锤击石核，类型众多，利用率较高。石片主要为锤击石片，偶见砸击法石片。遗址总体以小石片石器为主，刮削器是主要石器类型，三棱小尖状器和琢背小刀的存在体现了太行山西麓晋东南石制品的区域特色。锤击法和压制法均用于修理石器，前者为主。后河洞遗址的时代距今约3万年，属于旧石器时代晚期文化。洗马庄遗址位于广灵县蕉山乡洗马庄村东北，2015年复查该遗址时获得石制品若干，进行了初步研究的31件石制品原料主要为硅质酸性火山岩，还有少量的燧石和石英岩。石制品类型丰富，含有石核、石片、刮削器、尖状器、断块、断片、碎屑等。锤击法是修理石核、打片、修理石器的主要方法，可能用压制法剥取石叶，不见砸击制品。石器毛坯多为石片，器物整体偏小。由于石制品组合，打制技术、特征均等与虎头梁遗址极为相似，该遗址时代可能与虎头梁遗址相当，可归入旧石器时代晚期之末。大腰遗址位于垣曲县历山乡东北，山西省考古研究所于2015年复查中发现27件燧石细石器制品及个别石灰岩制品。石制品类型包括石核、细石核、石片、刮削器、细石叶、断片和碎屑等。锤击法是主要的打片及修理方法，在细石叶生产及石器的修整中存在压制法。石器个体偏小。鉴于遗址的地质地貌环境与下川盆地相似，器物组合与特征也接近下川遗址，大腰遗址被归入下川细石器文化圈，属于旧石器时代晚期文化。李家社遗址位于古交市桃园街道李家社村东约600米的大川河西岸，2015年复查中采集到8件石制品，其中含石片4件、斧状器1件、砍斫器1件和断片2件。石制品原料主要为黑色角页岩。推测该遗址为一处旧石器时代晚期遗址（《砥砺集：丁村遗址发现60周年纪念文集》，三晋出版社）。

内蒙古自治区鄂尔多斯市乌兰木伦遗址自2010年发现以来进行了连续的发掘，包蕾等人对该遗址2013年度发掘出土的275件石制品进行了报道。石制品类型包括石核10件、石片177件、工具20件、断块5件、碎片37件以及废片26件。原料以石英岩为主，还有少量石英、砂岩、片麻岩、燧石等。石制品以中小型为主。锤击法为主要剥片及修理方法。工具毛坯主要为石片，类型有凹缺器、刮削器、锯齿刃器、钻具等。遗址的文化特质具有我国华北地区小石器工业体系的一般特征（《文物春秋》4期）。

三龙洞遗址位于内蒙古自治区赤峰市阿鲁科尔沁旗巴彦温都苏木吉布图嘎查北部，2015年5月，中国科学院古脊椎动物与古人类研究所、内蒙古博物院、赤峰学院文化历史学院与阿鲁科尔沁旗文化局联合对洞穴进行了调查，2016年8～9月进行了试掘，清理遗址面积近20平方米，发掘深度约2.5米。遗址地层堆积可划分为5层，第⑤层炭样的^{14}C测年结果显示年代距今约5万年，实际年代可能更早一些。第⑤层出土石制品500余件，另有千余件石制品筛选自扰乱堆积中，其特征与原生地层一致。石制品原料主要为火成岩。石核主要以向心剥片的盘状石核为主，石片以普通石片为主，台面少见修理痕迹，未发现技术特征明确的石叶。石器类型以横刃刮削器和尖状器为主。石器毛坯以厚石片为主，修理程度较高，多为陡向修理，部分石器带有莫斯特文化基纳型石器的修理特征。三龙洞石制品与欧亚大陆中、西部地区旧石器中期的石制品组合较为相似，与中国北方同时期的遗存差别较大，被初步认定为技术特征明确的旧石器中期组合（《中国文物报》10月20日）。

王春雪等人对天津市蓟县数处旧石器地点发现的石制品进行了整理研究。七区地点位于下营镇下营村七区村北部，该地点采集的25件石制品原料以黑色或灰黑色燧石为主。石制品尺寸以微型为主，小型次之，类型简单，包括石核、石片、石器及断块。砸击法是主要剥片方法，砸击产品仅见石核。石片以点状台面为主。石器多为刮削器，锤击法是主要加工方法。根据地层堆积推测文化层属于上更新统，其年代暂归入旧石器时代晚期（《砥砺集：丁村遗址发现60周年纪念文集》，三晋出版社）。杨庄西山旧石器地点位于罗庄子镇北部，石制品中有1件发现于地层中，26件采自地表。石制品的岩性主要为石英砂岩和石英岩。类型包括石核、石片和各类工具，尺寸以大型、中型为主。石器以大砍砸器和大石片加工而成的工具为主，含有很少的小石器，符合大石器工业类型的特点。根据区域地层堆积年代及河流阶地性质分析，该地点发现石器的层位属于上更新统，相当于晚更新世早期，推测其年代为旧石器时代中期（《边疆考古研究》21辑）。

（二）东北地区

黑龙江省伊春市桃山遗址最初发现于2011年。2013～2014年，中国科学院古脊椎动物与古人类研究所与黑龙江省文物考古研究所进行发掘，岳健平等人对2014年度桃山遗址的发掘情况进行了报道。此次发掘面积36平方米，揭露出3个史前文化层并发现丰富的遗物，包括石制品1943件、陶片12件、装饰品备料2件、植物果壳1个。石制品多为小型和微型，类型包括石核、石片、细石叶、鸡冠状石叶、削片、刮削器、锯齿刃器、端刮器、凹缺器、斧形器、锛形器和石镞等。采用直接锤击法和压制法剥取石片和细石叶，可能采用软锤法剥片，运用砸击法开发玛瑙质地的石料。遗址各层位石制品以剥坯产品为主，石核和工具所占比例较低，说明桃山遗址很可能是一处原地埋藏的古人类石制品制造场。光释光及AMS^{14}C年代测定表明古人类在该遗址活动的时间从旧石器晚期后段一直延续到新石器时代（《人类学学报》2期）。

2016年，黑龙江省文物考古研究所、吉林大学边疆考古研究中心和穆棱市文物管理所在黑龙江穆棱河中上游流域发现了数处旧石器时代晚期遗址，陈全家等人对八面通四平山第一地点（《边疆考古研究》22辑）及鸡西梨树河口东山地点（《文物春秋》2期）发现的石制品进行了研究。八面通四平山第一地点位于穆棱市八面通盆地南缘，该地点发现石制品50件。石制品原料包括流纹岩、燧石、石英等。石器以小型为主，类型包括石核、石片、断块和工具。工具所占比重最高。石核则以普通石核为主，石叶石核及细石叶毛坯石核数量较少。锤击法为主要的剥片方法，可见盘状石核剥片技术，细石叶石核毛坯使用锤击法进行预制修理。工具类型有刮削器、钻器、锯齿刃器及锛形器等。工具修理以锤击法为主，偶用压制法。石制品整体上具有我国北方主工业特征。鸡西梨树东山地点位于鸡西市梨树区河口村，该地点采集石制品84件，类型包括石核、石片、石叶、断块和工具。东山地点的石器工业特征是用锤击法剥片。工具类型以单刃刮削器为最多。工具用锤击法修理，以正向为主，反向和复向次之，加工简单粗糙。石器属于东北地区以小型为主的石器工业类型。除上述两处地点之外，倪春野等人还报道了靠山东山地点发现的石制品。靠山东山地点位于穆棱市共和乡靠山村东山，该地点采集石制品70件。石制品原料以砂岩为主。尺寸多为中小型。类型包括石片、断块和刮削器、尖刃器、凹缺器、砍砸器、两面器毛坯、锛形器等工具。毛坯以片状为主。单向加工是石器主要的加工方式（《北方文物》4期）。

唐国文整理研究了黑龙江省大庆市杜尔伯特蒙古族自治县长岗子、马地房子、好田格勒3处旧石器地点采集的近百件石制品。这几处地点石制品原料多为玉髓、玛瑙、燧石，也有少量的火成岩与石英岩。类型包括石核、石片、石叶及刮削器、砍砸器、尖状器、雕刻器等工具。该发现填补了大庆市旧石器时代遗址发现的空白，将该地区史前人类活动提前至距今约1万年前的旧石器时代（《大庆社会科学院》3期）。

富康东山旧石器地点位于吉林省扶余市社里乡富康村东山的湖岸台地上，吉林大学边疆考古中心及扶余市博物馆于2012年4月发现该地点，采集石制品148件，万晨晨等人对这批材料进行了分析。石制品原料以玛瑙居多，直接剥片与间接剥片共存。工具多为小型，以刮削器为主，尖刃器、钻器和锛形器为辅。工具修理方法以锤击法为主，偶见砸击修理。修理方向以正向为主，存在通体加工。石核消耗率、石片成器率及工具刃缘加工长度和深度指数分析表明，当时石器制作者对原料的利用率偏低，加工简单、随意、程度浅。对优质玛瑙偏好的选择说明古人类就地择优取材，对石料有较高的认知及驾驭能力。大量石片、断块及数量较多的刮削器的发现暗示该地点可能是古人类分割食物、栖息及加工石器的场所（《北方文物》2期）。

和龙大洞遗址位于吉林省延边朝鲜族自治州和龙市崇善镇大洞村东北部，2007年8

月，吉林大学边疆考古研究中心、吉林省文物考古研究所与和龙市博物馆调查时发现该遗址，万晨晨等人对该遗址的石制品进行了报道。大洞遗址发现石制品5681件。器物类型包括石核、石片、石叶、细石叶、断块和工具。石制品尺寸以小型为主，微型和中型少量，仅1件为大型。原料以黑曜岩为主，使用锤击法、砸击法及间接剥片法三种剥片技法。工具多为刮削器和雕刻器，端刃刮削器和凹缺器占有一定比例，琢背刀、尖状器、钻器、石镞等工具数量不多。工具修理以修刃为主，但与修形、修理把手充分结合。和龙大洞石制品的主体与东北细石叶工业特征高度吻合，属于东北旧石器时代晚期的细石叶工业类型（《考古学报》1期）。

南山地点位于辽宁省桓仁满族自治县五道河子村南山的三级基座阶地上，石晶等人报道了这里发现的60件石制品，其中5件出自地层，其余为采集所得。石制品原料以角页岩和石英砂岩为主，采用锤击法剥片。类型包括石核、石片、工具和断块。工具以片状毛坯为主，主要采用硬锤修理。南山地点发现的个别石叶和桂叶形尖状器在辽宁地区较为罕见，推测遗址年代为旧石器时代晚期（《人类学学报》2期）。

2014年，吉林大学边疆考古研究中心与辽宁省文物考古研究所在辽宁丹东地区进行了旧石器考古调查工作，陈全家等人报道了宽甸满族自治县太平哨北山地点发现的49件石制品。石制品原料以石英砂岩为主。剥片方法为锤击法。类型包括石核、石片及工具，工具含刮削器和砍砸器两类。工具修理多以硬锤直接打击，部分刃部采用了指垫法进行修理。从石器特征来看，北山地点发现的石制品应属大石器工业类型，年代推测为旧石器时代晚期（《北方文物》3期）。

杨家堡后山旧石器地点位于辽宁省沈阳市康平县西关屯乡黑山村杨家窝堡后山的二、三级阶地之上，2011年，沈阳市文物考古研究所和吉林大学边疆考古研究中心联合在西关屯乡进行旧石器调查时发现该地点，并在地表采集到石制品45件，付永平等人对这批材料进行了整理研究。石制品原料以玛瑙为主，其余为硅化木。尺寸以微型为最多。类型包括石片、断块和工具。刮削器是主要工具类型，还有部分钻器，均为硬锤锤击修理，复向修理为主，正、反向次之。由于石制品明显具有旧石器时代晚期北方小石片石器的工业特征，推测该地点的年代大致属于旧石器时代晚期（《草原文物》2期）。

（三）西北地区

2014年全国第一次可移动文物普查时发现的通天洞遗址位于新疆维吾尔自治区阿勒泰地区吉木乃县托斯特乡阔依塔斯村东北，该遗址由3处大小不一的洞穴组成，其中左下洞穴面积最大。2016～2017年，新疆维吾尔自治区文物考古研究所与北京大学考古文博学院发掘遗址面积65平方米，旧石器文化层出土遗物2000余件，其中石制品及动物骨骼化石各约占三分之一。通天洞石制品种类丰富，包括勒瓦娄哇石核、盘状石核、勒瓦娄哇尖状器、各类刮削器与莫斯特尖状器等。动物骨骼破碎程度较高，有明显的切割、烧灼、敲击等痕迹，可鉴定种属包括食肉类、兔类、羊、驴、犀牛、棕熊及鸟类等。在旧石器文化层中还发现了3个原位埋藏的圆形灰堆。动物化石的^{14}C测年显示遗址旧石器时代文化层堆积距今约4.5万年。通天洞遗址是新疆维吾尔自治区境内发现的第一个旧石器时代洞穴遗址，首次提供了该地区旧石器—铜石并用—青铜—早期铁器时代的连续地层剖面。遗址所在的新疆阿勒泰地区位于亚洲腹地，特殊的地理位置和出土的典型莫斯特文化遗存为进一步探讨更新世亚欧大陆东西两侧史前人群的迁徙、交流、扩散等提供了重要线索

（《中国文物报》12 月 1 日）。

鸽子山遗址位于宁夏回族自治区青铜峡市西北约 20 千米的贺兰山山前盆地，自 20 世纪末发现以来，已在遗址范围内发现了 15 处地点。2014～2016 年，宁夏回族自治区文物考古研究所与中国科学院古脊椎动物与古人类研究所联合组队对遗址第 10 地点进行了发掘。第 10 地点位于鸽子山盆地东侧，贺兰山南麓。2016 年发掘清理面积约 180 平方米。遗址地层可划分 5 层。第②层顶部及底部的光释光测年结果为 4900 年及 4800 年；第③层^{14}C 年代约为 1 万年，下部出土较多石制品并发现火塘、灰烬遗迹；第④层堆积的^{14}C 年代距今约 1.2 万～1.1 万年，该层出土了大量石器、动物化石、装饰品及火塘遗迹。第 10 地点共记录了出土的约 7000 件大于 2 厘米的石制品和 500 余件动物化石。发掘中还出土了数十件以鸵鸟蛋皮制作的串珠，有的直径不足 2 毫米。超过 20 处用火遗迹，部分可以确认为结构性火塘。数个直径约 10 厘米～20 厘米、深度约 5 厘米～20 厘米的近圆形遗迹呈带状分布，根据民族学资料推测其很可能是一种临时性的建筑遗迹。鸽子山遗址的发掘首次在西北沙漠边缘区建立了晚更新世末期到全新世早期的年代序列，为研究这一特殊地理单元史前人类活动及环境变迁提供了重要材料（《中国文物报》2 月 10 日）。

石峡口遗址第 1 地点位于甘肃省张家川回族自治县川王乡石峡口村，任进成等人报道了该遗址 2015 年的试掘收获。该地点位于清水河右岸一级阶地，地层可分为 7 层，第⑤、⑥层包含丰富的文化遗物。试掘中发现用火遗迹 2 处、石制品 406 件、动物化石 201 件、古人类牙齿化石 1 枚、串珠装饰品 2 件及烧骨、大量的石制品碎屑和碎骨等，是一处包含较多细石叶技术产品的遗址。石制品以微型、小型居多。原料主要为石英、燧石。细石核类型丰富，除楔形、柱形、锥形外，古人类还直接选用形态不规则的块状毛坯剥离细石叶。石片生产方法主要为硬锤锤击法，偶见砸击法。石器类型包括边刮器、端刮器和两面尖状器等。动物化石经初步鉴定有普氏羚羊、马科、鸵鸟等种类。遗址年代距今 18500 年～17200 年，处于末次盛冰期，属于旧石器时代晚期晚段（《人类学学报》1 期）。

陕西东秦岭洛南盆地槐树坪旧石器地点最初发现于 1999 年，该地点位于南洛河左岸（北部）支流石门河及石门河的二级支流东麻坪河之间的第四级阶地上，是洛南盆地高阶地旷野旧石器地点群的代表性遗址之一。2004 年和 2006 年，槐树坪地点曾历经两次小规模试掘。2013 年 4～6 月，中国科学院古脊椎动物与古人类研究所、陕西省考古研究院、南京大学与洛南县博物馆联合组队对该地点正式发掘，于青瑶等人对此次发掘出土的石制品进行了研究。发掘揭露面积 56 平方米，出土石锤、石料、石核、石片、工具、断块、碎屑等不同类型石制品 830 件。石制品的原料以石英和石英岩为主，石英砂岩和细砂岩也有使用。剥片方法主要采用锤击法、偶见砸击法和碰砧法。石制品以中型和小型为主。工具多为石片加工而成的刮削器，偶见手斧、薄刃斧、石刀等大型工具。石器加工方向以正向居多。光释光测年数据表明地层堆积年代大约为距今 9 万～8 万年到 1.3 万年之间（《人类学学报》2 期）。

（四）华中地区

方家沟遗址位于河南省登封市方家沟村，2014～2016 年北京大学考古文博学院和郑州市文物考古研究院对该遗址进行两次发掘，发现大量石制品、动物化石以及原地埋藏的遗迹现象，林壹等人对此进行了报道。石制品类型包括备料、石核、石片、断块、碎屑、石锤、石砧、工具等，整体面貌属于华北常见的石片石器工业。发掘中还发现了自然冲沟，沟内出土了大量遗物，且遗物总体特征无垂直分异，说明这些文化遗物为古人类在沟内短期活动形成。沟外可能与冲沟同时的地层中遗物分布稀疏，遗物聚集区与冲沟边界有一定对应关系，冲沟底部应为当时人类主要的活动场所。冲沟内部的遗物分布也很不均匀，可能存在不同功能的活动区，蕴含了古人类空间利用方式的信息（《人类学学报》1期）。

龙泉洞遗址位于河南省栾川县龙泉山公园内，2011 年 2 ~ 4 月，北京师范大学历史学院、洛阳市文物考古研究院和栾川县文物管理所联合对遗址进行了发掘。杜水生等人对此次发掘收获研究后认为，龙泉洞遗址从距今 4.2 万年延续至距今 3.1 万年。龙泉洞人使用简单的石核—石片技术，利用脉石英原料，先使用锤击法再使用砸击法剥片。洞穴内部能够区分出不同的功能区。人类对火塘的管理达一定水平，利用烧石加工食物，能够狩猎大型食草类动物，偶尔也利用鱼类资源，还能制作正式骨器。龙泉洞人已具有旧石器时代晚期人类所拥有的行为特征，显示出和中国北方北部地区人类行为的不同，而与中国南方地区和东南亚地区有共同之处（《考古学报》2 期）。2014 年，由于在 2011 年发掘区域以南 10 米处炸山崩石留下的剖面上发现有动物遗骨与石制品，相关单位又对该区域进行了考古发掘，李璇等人对此次发掘情况及初步研究成果进行了报道。2014 年揭露遗址面积约 4 平方米，出土石制品、动物化石等 2349 件。石制品类型包括石核、石片、工具、断块、碎片和石料等。石制品的主要原料为脉石英。剥片以锤击法为主，砸击法较少使用，修理则全为锤击法。工具以刮削器为主，刃角较钝，也有少量的尖状器、锯齿刃器、凹缺器等。遗址的文化性质属于简单石核—石片技术传统（《考古与文物》6 期）。

李浩等人在湖北省丹江口库区内汉江和丹江第四级阶地进行野外调查，新发现旧石器时代旷野地点 24 处，采集石制品 273 件，其中包括手斧、手镐和石刀等具有阿舍利技术风格的大型工具。石制品分析表明，古人类利用脉石英生产中、小尺寸的石制品，而千枚岩和粗面岩主要用于加工阿舍利大型工具。在加工技术方面，轻型工具和重型工具共存，反映了使用功能上的分化。手斧、手镐等大型工具的存在，表现出加工方式的多样性，形成了较为完整的阿舍利工业器物组合面貌（《人类学学报》2 期）。

肖沟遗址位于湖北省郧阳区安阳镇钟家河村，埋藏于丹江口库区汉江左岸第二级堆积阶地。该遗址于 2012 年 10 ~ 12 月历经抢救发掘，揭露面积近 1500 平方米，出土石制品 413 件，赵海龙等人对这批材料进行了研究整理。石制品类型包括石器、石核、石片、断块断片和碎块碎片等。硬锤锤击法是主要剥片方法。石制品总体以小型居多，石器主要以石片为毛坯，边刮器为主要类型。石制品特点显示石片工业特点。石制品类型以石片类和断块类为主体，石制品拼合率近 10%，是一处原地埋藏的古人类遗址。通过与丹江口库区相关旧石器遗址比较，结合地貌地层特点，推测该遗址形成于旧石器时代晚期（《人类学学报》1 期）。

赤山岛旧石器遗址位于湖南省益阳市沅江市西隅，2015 年 7 ~ 8 月，湖南省文物考古研究所进行区域调查时先后发现十余处旧石器地点。2016 年 4 ~ 9 月，对枫树嘴、虎须山和杨腊丘旧石器遗址进行了抢救性发掘，揭露面积 900 平方米，发掘深度超过 5 米。文化层位于网纹红土的上部，石制品出自第③层和第④层。根据网纹红土下部的电子回旋共振、古地磁年龄与遗址光释光样品初步测年结果，推测赤山岛旧石器遗址年代约为距今 30 万 ~ 12 万年的中更新世晚期，属于旧石器时代早期晚段。此次发掘出土近 1000 件石制品，原料以石英砂岩为主，石英次之，其他石料较少。石制品类型包括石核、石片、断块、碎屑、石器和砾石，其中石核、石片和砾石数量居多，石器含量较低。石器类别包括砍砸器、手镐、手斧、重型刮削器、刮削器和尖状器等，以砍砸器等重型工具居多，手斧和手镐数量少。此外，2011 年以来，湖南省文物考古研究所还在西洞庭盆地的澧水及支流新发现了 50 多处旧石器地点，对乌鸦山、条头岗、袁家山、伞顶盖等地点的试掘，首次在华南旧石器旷野遗址中从考古地层学、年代学上构建出了“网纹红土—弱网纹红土—均质红土—黄土—黑褐色土”的旧石器文化叠压层序列（《中国文物报》2 月 24 日）。

（五）华东地区

2012 年，青岛市文物保护考古研究所、山东大学考古系等单位在莱西境内新发现 19 处旧石器地点，采集石制品 88 件，宋艳波等人对此进行了报道。这批采集石制品表现出两种差异较为明显的文化特征，大沽河流域中游东南部地区发现的石制品呈现出典型砾石石器传统特征，而莱西东北部地区发现的石制品则具有典型石片石器传统特征。调查结果显示莱西地区至少存在两种不同技术传统的旧石器遗存，二者之间可能有时代差距，但由于采集石制品缺乏明确的地层，仍需更多的后续工作来解决石制品年代问题（《海岱考古》10 辑）。

华龙洞遗址位于安徽省东至县尧渡镇汪村庞汪组，近年来因直立人头盖骨化石的发现而备受学界关注。2014～2016 年，中国科学院古脊椎动物与古人类研究所与安徽省文物考古研究所在东至县文化广播新闻局的配合下对华龙洞遗址进行了连续 3 年的发掘，出土古人类头盖骨化石、石制品及大量哺乳动物化石等遗物，董哲等人对洞口外发掘出土的 54 件石制品进行了报道。石制品原料为脉石英、石英岩和燧石。类型包括石核、石片和石器以及各类剥片和修理石器产生的碎片和断块等。石制品个体以小型居多。硬锤锤击法为主要剥片方法，砸击法次之。石器类型主要为刮削器、此外还有尖状器。石制品组合属模式 I 工业类型。根据哺乳动物化石组合及初步铀系年代测定结果，推断古人类在华龙洞遗址的活动时间大致为中更新世中后期。根据多数动物骨骼表面可观察到砍砸和切割的痕迹，推测华龙洞可能为一处多功能的直立人生存及活动遗址（《第四纪研究》4 期）。

（六）华南地区

大梅遗址位于广西壮族自治区百色盆地右江区东南的右江北岸，最初发现于 1982 年，该遗址包括 3 个地点，分别位于右江二、三、四级河流阶地上。2005 年 8 月～2006 年 1 月，广西文物保护与考古研究所对该遗址进行抢救性发掘，其中第一地点（A 区）发掘面积 1100 平方米，第二地点（包括 B、C、E 区）发掘面积 1900 平方米，第三地点（D 区）发掘面积 1000 平方米，总揭露面积 4000 平方米。陈晓颖等人对第一地点的发现进行了报道。该地点出土石制品 314 件，包括砾石、石核、石片、石锤、石器等。石制品原料以石英岩为主。剥片和修理主要采用锤击法。工具多用砾石直接加工而成，类型有砍砸器、手镐、刮削器、尖状器等，刮削器数量最多。根据地层和出土石制品的特征推断，第一地点的时代应为旧石器时代晚期（《人类学学报》3 期）。

那赖遗址位于广西壮族自治区田阳县城西侧的那赖村右江南岸第四级阶地，该遗址 2005 年曾历经发掘。2008 年，田阳县博物馆对遗址进行复查，新采集石制品 41 件，玻璃陨石 1 件，廖卫等人对这件玻璃陨石的埋藏问题及石制品特征进行了研究。玻璃陨石为原地埋藏，未经后期流水作用搬运，与手斧共同发现于网纹红土中，第四级阶地中保存的玻璃陨石的年代约 80 万年，可以用来指示手斧的埋藏年代。遗址发现的石制品原料主要为石英岩和砂岩。石制品类型有石锤、石核、石片和工具等。工具类型包括砍砸器、刮削器、手斧和手镐。石制品组合与百色盆地其他遗址类似。遗址所发现的 12 件手斧的厚度、加工精细程度及片疤数等都与西方发现的手斧无本质不同，可以代表早中更新世之交东亚的阿舍利技术面貌（《第四纪研究》4 期）。

磨刀山遗址位于广东省郁南县河口镇和都村，2013 年，广东省文物考古研究所发现该遗址，2014 年 4 ~8 月，广东省文物考古研究所、北京大学考古文博学院、云浮市博物馆和郁南县博物馆等单位对遗址第 1 地点进行了抢救性发掘，发掘面积 200 平方米，刘锁强等人对发掘情况进行了报道。遗址地层堆积共 8 层，发现近 400 件石制品中，大部分出自下文化层。根据出土产状判断石制品为原地埋藏，局部受轻微水营力影响。石制品岩性以石英、砂岩和石英岩为主。剥片技术以简单锤击为主。剥片产品形制、尺寸差异较大，多数石核仅剥取一次石片。石器加工技术以单面硬锤修理为主，部分器类可见两面加工，刃部修理简单粗率、刃缘形态不规则。石器组合以大中型手镐、手斧及砍砸器为主。石制品具备中国华南地区砾石石器工业的一般特征，绝对年代为距今 80 万 ~60 万年，上、下文化层的整体年代可至中更新世偏早阶段，属于旧石器时代早期（《考古》5 期）。

（七）东南地区

奇和洞遗址位于福建省漳平市象湖镇灶头村，遗址内发现了旧石器时代晚期至新石器时代的诸多文化遗存，范雪春对该遗址发现的 11 件装饰艺术品进行了研究。其中 1 件人面形刻划石的年代为距今 1.7 万 ~1.2 万年的旧、新石器过渡时代。这件人面形刻划石装饰品出自第⑥c 层，石料为棕红色钾石砂岩，质地较细腻，外观大致呈椭圆形，饼状，尺寸为 78.6 毫米 ×68 毫米 ×16.2 毫米，重 104.3g。饼状砂岩的上、下两个面及器物边缘部分都经过粗磨，上面（背面）微微凸起，采用石质工具凿刻出人面形的轮廓，显示出具有凹陷的两眼、鼻、嘴和突出的鼻梁，整体造型粗犷但自然生动。下面（底面）经过磨制而呈较平整的面，一侧边缘凿去一部分，和磨平的底面构成“V”形的边缘。这件旧石器时代晚期刻划石装饰品的发现为我国史前装饰品研究增添了新材料（《福建文博》3 期）。

（八）西南地区

西藏尼阿木底遗址位于青藏高原核心区域的藏北高原湖泊区，海拔 4600 米，为一处原地埋藏的旷野类型旧石器遗址。2015 年中国科学院古脊椎动物与古人类研究所和西藏自治区文物保护研究所联合调查时发现该遗址，2016 年进行了系统发掘。遗址规模宏大，东西分布至少 500 米，南北分布至少 2000 米，石制品密集，地层堆积连续。发掘中出土文化遗物 4000 余件，有石片、石叶、石片石核和石叶石核以及刮削器、尖状器、雕刻器和凹缺器等各种工具。尼阿木底遗址以石叶技术为主要文化特征，棱柱状石叶石核数量较多，勒瓦娄哇预制石核有少量发现，这种石叶加工技术主要流行于非洲、欧洲和西亚等地旧石器时代晚期，在中国内地的旧石器文化技术传统中并不发达。根据光释光测年结果，遗址年代距今 3 万年左右，处于深海氧同位素 3 阶段末次冰期间冰阶。尼阿木底遗址是青藏高原腹地首次发现的具有确切地层和年代学依据的旧石器时代考古学遗址，其分布面积广、文化遗物丰富，它的发现一方面填补了西藏旧石器时代文化面貌的空白，另一方面为了解古人类何时扩散至青藏高原、如何开发极端环境和探索其适应、生存能力提供了重要资料（《中国文物报》3 月 10 日）。

牛坡洞遗址地处贵州省贵安新区马场镇平寨村，遗址由 A 洞、B 洞和 C 洞 3 个地点组成。2012～2016 年，中国社会科学院考古研究所和贵州省文物考古研究所持续发掘，清理面积约 100 平方米。发掘显示 A 洞文化堆积最为丰厚，也最具代表性，其洞口堆积厚约 6.7 米，自上而下可划分 27 个文化层，时代约从旧石器时代晚期延续到春秋战国时期。牛坡洞出土各类打制石制品近 10 万件。根据地层叠压关系和出土遗物变化情况，自上而下可划分为 5 个文化时期。其中第一期以体型硕大的、硅质含量较高的石灰岩石制品为主，包括砍砸器、石核等，推测其应属于旧石器时代晚期，年代可能为距今 1.5 万年左右；第二期以大量各类型的细小燧石打制品为主，并且出现了磨制骨器，绝对年代距今 10200～8700 年；第三、四、五期文化层中还发现了磨制石器、陶器等大量文化遗物以及墓葬灰坑等重要遗迹。牛坡洞遗址的发掘和研究对认识贵州地区史前文化特征和内涵、构建该地区史前文化基本框架和序列具有重要意义（《中国文物报》1 月 13 日）。

老鸦洞遗址是贵州省毕节市七星关区一处旧石器时代晚期遗址，该遗址在 20 世纪 80 年代历经发掘，发现大量石制品及动物碎骨，但材料仅在有限的文献内被简单描述，未被系统研究，关莹等人重新整理了老鸦洞遗址 1985 年试掘出土以及 1983～1984 年采集的部分石制品。老鸦洞的石器技术属于我国境内典型的旧石器时代晚期小石片石器传统类型，以本地丰富的燧石和石灰岩为主要原料制作工具，石片形制规整，小型工具如刮削器、端刮器、尖状器等制作精美。采集本地石料，以洞穴为主要居住地点，长期在有限空间内活动的特征展现了云贵高原古人类特有的低流动性生存模式，为探讨云贵高原更新世末期古人类的生存行为及扩散辐射提供了良好证据（《人类学学报》3 期）。

清水苑大洞位于贵州省惠水县摆金镇，遗址发现于 1998 年 9 月，因发现丰富的石制品、骨制品、灰烬层和哺乳动物化石等遗物而为学术界所关注。2013 年 9～10 月，中国科学院古脊椎动物与古人类研究所、贵州省文物考古研究所对其进行发掘，发掘区分 A、B 两区，揭露面积分别为 4 平方米和 6 平方米。A 区地层厚度约 90 厘米，堆积物为灰白—灰黄色—灰黑色砂质黏土，出土石制品 2398 件，动物化石及碎骨 2000 余件。石制品组合以小型石片工业为主体，类型包括石核、石器、各类废片、石锤、磨石等，还有 5 件砸击制品。石制品原料多为燧石，剥片以硬锤锤击法为主，小型居多。刮削器是石器的主要类型，另有少量凹缺器。石器修理多为锤击法向片状毛坯的背面修理。^{14}C 测年显示遗址形成于距今 1.4 万～1.1 万年，为旧—新石器时代过渡期（《人类学学报》4 期）。

1990 年贵州省博物馆与安顺市文物管理所在安顺市东部的二铺、旧州两个辖区发现 11 处史前文化遗址或地点，采集打制石制品 432 件，残缺磨制石器 2 件，砾石 2 件及少量动物碎骨及牙齿，另有烧骨 22 件，王新金等人对这批材料进行了整理研究。打制石制品的石料以燧石为主，硅质岩为辅，兼有灰岩与水晶。器物类型包括石锤、石核、石片和石器。石核数量极少，双台面者居多，单台面石核较少，石核体上片疤较为规整，体现出较高的原料利用率。石片所占比例较大，均为锤击石片。工具组合以刮削器为主，砍砸器次之。石器整体形态偏小，形制不规整。根据这批材料特点接近织金猫猫洞、普定穿洞等贵州其他地区的旧石器晚期遗址，初步推断其地质年代约处于距今 1 万年前的晚更新世末期，文化年代暂归属旧石器时代晚期或更晚（《砥砺集：丁村遗址发现 60 周年纪念文集》，三晋出版社）。

渔溪洞遗址位于贵州省遵义市习水县东皇镇白坭村渔溪坝水库旁，2009 年，贵州省文物考古研究所和习水县文物管理所调查时发现该遗址，采集石制品 114 件和较多动物化石、烧骨、陶片等遗物，张改课等人对这批材料进行了整理研究。这批石制品的种类包括石核、石片、石器、片屑及断块等。石器类型包括石锤、砍砸器、刮削器、尖状器，以中小型的刮削器为主。石制品体现出贵州黔北地区小型石片工业的特征。渔溪洞遗址的年代跨越了旧石器时代晚期和新石器时代等不同的时期，该遗址的发现进一步扩大了黔北地区旧石器时代遗存的分布范围和文化内涵（《西部考古》12 辑）。

二 综合研究

目前现代人起源和演化问题的研究主要在遗传学、古人类学和旧石器时代考古学三个领域内展开，学者们提出了“多地区进化说”“连续进化附带杂交说”“走出非洲说”“融合说”等观点与假说，高星认为相关研究还只是处于盲人摸象阶段，仅在局部问题与材料上作分析与解释，无法得出全面的、令大家普遍接受的结论。由于不同学科之间研究对象、方法和思路不同，彼此缺少了解、沟通与协作，出现了学术语言和研究结论不被彼此理解和接受的情况，存在一定的误解和无谓的争论，影响了相互借鉴、互动和成果的共享，进而妨碍了跨学科研究并达成学术共识。在解决人类起源与演化这样重大的学术问题上，任何一个学科都不可能包打天下，每个学科都有自身的特点和不可替代的优势，也有难以克服的弱点。开展相关领域的交流合作，尤其是在传统的古人类学、考古学与新兴的分子生物学之间互相协作，明确彼此的关注点、需求和专长，凝练共同的学术问题和目标，整合现有的研究问题、资源与成果，向着共同的学术方向一道努力才是推动相关研究走向深入并破译现代人起源这一重大命题的必要举措（《人类学学报》1 期）。

杜水生回顾了丁村遗址、许家窑遗址及匼河遗址的年代学研究过程，认为地层学依然是当前旧石器考古研究工作的重要基础，忽视地层是不可能得到可靠的年代数据的，研究者在田野工作中一定要耐心辨认地层，最好在发掘工作进行的同时同步采集测年样品（《砥砺集：丁村遗址发现 60 周年纪念文集》，三晋出版社）。

李浩通过介绍非洲阿舍利石器工业的研究成果，并根据中国境内发现的阿舍利石制品，提出中国阿舍利技术是在早中更新世过渡阶段人类第二次较大规模迁徙过程中由旧大陆西部传播而来。中更新世晚期乃至晚更新世阶段，阿舍利技术突出地表现在秦岭及其附近地区。同时该区域内还存在与阿舍利技术体系共存的小石器技术体系，可能还有代表了中国本土连续演化人群的遗存，如许昌人头骨、许家窑人化石等。在现代中国人的形成过程中，不同技术人群之间存在基因交流，他们共同演化成为现代中国人的祖先（《砥砺集：丁村遗址发现 60 周年纪念文集》，三晋出版社）。

与旧石器时代早期和中期早段相比，MIS3 阶段中国旧石器遗址数目增加，分布范围广大，青藏高原也出现了人类的足迹，赵静芳对这一时段的古环境背景研究工作进行了梳理。目前发现的遗址以北方为多，其中又以北方东部地区发现更为集中，且多为洞穴遗址，而南方发现遗址相对较少。尽管 MIS3 阶段前后经历了较为频繁的气候波动，但中国东部、西南部地区湿润的气候状况基本贯穿了整个时期，西北部则较为干燥，这可能是东部地区古人类喜欢山洞而西北地区古人类在旷野中生存的原因。MIS3 阶段的古人类面对不同的环境采取了不同的生存策略（《砥砺集：丁村遗址发现 60 周年纪念文集》，三晋出版社)。

权乾坤等人介绍了俄罗斯中西伯利亚叶尼塞河流域发现的细石叶文化遗存，并与中国北方地区的细石叶文化进行了初步对比。两个地区的细石叶工业技术上具有密切的联系，均在旧石器时代晚期同时出现利用优质石料生产细石器的工业传统，但也存在一定的区域性差异，如中国北方地区细石器组合中以细石核和尖状器比例较高，而中西伯利亚地区细石器组合中则以细石叶比例较高。这些区域性差异可能是不同地点石质材料和生产方式差异所导致，但也可能是不同经济形态（畜牧经济、渔猎经济、农业经济）在生产工具上的体现。从技术扩散和文化传播的视角看，旧石器时代晚期时，中国北方地区和西伯利亚地区的旧石器工业生产出现了标准化、趋同化的现象（《第四纪研究》4 期）。

仪明洁对旧—新石器时代过渡阶段中国北方的考古遗存进行了梳理，认为将细石器、磨制石器、研磨类工具、陶器、磨制骨器等任何一个文化因素作为中国北方地区更新世至全新世过渡阶段划分时段性的典型器物都不合适，同时“中石器时代”一词在中国北方地区旧—新石器过渡时期的考古学研究中并无存在的必要，对于旧—新石器时代过渡阶段的遗存，研究者清晰介绍、掌握其文化面貌即可，不必机械地与西方考古遗址阶段的划分对接，以免造成同一词汇所指含义不同的局面（《边疆考古研究》2 期）。

陈虹等人梳理了 18 处旧—新石器时代过渡阶段的遗址及 23 处新石器时代遗址，尝试从原料角度探讨中国磨制石器出现及发展的动因。自旧石器时代晚期向新石器时代早期过渡阶段至新石器时代中期，砂岩逐渐成为磨制石器的主要原料，石灰岩呈上升趋势，石英砂岩有所下降，到新石器时代中期脉石英消失不见。作为打制石器的主要原料，石英岩和燧石在磨制石器原料中出现的频率很低。燧石硬度大，几乎不用于制作磨制石器，而专门用于制作加工动物类物质的细石器。史前人类倾向于选择硬度较低的砂岩和石灰岩来制作耐用的磨制石器，该类石料分布广，采办成本低，易于打磨。根据不同原料的特性，将其制作成合适的工具以应对不同的任务，充分体现了史前人类合理利用资源的特点（《考古》10 期）。

周玉端等人对国外旧石器考古学中有关赭石的研究进行了回顾。自旧石器时代晚期以来，考古遗址中赭石发现的空间分布范围从旧大陆扩大至澳洲、美洲等地。赭石研究首先关注其在遗址中的出土状况及埋藏背景，然后是功能分析。出土状况主要指赭石出土时的形态特征，除被当作颜料加工而成的粉状外，遗址中还发现具有加工痕迹和刻有几何图案的赭石块以及蜡笔状赭石块等不同形态。埋藏背景指赭石与周围文化遗存之间可辨识的关系，如发现地点、部位等。功用分析是赭石研究的重点，既有出于装饰、艺术等的非实用性利用，也有作为黏合剂和药物等的实用性利用。民族考古与实验考古是最常见研究方法，利用物化手段进行成分、产地研究，以及对赭石进行操作链分析都取得了良好结果，研究者从赭石上提取到了更为丰富的古人类行为信息。赭石利用更多地与人类意识形态层面的活动相联系，在研究早期人类的认知和符号表达能力方面能够弥补石器资料的局限性（《江汉考古》2 期）。

陈宥成等人对更新世时期旧大陆东西方文化的格局进行了归纳与总结。更新世旧大陆东西两侧的石器技术发展存在不平衡性。旧大陆西侧是狩猎采集人群技术革新的“轴心区域”，在距今约 330 万年、170 万年、50 万年等先后发生多次技术革新。最早的石器打制技术、最早的阿舍利技术、最早的大石片阿舍利技术、最早的勒瓦娄哇技术以及最早的石叶技术等均起源于这一轴心区域，进而发展并向其他地区传播。由于距离和地理等因素的影响，东亚的石器技术至少从距今 140 万年左右开始长期与旧大陆西侧分离。与此同时，东亚地区在旧石器时代以来又保持着与西方断续的联系。到旧石器时代晚期，伴随着现代人复杂的社会关系网络以及石叶技术的包容性和便捷性优势，旧大陆东西两侧的互动也达到了空前的程度（《中原文物》6 期）。

王益人对丁村旧石器时代遗址群的发现与研究工作进行了回顾，认为大致可以分为四个阶段：①1954～1958 年，首次调查、发掘与研究，确立了丁村文化；②1976～1980 年，第二次大规模调查、发掘，进一步丰富了丁村遗址的文化内涵；③1991～2010 年，《丁村旧石器时代遗址群：丁村遗址群 1976～1980 年发掘报告》的出版，是对第二阶段的考古成果的不断深化，也标志着新的阶段的开始；④2011 年至今，“丁村人国家考古遗址公园项目”启动，新发现了 50 余处旧石器文化遗存（《砥砺集：丁村遗址发现 60 周年纪念文集》，三晋出版社）。

三 专题研究

（一）石器技术与文化

1. 石制品技术、类型及功能分析

泥河湾盆地晚更新世早期的板井子遗址出土有较多锯齿刃器。马东东等人通过实验研究，证明板井子遗址锯齿刃器齿凹的大小与石锤修理部位面积大小呈正相关关系，且遗址中有一部分锯齿刃器是用修理部位面积较小的带尖石锤打制而成，这与遗址标本中发现尖端有散漫坑疤的带尖石锤的情况相吻合。实验复原了锯齿刃器的制作工艺流程，证明锯齿刃器需要特殊的石锤来进行修理，其生产代表着一个稳定、成熟的加工过程。锯齿刃器可能在割取水草、切割冻肉等方面发挥良好功用（《人类学学报》3 期）。

刘扬通过梳理泥河湾盆地早更新世的古环境背景，从石器技术层面入手研究了该地区早更新世人类的技术特征及适应生存模式。泥河湾盆地早更新世遗存文化堆积均比较厚，古人类在这个区域有较长时间的停留。就近择优采集石制品原料，石器类型单一，工具修理较简单，形态和大小多不定型等技术特点表明古人类采取了因地制宜、就地取材和比较务实的适应生存策略。许家坡、霍家地、飞梁等 8 处遗址石器制作技术可以分辨出 3 个层次，体现了认知能力的差异、文化差别及不同的适应生存模式。该地区早更新世环境的研究表明气候呈现出干冷与湿冷交替变换的特征，尽管气候变换与早更新世人类演化的关系尚需进一步研究，但可以明确的是该地区古人类很好地适应了这种环境变化（《考古》5 期）。

王小庆对龙王辿遗址第一地点出土石制品的使用微痕进行了观察。龙王辿遗址第一地点出土的细石器和部分形态规整的石片大都经过使用，其刃缘部在 20 倍的放大镜下可观察到不同程度的磨圆，因使用而产生的各种形态的片疤连续分布。微痕观察结果显示该地点细石器的使用功能复杂多样，既有维持日常生计的肉类切割、动物解剖，也有资源开发的皮革加工、骨角质和木质工具的加工等，同时，每一类工具与使用功能之间没有简单、单纯的对应关系。第一地点细石器复杂多变的功能体系与其加工技术的特征是一致的。该地点的细石核强化剥片和节约原料行为十分突出，石核形态多样，石制品体型普遍小巧，反映出石料相对较为紧缺的现象。石片技术与石叶技术较为发达，石片石器与细石叶工具共存，均表现出较为成熟的二次加工与修整技术。遗址石器小型化与非标准化及在使用功能上的复杂多样性表明在旧石器时代末期向新石器时代过渡阶段，我国的细石器工业逐步呈现出灵活化和强化使用的特点，为后来人类定居并开启全新的生活模式奠定了技术基础（《考古》11 期）。

下川和柴寺是华北地区两处重要的旧石器时代晚期的典型细石器文化遗址，陈虹等人对出自这两处遗址的部分细石器进行了微痕分析。分析结果表明形状规整、尺寸合适、具有锋利刃缘的石叶和细石叶会被古人类挑选出来加以使用。石器加工对象以动物性资源为主，也存在少量的植物加工，反映出以动物加工为主的二元结构的资源开拓策略。多数石叶、细石叶经过镶嵌以便使用，某些完整的，或尺寸较大的石叶可能被徒手拿捏使用。从功能角度看，多数石核式刮削器未经使用，应该归入细石叶类别，仅有个别具有合适刃缘者会被作为工具使用（《砥砺集：丁村遗址发现 60 周年纪念文集》，三晋出版社）。

李占扬等人对灵井许昌人遗址第⑤层出土的细石叶工业的燧石和石英石器进行了微痕观察与功能分析，结果显示 220 件细石叶多无使用痕迹，19.3% 的端刮器有明显使用痕迹，雕刻器、钻器、琢背小刀未发现明显的使用痕迹。通过研究遗址内端刮器的使用痕迹，推测其可能用于鞣皮等工作。这项研究对探讨许昌人遗址古人类的细石器技术以及人类的适应生存能力具有重要意义（《第四纪研究》4 期）。

2. 区域文化体系研究

手镐是秦岭地区常见的一种旧石器时代工具类型，是该地区独特的阿舍利石器组合的主要器型之一，陈胜前等人为探索手镐的生产链分别在洛南盆地和其他不同地区进行了数次实验。结果表明秦岭地区发现的普通手镐可以运用锤击法直接打击，反复修理获得，而三棱手镐不是采用反复修理的技术加工的，其毛坯本身就带有完整的三棱尖，摔击法是得到这种较厚的三棱尖断块的最有效手段。摔击砾石生产带三棱尖的手镐毛坯的同时，还可能得到具有横向刃缘的薄刃斧毛坯及用以制作大石刀与手斧的石片毛坯以及砍砸器毛坯。对于秦岭地区而言，摔击法是一个完整的石器生产的操作链，初始的摔击可以检验石料的优劣。优质原料经摔击后产生的毛坯能够迅速便捷地生产手镐、手斧、薄刃斧等形制规范的工具。秦岭地区盛产质地优良的大型砾石，为摔击法的流行提供了原料基础。实验还表明，由于女性也可以利用摔击法生产工具毛坯，因此无法证明大型切割工具含有性别象征意义（《砥砺集：丁村遗址发现 60 周年纪念文集》，三晋出版社）。

谢光茂等人对广西壮族自治区发现的锐棱砸击石片及相关问题进行了探讨，这种石片在广西发现较多，分布范围广，尤以西北部分布最为集中，时代从旧石器时代中期一直延续到新石器时代晚期。锐棱砸击石片除少数直接作为工具使用外，更多的是被进一步加工成刮削器等各种生产工具。锐棱砸击石片广泛分布于中国南方及东南亚地区，是一种独特的文化现象。从现有考古资料来看，云贵高原及其边缘地带很可能是此类石片起源和分布的中心，然后向东、南扩展，直至台湾和香港地区。中国境内目前发现的锐棱砸击石片年代最早不超过旧石器时代早期晚段，到新石器时代早中期发展到了高峰，新石器时代晚期则逐渐走向衰落（《考古与文物》1 期）。

谢光茂还对广西壮族自治区的旧石器文化进行了梳理。广西境内发现的旧石器时代早期遗址集中分布于西部的百色盆地，已发现旷野旧石器地点 120 余处，均处于右江河谷的高阶地上，石制品出自网纹红土堆积层，常与玻璃陨石共存。石制品原料几乎都是砾石，岩性以石英岩和砂岩为主。采用锤击法和碰砧法打片，石核利用率较低，石片多宽大于长。石器多由砾石直接加工而成，石片石器较少。石器类型以砍砸器为最多，可见手镐、手斧、刮削器、薄刃斧等多种器型；广西地区发现的旧石器时代中晚期遗址或地点多缺乏绝对测年，被笼统地归为晚更新世时期。目前发现旷野地点58处，洞穴地点14处。这些地点广泛分布于广西各地，但以西部最为密集。这一时期的石制品原料种类增多，以砂岩为主，硅质岩、玄武岩占有较大比例，不同遗址间原料组成有所区别。打片方法有锤击法、碰砧法、锐棱砸击法和砸击法，其中以锤击法为主，次为锐棱砸击法。石核台面不见修理，石片普遍细小且形状不规则。采用锤击法、碰砧法加工石器，个别遗址可见压制法。砾石石器为主，石片石器占有一定比例，但随年代推移，石片石器比例增大且出现普遍细小化的现象。总体看，广西旧石器文化属于典型的砾石石器工业。森林环境造就了砍砸器为主体的石器组合。尖部经过精细加工，平面呈舌状的手斧、手镐等尖刃器很可能用于挖掘广西地区丰富的植物性食物资源。石片石器的出现，一方面可能是来自云贵高原旧石器文化交流的结果，另一方面晚期的小石片石器组合可能是第四纪末次冰期时期气候变化，动植物资源改变，导致古人类的生产经济与生产工具发生了改变（《砥砺集：丁村遗址发现60周年纪念文集》，三晋出版社）。

有柄尖刃器是朝鲜半岛旧石器时代晚期代表性的狩猎工具，1964年在公州石壮里遗址中首次发现，原料多选择硅质页岩或与之相似的石料，多见于距今2.5万~1.5万年之间。之后，随着石镞等复合工具的出现，有柄尖刃器逐渐被取代。崔哲慜等人观察和研究了来自朝鲜半岛33个遗址的305件有柄尖刃器，分析了其形态属性及工业类型，揭示了有柄尖刃器的制作技法，探讨了其与相邻地区的关系（《人类学学报》4期）。

（二）理论与研究方法

1. 理论思考

20世纪60~70年代英国史前学家克拉克基于石器技术演化过程总结出6种技术模式，李锋回顾了克拉克石器技术模式在中国应用的历史，并探讨了不同石器技术模式对中国旧石器材料的适用性，认为该模式在认识石器技术演化时发挥了一定作用，然而其应用过程中容易使考古学家忽视史前石器技术演化的诸多细节，降低了所能揭示的史前技术多样性。在描述中国旧石器考古材料时，克拉克石器技术模式在一定程度上阻碍了中国的旧石器技术演化研究，也降低了中国旧石器时代考古学对世界考古学所应有的贡献。中国旧石器技术的演化阶段研究需要立足于自己的材料，关注中国境内不同区域石器技术的特征，使用技术特征分析法揭示石器技术的演化过程，而非将中国的发现简单地归入某种已存在的技术模式框架中（《考古》9期）。

陈淳结合丁村遗址的研究历史对中国旧石器研究范式的发展进行了回顾。20世纪50年代的中国旧石器时代考古学深受中国考古编年史学的影响，史前史被当作古代史的向前延伸，简单地用发展阶段或分期来表示古人类的演化历史。尽管中国旧石器时代考古学已发展多年，但是至今尚未建立起严谨的研究范式来，在专业术语、器物类型、加工特点、分类和称谓上存在缺乏科学定义、标准不一、随意性极大的弊端。因此，在借鉴国际旧石器时代考古学的研究方法与手段的基础上，中国的旧石器时代考古学工作迫切需要从埋藏学与遗址形成过程研究、石器打制实验和文化生态学三个方面着力深化，并广泛结合到各项发掘研究中，充分重视石器技术、微痕观察、人地关系和遗存空间、人类认知考古学等各方面的研究和探索（《砥砺集：丁村遗址发现60周年纪念文集》，三晋出版社）。

2. 研究方法探索

周振宇通过开展热处理石料打制实验并引入 X 射线衍射技术、非线性力学研究手段对水洞沟遗址出土的热处理石制品进行了研究。研究发现石料经过热处理后，会使硬度降低，延伸性和脆性提高，质地均匀度也有一定改善，从而表现出利于打制的特点。该研究可以帮助了解古人类对石料的选择与认知能力、石器打制技术的发达程度、利用与开发资源的能力，进一步阐释远古人类的行为模式（《考古》7 期）。

三维重建技术已广泛应用于考古发掘、研究、展示等各个环节。周振宇等人回顾了十几年来三维重建方法在石器分析研究中的实例，并比较了不同三维重建技术的优劣。多视角三维重建技术不受设备、场地、人员技术要求的限制，能够快速、准确地建立石制品的三维模型并获取诸多石制品测量数据，其生成的点云文件、数字高程模型、正射影像等还可以导入其他软件拓展使用，其易操作、低成本和高精度的特点也具有更好的实用性与推广性（《人类学学报》1 期）。

刘吉颖等人根据国际考古学界的研究进展，探讨了石制品组合的概念及定量分析方法在对比研究中的运用与发展。尽管定量分析能增加石制品组合对比的客观性，但是考古学解释仍为石制品研究的重点，定量分析方法更多作为一种辅助手段，应用时须检验其有效性（《人类学学报》3 期）。

杨霞等人对国外有关石制品后埋藏实验研究的情况进行了简要回顾。后埋藏微痕实验研究通过实验模拟石制品的埋藏环境与过程，观察石制品表面的后埋藏微痕特征，将之与使用微痕进行对比，进而达到区分二者的目的。当前有关石制品埋藏的实验研究主要集中在土壤埋藏及扰动、水流搬运活动和踩踏行为三个方面，较为全面的后埋藏实验研究，对于提高石器微痕分析的准确性有着重要的意义（《东南文化》3 期）。

崔天兴对不同印模材料的性质、技术和印模变形原因进行了介绍，认为根据石器微痕的印模要求和不同的材料试验结果，应选择适合亲水性的加成型硅橡胶，在干燥的情况下进行局部印模复制（《中国文物报》8 月 25 日）。

马东东等人归纳总结了 Bordes 的类型学方法、Issac 的古生态学分析方法和 Leroi - Gourhan 基于操作链的技术分析方法，认为不同的分析体系虽对旧石器时代早期人类技术的分析作出了重要贡献，但对探索人类演化机制与规律的贡献相对有限。灵长类分析视角、Piaget 心理学视角、脑神经研究视角和等级分析系统则是近年来被运用于旧石器时代考古学早期研究领域的 4 种主要认知考古学分析视角和理论。东亚地区早期的石器技术以简单剥片与加工的奥杜威工业为主，考虑到从石器类型学的角度无法给予这一停滞现象以充分解释，也许从认知考古学的角度能够为构建东亚地区人类演化序列提供新思路（《第四纪研究》4 期）。

栗静舒等人对许家窑遗址中普氏野马和野驴的牙齿化石材料进行了测量和分析，通过对比马科动物在自然生存状态下及死于不同原因（如疾病或营养衰竭、食肉动物猎杀、现代人类狩猎等）的年龄结构，确定了遗址中马科动物的死亡年龄，并对遗址上、下文化层的死亡年龄分布进行了研究，以分析古人类获取肉食资源的方式和特点。古人类在遗址早期（下文化层）可能通过捡拾自然死亡的动物尸体、与食肉类动物抢夺猎物、主动狩猎等多种方式获取马科动物，而在晚期（上文化层）可能以主动狩猎作为获取马科动物的主要方式。此外，许家窑古人类在早期阶段就可能已经具备捕获整个马科动物居群中任意年龄个体的能力，并能作出最优化判断，有选择地去捕猎脂肪和肉量较高的壮年个体

（《人类学学报》1 期）。

张乐等人对河南孙家洞遗址出土的一件穿孔标本进行仔细研究后，否定其存在人工属性。孙家洞遗址初步测年为距今 40 万年左右，出土了少量石制品、古人类牙齿以及大量动物化石，其中一件骨骼标本存在非常规整的穿孔，其整体形态和大小与人工穿孔比较相似。通过宏观观测与显微镜下分析，并与已明确性质的考古标本（自然穿孔和人工穿孔标本）和实证材料（现代鬣狗洞发掘出土材料）进行对比后发现，孙家洞遗址出土的穿孔标本与食肉类啃咬、甲虫类啮食以及人工造成的穿孔标本存在明显差异，但具备被鬣狗胃酸腐蚀标本的所有典型特征（《人类学学报》4 期）。

刘扬等人对内蒙古鄂尔多斯乌兰木伦遗址石制品原料产地进行了研究。乌兰木伦遗址石制品的原料来源于遗址周边的白垩系基岩砾石层，通过与遗址周边 4 个调查点的样品比较后，认为这些调查点的砾石在岩性、尺寸大小及保存状况等方面区别不大，乌兰木伦的石制品原料主要来自距遗址 2 千米的白垩系基岩砾石层中，可获性较好。能选择性地利用不同的原料，体现出古人类对原料开发具有一定的组织性（《人类学学报》2 期）。

贺存定针对重庆巫山玉米洞遗址出土石制品的人工属性问题进行了踩踏与滚动实验，以甄别洞内发现的石灰岩石器的真伪。通过观察实验标本在人与动物踩踏和滚动作用下发生改变的情况和规律，并对比出土石制品面貌后，认为单独的人与动物踩踏作用和机械滚动作用在玉米洞遗址很难形成以假乱真的石灰岩假石器，遗址发现的大部分石制品的人工属性确定无疑（《人类学学报》4 期）。

刘莉等人对山西柿子滩遗址第 14 地点（距今约 23000 年 ~19500 年）的 3 件研磨石器进行了使用痕迹和残留物分析，杨旭等人翻译介绍了该项研究。在末次盛冰期，资源普遍匮乏，植物性资源在人类的日常食谱中可能变得越来越重要。研究结果表明这 3 件工具加工了包括小麦族和黍族植物、豇豆属、薯蓣山药以及栝楼根在内的多种植物。块茎类植物是旧石器时代狩猎采集者的重要食物资源，黍族植物在被驯化前就已经有约 12000 年的开发利用历史。对一些特定植物群的长期强化利用的传统使旧石器时代的人类更好地掌握了这些植物的性能及药用价值，也最终让这些植物被人类所驯化（《南方文物》4 期）。

侯光良等人对青藏高原青海拉乙亥遗址 1 件磨盘和 1 件磨棒的表面残留物进行淀粉粒和植硅体分析。结果表明黍族淀粉粒含量较多，其次为小麦族大麦属，并有少量的块根茎类和豆科植物淀粉粒，此外还发现少量来自植物茎叶和粟稃片植硅体。在对比后发现从旧新石器过渡时代至青铜时代，该地区的史前先民利用植物种类具有较高的一致性和稳定性，而对块茎类的利用又反映出对高原环境的响应与适应，具有明显的地域特色（《农业考古》4 期）。

（三）古人类化石的发现与研究

河南省文物考古研究院在 2005 ~ 2016 年期间对河南灵井许昌人遗址进行了连续性考古发掘，发现了 45 件距今 12.5 万 ~ 10.5 万年的许昌人头骨化石。2017 年 3 月 3 日，美国《科学》杂志发表了李占扬等人的研究论文《中国许昌出土晚更新世古人类头骨研究》。研究小组采用形态观测、高清晰度 CT 扫描、手工及三维虚拟复原等多重手段，对发现的头骨进行了拼接和复原，分别制作了 1 号和 2 号人头骨虚拟及实体的复原头骨及颅内膜，进而对头骨形态特征、测量数据、脑形态、脑量、颅骨内部结构等特征结构进行了细致研究，并与世界范围内的古人类化石及数据进行了对比，结果显示许昌人头骨呈现出中国境内古老人类、早期现代人和欧洲尼安德特人的混合特征，其混合型体质特征可能是中国北方古老人类与欧洲尼安德特人基因交流或杂交的结果，反映了东亚更新世晚期人类演化既具有地区连续性，也具有人群间交流的特点（《中国文物报》6月30日）。

吴秀杰利用高分辨率工业CT技术对马坝头骨内部的解剖结构进行了三维虚拟复原。马坝人头骨具有海德堡人、尼安德特人、中国早期古老型人类（直立人）及现代人混合的体质特征。考虑到马坝人的年代早于典型尼安德特人出现的时期，马坝人和尼安德特人可能来自同一祖先，经过多次迁徙和融合最终演化成本地古老人类（《第四纪研究》4期）。

刘武等人对发现于贵州兴义猫猫洞的更新世晚期人类牙齿釉质崩裂痕迹大小、出现率、表现特点等进行了观测，发现附连在3件猫猫洞人类下颌骨上的牙齿具有明显的釉质崩裂现象，出现率与生活环境恶劣的狩猎—采集人群接近。猫猫洞人类牙齿釉质崩裂出现在几乎所有臼齿的咬合面边缘。猫猫洞人类臼齿的釉质崩裂是强力咀嚼和研磨坚硬食物所致，推测当时人类的食物粗糙、坚硬，富含颗粒（如坚果、种子等）。在猫猫洞下颌骨上观察到的、波及几乎全部牙齿的牙周病也为猫猫洞人类严酷生活环境和粗糙食物提供了一定程度的支持。此外，几乎所有具有釉质崩裂的臼齿都呈现大小不等的多发性釉质崩裂痕迹的表现特点提示猫猫洞人类长时间大量食用这种粗糙而坚硬的食物（《人类学学报》4期）。

季林丹等人对与现有人类环境适应相关的古DNA研究进行了综述。分子遗传学通过现有人群的遗传数据和表型特征来推导、演绎历史事件，提出了“走出非洲完全替代”人类起源模型。在走出非洲迁居世界各地的过程中，不同环境对人类表型和遗传多样性具有重要的选择作用，如人群肤色、身高等外形特征以及乳糖耐受、淀粉代谢、免疫应答和低氧适应等生理特征的表型和遗传多态性演化过程。古DNA研究通过采集对应事件前、中、后不同时期的古DNA样本，进行全基因组测序，同时系统比较古DNA和现今人群遗传多态性，补充和完善了经典分子遗传学研究结果，可以更全面地分析分类演化历史。基于古基因组研究，有学者提出了人类起源的“走出非洲基因渗透”模型，并对上述重要人类表型和遗传多态性的演化史提出了新的证据和观点（《科学通报》9期）。

（四）古环境及年代学研究

李泽涛等人以泥河湾盆地油坊遗址为研究对象，利用粒度、烧失量，通过端元分析模型，结合关键地层花粉含量及炭屑探讨了泥河湾盆地旧石器中期到晚期文化过渡的环境背景。研究结果表明在距今56000年~48100年的旧石器时代中期晚段，植被以草原为主；距今48100年~35200年可能是文化过渡时期，环境状况总体良好，植被仍以草原为主，但周围山地可能有森林，相对于旧石器中期晚段，有效湿度增大；距今35200年~27400年为旧石器晚期文化，植被覆盖度降低，气候变干；距今27400年~27200年植被覆盖度最低，气候最为冷干，可能进入寒冷的MIS 2阶段。旧石器中晚过渡期晚段，可能与H4降温事件有关，气候环境开始由温湿向凉干/冷干的转化，泥河湾地区生态环境变差，食物资源短缺，迫使古人类改变生产工具，引入细石器技术，提高生产力（《第四纪研究》3期）。

姜重昕等人对泥河湾虎头梁天然露头剖面进行了沉积学、岩石磁学和磁组构研究。根据虎头梁剖面沉积相的划分和磁组构参数特征，泥河湾盆地中—晚更新世晚期的演化过程可划分为3个阶段，包含3个完整的湖侵旋回。每个旋回由下部灰黄色组细粒三角洲相到中部黄灰色湖滨相再到顶部灰绿色细粒湖相组成，相应的磁组构参数值由大到小。中部第

Ⅱ阶段推断由气候因素主导，上部第Ⅲ阶段可能主要由构造驱动。长期稳定的优势古水流方向以西北为主。东坡遗址时期的古人类可能生活在湖侵阶段的相对短期湖退的滨岸地带（《第四纪研究》6期）。

胡松梅等人对龙王辿遗址2005~2006年发掘出土的动物化石进行了整理研究，这些动物化石至少代表2纲4目7科10个属种，包括方氏鼢鼠、草原鼢鼠、野马、猪、梅花鹿、马鹿、恰克图转角羚羊、普氏羚羊、羚羊。当时遗址周围的环境是以草原为主，草原上有各种各样的羚羊、马、鼢鼠。不远处有一定的疏林、森林存在，生活着马鹿、梅花鹿和野猪。沙鼠的存在表明遗址周围个别地方已经出现沙化的现象。蚌壳的存在表明周围有一定水体存在。从出土数量巨大的碎骨可推知当时遗址附近一带动物十分繁盛，人类主要从事狩猎活动，利用石器甚至锋利的骨片（骨制品）对其进行屠宰、加工以获取肉食资源来维持生活。狩猎的对象主要是偶蹄类动物的羚羊和鹿类动物，另有少量的马和猪（《华夏考古》4期）。

郑利平等人利用扫描电镜/X射线能谱、X射线衍射、红外光谱、拉曼光谱等手段，对出土于湖北省郧西白龙洞遗址第②层的动物管状骨化石内表层附着的致密黄色壳状物进行了成分分析。结果显示黄壳层物质以方解石为主要物相，其他成分有三氧化二铁、羟磷灰石、二氧化硅以及少量的三氧化二铝。羟磷灰石的存在表明黄壳层物质属于生物化学沉积矿物，其形成机理与埋藏过程中的大气降水、基岩周围岩土矿物和化石自身滋生的生物因素有关。化石形成的环境条件反映了当时古人类生存的外界环境总体比较温暖潮湿多雨，但在大气降水较少的季节，生存环境也会变得干冷或干热，这样的气候环境比较适宜人类生存（《第四纪研究》4期）。

陈少坤等人对玉米洞遗址2011年试掘中采集和2012~2013年发掘中出土的数千件哺乳动物化石进行了鉴定与分类。目前可鉴定的哺乳动物化石有8目28科57种，其中小哺乳类全部为现生种，大哺乳类以中—晚更新世的大熊猫—剑齿象动物群为主。大哺乳动物的分析结果显示其年代为中更新世。根据哺乳动物群与地层堆积情况判断玉米洞堆积的年代对应于MIS 8-1，距今约30万年。玉米洞出土动物化石的年龄结构、骨骼部位等方面都显示出明显的人类行为影响，指示着古人类对肉食资源的选择、狩猎与搬运行为（《第四纪研究》4期）。

王元等人对贵州毕节麻窝口洞遗址出土的长鼻类化石进行了研究。麻窝口洞遗址发现的长鼻类化石共2属2种，为东方剑齿象和亚洲象，缺失我国南方早更新世的典型种类中华乳齿象和华南剑齿象，具有从典型的中更新世大熊猫—剑齿象动物群向晚更新世亚洲象动物群过渡的特征。依动物群的性质和地貌、地层的特征，毕节麻窝口洞的智人及伴生动物群的地质年代很可能为中更新世或晚更新世早期，与光释光测定的堆积物距今约17.8万~11.2万年的结果基本吻合。麻窝口洞东方剑齿象与亚洲象的组合明显具有东洋界亚热带动物群的特点，指示温暖潮湿的气候，这些长鼻类与智人等生存于金水的森林和灌木丛中，并镶嵌了一些草地（《人类学学报》3期）。

李大伟等人运用稳定同位素、孢粉、黏土矿物主量元素等多种环境指标分析了含早期智人牙齿化石的广西壮族自治区田东县陆那洞遗址的古环境信息。9枚与人类牙齿化石同层位的鹿牙牙釉质稳定同位素分析结果显示，陆那洞遗址所在区域的古植被类型是以C_3为主的森林环境，气候较为温暖湿润，未出现较为炎热或者冷的气候事件。较为温和稳定的环境背景为该遗址古人类的生存和繁衍提供了必要的生存条件，或许也为中国南方晚更新世现代人的起源、迁徙和扩散提供了良好的环境基础（《第四纪研究》4 期）。

陈君等人对广西壮族自治区百色市田东县中山遗址 2007 年发掘出土的动物骨骼遗存进行了初步研究。这批动物遗存至少代表 39 个属种。中山遗址原始居民以此作为居住地，会到较远处进行狩猎，其生业模式以狩猎为主。对骨骼的利用尚处在初级阶段，未发现精细的加工。动物骨骼遗存均来自野生动物。当时的中山遗址地处以林缘灌木丛、低山森林景观为主的山间盆地中，不远处有成片的草地，并分布着一定面积的水域（《人类学学报》4 期）。

王幼平对华北地区旧石器年代学研究进展进行了总结与思考。华北北部地区的旧石器遗址年代学研究起步较早，系统的古地磁研究成果为泥河湾盆地和华北南部地区早期人类及其文化出现的时间及发展脉络提供了可靠的依据，古地磁与光释光等技术的综合研究成果则为华北南部地区中更新世以来的古人类旧石器文化建立了坚实的年代学框架，光释光与加速器^{14}C 技术的进展与大量测年结果，更为这一地区现代人的出现及旧石器时代中晚期文化发展等史前考古关键课题提供了重要支持。近年来中国旧石器时代考古年代学研究成果与进展为建立和完善华北地区古人类演化与旧石器文化与技术的发展框架奠定了坚实基础（《砥砺集：丁村遗址发现 60 周年纪念文集》，三晋出版社）。

四　专著与科普成果

李英华《旧石器技术：理论与实践》（社会科学文献出版社）详细介绍了法国学者于 20 世纪开创并发展起来的旧石器技术研究的理论和方法，并首次将其运用于我国的旧石器考古材料研究中。该书选取了观音洞等 11 处遗址的石制品材料，从技术—认知的角度，以古人类石器生产剥坯和修型两个概念为主线，分析和揭示了石器生产过程中运用的不同层面的操作程式（概念、方法），并以相关的认知模式为标准，在不同遗址和区域间进行了比较，归纳出区域内部和跨区域文化的共性和多样性。这说明尽管存在一定程度的多样性，甚至在某些地区有孤立发展的文化，但中国的旧石器工业整体上走了一条相对独立的、连续发展与演化的道路。

董光荣等《萨拉乌苏河：晚第四纪地质与古人类综合研究》（科学出版社）是关于萨拉乌苏河流域近 40 年来的晚第四纪地质的调查与研究工作的综合报告。全书内容涵盖了地质、地理、古生物、古人类、旧石器考古、古环境学等各方面，介绍了萨拉乌苏地区第四纪地层及其沉积相特征、地层划分与对比、脊椎动物化石、古人类化石、旧石器文化、气候与环境变化、新构造运动及自然环境演化等方面研究的新认识。其中有关范家沟湾河套人遗址的古人类学及旧石器研究对于认识现代人起源及旧石器中期文化等学界关注问题具有重要的价值。

山西省考古研究所编著的《王建考古文集》（科学出版社）辑录了著名旧石器考古学家王建 20 世纪 50 年代以来的主要学术著述，既包括西侯度、匼河、丁村、下川等著名旧石器遗址的研究报告及一些理论性的探索文章，还有王建先生部分未曾刊出的考古研究手稿，文集集中体现了王建先生敏锐的学术观察能力和深入细致的研究水平。

张兴龙《穴居时代：贵州旧石器时代考古》（贵州人民出版社）简明生动地展示了贵州地区从古至今的生命演化历程，介绍了贵州地区独特的自然地理条件如何影响着旧石器时代古人类的生存与生活方式。

新石器时代考古

段天璟　高云逸

2017年，中国新石器时代考古的田野考古工作蓬勃发展，各种研究不断深入，研究成果精彩纷呈。

2017年共出版涉及新石器时代考古遗存的考古报告5部，发掘简报50余篇。新石器时代研究专著十余部，各类论文100余篇。2017年度提交并通过答辩的新石器时代考古方向的博士学位论文十余篇，硕士学位论文50余篇。

学术会议有红山文化遗址世界文化遗产价值国际专家研讨会（3月，北京）、五担岗遗址暨皖东南先秦考古学文化（3月，马鞍山）、"距今15000～7000年的中国北方"青年考古学者论坛（8月，张家口）、中国城头山世界稻作文明论坛（9月，常德）、首届马家窑文化节——马家窑文化国际学术高端论坛（9月，定西）、重建海上丝绸之路史前史：东亚新石器时代海洋文化景观国际学术研讨会（10月、11月，厦门）、陕西高陵杨官寨遗址庙底沟文化墓地考古新发现现场会（11月，高陵）、中国东南及环太平洋地区史前考古国际学术研讨会（11月，三明）、第十二届红山文化国际高峰论坛（12月，呼和浩特）、含山凌家滩遗址发掘30周年学术研讨会（12月，合肥）等。

一　田野考古

（一）东北地区

从20世纪50年代开始，我国东北地区乌苏里江沿岸的小南山遗址陆续发现了一些重要的史前遗存。2015～2017年，黑龙江省文物考古研究所等单位对小南山遗址进行了正式的考古发掘。发现玉器、石器和陶器等类标本2000余件，分属新石器时代的早、中期遗存和青铜时代的晚期遗存。2017年度小南山遗址共清理了41座早期墓葬，随葬品以玉器和石器为主，亦有部分陶器，出土于封石堆、石堆底部或墓坑中。一些石器和玉器有被故意折断的现象。人骨保存不佳。玉器有玉璧、玉珠、玉环、玉斧、玉管、匕形器和弯条形器等。部分玉器表面有明显的砂绳切割痕迹。陶器主要为夹细砂陶，有陶罐、小陶杯等类。墓葬的^{14}C年代为距今9135～8595年（经树轮校正）。小南山遗址早期遗存被命名为小南山文化，填补了黑龙江下游流域的奥西波夫卡文化和孔东文化（年代与新开流文化相当）之间的年代缺环。小南山遗址中期遗存与俄罗斯新石器时代晚期的沃兹涅谢诺夫卡文化相似，年代大约为距今4000年。（国家文物局主编：《2017中国重要考古发现》，文物出版社）。

嫩江流域的新石器时代考古工作开展较早，但一直以来发掘工作比较薄弱。近年来吉林大学对白城双塔遗址和后套木嘎遗址的大规模发掘揭露出了一大批层位关系清楚、文化内涵明确的遗存，进一步完善了该地区新石器时代至青铜时代的考古学文化发展序列。2017 年，发表了 2012 年 7～11 月第二次发掘的 AⅣ区的部分材料，发现了与 AⅢ区对应的新石器时代的第三、四期遗存。第三期遗存与白城双塔一期、镇赉黄家围子类型等遗存关系密切，^{14}C 年代为距今 6500～5600 年。第四期遗存的遗迹数量丰富，年代大致与双塔二期遗存相当，^{14}C 年代为距今 5500～5000 年。2017 年后套木嘎遗址第三期遗存的发现对于双塔一期遗存的年代下限等问题的研究具有重要意义，第四期遗存对考察嫩江流域的考古学文化与红山文化的关系等问题提供了线索（《考古》11 期）。

2017 年，吉林省文物考古研究所刊布了 1985 年 6～7 月吉林镇赉县向阳南岗遗址发掘获得的材料。1985 年的发掘分Ⅰ、Ⅱ、Ⅲ、Ⅳ区进行。新石器时代遗存主要分布于Ⅱ区，分属早、晚两种不同的新石器时代文化。第一类遗存与西流松花江（第二松花江）流域的左家山下层文化相类。第二类遗存的年代晚于左家山上层文化，是嫩江流域新石器时代末期新的考古学文化，此类遗存开启了嫩江流域青铜时代陶器施戳点纹的先河（《边疆考古研究》22 辑，科学出版社）。

近年来，在科尔沁沙地进行的调查工作以及哈民忙哈和南宝力皋吐遗址的发掘使该地区新石器时代考古学文化的面貌逐渐清晰起来。2017 年，内蒙古自治区文物考古研究所等单位刊发了 2008 年 9 月和 2010 年 8 月在南宝力皋吐遗址 D 地点两次发掘的资料。共清理房址 11 座、灰坑 2 个。房址呈东北—西南向排列分布，均为“凸”字形半地穴式，门道朝向东南。陶器以筒形罐、钵、壶为基本组合，多为素面磨光。还发现石耜、磨棒、磨盘、斧、锛和玉璜。南宝力皋吐遗址 D 地点遗存的性质属哈民忙哈文化，年代稍晚于哈民忙哈遗址，陶器上所饰短斜线刻划纹和绞索彩陶纹饰为研究该地区与西流松花江流域的左家山上层文化及黄河流域同时期考古学文化的关系提供了可供对比的材料（《考古》12 期）。

辽西地区的赤峰市林西县水泉遗址发现于 20 世纪 90 年代初。2017 年，内蒙古自治区文物考古研究所等单位刊布了 1991 年 5～7 月发掘获得的材料，其中新石器时代的遗存有赵宝沟文化、红山文化和以 F18 为代表的遗存。属赵宝沟文化遗迹有 17 座房址（含 1 座罕见的双间房址）、灰坑 2 个。房址均为半地穴式，方形灶，房址成排分布，朝向东南，在遗址中部有中心广场，最大房屋是位于遗址西北部的双间房屋，遗物以陶器为大宗，有筒形罐、斜口器、钵及椭圆底罐等。红山文化遗迹有房址 1 座、灰坑 8 个。房址为长方形半地穴式，灶为长方形。出土陶器种类包括筒形罐、高领罐、杯、钵、瓮等。发掘者认为该遗址以 F18 为代表，遗存的年代晚于红山文化早于高台山文化，内涵尚须进一步确认（《考古学报》4 期）。

2014～2016 年，辽宁省文物考古研究所等单位对辽宁省朝阳市半拉山红山文化晚期积石冢墓地进行了揭露。揭露面积约 1600 平方米，清理墓葬 78 座、祭坛 1 座、祭祀坑 29 个。冢体堆积显示，墓地可分为早、晚两期。墓葬分中心大墓、土坑墓、积石墓及石棺墓几种。祭坛为近长方形的土台，长约 13.6 米、宽约 11.5 米，坛上有柱洞。陶器主要有筒形器、塔形器、器座、筒形罐。玉器达 140 余件，包括龙、璧、环、兽形柄端饰、鸟以及玉芯等。半拉山墓地发现的石钺与玉猪龙同出一墓的组合形式更新了人们对红山文化社会组织结构的认识。祭坛上建筑址的发现在红山文化中尚属首例。半拉山墓地出土的多件陶、石质人像和大量玉器亦成为研究红山文化晚期手工业生产及先民精神文化的珍贵材料（《考古》2 期、7 期）。

2012 年 4 ~6 月，大连市考古研究所等单位对辽东地区的辽宁省长海县广鹿岛门后遗址进行了发掘。发现了小珠山下层文化的 1 座房址和 1 座野外灶址，房址为圆角长方形浅地穴式建筑，未发现门道、柱洞及灶址。石器包括磨盘、磨棒、砍砸器及石铲等，还发现 1 件经过切割的玉料（《考古》8 期）。

（二）中原地区

2015 ~2017 年，陕西省考古研究院在杨官寨遗址聚落环壕外东北部开展考古发掘工作时，发现一处与聚落环壕同时期的国内首次确认的庙底沟文化大型墓地，并对该墓葬区进行了发掘。墓葬均为小型墓，平面呈长方形，以偏洞室墓为主，还有少量竖穴土坑墓、半洞室墓。墓葬方向基本为东西向，均为单人一次葬，随葬品较少，仅在极个别墓葬中出土有彩陶盆、彩陶壶、夹砂罐、陶钵、陶杯、石璧、骨珠等。有些墓葬内的随葬品被发现于墓道的填土内，且破损十分严重，可能是当时流行以残陶器随葬的葬俗。部分人骨佩戴有骨簪、石环或陶环等装饰品，个别墓葬中还出土有颜料和龟甲。杨官寨遗址偏洞室墓葬当属目前所知最早的同类遗存，为研究该类墓葬的起源与传播，以及关中地区与中国西部地区和东西方文化交流等问题提供了珍贵资料（国家文物局主编:《2017 中国重要考古发现》，文物出版社）。

2012 年 8 ~12 月，西北大学等单位对陕西扶风案板遗址进行了发掘，共发现新石器时代房址 2 座、壕沟 1 条、灰坑 71 个、陶窑 4 座，出土一大批陶器、石器、骨器等遗物。新石器时代遗存包含了庙底沟文化、半坡四期文化和案板三期文化三类。此次发掘成果进一步丰富了案板遗址的文化内涵，埋人灰坑的发现为研究关中西部地区新石器时代特殊的丧葬习俗或宗教活动提供了新资料（《考古与文物》5 期）。

陕西西安鱼化寨遗址是关中地区发现较早的史前时期遗址之一，2002 ~2005 年，西安市文物保护考古研究院对该遗址进行了发掘，发掘面积 2861 平方米。发现各类遗迹 531 处，出土遗物丰富，遗址涵盖老官台文化、半坡文化、庙底沟文化、半坡四期文化及庙底沟二期文化等多个时期的文化遗存，而以半坡文化遗存为主。该遗址揭露的大批遗存及明确的层位关系为相关考古学文化分期创造了有利条件，双重环壕的发现为研究关中地区仰韶时代聚落形态特点及演变提供了新的契机。大片瓮棺葬的集中发现丰富了半坡文化的墓葬材料，有利于进一步推动这一时期丧葬制度与习俗的研究（西安市文物保护研究院编:《西安鱼化寨》，科学出版社）。

2016 年 5 ~12 月，陕西省考古研究院等单位对神木县石峁城址内的皇城台地点进行了发掘，确认为一处门址。皇城台门址由广场、外瓮城、墩台、内瓮城等组成。广场位于皇城台门址最外端，平面呈长方形。外瓮城是一座土石结构的“凹”字形建筑，位于广场与台顶的中央处。墩台两座，位于门道两侧。内瓮城平面呈曲尺形，并对皇城台东护墙北段上部进行了试掘。从出土陶器看，皇城台门址的修建年代可早至公元前 2300 年左右。出土遗物包括各类陶器、石骨质工具以及铜刀、玉钺、石范、筒瓦等。皇城台的发掘对于研究中国北方地区龙山时代石城聚落及早期冶铜技术的发展与传播等问题的具有重要意义（《考古》7 期）。

兴县壁村遗址是晋西高原首次发现的龙山时代大型石城聚落址。2016 年 5 ~10 月，山西省考古研究所等单位对该遗址的核心区域小玉梁台地进行了发掘。在台地中部发现 5 座石砌排房，彼此相连，布局上呈相间排列方式。总建筑面积超过 400 平方米，房址平面均呈长方形，中间共用一堵东西向隔墙。5座房址均使用白灰地面，保存较好的4座房址中心均有圆形火塘。在排房的东部发现有灰坑，H24出土遗物丰富，陶器有蛋形瓮、折肩罐、大口尊、斝、鬲、豆、盆等。骨器有卜骨、骨针、骨锥、骨镞、骨匕等。石器有石斧、石锤、石杵、石球、细石器等，以及彩绘陶片、蚌饰、残玉璧。H24的年代与寨峁二期、新华早期遗存相当，发掘者认为，H24曾作为窖藏之用（《中原文物》6期）。

2017年，山西省考古研究所出版了《吉县州川河流域区域考古调查发掘报告》（科学出版社）。该报告是“河套地区先秦两汉时期文化、生业与环境研究”的子课题“山西黄土高原东部一万年以来人类文化、生业与环境的变迁”的阶段性成果，刊布了2003年、2004年山西省考古研究所对州川河流域获得的包括130处新石器时代遗址在内的256处汉以前的古文化遗址的调查资料，以及属枣园文化的南原、西阴文化（庙底沟文化）的沟堡和挂甲山、庙底沟二期文化的东庄峁、枣园文化至西阴文化时期的三教岭遗址的试掘材料。该报告建立起了州川河流域考古学文化序列，指出在州川河下游地区新石器时代和战国时期是考古学文化最发达的两个时期，并将这一区域新石器时代遗存划分为七段，其中西阴文化、庙底沟二期文化和龙山时期三个阶段新石器时代文化最为繁荣，为今后相关区域的考古工作打下了坚实的基础。

2013年9～12月，河南省文物考古研究院等单位对舞阳贾湖遗址进行了第八次发掘，共清理房址8座、灰坑25个、兽坑1个、墓葬97座，出土了大量人工制品及动植物遗存。房址多为方形半地穴式。2013F5居住面下发现2座墓葬，可能系居室葬。墓葬均为竖穴土坑墓，葬式多为仰身直肢。出土陶器包括鼎、罐、壶、钵、盆，除各类石、骨质工具外，还发现了一批绿松石饰品、骨叉形器和象牙雕板等艺术品以及最具特色的骨笛。贾湖遗址的第八次发掘进一步丰富了贾湖遗址的文化内涵，深化了对于该遗址聚落布局的认识（《考古》12期）。

2011年8月～2012年5月，郑州市文物考古研究院对朱寨遗址进行了发掘，发掘面积5000平方米。遗址包含从裴李岗文化至唐宋时期多个阶段的文化遗存，2017年，刊发了裴李岗文化遗存部分材料。共清理灰坑12个，遗物包括陶器、石器及动物骨骼。陶器主要有罐、三足钵、壶鼎等。朱寨遗址的发掘对于认识郑州西部地区裴李岗文化的面貌提供了新的资料，其篦点“之”字纹与东北地区同时期文化的联系也值得深思（《考古》5期）。

2013年3～6月，河南省文物考古研究院在武陟东石寺遗址的发掘中，发现了丰富的仰韶时代遗存。发现了灰坑和陶棺墓两类遗迹。发掘者将该遗址仰韶时代遗存分三期，认为第一、二期遗存的性质属大河村文化，第三期与第一、二期遗存差别较大（《华夏考古》2期）。

2014～2016年，河南省文物考古研究院等单位对淮阳平粮台遗址进行了发掘，揭露王油坊文化墓葬14座。墓葬多为长方形土坑竖穴墓，头皆朝南。出土陶器种类有罐、钵、瓮、扁腹壶、杯、环。墓葬出土人骨的^{14}C测年数据显示，墓葬的绝对年代集中在公元前2300～前2100年。发掘者指出，这批墓葬随葬品多寡的差别所反映的现象仅代表墓葬的个体差异，没有显示出社会等级分化的现象（《华夏考古》3期）。

2001年，河南省文物考古研究所对驻马店市驿城区张楼遗址进行了发掘。发现龙山时代灰坑22个、房址7座、墓葬1座、沟3条，房址分为半地穴式和柱列式两种。出土陶器包括罐、盆、高领瓮、豆、圈足盘、缸、钵、甑、鬶、壶、杯等。石器有石镞和石刀。发掘者据典型的打破关系和各遗迹出土器物的型式组合，将该遗址龙山时代遗存分为两段，指出张楼遗址龙山文化遗存的年代与杨庄二期第一、二段相当（《华夏考古》3期）。

2007 年 7 月 ~2009 年 8 月，郑州大学对淅川县沟湾遗址进行了考古勘探与发掘。此次发现的王湾三期文化遗存，主要有房址 2 座、灰坑 2 个、墓葬 5 座、瓮棺 29 座。墓葬均为单人土坑竖穴墓。瓮棺葬多以单个陶罐或陶罐与陶瓮相扣作为葬具。墓葬均无随葬品。陶器有罐、鼎、瓮、圈足盘、豆、盆、钵、盘、器盖、箅子等，石器有斧、锛、凿、铲等。发掘者将该遗址王湾三期文化遗存分为两段，代表了王湾三期文化晚期的两个发展阶段，为研究豫西南鄂西北地区王湾三期文化的分期与年代，以及其南渐等问题提供了新材料（《华夏考古》3 期）。

2005 年 3 ~5 月，安阳市文物考古研究所对位于殷墟保护区西部边缘的柴库遗址进行了发掘，除发现少数大司空文化遗存外，还揭露出了较丰富的后冈二期文化遗存。后冈二期文化陶器主要有罐、碗、深腹盆、折腹盆、甗、斝、盘、器盖等，另有少量蚌器和石斧等。此次发现的虎形鹅卵石堆塑为后冈二期文化增添了新的内涵（《江汉考古》1 期）。

2015 年 10 月 ~2016 年 7 月，北京大学等单位对漯河郝家台遗址进行了考古发掘。此次田野工作包括测绘、钻探和发掘。测绘工作建立起遗址三维测绘坐标系统，系统钻探及探沟发掘工作探明了遗址内外地层堆积状况。发掘工作解剖了龙山时期城墙与城壕，初步了解了城墙的建造结构，并清理了一批龙山时期房址、陶窑、墓葬。揭示出了龙山文化聚落可分为建城前和建城后两个阶段，为聚落的选址、布局、规划以及墓葬与居址的关系等方面的研究提供了线索（《华夏考古》3 期）。

（三）山东地区

2016 ~2017 年春夏，山东大学等单位两次发掘了章丘焦家遗址，发掘面积约 2170 平方米，发现了丰富的大汶口文化遗存，包括 1 座城址和壕沟、218 座墓葬 、116 座房址、1 座陶窑等。另外，在发现的 974 个灰坑中，还包括少量龙山文化、岳石文化和汉代灰坑。城墙和壕沟遗存属大汶口文化晚期，该遗址应是目前发现海岱地区年代最早的城址。揭露出了丰富的大汶口文化中晚期的墓葬材料，墓葬等级分化明显。发现有数量不一的玉器。除此之外，该遗址大汶口文化墓葬中还存在男女合葬、拔牙、手握獐牙、随葬贝类、随葬彩绘陶器等现象，这些发现丰富了对大汶口文化葬制和葬俗的认识（国家文物局主编：《2017 中国重要考古发现》，文物出版社）。

2017 年 3 ~5 月，山东省文物考古研究院对枣庄渴口遗址进行了发掘，发现大汶口文化时期灰沟 2 条、灰坑 1 个。发掘资料显示，该遗址可能存在一定规模的大汶口文化时期的聚落，此次发掘区很可能位于聚落边缘（山东省考古研究院：《2017 考古年报》）。

2017 年 3 月，山东省文物考古研究院对泰安市大汶口遗址周围区域进行了区域系统调查，调查范围为汶河北岸沿河十多千米，面积达 100 多平方千米。确认大汶口文化遗址 1 处、龙山文化遗址 2 处。同时，在汶河北岸，以汶河大堤为界，分南、北两区进行了考古发掘。北区揭露的大汶口文化遗存包括 3 座房址、1 座墓葬和 7 个灰坑，还清理了 19 个龙山文化灰坑。南区清理的大汶口文化遗存有 4 座房址、3 条灰沟和 79 个灰坑。北区的房址属大汶口文化早期，房址排列有序，面积较大，营建方式精细；南区房址布局不规则，面积和建筑结构也多有不同。这意味着两个区域内房址所代表人群的活动方式和社会组织状况或存在差别。在南区的东北部首次发现有集中的垃圾区（山东省考古研究院：《2017 考古年报》）。

2017 年 2～7 月，山东省文物考古研究院对章丘城子崖遗址继续进行了考古发掘。2017 年度将 2016 年度发掘的 A3 探沟向西延伸，发现了龙山文化和岳石文化的城墙及其同时期的壕沟。龙山文化城墙的始建年代不早于龙山中期，两侧均被岳石文化城墙破坏（山东省考古研究院：《2017 考古年报》）。

2009 年 9～10 月，山东省文物考古研究院对青州市郝家庄遗址进行了考古发掘，揭露出了龙山文化、岳石文化等多个时期的遗存。龙山文化遗存包括灰坑 4 个，以及丰富的陶器、石器。陶器器形有鼎、鬶、甗、罐、盆、罍、圈足盘、尊、盒、单把杯、器座等，石器有斧、刀、镞、锛、铲等。发掘者根据陶器判断，这批遗存大致处于龙山文化中期，属龙山文化姚官庄类型（《海岱考古》十辑，科学出版社）。

2013 年 3～7 月，日照市文物考古研究所等单位对日照市东灶子遗址进行了发掘，揭露龙山文化灰坑 48 个、灰沟 1 条及若干柱洞，出土陶器复原者较少，器类有鼎、罐、甗、杯、圈足盘、器盖等，石器有铲、刀、镰、锛、镞等，还发现玉钺 1 件（《海岱考古》十辑，科学出版社）。

（四）甘青地区

2004 年，青海省文物考古研究所对尖扎县河东台遗址的发掘共清理马家窑文化房址 4 座、灰坑 7 个，出土各类遗物 70 余件。陶器器形主要有盆、罐、壶等。彩陶纹饰较为繁缛，主要有弧形带状纹、宽带纹、弧线三角纹等。这批材料有利于了解马家窑文化分布范围和勾勒该文化南下影响路线（《四川文物》2 期）。

（五）江汉地区

湖北省松滋市陈店镇关洲遗址是鄂西地区年代最早的新石器时代遗址之一。2015 年 11 月～2016 年 5 月，湖北省文物考古研究所对该遗址进行了发掘，出土有釜、罐、盆和支脚等城背溪文化陶器，石器以打制为主，存在少量磨制石器。遗址中发现的大量兽骨和鱼骨显示出渔猎经济在此地居民生活中占有较大比重。关洲遗址的发掘丰富了鄂西地区城背溪文化的资料，并使彭头山文化到城背溪文化再到大溪文化的传承序列更为完整清晰（国家文物局主编：《2017 中国重要考古发现》，文物出版社）。

2016～2017 年，中国社会科学院考古研究所等单位对湖北省荆门市后港镇城河遗址进行了第四、五次发掘，发掘面积 1600 平方米。发现的遗迹有灰坑、灰沟、房址及瓮棺葬等，出土大量陶器、石器等遗物。发掘与勘探结果揭示了城垣的建筑与保存情况，确认其始建年代为屈家岭文化晚期，沿用至石家河文化早期。遗址中部台地发现屈家岭文化晚期大型建筑基址，面积近 800 平方米，其东南区域发现小型房址。城河遗址的发掘为长江中游史前城址的结构特点与聚落关系的研究提供了新的契机（国家文物局主编：《2017 中国重要考古发现》，文物出版社）。

湖北天门石家河遗址是长江中游目前发现的面积最大、等级最高的史前聚落群。2014～2016 年，湖北省文物考古研究所等单位对该遗址核心区及外围进行了系统勘探，并重点对谭家岭、印信台等遗址进行了发掘。勘探结果显示，石家河遗址核心区域存在多重大型城垣及城壕类遗迹。对位于石家河城址中心谭家岭遗址北部的发掘发现屈家岭文化壕沟和墓葬，谭家岭东部发现有后石家河文化瓮棺，其中两座瓮棺出土的玉人头、蝉、虎座双鹰玉饰、鹰纹圆牌、扇形透雕玉饰、双人连体头像玦、鹰、虎等玉器制作十分考究、生动传神，显示出相当精湛的制作工艺。印信台遗址发现台基、瓮棺、扣缸、扣碗、套缸，个别套缸上有刻划符号。三房湾遗址发现数以万计的红陶杯堆积，结合陶窑等遗迹推断该处应为生产陶杯的窑场（《考古》7期）。

为搞清湖北应城市陶家湖、天门市笑城两个区域遗址的时空分布状况及相互关系，2013年11～12月，湖北省文物考古研究所等单位以两座城址为中心展开了区域系统调查，共发现油子岭文化、屈家岭文化、石家河文化、后石家河文化及西周至宋元等阶段的遗存。分析表明陶家湖聚落发展早于笑城地区，屈家岭文化至石家河文化时期是两区发展的繁荣阶段。至后石家河文化阶段，又均表现出衰落趋势（《江汉考古》5期）。

2015年11月，武汉大学等单位对湖北石首市走马岭、桃子台、城濠岗、陈浩岗、扈家岗、广藤岗、管家铺、张家山8处遗址进行了调查。发现了大溪文化、屈家岭文化和石家河文化遗存，在走马岭、广藤岗等遗址还发现有煤山文化的因素。走马岭城址的地位突出，处于当时的中心地位，城址始筑于屈家岭下层文化时期，至煤山文化时废弃，代表了石首地区的新石器文化遗存年代序列（《江汉考古》1期）。

2014年11～12月，荆州博物馆对公安县屈家岭文化鸡鸣城遗址进行全面的考古勘探，并对其南城垣断面处进行了局部解剖。通过钻探基本明确了鸡鸣城遗址的分布范围和文化堆积状况，大体掌握了城墙、城门、护城河的保存情况，搞清了城墙结构，推断出鸡鸣城遗址的年代很可能相当于屈家岭文化时期（《江汉考古》2期）。

（六）环太湖区

2014年6月～2015年10月，浙江省文物考古研究所对临海市峙山头遗址进行了三个阶段的考古调查与试掘，共清理灰坑19个，发现了柱洞、基槽等建筑遗迹。出土的陶片十分破碎，可辨器形有绳纹釜、盘、双耳罐、钵、豆等。从出土陶器来看，该遗址包含上山文化、跨湖桥文化及河姆渡文化三个时期的遗存（《东南文化》1期）。

安徽省文物考古研究所于1992～1993年两度对安徽省濉溪县石山孜遗址进行了发掘，并与其他单位合作编著《濉溪石山孜——石山孜遗址第二、三次发掘报告》（文物出版社）全面报道了这两次发掘成果。该书根据地层叠压关系、陶器的形态演变及组合情况，将该遗址新石器时代遗存分为石山孜一、二、三期及龙山文化四个时期，并附录了关于该遗址出土动物遗骸、骨器、石器方面的专题研究。这批材料的发表有助于加深对于安徽省淮北地区新石器时代中晚期考古学文化发展序列及与周边地区文化互动情况的认识。

2014年7～10月，浙江省文物考古研究所对海宁市姚家浜遗址进行了发掘。发现良渚文化土台2处、沟1条、灰坑5个、墓葬3座及堆石遗迹和烧土遗迹各1处。遗物主要出自墓葬和土台，陶器有鼎、平底罐、圈足罐、双鼻壶、豆、盘等。石器皆为磨制，主要器类有钺、锛、凿、刀、镞、破土器、犁、砺石等。发现的台墩聚落形态是嘉兴地区典型的聚落模式（《东南文化》3期）。

2016年4月～2017年12月，宁波市文物考古研究所对大榭遗址进行了考古发掘，面积为7000平方米。大榭遗址一、二期遗存属新石器时代，年代大致相当于良渚文化晚期和钱山漾文化时期。一期遗存聚落可分为早、晚两段。二期遗存包括盐灶27座、灰坑5个、陶片堆2处、制盐废弃物堆18处。聚落均分布于人工营建的两处土台上。自二期盐灶附近和制盐废弃物堆中采集的炭屑样品的^{14}C测年数据显示，年代约在公元前2400～前2100年，是目前我国发现年代较早的史前时期海盐业遗存（《中国文物报》2018年1月26日）。

（七）西南地区

2012～2016年，中国社会科学院考古研究所对贵州省贵安新区牛坡洞遗址进行了6次考古发掘。第一期遗存为旧石器时代晚期，第二期遗存的测年数据已进入新石器时代，但未见磨制石器及陶器。第三期遗存发现有活动面、墓葬和用火遗迹等，开始出现磨制石器。第四期遗存新出现了陶器，器形有侈口罐、卷沿罐和钵等，纹饰较为多样，打制石器大为减少。牛坡洞遗址是贵州地区近年发掘规模最大、文化内涵最丰富的洞穴遗址之一（《考古》7期）。

2014年3～9月，重庆市文化遗产研究院等单位对巫山县大水田遗址开展考古发掘，发掘面积1300平方米，揭露出自大溪文化至唐宋多个时期的遗存。清理大溪文化墓葬、灰坑各200余座（个），房址1座。墓葬均为竖穴土坑墓，有单人葬和合葬两种，葬式以仰身屈肢为主。发现的陶器覆面葬为研究该地区与长江下游的文化交流提供了材料，灰坑中的狗坑和器物坑可能与祭祀仪式有关。出土的陶器器形有碗、釜、罐、鼎、盘、豆、盆、杯、器盖、器座、支座等，石质工具主要有斧、锛、凿、铲、镞等，还见有石人、人面、穿山甲、猪、环形饰、轮形饰等精美石质艺术品。玉器种类有璜、玦、环、鸟头形饰和坠饰，以及各类绿松石坠饰。此外，该遗址发现了较多黍、粟的炭化种子，是目前发现的三峡地区最早的旱作农业遗存（《考古》1期）。

2008年5～8月，四川大学等单位对阿坝州九寨沟阿梢垴遗址开展考古调查并进行了试掘。采集到1件细颈彩陶瓶的口沿，时代为马家窑文化晚期。阿梢垴遗址地处岷江上游与甘青地区的过渡地带，遗址中新石器时代遗存的发现，为研究川西彩陶的分布范围提供了线索（《考古》10期）。

2014年12月，成都文物考古研究所对大邑县高山古城遗址偏南区域进行了发掘。清理灰坑10个、墓葬6座，墓葬均无葬具和随葬品，其中的一例人骨侧身蜷曲，可能为祭祀坑。遗物主要出自于灰坑内，以陶器居多，器形主要有罐、壶、盆、尊、瓮等。此次发掘出土的遗存年代主要为宝墩文化第一期，高山古城遗址的发现与发掘为成都平原文明化进程的研究创造了提供了新材料（《考古》4期）。

2016年8～10月，四川省文物考古研究院等单位对四川西昌市大厂遗址进行了抢救性发掘，清理了2座土坑墓，均未发现人骨及葬具，出土包括壶、杯、罐等器形的20余件陶器。发掘者判断这2座墓葬属新石器时代晚期，年代为距今4000年左右（《四川文物》1期）。

2011年9月，阿坝州文物管理所对神仙包遗址进行了调查，发现了新石器时代晚期遗存，为进一步探讨大渡河上游区域新石器时代晚期的考古学文化提供了线索（《四川文物》3期）。

2015年9月～2016年10月，云南省文物考古研究所等单位对玉溪市通海县兴义遗址进行了发掘。遗存从早到晚分为海东类型、兴义类型、滇文化三个阶段。该遗址发现的海东类型遗存，包括12座墓葬、3个灰坑及部分柱洞。典型代表器物有喇叭口圜底罐、长颈圈足罐、尖底瓶等，以及磨制骨器、石箭镞、石环及玛瑙石等。年代约距今4000年前后，属新石器时代晚期。为探讨滇中地区新石器晚期至青铜时代的文化演进奠定了基础（《中国文物报》3 月 24 日）。

（八）南方地区

福建省明溪县南山遗址 4 号洞是一处石灰岩洞穴遗址，中国社会科学院考古研究所等单位 2013 年对该遗址的发掘中，发现了新石器时代的墓葬、灰坑、活动面、火塘等遗迹。该遗址的新石器时代遗存分为两期，第一期陶器器形有釜、罐、豆等，纹饰包括绳纹、旋涡纹和刻划纹；第二期陶器除延续上一个阶段原有的器形和纹饰外种类又有所丰富。两期遗存应是同一个考古学文化的不同发展阶段，^{14}C 测年数据表明该遗址新石器时代遗存的年代大致在距今 5300～4300 年。此次发掘为完善闽西北地区新石器时代考古学文化发展序列提供了新的资料（《考古》10 期）。

二　研究简述

（一）综论

1. 专著

《夏鼐文集》（社会科学文献出版社）收录了夏鼐学术论文及其他文字 213 篇，依内容分为考古学通论、中国史前时期考古研究、中国历史时期考古研究等七编。“中国史前时期考古研究”部分收集包括《齐家期墓葬的新发现及其年代的改订》及《关于考古学上文化的定名问题》等经典文章 11 篇，该书是研究夏鼐先生学术思想的系统集成之作。

《中国新石器时代》（文物出版社）的原本是 1964 年北京大学印刷厂铅印、严文明撰写的《新石器时代》讲义，当时作为考古专业本科生新石器时代考古课程的教材。全书分为六章，第一章是新石器时代考古概述、学术史和对一些理论问题的说明。其他五章分别对长城以北、黄河流域、长江流域及华南地区的新石器时代考古学文化的分期、类型、面貌、源流等考古学基本问题作了比较详细的介绍和分析。作者在编写讲义时收集了 1964 年以前所能见到的所有资料，对中国新石器时代考古作了全局性的考察。该书是中国新石器时代考古的第一部综合性著作。不仅对研究考古学发展史具有重要史料价值，对当今中国新石器时代考古的教学与科研亦有重要的指导作用。

《求索文明源》（首都师范大学出版社）收录了严文明论文 21 篇，内容包括中华文明起源以及黄河、长江流域的考古学文化、聚落形态、稻作农业和古史传说等多个方面的研究，展现了作者对中国文明起源及相关问题深入的理论思考。

《郭大顺考古文集》（辽宁人民出版社）收录了郭大顺 79 篇学术论文，研究内容以红山文化为主，兼及辽河流域青铜时代及其他问题，展现了作者在东北数十年考古发掘与研究所取得的系列成果。

《中国史前考古论集（续集）》（文物出版社）收录了王仁湘 28 篇论文，研究重点为中原和西南地区考古学文化、饮食、彩陶艺术和玉器，研究内容丰富而尤以彩陶着力最多。

《栾丰实考古文集》（文物出版社）收录了栾丰实学术论文 116 篇，这些文章的研究课题包括考古学文化、考古学理论与方法、古代社会及各类专题研究等，在海岱及周边地区新石器时代考古等问题上形成了自成体系的认识。

《正业居学——李水城考古文化论集》（上海古籍出版社）收录了李水城学术论文52篇，分考古学史、区域考古、专门考古、科技考古与环境考古等7个部分，领域众多，视野宽广。其中，新石器时代有关文章讨论的主要是中国西北和西南地区考古问题。

《汉以前东北考古研究》（科学出版社）收入朱永刚40篇论文，均围绕着东北地区新石器时代至秦汉时期考古问题展开。新石器时代内容以考古学文化的年代、性质、编年及谱系等研究为主，该书代表了作者对汉以前东北考古方面的主要观点和学术体系。

刘莉、陈星灿著《中国考古学——旧石器时代晚期到早期青铜时代》（生活·读书·新知三联书店）一书是主要为英文读者所撰写的一部中国长时段发展历史的著作。书中既有对中国考古学发展史的回顾，又有对中国文化演进的环境背景解读，还有对陶器的起源、动植物的驯化等考古学热点研究状况的概述。该书分阶段、分地区地对中国的考古材料进行了梳理，将中国文明置于全球的宏观视野下进行观察，剖析了中国文明区别于其他文明的特质及相互间的联系，从而探讨了中国材料所释放的信息对理解世界范围文化演进的启示。

赵宾福等人系统地整理了吉林省上自旧石器时代下至清代11个历史时期的考古材料以及以此为基础的研究成果出版了《吉林省地下文化遗产的考古发现与研究》（科学出版社）。在新石器时代研究方面，对西流松花江流域左家山下层文化、左家山上层文化，图们江流域以迎花南山H1为代表的遗存、兴城下层文化、金谷文化，嫩江流域长坨子类型、哈民忙哈文化、靶山类型、昂昂溪文化九支考古学文化（类型）的文化面貌、分期与年代及互动关系等问题作了不同程度的分析。从陶器组合和纹饰出发，将吉林省新石器时代划分为四个发展时期，概括了各时期的阶段性特点。

许宏著《先秦城邑考古》（金城出版社）系统地论述了我国城邑起源与早期发展的历史，研究对象是新石器时代的环壕聚落到战国时代的城郭都邑，年代跨度达7000多年。不但研究对象的时、空范围较之作者早年出版的《先秦城市考古学研究》（西苑出版社）大为扩展，而且对一些基本概念有了更为明确的界定。该书还是一部搜集全面的资料集成，每张图片都附有相应的二维码构成了其一大特色。

余西云著《江汉地区文化变迁》（商务印书馆）收录了作者已发表的关于长江流域新石器时代考古学文化的谱系、西阴时代和考古学理论与方法的研究等十余篇论文，为读者系统了解相关研究提供了参考和借鉴。

《史前考古文集》（科学出版社）收集了赵青春学术论文35篇，分为文化谱系、聚落形态、史前艺术、传说与史实、理论与方法、回顾与前瞻六个部分，研究的侧重点是中原地区新石器时代的考古问题。

《先秦考古探微》（科学出版社）收录了王立新关于新石器时代至夏商周时期及考古学理论方法文章33篇，新石器时代部分涉及的研究问题有社会发展进程及陶器谱系等。

《原史中国——韩建业自选集》（中西书局）收集了韩建业论文22篇，分为文化谱系、早期中国、古史传说及中西交流四个部分，前两部分文章所讨论问题的时间范畴以新石器时代为主，中心议题是文化交流、演进及“早期中国”的形成过程。

李新伟著《仪式圣地的兴衰——辽西史前社会的独特文明化进程》（上海古籍出版社）以西方社会复杂化发展和早期国家起源理论与方法为理论框架，系统梳理了辽西地区史前社会的发展进程，重点讨论了红山文化的兴衰原因，认为“超自然取向”的社会复杂化道路是辽西地区文明化进程的重要特色之一。他倡导从各地区文化发展的独特性入手，打破片面强调中国史前社会发展一体性的“第三个怪圈”。

仰韶时代是我国新石器时代彩陶发展的重要阶段。朱雪菲著《仰韶时代彩陶的考古学研究》（文物出版社）对我国华北地区仰韶时代近两千年的彩陶作了型式划分与渊源演变研究，分析了半坡文化、庙底沟文化、后冈一期文化、秦王寨文化、大司空文化、马家窑文化等的彩陶。将彩陶纳入到考古学文化谱系之中进行研究，揭示出文化格局的演变和文化的亲缘及互动关系。

2. 工具书

赵春青编撰的《中国史前考古学论著目》（科学出版社）收录了 1910 ~ 2010 年一百年里中国史前考古学文献目录，收录对象以公开出版的书籍和发表的期刊文章为主，总数达 24264 条。全书分为总类篇、资料篇和研究篇三大部分。总类篇分为考古学通论与原始社会史、论文集、工具书三部分；资料篇除综述类内容外收集三十三个地区的调查、发掘简报和报告；研究篇则分时代、地区、专题等诸多层次全面地网罗各方面研究成果，并附录比较详尽的作者索引和引用文献索引。各部分内容以出版、发表时间先后顺序排列。

继 1993 年出版的《中国新石器时代考古文献目录（1923 - 1989）》之后，由缪亚娟主编的《中国新石器时代考古文献目录（1923 - 2006）》（社会科学文献出版社）于 2017 年出版。该书是一部检索中国新石器时代考古文献的工具书，收录了 1923 ~ 2006 年间我国公开出版的新石器时代考古田野考古简报、报告和研究文献目录。

（二）文化研究

1. 文化性质研究

20 世纪 60 年代，巴林左旗富河沟门遗址的发掘提出了富河文化的命名。半个世纪过去了却迟迟未见发掘资料的系统发表，研究者们所使用的陶器材料仅是发掘简报发表的三件筒形罐及相关文章披露的一件钵。正因为如此，学界对于该文化的年代、渊源甚至性质的问题始终未达成一致意见。李婉瑛等人通过对层位关系、陶器比较及测年数据的综合分析，推测富河文化年代约为距今 7500 ~ 5000 年，并简要探讨了该文化的分布范围和聚落形态，最后从灶址、陶器和石器几方面论证富河文化源于兴隆洼文化和西梁文化，在发展过程中受到了同期赵宝沟文化和红山文化的影响（《华夏考古》1 期）。

丁风雅将查海遗址发现的六座居室墓分为具有年代早晚关系的两组，指出 A 组两座的文化性质为南台子文化，B 组四座的文化属性为兴隆洼文化。参考国内民族学材料探讨了查海遗址居室葬的性质和动因问题，简要分析了该遗址居室葬与中心墓地的性质差异，并讨论了这六座墓葬所代表的两个考古学文化居室葬的阶段性变化（《边疆考古研究》21 辑，科学出版社）。

梁中和等人简述了近年来日照市尧王城遗址数次发掘的城墙、建筑址、墓葬等重要遗迹，分析了龙山文化尧王城类型的分布范围和主要遗址，从城址、建筑技术、陶器、墓葬、分期、年代及经济生活几方面概括了该类型的文化特征。并对其独特性和先进性及区域发展不平衡等问题作了探讨，认为尧王城类型在龙山时代具有非常发达的文明程度并在整个山东地区处于领先地位（《北方文物》3 期）。

近年来江苏泗洪县顺山集遗址的发掘取得了一系列引人瞩目的重要发现，尤其是顺山集文化的辨识，大幅提前了淮河流域新石器时代的起始时间。林留根认为顺山集遗址第一、二期遗存核心器物群一致，阶段性特征明显，代表了同一考古学文化的不同发展时期。通过与后李文化、贾湖一期—裴李岗文化、彭头山文化及城背溪文化的对比分析，指出顺山集遗址第一、二期遗存典型陶器群文化面貌的特殊性十分鲜明，具备命名为新的考古学文化的条件，可称之为“顺山集文化”。详细分析了该文化与周边文化的关系，并简述了其渊源与流向（《考古》3 期）。

对于分布在太湖西部以平底釜为典型陶器的一类遗存的命名，学界存在祁头山文化和骆驼墩文化等不同的称谓。赵宾福等人重申了“骆驼墩文化”的命名，并以层位关系为基础对该文化作了细致的分期研究。以骆驼墩、祁头山、神墩遗址三处典型遗址的陶器分组为标尺，结合其他非典型遗址材料，把骆驼墩文化整合为五段三期，指出骆驼墩文化早期应与马家浜文化早期、缪墩类遗存年代相当，骆驼墩文化晚期与马家浜文化最晚阶段、侯家寨文化同时（《东南文化》3 期）。

丁风雅等人将溧阳神墩遗址马家浜文化时期遗存分为两期四段，概括了陶器群的消长与演变规律。作者发现，神墩早期遗存自身具备相对独特的文化面貌而不应归入马家浜文化，晚期遗存可归属骆驼墩文化。根据遗址④层下墓葬之间的层位关系及类型学分析将其划分为三组，通过这三组墓葬的分布、排列的观察，探讨了墓地的形成、布局等问题（《江汉考古》5 期）。

2. 文化序列研究

杜战伟等人以小珠山、吴家村、郭家村及文家屯四处遗址的分段结果为基础，将小珠山中层文化整合为早、中、晚三期，并将其分别与胶东地区文化遗存相比较，判断出各期绝对年代，认为小珠山中层文化的年代为公元前 3500 ~ 前 3000 年。这一研究进一步明确了小珠山中层文化的阶段性特征和年代跨度（《边疆考古研究》21 辑，科学出版社）。

王立新等人介绍了吉林大安后套木嘎遗址五个年度发掘的主要收获，逐一分析了该遗址新石器时代早期至青铜时代白金宝文化六个阶段遗存的文化面貌、性质及所处年代，指出该遗址的发掘对于完善嫩江中下游地区新石器时代文化序列、渔猎定居型文化的出现、陶器的产生等课题具有重要意义（《边疆考古研究》21 辑，科学出版社；《考古学报》2 期）。

周丽通过对成都平原若干处史前文化遗址出土陶器纹饰的类型学分析，将成都平原史前文化陶器纹饰分为三期，归纳了各期陶器典型纹饰的特征及其变化规律。对比已有的文化分期结果发现陶器纹饰的分期与以器形为依据的文化的分期不完全同步，纹饰变化存在滞后的现象（《江汉考古》1 期）。

3. 文化谱系研究

王仁湘对马家窑文化彩陶自庙底沟文化发展传播而来的意见提出了不同认识。他认为甘肃史前彩陶具有完整的起源与发展序列。在前仰韶时代，甘肃史前彩陶起源于陇东至关中西部，经过半坡文化和庙底沟文化时期的发展，到马家窑文化时期进入繁荣阶段。甘肃彩陶传统自有渊源，其主体并非传播而来（《四川文物》3 期）。

魏继印用文化因素分析方法探讨了王湾三期文化的来源，明确了王湾三期文化的早期遗存及其阶段特征，介绍了龙山时代前期“庙底沟二期文化谷水河类型”、大汶口文化尉迟寺类型和屈家岭文化的主要遗存与文化面貌。将王湾三期文化早期与上述考古学文化及山东龙山文化进行对比，认为大汶口文化尉迟寺类型是王湾三期文化的主要源头，王湾三期文化是吸收了少量“庙底沟二期文化谷水河类型”、屈家岭文化和石家河文化及山东龙山文化等因素而形成的融合性文化（《考古》8 期）。

4. 文化互动研究

李小龙根据陕北地区的自然地理特征和考古学文化面貌将其分为南、中、北三个小区，通过对各区分期的研究，将陕北地区公元前3500～前2500年的考古学文化划分为三个阶段，第一阶段相当于半坡四期文化，第二阶段相当于庙底沟二期文化早期，第三阶段相当于庙底沟二期文化晚期，并以各阶段为序探讨了陕北地区与周边文化间的互动关系（《中国国家博物馆馆刊》7期）。

王清刚将大汶口文化到龙山文化之交海岱地区文化影响的区域按距离的远近及所含文化因素的多寡概括为三种情形，即直接辐射区、次级辐射区、末级辐射区，以陶器为视角逐一分析了各区中所包含的海岱地区文化因素。勾勒了海岱地区文化因素南下的路线，推断水路交通应是其南下的主要途径，强调了海岱地区文化因素南下的复杂性质及文化和社会影响（《东南文化》3期）。

王清刚统计分析发现，三棱镞起源于仰韶时代的丹江地区，盛行于龙山时代，以中原地区和江汉地区分布最为密集。勾勒出三棱镞的传播路线是从丹江流域文传播到江汉、中原、皖北地区，之后从这三个地区继续往更大范围扩散。三棱镞的形态特征造就了其杀伤性较大的特性，它的出现和扩散反映着龙山时代战争的加剧和频繁（《江汉考古》5期）。

中国东南沿海与东南亚及太平洋地区的联系很早即引起了学者们的关注，并进行了一些有益的尝试。王银平按照历时性的文化发展脉络分析了福建沿海地区新石器时代的考古资料，梳理了南岛语族考古学的产生与发展。通过分析福建沿海新石器时代经济形态的变化趋势，揭示了南岛语族的起源与扩散过程（《华夏考古》1期）。

5. 专门遗存研究

（1）玉器研究

朱永刚对哈民忙哈遗址出土玉器作了详尽的研究，指出这批玉器数量较多、出土单位明确，具有重要学术价值。他发现，哈民忙哈遗址出土玉器在功能上强调实用，与红山文化玉器具有一定区别，而在器形、工艺、技术等方面与松嫩平原同时期的玉器存在密切联系（《边疆考古研究》22辑，科学出版社）。

邓聪等人介绍了俄罗斯鬼门洞遗址出土的玦、匕形器、弯条形器等玉器，并回顾了砂绳切割技术在玉器加工上的应用历程。通过实验方法复原了鬼门洞玉玦玦口砂绳切割技术的制作工艺，指出兴隆洼、鬼门洞和日本桑野遗址出土玉器的种类、组合和技术有着共同的文化因素，三地应存在着文化交流（《北方文物》3期）。

王荣等人以赤峰市巴林左旗博物馆所藏的55件红山文化玉器为研究对象，通过显微观察，辅以拉曼光谱和X荧光光谱等材质检验，从操作系列分析了这些玉器的制作技术。将巴林右旗红山文化玉器的制作分为了原料采办、生产制作和使用及维修三个阶段。对这一生产系统中的选料、构思、开料成坯、穿孔、精细加工、使用及维修的制作流程逐一进行了细致的观察和分析（《考古与文物》4期）。

石荣传运用文化因素分析方法解析了凌家滩玉器包含的太湖流域及宁绍平原、宁镇地区、海岱地区、东北地区考古学文化的因素，勾画出不同地区的文化因素传入淮河流域的路径。其指出凌家滩文化居民吸收周围先进文化因素，经过融合与重组构成了独特的文化特征（《华夏考古》2期）。

郭明建将良渚文化玉器主要矿物原料进一步区分为纯色料、杂色料和“鸡骨白”三种。他提出，解决良渚文化玉器产地问题应将地质学方法和考古资料相结合，苏皖浙交界的山地区域应是良渚文化玉料最主要的来源地，塘山遗址和丁沙地遗址是良渚文化两个玉器加工地点（《中国国家博物馆馆刊》7期）。

（2）人骨研究

枕骨变形及拔牙是大汶口文化居民十分盛行的习俗。赵永生发现山东广饶县傅家大汶口文化遗址出土头骨的变形出现率高达87.10%，且男性略高于女性，大汶口文化成年人普遍存在的枕部变形，应为刻意保持仰睡在硬质枕具上所造成（《东南文化》3期）。

（3）建筑研究

万娇对长江中游地区史前城址城墙的演变规律作了探究，对目前发表了剖面材料的7座城墙分析后发现，城墙厚度呈现出明显历时性增厚的现象，城墙截面由接近三角形逐渐增补成梯形，城墙的建造方式除了护坡之外，多是水平逐层堆筑而成（《四川文物》4期）。

（三）生业研究

1. 石制工具研究

陈虹等人通过对中国旧石器时代晚期向新石器时代早期过渡阶段和新石器时代中期的数十处遗址出土磨制石器原料的统计和分析，探讨了中国磨制石器的出现及发展的动因，发现随着时代的变迁制作磨制石器的原料选择发生了明显的变化，而演变的动因与石材原料特性、磨制石器的优点及性能密切相关（《考古》10期）。

李意愿通过对湖南澧县彭头山遗址出土燧石石制品的技术类型学分析发现，该遗址石器制作技术以传统的简单石核—石片锤击为主。微痕分析显示该遗址燧石类工具的使用方式以切割和刮为主，加工对象以软性物质居多，反映出其主要功用是肢解、处理食物资源，指出对“细小石器”在旧、新石器过渡时期中的作用与意义不应作过高的评估（《江汉考古》6期）。

崔启龙等人用微痕分析和实验考古的方法，对贾湖遗址出土的磨制石器进行了功能和加工对象的考察。结果表明，石镰的主要功能是收割禾本科植物，石刀主要用于加工禾本科植物、木材和兽骨等，石斧、石锛、石凿的功能主要是加工木材，石铲的功能以掘土为主，且这些石器的功能并不单一，广泛存在着“一器多用”的现象（《人类学学报》4期）。

2. 陶业研究

陈宥成等人分析了中国南、北方早期陶器的年代与特点，指出中国陶器在起源阶段就形成了区域体系，秦岭—淮河为界可分为北方细石器工业区域和南方非细石器工业区域两区。其认为约当距今2万年最早的陶器首先出现在中国南方腹地，然后传入日本列岛和俄罗斯远东地区（《考古》6期）。

李铁军等人介绍了内蒙古中南部新石器时代考古学文化序列和陶窑发现情况，根据陶窑窑室和火膛的相对位置，把内蒙古中南部地区新石器时代陶窑分为横穴窑和同穴窑两类。并把陶窑分为仰韶时代晚期的横穴窑期和龙山时代中期的同穴窑期两个阶段，指出该地区新石器时代陶窑的演变规律为从横穴到同穴（《草原文物》1期）。

斜口器在中国东北地区多个考古学文化中都有发现，且延续时间较长，是一类具有鲜明地域文化特征的器物。李婉琪等人对这类器物提出了较系统的认识，将中国东北地区新石器时代斜口器依形态分为四型三期，并指明了各期的绝对年代并归纳了斜口器的演变脉络。分析了东北地区不同文化区斜口器的源流与联系，认为其主要用途是分拣东西的簸箕，次要功能为容器和撮子等（《北方文物》1期）。

刘爽等人对后套木嘎遗址一、二、三、四、六、七期遗存共20件陶片进行了显微观察、科技测定和烧成温度分析，揭示出了这六期遗存陶器陶土配制渐趋合理、烧成温度不断提高的趋势（《边疆考古研究》21辑，科学出版社）。

鲁晓珂等人对案板、西坡、陶寺、瓦店、桐林和二里头遗址出土的陶器陶衣涂层进行的组成结构的分析，发现这些陶衣涂层中熔剂氧化物的总含量从仰韶时代至二里头文化时期末表现出规律性的增长趋势，通过对龙山时代黑色陶衣的辨识改变了以往所认为渗碳工艺是龙山文化黑陶呈色的唯一因素的认识。其指出新石器时代的陶衣涂层尚达不到在高温不变形的器物表面呈现玻璃状釉层的效果，但陶衣工艺长期积累的技术形式应为早期釉的出现提供了重要的技术基础（《华夏考古》2期）。

3. 动、植物遗存研究

汤卓炜等人对双塔遗址一期出土动物遗存进行了鉴定分析并结合孢粉分析的研究成果指出，双塔遗址一期早中段植被覆盖率较高，呈现出草甸为主的植被景观，晚段的植被覆盖率降低，环境变为半荒漠，人们以小型动物为主要狩猎对象，推测当时是以渔猎采集经济为主的广谱型生业模式（《人类学学报》4期）。

汤卓炜对后套木嘎遗址2011DHAⅢT1006南壁采集的五个孢粉样品进行了鉴定和统计，通过对实验结果的分析认为后套木嘎遗址第一期的早中段沉积环境湿润，气候寒冷，到了晚段更加寒冷。后套木嘎第三期的沉积环境湿润，气候温暖，植被更加丰富，较之第一期更适于人类生存。（《边疆考古研究》21辑，科学出版社）

宋姝等人对后套木嘎遗址第三期遗存的DHAⅢG1出土的大量动物骨骼作了种属鉴定，发现该遗迹包含的动物种属多达26种。从风化、动物及人工三个方面对动物骨骼表面的痕迹进行了分析，研究了骨器、角器、蚌器的取料与初步加工。探讨了当时的生态环境和人们的生活习俗与生业方式，指出DHAⅢG1很可能是一个初步取料的场所（《边疆考古研究》21辑，科学出版社）。

陈全家等人对赤峰市魏家窝铺遗址出土的动物遗存进行了种属鉴定、量化分析等综合研究，认为该遗址红山文化居民的生业方式以狩猎为主兼营捕捞，这一认识与植物考古研究结论相符。当时的生态环境较现在湿润，自然条件优越（《草原文物》1期）。

王春雪等人对魏家窝铺出土筒形罐进行了植物残留物提取，在六份样品中观测到了植物淀粉。其中禾本科淀粉粒在形态上与粟类淀粉粒极为相似，证明当时存在粟作农业。同时，发现的其他类型淀粉粒表明采集经济也仍占有重要地位。筒形罐的功能应包括存放食物（《人类学学报》3期）。

吕鹏等人通过对小珠山遗址五个时期出土动物骨骼的种属鉴定和数量变化等，并借助考古背景资料，对动物资源出现在广鹿岛的原因和来源、先民获取动物资源方式的转变及动因、家畜饲养方式的出现及影响等方面进行了深入探讨，认为人的行为而不是环境的变迁在生业方式转变中起着最为关键的作用（《南方文物》1期）。

吴瑞静等人通过对张家口市龙山时代大水沟遗址浮选结果的分析认为，大水沟遗址农业类型是以粟、黍为主的旱作农业，大豆的发现反映出农业结构多样化的特征。非农作物种子的大量出现表明当时的居民还利用周围的野生植物资源（《农业考古》1期）。

生膨菲等人对陕西横山杨界沙遗址仰韶时代晚期遗存浮选的炭化植物种子作了鉴定和分析，发现的种子属于禾本科、藜科和豆科三种，粮食作物种子有粟和黍。出土的植物遗存反映出环境趋向于干旱沙化，当时的先民已经形成一定规模的粟作农业生产经济，农业结构中黍占主要地位（《考古与文物》3 期）。

刘莉等人通过对庙底沟文化杨官寨遗址出土尖底瓶、平底瓶及漏斗所作的淀粉粒和植硅体的分析，揭示了它们作为酿酒器具的功用。其复原了目前所知经科学鉴定的中国最早的谷芽酒的酿制过程，即以黍和薏苡为基本原料辅以野生小麦族种子等，糖化后由漏斗注入尖底瓶和平底瓶中酿制而成（《农业考古》6 期）。

王佳静等人对米家崖遗址半坡四期文化罐、漏斗、尖底瓶的淀粉粒、植硅体以及化学残留物的分析，揭示出了这些陶器是酿造谷芽酒器具的功用。作者认为当时酿酒的原料包括黍、大麦、薏米和一些块根作物，推测酿酒可能是最初大麦传入中原的推动力（《考古与文物》6 期）。

赵志军对鱼化寨遗址作了植物浮选与系统分析工作。浮选出土的植物种子以农作物的出土数量为大宗，包括粟、黍、水稻和小麦四个谷物品种，非农作物植物种子数量很少，表明鱼化寨遗址所在的渭河谷地在仰韶时代的农业生产特点是以种植粟和黍为主的旱作农业。在仰韶时代漫长的演进过程中，农耕比重逐渐增强，非生产性经济活动比重逐渐降低。到仰韶时代晚期，旱作农业终于取代采集狩猎成为经济活动的主体（《江汉考古》6 期）。

郭小宁对陕北大口文化木柱柱梁和神圪垯梁遗址的植物、动物遗存的统计发现，两个遗址浮选的植物遗存多为粟、黍。出土的动物遗存以羊为最多，还有家猪等家畜。据此认为两个遗址所代表龙山晚期先民的生业方式以农业种植为主，以畜牧为补充，并存在少量采集、狩猎活动（《农业考古》3 期）。

杨苗苗等人对木柱柱梁遗址出土动物遗存的统计发现，羊骨在家养动物中无论是可鉴定标本数还是最小个体数所占的比重均为第一，而且羊骨的出土概率极高，说明其扮演着肉食来源的重要角色。从死亡年龄来看，多数山羊和绵羊都活过了成年时期，表明木柱柱梁的先民养羊不仅仅是为了获取肉食资源，开发副产品也可能是饲养羊的另一主要目的（《农业考古》3 期）。

邓振华等人对河南省境内龙山时代十余处遗址的植物考古材料的整理分析指出，这些材料在区域分布和遗址类型上存在严重的不平衡性，进行相关研究应充分注意到这些制约因素。作者认为八里岗遗址小麦残片的孤例很难证明在龙山时代小麦已传入中原。当时的农作物种类主要有粟、黍、稻和大豆四种，作物结构以粟为主，以黍为辅，水稻和大豆所占比重不大，中原龙山时代的社会发展是植根于粟作农业的基础之上的（《华夏考古》3 期）。

陈相龙等人对王湾三期文化河南禹州瓦店遗址出土的人、猪、狗、黄牛、绵羊和鹿骨骼样品进行了 C、N 稳定同位素分析后发现，粟类食物是瓦店先民食物结构中的主体，水稻的重要性开始凸显，这可能是农业生产方式复杂化的表现。猪和狗主要以粟类副产品为食，稻作农业产品可能被作为饲料补充。而黄牛和绵羊的出现及与之相伴的饲养策略和动物资源开发方式是当时生业经济复杂化的重要表现之一（《华夏考古》4 期）。

周立刚对河南汝州煤山、淅川下寨、郾城郝家台、淮阳平粮台、正阳贾庄遗址出土的龙山时代人骨进行了 C、N 稳定同位素分析。结果表明龙山时期的河南地区存在两种截然不同的饮食传统，一种以水稻为主食，食肉较多，体现了南方稻作农业的影响；另一种以小米为主食，食肉较少，是该地区仰韶时代饮食传统的延续。作者认为龙山时代河南地区所见的这两种饮食传统可能反映了南方稻作农业区与北方粟作农业区的文化交流（《华夏考古》3 期）。

武欣等人对大赉店遗址浮选结果的统计分析表明，龙山文化植物种子以粟、黍两种农作物为主，亦有少量的大豆、小麦和水稻，发现大赉店遗址的大豆形态已经明显具备人工栽培的特征，证明当时已经开始了多种农作物种植制度，采集的野生植物是当时人类食物结构的补充（《东方考古》14 集，科学出版社）。

靳桂云等人对海岱地区史前稻作农业的历时性特点、变化及原因等问题进行了系统研究后指出，自后李文化开始至龙山文化，海岱地区史前稻遗存数量呈增加趋势，分布范围逐步扩大，然而岳石文化时期稻遗存数量减少。作者将海岱地区史前生业经济划分为低水平食物生产、农业确立、强化型农业形成和旱作农业体系确立四个阶段，认为海岱地区稻作农业是在外来文化影响下发展起来的，并在东北亚稻作农业传播过程中发挥着桥头堡的作用（《东南文化》5 期）。

宋艳波等人鉴定、统计了山东临沭东盘遗址出土龙山文化时期动物遗存的种属和数量后指出，遗址中出土的猪和狗是家畜，牛可能已经属于家养动物。家畜是龙山文化时期居民稳定的肉食资源，同时也狩猎野生动物、捕捞水生动物来作为肉食补充（《海岱考古》十辑，科学出版社）。

宋艳波还通过对马家浜文化早期西溪、罗家角、神墩遗址动物群的统计分析发现，前两者的动物群种属构成比较复杂，且均有家养猪、狗的存在，综合罗家角和西溪遗址的材料认为不存在驯化的牛。马家浜文化早期先民的生业方式主要是通过渔猎野生动物来获取肉食资源，家畜饲养业的比重在逐渐提高（《东南文化》5 期）。

戴玲玲等人通过对安徽侯家寨遗址出土动物遗存的种属鉴定和量化统计发现，哺乳类动物是侯家寨遗址先民主要的肉食来源，以猪和鹿的骨骼数量最多，其他动物作为补充。这反映出当时肉食资源获取途径以家猪饲养为主，辅以渔猎和捕捞。通过对双墩等遗址的综合分析指出，淮河流域的先民在已经开始饲养家猪的情况下，仍保留了捕捞和渔猎的传统，以满足肉食需求（《东南文化》1 期）。

郑晓蕖等人对河姆渡文化田螺山遗址一、二期出土的菱角进行了植物考古统计和分析发现，与一期相比二期的菱角数量锐减。不同时期菱角数量的变化，反映了人们生业方式发生了改变，田螺山遗址的先民逐渐减少了对野生植物资源菱角等的摄入，从而转到了对稻作农业的开发上（《江汉考古》5 期）。

陈伟驹对咸头岭文化沙丘、贝丘两种类型遗址出土动植物遗存及石质工具的分析，结合陶器纹饰、人骨稳定同位素测定及古环境研究结果，认为咸头岭文化的生计以植物采集为主，以渔猎为辅，认为包括浙江、福建、广东和广西东南沿海地区在内的同时期的河姆渡文化及壳丘头文化等人群的生计方式均与咸头岭文化相似（《考古》8 期）。

（四）社会研究

1. 聚落研究

刘辉注意到长江中游发现的史前城址可分为三个相对集中的分布区域，呈现出新月形带状分布格局，石家河古城在该区域中居中心地位。依规模的大小等标准将屈家岭文化至石家河文化时期长江中游史前城址分为四级聚落等级，并将城址聚落群内部结构分为核心圈层、控制圈层、势力范围三个层次。作者认为这样的聚落等级体系和圈层结构反映了长江中游地区已经超越了方国阶段，进入了王国文明阶段（《江汉考古》5 期）。

连云港市藤花落遗址发掘报告认为该遗址发现的内外两圈城址是同时存在的，王芬对此持有异议。她通过对有效层位关系和时代特征明确的器物的分析，确定内城的始建年代可早到大汶口文化晚期偏晚阶段，使用至龙山文化第二期前段，外城城墙的建造年代应在龙山文化第二期后段。外城城墙使用时内城城墙已废弃，不存在内外城墙同时使用的情况（《江汉考古》5 期）。

2. 墓葬研究

墓中随葬猪下颌骨是黄河流域等地区新石器时代比较普遍的现象，对其性质与象征意义的阐释也是考古学界讨论热烈的一个话题。孙丹分五个时段梳理了黄、淮河流域史前时期随葬猪下颌骨的墓葬材料，发现淮河地区是随葬猪下颌骨最早、最为流行的地区。黄河流域随葬猪下颌骨的数量存在很大的不平衡性并与淮河流域存在区别，黄河流域猪下颌骨的随葬情况或许体现了不同的社会特质。作者认为墓葬随葬的猪下颌骨属于“祭品”，是在葬仪中献祭给墓主享用，是财富和地位的体现（《考古》10 期）。

魏继印从墓葬材料出发探讨了豫陕晋邻近地区仰韶时代至龙山时代社会的等级分化过程，认为半坡文化时期处于平等的氏族社会阶段，这种情况一直延续到庙底沟文化时期，庙底沟文化最末阶段开始出现等级分化的趋势。至西王村三期文化时社会等级分化加剧，发展至龙山时代早期豫陕晋邻近地区进入不平等的等级社会。作者指出该地区仰韶时代至龙山时代的社会变化是在外来文化的影响和作用下出现的（《华夏考古》3 期）。

李斌梳理了黄河流域仰韶时代至龙山时代的建筑奠基遗存，发现奠基遗存主要分布在陕西、河南、山东三地，以河南为中心。用人作为建筑奠基的牺牲很普遍，奠基的规模和形式随时代而发展。某些建筑基址下的“瓮棺”是祭祀性质的遗存（《中原文物》1 期）。

郭怡等人通过对陕西渭南市北刘遗址出土的老官台文化和庙底沟文化的 8 具人骨骨胶原中 C、N 稳定同位素的分析发现，该遗址早、晚两期男女食物结构无明显差异。综合分析北刘、姜寨和清凉寺三处从前仰韶时代至龙山时代三个连续文化发展的遗址男女食物结构的差异，大体勾勒出了关中及邻近地区史前社会制度从母系氏族社会向父系氏族社会转变，父系氏族社会从萌芽到发展的过程（《华夏考古》1 期）。

李永强将史前居室葬分为洞穴葬、典型居室葬、居室地面葬、居址葬等几类，指出前三者与渔猎文化关系密切。作者认为北方地区地面集体葬及灰坑葬很可能受到了中原农业社会葬俗的影响，但北方地区早在兴隆洼文化时期的兴隆沟遗址就出现了多人地面葬，故此问题仍有待进一步探索（《中原文物》6 期）。

3. 亲缘关系研究

董豫等人介绍了古 DNA 方法和稳定同位素方法在重建古人亲属关系和社会组织形态方面的原理，用这两种方法对大汶口文化傅家遗址 23 个人骨样品进行了研究，结果表明傅家遗址应为母系社会。其男性个体应都是该母系氏族的成员，而非入赘的女婿，表现出强调血亲而忽视姻亲的情况（《考古》7 期）。

4. 社会层级研究

张小帆依形态将崧泽文化陶质酒器分为甗甑类、盆匜类、尊类、罐瓮类、鬶类、盉类等十类，按功能分为酿酒器、贮酒器、宴享酒器三大类。又将其按属性分为非礼仪用器和礼仪用器两类，认为崧泽文化的陶质酒器基本涵盖了从酿造到宴享的全过程。推测种类繁多的酒器不但体现着崧泽文化的农业与制陶水平，亦显示出当时的礼仪制度（《考古》12 期）。

宋健认为良渚文化社会是以神权为主导的，玉琮是神权的物化形式。根据玉琮的拥有方式将良渚文化聚落划分为四个层级，总的来看良渚文化玉琮、玉钺的使用从早到晚表现出由规范到松弛的趋势，反映出良渚对其他聚落控制力的削弱。而后期用钺数量的变化也暗示了权力结构的变化，即世俗权力的上升（《东南文化》1期）。

5. 象征与符号研究

后石家河文化玉神像、玉人像和玉鸟的来源及属性是学界所热议的话题。孙庆伟认为这些玉器题材均与少皞氏密切相关。少皞氏首领重具有双重身份，既为少皞之子，又为东方之神句芒，后者形象为“人面鸟身”。他认为玉人像所表现的即少皞氏首领重，玉神像和玉鸟则分别代表了句芒的两种面相，并推测石家河等遗址出土的这些玉器应是“禹征三苗”过程中少皞部族携带至此的结果（《江汉考古》5期）。

崔天兴从陶寺遗址出土陶盘上的彩绘蟠龙纹的图式出发，通过与相关考古材料的对比，认为蟠龙纹所要表达的可能是蚕吃桑叶的艺术形象，可将其解释为蚕形龙（《北方文物》3期）。

何驽对于陶寺遗址ⅡM26：4骨耜上的疑似人工刻划痕迹，综合微观观测结果、符号形态及笔道交叉等现象认为，骨耜上的刻划痕迹应为人工产物。这一符号有可能是最初的“辰”字，标识着墓主人农官的身份（《考古》2期）。

夏商周时期考古

方　辉

2017年度，夏商周考古学术活动频繁，考古成果丰硕。宁夏彭阳姚河塬商周遗址、河南新郑郑韩故城遗址考古发掘入选年度十大考古新发现，各地相关考古新发现更是层出不穷。学术界围绕新石器时代晚期至青铜时代欧亚大陆的互动、三代神圣空间的形成演变及其背景以及区域考古的重大问题展开讨论，取得新的进展。据不完全统计，2017年度共召开相关学术会议20余次，发表相关考古简报及论文近400篇，出版考古发掘报告、专著及论文集等40余部。

一　夏时期考古

在夏时期考古新发现方面，地处豫、陕、鄂交界地丹淅库区的下寨遗址曾发现过龙山时代末期遗存，被命名为乱石滩文化或类型，2017年度又报道了从龙山时代末到二里头文化早期的墓葬材料，其文化面貌既有从龙山末到二里头早期文化转型中的时代特点，也有地处豫陕鄂地区文化因素来源多元化的区域特征，发掘者仍倾向于归入乱石滩类型，附录刊布了墓葬人骨的15个^{14}C测年数据（河南省文物考古研究院等：《河南淅川下寨遗址龙山时代末期至二里头早期墓葬发掘简报》，《华夏考古》3期）。河南淅川沟湾遗址也发现了与此相似包括瓮棺葬在内的文化遗存（郑州大学历史学院等：《河南淅川沟湾遗址王湾三期文化遗存发掘简报》，《华夏考古》3期）。由河南省文物考古研究院和首都师范大学联合发掘的郾城县皇寓遗址发现的二里头文化遗存，年代相当于二里头文化第二、三期，被认为属于典型的二里头文化。发掘者认为该遗址所在位置位于伊洛地区通往湖北盘龙城所经过的地带，为研究二里头文化向南方的传播提供了佐证（河南省文物考古研究院等：《河南郾城县皇寓遗址二里头文化遗存发掘简报》，《考古》2期）。

海岱地区岳石文化一段时间以来缺少有规模的考古发掘工作，济南彭家庄遗址发掘报告的公布一定程度上弥补了这一缺憾，尤其是集中出土的较为丰富的陶器等实物，为了解鲁北地区夏及早商时期考古学文化面貌提供了可资比较的材料，也有助于岳石文化分期的研究。该遗址龙山文化灰坑出土的陶器年代较晚，应该代表了海岱龙山文化向岳石文化过渡阶段的遗存（山东省文物考古研究院：《济南彭家庄遗址2008年发掘报告》，文物出版社）。岳石文化墓葬发现极少，有关人骨的研究就更为少见。赵永生等人对章丘城子崖遗址H393出土的两具岳石文化人骨作了鉴定分析，为研究该文化居民，尤其是底层人群的体质特征、病理及营养状况等提供了新材料（赵永生等：《章丘城子崖遗址H393出土人骨的鉴定与分析》，《东方考古》14期）。

长江流域夏时期考古有新收获。江西省鹰潭市月湖区童家镇大塘村角山窑址，从年代学考察属于从夏代早中期延至商代前期的遗存，绝对年代为距今 3980～3360 年，时代跨度 600 余年，在文化期段上分为两期四段。在两期四段中，可以发现角山窑址的器物在各期段中有着相对稳定的组合关系并且有比较清晰的发展演变关系；同时，角山窑址的器物群与中原、江西中西部等同时期遗址中出土的器物群有着显著的不同。发掘者认为角山窑址年代应在夏代早中期至商代前期（尤其是夏商之际至商代前期），是活动在武夷山脉西北麓信江流域的一个相对稳定的人群的遗存（《角山窑址：1983～2007 年考古发掘报告》，文物出版社）。

在夏文化研究方面，孙庆伟结合文献资料和黄河中下游地区龙山时代至二里头时代考古学新发现，从夏代都邑和文化交流两个方面对“夷夏东西说”提出新认识（《“夷夏东西”的新认识》，载山东省文物考古研究院、北京大学震旦古代文明研究中心、莒县人民政府编著《青铜器与山东古国学术研讨会论文集》，上海古籍出版社）。陈国梁系统梳理了二里头文化嵌绿松石铜牌饰的研究历史，并从形制、技术、观念等方面对铜牌饰的来源进行了探讨，认为其来源是多元的，包括了二里头文化边缘地区的铜矿和绿松石矿、西方或北方的冶金术、海带地区的绿松石加工方法、新砦和陶寺文化的龙纹主题图案等［《二里头文化嵌绿松石牌饰的来源》，《三代考古》（七）］。

在先商文化研究方面，袁广阔、秦小丽合著《早商城市文明的形成与发展》（科学出版社）一书在梳理早商文化形成和发展脉络的基础上，认为郑州地区早商文化的形成是下七桓文化和岳石文化等外来文化经过豫东进入郑州地区与当地二里头文化融合的结果，可称为先商洛达庙类型。洛达庙类型是先商向早商二里冈下层文化的过渡期文化。

陈国科提出“西城驿—齐家冶金共同体”的概念，强调西城驿人群在冶金技术向东方的传播上所发挥的重要作用（《西城驿—齐家冶金共同体》，《考古与文物》5 期）。范宪军等人发表了西城驿遗址浮选植物遗存分析结果，指出该遗址的农业始终以粟、黍旱作农业为主，四坝文化时期小麦和大麦普遍种植，农业呈现多元化的特征（《西城驿遗址浮选植物遗存分析》，《东方考古》14 集）。蒋宇超等人对甘肃民乐东灰山遗址采集的属于四坝文化的浮选样品进行了分析，发现其农业经济是经营以粟为主黍为次的小米类农业，小麦、大麦和裸大麦被普遍使用，是旱作农业的补充（《甘肃民乐东灰山遗址的浮选结果》，《考古与文物》1 期）。

陈坤龙等分析了河北蔚县三处遗址出土的 8 件青铜器，指出其材质均为铜、锡、铅合金，成型技术以铸造为主，与辽西夏家店下层文化铜器具有一致性（《河北蔚县出土早期铜器的科学分析与研究》，《文物》6 期）。孙蕾等通过对河南尉氏新庄遗址二里头人骨的分析，认为这组人群属于中原地区土著古中原类型居民，同时不排除其与北方和西北方不同体质类型人群发生联系并受其影响的可能（《河南尉氏新庄遗址二里头人骨种系初探》，《文物春秋》5 期）。

二　商代考古

安阳殷墟族邑是近年来研究的热点问题，安阳刘家庄北地的发掘为此提供了新材料。该遗址位于殷墟南区，东北距苗圃北地不足 1 千米处，以往发现过包括房基、水井、灰坑和墓葬在内的较为丰富的商代晚期遗存。2009～2010 年安阳市文物考古研究所在此进行发掘，在 2000 平方米的范围内发掘出商代建筑基址 6 座、灰坑 8 个、墓葬 114 座，年代从殷墟二期延续至四期。铜器铭文有戊、启、鬲、癶，发掘者判断这一带应是多个族属的杂居区。其中最大的一座墓葬 M33 出土了 12 件青铜礼器，2 件爵带有铭文“戊”，发掘者认为该族应即甲骨卜辞中的商王同姓贵族戊（安阳市文物考古研究所：《河南安阳刘家庄北地商代遗址墓葬 2009～2010 年发掘简报》，《文物》6 期）。《三代考古》（七）介绍了位于殷墟宫殿区东北部约 10 千米的辛店商代铸铜遗址发掘情况。在 1360 平方米的范围内发现了包括墓葬、房址、窑址、灰坑和道路在内的各类遗迹，尤其是一批与铸铜相关遗迹、遗物的出土，表明这是一处商代晚期族邑聚落与大型铸铜遗址，年代约属于殷墟二期至四期。从出土的铜器铭文看，以“天”“戈”族徽为主，曾见于殷墟多个遗址。遗址的发掘为了解殷墟的布局和“大邑商”的范围提供了重要资料［孔德铭等：《河南省安阳市辛店商代铸铜遗址发掘及学术意义》，《三代考古》（七）］。《中原文物》第 5 期发表了 2002 年安阳北徐家桥村北商代遗址发掘简报，介绍了两座房址和两座墓葬的发掘情况，其中的 IV 号四合院由院门、庭院、台阶、堂屋、东西厢房和门塾组成，建造年代为殷墟四期早段，废弃于四期晚段。包括两座墓葬在内的其他墓葬均出土有石条形器和柄形器半成品，说明墓主人是从事石器制作的工匠。其中的 M120 出土一套铜觚爵，爵上带有“酉”字族徽铭文，年代为殷墟三期（《2002 年安阳北徐家村北商代遗址发掘简报》，《中原文物》5 期）。何毓灵对殷墟铁三路 M89 墓主人的身份进行了研究，认为是制玉家族的族长，可能同时从事玉器的制作及家族的运营、管理［《试析殷墟一座玉匠墓》，《三代考古》（七）］。

曹楠介绍了加拿大皇家安大略博物馆明义士收藏的殷商玉石器，并与殷墟出土同类器比较，认为其都是殷墟遗物，有几件可能是侯家庄王陵大墓的遗物（《加拿大皇家安大略博物馆明义士收藏的几件殷商玉石器》，《中原文物》6 期）。徐琳介绍了北京故宫博物院收藏的商代玉器，不乏精品，其中的一件白玉鸟形佩，在鸟冠部位的两侧分别砣刻“侯”“牧”二职官名，尤为重要［《故宫博物院藏商代玉器概述》，《三代考古》（七）］。

陕西华县南沙遗址早年曾报道过调查与试掘材料，《三代考古》（七）发表了 1983～1984 年发掘报告，发掘者认为其年代从早商二段到中商三期，但存在少量二里头文化晚段的器物，并存在地方文化和来自于其他文化的因素，建议称为商文化“南沙类型”。发现的商代遗迹有墓葬、房址、陶窑和灰坑等。从其公布的东部平面图及相关材料分析，可能存在着制陶作坊“操作链”。发掘者认为该遗址具有防卫性质，是商文化向西扩张的跳板。该遗址面积达 30 万平方米，规模较大，值得关注，但现有资料似乎尚不足以支持其区域中心的地位。

郭俊峰等人介绍了山东省济南市刘家庄遗址历次考古出土青铜器的情况，并对济南周边地区有铭青铜器作了梳理，强调了济南地区在商王朝经略东方的战略地位。其中提及的刘家庄商代墓葬出土青铜器铭文涉及族徽达五种之多，值得注意（《济南刘家庄遗址商代青铜器墓葬浅析》，载山东省文物考古研究所、北京大学震旦古代文明研究中心、莒县人民政府编著《青铜器与山东古国学术研讨会论文集》，上海古籍出版社）。李翠霞介绍了山东莱芜嬴城遗址出土的商晚期铜斝、铜爵情况，其中斝鋬下有铭文“取”，是鲁中地区首次发现商代有铭青铜器（《山东莱芜嬴城遗址出土商代晚期青铜器》，载山东省文物考古研究所、北京大学震旦古代文明研究中心、莒县人民政府编著《青铜器与山东古国学术研讨会论文集》，上海古籍出版社）。李楠对滕州前掌大商周墓地的结构与族属问题进行了审视，对主流的“薛国墓地说”提出异议，认为遗址内存在着多处等级不同、族群各异的墓地，如“史”“鸟”乃至“夋”等，径直称为“史”国并不妥当（《前掌大商周墓地结构与族属辨析》，载山东省文物考古研究所、北京大学震旦古代文明研究中心、莒县人民政府编著《青铜器与山东古国学术研讨会论文集》，上海古籍出版社）。王祁对鲁北地区商代青铜容器及铭文作了分析［《鲁北地区商代青铜容器研究》，《三代考古》（七）］。

广汉新药铺遗址与三星堆遗址隔河相望，是三星堆遗址群的重要组成部分。《考古学报》第 2 期报道了 2012 年度的发掘收获。所揭露的主要遗迹为陶窑和灰坑，出土了较为丰富的陶器、石器等遗物，其性质应为小型制陶作坊。关于其年代，发掘者认为这些遗存所延续的年代比较集中，应同属一期，可分为早、晚两段，略晚于三星堆一、二号祭祀坑，并以此判断，三星堆在一、二号祭祀坑出现之后的一段时间内应还相当繁盛（四川省文物考古研究院：《四川广汉新药铺商代遗址发掘报告》，《考古学报》2 期）。三星堆遗址考古的另一收获是该遗址东北角马屁股城墙的发掘，根据 2014～2015 年的发掘，确认其为最早始建于三星堆遗址三期呈垂直相连的城墙拐角，晚于二期始建的月亮湾小城。这一收获使得三星堆城圈的北城墙得以坐实，对于认识三星堆聚落结构和城址营建过程具有重要意义（四川省文物考古研究院：《四川广汉市三星堆遗址马屁股城墙发掘简报》，《四川文物》5 期）。

刘亦方等人对郑州地区晚商文化进行了分期和构成方面的研究。他们将郑州“白家庄期”之后直至商末周初的晚商文化分为三期四段，并对各个期段的遗存进行了文化因素分析，指出二期多东方文化因素而三期含有少量周文化因素。文章还探讨了郑州晚商文化与安阳殷墟都邑文化的差异（《郑州地区晚商文化研究》，《考古》8 期）。

香港东湾仔遗址是近年发现的环珠江口地区一处比较丰富的商时期遗址。陈琴探讨了其陶器分期，认为其年代相当于商代中晚期，并对遗址的功能分区、环珠江口文化圈及其与周边其他文化的关系作了分析（《香港东湾仔遗址商时期陶器及文化面貌分析》，《四川文物》2 期）。

商代墓葬以随葬铜觚、爵套数多寡表示墓主人身份地位，已成为共识，其中殷墟妇好墓出土的觚、爵套数有不同计算方法，直接影响到对商代青铜礼器制度的认识。岳洪彬通过对妇好墓铜觚、爵的分类分组，结合其上族徽铭文，指出妇好墓应为 4 组 10 套觚爵，进而认为这 10 套觚爵的配置应该是晚商礼仪活动中所用礼器组合的最高规制。文章还考察了随葬觚、爵商墓的空间分布，提出“觚爵核心配置礼器群分布圈”的概念［《论妇好墓随葬铜觚爵的配置及相关问题》，《三代考古》（七）］。

内田纯子、岳占伟通过对殷墟孝民屯铸铜遗址出土陶范的观察，提出“独立纹饰范”的概念，这种陶范流行于殷墟三、四期，其特点是小而薄，纹饰较浅，主要用于铜爵、觚的生产，目的是扩大规模化生产，降低直接在外范上施纹所带来失败的可能性［《独立纹饰范的研究》，《三代考古》（七）］。花东 H3 是专门挖建的埋藏甲骨的窖穴。刘一曼将甲骨出土情况、有字甲骨的埋放位置与甲骨上的刻辞内容相联系，发现了甲骨占卜后保存、归档和最终处理的一些有规律的现象，并推测“甲骨按内容存放并有专人保管”“腹甲与背甲可能分别存放”“多用大小相近的卜甲占卜相同事件”等（《花东 H3 坑甲骨埋藏状况及相关问题》，《考古学报》3 期）。朱乃诚认为，妇好墓出土的 14 件玉琮大都作为装饰品使用，商王朝不存在作为礼器使用的玉琮（《殷墟妇好墓出土玉琮研究》，《文物》9 期）。

李翔研究了青铜时代早期70余件陶方鼎（杯），对其时空分布、器物形态及其与铜方鼎的关系作了分析，认为陶方形器反映着方形礼器传统的诞生，并认为陶方鼎模仿自铜方鼎（《青铜时代早期陶方鼎（杯）研究》，《中原文物》6期）。孙明分别对商周横置提梁铜卣（《商周横置提梁铜卣研究》，《文物》4期）和单鋬铜尊（《论商周时期的单鋬铜尊》，《文物春秋》4期）的型式与年代、起源与功能、时空分布及其历史背景等作了研究。张亚莉对商周扁足铜鼎作了梳理，揭示了其由盛器发展为温器的演变之路（《略论商周扁足鼎》，《华夏考古》2期）。

郭军涛对商周时期青铜分裆鼎作了年代学研究，梳理了分裆鼎的母型来源，理出了自殷墟二期至西周中期两类器物的演变序列，并进而分析了分裆鼎在不同时期及区域间出现的多寡及可能的原因（《商周时期青铜分裆鼎初探》，《文物》10期）。韩鼎分析了郑州小双桥商代青铜建筑饰件上的纹饰图案，对原报告将两侧面纹饰解读为“龙虎搏象图”提出质疑，认为表现的是“人虎蛇”主题，其中的人物蹲踞，额间有翎羽，手脚为鸟爪形，是商代巫觋的形象［《郑州小双桥商代青铜建筑饰件纹饰研究》，《三代考古》（七）；《早期“人蛇”主题》，《考古》3期］。

在仔细观察从二里头文化至战国数十处商周遗址出土陶模、范实物的基础上，常怀颖注意到模、范上存在的一种刻划阴线的现象，论证了这是解决块范浇注工艺中脱范或陶范密合定位问题的关键，并探讨了其出现至成熟期的发展过程（《论商周陶模和范上的“定位线”》，《考古》3期）。

韩炳华《晋西商代青铜器》（科学出版社）搜集整理了自1938年以来出土于晋西高原、太原盆地和临沧盆地的商代青铜器和部分金器共220余件（组），通过对这些资料的分类对比研究，重新分析了青铜器年代和文化因素，讨论了文化谱系与相关族属问题，并从铸造工艺、合金成分、铅同位素比值等方面对部分青铜器进行了统计和分析。

张昌平等人对盘龙城聚落布局进行了研究，认为其与中原地区早、中商时期地区性城市的一般规划相近，又因聚落的兴衰变迁、地理位置与环境等因素形成一些区域性特征，应为中原王朝二级城市中心（《盘龙城聚落布局研究》，《考古学报》4期）。

黎海超等人对黄河流域商时期印纹硬陶和原始瓷器产地进行了研究，认为早商、中商黄河流域此类器物来源于盘龙城、吴城、池湖等地点；晚商时期则源自长江中游的对门山—费家河类遗存和长江下游的南山窑址等（《黄河流域商时期印纹硬陶和原始瓷器产地研究》，《江汉考古》4期）。

施劲松《三星堆文化的再思考》（《四川文物》4期）一文提出了三星堆文化青铜器生产及其技术来自西北地区的可能性。尽管青铜容器表明其观念受到东方的影响，但是该文化以青铜雕像、神树、眼形器等为代表的某些信仰与观念，与西北地区及近东的联系似乎更明显。作者还对三星堆文化的划分及当地早期国家的出现提出了自己的看法。朱乃诚对三星堆祭祀坑出土的带有“祭祀图”玉璋的考证，认为系由牙璋改制而成，并对改制的时间、地点乃至牙璋由中原传入蜀地的时间、途径等作了推测（《三星堆祭祀坑出土“祭祀图”牙璋考》，《四川文物》6期）。因为学术界对于牙璋的起源及其传播途径尚存在众多说法，该文的某些推论有待新材料的验证。

商周青铜器上的族徽文字作为族氏名号，常以人名、地名、国名为称，或与官名、职事结合，是研究当时族氏历史、家族形态、社会结构以及文化礼俗的重要资料。但由于材料分散、考释不易、分期断代困难，目前对其史料价值的认识和判断，尚存在较多的歧义和困难。雒有仓《商周青铜器族徽文字综合研究》（黄山书社）通过对商周时期青铜器族徽文字的性质、特点、渊源、分类、考释方法、分期断代、族氏关系等作了系统考察，有助于充分利用其史料价值深入探讨商周社会的家族形态、社会结构以及民族融合等诸多方面的情况，对于认识汉字起源和商周铜器分期断代亦有裨益。

2015年是郑州商城遗址发现60周年。为了进一步发掘其历史价值，2015年7月召开了“夏商周时期的中原与周边——纪念郑州商城发现60周年暨韩维周、安金槐、邹衡先生学术成就研讨会”。会后发表的24篇论文，内容涉及郑州商城及夏商周考古学等研究、中华文明史的研究等诸多领域（《中华之源与嵩山文明研究》第三辑，科学出版社）。郑州商城遗址发现60多年来，通过大量考古发现，发现了规模宏大的夯土城墙、宫殿建筑、祭祀场所以及居住遗址、作坊遗产等，出土了数以万计的青铜器、玉器、陶器、石器、原始瓷器等大量珍贵的文化遗物。这些发现集中反映了我国商代前期青铜文明的发展水平，具有重大的历史文化价值。《郑州商城遗址保护》（科学出版社）一书，系统梳理了郑州商城考古遗址公园的建设历程，详细介绍近年来郑州商城大遗址保护所作的具体工作，以专业的态度、翔实的资料、丰富的图片、通俗的语言表达出来。让公众更深入、更全面地了解文化遗产保护提高文化遗产保护意识，同时也为其他类似遗址的保护提供了借鉴。

三　西周考古

河南安阳小司空村南两周墓葬，为当地西周考古学文化的年代序列构建提供了新材料。发掘者将21座西周墓和46座东周墓作了分组与分期，深化了对安阳地区周文化的认识（《河南安阳小司空村南两周墓葬》，《考古学报》3期）。河南淅川申明铺东遗址西周遗存（靳松安等：《河南淅川申明铺东遗址文坎沟东地点龙山与西周遗存发掘简报》，《文物》2期）和下寨遗址西周遗存（曹艳朋等：《河南淅川县下寨遗址西周遗存发掘简报》，《华夏考古》2期）的发掘，为认识该地区楚文化形成之前的周文化面貌，寻找早期楚文化提供了实物资料。下寨遗址发现的一座埋葬有完整黑熊骨骼的灰坑比较罕见。

陕西长安贾里村西周遗址是一处由小型墓葬组成的墓地，发掘者认为这里可能是以商系移民为主体的聚落，这对研究西周社会结构有重要价值（陕西省考古研究院：《贾里村西周遗址》，文物出版社）。

李峰等人报道了重庆忠县邓家沱遗址2003年发掘情况，并根据地层关系和^{14}C测年数据，将其遗存分为三期五段，年代为商代晚期至西周时期（《重庆忠县邓家沱遗址商周遗存2003年发掘简报》，《文物》2期）。

徐良高结合西周考古的发现，对西周王朝的社会与政体作了概括性论述［《家国天下》，《三代考古》（七）］。他还结合山东地区周代考古成果，对西周时期侯、伯的性质和政治地位等作了思考，其中涉及对滕州前掌大、长清仙人台所代表的“薛”“邿”是侯国还是附庸宗族的问题（《西周时期侯、伯性质与大东地区政治格局的考古学观察》，载山东省文物考古研究所、北京大学震旦古代文明研究中心、莒县人民政府编著《青铜器与山东古国学术研讨会论文集》，上海古籍出版社）。牛世山系统梳理了殷墟与周边西周时期的文化遗存，将其分为商式、关中典型周式和豫北冀南周式三类风格，指出它们在对殷商文化和典型西周文化的传承和革新方面存在差异；文献记载西周所迁的殷顽民，其主体是原来生活在殷商故都的以家族为单元的族群（《西周时期的殷墟与周边：文化的传承与革新》,《华夏考古》2 期)。他还对先周文化的研究作了回顾,提出了未来探索先周文化的路径[《周族起源与先周文化研究的回顾与思考》,《三代考古》(七)]。袁广阔等人介绍了首都师范大学博物馆近年入藏的青铜器邢公簋,推测其年代属于西周晚期(《首都师范大学历史博物馆藏邢公簋》,《文物》2 期)。

种建荣等人依据宝鸡贾家崖遗址 2013 年的发掘资料,对该遗址两周墓葬分为两期四段,年代分别相当于西周晚期和春秋早期,认为这一分期结果可作为大周原西部边缘地区两周时期陶器分期年代的新标尺。从墓葬特征和随葬品组合看,墓葬属典型的周文化风格,与该地区同时代的秦墓特点迥异(《宝鸡贾家崖遗址两周陶器分期研究》,载山东省文物考古研究所、北京大学震旦古代文明研究中心、莒县人民政府编著《青铜器与山东古国学术研讨会论文集》,上海古籍出版社)。对宝鸡石鼓山墓地的研究形成了一个小高潮。《三代考古》(七)集中发表了李宏飞、任雪丽、郭晶、孙晓鹏等人的文章,内容涉及器用制度、葬俗与族属和性别考古等。

傕马庄遗址位于山东省济南市市中区党家办事处傕马庄村西南,2007 年为配合京沪高速铁路建设工程进行了考古发掘,文化堆积以周代为主,也有部分新石器时代遗存。通过对典型遗物进行对比,可知该遗址时代主要为西周中期偏早到西周晚期。遗址文化特征与中原周文化具有较大一致性,弧裆鬲主流风格来自于中原地区,豆、罐等器类极为相似。除中原周文化因素外,还可以看出商文化的影响。傕马庄遗址的发掘,对研究济南地区周代文化的面貌特征具有重要价值(《济南傕马庄遗址发掘报告》,载《京沪高速铁路山东段考古报告集》,文物出版社)。

方辉通过对鲁北地区出土西周早中期青铜器的考察,发现它们大都沿泰沂山脉北线和环渤海湾一线分布,而且大都离开原商代晚期的区域中心。商末周初聚落形态这一明显变化,无疑与武王灭商和周公东征后区域政治中心的变动有直接关系(《鲁北地区出土的西周青铜器及其历史背景》,载山东省文物考古研究所、北京大学震旦古代文明研究中心、莒县人民政府编著《青铜器与山东古国学术研讨会论文集》,上海古籍出版社)。唐锦琼等人通过对以龙口归城为核心的周代青铜器的考察,系统梳理了胶东地区中原化的历史进程。青铜器铭文表明,西周早中期胶东与中原地区交流密切,互动较多,而西周晚期则单调得多,反映了此时期当地中原化进程的完成(《胶东地区中原化进程的考古学观察》,载山东省文物考古研究所、北京大学震旦古代文明研究中心、莒县人民政府编著《青铜器与山东古国学术研讨会论文集》,上海古籍出版社)。魏成敏等人则通过对临淄齐故城出土商周青铜器及大城城墙营建年代的考察,认为该城城垣最早营建于西周中期之前,这些发现为探索临淄为太公定都的营丘增添了有力证据(《临淄齐故城出土商周青铜器与相关问题探索》,载山东省文物考古研究所、北京大学震旦古代文明研究中心、莒县人民政府编著《青铜器与山东古国学术研讨会论文集》,上海古籍出版社)。

王迪通过对兖州西吴寺周代聚落以陶窑为中心的空间位置分析,识别出 A 区六、七段期间存在的一处由陶窑、灰坑、隧道、烧流的陶器、陶拍等相关遗存组成的制陶作坊,并推论出该作坊的烧陶区、取土区、晒土—制坯—晾坯区和祭祀区等。这是一次成功的微观聚落考古的个案研究(《山东兖州西吴寺遗址周代制陶作坊辨识》,《考古》2 期)。

蒋刚就陕北、晋西北出土的商周青铜器所属的文化类型、年代下限及石楼类型、保德类型的划分问题进行了阐述,回答了此前有关学者的质疑(《再论陕北、晋西北南流黄河两岸出土商周青铜器》,《边疆考古研究》21 辑)。

为配合三峡工程建设，万州范围内有24处地面文物须搬迁保护或留取资料。《万州下中村遗址》（科学出版社）是重庆市万州区下中村遗址的发掘报告。报告以时代先后为序介绍了该遗址新石器、商周、汉至六朝、唐宋、元明清时期遗存7次考古发掘的成果。在遗址Ⅲ区及Ⅵ区T613探方东部和南部发现商周时期的地层堆积，出土遗物仅有陶器和石器两类，未发现遗迹。在Ⅴ区和Ⅶ区发现商周时期的墓葬3座，但未发现地层。《万州下中村遗址》为研究三峡地区新石器至商周时期考古学文化、汉至六朝墓葬考古、唐宋至明清时期的市镇研究等提供了丰富的实物资料，对建立三峡地区新石器至明清时期的考古学文化序列具有一定意义。

冯时对琉璃河黄土坡253号墓出土的“堇鼎”铭文作了考释，指出其中的“饴”本义为饴糖，为养生养老之美食，读为“颐”，训为养，堇鼎铭文叙述的是燕侯命堇于宗周奉养大保召公，因勤勉周到而获召公赏赐。该铭文是目前所见最早的养生养老史料（《堇鼎铭文与召公养老》，《考古》1期）。王恩田辨识青铜器中一组“荷”器的真伪，再次强调“成周”为成王所营建的周都，进而论证该铭文对于青铜器断代的重要指示作用（《荷卣、荷壶真伪辨——兼论荷簋、荷尊的年代与族属》，《考古与文物》5期）。

叶家山曾国墓地发掘之后，有关曾国世系问题成为讨论热点。黄锦前认为西周早中期铭文中的公仲应为康、昭时人，系首任曾侯南公子，为第二代曾侯（《公仲考论》，《文物春秋》5期）。他还认为，首任曾侯应是“西宫（伯）”，亦即昭公奭，而非“南宫（括）”[《西周金文曾侯的“西宫”“东宫”“南宫”及相关问题》，《三代考古》（七）]。

金沙遗址阳光地带二期地点位于成都市西郊金牛区营门口乡黄忠村六组，地处金沙遗址的西北部，该地点发现了丰富的商周时期的遗存并出土了大量的遗物。阳光地带二期地点商周时期的遗存，无论是从文化内涵，还是时代特征均属于成都平原商周时期的十二桥文化，该地点的发掘与整理为研究金沙聚落群的内部结构和物质文化以及聚落发展演变提供了重要的考古材料，同时也延展了十二桥文化内涵与时代的宽度与厚度（《金沙遗址：阳光地带二期地点发掘报告》，文物出版社）。万娇通过对成都十二桥遗址早期地层的堆积结构、木构件特征与分布、出土器物统计以及部分典型陶器的分析，认为遗址本身为一处滨河遗址，可能存在着河房和伸向河床的码头等遗迹。其最下层的⑬层为原生堆积，其上各层则为洪水事件中受流水搬运作用形成的次生堆积。并认为附近的指挥街遗址也存在类似现象，与十二桥遗址为同一次洪水事件形成的堆积（《成都十二桥遗址早期堆积的性质及成因分析》，《文物》12期）。

学术界对于成都羊子山土台遗址的年代存在争议。郭明从遗址等级、建筑方向及其与金沙遗址的距离等几个方面进行了考察，认为应当是在高台建筑盛行风气影响下，由金沙遗址的使用者在东周时期采用当地的建筑技术建造而成（《成都羊子山土台遗址试析》，《江汉考古》2期）。作为金沙玉器系列研究成果之一，王毅、邓聪主编的《金沙玉工Ⅰ》（四川人民出版社）对金沙遗址出土的玉石璋作了专门研究。该书的亮点是玉石器工艺研究方面，微痕观察成果配以高清晰照片，效果极佳。

杨岐黄对周原与強国墓地出土玉器进行了对比研究，指出了它们之间的异同及其原因（《周原遗址与強国墓地出土玉器的特色比较与思考》，《考古与文物》5期）。黎海超对西周时期南、北方出土的原始瓷器进行了研究，指出钱塘江流域是其主产地，浙东、闽北是其次中心（《论南方地区西周时期原始瓷器的生产分区及其与北方原始瓷器的关系》，《考古与文物》5期）。上述研究主要是基于类型学分析所得出的结论，尚有待科技考古方法的检验。

陈小三通过识别一批中原地区发现的具有长江中下游地区风格的青铜器，阐释了后者为中原青铜器的生产提供了给养，丰富了中原地区青铜器的内涵，所涉及的这类青铜器器形以鼎为主，还包括了盘、甬钟和矛等。文章还通过对青铜器铭文的分析，探讨了有关的历史背景。该研究对于长江中下游地区周代青铜器断代，以及长江中下游地区与中原地区的文化交流，都有积极意义（《长江中下游周代前期青铜器对中原地区的影响》，《考古学报》2 期）。他还对宜昌万福垴出土的一件铜鼎作了专门研究（《宜昌万福垴发现铜鼎的启示》，《江汉考古》4 期）。

安静平等人通过对山东地区 13 处遗址浮选材料进行的分析，对岳石文化至周代农业作了考察，发现粟、黍一直占据主导地位，但小麦的地位在周代得到明显提升，与此相应，水稻的地位则呈下降的态势；油料类作物主要是大豆、大麻［《山东地区青铜时代农业考察》，《三代考古》（七）］。魏娜等人对山东青岛河南庄周代遗址碳化植物遗存作了分析，指出粟和小麦是当地周代先民的主要农作物，黍、水稻、大豆和赤豆是农作物的重要组成部分，当时人们也利用了野生的植物和果类作为食物的补充（《山东青岛河南庄周代遗址炭化植物遗存研究报告》，《东方考古》14 集）。但这里的“周代”究竟属于西周还是东周，有待作必要的测年或公布与植物遗存共存的陶器资料予以说明。

四　东周考古

洛阳西小屯位于东周王城遗址内中部偏北，在此区域内因发现战国时期的烧窑作坊和制玉制骨作坊，被认为是东周时期的作坊区。西小屯五座春秋墓，保存完好，随葬品丰富，器物组合完整。其中四座墓各随葬 5 件铜鼎，规格较高，是洛阳地区东周考古的重要发现，为东周王城春秋时期的城市布局和墓葬分布提供了不可或缺的研究资料。随葬品中的高浮雕双身蟠龙纹铜壶、络绳蟠虺纹铜罍铸造工艺高超，纹饰精美，具有很高的历史、科学和艺术价值（《洛阳西小屯春秋墓发掘报告》，中州古籍出版社）。

河南荥阳官庄曾于 2013 年发现过西周城址，2010～2012 年郑州大学历史学院等单位继续在此勘探发掘，确认这是一座“吕”字形布局的两周时期城址，并报道了在小城内东北部发掘的规模最大的两座墓葬 M1、M2（《河南荥阳官庄遗址 M1、M2 发掘简报》，《文物》6 期）。两座墓葬均为一棺一椁墓，出土青铜礼器除一件鼎外，主要为兵器戈及车马器，年代分别为春秋中期偏早和春秋早期。官庄城址发掘之初曾被推测为与东虢有关。发掘者根据 M1 墓底有腰坑及 M2 出土商式陶鬲等现象推测，两座墓葬可能属于郑人治下的殷遗民遗存。《中原文物》报道了新郑华信学院新校区 60 座空心砖墓的发掘情况并作了介绍，该遗址时代为战国中晚期，出土随葬品为陶器、铜器和铁器等，铜器中有素面铜镜和用作棺饰的铜璜等（《新郑华信学院新校区空心砖墓葬发掘简报》，《中原文物》6 期）。

徐昭峰以东周王朝国都为例探讨了城郭形态的变化，认为从“宫城＋郛区”的城郛形态发展为“宫城＋郭城＋郛区”的城郭形态，在我国都城发展史上具有一定的代表性（《从城郛到城郭》，《文物》11 期）。侯卫东以春秋时期郑国境内的城址为例，探讨了周王朝外服诸侯都邑营建制度问题（《试论周王朝外服诸侯都邑营建制度》，《考古与文物》5 期）。常怀颖对两周都邑铸造作坊作了考察，尝试对铜器生产作坊在都邑性聚落中的空间布局进行梳理［《两周都邑铸造作坊的空间规划》，《三代考古》（七）］。

新泰周家庄墓地是近年发现的比较重要的东周墓地，有若干篇文章对该墓地进行了研究。王青对随葬品华盖壶、华盖笾和龙耳簋等仿铜陶礼器的演变分期作了补充，并对作为齐国边邑的周家庄墓地的社会及人员构成作了推测（《新泰周家庄东周墓地的几个问题初识》，载山东省文物考古研究所、北京大学震旦古代文明研究中心、莒县人民政府编著《青铜器与山东古国学术研讨会论文集》，上海古籍出版社）。发掘者认为属于齐墓的该墓地东周墓在埋葬方式上也体现出了鲁文化、吴文化因素，印群通过考察这批墓葬在使用青膏泥、腰坑、殉狗、墓向等因素，认为它们"似还有莒文化因素以及鲁中以南地区具有一定地域性的丧葬习俗"［《论新泰周家庄遗址春秋时期青铜礼器墓的文化因素》，《三代考古》（七）］。

陈小三对两件齐国著名青铜器洹子孟姜壶和陈喜壶进行了研究，认为它们均属于春秋晚期，并指出春秋中期开始各地区间器物的差异性加大，对它们的断代要综合考虑，形制之外，还应结合纹饰细节及铭文内容进行判断（《洹子孟姜壶和陈喜壶的相关问题》，载山东省文物考古研究所、北京大学震旦古代文明研究中心、莒县人民政府编著《青铜器与山东古国学术研讨会论文集》，上海古籍出版社）。张俊成对近年出土的鲍子鼎铭作了补释，推断其年代为春秋晚或战国早期（《鲍子鼎铭文补释及年代问题》，《华夏考古》2期）。董雪介绍了十余件山东临淄出土战国彩绘铜镜（《山东临淄出土战国彩绘铜镜》，《文物》4期）。

近年屡有西周鲁国有铭青铜器出土的报道，学术价值极高，惜皆出自境外私人藏家。朱凤瀚结合传世鲁器和文献记载，对此作了系统梳理，尤其是带有长铭的䧹卣，证明文献中鲁炀公迁鲁（今曲阜）的可信性，这一点可与鲁故城迄今未见西周早期遗存互为印证。文中所介绍的流散到海外和中国香港的鲁侯鼎、鲁侯簋各2件，表明鲁国重要墓地可能已惨遭盗掘（《鲁国青铜器与周初鲁都城》，载山东省文物考古研究所、北京大学震旦古代文明研究中心、莒县人民政府编著《青铜器与山东古国学术研讨会论文集》，上海古籍出版社）。赵燕姣也对2件䧹器铭文作了释读和考证（《䧹器所见早期鲁国史》，载山东省文物考古研究所、北京大学震旦古代文明研究中心、莒县人民政府编著《青铜器与山东古国学术研讨会论文集》，上海古籍出版社）。韩辉等人根据最新勘探资料，对鲁故城西周时期居址、手工业作坊区以及城市水系作了简要陈述，有助于未来考古工作的开展（《浅析鲁故城西周遗存》，载山东省文物考古研究所、北京大学震旦古代文明研究中心、莒县人民政府编著《青铜器与山东古国学术研讨会论文集》，上海古籍出版社）。

刘延常等人回顾了莒文化考古的历程，介绍了近年来的新发现，对莒文化墓葬特征谈了最新认识（《莒文化新发现及相关认识与思考》，载山东省文物考古研究所、北京大学震旦古代文明研究中心、莒县人民政府编著《青铜器与山东古国学术研讨会论文集》，上海古籍出版社）。印群对新泰周家庄墓地春秋时期青铜礼器墓的墓圹面积、随葬青铜礼器和兵器情况作了分析，认为其等级性主要是通过随葬青铜礼器的数量来反映的，不同意墓地发掘者所认为的随葬兵器是衡量等级的重要标志（《论新泰周家庄遗址春秋时期青铜礼器墓的等级性》，《东方考古》14集）。徐倩倩系统梳理了青铜器铭文所见两周时期山东古国间婚姻关系资料，为研究山东古国政治、文化交流提供了一个切入点（《青铜器铭文所见两周时期山东古国婚姻关系》，《东方考古》14集）。有学者根据小邾国墓地出土材料，对青铜簠形制演变作了梳理，并以此为线索对该墓地各墓葬之间的早晚关系及墓主人作了分析，对小邾国国君世系作了推测（胡嘉麟：《东周时期的小邾国青铜簠——兼论小邾国墓地的相关问题》，《东方考古》14集）。黄锦前《𢽴伯鼎考释》（《东方考古》14集）认为“𢽴伯”即春秋早期前段“𢽴”国族君长，该国族位于山东南部，文章还探讨了该国族与别国的关系等问题。郅同林等人对周代郚国都城（《郚国都城考》，载山东省文物考古研究所、北京大学震旦古代文明研究中心、莒县人民政府编著《青铜器与山东古国学术研讨会论文集》，上海古籍出版社）、魏国等人对淳于和杞城（《从考古材料看淳于地望》，载山东省文物考古研究所、北京大学震旦古代文明研究中心、莒县人民政府编著《青铜器与山东古国学术研讨会论文集》，上海古籍出版社）的有关考古发现作了介绍和考证。

作为《周初二系：试论东周时期铜簠的分类和谱系》的姊妹篇，路国权《再论东周时期铜簠的谱系和源流》（《东方考古》14集）一文根据统计结果以柱状图形式展示了A型和B型簠在北方和南方的分布和演变过程，并结合文献记载分析其所反映的历史背景。

《文物》第4期报道了北京房山前朱各庄战国墓M1发掘资料。指出墓葬曾遭盗扰，但仍可判断为一棺一椁墓，出土铜器18件（组），器形有鼎、豆、壶、甗、盘、匜及兵器、车马器等。发掘者推测与燕中都城有关（《北京房山前朱各庄战国墓发掘简报》，《文物》4期）。辽宁辽阳市徐往子战国墓具有战国中期燕文化的特点，这是该地区首次发现燕文化墓葬（《辽宁辽阳市徐往子战国墓》，《考古》8期）。王恩田对传出自内蒙古、现藏山东博物馆的一件战国时期赵国有铭铜戈进行了分析，并据此探讨了兵器从铸造到验收的制度（《十九年邦大夫戈与兵器入库试器验收制度》，《文物》4期）。

湖北老河口安岗一号、二号楚墓是近年来楚国墓葬的重要发现。两座墓葬均为单椁重棺，保存完好，出土极为丰富的铜器、陶器、玉石及竹木质遗物，墓主人身份为下大夫级别，年代均属战国中期晚段（《湖北老河口安岗一号楚墓发掘简报》，《文物》7期）。刘国胜、胡雅丽推测为“目前已发掘楚墓中仅有的双墓未遭盗扰且一并出土遣册的夫妻异穴合葬墓”，为探讨楚国贵族丧葬礼制及其家庭起居习俗等增添了重要资料（《湖北老河口安岗楚墓竹简概述》，《文物》7期）。荆州望山桥M1规格更高，葬具为两棺两椁，时代亦为战国中期，惜被盗严重。发掘者根据残存遣册推测墓主人为文献中的中厩尹，楚宣王之孙（《湖北荆州望山桥一号墓发掘简报》，《文物》2期）。《文物》第2期公布了湖北枣阳九连墩楚墓出土的漆木弩彩画，绘画题材丰富，反映了涉猎、游玩、迎候、舞蹈、练气、侍候等内容，对研究战国中期楚国的贵族生活和绘画艺术具有重要价值（《湖北枣阳九连墩楚墓出土的漆木弩彩画》，《文物》2期）。

巨鹰墓地位于安徽省六安市经济技术开发区中部，共发现209座墓葬，年代跨战国晚期及整个西汉时期，最晚段进入东汉早期，其年代序列完整，为一处平民公共墓地。出土的陶器组合丰富，包含楚、吴越、秦、汉等诸多外来文化因素，形成了具有鲜明文化、时代特征的战国至汉代遗存。该批材料的公布，有利于全面认识六安地区战国至汉代的丧葬文化面貌，也为战国至汉代区域考古学文化研究提供了宝贵的资料（《巨鹰墓地发掘报告》，上海古籍出版社）。六安市十里铺1号土墩墓的年代为战国晚期至西汉早期，具有明显的楚墓特征。发掘者复原了土墩墓的形成过程（安徽省文物考古研究所：《安徽六安市十里铺1号土墩墓》，《文物》2期）。

《考古》第8期报道了甘肃漳县墩坪墓地2014年度的发掘情况。由于盗掘严重，给这批墓葬的研究带来极大困难，发掘者只能从残存遗迹遗物作出判断。作者认为，该墓地的年代应在春秋晚期至战国中期；属于西戎文化，可能与獂戎关系密切。葬制中同时存在竖穴土坑墓和竖穴土坑偏室墓、殉牲遗存常见牛、马、羊头骨和蹄骨较有特色，随葬品中的蜻蜓眼珠饰和穿孔海贝等值得注意（《甘肃漳县墩坪墓地2014年发掘简报》，《文物》8期）。

由重庆市文物局等单位编著的《忠县邓家沱遗址与渔洞墓地》（科学出版社）包含有丰富的商周时期考古学文化遗存，对研究该地区商周时期考古学文化的性质、文化发展序列和文化之间的相互交流提供了重要资料。流溪河不仅是广州的母亲河，同时还是广州先秦遗址分布较丰富的区域。流溪河流域文物资源考古调查是近年广州地区开展的首次系统性、全流域性的主动考古调查项目，共计复查和新发现各时期遗址361处，绝大多数为新发现遗址，特别是300余处先秦两汉遗址的发现，极大地丰富了流溪河流域文物资源，从而为了解、认识、研究从化流溪河流域古代文化提供了较为全面而系统的第一手资料（《广州从化流溪河流域考古调查报告》，广州出版社）。

张立东对早年传出于寿县朱家集李山孤堆楚幽王墓的曾姬方壶铭文作了考释，同意铭文中的"唯王廿又六年"为楚宣王说，指出铭文中墓葬称陵、墓地称蒿间，在出土文献中是最早的，由营建阴宅而铸器，在铜器铭文中也是唯一的（《曾姬方壶铭文考释》，《中原文物》6期）。日本学者山本尧从淅川下寺2号墓墓主人问题的讨论入手，指出仅取个别包含作器者铭的青铜器，以此为根据推断墓葬埋葬年代的方法，忽视了青铜器的制作年代与墓葬建造年代不同这种可能性。作者在重新整理淅川楚墓出土青铜礼器编年的基础上，确认了该墓群中存在的青铜器传世现象，并对传世现象在春秋末产生的性质变化进行了讨论［《论淅川楚墓铜器群的传世与其历史背景》，《三代考古》（七）］。作为随州义地岗东周时期曾国墓地的一部分，随州师范墓地出土一批战国中晚期楚国风格的墓葬，对于研究战国时期曾、楚关系提供了重要资料（《湖北随州师范墓地2011年发掘简报》，《江汉考古》2期）。

有学者根据成都金沙遗址"黄河"地点二层下墓葬随葬品的分析，将其分为五组，年代从西周晚期至战国初期，第二期出现了以仿铜陶盏和铜浴缶等器物为代表、目前所知成都平原年代最早的楚文化因素，反映的是楚文化自春秋中期以来向西的扩张，并推测其背景可能与开明氏来源相关（杨振威等：《成都金沙遗址"黄河"地点二层下墓葬年代记相关问题》，《四川文物》4期）。

张亮、滕铭予对三晋地区两周东周墓中的仿古铜器作了梳理，发现这类器物流行于春秋早期早段和春秋中期晚段到战国中期两个时间段，并分别对其历史背景作了分析（《中原地区东周铜器墓中的仿古器物》，《文物》7期）。

张闻捷从东周自铭铜器入手，对东周飤器组铜器作了分类梳理，指出了其地域分布特点和功能变化情况，进而分析了这类馈飨生人的器具集中出现于东周的原因（《东周飤器组铜器研究》，《考古与文物》3期）。

青铜器的定名与典籍中名物的对应问题是个难点，有时会因铜器自铭得以解决，或使得问题变得更加复杂化，即使像爵、觚这类看似简单的礼器在与礼书中的实物对应时也并非易事。严志斌《瓒爵辨》［《三代考古》（七）］和朱渊清《赞同》（《艺术史研究》18辑）对商及西周时期的爵、觚和玉柄形器作了系统梳理，有助于对此类器物定名、功能和使用方式的认识。徐倩倩对一种自铭为鈚的青铜酒器作了梳理，对其分期断代和时空分布进行了研究，指出其为男性专用器物（《浅谈青铜鈚》，载山东省文物考古研究所、北京大学震旦古代文明研究中心、莒县人民政府编著《青铜器与山东古国学术研讨会论文集》，上海古籍出版社)。

周代乐钟研究取得新的进展。张闻捷研究了周代葬钟与乐悬制度的关系，认为葬钟制度与陈设方式既受乐悬制度的影响，又依据墓葬这一特殊载体而多有变通和调整（《周代葬钟制度与乐悬制度》，《考古学报》1 期)。侯卫东对周代甬钟的组合与演变作了梳理，认为从西周早期到战国早期有复杂化和规范化的趋势，战国中期之后衰微［《略论周代甬钟的组合与演变》，《三代考古》(七)］。米永盈对春秋初期至西汉前期的合瓦体青铜组钟进行了类型学研究，分别探讨了它们的源流（《合瓦体青铜组钟及其发展源流研究》，《考古与文物》5 期)。

苏晓威对东周至西汉的铜炉作了系统分类梳理，探讨了铜炉的分期、分区与功能等(《论东周至西汉时期的铜炉》，《考古学报》3 期)。代丽娟对成都平原小型青铜兵器进行了梳理，涉及分类、年代和性质等（《成都平原小型青铜兵器研究》，《考古学报》4 期)。

日本学者丹羽崇史对中国失蜡法及有透空状纹饰的青铜制品的制作工艺进行了学术史梳理，结果发现，不仅是失蜡法本身的有无，在很多方面已有研究成果之间均存在着认识上的差异，包括一次铸造的范围、铸接、焊接等接合法等，指出“明确整个器物的具体制作过程成为亟待解决的问题”［《关于中国失蜡法出现之学史讨论》，《三代考古》(七)］。

王青从豫南地区五处商周西汉墓葬中识别出随葬前代遗玉的例子，考察了它们的制作或改制的年代，并对其来源途径作了分析（《豫南地区商周西汉墓出土遗玉研究》，《中原文物》1 期)。叶晓红以桐柏月河 M1 出土玉器为例，研究了春秋晚期玉器制作工艺（《春秋晚期玉器工艺研究》，《中原文物》6 期)。

李天虹等人根据楚墓出土遣册资料对东周家居用席作了研究，对于了解古代的记席纹方式、编织技术及相关礼制有所助益（《严仓一号楚墓遣册记载的家居用席》，《文物》9 期)。在名物考古方面，徐如聪等人对与射具有关的韝、拾、遂、捍等作了考证（《射韝》，《江汉考古》4 期)。潘玲等人系统研究了商周时期北方地区的腰带，清晰归纳出北方系腰带形制的演变序列（《东周时期中国北方系腰带研究》，《边疆考古研究》21 辑)。魏泽华对辽西至晋中地区史前至战国时期陶器和铜器上的蛇噬蛙纹饰作了分析，追踪了其向西南地区的传播路径，并指出了此类题材在中原地区文献中的杀伐兵事寓意及其原因(《蛇噬蛙纹饰器物分析》，《民俗研究》1 期)。

刘晓东等人通过对考古学文化谱系和先秦文献史料的梳理、归纳，探讨了黑龙江考古学文化与古族的对接问题（《先秦时期黑龙江古族及其与考古学文化对接问题》，《北方文物》3 期)。包曙光以东灰山墓地为例对四坝文化殉牲作了研究，认为四坝文化尚未形成稳定的殉牲习俗或制度，并进而分析该文化在殉牲和生业模式的东、西之别（《四坝文化殉牲研究》，《考古与文物》3 期)。刘羽阳、王辉对西北游牧地区东周时期盛行的埋葬动物头蹄的现象作了研究，认为游牧区与战国长城和农耕区的等雨线恰与动物头蹄墓葬分布线相重合，此类墓葬的从有到无，反映了民族融合的过程（《先秦时期西北游牧地区动物埋葬习俗——从埋葬头蹄的现象谈起》，《考古与文物》1 期)。

枣庄徐楼春秋墓材料发表之后，引起学者的关注，有几篇文章讨论两座墓的有关问题。苏荣誉对铸镶红铜这一特殊工艺作了研究，他通过对枣庄徐楼出土的铸镶红铜青铜器的考察分析，认为这批器物代表了铸镶红铜工艺的早期形态，鲁南及其附近地区，特别是到淮河北岸区域，可能是铸镶红铜工艺的发祥地和产地。这一工艺从春秋中期发端到战国早期晚段式微，只能以这一工艺掌握在少数工匠手中来解释（《枣庄徐楼出土铸镶红铜青铜器谈论》，载山东省文物考古研究所、北京大学震旦古代文明研究中心、莒县人民政府编著《青铜器与山东古国学术研讨会论文集》，上海古籍出版社）。井中伟《论枣庄徐楼春秋墓的几个问题》、路国权《峄城徐楼 2009M1、M2 铜器群的年代及意义》均同意墓葬族属滥国说，并对墓葬年代、滥国与宋国的关系及与性别有关的几件器物进行了讨论（两文均载山东省文物考古研究所、北京大学震旦古代文明研究中心、莒县人民政府编著《青铜器与山东古国学术研讨会论文集》，上海古籍出版社）。

南普恒等采用 ICP－AES 对山西曲沃羊舌晋侯墓地出土的部分铜器进行微量元素分析，并与晋国东周铜器、长江中下游春秋楚墓铜器及古铜矿采冶遗址的铜锭、铜颗粒等进行比较分析，表明羊舌墓地铜器的铜料来源于长江中下游铜矿带，应与春秋初年晋楚之间的盐铜贸易有关（《羊舌晋侯墓地铜器矿料来源的微量元素分析》，《中原文物》2 期）。郎剑锋、崔剑锋对临淄辛店安乐店一号墓出土的两件战国青釉罍进行了分析，认为应为齐国本地产品，而且是迄今所知世界上最早的铅釉陶制品（《临淄战国齐墓出土釉陶罍的风格与产地》，《华夏考古》2 期）。费昂斯是一种非整体均质的硅酸盐玻璃质材料，被称作最早的高科技陶瓷材料。林怡娴、Thilo Rehren 对四川凉山盐源征集的一串费昂斯管竹作了检测分析，认为可能为沙子与牛粪灰二元原料经埋粉烧结法施釉的高钾费昂斯，并推测为本土制作且与战国时期西北地区的西戎文化关系密切（《凉山州博物馆藏盐源征集费昂斯串珠的考察》，《四川文物》6 期）。

五　综合研究及其他

李旻的《重返夏墟：社会记忆与经典的发生》（《考古学报》3 期）是采用社会记忆理论，系统梳理周人传说系统与龙山时代至三代时期神圣之地考古发现之间关系的一篇长文，指出“龙山时代政治和宗教遗产是三代文明社会记忆与经典发生的重要源泉”，在研究方法上强调突破史前与历史时代的分野及考古与文献间的区隔，从更长时段的纵深度来考察古代政治宗教传统的渊源与变化。

张弛将公元前 2300～前 1500 年之间的龙山—二里头文化时期看作是中国乃至东亚历史的一个关键时段，原来的新石器时代文明在核心地区衰落，处于欧亚接触地带的半月形地带兴起，在与豫西和晋南这一唯一没有衰落并保存了新石器时代以来复杂社会的区域互动中形成了随后中原地区的青铜时代文明新格局（《龙山—二里头——中国史前文化格局的改变与青铜时代全球化的形成》，《文物》6 期）。

韩建业对公元前 2 千纪中后叶青铜时代晚期亚洲中部地区的圜底陶罐进行了综合研究，将其分为齐家文化、卡拉苏克文化和萨恩萨伊三个系统，论述了其分布区域的变迁与不同文化传统的人群迁徙流动、碰撞融合有关，并提及这一变化对我国北方地区青铜时代文化的影响（《公元前 2 千纪中后叶亚洲中部地区的圜底陶罐》，《考古》9 期）。

杨建华、邵会秋考察了公元前 2 千纪到公元前后长达 2000 年中国北方与欧亚草原以金属器为代表的文化交往历史，认为这一交往为汉代丝绸之路的开通奠定了基础；在商周之际形成的独具特色的北方青铜器向外传播，与蒙古高原乃至叶尼塞河中游到米奴辛斯克盆地的文化相融合，在战国末期形成了草原最早的国家——匈奴联盟（《欧亚草原东部金属之路的形成》，《文物》6期）。

蒋刚《文化演进与互动：太行山两翼夏商西周时期青铜文化研究》（科学出版社）对太行山两翼夏至西周时期诸考古学文化的分期、年代、文化因素构成等情况进行了详细分析，并在此基础上考察了太行山两翼地区夏至西周时期考古学文化格局的变迁及其原因。通过这种文化格局变迁的研究，指出夏商西周文化对其北方地区的经略方式存在差异，同时又具有明显的联系。

梁云对早期秦文化的来源作了系统研究。他认为，作为统治阶层的嬴秦宗族来自于东方，与商文化关系密切，但考古学上秦文化的来源与历史学上秦人的族源是两个既有联系又有区别的问题。他将早期秦文化因素分为商文化、周文化和西戎文化三类，并分别考察了它们的来源及消长，指出："在西周中期的秦文化中，第一类因素还占优势。到了西周晚期至春秋早期，第二、三类因素明显占优，第一类因素仅在贵族的丧葬活动中有所体现。至此，三类因素水乳交融，有机结合，形成了一种稳定的文化结构，一种面貌全新的秦文化终于形成了"（《论早期秦文化的来源与形成》，《考古学报》2期）。

随着对外交流与国家"一带一路"倡议的深入，从跨区域、跨洲乃至全球角度探索古代文化交流的考古研究在逐年增加。杨琳、井中伟对我国境内发现的权杖头进行了类型学分析，并分别探寻了其来源及传播路线（《中国古代权杖头渊源与演变研究》，《考古与文物》3期）。巴泽雷克文化是欧亚草原地区早期铁器时代考古学文化之一，绝对年代约为公元前6~前3世纪，在其发展过程中曾向位于其南部的我国新疆地区进行扩张。邵会秋对这一过程进行了研究（《巴泽雷克文化在新疆的扩张与影响》，《边疆考古研究》21辑）。

《考古》第1期发表了马克·波拉德等人的文章，介绍了牛津大学冶金考古团队提出的被称为"牛津体系"（Oxford System）的新方法，该方法旨在通过探索铜器微量元素、冶金组成以及同位素来了解各种铜合金器及其原料的流通过程。与以往对铜器中的微量元素和同位素特征与已知的采矿遗址进行配对不同，新方法"是基于对大量器物的化学组成和同位素特征规律的解读，而非针对单个器物的分析数据，其目的是从研究问题的本质出发，探究这些特征规律如何随地域、时代、器物类型和考古背景的迁移而变化。"这种方法在我国运用如何，值得期待。

一个时期以来，历史时期农业考古相对于史前农业考古而言相对沉寂，无论在技术、方法还是成果等方面都不太多。刘兴林的《先秦两汉农业与乡村聚落的考古学研究》（文物出版社）一书，在充分收集先秦两汉农业考古资料的基础上，系统考察该时期农业生产和技术的发展以及乡村聚落和农民的生活，从考古学的视角对农业生产过程到农民生活状况进行了分析和解读。

罗宏才整理的《徐旭生陕西考古日记》（陕西师范大学出版总社），首次公布了徐旭生从1933年2月11日到1935年6月14日在陕西组建陕西考古会并主持宝鸡斗鸡台考古工作期间的日记，翔实记录了徐旭升先生在陕西各地进行文物调查以及在宝鸡斗鸡台考古工作的真实情况，为研究考古学史，尤其是商周考古学术史提供了重要史料。

秦汉时期考古

杨哲峰　李云河

2017 年的秦汉时期考古存在以下几个现象：就新公布的资料而言，城址和聚落考古方面相对较少，而墓葬资料和往常一样仍占了新材料的主要部分，此外还新发表了一些简牍资料和美术考古图像资料；研究方面，简帛研究方面论著数量大增、成果丰硕，至于墓葬研究、美术考古、手工业专题研究等方面也都有突出表现。

一　城址聚落

关于秦汉都城：2005—2006 年发掘的汉长安城建章宫一号建筑遗址，发现由房址和过道组成的主体建筑，以及由庭院和廊道组成的附属建筑，出土较多础石、铺砖、瓦和瓦当等建筑材料，以及陶器、铜器、铁器、铜钱、钱范等遗物，推测可能是太液池的岸边建筑之一（《考古》1 期）。2013 年对汉长安城西安门外西南方——今莲湖区三民村的一处大型遗址进行了发掘，该遗址由围墙、主体建筑、附属设施构成，出土遗物以建筑材料为主，推断其时代为西汉至新莽时期，可能与南军或北军的驻地有关（《考古》1 期）。2012 年至 2016 年阿房宫与上林苑考古队对汉唐昆明池区域进行了大规模考古勘探，确定了池岸的位置与池深，发现了昆明池进水渠、出水渠道与汉唐漕渠，还意外发现夏商时期环壕聚落，并第一次从考古学上确定了滈水与周代丰镐遗址东界的位置（《中国文物报》3 月 24 日）。2015 年对陕西三原县天井岸村汉代礼制建筑遗址进行的考古调查和局部钻探，在天井壕遗址发现有巨型圆坑以及夯土台体，根据采集到的建筑遗物判断遗址时代为西汉晚期，推测巨型圆坑可能为汉代的“天齐公”遗址，夯土台体为“五帝祠”遗址（《考古与文物》1 期）。由中国社会科学院考古研究所编著的《发现长安：中国社会科学院考古研究所西安研究室成立六十周年纪念》（中国社会科学出版社）对西安研究室成立以来有关秦阿房宫与上林苑考古发现、西汉长安城遗址考古发现等进行了总结。

刘瑞《阿房宫：从考古学展开秦统一研究的核心遗存》（《光明日报》7 月 17 日）一文认为秦代存在一条“嵯峨山—阿房宫—沣峪口”南北向中轴线，可北延长至高阙、南至钦州湾口，且与“汧河口—渭河口—上朐”东西轴线垂直，阿房宫恰好在东西、南北向轴线的近 1/3 位置。曾磊依据文献记载对秦代的国门规划进行了讨论（《文物、文献与文化：历史考古青年论集》，上海古籍出版社）。段清波通过梳理汉长城城的建设过程，提出汉长安城并不是一次性设计建造实施的产物，其轴线和朝向在西汉二百年间曾发生过由东西向到南北向的巨大变化，西汉晚期贯穿长安城的南北向超长基线的确立，意味着南向理念、南北郊祀、左右对称、轴线意识的最终形成。这种新的都城规划原则作为汉文化的构成要素之一，对于东汉及其以后都产生了深远的影响（《中原文化研究》2 期）。

徐龙国、徐建委梳理了古代城门门道形制的发展演变过程，结合汉长安城布局的形成，认为《考工记·匠人营国》是对汉长安城都城建设成就的描述与总结，于西汉末年写定（《文物》10 期）。杨秀娟对文献所载汉代长安的“槐市”进行了考证，认为槐市并非普通的书肆，而是太学生讨论学问的公共文化空间（《文博》5 期）。

周繁文著《长安城与罗马城：东西方两大文明都城模式的比较研究》（社会科学文献出版社）则从政治军事空间、生活空间、经济空间、神圣空间和陵墓空间五个基本功能入手，结合文献记载和前人研究成果，对汉长安城和罗马城进行了系统的比较研究，总结了长安城和罗马城各自所具有的一些特质，探讨了这些特质对于东西两大帝国疆域内的地方城市所具有的示范作用，以及在两大文明体系内承前启后的重要意义。

关于东汉都城洛阳，本年度出版了吴涛《汉代洛阳研究》（科学出版社）以及聂晓雨主编《汉魏洛阳城遗址保护与展示图集》（中州古籍出版社）等著作。

关于秦汉长城与直道遗迹：作为 2007—2010 年国家重点文化遗产保护工程“长城资源调查报告”的成果之一，由辽宁省文物局编著的《辽宁省燕秦汉长城资源调查报告》（文物出版社）在吸收历年有关考古发现和研究的基础上，全面报道了辽宁省燕秦汉长城调查的主要收获，进一步明确了辽宁省燕秦汉长城的总体分布及相互关系，有助于进一步探讨当时长城障塞的防御体系和屯戍制度，并为今后的保护和管理提供参考。徐卫民、胡岩涛有关甘肃省境内秦始皇时期长城的考辨（《中国历史地理论丛》4 期）、王子今有关秦直道的研究（如《秦始皇直道起点辩正》，《人文杂志》1 期；《说“圣人道”“圣人条”：秦始皇直道研究札记》，《西北大学学报（哲社版）》2 期；《汉武帝“巡边至朔方”与直道交通》，《南都学刊》2 期；《直道与匈奴“祭天金人”》，《社会科学》6 期）等也都值得关注。

地方城址及聚落方面：扬州唐城考古工作队在扬州蜀岗古城发现的一座北城门，被认为是汉代修缮过的汉广陵城的北门。该门曾历经多次修缮，一直延续到南宋时期，为探索汉代广陵城提供了重要线索（《中国文物报》11 月 14 日）。新报道的还有在湖北郧县[《郧县上庄遗址发掘简报》，《湖北南水北调工程考古报告集》（第七卷），科学出版社]、辽宁新宾（《新宾满族自治县近年来发现的战国至汉时期的城寨遗址》，《沈阳考古文集》第 6 集，科学出版社）等地发现的属于秦汉时期的地方城址或聚落。在湖南长沙市蔡锷中路丰盛时代大厦工地、以及长沙坡子街悦方 5、6 号工地（相关简报均见《湖南省博物馆馆刊（第十三辑）》，岳麓书社）还都发掘了汉代的水井，出土了一批陶瓷器。

胡传耸、叶倩以北京路县故城遗址、军都故城遗址为例，对北京地区汉代城市遗址的考古研究与保护问题进行了探讨（《北京文博文丛》4 期）。刘海旺总结了三杨庄汉代聚落遗址考古新进展（《中国史研究动态》3 期）。符奎对三杨庄遗址汉代聚落的耕作环境与方法进行了讨论（《中国农史》1 期）。刘尊志对秦汉时期一般庭院的布局与房屋的形制与功能等进行了探讨（《中国社会史评论》18 卷）。刘兴林《先秦两汉农业与乡村聚落的考古学研究》（文物出版社）是有关先秦两汉时期农业考古学研究的新成果，其中涉及到秦汉乡村聚落的类型和农民的生活问题。

2015 年以来对位于陕西省凤翔县境内的雍山血池遗址的钻探发掘，为探讨秦汉时期的祭祀问题提供了重要线索，已引起广泛讨论。本年度发表的杨曙明《雍山血池遗址与汉高祖刘邦北畤考》（《秦汉研究》第十一辑，陕西人民出版社）否认北畤说，认为是汉代军队战前祭祀之地。

二　陵墓

关于秦始皇陵：申茂盛介绍了2009年以来秦始皇陵一号兵马俑坑第三次发掘所获诸如笼箙、盾等新发现，并就陶俑的种类和排列、等级分类问题、弓弩之檠木的定名和使用方法、“秦殳”的定名和功能等问题提出了新的见解，通过陶俑制作中存在诸多错误的现象讨论了秦代物勒工名制度中存在的灵活性（《秦始皇帝陵博物院2017（总柒辑）》，三秦出版社）。王望生介绍了1998年6月修建秦兵马俑公路专线时在秦始皇陵园北侧吴中墓地发现的7座砖椁墓，判断其时代为秦代，并推测墓主人可能为参与修建陵园的工匠或管理刑徒的人（《秦始皇帝陵博物院2017（总柒辑）》，三秦出版社）。武丽娜对秦始皇帝陵K0006号陪葬坑的性质进行了考证，认为应该是象征着为秦始皇帝出行服务所必需的“人员、马、车”俱全的综合服务机构（《秦始皇帝陵博物院2017（总柒辑）》，三秦出版社）。王志友、刘春华探讨了秦始皇帝陵K9901陪葬坑4号陶俑的属性，认为其衣着上的泡钉为“鍚”，推测此种衣着为古代巴人传统，泡钉俑是宫廷武舞的表现，并由此探讨了秦人宫廷舞蹈与巴渝舞的关系（《秦始皇帝陵博物院2017（总柒辑）》，三秦出版社）。蒋文孝对秦始皇帝陵陪葬马厩坑性质进行了再研究，认为上焦村的马厩坑象征着秦代中央的12所马厩，其余的如K0006陪葬坑不是马厩坑（《秦始皇帝陵博物院2017（总柒辑）》，三秦出版社）。付建对秦始皇陵周围陪葬坑中的棚木等木质建筑构件进行了分析（《华夏考古》1期）。王学理对《史记》中记载的12则与秦始皇陵有关的文献进行解读（《秦始皇帝陵博物院2017（总柒辑）》，三秦出版社）。张卫星、陈治国以东周时期高台文化为背景，对秦始皇陵封土内的高台建筑的性质提出了新的看法（《秦始皇帝陵博物院2017（总柒辑）》，三秦出版社）。张卫星还对秦始皇陵形式所体现出的深层特征进行了探讨，认为其内在的宇宙模式与外部形制特征的构建有互动关系，秦始皇陵的形制蕴含着中心、四方以及多层环绕中心的空间特征，源于商周以来天下、中心的思想，至秦代加入皇权因素（《秦始皇帝陵博物院2017（总柒辑）》，三秦出版社）。刘卫鹏梳理了春秋至秦代的秦陵的发展历程，认为秦始皇陵在陵墓的选址、陵园的形制、封土、夯土垣墙、陪葬坑等方面均继承了战国时期秦陵的特点，同时在陵园和封土的规模、陪葬坑的种类和内涵、陵寝建筑、陵邑设置等方面又有创新和发展，成为独立陵园的高峰，达到陵墓“若都邑”的象征（《秦始皇帝陵博物院2017（总柒辑）》，三秦出版社）。高崇文对秦始皇陵陵寝制度进行了深入探讨，认为陵寝的正式出现应源于虞祭安魂之礼，秦始皇陵园的内城建筑应仿自秦始皇生前内宫宫寝而来，内城东北部小城内有可能埋的是秦始皇后宫“非有子者”诸嫔妃，其西侧的九组对称建筑则可能是模拟内宫之“后寝”，居住秦始皇后宫“有子者”诸嫔妃，南端近陵丘的最大建筑应是安置秦始皇灵魂之“正寝”，从此奠定了中国封建帝王陵园的建筑格局（《秦始皇帝陵博物院2017（总柒辑）》，三秦出版社）。段清波就秦始皇陵考古发现所见东西方文化交流问题进行了探讨，提出了一些值得注意的看法（《山东博物馆辑刊（2016）》，文物出版社）。

关于两汉帝陵：新报道主要是2014年4月咸阳市文物考古研究所在咸阳秦都区南村汉平陵邑范围内配合基建发掘的一处遗址，发现有墙基、壕沟及夯土遗迹，出土板瓦、陶罐、陶盆、铜钱等遗物，判断其为平陵邑的东园墙以及平陵邑内的一座房屋基址（《咸阳市南村汉代遗址试掘简报》，《文物考古论集（二）》，三秦出版社）。

关于西汉陵邑的设置，杨武站认为具有移民及其管理、保障帝陵营建、侍奉与服务陵园等功能（《论西汉陵邑的功能》，《考古与文物》3 期）。张英梅则通过肩水金关汉简所见陵县的行政组织，结合文献，对西汉陵县制度进行了考证（《西汉陵县制度考》，《甘肃省第三届简牍学国际学术研讨会论文集》，上海辞书出版社）。

杨哲峰对以往关注较少的东汉陵墓体系中的“追尊陵”现象进行了梳理，依据追尊陵的墓主人与追尊者之间的关系归纳为 4 种情形，认为追尊陵是东汉陵墓制度发展演变的一个重要组成部分，尤其是追尊后陵的存在，为了解东汉帝陵兆域的陵墓格局、探讨部分东汉帝陵的陵位问题等提供了重要的参考信息（《华夏考古》4 期）。徐卫民对秦汉帝陵及其影响进行了综合探讨（《黄今言教授八十华诞纪念文集》，江西人民出版社）。

关于两汉诸侯王列侯级别的墓葬：新公布的主要是 2007 年发掘的江西莲花罗汉山西汉安成侯墓，为带斜坡墓道的竖穴木椁墓，墓坑东西长 10.9 米、南北宽 8.9 米，残存深度仅 1.5 米，地表原有高约 10 米的封土堆，曾被盗扰，残存铜器、陶瓷器等遗物 169 件（套），尤其是龟钮金印“安成侯印”为探讨墓主身份提供了重要依据。发掘者推断其年代为“西汉中期偏早”，墓主人为“第一代安成侯刘苍”（死于元鼎元年，116BC）（《江西莲花罗汉山西汉安成侯墓》，上海古籍出版社）。

2007 年在临淄山王村发现一座汉代兵马俑坑，长约 15.3 米，清理和提取各类人物俑、动物俑、建筑模型、陶车、陶盾、陶乐器、陶器等各类文物 516 件（套），发掘者推断可能是西汉武帝之子齐王刘闳的陪葬坑（《临淄山王村汉代兵马俑》，文物出版社）。

从 2009 年底开始清理的江苏盱眙大云山西汉诸侯王陵园，在陵园东南侧发现 1 座明器车马陪葬坑，编号 K7，发掘者对其中的一辆车进行了整体打包，运回实验室进行了精细清理和有效保护，同时还进行了复原研究，进一步丰富了西汉时期漆木器的处理方法和保护经验（《考古》8 期）。

1992—1995 年发掘的济宁萧王庄一号墓被认为是东汉时期的任城王墓，已原址保护，该墓为砖石混合结构，使用了大量带题刻文字的石块，胡广跃对其中暴露在外可以看到文字的约 785 块刻石，按照考古发掘的出土顺序，从封顶石到封门石、前室、后室依次著录了所有文字刻石的拓本和释文，并就石料来源、石刻内容及所涉及的丧葬制度、历史地理等问题进行了探讨（《任城王汉墓出土黄肠石题刻全集》，三秦出版社）。

近年发掘的海昏侯刘贺墓及墓园，成为学界新的关注热点。在《南方文物》开设的研究专栏中，高崇文结合出土汉简《葬律》及传世礼书，对海昏侯墓及墓园的建置进行分析，指出刘贺墓严格遵守礼制，墓园中具有祠舍、陵寝等附属建筑，刘贺墓西侧的真车马坑中，除可能有用于载魂衣的魂车外，还有可能有载柩车和载随葬物之车（《南方文物》1 期）；刘尊志以南昌海昏侯墓、西安张安世家族墓等考古资料为参考，结合文献等对西汉列侯墓葬的墓外设施进行考察，将其发展划分为四个阶段，指出墓外设施具有墓葬保护、族葬与陪葬体系、墓葬祭祀三重意义（同上）；张仲立对南昌海昏侯墓与巨野红土山汉墓出土的玉器、金属器、车马器等进行对比，认为二者具有高度相似性，从而判断红土山汉墓的墓主人为昌邑王刘髆（同上）；李银德认为山东巨野的“金山大洞”为刘贺任昌邑王时期所预修的王陵（同上）。此外，刘尊志还就海昏侯刘贺墓的墓外设施、墓葬形制、出土遗物进行了讨论，认为刘贺墓在遵守列侯制度的同时还存在一些自身特点，当与墓主的特殊身份有关（《中国史研究动态》1 期）；丁岩通过刘贺和张安世的历史交集，讨论了张安世家族墓与海昏侯墓园考古的意义（《中国文物报》5 月 5 日）。

关于秦汉时期的一般墓葬：本年度公布的秦汉墓葬资料数量众多，分布广泛，为便于查检，下面按省区分别介绍有关发现和相关研究，跨区域的专题研究或综合研究则附后。

陕西省：新报道的秦汉墓主要集中发现于咸阳、西安两地。由咸阳市文物考古研究所编撰的《文物考古论集（二）》（三秦出版社）刊发了大量发掘简报，除了已在其他刊物上发表的以外，属于新刊录的秦汉墓发掘资料约20余座，主要包括：2006—2007年在咸阳东郊渭城区渭城西路工地抢救性发掘的1座殉人秦墓（M44）（页270）；2004年11月在咸阳建华煤场工地抢救性发掘的1座西汉空心砖墓（页306）；2013年2—3月在咸阳市市民文化中心配合基建发掘的14座汉墓（页311）；2003年3月在咸阳市秦都区查田村抢救发掘的2座汉墓（页324）；2004年5月在咸阳渭城区塔儿坡抢救性发掘的1座汉代合葬墓（页337）；2009年在咸阳望原新村清理的1座汉代斜坡墓道空心砖墓（页350）；2003年在咸阳二〇二所新征地发掘的3座东汉墓（页358）；等等。

此外，新公布的咸阳地区秦汉墓资料还有：2011年在咸阳渭城区民生工程工地发掘的8座汉墓，其中M3和M6出土有“建和二年”（148）朱书镇墓瓶（《考古与文物》2期）；2014年在咸阳市花杨墓群清理战国晚期至秦时期的68座墓（《文博》1期）；2016年在咸阳市渭城区聂家沟村北部发掘的4座西汉墓（《文博》6期）等。

西安地区新公布的秦汉墓资料主要是：1997年在西安北郊枣园南岭陕西省印刷厂住宅区基建工地发掘的一座保存完好的西汉早期竖穴木椁墓（《考古与文物》6期）；2011年在西安北郊富力赛高城市广场建设工地发掘的32座汉墓，时代由西汉中期延续至新莽时期，墓主人可能为汉长安城的普通居民，M14还发现有兆沟（《考古与文物》3期）；2012年在在西安北郊未央印象城基础建设过程中清理的9座小型汉墓，时代由西汉早期延续至新莽前后（《文博》2期）；2013年在西安北郊万达广场发掘的5座汉代砖椁墓（《考古与文物》1期）等。

陕西其他地区公布的还有：2006年5月，陕西省考古研究院在临潼行者白庙村配合基建清理古墓9座，其中战国中晚期墓1座，汉墓8座，汉墓形制有土洞砖棺墓与砖室墓两类，出土陶器包括鼎、壶、盒、罐、仓、灶等，其时代为西汉晚期至新莽时期（《秦始皇帝陵博物院2017（总柒辑）》，三秦出版社）；2015年在靖边县杨桥畔渠树壕发掘的1座东汉壁画墓（《考古与文物》1期）。

种建荣等《邰城汉墓陶器分期研究——关中西汉墓葬分期新探索》（《西部考古》第14辑）一文通过对陕西杨凌区邰城遗址发掘的西汉墓的分期研究，为进一步完善关中地区的汉墓编年提供了标尺，文中还对如何进行具体器物的类型学分析进行了探讨。冯锴、马川《临潼马额秦墓新出陶文及其初步研究》对2013年临潼马额墓地战国秦墓出土的戳印陶文进行了整理研究，指出戳记陶文的随葬陶器是作为交易的商品而专门制造的（《文博》1期）。

河南省：由河南省文物考古研究院编著的《三门峡市印染厂墓地》（中州古籍出版社）整理报道了1965年配合基建在三门峡市印染厂一处墓地清理的152座古墓资料，其中秦人墓葬有63座，以土洞墓为主，少量是竖穴土坑墓。报告对这批秦人墓以墓葬为单位进行了逐一介绍，并进行了分期研究。2006—2007年，配合南水北调工程在河南辉县路固村共清理各时期墓葬180座，其中汉墓148座，汉代建筑堆积1处，陶窑1座，水井1眼，灰坑5座。由中国社会科学院考古研究所编著的《辉县路固》（科学出版社）报告，对148座洞穴结构的汉代墓葬，依据墓道的形制差异、以墓葬为单位逐一介绍了每座汉墓的形制和随葬品情况，并对出土遗物进行了类型划分和综合介绍，在分期研究的基础上还对墓地的形成过程以及部分丧葬现象（如墓上坟丘和供台、进棺方式和二次进棺现象、墓内祭祀现象等）进行了分析。尤其是在墓群中发现的1处汉代建筑遗存CF1，有附属的窖穴和砖砌排水设施，但和汉墓无叠压打破关系，被推测是与汉墓同时的墓地祠堂，加上墓地附近专门烧制青砖的陶窑和附属于陶窑的水井的发现，为全面了解汉代墓地的格局提供了新的信息。

在南水北调沿线的河南淅川，本年度报道的汉墓资料有28座以上，包括：2007—2008年在淅川双河镇墓地清理的1座积石积炭墓M3（《华夏考古》2期）和1座甲字形土坑竖穴砖室墓M51（《华夏考古》1期）；2010年在淅川大石桥乡大石桥村发掘的9座东汉砖室墓（《考古与文物》4期）；2010年在淅川姜元墓地发掘的11座汉墓（《江汉考古》2期）；2012—2013年在淅川申明铺东遗址文坎沟东地点发掘的6座东汉砖室墓（《华夏考古》4期）等。

南阳地区新公布的其他发现主要还有：2005年在南阳市宛城区陈棚村发掘的3座汉墓，包括1座土坑墓、1座砖室墓和1座砖石混合的画像石墓（《中原文物》5期）；2010年在南阳市张衡东路丰源小区清理的1座砖石混合结构画像石墓（《中原文物》2期）；2012年在南阳市宛城区达士营发掘的1座画像石墓（《华夏考古》1期）等。

其他零散公布的还有：2016年在淮阳县平粮台发掘的1座西汉土坑木椁墓（《中原文物》4期）；2011年配合郑卢高速公路建设在宜阳韩城清理一批古墓，本年度报道的是其中的1座土洞墓M34，年代为西汉初期（《洛阳考古》4期）；2007年在荥阳市豫龙镇苜蓿洼墓地抢救性发掘汉墓353座，本年度报道的是1座砖券洞室墓M2和1座空心砖洞室墓M317。据介绍，之后的2008—2009年和2012年又在苜蓿洼墓地附近分别发掘汉墓302座和1000余座，这些墓地均靠近古京城遗址，被认为与该城址有关，详细资料还有待全面发表（《中原文物》4期）。

京津冀地区：集中报道的主要是2013年配合南水北调工程在河北磁县双庙墓地清理发掘的20余座汉墓，以前后室的砖室墓为多，流行小龛（《磁县双庙墓群考古发掘报告》，文物出版社）。零散报道的还有：2013年在北京市平谷区夏各庄村发掘清理的9座东汉墓，时代为东汉中晚期（《文物春秋》6期）；2015年在北京大兴区太和庄东村东南部抢救性发掘的5座东汉中晚期墓葬，多为竖穴土圹刀形砖室墓，出土壶、奁、案、耳杯、灶、井、厕等陶器以及陶塑动物、人俑等（《北京文博文丛》）。刘尊志对对京津冀地区所见汉代屈肢葬进行了初步研究（《考古与文物》5期）。蒋赴美以京津冀地区已发掘汉墓资料为基础，探讨了该地区在汉代经济发展不平衡的问题（《文物春秋》3期）。

辽宁省：2008年在辽宁营口鲅鱼圈区抢救性发掘了34座汉代贝壳墓，可分为单人葬、同穴合葬和并穴合葬三种类型（《考古学报》1期）。2010年在辽宁普兰店市姜屯墓地发掘了212座汉墓，其中154座已收入2013年出版的《姜屯汉墓》（文物出版社）报告，而遭到破坏较严重的58座墓葬资料，经过整理在本年度进行了集中报道（《辽宁普兰店市姜屯墓地58座汉墓发掘报告》，《考古学集刊》第20集，社会科学文献出版社），这将有助于更为完整地了解姜屯墓地的面貌。

山东省：2008年在京沪高速铁路山东段沿线的滕州寨山、滕州小宫山、枣庄凤凰山、泰安西大吴等墓地累计清理约297座汉代墓葬，由山东省文物考古研究院编著的《京沪高速铁路山东段考古报告集》（文物出版社）以墓地为单位，对各相关墓地的汉墓资料进行了综合报道。总的来看，这批墓葬以石构墓葬（石椁墓和石室墓）为主，另有少量土坑墓、木椁墓、砖椁墓和砖室墓等，不少石椁墓上还有石刻画像。

零散报道的山东汉墓资料，除2007年配合南水北调胶东段工程在山东龙口望马史家墓地清理的10座东汉墓（《海岱考古（第十辑）》）以及在金乡羊山（《山东博物馆辑刊（2016）》，文物出版社）、新泰南鲍村（《海岱考古（第十辑）》）等地发现的石椁画像或画像石墓之外，最为值得注意的是2011年在青岛市黄岛区土山屯墓地的发现，清理了3座封土，发掘了7座墓葬，本年度公布的两座带斜坡墓道的岩坑竖穴砖木混合椁室墓（M6和M8），其人字形木椁形制独特，出土的漆器数量众多、制作精美（《考古》10期）。另据报道2017年3月—11月，在青岛土山屯墓群部分区域又清理汉代封土14处，共发掘西汉晚期—东汉早中期墓葬52座，东汉晚期—魏晋时期墓8座，其中M147出土的玉印、玉席、玉温明、玉枕和上计公文木牍等都是十分重要的新发现（《中国文物报》12月22日）。

江苏省：本年度报道的汉墓资料主要集中于仪征、徐州等地，包括1994—1997年期间在仪征刘集镇联营村先后清理的4座竖穴木椁墓（《东南文化》4期）、2012—2013年在仪征刘集镇联营村继续清理的3座竖穴土坑木椁墓（《中国国家博物馆馆刊》8期）、2010年在仪征新集镇国庆村前庄组发掘的1座竖穴土坑木椁三棺合葬墓（《东南文化》2期），2010、2013年在徐州荆山汉墓群清理的13座汉墓（《中原文物》1期）等。

1985年曾在仪征烟袋山发掘过一座规模较大的竖穴土坑木椁墓，被称为烟袋山一号汉墓，相关资料已在《考古学报》1987年4期发表。2007年在该墓西北50米处又抢救性发掘了4座车马陪葬坑，出土了偶马车、偶牛车、木船以及大量的车马器、木俑等遗物。发掘者认为其年代与烟袋山一号汉墓相同，应归属于前者，当与广陵国王族有关（《考古》11期）。

安徽省：继2016年出版《双龙机床厂墓群发掘报告》之后，作为报告总集“安徽六安城东墓地”的第二分集《巨鹰墓地发掘报告》在本年度出版（上海古籍出版社），收录的是2007年至2008年配合巨鹰电子科技集团工程建设在六安市经济技术开发区清理的209座战国至汉代墓葬，报告按墓号对每座墓葬的形制及随葬品依次进行了详细介绍，然后就墓葬形制、主要遗物进行了类型学研究，划分为九段六期，并对墓地性质、文化结构、埋葬制度、区域地位等问题进行了讨论，为探讨六安地区战国秦汉时期的文化演变提供了丰富信息。

2013—2015年，在六安经济开发区的百胜村磨盘山墓地又抢救性发掘战国至两汉墓葬800余座，本年度公布的是其中保存较好的1座竖穴土坑木椁墓M134，出土有27件陶器，多为黑漆衣陶（《安徽六安市经济开发区磨盘山西汉M134发掘简报》，《文物研究》第22辑）。2013年在六安市十里铺发掘封土堆7个、单体墓葬138座，本年度公布的是1号墩的6座墓葬资料，其层位关系值得注意（《考古》2期）。

2012—2013年在合肥市肥西县乱墩孜发掘古墓158座，本年度公布了其中的1座西汉木椁墓的资料（M71），年代被断为西汉早中期（《文物研究》第22辑）。其他见于报道的还有2008年在淮北市人民医院住院部清理的7座战国秦汉墓，其中M3为竖井墓道土洞墓（《华夏考古》4期）；2014—2015年在济祁高速公里寿县段发掘的战国—汉墓群资料（《文物研究》第22辑）等。

浙江省：本年度公布的汉墓资料较为丰富。由杭州市文物考古研究所、余杭博物馆编著的《杭州余杭汉六朝墓》（文物出版社）集中报道了2010年至2012年间在余杭七里亭、百亩地、马家山、里山、东西大道等5处墓地累计发掘的约80座汉墓，以墓地为单位，按墓葬编号逐一公布相关资料，并附录有关杭州地区历年汉墓的发现情况，对墓葬形制、随葬品、分期与年代、文化因素等进行了综述。其中余杭百亩地21座汉墓、余杭七里亭有打破关系的9座战国汉墓都还有单篇报道（均见本年度的《东方博物》）。

其他还有2014年在绍兴市柯桥区兰亭镇阮港村后山头清理的5座西汉末至东汉早期墓（《东方博物》62辑），2016年在龙游县寺底袁村清理的1座东汉砖室墓（M66）（《东方博物》64辑），2016年在德清县武康街道新龙村古墓群抢救性发掘的5座汉代竖穴土坑墓（《东方博物》65辑）。由宁波市文物考古研究所、国家水下文化遗产保护宁波基地编著的《宁波考古六十年》（故宫出版社）介绍了有关宁波地区的汉墓情况。

湖北省：1991—1998年间配合当地砖瓦厂的取土在湖北宜城跑马堤墓地先后清理54座墓葬，由武汉大学、湖北省文物考古研究所、宜城市博物馆编著的《湖北宜城跑马堤东周两汉墓地》（科学出版社）就其中的8座战国墓、29座汉墓资料进行了全面整理和系统介绍，其中汉墓年代涵盖了西汉早期至东汉晚期各时段。报告还附录了征集的若干铜器资料，以及有关仿铜陶礼器的制作工艺、铜器成分分析和铜器制作工艺等方面的专题研究。本年度出版的《湖北南水北调工程考古报告集（第七卷）》（科学出版社）也集中报道了数批秦汉墓资料，分别是：2009年在丹江口蒿口墓地发掘的26座汉墓，2008—2009年在丹江口行陡坡墓群发掘的5座汉墓，2008年在丹江口连沟墓群发掘的1座汉墓，2010年在武当山柳树沟墓群清理的9座秦汉墓，2012年在武当山柳树沟墓群清理的19座秦墓和20座西汉墓等。

同样是南水北调工程沿线，2009年北京市文物研究所在丹江口市莲花池墓地发掘战国秦汉时期墓葬67座，有竖穴墓道土洞墓和土坑竖穴墓两种，发掘者依据器类组合分为四类，本年度按照类别选择报道了其中的5座墓葬资料（《湖北丹江口市莲花池墓地2009年的发掘》,《考古》5期）。

在郧县龙门堂墓地：2011至2012年南开大学考古学与博物馆学系发掘了77座墓，本年度已发表了3篇简报，选择报道了其中的12座墓葬资料，分别是：《湖北郧县龙门堂墓地战国及秦代墓葬》（包括M3、M4、M5、M6、M14、M35共计6座）（《考古》3期）、《湖北郧县龙门堂墓地M50等四座汉墓发掘简报》（包括M50、M73、M74与M77）（《中国国家博物馆馆刊》10期）和《湖北郧县龙门堂墓地两座汉墓发掘简报》（包括M36和M38）（《中国国家博物馆馆刊》10期）。

此外，本年度报道的还有：2012年在湖北郧县余咀墓地清理战国墓4座、东汉墓13座（《江汉考古》4期）；2014年在襄阳市卸甲山墓地抢救性清理的1座战国中期墓和8座战国晚期至西汉墓葬（《江汉考古》4期）；2016年在鄂北地区水资源配置工程东段的随州杨家河墓群等地发掘的汉魏六朝墓葬10座（《中国文物报》7月14日）；2015至2016年在荆州区郢城镇张家屋台墓地发掘古墓葬59座，其中汉代墓葬8座，有砖室墓和竖穴土坑墓两种形制（《文博》4期）；2016年在武汉市新洲区辛冲街寨山村江山湾的一处古代墓地清理两汉时期墓葬4座及窑址2座，其中竖穴土坑墓1座，砖室墓3座，时代均为西汉晚期至新莽时期（《中国文物报》1月27日）。至于2014年配合当地工程建设在随州市周家寨墓地抢救发掘墓葬24座，本年度报道的是其中的1座竖穴土坑木椁墓M8，出土大量漆木器、彩绘陶器、简牍等，推测墓葬年代为前140或前134年，其简牍内容值得关注（《考古》8 期）。

蒋鲁敬、孙凡《“十四年少府工佗”铜铍及墓葬族属初探》（《湖南省博物馆馆刊（第十三辑）》，岳麓书社）一文介绍了 2013 年在荆州火车站清理的 1 座竖穴土坑木椁墓（严家台 M6）中出土的 1 件带铭文铜铍，对铭文进行了释读，结合随葬的陶礼器，认为该墓主人应属于秦统治下的楚人或沿袭了楚葬俗的秦人。

湘赣两省：由湖南省文物考古研究所编著的《益阳黄泥湖楚墓》（文物出版社）报道了 1997—1998 年在益阳黄泥湖清理发掘的 835 座楚秦墓资料，按照报告的分期，大约 93 座（44 座陶礼器墓、49 座日用陶器墓）属于秦代墓葬，这是迄今长江以南地区报告秦代墓葬最为集中的一批，值得关注。2016 年配合长沙市政建设在枫树山墓群清理古墓 45 座，本年度报道了其中 1 座东汉时期砖室墓，出土有绿釉陶、硬陶、瓷器等遗物（《湖南省博物馆馆刊（第十三辑）》，岳麓书社）。高至喜综合 1952—1996 年间在长沙近郊清理的 61 座新莽墓葬资料，分析了其陶器组合特点，并就年代问题进行了讨论（《湖南省博物馆馆刊（第十三辑）》，岳麓书社）。尚如春、腾铭予《从考古材料看赣鄱地区汉文化的形成》一文，从汉墓形制、随葬器物、文化的动态发展与演变历程，结合历史背景探讨了赣鄱地区汉文化的形成问题（《边疆考古研究》第 22 辑，科学出版社）。

重庆市：关于重庆三峡库区的系列发掘报告，本年度出版的有 3 部涉及到秦汉时期墓葬的内容。其中《丰都大湾墓群》（科学出版社）报道的是 2001—2005 年间发掘的 88 座墓葬资料，年代归入东汉的有 42 座；《忠县邓家沱遗址与鱼洞墓群》（科学出版社）报道的是 2001 年和 2003 年的发掘资料，包括在邓家沱遗址发掘的属于秦汉时期的砖室墓 1 座和瓮棺葬 2 座，在渔洞墓群发掘的少量东汉砖室墓（如 M5、M6、M7）和石室墓（如 M4、M11）；《万州下中村遗存》（科学出版社）报道的是 2001—2007 年的发掘资料，从新石器至明清各阶段均有涉及，汉六朝时期的墓葬有 18 座，包括西汉时期的 10 座土坑墓（部分如 M17、M22 应为木椁墓）、东汉时期的 1 座砖室墓和 1 座石室墓。

其他零散公布的还有：2007 年在忠县乌杨镇发掘的 6 座汉墓（土坑 4、砖室 2）（《考古学集刊》第 20 集，社会科学文献出版社）；2008 年在涪陵区荔枝街道宝顶墓地清理的 3 座汉墓，均为长方形竖穴岩坑墓，时代大致在汉武帝时期以后（《四川文物》2 期）；2012 年在永川区双竹镇石坝屋基、伏岩寺崖墓群抢救性发掘清理的 14 座崖墓，均为凸字形单室墓，时代从东汉中期偏晚持续至东汉晚期，部分墓葬在唐代被再次利用（《四川文物》1 期）；2015 年在江津区白沙镇河口村坪坪上墓地抢救发掘的 6 座崖墓，均为带墓道的单室墓，呈一线排列，其中四座形制保存较好，时代由东汉早期持续至东汉中期（《文博》3 期）。赵旭《峡江地区汉晋时期的纪年砖初探》一文统计了 15 座纪年砖墓葬（东汉 11、东晋 4），对部分砖铭内容进行了解析（《湖南省博物馆馆刊（第十三辑）》，岳麓书社）。

四川省：2010 年配合道路施工在荥经高山庙墓地发掘 10 座汉墓，包括土坑竖穴木椁墓 7 座、土坑竖穴墓 2 座、砖室墓 1 座，出土了大量漆木器、以及铜器、陶器等遗物。由四川省文物考古研究院、雅安市博物馆、荥经县博物馆编著的《荥经高山庙西汉墓》（文物出版社）报告逐一介绍了各墓的发掘资料（对于保存完好的 M3 和 M5，在《四川文物》5 期和 6 期上还单独发表了简报），并就墓葬年代、墓主等级以及部分出土遗物（木璧、木博具、钱币）进行了探讨，推断墓地主人与严道古城关系密切。报告还以表格形式附录了以往在严道古城遗址附近已发掘的相关墓葬资料。

其他零散发表的还有：2013年在乐山市麻浩崖墓A区调查测绘的1座规模较大、保存完整的崖墓M8（《四川文物》4期），2016年在宜宾县高场镇猫猫沱汉代崖墓群发掘清理的20座崖墓中的2座（M10、M113）（《四川文物》3期）等。

陈轩通过整理与四川崖墓相关的铭文资料，结合崖墓墓室结构与墓地形式，探讨了崖墓所具有的社会功能（《考古》5期）。罗二虎对川渝地区的汉代画像砖墓进行了系统研究（《考古学报》3期）。

山西省：由山西省考古研究所、长治市文物旅游局、屯留县文化局编著的《屯留后河：战国至西汉墓葬考古发掘报告》（上海古籍出版社），报道了1994年清理的136座战国至西汉墓葬，包括竖穴土坑墓119座、土洞墓17座，出土了包括铜鼎、陶熏炉、带“余市”戳印的陶罐等在内的大量遗物，为了解晋东南地区的文化变迁提供了新的资料。另据报道，山西省考古研究所太焦高铁考古队还在晋城市高平市西李门墓地抢救发掘了5座汉墓（《中国文物报》9月8日）。

甘肃省：2012年在甘肃永昌县水泉子汉墓群清理的16座竖穴土坑木椁墓，可分有斜坡墓道与无斜坡墓道两类，时代多在西汉晚期，少部分延续至东汉初期，其中M8出土有历谱竹木简、帛画残片等（《考古》12期）；2014年在甘肃庄浪寺角洼抢救性发掘7座汉墓，包括砖室墓、土洞墓、竖穴土坑墓不同形制，时代从西汉早期延续至东汉（《文物》9期）。

刘尊志、包桂红对两汉墓葬被盗且遭焚烧的情况进行了梳理和分析（《南方文物》2期）。刘尊志还对汉代墓葬中的铺钱现象进行了考察，认为铺设钱币主要用于墓主敛葬或葬具装饰，可达到满足敛葬需求、保护尸身、实现墓主升仙及辟邪等目的（《中国国家博物馆馆刊》12期）。罗小华对汉墓随葬明器象牙犀角现象进行了分析，认为广州及长沙地区汉墓中出土的明器象牙、犀角源于实物随葬，汉初因为节葬的限制，以木器替代实物（《中国文物报》5月19日）。袁胜文结合考古资料对文献所载的“鳞施”与“珠襦”进行了考证，认为鳞施是专用殓葬玉，用玉片编结成片状、覆盖在死者腰部及腰部以下位置，东周流行，且仅用于男性高等级贵族；珠襦在东周既为生服，亦作殓服，至汉代仍可见，其使用则无性别限制（《中原文物》1期）。王煜对考古发现的汉代镶玉漆棺及相关问题进行了探讨，认为镶玉漆棺是西汉早中期一些诸侯王造作的特殊葬具，并非汉代丧葬制度中的一个层次（《考古》11期）。朱津《从大传统和小传统的理论看“汉制”的形成与发展》（《中原文物》5期）一文指出，大传统和小传统的理论在考古学上包含了主体文化与地方文化、高等级与低等级阶层文化等双层内涵，汉制的大传统是在吸收周制、秦制、楚制等前期诸多小传统文化的基础上，并加以创新形成的，反过来大传统对小传统又持续产生了诸多影响。高崇文《浅谈楚汉文脉关系》（《中原文化研究》2期）综合讨论了楚文化对西汉物质文明、精神文明、政治文明的影响。

三　边疆考古

西北、北方和东北地区：2011年新疆文物考古研究所在裕民县阿勒腾也木勒水库发掘墓葬100座，其中汉晋时期墓葬4座，包括竖穴土坑墓、竖穴土圹石棺墓两种，发现彩陶壶、铜片、铁刀、漆器、羊骨等遗物（《裕民县阿勒腾也木勒水库墓地发掘简报》，《边疆考古研究》21辑）。刘汉兴对伊犁河流域的乌孙墓葬中出土的与农业有关的遗物进行分析，认为在自身生产力发展以及汉王朝影响的作用下，乌孙经济中农业所占比重逐渐增大，但其地位一直低于畜牧业（《从考古资料考察乌孙的农业经济》，《农业考古》4期）。刘驥统计了内蒙古中南部汉代墓葬中殉牲的种类、数量、部位，指出殉牲的具体特质体现出该地区农牧并存的生计模式，与战国晚期相比，两汉时期因受到汉人影响，部分区域殉牲口的现象有所减退（《两汉时期内蒙古中南部殉牲现象试析》，《草原文物》1期）。森谷一树等利用谷歌地图纠正了贝格曼将夯土高台墓误认为烽燧的错误，还发现居延泽西岸有水渠遗迹，为在大面积区域寻找遗址提供了一种新方法（《运用高分辨率卫星图像对汉代居延绿洲的初步考古学研究》，《边疆考古研究》21辑）。马艳将乌兰察布商都东大井墓地出土的涡纹饰件与南俄—乌克兰草原、高加索以及希腊罗马出土的同类风格饰品进行对比，指出鲜卑一代（魏）时期中国北方的涡纹饰件可能来源于内陆欧亚西部地区，但也形成了自身风格（《商都东大井类涡纹饰件与内陆欧亚西部涡纹装饰元素》，《边疆考古研究》22辑）。蒋璐从铁器、铜镜、钱币三方面考察汉地对朝鲜半岛南部的影响，指出从战国晚期开始，燕系的铁器便传播至此，汉设乐浪郡后，汉式的铜镜、汉朝的钱币也大量流入，但具体功能可能发生了变化（《考古学视野下汉朝与朝鲜半岛南部的交流》，《草原文物》1期）。

东南沿海及岭南地区：由广西文物保护考古研究所编著的《广西合浦文昌塔汉墓》（文物出版社），公布了1987—1988年在合浦文昌塔发掘的一批汉墓资料，收录175座墓葬，分五期进行了分别介绍，总结了各阶段的特征，其中大量西汉早中期汉墓的发现是一重要收获，进一步丰富和完善了合浦汉墓的年代框架，报告还就汉代合浦郡治所以及海上丝绸等问题进行了探讨，强调汉武帝所置合浦郡治即在今合浦。

熊昭明总结了汉代合浦港课题的成果，对合浦港的历史、在海上丝绸之路中的地位加以回顾，并介绍了合浦汉墓出土的与海外贸易相关的各类舶来品，指出城址的确认对于找寻合浦港的指导意义（《汉代海上丝绸之路合浦港的考古学探究》，《中国文物报》5月5日）。廖国一、黄启善等著《广西北部湾地区出土汉代文物与海上丝绸之路研究》（科学出版社）汇集了有关北部湾地区汉代墓葬形制、砖室墓的建筑工艺，以及出土汉代玻璃制品、錾刻花纹铜器、铜鼓、漆器、货币、金珠饰品、建筑明器等方面的研究，并就出土文物所反映的汉代合浦郡的经济发展、对外贸易、与内陆的交通、文化交流等问题进行了探讨。高崇文对广西地区先秦至汉代的墓葬文化演变进行了全面的梳理，并结合历史文献，分析了当地考古学文化变迁的背景，并就汉代合浦的历史地位进行探讨（《试论广西地区先秦至汉代考古学文化变迁——兼论汉代合浦的历史地位》，《四川文物》1期）。吴伟峰亦就汉代的广西文物所反映的海上丝绸之路与文化交融问题进行了讨论（《广西文博（第一辑）》，广西人民出版社）。陈小波指出岭南是我国汉代接纳海外文化的前沿（同上）。

黄巧好对广州地区汉墓中出土的胡人托灯陶俑进行初步整理，认为这种俑一方面体现出“事死如事生”的丧葬理念，另一方面也反映出西汉中期至东汉后期岭南地区与海外的人口流动情况，体现了广州地区在两汉时期的对外文化交流（《广州汉墓出土的胡人托灯俑》，《文物天地》10期）。霍雨丰对南越王墓出土的银盒以及其他的裂瓣纹盒、盘进行研究，指出这类器物的主体纹饰是明显的外来风格，受到亚述、希腊等西方文明的影响。其中银盘用于盛放实物，而银盒与国外发现的裂瓣纹容器不同，经过中国工匠的有意改造，可能用于储存某种珍贵物品（《南越王墓的银盒及国内其他裂瓣纹器物》，《文物天地》10 期）。林冠男对南越王墓中出土的蓝玻璃板、玻璃璧加以考察，指出这些玻璃制品应当是从长沙地区输入的，而长沙的玻璃制造传统由来已久，与楚人东周时兴起的古玻璃制造业一脉相承（《战国及汉代出土的平板玻璃初探》，《文物天地》10 期）。李妍指出南越王墓出土的铜印花凸版为目前发现最早的彩色套印工具，而马王堆一号墓出土的金银色印花纱为目前世界上最早的彩色套印织物，为南越王墓铜印花凸版提供了实物资料，并进一步推测凸版印染技术的制作方法及打印图案的程序为雕版印刷的产生作好了技术支持（《最早的彩色套印工具——南越王墓出土的铜印花凸版》，《文物天地》10 期）。李光辉对广东地区汉墓中出土的由琉璃、玛瑙、水晶、琥珀、肉红石髓和小金球等组成的珠饰进行了介绍并分析其来源，认为这些珠饰可能是通过海上丝绸之路从地中海、印度、东南亚等地区传入的（《浅谈广东出土的汉代珠饰》，《文物天地》10 期）。史明立对岭南地区战国末至西汉前期的铜提筒进行研究，将筒身纹饰带分为为几何形纹晕带、以实物图像为主晕的纹饰两种，并将其与陶器纹饰对比从而发现其中的共性，指出铜提筒在当时属于贵重物品，曾经从南越国沿水路传往多个地区（《浅析岭南地区铜提筒上的纹饰》，《文物天地》10 期）。

王子今讨论了秦征服岭南的时间以及秦帝国向岭南地区的移民、南海郡设置的意义等问题（《论秦始皇南海置郡》，《陕西师范大学学报（哲社版）》1 期）。辛蔚通过比较罗泊湾汉墓陶盆戳印文与南越宫苑陶瓦戳印印文，认为旧释“秦后”或“秦”是错误的，应分别改为“圭禾司”或“夫禾司”，认为是负责农业生产的田禾机构（《南越国“圭禾司”印与“夫禾司”印考》，《边疆考古研究》22 辑）。杨岗就秦汉时期岭南地区的农业开发与经营进行了讨论（《文物考古论集（二）》，三秦出版社）。

西南地区：由中国社会科学院考古研究所、云南省文物考古研究所、曲靖市文物管理所、陆良县文物管理所编著的《陆良薛官堡墓地》（文物出版社 2017 年 5 月）报道了 2012 年和 2013 年在云南省曲靖市陆良县薛官堡墓地发掘的 166 座墓葬资料，除 4 座为明清时期墓葬外，其余均为战国秦汉时期西南夷土著文化墓葬，属于聚族而葬的部族公共墓地，报告对这批墓葬的形制、葬具和葬式、随葬品等分别进行了介绍，对出土器物进行了类型学分析，结合碳十四测年、人骨和动物骨骼鉴定、植物种属鉴定、青铜器及铸造相关遗物的鉴定分析、玉石器和玻璃珠的分析研究、纺织品的观察和研究等，讨论了墓葬的分期与年代、文化特征及族属、以及墓葬蕴含的社会历史信息及相关问题。2010—2011 年在云南省怒江、德宏、保山、临沧、普洱、西双版纳等 6 个州市进行的考古调查，基本掌握了云南西部边境地区从旧石器时代至东汉时期的地下文物情况，确认了一批重要的遗址和遗物。由云南省文物考古研究所著《云南西部边境地区考古调查报告》（上海古籍出版社）公布了相关调查成果，尤其是一些东周秦汉时期的青铜文物如铜鼓、铜钟、铜钺、铜剑、铜锄、铜斧、铜案、铜镯以及具有当地特色的铜盒、铜弯刀以及石钺范的发现，为探讨西南夷的文化提供了新的线索。其他新材料还有 2014 年在贵州平坝县夏云镇汉墓群中清理的 5 座东汉竖穴土坑墓（《考古》1 期），出土的部分器物显示与岭南有着密切的联系。

赵德云梳理了西南夷地区发现的石板砚材料，对其流行年代、制作工艺、功用和可能的内涵、使用者身份、分布状况反映的传播途径等问题进行了讨论，指出此种石板砚在当地从西汉晚期至东晋南朝均有发现，性质为文具，随葬石板砚的多为男性墓，其出现原因可能是多方面的（《汉晋时期西南夷地区的石板砚及相关问题》，《考古》4 期）。张勇利用西南地区出土的考古遗存，结合文献与金石资料，探讨了当地土著文化与汉文化的消长及族群交融、西南属国形成等问题（《汉代西南属国考古学文化变迁及相关问题研究》，《郑州大学学报（哲社版）》4 期）。

本年度还出版了徐苹芳著《丝绸之路考古论集（徐苹芳文集）》（上海古籍出版社）、林梅村著《西域考古与艺术》（北京大学出版社）、钟焓著《重释内亚史：以研究方法的检视为中心》（社会科学文献出版社）以及李文龙编著的《戎狄匈奴青铜文化——草原丝路文明》（文物出版社）等多部涉及汉代的丝绸之路等内容的研究专著或图录，具体内容不一一详述。

四　美术考古

本年度公布的汉画图像资料主要出自陕西、河南和山东省。

2015 年在陕县靖边县杨桥畔渠树壕发掘的 1 座东汉壁画墓，为斜坡墓道砖砌洞室墓，墓壁绘有院落内的宴饮舞蹈表演图，有侍女图，马车，墓顶部绘天象图（《考古与文物》1 期）。段毅、武家璧《靖边渠树壕东汉壁画墓天文图考释》（《考古与文物》1 期）一文对该墓壁画星图的布局加以探讨，并考证了部分无题名或存在疑问的星官来历。由西安市文物保护考古研究院编著的《西安西汉壁画墓》（文物出版社）收录了 2003—2004 年发掘的西安理工大学壁画墓（简报见《文物》2006 年 10 期）和 2008 年发掘的曲江翠竹园壁画墓（简报见《文物》2010 年 1 期）的全部资料，包括大量精美图片。报告还对墓葬年代、墓主人身份地位、壁画的布局、内容、风格及相关问题进行了研究，总结了西安地区汉代壁画墓的特点。并附录有汉代壁画墓研究参考文献目录。

位于山东长清的孝堂山石祠，曾见于《水经注》记载，是迄今仍保存于地面的汉代祠堂建筑。1981 年，北大师生与山东省文物考古研究所联合曾对该祠堂进行了系统的考古调查。由山东省石刻艺术博物馆、山东省文物考古研究所编撰的《孝堂山石祠》（文物出版社）刊布了相应的考古调查（包括 2014 年的补充调查测绘）结果及相关研究，详细介绍了孝堂山石祠的地理位置与名称由来、石祠建筑形制、石祠画像内容及雕刻技法、画像榜题与后人的题记等内容，并对涉及孝堂山石祠一些问题进行了考证，认为其年代在东汉早期的章帝时期，墓主人可能为出任过诸侯王相、傅一类的二千石官吏。

1997 年发掘的山东新泰南鲍村汉画像石墓，为平面呈“十”字形的砖石混合结构墓葬，年代为东汉晚期，墓内共有画像石 13 块，画面采用平面浅浮雕的雕刻技法，内容多为祥瑞类的动物图案，有少量的人物车马和几何图案（《海岱考古（第十辑）》，科学出版社）。新公布的 2008 年京沪高铁沿线的山东滕州寨山石椁画像、枣庄凤凰山石椁画像（《京沪高速铁路山东段考古报告集》，文物出版社）以及山东金乡羊山汉石椁画像（《山东博物馆辑刊（2016）》，文物出版社），进一步丰富了山东地区汉代石椁画像资料，为探讨汉代画像石的起源问题提供了新的信息。

此外，2013 年在山东邹城峄山北龙河发掘 4 座宋金时期墓葬，大量采用了汉代石椁墓或画像石墓的石椁板、过梁、立柱、藻井、及盖板石等石材进行砌筑，其中有 3 座墓中保留有汉代的画像石，累计 13 块之多，基本未破坏原有图像，尤其是 M1 出土的汉代文通祠堂题记刻石，长 1.91 米，长篇文字题记有 600 余字，题记两侧还有人物画像。依据提及文字，得知刻于东汉顺帝汉安元年（公元 142 年），是已知汉代祠堂题记文字最长的一篇（《文物》1期）。胡新立撰文对该篇题记及相关图像进行了释读，推测该石原为汉墓祠堂的门楣石，题记文字为研究汉代墓记到墓志的演变提供了重要参照（同上）。

朱华《东平汉代墓葬壁画及其相关问题》一文对山东平阴后屯汉代墓地的壁画题材、制作工艺、艺术表现形式进行分析，并将其与周边同时期壁画进行比较，讨论了其对后世绘画艺术的影响（《海岱考古（第十辑）》，科学出版社）。他还撰文介绍了沂南北寨汉墓中的画像石内容题材及艺术风格（《文物天地》1期）。

河南省本年度新公布了在南阳地区发掘的3座汉画像石墓资料，分别是：2005年在南阳宛城区环城乡陈棚村汉墓群进行抢救性发掘的M2，为砖石混合画像石墓，时代为新莽时期（《华夏考古》1期）；2010年7月在南阳市张衡东路南侧的丰源小区工地清理的一座大型汉代画像石墓，为“甲”字形砖石混合墓，时代为新莽时期或略晚，墓内残存16块画像石，内容包括门吏、龙、仕女等（《中原文物》2期）；2012年在南阳市宛城区达士营发掘的一座画像石墓，为前后室石构墓葬，在墓门门柱及后室门槛上雕刻有画像，年代大致为新莽至东汉初期（《华夏考古》1期）。

凌皆兵对南阳汉代彩绘画像石大量出现的背景进行了探讨（《中原文物》5期）。张卓远对洛阳、南阳两地两汉时期画像墓葬的墓葬结构、画像类型、装饰题材等方面进行深入比较（《洛阳考古》1期）。董雪迎探讨了陕北、晋西北地区汉画像石墓墓门图像的图像布局、阶段性变化等问题（《中原文物》2期）。

由巫鸿、朱青生、郑岩主编的《古代墓葬美术研究（第四辑）》（湖南美术出版社）是2015年“第四届古代墓葬美术研究国际学术讨论会”的会议文集，收录文章中，内容以汉代为主的主要有以下3篇：霍巍《阙分幽明：再论汉代画像中的门阙与“天门”》一文，通过考察汉代“天门”一词的文献学意义，结合考古材料对如何理解汉画中的天门、门阙图像及其所反映出的汉代思想观念加以探讨，认为除了参考榜题，亦应从墓葬图像的内容、环境、主题方面综合考虑；秦臻《图画天地——沈府君阙的视觉程序与象征结构》一文，结合历史文献及同时期考古材料，对四川渠县沈府君阙进行精细解读，认为石阙模仿现实木构阙楼，能够彰显等级、引导灵魂升天，作者认为沈府君阙的设计者以三组连续再现分别表现不同时段内容的场景，共同构成了一套完整的升仙图像程序；朱青生《墓葬美术研究的结构与问题》一文则以汉代墓葬所构筑的空间模型为例，解释了墓葬美术研究的结构、理论框架和问题意识。

由王煜主编的《文物、文献与文化：历史考古青年论集》（上海古籍出版社）收录的是2015年在四川大学召开的首届历史考古青年论坛的会议论文，其中涉及汉代图像研究的有张闻捷《汉代“特牛”之礼与马王堆帛画中的祭奠图考》（该文又见《故宫博物院院刊》2期）、朱磊《从考古资料看秦汉时期的北斗信仰》、苏奎《汉代猿骑图像研究》、王煜《汉代“西王母与平台”图像试探——兼谈汉代的昆仑信仰及相关问题》、庞政《汉代“凤鸟献药”图像试探》等。

关于四川合江和新津等地石棺画像上出现的带有“东海太守”和“李少君”榜题的人物画像，索德浩和庞政分别撰文进行了讨论（《考古与文物》1期，《中国美术研究》4期）。宋艳萍《四川简阳三号石棺“先人”考——兼谈汉代的先人观》（《四川文物》5期）认为“先人”是死去父亲或祖先的称谓，不同于“仙人”。姜生《汉墓“老子把持仙箓”图考》（《人文杂志》11期）对山东费县潘家疃东汉画像石墓北壁上的一幅有榜题文字的图像进行了考证，认为是“老子把持仙箓”图，并指出该类图像还见于四川的汉代画像砖上，反映了汉代的命籍信仰及其传播。

罗二虎《川渝地区汉代画像砖墓研究》（《考古学报》3期）一文在对川渝地区汉代画像砖墓结构进行系统研究的同时，也对其画像内容、组合与主题、制作与流通、艺术风格等问题一一进行了讨论。由张孜江、高文主编的《中国汉阙全集》（中国建筑工业出版社）也涉及到汉阙的画像艺术等内容。

朱浒《汉画像胡人图像研究》（三联书店）针对汉代画像所见胡人图像的区域特点及其源流等进行了分析，并讨论了与佛教的关系。何志国《汉晋佛像综合研究》（上海人民出版社）通过对已发现的313例汉晋佛像资料的系统整理，探讨了其空间分布、年代分期、来源等问题。张倩影、王煜《成都博物馆藏东汉胡人持莲石座初探》（《中国国家博物馆馆刊》9期），对四川金堂李家梁子东汉晚期墓M23出土的胡人持莲石座进行了考察，认为其功能是棺座或帷帐座，而胡人与莲花形象的结合可能与早期佛教有关，或许正是文献中记载的早期佛教传播者表演的“手生莲花”的西域魔术。王煜还对先秦至汉晋铜镜的图像寓意进行了考证，认为早期铜镜已出现象天法地的寓意，汉晋铜镜图案主要是对天地宇宙的模拟（《象天法地：先秦至汉晋铜镜图像寓意概说》，《南方文物》1期）。

姚立伟《马王堆汉墓T形帛画与“远游”北极》（《中国美术研究》3期），认为马王堆一号汉墓T形帛画、三号墓T形帛画以及金雀山九号汉墓帛画内容描绘的是西汉时较为流行的“远游”北极故事。高继习通过文献和图像的对比，认为中国神话中的西王母来自于古希腊神话中的雅典娜女神，传播路径为草原丝路南道与沙漠丝绸之路（《白色的西王母——西王母与雅典娜神话的比较研究》，《西部考古》14辑）。张维慎《从文物图像看赵过“耦耕”的推广及其影响》（《秦始皇帝陵博物院2017（总柒辑）》，三秦出版社）通过分析汉墓壁画、画像石中的牛耕图像，并结合文献记载，对汉代“耦耕”的形态演变进行梳理，即从二牛三人到二牛二人，最后变为二牛一人，认为汉代是真正的牛耕时代。

其他涉及具体的画像辨析考证的文章还有：王琨《西王母故事系统中“三青鸟”形象辨释》（《宗教学研究》1期），周保平、张振中《山东临沂出土的几幅汉代画像辨析——兼谈汉代画像的释读与相关研究》（《中原文物》1期），徐畅《弼马温、马上封侯与射爵——汉画像中的细节内涵》（《中国国家博物馆馆刊》10期），杨慧婷《马王堆汉墓狸猫纹漆器相关图像续探》（《湖南省博物馆馆刊（第十三辑）》，岳麓书社），高启安《中国最早的“猫捉老鼠”图——汉魏鬼灶上老鼠图像解读》（《甘肃省第三届简牍学国际学术研讨会论文集》，上海辞书出版社2017年12月），潘岷《河南博物院藏东汉盘鼓舞画像砖考略》（《江汉考古》6期）等。还有学者对汉画像石中的民间宗教信仰（《文物世界》5期）、汉画中的神仙世界（《文物世界》1期）等问题进行了论述。

本年度还出版了张倩倩《画像、文字与生活：汉代墓室绘画图像学研究》（山东大学出版社）、崔雪冬《图像与空间：和林格尔东汉墓壁画与建筑关系研究》（辽宁美术出版社）、武利华《徐州汉画像石通论》（文化艺术出版社）等汉画研究专著。其他诸如巫鸿《全球景观中的中国古代艺术》（生活·读书·新知三联书店）、郑岩《看见美好：文物与人物》（人民美术出版社）、刘成纪《先秦两汉艺术观念史》（人民出版社）等，也值得关注。

作为“中国古代物质文化史”丛书中墓室壁画系列的第一册，由刘婕、李小旋、邵菁菁合著的《中国古代物质文化史·绘画·墓室壁画·汉》（开明出版社）一书，重新界定了汉代（含三国时期）的墓室壁画，对包括壁画墓、画像石墓、画像砖墓在内的各类汉代墓室壁画按内容进行了系统论述。至于东南大学出版社 2017 年 9 月出版的一套多卷本《中国丝绸之路上的墓室壁画》，有不少涉及汉画的内容，但大多是对已发表资料的分析类编辑。其他图录性质的还有北京鲁迅博物馆编《太平有象：汉画像六十品》（大象出版社）等。

五 简帛研究

2017 年新公布的秦汉时期简牍资料十分丰富，相关研究也成绩斐然。

继《里耶秦简（一）》（文物出版社 2012 年）之后，本年度出版了由湖南省文物考古研究所编著的《里耶秦简（二）》（文物出版社），刊布了里耶古城一号水井第 9 层出土的共计 2342 个编号的全部简牍图版及释文。

由陈松长主编的《岳麓书院藏秦简·伍》（上海辞书出版社），是继 2015 年第肆卷之后有关秦代律令文献的汇集，共收有 337 枚简，根据简的形制分析和简文的内容解读分为三组：第一组竹简 99 枚，内容属于秦令；第二组竹简 151 枚，内容有卒令、廷卒令、廷令、治狱受财枉事令等；第三组竹简 87 枚，有内史仓曹令、内史旁金布令等；内容丰富，有不少都是新见的秦令内容，合称《秦律令（贰）》，具体包括三组竹简的正面编联彩色图版，各组简正背面的红外线编联图版以及各单简的正背面红外图版和释文、简注，附录释文连读本、正背反印文对照图、揭取位置示意图、及第一组卷册复原示意图等，另有放大的各简红外照片和释文对照本。据悉还有不少秦令将在随后的第陆卷和第柒卷中公布。

由甘肃省博物馆、甘肃省文物考古研究所、出土文献与中国古代文明研究协同创新中心中国人民大学分中心编撰的《地湾汉简》（中西书局）一书，收录了 1986 年在地湾遗址出土的全部 778 枚汉简（另有肩水金关采集简 25 枚），包括了每一枚简的彩版及释文、红外线图版及释文（排版顺序完全一致），附录有任步云的发掘日记等。

2012 年配合西气东输工程在甘肃永昌县水泉子墓群清理了 16 座汉代竖穴土坑木椁墓，其中 M8 为双棺合葬，北棺上发现有竹木简和帛画残片，经初步整理，大致复原为 35 枚简，其中 34 枚有字简的内容为历谱，有“五凤二年”（前 56 年）纪年，帛画残片上有怪兽形象（《考古》12 期）。

2014 年在湖北随州市周家寨墓地发掘汉代墓葬 24 座，其中 M8 为西汉时期的竖穴土坑木椁墓，出土大量漆木器、彩绘陶器、简牍等遗物。据介绍，木牍 1 块为《告地书》，为了解墓主身份和下葬时间提供了重要证据；竹签牌 3 枚记录奴婢姓名；竹简 1 卷 566 枚，内容为《日书》，有不少新的内容，对研究秦汉《日书》文本的演变提供了新资料（《考古》8 期）。结合周家寨 M8 新出汉简《日书》内容，李天虹、凡国栋、蔡丹撰文对内容近似的随州孔家坡汉简《日书》“嫁女”篇的编次与缀合问题进行了探讨（《考古》8 期）。

近年发掘的南昌西汉海昏侯墓，因墓主人的特殊身份以及丰富的随葬品引起了极大的关注。在《南方文物》2017 年 1 期开辟的有关海昏侯墓的专栏中，王意乐、徐长青撰文介绍了南昌西汉海昏侯刘贺墓出土的奏牍，据称出土于漆箱中，有 58 个编号，其中 49 枚基本完整，可辨识文字的有 34 枚，该文公布了这批木牍的释文，并对文字内容加以考释，结合文献及其他的出土文物，分析了刘贺在海昏期间的政治待遇。

2012—2013 年在成都市金牛区天回镇发掘的西汉木椁墓 M3 中出土了大批竹简（简报见《考古》2014 年 7 期），由中国中医科学院中国医史文献研究所、成都文物考古研究院、荆州文物保护中心撰写的《四川成都天回汉墓医简整理简报》（《文物》12 期）一文，对这批竹简的堆叠情况及性质特征、竹简的编联排序、竹简的书写情况、简文语言的地域特征等进行了介绍，并依据简的形制和堆叠状况将出土于墓葬北 II 底室的编号为 M3：121 的 730 支竹简分为《脉书·上经》《脉书·下经》《治六十病和齐汤法》《刺数》《逆顺五色脉藏验精神》5 种医书与法律文书 1 种，将出土于墓葬南 II 底室的编号为 M3：137 的 221 支竹简分为《医马书》与《经脉书》2 种；通过分析简文字体与语言特征，判断主体部分抄录于西汉吕后至文帝时期，并可能成书于齐地，墓主人下葬年代在西汉景帝武帝之际，年辈与仓公弟子相当。柳长发等撰文对编号为 M3：121 的医简的内容和命名、相关学术源流进行了探讨，推测墓主应与仓公有师承关系，指出天回医简的出土为研究汉代医经的成书提供了新史料（《文物》12 期）。

此外，本年度公布的《山东青岛市土山屯墓地的两座汉墓》简报（《考古》10 期）提及 2011 年在青岛市黄岛区土山屯墓地发掘的 M8 中曾出土 1 件木牍遣册，两面均有墨书隶体文字；而 2017 年在该墓地的继续发掘中又有木牍出土，据称为汉代县级上计公文木牍（《中国文物报》12 月 22 日），只是具体内容还有待于公布。

由台湾“中央研究院历史语言研究所”整理出版的《居延汉简（肆）》，继续公布重新拍照整理的居延汉简，收录简牍与共出文物 4458 件，并附录其他机构收藏的部分相关简牍资料。邢义田撰文介绍了有关居延汉简整理的新收获（《简帛》15 辑）。

关于岳麓秦简：在《岳麓书院藏秦简·伍》出版之际，陈松长撰文介绍了其主要内容和分组依据、以及各组中较有特点的简文，其中秦律“旁章”为首次发现（《出土文献研究》16 辑）。为便于资料检索，陈松长、李洪财、刘欣欣等还编著了《岳麓书院藏秦简（壹～叁）文字编》（上海辞书出版社），将已出版的三卷《岳麓书院藏秦简》合编为文字编，取材内容包括《质日》《为吏治官及黔首》《占梦书》《数》以及奏谳文书等。陈松长、温俊萍以“岳麓书院藏秦简”为中心，对秦律中的数罪处罚的方式及评判标准等进行了探讨（《简帛研究（二〇一六·秋冬卷）》）。齐继伟通过岳麓秦简中所载的“识劫（女冤）案”，重新考察了对秦汉时期的訾税性质及其演变（《简帛研究（二〇一七·春夏卷）》）。蒋鲁敬通过岳麓秦简中记载的《猩、敞知盗分赃案》与传世文献记载，结合考古发现，对楚墓的早期盗掘问题进行了分析，认为可能跟秦的报复有关（《简帛研究（二〇一六·秋冬卷）》）。

以 2015 年出版的《岳麓书院藏秦简·肆》为基础，朱锦程考察了秦汉之际地方行政、司法制度的演变（《长沙简帛研究国际学术研讨会论文集》，中西书局）；符奎就里的拆并、吏员设置及相关问题进行了探讨（《安徽史学》2 期）；邢义田对《田律》和《金布律》所见三辨券问题进行了讨论，认为三辨卷分剖为三，由官府保留中辨之制始自秦（《简帛》14 辑）；孙闻博对《岳麓书院藏秦简·肆》公布的秦律令的重要性进行了综合评述（《简帛研究（二〇一七·春夏卷）》）。

周海锋从岳麓书院藏秦简中的《司空律》出发，通过与云梦睡虎地《秦律十八种·司空律》进行对比，分析了秦律文本的编纂与流变情况（《出土文献》10 辑）；他还对岳麓秦简《金布律》涉及的秦代户赋征收方式、对象以及马匹管理、交易“质钱”等问题进行了讨论（《简帛研究（二〇一七·春夏卷）》）；对岳麓书院藏秦简中的《亡律》篇中所涉及的制止逃亡的手段等进行了研究（《长沙简帛研究国际学术研讨会论文集》，中西书局）；还讨论了岳麓秦简《戍律》所涉及的相关问题（《甘肃省第三届简牍学国际学术研讨会论文集》，上海辞书出版社）。本年度还有一些针对《岳麓书院藏秦简·肆》进行校勘、文字释读、补注札记类的文章，不一一列举。

关于里耶秦简：何有祖《里耶秦简“取寄为佣”诸简的复原与研究》（《出土文献》11辑）从里耶秦简中梳理出与戍卒“寄”有关联的几枚简，探讨雇主因雇佣戍卒“寄”而被告劾讯问的原因，为了解秦迁陵县雇佣现象提供新的实证。邹水杰依据里耶秦简“迁陵吏志”对秦代“有秩”进行了新的考证，并讨论了有秩在汉代的变化与定型（《中国史研究》3期）。汤志彪对里耶秦简中所见令史的职掌与升迁问题进行了讨论（《史学集刊》2期）。单印飞以里耶秦简为中心讨论了秦代封检题署问题，按内容分为目的地、传递方式、开启者、上级隶属机构、紧急程度五项，指出各项的位置与存、省特点，认为以往学者将第四项定为文书的发出地是不准确的，应为隶属机构（《出土文献研究》16辑）。鲁家亮对里耶秦简8－145＋9－2294号牍中的部分文字进行补释和改释，并对所涉及的秦代“作徒”制度以及“徒簿”的记录等问题进行了考察（《简帛研究（二〇一七·春夏卷）》）。刘自稳对里耶秦简7－304号简所录秦始皇二十八年迁陵县隶臣妾及黔首居赀赎债作官府的情况进行了分析，探讨了秦迁陵县徒隶人数问题（《简帛研究（二〇一七·春夏卷）》）。

张驰《里耶秦简所见券类文书的几个问题》（《简帛研究（二〇一六·秋冬卷）》），指出题有相同“某手”字样的券书笔迹并不一致，不一定由同一人书写，故“某手”可能只是经手人，并讨论了“三辨券”的写录方式；另外还对《里耶秦简（壹）》中常见的“往来书”的格式、笔迹和运作等进行总结，将其格式划分为原生文书、次生文书二种，依据笔迹推测了往来书运作的基本流程（张驰《〈里耶秦简（壹）〉所见“往来书”的文书学考察》，《出土文献》10辑）。吕静《里耶秦简所见私人书信之考察》（《简帛》15辑）对里耶秦简所见私人书信的内容、形制格式、递送等进行了考察。邬文玲则对里耶秦简中的《欣与吕柏书》进行专门分析（《甘肃省第三届简牍学国际学术研讨会论文集》，上海辞书出版社）。

罗见今《〈里耶秦简（壹）〉纪年简月朔简研究》（《中原文化研究》2017年第6期）。从卷壹收录的水井第五、六、八层出土的2627枚简中，找出372枚纪年简、月朔简并进行研究，列出了32枚简的年代考释结果，认为集中于秦王政25年（222BC）至秦二世元年（209BC）之间，发现未见历谱、八节、伏腊、建除、反支、血祭等内容。周波对里耶秦简所见的医方进行了校读（《简帛》15辑）。

王子今《里耶秦简“捕鸟及羽”文书的生活史料与生态史料意义》（《西部考古》12辑）对里耶秦简中出现的“捕鸟”“捕羽”“捕鸟及羽”简文进行了分析，认为秦汉时期存在征收“羽赋”的做法，同时也反映出洞庭郡地方的生态条件。李兰芳对里耶秦简所见秦迁陵一带的农作物进行了梳理（《中国农史》2期）。谢坤将里耶秦简中出现的19种农作物归纳为禾谷作物、薯类作物、蔬菜作物、果类作物、药用作物和其他作物六类，并结合传世文献进行了考证（《农业考古》3期）。李斯、李笔戎的《里耶秦简所见特殊水产品与秦始皇的海洋意识》（《长沙简帛研究国际学术研讨会论文集》，中西书局）以及《里耶“取鲛鱼”简与秦统一初期的文化建构》（《简帛研究（二〇一六·秋冬卷）》）两文内容接近，分析了“取鲛鱼”简的历史背景及隐含的秦政权合法性宣传等问题。

还有学者对里耶秦简所见的“燕齐道路”（《中国历史地理论丛》1 期）、秦即墨郡的设置（《中国历史地理论丛》3 期）等历史地理问题以及逃亡现象（《古代文明》11 卷）和秦律令的效力问题（《出土文献研究》16 辑）等进行了研究。此外，也有一些关于里耶秦简的缀合、校读札记等。

关于北京大学所藏秦简：《北京大学学报（哲社版）》2017 年 5 期集中发布了涉及北大藏秦简的 5 篇新作，内容分别涉及《公子从军》《田书》《医方杂抄》《禹九策》《制衣》5 篇，包括文字考订、注释，或综合介绍及性质分析等。陈镱文、曲安京《北大秦简〈鲁久次问数于陈起〉中的宇宙模型》（《文物》3 期）重构了陈起的三方三圆宇宙模型，认为是一种不同与《周髀算经》七衡图的盖天说宇宙模型。

涉及北大秦简字词考释的还有史杰鹏《北大藏秦简〈鲁久次问数于陈起〉“色契羡杼”及其他——从词源学的角度考释出土文献》（《简帛》14 辑）、邬可晶《读简帛古书札记二则》（《出土文献研究》16 辑）等。马孟龙《北京大学藏秦水陆里程简册释地五则》，对北大秦简水陆里程简册中古代五个地名进行了考释（《简帛研究（二〇一六·秋冬卷）》，相同内容亦见王煜主编《文物、文献与文化：历史考古青年论集》（上海古籍出版社）。

关于云梦秦简：本年度发表的有关云梦睡虎地秦简的研究多集中于秦律令方面。如：邓佩玲《睡虎地秦简〈法律答问〉所见之死刑——有关“戮”与“定杀”的讨论》（《简帛》15 辑）、李力《〈秦律十八种〉115 简的再解读——兼及睡虎地秦简〈徭律〉的编联问题》（《甘肃省第三届简牍学国际学术研讨会论文集》，上海辞书出版社）、李锐《秦简〈为吏之道〉的思想主体分析》（《简帛研究（二〇一七·春夏卷）》）、吴小强《秦的吏治传统与“以吏为师”国策下秦吏双重人格探析》（《秦始皇帝陵博物院 2017（总柒辑）》）、孙铭《“战死事不出，论其后”的法理性探究》（《秦始皇帝陵博物院 2017（总柒辑）》）等等。

此外，张润泽、孙继民对《睡虎地秦墓竹简（编年纪）》所见兹氏、离石、昌平等七个赵国地名的地望进行了考证（《秦始皇帝陵博物院 2017（总柒辑）》）；张梦晗还以秦简资料为基础，就楚国政权的东迁后秦对南郡的统治问题进行探讨《简帛研究（二〇一七·春夏卷）》，广西师范大学出版社）。字词释读方面，雷海龙对睡虎地秦墓竹简法律文书中的十则字词进行了改释或补释（《简帛研究（二〇一七·春夏卷）》）；李家浩撰文认为睡虎地秦简《秦律十八种》所录《田律》中的“夜草为灰”之“夜”应读为“炙”，是焚烧之意（《出土文献》10 辑）。刘自稳《里耶秦简中的追书现象——从睡虎地秦简一则行书律说起》结合里耶秦简的相关内容，判断睡虎地秦简中《秦律十八种·行书律》中的追书即公文的发文机构重新追索回复，并进一步讨论了追书的适用环境、文书格式、时间间隔等问题（《出土文献研究》16 辑）。

关于天水放马滩秦简：孙占宇对放马滩秦简古度的应用年代进行了考证（《甘肃省第三届简牍学国际学术研讨会论文集》，上海辞书出版社）。孙占宇、魏芳还对放马滩秦简中出现的“·”“■”“=”“L”等标识符号进行研究，根据外形和功能进行分类（《简帛研究（二〇一六·秋冬卷）》）。罗小华指出天水放马滩秦简甲种《日书》中的“虫”字，字意思即本意，但是与龙之间存在联系，可能是由于早期龙的形象与金龟子幼虫蛴螬有关所致（《出土文献研究》16 辑）。方勇、牟环宇《秦简校读札记五则》，对天水放马滩秦简和云梦睡虎地秦简中的部分字形及所涉相关的名物制度进行了考证（《湖南省博物馆馆刊（第十三辑）》）。

秦简综合研究方面：冯立对秦简编绳材质进行了新的探讨（王子今主编《秦统一的进程与意义》，中国社会科学出版社）。吴方基从郡县行政建制、文书行政制度、政务运行机制等方面回顾了秦简相关研究成果，总结了秦简所见地方行政制度研究的新进展（《简帛研究（二〇一七·春夏卷）》）。沈刚从选任范围、选任标准、选任程序与相关要求以及施行效果等方面讨论了简牍所见秦代地方职官的选任问题（《历史研究》4 期）。张梦晗通过考察里耶秦简和岳麓秦简所见“新地吏”的任用问题，指出“为吏之道”为当时流行的训吏教材（《“新地吏”与“为吏之道”——以出土秦简为中心的考察》，《中国史研究》3 期）。王勇《税田与取程：秦代田租征收方式蠡测》一文对秦简中所记载的“税田”进行考察，认为“税田”并非征税之田，而是以税田的产出作为“取程”标准，而后以此为标准对其余农田征收田租（《简帛研究（二〇一六·秋冬卷）》）。

田旭东《秦简中的“祠五祀”与“祠先农”》，对秦简中的“祠五祀”与“祠先农”的记录进行研究，指出五祀在秦人的宗教信仰中非常重要，表现出较强的世俗性。而祠先农为官方与民间共同存在。简文中这些祭祀活动的相关记载，体现出秦人对礼制的继承，补充了传世文献的不足（《西部考古》12 辑）。王强《秦简所见“巫咸”两考》提出里耶秦简与放马滩秦简中的“巫帝”可能指文献中的巫咸，并认为睡虎地秦简中的“巫勘”为巫咸的异写（《简帛研究（二〇一六·秋冬卷）》）。晋文《秦代重农政策的实施与荒废》，借助睡虎地秦简、里耶秦简等资料及传世文献，从多方面讨论了秦代重农政策的具体措施，如农业环境、生产要素、生产管理，并探寻秦统一之后该政策荒废的原因，认为与土地兼并及秦之苛政有关（《秦始皇帝陵博物院 2017（总柒辑）》）。李世特讨论了秦简女性人名命名规律及其文化内涵（《甘肃省第三届简牍学国际学术研讨会论文集》，上海辞书出版社）。陈荣杰通过秦简资料，讨论了栽培大豆的起源问题（《出土文献综合研究集刊》6 辑）。

作为教育部哲学社会科学研究重大课题攻关项目“秦简牍的综合整理与研究”（项目编号 08JZD0036）的重要成果，由武汉大学出版社集中出版了 5 部专著，分别是由不同的学者分担完成的子课题，即：陈伟《秦简牍校读及所见制度考察》、徐世虹等《秦律研究》、晏昌贵《秦简牍地理研究》、孙占宇、鲁家亮《放马滩秦简及岳麓秦简〈梦书〉研究》、伊强《秦简虚词及句式考察》。而课题最终成果——陈伟等著《秦简牍整理与研究》（经济科学出版社），亦在本年度出版，包括正文 14 章（内容涉及秦文书制度、里耶秦简所见秦县下几个官署的组成和职能、秦经济制度、法制问题、科学技术、以及部分词语的语法问题等）、附录 3 篇（西文秦简牍研究概述、日本的秦简牍研究、韩国的秦简牍研究）。除个别篇章外，基本上都是 2010—2016 年课题组成员已发表论文的汇集或合编，同时也是在凝集前述 5 卷本“秦简牍研究”基础上编成，内容多有重复交织，不一一赘述。

关于北京大学所藏汉简：田旭东《从〈赵正书〉看秦始皇最后一次出巡之目的》，将北大简《赵正书》与传世史料结合，对秦始皇最后一次出巡之目的进行探讨，认为除了炫耀权力，也与寻求仙药有关（《秦始皇帝陵博物院 2017（总柒辑）》）。苏建洲《论〈北大汉简（叁）·周驯〉的抄本年代、底本来源以及成篇过程》，考证《北京大学藏西汉竹书》中的《周驯》篇，认为其抄写年不早于汉武帝太始年间，通过分析字体、用字习惯、词语用法等信息，推测其存在战国底本，此外还指出《周驯》所载内容多与史实不合（《出土文献》11 辑）。谢坤《北大汉简〈六博〉补论（三则）》，对北大汉简《六博》中的三例简重新考证，调整了断句方式并考释文义，此外还认为24—26号简可能并非《六博》的内容（《简帛研究（二〇一六·秋冬卷）》）。其他涉及《妄稽》《反淫》《周驯》《蒼頡篇》等篇的讹字整理、释文订补、补释札记、校读与复原札记、缀合与编联等问题的论著还有一些，不一一列举。

关于肩水金关汉简：2011—2016年间《肩水金关汉简（壹—伍）》的陆续出版，为学者研究提供了极大的便利。本年度发表的相关研究论著也十分丰富，除了缀合、字词考释、释文校补之类文章以外，值得注意的还有：姚磊以书写特征为中心对《肩水金关汉简（肆）》的简册进行了编联复原（《出土文献》10辑）。许名玱对《肩水金关汉简（四）》中涉及历日的内容进行了缀合、月朔考年、历日校补等研究，并尝试复原三种《历日》简册（《简帛》14辑）。郭伟涛通过对汉代肩水金关关吏的编年，联系金关汉简的出土位置，指出《甲乙编》中部分简牍的出土位置信息可能有误，而且A32遗址除了金关还有其他机构（《出土文献》10辑）。他还撰文就汉代肩水候驻地移动问题进行了探讨，提出作为肩水塞日常政务处理中心及物资集散基地的肩水候官位于A33遗址（地湾），不过作为肩水塞及肩水候官的最高长官——肩水候亦常在A32（金关）遗址驻足办公（《简帛》14辑）；并且进一步推定西汉宣帝至新莽末年肩水塞东部候长也一直驻于A32遗址（《简帛研究（二〇一七·春夏卷）》）。他还根据肩水金关汉简的相关资料对汉代广地塞的起止时间、所辖诸部及亭燧进行考察，推测广地塞原本设有南、北、中三部（《出土文献研究》16辑）。

本年度出版的《甘肃省第三届简牍学国际学术研讨会论文集》（上海辞书出版社）中收录了不少有关肩水金关汉简的研究论文，如刘乐贤《肩水金关汉简所见书籍简例释》、贾丽英《肩水金关汉简爵称年龄反映的社会制衡》、袁延胜《肩水金关汉简家属符探析》、郭伟涛《汉代肩水塞东部候长系年初编》、侯宗辉《肩水金关汉简中的“作者”》、魏振龙《肩水金关汉简所见过所类文书种类初探——兼论门亭的作用》、马智全《肩水金关关啬夫纪年考》、赵尔阳《小议〈肩水金关汉简〉中的地名“荧阳”》、凌文超《肩水金关汉简罢卒名籍与庸之身份》、韩华《肩水金关遗址所出封检形制小考》等等。

关于居延汉简和额济纳汉简：周国林讨论了汉代居延地区的信息传递与通行凭证问题（《黄今言教授八十华诞纪念文集》，江西人民出版社）。徐学炳对居延新简中记载的“济南剑”进行考证，认为其为专有名词，特指济南郡工官生产的钢剑，可能为以炒钢为原料反复叠打制成，相关记载体现出边郡武库等机构对武器实行严格的登记管理制度（《四川文物》1期）。刘钊、谭若丽对居延汉简中窦融时期与“治所书”相关的两枚简牍进行了释文校订，认为居延旧简16·4和16·10两枚简牍原属同一官文书简册，是在不同阶段附加的行下之文，“治所书”应理解为隗嚣派往河西地区的某位使者下达给对隗嚣势力有一定依附关系的河西诸郡的文书（《简帛》14辑）。常燕娜、李迎春对1930—1931年出土于地湾A33遗址（肩水候官）的《孙子·地形》篇残简进行了探讨，讨论了汉代兵书在边塞地区的传播问题（《甘肃省第三届简牍学国际学术研讨会论文集》，上海辞书出版社）。何茂活对居延汉简所见4组燧名的命意进行了揭示，认为最初在一定程度上体现了亭遂之间的辖属关系（同上）。刘乐贤通过《额济纳汉简》中存在的三条涉及占梦的残简，对汉简中的占梦文献进行了探讨（《文物》9期）。

对于河西地区发现的其他汉简资料，本年度也都有一些研究论著发表，如刘乐贤对敦煌马圈湾出土药方简进行了药名释读（《简帛研究（二〇一六·秋冬卷）》），初昉、初世宾对《敦煌悬泉汉简释粹》中的七处补释（《出土文献研究》16 辑），王子今对地湾汉简中的“武关候”简的考证（《湖南省博物馆馆刊（第十三辑）》），等等。

庄小霞对西北汉简所见汉代边塞居室什物进行了考证，结合考古实物，对简文涉及的边塞居室什物的形制、价格、来源等进行探析（《中国国家博物馆馆刊》5 期）。肖从礼对汉简所见弱水流域居延地区的鱼的种类以及捕鱼、交易与消费等进行了讨论（《甘肃省第三届简牍学国际学术研讨会论文集》，上海辞书出版社）。

钟良灿对西北汉简中记载的吏卒随军家属情况展开讨论，指出边郡地区家庭结构与内地存在差异，而家属出入符则能够大体反映边郡地区编户民的家庭情况（《简帛研究（二〇一七·春夏卷）》）。贾丽英对西北汉简所见民爵的分布与变迁进行了统计分析（《简帛研究（二〇一七·春夏卷）》）。还有学者对西北屯戍简牍中所见的骆驼资料、蜀地织品、历日、以及身高表达方式等进行了探讨，这些研究都有助于进一步了解汉代边塞地区普通民众的日常生活。另外，有关边塞官吏的出行活动、边塞燧长的文书能力、算术的应用、传置与边亭等问题，也有专文讨论，不一一详述。胡永鹏编著的《西北边塞汉简编年》（福建人民出版社）、蔡渊迪《〈流沙坠简〉考论》（中西书局）等，也都值得关注。

关于银雀山汉简：王恩田遗作《临沂竹书〈库法〉与兵器试器验收制度——库、府、仓、廪、舍、馆铸器说商榷》，结合临沂竹书《库法》，否定了“库铸器说”，认为三晋兵器铭文中的库工师和冶尹、冶人，实际是试器者（《海岱考古（第十辑）》）。庞壮城对银雀山汉简《三十时》进行详细介绍，通过分析字形，指出应由二人以上抄写，根据简文内容，将其对应到不同的季节（《出土文献综合研究辑刊》5 辑）。其他有关研究还有马楠《银雀山汉简〈唐勒〉篇章结构刍议》（《简帛研究（二〇一七·春夏卷）》）、连劭勉《银雀山汉简丛释》（《中原文物》3 期）、高罕钰、陶浩《银雀山汉墓竹简对〈汉语大词典〉补正十六例》（《长沙简帛研究国际学术研讨会论文集》，中西书局）、张海波《浅谈出土简帛文献中的计字尾题——兼补银雀山汉简 157 号简缺文》（《出土文献研究》16 辑）等。

关于张家山汉简：陆德富对张家山汉简《奏谳书》中的“毋忧案”进行了考察，对汉朝试图将蛮夷齐民化的举措进行了探讨（《出土文献研究》16 辑）。张英梅借助张家山汉简《奏谳书》的相关内容，对文献所载汉初“诸侯子”重加考释（《长沙简帛研究国际学术研讨会论文集》，中西书局）。顾漫、柳长华分析张家山汉简中的《引书》，并将其与传世的《素问》《黄帝内经》进行对比研究，认为该书所反映的是彭祖之道，阐述了彭祖之道与房中养生的密切关系（《出土文献研究》16 辑）。另外，本年度还发表了数篇有关张家山汉简《二年律令》尤其是《秩律》的编联、校读的文章。陈文豪对张家山汉简《二年律令·金布律》中的一则简文进行解读，指出其所反映出的按月、按季呈报财务报告的制度，即月言簿及四时簿（《秦始皇帝陵博物院 2017（总柒辑）》）。专著方面有李绣玲《张家山汉墓竹简二四七号墓构形研究：兼论二年律令所见说文未收字》（万卷楼图书出版公司）。

关于长沙汉简：进入 21 世纪以来，在长沙多地出土了汉代简牍，大部分资料已公布。

关于五一广场东汉简牍：李均明《五一广场东汉简牍“留事”考》考察了其中的“留事”文件，认为留事是指待办的特殊事务，通常是上级安排下级实施，有具体要求及期限（《出土文献》11 辑）。杨小亮通过五一广场东汉简牍谈了对“解书”的初步认识，认为是一种实用文体（《甘肃省第三届简牍学国际学术研讨会论文集》，上海辞书出版社）；他还对五一广场出土东汉简牍中因字迹模糊、残裂变形之处或以往误释的部分进行了重新考释（《〈五一广场东汉简牍选释〉释文补正》，《出土文献》10 辑）。王朔《读〈长沙五一广场东汉简牍选释〉札记二则》将《长沙五一广场东汉简牍》中的 54、106 号简连读，复原关于钱财纠纷案的调查结果。对 48 号木牍重新断句并调整部分文辞的释义（《简帛》14 辑）。罗小华考证长沙五一广场东汉简牍中的盛酒器与酒价，认为简文中的“杅”即“盂”，容量为一斗五升，简文中的“器”容量为五斗（《五一广场东汉简牍所见酒价与酒具》，《长沙简帛研究国际学术研讨会论文集》，中西书局）。吴雪飞《长沙五一广场简牍法律用语续探》，对《长沙五一广场东汉简牍选释》中涉及的法律用语进行分析（《出土文献研究》16 辑）。曾磊《长沙五一广场简识小（五则）》对长沙五一广场东汉简牍中的五则案例重加考释（《长沙简帛研究国际学术研讨会论文集》，中西书局）。

关于 2016 年出版的《长沙尚德街东汉简牍》：周艳涛、张显成《〈长沙尚德街东汉简牍〉所见诏令商补一则》，对其中的 84 号木牍加以商补，解释文意，并重新断句，探讨了汉代针对生子满五人的优待政策（《出土文献》15 辑）；程少轩《长沙尚德街东汉简牍研究二题》，重新考释了长沙尚德街东汉简牍中的人形木牍的文字，并结合出土情况，指出这是一种解注之物；并重新校读了“治百病通明丸方”（《出土文献研究》16 辑）；广瀬薰雄《長沙尚德街东汉简牍拼綴二則》，对长沙尚德街东汉简牍中的两例书信进行缀合并考释文义（《出土文献研究》16 辑）。

此外，涉及长沙东牌楼汉简的还有徐俊刚《长沙东牌楼汉简校释拾遗》，对长沙东牌楼东汉简牍的释文进行校释，共 3 则（《简帛研究（二〇一七·春夏卷）》）；徐畅《长沙出土简牍中的“丞掾”》，对《长沙东牌楼东汉简牍》中的“桂阳大守行丞事南平丞印缄”木牍进行考释，指出其中的“丞掾”并非郡县僚佐的泛称，而是丞的属吏之一，负责重要的文书工作，丞掾由郡县依制度辟署，分派给丞使用（《文物》12 期）。

关于长沙马王堆简帛：本年度出版了张雷编著的《马王堆汉墓帛书〈五十二病方〉集注》（中医古籍出版社）。王树金对帛书《天文气象杂占》彗星图进行了重新临摹和考释，隶定了 30 个彗星名（《湖南省博物馆馆刊（第十三辑）》）。洪德荣《马王堆汉墓帛书〈天文气象杂占〉零识》，也对帛书中的《天文气象杂占》篇所涉及到的部分占验云气内容进行了讨论，指出占验云气与军事思想存在密切关系（《简帛研究（二〇一六·秋冬卷）》）。连劭名《马王堆帛书〈称〉丛考》对马王堆帛书《老子》乙本卷前古佚书之三《称》篇进行考证，指出文中汇集许多格言警句，是研究古代思想的新资料（《西部考古》13 辑）。孙飞燕讨论了马王堆帛书《春秋事语》的创作意图、主旨及思想（《简帛研究（二〇一七·春夏卷）》）。

关于长沙马王堆汉墓出土的遣册，范常喜《〈长沙马王堆汉墓简帛集成〉遣册校读札记四则》，对其中的“迁盖”“柒一笥”等简文进行了校读（《简帛研究（二〇一六·秋冬卷）》）；郑曙斌《马王堆汉墓遣册名物考论》，比证于出土实物，对几个存在认识偏差的字词进行了考释（《湖南省博物馆馆刊（第十三辑）》）。

鲁普平从论著、科研项目、数据库三方面对马王堆简帛语言文字研究进行综论（《湖南省博物馆馆刊（第十三辑）》）。属于字词考释的还有陈送文《汉代简帛零札（八则）》，（《考古与文物》6 期）、张显成《〈汉语大字典〉“枚”条引简帛订误——兼论辞书对简帛文献的利用问题》（《出土文献综合研究辑刊》5 辑）等等。针对 2014 年中华书局出版的《长沙马王堆汉墓简帛集成》，单育辰对其中的房中术竹简进行了校订（《甘肃省第三届简牍学国际学术研讨会论文集》，上海辞书出版社）。

针对张家界古人堤简：周琦《张家界古人堤医方木牍“治赤散方”新证》，认为其中的医方木牍所谓“治赤谷方”应为“治赤散方”，并推测该方为传世《千金方》中“赤散方”的祖方（《出土文献研究》16辑）；孙东波《古人堤东汉简“惟管”考》则认为张家界古人堤东汉简牍中的“惟管”含义接近“材官”（《长沙简帛研究国际学术研讨会论文集》，中西书局）。

关于江陵松柏木牍、随州孔家坡汉简、关沮秦汉简、尹湾汉简、以及早年发现的阜阳汉简等，本年度发表的相关研究论著虽然有限，但仍不乏新的认识。李松儒通过对江陵松柏M1出土西汉令丙木牍的解读，首次发现汉代地方水果向皇帝运送方式的记录（《《甘肃省第三届简牍学国际学术研讨会论文集》，上海辞书出版社》）。吕壮结合长沙五一广场东汉简牍及张家山汉简的材料，判断尹湾汉简《武库永始四年兵车器集簿》中“熏毒”是利用有毒植物加工制成的毒药，可用于给兵器施毒（《简帛研究（二〇一六·秋冬卷）》）。杜锋、张显成考证了安徽阜阳双古堆西汉汝阴侯墓出土的漆木太一九宫式盘与《灵枢·九宫八风》篇“太一常以冬至之日”章之关系，认为式盘的地盘外周文字可与太一徙居八宫的大周期对读互证（《考古学报》4期）。

综合研究方面：陈侃理对出土秦汉历书的性质、功能和演变进行了综合研究，推测了历书的制作和使用情况（《简帛研究（二〇一六·秋冬卷）》）。董涛探讨了择日术的起源（《简帛研究（二〇一七·春夏卷）》）。田天就西汉中晚期遣策的变迁及其意义进行了探讨（《文物、文献与文化：历史考古青年论集》，上海古籍出版社）。王伟以秦汉简牍资料为中心对守官、假官制度进行了综合探讨（《简帛研究（二〇一六·秋冬卷）》）。孙富磊讨论了简牍所见秦汉郡府卒史设置及职掌（《甘肃省第三届简牍学国际学术研讨会论文集》，上海辞书出版社）。戴卫红对里耶秦简和西北汉简中的功劳计算方式进行了再研究（《出土文献研究》16辑）。欧扬对秦汉刑事诉讼中的讯问制进行了讨论（《长沙简帛研究国际学术研讨会论文集》，中西书局）。范云飞对秦汉祠祀律令进行梳理，辑出秦汉祠祀律令26种（《出土文献综合研究辑刊》5辑）。刘钊对出土文献所见秦汉官文书平阙现象进行了分析（《甘肃省第三届简牍学国际学术研讨会论文集》，上海辞书出版社）。李洪财对汉简中的“√”号的作用进行了归纳，并梳理其形态演变过程（《长沙简帛研究国际学术研讨会论文集》，中西书局）。齐继伟通过出土简牍和传世文献对先秦秦汉时期的户籍等级划分进行了系统研究，指出从先秦到两汉，户籍等级经历了由“血缘等级”划分到“军功爵位等级”划分再到“财产等级”划分的三个阶段，户籍等级制度与土地政策有密切关系（《长沙简帛研究国际学术研讨会论文集》，中西书局）。其他有关汉代的“过所”、秦汉时期的徭戍制度、田亩制度、女爵与女户问题、《亡律》中“舍匿罪人”的罪行问题、官文书中的“急书”等，也都有专文讨论，不详述。

工具书方面有沈刚《秦汉魏晋简帛论文目录（1955—2014）——集刊、论文集之部》（中西书局），收录了1955年至2014年底中国大陆地区发表的秦汉魏晋时期简帛方面的集刊、论文集以及部分专题形式的研究专著（均含译文）710种以及4000余篇论文。

其他相关专著还有吕亚虎《秦汉社会民生信仰研究——以出土简帛文献为中心》（中国社会科学出版社）、郑威《出土文献与楚秦汉历史地理研究》（科学出版社）、程鹏万《简牍帛书格式研究》（上海古籍出版社）、王子今《长沙简牍研究》（中国社会科学出版社）、黄潇潇《秦汉简帛文献与“说文解字”新证》（中国农业大学出版社）、张显成、李建平《简帛量词研究》（中华书局）、蔡先金《简帛文学研究》（学习出版社）、山东博物馆、中国文化遗产研究院编《书于竹帛：中国简帛文化》（上海书画出版社），等等。

简牍之外，有关秦汉时期的玺印、封泥、石刻文字的考释研究，本年度也有一些论著发表，受篇幅所限，暂从略。

六 专题研究

铜器：杨勇对浙江安吉上马山墓地出土的一面西汉中期小铜鼓进行考证，认为该小铜鼓属东山文化器物，由越南北部输入（《东南文化》1期）。苏晓威对东周至西汉的铜炉进行了类型学研究，并就各类铜炉的流行时代与分布区域、铜炉的功用进行了探讨，总结了东周至西汉铜炉发展的3个阶段（《考古》3期）。吴小平对“奇华宫”铜炉的年代进行了考证，认为所刻铭文“天汉二年”乃后期伪造（《考古与文物》6期）。苏奎《汉代双兽搏斗铜刷柄研究》（《南方民族考古》13辑）一文就此类铜刷柄的用途与产地、图像来源等进行了探讨，认为是梳理头发时的辅助用具，可与木梳结合使用，产地为江苏地区，搏斗图像受到北方草原匈奴文化的影响。他还对汉代龙首方身铜器的类型与用途进行了考证，认为其功能可能是治疗足底胼胝的“脚错”（《华夏考古》4期）。钱耀鹏对西汉时期自名“鏖甗”或“雍甗”的铜甗进行了研究，认为此类分体甗的主要功能应在于蒸馏，当属蒸馏器的范畴（《西部考古》13辑）；他还对西安北郊张家堡新莽墓出土的铜蒸馏器与南昌西汉海昏侯墓出土的蒸馏用具进行了对比研究（《西部考古》13辑）。

李红介绍了洛阳出土的两件汉代青铜博山炉（《洛阳考古》1期）。王冬梅对山东博物馆所藏的卫少主营邑家鼎与南皮侯家鼎进行了介绍，并就年代和器主进行了讨论（《文物天地》1期）。裴建陇对考古出土的秦式短剑进行了研究（《中国国家博物馆馆刊》3期）。代丽鹃讨论了“蜀郡西工”铜器的渊源及相关问题（《中国国家博物馆馆刊》9期）。徐卫民、李超对西安博物院藏“铜鞮”戈进行了考证，推测为秦始皇在统一过程中在咸阳北坂“写仿宫室”时所制作（《秦始皇帝陵博物院2017（总柒辑）》）。卢升弟介绍了1975年成都羊市街出土的1件“别部司马”铜印，并对别部司马的历史沿革进行考证（《中国国家博物馆馆刊》1期）。陈颢介绍了战国到西汉时期滇国青铜扣饰的艺术特征和功能（《中国文物报》1月6日）。何志国、张凯丽对收藏在加拿大安大略皇家博物馆的1件东汉摇钱树佛像进行了考证（《湖南省博物馆馆刊（第十三辑）》）。

由淄博市临淄区文物管理局编著的《山东临淄战国汉代墓葬与出土铜镜研究》（文物出版社）概述了山东临淄战国汉代墓葬的考古发现，对出土的6000余面铜镜进行了分类，然后选择了其中的684面铜镜进行了介绍（包括彩版、拓片、说明文字）。王会田《山东临淄出土汉代铜镜》（《文物》4期）也是选择介绍1999—2015年间临淄两汉墓葬出土的部分铜镜。葛海洋等介绍了山东滕州出土不同时期的青铜镜，其中有两汉时期的铜镜若干枚（《湖南省博物馆馆刊（第十三辑）》）。贾立宝、姚军英对河南省禹州新峰墓地出土的41面战国秦汉铜镜进行了研究（《江汉考古》2期）。刘建安对湖州杨家埠东汉墓出土的画像铜镜进行了考释（《东方博物》3期）。宗时珍通过观察徐州地区西汉早期墓葬出土的双层纹饰铜镜，对汉代铜镜铸造的制范工艺进行了探讨（《文物世界》1期）。崔丽娟等以一件东汉四乳鸟兽纹铜镜为例，就“漆古”类铜镜的特点与成因及其保护修复进行了讨论（《山东博物馆辑刊（2016）》）。本年度出版的涉及汉代铜镜的专著还有清华大学艺术博物馆编《必忠必信：清华大学艺术博物馆藏铜镜》（上海书画出版社）、霍宏伟著《鉴若长河：中国古代铜镜的微观世界》（生活·读书·新知三联书店）以及鹏宇《宋代文献所见汉镜题铭辑校》（科学出版社）等。

杨欢探讨了秦始皇陵出土青铜马车的制作比例问题，确定铜车马是严格按照真实车马的二分之一制作的（《秦始皇帝陵博物院 2017（总柒辑）》）。史党社将秦始皇陵铜车马与西北、北方地区发现的马车进行对比，探讨了其文化史意义（《秦始皇帝陵博物院 2017（总柒辑）》）。党士学对商周秦汉时期“伏兔”的出现与发展及相关问题进行了研究（《秦始皇帝陵博物院 2017（总柒辑）》）。

廖薇结合 1993 年长沙古井出土的“大布黄千”钱范和其他同类遗物，探讨了其铸造工艺和分类特点等（《湖南省博物馆馆刊（第十三辑）》）。黄娟梳理了东周至秦汉时期不同钱币种类的石范资料，对石范的制作和石范铸钱工艺进行了探讨，认为西汉早期石范铸造工艺兴盛，源自特殊历史背景下对节约成本的考虑（《中国国家博物馆馆刊》1 期）。她还结合文献、简牍以及考古资料对西汉早期半两钱的生产与管理进行了考察（《中国钱币》3 期）。

刘煜等对湖北宜城跑马堤墓地战国西汉墓出土的青铜器制作工艺进行了研究（《南方文物》2 期）。李洋的专著《炉捶之间：先秦两汉时期热锻薄壁青铜器研究》（上海古籍出版社）结合科技检测，对先秦两汉时期采用热锻、淬火、冷加工等工艺制作的薄壁青铜器的考古发现进行了系统的梳理，以其制作工艺为线索，对其主要类型、形制、用途、使用者身份、时空分布等多方面的特征进行了系统研究，提出先秦两汉时期存在两套相对独立的（即低锡和高锡）热锻薄壁青铜器技术传统，分析了其发展演变及其背后的社会原因。

钢铁器：新公布的资料主要是河南省文物考古研究院 2016—2017 年对三门峡市渑池火车站冶铁遗址的调查收获（《华夏考古》4 期）。林永昌等通过对关中郃城汉代冶铁作坊出土的冶金陶瓷材料的科技分析，就西汉时期地方铸铁作坊的技术选择问题进行了探讨（《南方文物》2 期）；另外还讨论了秦国铁器普及化与关中地区战国时期铁器流通模式问题（《中国国家博物馆馆刊》3 期）。陈洪对甘肃、陕西发现的 14 件战国晚期至秦代的铁锸进行计量分析，对秦国铁农具的生产制造及管理进行了研究（《农业考古》4 期）。赵君妮对汉长安城武库遗址出土铁质文物进行了分析，并就保护修复问题进行了讨论（《文化遗产研究》3 辑）。朱棒介绍了 1987 年江苏仪征出土的一件汉永光元年铁剑，对剑铭进行了重新考释（《东南文化》6 期）。

金银器：江西南昌西汉海昏侯墓出土的大量黄金制品引起了广泛的关注和讨论。尤其是针对其中的马蹄金和麟趾金的来源和意义、功能等方面，《南方文物》2017 年第 1 期开辟的海昏侯墓研究专栏均有专文进行了讨论。还有学者从形制上对马蹄金和麟趾金进行了区分，纠正了以往的错误认识（《中国钱币》3 期）。其他相关的还有黄今言《西汉海昏侯墓出土黄金的几个问题》，（《史学月刊》6 期）、耿庆刚《海昏侯墓“金板”小考》（《考古与文物》3 期）等。

至于早年南越王墓出土的金花泡（《文物天地》10 期）、银板（《中国钱币》5 期），徐州狮子山楚王墓出土的丝质缀贝金带板（扣）腰带（《文物世界》4 期），以及西北大学博物馆藏的一件汉代鎏金铜蚕（《中国文物报》7 月 14 日）、海南省博物馆所藏的 1 枚朱庐执刲蛇钮银印（《文物天地》6 期）、西安博物院收藏的部分汉代金银器（《文物天地》5 期）、陕西历史博物馆收藏的几件有铭文的战国秦汉铜器银器（《西部考古》12 辑）等，也都有专文进行了介绍。张景明著《金银器与草原丝绸之路研究》（兰州大学出版社）对匈奴金银器与草原丝绸之路的文化交流、鲜卑金银器及其在草原丝绸之路文化交流中的作用等均有探讨。

漆木器：刘芳芳《釦器考略》（《东南文化》2 期）一文梳理了釦器的起源和发展历程，指出釦器发展与漆器胎骨的变化有着密不可分的关系。王丹、李则斌对江苏盱眙大云山汉墓出土漆纱冠残片的材料、颜色等进行了科学分析，并就漆纱冠这一形制的起源进行了研究（《东南文化》4 期）。黄秋雯梳理各地汉墓出土的漆纚纱帽、漆纱残片，比照汉代画像石中漆纱冠的图像资料，再结合史籍中关于"纚"的记载，认为漆纚在汉代是用作裹发韬发的束发巾（《汉代漆纚考略》，《广西文博（第一辑）》，广西人民出版社）。聂菲分析了湖南楚汉时期漆器的主要制作（制胎和装饰）工艺和纹饰特点（《湖南省博物馆馆刊（第十三辑）》）。洪石对马王堆汉墓出土的油画漆器进行了研究（《江汉考古》1 期）。罗小华对湖南出土漆器铭文"杨主家般"进行了讨论，认为指的是冠以母姓的长沙王后的盘（《湖南省博物馆馆刊（第十三辑）》）。傅举有指出文献中的"云（木虡）纹"是汉代漆器上非常重要的一种主题装饰画，是人们对幻想中的天堂即神禽、神兽和神仙穿插奔驰于云气之中的具体描述（《广州文博》1 期）。恩子健考证海昏侯刘贺墓中所出的漆木器瑟禁上的历日，认为"昌邑七年六月甲子"系刘贺即位的第七年，此器为刘贺自作用器，并据此对文献所记载的昌邑王刘髆死年进行订正（《中国文物报》2 月 24 日）。此外，由浙江省博物馆编著的《"中国漆器文化研究的回顾与展望"学术研讨会论文集》（浙江摄影出版社）也收录了不少涉及秦汉漆器研究的论文，如聂菲《从马王堆汉墓出土漆器审度汉初漆器功能工艺的传承与变异——兼论马王堆汉墓漆器产地问题》、刘艳《风格与产地——从诺颜乌拉的考古发现谈汉代的官府漆器》等，值得关注。

玉石器：王煜、谢亦琛对考古出土的蝉形口琀进行了系统梳理，将汉代的蝉形口琀按材质进行了分类统计，总结了其造型和风格的时代变化及地域变迁，结合共存的葬玉器物组合就其使用等级、丧葬功能等进行了探讨（《考古学报》1 期）。王青对豫南地区商周西汉墓出土的遗玉进行了研究（《中原文物》1 期）。李新、朱存明就海昏侯墓出土的"熊形玉饰"的文化意义进行了解读（《中原文物》6 期）。赵宏介绍了 2016 年在河南宝丰县讲武城遗址东汉文化层中出土的 1 件玉严卯，所刻文字与安徽亳县凤凰台一号汉墓所出土的基本相同（《文物》7 期）。井娟介绍了山东博物馆收藏的西汉鲁王墓玉器（《山东博物馆辑刊（2016）》，文物出版社）。

陶瓷器：杨哲峰对考古发现的秦汉时期的印纹硬陶进行了梳理，将其划分为岭南、湘赣、江东、东南沿海四个主要的区域类型，总结了各区域印纹硬陶的发展，并就各区域类型之间的相互关系进行了探讨（《中原文物》5 期）。他还对陶瓷科技考古中存在的样品选择问题进行了讨论，提出为了将陶瓷科技考古分析与考古类型学研究进行有机结合，检测样品的选择应遵循可靠性、完整性、系统性三大原则（《中国文物报》2 月 10 日）。

李清临、孙燃对中国古代陶瓷窑炉的分类进行了探讨（《江汉考古》6 期）。李云河在观察汉阳陵陵邑区汉墓出土陶器时发现一些常见的汉代陶器纹饰是通过滚筒滚压而成的，并通过模拟实验对其制作流程进行了复原验证，探讨了这种技术的来源、分布和发展情况（《考古与文物》3 期）。魏镇通过对洛阳汉墓出土陶案的梳理，认为它并不是祭祀亡者的祭案，而是专门为亡者营造宴饮空间的明器食案（《中国国家博物馆馆刊》12

期）。贾立宝对于1949年至2009年间正式报道的77件东汉镇墓瓶资料进行了梳理，通过类型学研究，就东汉镇墓瓶的分布地域与传播、墓主阶层与原始道教的关系等问题进行了探讨（《考古与文物》1期）。

柴怡介绍了2013年8月配合西安财经学院行知学院基本建设发现的一批汉代陶俑，推测是薄太后南陵陪葬坑的随葬陶俑（《考古与文物》4期）。她还撰文对西安地区两汉墓葬随葬的陶俑进行了分类和分期研究，指出这些汉代陶俑同时体现出秦文化和楚文化因素（《文博》4期）。

郭强对河南新乡吕村、大官庄东汉墓所出胡人陶俑进行了考证，认为陶灯底座上的吹箫人俑为胡僧的形象（《西部考古》12辑）。兰芳对焦作地区汉代陶仓楼的形制特征及造型艺术的渊源进行了探讨（《中国美术研究》3期）。熊丽萍介绍了河南博物院藏的部分带纹饰的汉代陶灶（《中国文物报》7月25日）。

苏奎收集整理了长江上游地区发现的9件龟承熊陶灯，就其造型来源、流通与传播、内涵与寓意等问题进行了探讨，指出该类陶灯是东汉晚期长江上游地区流行的颇具地域特色的墓葬明器（《长江上游汉代龟承熊陶灯及相关问题研究》，《长江文明》25辑）。他还对四川出土的以西王母为主题、周围设置灯盘的汉代西王母陶灯（《故宫博物院院刊》2期）以及长江上游地区发现的汉代佛像陶灯（《长江文明》26辑）进行了研究，指出汉代西王母陶灯有单体式和组合式两种类型，分别属于同一文化系统中的两个地域子传统，有着各自的构思来源和发展体系；而汉代佛像陶灯应该是受到了绵阳西王母陶灯及钱树佛像的影响最早出现在宜宾地区。

蔡彦、滕铭予对战国汉初瓦当的制作工艺进行了复原研究，依据不同遗址的年代对瓦当制作工艺进行了分期和比较，以标准化分析为基础，就工匠的来源、工匠管理制度以及边疆控制策略等问题进行了讨论（《考古学报》3期）。黄渺淼对湖北、重庆三峡库区新出土的汉六朝时期瓦当进行了分类和命名，并讨论了相关的年代问题（《江汉考古》2期）。刘海旺通过河南内黄三杨庄遗址的考古发现，就汉代吉语文字瓦当的使用进行了分析（《中原文物》2期）。

其他器物研究方面涉及的内容比较庞杂，择其要者略述如下：

程晓伟对考古发掘出土的汉代嵌贝鹿形席镇进行梳理，探讨其性质特征与文化内涵，认为鹿形镇所使用的虎斑贝体现出汉代国家对岭南地区的统治、以及中原内陆与南海周边地区的经济文化交流（《文物春秋》1期）。巩文对汉晋墓葬中出土的叉形器进行研究，认为叉形器应该是用于固定头发的功能性用具，尤其是用于固定假发（《四川文物》6期）。杨小林、王浩天将南昌海昏侯墓中出土的21件当卢按材质分为青铜当卢和银当卢两类，分别探讨了相应的制作工艺（《南方文物》1期）。许卫红、张娟妮对先秦两汉的弓弭进行类型学研究，结合弓弭的出土环境，对各类弓弭所对应的弓弩性质进行了分析，推断汉长安城武库出土的骨签亦为弓弭（《文博》2期）。

王坤等对两汉时期多枝灯的结构设计进行了探讨，认为两汉时期多枝灯呈现出由高到低的发展趋势（《东南文化》6期）。宋亦箫对蒜头壶的“蒜头”造型进行了分析，认为战国晚期到西汉时期的蒜头壶在造型上模仿大蒜，象征生殖崇拜，并认为大蒜可能在战国晚期就进入中国了（《西部考古》13辑）。

石云涛著《汉代外来文明研究》（中国社会科学出版社）在全面收集、整理和研究汉代历史文献和考古资料的基础上，从动物、植物、器物、皮毛、纺织品、香料、药物、珠宝、宗教、艺术、文学等领域，对汉代输入的域外文明及其影响进行了深入的探讨，展现了汉代时期社会文化、物质生活的生动画面，为认识汉代社会生活史和文化史提供了极有价值的参考。本书还讨论了汉朝对周边和西域的战争，与周边民族和域外国家之间的贸易、使节往来、佛教传播及民间交往如何推动了中外文化交流的开展和域外文明的输入，论证了文化交流对于人类文明进步的重要推动作用。

马怡对先秦两汉刺绣进行了考证（《中国社会科学院历史研究所学刊》第十集）。张继会对河南地区汉墓中出土的带字陶囷所涉及的粮食种类进行了统计分析，从中探索作物品种随时代的变化状况（《农业考古》4 期）。刘尊志讨论了秦汉三国时期的食物品种（《中原文化研究》1 期），指出随着农业、手工业、商业的发展，人们的饮食结构和内容不断得到改善，食物品种增多。

本年度出版了赵晓军著《先秦两汉度量衡制度研究》（上海交通大学出版社），对秦汉时期长度、容量、重量单位的统一与完备，以及相应的度量衡理论和使用中的检校制度等进行了系统梳理。此外，周高亮介绍了故宫博物院所藏的 1 件刻有秦始皇二十六年诏的陶量和 1 件始皇二十六年诏书仿青铜权，指出陶量应该是官府作坊的产品（《南方文物》2 期）。熊长云通过秦诏铜箍残件对秦桶量进行了复原研究，并就秦汉时期量制中的桶量与斛量之更替进行了探讨（《故宫博物院院刊》3 期）。而邹城邾国故城遗址新出土的新莽铜量器，多有铭文（《中国文物报》9 月 8 日第 8 版），为汉代量制的研究增添了重要新资料。

还有一些专著，如王树金《马王堆汉墓服饰研究》（中华书局）、张末元编著的《汉代服饰》（中华书局）、杨泓《华烛帐前明：从文物看古人的生活与战争》（黄山出版社）、闻人军《考工司南：中国古代科技名物论集》（上海古籍出版社）等，也都值得关注。

至于科技考古方面：

由秦始皇帝陵博物院、慕尼黑工业大学、陶质彩绘文物保护国家文物局重点科研基地编辑的《秦俑及彩绘文物保护与研究学术研讨会论文集》（科学出版社）收录了 2013 年 9 月在西安举办的中德合作"秦俑及彩绘文物保护与研究学术研讨会"的论文 26 篇，内容涉及陶质彩绘文物的彩绘工艺、秦始皇陵园出土彩绘陶俑的科学保护修复研究、石铠甲的保护等。

其他诸如对四川成都市青白江区城厢镇包家梁子墓地出土战国至汉代人骨的研究（《边疆考古研究》21 辑）、对江西南昌海昏侯墓园中两口汉代水井出土果实类植物遗存的浮选和分析（《南方文物》1 期）、对湖南益阳兔子山遗址 2013 年出土简牍的现场保护处理（《湖南省博物馆馆刊（第十三辑）》）、对 1993 年发掘的西汉长沙王后"渔阳"墓棺椁结构的材质鉴定及相关问题讨论（《湖南省博物馆馆刊（第十三辑）》）等等，不一一详述。

三国至隋唐五代时期考古

沈丽华　朱岩石

2017年三国至隋唐五代时期考古研究成果颇多，据不完全统计相关研究成果有250余部（篇），其中包括发掘报告十余部、专著及论文集近50部，发掘简报40余篇、研究论文150余篇等，涉及内容以墓葬、宗教（佛教）类为多。

2017年度刊布的考古成果总体而言具有以下几个特点：第一，传统的大型都城遗址依然保持持续性考古工作，并不断有新的发现或研究成果公布，在继续为城市布局研究积累资料的基础上，同时关注礼制建筑、水系、仓储遗存等，更多学者开始以大遗址的视角从长时间段考量中古时期都城的发展演变问题。地方城市的考古工作逐渐增多，并开始从结合遗址保护和利用的角度开展工作。第二，墓葬的发现和研究依然是三国至隋唐五代时期考古学研究的重头戏，一些早年发掘的墓葬在2017年度刊发了简报或报告。第三，手工业考古取得了突破性进展，特别是有关南方、北方早期青瓷起源的考古工作均有重要发现，如浙江上虞凤凰山窑址、上林湖后司岙窑址、郧城曹村窑址等。除陶瓷器以外，砖瓦、金属器、玉器研究也有不少突破和发展，如富平桑园唐代窑址等。此外，宗教考古和中外交流考古等方面也有系列著作出版，如“敦煌与丝绸之路石窟艺术”系列丛书、《丝绸之路考古论集》等。

一　城址发现与研究

（一）都城

都城考古向来是各时段考古的重中之重，三国至隋唐五代时期的几个长年开展工作的都城遗址在2017年度均有新发现或研究成果公布。

辽宁省文物考古研究所和日本奈良文化财研究所于2011～2015年进行合作研究，收集汇总了东晋十六国时期辽西地区考古学研究的相关成果，系统整理了部分以往的发掘资料并重新发表，重点考察了早期慕容鲜卑大板营子墓地、金岭寺建筑址及出土瓦件，关注三燕文化形成因素及其对周边文化的影响（《辽西地区东晋十六国时期都城文化研究》，辽宁人民出版社）。

陕西省考古研究院对统万城遗址无定河南岸和西城西北方的两处大型夯土遗迹进行了调查、勘探与发掘，推测为大夏国时期的两组礼制性建筑（中国考古学会编：《中国考古学年鉴·2016》，中国社会科学出版社）。

王银田等编著的《北魏平城考古研究：公元五世纪中国都城的演变》（科学出版社）共收录14篇论文，内容涉及北魏平城都城布局、墓葬分布、陶俑、装饰纹样、“下颌托”、瓦当、瓦文及平城与丝绸之路的关系等，是一部有关北魏平城的专题性研究文集。

汉魏洛阳城遗址近年考古工作主要集中于宫城区，继太极殿遗址发掘之后，为弄清太极殿宫院附属建筑的形制结构和空间配置关系，中国社会科学院考古研究所汉魏洛阳城队重点对宫院西南角进行了发掘，发现了八号建筑基址的各类遗迹，包括北周时期夯土基址、魏晋至北魏时期廊房、院落、砖池、宫墙、水渠等（国家文物局主编：《2016 中国重要考古发现》，文物出版社）

为配合晋阳古城国家考古遗址公园建设，山西省考古研究所等单位对晋阳古城二号建筑基址群进行了发掘，发现唐五代大型寺庙建筑遗存，结合“隋之晋阳宫”残碑的发现，推断该区域为北朝和隋代晋阳宫之所在，为进一步了解晋阳城不同时代城市布局提供了新材料（国家文物局主编：《2016 中国重要考古发现》，文物出版社）。

基于近年南京考古对长江江岸线的新发现，许志强结合历史文献梳理和现场地貌考察，对六朝建康长干里的四至范围、周边地貌、内部构成等问题进行了讨论，认为长干里由小长干、大长干和东长干等内部小区域组成，在六朝时期是一个相对独立的地理单元，吏民杂居，为建康城南重要的生活聚居区之一（武汉大学中国三至九世纪研究所主办：《魏晋南北朝隋唐史资料》第三十六辑，上海古籍出版社）。

西安市文物保护考古研究院采用考古勘探和现场踏勘的方式对隋唐长安城遗址进行了调查，发现朱雀大街、安仁坊西墙墙基、坊内横街等遗迹（中国考古学会编：《中国考古学年鉴 · 2016》，中国社会科学出版社）。为配合斗门水库项目建设，中国社会科学院考古研究所、西安市文物保护考古研究院阿房宫与上林苑考古队联合于 2012 ~ 2016 年对项目涉及的汉唐昆明池区域进行了勘探与试掘，获得了以汉唐昆明池为中心水系的新认识（《中国文物报》3 月 24 日 8 版）。2010 年 12 月，西安市文物保护考古研究院在青龙寺北清理了 16 座唐代古井，出土了一批唐代瓷片和铜钱，时代从盛唐延续至晚唐（《文博》2 期）。在研究方面，赵永磊对隋唐圜丘三壝形制、燎坛方位等进行了讨论（《考古》10 期）。李映福从历史地理学的视角探究了唐代长安城郊园林的特点、类别、分布选址、布局结构等问题，探究其中的文化意蕴和社会功能，提示长安城郊园林的历史沿革能为现代城市发展提供借鉴（李映福：《唐长安城郊园林文化研究》，科学出版社）。杨维娟等人通过查阅大量唐代墓志资料，比对墓葬出土地信息，对万年县所属三乡（浐川乡、崇义乡、崇道乡）以及三乡中 6 里 11 村的具体位置进行了考证（《文博》4 期）。

回洛仓是隋代距离京城洛阳最近、地理位置最重要的粮仓，洛阳市文物考古研究院通过考古发掘初步了解了回洛仓西部仓储区仓窖的形制、规模和使用时间，为全面了解回洛仓的总体保存情况，提供了可贵的实物资料（《洛阳考古》1 期）。此外，洛阳市文物考古研究院还对隋唐洛阳城宫城东墙、宁人坊、定鼎门大街以及西苑遗址水利设施等遗存进行了调查发掘（中国考古学会编：《中国考古学年鉴 · 2016》，中国社会科学出版社）。

公元 3 至 10 世纪是中国古代都城发展的重要时期，这一时期都城的规划、设计、布置有一定的相似和沿承，形成所谓的“中世纪都城系统”。韩建华依托此时期的考古成果，上溯曹魏邺城、魏晋洛阳城、北魏洛阳城、东魏北齐邺南城，下至隋大兴、唐长安城，从选址、规划设计、城制布局、结构区划、城市建筑与园林艺术等方面，对中世纪都城系统的产生、动态过程进行归纳，同时重新审视了“胡汉体制”与中世纪都城系统的关系（《西部考古》14 辑）。

伴随都城研究的不断深入，越来越多的学者开始以更广阔的视野关注都城规划布局问题，张学锋、陈刚从都城空间与葬地关系角度对孙吴都城建业都城圈的形成及都城圈社会的变化等细节问题进行了讨论（武汉大学中国三至九世纪研究所主办：《魏晋南北朝隋唐史资料》第三十六辑，上海古籍出版社）。

（二）地方城市及其他

中国社会科学院考古研究所、辽宁省文物考古研究所、盖州市文物局对青石岭山城及其周围地区进行考古调查，发现城墙、城门、蓄水池等遗迹，并发掘了金殿山遗址、二号建筑址等，推断其为5～7世纪辽东地区一座重要的高句丽山城（《考古》12期）。

铁岭市博物馆于2009年在开原市靠山镇西山岗上发现一座呈不规则长方形的山城遗址，经对文化遗物的研究与分析，发掘者认为山城始建于高句丽时期，沿用至辽金以后（《北方文物》1期）。

北魏六镇是北魏迁都平城以后为加强北部边防而依次设立的六处军镇，周扬以考古发现为基础，运用地理信息系统对其进行空间分析，探讨了六镇防线在选址上的地理因素以及内部结构之间的相互作用，并推测了六镇各镇城的地望（《中国国家博物馆馆刊》12期）。

山西省考古研究所于2012～2016年对蒲州故城进行了持续考古工作，探明了东城北城墙以外的护城河、窑址和道路等遗迹，厘清了东、西城城墙始建年代，并在西城内西北部找到北朝至唐代蒲州城城墙遗迹（国家文物局主编：《2016中国重要考古发现》，文物出版社）。

扬州市文物考古研究所在梅岭公馆遗址发掘时发现了唐、宋时期护城河遗址，并出土有大量青花瓷片，为研究运河与扬州城城墙位置变迁提供了重要依据，确定了唐至宋代城墙与护城河之间的准确距离（《洛阳考古》2期）。刘文淇所著《扬州水道记》附图标记有与扬州城遗址相关的部分城池位置及关联的地名、桥名、河流名、塘名等，汪勃将其与扬州城遗址沿革相关研究的结果相结合，指出附图中部分城池的标示位置有误，并对错误的原因进行了剖析（《东南文化》2期）。

2015～2017年，河北省文物研究所对正定开元寺南广场遗址进行了考古勘探和发掘工作，发现唐代开元寺池沼和沟渠、晚唐五代时期夯土城墙、唐五代宋金至明清时期生活遗存等，出土大量日常生活用品、建筑构件、宗教遗物和手工业商业遗物（《中国文物报》11月17日8版）。

唐末新建的罗城对成都城市格局的最终形成具有重要的承启意义，李明斌重点论证了罗城城垣的基础营建、夯土选取、墙体包砖等几个基本问题，并对罗城建设尚存疑点进行了分析研究（《中国国家博物馆馆刊》9期）。

为配合水库建设，山东省文物考古研究院于2016年在东阿县铜城街道发现建筑遗迹，核心区南北长约145米、东西宽约110米，据发现推断为后周时期天齐大王行宫，并发现较多与唐代龙兴寺有关遗物（《中国文物报》9月22日8版）。

《柳孜运河遗址第二次考古发掘报告》（科学出版社）详细刊布了安徽省文物考古研究所等单位在2012～2013年两个年度的发掘成果，内容涉及河道、河堤、桥梁、道路等遗迹以及出土遗物7000余件和大量动物骨骼、贝类。

二　墓葬发现与研究

（一）三国两晋十六国时期

1. 墓葬发现

这一时期的墓葬发现以河南洛阳西朱村曹魏大墓和安徽马鞍山当涂“天子坟”最为重要。

洛阳西朱村曹魏大墓（M1）为长斜坡墓道明券砖室墓，由墓道、甬道、前室和后室组成，出土遗物400余件，包括刻铭石牌等。发掘者根据墓葬形制、规格和出土遗物判断，墓主人应为曹魏时期的皇室成员，为研究这一时期高等级墓葬的葬制提供了重要资料（《考古》7期；国家文物局主编：《2016中国重要考古发现》，文物出版社）。

安徽省文物考古研究所等单位于2015~2016年在马鞍山当涂县发掘了“天子坟”，该墓为前后室四隅券进式穹隆顶砖室墓，是迄今发现孙吴时期仅有的三座同类结构大墓之一，仅次于南京江宁上坊大墓。根据出土数量较多的金器及纪年器物，发掘者判断墓主人可能为孙吴宗室成员（国家文物局主编：《2016中国重要考古发现》，文物出版社）。

宁波市文物考古研究所与余姚市文物保护管理所在余姚市经济开发区抢救性发掘一座孙吴时期虞氏家族成员墓葬，墓葬虽被盗扰严重，但大量铭文砖的出土还是为相关研究提供了重要线索（《中国文物报》9月22日8版）。

南京博物院等单位于2015~2016年在江苏邳州发现西晋墓9座，均为带斜坡墓道的前后室墓，墓葬呈前后两排分布，排列有序，出土鹦鹉螺杯、玻璃碗、金铛等各类器物300余件，发掘者根据砖铭推测该墓地为西晋时期高级贵族的家族墓地（国家文物局主编：《2016中国重要考古发现》，文物出版社）。

洛阳市文物考古研究院在瀍河区配合基建项目发现一座西晋墓，该墓墓室结构较为复杂，前、后室土洞，前室带侧室，为洛阳地区少见的等级较高的西晋中晚期墓葬（《洛阳考古》2期）。

巩义市文物考古研究所于2014年在龙尾村发现两座晋墓，其中M164形制保存较为完整，平面呈“甲”字形，由墓道、甬道、墓室三部分组成，出土了陶罐、陶奁、陶盆及铜镜、铜带钩等遗物（《中原文物》5期）。

为配合南水北调工程建设，甘肃省文物考古研究所于2010年在淅川县大石桥乡清理汉墓和晋墓共计25座，均为单室砖室墓，出土一批陶器、瓷器及金属器（《考古与文物》4期）。

北京市文物研究所于2012年对房山区良乡镇水碾屯村墓地进行发掘，清理西晋墓3座，均为斜坡墓道单室砖室墓，出土随葬品以陶瓷器为主。这3座墓墓葬形制相似，排列有序，应为精心规划的家族墓地（《文物》1期）。

南京市考古研究所于2015年对雨花台区后头山东晋墓进行了抢救性发掘，发现墓葬4座，均为砖室券顶结构，出土了包括青瓷器、陶器、金饰、铜印章等在内的各类遗物90余件（组），其中六面印、步摇金饰、头像砖等均较为罕见（《东南文化》4期）。

为配合三峡库区文物保护工作，南京大学历史系于2007年在重庆忠县乌杨镇将军村挑水沟发掘汉晋墓葬7座，其中魏晋砖室墓1座，为研究重庆库区汉晋文化发展增添了很有价值的材料（《考古学集刊》20集）。

为配合鄂北地区水资源配置工程，咸宁市博物馆等单位于2016年在随州市曾都区万店镇杨家河墓群进行发掘，发现汉魏六朝墓葬10座，出土青瓷器、陶器、铜器、铁器、玉器等37件（套）（《中国文物报》7月14日8版）。

2. 综合研究

吴桂兵的《两晋墓葬文化因素研究》（南京大学出版社）一书是迄今唯一专门针对两晋墓葬进行全面系统梳理和整合研究的著作。全书分为上、下两编，上编主要内容包括两晋墓葬分区、北方地区两晋墓葬类型与文化因素、长江下游地区（扬州）两晋墓葬类型与文化因素、长江中游地区（荆州）两晋墓葬类型与文化因素、两晋墓葬文化因素与汉晋变迁；下编则从文献角度对文献所见汉晋丧葬礼俗变迁进行了探讨。

贾小军、武鑫在《魏晋十六国河西镇墓文、墓券整理研究》（中国社会科学出版社）一书中对河西地区发现的魏晋十六国时期镇墓文、墓券作了系统整理和深入研究。上卷收录目前所见魏晋十六国河西镇墓文89例，下卷进行专题探讨，包括对河西走廊“薄命早终”类镇墓文研究、对墓葬出土文字资料和图像资料的对比研究，以及对魏晋十六国时期河西民众社会生活状况及丧葬习俗的研究等。

王煜、王欢根据广西贵港出土铜镜上的星象图像，认为三国时期吴地夔凤镜上的螃蟹和瓶子形象为黄道十二宫巨蟹和宝瓶图像，提出这些内容应该由南方的海路传入，为早期佛教自海路传入中国南方的途径增加了一个证据（《考古与文物》5期）。

浙江安吉县博物馆曾于1993年在天子岗发掘西晋太康六年纪年墓（M2）和孙吴时期无纪年墓（M3）各一座，发掘者根据墓葬形制、规格和随葬器物分析这两座墓葬均应为高等级贵族墓葬。张秋华结合史料记载和相关分析，认为M2、M3墓主应是朱氏家族的朱才与朱琬父子（《东南文化》4期）。

王子奇对甘肃高台地埂坡一号晋墓前室所反映的仿木结构进行讨论，认为其摹写的是一土木混合结构融合横向构架建筑的其中一间，是目前已知最早的结构清楚的横向梁架形象实例（《四川文物》6期）。

（二）南北朝时期

1. 墓葬发现

鄂尔多斯市文物考古研究院等单位于2012年对鄂托克前旗昂素镇巴音哈达墓地进行抢救性发掘，清理墓葬3座，出土一批北魏遗物，丰富了对鄂尔多斯地区北魏时期遗存的认识，为探讨4～5世纪拓跋代（魏）时期中国北方人群活动情况提供了新材料（《草原文物》2期）。

大同市考古研究所在大同市云波路清理了北魏墓葬29座，其中M10为长斜坡墓道土洞墓，墓中出土石椁一具，为仿木结构。出土器物多为彩绘陶俑，另有陶罐、陶灯、陶碓、少量铁器及漆木器（《文物》11期）。

为配合南水北调中线工程，磁县文物保管所等单位对磁县讲武城镇双庙取土场墓葬进行了勘探发掘，发现墓葬39座，包括两汉时期27座、魏晋时期2座、北朝时期3座、唐代4座、北宋3座，共出土陶俑、瓷器、墓志和壁画等器物710件（套）。其中北齐武平四年周超墓为砖砌单室墓，保存较好，出土遗物众多（南水北调中线工程建设管理局等：《磁县双庙墓群考古发掘报告》，文物出版社）。

濮阳市文物保护管理所等单位在濮阳县柳屯镇这河寨西北发现北齐武平七年李亨墓，

墓葬出土陶俑、模型明器以及陶罐、陶盘等生活器皿和墓志各类遗物共计 285 件（《中原文物》4 期）。

陕西省考古研究院于 2013～2014 年在西咸新区空港物联产业城项目建设用地发掘了两座北周墓葬。此区域是北周时期高等级墓葬区，曾发现包括北周武帝孝陵在内的王公贵族陵墓不下数十座。此次发掘的两座墓葬出土各类陶俑、陶模型明器等，其中一座还出土了墓志，记载下葬时间为北周天和六年（《考古与文物》2 期）。

襄阳市文物考古研究所于 2006 年在襄城区麒麟村抢救性发掘一座南朝画像砖墓，为券顶单砖室墓，墓葬用砖皆模印有花纹或画像，内容包括千秋万岁、郭巨埋儿等。据发掘者分析，该墓时代与邓县学庄、襄阳贾家冲画像砖墓时代相近，应在南朝齐梁之际（《文物》11 期）。

江西省文物考古研究所、南昌市博物馆于 2016 年在南昌市梅湖景区牌头山南侧抢救性发掘 5 座墓葬，初步推断为东晋至南朝时期熊氏家族墓群，为探讨六朝时期南昌地区世家大族墓葬形制以及洪州窑产品的烧制工艺及特点提供了新的实物资料（《南方文物》2 期）。

福建博物院考古研究所与泉州市博物馆于 2008 年在南安市丰州镇抢救性发掘发现两晋南朝砖室墓群，其中 M12 为平面呈“凸”字形的券顶单室墓，墓砖模印纹饰精美华丽、种类多样，少量墓砖模印纪年铭文“天监十一年”，为研究泉州地区的早期移民和佛教传播提供了新材料（《东南文化》4 期）。

宁波市文物考古研究所等单位于 2015 年在宁波市北仑区清理发现六朝至明清时期墓葬 6 座，其中 3 座为六朝时期墓葬（《南方文物》3 期）。

2. 综合研究

倪润安所著《光宅中原——拓跋至北魏的墓葬文化与社会演进》（上海古籍出版社）全面、系统地探讨了拓跋起源、拓跋南迁匈奴故地、拓跋代国至北魏各时期墓葬文化的演变和发展进程等问题。该书把北魏墓葬文化置于南北朝发展的横向比较中，探讨北魏与南朝争夺文化正统的过程，并试图总结拓跋至北魏墓葬文化演变道路的特点及其历史意义。

刘连香在《民族史视野下的北魏墓志研究》（文物出版社）一书中把北魏墓志作为基础材料，通过全面梳理，从墓主人人员构成、墓葬分区，探讨其所反映的社会及“人”的变化历史。

上海博物馆编著的《壁上观：细读山西古代壁画》（北京大学出版社）是为配合 2017 年 12 月至 2018 年 3 月“山西壁画展览”。全书收录了 21 篇有关壁画研究的文章，分为山西的寺观与墓葬壁画、壁画与艺术史研究、壁画的保护与修复三部分。以山西古代壁画为研究对象，内容覆盖从汉代壁画、北朝壁画墓、唐代山水画到金元墓葬壁画，从美术史、考古、历史、社会、宗教、地理、建筑等角度，探讨图像如何作为历史文献、墓葬与绘画史研究、跨宗教文化的践行、壁画的营建与工艺等问题，以综合的视角进入古代壁画的世界，展现了古代山西壁画绚丽多彩的画面。

耿朔通过对洛阳和建康地区墓葬形制演变的分析，从墓室数量双室到单室的变化，探讨了魏晋墓葬形制转变的动因及相关问题（王煜主编：《文物、文献与文化——历史考古青年论集》，上海古籍出版社）。

辽宁朝阳地区曾是三燕都城所在，文化比较发达。北魏灭北燕前后，屡次将北燕的大量民众包括上层精英迁徙到京师平城等地，对朝阳地区影响巨大。由于人口和文化阶层的大量流失，朝阳地区北魏文化曾一度陷入平淡。倪润安尝试对朝阳地区北魏墓葬进行了归纳与分析，主要涉及刘贤墓的年代问题、墓葬形制的文化来源、随葬陶器的文化来源和墓葬分期等方面（《边疆考古研究》22 辑，科学出版社）

邺城地区在 6 世纪前后经历了从京畿地区到普通州郡的转变，时代上从分裂的南北朝时期进入大一统的隋代。沈丽华在《邺城地区六世纪墓葬的考古学研究》（《考古学报》1 期）一文中选取 6 世纪这一特定时空范畴，运用类型学方法对 140 余座墓葬材料进行了考古学研究，将墓葬分为三期：东魏至北齐初、北齐中后期、北周至隋，并注意考察这批墓葬的时空演变规律，认为邺城地区所体现的东魏、北齐丧葬制度是隋唐丧葬制度的重要渊源之一。

金弘翔对南朝神道石柱在墓葬体系中的功能和象征进行了讨论，认为南朝神道石柱源自汉代墓葬制度，但在形制、位置等方面发生了较大的变化，其意义也相应地发生了变化，神道石柱的形制与其他墓上建筑的组合关系在南朝时定型，反映出南朝陵墓的制度（《考古学集刊》20 集）。

周庭熙对南京地区东晋南朝墓出土的明器榻进行了讨论，通过对“榻”概念的辨析、出土遗物的认定以及榻与墓中砖砌祭台的比较，认为墓中随葬的明器榻与墓主身份等级相关，在祭奠活动中与凭几一起象征墓主人的灵魂所在，是墓主生前家居生活及其应享有的礼遇在死后墓室空间的延续（《东南文化》1 期）。

王煜对南京江宁上坊谢家山出土一对滑石猪手握进行分析，认为其腹部的“天”“乙”刻铭应连读为“天乙”，即古代星官和神祇“天一”的别写。汉六朝时期流行的玉石猪手握是传统司命信仰的表现，除北斗外，六朝时期道教中特别发展了司命信仰中与北斗关系密切的有关天一的内容（《东南文化》6 期）。

范佳楠对南北朝墓葬所见铜礼佛用具进行分析研究，提出铜容器组合是律宗所倡导的礼佛用具，不仅被用于日常礼拜，也因时人笃信佛教庇佑亡者，得以进入随葬品行列（《故宫博物院院刊》1 期）。

（三）隋唐五代时期

1. 墓葬发现

2017 年度出版的隋唐五代时期墓葬专刊共有 4 部。

山西省考古研究所组织发掘编写的《太原沙沟隋代斛律彻墓》（科学出版社）是为数不多的隋墓专刊。斛律彻墓位于太原西南郊，为砖筑单室墓，墓内随葬器物 300 余件，其中大多数为模制陶俑及动物模型，还有生活用器、模型明器、瓷器以及石墓志等。

《临汾西赵：隋唐金元明清墓葬》（科学出版社）亦是以山西省考古研究所为主编著的发掘报告，报告公布了 2013 年山西省临汾市尧都区发掘的 40 座墓葬资料，其中包括隋代墓葬 2 座、唐代墓葬 10 座、金代及以后墓葬 28 座，墓群出土遗物数量众多。

洛阳市文物考古研究院编著的《洛阳龙门唐安菩夫妇墓》（科学出版社）全面介绍了 1981 年春于洛阳市龙门东山发现的唐景龙三年（709）定远大将军安菩及夫人合葬墓的发掘情况。该墓出土包括三彩器、瓷器、钱币以及石刻等随葬品 129 件，其中三彩器数量多、质量高、种类齐，为研究唐三彩制作工艺提供了大量的新材料。安菩墓志揭示了墓主安菩的国属、家世及其身世等情况，为研究唐代中西文化交流、洛阳与丝绸之路关系等方面提供了重要资料。

《唐昭陵韦贵妃墓发掘报告》（科学出版社）由陕西省考古研究院和昭陵博物馆联合编著。昭陵是唐太宗李世民和文德皇后长孙氏的合葬陵，位于陕西省礼泉县城东北的九嵕山上。该报告介绍了韦贵妃墓墓葬形制、葬具、壁画、石刻线刻画，以及种类繁多的随葬器物，如陶俑、陶瓷器、铜器、铁器及骨器等，为研究唐代帝陵陪陵制度、政治制度和宫廷生活等均提供了丰富的物质资料。

2017 年度隋唐五代时期有关帝陵的工作较为显著，特别是扬州隋炀帝陵、隆尧唐祖陵、西安唐十八陵等。

杨军昌等人对扬州曹庄 M2 隋炀帝萧后冠进行了实验室考古，为隋唐时期礼冠制度及其复原研究提供了基础性的技术资料（《考古》11 期）。王永晴、王尔阳对隋唐时代名妇冠饰发展源流进行了考证，并对隋炀帝萧后冠饰主要构件定名、形态及组合方式进行了探讨（《东南文化》2 期）。

河北省文物研究所郭济桥等人对隆尧唐祖陵和光业寺遗址进行了发掘，确认唐代地面在今地表 5 米以下，现地表可见石像生均坐落在宋代地面之上，为宋代以后重修唐陵所致；光业寺位于唐祖陵外垣东侧，应为陵园附属建筑（中国考古学会编：《中国考古学年鉴·2016》，中国社会科学出版社）。

陕西省考古研究院于 2015 年对唐靖陵、简陵、章陵三座陵园遗址进行了全面勘探，对唐昭陵 190 座陪葬墓中的 90 座进行了全面考古调查和勘探，对唐永康陵、定陵陵园的部分建筑遗址进行了小面积发掘，对陵园石刻进行了全面清理，全面完成了唐代帝陵大遗址保护项目——全部 21 座唐陵的陵园勘探工作，较为系统地掌握了关中唐代帝陵陵园的形制及发展演变的大体方向，彻底摸清了不同时期帝陵的形制特征，也为唐代帝陵陪陵制度提供了新材料（中国考古学会编：《中国考古学年鉴·2016》，中国社会科学出版社）。

昭陵陪葬段蕳璧墓出土石棺床，是昭陵已发掘的 40 余座陪葬墓中采用高浮雕形式雕刻瑞兽的唯一一例，其制作年代为唐永徽二年（651），距高浮雕“昭陵六骏”的制作年代贞观十年（636）较近，在某种程度上承袭了其制作工艺。段蕳璧墓的瑞兽一直埋藏地下，保持着初创时的原始状态，具有较高的考古价值和艺术价值（《文物》11 期）。

除帝陵及陪葬墓以外，一般墓葬发表简报数量较多，主要集中于陕西、河南、江苏等省份。

隋墓发现数量向来不多，这与隋墓和南北朝晚期、唐初墓葬区分不易有关。2011 年，扬州市文物考古研究所在扬州西湖镇俞桥村郭庄墓地进行了抢救性发掘，发掘清理三座隋代夫妇合葬墓，出土了瓷器、铜器、玉器、石器、漆木器及钱币等遗物（《东南文化》4 期）。

唐墓以陕西西安地区发现数量最多，陕西省考古研究院在 2017 年陆续公布了多座近年发掘的唐墓资料。其中包括：2004 年在西安市长安区韦曲街道新寨村发掘了中书舍人、上邽县开国子梁行仪与夫人薛氏合葬墓。该墓形制完整、纪年明确、出土遗物丰富（《中原文物》2 期）。2009 年在西安市长安区韦曲街办韩家湾村西发掘了两座唐代壁画墓。这两座墓内保存了较大面积的壁画，内容有青龙、白虎、男女侍者等，且墓葬形制保存基本完整，出土了陶俑、陶器、瓷器等遗物（《文博》5 期）。2011 年底在西安市未央区西凹里村的一处墓地进行了发掘，共发掘唐代墓葬 25 座，出土陶器、铜器、瓷器、陶俑、墓志等物，时代为唐初至唐代后期（《考古与文物》2 期）。2014 年在西安西郊“金色悦庭”项目建设用地内，发掘了 7 座唐代小型墓葬，墓葬形制为带台阶的土洞墓或为竖穴土洞墓。虽因盗掘墓葬遭到扰乱，出土物也不多，但仍为研究唐代长安城周边墓葬分布规律提供了新的考古资料（《考古与文物》5期）。李道坚位于陕西省富平县城西南，1994年发现，2017年进行了彻底清理。该墓为长斜坡墓道单室砖室壁画墓，有天井5个、壁龛4个，从墓道至墓室均绘制壁画，内容包括青龙、白虎、列戟、乐舞、山水屏风等（国家文物局主编：《2017中国重要考古发现》，文物出版社）。此外，西安市文物保护考古研究院于2012年在西安市南郊上塔坡村发现唐墓一座，编号为M128。该墓规模较小，形制为斜坡墓道单室土洞墓。墓葬虽遭盗扰，但出土的陶俑组合较完整，应为唐代高宗时期一座中下层官吏墓葬（《文博》5期）。2010年9月，咸阳市文物考古研究所在咸阳市武功县南仁乡宣村发现唐代苏瑜墓。该墓为残存三个天井的砖室墓，墓壁存有壁画，据出土墓志可知：苏瑜卒于唐长寿二年（693），葬于武功“仙游乡之原”。该墓的发掘，丰富了关中西部壁画墓的资料，为研究唐墓壁画的发展提供了重要资料（《考古与文物》6期）。

河南洛阳是另一个唐墓发现较多的地区，基本都由洛阳市文物考古研究院负责发掘。发表资料的有：2010年，在老城区邙山镇史家屯村西发掘了一座唐代墓葬。该墓为单室墓，出土陶俑、动物模型、塔式罐以及铜钱等。综合墓葬形制和出土器物分析，发掘者认为该墓应属中唐时期的贵族墓葬（《文物》3期）。2013年，为配合洛阳关林附近棚户区改造工程发掘了一批唐代墓葬，其中C7M6010为土洞墓，出土有陶器、三彩器、陶俑及铜钱等。这批墓葬位于隋唐洛阳城南城墙外不远处，对研究唐代洛阳城区中晚期小型墓葬的形制结构、随葬品组合、丧葬习俗和社会状况有一定的价值（《洛阳考古》1期）。此外，巩义市文物考古研究所于2016年在巩义大黄冶村新兴家园发掘两座唐墓，其中M599出土有较多的唐三彩，由于此墓的年代已接近三彩俑消失的年代，故对巩义唐三彩的兴衰研究具有重要意义（《中原文物》1期）。2009年，三门峡市文物考古研究所发掘了一座竖井墓道土洞墓，根据出土墓志知墓主人为唐末五代时期的张爽夫妇。该墓葬的发掘为研究豫西地区唐到五代时期的葬制、葬俗，以及地望、职官和书法艺术等提供了实物资料（《华夏考古》4期）。2010年，郑州市文物考古研究院和荥阳市博物馆在荥阳市苜蓿洼村西南部的檀山阳坡发掘了晚唐墓葬1座，墓主为晚唐秀才卢珰。该墓为长方形斜坡墓道洞室墓，出土有陶塔罐盖、陶饼、白瓷碗、白瓷执壶以及墓志等。该墓未经盗扰，保存较好，出土器物时代明确，为郑州地区晚唐墓葬断代研究提供了标尺（《中国国家博物馆馆刊》4期）。

山东地区公布的唐墓资料有两座。济阳县垛石镇前刘村发现两座东西并列的唐墓，均为带墓道的圆形穹隆顶砖雕墓，其中M2据出土墓志记载墓主人为卒于唐文宗开成元年（836）的顾忖。该墓是济南地区首次发现的有明确纪年的唐代砖雕双室墓，具有标尺意义（《中国国家博物馆馆刊》5期）。张弘墓位于莘县张寨乡黄庙村南，聊城地区博物馆等单位于1986年进行了抢救性发掘。该墓为砖砌单室墓，出土三彩俑、金器、铜器及墓志等，其中三彩器在山东地区较为罕见。（《文物》4期）。

辽宁朝阳市亦是历年唐墓发现较多的地区之一。2010年，朝阳市博物馆在市区南部的双塔区八里堡乡中山营子村抢救性发掘一座唐墓，墓葬为砖砌圆形单室墓，据出土墓志知墓主人为卒于武周长寿二年（693）的游击将军骆本（《边疆考古研究》21辑，科学出版社）。2014年，朝阳市文物考古研究所在市区南部文明路发掘清理了4座唐代墓葬，出土了墓志、陶器、瓷器、铜器等遗物。这一区域属于朝阳市公布的中山营子古墓保护区，曾发掘三燕、唐、辽等各时代墓葬数十座。M2 出土的墓志为研究朝阳（唐代营州）地区的历史又增添了一个宝贵资料（《北方文物》3 期）。

内蒙古自治区文物考古研究所、鄂尔多斯市文物考古研究院等在准格尔旗十二连城乡脑包湾村发掘唐代陈氏家族墓 13 座，出土各类遗物 200 余件，是继 2015 年发现的 7 座之外的新发现。该墓群位于十二连城古城（推测为唐代胜州榆林县城）外围，墓群分布有序，墓葬结构多样，为唐代胜州社会历史、颍川陈氏迁徙流布及丧葬习俗研究提供了重要考古资料（《中国文物报》8 月 11 日 8 版）。

2017 年公布的晚唐五代时期墓葬以江苏为主。2012～2013 年，无锡市文化遗产保护和考古研究所对位于滨湖区胡埭镇阖闾村的胥山湾晚唐吴氏家族墓群进行了调查，发掘墓葬 8 座，均为船形砖室墓，保存基本完好。墓中出土有陶瓷器、钱币、带有“吴墓”铭文的墓砖和有明确纪年的墓志。这批船形墓的形制特殊，且有明确的纪年，可以为船形砖室墓的分期标准提供新的佐证；同时将吴氏家族回迁至无锡的历史从南宋提前到了晚唐，对于研究吴氏家族迁徙历史和唐代吴姓郡望有重大意义（《东南文化》2 期）。2013 年，扬州市文物考古研究所在邗江区西湖镇蚕桑村清理了 3 座竖穴土坑墓，墓葬年代为晚唐、北宋时期，墓葬保存完整，出土木质买地券等遗物。（《江汉考古》1 期）。2016 年，扬州市文物考古研究所在市东北又抢救性发掘了 13 座墓葬，其中 M5、M9 墓葬保存基本完整，均为竖穴土坑墓，木棺带有彩饰。其中 M5 据出土木质买地券与大都功版推知墓主人为五代杨吴时期天师道道官康周（《考古》4 期）。

2. 综合研究

王小蒙对唐懿德太子墓陵园进行了分析研究，认为唐懿德太子墓不仅是迄今发现的唐墓中地宫规模最大的一座，其两重陵园垣墙的形制为其他贵族唐墓所未见，而与唐帝陵的陵墙加鐍垣的格局近似，但懿德太子陵园在形制规模上表现出的其他特征则与唐帝陵乃至赠皇帝陵号的恭陵、惠陵等均有较大区别，“号墓为陵”之陵并非帝陵之制，仍为太子级别的陵（《考古与文物》1 期）。

卓文静对唐墓出土的“黑人”图像进行了归纳整理，提出“黑人”图像可以上溯至南朝时期、主要出现在北朝至唐玄宗时期，唐“黑人”俑的表现程式存在着不断被复制和改造的过程，图像中的“黑人”表现的只是深肤色、“波发”、大眼和突出的眼白。据此推测，阿斯塔那 336 唐墓和西安裴氏小娘子墓出土的“黑人”俑表现的很可能不是非洲黑人，而是南亚或南海诸岛的居民（《中国国家博物馆馆刊》4 期）。

沈睿文考察了从唐哀皇后李弘太子妃墓中被盗掘出的釉陶器的特点，并对比了唐代其他陵墓的陪葬器，利用史书材料考证出李弘生前专注于《礼记》、行周政，从而认为哀皇后墓随葬陶礼器与陪葬礼法无关，而是缘于太子李弘的政治主张（《唐研究》23 卷）。

游自勇发现在唐代侵占别人的墓田和陵园是一种犯罪，由此疑问唐代的陵园是如何标识的，他利用《姚懿玄堂记》《孟璲墓志》《赵睿冲神道碑》等文本材料，复原了唐代陵园的大致图景，提出唐人的茔域意识比较明确，茔地是私有财产，谱牒内可能会记录茔域的情况并且绘有图纸（《唐研究》23 卷）。

日本和泉市久保惣纪念美术馆收藏的唐代《大唐故陆妃墓志之铭》，其志主与西北大学博物馆收藏的《大唐遂安王墓志之铭》的志主遂安王李世寿系夫妻关系。冉万里、赵戈对陆妃墓志进行了考释，认为该墓志不仅为研究遂安王的生平事迹提供了重要资料，也为研究北朝时期鲜卑豪族陆氏的世系增添了新资料（《考古与文物》2 期）。

周晓薇、王其祎对长安新出隋仁寿元年《张寂墓志》进行研讨，并进一步将有关隋代宦官文献予以梳理补充并作综合考察，以期在隋代宦官人物史事乃至职能制度层面有所认知（《考古与文物》5期）。

（四）高句丽墓葬

耿铁华、李乐营等人联合出版了三部有关高句丽研究的专著。《好太王碑拓本研究》以通化师范学院所藏的好太王碑拓本为基础，介绍拓本的现状和文字，拓本文字考释、拓本文字比较研究、拓本的年代及其价值。《集安高句丽碑研究》重点关注了2012年7月于集安麻线乡麻线河边出土的一块高句丽时期的石碑，此碑是高句丽时期为了加强对守墓烟户管理公布法令制度的碑刻，它的出现对于研究高句丽政治、经济、文化、艺术等方面具有极为重要的价值和意义。《高句丽壁画研究》则全面系统整理了高句丽壁画，对壁画的发现调查与发掘、研究历程、壁画现状、壁画年代与分期、壁画中所反映的社会生活等方面进行了讨论（吉林大学出版社）。

2009年以来，朝鲜和日本的考古工作者在朝鲜境内新发掘了两座高句丽壁画墓——平壤东山洞壁画墓和南浦玉桃里壁画墓，赵俊杰、张寒冰结合墓葬形制与壁画构成对这两座墓葬的年代及相关问题进行了探讨（王煜主编：《文物、文献与文化——历史考古青年论集》，上海古籍出版社）。

三　手工业遗迹发现与研究

（一）考古发现

2017年度发表的有关手工业考古方面的成果主要集中在陶瓷、砖瓦和铁器等方面。

凤凰山早期越窑遗址位于浙江省绍兴市上虞区凤凰山东南麓，这里地处上虞曹娥江中下游地区，是汉六朝成熟青瓷窑址最重要的分布区。作为“瓷之源”课题的重要组成部分，浙江省文物考古研究所于2015年对其进行了发掘，揭露长条状斜坡龙窑一座，出土大量高质量的成熟青瓷器。与以往发掘的汉六朝时期窑炉相比，该龙窑在窑尾部分进行了改进，处于早期三段式龙窑向唐宋时期龙窑转变的过渡阶段，对于探索龙窑的技术演进具有重要承启意义（中国考古学会编：《中国考古学年鉴·2016》，中国社会科学出版社）。

邺城遗址位于河北省临漳县西南，是曹魏至北齐六朝故都。2014～2015年，中国社会科学院考古研究所、河北省文物研究所联合组成的邺城考古队对位于东魏北齐邺城东郭区的曹村青釉器窑址进行了发掘，发现东魏北齐时期马蹄形窑炉三座，出土大量青釉器残片和窑具，为探讨北方青瓷、白瓷起源以及唐三彩起源均提供了重要的新资料（国家文物局主编：《2016中国重要考古发现》，文物出版社）。

位于浙江省慈溪市桥头镇的上林湖越窑址是唐宋时期越窑的中心窑场，也是唐、五代至北宋时期全国的窑业中心，而后司岙窑址恰位于上林湖核心位置。2015～2017年，浙江省文物考古研究所、国家文物局水下文化遗产保护中心等单位对该窑址及上林湖水下遗存进行了考古勘探与发掘，揭露出龙窑炉、房址、贮泥池、釉料缸、挡墙、排水沟等作坊遗迹，出土大量的越窑青瓷精品。据分析，出土青瓷大多为秘色瓷，从唐大中年间开始烧造，至中和年间达到兴盛，五代中期以后质量有所下降。该发现基本厘清了以后司岙窑址为代表的晚唐、五代时期秘色瓷的基本面貌与生产工艺，唐宋时期生产最高质量青瓷的越窑窑场基本格局，唐代法门寺地宫与五代吴越国钱氏家族出土秘色瓷产地问题（国家文物局主编：《2016 中国重要考古发现》，文物出版社）。

四川省文物考古研究院、犍为县文物管理所于 2006 年对位于犍为县孝姑镇永平村的唐宋时期金花庵窑址进行了调查试掘，发现 1 座窑炉，清理了 2 个灰坑，出土一批青瓷器及窑具。此次调查试掘工作对于开展西南地区唐宋时期的陶瓷考古学研究具有较为重要的价值（《四川文物》2 期）。

山西省文物鉴定站孟耀虎对晋城市道路建设中发现的窑址进行调查，采集到大量的绿色、黄色单色釉和白绿、黄绿复色釉器物残片以及三叉形支具，依据器物特征推定该地应为晚唐时期专门烧造低温釉器物的窑场（《华夏考古》1 期）。

华锋林主编的《福建五代窑址考古研究》（海峡书局）对福建省历年调查、发掘的唐、五代窑址进行了概述和总结，以地域为顺序，分别对各个窑口的概况、调查、发掘、出土瓷器、收获作了初步的梳理和研究。

陕西省考古研究院于 2015 年继续对富平桑园唐代窑址进行了勘探发掘，勘探新发现窑炉两组共 48 座，发掘揭露窑炉 13 座，出土大量建筑构件。目前桑园窑址发现窑炉总数已达 544 座。据勘探发掘显示，不同组窑分别用于生产某一类特定产品，根据不同产品种类及窑炉位置分布，窑场可分为砖、瓦、鸱尾等特种产品四个功能区（中国考古学会编：《中国考古学年鉴·2016》，中国社会科学出版社）。

武汉大学考古系联合鄂州市博物馆于 2016～2017 年对瓦窑咀遗址进行了勘探发掘，发现窑炉、房址、水井、灰坑等遗存，出土大量陶器、低温釉陶器及窑具。发掘者认为该遗址应为孙吴早期都城吴王城的重要组成部分，是一处大型手工业作坊遗迹，发现的窑炉及陶瓷器等遗物为探索长江中游地区早期陶瓷生产提供了重要线索（《中国文物报》12 月 15 日 8 版）。

（二）综合研究

白云翔基于考古发现的铁器实物资料和有关文献记载的系统梳理，对隋唐时期铁器与铁器工业进行了全面系统的考古学论述，初步揭示了隋唐时期铁器的种类及社会应用、钢铁技术和铁器工业的发展状况及其时代特色（《考古与文物》4 期）。

王睿对三国、两晋、南北朝盘口壶的出土情况进行初步梳理，尝试建立起年代序列，并对盘口壶的分布、功能及其他盘口器相关问题进行了探讨（《中国国家博物馆馆刊》8 期）。

高句丽遗迹出土青瓷器主要见于集安和平壤两地，器形包括盘口壶、青瓷罐、提梁器、狮形烛台、器盖等，且多为高等级墓葬或重要遗址，王飞峰根据对高句丽地理位置和当时历史情况分析，认为这些青瓷器的产地应是长江以南地区，窑口以越窑为主，是高句丽与六朝交往的结果（《华夏考古》2 期）。

金智炫对北齐时期的复色釉陶进行搜集，从制作特征、产地及对应墓主人身份等角度进行了分析和讨论，强调以白釉绿彩为代表的复色釉陶不能称为瓷器的主要原因在于胎釉特征（《边疆考古研究》22 辑，科学出版社）。

金玉结合器物由于质贵工精，在唐代使用有严格的规定，出土较少，董洁结合文献资料和出土实物对其种类、时代、产地等相关问题进行探讨，得出金玉结合器物是皇室和高级贵族专用品，主要出土于唐京畿地区，由长安城的官府手工作坊制作（《考古与文物》

4期）。

螺钿铜镜是唐代一种漆工艺与贝壳镶嵌相结合的特种工艺镜。胡健通过对国内外传世和出土的唐代螺钿铜镜的综合考察，以及对早期西亚美索不达米亚和商周时期两种不同风格的螺钿工艺的比较研究，论述了唐代螺钿铜镜大致可分为虫胶树脂地镜背和漆地镜背两种样式。前者更接近于早期美索不达米亚螺钿工艺，应该是萨珊波斯文化影响下的产物，国内出土的螺钿铜镜绝大多数应属于虫胶树脂地螺钿铜镜（《中原文物》3期）。

四　佛教遗迹、遗物发现与研究

2017年度发表的佛教考古方面成果仍然以石窟和造像为主体。

（一）石窟研究

有关麦积山石窟、云冈石窟和敦煌石窟的研究成果较多。

麦积山石窟早期洞窟的年代始终是困扰麦积山研究者的难题。魏文斌在《麦积山石窟初期洞窟调查与研究》一文中较为客观地介绍了每个洞窟的全部内容，为石窟年代判断、题材内容的考证提供了较好的资料，同时对麦积山初期洞窟与其他地区的关系进行了论证（甘肃教育出版社）。敦煌研究院、麦积山石窟艺术研究所考古研究室对麦积山石窟第4窟散花楼外檐下仿木构件进行了再勘察，并结合此前散花楼内北周壁画建筑的新发现及其他北周建筑因素进行综合考察（《文物》11期）。

《归义军时期敦煌石窟考古研究》（甘肃教育出版社）是沙武田围绕归义军时期敦煌石窟考古课题长期研究的成果，主要内容包括：莫高窟窟前殿堂建筑遗址的考古学研究、归义军时期代表性洞窟的研究、归义军时期壁画程序化问题的研究、归义军时期大窟营建影响和意义的研究、围绕敦煌藏经洞的性质、封闭时间和原因的研究等。王惠民在《敦煌佛教与石窟营建》（甘肃教育出版社）中按照敦煌石窟在不同历史时期营建年代的先后顺序，对各时期石窟的形制与营建、石窟特点和其蕴含的特定文化意涵等作了系统的梳理、归纳和研究。

吐峪沟石窟位于新疆吐鲁番市鄯善县吐峪沟乡，是吐鲁番地区开凿年代最早、规模最大的佛教石窟遗址群，也是古代丝绸之路上一处重要的佛教地点。2010～2016年，中国社会科学院考古研究所、吐鲁番研究院和北京大学考古文博学院等单位组成联合考古队，对吐峪沟石窟沟东区北部窟群、沟西区北部窟群和沟西区中部高台窟群进行了持续性工作，在高台窟群共清理洞窟56个，包括塔庙窟、禅窟、僧房窟以及窟前佛塔等。发掘者认为，高台中部窟群应晚于沟西区北部和沟东区北部窟群，据塔庙窟（K7）发现菩萨头像壁画，可确定应始凿于5～6世纪（国家文物局主编：《2016中国重要考古发现》，文物出版社）。

北魏云冈石窟规模宏大，气势雄浑，这样的大型工程在当时如何规划设计，又如何施工开凿，是一个值得探讨的问题。彭明浩在《云冈石窟的营造工程》（文物出版社）一书中从营造工程的视角，通过考察石窟外部的山体崖面、斩山遗迹，石窟内部的空间层次、壁面龛像，分析各类工程遗迹的空间关系，探讨了云冈石窟的营造工程。谷敏根据历年考古发现对《水经注》中关于云冈石窟的记载进行探讨，通过分析提出将云冈石窟山顶的寺院遗址纳入云冈石窟整体系统之中，结合洞窟和窟前建筑及周围环境，揭示了北魏时期云冈石窟的整体风貌，并由此复原了郦道元在《水经注·㶟水》中记载的“山堂水殿，烟寺相望”景象（《文物》2期）。

中国社会科学院考古研究所联合太原市文物考古研究所等单位于2015～2016年对蒙山开化寺佛阁遗址进行了发掘，新发现晚期重修的佛阁西墙及早期佛阁遗址。作为中国北朝体量最大的摩崖大佛和佛阁，此次发掘对于研究大佛雕造和早期佛阁形制具有重要意义（国家文物局主编：《2016中国重要考古发现》，文物出版社）。

四川省文物考古研究院、达州市博物馆联合编著的《四川散见唐宋佛道龛窟内容总录：达州卷》（文物出版社）和《四川散见唐宋佛道龛窟内容总录：自贡卷》（文物出版社）分别收录了达州地区和自贡地区目前已经发现的唐、宋时期佛教、道教龛窟造像，主要内容包括概述和各窟龛情况，各龛情况内容有位置、时代、形制、造像内容、保存状况、题记等，其中有唐代纪年的5个佛龛最为重要。

（二）造像研究

成都文物考古研究院于2014年在成都下同仁路进行了抢救性发掘，发现了2个佛教造像坑、14个生活遗物坑以及2口水井。造像坑中出土了佛像、菩萨像、天王像、背屏式组合造像等多种类型的佛教造像，据分析造像年代集中在南北朝至唐代，其中尤以南北朝时期占多数。成都文物考古研究院编著的《成都下同仁路：佛教造像坑及城市生活遗址发掘报告》（文物出版社）分别从地层堆积与遗迹单位、出土遗物、初步研究等方面对该次考古发掘成果进行了汇报，该报告为研究巴蜀地区南北朝时期的佛教文化提供了一批新的重要资料。

何志国在《汉晋佛像综合研究》（上海人民出版社）一书中梳理了长江上、中、下游和北方各大区域汉晋佛像，讨论其分布的区域型特点，并以年代为基础，根据阶段性特点进行分期，总结演变规律，再从时空关系探求各区域佛像的异同。

公元5～6世纪，江南地区弥勒下生信仰盛行，供奉弥勒下生像的龙华寺兴起，龙华会亦风靡一时。李裕群从现存实物角度对南朝弥勒信仰进行了分析，现存南朝弥勒造像在江南地区仅见于浙江新昌宝相寺摩崖龛像和江苏南京栖霞山石窟，四川地区有茂县比丘玄嵩造像碑和成都西安路比丘法海造像。同时也对南朝东阳傅大士以弥勒化身现世，吸引信众，并首创转轮经藏的史事进行了考证（《考古》8期）。

苏铉淑系统搜集了9件东魏武定年间半跏思惟像，并选择其中3件带有双树龛的造像进行比较分析，通过分析提出美国大都会武定二年造像产地应为邺城地区，作为都城所在地，邺城样式主导了北齐佛教艺术，但邺城与定州地区之间的佛教艺术形式交流具有双向性（《考古》9期）。

公元6世纪中期，中原北方东部地区开始出现一种以双菩提树为背屏、北齐新样式佛像为主尊、常以镂孔透雕形式表现的白石佛教造像，其造型精美，特征鲜明，与早年流行的尖楣状背屏造像形式迥异。何利群以邺城地区历年出土佛像为中心，结合周边区域同类背屏式造像，探讨北齐“龙树背龛式”造像的构图特征及技术传承（《中原文物》4期）。

山西沁县南涅水窖藏石刻造像藏品丰富，常青选择其中具代表性的3尊北齐单体菩萨像加以研究，并将其和同时期青州、北周长安等地区出土造像进行比较，认为这3尊造像既具有时代特点，也有着很明显的地域特色，结合南涅水特殊的地理位置提出南涅水造像形式多样、自成体系，从一个小区域映现出北朝隋唐时期中原佛教造像潮流涌动的盛况

（《美术研究》3 期）。

吴荭从北周石窟寺类型分析、北周各石窟寺比较、北周单体造像研究、南朝造像与北周石窟及单体造像的关系等方面对北周石窟造像的源流及艺术特点等进行了研究（甘肃教育出版社）。

张元林在《北朝—隋时期敦煌法华图像研究》（甘肃教育出版社）一书中系统考察了北朝时期敦煌《法华经》艺术的表现形式及其所反映的信仰思想及背景。

冉万里的《唐代长安地区佛教造像的考古学研究》（科学出版社）以唐代长安地区考古发现或传世的佛教造像为主，运用考古类型学方法，分门别类地探讨了这一地区佛教造像的特点、分期、与周围地区及外来文化因素的关系等问题。

日、月光菩萨造像是川渝地区晚唐至宋初石窟中新出现的题材，张亮对这类造像的发现、分布、特征、来源、产生背景及传播情况进行了初步分析（《文物》12 期）。

罗宏才在《佛教艺术模式与样式》（上海大学出版社）一书中从艺术表现模式和样式的角度切入，以博物馆珍藏和考古发掘的实物为依托，对中国古代的佛教艺术进行探讨，内容涉及佛像源流与轨迹、模式与样式、巴蜀东汉至蜀汉铜摇钱树佛像模式和源流探讨等。

（三）石刻及其他

《中国佛教石经：山东省（第三卷）》（中国美术学院出版社）为中国美术学院和德国海德堡科学院共同协作的中国佛教石经系列项目之一。该项目针对中国石刻佛经艺术，以省为单位进行了精密、系统、全面性的调查研究，同时针对石经的历史、宗教、政治、艺术等含义进行系统综合的研究。其中《中国佛教石经：山东省（第三卷）》由山东省石刻艺术博物馆和德国海德堡科学院联合完成，已出版两卷，该卷收录了尖山、阳山、黄石崖等近十处刻经，内容包括刻文的相片、拓片、版式录文、隶定录文、英文翻译、研究史和调查数据等。

居士山摩崖碑位于山西省忻州市定襄县城东南的居士山山脊，碑体由突兀于岭脊的一块石灰岩质巨岩修整而成。该碑于 1923 年被发现，由于石碑碑文漫漶，学界对于该碑碑主、碑文所载内容始终未有定论。2015～2016 年，忻州市文物管理处、定襄县文物管理所与浙江大学文化遗产研究院联合，运用三维数字技术，对该碑实施了数字化考古调查，根据三维数字化成果对碑文重新逐字识读，确定该碑为西晋胡奋重阳登高纪功碑（《文物》5 期）。

魏宏利在《北朝关中地区造像记整理与研究》（中国社会科学出版社）一书在中对北朝时期关中地区造像记进行系统整理，并对这批资料进行了分析研究，主要涉及北朝关中造像的文体渊源、特征及内容等。

以对唐东都洛阳履道坊白居易宅院出土经幢经文的文字释读为基础，韩建华对经幢所刻经文咒语的内容构成和版本进行了分析研究，提出经幢所刻为《佛顶尊胜陀罗尼经》和《大悲心陀罗尼经》的咒语部分。其中前者为"东都福先寺西律院勘定本"，以地婆诃罗所译 36 句《最胜佛顶陀罗尼净除业障咒》为底本；后者则为 78 句《大悲咒》，是伽梵达摩在于阗翻译的较早版本，而这种译本是首次在经幢上发现（《考古》6 期）。

在寺院道观中供奉燃灯石台曾为盛唐时的流行风尚，但实物留存较少。西安碑林于 20 世纪 50 年代入藏的开元二十九年（741）燃灯石台，其上刻《燃灯石台赞》铭文，并署有供灯祈福者的官职和姓名，葛承雍通过分析认为其形式与风格应来自拂菻艺术（《文物》1期）。

郭晓涛对陕西凤翔南郊唐墓M17出土的绢质汉文陀罗尼经咒绘写本进行了整理复原，并对经咒中心图像进行分析，认为是毗沙门天王形象，同时也对经咒所处时代背景及人殉原因进行了讨论（《中国国家博物馆馆刊》8期）。

霍巍、朱德涛结合考古资料，对法门寺地宫中出土《衣物帐碑》所记载“大随求”问题进行了探究，从唐宋时期有关密教仪轨的兴起、大随求信仰体系的形成及其广泛的社会影响这一历史背景出发，认为臂钏实质上只是载体，而时人所看重的则是里面装盛的《大随求陀罗尼经咒》，所以它们被时人直接记录为“随求”。（《文物》2期）。

赵声良所著《敦煌艺术十讲》（文物出版社）系统而简明，分别从宏观的角度阐述了敦煌艺术是在什么样的历史文化背景中产生，又是如何体现着中国传统文化的精神的；从中国美术史的角度探讨了敦煌彩塑的技法、样式与风格的源流等；从继承和发扬的角度论述了敦煌书画与现代中国书画的关系。

塔作为一种建筑形式，起源于印度的“窣堵坡”，是佛教高僧埋藏舍利、遗骨、遗物的建筑。中国古代和东亚地区的佛塔与佛教的传入有关，是印度“窣堵坡”与中国木构重楼结合的产物。钱国祥通过对5~6世纪北魏平城思远佛寺、龙城思燕佛寺、洛阳城永宁寺和东魏北齐邺城赵彭城佛寺塔基的深入比较分析，探讨了这个时期佛寺木塔建筑形制结构的异同点和发展变化（《中原文物》4期）。

五　对外交流

《丝绸之路考古论集》（上海古籍出版社）收集了徐苹芳先生关于丝绸之路考古的7篇论文，以沙漠路线、草原路线、西南丝路、海上路线为经线，以时间为纬线，对丝绸之路上的遗址、出土文物以及相关的生活习俗进行了研究，是丝绸之路考古研究最具有代表性的著作。

［意］葛嶷、齐东方主编的《异宝西来：考古发现的丝绸之路舶来品研究》（上海古籍出版社）选取跟陆上丝绸之路关系较密切的西北五省区出土的宋以前的49件外来物品为研究对象，由中方提供出土背景及研究状况的详细资料，然后意方学者根据这些资料重新审视过往研究并撰写条目，形成了有关丝绸之路上的考古艺术品研究的精美图录。

金银器属于中国考古学专题研究中的一个内容。考古学资料表明，我国出土金银器的地点主要集中在北方草原地区、中原地区和南方地区，其中，北方草原地区发现了我国时代最早的金银器。经过历代各个民族的创造和创新，北方草原金银器经历了形成期、兴旺期、深化期、成熟期、鼎盛期、延续与大众期等几个发展阶段，并且在吸收中原文化、南方文化、西方文化的基础上，形成每一个阶段的艺术风格和文化特征。草原丝绸之路是一个国际性的研究问题，也是一个综合性的研究问题。张景明的《金银器与草原丝绸之路研究》（兰州大学出版社）一书通过北方草原地区考古发现的金银器为载体，研究了草原丝绸之路上的经济、文化交流中的诸多问题。

鹊尾炉是中国古代佛教的行香法器之一，始见于南北朝时期。通过对考古发现和历史文献的梳理，林梅村、郝春阳认为，焚香之俗起源于近东地区，世界上最早的香炉实例发现于公元前6世纪吕底亚宝藏，这一习俗后为古波斯和帕提亚王公贵族传承。约公元前1

世纪，中亚犍陀罗佛寺引入帕提亚手炉，三足盘式、手柄接在口沿处。5 世纪，犍陀罗手炉传入中国西北地区，之后不久便开始了中国化进程（《文物》10 期）。而崔叶舟则认为，南北朝时期新出现的鹊尾炉就整体造型而言与埃及、印度犍陀罗风格的长柄香炉差距极大，很难找出两者之间较清晰的传承和影响轨迹，因此基本可以排除完全域外传入的看法。鹊尾炉应是为迎合佛教传播而由中国人自己发明创造的一种新型香炉，并由此开始在东亚地区传承使用（《东南文化》2 期）。

唐武德二年（619），中亚罽宾国来朝，进贡宝带、金锁、玻璃碗、水晶杯，以及名为“颇黎”的 490 枚宝石。林梅村通过研究发现，唐初罽宾国五种贡品皆见于西安南郊何家村唐代窖藏，如骨咄玉带、鎏金银锁、凸环纹玻璃碗、八曲水晶长杯，以及红宝石、蓝宝石等，因此提出何家村唐代窖藏原为大明宫琼林库皇家宝藏。唐建中四年（783）爆发“泾原之变”，唐德宗被迫离开长安到奉天避难，因无法将大明宫琼林库宝物全部带走，不得不将部分金银财宝临时埋藏在长安城兴化坊某地（今西安南郊何家村）（《考古与文物》6 期）。

西安南郊何家村唐代窖藏曾于 1970 年出土一件凸环纹玻璃碗，研究者多以为是来自伊朗高原的萨珊玻璃器。马丽亚·艾海提、金诚实、郝春阳经考证，认为这件玻璃碗为唐武德二年（619）中亚罽宾国贡品之一，并以此为切入点，探讨了中亚玻璃器如何沿丝绸之路传入塔里木盆地、黄河流域、朝鲜半岛和海东日本（《考古与文物》6 期）。

陕西临潼县庆山寺地宫在 1985 年曾出土了一件高浮雕人头胡瓶，造型奇特，腹部有六个高浮雕人头，但是它的产地及其艺术内涵迄今无人解读。据检测，该胡瓶是黄铜（铜锌合金）打造的，当即法藏敦煌文书（P. 2596）所谓“鍮石瓶子”。这件胡瓶采用鹤嘴流，器型与粟特胡瓶相同，而腹部高浮雕人头像实乃印度教战神塞健陀像。林梅村推测该胡瓶的产地当在粟特与印度之间的罽宾国（今阿富汗贝格拉姆遗址），庆山寺地宫出土鍮石胡瓶为探讨印度教神像影响粟特火祆教艺术提供了又一范例（《文博》5 期）。

李静杰、相宛升对枣形腹、石榴形腹细颈瓶与梨形腹束颈瓶进行了分析研究，提出：枣形腹、石榴形腹细颈瓶发源于南欧，梨形腹束颈瓶起源于伊朗波斯萨珊王朝银瓶，这些西方器物造型东传以后，形成了中国本土化同类器物。(《故宫博物院院刊》1 期)。

辽宋金元明清时期考古

董新林

2017 年辽宋金元明清时期考古发掘资料和研究成果较为丰硕。据不完全统计，刊布考古学专刊和专著约 15 部；相关论文集和图录约 21 部；考古发掘简报和论文 200 余篇。夏鼐、宿白、徐苹芳三位先生是中国历史考古学的代表人物。《夏鼐文集》（增订重编本）（社会科学文献出版社）所收论著的篇数和字数都增多 50%。囊括夏鼐先生半个世纪的中文论著，比较全面地反映了他为推进中国考古工作全面发展作出卓越贡献的同时，又对中国考古学许多方面进行具体探讨的杰出成就。该书对于研讨夏鼐先生的学术思想，继承和发扬中国考古学的优良传统等有重要的意义。宿白《白沙宋墓》再版重刊（生活·读书·新知三联书店）彰显该书作为中国历史时期考古报告经典范例的独特魅力。徐苹芳《丝绸之路考古论集》（上海古籍出版社）收录 7 篇关于丝绸之路和中外文化交流的论文和讲话稿，反映了徐苹芳先生对这一领域宏观框架和理论方法层面的思考。此外，在中国考古视野中，日本学者鸟居龙藏在东北地区史前时代考古学和辽金考古学方面，有着诸多的首创发现资料和研究之功，是一名作出重要成绩的著名考古学家。董新林《中国考古视野中的鸟居龙藏》（《北方文物》1 期）利用最新的资料，对日本学者鸟居龙藏在中国的考古调查和研究工作进行了全面梳理，并对其研究重心和学术贡献作了初步的评价。

一 城址考古发现与研究

近年来，“城市考古”理念和发掘技术方法经过考古工作者的努力，在一些都城和城址考古简报中有所体现。但是，更多城址田野发掘工作尚显不足。全面切实作好“城市考古”，依然任重道远。董新林、汪盈《城市考古的方法、实践和思考——首届国家文物局城市考古研修班的设计思路与学术综述》（《中国文物报》9 月 22 日 5 版）一文，旨在汇总研修班组织者的设计思路和授课教授对城市考古新方法和实践技能的认知，初步梳理了城市考古工作的特点和基本方法。可喜的是，考古学者对明清时期遗址的重视程度越来越高，资料日渐丰富。

（一）都城

辽上京遗址位于内蒙古自治区巴林左旗林东镇东南，平面略呈“日”字形。北部皇城平面呈不规则方形，城墙保存好；宫城位于皇城的中部偏东。辽上京考古队于 2015 年对辽上京宫城东门遗址进行考古发掘可知，宫城东门是一座“分心槽”布局的殿堂式城门，一门三道，形制独特（《考古》6 期）；于 2016 年对辽上京宫城南门遗址等考古发掘可知，宫城南门为单门道木过梁式城门，保存较好（《考古》1 期）。辽上京宫城东门和南门的始建应不晚于辽天显元年（926），损毁年代应在金代初期。金朝占领辽上京城后，城市格局和面貌发生了巨大改变。

金上京遗址位于黑龙江省阿城区，平面呈不规则“日”字形，南城西侧有皇城（即宫城）。黑龙江省文物考古研究所于2015年在金上京皇城内中轴线的西侧发掘一处带院落的大型建筑基址（2015TJ1）。此建筑南北向，由中央圆形主殿、南前侧厅、东西两侧挟屋和北后阁组成，形制和布局较为独特。此建筑属于皇城内核心建筑西侧的附属建筑，可能为金世宗时所建的一处重要的礼制性建筑（《考古》6期）。2016年对辽上京皇城内中轴线第四号宫殿建筑东侧中部的大型建筑基址西北部的一座建筑建筑（2016TJ1）进行发掘。TJ1平面呈“T”形，北部台基呈东西向，南部台基呈南北向。这是宫殿区东侧的一处重要宫殿的附属建筑（《中国文物报》5月19日8版）。

刘春迎《试论汴河对古代开封城方向的影响》根据考古勘探和发掘资料认为，自唐汴州城后的历代开封城，其方向均不是正方向，多呈北偏东10°左右。通过对古代开封城发展演变的梳理和对古今开封城街道走向规律的对比后认为，开封城的传统格局早在唐汴州城时就已确立，古代开封城方向倾斜的原因是受唐宋时期横穿城区的汴河影响所致（《文物》12期）。

故宫博物院考古研究所于2015～2016年在故宫隆宗门西广场北侧、内务府各司值房南侧进行考古发掘，发现了层位关系清楚的清代排水沟和砖铺面；明后期砖铺面、明中后期门和墙基址、明早期磉墩基址；元代磉墩和夯土层基址等建筑遗迹，与文献记载元代宫城、明清紫禁城营建的阶段性相一致。其中元代磉墩和夯土层遗存是故宫考古的首次发现，很可能是元宫城大明殿周围的周庑基址，对研究元宫城（大内）格局、紫禁城历史，特别是元宫城与明清紫禁城中轴线变迁具有重要意义（《故宫博物院院刊》5期）。

（二）地方城址

赵献超《正定古城平面格局的复原研究》（《中国国家博物馆馆刊》6期）运用古今重叠型城址的研究方法，点、线、面相结合，由近及远，对河北省石家庄市正定古城进行深入研究，依次复原清光绪时期、明末清初、唐宝应至明正统、唐初至唐宝应4个阶段正定城的城市范围与平面格局，厘清唐以来正定城在不同历史阶段的特点和重要变化。唐初至唐宝应年间的镇州城呈四门十字街的格局，十字街将全城分为四个坊，各坊内均有“十字区划”法的残留。宝应年间李宝臣之拓城，系在旧城的四面重筑城墙，从而使旧城成为新城的子城。明代正统年间的拓城对整座城池的形态改动较大，城墙呈现“地陷东南”的外部形态。这是运用古今重叠型城市考古方法较成功的研究案例。河北省文物研究所于2016～2017年对河北正定故城内开元寺南广场遗址进行发掘，清理出唐、五代、北宋、金、元、明、清7个时代文化层；发现了唐代开元寺池沼系统、金元时期开元寺南门南墙和门前道路等；晚唐五代的城墙和唐至明清的民居建筑等。这些为研究正定古城布局和沿革提供了重要资料（《中国文物报》11月17日8版）。

中国社会科学院考古研究所等单位于2013～2015年在江苏扬州宋宝祐城西城门外侧瓮城墙上及瓮城墙北部东端，清理出南宋晚期瓮城墙和瓮城壕，墙外边距城壕约26.8米。瓮城壕与主城壕不连通，瓮城墙和主城墙或互不连接（《东南文化》2期）。

近年来，金代城市考古有一系列重要考古发现和研究成果。其中太子城遗址和宝马城遗址填补空白，值得关注。河北省文物研究所等单位于2017年开始对河北省崇礼县太子城村的古城遗址进行调查和发掘。此城呈长方形，南北长400米、东西长350米。南墙和西墙各发现1门，南门外有瓮城。南门中轴线上，有成组的建筑基址。出土“尚食局”定窑白瓷和精美建筑构件等。发掘者认为此城是金代皇帝的行宫遗址（《中国文物报》12月15日8版）。吉林大学边疆考古研究中心等单位于2014年在吉林省安图县宝马城遗址发掘了回廊院落内中轴线上最靠北的一座殿址（JZ3），由大殿台基和台基南侧的穿廊两部分组成，坐北朝南；出土了瓦当等建筑构件和铁器、玉册等遗物。该遗址应是金王朝修建的祭祀长白山的神庙（《考古》6期）。2016年发掘了回廊院落的南门址及门殿西北的建筑址（JZ1、JZ6），并同时揭露了庭院的局部和部分廊庑，进一步推进对宝马城遗址布局的认识（国家文物局主编：《2016中国重要考古发现》，文物出版社）。塔虎城是吉林省境内保存较完好的一处金元时期城址。吉林省文物考古研究所于2000年对吉林省前郭尔罗斯蒙古族自治县塔虎城进行发掘。《前郭塔虎城：2000年考古发掘报告》（科学出版社）撰写者通过系统的室内整理和研究认为，塔虎城始于金代，元代沿用，明代废弃。同时，作者结合史料文献推测，塔虎城应为金代肇州，而非历史地理学界传统认为的辽长春州、金新泰州。此考古学专刊是近年来较好的考古报告之一。赵里萌等人对吉林省白城市城四家子古城址收集到的流散文物进行了报道。城四家子城应是辽代长春州、金代新泰州所在（《辽金历史与考古》八辑）。

宋蒙（元）战争之初，南宋四川制置使余玠创造性地建成山城防御体系。蒋晓春等《宋代泸州神臂城城防体系分析》（《中国国家博物馆馆刊》9期）探讨了四川泸州神臂城的防御体系。神臂城城防包括城墙（含一字城、耳城）、城门、敌台、炮台、墩台、哨所、校场、地道、护城池等，构成了内外两层防御体系和四大防御区域。其堪为诸城之典范。

开城安西王府是元世祖忽必烈三子忙哥剌在六盘山的避暑府邸，也是西北地区的行政中心。宁夏回族自治区文物考古研究所于2015～2016年对宁夏固原市开城镇西的长虫梁城址进行发掘。了解到城址东墙长475米、南墙长328米；城址中轴线的中北部，有一处大型建筑基址（I号基址）。发掘者认为长虫梁城址为安西王府宫城，I号基址为安西王府主殿址（《中国文物报》7月28日8版）。

开封市文物考古研究所于2014年对河南省开封市新街口西南角的明周王府官署遗址进行发掘。清理出一处保存基本完好的宅院，主要包括前堂及其西耳房（JZ9）、东厢房（JZ11）、西厢房（JZ10）等，以及东跨院房址（JZ8）、西跨院花池（HC1）、东西跨院过门（MZ1、MZ2）等遗迹，布局规整；出土建筑构件及精美漆木器、青花瓷器等生活用品。此宅院应是明代周王府官署中的典仪所所在，毁弃于崇祯十五年（1642）的洪水之中。该次发掘为研究明代王府官制和官府建筑布局等提供了实物资料（《文物》3期）。

内蒙古自治区文物考古研究所等单位于2014年对内蒙古阿鲁科沁旗查干浩特城址进行考古调查和试掘。该城由内城和外城构成，其东北还有一个小城。发掘者认为此城可能是明朝林丹汗的都城所在（《草原文物》1期）。明青州故城位于山东省青州市市区西南，整体被现代城区占压。

2013年山东省文物考古研究院等单位发现明代城墙、水门址、马面及金元时期城墙、城门、道路、城壕等遗迹现象。其中明代城墙叠压金元时期墙体（《海岱考古》十辑，科学出版社）。

（三）村镇遗址

对村镇遗址考古发掘的重视，是近年历史时期考古的新动态。青龙镇、樊村泾、冲天湾和汉东村等遗址都是近年历史时期村镇遗址的重要发现。青龙镇遗址是上海较早的贸易港口，也是唐宋时期海上丝绸之路重要的始发港之一。上海博物馆考古研究部于2010～2016年在上海青浦区青龙镇遗址发现佛塔塔基、建筑基址、铸造作坊、水井和墓葬等遗迹。其中2015～2016年重点发掘塔基遗址。佛塔台基平面呈八角形；台基上由砖塔、回廊和台明构成；有方形塔心室，其下有保存较好的地宫。结合文献可定，此塔为青龙镇“北寺”——北宋始建的隆兴寺塔（《中国文物报》2月10日7版；国家文物局主编：《2016中国重要考古发现》，文物出版社）。《考古·古港：上海青龙镇的发掘与发现》（上海古籍出版社）从青龙镇历史地位、历年考古发掘记、隆平寺塔地宫重要发现、青龙镇出土陶瓷与海上丝绸之路等方面，概述了作为上海城市的重要发源地——青龙镇的有关情况。

苏州市考古研究所等单位于2016～2017年对江苏省太仓市樊泾村的樊村泾遗址进行考古发掘，发现大型仓储遗存、居住基址、道路、河道、桥基等，出土数以150余吨的以龙泉窑为主的瓷器，约95%以上没有发现使用痕迹。初步推测此遗址是元朝在江南地区经营的一处重要的瓷器贸易集散地及仓储遗存（国家文物局主编：《2016中国重要考古发现》，文物出版社；《中国文物报》12月15日6版）。

湖南省文物考古研究所等单位于2015～2016年发掘长沙市宁乡县冲天湾遗址，清理有窖藏、灰坑和灰沟等遗迹，出土大量青釉、青白釉瓷器，以及酱釉、黑釉、绿釉瓷器等。推定此遗址为南宋至元代早期销售瓷器的草市遗址（国家文物局主编：《2016中国重要考古发现》，文物出版社）。

重庆市文化遗产研究院于2016年发掘重庆市永川区汉东村遗址，清理出10座房址、3组水池、1条道路，以及灰坑、灰沟等，出土景德镇窑、龙泉窑等陶瓷器等。发掘者认为，这是唐至宋初万寿县城、宋元时期汉东镇及汉东水驿所在（《中国文物报》7月28日8版）。

上海青浦区朱家角镇是元明清时期古镇，现被评为“中国历史文化名镇”。张薇薇、王敏《上海青浦朱家角镇》（《文物》10期）一文，参照古今重叠型城址的研究方法，以文献考证结合田野调查为基础，尝试逐层还原市镇在不同历史阶段的格局形态，探索其发展的内在动因。这可作为同类研究的重要参考。

内蒙古自治区文物考古研究所等单位于2016年在内蒙古和林格尔县小新营村清理了西北滩遗址，作者初步认为该遗址属于辽金时期（《文物春秋》6期）。辽宁省文物考古研究所等单位于2014年在辽宁阜新市八家子遗址揭露出房址8座、灰坑18个、室外灶4座。出土陶瓷器、铁铜器、骨石器等近300件。该遗址应为一处元代时期居住址（《北方文物》2期）。原洛阳市文物工作队于2000～2001年在洛阳市凤化街与九都路交叉口的东北角发掘两组明代院落均为东西向，呈南北排列。其中南院保存较好，由门房、厢房、前院、正房和后院五部分组成。由发掘情况来看，院落建筑等级比较低，可能为一般民居（《洛阳考古》1期）。

（四）其他遗址

“四时捺钵”是辽代皇帝的重要活动之一。吉林大学边疆考古研究中心于2014年对吉林省乾安县春捺钵遗址群的后鸣字区遗址的发掘，发现土台和大型院落遗址，院落内有建筑基址、灰坑等遗迹，并出土了建筑构件、佛教造像等遗物。该遗址可能是辽金时期皇室进行春捺钵活动的场所，为辽金考古和辽金史的研究提供了全新的资料（《考古》6期）。江官屯遗址位于辽宁省辽阳市小屯镇江官村，为辽至元代的北方重要窑址群。辽宁省文物考古研究所于2013～2014年清理多座窑炉、灰坑、房址等。其遗址内出土较多的铁器，有生产工具、生活用具、兵器、马具等，与窑场的生产活动存在密切关系，如粉碎釉料的夯锤、修整瓷器坯胎的刮刀、分离瓷器的铁撬等（《北方文物》1期）。

南京博物院等单位于2015年对江苏省内沿江、沿海一带的明清海防遗存进行田野调查，共发现炮台、城墙、营寨、烟墩、弹药库、墓葬、古河道、碑刻8类遗存共74处，填补了明清海防遗存资料的空白，初步揭示了江苏地区海防遗存的分布面貌（《东南文化》6期）。

北京市文物研究所于2016年在北京圆明园远瀛观遗址清理出远瀛观大殿、库房、道路、墙基等遗迹，出土大量琉璃建筑构件等遗物，确认三期建筑基址，认为在西洋楼建设之前，曾有早期建筑（《中国文物报》5月5日8版）。

浙江省文物考古研究所等单位于2016～2017年对浙江龙泉市大窑龙泉窑遗址附近的金村码头遗址进行发掘，揭露出北宋至民国的码头遗址，出土龙泉窑青瓷器和民国青花瓷器，为考古遗址公园建设提供了依据（《中国文物报》8月25日8版）。

二　陵墓考古发现与研究

辽宋金元明清时期陵墓考古方面，2017年发表的考古发掘资料和研究成果较往年有所减少。本文从考古资料报道和综合研究两个方面加以介绍。

（一）发掘资料

1. 辽金时期

20世纪70～80年代，考古学者推定内蒙古巴林右旗床金沟为辽怀陵遗址。1991年，内蒙古自治区文物考古研究所对床金沟被盗辽墓（M4）进行发掘。此墓为砖石混筑类屋式墓，由双墓道、前室、东耳室、西耳室和后室组成。墓壁绘有壁画，在石门及石室内壁彩绘龙、凤及描金太阳形状的图案，较为少见。随葬品残存瓷、银、铜铁等质地器物。发掘者认为该墓很可能是太宗耶律德光的陵寝（《文物》9期）。笔者认为该墓不是帝陵规制，只可能是贵族陪葬墓。凌源市博物馆于2011年在下朝阳沟清理一座砖筑方形类屋式墓，出土一组辽代中晚期白釉和黄釉瓷器（《辽金历史与考古》八辑）。内蒙古自治区文物考古研究所在奈曼旗大代村清理一座辽代砖筑圆形单室类屋式墓，内有六边形木椁，夫妇合葬（《草原文物》1期）。

邹城市文物局于2013年在山东省邹城市北龙河村南发现4座石筑类椁式墓，墓室所用石料多数拆自汉墓，其中有13块画像石，如文通祠堂题记画像石（国内汉代画像石题记中文字最多）等。根据出土瓷器和“正隆元宝”等可定此座墓应为金墓（《文物》1

期)。三门峡市文物考古研究所等单位于1995年5月在河南省义马市狂口村发掘一座金代大安元年（1209）墓，砖雕壁画有墓主夫妇端坐图、杂剧图和孝子故事图等内容（《文物》6期)。河北三河县老辛庄一号墓为砖筑方形类屋式墓，二号墓为砖框墓，出土五鋬陶釜、褐彩瓷碗等瓷器，以及大定通宝等铜钱。发掘者认为其是金中晚期墓，或许更晚些（《文物春秋》6期)。山西省考古研究所于2016年在山西侯马市北环路东庄村发掘14座金墓，其中6座位砖筑仿木结构砖雕类屋式墓，8座土洞墓（《中国文物报》5月5日8版)。山西省长子县南沟村金墓为砖筑方形单室墓，后有一个大龛。主室四壁有孝子故事图、建筑彩绘和祥瑞星象图等壁画和仿木结构砖雕。此墓的墓葬结构、壁画布局及装饰内容在晋东南地区较为常见（《文物》12期)。西安市观音庙村正大三年（1226）李居柔墓为砖筑方形类屋式墓。墓室虽小，但未被扰乱，出土遗物可作为金代晚期墓的断代标尺。根据买地券载，李居柔位居资政大夫，曾任金代陕西东路转运使行六部尚书，是地方最高行政长官，可补史籍之阙（《考古与文物》2期)。

2. 两宋时期

西安市文物保护考古研究院于2010年在西安雁塔南路发掘了熙宁八年（1075）范天祐墓（M3)。墓主曾知普州安居县事（今四川遂宁)。此墓为西向竖穴墓道土洞单室墓，后龛内有一合石墓志。出土铜镜、金饰、玉梳等妆饰用品、富有特色的瓷台盏等酒器和文房用具，以及32件北方罕见的黑色生漆薄片和286枚铜钱。该墓是一座较为典型的北宋纪年墓（《中国国家博物馆馆刊》6期)。新乡市文物考古研究所于2012年在河南新乡市河南机电高等专科学校新校区发掘4座北宋时期仿木结构砖筑圆形类屋式墓。出土瓷炉、瓷碗、铜簪及12枚铜钱等（《华夏考古》1期)。济南市考古研究所于2012年在山东济南市赵家庄村发掘8座宋元时期的小型墓葬（《海岱考古》十辑，科学出版社)。

南方地区宋墓以类椁式墓为主要形制。江西省文物考古研究所等单位于2010年在江西婺源坑口村发掘两座墓，其中一座券顶砖筑类椁式墓（10WZM6)，出土影青斗笠碗、葵口碗等。其中一面仅存三分之一的铜镜，寓意“破镜重圆”。这种葬俗从唐宋一直延续到明清时期（《华夏考古》1期)。扬州市文物考古研究所于2013年在江苏扬州市邗江区西湖镇蚕桑村清理3座竖穴土坑墓，有木棺。均以木质买地券、釉陶罐、木筷子和木勺为基本组合。疑似此3墓于北宋景德年间同时下葬（其中M1买地券记载为南唐保大十二年即954年)。根据买地券记载可知，此地为北宋江都县兴宁乡所在地（《江汉考古》1期)；2016年在扬州市秋实路清理的13座墓，其中M5、M9保存稍好（《考古》4期)。

杭州市文物考古研究所等单位于2013年12月在浙江杭州市富阳区杜墓山村发掘南宋武翼大夫梁端礼夫妇墓，为东向双室并列类椁式墓。北室为长方形石盖顶砖室墓，南室为长方形砖室墓。石墓志内容可补文献之阙（《文物》5期)。宁波市文物考古研究所等单位于2012年在浙江余姚市五联村发掘南宋右丞相兼枢密使史嵩之夫妇墓，为异穴埋葬的砖框石顶类椁式墓，石顶盖上均有石墓志，可与文献互证。史嵩之墓地的地面墓园和功德坟寺（即开寿寺）等，有待进一步考古工作（《南方文物》3期)。连云港市博物馆于2014年4月在江苏连云港市开发区韩李村发掘一座南宋时期的长方形石筑类椁式墓，东西向，出土金银器、铜器、铁器、瓷器等（《东南文化》6期)。

3. 元明清时期

2017年新刊布的多是明墓。郑州大学历史学院于2010年发掘河南省宝丰县廖旗营村A区的13座明代李真家族墓，分两排由西北向东南排列。除M33和M53为李古民夫妇异穴合葬墓，余皆为夫妇同穴合葬。均为类椁式墓，椁室用砖、石、三合土等材料砌筑或浇筑，内有木棺。随葬有瓷罐、金银器、铜镜等，以及8方墓志（《文物》4期）。洛阳市文物考古研究院于2012年在洛阳定鼎北路以西清理了明南京工部尚书沈应时家族墓5座。其中葬于明崇祯元年（1628）的沈应时之孙沈余庆夫妇墓为长方形竖穴墓道土洞墓，出土灰陶器、镇墓文板瓦和一合石墓志等（《洛阳考古》2期）。铜川市考古研究所于2006年在陕西省铜川新区清理了明景泰五年（1454）内官监太监成敬墓。此墓为长斜坡墓道砖筑类屋式墓，壁面设3个龛。墓内有3具木棺，葬1男2女。随葬青花瓷和白底黑花瓷器、金银器、玉器、钱币和方砖买地券，以及汉白玉墓志等。成敬墓符合明代政府规定的葬制，同时还带有明显的地方特色（《考古与文物》5期）。

襄阳市文物考古研究所于2014年在湖北襄阳古城西南的羊祜山东麓清理了明万历三十八年（1610）襄藩门正聂相寿墓（编号M38）。此墓由墓道、甬道和石筑长方形墓室组成。墓室后壁正中阴刻石碑，碑上部有一条石，上刻“安乐窝”三字。墓盖顶上开龛，龛窝内出土铜钱2枚和1件八棱形釉陶盒，盒内有银钱1枚和五宝（水晶2、玛瑙2、珍珠1）。此类葬俗较少发现，为研究明代葬俗及官员宗教信仰等提供了实物资料（《文物》11期）。江西省文物考古研究所等单位于2012年在江西金溪县秀谷镇北胜利路发掘明景泰五年（1454）刘徵士墓，出土青釉瓶、碗、炉和青花碗，以及石墓志等（《文物》12期）。

《海淀中坞——北京市南水北调配套工程团城湖调节池工程考古发掘报告》（科学出版社）一书报道了2012年8月~2013年4月，北京市文物研究所在北京海淀中坞发掘的32座明代墓葬、86座清代墓葬和7座清代窑址，以及22座年代不详的墓葬。明清墓遭严重破坏，随葬品简陋。此专刊为研究北京地区考古和中坞古村的历史变迁提供资料。《临汾西赵——隋唐金元明清墓葬》（科学出版社）报告了2013年在山西省临汾市尧都区发掘的40座墓葬资料。除12座隋唐墓外，还有金墓1座、元墓1座、明墓6座、清墓13座和年代不明墓葬7座。出土陶瓷器、陶俑、鎏金铜器、银器、铜器、铁器和玻璃器等，以及砖石墓志等。

（三）综合研究

董新林《辽宋金元明墓葬制度初步研究》（《李下蹊华：庆祝李伯谦先生八十华诞论文集》，科学出版社）一文从帝陵和一般墓葬两个方面，分别对辽宋金元明墓葬制度进行了探讨。左骏《腰玉横金——中国国家博物馆藏元范文虎墓玉带具的考古学观察》从中国国家博物馆馆藏安庆元代范文虎夫妇合葬墓出土的素面玉带具入手，从出土文物、图像和文献资料方面，对唐末五代至宋元时期中国汉地玉带具的流变进行梳理；复原和解读唐宋时期从单銙单挞尾“方团”玉带到双銙单挞尾“排方”玉带的演变、使用和名谓；还探讨了宋元时期盛行的“束带”（《中国国家博物馆馆刊》2期）。相关专题研究按时段分述如下。

1. 辽金时期

吴敬等《辽代契丹墓棺尸床装饰题材的初步研究》（《边疆考古研究》21辑，科学出版社）根据30座墓葬的材料，从图案题材入手，探讨了棺尸床装饰的等级性和时代性，并指出契丹人在丧葬活动中表现出来的审美情趣在很大程度上已经打上汉文化的烙印。有两篇论文针对《宝山辽墓——材料与释读》一书进行辨析。韦正《宝山1号辽代壁画墓再议》（《文物》11 期）一文选取有纪年（923）的内蒙古阿鲁科尔沁旗宝山 1 号墓，并将之置于唐五代辽壁画墓例中，认为单室墓的规制与墓主身份相关；内部的石室可能直接取法于河北地区唐墓石椁，是其改造形态；根据壁画题材的对应关系，这种“室中套室”的空间可以大致等同于传统双室墓的前、后室；石室内部的壁画体现了汉族与契丹民族双重文化符号的“拼凑”。李慧《内蒙古宝山辽壁画墓〈寄锦图〉人物身份分析》（《中国文物报》7 月 14 日 6 版）认为《寄锦图》如连环画，从右至左由备锦、著思（诗锦）、遣使（寄锦）三个情节构成。画面中第 2、4、5 号女子都是苏若兰形象。该文颇有新意。

顾亚丽《从辽墓出土青白釉香炉看辽代焚香习俗》（《草原文化》2 期）以辽墓出土的青白釉香炉为切入点，以辽代墓葬、塔基地宫、天宫等出土香炉、香盒等香具实物和壁画、雕刻、绘画上的图像资料为研究素材，结合历史文献记载，站在中国数千年以来形成的香文化的大背景中，以北宋焚香习俗为参照，对辽代焚香习俗的整体面貌作了一次尝试性地梳理和研究。

2. 两宋时期

张保卿《巩义涉村宋墓孝子图像考——兼谈中原北方地区宋墓的墓主像》（《文物》7 期）根据相关文献的记载，对河南巩义涉村宋代壁画墓中出现的“五郡兄弟”故事的渊源、壁画图像次序等进行了再研究，并从连续故事图像顺序的角度探讨宋代中原北方地区墓室壁面的墓主像及其整体布局。赵兰《从实物到象征——丧葬世俗化转向下的四川宋代画像石墓室装饰》（《江汉考古》1 期）一文认为，花卉、侍者、四神、墓主人像、神禽瑞兽等是四川宋代画像石室墓装饰主流图像题材，形成较为稳定的图像配置模式。在丧葬的世俗化转向下，画像石室墓的营建者们力图在崇重祭祀供奉祖先与防范盗墓之间取得契合，以使先人永为供养，并且通过贯彻供养祖先的孝行而获得先人庇佑为生人带来现世的福祉。

王双庆《安阳韩琦家族墓地 M5 墓主身份及相关问题研究》（《中原文物》4 期）通过对《安阳韩琦家族墓地》一书及相关资料再研究认为，普安郡太君崔氏不是韩琦的继室，而是侍妾。而 M5 墓主可能是为韩琦生子的另一个侍妾贾氏。

王一凡《北宋时内亚因素对中原汉文化之影响——北宋与辽金交界地带墓葬分析》（《中原文物》1 期）一文想法是好的，但是对考古材料缺少辨析，资料运用不准确。井陉柿庄 M2 和 M6 都是金墓，不是宋墓，已有多篇文章论述。

3. 元明清时期

赵丹坤《北方蒙元墓葬墓主人形象与族属问题的再思考》（《中原文物》1 期）指出，北方地区蒙古衣冠的墓主人形象与其族属问题之间并非有直接对应的关系，并从墓主、画工和格套的角度进一步探讨墓葬中墓主人形象与其族属之间产生差异的原因。苗铁飞《山西发现蒙元墓葬的分区与分期》（《文博》2 期）一文把山西地区发现的蒙元墓葬分为晋北、晋中、晋南以及晋东南四区；对各区域内墓葬形制、随葬品和壁面装饰等进行分析和归纳，廓清了各区内蒙元墓葬的文化面貌；将蒙元墓葬分为三期，梳理各期变化，总结出山西地区蒙元墓葬的时空特点。

刘毅《明代皇族棺制研究》（《南方文物》2 期）认为，作为最主要身份等级标识之一的棺制，至明代在帝后以下的皇室贵族中已不甚明显。从皇帝至亲王、郡王、将军、中尉等，其棺在重数、材质和尺寸等方面尚有差异，但在亲王及其以下的层级中似乎不足以构成明显的等级差别。陆锡兴《论明代玉圭制度》（《南方文物》3 期）一文将考古发现的实物资料和文献相互证，分类探讨了玉圭制度。

三　陶瓷手工业遗存等考古发现与研究

宋代是我国瓷器制作技术发展的鼎盛时期。陈朝云《宋代瓷器制造技术的考古学观察》（《考古学报》4 期）以考古发现的宋代瓷窑遗迹为研究对象，从宋代窑炉温度的提高与控制、烧制技术与装饰技法、瓷器制作流程的系统化、宋代瓷业经营模式、各窑系之间的技术交流等几个方面，探讨宋代瓷业的组织模式及经营方式，以期了解宋代瓷器生产的整个过程。这是一篇较为重要的综合论述。袁胜文《宋元瓷器装饰述论》（《文物春秋》3 期）认为，宋代是中国瓷器装饰发展的第一个高峰，胎、釉和彩三大类装饰技术相较前代均有很大进步。瓷器装饰风格分官窑和民窑两体系。官窑体系以青釉的釉装饰为主，符合传统儒家文化的审美意趣。民窑体系则以胎装饰和彩装饰为主，适应当时的民俗和审美。金元时期瓷器彩装饰的繁荣与少数民族的喜好关系密切。

定窑是唐宋时期北方地区著名的白瓷窑址。喻珊《定窑研究概述》（《文物春秋》3 期）分三个阶段对历年来有关定窑的考古发现和研究进行了梳理，认为定窑研究主要集中于烧制历史与分期、字款、装烧与装饰工艺、文献记载以及定窑瓷器的流布、影响和科学检测等方面。河北省文物研究所等单位于 2016 年首次对河北省井陉县井陉窑的 12 处窑址进行了全面调查与勘探，基本搞清了各窑址的分布范围、制瓷历史、产品特征等。井陉窑创烧于隋代，延续至民国，其中晚唐五代与金代是其两个制瓷巅峰（《文物春秋》4、5 期）。

徐华烽《钧窑概念的形成及其产品时代辨析》（《故宫博物院院刊》3 期）认为钧窑概念是逐渐形成的。元代早期始有“钧州”窑业记载，钧州窑之名始见于明弘治年间；晚清后钧窑被列入宋代名窑。20 世纪 50 年代以后才被称为五大名窑之一。民窑钧瓷（碗、盘等天青釉瓷器），始烧于金代中后期；官窑钧瓷（花盆、盆托、出戟尊等高温铜红釉窑变瓷器）生产年代在明代早中期。刘涛《近十年来钧窑考古与研究述评》（《故宫博物院院刊》3 期）对 2004 ~ 2014 年有关钧窑考古新发现和研究的成果进行了述评，认为对钧窑源流及年代问题的认识趋于一致；在“官钧”问题上的共识正不断扩大。该文指出早期和蒙元时代钧窑的发生演变、明代民用钧瓷烧造与“官钧”的关系、“官钧”窑场性质及其始烧与停烧时间等，都有待进一步探讨。李民举《谈谈钧瓷的几个概念》（《故宫博物院院刊》3 期）一文对历史文献记载的花瓷、钧州青和三色钧瓷的三个术语的含义进行了探讨。结合考古材料分析考证认为，“花瓷”是唐代出现的黑釉瓷器，下限至北宋时期；“钧州青”是汝官窑瓷器的变种，金代大定年间可能已有生产，延续至元明时期；“三色”钧瓷则是禹州钧台、八卦洞一带生产的陈设类瓷器。所谓“三色”就是朱砂红、葱翠青和茄皮紫。一般认为其年代为元明时期。

河津窑是山西晋南地区宋金时期重要的烧瓷窑场之一。山西省考古研究所等单位于 2016 年对河津市固镇窑址进行发掘，共清理制瓷作坊 4 处，瓷窑炉 4 座，水井 1 口，灰坑 35 个，出土完整及可复原瓷器 1326 件，瓷片、窑具标本达 6 吨之多。在窑场北部的青石峪西侧山体发现富集的瓷土矿（国家文物局主编：《2016 中国重要考古发现》，文物出版社）。

福建是中国古外销陶瓷的重要产区之一。闽南地区古代制瓷手工业发达，特别是宋代以来发展迅速，其产品多销往海外市场，在海外地区和中国水下考古工作中均有大量发现，是研究古代海上丝绸之路的重要资料，也是目前古陶瓷研究领域中的热点和学术前沿之一。孟原召《闽南地区宋至清代制瓷手工业遗存研究》（文物出版社）从闽南地区制瓷手工业遗存的分区与分期研究入手，探讨该地区的窑场分布与变迁、制瓷技术交流、瓷器行销与市场等问题，深入研究了瓷器从生产到贸易、再到消费的生产与流通过程。这是一部研究闽南地区制瓷手工业和外销瓷重要的综合性学术专著。

宁波市文物考古研究所于2016年在浙江宁波市东钱湖度假区发掘了上水岙窑址，清理出2座龙窑，出土匣钵、垫圈等窑具和越窑青瓷。主体年代在北宋中期（《中国文物报》6月30日8版）。四川省文物考古研究院等单位于2006年对四川犍为县永平村唐宋时期的金花庵窑址进行调查试掘，清理1座窑炉和2个灰坑，出土一批青瓷器及窑具（《四川文物》2期）。《乐山西坝窑址》（文物出版社）报道了2008年四川省文物考古研究院等单位抢救性发掘四川乐山西坝窑的考古资料。西坝窑是一处古代民窑遗址，兴起于北宋，盛烧于南宋至元代。共清理窑炉6座、灰坑4个，同时出土了一批实物标本。各类遗存时代集中在南宋中期至元代晚期。窑炉均为半倒焰型馒头窑炉，其中Y1、Y5可能是目前我国宋元时期规模较大的大型馒头窑炉，遗物以黑釉日常生活瓷器为主。

王爱东《蒙元瓷器风格形成因素分析》（《北方文物》2期）从蒙元生产制度和多元文化因素影响两个方面，探讨蒙元瓷器风格形成的原因，并认为浮梁磁局的设立及元代匠籍制度对蒙元时期瓷器生产方式产生影响；而伊斯兰文化、草原文化、汉地文化和藏地文化等多元文化因素对蒙元瓷器的器型和纹饰产生重要影响，形成了自身特色。刘净贤《元代龙泉青瓷的仿金银器元素及其成因探讨》（《文物》8期）一文通过对龙泉窑青瓷的出土品及传世品与宋元金银器对比，发现在元代龙泉窑仿金银器青瓷的器形种类大增。元代龙泉窑除了对某一造型、装饰元素局部模仿外，还对多种金银器进行“精仿”。元代龙泉青瓷大量精仿金银器，主要受青铜器、金银器地位变化的时代风尚影响，而且还有与龙泉窑场临近金银器制作中心的地缘优势，以及元代龙泉窑装饰技法的全面兴盛密切相关。元代龙泉窑引入金银器元素，丰富了自身的造型、装饰形式，为龙泉窑在元代的大发展提供了助力。

景德镇是中国古代制瓷业的中心之一。景德镇市陶瓷考古研究所等单位于2012~2015年，在江西省景德镇市中华南路落马桥窑址揭露大量北宋至清末的制瓷业遗迹，并出土数以吨计的瓷器标本。主要包括南宋灰坑5个、元代储料池4个、元代房址5座，出土瓷器和窑具可分为三期五段，即北宋后期、南宋中后期和元代（早、中、晚三段）。该次发掘为研究宋元时期景德镇窑制瓷业提供了重要资料（《文物》5期）。江建新《论落马桥窑址出土的元青花瓷器——兼论元代窑业的若干问题》（《文物》5期）一文指出，江西省景德镇市落马桥窑址出土大量青白釉瓷、卵白釉瓷、釉里红瓷、青花瓷及红绿彩瓷等元代瓷器。其中青花瓷器烧造上限不早于元至治三年（1323），以小件为多，且瓷胎略粗。该文将落马桥窑址2012~2015年出土的青花瓷器分为“伊朗型”（为西亚或东南亚诸国宫殿烧造的湖田窑大件青花瓷）和“菲律宾型”（满足国内各阶层及东南亚一带的落马桥窑青花瓷）。“伊朗型”青花瓷为浮梁磁局烧造的官窑制品，而“菲律宾型”青花瓷是普通民窑产品。该文认为落马桥窑当时是官、民窑器同时烧造的场所，有“御土窑”产品。浮梁磁局是在民窑场烧造官用瓷器。江小民《景德镇元代瓷匣相关问题研究——以落马桥窑址出土物为中心》（《文物》5期）以地层和类型学资料为依据，对江西景德镇落马桥窑址出土瓷匣的制作工艺、形制演变及用途进行了初步研究。景德镇市陶瓷考古研究所等单位于 2014 年对江西景德镇明清御窑厂遗址进行发掘，清理元明清及民国时期作坊、灰坑、房址、墙基等 64 处。此区域作为御窑厂的制瓷作坊区，主要是明中期正德至明晚期嘉靖年间，清初至康雍时期曾再次恢复官窑瓷器生产。元末明初和明代万历以后都是民窑性质，民国时期被“江西瓷业公司”等取代（《文物》8 期）。秦大树等《景德镇御窑厂遗址 2014 年发掘收获与相关问题研究》（《文物》8 期）指出，此次发掘获取了从元代后期至清末民国时期连续的地层堆积。可分前御器厂时期、器厂建立以后的官作运营时期、御器厂生产制度转变期和御窑厂恢复期共 4 个阶段。吕成龙《明代弘治、正德朝景德镇御窑瓷器简论》（《故宫博物院院刊》5 期）在梳理文献的基础上，对弘治、正德二朝景德镇瓷器的产量、品种、器物特点等进行了论述，认为明代弘治、正德时期是中国陶瓷发展史上的重要时期之一。弘治朝御窑瓷器以浇黄地青花、白地绿彩、浇黄釉瓷等最受人称道。正德朝是明代御窑瓷器烧造的一个转折点，以孔雀绿釉青花、素三彩、孔雀绿釉瓷等最受人注目。

曹金萍、王三营《河南开封明周王府遗址出土青花瓷器》（《文物》4 期）介绍了河南开封市龙亭公园明周王府遗址出土的青花碗、碟、盘、盅等瓷器。崇祯时期青花瓷器具有重要的断代意义。

此外，湖南省文物考古研究所等单位于 2016 年对桂阳县 14 处大型炼锌遗址进行调查，并发掘明清时期的桐木岭矿冶遗址，清理出焙烧台、槽形冶炼炉等遗迹，出土坩埚、冷凝器等工具。这是冶金考古的重要发现（国家文物局主编：《2016 中国重要考古发现》，科学出版社）。

四　宗教遗存考古发现与研究

宗教遗存考古发现和研究较少，主要有佛教和道教两个方面。

（一）佛教遗存发现与研究

［韩］成叙永《金刚界曼荼罗与新的八大灵塔信仰的融合：朝阳北塔塔身浮雕研究》（《故宫博物院院刊》2 期）一文分析了朝阳北塔浮雕的图像内涵和造型特征，并考察了其历史背景和影响。该文认为该塔辽重熙十一至十三年新制作的金刚界四方佛、八大灵塔和供养菩萨等浮雕组合表现了以毗卢遮那佛为中心的金刚界曼荼罗，融合了新的八大灵塔信仰。朝阳北塔浮雕当为辽代金刚界密宗复兴的开端，对八大灵塔信仰在辽境内的传播起到了重大作用。

日、月光菩萨造像是川渝地区晚唐至宋初石窟中新出现的题材。张亮《川渝地区 9—10 世纪日、月光菩萨造像研究》（《文物》12 期）一文，从现知 4 例有造像铭文的日、月光菩萨造像资料入手，对这类造像的发现、分布、特征、来源、产生背景及传播情况作一初步分析。

夏立栋《试论高昌地面佛寺的类型与分期》（《敦煌研究》2 期）一文依据寺院中心建筑种类的不同，将高昌地面佛寺分为以佛殿为中心、以塔庙为中心和前殿后塔式布局三个类型；高昌地面佛寺分为四期：即 5 世纪前期的高昌郡时期；6 世纪后半至 8 世纪初的麴氏高昌至唐西州时期；9 世纪末至 10 世纪中叶的回鹘高昌时期；西夏至元代四个时期。

三个类型形成各自寺院谱系，并在不同时段的影响源流不断变迁。

周峰《易县双塔庵金代王寂摩崖题记考释》（《文物春秋》3 期）一文对刻于金代大定二十五年（1185）的河北易县太宁寺村西北双塔庵的摩崖题记进行考释。虽然摩崖题记仅有 30 字，但是王寂（王元老）等 6 人都在金代文化史上占有重要地位。摩崖题记所在的太宁山是辽金时期的一处游览胜地。张婧文《元明清组合式陶瓷供佛器研究》（《中原文物》5 期）一文的研究颇有新意。该文系统梳理了历年的考古发现和各博物馆所藏传世资料，认为成对陶瓷供器供佛至迟在金代已出现，元代为“一香炉、二花瓶”的“三供”组合形式，元代中晚期开始流行；明代仍以“三供”为主，标准的一炉、二瓶、二烛台形式的“五供”组合不晚于明末形成固定模式，并流行于清代。

（二）道教遗存考古发现与研究

武当山遇真宫是道教胜地之一。遇真宫位于湖北省丹江口市遇真宫村。《武当山遇真宫遗址》（科学出版社）主要介绍了遇真宫遗址的单体建筑形制和整体建筑布局，并对遗址内出土的大量明清时期遗物进行描述和分类；最后根据相关资料对遇真宫的整体建筑布局、历史功能进行总结和分析。该书对明清时期考古、建筑学研究有着重要的参考价值。

大上清宫是北宋至明清时期中国道教正一教祖庭。江西省文物考古研究所等单位于 2014～2016 年对江西省鹰潭市龙虎山上清真东的大上清宫遗址诸建筑基址进行了全面考古发掘，基本搞清大上清宫的分布范围、明清建筑格局，以及早期建筑线索。这是道教考古的重要发现（《中国文物报》12 月 29 日 7 版）。

五　土司考古和边疆民族考古遗存

2017 年度关于土司考古有重要的资料刊布。老司城遗址位于湖南省湘西土家族苗族自治州永顺县的老司城村，是南宋绍兴五年（1135）至清雍正六年（1724）永顺彭氏土司的政治、经济、文化、军事中心。《老司城遗址考古发掘报告（2013～2014）》（科学出版社）系统地报道了湖南省文物考古研究所在 2013～2014 年对老司城遗址进行田野考古发掘的全部资料，包括生活区、衙署区、祖师殿区、堂坊包出土的房屋建筑、城墙、排水沟渠、道路系统等，以及大量的建筑构件、陶瓷器、动物骨骼。这是对 2012 年以前老司城考古发掘资料的补充，是对老司城遗址 2013～2014 年考古成果的阶段性总结。

容美土司是明清时期西南地区较强大的土司之一。现存遗址包括中府、爵府、司署、南府等行署遗址，戏楼、小昆仑、细柳城等文化娱乐遗址，万全洞、万人洞、情田峒、燕喜洞、天泉山等军事设施遗址，九峰桥、百顺桥等桥梁遗址、紫云山祭祀遗址、土司家族和向氏家族墓地等。爵府遗址是容美土司的第二行政中心，是一处十分重要的明清建筑遗址群。湖北省文物考古研究所于 2011 年和 2013 年对湖北省鹤峰县容美镇屏风村的爵府遗址进行了发掘，揭露了中轴线上所谓大堂、二堂、三堂等主体建筑基址及相关遗址，较为重要。但从发表线图和图版看，发掘者对建筑基址形制结构的认识存在一定的问题（《江汉考古》6 期）。

贵州省遵义市汇川区海龙囤位于龙岩山巅，始建于南宋宝祐五年（1257），毁于明万历二十八年（1600）的平播战火，是播州杨氏土司留存至今最重要遗址之一。贵州省文物考古研究所等单位于 2012～2014 年在海龙囤中心“新王宫”遗址（囤顶中部偏西处）

探明30组房址（F1～F30），出土器物上万件。这些房屋应是一组具有衙署性质的明代建筑群。其F9所出青花瓷最多，可以大略反映海龙囤遗址出土青花瓷器的一般情况（《文物》10期）。

此外，四川大学中国藏学研究所于2012年对西藏山南地区琼结县城北面的青瓦达孜遗址进行了调查和试掘。发现了夯土堆和土石廊道、碉堡、石墙和深沟等遗迹，出土佛像、擦擦以及写经纸等遗物。建筑应是西藏传统的宗堡遗存，应是明清时期的琼结宗的相关建筑。这是西藏政教合一政体下的产物（《考古》3期）。

六　中外文化交流考古遗存与研究

中外文化交流考古遗存包括陆路和海路两个方面。水下考古的诸多内容都与中外文化交流相关，故也一并概述。

（一）陆路文化交流考古遗存与研究

马丽亚·艾海提等《丝绸之路上的中亚玻璃器——兼论中亚玻璃器向中国、朝鲜半岛和日本之传播》（《考古与文物》6期）一文以何家村唐代窖藏出土凸环纹玻璃碗为切入点，探讨中亚玻璃器如何沿丝绸之路传入塔里木盆地、黄河流域、朝鲜半岛和海东日本。西安南郊何家村唐代窖藏出土的凸环纹玻璃碗，其化学成分为中亚植物灰玻璃，因此可知这件玻璃碗不是来自伊朗高原的萨珊玻璃器，而是唐武德二年（619）中亚罽宾国贡品之一。此外，丝绸之路沿线遗址多次发现凸环纹玻璃器，如新疆皮山县木吉乡塔古寨遗址、新疆库木吐拉千佛洞壁画、韩国漆谷郡松林寺统一新罗塔基，以及日本奈良正仓院均有发现，以前一直误以为是萨珊玻璃器。

（二）海上陶瓷之路考古遗存与研究

丁雨《东非沿海地区出土的伊斯兰釉陶器》（《考古》9期）一文重点介绍了在东非沿海地区发现的公元9～15世纪萨珊—伊斯兰釉、锡釉、剔划釉、黄地黑彩釉、单色蓝绿釉等伊斯兰釉陶器；并指出伊斯兰釉陶器和中国陶瓷器在输入数量和高峰时期各自比重的变化，反映出东非沿海地区与中东地区和中国交流的密切度，以及伊斯兰釉陶器和中国陶瓷器之间的相互影响等。丁雨《中国瓷器与东非柱墓》（《故宫博物院院刊》5期）一文以2010～2013年所获的考古发掘资料为基础，归纳了东非沿海遗址出土中国瓷片的概况和规律；以此为线索，结合曼布鲁伊遗址和马林迪遗址老城柱墓的情况，对中国瓷器在东非海岸社会中的使用情况进行分析，以探讨这种中国物质文化的代表性产品对东非沿海社会生活的参与 及其在“本土化”过程中的功能转变。在东非沿海社会中，中国瓷器的使用，代表了高等级阶层人群的喜好和行为习惯。

姜波《海上丝绸之路：环境、人文传统与贸易网络》（《南方文物》2期）指出，海上丝绸之路就是古代风帆贸易的海上交通线路，是古代人们借助季风与洋流，利用传统航海技术开展东西方交流的海上通道，也是不同文明板块之间经济、文化、科技、宗教和思想相互传输的纽带。探究海上丝绸之路港口、沉船和贸易品等文化遗产，可以了解不同语族、语言与宗教之间的交流，展现文明交流与对话的遗产价值。

（三）沉船等水下考古

南海Ⅰ号沉船是中国水下考古正式起步的标志，在中国水下考古发展史上占有重要的位置。南海Ⅰ号沉船沉没于南海海上丝绸之路的航线之上。它是迄今为止在世界范围内保存较为完好的一艘公元12世纪时期的沉船。南海Ⅰ号沉船发现于1987年8月，1989年11月首次开展水下考古调查，至2001年重启大规模调查，直至2007年整体打捞出水。《南海Ⅰ号沉船考古报告之一：1989—2004年调查》（文物出版社）是水下考古调查成果的总结。南海Ⅰ号沉船的遗物品种丰富，数量庞大，其中尤以瓷器为突出，几乎囊括了南宋时期南方主要的外销瓷窑口和瓷器品种，有些遗物的器形甚至是传世品及以往陆地考古发掘中从未发现过的，具有重要的学术价值和艺术价值。《南海Ⅰ号沉船考古报告之二：2014—2015年发掘》（文物出版社）是“南海Ⅰ号”正式发掘以来第一部阶段性报告。报告从船埋藏环境与沉积层位、凝结物、船体与船货、陶瓷器、金属货币、金属器、竹木漆器等方面进行了详细介绍，对研究宋史、航海史、贸易史等具有重要的学术价值。

陈冲《沉船所见景德镇明代民窑青花瓷》（《考古与文物》2期）一文全面收集了沉船资料，并结合窑址、居址、窖藏、墓葬等资料和纪年瓷器，将沉船所见明代民窑青花瓷分为6期：明代早中期（约15世纪中期）、明代中期早段（约15世纪晚期）、明代中期晚段（约16世纪早期）、明代中晚期早段（16世纪中期）、明代中晚期晚段（16世纪晚期）以及明代末期（17世纪前期），并概述各期特点。

中国国家博物馆等编著《福建沿海水下考古调查报告（1989—2010）》（文物出版社）一书，刊布了自1989年以来，特别是2004~2010年福建沿海水下考古的调查工作，发现30余处五代至清代的沉船遗址和水下文物地点。这些水下遗址出水遗物有船体、瓷器、陶器、金属器、钱币等。这是水下考古较为重要的学术成果，为研究海上丝绸之路提供了宝贵的实物资料。

《安徽水下考古调查报告（2008—2016）》（科学出版社）报道了2008~2010年的陆上调查资料，共获取安徽境内水下文化遗存线索47处，基本摸清了安徽境内水下文化遗存的分布状况和水下文物家底；2014~2016年的水下调查阶段，对太平湖水域、响洪甸水库进行了水下考古仪器探测和潜水探摸调查，发现并确认了广阳城、文庙、秧溪街、龙门镇、麻埠镇和刘新圩六处水下遗址。该次考古工作是考古学者在内水水域的水下考古调查方法与技术上进行的尝试和探索，积累了相对的经验。宁波市文物考古研究所等单位结合现知后司岙窑址的情况，对浙江慈溪上林湖后司岙水域进行了水下探测，基本搞清水下的古水道、古水坝等水下文化遗存的分布情况（《中国文物报》2月24日5版）。

《柳孜运河遗址第二次考古发掘报告》（科学出版社）主要发表了2012~2013年柳孜运河遗址第二次发掘的主要成果。发现的遗迹主要有运河河道、两岸的河堤、两岸的石筑桥墩、河道中间的石板路、道路、建筑址和木船等。出土大量反映唐宋时期社会生活的遗物，瓷器众多，以白釉、青釉、黑釉、青白釉和黄釉瓷居多，涉及全国十余个窑系。器形以碗、盏、盘等为主。

宋丰利渠、元王御史渠是历代引泛渠首保存相对较好者。李岗等人对其中蕴含的技术进行探讨：丰利渠前后双闸结构、元王御史渠口平面呈“八”字形，具有束水流沙的作用；元王御史渠顶石窝与袁保恒置筒车有关；河道内残留有柱窝的石块可能与洪口石堰有关（《文博》3期）。

七 古建筑考古

赵献超《〈白沙宋墓〉与建筑考古——纪念〈白沙宋墓〉出版60周年》（《文物》12期）一文在梳理“建筑考古”概念内涵和外延的基础上，认为《白沙宋墓》墓室建筑部分的详细记录和研究是宿白先生关于“建筑考古”的认识与践行，进而总结宿白先生“建筑考古”的三个研究层次和“建筑考古”观。

王子奇、赵俊杰《宝马城金代遗址所见垒脊瓦及其相关问题》（《考古》12期）一文，根据唐宋辽金元时期地面建筑和考古发掘实例与宝马城等遗址出土的垒脊瓦遗存，结合《营造法式》记载，对垒脊瓦的做法进行具体分析。该文指出垒脊瓦主要有条子瓦和线道瓦两种，应分别由板瓦类和筒瓦类瓦件加工而成。元初是屋脊结构从使用垒脊瓦向使用预制脊筒转变的关键时期。石玉兵、卢成敢《辽金瓦当制作工艺的个案研究——以吉林省出土的瓦当标本为视角》（《北方文物》2期）一文，基于近年吉林境内辽金时期遗址出土瓦当材料，对瓦当制作流程与技术，及其与筒瓦的连接技术进行了初步考察，且作了尝试性的分析和推测。同时，又重点针对各遗址瓦当材料中常见的同纹不同范现象，从生产来源、生产时间与使用方面作进一步的思考和剖析等。

《营造法式》将昂分为上昂和下昂两类，下昂又分琴面、批竹两种。徐怡涛《宋金时期“下卷昂”的形制演变与时空流布研究》（《文物》2期）从北方地区现存的建筑史料中，选取了一种不同于批竹昂、琴面昂的“下卷昂”为对象，以“建筑考古类型学”的方法，对这一非主流的下昂形制的时空问题进行了初步探讨。该文认为下卷昂最大可能首现于中晚唐前后的今陕西西安地区，继而沿交通线向周边地区扩散，但其流传仅以两京和陕西周边地区为主，未能影响到河北、山东、山西北部等地。下卷昂形制在宋金两朝形制的变化主要体现在华头子、昂嘴及其与其他斗拱构件的共存关系上，其中，晋西南地区是目前已知宋金时期下卷昂形制变化最显著的地区。

蔡宇琨等《四川盐亭新发现的元代建筑花林寺大殿》（《文物》11期）对位于四川省盐亭县火星村的花林寺进行了详细调查和测绘，发现了“保宁府亲教都纲”等题记，确认建筑主梁架为元代原构，明清多次修缮，有重要的学术价值。

八 墓志、碑刻及其他

2017年度《辽金历史与考古》（八辑）刊发一组辽代墓志考释文章。李宇峰《辽代萧继远家族墓地研究》根据十余方出土于河北平泉八王沟墓3地和内蒙古宁城埋王沟墓地的墓志资料，对萧继远（《辽史》作萧继先，有传）家族世系进行了系统梳理和考证，并对萧绍宗生平作考略，并探讨了契丹人选择墓地的民族特点。李宇峰、李广奇《辽〈贾师训墓志〉考释》结合文献和其他碑志资料，对出土于今河北省平泉县邢家沟，现藏辽宁省博物馆的《贾师训墓志》进行考释，探讨了贾师训的郡望、家族世系和生平事略等。此外，还有谷丽芬《辽〈郑恪墓志〉考释》、李道新《辽代刘知新三兄弟墓志考释》、姜洪军《辽宁北票市发现辽代杨从显墓志》、张振军《辽宁朝阳县发现辽代〈王仲兴墓志〉》等。

幺乃亮《辽代张郁墓志考释》（《中国国家博物馆馆刊》10期）根据辽宁省博物馆所

藏墓志资料，详细梳理张氏家族世系、张郁生平及仕历情况，并结合相关史料和出土石刻材料就志文所涉及的一些职官进行了考释。康鹏《契丹小字〈耶律（韩）迪烈墓志〉札记——兼谈仿刻迪烈墓志之赝品》探讨了“别胥”一词，认为别胥是南、北府宰相妻子的封号，还释读一些契丹小字等，最后对赝品墓志进行了辨析（《辽金历史与考古》七辑）。

高连东《〈辽大康四年谷积山院读藏经之记碑〉考》一文，根据亲自考察北京市房山区灵鹫寺所存的原碑和首都博物馆所藏拓片资料，重新订正了碑文，纠正了《辽代石刻文续编》中的漏字错字；并对部分内容进行了补注（《辽金历史与考古》八辑）。王玉亭等《巴林左旗洞山“辽乾统十年经幢”再考》（《辽金历史与考古》八辑）一文在前人研究的基础上，对内蒙古巴林左旗洞山遗址的辽代经幢进行分析和释读，确定为193个汉字；并对经幢所涉及人物身份进行了探讨。

郭永淇《北宋范天祐墓志考释》（《中国国家博物馆馆刊》6期）对西安雁塔南路北宋熙宁八年（1075）下葬的范天祐墓志进行了录文、标点，并对墓主的家族世系、仕宦经历及北宋的职官制度等进行了简要考证。范天祐的为官经历，为了解北宋基层官员的宦迹提供了很好的范本。刘良超《〈有宋故崇仁县君张氏墓志铭〉考》（《洛阳考古》1期）对河南省荥阳市翟寨村出土的张氏墓志进行初步考释。任江《新出南宋胡纮圹志考略》（《东南文化》2期）一文根据浙江庆元县的南宋胡纮圹志，考证了胡纮生平及其重要事件，以及葬地等情况，与文献记载多有互证、校补，对于南宋前期政治史研究有较重要的价值。

金代时丰妻张氏墓志铭出土于河北新城。志主张氏系金初重臣时立爱季子、礼宾副使时丰的妻子，是金代涿州时氏家族的重要成员之一。王新英《金代时立爱家族成员时丰妻张氏墓志铭考释》（《北方文物》4期）一文对墓志所记张氏生平及婚姻、家庭情况进行考释。这些资料不仅可以完善涿州时氏家族成员世系、婚姻及仕履等信息，同时还涉及海陵“正隆降爵”、进士人数辑补等金代史实，具有重要史料价值。

李举纲、樊波《陕西蒙元碑刻述要》（《西部考古》12辑）指出，被著录、现存原石和新发现的蒙元碑刻，陕西约400方，有碑刻和墓志两类。碑刻有宗教、儒学、神道功德和其他四种。墓志则包含部分塔铭。该文对陕西蒙元碑刻作了初步的梳理。嘎日迪等《元代〈全宁张氏先德碑铭〉蒙古文考释》（《北方文物》2期）一文对内蒙古翁牛特大新井村的《全宁张氏先德碑铭》进行了研究。这是近年发现的大型汉文、蒙古文对照石碑，具有较高的语文学、历史学和翻译学研究价值。张红军《元温国公珊竹咬住神道碑考》（《中原文物》2期）对元代延祐元年刻立于河南省沁阳市古章村的珊竹咬住神道碑进行研究。此碑碑额篆书“大元赠荣禄大夫平章政事温国懿靖公神道碑铭”，记述了珊竹咬住祖父纯直海追随成吉思汗征讨诸部族，父大达立辅佐元朝大将伯颜、阿术克襄举宋，荣立战勋。咬住不仅随父参加了著名的襄樊之战和阳逻堡战役，且在元初平定叛乱、维护地方稳定方面功绩卓著。其部分内容可对史书、方志纠误、印证和补充。

申文喜《安阳出土明代张士隆墓志考释》（《中国国家博物馆馆刊》10期）对2011年河南省安阳市豫北纱厂出土两方明代张士隆墓志进行了探讨。墓志文连续，内容分为上、下两篇。墓主为陕西按察司副使张士隆及夫人石氏。该文考证了张士隆的生平事迹、仕宦履历及为人为官理念，可补史志之误阙。张红军等《大明郑敬王朱载壐与郑王妃刘氏圹志考》（《洛阳考古》2期）对河南省沁阳市校尉营村朱载壐墓中出土墓志进行了考释。张红军《明郑藩仪卫正冯世昌墓志考》（《中国国家博物馆馆刊》6 期）考释沁阳市沁园路发现的明万历八年冯世昌墓志，探讨了冯世昌的家世、生平和郑藩一些重大历史事件。

白昂是明代治水名臣，曾为弘治年间刑部尚书。白氏家族在当时和后世颇具名望。郑铎《明代白昂家族三位女性墓志考释》（《中国国家博物馆馆刊》6 期）对江苏省常州市白昂家族三位女性（白昂妻蒋氏、白昂长子白埈妻杨氏和妾刘氏）的墓志铭进行考释。探讨了白氏世系传承、官职迁转与家族兴盛的过程，以及与明代中期的治水、民乱等系列事件。墓志反映出品官家庭中女性社会地位和日常生活的差异，是研究明代女性生存状态的重要资料。王业考释了新发现的《明亚中大夫山东都转运盐使司运使郑君墓志铭》和《敕封安人继妻陈氏墓志铭》，探讨了明代正德年间南昌知府郑瓛及继妻陈氏家世生平和葬地等。墓志铭中郑瓛与“宸濠之乱”的相关细节弥补传统史料之不足，有较重要价值（《文物春秋》4 期）。陈晓捷《明内官监太监成敬墓志读考》（《考古与文物》5 期）考释的成敬墓志出土于陕西省铜川市，汉白玉质，方形有盖。该文探讨了成敬的履历、社会关系、成敬墓志的书撰人以及明代的宦官制度等。成敬为永乐间进士，因受晋王谋反牵连受宫刑成为宦官。在土木之变（1449）后，郕王登基，成敬升为内官监太监。

宋德金《金代买地券考述》（《北方文物》1 期）梳理考古发现的金代买地券情况，对其分布特点，所反映的丧葬习俗，以及与道教、女青等的关系等进行了探讨，归纳了金代买地券的特点。该文认为宋金以后买地券行文格式多以《地理新书》为范本。侯申光《喀左官大海出土两块金代买地券》（《辽金历史与考古》八辑）介绍了辽宁喀左县官大海农场被破坏的墓葬所出两块方砖买地券情况。此买地券为金代遗物。

九　文化遗产保护等

考古工作者在作好考古发掘工作的同时，积极参与和注重大遗址的保护，是中国考古发展的新现象。记者贾昌明《见微知著：一条见证基建考古成长的路》（《中国文物报》9 月 8 日 5 版）从 2016 年度全国十大考古新发现入围终评的基建考古项目入手，通过对高大伦院长的采访，探讨了基建考古发掘队和基建单位之间从不理解到相互理解、配合的心路历程。考古领队孙勐《留住北京城市副中心的“根与魂”——北京城市副中心建设中的考古发掘和文物保护》（《中国文物报》9 月 8 日 5 版）以北京通州区潞城镇“汉代路县故城城址”考古发掘工作为例，探讨了带着明确课题作好考古发掘，最大限度地记录历史信息，同时作好文物保护工作的互惠互利。

2017 年 7 月，由中国考古学会文化遗产保护专业委员会、中国考古学会宋辽金元明清考古专业委员会、中国文物保护技术协会考古遗址与出土文物保护专业委员会、中国社会科学院考古研究所主办，河北省张北县人民政府承办的“历史 · 考古 · 文保——元中都建城 710 年学术研讨会”在河北省张北县举行。该次会议是多学科融合的一次尝试，取得了很好的效果。对以元中都为代表的城市考古研究和大遗址保护与利用、国家考古遗址公园建设与管理，起到重要的推动作用（《中国考古网》7 月 13 日）。

甲骨文、金文研究概述

徐义华

2017年甲骨文、金文研究取得丰硕成果，计出版专著、发表论文近200部（篇），相关研究进一步深入展开，今择其要者概述如下。

一　甲骨文研究

（一）工具书的编纂

2017年度甲骨文研究的重要进展是工具书的编纂成果颇丰，何景成《甲骨文字诂林补编》（中华书局）整理和总结了自《诂林》收录材料截止1989年以来近20年来甲骨文字的研究成果，对《诂林》进行了修订和补充，修订《诂林》中存在的一些错误，并编制字形表和新考释成果综览表，便于检索，是研究甲骨文的重要工具书。李霜洁《殷墟小屯村中村南甲骨刻辞类纂》（中华书局）在全面吸收学界最新缀合和释读成果的基础上校补释文，同时将《村中南》所有甲骨文字制作出字形图，在此基础上编成类纂，是研究和利用村中南甲骨的重要参考工具书。

沈建华、曹锦炎《甲骨文字形表》（增订版）（上海辞书出版社）以香港中文大学中国文化研究所甲骨文电子资料库为基础编著的甲骨文检索工具书，相比旧版，除收集原《总表》遗漏的异体字形，同时增加了《甲骨文合集补编》和《殷墟花园庄东地甲骨》新见的甲骨文字和异体字。黄德宽主编“古汉字字形表系列”出版，《商代文字字形表》《西周文字字形表》《秦文字字形表》《春秋文字字形表》《战国文字字形表》（均为上海古籍出版社）以出土文献资料为依据，对殷商、西周、春秋、战国、秦文字进行了总体梳理，选取各个时期的典型字型，全面系统地展现了汉字在各个时期的特点和面貌。

刘一曼、韩江苏等《甲骨文书籍提要》（增订本）（上海古籍出版社）在原书的基础上增补近30年来的甲骨著作，增订12万字左右，对100多年来的重要甲骨文著作加以介绍，按著录、考释、研究、汇集、其他五类编排，附有《著者索引》《甲骨文书名通用简称》以利检索。

（二）甲骨文资料的整理

近年来，以收藏者为单位整理甲骨成为甲骨文资料整理的新模式，有大批资料得以刊布。宋镇豪《甲骨文材料的全面整理与研究》（《甲骨文与殷商史》新7辑）对21世纪以来的甲骨文整理和研究情况进行了列举和总结，提出了研究中应该关注和加强的问题，对未来的甲骨文研究和团队建设作了展望。赵爱学《国家图书馆的甲骨收藏与整理发布》（《甲骨文与殷商史》新7辑）分批次介绍了中国国家图书馆（包括前身北平图书馆、北京图书馆）购买、接受捐赠、部门拨付的入藏的甲骨情况，总结了近年来甲骨文整理和刊布的成果和经验，介绍了近期中国国家图书馆在所藏甲骨整理、研究情况和出版规划。王素《故宫博物院藏殷墟甲骨文的整理与出版》（《甲骨文与殷商史》新7辑）介绍了故宫博物院所藏甲骨的整理方案和出版规划。干芹、张媛《山东博物馆藏甲骨述要》（《甲骨文与殷商史》新7辑）从总体梳理了山东博物馆所藏甲骨的来源，并对原藏于罗振玉、明义士、孙文澜、柏根氏的甲骨入藏情况进行了介绍。

在旧著录书的整理方面，吴丽婉《〈殷虚书契四编〉的整理》（《甲骨文与殷商史》新7辑）介绍了《殷虚书契四编》中的改进并提供了与其他著录书的重见统计表。赵鹏《〈龟卜〉校勘小记》（《甲骨文与殷商史》新7辑）利用重见表呈现了对《龟卜》的校勘。

传世甲骨的整理和刊布也取得一定成绩，金祥恒《中央图书馆所藏甲骨文原稿》（《甲骨文与殷商史》新7辑）刊布了金祥恒先生拓摹的中央图书馆藏甲骨500余片，蔡哲茂《跋〈中央图书馆所藏甲骨文原稿〉》对金先生原稿进行介绍和归纳。杨蒙生《纽约苏富比2015春季拍卖会所见部分中国古文字资料简编》（《甲骨文与殷商史》新7辑）介绍了苏富比拍卖行所见原松丸道雄藏甲骨三十五片，提供了照片、拓本和摹本。张惟捷《史语所藏殷墟甲骨目验校订九则》（《甲骨文与殷商史》新7辑）对“中研院”历史语言研究所藏的九则十九版甲骨（含缀合）进行了目验校订和重新释读，对原先的释文作出了修订。

甲骨缀合是甲骨文资料深发掘的重要方式，2017年也有成果发表，李延彦《殷墟龟腹甲右后甲新缀六例》（《考古与文物》3期）利用甲骨形态学的相关知识，集中整理右后甲残片，新缀六例十二版，并对卜辞进行了校释，内容涉及气象、战争、卜王、卜旬等方面。李爱辉《甲骨材质辨识》（《甲骨文与殷商史》新7辑）以殷墟出土卜甲和卜骨为对象，讨论了胛骨、腹甲和北甲残片的识别方法以及其与占卜事类及卜辞位置的关系等问题。

（三）甲骨使用与契刻的研究

花东甲骨依然受到学者关注，刘一曼《花东H3坑甲骨埋藏状况及相关问题》（《考古学报》3期）对花东H3坑甲骨的位置和内容进行了分析，认为商代刻辞甲骨按内容存放并有专人保管，腹甲与背甲分开并分别存放，甲骨埋藏前作处理，打乱原来的存放次序，不再按甲骨的内容，而是按其大小分别捆扎或用织物包裹在一起，然后埋藏。范耀江、王建军《关于花东卜辞的刻写时代问题》（《中原文物》1期）通过花东卜辞与其他组类字形差异与变化的对比，将花东字形分为三类，认为花东一类的契刻时代为武丁中期，花东二类和花东三类时代在武丁中、晚期延至祖庚时代。

甲骨的整治和契刻和占卜方式也有学者讨论，孙亚冰《商周牛卜骨前后角锯切情况探讨》（《南方文物》4期）认为商周时期卜用牛肩胛骨上有锯切前后角的现象，从武丁早期一直到西周时期，这类锯切是当时各地较为通行的做法，目的很可能与捆扎卜骨、方便收存有关。赵鹏《殷墟YH127坑宾组龟腹甲钻凿布局探析》（《考古学报》1期）梳理了殷墟YH127坑宾组龟腹甲钻凿，将钻凿布局分为稀疏型、密集型和稀疏密集混合型三种型式，同时对钻凿布局与甲骨上的各种占卜现象之间的关系进行了探讨。赵孝龙《甲骨文契刻方法的初步显微分析》（《甲骨文与殷商史》新7辑）运用超景深数码显微镜对甲骨文契刻方法进行了研究，对甲骨文字的写、刻顺序、笔划顺序、笔划特征等进行了讨论。汤铭《试探牛肋骨刻辞的贞卜意义》（《甲骨文与殷商史》新7辑）对四例牛肋骨刻辞进行了探讨，并就牛肋骨可能采取冷卜方式的情况作了研究。

（四）文字字形研究及考释

郭仕超《甲骨文字形演变研究》（中国社会科学出版社）通过对104个有代表性的字例进行考察，分析、归纳了甲骨文字形演变的规律，总结归纳出“简化”“繁化”“声化”“异化”“讹化”五种规律，并在每一规律下分出各种中、小规律，并附字例证明。

在文字考释方面，也有大量论著发表，彭邦炯《契文释录》（上海书店出版社）正文部分收录了甲骨文字考释文章50余篇，是作者文字考释文章的集录，附录部分有编纂《甲骨文合集》的回忆文章。彭邦炯《读〈殷花东地甲〉二则》（《甲骨文与殷商史》新7辑）考释了花东甲骨的几个文字，认为为煴的初字，为祭名；如一人在高阜上拜日，是文献中“寅宾纳日”的写照，读音待考；释为驝，即骆驼。孙亚冰《释〈合集〉36960中的“”字》（《甲骨文与殷商史》新7辑）认为“”字当释为云，假为阴，指某地之阴。

（五）卜辞与殷商史研究

理解卜辞中的字与词是关键问题，学者一直关注，郭静云《甲骨文用辞及福佑辞》（《甲骨文与殷商史》新7辑）全面考察甲骨文中的“用”字，认为用在甲骨文中不单纯指享用祭品，其含义十分广泛，除基本意思外，还可以当作用辞或验辞，与“吉”字的意思相似，具有福佑辞的性质。蔡哲茂《殷卜辞“王宾日”再辨析》（《甲骨文与殷商史》新7辑）认为“王宾日”并非祭祀日神，而是“王宾祖先之日”的省略，宾是王在祭祀前迎接祖先神的环节，“王宾日”就是王迎接祖先神的那天。黄天树《甲骨文中的假设连词“若”》（《首都师范大学学报》3期）在充分吸收学术界最新研究成果的基础上，认为甲骨文中的“若”字在某些情况下已经发展为表假设，即商代卜辞中已经有了假设连词，并对含有假设连词“若”的卜辞作了新的阐释。

利用甲骨文进行殷商史研究是甲骨文研究的重要方面，2017年度这一方面成果很多。连劭名《殷墟卜辞与阴阳学说》（《考古》2期）对卜辞中的“元簋”、一、九以及大告、小告等词进行考察，认为可与文献中的记载相契合，反映了当时的阴阳思想。莫伯峰《殷商祖甲时代历法改革的时机》（《中国史研究》2期）采用字体分类方法，系统整理了祖甲时代有关卜辞材料，考察了“正月”取代“一月”之名和“十三月”年终置闰制度被废除这两项历法改革的时机，认为祖甲的历法改革是在继位之后经过了一段时间后逐步展开的，两项历法改革的实施时间也不同，废除“十三月”置闰在前，改用“正月”之名在后，祀典改革则是在两项历法改革之间开始的。韦心滢《小屯南地新出土午组卜辞相关问题研究》（《甲骨文与殷商史》新7辑）对小屯南地新出土的50余片午组卜辞进行了综合研究，探讨了午组贵族的家族成员、政治地位、经济活动、宗教祭祀等情况。常淑敏《殷墟的手工业遗存与卜辞“司工”“多工”及“百工”释义》（《江汉考古》3期）从考古学角度入手，分析殷墟手工业作坊的布局、作坊与都邑的空间关系等资料，认为殷墟甲骨文中含有“工”“司工”“百工”“多工”“左工”“右工”等卜辞可能与工匠、手工业作坊（群）或其管理者相关。王祁《殷墟甲骨文中的族军》（《南方文物》4 期）对卜辞中的族进行了研究，认为商周时期存在大量族军，“王族”与“多子族”经常参加战事，是商王倚重的力量。族军具有二元性：它既是晚商族氏组织的私属军队，也受商王的间接乃至直接控制，兼具血缘性和政治性。族军主要成员为族“众”，管理者为“族尹”和“族友”，“族尹”对整个族军有直接指挥权。范耀江、王建军《殷墟甲骨文所见“旱灾”研究》（《四川文物》2 期）利用殷墟出土甲骨卜辞中旱灾、祈雨等记录与文献中的相关记载相对照进行研究，对商代的旱灾以及商王对旱灾的关注以及应对措施进行了探讨；同时，作者认为卜辞辞例的解读尚存异议，影响到对商代旱灾问题的认识。沈建华《清华楚简文献所见商代史迹考》（《甲骨文与殷商史》新 7 辑）利用清华简内容结合文献和甲骨文对《保训》中的王亥史迹、《楚居》中的江汉地区地名等问题进行了探讨。

商代地理是重要的研究领域也是难点所在，2017 年度取得了很大进步，陈絜《卜辞滳水与晚商东土地理》（《中国史研究》4 期）依据晚商王步卜辞的系联关系，推论《合集》36501 首辞所残之占卜地为“商”，其地在今山东东平县一带。卜辞习见之滳水，是指汶水流经商邑段的专名，同时讨论“汶阳之田”及周边多个地名及其地望。王恩田《甲骨文吕方、戲方与盧方考》（《中原文物》1 期）甲骨文中旧释“舌”的字应释为“吕”，舌方即吕方，吕方位于今绥德、清涧、延川、延长、子洲等县的陕北地区，其都城在清涧辛庄城址；甲骨文戲方即参加武王伐纣联军中的纑，地在今甘肃崇信一带；甲骨文中的盧方即盧氏，位于今河南三门峡市卢氏县。王坤鹏《商代沚方考》（《考古与文物》3 期）考察了卜辞中的沚方，认为沚方为商西边雄方，初与商为敌，后为商征服。沚方臣服后称“臣沚”“多沚”，相当于卜辞“多臣”，是商利用被征服的异族武士组建的武装，类似于周代虎臣、隶仆。商王保留了沚方领地，组建的“多沚”仍由沚人率领，用于抗击西、北方向异族的入侵。刘新民《甲骨刻辞[illegible]地拟考》（《中国历史地理论丛》2 期）认为甲骨刻辞中的[illegible]可以表示地名、族群方国名，通过[illegible]进行的祭祀、军事、出行、田猎等活动，以及与卜辞中其他方国的方位关系，推测[illegible]的地望在今晋南一带。韩宇娇《卜辞所见商代曾国》（《中原文物》1 期）利用甲骨卜辞、金文、考古遗存和科技考古资料，推论商代曾国地望在今湖北随州，与商王朝是睦邻友好的军事同盟关系，与虎、[illegible]方、苋方等都在商国的南土。两周时期曾国是商时期曾国的沿袭。

（六）甲骨学史研究

沈建华《饶宗颐甲骨书札》收录饶宗颐与沈建华、沈之瑜二位先生的通信 57 通，信件内容围绕《甲骨文通检》一书的编撰展开，并涉及一些甲骨文具体问题的探讨，以及相关学术活动、学者往来和饶先生部分学术著作的出版与画作展览等事宜。信中提到的相关书籍、人物、事件附有注释，信息丰富。

马季凡、徐义华《清华大学藏“滂喜堂”甲骨的来源与朱楃之其人》（《南方文物》4 期）对清华大学藏“滂喜堂”甲骨的来源进行了考察，认为甲骨的原收藏者滂喜堂主人是清末收藏家朱楃之，并对朱楃之的身世、堂号、藏书章等进行了梳理。

郅晓娜《介绍一封明义士写给金璋的书信》翻译介绍了明义士写给金璋的一封书信，信的主要内容是明义士说明自己的藏品在战乱期间遭到破坏，请求金璋提供相关研究材料并建议他把掌握的资料出版等。

二 金文研究

（一）资料的整理与发现

考古出土的有铭青铜器有新的发现。中国社会科学院考古研究所安阳工作队《河南安阳市殷墟铁三路89号墓的发掘》（《考古》3期）公布出土青铜器8件，一件觚上有铭文“[illegible]”，一件爵上有“[illegible]”，其中“[illegible]”为殷墟铜器铭文中首次见到。渭南市文物旅游局《陕西澄城县柳泉村九沟西周墓发掘简报》（《考古与文物》2期）刊布了2016年在陕西省澄城县柳泉九沟发掘了的西周早期墓葬，出土了一批青铜器、玉石器、骨蚌器，其中M4铜簋铸有“YA作父己尊彝”铭文，龙钮玉玺印则为西周墓葬首次出土。方勤、胡长春等《湖北京山苏家垄遗址考古收获》（《江汉考古》6期）介绍了2014～2015年对湖北京山苏家垄曾国墓地的发掘情况，出土青铜礼器500余件，其中有“曾伯桼”铭文壶4件，每篇铭文161字，是研究曾国历史的重要资料。

传世铜器铭文也有刊布，杨蒙生《纽约苏富比2015春季拍卖会所见部分中国古文字资料简编》（《甲骨文与殷商史》新7辑）介绍了纽约苏富比拍卖行所见二鼎一簋，提供了器型与铭文照片。

（二）金文字体与语法、文字考释和词句解读

在文字构形研究方面，万瑞杰《两周金文构形演变研究》（中国社会科学出版社）把文字的繁化、简化和讹变三种现象作为三个“主干内容”进行分析，认为“繁化现象”是古文字草创阶段推敲文字构形的过程，是朴素美的体现；“简化现象”是文字发展到一定阶段斟酌文字构形的推进方式，是提高效率的要求；“讹变现象”既有因传播手段的滞后而导致的“以讹传讹”的因素，也有寄托先民审美意愿的成分。严志斌《四版〈金文编〉校补》（商务印书馆）利用《殷周金文集成》及1984年以来新刊布的商周青铜器铭文对四版《金文编》进行了增补，全书分正文和附录两部分，正文是对《金文编》校订，附录中部分为族徽文字。陈英杰《[illegible]字从宀还是从勹》（《青铜器与金文》1辑）分析了[illegible]所从偏旁宀、广、勹的情况，并归纳出其演化的三种路径。

在金文语法研究方面，武振玉《两周金文动词词汇研究》（商务印书馆）对两周金文动词的主题分类、动词词义等进行全面系统的考察，并以此为基础探讨其所蕴含的当时的社会、文化信息。

对金文文字的考释，也有大量成果发表。冯时《堇鼎铭文与召公养老》（《考古》2期）认为堇鼎中的“饴”字义为古人养老养父母之美食，于鼎铭当读为“颐”，铭文意思是燕侯命堇赴宗周为召公调理饮食而养老之，堇为精于调理饮食之人，或即古之食官医官，这反映了西周的养老制度。何景成《论霸伯盂诸器铭文的赏赐品“苞”》（《青铜器与金文》1辑）考证了霸伯盂中的“苞”字，认为苞或破读为茅。同时苞也可以是一种类茅的草，与文献中的“苞茅”相对应，是西周祭祀和礼仪中的重要物品。邓佩玲《古文字“鳶”及其相关诸字——从金文“用作”文例中的“鳶”字谈起》（《青铜器与金文》1辑）利用甲骨、金文和楚简资料，梳理了鳶字从商代至战国时期的演变，并讨论了其音韵的归部问题。谢明文《释鲁侯簋“逝”字兼谈东周文字中“噬”字的来源》（《青铜器与金文》1辑）对金文中的相关文字进行梳理，认为[illegible]、[illegible]当释作“逝”，[illegible]字所从之

“□”为噬之初文，并讨论了其形体的演变。苏杰《据楚简说金文及〈酒诰〉“𧑐”字》（《青铜器与金文》1 辑）认为金文及《酒诰》借用“𧑐”字表示“疾”，表达疾病、疾速等意义。苏影《单叔鬲丁“器”字补说》（《华夏考古》4 期）对陕西眉县杨家村出土单叔鬲铭文中的“□”字进行了考释，认为此字当是“器”字的省体，而不能像其他学者那样释作“象”。

刘云《释𪓐钟铭文中的“晋”字》（《考古与文物》4 期）认为𪓐钟铭文中的“□”字，不应该释为“至”或“舌”，应释为“晋”读为“次”，意思是“杂次”。李春桃《邾公釛钟铭文研究》（《江汉考古》4 期）对邾公釛钟铭文重新考释，把旧释成“扬”的字改释为“穆”，认为穆君可能是邾国祖先之一，也可能是小邾国的祖先之一，是研究邾国或小邾国的重要史料。傅修才《狐骀丘君盘新考》（《中国国家博物馆馆刊》5 期）通过文字的重新考释，把原名为甫以公盘的铜器更名为狐骀丘君盘，并将该盘的时代由战国改定为春秋晚期。狐骀丘是周代山东小国，狐骀丘君盘对研究山东古国史有重要价值。张振谦、赵敏《齐系兵器考释两则》（《考古与文物》1 期）对近年出土于山东地区的两件战国兵器不𪈽䜈戈和陈𪊨戈的铭文进行了释读，认为不𪈽䜈戈铭中的后两个字分别为“𪈽”“䜈”。“不𪈽”读为“不暋”，意思为伟大英明，是嘏词，䜈为器主名。陈𪊨戈铭中的不识之字，可隶定为“□”，为“𪊨”之本字。王强《西周金文人名用字补释二则》（《中国国家博物馆馆刊》7 期）考释了义叔簋铭文中的“□”，认为此字可拆分为左右两部分，左旁是揖的表意初文，右旁为夕，从夕揖声，可能是为晨昏之昏的专字；伯敢盨铭文中的“□”字，释作“係”，读作“击”，也有勇敢义，击、敢字义相关，一用作名，一用作字。刘桓《琱生诸器联读中的“□”与“许”——兼释曶鼎第二段铭文》（《考古与文物》1 期）认为琱生诸器铭文中，过去学者都读为“许”的其实是两个字，一个是许，另一个从言、从缶的字，是保。琱生诸器铭文记述的是宗族内部狱讼，曶鼎铭文记载的则是在西周贵族之间一次交易争执，都要求涉事其中一方作出保证。“保”有别于“许”，“保”的内容的执行，要通过决断者最终的“许”才算完成。刘源《从甲骨文、金文材料看西周贵族社会的“德”》（《南方文物》4 期）认为殷墟甲骨文中“德”字多用为动词，意为征伐、祭祀，不具有政治、思想史的意义；西周王朝的“德”主要指贵族的政治品行和作为，已成为贵族阶层的价值取向；春秋以降，贵族开始把“民意”引入“德”的内涵之中。战国时代，“德”的内涵进一步发展为个人的道德修养。

也有相当一部分论著对金文中的词句进行了新的解读，并以此阐释相关历史问题。邹芙都、查飞能《西周“非对扬王休”铭文研究》（科学出版社）以目前所见 92 例“非对扬王休”铭文为研究对象，重点考据了铭文中的常用关键字、词，解析了铭文的辞例与结构，探究了铭文中的赏赐、馈赠物数量与性质，揭示了铭文的政治与宗法内涵，对比分析了其与周王命赏铭文的差异。陈治军、许建强《寿县出土“蔡叔獻敄之行”双联戟考》（《考古与文物》2 期）对 1996 年寿县南关村西圈墓地出土双联戟铭文进行了考释，认为“蔡叔（獻）敄之行”不是“某某之行戈”的省称，而是先秦时期“某之某”的称谓，前一个“某”是父名，后一个“某”是子名。“蔡叔（獻）敄之行”所指即《史记·管蔡世家》蔡哀侯獻舞之子“蔡缪侯肸”。任乃宏《〈班簋铭〉之“人”与“东或”新考》（《中原文物》5 期）通过比较班簋、叔夷钟和晋侯稣编钟的相关铭文，认为“□”“□”

"戜"为同一字，俱为"国"字之初文，"戜人"即"国人"，是西周王朝的主要兵源。孙刚、李瑶《槼可忌豆"元子"解》（《中国国家博物馆馆刊》5期）认为金文和文献中"元子"之"元"在训"首"之外，具有"嫡"的含义，是在宗法制和嫡长子继承制背景下衍生出来的，这一称谓不仅仅适用于"天子""诸侯"的子嗣，普通贵族的子女也可以称为"元子"。冯时《血方罍铭文与孟徐传说》（《青铜器与金文》1辑）对原称"皿方罍"中的铭文进行了重新考释，改"皿"为"血"，认为其中的"血而余"即《山海经》中的血余（徐），后讹为孟余（徐）。吴超《说曾侯钟铭的"弗讟是無"》（《江汉考古》2期）对湖北随州文峰塔M4甬钟铭文所述"差右楚王，弗讟是無"进行释读，将"讟"训为"弃"，"無"字读为"许"，训动词"许诺"义，"弗讟是無"即"承诺不相离弃"之意，表明曾国与楚国曾经有密切的关系。黄锦前《京师畯尊读释》（《文物春秋》1期）对京师畯尊铭进行了讨论，认为"王有繇功"之"繇"当读作"猷"，训功业、功绩。"日庚"为京师畯之母，"庚"为其日名，"商"为其名；其父日名为"丁"。"畯"为作器者名，"京"系地名，"师"为其职称，所谓"京师畯"，即在京地任师职而名畯者。该尊是昭王时期的标准器，对于确定昭王时期楚都的位置、周楚关系的探讨以及相关铜器断代等皆有重要意义。石安瑞《由铜器铭文的编纂角度看西周金文中"拜手稽首"的性质》（《青铜器与金文》1辑）认为西周金文中"拜手稽首"除表示记录动作外，还有一种含义是作为敬语使用，"拜手稽首，对扬某休"是较固定的组合，不是对事件过程的描写，而是模仿直接引语的修辞手段。谢明文《说秦公器"高引有廮"及"高阳有靈"》（《中国国家博物馆馆刊》3期）将秦公器铭文中"高引又（有）麐"与秦公大墓石磬铭文"高阳又（有）靈（灵）"相联系，认为"麐（麟）"不能释作"庆"，而与"靈（灵）"表示为同一个字，读作"令"，训为"美""善"之意。秦公大墓石磬文中的"高阳"亦非颛顼之号，不能据以论证秦先世出自颛顼。

（三）金文与历史研究

1. 商代金文与历史研究

2017年度商代金文和历史研究成果数量较少，但成果分量十足，值得关注。严志斌《商代青铜器铭文研究》（上海古籍出版社）是一部综合性著作。该书对存世的5454件商代青铜器铭文进行了全面的清理，确立了明确的时空框架，讨论了相应时间段中铭文的字形字体、语法和商代的族氏、职官、诸妇、诸子的金文称谓以及其所反映的商代社会结构、宗法制度、族氏关系、方国地理等问题，是第一部全面总结并推进商代青铜器铭文研究的学术专著。

在论文发表方面，陈絜《〈四祀邲其卣〉与晚商东土交通》（《青铜器与金文》1辑）将《四祀邲其卣》中原释祭名的[illegible]、[illegible]两字释为地名，并认为其地在今山东，并探讨了晚商在泰沂南北两条主要交通路线。李晶《"尹光方鼎"与"听簋"的补释与定名问题》（《中原文物》1期）认为铭文中"逦"是动词，佐匹、襄助之意。"耶"读为庭或廷。"各"与"享京"分别是两器的受赐对象与铸器者，故应定名为"各方鼎"（或"各鼎"）与"享京簋"。赵茜、饶胜《馆藏商代"己并父丁"青铜爵铭文探析》（《文物鉴定与鉴赏》6期）通过把新乡市博物馆藏的"己并父丁"爵与寿光出土的"己并"爵形制、铭文等方面的对比，认为两者在制作工艺和表现手法上有共同点，在时间上有延续性，推论"己并父丁"爵属于殷商代纪国青铜器。

2. 西周金文与历史研究

有学者对铭文进行了新的解读。张光裕《新见〈曾伯克父甘娄簠〉简释》（《青铜器与金文》1 辑）介绍了新见两件铜簠，并对铭文进行了考释。田率《内史盨与伯克父甘娄盨》（《青铜器与金文》1 辑）利用内史盨的形制与铭文结合其他同类器物，讨论了盨的起源、演化和类型划分，并对伯克父甘娄盨的铭文作了释读。王恩田《荷卣、荷壶真伪辨——兼论荷簋、荷尊的年代与族属》（《考古与文物》5 期）对荷壶、荷簋、荷卣、荷尊进行了释读，认为荷壶是战国时代的鹰首壶，铭文系后人仿荷卣加刻。荷是殷都的望族，荷簋器主荷是子姓殷人。荷尊的器主荷是与周王同宗的周人。荷簋的荷与荷尊的荷不可能是同一个人。

利用铭文讨论西周的人物、职官的成果也有发表。郭晨辉《略论“射壶”铭文中的“天尹”》（《青铜器与金文》1 辑）解读了射壶铭文，认为天尹非固定特指称谓，即可以指王朝重臣，也可以指臣下的家主，有时候也称作大尹、大君。这种用天、大修饰的方式很大程度来源于商文化。刘源《从䚄簋铭浅谈西周王朝三有司的任用》（《青铜器与金文》1 辑）通过对䚄簋铭文内容的解读，讨论了王朝三有司、地方三有司的处理事务程序、参与者及其身份等问题。周亚《关于大克鼎的几个问题》（《青铜器与金文》1 辑）讨论了大克的出土时间、断代问题，同时探讨了铭文中的膳夫和出纳王命问题，认为“出纳王命”并非膳夫的本职而是兼职，膳夫等职是周王的近臣，一般由功臣的后代担任。韦心滢《师卫器组相关问题探析》（《青铜器与金文》1 辑）将 9 件师卫器分为 4 组作了分析，通过师卫参与征夷、射敌、巡视等事件的梳理，阐释了师卫的身份及铭文中的人物关系。

曾国铜器是 2017 年度研究的热点，学者从多个方面进行研究，有谈其族群归属与个体定位者。张昌平《从五十年到五年——曾国考古检讨》（《江汉考古》1 期）对京山苏家垅、枣阳郭家庙、随州熊家老湾、擂鼓墩、义地岗、叶家山的考古发现以及学界进行的讨论进行了归纳，探讨了曾国的空间分布、时间演变以及族姓归属、曾与随关系、鄂北周代遗址与史载以昭王、宣王对南土经营等问题等加以讨论，同时就如何通过考古发现观察社会组织与思想的方法论问题进行了思考。张硕《〈曾侯乙编钟〉与“曾随之谜”》（《江汉考古》2 期）通过分析考古出土的曾国铜器及其铭文，认为曾即随，是周王室的支系。黄锦前《曾侯與编钟铭文读释》（《中国国家博物馆馆刊》3 期）对湖北随州文峰塔曾国墓地所出 8 件曾侯與编钟铭文作了考释，认为叶家山的西周早期曾国与其他铜器铭文中西周晚期至战国时期的姬姓曾国应系同一族属，系周成王时期封建于今随州一带的重要方国。钟铭所记曾国的即文献中所记载的随国。沈长云《谈曾侯铜器铭文中的“南公”——兼论成康时期周人对南土的经营》（《中国史研究》1 期）认为曾侯铜器中的南公应该是南宫毛而非南宫括，记载周人征伐南方的安州六器是周康王时期器物，成、康时期是周人势力大发展阶段，与文献所载“成康之治”可相验证。韩巍《从叶家山墓地看西周南宫氏与曾国——兼论“周初赐姓说”》（《青铜器与金文》1 辑）梳理了叶家山墓地中的非周文化因素，结合铜器铭文和文献研究了周初的大族与周王之间的关系，认为南宫、召、荣等族皆是殷周际深受商文化影响的异族，在投奔周人后被赐予姬姓。黄锦前《公仲考论》（《文物春秋》5 期）通过有关铜器铭文的联系和分析，认为“公仲”应系康、昭时人，系“南公”子，为第二代曾侯，曾在王朝兼任职务。南方为其子，系昭、穆时人。罗运环《叶家山曾侯名犺及亢字考论》（《青铜器与金文》1 辑）对曾侯器中的、二字进行了对比考释，认为可释犺，但要释作犺，犺、犺是不同的两个人，犺为曾侯之名，而犺可是其兄弟。

也有研究曾国婚姻关系的著作，黄尚明《从青铜器铭文看曾国贵族的婚姻关系》（《江汉考古》4 期）根据青铜器铭文，梳理了曾国贵族的婚姻关系状况，认为西周早期姬姓南公被封到曾国，曾侯谏的夫人为媿姓，来自北方狄人或者胡国。西周晚期至春秋早期，曾国的婚姻关系逐渐本土化，与邻近的黄国、邓国联姻，曾、楚虽然有冲突，但是保持通婚关系，这种政治婚姻关系一直持续到战国中期，联姻是维持曾、楚关系的一个重要因素。刘琴丽《铜器铭文中所见两周时期曾国的婚姻关系》（《青铜器与金文》1 辑）分析了铜器铭文中西周和春秋时期的曾国与其他诸侯国之间的婚姻关系，认为西周时期曾国贯彻中央王朝维护江汉地区稳定的意旨，与周边地区和山东地区建立的密切关系，春秋时期政治形势变化，楚、晋争霸，曾以维护与楚国的关系为主，但也与三晋地区的邦君有过联姻。

也有讨论曾国史事的文章，高崇文《从曾、鄂考古新发现谈周昭王伐楚路线》（《江汉考古》4 期）通过分析西周伐楚的战争铭文，认为楚国初封地在丹江至汉水两岸地区，而非汉水之南。文献之所以记载周昭王“涉汉伐楚”，是因为周昭王在伐楚之前先经南阳盆地各国而到达汉东的曾、鄂之地，然后由“汉东”向“汉西”进发，渡过汉水讨伐楚国。黄锦前《叶家山 M107 所出濮监簋及相关问题》（《四川文物》2 期）认为叶家山墓地 M107 出土濮监簋铭文的“濮”字系“仆”之异构，在簋铭中当读作濮国之“濮”，西周时期的濮与曾、楚及蛮氏邻近。濮监簋出自曾国墓地，可能系赗赙或馈赠等所致，表明周初的濮确系为周人褒封之国。西周有完备的监察制度，周初“三监”同“三叔”可能无关。

同时，有大量利用铭文研究西周社会、史事的著作。张海《“邦”“国”之别——兼谈两周铜器铭文所示西周王朝之国家结构》（《青铜器与金文》1 辑）分析了“邦”“国”形式和构成，认为邦原指有独立性的政治单元，国则是区域性的地理单元称谓，西周的国家结构可以分为王国、邦、邑三级。朱凤瀚《金文所见西周贵族家族作器制度》（《青铜器与金文》1 辑）分析了非簋、由伯尊、爯器等 7 组铜器铭文中的宗族内部关系，认为大宗掌握祭器的铸造和分配并利用祭器掌握祭权。孔华、杜勇《西周金文中北国的地望与来历》（《中华文化论坛》1 期）分析了河北涞水北伯铜器和湖北江陵北子铜器及其铭文，认为二者并非同一方国，周初涞水北国应是殷商晚期北国的后身，后来为燕国所并。江陵北子国是来自殷人[illegible]族的一支所建，西周中期为楚国所灭。两个北国各为独立的政治实体，而且与周初三监封邑邶鄘卫之邶并不相涉。赵庆淼《续说吴、虞、夨之关系及其迁徙问题》（《青铜器与金文》1 辑）认古吴（虞）国在今汧河流域，太伯奔吴即是至此，成王时夨伯周章始封于江南，康王时又将虞侯徙封于宜。黄锦前《从伯𨱔簋谈到两周金文中的蛮氏》（《洛阳考古》3 期）对藏伯𨱔簋进行了订补，认为簋铭中的“峦伯”即“蛮伯”，系蛮氏的君长，蛮氏是“荆蛮”的支系。西周时期蛮氏生活在今湖北境内的汉水流域，东周时期迁至今河南省汝州市西南至汝阳县东南一带，公元前 491 年为晋所灭。邓飞《琱生器中心事件考辨》（《华夏考古》1 期）通过对琱生器及相关铜器铭文的研究，认为琱生器所记述的中心事件是召氏大家族中有宗人私下交易人口和土地，造成人口和土地流失严重。大宗请求小宗琱生协助一起处理该事件，通过法律的方式没收宗人的非法所得，并收回其土地。张海《疑尊、疑卣铭文及相关历史问题》（《中国国家博物馆馆刊》5 期）疑器铭文“卜噩侯”为成王晚期时建噩侯之事，噩侯为姞姓，早期在今随州安居镇羊子山附近，后反叛被灭族，西周又在今南阳市新店乡夏响铺另建噩侯；疑器中的“宋伯”

与殷墟卜辞中的宋伯是不同的族氏，是首位宋邦邦君宋公稽，出身于属殷遗的微氏家族，封于东南为周人把守东南门户。李裕杓《柞伯鼎铭文涉及的重要军事问题》（《青铜器与金文》1辑）研究了与柞伯鼎相关联的西周军事铭文，认为柞伯鼎铭中的伐昏之战具有抵御战和进攻战双重属性，柞伯在这场战斗中并非主力而更多是联系人的身份，推论王朝分封柞伯的目的是维护交通线。刘又萌《兮甲盘的价值》（《文物天地》11期）释读了兮甲盘铭文，认为其内容表明周王朝很早就与淮夷有贸易往来，即使战争期间贸易也不间断。贸易的场所是有规定的，必须靠近军队的驻扎地，表明贸易活动是在军队的监管之下进行的，不是私下的自由贸易。

关于西周礼制、观念、科技、文学、书法等方面的研究也有许多论著。杨坤《霸伯盂铭文所见西周聘礼仪节的复原》（《青铜器与金文》1辑）利用霸伯盂铭文复原出宗庙行礼、宾馆还礼、饗宾于庙和郊外送宾等仪节，探讨了西周聘礼。鄢国盛《论䰟鼎的䇺与西周夷夏观念》（《青铜器与金文》1辑）认为周人称他族为“夷”并非政治对立的蔑称，也不称中原地区的商族为夷，周初只称居于东部地区的敌对族群为夷，后来其含义泛化，逐渐扩大到东土以外的其他族群。

科技与历法方面，李建西《𨜴季戈铭文试释及其冶金史意义》（《江汉考古》1期）探讨了河南省浚县辛村卫国墓地出土的西周𨜴季戈铭文，其内容记载了调配“白”“赤”两种金属原料以为𨜴季铸戈，是研究冶金史的重要资料。陈勇飞《西周金文历法断代与研究》（三秦出版社）主要内容包括：西周月相各说、西周特征月相的结构性分布、西周特征月相的定点、武王伐纣年的厘定等。夏含夷《如何利用西周铜器铭文所载“既生霸”和“既望”月相记载与满月前后日期的关系来推定铜器之间的关系》（《青铜器与金文》1辑）以“既生霸”和“既望”为研究基点，对两件逑鼎和五件王年较长的铭文分两组进行了研究，并就其具体年代和历法体系提出了看法。

文学与书法方面，董珊《毛公方鼎韵读》（《青铜器与金文》1辑）对毛公方鼎铭文进行了分析，认为铭文合韵，结构和用词也经过精心设计，最终可以解读为四句七言韵文。这是目前所见最早的七言韵文。于成龙《从康侯𣪘器铭谈西周成王时期的金文书法要素》（《中国国家博物馆馆刊》4期）分析了西周成王时期的金文章法，认为此时期金文有因袭自商末年从右至左、自上而下的行文特性，但在族氏徽号、字列方向等方面出现了新的变化，布局愈加规整，更注重匀称、协调，通篇文字气息更为连贯。成王时期金文多存在新派与旧派之别。

另外，风仪诚《西周早期中型墓葬中铜器铭文群综观——从宝鸡石鼓山出土铭文说起》（《青铜器与金文》1辑）对商周时期同一墓葬出土多种族氏铭文的情况进行了综合性研究，认为商代王都墓葬中铭文多为个人徽标，而周边地区墓葬铜器铭文则多为族氏徽标，西周因为有分器，情况较为复杂，用铭文确定墓葬主人要十分慎重。还提出了铭文考古学概念，认为应该对铭文进行总体性的研究。

3. 东周金文与历史研究

将东周金文与简帛材料进行对比研究是近年来的一大特色。石小力《东周金文与楚简合证》（上海古籍出版社）利用东周金文与楚系简帛加以比较，进行统合性的研究，尤其是金文与楚简中地名、官名等专有名称互相印证、利用楚简文字资料考订东周青铜器的国别和年代等研究尤其深入。

有学者对铜器铭文进行了释读。李俊成《鲍子鼎铭文补释及年代问题》（《华夏考古》

2 期）对鲍子鼎铭文中的相关字句进行补释，并依据器形、铭文，将鲍子鼎的年代定在春秋晚期或战国早期。刘玉斌《赵孟壶新探》（《文物春秋》1 期）对赵孟壶铭文进行考释，认为故器主为赵孟，铭文中的“介邗王”是指在黄池之会时赵孟为晋侯遇吴王之介，吴王赐赵孟以金，赵孟以邗王所赐之金做壶，用作祠器。付强《皇𣪘鼎铭文考释》（《西部考古》3 期）对皇𣪘鼎铭文进行了考释，认为“橐皋”这一地名亦见于包山楚简，为楚国封君，公子皇是春秋晚期橐皋君之子，同时讨论了鼎铭中“千岁之外我是以遣”的“遣”字，整句的意思是死后用此器陪葬。周波《安邑下官钟、荥阳上官皿铭文及其年代补说》（《复旦学报》3 期）对安邑下官钟、荥阳上官皿铭文进行释读，着重考释其中的“府”及“府吏”，认为三晋中央及地方皆设有“府”及“府吏”，“府啬夫”之“府”是指荥阳或荥阳上官的保藏机构，三晋之“府”不仅有铸器与保管的职责，也负责器物校量，铭文中的“十年”系指韩厘王十年。蔡梦珂、蔡运章《襄安文公铜鼎考略——为纪念苏秦逝世 2300 周年而作》（《洛阳考古》2 期）对战国襄安文公铜鼎铭文进行了考释，认为“襄安文公”与《战国策》里的“襄安君”为同一人，系曾被派到齐国为质的燕昭王之弟，“襄安君”是生前封号，“襄安文公”则是其死后的谥称。

有的学者利用铭文释读对相关制度、史事进行了研究。王恩田《十九年邦大夫戈与兵器入库试器验收制度》（《文物》4 期）认为十九年邦大夫戈系战国中期赵国兵器，提出战国兵器中原释“执剂”者应该理解为“收器”，意思为“收讫”，即验收完毕，战国时期兵器入库前有验收试器制度。马超、胡长春《蓬子受铜器铭文“亡作”试解及其年代推断——楚历建丑说新证》（《四川文物》2 期）认为蓬子受器铭文中的“亡作”当读为“荒落”，即“大荒落”的简称，是采用太岁纪年。蓬子受于朔日作器，又记录太岁位置，可能是为了核检历法，与“告朔礼”有关。推论蓬子受铜器制作于公元前 546 年，楚国历法是建丑。亓民帅《苏州博物馆藏吴王余昧剑铭文与余祭、余昧史事》（《青铜器与金文》1 辑）对吴王余昧剑铭文进行释读并对文献中关于余祭和余昧二位吴王的记载作了梳理，对相关史事进行考证，认为《史记·吴太伯世家》所载史事是可信的。孙合肥《二十九年弩机铭文补释》（《考古与文物》3 期）对一件战国弩机铭文进行了重新考释，认为原释文中的“刃𠃌”二字应合释为“则”字，假为“财”，是楚国向秦国交纳财物的记录。吴毅强《赵𥈭𫓧玺小考》（《江汉考古》1 期）对赵𥈭𫓧玺进行考释，认为𫓧不能读作“太后”，此玺也并非“赵太后”玺，而是三晋之氏赵名“𥈭𥈭”者的私玺。

另有，张惟捷《东周飤器组铜器研究——兼论周代铜器称名制度的变化》（《考古与文物》3 期）利用青铜器铭文分出饙、膳、飤三类，合称飤组铜器，认为这三类铜器在中原腹地及关中地区则较为罕见，主要分布于周朝疆域的东土与南土，并形成了各自的区域文化圈。其中饙类器起源于山东泗水流域，由山东半岛经洛阳直至畿内，反映了东土文化西传；将饮食统名为“膳”是周人传统，膳类器主要在齐、鲁等奉行周正统文化的国家使用；飤类器以汉水中下游为分布中心，尤其在楚国极为普遍，并随着楚文化的扩张而传播。东周时期铜器的功能开始出现分化，不同类型的铜器专属于特定的活动或场合，导致铜器数量激增。李零《东更道七器的再认识》（《中国国家博物馆馆刊》10 期）对 20 世纪 50 年代出土的于山东泰安东更道村的七件祭祀泰山器进行了研究，通过考察东更道七器的出土情况、地理环境、埋藏顺序、形制纹饰和铭文释读等，推断其中的六件铜缶为楚国遗留在鲁国的器物，后来为齐王建所获，由留在齐地的燕国工匠加刻铭文，最终和一件三足铁盘被用以祭祀泰山，埋在泰山脚下。

4. 秦汉金文与历史研究

秦汉金文研究也有少量成果发表。田小红《楼兰地区新发现的“斗量封”小考》(《草原文物》2 期）对发现于楼兰古城附近的汉代斗量封上的铭文进行了考释，认为此器铭文系标明符合官方认可的标准，并讨论了汉代度量衡的统一和在西域的推广情况。代丽鹃《“蜀郡西工”铜器渊源及相关问题》(《中国国家博物馆馆刊》9 期）以“蜀郡西工”铜器为研究对象，结合与之风格相近的鎏金银刻纹铜器，从铭文、器形、工艺、空间分布及其渊源等方面进行考察，认为它们并非皆是蜀产，其中部分来自江苏、湖南等地，展现了汉代大一统背景下手工业管理、区域传统共同作用下汉代铜器风格的形成。

三　其他

（一）文字理论研究

在利用中国古文字讨论文字起源与构形方面，陈光宇《由甲骨文推演汉字起源及世界远古文字溯源比较》(《甲骨文与殷商史》新 7 辑）利用符号加含义加发音的标准，对世界古文明的文字起源时间进行了推定，认为汉字起源的时间大约在公元前 2100 年左右。夏含夷《再论表意文字与象形信仰》(《甲骨文与殷商史》新 7 辑）认为中国文字并非像西方学者认为的那样完全是表音，而是保留了形旁表意功能，甚至表现出信仰因素。

（二）甲骨文、金文以外的古文字解读

除甲骨文、金文以外，其他古代符号系统也引起学者的关注。何驽《陶寺遗址ⅡM26 出土骨耜刻文试析》(《考古》2 期）对出土陶寺ⅡM26 骨耜上刻划的符号进行了考察，认为是最初的“辰”字，表明该骨器是农具，作为功礼器标示墓主农官的职位。严志斌、洪梅《巴蜀符号述论》(《考古》10 期）在广泛收集资料的基础上，对巴蜀文字的分布地域、使用族群、载体、种类、时代、符号组合方式、书写的方向性等进行了综合研究，提出了初步的研究见解。严志斌、洪梅《战国时期巴蜀文化水草纹符号试析》(《中国国家博物馆馆刊》27 期）对 27 件符号的器物进行分析，认为这一符号主要出现在兵器上，与兵器相关，符号的使用流行时间在战国时期。从地域来看，符号的使用是从川西的蜀人区开始的，尤以成都附近最为集中，战国中、晚期时向南、北、东扩展至巴蜀全境。此符号不代表族群的分化，而是概念表述的繁化与细化；此符号是同时被蜀人和巴人使用的跨族群符号，不是具有族属性质的符号；巴人对符号的使用是跨社会阶层的，说明符号不是社会等级的标示物。

有学者对相关研究进行了总结，牛清波《百年来刻画符号研究述评》(《华夏考古》4 期）综合考察了自 20 世纪初到最近学者对中国境内出土的种类刻画符号尤其是辛店文化、大汶口化、龙山文化、良渚文化、贾湖遗址、双墩遗址、丁公遗址等所出刻符的研究进行了综述，总结了其研究历程和所取得的成果。

四　2017 年度甲骨文、金文研究特点与问题

2017 年度研究成果极为丰硕，呈现出众多特点与问题，难以在总结中进行介绍，今结合本文的写作与阅读略作陈述：

1. 工具书编纂受到重视。一批字体汇编、资料类纂、字典类著作涌现。

2. 普及性论著增多，水平参差不齐。2017 年度出版了一大批与甲骨文、金文相关的读本、书法类作品，说明社会对古文字的关注和需求很大，但出版的作品水平参差不齐，学界应予以关注。因为本文以研究性论著为主，故未对相关成果予以介绍。

3. 利用甲骨文、金文的非专门性研究增多。随着学术的发展，越来越多的学者开始使用古文字进行学术研究，涉及和利用甲骨文、金文的学术论著增多，但又不是专门的古文字研究论著，古文字研究与普通研究的界线日益模糊。有大批不以甲骨文、金文为主要研究对象的学术性论著，本文也未予以介绍。

4. 网络发布的甲骨文、金文成果日益增多。网络具有发布快，传播广等优点，许多学者开始将研究成果通过网站发布，网络成为学术交流的重要方式。本文以正式出版物为主，对网络发布的成果未予以收录。

5. 理论探讨依然薄弱。在众多成果中，理论性著作依然少见，少量探讨论著也以国外学者为多，例如风仪诚提出金文考古学、陈光宇讨论汉字起源、夏含夷探讨表意字的信仰等，国内学者宜加强相关研究。

第二篇

考古文物新发现

2017 年度十大考古新发现

1. 新疆吉木乃通天洞遗址
2. 山东章丘焦家遗址
3. 陕西高陵杨官寨遗址
4. 宁夏彭阳姚河塬商周遗址
5. 河南新郑郑韩故城遗址
6. 陕西西安秦汉栎阳城遗址
7. 河南洛阳东汉帝陵考古调查与发掘
8. 江西鹰潭龙虎山大上清宫遗址
9. 吉林安图宝马城金代长白山神庙遗址
10. 四川彭山江口明末战场遗址

【新疆吉木乃通天洞遗址】

发掘时间：2016～2017 年

工作单位：新疆维吾尔自治区文物考古研究所、北京大学考古文博学院

通天洞遗址位于新疆阿勒泰地区吉木乃县托斯特乡萨吾尔山的一处洞穴中，因洞顶花岗岩风化塌陷形成一较大“天窗”而得名。遗址最初发现于 2014 年，2015 年调查后，初步判断可能是一处早到旧石器时代的重要遗址。2016～2017 年，新疆维吾尔自治区文物考古研究所与北京大学考古文博学院合作，对吉木乃通天洞遗址进行了考古发掘，分两个发掘区，发掘面积合计 65 平方米，发现了距今 45000 多年的旧石器中期向晚期过渡的文化层堆积，出土石器、铜器、铁器等各类编号标本和动物化石 2000 余件。

遗址地处北疆阿勒泰地区西南部、准噶尔盆地北缘、额尔齐斯河南岸、萨吾尔山北麓。遗址所在地域年降水量在 300 毫米以上，使得该区域不但是现存放牧的优良牧场，也是远古人类适宜生存繁衍的重要地区，遗址所在地是当地的景区，现在已经是国家地质公园。

遗址有三处大小不一的洞穴，正面看略呈“品”字形，左下洞穴最大，长 22.5 米，进深 16.6 米，高 5.8 米。因洞穴曾经作为牲畜棚圈使用，洞内地表牛羊粪便堆积很厚，并有较多灰烬。

2016 年初，相关单位向国家文物局提出了发掘申请并获得批准。为了探明该洞穴遗址的规模和性质，在洞穴内外各布置一个 5 米 ×5 米的探方，以便发掘、认识遗址的考古学文化序列和相关遗存。以此为基础，2017 年 6～9 月，新疆维吾尔自治区文物考古研究所和北京大学考古文博学院再次合作对通天洞遗址进行了第二次

发掘。除了继续对两探方进行发掘之外，还在通天洞外发掘1米×2米小型探沟一条、小型石板墓一座，但均未发现文化遗物。发掘过程中，详细记录各出土标本的类别、三维坐标、堆积地层、水平层及产状、风化磨蚀等方面的信息，对测年样本、浮选样本、土壤微型态样本以及DNA土壤样本等也做了专门的提取工作，文化层所有土样都进行了筛选。此外还邀请中国科学院遥感与数字地球研究所协助对遗址发掘区域及周边进行了电法物探和探地雷达勘探，对遗址及附近的地层堆积情况进行了初步推断。

两次的发掘表明，通天洞遗址是新疆境内发现的第一个旧石器时代洞穴遗址，旧石器文化层中出土的遗物包括编号标本2000余件，其中石制品约占2/3，动物骨骼化石约占1/3。此外还筛选出细小的动物化石及石制品标本万余件，筛选标本中以动物化石尤其是小型动物化石为主。动物骨骼破碎程度较高，有明显的切割、灼烧、敲击等痕迹，可鉴定种属包括食肉类、兔类、羊、驴、犀牛、棕熊以及鸟类等大量动物骨骼，为探讨这一时期人类对动物资源的利用方式和遗址环境变迁提供了宝贵的资料。

石制品种类十分丰富，包括勒瓦娄哇石核、盘状石核、勒瓦娄哇尖状器、各类刮削器与莫斯特尖状器等典型的勒瓦娄哇—莫斯特文化的石制品。总体显示出较明显的旧大陆西侧旧石器时代中期文化特征，在国内同时期遗址中十分独特，填补了中国缺少典型旧石器时代中期莫斯特文化类型的空白。遗址特殊的地理位置和出土的典型莫斯特文化遗存为进一步探讨更新世亚欧大陆东西两侧史前时期人群的迁徙、交流、扩散等问题提供了重要的线索。在探讨古人类适应方式、生计行为、石料来源、古环境研究、年代学等方面都具有巨大的研究潜力与学术价值。

旧石器时代文化层中还发现了原位埋藏的3个灰堆，这些灰堆边界规整清晰，大致呈圆形，直径50厘米~70厘米，并且有明显的叠压关系。这样保存完好的用火遗迹，在旧石器时代中期的遗址中是十分少见的，对于认识研究当时人们的生活及其相关行为有着不可替代的作用，如生活的季节性、流动性和对空间的充分利用等。经对动物化石^{14}C测定，旧石器时代的文化层堆积的年代约为距今4.5万年。浮选出的植物经过初步鉴定，主要是莎草科和藜属类。

通天洞遗址洞穴堆积较厚，发掘区最深处距地表约3米，首次发现了旧石器—铜石并用—青铜—早铁时代的连续地层剖面（“四叠层”）。遗址堆积序列清楚，遗存丰富，年代跨度大，对了解新疆地区4万多年以来古人类演化发展过程、确立区域文化发展的编年框架有非常重要意义。

遗址早期铁器时代、青铜时代堆积中，发现有陶片、石器、铜器、铁器等。其中陶片有口沿、器底、器身，器身陶片多数为素面。陶片口沿可以看出有敞口、敛口等种类，纹饰有刻划纹、压印纹、戳印纹，器耳有鋬耳，器底多为平底；铁器、铜器较少，石器有磨盘等。

这些发现与当地青铜时代切木尔切克文化、早期铁器时代的考古学文化之间存在直接的联系。

青铜时代文化层下堆积中发现了少部分细石器遗存，包括细石叶、细石核更新台面石片、修理核身石片等石制品。该类石制品的发现不仅丰富了通天洞遗址的文化内涵，更重要的是，这也是新疆地区第一次发现具有明确地层的细石器，对比俄罗斯考古学家在西伯利亚新发现的塔尔塔斯新石器时代遗址，这个层位可能属于新石器时代，这为发现新疆的新石器时代遗存开启了一个方向。

对遗址范围也有了更进一步的认识。

由于遗址所在为大陆性北温带寒冷气候，冬季西风盛行，现在发掘的洞穴洞口朝西，在旧石器时代，适合夏季居住生活，冬季营地则在洞穴对面背风的岩壁下，结合物探判断，那里也可能有深埋地下的洞穴，堆积很厚。岩壁的背后，有一处相对封闭的天然“四合院”，也是适合居住生活的，在这里采集到早期陶片和石英石。

经浮选所得到的植物种子中，有五颗麦粒，其中小麦麦粒、大麦麦粒特征明显，^{14}C 测定年代结果显示，有 4 粒在四千多年到五千年前，是目前国内发现的最早的小麦，这里有可能是一条小麦最北面的早期传播通道。

发掘工作间隙，还对周边进行了调查，发现洞穴 22 处，其中有 2 处可能存在古人类活动的遗迹。通天洞遗址西南约 15 千米的地方，发现了一处具有明显文化层位的遗址；对通天洞遗址周边石材的调查中，发现吉木乃县城东戈壁里有较多的石英岩和燧石；吉木乃县东面的富蕴县还发现了一处旧石器的旷野遗址。这些工作为了解通天洞莫斯特文化主人的活动范围与石料来源等课题提供了证据。

通天洞遗址所在的位置比较特殊。它处于阿尔泰山与塔尔巴哈台山之间相对平坦的山谷南缘，这里是一条相对平坦的交通要道，在这条通道上，有面积 1800 多平方千米的淡水湖——斋桑泊。正是特殊的地理位置背景，让通天洞的发现成为必然，而这一发现也为探讨晚更新世亚欧大陆史前人群的迁徙、交流、扩散等提供了重要线索。

通天洞遗址的考古研究有助于丰富我们对中国北方边疆地区晚更新世至全新世古人类行为及其生存模式的认识。对于以上这些问题的探讨和解决，通天洞遗址可以说是一把关键的钥匙。它的发现，具有划时代的学术意义。

阿尔泰山与塔尔巴哈台山之间相对平坦的山谷从旧石器时代开始，一直就是重要的文化传播与交流通道，这种特点在青铜时代、早期铁器时代的遗存中依旧表现突出，成为阿勒泰地区史前考古一以贯之的基调。

（于建军　何嘉宁）

【山东章丘焦家遗址】

发掘时间：2016～2017 年

工作单位：山东大学考古与博物馆学系

焦家遗址位于济南市章丘区西北 20 千米处的泰沂山系北侧的山前平原地带，遗址以西 500 米处有巨野河自东南向西北流过，向南距离城子崖遗址约 5 千米。遗址分布于焦家、苏官、董家和河阳店等村庄之间，中部位置略隆起。通过对遗址周围进行的勘查，发现在遗址外围还零星分布一些古代墓葬或很薄的文化层，遗址总面积超过 100 万平方米。焦家遗址延续时间较长，主要为大汶口文化中晚期阶段，下限为汉代。

2016～2017 年春夏，为了探索该聚落的内涵、布局和结构等问题，山东大学考古与博物馆学系两次发掘该遗址，分别在南区和北区进行了开放式的布方发掘，合计发掘面积约 2117 平方米。其中 2017 年发掘 1017 平方米，发现较为丰富的大汶口文化遗存，如 1 圈夯土墙和壕沟、81 座墓葬、55 座房址和 1 座陶窑等。两个年度共发现大汶口文化 215 墓葬座、房址 116 座，在发现的 974 个灰坑中，绝大多数属于大汶口文化，此外还包括少量龙山文化、岳石文化和汉代灰坑。

通过两个年度的发掘，对发掘区域内的聚落布局和聚落变迁有了较为清楚的认识。在不同的发展阶段，其聚落功能表现出明显不同，从早到晚经历了“早期居住址—墓区—晚期居住址”三个大的发展阶段。

早期居住址：多见分布较有规律的半

地穴式房屋。房屋面积在 5 平方米 ~15 平方米之间，形状有椭圆形、圆形、圆角方形等，门道方向不固定，房屋有分群分组的现象。功能有储存和居住之分。房址附近没有墓葬存在，推测这一时期的居住区和埋葬区是分开的。

墓区：共发掘 81 座大汶口文化墓葬，这批墓葬表现出鲜明的地域和时代特色。它们成排成列分布的特点明显。从随葬品形制推断，这批墓葬延续时间较长，约为大汶口文化的中期晚段到晚期阶段。全部为土坑竖穴墓，葬式多为单人仰身直肢，少数为俯身直肢、侧身直肢和侧身屈肢等。从葬具角度看，发现 20 多座重椁一棺和一椁一棺的大型墓葬。该墓区超过 60% 的葬具使用率，这在全国同时期的其他墓地中是极为少见的。从墓葬体量、葬具、随葬品等情况来看，已经表现出明显的社会分化。

大型墓葬除了棺椁俱全以外，面积在 6 平方米 ~11.66 平方米，随葬品数量最多的可达 70 件，常见玉钺、玉镯、骨雕筒、陶高柄杯、白陶鬶、白陶背壶、白陶杯和彩陶等。在南区大墓附近还发现了集中分布的 20 多座祭祀坑，应与大型墓葬有密切关系。坑内或是堆满打碎的陶器，或是埋葬整狗、猪、鹰等，值得关注。中型墓葬数量较多，葬具为一棺，在墓主头端和脚端位置放置陶鼎、陶罐、陶杯等，随身佩戴小件的玉石、蚌类装饰品。小型墓葬规模较小，多无葬具，无随葬品或仅见少量陶器、骨器和蚌器等。从大汶口文化中期到晚期，墓葬分化表现出不断加剧的趋势。约 40% 左右的墓葬随葬数量不等的玉器。玉器可分为礼器和装饰品两大类。礼器多见玉钺，装饰品则多见玉镯、指环、玉环、串饰和耳坠等。应是黄河流域一处极为重要的用玉中心。此外，还有双人合葬、拔牙、手握獐牙和随葬龟甲器、贝类、彩陶、彩绘陶及白陶等现象，极大丰富了对大汶口文化葬制和葬俗的认识。

晚期居住址：这一时期房屋在空间分布上较有规律，成列或成群分布的特征明显，也表现出较为清楚的阶段性特征，可分为早中晚三段：早段的房屋都为单间，结构为基槽式的地面建筑，门向略偏西北向；中段为基槽式的东西向两间或三间的地面式排房；晚段为柱坑套柱洞式的地面建筑，多是东西向两间或三间的排房。

在发掘区南区的中南部位置，发现了夯土城墙迹象，墙体外侧为壕沟。2017 年布设了南北长约 50 米的探沟，对夯土墙和壕沟进行了解剖。墙体现存宽度约 10 米 ~15 米，已出现版筑技术。墙体有增筑现象。壕沟宽度 25 米 ~30 米。为了解壕沟的走向和结构，对其进行了重点勘探。勘探结果显示，壕沟平面形状近椭圆形，外围东西长 425 米 ~435 米，南北宽 250 米 ~360 米，总面积约 12.25 万平方米。壕沟东北角有近 80 米宽的缺口，在缺口以北约 80 米处，有东西直向的长约 300 米的壕沟存在。

从发掘的地层关系来看，一些时代为大汶口文化晚期的大型墓葬直接打破夯土墙。因此，夯土墙的年代不会晚于大汶口晚期。种种迹象表明，焦家遗址应是目前发现的海岱地区年代最早的城址。在地理位置上，焦家遗址距离著名的龙山文化和岳石文化城址——城子崖遗址只有 5 千米。夯土城墙、环绕城墙的壕沟、一大批高等级墓葬和祭祀坑等，加之大批量的高端产品——玉器、白陶和彩陶的发现，昭示着在大汶口文化中晚期阶段，焦家遗址已成为鲁北古济水流域具有政治、经济和文化中心意义的都邑性聚落。它的系统解读，对完整认识大汶口文化的文化内涵、区域联系和社会性质具有重要意义。

焦家遗址的考古发掘秉承聚落考古和多学科合作的思路，为深入探讨聚落变迁和聚落功能分区等问题，进行了开放式的布方发掘。通过筛选和水洗浮选等方法，收集了大量自然遗物或土壤样品，开展环境、地貌、土壤、水文等专题调研，为全面考察聚落与社会、生态环境、生业结构等奠定坚实基础。长期、系统地开展焦家遗址的聚落考古和多学科的综合研究，对于探讨当时的聚落结构和人地关系、中国东部地区的文明起源和形成等具有重要意义。

（王 芬 唐仲明 宋艳波）

【陕西高陵杨官寨遗址】

发掘时间：2017 年

工作单位：陕西省考古研究院

高陵杨官寨遗址地处泾渭交汇处西北约 4 千米的泾河北岸一级阶地上，是关中地区仰韶文化中晚期的一处特大型中心聚落遗址。

2015～2017 年，陕西省考古研究院在杨官寨遗址聚落环壕外东北部开展考古发掘工作时，发现一处与聚落环壕同时期的大型墓地，取得重要收获。

墓地位于遗址环壕聚落东部，总面积近 9 万平方米，墓地内墓葬分布十分密集，初步估计墓葬总数超 2000 座，规模空前。目前已揭露面积约 4000 平方米，共确认庙底沟文化时期墓葬 336 座，并对其中 165 座墓葬进行了清理。

此次发掘的墓葬规格相近，都是小型墓，平面呈长方形，东西向。墓葬结构以偏洞室墓为主，兼有少量竖穴土坑墓、半洞室墓。

根据发掘情况推测，墓葬在营建过程中经过十分周密的整体规划，不仅墓向基本一致，皆为东西向，而且墓葬之间无一例叠压打破关系。在部分墓葬开口平面的东端或西端发现有圆形的疑似柱洞遗迹，推测有可能为“幡”类墓上建筑遗存，是研究当时墓地整体规划的重要材料。未见葬具，个别墓葬中人骨周围发现有疑似织物包裹的痕迹。

墓葬均为单人一次葬，墓主骨骼保存较为完整，保存状况一般。葬式均为仰身直肢，头朝西，面向上，左右臂贴近躯干骨，足部大多并拢。个别墓葬的发掘过程中，发现有手指骨移位的现象，有些摆放在头骨附近，有些被发现与墓葬填土内，疑似割体葬仪或非正常死亡现象。经初步鉴定，墓地居民在人种类型上与亚洲蒙古人种的东亚类型关系较近，初步鉴定个体死亡年龄集中在中壮年期，有少量婴幼儿个体，不见老年期个体，男女性别比例约 0.63∶1。

墓葬随葬品较少，仅在极个别墓葬中出土有彩陶盆、彩陶壶、夹砂罐、陶钵、陶杯、石璧、骨珠等。有些随葬品破损十分严重，被发现于墓室或墓道的填土内，可能是当时流行以残陶器随葬的葬俗。部分人骨佩戴有骨簪、石环或陶环等装饰品，个别墓葬中还出土有颜料和龟甲。

鉴于此次重大考古发现，陕西省考古研究院还联合国内外相关科研院所，对墓地开展了体质人类学、DNA（全基因组水平）、病理学、同位素、牙结石、腹部寄生虫、^{14}C 测年等方面的多学科、全方位、深层次合作研究，全面提取相关信息，深入了解墓地内人群组成及血缘关系、食物结构及其排列形成过程等相关情况。

根据出土随葬品、^{14}C 等相关材料，我们推断该批墓葬应属庙底沟文化，属国内首次确认的庙底沟文化大型成人墓地，为从宏观上认识杨官寨遗址的聚落布局提供了依据，也为杨官寨遗址保护规划及遗址公园设计方案提供可靠的现实依据。更为庙底沟文化聚落形态、埋葬习俗、人种学、人群血缘关系、社会组织状况等重大课题研究提供了依据。同时，此次发现的偏洞式墓葬当属目前所知最早的同类遗存，将该类墓葬的出现年代提前了 500 多年，为该类墓葬的起源与传播，以及关中地区与中国西部地区，乃至西方的文化交流与影响提供了珍贵的考古材料。

（杨利平）

【宁夏彭阳姚河塬商周遗址】

发掘时间：2017 年

工作单位：宁夏回族自治区文物考古研究所

一　遗址位置和工作缘起

姚河塬遗址位于彭阳县新集乡，泾水上游红河流域。六盘山东侧，地处六盘山黄土丘陵区的河谷地带。李儿河、小河，两条河流交汇的三角区域。

姚河塬遗址东面、南面、北面均为黄土陡崖。遗址面积 62 万平方米，时代从商代晚期延续到西周中期偏晚。

此次工作，是陕、晋、蒙、甘、宁五省区，以及北京大学、西北大学两校，共 7 家单位联合开展的“河套地区聚落与社会研究”这一大型科研项目的子课题。根据课题要求，自 2017 年 6 月开始，宁夏回族自治区文物考古研究所对姚河塬遗址，进行了大规模的田野考古工作。

二　取得的重要收获

本年度姚河塬商周遗址考古工作重要收获有以下五项：

第一，发现一座西周文化早期城址，大致厘清了城内布局。

在遗址区西侧发现一段夯土墙，已探明部分长 257 米，宽 4 米左右。其性质应为城墙。紧邻夯土墙外侧，发现有壕沟，残存部分呈曲尺形，应为护城河。

经钻探和调查可知，遗址东北部为墓葬区。墓葬区南边为铸铜作坊区和制陶作坊区。在遗址东南部，发现了大型夯土建筑台基，该区域可能为大型夯土建筑区。

此次共发现三条道路，分别位于遗址东北部和西南部。西南部两条道路中的一条，已知长度约 120 米。水网系统位于遗址中部，包括蓄水池和多条水渠。蓄水池长 42 米，其东、西两侧的水渠分别长 20 多米。在蓄水池东侧发现一条引水渠，长 200 多米，其西侧发现一条水渠长约 95 米。

除周原遗址外，以往在西周文化聚落中，基本不见如此规模的水网系统。姚河塬遗址道路网和水网系统的发现，将有助于该遗址聚落结构的深入研究。

第二，发现并发掘了诸侯级带墓道大墓。

墓葬可分为大、中、小型三类。大墓包括 2 座带墓道的“甲”字形大墓。斜坡墓道中有殉人。墓道、墓室的填土中有殉牲，或是完整的牛，或是牛、马、羊等。墓室二层台上放置拆卸的车辆。

姚河塬“甲”字形大墓，与中原地区同时代的大墓规模相若，等级应相同，墓主应是西周诸侯级别。这是在西北地区，首次发现的西周诸侯国国君级别的带墓道大墓。

已发掘大墓的形制奇特，在墓道两侧及墓室西侧上口部，发现一条通道，与大墓侧旁的中型墓葬相连。此次在钻探时已发现了这一现象，发掘过程中留设特定剖面，反复辨认，最终确认，大墓与两侧中型墓，的确由一条通道相连。这是以往在西周文化墓葬中从未发现过的独特葬俗。

第三，发现并发掘了一处铸铜作坊。

经钻探和发掘，发现有水池、储泥池、烘范窑、道路、灰坑等遗迹。发掘的灰坑中出土大量陶范。陶范可分为容器范、车马器范、工具范。另有与铸铜有关的遗物，主要有炼渣、炉壁、范泥、鼓风嘴（管）、铸铜工具等。从发掘结果可以肯定，这是一处西周文化的铸铜作坊。以往发掘的西周文化的铸铜作坊较少，主要集中在周原、洛阳成周等王畿之地，总计不超过 5 处，其他地区虽见陶范，但没有发掘到铸铜作坊。姚河塬遗址铸铜作坊，是目前所知西周早期位置最西北的一处。该作坊的发掘，必将有助于西周铸铜技术体系及铸铜业的深入研究，更是目前西周铸铜业中心与边缘对比研究中，不可或缺的难得资料。

第四，发现西周甲骨文。

在1块卜骨和1块卜甲上，共发现了西周甲骨文56字。

刻辞卜骨，出土于“甲”字形大墓斜坡墓道填土中，是牛的肩胛骨，背面有钻、灼。正有兆枝。卜骨正面左侧部分有两行刻辞，总计35字，分属两条完整卜辞。大意是有2个人追赶30个人到夜、宕、只等地。该卜骨背面左侧有1个墨书文字，墨书文字的底部有涂朱现象。

刻辞卜甲，出土于甲字形大墓与中型墓相连的通道填土中。是龟腹甲左下甲尾部分，背面有方形钻和长方形凿，正面有“丁”形兆枝。在兆枝下部有竖向刻辞4行，总计约20字，部分字残损。可辨字形有“王”“至”“月”等单字。特别指出的是，这些刻辞均系微雕，在1.7厘米×1.2厘米范围内，也就是一般人小指甲盖大小范围内，刻辞20多字。

姚河塬西周甲骨文发现的意义有以下几点：1. 姚河塬遗址是继周原凤雏遗址之后，全国第二处微雕甲骨文发现地。2. 姚河塬遗址是目前西北地区唯一发现西周甲骨文之地。3. 目前所知，姚河塬出土的甲骨上的完整刻辞35字是继周公庙单片刻辞37字之后所发现的第二长刻辞甲骨。卜骨、卜甲两块加起来大约55字以上，并且出现了多个原来不曾出土过的单字，增加了西周甲骨文的单字数量。

另外，墨书、涂朱的特征有殷墟甲骨文的遗风。

第五，通过上述城墙、城壕的调查和解剖，高等级墓葬的发掘，手工业作坊区的发掘，甲骨文的发现，我们可以确认姚河塬遗址是一处西周早期封国都邑城址。

目前全国已公布的西周文化城址确定和存疑的加起来总计不超过10座，分布在陕西、北京、河南等地，除周原（西周中期）、水沟（先周）、官庄（西周晚期）外，其他城址目前所知面积也较小（3～5万平方米）。所以说，姚河塬城址是西北地区已发现的唯一一座西周文化封国都邑城址。在全国现已发掘的西周遗址中，城墙、诸侯级别的大墓、铸铜作坊、甲骨文、夯土基址五要素俱全的诸侯国遗址，只有宁夏彭阳姚河塬遗址这一个地点。

三　多种文化因素

先周文化因素主要有高领袋足鬲、罐、盆等，说明西周王朝在此封邦建国是有一定基础的。

本地的文化因素主要是直口的鬲、罐等器物。可能与北方的少数族群文化圈有关系。

商文化因素，主要是商式簋、盆等。

周文化因素在姚河塬遗址始终占主体，时间延续到西周中期偏晚。

寺洼文化在陕甘交界都有分布，但在宁夏一直未发现踪迹，姚河塬遗址的发现确认了寺洼文化波及宁南地区，突破了传统的认识。

原始瓷器，有瓿、罐、豆等器类，或是长途贸易的结果。

上述文化因素，反映了商周之际宁夏南部地区出现过复杂的人群转换及文化变迁，成为研究陇山地区与相关区域考古学文化广泛的交流和联系的重要线索。遗址发现的费昂斯珠、玛瑙珠、玉器、瓷器等可能通过赏赐、贸易、交换等方式传播到该区域，印证了该区域是古代丝绸之路交流的通道，这种远早于丝绸的贸易品在欧亚大陆的广泛传播为带动欧亚贸易交流作出了贡献。

综上所述，姚河塬遗址发现了最西北的西周早期封国都邑城址、最西北的西周早期诸侯级墓葬、最西北的铸铜作坊遗址、最特殊的葬制葬俗。它也是最西北的甲骨文发现地及最西北的原始瓷器出土地。

周灭商之后，大举封建诸侯在今陕西以东。至于西北地区，则没有分封诸侯国，至少历史文献中找不到这样的记载。姚河塬西周城址的发现弥补了文献的缺失。

传统认为周人的疆域范围的西北界就是在陕甘交界的灵台、崇信，姚河塬城址的发现刷新了学术界对周人西北部疆域的认知。姚河塬遗址的发现说明周王朝早期对西北边疆的管控是很重视的，周王朝的西北边疆得到了重新的界定，到了六盘山脚下。这些此前从未知悉的历史之谜，因为姚河塬的发掘而得以初步认识，对了解西周国家的政治格局、周王朝与西北边陲地区的关系提供了珍贵的新资料。

（马　强）

【河南新郑郑韩故城遗址】

发掘时间：2016～2017 年

工作单位：河南省文物考古研究院

郑韩故城作为国务院公布的首批全国重点文物保护单位，素有“露天博物馆”之称，它位于新郑市市区及其周围一带——双洎河（古洧水）与黄水河（古溱水）交汇处。故城内有一条南北走向的隔城墙，将故城分为东西两城：西城为宫城，是当时的政治中心，宫殿区和大多贵族府第都在西城集中分布；东城为郭城，是当时的经济中心，分布着郑国贵族墓葬区、手工业作坊区、居住区、宗教礼仪性祭祀区等。自西周末年桓公封于郑，至韩灭郑以后的一段时间里，新郑先后作为郑国和韩国后期政治、经济、文化中心，长达 539 年之久。

2016～2017 年，河南省文物考古研究院在报请国家文物局批准后，对郑韩故城北城门遗址和郑国三号车马坑进行了主动发掘。它们均位于故城的东城，且在隔城墙东侧的文化路上一北一南分布，北城门遗址体现春秋战国时期这个大时代的社会面貌，郑国三号车马坑则是当时周礼制度体系下的集结。二者一大一小，遥相辉映。

北城门遗址位于文化路北端，在隔城墙与北城墙交汇处，共布 10 米 ×10 米探方 68 个，大约就可以发掘面积 7000 余平方米。发掘期间共清理出春秋战国至明清时期带车辙的道路 16 条，城壕 1 条，水渠 1 条，瓮城城墙 1 处，城门 2 处，灰坑、水井、墓葬等共计 45 座（个），还有排水管道、活动硬面、踩踏面、瓦砾层等重要遗迹。

郑韩故城北城门遗址，是历史上对郑韩故城城门进行的第一次科学发掘，探明了故城春秋时期北城门的结构为一陆门一水门，印证了史书上对郑国“渠门”的记载，起到证史、校史作用。同时，此次发现了战国时期的瓮城城墙，平面形状为曲尺形，残长 78 米，宽 32 米，残高 7 米。城墙上还发现了当时的建筑遗迹，体现了筑城者加强城门防守的理念和功能。如此综合的军事防御体系，在东周时期中原地区的王城遗址中也是首次发现。科学的选址、完整的都城形制和宏大的规模气势，展现了郑韩故城在中国都城城市文明形成过程中的突出地位与作用。

在文化路的南端就是郑国三号车马坑，这是继郑公大墓时隔 16 年后的又一力作。该坑为春秋晚期郑公一号大墓的陪葬坑，呈南北向近长方形竖穴土坑状，口大底小。坑口南北最长 11.7 米，东西最宽 10.6 米，深 5.9 米。上层厚约 3 米的填土为夯土，下层为多层从四周向中间倾斜的淤土层，淤土层富含陶片、炭粒、兽骨和少量红烧土块。坑底清出至少 124 匹平铺的马骨，马骨几乎全呈头向西足向南的侧躺式摆放，东西向 5 列，南部坑边和东南角马骨叠压 2 层到 3 层。在南半部的马骨上残存有 4 辆拆车葬式的木车和 5 个卸掉的车轮痕迹，其中 1 号车为饰有青铜和骨器构件彩席顶棚、舆长约 2.2 米的大型安车，2 号和 3 号车为舆宽 1 米左右的小型行车，另 1 辆车损毁严重。

郑公大墓陪葬各种车辆48辆以上，马124匹以上，出土的车辆和马匹之多，在我国东周考古发现中实属罕见，为研究周代车马葬制、葬俗、马匹特征等内容提供了重要材料，也为北城门遗址清理的带车辙的道路遗迹提供了有力的佐证。二者相互结合，为描绘“车辚辚，马萧萧”的春秋战国的人文生活添上浓墨重彩的一笔。

郑韩故城采取边发掘边保护，边展示边研究的原则，将漫长岁月中深埋地下的郑韩荣耀一一揭露。北城门遗址和郑国三号车马坑的发现犹如一北一南两颗明珠，镶嵌于这部鲜活流动的春秋战国史中。不仅为我们研究不同时期故城的结构布局、墓葬制度、防御体系等提供了宝贵的资料，而且也为科学制定郑韩故城国家考古遗址公园的展示与利用规划奠定了坚实基础。

（樊温泉　马俊才）

【陕西西安秦汉栎阳城遗址】

发掘时间：2017年

工作单位：中国社会科学院考古研究所、西安市文物保护考古研究院

据文献记载，栎阳城是秦献公秦孝公时期、秦楚之际塞王司马欣时期，以及汉初刘邦的都城所在。栎阳城遗址位于今陕西省西安市阎良区，2001年被国务院公布为第五批全国重点文物保护单位。

1964年陕西省文物管理委员对栎阳城开展过考古调查与勘探。1980～1981年，中国社会科学院考古研究所栎阳发掘队先后确定了栎阳城遗址南墙、西墙，在城中发现大量建筑遗迹及多条道路，但因当时地下水位甚高而未发现北墙、东墙。2013年，为进一步确定栎阳城遗址保护范围为保护规划提供资料，由中国社会科学院考古研究所与西安市文物保护考古研究院联合组成的阿房宫与上林苑考古队重启栎阳考古。

五年来，在精确测量和考古地理信息系统的支撑下，通过大范围勘探和小规模试掘的方法，复探了“一号古城”，经勘探、试掘确定了“二号古城”“三号古城”，并在三号古城内发掘确定了多座大型宫殿建筑遗址，同时开展了白渠、郑国渠的勘探试掘，确定了二者的走向与位置。

一　一号、二号古城

2013年考古队复探了1980～1981年考古勘探的南墙、西墙，并在局部地段发现了城址北墙，编号为“一号古城”。勘探确定城址南北2430米，东墙暂未发现，据现有考古资料，城址东西至少1900米。考古发掘资料显示，一号古城为秦汉时期。

在寻找一号古城东墙过程中，在一号古城中部发现东西向墙基，其向东延伸至石川河边北折后被石川河冲断，东西长约3100米。西端向北折后延伸至石川河岸，南北长约3800米，编号为“二号古城”。2013年对二号古城西墙、南墙进行解剖发掘，在西墙墙基中出土五铢铜钱，据此判断二号古城的上限不早于武帝元狩五年（前118）。在南墙解剖发掘中，发现城南环城路被新莽墓葬破坏，表明城址大体的废弃时间不晚于汉末新莽时期。

二　三号古城

在勘探二号古城西墙过程中，在二号古城西墙向西约1500米发现较大面积夯土建筑遗存，编号为“三号古城”。2017年勘探发现前后两期北墙、西墙，前期北墙已探出东西长440米，西墙南北长180米，后期北墙已探出东西长105米，西墙南北长200米。目前，南墙、东墙尚未钻探。

三号古城北墙以南、西墙以东勘探发现由南向北编号为一号至四号建筑的四个大型夯土建筑台基。在一号建筑南发现边长100米见方的大型院落，其南发现大面积的红烧土和瓦砾分布，通过2016年与

2017年发掘，确定该区域为手工业生产区。为确定勘探发现的三号古城中建筑遗存的时代、形制与性质，从2014年春开始，考古队对相关建筑遗存进行小面积发掘。发掘确定，一号建筑南北宽22.3米，二号建筑南北宽11米、残高0.5米～0.8米，台基外立面局部保留白灰墙皮。在三号建筑夯土台基内清理出半地下建筑。在四号建筑中发现浴室、壁炉遗迹，在五号建筑发现浴室及与浴室地漏相连的管道、渗井等排水设施。这是在中国考古史上发现的最早的最完备的王室最高等级的洗浴设施。在四号建筑北侧清理出两两成对的四个大灶，这也应是中国考古史上首次发现的王室级御膳房建筑设施。

三　时代与性质

在三号古城发掘中，出土大量内面饰麻点外面饰细绳纹、中粗绳纹的筒瓦、弧形板瓦，出土槽型板瓦和素面瓦当、动物纹瓦当、云纹瓦当等建筑材料。出土的长73厘米、直径63厘米的巨型筒瓦，是迄今为止中国考古发现的最大筒瓦，同时发现多个与辽宁碣石宫遗址B型大瓦当纹饰相近的瓦当残片。从出土建筑材料看，三号古城应上承雍城，下接秦咸阳，延续到西汉前期。从三号古城试掘清理的半地下室建筑、空心砖踏步、巨型筒瓦、瓦当、浴室、壁炉等遗迹遗物看，相关建筑遗存当为秦高等级宫殿建筑。据文献记载及出土遗物，三号古城上限不早于战国中期，与文献所载秦献公、孝公建都栎阳时间吻合，为战国秦都栎阳。从城址延续到西汉前期判断，其亦当为塞王司马欣之都，为汉初刘邦所都栎阳。从栎阳考古发现看，不仅三号古城发现的半地下建筑、浴室、壁炉等设施，空心砖踏步、巨型筒瓦、瓦当等遗物是目前为止在秦考古发掘中的最早发现，而且相当多的秦汉建筑制度也均应始于栎阳城。

【河南洛阳东汉帝陵考古调查与发掘】

发掘时间：2017年1～12月

工作单位：洛阳市文物考古研究院

东汉王朝共有12座帝陵，除献帝禅陵位于焦作修武县境内，其余11座帝陵均位于洛阳境内。东汉陵区分为邙山和洛南两个陵区。北陵区位于今洛阳市孟津县境内，南陵区位于今洛阳市伊滨区、偃师市境内。洛阳市文物考古研究院结合“邙山陵墓群考古调查与勘测”项目，从2005年开始对东汉帝陵及其陵园遗址进行了大规模的调查勘探，并对帝陵陵园遗址进行了考古发掘。其对朱仓M722、白草坡村M1030东汉帝陵陵园遗址进行了考古发掘，累计勘探面积360余万平方米，发掘面积共计约2万平方米，取得了重要收获。

一　考古勘探工作

已经进行考古勘探工作的帝陵共7座，分别是：大汉冢、二汉冢、三汉冢、刘家井大冢、朱仓M722、朱仓M707、庞村镇白草坡村东汉帝陵。在帝陵封土周边发现了大面积的陵园建筑基址。建筑基址规模宏大，集中分布在封土东侧或东北侧，陵寝建筑大体可以分为5个相对独立的建筑单元。通过考古勘探工作，对东汉帝陵陵园的总体布局有了较为清晰的认识。

二　陵园遗址的发掘工作

（一）朱仓M722东汉陵园遗址

遗址位于洛阳市孟津县朱仓村西部，地处邙山陵区内。陵园总体有两部分组成，暂称之为“内陵园”和“外陵园”。内陵园平面为南北向长方形，南北长420米，四周有夯土基槽环绕。内陵园主要包括封土、地宫，以及东侧的1号台基建筑单元，在封土南侧还发现有部分建筑。墓冢位于内陵园的中部，原始封土呈圆形，直径约136米。墓葬平面呈“甲”字形，墓道长50米，宽8.8米～10.4米，墓室东西长28.8米，南北宽25米。外陵园位于内陵园东侧偏北，主要包括2号、3号台基建筑单元，和1号、2号院落建筑单元。

主要遗迹有以下几处：

1号台基建筑单元：建筑单元整体布局略呈方形，南部为夯土台基，台基北侧外围一周为廊道，中间区域为天井。建筑单元东西隔墙间距60.9米，北隔墙至台基南缘散水约59.9米。夯土台基平面呈长方形，东西长48米，南北宽31.7米。台基南缘东、西对称分布有两处通道，西侧漫道、东侧阶道。

2号台基建筑单元：建筑单元整体布局呈长方形，中心为夯土台基，外围一周为廊道，中间区域为天井。建筑单元东西隔墙间距65.2米，南北隔墙复原约57.6米。夯土台基平面呈长方形，东西长41米，南北宽23.4米。台基中心东北角残留3个大型柱础坑。台基东、西两侧正中为主门道，分3级阶道，近台基向南北设有空心砖踏步可通至台基上，门道中部有东西向隔墙分为南北两部分。台基北缘偏东设漫道，斜坡状，宽3.7米。台基南缘推测对称分布有东、西两处通道。外围设廊道铺设素面方砖，外沿有卵石散水。

3号台基建筑单元：建筑单元整体布局呈长方形，北侧为夯土台基，南侧为天井，环以廊道。建筑单元东西隔墙间距56米，南北隔墙复原间距约48米。夯土台基与2号台基北半部相对分布，其北隔墙与2号台基北散水外沿水平，平面长方形，台基东西长约56米，南北宽11.4米，东、西、北三面有夯土隔墙。北墙柱础石间距4.1米。台基南侧外沿有廊道。南侧天井铺设条形大砖，中间有南北向隔墙，分东西两部分。

1号院落单元：平面南北呈长方形，东、西两排房屋对称分布，中间为天井。发掘长32米，宽21.1米。院落封闭式，南部有1东西向门道与2号台基建筑群西侧廊道相通。房间一般面阔4.1米，进深5米。

2号院落单元：位于3号台基北侧、紧邻1号院落东侧。保存较差，为一处小型的院落，平面呈“回”字形，一周为廊房，中间为天井。东西长约35米，宽16米。院落西侧有南北向门址，向南与环绕3号台基北侧外沿的廊道相通，门为双扇，总宽4.4米。

出土遗物主要有绳纹筒、板瓦，卷云纹瓦当，空心砖、方砖、条形砖等建筑材料，其中筒瓦、板瓦有戳印“南甄官瓦”；日用陶器有盆、罐、碗等，以及各种铁质兵器，如戟、蒺藜、镞等。

（二）白草坡村东汉陵园遗址发掘

白草坡村东汉帝陵属洛南陵区，墓冢编号M1030，位于伊滨区庞村镇白草坡村，墓冢封土已被夷平，原始封土直径约125米，墓道宽10米。

截至2017年，白草坡村东汉陵园勘探工作尚未完成，发掘面积1300平方米。在封土东侧和北侧发现有环绕内陵园的道路。在封土东侧发现一处大型夯土台基，平面近方形，边长约80米。在封土东北侧，发现两组建筑基址群，周围有夯土垣墙环绕，垣墙内侧有排水渠。另外，在封土北侧，发现排列规律的灶共计50余个，初步推测与建造陵园有关。目前的发掘工作主要针对封土北侧的夯土建筑、道路和灶坑等遗迹，内陵园北侧道路宽约10.6米。在道路南侧，封土正北方向发现一组东西对称的夯土台基，东西长8米，南北宽度4.5米。两座夯土台基之间的间距为20米，有可能是内陵园的阙台遗迹。

三　发现意义

通过十余年来的考古工作，我们对东汉帝陵有了较为清晰的认识，明确了东汉帝陵存在南、北两个陵区，以及东汉帝陵墓冢的基本特征，对东汉帝陵陵园的布局有了较为清晰的认识，为今后研究东汉时期陵寝制度的内涵与演变，并进一步探讨各陵陵主归属等问题，都提供了重要的参考资料，为今后洛阳东汉帝陵的保护工作提供了重要支撑。

（王咸秋）

【江西鹰潭龙虎山大上清宫遗址】

发掘时间：2017 年 8 月 ~2017 年 12 月

工作单位：江西省文物考古研究院

大上清宫遗址位于鹰潭市龙虎山上清镇东陲。其历史沿革，最早可追溯至东汉时期，今址始建于北宋，历代均有修建，于民国初年毁于火灾。新中国成立初，在鹰厦铁路修建过程中，其被工程余土掩埋。2014 年 6 月，该遗址被发现，江西省文物考古研究院会同鹰潭市博物馆，于 2014 ~ 2017 年分三期，对该遗址进行了考古发掘。

2014 年 6 月，考古队入驻遗址，随即对周边地区进行了野外调查、勘探，基本摸清了大上清宫的整体范围以及与周围附属建筑的空间配置关系，对大上清宫遗址有了较为全面的认识。2014 年 8 月 ~2015 年 1 月，2015 年 8 月 5 日 ~2016 年底，分两期先后对遗址东侧进行了发掘。由于大上清宫毁坏较早，基址上又多次修筑房屋或用于耕作，加之修建铁路过程中的破坏，遗址内土层严重扰乱，基本为现代堆积。历经三年多的考古发掘，将遗址中轴以东全面揭露出来，发掘出土的建筑基址有龙虎门、玉皇殿、后土殿、三清阁、三官殿、五岳殿、天皇殿、文昌殿、明清碑亭、东厢房等。宫宇主体正南向，依地势而建，由龙虎门向北至玉皇殿、后土殿再至三清阁层层抬升。遗址内大量以当地产的红砂岩与青石混用作为基石，台明基址采用工字连坐的形式，主殿柱础体量巨大，均为古镜础，且部分柱础采用红砂岩制造。基址整体具有较典型的明清官式建筑做法。主体殿宇外绕以一品书散水，庭院地面以河卵石铺地，甬道多为条石与卵石相间铺设。殿宇护基石上残留有三合土抹灰雕塑纹饰。墙体采用平砖顺砌错缝的工艺砌筑，残存墙体下均以一定间距留有孔洞用以排水防潮，嵌于墙体内的柱洞壁缘用三合土粘贴瓦片用以封护柱子。室内方砖的铺设采用细墁铺地的做法。遗址内出土的具有研究价值的历代遗物有瓦当、滴水、脊兽、石栏杆等建筑材料和货币、陶瓷器等生活用具。其中建筑材料主要有三大类：琉璃建筑构件、灰陶建筑构件、石质建筑构件。琉璃构件多为瓦当、滴水、筒瓦、板瓦以及各类脊饰，釉色主要为黄、绿、黑三色。灰陶构件种类繁多，除了大量的瓦件，还出土有较多的雕花脊砖。石质构件主要为栏杆、柱础等。总体而言，从构件的部位来看，多为屋顶构件，瓦当滴水为大宗；从构件的年代来看，宋元至明清均有分布，少量单瓣莲纹、兽面瓦当以及重唇板瓦为早期宋元遗物，而较多黄绿琉璃构件为明清遗物。生活用具主要可分为宋、元、明、清四朝瓷器，出土的宋元瓷器不多，以青白瓷、卵白釉等为主，明代瓷器出土量大，主要为民窑青花、仿龙泉等，清代瓷器多为青花碗、杯等。总体来看，遗址内出土的各朝瓷器，器形多样，纹饰丰富，但多为残件，可复原者较少。

2017 年 8 月，继续在主体殿宇以东区域进行挖掘，发现院落两处，推测为三华院及崇元院。揭露出砖墙、方砖地面、卵石及青石条走道、古镜础、石砌护基、排水沟等建筑遗址，整体地层叠压关系较清晰，晚期建筑风格与大上清宫主体一致。出土文物以脊饰及历代瓷片为主。发现宋元时期地层，出土较多青白釉瓷片，并揭露出宋代人字纹铺砖地面。

整体而看，宫宇主体南向，依地势而建，由龙虎门向北至玉皇殿、后土殿再至三清阁层层抬升。主体大殿建于中轴线位置工字连座的明台之上，且玉皇殿正南有月台台基，遗址整体营造法式参照北方官式建筑建造的而成。

龙虎山大上清宫遗址是我国首次大规模科学发掘的道教祖庭基址，考古发掘既反映了大上清宫遗址根植于龙虎山本土文化，又体现了大上清宫受朝廷重视而成为道教核心地的过程。它是目前所发现的规模最大、等级最高、时代序列最完整、揭示遗迹最丰富的宫观建筑遗址，为研究大上清宫的历史沿革，建造艺术提供了重要的实物资料。

大上清宫遗址考古发掘是一个系统工程，目前发掘区域只是其中的 1.5%，今后要做的工作还有很多。

（胡　胜）

【吉林安图宝马城金代长白山神庙遗址】

发掘时间：2017 年

工作单位：吉林省文物考古研究所、吉林大学边疆考古研究中心

宝马城遗址位于安图县二道白河镇西北 4000 米处的丘陵南坡上，相传唐代一将军东征高丽时在此地得宝马，故而得名，亦称“报马城”。遗址中心区地理坐标为北纬 42°27′07.2″，东经 128°05′08.5″，海拔高程 707 米。该城在 1928 年所修《安图县志》中已有著录，1978 年吉林省考古队在宝马城普查时发现一些指压纹瓦片和兽面瓦当，从而推定该城为渤海始建，辽金沿用。以往学术界普遍视宝马城为渤海朝贡道上的重要驿站，也有学者将其比定为渤海中京显德府下辖的兴州。为厘清宝马城的年代、性质、建筑形制与布局，经国家文物局批准，吉林省文物考古研究所、吉林大学边疆考古研究中心于 2014 ~ 2017 年对该遗址进行了连续 4 个年度的勘探与发掘，累计发掘面积 3498 平方米，勘探 188000 平方米，共出土各类遗物超过 5000 件，其中 2016 年出土的玉册确证其为金代皇家修建的长白山神庙故址。2017 年实际发掘面积 562 平方米，揭露了城内回廊外东南侧的建筑基址（编号 JZ4）、南门与院墙东南转角。

JZ4 方向以长轴测算为北偏东 5°，与神庙内其他建筑方向相同。台基坡地起建，夯土筑成，平面呈长方形，南北长约 19 米，东西宽约为 12.8 米。其上建筑的墙体平均厚度约 1.1 米，使用条砖错缝垒砌，外整内碎，以北墙保存较好。墙内础石仅两处缺失，均为砂岩材质，表面錾刻向心状沟纹，除门础外，均为暗础。建筑柱网结构较为复杂，础石不少为方形石底座上承托圆柱形础石的复合型础石，有的仅存方形底座。若以其作为结构性础石来推断，那么该建筑似面阔、进深各三间。室内地面以方砖错缝铺设，现均已碎裂，大部可见火焚痕迹，北墙下地面以条砖填充空隙。

室内南侧中部有一低于室内地平的长方形操作间，四周砖砌包边，东西长 2.25 米，南北长 2.04 米，深约 20 厘米，内有大量木炭、红烧土和较多白灰。圆形灶台位于操作间东部，烟道自灶台伸出后分成四条，紧贴建筑南墙东段延伸，于东南角转向北行，高度渐次抬升成火炕，又穿过北墙并汇聚成一条延伸至北墙外与烟囱相连。大门开于西墙中部，门前设置“三瓣蝉翅”慢道。

墙外四周台明宽度不等，基本做法是两到三排方砖外侧铺设一排横铺条砖包边，东侧和北侧发现用两块条砖拼合成方砖使用的情况。散水的做法为一排平铺方砖外立砌两道牙子砖。室外东部发现一条走向与台基平行的排水沟，与城墙东南转角处的南北向排水沟相连。发掘区内长约 17.9 米，平均宽度 30 厘米 ~ 40 厘米，深约 25 厘米。

南门辟于南墙正中，宽约 7.7 米，两侧墙体保存较好，平地夯筑，致密坚硬，断面呈梯形，无包含物，未见夯层和修补迹象。现存的东侧墙基底宽 2.7 米，顶宽 1.3 米，平均残高约 0.4 米；西侧墙基底宽 2.6 米，顶宽 1.4 米，平均残高约 0.35

米。东侧墙体外围底部有两排砌砖，多已碎裂，或为墙体护坡。南门底部中间位置发现一线性铺砖遗迹，破坏严重，略呈东北—西南走向，南北长约 8.05 米，宽约 0.96 米，深约 20 厘米，与南墙外排水沟相连，似为城内排水沟的一部分。此外，南门口还发现一些遗迹现象，但受制于天气原因，未能全部清理完。

院墙东南转角发掘区确认了残存的南墙与东墙的位置，墙体做法相同。转角内侧发现两条排水沟，一条为西北—东南走向，长度约 206 厘米，宽度约 56 厘米 ~66 厘米，深度约为 19 厘米 ~25 厘米，与南墙间有一梯形土护坡；一条为东北—西南走向，长度约 186 厘米，宽约 68 厘米，深度约为 20 厘米 ~26 厘米，与东墙间亦有土护坡。两条沟在涵洞北侧汇聚，经砖砌涵洞从南墙底部穿过。涵洞整体北高南低，大体呈西北—东南走向，开口处宽度约 26 厘米，中部宽度约 32 厘米，出口处宽度约 28 厘米，发掘区内的部分长逾 3 米。涵洞以河卵石铺底，两侧立砌大条砖，外以护石加固（东墙内侧尚可见两列），以多层条砖平铺盖顶。涵洞出口处，水道两侧还可见较多长条砖平铺，或为防止漫水之用。

2017 年出土遗物以滴水（檐头板瓦）、瓦当为代表的建筑构件占大宗。瓦当均饰高浮雕兽面纹，滴水纹样包括戳点纹、花瓣纹、叶脉纹等多种类型，还发现陶质兽头、陶质凤鸟等制作精美、保存较完整的建筑构件，大量铁钉以及少量陶片、瓷片、铁器、青铜饰件等。JZ4 火炕铺砖面上发现五枚北宋铜钱，延续时间近百年，或为压炕之用。台基东南角外还发现疑似玉册残块一件，但与上一年度出土的玉册相比，宽度与厚度均有所逊色。

2017 年发掘结束后，除水井与城外窑址外，已经大体完成了对城内主要建筑要素的发掘，掌握了长白山神庙建筑组群的布局、主要单体建筑的形制与功能，对城内外排水系统的走向也有了一定的了解。

长白山神庙遗址是近年来发掘的保存状况最好、揭露面积最大、也最为重要的金代建筑遗址之一，也是近年来东北地区辽金时期乃至全国历史时期考古工作中少见的高等级遗址。其选址经过精心考量，占有区域内最为高敞的地利，城内建筑轴线的南向延长线正对长白山主峰。天气晴好时，从长白山神庙遗址南眺，长白山主峰尽入眼底，优越的视廊无与伦比，体现了其超然的地位。长白山神庙遗址的发掘，是中原地区以外首次通过考古发掘揭露的国家山祭遗存；它不仅是金代历史与考古的重要发现，也是边疆考古和北方民族考古的重大突破，对了解当时生活习俗与宗教信仰，研究金王朝关于东北边疆的经略以及南北方文化的交流与互动，探索中华文化多样性、多民族统一国家的形成与发展具有深远的历史意义。

（赵俊杰　常天骄　李恬欣　张宛玉）

【四川彭山江口明末战场遗址】

发掘时间：2017 年 1 ~4 月

工作单位：四川省文物考古研究院、国家文物局水下文化遗产保护中心、眉山市彭山区文物管理所

彭山江口明末战场遗址位于眉山市彭山区江口镇岷江河道内，北距成都市约 60 千米，南距眉山市约 20 千米。自 20 世纪 20 年代起，遗址所在的岷江河道内陆续发现有文物出水；2005 年岷江河道内修建饮水工程，在施工过程中发现一段木鞘，内藏 7 枚银锭；2011 年岷江河道内取沙，发现了金册、西王赏功等文物；2013 年以来江口明末战场遗址遭到盗掘，2016 年国家文物局批准四川省文物考古研究院联合国家文物局水下文化遗产保护中心、眉山市彭山区文物保护管理所联合对江口明末战场遗址进行考古发掘。此次发掘自 2017 年 1 月 5 日开始，至 4 月 13 日结束，发掘面

积 10100 平方米，出水明清时期各类文物 30000 余件。

此次考古采用陆地调查与物探技术相结合，通过走访调查与高精度磁法、电阻率成像法、激发极化法等多种地球物理探测手段确定遗址范围和重点发掘区域。通过围堰解决发掘平台，在围堰内按照探方法进行考古发掘。

此次发掘出水文物种类以金、银、铜、铁等金属材质为主。其中包括张献忠大西国的金封册、铸造的“西王赏功”金币、银币、“大顺通宝”铜币、铭刻大西国国号的五十两银锭和运载银两的木鞘等；明代蜀、楚、荣、吉等藩王府的金封册、银封册、金宝、银印和铭刻万历、天启、崇祯等年号的五十两银锭等；此外还有戒指、耳环、发簪、手镯等各类金银首饰；铁刀、铁剑、铁矛、铁箭镞等各类兵器；金锁、金纽扣、金顶针，银勺、银筷子、银带扣，铜镜、铜绦钩、铜锁、铜钥匙，铁秤砣、铁篙杆等各类生活用具。

通过此次考古发掘，我们一致认为遗址的形成可能与文献中记载的大西军领袖张献忠与明代参将杨展“江口之战”这一历史事件相关。出水的大量文物同时也为我们解决有关张献忠的诸多历史传说提供了科学依据，为研究张献忠大西军征战历史、政权建设和经济建设等方面提供了丰富的实物资料。同时对认识明代中晚期的政治制度、社会经济、物质文化乃至明末清初以来的社会历史走向等都具有重要的意义。

此外，此次考古发掘开创性地采用了围堰的工作方法，也是目前国内规模最大的内水考古项目，为今后滩涂考古、浅水埋藏遗址的发掘提供了工作范式和经验借鉴。考古发掘的同时开展公众考古活动，面向社会公开招募志愿者，并且发掘全程都有志愿者参与，这在全国尚属首次。江口明末战场遗址的发掘为公众参与考古提供了平台，扩大了考古对公众的影响力，让公众真正了解考古、走进考古和共享考古成果。

（刘志岩　李　飞）

北京市

【延庆区世界园艺博览会汉至清代遗址】

发掘时间：2016 年 10 月 ~2017 年 12 月
工作单位：北京市文物研究所

遗址位于延庆区，所在区域为延怀盆地东南缘妫河南岸，平均海拔 500 米，地势整体平坦，中部区域较高，高差约 5 米，大部分遗迹埋藏较浅。墓葬稠密集中在北侧和西侧，南部为零散分布。

该项目占地面积约 247 万平方米，此次考古发掘总面积 11465 平方米，共发掘古代墓葬 1146 座（西汉 10 座、东汉 26 座、魏晋 20 座、唐代 21 座、辽金 3 座、明代 54 座、清代 1012 座），魏晋窑址 1 座，清代井 3 口，清代明堂 2 座。出土金、银、铜、陶、瓷等各类器物二千余件套（不含钱币）。

遗址中墓葬种类丰富，西汉墓葬均为长方形竖穴土坑木椁墓，分布比较集中，带墓道，南北向，存在合葬现象，有的木椁墓下铺碎石。葬式大多为仰身直肢葬，少数屈肢葬。随葬器物以灰陶为主，器形有壶、罐等。

东汉墓葬均为竖穴土坑砖室墓，墓室多寡不一。墓葬顶部及上半部破坏严重。随葬器物以泥制灰陶为主。

魏晋墓均为竖穴土坑砖室墓，分大、小两种类型。小型平面呈“梯形”，墓向南北；大型均为四角攒尖顶，分单室和前后室两种，多为东西向，均带墓道。随葬器物以陶器为主，兼有铜镜、金银饰品。墓葬中出土了“太康六年”字样铭文砖。

唐代墓葬均为土坑竖穴砖室墓，平面呈圆形，墓向南北。顶部及上半部破坏严重，部分墓壁有影作和壁画痕迹。随葬器物有墓志、铜镜、白瓷执壶、贝壳等。

辽金墓葬均为土坑竖穴砖室墓，有“甲”字形墓和烧骨墓两种，出土器物较少，烧骨墓中随葬均为北宋钱币。

明清遗迹分为明堂、水井和墓葬。明堂中还出土了明代正德年的买地券以及用朱砂写有八卦卦文的青砖。墓葬均为竖穴土坑墓，有合葬和迁葬现象。随葬器物多为钱币、银饰及釉陶罐等。

该遗址延续使用时间长、跨度大，尤其是其所处的地理位置，既为游牧文化和农耕文化的交融地带，又处于长城文化带和永定河文化带的结合地带，这为研究历史上该地区民族交融等方面提供了重要的资料。

（戢　征）

【房山区立教村魏晋唐元墓葬】

发掘时间：2017 年 9 月 21 ~30 日
工作单位：北京市文物研究所

立教村墓地位于房山区琉璃河镇立教村东北，东邻京港澳高速，西接京深路，西南紧邻董家林村琉璃河商周遗址。为配合房山区琉璃河镇立教村商业用房建设，对该项目用地范围内发现的 4 座古代墓葬进行了发掘工作。

此次发掘共清理不同时期墓葬 4 座（编号 M1 ~ M4），4 座墓葬均为砖砌单室墓，墓道朝南向，墓室皆遭严重程度的盗扰和破坏。

M1 及 M2 均出土有典型的元代瓷片，且 M2 出土的铜钱的下限年代也是元代，因此初步推测 M1、M2 为元代墓葬；M3 的墓葬形制为常见的长方形竖穴土圹砖室墓，出土的陶器主要为夹砂红陶，且器形与北京地区东汉晚期至魏晋的墓葬的器形大体相似，因此初步推断 M3 东汉晚期至魏晋时期墓葬；M4 的墓葬形制为隋唐以后北方常见的短斜坡墓道方形圆角墓室的砖室墓，填土内有典型的唐代中晚期的瓷片，因此初步推断 M4 为唐代中晚期墓葬。

（韩鸿业）

【大兴区榆垡镇辽代窑址及清代墓地】

发掘时间：2017 年 4 月 6 日 ~5 月 27 日

工作单位：北京市文物研究所、大兴区文物管理所

项目位于大兴区榆垡镇 106 国道（京广线）东侧，太子务村西北。为配合大兴区榆垡镇居住区 E 组团项目建设，对 11 座辽代窑址及 84 座清代墓葬进行了考古发掘，发掘面积共计 1980 平方米。

窑址一般由操作间、火门、火膛、窑室和烟囱组成，其中 Y1 系两座窑室共用一个操作间。从开口层位、形制及砌窑所用砖来看，窑址的年代当为辽代。

清代墓葬中单人葬共 32 座、双人合葬墓 46 座、三人合葬墓 4 座，另有 2 座迁葬墓。葬具为木棺，一般为仰身直肢葬。出土文物共计 99 件（套），其中陶器 12 件（套）、铜器 24 件（套）、银器 57 件（套）、铁器 2 件（套）、骨器 1 件（套）、料器 1 件（套）、铅器 2 件及铜钱 138 枚。从分布情况来看，墓葬大致可以分为四组，应当为四个家族墓地。

2017 年为配合榆垡镇居住区 F 组团项目建设，共发掘清代墓葬 155 座，发掘面积 1642 平方米。其中单人葬 51 座、双人合葬墓 83 座、三人合葬墓 19 座、四人合葬墓 2 座。葬具均为木棺，一般为仰身直肢葬。出土文物共计 169 件（套），其中陶器 40 件（套）、瓷器 4 件（套）、铜器 77 件（套）、银器 32 件（套）、铁器 2 件（套）、骨器 3 件（套）、料器 5 件（套）、金器 5 件（套）、石器 1 件（套）及铜钱 374 枚。

从分布情况看，墓葬可以分为三组，初步推断属于三个家族。墓地的发掘对研究清代该区域墓葬形制、葬俗等提供了资料。

（张中华　张利芳　曹孟昕）

【故宫长信门明代建筑基址】

发掘时间：2016 ~2017 年

工作单位：故宫博物院考古研究所

2016 年 5 月，故宫基建办公室组织在长信门西北侧开挖一个东西宽 2.5 米、南北长 5.4 米的基建探坑，故宫博物院考古研究所派员进行跟踪调查，在探坑南壁即长信门西墙延伸至慈宁宫花园北墙东段的基础之下发现疑似墙体遗迹，并予以有效保护。在基建勘探工作告一段落后，故宫博物院考古研究所将长信门探坑作为国家文物局批准的 2016 年度慈宁宫花园东院遗址考古发掘项目的一项内容，进行局部清理发掘。探坑距地表深 0.3 米以下为整个慈宁宫区域大面积存在的明后期砖铺地面和厚约 0.3 米的夯土层。在探坑南壁上可见明后期夯土层下残存 20 层、残高 2.8 米的砖砌墙基。墙基的北侧是起加固作用、厚约 2.8 米的 15 层夯土与碎砖瓦块交互层。墙基的底部在生土上直接下挖的斗型基槽，在探坑底部北距墙基约 3 米、距地表深约 4.4 米的基槽内，发现东西向 4 根木质地钉（竖桩），地钉之上为东西向一组排木和南北向一组排木（卧桩）组成桩承台。桩承台向南延伸在墙基之下，桩承台周边基槽内夯筑厚约 0.8 米的碎砖层，

使整个墙基更为坚实牢固。基槽底部及周边的自然堆积，分黄沙层、包含有机物丰富的淤泥层、黄色细砂土层，为本区域的生土层。此处大体量墙基类遗迹在层位关系、营造方法、出土遗物等方面与慈宁宫花园东侧发现的明早期大型宫殿建筑基址基本一致，可以判定其始建代为明早期，废弃年代为明后期。虽然这段墙基的东西向长度和南北向宽度目前暂不明确，但可以肯定与长信门以南约60米的慈宁宫花园东院已发现的明早期大型宫殿基础有密切关系。

2017年7月，为掌握长信门探坑周边的遗迹状况，在慈宁宫花园东院北端即长信门东南侧布5米×5米探方1个，又发现地层关系、营造方法等与长信门探坑一致的明早期墙体类遗迹，从考古学上确认现存长信门的始建年代为明后期。2017年8月，长信门西北探坑进行保护性回填过程中，对基建勘探开挖出数以吨计的碎砖块进行筛选，采集一批青胎沟纹砖、素面砖、板瓦、重唇板瓦、龙吻等建筑材料残件，各种建筑材料规格形制十分丰富。还采集到戳印“宫”字的青砖残块、红胎施化妆土的绿釉琉璃瓦、戳印八思巴文字的粗胎陶罐底部残片和磁州窑类型白底黑花罐腹残片，可以确认为元代遗物。结合文献记载，推断长信门探坑出土的建筑材料是明初拆除元代宫城、营建紫禁城的遗存，多种砖瓦、琉璃瓦等元代建筑材料和陶瓷片很可能是元代宫城即元皇宫的遗物。对墙体基槽底部的黄沙层进行光释光测试的年代为距今为2000年左右，推断长信门探坑底部为距今3万年至5000年前后海、北海至中南海一线古高粱河道的自然遗存。该处遗迹对研究北京城市变迁、紫禁城历史、中国古代建筑技术具体重要的科学价值，也对公众深入了解紫禁城的“前世今生”提供了丰富资料。

（徐华烽）

【故宫大高玄殿明清建筑遗址】

发掘时间：2017年5～11月

工作单位：故宫博物院考古研究所

为了配合大高玄殿院落环境的整治和修缮工作，2017年对大高玄殿院落地面重点部位进行了勘探和清理工作。通过发掘，揭露院落内明、清时期的道路系统（御路、甬路）、排水系统及早期房址等遗存，发掘面积约为500平方米。

发掘的大高玄殿院内道路可以分为御路和甬路。御路在大高玄殿院内沿着中轴线南北走向分布，分段连接中轴线各建筑，部分段落保存较好。御路主要由三部分组成，中间向两侧分别为御路石、散水砖、牙子石，宽3.8米～5.2米不等，散水砖为城砖陡板斜墁。解剖发现，御路下方均有青砖垒砌和白灰浇筑的垫层，垫层之下为碎砖与夯土交替夯筑；院内其他道路均为砖砌甬路，南北向分别位于御路两侧并与御路共同形成三条主干道，从院落南端穿过一、二道琉璃门两侧门洞并从中轴线建筑两侧曲折延伸至北端，东西向在相对配殿、钟鼓楼、角门等建筑的中轴线上均有多条甬路与南北三条主干道相交叉连接。甬路的形制、尺寸随着前后连接的建筑不同而不同。总宽1米～3.5米不等，形制主要有方砖带散水甬路和城砖陡板斜墁甬路。

发掘发现，大高玄殿院内的排水方式主要以东、西院墙墙根下的南北向排水暗沟为主。为典型的宫殿式排水设施，又名“龙须沟”，青白石质。主要有四部分组成，一是暴露于地表的暗沟，这是主体部分，由石沟盖、石沟帮、石沟底三大部分组成，分段留有牛鼻式的沟漏，总宽102厘米左右；二是在东路排水沟的北端（院墙东北角）发现的进水沟，在暗沟旁利用条石合成一方形井沟，在东侧设有侧沟门通往暗沟，并用竖立的铁篦子分隔；三是墙底沟，主要是排水暗沟穿过二道琉璃门所在院墙下的设施，是直接用石沟底、石沟帮及石沟盖四块做工粗糙的石板嵌入墙体形成排水的墙下通道；四是排到院落外的出水口，做法基本与墙底沟一致，位于院墙东南角和西南角，通往院落南墙外。

房址发现有两处。其中乾元阁前院落东值房保存较差，仅在排水沟西侧发现零星的垫层砖，采用城砖糙砌顺铺，部分城砖上面残留白灰，从保存情况来看，这些垫层砖有可能为东值房房址的基础用砖，但是已经被破坏殆尽；在乾元阁西侧发现乾元阁西配殿房址一座，东部暴露完整，但被扰坑破坏严重，推测房址拦土墙墙基宽 1.1 米～1.3 米不等，墙基南北内宽 6 米。由于西部被压于现代建筑之下，无法得知房屋的面阔尺寸。墙基使用各种规格的杂砖灌以白灰糙砌而成，在基础北侧发现了用了夯土碎砖层逐层夯筑的做法。

（吴　伟）

【昌平区北七家镇明清墓葬及清代窑址】

发掘时间：2017 年 5 月 20 日～8 月 6 日

工作单位：北京市文物研究所

为配合未来科学城建设工程，北京市文物研究所对昌平区北七家镇（未来科技城南区）C－16、C－18、CP07－0600－0023、0024、0025、0041、0042、0043 及 C52 地块清代墓葬和窑址进行了考古发掘。

C－16 等地块位于昌平区未来科学城南区中部，北距温榆河 950 米左右，发掘面积 1352 平方米，共发现 93 座清代墓葬和 2 座窑址。墓葬均为长方形竖穴土坑墓，其中单人葬墓 21 座、双人葬墓 57 座、三人葬墓 13 座和四人葬墓 1 座、明堂 1 座。出土铜器、陶器、瓷器、骨器各类文物 200 余件，有铜扁方、铜钱、铜簪、铜镜、黑釉罐、瓷罐、骨簪、青石志、砖志等。从遗迹开口层位、形制和器物特征推断，墓葬时代为明代中晚期至清代中晚期，初步推测可能是带有家族性质的墓葬群。

C－52 地块位于昌平区未来科学城南区西南部，在地块北部、西部发现墓葬，发掘面积 147 平方米，发现清代墓葬 14 座。墓葬均为长方形竖穴土圹墓，其中单人葬 3 座、双人葬 7 座、迁葬墓 4 座。出土各类文物 24 件，种类有铜钱、陶罐、瓷碗、铜簪、铜耳环、铜环等，从墓葬开口层位、形制和器物特征推断，墓葬年代为清代。

窑址平面呈马蹄形，形制较为特殊，Y1 破坏严重，仅残存操作间、火膛、火门。Y2 保存较完整，由操作间、火门、火膛、窑室及烟道组成。

（曹孟昕）

【朝阳区红领巾桥清代家族墓地】

发掘时间：2017 年 9 月 9～22 日

工作单位：北京市文物研究所

为配合纺织科研实验楼建设工程，北京市文物研究所对该项目范围内的清代墓葬进行了考古发掘保护工作。墓葬位于朝阳区红领巾桥东南，发掘面积 312 平方米，发掘墓葬 36 座，均为长方形竖穴土圹墓，其中火葬墓 3 座、单人葬 13 座、双人合葬墓 13 座、三人合葬墓 2 座、迁葬墓 5 座。出土大量随葬品，有釉陶罐、银簪、铜钱、铜扁方等，从墓葬位置、开口层位、形制和出土器物推断，其应为清代家族墓地。

（曹孟昕）

【昌平区回昌东路两侧清代家族墓地】

发掘时间：2017 年 8 月 14～27 日

工作单位：北京市文物研究所

为配合中关村生命科学园建设工程，北京市文物研究所对该项目范围内的清代遗迹进行了考古发掘。发掘地点位于昌平区回昌东路两侧，发掘面积 300 平方米，共清理墓葬21座、窑6座。墓葬均为长方形竖穴土圹小型墓，其中单人葬墓6座、双人合葬墓14座、三人合葬墓1座。出土铜钱、铜手镯、铜簪、银戒、铜饰、瓷鼻烟壶等珍贵随葬品。从墓葬位置、开口层位、形制和出土器物推测，这批墓葬应为清代家族墓地。

（曹孟昕）

天 津 市

【静海区纪家庄战国至汉代遗址】

发掘时间：2017 年 6 ~ 7 月

工作单位：天津市文化遗产保护中心静海区文化馆

遗址位于静海区陈官屯镇纪家庄村西南，西邻京沪高速与胡辛庄互通，东距京福公路 1.5 千米。因天津液化天然气（LNG）项目输气干线工程建设，对该遗址进行考古发掘，发掘面积 900 平方米。

遗址文化堆积比较简单，遗物主要以战国时期为主，汉代遗物较少。共清理灰坑 33 个，出土了较丰富的战国时期遗物，包括生活器皿、生产工具和建筑构件等几类，生活器皿主要有陶釜、罐、豆、盆、瓮和石臼等，生产工具主要有铁铲、铁镢、铜凿等，建筑构件见有板瓦和筒瓦等，此外还发现有少量兽骨、蚌壳等遗物。

通过考古发掘初步认识，纪家庄遗址为战国时期的一处村落遗址的边缘区域，该遗址的发掘，对于探讨战国时期天津地区古代遗存的考古学文化面貌、开展战国时期聚落考古研究，提供了难得的实物资料。

（尹承龙　盛立双）

【静海区西钓台战国汉代和金元时期遗址】

发掘时间：2017 年 6 ~ 8 月

工作单位：天津市文化遗产保护中心、静海区文化馆

遗址位于静海区陈官屯镇西钓台村西，东距京福公路约 1 千米。因天津液化天然气（LNG）项目输气干线工程建设，对该遗址进行考古发掘，发掘面积 2300 平方米。遗址堆积年代主要以战国—汉为主，金元时期遗存不丰富。

战国—汉时期遗存丰富，发现有灰坑、砖井、瓮棺葬等遗迹，出土遗物较多，主要以生活器具、建筑构件、生产工具为主，包括陶釜、鼎、罐、豆、盆、甑、瓮、砖、板瓦、筒瓦以及铁质生产工具等。陶器中常见的粗绳纹圜底红陶釜较有特色。在陶罐口沿以及陶豆口沿、柄部常见有戳记，少数为陶文。

该遗址战国时期遗存的文化面貌与近年来发掘的静海古城洼、鲁辛庄等同时期遗存，均具有明显非燕文化特征，为探讨天津南部地区战国时期考古遗存的文化面貌，提供了重要的实物资料。

金元时期遗存较少，主要分布于发掘区南侧，发现有灰坑、灶址等遗迹，出土遗物主要为生活器具，包括陶盆、白瓷碗等，还发现有大量的板瓦、砖等建筑构件。

（盛立双　尹承龙）

【蓟州区下闸辽代水井】

发掘时间：2017 年 4 月

工作单位：天津市文化遗产保护中心、蓟州区文物保护管理所

该水井位于蓟州区渔阳镇下闸村“棕榈名邸”房地产项目建筑工地地下约 4.5 米处，在施工过程中被发现，其上部堆积

已被破坏，为避免施工对水井造成进一步破坏，联合蓟州区文物保护管理所对该水井进行抢救性考古发掘。

水井主体为木石结构，木井圈平面为榫卯结构六边形，由预先搭建好的木质井圈层层堆加而成，外部有卵石堆砌加固。通过考古发掘出土大量陶罐，以及零星骨篦、砖、瓷盘、瓷碗、铁钉等遗物。经修复，陶罐类型单一，均为泥制灰陶鼓腹罐，应是当时汲水器。根据井内出土遗物推断，该井为辽代。

该井形制较为特殊，其构筑方式、构筑材质以及木井圈的加工与扣合方式都具有重要研究价值，显示出了较高的造井技术和木工技艺。

（尹承龙　盛立双　刘福宁）

【蓟州区大云泉寺辽金墓】

发掘时间：2016 年 12 月 ~2017 年 1 月

工作单位：天津市文化遗产保护中心、蓟州区文物保护管理所

墓葬位于蓟州区别山镇大云泉寺村北，因发现被盗，经相关报批手续后，组织进行抢救性考古发掘，清理金代墓葬 2 座（编号 M1、M2）。墓葬盗扰严重，墓室内仅出土零星陶器残片、铜钱等遗物。

M1 位于大云泉寺村北约 600 米处，南邻 M2，方向 174°，平面呈“甲”字形，竖穴土圹砖室墓，由墓道、墓门、墓室三部分组成，墓室破坏严重。墓口距地表深 0.4 米，墓底距墓口深 3.4 米，墓南北总长 8.1 米，东西宽 1.1 米 ~4.8 米。

M2 北临 M1，方向 186°，平面呈椭圆“甲”字形，竖穴土圹砖室墓，由通道、墓门、东侧室、西侧室、墓道、墓室六部分组成。墓口距地表深 1.2 米，墓底距墓口深 1.7 米 ~6.4 米，墓南北总长 17.6 米，东西宽 2 米 ~10.7 米。在该墓墓室东西两壁各饰有壁画，破坏严重。

根据墓葬形制、墓砖纹饰及出土遗物推断，墓葬为辽金时期，为研究辽金元时期本地区墓葬形制提供了重要参考。

（甘才超　张　瑞　戴　滨）

【蓟县明清多宝佛塔遗址】

发掘时间：2017 年 10 月

工作单位：天津市文化遗产保护中心、蓟州区文物保管所

多宝佛塔又称少林寺塔，位于蓟县官街道砖瓦窑村东，盘山少林寺东龙首山上。明崇祯十七年（1644）重建，清顺治九年（1652）竣工。石砌基座，砖砌塔身，八角十三层密檐式，第一层檐下砖雕斗拱，其余密檐之间作矮层塔身，东、西、南、北四面作佛龛，高 26 米。1991 年 8 月 2 日，天津市人民政府将多宝佛塔公布为天津市文物保护单位。

2017 年 10 月，在多宝佛塔的维修施工中发现密檐间的佛龛内有文物存在的线索。天津市文化遗产保护中心随即与中国文化遗产研究院合作，开展考古清理与文物现场保护工作。此次清理共出土文物 52 件套，包括造像 42 尊、佛塔模型 3 件、丝织品 2 套、铜饰 1 件、木龛（盒）3 件、佛珠 1 套、已提取或散落的装藏 7 套（因与出土文物存在从属关系未计入总数）、铜钱若干（万历通宝、崇祯通宝、顺治通宝）；文物材质种类丰富，金属、陶、瓷、石、木、泥、丝织品、纸制品均有出土；出土的文物内容以佛教题材的造像为主，除四层南出土一尊泥质道教造像外，其余佛龛内均出土有佛教题材的文物。这些造像风格多样，供奉方式独特，有些造像十分罕见，其中绿度母、宝冠释迦、文殊菩萨等造像具有典型的藏传佛教风格。通过出土时的观察，仍有一定比例的造像中带有装藏，因现场工作条件有限未进行提取，此工作将于保护处理时一并进行。2018 年 3 月，天津市文化遗

产保护中心对佛龛内的残留物进行了筛选。

目前多宝佛塔出土文物抢救性保护方案初稿已编制完成，待审核通过后开展相关的文物保护工作。

（刘　健　梅鹏云）

【津南区慈云寺遗址】

发掘时间：2017 年 6 ~ 8 月

工作单位：天津市文化遗产保护中心

辛庄慈云寺位于津南区辛庄镇高庄子村，始建于明崇祯二年（1629），四合院式建筑，占地面积 800 平方米，现为天津市文物保护单位。2017 年 6 ~ 8 月，因辛庄慈云寺文物保护工程方案设计需要，经国家文物局批准，天津市文化遗产保护中心对慈云寺建筑基址开展了考古清理工作。此次发掘共布设探方 12 个、扩方 2 个，探沟 2 条，发掘面积 300 平方米，清理重要建筑基址 1 处、灰坑 19 个，出土各类文物 30 余件。

通过对慈云寺院落基址的考古清理及局部解剖，基本厘清了各个时期遗迹的年代关系及修缮过程，摸清了基本院落布局情况，得出如下初步认识：

遗址大体可分为三期：第一期为大殿基础部分，包括大殿基础及月台底部，推测年代为明清时期；第二期为东西配殿、偏殿、围墙及大门基础部分，包括西跨院铺地砖平面及院内一层下踩踏面，推测年代为民国时期；第三期地表铺地砖部门，包括院内三层铺地砖及地下给排水系统，推测年代为新中国成立至 21 世纪。

院落布局：目前现存主体院落格局为民国时期形成，发掘中只见踩踏面未见砖铺甬道。根据地下基础部分分析，东西耳房应为较晚近时期添建建筑，东便门应为券门形式（与正大门相仿）。

月台结构：现存月台分为三期形成；最底层应与大殿基础同时期，规模较大，目前仅存部分砖结构基础；中间一期应为民国时期形成，与现存规模基本相仿，现存夯土台及夯土面；最后一期现状部分即为近代形成。

通过此次考古发掘，完成了对慈云寺的院落布局、形制和构件的考证，作出了对遗址本体的分期断代，追溯了修缮历史，为后续修缮设计提供了重要依据。

（甘才超　张　瑞　戴　滨）

【蓟州区中峪清代墓葬】

发掘时间：2016 年 12 月 ~2017 年 1 月

工作单位：天津市文化遗产保护中心、蓟州区文物保护管理所

2016 年 12 月，出头岭镇中峪村东发现一处被盗古墓葬，经相关报批后，组织对其进行抢救性考古清理，清理墓葬 1 座。

墓葬位于出头岭镇五清庄村西约 200 米处，方向 178°，为长方形竖穴土圹三合土夯制，因被盗严重，墓顶部被盗大小不均的五处盗洞。墓口距地表深 0.5 米，墓底距墓口 2.8 米。该墓由墓道、墓门、墓室三部分组成。墓室三个，位于墓门的北部，由于被破坏严重，墓室的顶部所打三合土被破坏，残存墓室的东南角和东北角所打三合土，三合土用糯米汁、白灰和土搅拌平夯所打而成，十分坚硬，未发现随葬器物。根据墓葬形制和调查得知，应为清代墓葬。

（甘才超　戴　滨　张　瑞）

河北省

【阳原县马圈沟遗址鱼咀沟旧石器2号地点】

发掘时间：2017年5月10日~11月20日
工作单位：河北省文物研究所、河北泥河湾遗址群保护区管理委员会

遗址位于泥河湾盆地东端，大田洼乡岑家湾村西南1.5千米处，马圈沟中部东侧支沟——鱼咀沟的东南端南侧，最早发现于2015年，2016年复查，发现石制品、动物化石非常丰富。

发掘区位于鱼咀沟南坡，方向20°，东西8.8米，南北7.8米~8.8米，总面积约80平方米，发掘总深度16.45米，共发现4个文化层，石制品792件、动物化石1573件。第Ⅰ文化层，高于第Ⅳ文化层6.3米，发现石制品4件、动物化石14件；第Ⅱ文化层，高于第Ⅳ文化层1.5米，发现石制品34件、动物化石18件；第Ⅲ文化层，高于第Ⅳ文化层0.7米，发现石制品2件、动物化石1件；第Ⅳ文化层，文化层厚约60厘米，层位与半山遗址相同，高出鱼咀沟1号地点第一文化层（马圈沟遗址Ⅰb文化层）18.3米，发现石制品752件、动物化石1544件。

第Ⅳ文化层石制品数量多，原料以燧石为主，人工特征明显，部分打制精致，类型包括石核、石片、石器、断块、废料等，刮削器为主要的器形，数量相对较多，存在一定数量的精制品。

遗址地处大田洼台地油房断层的上盘，文化遗物皆埋藏于泥河湾组的地层内，地质年代属于早更新世。依据该剖面已有的古地磁测年数据，第Ⅳ文化层层位与半山遗址相同，其时代为132万年，根据古地磁测年确定的该剖面的沉积速率推算，第Ⅲ至第Ⅰ文化层的年代在130万年至120万年。

第Ⅳ文化层文化遗物丰富，为认识早更新世古人类的生计模式、石器技术提供了基础资料。第Ⅰ至第Ⅲ文化层发现文化遗物有限，但层位清楚，且皆为新发现层位，为进一步工作提供了线索，文化遗物埋藏于马圈沟剖面的顶部，将马圈沟剖面有人类活动的文化层增加至15个，时代延伸至120万年前后，进一步丰富了马圈沟遗址群的文化序列，有效证明古人类在泥河湾盆地的演化具有很强的连续性，上盘上部与下盘底部人类活动在时代上有了更多的交叉，有助于在地层上实现上盘与下盘的对接，对研究早更新世古人类在泥河湾盆地的出现、演化具有重要价值。

（王法岗）

【迁安市安新庄新石器时代遗址调查】

调查时间：2017年3月1日~5月10日
工作单位：河北省文物研究所、迁安市文化广播电视新闻出版局

遗址位于冀东燕山南麓滦河东岸的第二级阶地上，唐山市迁安市（县）扣庄乡安新庄村南约1000米处，1976年、1978年河北省文物管理处两次对遗址进行调查，并进行小规模的试掘，获得一批资料。安新庄遗址的文化遗存复杂，有学者认为兼

有红山文化、仰韶文化的因素，并体现出明显的地方特征，时代相当于或稍晚于红山文化；也有学者认为其属于赵宝沟文化系统，并命名为安新庄类型。

为了解安新庄遗址的现状，为保护规划编制提供基础资料，我们组织了对安新庄遗址及周围区域的调查、勘探、勘察，并对迁安境内滦河流域开展了广泛的考古调查，新发现新石器时代遗址11处，采集了一批标本，各遗址文化遗物虽多寡不同，但在陶质、陶色、器型、纹饰等方面较为一致，皆埋藏在滦河的第二级阶地内，可与安新庄遗址对比，可能为同一时期遗存。

安新庄遗址所在地地层堆积多为砂层，易受雨水冲刷，流失严重，地表暴露大量石制品、陶片。石器有磨制、打制两类，磨制石器主要为磨盘、磨棒。打制石器主要有：细石核、细石叶、刮削器、网坠等；刮削器有小型、以石片为毛坯加工的，大量的为盘状的、在近圆形砾石周边连续打击修理而成，周圈修理，刃缘较厚；网坠数量较多，制作非常简单，在扁平的扁圆形砾石两侧各打击一个豁口形成。陶片主要为夹砂褐陶、灰褐陶、泥质红褐陶、灰陶，少量的磨光黑陶；器形主要有筒形罐、陶钵、陶盆、陶碗、陶盅等，可能存在陶豆；夹砂陶器表纹饰复杂，主要为刻划、压印的斜线、竖条、V字形、几何形及不规则条形纹，此外有菱格形纹、双勾形纹、席形纹等；泥质陶的器表多为素面或者磨光，部分陶钵、陶盆口沿顶部饰一圈红顶，有的在口沿外饰一圈凹弦纹。勘探发现，该遗址受到雨水冲刷、水土流失、耕种等因素影响严重，文化层多被破坏，仅在局部存在断断续续少量堆积，发现较多灰坑，但多较浅，局部区域存在红烧土。小面积的勘查也证实了这种现象，探坑壁上多不见连续的文化层，灰坑的开口遭到破坏，仅残存少量，直接开口于耕土层之下，灰坑内遗物丰富，可与地表采集的遗物对比。

此次工作证实在滦河流域存在分布广泛的安新庄遗址时期的新石器时代文化遗存，安新庄遗址的文化面貌复杂，可能同时受到中原地区仰韶文化和东北地区赵宝沟文化的影响。

（王法岗　付智军　何　山）

【肃宁县后白寺夏商时期遗址】

发掘时间：2017年3～10月

工作单位：河北省文物研究所、肃宁县文物保管所

后白寺遗址位于肃宁县梁村镇后白寺村西北，小白河东岸，遗址面积约1万平方米。此次发掘面积775平方米。遗址堆积厚，遗迹、遗物丰富，文化层厚度2.1米～2.8米，共清理出土房址、柱洞、灰坑等遗迹210处，可复原陶器65件，其他文物标本500余件，主要包括先商和晚商两个时期的文化遗存。

先商时期文化遗存发现的遗迹主要有灰坑、柱洞、踩踏面等。灰坑数量众多，平面形状有圆形、椭圆形和不规则形，其中圆形坑有圆形直壁和袋状壁两种，圆形袋状坑数量较多，富有特征。陶器可分为陶容器和陶制工具。陶器器形丰富，数量众多，主要器形有盆形甗、鼓腹鬲、弧腹鬲、敛口瓮、蛋形瓮、豆、盆、罐、器盖、鼎、爵等。其中以素面磨光鼓腹鬲、粗胎绳纹鼓腹鬲、夹砂直口平沿厚胎大口缸为特色。陶制工具主要有网坠、陶垫、陶圆饼、陶纺轮等，并有大量的骨器、蚌器、石器，并有少量卜骨，卜骨只灼不凿。

晚商时期文化遗存发现的遗迹，主要有灰坑，并有少量的房址、灶、条带状堆积等。房址为半地穴室，内外皆有柱洞，底部有踩踏面。灰坑形状多不规则，有少量的圆形灰坑。其中H69为牛牲坑，埋葬完整的成年黄牛，或和祭祀有关。陶器可辨器形有鬲、簋、盆、罐、瓮、豆等，其

中陶器以折沿弧腹分裆鬲、绳纹刻划倒三角纹簋、粗柄镂空豆为特色。另有丰富的蚌质工具、陶纺轮、卜骨和铜镞、铜钩等。卜骨数量较多，有灼有凿。

另外遗址出土丰富的鱼类骨骼、鱼鳞以及丰富的蚌壳，许多蚌壳成堆堆放，个体大小多样，最大个体长度越过 22 厘米，体现了优良的水环境。

后白寺遗址的发现是近二十年来沧州地区夏商周考古的最重要发现。先商时期遗存内涵丰富，其与豫北冀南的下七垣文化和冀中的下岳各庄文化都有联系，也有自身特色。后白寺遗址先商时期遗存的发现，对于研究冀中平原中东部先商时期的文化面貌具有重要意义。晚商时期遗存与邢台东先贤五期文化面貌基本一致，为商末周初的商文化遗存，对于研究商代末年商文化的北部疆域，具有重要学术意义。另外遗址中丰富的水产品遗存和丰富的捕捞工具，对于研究冀中平原东部地区古生态环境和人们的生业方式都具有重要意义。

（魏曙光）

【行唐县故郡东周遗址】

发掘时间：2015～2017 年

工作单位：河北省文物研究所、中国社会科学院考古研究所、石家庄市文物研究所、行唐县文物保护管理所

故郡遗址位于行唐县南桥镇故郡村北的大沙河西岸，面积约 50 万平方米。2015～2017年，河北省文物研究所、中国社会科学院考古研究所、石家庄市文物研究所、行唐县文物保护管理所联合对遗址进行考古工作。累计发掘遗址面积 8000 平方米，遗存主体为东周时期，墓地与居址共存。

墓葬形制分积石墓和土坑墓两类，未见密集分布的族葬墓，但存在相对集中的墓组，各有 3～5 座墓葬及 1～2 座车马坑。葬式除 M71 为侧身直肢外，余均为仰身直肢。葬具有一棺一椁、单棺或无棺之分。部分墓葬设壁龛，内置青铜器、陶器，个别设腰坑内置青铜器。积石墓 27 座，多东西向，可分为棺、椁四周积石，顶部及四周积石，底部及四周积石三种类型。墓葬开口一般长 2.3 米～2.5 米、宽 1 米～1.5 米，较大者开口长 3 米、宽 2 米以上，随葬有青铜器、玉石器、金器等。长方形土坑竖穴墓 9 座，分南北向与东西向，随葬鬲、豆、罐、尊及铜耳环等。

墓葬多用殉牲，部分墓葬填土中殉有猪的下颌、腿骨或狗骨；棺上置动物肩胛骨；东壁壁龛内殉羊的头、蹄。积石墓中有 1 座墓葬东侧附设车马坑，6 座墓葬东部附设车马坑及殉牲坑。二号车马坑开口东西长 20.85 米、宽 3.9 米～4.2 米，坑内东西纵列摆放 1 辆小车和 4 辆驷马独辀车。车轮卸下扣置于车舆上或车舆下。各车车舆用红、黑、白等不同色彩漆绘，四号、五号车表面贴饰有金箔。马匹装饰华丽，同车马装饰基本相同，异车马装饰则完全不同，一号至四号车马头以铜、骨泡、骨贝、海贝、包金铜泡等构件编串的鞁具和挽具进行装饰，四号车马头有多层皮条编串的辔头装饰。驷马车平行于车辀位置有彩绘皮质“靷”。坑中部两侧龛内各有一成年男性殉人。车马坑东侧附设殉牲坑，二者共用一生土隔梁，以填埋卵石的沟槽相通，坑内分三层埋放牛、羊、马头蹄，这种车马坑前单设殉兽坑，坑内分层埋放牛、羊、马头蹄，形制独特，系首次发现，为先秦时期的丧葬祭祀用牲乃至赗赙助丧制度研究提供了全新资料。

水井分圆形和长方形，底部无井圈或带陶、木、石质井圈。灰坑多为圆形和不规则形，部分灰坑瘗埋人骨。

墓葬、车马坑、殉牲坑出土遗物丰富。有青铜器、玉石器、金器、骨角器、陶器等多类。青铜器有鼎、豆、甗、圆壶、瓠

壶、鉴、匜、舟、鍑、带钩等日用器，车軎、辖、当卢、节约、镳、衔、贴金铜泡、游环等车马器以及剑、墩、戈、镞等兵器，纹饰有龙形纹、蟠螭纹、蟠虺纹、云雷纹、绹索纹、菱格乳钉纹、蕉叶纹，红铜铸嵌的龙、凤鸟、鹿等，线刻人物、鹿纹等。器足、耳部、纽有兽头、鸟首动物形象。少数器物镶嵌绿松石、贴金。玉石器多玛瑙、绿松石制品，车马、殉牲坑出土大量海贝。

遗址出土有陶器、骨角器、蚌器、青铜器及环首刀、镞、刀币、布币等。陶器以泥质灰陶和夹砂灰陶为主，纹饰以绳纹为主，还有少量弦纹、暗纹、附加堆纹等，器形有鬲、罐、豆、釜、碗、盆以及板瓦、筒瓦、云纹半瓦当等。

故郡遗址从时空来看，应与鲜虞—中山国密切相关，时代为春秋晚期至战国中期。在丧葬活动中用使用华夏系统文化的车马坑殉葬制度，并随葬具有中原、燕、齐等文化因素的青铜器、兵器及车马器等，同时又使用具有北方族群特色的积石墓、头蹄葬，随葬青铜鍑、金盘丝耳环、环首刀以及大量使用玛瑙、绿松石饰品等，强烈地反映出北方族群文化与华夏系统文化之间的相互交融。故郡遗址的发现与研究，填补了冀中地区同期考古及历史研究的空白，为研究戎狄等北方族群的华夏化进程与中华民族多元一体格局形成，提供了极为珍贵的实物资料。

（齐瑞普　闫　炜）

【石家庄市石邑城战国至汉代遗址】

发掘时间：2017 年 7 ~ 11 月

工作单位：河北省文物研究所、石家庄市文物研究所、鹿泉区文物保护管理所

2017 年 7 ~ 11 月，为配合石家庄市南绕城高速公路工程建设，受河北省文物局委托，经国家文物局批准，河北省文物研究所会同石家庄市文物研究所、鹿泉区文物保护管理所组成联合考古队对公路所涉石邑城遗址进行了考古勘探、发掘。

石邑城遗址位于石家庄市鹿泉区铜冶镇南故邑村西北。西高东低，西部属太行山余脉，东部为冲积平原。通过发掘，确定该城址即为石邑故城。城墙分早晚两期，时代为战国、西汉。下宽 25 米，上宽 16 米，高 5 米 ~ 7 米，基槽宽 8.7 米。城址东西 1100 米，南北 550 米，城内以南北向隔墙分城址为东、西两城，东大西小。西城南城墙、东城东城墙各开一道城门。东城为工业作坊区，北部有石山；西城主要分布官署、军营、马场。城北、西有洨河自西东流，南、东勘探有护城河。护城河位于城外，与城垣平行，距城墙约 40 米，开口距地表 0 ~ 1 米，宽约 10 米 ~ 20 米，深约 5 米，斜壁弧底。

发掘区位于东城东南部，为冶铜、制骨、烧陶等手工业作坊区。此次考古发掘总面积 1200 平方米，发掘灰坑 25 个，水井 7 个，陶窑 1 座，道路 1 条，水沟 2 条，城墙 1 处。发掘出土小件 250 余件组，质地有铜、铁、石、陶、瓷、骨等，分为建筑构件、制陶—冶炼设备、生产工具、生活用品。此次发现的开采矿石、冶炼铜料、翻模制范、铸造铜器等各个环节，完整地展现了冶铜工业的生产链。发掘出土大量坩埚、烧结块、铜渣等，出土了较多冶铜模范。模范分石质和陶制两种。石质模范种类有镞范、刀币范、铤范；陶模范见鐏、镦模芯及范、悬刀范、勾心模和合范、望山模及范、箭镞范、权模、帐缘帽范、凿模、銎范芯及模等。范的浇筑口均有使用痕迹。另发现有“藺氏”圆肩圆足布、“安阳”平足布，发现一枚残三孔布，面文解读为“赤鞞”。该枚布币面文，为首次发现。

石邑城位于太行八陉之井陉口东南，地理位置较为重要，历史上相继隶属晋、

中山、魏、赵、秦、汉，出土大量遗迹、遗物，为该时期增添了实物资料。

（郭济桥　李　楠）

【兴隆县副将沟战国汉代遗址】

发掘时间：2017 年 6～9 月

工作单位：河北省文物研究所、北京大学文博学院、北京科技大学科技史与文化遗产研究院、兴隆县文物保护管理所

兴隆副将沟遗址位于兴隆县李家营镇副将沟村委会东南约 4000 米处，地处燕山腹地柳河东南侧副将沟内。此次考古调查 2500 平方米，考古勘探 5100 平方米，对大头沟门矿冶遗存进行考古发掘，发掘面积 200 平方米；此次清理 2 个灰坑，其中 1 个灰坑推测为低温脱碳炉址；出土一批炉渣、炉壁（挂渣）残块、铁矿石、鼓风管残片、小铁块（片）、耐火土坯及少量陶器残片等文化遗物，根据出土陶器推测该文化遗存年代为战汉时期。

大头沟门矿冶遗存位于副将沟内分支—大头沟沟门南山坡地，地势东高西低，由南向北倾斜。H2，开口在第①层下，打破棕黄色风化粗砂基岩，平面呈马蹄状，南北 2 米，东西 1.4 米，残深 0.8 米～1.3 米，直壁；底部近圜底，直径约 1.6 米，残存 0.05 米厚草木灰，推测底部疑似为冶铁炉炉缸残底；炉底西侧一长条形坑道相连，东西长约 2.5 米，南北宽约 1.1 米，两侧为斜壁，平底，推测为冶铁炉排渣道；填土包含有大量红烧土块、青灰色烧结块、烧结夯窝残块等冶炼遗物及少量生活遗物；根据遗迹现状、形制，推测 H2 利用废弃炼铁炉，再次营建为低温脱碳窑（炉），用来将冶铸的生铁产品退火脱碳，降低碳含量来减少生铁的脆性，增强产品硬度。窑内及其周围填充了大量与冶炼相关的遗物，包括炉渣、炉壁（挂渣）残块、铁矿石、鼓风管残片、小铁块（片）、耐火土坯及陶器残片。根据共出豆柄、甑底、盆底等器物类型学分析，该遗存年代下限不晚于西汉时期，大致为战汉时期。

低温脱碳炉址为冀北燕山腹地首次发现，展示当时冶铸的生铁产品退火脱碳工艺技术，是研究东周时期燕国冶铁技术水平重要物质资料。我们推测副将沟遗址是一处集冶铁、铸铁以及铁制品后期加工的战汉时期重要矿冶遗址。

（张晓峥）

【容城县南阳战国两汉时期遗址】

发掘时间：2017 年 6～12 月

工作单位：河北省文物研究所

南阳遗址位于容城县晾马台镇南阳村南 20 米，遗址南北 1000 米，东西 900 米，面积为 90 万平方米，北部为高约 0.5 米～2.5 米台地，由东北部向南逐渐低缓平展。南阳遗址是雄安新区保存面积最大、文化内涵丰富的一处古遗址类全国重点文物保护单位。此次考古调查 20 万平方米，勘探 48 万平方米，揭露遗址面积 500 平方米，解剖东西向南城垣 1 处，清理灰坑 42 个，沟 3 条，窑址 1 座，墓葬 5 座，道路 1 条，出土遗物质地为陶、铜、铁、骨、石等，其文化遗存主体年代为西汉时期。

南阳遗址区域性考古调查，发现以南阳遗址为中心形成南北 4.5 千米、东西 4 千米，面积 18 平方千米的东周、汉代遗址聚落群。考古勘探发现城址 1 座、夯土台基 23 处、灰坑 461 个、路 3 条。城址平面大致呈方形，边长 730 米，面积约 52 万平方米。经对南城垣解剖得知：地下基槽南北上口宽 22 米，下口宽 19 米，深 1.1 米～1.4 米，斜壁，平底，在基槽底部南北两侧各分布 2 个“倒梯形”基槽；自北至南地下基槽大致由 6 块夯土板块错落叠压依次分别夯筑而成，夯土夹杂遗物较少，可辨器形为长方形素面砖块、绳纹板瓦残片、圆

唇翻沿上翘釜残片、方唇折沿盆口沿等，我们推测城垣年代上限不早于战国末期。

西南发掘区域内文化遗存分为早、晚两段。早段文化遗存包括第③层及③层下叠压 G3、H41、H37 等；陶器以泥质灰陶为主，还有夹蚌红陶、夹蚌灰陶；纹饰以素面居多，还有绳纹、瓦棱纹、磨光暗纹等；典型器物为尖圆唇翻沿上翘筒腹釜、深腹碗形豆、尖圆唇浅腹平盘豆、折腹碗等；这段文化遗存相对年代为战国末期至西汉早期。晚段文化遗存包括第②层及②层下叠压 H18、H14、W1 等；陶器以泥质灰陶为主，还有泥质褐陶、夹砂灰陶等；纹饰新出现布纹、菱格纹、长圆圈纹等；典型器物有圆唇折沿筒腹釜、方唇卷沿斜腹圜底釜、厚叠唇溜肩小口瓮、折沿内三足炉等；这段文化遗存相对年代为西汉中晚期至两汉之际。

南阳遗址为一处战汉时期中型城址。其东周燕文化、汉代文化是雄安新区千年历史文化重要组成部分，是雄安新区发展建设的重要资源，探索其城市聚落演变与生态环境互动关系、生业演进模式，对雄安新区规划建设发展具有指导意义。

（张晓峥）

【肃宁县先秦两汉时期武垣城址】

发掘时间：2017 年 1 ~ 12 月

工作单位：河北省文物研究所、肃宁县文物保护管理所

武垣城址位于肃宁县东南约 7 千米处的窝北镇，为全国重点文物保护单位。城址总体格局为正方形“回”字形内外城结构。外城垣边长约 1860 米，面积约 3.45 平方千米，内城垣边长约 0.5 千米，面积 0.25 平方千米。2016 年、2017 年，为配合《武垣城址保护规划》的编制，须进一步确定武垣城址的结构、建造方式、年代、保存状况等相关问题，从而为保护规划的编制提供科学的基础资料，河北省文物研究所和肃宁县文物保护管理所对武垣城址城垣进行了考古勘探，并对外城北垣中部偏北的一处断面进行了解剖性发掘。

一　武垣城址的考古勘探

经过勘探，基本确定了城门、城垣、护城河、部分房址、墓藏区的位置，并了解了其大体情况。

城门：初步确定外城垣城门 6 处，东墙、西墙、北墙各一处，南墙三处；内城发现城门 3 处，分别位于北墙、东墙、南墙，西墙未发现城门。

城垣：经勘探外城垣地下城墙宽度普遍在 20 米 ~ 35 米，北墙部分段落宽度甚至达到 40 米，内城地下城墙宽度 16 米 ~ 21 米。

护城河：外城外壕沟宽约 42 米 ~ 90 米，内城外壕沟宽度在 30 米 ~ 60 米。

房址：内城西半部分已探出房址 6 处。其中 F1 东西长约 20 米、南北宽约 16 米，F2 东西长约 11 米、南北宽约 12 米。

墓葬区：经勘探，在外城北侧发现墓葬 8 座。其中一座为“中”字形砖室墓，由南北墓道和墓室组成，南北长 11.5 米、东西宽 6 米。

另外还勘探发现数条城内道路排水沟渠和灰坑、水井等遗存。

二　武垣城址外城墙考古试掘

河北省文物研究所在外城北城墙中部偏东的豁口东侧断面开掘探沟 T1，为南北方向，垂直于城墙走向，宽 5 米，长 150 米。从堆积情况看，城墙共有 3 次较大的夯筑过程，其中以第一次为主。根据地层叠压关系及出土的遗物看，第二次、第三次夯筑年代不会早于西汉，第一次夯筑年代不晚于西汉。

城墙解剖发掘遗迹以夯层、夯面、夯窝为主。城墙主体为夯筑而成，夯层明显，夯层大多数在 6 厘米 ~ 16 厘米之间，以平夯为主，少量夯面倾斜，夯面界限明显，夯面上有较多的夯窝。夯窝呈圆柱形，直

径多为5厘米～10厘米，深度1厘米～2厘米，底多为平底，密度较高。城墙解剖发掘过程中还发现3处瓮棺葬，皆位于城墙内侧，年代为汉代。

三 学术意义

武垣城址是先秦两汉时期重要城邑，为我国目前保存状况较好的秦汉城址之一，人为因素对其干扰较少，信息量保存较为完整。通过对城址的考古勘探及对城墙局部解剖发掘，基本了解了城墙的地层堆积、夯筑过程以及城址的布局要素，对武垣城址的结构、建造方法以及构筑年代、功能布局等有了新的认识，为先秦两汉城址的研究又提供了新的实物资料。

（杨丙君 赵战护）

【临漳县邺城遗址东魏北齐宫城区】

发掘时间：2017年5～12月

工作单位：中国社会科学院考古研究所、河北省文物研究所、邺城考古队

邺城遗址位于临漳县西南，是曹魏至北齐六朝故都。邺城考古队自1983年开始在邺城遗址持续进行了三十余年的考古工作，取得了一系列重要收获，为邺城遗址平面布局研究积累了重要基础资料。

2017年，邺城考古队以探索东魏北齐邺城宫城区平面布局为学术目的，对宫城区北部进行了勘探与发掘，勘探面积约7万平方米，发现多处大面积及线性夯土遗存。根据勘探情况，我们对中心区大型夯土遗迹及一些线性夯土遗存进行了发掘，发掘面积计1984平方米。

发掘收获主要有以下几个方面：（1）根据对宫城轴线北部的一处发掘，确认了一座南北进深约33米、东西面阔约43米的大型夯土建筑。夯土建筑地上台基部分残高约0.5米，台基周围有包边沟槽，宽约0.8米；包边沟槽外侧为砖铺散水、散水宽约2.4米，由两层铺砖组成，底部为条砖、上层为方砖。在散水外围、围绕台基发现两排由圆形卵石坑组成遗迹，单个卵石坑直径约0.3米～0.5米、相邻中心距约1米～1.3米，排距约4.6米。（2）在宫城内发掘确认了一座宫院，宫院围墙东西长约354米，墙体保存较好，残高约0.1米～0.4米。墙体一般宽约2.4米，基础宽约3.5米～4.5米、深约1.9米，多处墙体发现以白灰为底，再涂抹红彩进行墙面装饰，部分墙体根部还发现用薄砖进行加固处理现象。（3）宫城东墙和西墙位置均发现多道相互平行且与宫城轴线方向一致的条状夯土或沟状遗存，性质有待确认。（4）在宫院西墙东侧发现大型汉墓1座，为竖穴土坑砖椁墓。墓圹平面呈长方形，南北长约7.5米、东西宽约3米。墓圹内用砖墙分隔成四个墓室，墓顶无存，推测为棚木结构。北侧两个墓室为棺室，木棺位于靠近西壁和北壁处，墓主人骨殖腐蚀严重，从残迹判断为仰身直肢葬，头南向。西北室木棺内南侧摆放有铜镜1件，木棺东侧及南侧摆放有铜洗1件、陶壶、陶罐各1件。东北室木棺内靠南部出土小型铜带钩1件，木棺南侧摆放有陶壶7件、铜灯1件。在东北室及西北室中间过道内出土陶壶4件。东南和西南墓室出土了大量铜车马构件，均较为细小，应为模型器。从分布情况推测东西墓室内各有三架马车模型，且均为2马1车组合。此外在东南墓室北部及西北墓室南部还出土了较多铅制冥币、摇钱树、模型耳杯等遗物。

通过2017年度的田野工作，我们确认了勘探发现的一些重要遗迹现象，为下一步工作的全面开展奠定了基础。根据已有发现，可以初步勾勒出宫城区北部遗迹的大致分布状况和平面布局。宫城区发掘出土遗物以砖瓦类建筑材料为主，同时也出土了较大量日用陶瓷器皿，种类和类型均较为丰富。上述遗迹和遗物的发现为深化研究宫城布局、营建、性质等均提供了重

要基础资料。

（沈丽华　何利群）

【临漳县邺城遗址核桃园北朝时期 2 号基址】

发掘时间：2016 年 3 月 ~2017 年 6 月

工作单位：中国社会科学院考古研究所、河北省文物研究所、邺城考古队

邺城遗址位于临漳县西南约 2 万米处，由南北毗连的邺北城、邺南城和外郭区三部分组成，是曹魏至北齐六朝故都。中国社会科学院考古研究所和河北省文物研究所于 1983 年联合组建考古队，开始进行持续考古工作。2016 年 3 月 ~2017 年 6 月，邺城考古队围绕"邺城遗址考古发掘与研究"创新课题，以探索东魏北齐邺南城外郭区范围和布局为学术目的，对位于南郭区的核桃园 2 号基址进行了全面勘探与发掘，发掘面积约 2000 平方米，揭露出一座规模较大的殿堂类建筑遗迹，为探讨北朝晚期的大型建筑提供了重要资料。

核桃园建筑基址群位于东魏北齐邺城中轴线东侧，西距赵彭城北朝佛寺约 600 米、北距邺南城南墙约 1000 米，由一列处于同一轴线、南北向分布的五座建筑基址组成。1 号建筑基址经发掘确认为北齐时期修建的一座土木结构方形木塔遗迹，5 号基址位于塔基北约 40 米处，发掘初步认定是一座门址。

经 2017 年度发掘确认，核桃园 2 号建筑基址位于塔基北约 80 米处，保存状况较好，坐北朝南，是一座大型佛殿类建筑，两侧有附属的连廊和廊房。大殿平面呈横长方形，面宽约 38 米，进深约 22 米，地上夯土台基残存 0.3 米 ~0.5 米，地下基槽深约 1.2 米，范围和形状与台基部分大体相当。台基表面因残损未见础石及础坑痕，但在四角均发现夯土中掺杂大量碎瓦片的迹象。大殿南面设双阶，北面正中设单阶，台阶夯土宽约 3 米、长约 2.5 米、残高 0.3 米左右。台基边缘有条砖包砌和碎砖填缝的痕迹，其外侧为宽约 1 米的砖铺散水痕，外缘以规整的三角形砖砌边。基础部分经解剖确认为条形夯形式，外围为"回"字形，内部由 5 条东西向平行分布的条形夯组成。根据基础结构及台阶的分布，可以推测大殿应为面阔七间、进深四间的建筑样式。

大殿东、西两侧南端建有连廊，东西面宽约 5 米，南北进深约 6 米，外缘有包砖和散水痕，与大殿连接处地面有地栿槽痕。基础为两道东西向平行分布的条形夯。连廊两侧分别连接两组南北向的廊房，廊房建在质量较差的夯土台基之上，台基高约 0.3 米，东西跨度约 14.7 米，外缘有包砖及宽约 1 米的砖铺散水痕，散水外缘的三角形砑砖与大殿外围砑砖经翼廊南北连为一体。廊房结构为进深两间，面宽、进深约 4.3 米，前后有宽约 2.2 米的通廊。墙基系在夯土台上浅挖而成，宽度约 0.7 米 ~0.9 米，深浅不一。外墙及室内东西向短隔墙墙基由三种不同类型的残砖平铺，其上砌筑整砖；而室内南北向的长隔墙墙基则是以碎瓦片铺垫，地面以上瓦墙宽约 0.8 米 ~0.9 米，外缘部分由排列整齐的残瓦叠筑，内部的瓦片铺垫则较散乱。外墙墙基南北连通，室内墙基均不贯通。室内空间略呈方形，面宽、进深约 3.5 米 ~3.6 米左右，部分屋内尚保存较好的北朝地面及倒塌的白灰墙皮。廊房基础均由等距分布的磉墩组成，磉墩边长约 1.5 米。

发掘出土遗物以砖、瓦类建筑构件为主，种类有板瓦、筒瓦、瓦当、兽面瓦件及各种类型的砖等。板瓦、筒瓦均破损严重，几乎不见较完整者，但表面多呈黑灰压光处理，显示出时代的特性和建筑物的级别，值得注意的带有戳记的瓦件较多。

核桃园建筑基址群的发现与发掘为我们探索邺南城外郭城的布局和范围以及里

坊结构提供了重要的线索；对于我们探讨北朝晚期佛教寺院的形制、布局和功能具有重要意义；为了解北朝晚期大型宗教礼制类建筑的空间布局与结构、建造技术与工艺等提供了丰富的实物资料。

（何利群　沈丽华）

【正定县开元寺南广场唐至明清时期遗址】

发掘时间：2016 年 11 月 ~2017 年 4 月

工作单位：河北省文物研究所、正定县文物局、正定县文保所

正定县开元寺南广场遗址位于正定古城中部偏南、全国重点文物保护单位开元寺现址的南侧和西侧，遗址面积约 12000 平方米。2016 年 11 月 ~2017 年 4 月，经国家文物局批准，对该遗址进行了考古发掘，发掘面积 1035 平方米。通过此次考古发掘，发现了唐、五代、北宋、金、元、明、清 7 个历史时期的文化层叠压。清理各类遗迹 94 处，出土可复原文物 2000 余件，基本明确了开元寺南广场遗址存在三个遗存系统。

开元寺寺庙建筑系统主要位于开元寺现址南侧、开元寺南广场遗址东北部。发现唐中期沟渠一条，沟渠与同时期池沼相连，疑似开元寺内引水渠。发现金元时期建筑基址一座（F2）、墙基遗存一处（Q2）、道路一条（L2），初步推断建筑基址为金元时期开元寺南门，道路应为开元寺门前大道。

晚唐五代城墙防御系统位于发掘区中南部，东西向横贯发掘区，主要遗存是一道东西向的夯土城墙（Q1）。夯土墙体厚 7 米 ~8 米，在发掘区内东西长 130 米，平面呈“T”形。发掘区内的夯土墙东部墙体向南、北两侧凸出形成城台，城台南北长 28 米，在发掘区内宽 12 米。夯土墙底部南侧有基槽，系夯筑城墙时对南高北低的原地表找平而形成。基槽北部向上夯筑形成夯土墙体，基槽南部上端找平形成夯土平台。Q1 的建筑年代可分为两期，一期为晚唐时期修筑的夯土墙及城台，二期为五代时期对夯土城台外侧包砌砖墙并对夯土墙进行局部修补。城墙防御系统在北宋时期已经遭到破坏。结合现有发掘、勘探结果并参考相关文献，初步推测该夯土墙体为晚唐时期真定城的子城城墙。

唐五代宋金至明清民居建筑和街巷系统主要分布于发掘区中南部，以房址、水井、灰坑和窖藏为主。房址以居址为主，此外还发现三处宋金元明时期的民间庙宇（F7、F11、F5），三座庙宇相互叠压，可能是经过历代重修并且有沿袭关系的民间庙宇。

此次考古发掘共出土了跨越唐五代至明清时期的可复原器物 2000 余件，分为日常生活用具、建筑构件、宗教遗物、手工业商业遗物四大类。以瓷器为主，时代跨越唐五代至明清，品种繁多，基本囊括了各时代最具代表性的器型和装饰技法，涉及井陉窑、定窑、磁州窑、邢窑、景德镇窑、钧窑、龙泉窑、耀州窑等窑口。

开元寺南广场遗址的考古发掘工作不仅为探讨开元寺布局的变化及建造年代提供了实证材料，考古发现的晚唐五代时期的城墙、唐五代宋金至明清时期的民居建筑遗存以及 2000 余件出土文物更是研究华北地区晚唐至明清时期城市布局演变、居民日常生活，探讨正定古城的商业活动以及当时的商贸路线的重要资料。

（陈　伟　翟鹏飞　佘俊英　房树辉）

【崇礼县太子城金代遗址】

发掘时间：2017 年 5 ~11 月

工作单位：河北省文物研究所、张家口市文物考古研究所、崇礼区文广新局

该遗址位于崇礼区四台嘴乡太子城村村南，西距崇礼县城 20 千米，现为市县级文物保护单位。该遗址位于北京 2022 年冬奥会张家口赛区太子城奥运村项目占地范

围内，为做好遗址文物保护工作，河北省文物研究所等单位自2017年5月起，对太子城遗址进行了全面测绘、勘探与发掘，取得了重要收获。

太子城遗址经勘探确认为一座平面为长方形的城址，南北400米、东西350米，方向158°，总面积14万平方米。现东西南三面城墙存有地下基址，北墙基址被河流破坏无存，残存三面墙体外均有壕沟，另钻探发现城址西墙有两道，东西间距50米。道路系统方面，钻探确认城内主街道基本呈“T”字形分布，有南门与西门各1座，门外均有瓮城。城内钻探共发现建筑基址28座，其中南北中轴线上有3组：南部正对南门的9号基址，中部1、2、3号组成的中心基址群，北部25号基址。

太子城遗址在2017年共发掘6400平方米，对4处重要遗迹进行了清理。（1）南墙、南门与瓮城。通过发掘基本搞清了太子城南墙、南门与瓮城的规模、形制与营造方式，外围壕沟与墙体的关系等，为城址南门部分的地上建筑复原提供了依据。（2）西内墙、西门与瓮城。西内墙与瓮城的营造方式与南墙基本相同，西门较南门规模小。西瓮城内发现13件“尚食局”款白釉瓷器，另有大量高档白釉印花碗盘，为推测西瓮城性质提供了依据。（3）9号建筑基址。位于太子城南门北部，城址南北中轴线上，正对南门，南距南门约75米。通过发掘可知，其面阔三间，进深五间，南北29.2米，东西26.2米，现残高0.35米。在基址的东、西、北分别有踏道通向基址上部。（4）3号与2号建筑基址。3号基址位于城址中部，南北中轴线上，平面布局为十字形，中心建筑面阔三间，进深三间，东、西各有朵殿，南出抱厦。在基址的东、西、南、北各有已一斜坡踏道通往基址上部。2号基址位于3号基址西13.3米，形制与3号基址基本相同，仅个体稍小，由1、2、3号基址组成的基址群为太子城遗址的中心建筑群。

太子城遗址出土遗物以各类绿釉琉璃或泥质灰陶建筑构件为主，其中大量青砖上戳印“内”“宫”“官”字，白釉瓷器中已发现15件印摩羯纹碗盘底有“尚食局”款铭文，另有部分铜鎏金龙形饰件、铜建筑构件等。从出土遗物推测太子城遗址时代为金代中后期。据《金史》载，金章宗泰和二年（1202）与五年曾驻夏于西京路宣德州龙门县的泰和宫（后改为庆宁宫），经考古调查，太子城是金龙门县唯一一处金代中后期有宫廷性质的城址，且位于金世宗、章宗时期去山后捺钵的交通路线上，故推测太子城即《金史》中记载金章宗驻夏的泰和宫。

（黄　信　任　涛　魏惠平）

【张家口早期长城资源考古调查】

调查时间：2017年8月10～16日；8月25日～9月6日

工作单位：河北省文物研究所

2009～2010年，河北省文物研究所对张家口市境内早期长城进行了资源调查。2014～2015年，又对新发现的尚义县早期长城作了资源调查。在两次早期长城资源调查中，因各种条件限制，对部分长城的走向、不同长城之间的关系并未搞清。有些县域的长城调查中并未采集标本，造成始建年代和沿用年代并不清楚。为解决上述问题，我们组织了调查队伍，对六段张家口早期长城进行了补充调查。

尚义县早期长城与张北县坝头长城。经调查，发现尚义县早期长城在鱼儿山顶峰西侧消失后，并未直接延伸到张北县。鱼儿山北坡存在4～5道并行的长城墙体，具有明代长城特征，应该是为加强地势低平处防御纵深而修筑的，并非早期长城。

崇礼县、张北县交界坝头长城。自两县交界处的水泉滩长城向东搜寻，并未发现早期长城，确认了以前调查的结果，这道长城并未直接与张北县桦皮岭长城相连，而是自此拐向东南，进入崇礼县境内，在茂古天营村东消失，从烽火台的走向看，这段长城东端可能与崇礼县中沟、东沟分水岭长城相连。在水泉滩 1 号烽火台、沟门 1 号烽火台、沟门 2 号烽火台、茂古天营 1 号烽火台边均采集有汉代陶片，种类有罐、盆、瓮等。在沟门 1 号烽火台南侧还发现一个灰坑，出土有大量牛骨，附近树坑中发现有带状铁器。在沟门 2 号烽火台附近发现有铁斧、铁铲，应为修建长城的工具。

崇礼县中沟、东沟分水岭长城。经调查，在这道长城的北部，即张北县桦皮岭以西的西圪塔、半坝村长城的烽火台周围均存在围沟，这是明长城石砌烽火台的特征，说明这道长城被明代利用过。在崇礼县的马凤祥沟 1、2 号烽火台中间段，发现一座已经被改造为工事的烽火台，附近发现有汉代、明代陶片，证明此段长城始建年代至少为汉代。

崇礼、赤城两县交界线上早期长城。对沙岭、青虎沟长城段的烽火台作了补充调查，这些烽火台均存在围沟，附近散布青花瓷片、酱釉瓷片，均为明代遗存。反映了这道长城最后的使用年代为明代。

沽源县南、北两道长城。对地处南部的平头梁长城墙体上的烽火台进行了补充调查，发现这些烽火台均存在围沟，附近的遗物均为明代，有瓷片、泥质灰陶片等，特征与前次调查发现一致，证明这道长城也被明代沿用。北部长城整体保存情况不如南部长城，烽火台附近也没有发现明代遗物，这道长城的年代应更早。

蔚县南山长城。在南马庄村长城墙体北侧的山梁上，发现了一座明代烽火台，地表陶片中有北魏时期的捏边板瓦。证实了这条长城被北魏时期沿用，应为史书记载的“畿上塞围”。调查了南马庄 1、2 号烽火台。在 2 号烽火台上采集到明代酱釉瓷片，证实了这道长城被明代所沿用。

经过半个多月的补充调查，对张家口部分早期长城的走向和不同段落长城的关系有了新的发现。在多处烽火台上采集了标本，有陶器、瓷器、铁器、动物骨骼等，其中陶器、瓷器的发现为判定长城的年代提供了直接依据。铁器、动物骨骼则为首次发现，为深入探究长城的建造方式、长城的使用过程等课题提供了宝贵资料。

（韩金秋）

山西省

【襄汾县丁村遗址群九龙洞遗址】

发掘时间：2017 年 4～6 月；8～9 月

工作单位：山西省考古研究所、丁村民俗博物馆、襄汾县博物馆

九龙洞遗址位于襄汾县新城镇沙女沟村东南侧北涧沟内，自 2015 年发现以来连续进行发掘。2017 年度在以往工作的基础上继续对 A 区和 B 区进行发掘，并选取遗址西北部（D 区）进行试掘。A 区的发掘获得石制品 600 余件，并新发现原地埋藏古人类石器打制现场一处，石片、断块、碎屑等密集分布，在随后的拼合中呈现出较高的可拼合率。同时对 B 区 2015 年发现的两处石器打制现场进行文化遗物提取，获得石制品 1100 余件以及大量碎屑、碎片。并于发掘区西侧的一处石器打制现场密集分布的石制品下部发现用火遗迹，周边亦可见炭屑、零碎动物化石等，表明九龙洞遗址是丁村人进行原料采集、石器打制、食物分享等活动的重要场所。此外，为了进一步了解九龙洞遗址的形成过程，选取遗址西北部与黄土基座相接的区域进行发掘，发掘面积 24 平方米，获得石制品 70 余件，初步判断大部分出土于 S4 底部侵蚀面上下，使丁村遗址群的年代有可能扩展到 50 万年左右。总的来说，2017 年度丁村遗址群的调查发掘为探讨丁村人的生存模式、石器技术、活动规律、人地关系等提供了重要的材料。

（王益人　袁文明）

【朔州市朔城区峙峪旧石器时代遗址】

发掘时间：2017 年 10～12 月

工作单位：山西大学历史文化学院、山西省考古研究所、朔州市文物工作站、大同市考古研究所

该遗址位于朔州市朔城区下团堡乡峙峪村西北。峙峪村位于桑干河上游黑驼山东麓，西、北、南三面均有高山环绕，东面为桑干河平原。旧石器遗址位于峙峪村小泉沟与峙峪河交汇的一处孤立的小山丘，处于峙峪河二级阶地上，为基座阶地，阶地地面高出河床 21 米左右。

2017 年，山西大学历史文化学院考古学系与朔州市文物工作站及大同市考古研究所组成的联合考古队，对遗址周围开展区域地质调查。调查的范围东到运煤专线，西到黑驼山东麓，北到遗址后 6 千米的阶地，南到峙峪村，调查面积在 3600 万平方米左右。由于现代建筑和挖煤工作的破坏，峙峪河的两岸地层已经遭到严重侵蚀和破坏，大部分地方基岩已经出露，因而未发现任何旧石器遗址和化石点。

遗址的发掘深度为 5.5 米，地层自下而上共 5 层。第④层（自下而上）灰褐色细—粗砂交替层发现动物化石，此次发掘所发现的动物化石（有详细记录的）共计 240 件，此外还采集到大量的动物肢骨和牙齿化石，还有少量石制品。化石石化程度较高，破碎、大部分风化较严重，部分化石呈黑褐色。动物化石包括肢骨和牙齿化石，初步鉴定的种属有马、犀牛、野猪等。

石制品包括石片、断片、断块、砾石块等，未见工具，但有的石片和断片的边缘有小的疤痕，可能作为权宜工具使用过。石料以石英为主，其次是石英岩，还有少量的燧石。石制品的打制技术为锤击法，个体较小，形制不甚规整。

遗址附近所采集的石制品属于小石片工业。石制品的小型化，反映出环境和人类行为模式的变化，同时也说明当时的环境以草原为主，与动物化石所反映的环境相符，古人类的经济模式以狩猎为主，采集为辅。（李　君　石　晶　石晓润）

【兴县碧村龙山时期遗址】

发掘时间：2017 年 3～12 月

工作单位：山西省考古研究所、山西大学历史文化学院

2016 年碧村考古队在小玉梁地点全面揭露了一组石砌排房，并于台地外围发现了石砌护墙的线索。2017 年以此线索为基础，山西省考古研究所联合山西大学历史文化学院，展开了对小玉梁的全面发掘，将发掘区域向东、南、西部扩展，初步揭露面积 2000 平方米，所获遗存主要为龙山时期。

2017 年度收获主要有以下几点：

第一，弄清了石砌排房所在台地外围护墙的形制和结构。目前已发现四面护墙残存情况，围护区域呈长方形，南北较宽，东西窄，总面积 3000 多平方米，方向与石砌排房一致，显然经过了精心规划。从北、东、南墙的结构来看，上述石砌墙体采用了双层复合墙体的构筑方式，每层墙体宽度在 1.8 米左右，两层墙体拼合为一堵护墙，总宽度在 3.6 米左右，每层石墙外侧均有规整的立面，内侧紧贴坡地或倚靠内侧墙体的外立面。

第二，护墙所处的台地边缘应是小玉梁地点史前居民的主要垃圾倾倒区。在保存较好的南墙、东墙的底部和顶部，均发现有大量灰土堆积，出土遗物尤为丰富，与台地中央包括石砌排房周边区域较少发现同时期遗物的情况，形成鲜明对比。

第三，在西部发现了早期半地穴房址，该批房址位于石砌排房西北方，清理出的其中一座平面近似方形，复原面积在 30 平方米左右，时代早于后者。两批房址年代可能与护墙顶部、底部灰土垃圾存在一定的联系。

第四，在发掘区东南角断崖边发现另一段护墙的线索，该墙体具有明显的护坡性质，与小玉梁顶部四周护墙相区别，可能属于该台地从上至下的第二级护墙。

通过 2017 年的工作，基本明确了小玉梁台地顶部石砌排房时期的聚落布局，初步了解了整个台地龙山时期的聚落变迁，早期存在一些半地穴房址，晚期修建了石砌排房，并逐步完善了维护设施。

（王晓毅　张光辉　王小娟　任海云）

【兴县冯家沟遗址调查】

调查时间：2017 年 8 月

工作单位：山西省考古研究所、山西大学历史文化学院

2017 年 8 月，山西省考古研究所与山西大学历史文化学院在兴县蔚汾河调查时，于交楼申乡冯家沟村东新发现一座石城聚落，这也是交楼申河发现的首座龙山石城。

该遗址位于蔚汾河中段支流交楼申河东岸的山梁上，面积约 60 万平方米，时代为龙山时期。

在遗址所在的山梁两侧的缓坡上发现一些陶片，局部的台峁边缘有石砌的护墙。东西南北四面为河谷所环绕，形成一个天然的封闭区域，遗址周边未见石砌城墙，这一方式区别于碧村、白崖沟模式。同时，遗址北侧对面山梁北侧，与冯家沟遗址正对的缓坡上也发现一些房址和陶片。另外，与冯家沟遗址隔河相望的交楼申河西岸缓坡上也发现一些遗物，这些区域是否可以

纳入该遗址还须进一步的复查。

（王小娟　张光辉　任海云）

【绛县周家庄新石器时代及夏周遗址】

发掘时间：2017 年

工作单位：中国国家博物馆、山西省考古研究所、运城市文物保护研究所

2017 年春、秋两季，由中国国家博物馆、山西省考古研究所及运城市文物保护研究所组成的联合考古队对周家庄遗址进行了大规模考古发掘。

春季的发掘工作在三个地点进行。一处位于遗址Ⅰ区，发掘面积达 700 平方米，旨在深入了解已知的房址、墓葬集中分布区，寻找高等级墓葬。通过发掘，发现多座龙山时期墓葬，这些墓葬（包括土坑墓与瓮棺葬）按组排列，互相间不见叠压、打破关系，均无随葬品。此外，该地点还发现灰坑、房址、陶窑等遗迹。另外两处地点均在Ⅱ区，布设探沟两条，发掘面积约 240 平方米。两条探沟都见有灰坑、房址等遗迹。三个地点均出土大量陶器、石器、骨器。

秋季的发掘地点分两处。一处位于遗址Ⅳ区，布设探沟一条，发掘面积达 200 平方米。通过发掘，了解到该地点存在龙山、二里头等时期遗存。所见龙山遗存为灰坑；二里头时期的遗存包括灰坑、房址等。另发现一条古代道路，宽 1.95 米 ~ 2.35 米，路面可见 5 条清晰的车辙，为双轮车多次碾压所留。5 条车辙可分 3 组，各组间距（或轨距）约 1 米。初步分析，该道路的时代上限为二里头时期，下限为周代。另一处发掘地点选在Ⅲ、Ⅳ区之间，布设探方 4 个，发掘面积达 400 平方米。该地点堆积丰富，包含仰韶、庙底沟二期、龙山及二里头等多个时期的遗存。遗迹种类有灰坑、陶窑、房址等。两个地点所见遗物数量均较多，具体包括大量陶器、石器、骨器、玉器。

房址、墓葬集中分布区的发掘丰富了Ⅰ区墓地的内涵，为研究晋南乃至中原地区龙山时期的葬制、社会提供了新的材料。周家庄村南两个地点的发掘，揭露出大批遗迹。这些遗迹的时代涵盖仰韶、庙底沟二期、龙山、二里头及周代等。遗迹间存在较为丰富的叠压、打破关系，并出土大量陶器，为完善周家庄遗址考古编年提供了基础资料。2017 年度发掘所见遗存虽涵盖多个时期，但其中最为丰富者，仍属龙山时期。与 2015 年、2016 年所获者多属周家庄龙山遗存晚期相比，2017 年度获取的龙山遗存涵盖周家庄早期、晚期。这为研究周家庄遗址龙山时期聚落变迁提供了重要的实物资料。

（田　伟　戴向明）

【闻喜县酒务头商代墓地】

发掘时间：2017 年 6 月 ~2018 年 1 月

工作单位：山西省考古研究所、运城市外事侨务和文物旅游局、运城市文物工作站、闻喜县文物旅游管理中心

2017 年 6 月，由山西省考古研究所牵头，联合运城市外事侨务和文物旅游局、运城市文物工作站、闻喜县文物旅游管理中心对闻喜县河底镇酒务头村墓地进行抢救性发掘。墓地发现商代大墓 5 座，中小型墓葬 7 座，车马坑 6 座。截至 2018 年 1 月，共清理了商代晚期大墓 2 座，车马坑 1 座。

M1 为带台阶墓道的“丁”字形墓，口大底略小，方向 195°。墓室开口呈长方形，东西长 7.2 米，南北宽 5.2 米。椁室距墓室开口 4.7 米，近长方形。葬具为木质，一椁一棺，均已朽化坍塌。椁东西长 3.3 米，南北宽 1.5 米，深 1.2 米。椁盖板呈南北向排列，计 18 块，每块长约 1.7 米、宽约 0.25 米、厚 0.05 米。棺长约 2.2

米、宽约 0.95 米。椁室底部正中偏南有一处腰坑，形状呈圆角长方形，长约 1.1 米、宽约 0.4 米、深约 0.3 米。

M1 出土了青铜器、陶器、骨器等随葬品，其中青铜器共 123 件，陶器 7 件，骨器 1 件。青铜器有觚 5 件、爵 6 件、鼎 3 件、卣 2 件、甗 1 件、簋 1 件、盘 1 件、尊 1 件、盉 1 件、斝 1 件、罍 1 件、铙 3 件、铃 11 件、戈 11 件、矛 10 件、刀 2 件、钺 1 件、镞 55 件、工具 5 件、斧形器 1 件、弓形器 1 件。陶器有陶罐 7 件。骨器有骨管 1 件。

M3 为带斜坡墓道“丁”字形墓，方向 195°。墓圹开口距地表 0.3 米，墓口距生土二层台 0.3 米。墓室平面呈长方形，东西长 7.5 米，南北宽 5.45 米，四壁基本垂直。墓道长 19.1 米，宽 3 米，坡度 20°，墓道分布四条挡水槽，槽宽 0.4 米～0.6 米，深 0.4 米～0.55 米。椁室平面呈长方形，东西长 3.1 米，南北宽 1.6 米，深 1.2 米。棺木朽烂严重，加之盗扰严重，痕迹不清楚。椁底中部有腰坑，平面呈长方形，东西长 1.4 米，南北宽 0.7 米，深 0.4 米。

M3 遭严重盗扰，盗洞及椁室内填土经过筛选，残留比较完整的有青铜兽面饰 2 件、青铜铃 3 件、青铜箭镞 68 件、陶罐 2 件，此外还有礼器、兵器、陶器等器物残片。

K1 位于 M1 西南，坑近方形，方向 98°。坑口距地表 0.4 米，北边长 3.45 米、南边长 3.3 米、东边宽 2.9 米、西边宽 3.35 米。底部距地表 1.13 米，北边长 3.4 米、南边长 3.4 米、东边宽 2.8 米、西边宽 3.2 米。

K1 坑内埋一车二马一人。车不完整，没有车厢、车辕、车轮，仅发现车横构建及装饰、车軎、车輨、车衡饰、马装饰。人呈仰身直肢，头东足西，面向南，男性，身高约 1.7 米。二马俯卧于辕的两侧，头东臀西，腹部朝下，背脊向上。两马的四腿分别呈跪状，马头压于衡下，在马头顶骨正中，均发现钝器锤砸痕迹。两马均未发现马尾骨。二马相距 0.8 米、北马长 1.9 米、南马长 1.8 米。车马器有铜軎、铜輨、铜兽面形衡饰、三角形衡末饰及马头装饰等。

闻喜酒务头墓地是一处新发现的商代晚期高等级贵族墓地，具有典型的殷墟文化因素，此次发掘对商代晚期晋南地区的政治格局研究有重要意义。

（马　昇　高振华　白曙璋）

【绛县睢村西周墓地】

发掘时间：2017 年 1～12 月

工作单位：山西省考古研究所

绛县睢村墓地位于绛县卫庄镇睢村北 500 米的台塬地上，西距绛县县城约 5000 米。墓地地势平坦，南望中条山，西北倚紫金山，西面为季节性河流，属浍河水系。

2015 年 7 月，山西省考古研究所开始对该墓地进行考古发掘，截至 2017 年 12 月 31 日，墓地发掘面积达 17000 余平方米，在发掘区内共发掘墓葬 854 座。其中，大型墓葬 10 座，车马坑 1 座。大型墓葬全部遭盗掘。

墓地时代从西周早期延续至西周晚期。墓葬特征明显，均为东西向的圆角长方形土坑竖穴墓，口小底大；墓主人以头向西为主，其次为头向东；葬式以仰身直肢为主，其次为俯身直肢；发现有腰坑、殉人；在三座大墓四角发现有斜洞。

出土有铜器、陶器、漆器、海贝、毛蚶、蚌泡、蛤蜊等器物共计约 11000 余件。其中，青铜器 560 余件，包括青铜鼎 24 件、青铜簋 7 件、青铜鬲 1 件、青铜戈、铜铃、车马器百余件。陶器 820 余件，种类有鬲、罐、簋、壶、豆、盆、大口尊。漆器数十件，但因腐朽挤压，绝大部分器形不识。海贝、蚌泡、毛蚶、蛤蜊等小件器物 9600 余件。

从空间位置与属性等方面看，睢村墓地价值与意义非常重要，对于研究西周分封与政体具有重要的价值，资料价值很高，尽管大墓多数被盗，但其文化与考古价值绝不可低估。睢村墓地的发现与发掘有利于推动西周时期晋南及当时整个社会组织结构的探讨与争论，同时也将有助于该时期族群迁移、融合及各个区域中心的性质及其之间关系的研究。

（段双龙　王金平）

【襄汾县陶寺北两周墓地】

发掘时间：2017 年 3 月 ~2018 年 2 月

工作单位：山西省考古研究所、临汾市旅游发展委员会、襄汾县文化局

陶寺北两周墓地位于襄汾县城东北约 7000 米处的陶寺村北。墓地东西长约 600 米，南北宽约 400 米，面积约 24 万平方米。因近年盗掘被发现，山西省考古研究所、临汾市旅游发展委员会、襄汾县文化局组成考古队分别于 2014 ~2016 年进行了三次抢救性发掘，共发掘大中小墓葬 17 座。为进一步搞清楚墓葬分布及墓地性质，2017 年 3 月 ~2018 年 2 月，进行第四次大规模发掘，发掘面积约 7000 平方米。

2017 年分两个发掘区进行发掘，共发现墓葬 250 余座、祭祀坑 90 余座，至 2018 年 2 月初共清理完成墓葬 160 余座、祭祀坑 40 余座。

Ⅱ区位于墓地西部，发掘面积 5600 平方米，发现墓葬 220 余座。小型墓葬位于发掘区北部，分布集中；大中型墓葬位于发掘区南部，分布稀疏，周围发现有数量较多的祭祀坑，整体呈现“小聚集，大稀疏”的情况。除 2 座东西向外，其余均为南北向，墓葬间无打破关系。墓葬时代多为春秋早期。

小型墓葬清理完成 140 座，墓口长 1.2 米 ~2.4 米、宽 0.5 米 ~1.4 米、深 0.8 米 ~5.3 米不等。葬具多单棺，个别双棺或一棺一椁。葬式多仰身，个别侧身，下肢为直肢或屈肢。仰身屈肢较多，占比达 70%，上肢双手交叉于腹部，下肢侧曲或双腿弯曲呈拱形。头向绝大多数为北向，发现 2 座西向，2 座南向，随葬品多为单个陶鬲，个别发现有小件玉饰或口唅。此外，还发现一座夫妻同穴合葬墓，为同时期罕见。

大中型墓葬均被盗掘，M2004、M2005 清理完成。M2004 在椁室北部发现陶鬲 1 件、板瓦 1 件，盗洞内筛出一些小件玉器、陶珠等。M2005 在墓室西北部发现筒瓦 1 件，棺椁间东部发现铜翣 2 件，棺椁间东西两侧发现大量铜鱼、陶珠、石贝等。M2009、M2010 正在发掘，在 M2010 北部发现 30 余座祭祀坑，其中马坑 6 座，殉整匹马 1 ~3 具，其余祭祀坑内多为羊骨或狗骨，坑较浅或暴露于当时的地面，祭祀坑之间未发现打破关系。还在 M2010 墓口以北，靠近墓壁处发现有“玉石祭祀”现象，多为散乱的石圭，个别为玉璧。除此之外，在 M2007 东南部、M2008 北部也发现有数量较多的动物祭祀坑。

Ⅲ区位于墓地中部，在 2015 年、2016 年发掘区以北，发掘面积约 1500 平方米。发现墓葬 27 座，清理完成 23 座。墓葬分布较稀疏，中型墓居多，多为一椁双棺或一椁一棺，发现铜器墓 5 座，其中 M3017 出土铜鼎 3 件、铜甗 1 件、铜盘 1 件、铜舟 1 件、铜匜 1 件、铜敦 2 件、陶壶 2 件、陶豆 2 件、陶鬲 1 件，还发现有车軎车辖、马衔马镳、铜戈、铜箭镞等。陶器墓多出土成组的陶礼器，器物组合有鬲、鼎、豆、壶、盆；鬲、鼎、豆、壶；鬲、豆；豆、罐等。小型墓多单棺，随葬品仅 1 件陶鬲或无随葬品。时代多为春秋晚期。

M3014 一椁双棺，椁室未完全坍塌，在外棺南北两端局部暴露出红色的纺织品痕迹，应为“荒帷”。其上绘黑、黄色“巳”形图案，或是两“巳”相背的黻纹。

因荒帷附着于棺椁之间的淤土上，现场条件不利于荒帷的加固、保护，目前已将椁室整体套箱，准备搬迁至室内清理。

M3011 墓向 7°，墓口长 6.4 米、宽 5.2 米、深约 10 米，椁盖板上及椁室四周发现有积石，为大小匀称的河卵石。西北角发现有盗洞，但因墓室较深且有积石保护，除西北角被盗外，其余保存尚好。目前正在清理椁室，在棺椁间西部、南部发现大量青铜器，因该墓未完成发掘，各器类数量还未准确统计。目前可见有礼器、乐器、兵器、工具、车马器等。礼器有鼎、鉴、壶、方座豆、鬲、盘、簠等；乐器有编镈、编钟、鼓座、石磬等；兵器有铜戈、箭镞等；工具有铜锛、铜凿、铜锥、环首刀等；车马器有车軎车辖、马衔马镳等。此外还发现有海贝、鎏金铜贝、金箔等。其中重要的是在一套编钟上发现有大量的铭文，因部分甬钟或残碎或铜锈斑斑，对铭文还未系统整理，其中 1 件甬钟上可见有“卫侯之孙申子之子书……”等刻铭，可确定该编钟与卫国有关，或揭开春秋晚期晋卫两国的一段重大历史事件。此外所发现的鼓座，底径约 85 厘米，鼓身由三条蟠龙相互缠绕，龙首昂起口衔承接鼓柱的圆筒，这在同时期墓葬中很少发现，彰显着墓主人较高的身份地位。

2017 年发掘面积较大，发现墓葬数量多，为了解墓地墓葬布局提供了新材料，发现的大量祭祀坑，为探索古代“墓祭”制度提供了有益的线索。M3014 中的荒帷遗迹，在目前北方地区两周时期遗迹中是第三次发现，是唯一的春秋晚期荒帷实物资料，且保存较完整，对两周时期丧葬制度的研究意义重大。M3011 是近年来山西东周考古的重大突破，发现的大量青铜器，尤其是其中的一套刻铭编钟，为揭开墓地性质、研究春秋晚期晋卫两国的历史提供了极为重要的资料。

（王京燕　崔俊俊）

【高平市西李门东周至西汉墓地】

发掘时间：2017 年 5～6 月

工作单位：山西省考古研究所

为配合太焦高铁建设项目，山西省考古研究所太焦高铁考古队对高平市西李门墓地开展了抢救性考古发掘。西李门墓地位于高平市河西镇西李门村西台地，当地老百姓俗称此地为“大部落地”“西岭上”。台地西边紧邻二广高速，北接陵侯高速，南部以河西镇至石末乡的县乡路为界，东部至西李门村西南北一线。太焦高铁规划线路由北向南经过台地东边缘。考古队在铁路线路涉及的发掘区内发现墓葬 24 座，其中春秋至汉代墓葬 17 座。均进行了完整揭露和发掘。

一　春秋晚期墓葬

春秋晚期墓葬 2 座。编号 M7、M9，墓葬形制均为土坑竖穴墓，规模较小，且墓口略大于墓底，葬具一椁一棺，葬式均为仰身直肢，出土陶鬲、陶豆、陶盆、陶杯等日用陶器。M7 出土随葬品有陶鬲 1 件、陶盖豆 1 件、陶盆 1 件、骨笄 1 件；M9 随葬品组合为陶鬲 1 件、陶盆 1 件、陶杯 1 件。

二　战国晚期—秦汉之际墓葬

战国晚期—秦汉之际墓葬 10 座。除 M22、M24 为土坑洞室墓外，其余墓葬形制均为土坑竖穴墓，且墓口均大于墓底。墓口长约 3.5 米～3.8 米，宽约 2.2 米～2.7 米，深度平均 2.8 米～3.6 米。葬具为一椁两棺或一椁一棺，葬具痕迹保存较好，葬式均为仰身直肢，人骨上肢两边尺骨桡骨交叉置于盆骨处。随葬品主要是陶器，仅有个别墓葬出土铜带钩、玛瑙环等小件，陶器组合以陶鼎 2 件、陶盖豆 2 件、陶壶 2 件、陶盘 1 件、陶匜 1 件等为主。

三　西汉早期墓葬

西汉早期墓葬 5 座，均为土坑竖穴墓，墓口与墓底同大，葬具为一椁一棺，葬式为仰身直肢，随葬品以陶器为主，多为陶壶或陶罐组合。

此次发掘面积虽然不大，但是发现的墓葬分布比较集中，墓葬排列有规律可循，墓葬时代跨度较大。结合周边调查情况，西李门墓地的面积很大，各个时期的墓葬数量较多，延续时间长，出土过较重要的随葬品，是一处非常重要的墓地。

（赵　辉　王普军）

【榆社县偶尔坪战国遗址】

发掘时间：2017 年 5～12 月

工作单位：山西省考古研究所、晋中市考古研究所、榆社县文物局

偶尔坪遗址位于榆社县河峪乡西周村西南的冲沟间台地上。2017 年 5 月始，为配合太焦高铁榆社段的建设，我们对遗址进行了考古发掘，目前尚未结束。2017 年度共发掘面积约 3300 平方米，已发掘遗迹有小型墓葬、灰坑、灰坑葬、半地穴式房址、陶窑、地下建筑遗存、一号夯土建筑基址和夯土城墙基址等 70 余处，时代上从战国早期延续到战国晚期。

早期遗存主要有墓葬、灰坑和半地穴式房址等。墓葬 16 座，均为长方形小型土坑竖穴墓，一棺一椁，单人葬，仰身直肢或仰身屈肢，头向北。随葬陶器有鬲、盆、豆、罐、钵、盂、匜等，组合不一；其他随葬器物有铜环、铜铃、铜带钩、骨管、骨笄、柄形器等。灰坑 14 个，均为不规则取土坑；半地穴式房址 3 座，均为小型圆形袋状坑。出土物主要为灰陶片，均属日用陶器，可辨器形有鬲、盆、豆、罐、甑等。

中期遗存主要有地下建筑遗存、夯土城墙基址和一号夯土建筑基址等。地下建筑遗存共发现 4 座，其中 F1、F2、F3 为石砌建筑，建造方法是在长方形土圹内用河卵石垒砌石墙和积石基础，面积分别为 46、45、55 平方米；F4 为夯土木构建筑，营造方法是在长方形土圹内周边夯筑宽厚夯土，中部起建木构建筑，建筑四壁和地面均以木材营造，地面下垒砌平整的积石基础，面积约 70 平方米。4 座地下建筑遗存彼此相邻，其中 F3 被 F2 打破。夯土城墙基址和一号建筑基址，并排呈北偏西走向。东为夯土城墙基址，被冲沟破坏严重，残长约 38.3 米、残存最宽约 5.15 米。结合遗址周边调查情况，推断其应是城址的东城墙残段。西为一号建筑基址，狭长，分段夯筑，发现有磉墩和慢道。已揭露部分残长约 132 米、残存最宽约 10 米。夯土城墙基址东缘和一号建筑基址西缘还发现有多处成排倚立的扣合整齐的筒瓦及板瓦用以包边。

晚期遗存主要有墓葬、灰坑、灰坑葬、陶窑等。墓葬 2 座，均为小型土坑竖穴墓，单人葬，头朝北，仅出土陶高柄小壶 1 件。灰坑 14 个，基本上为不规则取土坑。灰坑葬 4 座，坑内埋有单人或双人，死亡形态各异。陶窑 1 座，仅保留下馒头形窑室和部分工作面。晚期遗迹出土物主要为灰陶片，其中以绳纹板瓦及筒瓦等建筑构件居多，罐、盆、钵、豆、甑、鬲、釜等生活器具次之，还有少量的纺轮、网坠等工具。生活器具陶片上发现不少陶文，以“公”居多。其他遗物有铁环首刀、铁锛、铁铲、铜布币、铜带钩、石斧、石铲、骨笄、蚌刀、蚌镰等。

偶尔坪遗址的发掘，为上党地区战国时期葬俗葬制、建筑类型、城邑沿革及社会历史背景的研究提供了难得的实物资料。尤其是 4 座罕见的大型地下建筑遗存，对战国时期地下建筑的形制、工艺及使用功能的研究具有极高的价值。夯土城墙基址和一号建筑基址“排瓦式”包边的罕见做法，也为我们了解战国时期建筑“夯土”的防护措施提供了难得的新材料。

（王　俊　贾志斌）

【垣曲县下亳战国晚期至汉代墓地】

发掘时间：2017 年 10～12 月

工作单位：山西省考古研究所

发掘地点位于垣曲县王茅镇下亳村东约 1000 米的山地。此次发掘面积约 3000 平方米，共清理战国晚期至汉代墓葬 62 座，发掘墓葬编号为 2017YXM1～M62。这批墓葬形制多样，其中土坑竖穴墓 20 座，土洞墓 36 座，砖室墓 6 座。墓葬分布情况为土圹竖穴墓多分布于发掘区北部，洞室墓多分布于发掘区南部。墓向无规律可循。出土铜、铁、陶、铅、骨、玉、漆、石等各类随葬品 2000 多件。

20 座土坑竖穴墓中有 3 对对子墓，均已被盗毁。未被盗扰的 M48 较特殊，墓室中发现 6 个完整的人头骨紧贴东壁，随葬器物有铜钱（多数为半两钱，少数五铢钱）、鎏金铜牌、铜盆、铜勺、陶罐和、陶盆。

36 座土洞墓中 1 座斜坡墓道洞室墓，11 座覆斗状墓道小洞室墓，24 座竖井式墓道洞室墓。M9 为斜坡墓道洞室墓，墓室部分由前室、后室和侧室组成，其中侧室被盗。前室用于放置陶器类随葬器物，有陶罐、陶盘、耳杯、陶灶；后室放置两棺，随葬器物有铜钱、铜带钩、铜环，其中西侧一棺内随葬铜钱 1500 余枚；侧室发现少量人骨及 80 余枚铜钱。

6 座砖室墓中 1 座为斜坡墓道小砖室墓，1 座为竖井式墓道榫卯小砖拱形顶墓，1 座为斜坡墓道带天井空心砖墓，其余 3 座为竖井式墓道空心砖墓。M50 为斜坡墓道带天井空心砖墓，侧室为土洞。主室由 11 种不同规格的空心砖搭建而成，空心砖的图案以几何纹为主，仅墓门和墙砖有少量鸟形纹，室内靠近后墙处放置两棺，随葬品有铜钱、铜带钩、铁剑、铁刀、石砚等；侧室用于放置随葬品，有陶罐、铁剑、箭镞、弩机、铜钱、镳衔、当卢等。

垣曲下亳墓地的发掘是近年来该区域少有的大规模墓葬类考古发掘，多样的墓葬形制、多种类的随葬品进一步丰富了该地区的考古资料。墓地地处黄河北岸，与河南隔河相望，一直以来河南地区不断有画像砖墓的发现，虽然该墓地仅发现 4 座空心砖墓，且空心砖纹饰无法和精美的画像砖相比，但其地处空心砖墓分布区域的边缘地带对于汉代空心砖墓的研究同样具有重要的意义。

（穆文军　王普军）

【万荣县北魏汾州刺史薛怀吉墓葬】

发掘时间：2017 年 8～12 月

工作单位：山西省考古研究所、运城市文物工作站、万荣县文物旅游局

2017 年 8～12 月，经国家文物局批准，由山西省考古研究所牵头，运城市文物工作站、万荣县文物旅游局配合，对位于万荣县西思雅村北的北魏大型砖室墓葬进行了抢救性发掘。由出土墓志证实，墓主人系北魏末年汾州刺史薛怀吉，葬于孝昌二年（526）。薛怀吉墓的发掘是北朝考古的又一重要发现。

该墓系当地村民在浇地灌溉时，田地大面积塌陷，砖砌墓室券顶暴露而被发现。市县文物部门接报后，先后到现场勘察。为防止墓葬遭受进一步破坏，完整保全墓葬信息，根据山西省文物局意见，省、市、县联合对该墓葬进行了抢救性考古发掘。发掘确认墓葬历史上曾多次被盗，且近期塌陷，墓葬遭受严重扰乱与破坏，已不复完整。墓道、天井保存稍好，墓门及甬道被毁，墓室南壁的拱形入口被破坏，墓室内扰乱严重，随葬品大多残缺不全，淤土深约 3 米。

该墓葬全长 50 米，由墓道、过洞、天井、墓门、甬道、石门、墓室及耳室等组成。墓道方向 210°，墓道与墓室不在同一轴线，墓室方向 222°。其中墓道位于墓室南部，长方形斜坡式，长 26 米。发现一个

天井。墓门位于天井北壁下。甬道内已被淤土、塌陷土等填满，夹杂有大量碎砖块、各类遗物等。甬道北端两侧各有一个长方形耳室，对称砌筑。甬道北端砌石门，与墓室内以砖券过洞相连，现仅存地面埋设的石门槛及两侧砌砖。墓室土圹平面呈不规则方形，直壁，长6.8米~7.5米，南壁呈弧形。土圹壁面经人工精心修整，保存有非常清晰的工具使用痕迹。砖室平面呈方形，边长5.2米、通高5.8米。墓底条砖菱形满铺，墙壁用两层砖砌筑，壁面规整。墓顶为圆角方形穹隆顶。砖室东壁开砖券耳室。

墓室内各类遗物、葬具、人骨等均失去原位。石棺被破坏成残块。经初步统计，共出土陶质、瓷质、铁质、铜质、石质等各类遗物共计380件（套），大多数为陶俑残块。薛怀吉墓志是此次发掘最为重要的发现之一。志文主要记述了墓主人生平事迹和为官经历，薛怀吉曾先后受封北魏镇远将军、恒农太守、益州刺史、梁州刺史、汾州刺史等，北魏正光四年（523）殁于汾州刺史任上，死后诏赠平北将军、并州刺史，孝昌二年（526）归葬故里。

薛怀吉墓形制规模较大，出土文物内涵丰富，且具有明确纪年，为北魏历史文化研究和考古学研究提供了极为重要的珍贵资料。

（武俊华　马　昇　钟龙刚　王　权）

【襄垣县北里信宋元明清墓群】

发掘时间：2017年3~6月

工作单位：山西省考古研究所、长治市旅游发展委员会、襄垣县文物博物馆

北里信古墓群位于浊漳河东岸北里信东500米处，太焦高铁主线K171+000~K171+100米内。此次发掘面积2080平方米，共清理墓葬72座，墓葬时代有宋、元、明、清。出土各类随葬品405件。宋代墓葬4座，方向坐北向南，墓葬形制为长方形竖穴墓道土洞墓，墓道平面形状为长方形，墓道长1.6米~1.8米，宽0.6米~0.8米，墓室平面呈不规则长方形，长1.5米~2.1米，墓底距地表6.4米~7.2米。骨架凌乱成堆，有较轻的火烧痕迹。墓室里没有火烧痕迹，应该是火烧后放进来的。出土的器物有白瓷手托盏、白瓷碟、泥质灰陶盆、小口黑釉瓷罐。明、清墓葬68座，方向坐北向南，墓形制均为长方形竖穴墓道土洞墓，墓道平面形状为长方形，墓道长2米~2.4米，宽0.8米~1.2米，墓底距地表深2.5米~5.2米，有少数几座单人墓，其余皆为夫妇合葬墓，葬式为仰身直肢。出土的器物有侈口束颈圈足陶壶、陶盘、陶碟、陶盆、木梳、铁牛、瓷灯盏、黑釉瓷罐、瓷碗、铜烟袋、铜钱等。

（杨林中）

【太谷县南畛金元明清墓地】

发掘时间：2017年2~5月

工作单位：山西省考古研究所、晋中市考古研究所、太谷县文物旅游局

南畛墓地位于太谷县胡村镇桑梓村南的乌马河北岸台地上。2017年2月底~5月初，为配合太焦高铁太谷段的建设，我们对该墓地开展了考古发掘工作。

两个余月间，共清理墓葬18座，发掘面积约1500平方米。墓葬时代为金元和明清，其中金元墓3座，明代墓2座，清代墓13座。3座金元墓均为砖砌单室墓，由墓道、墓门、甬道及墓室组成，墓道均朝东南方向。两座为常见的六边形和八边形砖室墓，另一座为罕见长梯形多龛砖室墓。3座墓葬室内均带有壁龛，且葬有多具火葬或二次葬人骨，出土器物有瓷碗、瓷钵、瓷罐、瓷盒、瓷灯盏、瓷渣斗、陶罐、陶棺等共30余件。清代墓葬共发掘13座，大多为常见的小型土洞墓，其中2座为形制罕见的多墓道多室砖墓，且室内设有多个壁龛。墓道均朝北偏东方向。据墓葬分

布情况，有 10 座墓分属两个籍氏家族墓地。这批清代墓出土器物丰富，包括符瓦、黑釉瓷罐、铜钱、铜烟袋、铜发簪、鎏金铜带扣、嵌玉鎏金铜发饰、银耳环、银簪、白玉头花和石墓志等 70 余件（套）。2 座明代墓为砖砌单室墓，破坏严重，已成空墓。

此次太谷南畛墓地的发掘，为金元时期和清代晋中地区的葬俗葬制研究提供了一批难得的实物资料。两处排列清晰的清代家族墓地的发现，对今后当地清代家族葬制及礼制的研究意义重大。其中 2 座大型的多墓道多室砖墓，在晋中地区以往的考古发掘中尚属首见。3 座金元砖室墓，在形制和葬式方面均颇有特色，尤以 M6 最为罕见，不仅丰富了金元时期的墓葬形式，更对金元时期原住民的葬俗、宗教信仰及历史背景的研究具有很高的价值。

（王　俊　穆文军　贾志斌）

【长治市庄里金元墓葬】

发掘时间：2017 年 3 ~ 6 月

工作单位：山西省考古研究所、长治市旅游发展委员会、长治市郊区文物旅游局

发掘区位于长治市郊区老顶山镇庄里村东 400 米，发掘面积 300 平方米，共清理金元墓葬 3 座，M1、M3 为砖室墓，M2 为土洞墓。M1 坐北向南，墓葬形制为长方形斜坡墓道砖室墓，墓室平面呈长方形，“井”字形条砖铺地，北部有高 0.3 米的砖砌棺床，仿木质斗拱，穹隆顶。墓壁彩绘图案脱落。墓道长 3 米，宽 1 米，深 2.7 米。墓室长 2.3 米，宽 2.18 米，距墓顶高 2.4 米。出土随葬品 3 件，M1∶1 有磨光黑皮陶盘，M1∶2 白釉粗瓷灯盏和 M1∶3 铜发簪，黏合在一起，朽蚀严重，无法辨释钱文年号等。在墓门的封门砖中发现一块带有字的砖，内容大致为：王德墓，元朝、延祐五年岁次戊午（1318）。其中，一座金代墓葬十分重要，该墓葬为八角形仿木砖雕斗拱结构，斗拱区域画有较为精致的彩绘，图案以花卉为主。其保存状况较为完整，具有典型的时代特征，是研究上党地区金、元时期社会经济、民风民俗、丧葬礼制等不可多得的实物资料。此外，还发现一座元代墓葬中残存壁画。以上两座墓葬已由长治市博物馆实施搬迁保护。

（杨林中）

【襄垣县东北阳元明清墓群】

发掘时间：2017 年 3 ~ 4 月

工作单位：山西省考古研究所、长治市旅游发展委员会、襄垣县文物博物馆

墓群位于襄垣县东北阳村东约 500 米处，太焦高铁襄垣车站用地范围。此次发掘共发掘面积 850 平方米，发掘墓葬 30 座。其中元代墓葬 3 座，明、清墓葬 27 座。元代墓葬形制为竖穴墓道土洞墓，墓葬方向坐北向南，墓道平面形状为长方形，长 1.9 米 ~ 2.4 米，宽 0.7 米 ~ 1.1 米，深 3.8 米 ~ 4.2 米，墓室平面形状为不规则长方形，长 2.1 米 ~ 2.4 米，宽 1.4 米 ~ 1.8 米。葬式仰身直肢，均为夫妻合葬墓，出土器物有瓷碗、瓷罐、玉壶春瓶、陶碟、铜钱等。明、清墓葬形制为竖穴墓道土洞墓，墓葬方向坐东向西，墓道平面形状为长方形，长 1.8 米 ~ 2.2 米，宽 0.8 米 ~ 1.1 米。均为夫妻合葬墓，出土器物有瓷罐、瓷碗、瓷灯盏、陶碟、陶罐、铜钱、灯台等，其中陶碟、陶罐为极小的明器。此次共出土随葬器物 111 件。

（杨林中）

【盂县电厂建设项目明清墓地】

发掘时间：2017 年 6 ~ 12 月

工作单位：山西省考古研究所、阳泉市文物局、盂县文物管理所

盂县电厂规划建设的发电机组项目位

于盂县牛村镇温池村西北，为配合该项目工程建设，山西省考古研究所对该电厂占地范围内勘探发现的古墓葬进行了抢救性发掘。

依据墓葬分布情况，划定A、B、C、D四个发掘区域，所有墓葬均采用“揭顶式”方法发掘。A区发掘古墓葬13座，明堂1处；B区发掘古墓葬12座；C区发掘各类墓葬263座，明堂2处。D区发掘古墓葬14座。4区共计发掘墓葬302座，明堂3处。墓葬时代绝大多数为明清时期，其中又以清代墓为多，仅1座为金元墓。

墓葬形制可分为竖穴土洞墓、竖穴土坑墓、拱顶砖室墓和拱顶石室墓四类。其中竖穴土洞墓229座，占总数75.8%，竖穴土坑墓22座，占总数7.3%，砖室墓48座，占总数15.9%，石室墓3座，占总数0.9%。

墓主人葬式绝大多数为仰身直肢葬，极少数侧身屈肢葬。墓主人数量不等。夫妻二人合葬墓106座，占总数35%，单人葬80座，占总数26.5%，三人合葬墓18座，占总数6%，四人合葬墓5座，占总数1.7%，不详者93座，占总数30.8%。葬具多为木棺，木棺多已朽毁，仅存棺灰，墓葬以石板、砖块等封堵。金元墓为六边形仿木构砖雕砖室墓，被清代砖室墓破坏，仅存三个壁面和墓底部棺床，无出土遗物。明堂分为方形和圆形坑两类，内部以青砖垒砌“龟”形结构，置有铜钱、犁铧、陶罐、瓷瓶等遗物。

明清墓出土遗物以瓷器为主，多为双系或四系黑釉罐、黑釉灯盏、白釉盏、青花盏等，还有锡制供器（烛台、香炉）、铜烟袋、玉烟嘴和铜钱等。出土铜钱多为清代。

盂县电厂墓地墓葬排列规律较为有序，出土遗物面貌也较为一致，应为明清时期不同家族相对聚集的埋葬区，为系统研究盂县地区明清时期家族墓葬制度提供了重要的资料。

（刘　岩）

【武乡县西城明清墓地】

调查时间：2017年3~5月

工作单位：山西省考古研究所

西城墓地位于武乡县丰州镇西城村北500米的老坟顶，地处浊漳河北源支流聂水东岸的台地上，东距武乡县城约10千米。为配合太焦铁路武乡西城段的建设工作，山西省考古研究所于2017年3~5月对该墓地进行了一次系统发掘。

此次考古工作共计揭露面积830平方米，清理墓葬43墓，祭祀坑1座，时代主要为明清时期。此次发掘的43座墓葬集中于三个片区，各区墓葬较集中，成排分布，其中一区位于发掘区西部，墓葬数量23座，二区墓葬11座，三区墓葬9座。

墓葬多为土洞墓，个别为土圹砖室墓，墓葬均为第②层下开口，口距地表1米左右。土洞墓，墓口距墓底深度在3米~5米。竖井平底式墓道，墓道平面呈长方形；还见有弧顶洞室。砖室墓仅1座，斜坡墓道，方形土圹，弧顶砖室。墓门主要采用石块封堵或以土直接掩埋。该批墓葬葬具为长方形木棺，葬式为仰身直肢，流行二人合葬。随葬品基本组合为符砖、符瓦、瓷罐、铜钱。砖瓦位于洞室口的木棺附近，瓷罐多位于死者头部附近，流行随葬“政和通宝”等铜钱，个别随葬有“嘉庆通宝”。

三处地点共计出土文物273件，其中瓷器89件、铜钱36件、砖瓦65件、铜饰品47件、锡器15件、镇墓石8件、其他13件。瓷器组合以黑釉罐、碗为主。

该批墓葬年代较为明确，墓区排列有序，为探讨明清家族墓地的埋葬方式提供了一个例证。第一发掘区中后土券的发现是此次考古工作的一个重要收获，也为判定该墓区墓葬上限年代提供了条件。第二发掘区三排墓葬排列有序，分别出土有乾隆、嘉庆、道光年间铜钱，为一处典型的清代家族墓地，为这一时期墓葬断代提供了标尺。

（张光辉　王普军）

【长治市上党区南董清代墓地】

发掘时间：2017年5～7月

工作单位：山西省考古研究所、长治市旅游发展委员会、长治县文物博物馆

南董墓地位于长治市上党区苏店镇南董村东600米处，地处太行山的西麓，上党盆地之东，所在位置地势东高西低，海拔在1000米左右。此次发掘面积1021平方米，共计发掘墓葬16座。其中砖墓11座、土洞墓5座。砖室墓均为长方形竖穴墓道砖室墓，拱券顶，无铺地砖，并且墓室顶部破坏严重。时代均为清中期。出土器物35件，有黑釉素面直口罐、白釉素面瓷碗、夹砂灰陶素面盆、铜钱等。

（杨林中）

【长治市郊区山门清代墓地】

发掘时间：2017年4～6月

工作单位：山西省考古研究所、长治市旅游发展委员会、长治市郊区文物旅游局

山门村墓地位于长治市郊区老顶山镇山门村北约500米处，地处太行山的西麓，上党盆地之东，所在位置地势东高西低，海拔980米左右。此次共发掘面积850平方米，古墓葬12座。所有墓葬均为清代，方向坐北向南，形制均为竖穴墓道土洞墓，葬式多为仰身直肢，墓道平面形状为长方形，长2米～2.4米，宽0.6米～1米。墓室为长方形2.1米～2.5米，距地表深1.6米～2.6米。共出土器物60余件，有细瓷黑釉素面直口罐，铜钱10枚，白釉素面圈足底瓷碗，夹砂灰陶素面砂锅，铜质烟袋嘴等。

（杨林中）

【阳城县尚礼清代墓地】

发掘时间：2017年3月18日～5月20日

工作单位：山西省考古研究所

阳城尚礼清代墓地位于阳城县演礼乡尚礼村西北600米处，为配合阳城至蟒河高速公路建设项目，山西省考古研究所对其建控范围内涉及的地下文物展开考古发掘。

墓群所处地势呈北高南低缓坡状。此次发掘面积600平方米，共清理清代墓葬21座，其中砖室墓15座，土洞墓6座，皆由墓道、封门、墓室组成，墓向南北，葬具皆为单棺，头向北，以夫妻合葬为主，葬式基本为仰直肢，偶见侧身屈肢。该墓群墓葬分布相对规律，根据部分石雕、符砖等信息可知，墓群以清中后期的张氏家族墓为主，其中M9保存相对完整。另外，M3为此次发掘唯一有纪年的墓葬，墓主人田信生于康熙五十六年，卒于乾隆二十三年。墓室分前后两部分，出土陶马、陶俑、铜发饰等随葬品，其中陶俑制作形象生动，还原了墓主人的部分生活场景。

该墓群共出土清代瓷碗、铜钱、陶俑等各类文物标本500余件，其中符瓦、铜镜、镇墓石、石雕八卦等为了解当地清代葬俗及历史文化提供了一批实物资料。

（武卓卓　郑　媛　薛新明　王　乐）

内蒙古自治区

【清水河县岔河口仰韶文化环壕聚落遗址】

发掘时间：2017 年 5～8 月

工作单位：内蒙古自治区文物考古研究所、清水河县文化局等

清水河县岔河口遗址发现较早，为仰韶文化时期的一个环壕聚落遗址。环壕大致呈椭圆形，存有东、西、南、北门。因耕地及人为破坏等原因，现北门及西门已经破坏不存。2017 年，为了开展国家文物局“十三五”期间重大考古项目“河套地区史前聚落与社会研究”的课题研究，我们对岔河口遗址的北部环壕局部进行及环壕内部进行了发掘。

Ⅰ区发掘区。发现的遗存以战国时期为主，有壕沟、灰坑等。此外在壕沟外发现有仰韶文化的残破房址、灶坑等。G1 位于Ⅰ区中部，呈东西向至发掘区东部呈直角向南拐去。在战国壕沟所围绕的西南区域内，分布较为密集的灰坑，大多为战国时期的灰坑。壕沟呈上宽下窄的倒梯形，拐角处几乎呈 90°直角，形制规整。上层发现有陶片、动物骨骼、铁器、石器等，分属仰韶文化和战国时期，以战国时期为主。除了大量泥质灰陶器物外，还有少量铁器，大量的弦断绳纹折沿盆、素面折腹碗、各类罐、瓮等。

G1 外围的发掘区域，遗存较少，仅见房址残面及灶坑等。残存的房屋灶坑为圆形坑灶，前面存有狭长的进风口。与该地区阳湾遗址发现的仰韶中期的房址形制基本一致。出土的陶器残片可见有黑彩带钵、卷沿盆、叠唇盆、重唇口尖底瓶、夹砂弦纹罐等，另还有石刀、环等。

Ⅱ区发掘区。在环壕的北部。2017 年度发掘的环壕部分长约 22 米、宽约 5 米～7 米、深 2.5 米～3.5 米。沟口至沟底呈斜坡状，口大底小。在沟底发现两侧沟壁及中部留有三道生土台，生土台之间则形成较窄的小沟，使得沟底形成两沟加三台的形制结构。沟壁的生土台上偶见有长方形的浅坑，用途不明。发掘的此段环壕的中间存有接口，初步推测应非一次修建而成。整体看来，沟口东部较窄，西部较宽，且西部沟底较东部略深。坑内堆积可分为六层。主要以庙底沟文化为主，另最早的层位里发现有可早至半坡文化的，而晚期有仰韶晚期及阿善三期文化的遗物。

通过对岔河口遗址Ⅰ区的发掘，发现该区域 G1 围绕内的区域为战国时期文化遗存，而以外区域则是庙底沟文化分布区。Ⅱ区主要对岔河口遗址的环壕（G3）进行发掘，该环壕主要使用年代为庙底沟文化阶段，在沟底最早层位中发现有彩陶鱼纹盆、大口尖底罐等器物残片等，年代上限是否可达半坡文化，还需要进一步的整理来判定。而废弃年代则经历了从仰韶中期、仰韶晚期至阿善三期文化的漫长时段。此外，对环壕的营建、使用及废弃年代有了初步的认识。环壕沟底发现的生土台、分布整齐有序的方形浅坑等表达的具体信息，当除了其拥有一个仰韶文化环壕的实际防御功能外，应当还具有祭祀的意义。

（曹建恩　党　郁　孙金松）

【化德县四麻沟新石器时代遗址】

发掘时间：2017 年 7～10 月

工作单位：内蒙古自治区文物考古研究所、故宫博物院考古研究所、乌兰察布市博物馆、化德县文物管理所

该遗址位于化德县白音特拉乡南营子村东 1.5 千米处，坐落于丘陵山间的泉水沟岸东侧的坡地之上。遗址南北约 500 米，东西约 60 米，总面积近 30000 平方千米。布 10 米×10 米探方 6 个，5 米×5 米探方 5 个，探沟 5 条，发掘总面积 800 平方米。发掘目的是探索该区域新石器时代早期裕民文化的发展谱系。

遗址地层堆积厚约 45 厘米～200 厘米，共分为 4 层：第①层，表土，为黄褐色砂土，厚 15 厘米～30 厘米。第②层，深黄褐色土，厚 5 厘米～50 厘米。第③层，灰褐色土，厚 10 厘米～45 厘米。第④层，灰黑色砂土，包含有少量的碎陶片、石器、石器剥片及兽骨等，厚 15 厘米～55 厘米。第④层下为生土，黄色砂土。发掘出土房址 13 座。其中有圆形房址和圆角长方形房址两种，并存在有打破关系，圆角长方形房址打破圆形房址。共出土器物 1300 余件，其中大部分为石制品，较少量的陶器残片及骨器。此外，还出土了大量的残碎兽骨。石器的原料以灰黑色硅质岩占多数，砂岩次之，还有少量的玛瑙、燧石、石英石等。出土石器多数为打制石器，极少量的磨制石器，个别石器为局部磨制，有石铲、石斧、石锛、砍砸器、锛形器、矛形器、刮削器、磨盘、磨棒、磨石、石核、石叶、饰件等，还有大量的石制品剥片。陶器，出土可复原器形极少，多为较小的陶器残片。主要为夹砂黑褐陶、夹砂黄褐陶和泥质黄褐陶，质地疏松，火候低。纹饰有麻点纹、编织纹，还有数量较多的素面。制法为泥片贴筑法。器形简单，有釜、筒形罐、敞口小底罐、片状器、纺轮、饰件等。片状器为椭圆形或方圆形，素面。骨器，有骨锤、骨铲、骨锥、骨针、骨饰片等。此外，在部分房址内，较为集中的出土了数量不等的动物骨骼和少量蚌壳。

从遗迹现象以及石器、陶器组合的初步分析看，该遗址具有裕民文化的鲜明特征。以圆角长方形房址为代表的遗存继承了裕民文化的因素。较之前发现的裕民遗址无论是生产生活用具的种类，还是工具的制法都更加丰富和复杂，且有了一定的进步。裕民遗址^{14}C 测定为距今 8400 年，四麻沟遗址的年代在距今 8000 年左右。该遗址的发掘丰富了裕民文化的内涵，是中国北方及草原地带的新石器时代早期文化。该遗址的发掘为研究裕民文化谱系的纵向发展提供了极为重要的实物资料。

（胡晓农　包青川　李恩瑞　陈文虎）

【准格尔旗城塔古城考古调查】

调查时间：2017 年 8～10 月

工作单位：内蒙古自治区文物考古研究所、准格尔旗文物管理所

为了配合国家文物局“十三五”期间重大考古项目“河套地区史前聚落与社会研究”课题的开展，课题以石城为中心，开展龙山文化聚落与社会发展研究。2017 年度对准格尔旗永胜壕乡城塔古城及周边区域进行了调查和发掘工作。

在城塔古城周边区域共发现石城 3 座。城塔古城保存最为完好。古城内地势平坦，地表遗物丰富。发现有不同时代的陶片，有阿善三期文化、永兴店文化、朱开沟文化、战国等。钻探发现墓葬 2 座，为竖穴土坑墓，侧身直肢葬，根据墓葬的形制特点，应为西岔文化墓葬。

2017 年度对城塔古城的北部小城的南墙进行了试掘。根据小城的墙体走势，城门只能开在南墙之上。故选择对南墙低洼处及两侧进行布方发掘。

一 Q1 发掘地点

经试掘发现并非城门所在，而是两座马面。墙体建筑方法为石块层层垒砌到一定高度后，再在内外两侧底部垫土，再分段层层夯筑而成。夯土墙仅清理了墙体的外侧即南半部分，经钻探可知夯土城墙宽约15米~16米。在夯土墙体上规律地分布有大小不等的横向柱孔，大致呈圆形，孔径为10厘米~25厘米。部分柱孔内发现有草木灰及炭屑。发掘区域正好处在两马面及中间区，两座马面形制基本一致，对称而立，大致应为五边形。石墙内再用石块层层堆砌。马面先用石块层层垒砌石墙，外部再围绕石墙层层夯筑而成，夯层较为清晰，夯筑与版筑痕迹明显。

二 Q2 试掘区

此次选择小城北墙的一段进行了试掘，发现中部为直接在基岩上垒砌的石墙，内外两侧包夯土墙。石墙上部宽2.1米，经解剖得知石墙高墙体建筑方法为底部宽4.1米，剖面呈上窄下宽的梯形。Q2内外夯土墙顺着地势先将地面垫平后，分段层层夯筑而成。夯土墙体分段的版筑板缝痕迹清晰可见。整体看来小城北墙试掘部分底部宽可达10.2米、残存高度外部可达4米~5米。

三 Q3 试掘区

其位于小城南墙的东部坡下，地表隐约可见一道东西向的墙体。经试掘可知宽约60厘米~70厘米、存高约35厘米。墙体为石块层层垒砌而成。墙外壁外侧已露出基岩。经试掘发现，石墙内外的填土中发现的陶片皆属龙山文化。

目前，对整个古城的调查、试掘和测绘结果来看，该城最早建于龙山文化时期，目前该阶段的石墙最明确的见于靠近黄河的坡体下端，地表隐约可见。墙体为石块层层垒砌而成，内壁参差不齐，外壁光滑整齐。墙体内外未见护坡和夯土。至朱开沟及西岔文化时期，该遗址仍继续使用。战国时期前段，对该古城进行了大规模的重建，将龙山文化时期的石墙进行了加宽、加高处理，并在内外侧分别加筑夯土墙，这从小城北墙试掘可知。小城南墙未解剖，墙体中间是否为石墙尚不明确，但从墙体两侧调查时发现为数不少的石块得知，应与北墙建筑方法相近，且因其南墙属于防御最前沿，墙体在战国时期改建、修建的较为讲究，整体被夯土夯筑，且在南墙上修建有多边形的马面。在战国时期的晚段，该城墙可能被废弃，城墙顶部及墙体底部被较多的战国灰坑所打破。

（曹建恩　孙金松　党　郁）

【赤峰市高家台子夏家店下层文化遗址】

发掘时间：2017年6~9月

工作单位：内蒙古自治区文物考古研究所、吉林大学边疆考古研究中心、元宝山区文管所

为配合赤峰市至辽宁喀左高速铁路工程建设，内蒙古文物考古研究所与吉林大学边疆考古研究中心、元宝山区文管所联合对高家台子遗址进行了抢救性发掘，发掘面积约650平方米。高家台子遗址位于赤峰市元宝山区小五家乡老西营子行政村高家台子村东南约500米，地处一较高山地的东坡。遗址东侧有水冲沟，北侧有干枯的河道。遗址总面积约1万平方米。遗址现已开辟为梯田，地表散布有较多的陶片、石器等。

因遗址地表现已辟为多块梯田，故把遗址划分为四个发掘区。2016年发掘点位于Ⅱ区，2017年发掘区位于Ⅰ区和Ⅲ区。两个发掘区共发现房址6座、灰坑81个、墓葬3座、灰沟5条、石墙2条。出土遗物主要有陶器、石器、骨器、动物骨骼等。

由于长期的水土流失及梯田改造，对遗址破坏比较严重。第①层为耕土层，第②层为文化层，第②层下为生土层。房址可分为地面石砌和半地穴式房址两种。半

地穴式房址平面呈“凸”字形，门道朝东南，墙壁及地面经过烘烤。灰坑平面形状有圆形、长方形、不规则形等几种，坑壁有直壁、斜壁和袋状。墓葬均为土坑竖穴，仰身直肢葬，未出土随葬品。

陶器以夹砂陶为主，泥质陶较少。陶色不纯正，表里不一，器表多为红褐、灰、黑色，以红褐、灰为主，制法以泥条盘筑为主，部分小型陶器用手捏制而成。陶器种类有罐、尊、鬲、盘、盆、甗、豆等。器表除素面和磨光的以外，纹饰中绳纹最为常见，绳纹粗细不等，其次为附加堆纹和篮纹，另外还有少量的弦纹、戳印纹、彩绘陶等。石器可分为打制和磨制两类，主要有铲、斧、刀、杵、磨棒等。骨器均为磨制成形，主要有锥、刀、针、镞等。

高家台子遗址出土的陶罐、鬲、盆、尊等器形、纹饰与赤峰市松山区的上机房营子、三座店、红山区的二道井子等夏家店下层文化遗址出土的同类器物相同或相似，故推测高家台子遗址的年代为夏家店下层文化时期。高家台子遗址房址可分为地面石砌和半地穴式房址两种，与赤峰市红山区二道井子遗址、松山区三座店遗址两处同时期房址仍有不同之处。二道井子遗址房址为土坯建筑，三座店遗址均为石砌建筑，而在高家台子遗址两种结构房址兼有。

此次发掘出土的各类遗物及不同结构房址等对内蒙古东南部地区夏家店下层文化的深入研究具有重要价值。

（连吉林　格日乐图）

【乌拉特前旗塔汉其石构墓群】

发掘时间：2017 年 6 ~ 9 月

工作单位：内蒙古自治区文物考古研究所、包头市文物管理处、乌拉特前旗文管所

塔汉其石构墓群位于巴彦淖尔市乌拉特前旗白彦花镇塔汉其嘎查北 2 千米，分布于乌拉山南大坝沟沟口外侧的二级台地及其下的洪积滩之上，北靠乌拉山，南望黄河。墓群北约 1 千米有战国赵北长城东西向延伸，南部有 G6 高速公路和 110 国道穿过。

南大坝沟洪水出沟东南流，形成大面积的洪积滩地，在滩地上分布有较多亚腰形石构墓，对其中 3 座做了清理，编号分别为 M1、M4、M5。墓葬平面均呈亚腰形，类似于腰鼓，头宽尾窄，墓向为东北—西南向。墓框以较大石块垒砌，内侧填石块，明显隆起于地表；东北头侧栽埋一列片状石板，尤为醒目；尾端西北角、西南角各放置一块大石块。墓框的最窄处砌有一道横隔墙，将墓葬分为前、后两部分，因隔墙近于尾部，由此尾部大体呈方形。

M1 保存较好，头部树一列石板，中间有缺口，应为晚期人为搬移所致。墓葬积石间的沙土应为风积土，清理掉积土，积石完全裸露。逐层清理积石，暴露亚腰形墓葬轮廓，在头部的中心位置掘有圆坑，坑内发现人骨，为并列的两节肱骨和两节股骨。积石中发现两块完整石范，合为一体。发现一件石质穿孔器，类似于石斧，但无刃。

M4 接近墓底出土了较多的细绳纹夹砂红褐陶片，器形为花边鬲。墓上叠压有突厥时期的遗存，出土了铜腰带、铜饰件、铁镞、铁马衔等。

M5 未发现人骨，填石中发现一个石质环状器的残块。

塔汉其墓群的试掘结束后，发掘者对乌拉山南麓石构墓分布情况进行了较系统调查。通过调查发现，乌拉山南麓除南大坝沟外，达日盖沟、乌日图沟、巴润乌布拉格沟等沟口处，也发现有石构墓分布。其主要形制，有亚腰形石构墓、方形石堆墓、圆形石堆墓、圆形石圈墓等。大部分石构墓分布在沟口前洪积滩地上，个别分

布在沟口旁侧的二级台地上。

通过试掘、区域调查及以往公布的考古材料分析判断，乌拉山南麓分布的石构墓，其年代从青铜时代晚期一直延续至蒙元时期。亚腰形石构墓以往被认为分布在蒙古国中南部地区和内蒙古乌拉特草原，属于特布希文化，年代在公元前1300年前后。塔汉其石构墓群中的亚腰形石构墓形制，基本与特布希文化亚腰形石构墓相似，M4出土的细绳纹夹砂红褐陶鬲的年代也大体处在这个时期。但是，墓中砌有隔墙的亚腰形石构墓尚属首次发现，具有鲜明的地域特点。塔汉其类型的亚腰形石构墓，可能是特布希文化延伸的产物，表明其分布已到达黄河之滨。

乌拉山南麓石构墓的考古试掘和调查，对于了解中国北方长城地带石构墓葬的年代、分布、形制结构、丧葬习俗等提供了重要资料，甚或对于研究欧亚草原东部地区游牧文化的起源与早期发展、不同时期葬俗的变化、农牧交错地带的文化互动等问题，具有重要的意义。

（张文平　苗润华）

【准格尔旗福路塔战国至西汉墓地】

发掘时间：2017年6～11月

工作单位：内蒙古自治区文物考古研究所、鄂尔多斯博物馆、准格尔旗文物管理所

福路塔墓地位于鄂尔多斯市准格尔旗薛家湾镇柳树湾村福路塔社新村东北约300米处的坡地上，20世纪80年代第二次全国文物普查时即已发现。一条大体呈西北—东南走向的乡村水泥路将这片墓地分为东西两个部分。其中东侧部分南北最长约300米、东西最宽约150米，总体呈西高东低、北高南低之势。北侧紧邻十里长川，长期受流水冲刷形成断崖，东侧为一条干涸的自然冲沟，西侧是林地，南侧有一条乡间便道通往旧村，大饭铺到龙口的高速公路拟从墓地东部穿过。为配合该段高速公路的建设，对其进行了抢救性考古发掘，共清理长方形土坑竖穴墓32座，其中②层下开口的墓葬5座，③层下开口的27座，这27座墓有三组存在打破关系。

墓圹口大底小，斜直壁。较大者墓口长4米多，宽3米多，较小者长不及3米，宽不到2米；深多在1米以上，最深者达2.9米。由于墓坑挖在砂土中，有些墓葬的墓壁早年即已坍塌，致使墓圹不甚规整。少数墓葬有生土二层台，仅一座发现壁龛。墓葬的填土均为灰黑色砂质土和底层黄砂搅扰而成的花土，极易辨识。有些墓葬，填土经过夯打，土质坚硬，夯层、夯窝清晰可见。部分墓葬的填土中发现有羊头、牛头、狗头等殉牲，一般摆放在墓主足端的填土内，紧靠墓壁。

墓向以东西向略多，头多朝东；南北向较少，头多向南。除少数几座墓发现木板朽痕，余者皆不见葬具。葬式均为单人葬，多为直肢，少数屈肢，人骨保存较差。随葬品多置于墓主头端靠近墓壁处，其上或旁侧往往见有整齐的动物骨骼，应该是下葬时所用的牲肉。牲肉较为普遍地见于多数墓葬之中，但多寡不均。陶器组合以瓮、罐、壶、釜等实用器为主。铜器有鼎、盆、扁壶、铃、带钩、环、印章、扣饰等，另发现半两钱4枚、小铜钱1枚。铁器多已锈蚀，可辨器形不多，有双耳釜、带钩、环、勺、削等。骨器较少见，有骨梳、长条形穿孔骨片、长方形骨牌饰等。另有少量的银环、银耳饰、玉环、石环、玛瑙环、玛瑙珠、料珠等。此外，还普遍见有红色漆皮，均已腐蚀严重，器形难辨。

综合随葬陶器、铜器、铁器所反映的时代特征，可将这批墓葬的年代初步定在战国晚期至西汉初期，是一处以秦文化为主体的墓葬群。

（胡春柏　白苏日娜）

【乌拉特中旗德令山汉代古城遗址】

发掘时间：2017 年 6 ~9 月

工作单位：内蒙古自治区文物考古研究所

德令山古城遗址位于巴彦淖尔市乌拉特中旗同和太牧场东南 15 千米，西北距海流图镇 22 千米。城址地处罕乌拉山北麓、海流图沟北口处的一座孤山山顶上，海流图河与乌兰额日格音高勒河汇流到古城西墙下的德岭山水库。

古城依山而建，平面呈不规则形，山上构筑石墙，近平地处则夯筑土墙，周长达 5850 米。发掘区域集中于古城东半部，因水土流失，揭开地表即暴露文化层，遗迹均开口于表土层下，打破生土。城内布方清理居住址 5 座、灰坑 1 个，出土遗物以陶器为主，器形多见罐。对东城墙打探沟做了解剖，城墙土夯而成，宽 2.4 米，残高 1.4 米，夯层厚约 10 厘米。距墙体外 6 米处有护城壕，壕沟剖面呈锅底形，上口处宽 6 米，深 0.5 米。共发掘面积为 600 平方米。

古城时代单一，通过调查与发掘，得出以下几点粗浅认识：第一，古城东南 1.3 千米处为东西横亘的汉代朔方郡长城，古城虽位于汉长城以北，但占据长城外侧孤山，与汉长城能够起到一体的防御作用；第二，古城出土陶器的年代，集中于东汉时期，部分装饰具有匈奴等北方民族文化特征，如陶罐肩部、腹部多装饰弦纹和波浪纹，陶罐近底处器壁上有小孔，陶罐底部有方形戳印等；第三，城内的居住址，有北方民族军营的特色。综上所述，初步推断，该古城为一座匈奴古城，应属于东汉王朝为降附的南匈奴部落修筑的城邑。

（张文平　丹达尔）

辽 宁 省

【阜新蒙古族自治县他尺西沟新石器时代遗址】

发掘时间：2017 年 6～11 月

工作单位：辽宁大学考古系、辽宁省文物考古研究所、阜新市考古所、阜蒙县博物馆

他尺西沟遗址位于阜新蒙古族自治县沙拉镇六家子村塔尺营子西北 300 米的一处东南向漫坡上，西北与查海遗址直线距离 8 千米。

1982 年调查时发现，命名为“西沟五天地遗址”；2009 年第三次全国文物普查时进行了复查，命名为“他尺西沟”遗址。2015 年，辽宁省文物考古研究所、吉林大学边疆考古研究中心与以色列希伯来大学合作进行了小规模试掘。2017 年度，为配合 2014 级考古专业本科生田野教学实习，辽宁大学考古系与辽宁省文物考古研究所合作对该遗址进行了大规模发掘，共开设 5 米×5 米探方 40 个，并根据实际情况扩方 2 处，总发掘面积 1008 平方米，清理房址 12 座（编号 F1－F12），沟 2 条（编号 G1、G2）。

房址均为半地穴式，平面呈圆角方形或长方形；室内中部有一灶；居住面有 4 厘米～5厘米的踏土层，黑褐色，起层；室内出有大量日常生活所用的陶、石质遗物，主要分布在穴壁四周；除个别的房址有疑似门道的线索外，大部分未见明显门道迹象。F1 为中型半地穴式房址，平面呈圆角方形，方向 176°（假设以南为门），南北长 5.5 米、东西 5.5 米，面积大约 30.25 平方米，穴壁随地势北深南浅，深度在 10 厘米～40 厘米，柱洞 12 个，分布在穴壁周边 8 个，室内在灶址东侧 4 个。此次发掘出土遗物近 2500 件，其中陶器 400 余件，可见器形主要有斜腹罐、直腹罐、鼓腹罐、杯等；多为夹砂陶，陶色斑驳，主要为红褐色和灰褐色；大多数陶器器表有纹饰，主要为之字纹、弦纹、附加堆纹和几何纹等，少量红褐陶为素面；较大石器 600 余件，器形有石斧、石铲、磨盘、磨棒、敲砸器、砍砸器等和部分石料；小型石器 1450 余件，器形有细石核、细石叶和石片等；玉器 8 件，器形只有斧一种。

在发掘区南部发现的大致东西向的沟有向西延长的迹象，疑为该遗址的环壕部分。

这次发掘，主要有如下几点认识：第一，确认他尺西沟遗址的文化性质与附近的查海遗址相同，为一处单纯的兴隆洼文化聚落；第二，清理的 12 座房址，有 2 组 7 座具有叠压打破关系，为聚落分期研究提供依据；第三，南部壕沟的发现，确定了聚落的南部边界；第四，出土了大量的陶器、石器等遗物，为研究兴隆洼文化提供丰富的资料。

（王　闯　肖晓鸣　陈　山）

【大凌河中上游地区红山文化遗存调查】

调查时间：2017 年 3～11 月

工作单位：辽宁省文物考古研究所、朝阳市文物考古研究所、喀左县博物馆、建平县博物馆

大凌河，辽代以前称为渝水、龙川、

白狼水，辽代称凌河，为东北地区最古老的水系之一，也是辽宁西部地区最重要的河流。其中，大凌河中上游地区是红山文化遗存的核心分布区，经过多年的考古工作，区域内已经发掘了阜新胡头沟墓地、喀左东山嘴遗址、建平牛河梁遗址等墓地和祭祀性遗址，却少见生活遗存。第三次全国文物普查在区域内发现了一批重要的红山文化遗址，其中疑似居住址的发现为解决与牛河梁遗址等特殊遗存相关的人群的生活和居住问题提供了线索。

为了解该地区红山文化遗存分布状况、聚落之间的关系和特征以及寻找与牛河梁相关的中心聚落遗址，进而推动红山文化研究的深入开展，辽宁省文物考古研究所在大凌河中上游地区开展了红山文化遗存专题考古调查。2017 年度调查范围主要包括大凌河南源流域、大凌河西支流域和第二牤牛河流域，共发现先秦时期遗址 410 余处，兴隆洼文化遗址 10 处，红山文化遗址和墓地共 140 余处。

红山文化遗址多分布在河流两岸的山半坡位置，少数分布在河流岸边顶部较为开阔平坦的山丘顶部。分布规律是南北流向河流西岸密度高，东岸密度低，东西流向河流北岸密度高，南岸密度低。红山文化墓地多分布在河流两岸山梁的顶部或较为低缓的山丘顶部，少数位于河流两岸缓坡处。分布规律亦是南北流向河流西岸密度高，东岸密度低，东西流向河流北岸密度高，南岸密度低。

在调查发现的红山文化遗址采集遗物基本为生活器。陶器有夹砂陶和泥质陶两种。夹砂陶火候低，多饰“之”字纹，兼有刻划纹、压印指甲纹等。泥质陶均为泥质红陶，有些饰黑彩。石器包括石斧、石磨棒、细石器等。细石器器形有石核、石镞、石叶、石片等。在发现的红山文化墓地采集遗物基本为祭祀陶器。陶器主要为陶筒形器残片，兼少量塔形器残片，个别墓地采集到少量的“之”字纹陶片。

2017 年度调查工作发现的红山文化遗址和墓地无论在数量上还是在面积上较过去都有极大的突破，为认识红山文化居住址和埋葬、祭祀遗址之间的关系，以及红山文化的社会结构、社会形态等方面的研究工作提供了新的材料。

（熊增珑　于怀石）

【凌源市下台子红山文化遗址】

发掘时间：2017 年 8 ~ 10 月

工作单位：辽宁省文物考古研究所

凌源市下台子遗址位于凌源市万元店镇大杖子村北河西岸山梁东面的坡地上，坡地地势西高东低，较为开阔平缓。遗址西南距凌源市区直线距离约 14 千米，东北距建平县城直线距离约 16 千米。

2017 年度，辽宁省文物考古研究所开展了凌源市下台子遗址的考古试掘工作，共布 5 米 ×5 米探方 24 个，总计发掘面积 600 平方米。清理红山文化遗迹 2 个，包括灰坑 1 个（H1），灶址 1 个（Z1）。出土遗物有陶器、细石器、动物骨骼等。

灰坑 H1，开口于①层下，打破②层和生土层。平面呈不规则椭圆形，斜壁，平底。坑口长径约 145 厘米，短径约 143 厘米，深约 46 厘米。灰坑内堆积为黑土，土质疏松。出土遗物有陶器、细石器、动物骨骼、木炭等。

灶址 Z1，开口于①层下，打破生土层。锅底形灶，口呈椭圆形。口长径约 94 厘米，短径约 64 厘米，深约 15 厘米。灶内堆积为烧土和红烧土，红烧土质地较为紧致，烧土土质较为松软。灶内出土遗物有草拌泥烧土块、陶片、细石器、动物骨骼、木炭等。

发掘出土的陶器均残损严重，分为夹砂陶和泥质陶两种。夹砂陶器形有筒形罐、陶杯等，泥质陶器形有陶钵等。石器包括细石器、滑石器等，细石器器形有石核、石叶、石镞、石钻等。

2017 年度下台子遗址发现和清理了较为丰富的红山文化遗存。遗址发掘区出土了极为丰富的细石器，推测发掘区可能是下台子遗址加工细石器的一个场地。此次发掘未发现农业生产工具，推测下台子遗址人可能更多地依赖渔猎采集经济模式。

2017 年度的试掘不仅丰富了红山文化生活遗存的内涵，也为红山文化历时性研究，以及生业方式、社会形态等方面的认识提供了新的材料。

（于怀石）

【喀左县土城子夏家店上层文化遗址】

发掘时间：2017 年 8 月 4 日 ~9 月 27 日；10 月 11 ~31 日

工作单位：中国人民大学历史学院考古文博系、辽宁省文物考古研究所

2017 年度，中国人民大学历史学院考古文博系与辽宁省文物考古研究所对土城子遗址第二发掘区进行了发掘。

发掘区位于喀左县山咀子镇黄家店村东大阳山北坡台地上，北临渗津河。地势南高北低，发掘总面积 875 平方米，共布方 35 个。地层堆积较简单，文化层厚 15 厘米 ~70 厘米，共分为三层。整体来看，东部文化层厚；西部文化层浅，有的甚至只有一层，①层下为基岩。遗迹大部分开口在第①②层下，少量夏家店下层遗迹开口于③层下。

此次田野发掘共清理遗迹单位 185 个。其中以灰坑为主，有 175 个，房址 1 座，灶 5 个，沟 4 条。年代可分为夏家店下层和东周时期两大阶段，以东周时期为主。

共出土小件 108 件，其中石器 37 件，骨器 27 件，陶器 29 件，青铜器 6 件，其他还包括等特殊石料等等。石器主要有石刀、石璧、石锄、石锛、石凿、石镐、石球等；骨器主要有骨锥、骨簪、骨管、骨铲等；陶器主要有陶纺轮、陶网坠、陶豆、陶碗、陶珠等；青铜器则主要为青铜刀币、青铜镞。

此次发掘为辽西地区夏家店上层文化之后考古学文化面貌和谱系研究提供了一批重要材料。文化面貌既有典型的辽西土著文化因素，又明显受到燕文化或中原文化的影响，呈现出多元化特点。

辽西山地地区是中原文化从陆路北进的必经之路，而辽宁喀左地区更是位于两文化交流的前沿地带，此次发掘区内燕文化的大量存在正体现了这一点。同时，战国晚期燕对辽西地区的占领，并没有造成土著文化和人群的消失，相反，两种文化和谐并存或许能够体现燕对占领地区的政策。

2017 年 10 月 11 ~31 日，中国人民大学历史学院考古文博系对喀左县城以南区域进行系统性区域调查，并对采集回的标本进行断代、整理和分析。调查总面积 59.54 平方千米，北至南哨莱市场，南至九佛堂村，东至四官营子。共采集 842 个单位，其中一般采集 808 个，系统采集 34 个。采集单位以辽代和夏家店下层居多，其次为战国至秦汉和夏家店上层，红山文化时期遗址较少。

（黄学文）

【桓仁满族自治县小北旺战国至两汉墓群】

发掘时间：2016 年 11 月 ~2017 年 12 月

工作单位：辽宁省文物考古研究所、本溪市博物馆、桓仁县文化局

小北旺墓群位于桓仁满族自治县雅河朝鲜族乡南边石哈达村葛家围子村东北的山冈上，2016 年秋发现该墓地被盗，辽宁省文物考古研究所组织人员对该墓群进行抢救性发掘，2017 年底发掘结束。

共发掘清理墓葬 12 座，均为积石墓。其中 M1 是凿岩为穴的积石墓，M2、M5 是石板铺底积石墓，M3、M7、M12 是石棺积石墓，M8、M11 为卵石铺底积石墓，

M9 为圆坛积石墓，M13 是石盖积石墓，M6 破坏严重，仅余部分铺底河卵石，整体形制不详。

其中 M2 规模较大，保存稍好，出土器物丰富。M2 墓底平铺一块长方形大石板，石板上部平坦，南侧稍有破损，形成凹豁。石板底部铺垫有碎山石，大石板长 3.6 米、宽 2.05 米、厚 0.3 米，方向为 120°。墓圹四壁破坏较严重，其中西侧南部与东侧南北两端保存稍好，可以发现有石块叠筑现象。存高 40 厘米 ~ 60 厘米。积石有酥裂现象，出土的部分陶器有的烧灼变形，石斧被烧裂，出土的人骨残片多具有明显的烧灼痕迹，据此分析该墓为火葬墓。出土遗物较多，主要为陶器和石器，陶器多夹砂红褐陶，器形制作粗糙，可辨器形有壶、罐等。陶器残片多发现于积石缝隙中，发现时比较集中，分析可能是置放在墓外的随葬品，也可能是祭祀时的用品。石器有镞、斧、刀、串珠等。另出土一件青铜短剑残段，为剑尖部分，可见明显柱状脊，出土数枚青铜泡饰。

小北旺墓群是一处连续使用的墓葬群，可分早晚两个时期。从墓葬形制、出土遗物等综合推断，墓葬年代上限达战国晚期，下限至两汉之际。此次发掘的高句丽早期积石墓包含多种文化因素，早期的积石墓无论从选址、营造以及葬俗等均与旅大地区积石墓渊源相承，为该类墓葬源自旅大地区这一学术观点提供了充分的实物依据。晚期的墓葬又有扶余文化因素，为研究高句丽早期文化渊源提供了新的思考。

（肖新琦）

【阜新蒙古族自治县高林台城址】

发掘时间：2017 年 5 ~ 11 月

工作单位：辽宁省文物考古研究所

高林台城址位于阜新蒙古族自治县阜新镇西扣莫村高林台屯西约 50 米，城址西南距阜新市区约 5 千米。城址现存平面近梯形，东侧被河流冲毁；北侧、东侧城墙无存，西侧城墙遭到村民取土破坏，南侧城墙保存长度约 40 米，高 2 米 ~ 3 米，宽 8 米 ~ 15 米。城址现存范围东西 175 米、南北 165 米。2017 年度发掘区位于城址内西北部，西侧紧邻西城墙，地表西高东低。布 10 米 × 10 米探方 8 个，发掘面积约 850 平方米。发现建筑址 1 处、水井 1 口、灰坑 124 个、灰沟 8 条，出土各类陶器、瓦器、铜器、铁器、骨器、铜钱等计 500 余件。

地层堆积较厚，可分为六层，遗迹之间的叠压打破关系较复杂。根据土质土色及包含物可将堆积分为战国、汉、三燕、唐四个时期。战国遗迹有水井、灰坑，遗物有陶钵、釜、豆、量、兽面纹瓦当、筒瓦、铜镞、刀币、布币等。汉代遗迹有建筑址、灰坑，遗物有陶器、铁器、卷云纹瓦当、绳纹板瓦、筒瓦、铜镞、铜钱等。三燕时期遗迹有灰坑、灰沟，遗物有陶壶、罐、豆、铁器等。唐代遗迹有灰坑、灰沟，遗物有布纹板瓦、筒瓦、铁器、开元通宝等。

此次发掘有几点重要收获：1. 首次在城址内发现汉代时期的大型夯土墙体建筑。2. 首次在城址内发现大量的战国时期的遗迹和遗物。3. 首次在城址内发现三燕时期文化遗存。以上三个首次发现，为了解和研究高林台城址内高等级建筑的形式和城址的历史沿革提供了重要的实物资料。

（褚金刚）

【辽阳市燕州高句丽山城】

发掘时间：2017 年 6 ~ 11 月

工作单位：辽宁省文物考古研究所

燕州城山城位于灯塔市西大窑镇官屯村东南、太子河北岸，坐落在海拔约 196 米的石城山上，现为全国重点文物保护单位。城址依山而建，大体上东高西低，呈簸箕形。城址南北长 480 米，东西宽 440

米，周长约2500米，面积约22万平方米。

城内发现的高句丽遗迹包括大型建筑基址1处，编号为J1；房址2座，分别编号为F40、F41；挡水墙1处，编号为Q3；圆台基址1处，编号为台1；排水涵洞1处，编号为排1；水井1口，编号为井1；道路1条，编号为L2；灰坑4个。

其中J1位于城内西南部，2016年开始发掘，2017年继续进行工作，基本揭露了J1的全貌。发现有东墙、北墙及西墙，南部仅见基岩。墙基系用不规则形状石块砌筑，两侧发现有倒塌堆积。主体建筑位于J1中部，下凿基岩形成圹壁，石块砌筑墙壁。平面近正方形，四面墙均保存完好。门道位于西墙最南端。出土有大量红瓦及若干石块，陶片较少，另有少量铁器，如镰、镞、矛头等。J1倚靠自然山势，居高临下正对城门，地理位置绝佳，视野开阔，在城防体系中具有重要作用，推测其为城内防御中枢性质的建筑址。

城内出土遗物丰富，有建筑构件、陶器、铁器、骨器、石器等。建筑构件包括板瓦、筒瓦、莲花纹瓦当等；陶器包括陶瓮、陶钵、陶罐等；铁器包括甲片、铁镞、铁矛、铁钉等。

山城始建于高句丽中期，辽代、金代都作为城址使用，说明城址等级较高，非一般居住区。应为一处重要的行政中心。

（李新全）

【北镇市琉璃寺辽代遗址】

发掘时间：2016年9月～2017年10月

工作单位：辽宁省文物考古研究所、锦州市文物考古研究所、北镇市文物处

琉璃寺遗址位于北镇市富屯乡龙岗子村西北约3千米，地处二道沟最里端相对宽阔的山谷，周围三面环山，海拔630米～670米。遗址四周筑有石围墙，平面呈不规则形，西北—东南向，面积约3.5万平方米，门址位于东南。遗址内有两道接近平行的石筑护坡墙，把遗址分成前、中、后三部分，形成阶梯式三进院落的整体布局。

辽宁省文物考古研究所于2016年9月～2017年10月对该遗中部院落的高台建筑基址进行了考古发掘工作，发掘面积1000平方米，在发掘区域内发现有辽代及明清两期文化遗存。

发掘区域内发现有辽代时期大型建筑基址1座（TJ2）。TJ2坐西北朝东南，整体呈“凸”字形，东部设有月台。TJ2大殿台基平面呈长方形，南北长约30.2米、东西宽约21.1米。台基周围用加工规整的条石包砌，底部埋置土衬石，中间填筑夯土，包石最高处残存3层。东月台平面呈长方形，南北长约15.4米、东西宽约5米。踏道设于月台南北两侧，破坏较严重，台阶已不存，见有塌落的垂带石。

辽代台基的倒塌堆积中出土有大量的建筑构件及铁器。琉璃建筑构件见有板瓦、筒瓦、鸱吻残块及脊兽残块等，釉色较杂，红色、绿色居多，黄色较少。灰陶建筑构件主要为板瓦及筒瓦，另见有沟纹砖、檐头板瓦、莲花纹瓦当、龙纹瓦当、龙纹滴水、脊兽残块等。石质建筑构件均为栏板残块和廊柱，栏板残块上均雕刻有人物等图案。铁器多为瓦钉，另有少量钉。

明清时期，该发掘区域内共发现有1座建筑基址（TJ1）及4座房址、2座窑址、3个灰坑。TJ1平面呈方形，台基周围由拆卸的辽金台基石条、石块包砌而成，东部铺有石踏道。台基上修建房址、窑址及灰坑。房址仅F1保存较好，F1共两进三间，进深10.7米，面阔9米，墙体由石条或石块垒砌而成，砖拼方形柱础。窑址均为瓦窑，形制较小，主体由火膛及窑床组成，Y2窑床中仍满置板瓦。

辽金时期的出土遗物主要是灰陶建筑构件，另有少量的铜钱、铜簪等。建筑构

件多为板瓦及筒瓦，另有少量的瓦当、滴水、鸱吻、脊兽、望兽等。瓦当多为兽面纹，另有少量的莲花纹、人面纹、变体团“寿”纹等。

琉璃寺遗址经过地面调查和考古发掘发现了大量高等级建筑基址和瓦件，推测为医巫闾山辽代帝陵中的一处重要陵前建筑遗址。通过2016年、2017年度的考古发掘，对于确定其性质，搞清医巫闾山辽代帝陵的布局，确定显、乾二陵皇陵玄宫位置，具有重要的学术价值。

（徐　政）

【北镇市新立辽代建筑遗址】

发掘时间：2017年5～10月

工作单位：辽宁省文物考古研究所、锦州市文物考古研究所、北镇市文物处

新立辽代建筑遗址位于北镇市富屯街道新立村樱桃沟村民小组西北约100米的二级台地上。遗址原地表种植有果树、玉米、花生，同时散落有大量绿琉璃瓦件。此次发掘揭露出一组相对较完整的建筑址。该组建筑是由北部主殿、南部殿门和四周附属的廊庑组成的一组封闭的院落单元，在建筑内外还有相应的排水系统。

一　主殿台基

主殿台基位于该组建筑址北中部，面向东南，方向150°。台基四壁包砖，内部为黄色夯土，可以分为大殿和月台两个部分，月台南侧应有踏道，但已无存。大殿部分平面呈长方形，东西面阔29.4米，南北进深24米，台基面础石及铺地砖均不存，但保留有成排分布的磉墩，南北5排，东西6列。由此来看，大殿面阔5间，进深4间。月台位于大殿台基中南部，平面呈长方形，长28米。

二　殿门

殿门位于整组建筑的南部居中，东西面阔23.5米，南北进深13米。现仅揭露出它的西北部分，保存情况较差，推测它是一个面阔5间、进深2间的建筑，南北各有踏道。

三　四周廊庑

廊庑由主殿两侧的东西廊、东西长廊以及南部殿门两侧的廊组成。整组建筑以中轴线为界，西半部分廊庑保存较好，现已全面揭露。东半部分保存较差，多数已被台地东侧的冲沟破坏不存。

西廊台基接主殿台基西侧中部，方向与主殿一致，面向东南。台基平面呈长方形，东西面阔24米，南北进深11米。西廊台基南北边缘现存有南北2排，东西6列柱坑痕迹。由此来看，西廊面阔5间，进深1间。

西长廊台基北端接西廊西部，南端与殿门西侧廊相接，面向东北。长廊台基总长73.3米，宽12.4米，从南到北可以分为三级，逐级抬升。西长廊三级台基保存状况各不同，西长廊主要为前后封闭，进深2间的廊庑。第一级（南部）台基保存较好，北部为面阔5间、进深2间的建筑，南部似为一个独立的建筑。第二级（中部）台基与第三级（北部）台基规模与结构均相同，均面阔3间，进深2间。

殿门西侧廊台基呈长方形，东西长14.7米，南北宽10.2米。西端与西长廊相接，东端与门址台基相连，台面高度低于西长廊0.2米。台面残存少量础石、砖墙，综合来看，应是一面阔2间、进深2间的建筑。

四　庭院

庭院由主殿、殿门及四周廊庑合围而成，南北长59米，东西宽54.5米。庭院自殿门由南向北至主殿也可以分为三级，逐级抬升。庭院地面系用黄色垫土平整，其上垫铺白灰层，白灰层上再铺方砖。第二级（中部）庭院西南部，分布有正六边形建筑基座一个，边长2.9米，推测为经幢。

五　排水系统

排水系统可以分为两个部分，分别为

建筑外围排水和庭院内排水。

现揭露出来的建筑中轴线西部排水道由北向南呈阶梯状分布，由北向南逐级下沉，宽1.5米。排水道水流可由北向南，由东向西流向建筑外围的东南部。排水道打破生土而建，靠生土部分建砖砌护坡，护坡呈向外叠涩状。紧依护坡下有砖砌二层台。排水道地面经夯打后并涂抹白灰，上铺方砖。

关于建筑庭院内的排水，目前在我们揭露出来庭院西半部分没有发现沟、渠一类的排水迹象，但庭院由北向南有落差，院内的水可以自然地从北向南流向第一级庭院（南部），推测院内的水应是从庭院东南角穿过廊庑建筑台基下排出。

遗物多为建筑构件，少有一些用于祭祀的瓷器、玉册、玻璃器等，少见生活器具。建筑构件主要有筒瓦、板瓦、瓦当、滴水、脊兽、鸱吻、青砖、础石、理石、铁钉等，其中屋顶所用建筑构件几乎全为绿色琉璃件，偶有极个别灰瓦件。各类琉璃构件胎体细腻，烧造温度高，坚硬结实，装饰风格统一。

新立辽代建筑遗址是经过科学考古发掘的一处珍贵辽代建筑实例，特别是遗址中出土的大量琉璃瓦件，为研究古代建筑提供了珍贵资料。新立辽代建筑遗址与辽庆陵陵前殿址所发现的建筑构件，以及建筑的形制、布局和规模有极大的相似性，两处建筑遗址不仅年代相近，且在帝陵中的性质和功能也应该相同。新立辽代建筑遗址应为医巫闾山辽代帝陵区内的一处重要陵前祭祀建筑。

（苏军强）

【北镇市洪家街辽代墓地】

发掘时间：2016年10月~2017年12月

工作单位：辽宁省文物考古研究所、锦州市文物考古研究所、北镇市文物处

洪家街墓地位于北镇市富屯街道富屯村洪家街村民组西北。2017年度，辽宁省文物考古研究所组织人员对完成了对洪家街墓地M4的考古发掘工作。

M4多次被盗，破坏严重，凿岩为穴，朝向东南，多室砖墓，平面呈近似“甲”字形，填土为沙层、砖块层、砂土层相间隔，逐层夯打，土质坚硬。由墓道、天井、墓门、前室、主室及耳室构成。在墓道两壁、墓门墙壁、甬道两壁和地面、前室地面、东西耳室墙壁均残存有壁画，由于该墓被盗多次，壁画破坏较严重。通长33米、宽12.5米、深5.5米。

墓道为台阶式，在两壁岩石抹泥，其上再抹有白灰层。天井平面近似长方形，靠近墓门两侧用长方形砖封堵，其表面抹有白灰层。墓门位于额墙中部，为砖砌仿木建筑。门外有长方形砖封堵，两侧各有一立柱，表面涂有红色颜料。拱形门洞，之上东西各有一门簪。立柱上各有一砖雕的柱头铺作，其间为补间铺作，铺作结构相同：柱头为栌斗，其上为泥道拱，向外斜下出有昂，泥道拱两端和昂之上各有一散斗，散斗之上承普柏枋，普柏枋之上为圆椽，圆椽上有一层砖，再向上为方形椽，方椽之上有一层砖，其上为板瓦铺筑的斜坡式顶，顶外高内低。立柱、圆椽、方椽和普柏枋上均涂有红色颜料，门簪下部绘有云纹。前甬道平面呈长方形，两壁竖直，拱形顶，墓志放置于甬道中部。前室平面呈方形，穹庐顶，四壁均为长方形砖砌筑。中甬道平面呈长方形，两壁竖直，顶部已坍塌。主室平面呈圆形。周壁系长方形砖砌筑，方砖铺地，中部偏北处为长方形砖砌筑，应为石棺放置之处，保留有封顶石。东、西耳室分别位于前室东、西两侧，与前室有门洞相通，平面呈圆形，方砖铺地，周壁呈弧形，穹庐顶。

在墓道两壁、墓门前的仿木建筑、甬道两壁和地面、前室地面、中甬道两壁和地面、东西耳室周壁发现有壁画。墓道两壁绘有车、马和人物图案。立柱、圆椽、方椽和普柏枋上均涂有红色颜料，门簪下部绘有云纹。前甬道两壁为砖墙上抹有白

灰层，其上绘有人物，地面壁画为基岩上抹一白灰层，其上绘有花卉图案。地面为基岩上抹有一白灰层，其上绘有龙凤图案、半圆形凤凰图案，中心图案被破坏，图案不详，中心图案与四角禽类图案之间绘有双凤环绕图案，四角各绘有一禽类图案。两壁破坏严重，图案不详，地面壁画为基岩上抹一白灰层，其上绘有花卉图案。东耳室周壁砖墙上抹一白灰层，其上绘有壁画。立壁间隔绘有四根立柱，立柱之间绘有契丹人发型与服饰。西耳室周壁砖墙上抹一白灰层，其上绘有壁画。立壁间隔绘有四根立柱，立柱之间绘有辽代汉族人发型与服饰。

出台器物有陶瓷器、金属器、玉石器及墓志等。根据墓志铭文记载：该墓的埋葬年代为“统和二十九年”，“统和”为辽圣宗耶律隆绪的年号，“统和二十九年”即公元1011年，墓主人为大辽国一代名相韩德让。由此可知，洪家街墓地为辽国大丞相韩德让及其继承人的家族墓地。另外，M4地面绘有壁画，是辽代墓葬中第一次发现。

（司伟伟　崔　蕾　于九江）

【北镇市小河北辽代墓地】

发掘时间：2017年5～12月

工作单位：辽宁省文物考古研究所、锦州市文物考古研究所、北镇市文物处

小河北墓地位于北镇市富屯街道新立村小河北村民组东北。2017年度，辽宁省文物考古研究所组织人员完成了对小河北墓地M1、M2的考古发掘工作。

M1多次被盗，破坏严重，凿岩为穴，朝向东南，多室砖墓，平面呈近似“琵琶”形，填土为沙层、砖块层、砂土层相间隔，逐层夯打，土质坚硬。由墓道、墓门、甬道、主室及耳室构成。在墓道两壁、墓门墙壁、甬道两壁、东耳室墙壁均残存有壁画，由于该墓被盗多次，壁画破坏较严重。通长33米、宽11米、深5.5米。墓道上半部分为斜坡式，下半部分为台阶式，在两壁岩石抹泥，其上再抹有白灰层，底部西侧有排水沟通往墓室。墓门位于额墙中部，顶部已坍塌，应为砖砌仿木建筑。门外有长方形砖封堵。甬道平面呈长方形，两壁竖直，顶部已坍塌，东、西各有一门洞与东、西耳室相通，底部凿有排水沟分别与耳室底部排水沟相通，并通往墓室。主室平面呈圆形，周壁系长方形砖砌筑，顶部已坍塌。底部凿有排水沟，与甬道排水沟相通，并通往墓室东侧的排水沟。排水沟之上铺石板，其上再铺方砖。外侧专门凿有墓葬的排水沟，上宽下窄，底部填充石球，其上铺一层石板，再上面填有沙粒及石球等。排水沟通长约140米。

在墓道两壁、墓门和甬道两壁、东西耳室周壁发现有壁画。墓道两壁绘有车、马和人物图案。墓门和甬道两壁隐约可见壁画，具体内容不详。东耳室周壁砖墙上抹一白灰层，其上绘有壁画。周壁绘有10个人物图案，顶部绘有莲花纹。

M2多次被盗，破坏严重，凿岩为穴，朝向东南，单室墓，平面近似“琵琶”形，填土为沙粒等。由墓道、墓门、甬道、墓室构成。台阶式墓道，两壁抹泥。墓门用长条形砖封堵，顶部已坍塌。甬道平面呈长方形，两壁竖直，各有一壁龛，顶部已坍塌。墓室平面呈八边形，保存有安装八角形木椁的凹槽，穹庐顶，方砖铺地。

出土器物有陶瓷器、金属器、玻璃器、石器及墓志残块等。根据墓葬形制和出土器物可知，该墓地应为一较高等级的贵族墓地，M1、M2应为辽代中晚期。M1开凿如此完备的排水系统，并在排水沟内填充大量石球，在辽墓发掘中尚属首次。

（司伟伟　崔　蕾　于九江）

吉林省

【洮南金垦现代农业项目考古调查】

调查时间：2017 年 10 月 19 ~ 27 日

工作单位：吉林省文物考古研究所、吉林大学边疆考古研究中心、洮南市文物管理所

为配合洮南金垦现代农业项目的灌区建设，吉林省文物考古研究所、吉林大学边疆考古研究中心与洮南市文物管理所联合组队，对灌区工程涉及的 126 平方千米的范围开展了区域性系统考古调查工作。调查人员分为三组，每组 4 ~ 5 人。行进中人员间距保持在 50 米左右。遗物采集分为一般采集和系统采集两种形式。对于遗物分布较为稀疏的区域采用一般采集的方式。在遗物分布较为密集的区域，则采用抽样法系统采集的方式。

此次调查在工程涉及区域中共发现古代遗址 89 处，其中新石器时代遗址 3 处，辽金时期遗址 33 处，含新石器时代、青铜时代及辽金时期遗存的遗址 8 处，含新石器时代与辽金时期遗存的遗址 15 处，含新石器时代、辽金与明清民国时期遗存的遗址 5 处，含新石器时代、青铜时代、辽金与明清民国时期遗存的遗址 5 处，含青铜时代与辽金时期遗存的遗址 2 处，含青铜时代、辽金与明清民国时期遗存的遗址 3 处，含辽金与明清民国时期遗存的遗址 15 处。在调查过程中，对遗址的准确位置、分布范围、遗存内涵、遗迹现象、保存状况等方面作了细致的记录，为工程范围内古遗址的保护提供了翔实的基础资料。此次调查采用了后套木嘎周边区域调查所设计的数据库，实现了考古资料的数字化存储、管理和研究利用，提高了调查工作的技术水平。

（王立新）

【梨树县长山新石器时代至辽金时期遗址】

发掘时间：2017 年 7 ~ 11 月

工作单位：吉林省文物考古研究所、吉林大学边疆考古研究中心

长山遗址位于梨树县小城子镇长山村西北的一处狭长漫冈上，处于东辽河中游左岸，北距东辽河约 1000 米，2016 年曾对该遗址进行发掘。

受吉林省文物局委托，吉林省文物考古研究所联合吉林大学边疆考古研究中心在长山遗址 A 区第 I 象限的北部，共布 5 米 × 5 米探方 90 个，发掘面积 2250 平方米。

参加发掘的有吉林大学 2015 级考古班、吉林省文物局学员等。发掘采用探方发掘与平面发掘相结合的发掘方法，逐层揭露，逐层打掉隔梁，全程全站仪测绘，全程数字化制图、数字化记录，全程航拍建模，系统采集浮选土样，全面收集遗物，科学采集人骨。共发掘灰坑 299 个、墓葬 10 座、房址 23 座、灰沟 10 条。遗存分属 7 个时段。可复原陶器 21 件，小件 2900 多件，包括石器、陶片标本、骨器、金属器、铜钱等。

2017 年度发掘涉及新石器时代的两期

遗存、青铜时代的两期遗存、鲜卑遗存、辽金时期及清代文化遗存等 7 个时代，发现以前 4 个时期为主。

第一时期为新石器时代中期晚段，出土陶器以夹细砂红褐陶为主，也有大量的夹蚌黄褐陶，器表装饰以刻划“之”字纹为主，另有少量彩陶片。其中 F001 出土的穿孔陶塑人像和穿孔陶器与农安左家山与五台山遗址出土的遗物较为相似。此外发现大量上部刻划横向“之”字纹、腹部竖向压印“之”字纹陶片，该时段遗存与左家山下层文化具有一定的相似性。

第二时期为新石器晚期，房址中出土部分玉器、彩陶片以及陶塑人像，另外出土少量绳纹陶片。该时期遗存与左家山上层文化具有一定相似性。

第三时期为青铜时代中期，出土陶器多是素面夹砂陶，陶色以灰褐、黄褐色为主，火候不均匀。器身加装桥形耳、横錾耳或盲耳的做法比较普遍，底部多为平底加厚，其中在鬲口部、腹部加一圈附加堆纹，此方法与白金宝二期文化遗物相似。

第四时期为青铜时代晚期，出土青铜器如青铜网纹斧、菌首刀、铜饰等与双辽后太平遗址等的遗物相似。此次发掘的青铜时代遗迹主要以墓葬、灰沟和灰坑等为主。

第五时期为鲜卑时期，仅在发掘区最东侧发现墓葬一座（M003）根据墓葬形制和随葬品判断为鲜卑时期遗存。

第六时期为辽金时期，以灰坑为主，出土的遗物较少，陶器器表多为素面。在发掘区西侧发现一些成列分布的开口圆形的灰坑。

第七时期为清代，仅发现迁葬墓一座。

2017 年度发掘过程中，通过分析新石器时代房址的分布和内部结构，青铜时代的墓葬、窖穴和壕沟布局，使我们对长山遗址不同时期聚落内布局特征有了一定的了解，特别是 F001 复杂的房内遗迹和丰富的遗物情况在整个东辽河流域都较为罕见。该遗址的发掘对于了解东辽河中游地区的汉以前考古学文化具有重要意义，对于构建和完善东辽河流域汉以前考古学文化的编年序列，开展区域内汉以前考古学文化的谱系、生业、人群及环境的综合研究具有十分重要的意义。

（方　启）

【农安县五台山新石器时代遗址】

发掘时间：2017 年 4～12 月

工作单位：吉林省文物考古研究所、长春博物馆

五台山遗址是第三次全国文物普查期间新发现的一处新石器时代遗址，位于长春市农安县永安乡艾干吐村刘宝山屯西 500 米的五台山上，东距波罗湖 1.5 千米。遗址位于地势较平缓的山上，高出湖面约 100 米。

为了厘清五台山遗址各时期文化内涵以及与周邻考古学文化的关系，经国家文物局批准，吉林省文物考古研究所和长春博物馆联合组织了考古队对五台山遗址开展了主动性的考古发掘。共发现灰坑、墓葬及房址等各类遗迹 49 处，除在第一地点发现开口于②层下的一处青铜时代灰坑外，其余均属新石器时代。其中第一地点共揭露灰坑 32 个、房址 7 座、灰沟 1 条；第四地点共揭露灰坑 2 个、灰沟 1 条、墓葬 4 座及 2 处房址。出土陶器、玉石器、骨角器 400 余件，陶器残片数以万计，收集动物骨骼数千件。根据出土遗物分析，五台山遗址为包含新石器时代和青铜时代两个时期遗存的大型聚落址，尤其是第一地点发现的 7 处新石器时代房址，为长春地区首次发现如此数量众多的新石器时代房址，所发现房址均为圆角方形半地穴式，房址门道朝向基本一致且排列有序，为探索西流松花江流域新石器时代聚落考古提供了新的可能。第四地点发现的 4 座墓葬经年

代测定可确认为新石器时代墓葬，是长春地区首次发现新石器时代墓葬，必然会为研究伊通河流域新石器时代丧葬习俗提供了考古学材料支撑。从发掘情况看，五台山遗址的发掘对于建立西流松花江流域史前考古学文化编年序列和探索当地聚落形态和人居环境等方面均具有重要学术意义，对于研究嫩江流域和西流松花江流域新石器时代和青铜时代考古学文化的交流、互动提供了全新的考古学材料。

（崔殿尧）

【磐石市小西山东周石棺墓群】

发掘时间：2017 年 5～7 月

工作单位：吉林省文物考古研究所

该墓群位于磐石市吉昌镇吉昌村西南约 1 千米的小西山上。地理坐标：北纬 43°12′10.6″，东经 125°51′13.4″，海拔 289 米。墓群于 1976 年吉昌村修建水渠时首次发现。2017 年 5 月，为配合磐石市小西山石棺墓群保护修缮工程，吉林省文物考古研究所对该工程施工区域进行了全面的考古勘探，此次勘探面积共计 1500 平方米，发现石棺墓遗迹 1 处，随后对墓葬所处区域布设 5 米 × 5 米探方进行抢救性考古发掘。

此次勘探发掘发现的石棺墓葬为圆角长方形竖穴土圹石棺墓，人骨多已腐朽，依稀可辨为侧身屈肢葬。墓葬长约 160 厘米，宽约 70 厘米，距地表深约 80 厘米。方向为 345°。墓葬由正棺及副棺两部分构成。正棺东西两侧壁为块石垒砌，共五层，南北首尾两侧用板石封堵，墓底铺有石板；副棺东西两侧壁为板石立砌，板石南依主棺尾石，北部嵌入生土。盖石由两块厚度不一的石板构成（因自然作用石板已分裂成若干小块板石）。墓内出有陶罐、陶纺轮、玉石管及残损青铜饰件等器物，以及少量的夹砂灰褐、红褐陶残片。

根据墓葬结构、葬式及出土的器物判断，小西山石棺墓的年代，大抵在春秋时期，而小西山石棺墓这一遗存所反映的文化面貌，与吉林西团山文化有很大的联系。

（王晓明）

【吉林市丰满区东团山遗址】

发掘时间：2017 年 5～11 月

工作单位：吉林省文物考古研究所、吉林市文物管理处、吉林市博物馆

东团山遗址位于吉林市丰满区永安二队，西侧紧邻松花江，东北距龙潭山山城约 2.5 千米，东南距帽儿山墓地约 1.5 千米。遗址由山城和平地城两部分组成。山城位于遗址西北部的一座海拔高度 252 米的椭圆形山丘之上，现存三道城墙，间距 20 米～30 米不等。平地城又称南城子城址位于山城东南部的台地之上，平面形状为椭圆形，根据以往调查结果，认定城垣周长 1050 米，南城墙和东城墙南段在地表可见，高出城外地表 5 米～6 米，高出城内地表约 1 米，其余城墙地表不见，西北侧依山城形成天然屏障。城址的南北两侧各见一处豁口，疑似城门。

2017 年度的工作集中开展于东团山遗址平地城部分，主要包括南城墙西段、南城墙豁口处及城址东南角三个发掘区，同时对城址南城墙及东城墙南段进行了勘探，对城址中部平台处进行了勘探与试掘，对疑似城址西城墙处进行了踏查。

经发掘确认，南城墙城外侧为平地起建，城内侧挖掘古河道形成基槽，墙基宽 15 米～21 米，墙体残高约 3.6 米，整体黄土平夯，局部黄土堆垫，夯土内掺杂有灰白色黏合剂。城墙豁口处并非城门遗址，系晚期破坏城墙形成的豁口。通过勘探确认了城址南城墙及东城墙南段的具体位置与走向。

2017 年度对叠压于城墙之上的地层内出土的三组碳样进行了 ^{14}C 测年，数据分别为距今 2150 ± 30 年、距今 2040 ± 30 年

及距今2020±30年，同时结合出土遗物推断该城址的始建年代应为西汉时期。

根据城址内的地层堆积可以初步判明城址的沿革情况。城址始建于西汉时期，在东汉早期经历了一个短暂而快速的毁弃过程，在东汉至辽金时期继续沿用，表现为将城墙与城内建筑台基（平整自然台地而成）间低地垫平，并在原城墙位置有意识垫高。未见辽金之后对该城址的使用迹象。

学术界曾有观点认为东团山遗址平地城部分为夫余国早期王城，但一直未得到有力的考古学证据的支持。2017年度的发掘对城址的始建年代有了初步的认识，同时城内发现有建筑遗址及瓦件、花纹砖等遗物，说明城址内原应有较高等级的建筑。该城址在夫余城址中具有较高的地位，但限于目前发掘面积有限，同时受到晚期人类活动破坏严重等因素的影响，城址的性质还需进一步的考古工作逐步确认。

（王　聪）

【珲春市古城村寺庙址】

发掘时间：2017年4～12月

工作单位：吉林省文物考古研究所、珲春市文物管理所

古城村寺庙址由1号寺庙址、2号寺庙址组成，位于珲春市三家子满族乡古城村东约100米的农田中。2017年度，对古城村2号寺庙址进行了发掘，发掘面积800平方米，清理地层堆积4层，清理近现代灰坑12个，灰沟1条，建筑台基1处，发掘至建筑台基J1及院落地面即停止清理。

发掘表明，台基J1平面呈长方形，东西17米、南北14米、高于周边地面约0.5米。台基为土石混筑，从台基顶部灰坑剖面可观察到台基下部为较为纯净的砂质黏土夯层，台明部分自下至上分别为夯土层、垫瓦层、鹅卵石层、黄黏土层，黄黏土层上用白灰铺砌地面。建筑柱网结构清晰，为金箱斗底槽格局，面阔5间、进深4间，础石是大型石块加工而成。室内局部保存白灰地面，北、东、西三侧有高于地面的土石混筑结构，推测为佛坛残迹。围绕台基铺垫有散水石。台基外侧发现铺垫多层院落垫土。灰坑均为现代坑，多数灰坑打破了J1，在灰坑坑壁剖面上发现了早期建筑遗存，主要为疑似磉墩。

J1倒塌堆积中出土遗物主要包括瓦当、板瓦、筒瓦、鸱尾等建筑构件2000余件，铜佛像、陶佛像、石佛像等造像残片300余件，铁器200余件，壁画残块2000余件。为提取相关信息，在对台基、院落垫土进行解剖时，于J1台基垫瓦层、台基外地面院落垫土层采集了瓦当、板瓦、筒瓦等遗物100余件。

（解　峰　包艳玲　朴明立）

【集安市霸王朝山城区域考古调查】

调查时间：2017年4～10月

工作单位：吉林省文物考古研究所、吉林大学边疆考古研究中心

霸王朝山城位于集安市北约90千米的财源镇霸王朝村。2017年度经国家文物局批准，吉林省启动了霸王朝山城航空遥感数据采集与区域考古调查项目，此次调查工作以霸王朝山城为对象，也是对吉林省高句丽山城进行精准调查和深入研究的一次尝试。

2017年度针对霸王朝山城开展的调查工作主要分为三大部分：一是城址外围调查；二是城址本体调查；三是航空遥感数据采集。

城址外围调查始于2017年4月中旬，调查历时两个半月。调查范围以霸王朝山城为中心，东至土窑子岭，南抵新开河，西至浑江，北至泉眼沟，调查范围总计约103平方千米。总计新发现采集点49个，其中高句丽时期采集点22个，疑似高句丽

时期采集点15个，另有时代不明确的采集点12个。此外，我们还对外围已知的6个墓群进行复查和测绘，明确了墓群范围、墓葬数量，并以墓群为单位对所有墓葬进行编号、详细著录，并建立了墓群调查资料数据库。

城垣本体调查，2017年7月初至10月中旬，该年度基本完成了东、北、西三侧城垣的调查工作，通过对城垣的详细调查和精准记录，进一步推进城址调查的标准化模式，同时对山城的营建理念、建筑技艺、城垣形制和保存状况有了一定程度的认识。

通过对霸王朝山城周边区域的调查，用聚落考古的研究方法重新审视霸王朝山城，这对山城性质认定、城址自身定位，以及进一步开展高句丽山城的深入研究等均具有重要意义。山城外围多个高句丽遗物采集点的发现，一方面说明，高句丽时期山城周边人类活动地点是广泛分布的。这些出土陶片的地点，往往与现代村落重合或接近；而只发现石器的地点多位于现代耕地之中，这种特点很可能反映了高句丽人对居住地和耕地的选择与现代人趋同一致。另一方面，这些地点采集遗物很少，与城内大量遗物形成鲜明对比，某种程度上反映了山城的区域核心地位。可知霸王朝山城作为一个特殊的聚落形式存在，其在资源供给上应依附于周边分布的同时期的大小聚落；但霸王朝山城也绝不是单纯意义上的军事防御城，其与周边同时期采集点之间存在较为悬殊的等级差别，应是区域内的军政中心。

总之，对霸王朝山城开展科学、系统调查工作是从微观上将以往研究深入，解决山城选址特点、建筑工艺、城址布局、城市功能；从宏观上将以往研究拓展，解决战略防御体系、聚落生业形态、社会组织结构等问题的重要手段。同时，我们希望通过此次工作，设计出一系列符合高句丽山城调查的记录表格，并制作高句丽山城调查数据库，建立高句丽山城调查的标准，实现记录方法的标准化和模式化。

（王志刚　刘晓溪）

【集安市霸王朝山城】

发掘时间：2017年6～10月

工作单位：吉林省文物考古研究所

霸王朝山城位于集安市财源镇霸王村东北约4.3千米的山上，凭借山脊而建，北高南低，形若簸箕，平面略呈梯形，周长1230米。城垣石筑，保存基本完好，最高处可见垒砌20多层，高度达5米以上。继2015年、2016年后，吉林省文物考古研究所连续第三年对该城址开展主动性考古发掘。2017年度的发掘工作以城内台地为主，同时兼顾南门址和部分城外单体遗迹，发掘面积近600平方米，历时5个月。

根据最新的调查结果，目前城内自南向北已编号的台地数量为18处，其中2016年发掘的5号台地，重新调整编号为8号台地。截至2017年10月，已在5号、8号台地揭露出墙体3处，其中Q2、Q3位于8号台地，Q1位于5号台地。各段墙体分布错落有致，除挡护台地外缘外，似有空间区分的的功能。墙体顶部未发现任何遗迹，在墙体内侧，多有遗迹分布。2017年度，研究所对5号台地进行了全面揭露，现将5号台地的情况作详细介绍。

5号台地位于山城内东侧山谷的偏南部，与城内水源地海拔接近，清理前地表较为平坦，东西长约30米，南北宽度在5米～15米之间。经过发掘，在5号台地共发现墙体1处，房址3座，大型建筑址1座。F10开口于表土下，打破②层和F9，仅存部分烟道，根据出土遗物判断应为民国时期遗迹。J1开口于③层下，共发现3排础石，呈东北—西南方向排列，每排现存础石9～10块，横向间距1.6米～2.1米，纵向间距1.5米左右。础石多为自然石块，大小不一，有的础石下面及周围有小石块。地面上局部有河卵石分布。建筑址整体长约15米，宽近6米。F9与J1相连，东侧仍保存部分墙体，现存长度约5.5米，沿J1最西侧础石修筑，方向与J1相同，推测为J1的附属建筑。Q1位于F9和J1南侧约2.1米处，方向与F9、J1相同，现存东西长约17.6米，宽约1.5米，内外侧块石排列整齐，内填碎石块。F8同样开口于③层下，但被F9打破，仅存1.5米左右烟道。F8内木炭的^{14}C测年结果校正后为640～660年，与8号台地房址倒塌堆积的年代接近。

5号台地出土遗物十分丰富，主要为陶器和铁器，也见有部分石器和铜器。陶器可辨折沿盆、折沿甑、折沿瓮、直口瓮、敛口罐、深腹罐、盘口壶等，部分器物带宽横桥耳。初步统计，陶质以夹砂陶为主，少见泥质灰陶。陶色以红褐陶为主，灰陶次之，还有部分黄褐陶。纹饰以素面为主，占比90%以上，还有部分弦纹、波浪纹和绳纹陶片。陶器制法应为手工贴制，慢轮修形，器耳、器底有明显的拼接痕迹，陶器肩领部内壁，常见手指印痕。

城内人工修筑台地的阶梯状台地，在高句丽山城中较为少见，针对台地系统的观察，对了解高句丽山城城市布局具有重要作用。山城出土遗物丰富，且生活器物较多，年代跨度大，在吉林省相同规模的山城中，难得一见，为高句丽山城的性质界定和物质文化研究提供了重要保障。继续开展对霸王朝山城出土遗物的系统研究和对比研究，在理解山城性质、年代等方面重要问题大有裨益。

（安文荣　徐　廷）

【集安市太王陵南高句丽遗址】

发掘时间：2017年6～12月

工作单位：吉林省文物考古研究所

太王陵南遗址位于集安市太王陵南侧约150米的现代村落当中，北侧为太王陵保护区。遗址内历年来发现过数量较多的菱形纹砖、板瓦、础石和石条等，其形制、纹饰特点与国内城及民主遗址出土的同类遗物相似，是一处高句丽时期重要的建筑遗址。因建设中朝集安—满浦界河公路大桥，工程设计方案中公路大桥的辅路穿越太王陵南遗址，所以对遗址开展了抢救性考古发掘工作。

此次发掘采用探方和探沟相结合的方式，对遗址中部采集过较多遗物的重点区域采用探方法全面揭露，对于东西两侧被现代建筑扰动严重的区域采用探沟法发掘。发掘面积3800余平方米。

发掘区地层堆积简单，可分为4层：

①层为现代层，厚约15厘米～27厘米，包含大量现代建筑垃圾。

②层为深黄褐色土，局部为黑土，厚约15厘米～30厘米，包含大量红色细碎瓦砾。

③层为黄砂土，厚约10厘米～36厘米，发现大量砖瓦倒塌堆积、础石、石墙、大片小河卵石。

④层为黄砂土，厚10厘米～33厘米，较纯净，之下为生土。

目前发掘区内清理出建筑址5处，编号为J1～J5。石墙一道，暂编为Q1。

J1是一座平面近方形的建筑，由内外两重石墙组成，四边外侧均有大量瓦砾堆积。J2平面略呈长方形，该建筑有内外两重石墙。J5目前清理出3排础石，础石为花岗岩石块或石灰岩石块，也有大河卵石，多未经加工。Q1北墙墙体方向255°，东西长约7.5米，宽约1.38米，由石块砌筑而成，北侧墙面可见3层，墙内填充河卵石。

出土遗物多为高句丽时期的建筑构件，包括莲花纹瓦当、忍冬纹瓦当、菱形纹砖、板瓦、筒瓦、铁钉等。

从清理出来的遗迹现象判断，J1、J2

应为“回”字形结构，J1 四周边用工整的大石条砌筑，形成台基，台基之上铺河卵石，此种结构在高句丽建筑中尚属首次发现。J5 从础石和磉堆的排列情况判断该建筑可能为一处面阔 5 间、进深 2 间的建筑。史书记载高句丽“唯佛寺、神庙及王宫、官府乃用瓦”，J1 和 J3 周边有大量瓦砾堆积，说明该建筑等级较高。遗址出土的莲花纹瓦当与千秋墓、太王陵出土的形制相同，菱纹砖、纹饰板瓦在太王陵也曾出土，由此推测几处建筑的年代可能与千秋墓、太王陵年代相近，约 4 世纪末至 5 世纪初。从遗址与太王陵的相对位置关系及出土遗物特点等来看，很可能为墓葬的祭祀建筑址。

太王陵南遗址发掘工作，对于完善太王陵的陵寝设施具有重要意义，为研究高句丽丧葬习俗、陵寝制度提供新的考古学资料。

（王志刚　李睿哲）

【吉林市乌拉故城址】

发掘时间：2017 年 5 ~6 月

工作单位：吉林省文物考古研究所

乌拉故城位于乌拉街镇北 250 米处的松花江冲击平原上，距吉林市约 35 千米。故城东北、西北两面近山，西面近水，正当吉林盆地北口和松花江要道，是沟通南北的交通枢纽，在交通、军事等方面都有重要地位。

乌拉故城共计有内、中、外三重城垣，将古城分成了内城、中城和外城三部分，中、内城城墙保存情况最好，外城仅存东、南部分残墙。为配合吉林市乌拉故城保护规划顺利实施，吉林省文物考古研究所会同吉林市文物管理所对全国重点文物乌拉故城进行考古试掘和考古勘探。

试掘地点共 4 处，分别是外城东墙一段、中城东墙一段、内城北墙一段和内城“百花点将台”。通过解剖确认外城城墙主体使用夯土逐层夯筑而成。上窄下宽，呈梯形，现存高约 3.5 米，顶宽约 3.1 米，底宽约 13.2 米。城墙西侧无基槽，城墙东侧在当时地表向下挖了一个基槽，基槽底为沙层，其上填黑黄、灰黄土分层夯实，再在基槽上用黑黄土分层夯筑墙体，城墙夯层明显，但夯层厚薄不均，城墙整体东侧坡度较陡，西侧较缓。

中城城墙地表起建，未见基槽。墙体夯筑而成，上窄下宽，呈梯形，底部宽约 16 米，顶部宽约 3 米，高约 7 米。城墙西侧成阶梯状，坡度较缓；东侧斜直壁，坡度陡直。墙体为黄褐色夯土，夯筑层次分明，局部有补夯迹象，补夯部分为灰白色夯土，夹杂有砂石。夯层薄厚不均，夯层间夹有粗细不一的木棍，仅留存有腐烂痕迹，木棍铺垫方向垂直与城墙。城墙整体夯层高度约 5.5 米，夯层之上叠压有一层厚约 2 米的灰黑色陪土，并掺杂大量砂石。

内城城墙墙体北侧较为陡直，南侧坡度较缓，或因有二次补筑，南侧墙体较北侧墙体略宽，整体呈梯形。城墙夯层较为明显，但夯层呈现厚薄不均的特点，夯层厚约 20 厘米 ~80 厘米。城墙底宽约 7.2 米 ~9.5 米，残高约 3.8 米。

内城“百花点将台”由两部分组成。台芯已揭露部分高约 6 米，灰黄色土夯筑而成，在夯土台基外立面包砌一层石块，石块大小不一，两层石块之间垂直于外立面插有密集的木棍，石层外侧涂抹有黄褐色的草拌泥，厚约 10 厘米，用以填补石块缝隙及加固台基。已揭露部分台基为直边，方向正南北，外立面接近于 90°。台芯下为范围较大的夯土基础，夯土台芯到基础边缘的长度约为 13 米。夯土基础土质坚硬致密，呈灰黑色，夯层明显，厚约 1.8 米，其下为黄黑色次生土。

考古勘探发现内、中、外城皆有城壕环绕，并在中城发现中城南门址。另在城墙起建层之下的地层和灰坑中发现，乌拉故城建城前有渤海时期遗物，以及在“百花点将台”台芯之上发现清代建筑的青砖，都为进一步了解乌拉故城的时间和延续年代提供了一定的考古依据。

【德惠市城岗子辽代城址】

发掘时间：2017 年 10 ~ 11 月

工作单位：吉林省文物考古研究所、德惠市文物管理所

城岗子古城位于德惠市菜园子镇北，哈大高速穿城而过。古城坐落于松花江及其支流饮马河交汇处的冲积平原东侧，地势居高临下，面积较大，周长约 1000 米，城址内地表普遍种植玉米等旱田作物，另有少量塑料大棚。

据《德惠县文物志》记载，城岗子古城为一处辽金时期城址，1998 年，吉林省文物考古研所为配合哈大高速公路建设，对城址进行过考古发掘。2017 年，为配合吉林省京哈高速长春至拉林河段改扩建工程建设，吉林省文物考古研究所受吉林省文物局委托对城址进行考古发掘。发掘共布探方 5 个，探沟 2 个，实际发掘面积 700 平方米，地层堆积较厚，遗址较为丰富。此次发掘清理出的遗迹有城墙、房址、灰坑等。

解剖的城墙为城址西城墙北段，墙体现全部没入地下。解开表土见墙体露头。城墙起建于辽代发育的黑土层之上，墙体地基经过平整。其上起建墙体核心，墙体核心部分上下可分为 7 层构建，无明显夯层及夯窝。墙体核心底宽约 5.5 米，顶宽约 4 米，残高约 1.5 米。墙体两侧经过后期加筑，加筑后墙体宽约 8 米。

发掘的灰坑可分为两大类，一类为直壁方坑，此次发掘共清理 4 个，均为同一下层位下开口，四壁斜直，底部平整有踩踏面，四角各有柱洞一个，初步判定为储藏粮食的窖穴。此次发掘另一类灰坑为直壁圆坑，可分为直筒状灰坑和袋状灰坑，坑壁均经过修整，坑底多铺有红色细沙。

此次发掘的房址保存较差，方向较为一致，约东西成排分布，多为夯土墙体，室内设有火炕。同时出土大量辽代时期泥质篦纹灰陶片，少许辽金时期粗白瓷片，大量铁器和少量铜器钱币，未发现晚于辽金时期遗物，推测城址主要使用时代为辽代，毁于辽金之际的战火。

城岗子古城周围辽金遗存较为丰富，其北 1 千米处为任家坨子辽金时期遗址，东向有大坡城址，南有丹城子及双城子城址。这些辽金城址沿饮马河河谷两岸分布，构成了辽金时期边境防御体系，尤其是此次发掘出土的大量兵器，也反映了辽金之交剧烈的军事冲突。

（孟庆旭　肖井惠　赵里萌）

【四平市柴火沟辽金时期遗址】

发掘时间：2017 年 7 ~ 9 月

工作单位：吉林省文物考古研究所

柴火沟遗址为一处辽金时期聚落址，位于四平市郭家店镇柴火沟村横道子屯西侧，东南距京哈高速约 2.4 千米，西北距 102 国道约 1.5 千米，西南距郭家店镇中心约 6 千米。2017 年 7 月，为配合吉林省中部城市供水工程，吉林省文物考古研究所对工程用地范围内的柴火沟遗址进行抢救性考古发掘，发掘面积 1000 平方米，发现灰坑 50 余个、灰沟 10 余条、房址 2 座。

遗址的地层堆积可分 2 层。第①层为表土层，灰黑色，土质松软，厚 10 厘米 ~ 20 厘米，普遍分布。包含少量植物根系，少量陶瓷片。第②层，黑灰色，土质松软，厚 10 厘米 ~ 18 厘米，普遍分布，包含少量陶瓷片和烧土颗粒。

灰坑形状有圆形、圆角长方形、椭圆形和不规则形。坑内出土有陶、瓷残片，可辨器形有罐、盆、碗等，均属于辽金时期。

灰沟可分为长条形和环形两种，以 G1

为例，开口于①层下，平面大致呈长条形，口部明显，剖面呈圆弧状，出土遗物主要为辽金时期泥质灰陶片。

此次发掘共发现房址2座。以F1为例，起建于生土上，房址为地面式建筑，平面呈长方形。长方形火炕位于房址西部，炕面长3.5米、宽1.6米。烟道呈曲尺形，有3条，烟道残深0.15米~0.25米，烟道内散布石片。烟道在房址西南角汇合，合拢处略呈坑状，内有灰烬，疑似烟囱所在。灶位于房址东北角，平面呈圆形，灶内有铺砖，灶前端有圆形浅坑。根据房址内出土遗物判断，房址所属时代为辽金时期。

此次对柴火沟遗址的考古发掘工作，首次以考古学方法认识了该遗址。发掘出土的大量辽金时期遗存，为辽金时期的聚落考古学研究提供了重要的基础材料。

（王晓明）

【公主岭市后腰屯辽金时代遗址】

发掘时间：2017年7~10月

工作单位：吉林省文物考古研究所、公主岭市文物管理所

公主岭市后腰屯遗址位于公主岭市南崴子乡安家窝棚村后腰屯东南160米，东北距公主岭市中心约7千米。2017年度，吉林省文物考古研究所为配合“中部供水工程”所做沿线考古调查中发现并初步确认了该遗址，经勘探进一步判定其应为一处辽金时期的聚落遗址。遗址坐落于东辽河冲积平原上，地势平坦，面积较大，遗址地表普遍种植玉米等旱田作物。

此次工作共布设探方17个，探沟4条，实际发掘面积1000平方米，因常年耕种及水土流失。遗址地层较为简单，遗迹保存较差。发掘清理出的遗迹有灰坑1个、灰沟1条、房址3座。3座房址破坏较严重，均未发现墙体，仅存房址内部的火炕。3座房址开口层位一致，方向较为统一，应为一处院落的不同的居址。遗址内清理出的灰沟与房址开口同一层位下，且呈弧形包围房址，疑似房址院落外部的围沟。

发掘出土大量辽金时期泥质灰陶片，少许辽金时期粗白瓷片，1件兽面瓦当，后腰屯遗址周围辽金遗存较为丰富，其东北5千米处为红旗村金代石刻群，为金代贵族墓葬，正北13.4千米处为土城子古城。后腰屯遗址出土大量日用陶瓷器以及铁犁、犁镜等农业生产工具，出土的房址皆为永久式地面建筑，且较为集中，推测这里应为一处金代的农业聚落遗址。同时，遗址出土了较多建筑构件残件，其中兽面瓦当制作精美，等级甚高，推测发掘区附近应存在一处较高等级的建筑遗址。

（孟庆旭　单　志）

【图们市磨盘村山城东夏国城址】

发掘时间：2017年6~10月

工作单位：吉林省文物考古研究所、延边州文物保护中心

磨盘村山城位于图们市长安镇磨盘村西南2千米，地处图们市与延吉市交界，西距延吉市区5千米，东距图们市区20千米。地理坐标为北纬42°54′，东经129°35~129°37′。海兰江在城南1千米处注入布尔哈通河，山城的东、南、西南三面为布尔哈通河所环抱。山城平面呈阔叶状，城垣依山势沿山脊或山腹以石块砌筑，周长4549米，城内面积104万平方米。根据文献记载和近年考古发掘获取信息，山城为金代末期“东夏国”的“南京”治所，此外还包含有渤海初期遗存。2006年，磨盘村山城被国务院公布为第六批全国重点文物保护单位。

2013~2016年，吉林省文物考古研究所、延边州文物保护中心对山城东门址、北门址、北门角楼、城内4座大型建筑基址、2座院落址、1处冶炼作坊址、1条水渠进行了考古发掘，出土大量陶器、铁器、石器等东夏国遗物，并采集到凤鸟纹瓦当

等渤海初期遗物。2017 年发掘了城内中部和东南部两处台地，清理揭露出 3 座大型建筑基址，出土大量板瓦、筒瓦等陶制建筑材料和镞、甲片、钉等铁器。

5 号、6 号建筑基址位于城内中部，存在叠压关系。上层的 5 号建筑基址为东夏国时期，东西宽 4 米 ~4.5 米、南北残长 38 米。整体保存状况较差，仅南侧、北侧残存个别础石，建筑格局未能明确。西、南有排水沟，中部有 1 个灶址。出土少量灰色板瓦残片、泥质灰陶卷沿陶器口沿及若干铁镞、铁钉。

6 号建筑基址叠压在 5 号建筑基址下，东西宽 7 米 ~9.3 米、南北残长 27 米。南侧保存相对较好，北侧破坏严重，础石大多缺失。现存部分由 3 座南北排列的建筑相连构成，每座规模不等，面阔 2 ~3 间。础石均采用自然石块，排列密集。出土遗物以板瓦、筒瓦为大宗，板瓦多饰绳纹，筒瓦素面居多、饰绳纹者较少，部分瓦件上刻划近似“大”字的符号。6 号建筑基址为城内早期遗存，年代可能为渤海初期或早于渤海时期。

7 号建筑基址位于城内东南部，东西残长 27 米、南北宽 4 米 ~6.5 米。西侧略被破坏，整体保存较好。由 4 座东西排列的建筑相连构成，东侧两座均为面阔 2 间、进深 2 间，西侧两座均为面阔 2 间、进深 1 间。础石均采用自然石块，规格不等。南侧有排水沟。出土大量网格纹板瓦和素面筒瓦，筒瓦凸面多见刻划的文字、符号，可识文字有“大”“上”“下”等，另出土有一定数量的铁镞和铁甲片。7 号建筑基址亦为城内早期遗存，出土木炭测年数据为 538 ~645 年。

2017 年度发掘工作是首次对磨盘村山城内早期遗存进行的主动性考古发掘，对确认山城始建年代、研究早期遗存文化属性提供了重要的实物资料。

（李　强　张恒斌　满世金）

【梨树县偏脸城西门清代至民国时期墓地】

发掘时间：2017 年 8 ~9 月

工作单位：吉林大学边疆考古研究中心、吉林省文物考古研究所、梨树县文物管理所

偏脸城位于梨树县白山乡岫岩村白山咀子山冈南坡，南临昭苏太河，距梨树县城 4 千米，2006 年被国务院公布为第六批全国重点文物保护单位。2017 年 7 月 17 日，城址西门外有一批墓葬受雨水冲刷暴露于外，7 月 19 日，受吉林省文物局委托，梨树县长山考古队对该处墓地进行了实地调查，在城址西门停车场与西南角，护城河与水泥路之间，长约 400 米、宽约 30 米的范围内发现已暴露的墓葬 28 座，通过采集遗物判断，大部分暴露墓葬的年代为晚清至民国时期。2017 年 8 月 12 日 ~9 月 22 日，梨树县长山考古队对偏脸城西门墓地进行了抢救性清理。此次总计发掘面积为 1095 平方米，分两区进行发掘。

南区发掘 85 平方米，发现有两个时期遗存，一期遗存为金代，发现道路 1 条、灰沟 3 条、灰坑 1 个、砖室墓 1 座；二期遗存为清末，墓葬 1 座。其中护城河打破墓道，护城河跟道路并列，道路又叠压砖室墓，根据墓内出土的陶壶和定窑双鱼瓷碗判断墓葬的年代为金代。通过此组层位关系和出土遗物可以初步判断城址的始建年代应不早于金代，史地学者多认为该座城址为金代的韩州。

北区发掘 1010 平方米，清理晚清至民国时期墓葬 38 座，年代为清末到民国时期（约 19 世纪 80 年代至 20 世纪 30 年代）。均为内置木棺的长方形土坑竖穴墓，墓向东北，多为一次单人葬，大部分有头龛和枕具。出土各类随葬品 450 余件，以铜钱和瓷器居多，另有铜饰、银簪、金环和带文字的青砖等。根据墓葬埋藏深度以及随葬品（瓷器、铜钱、扣子）的差异，可将

该墓葬可以分早、晚两段，早段墓葬埋藏较深，晚段墓葬埋藏较浅。根据墓葬结构、木棺及随葬品等，推测应为一处平民墓地。其中属于早段的 M14 人骨鉴定为欧罗巴人种，结合其随葬品，并查阅国内外文献，墓主应为法国神父德约瑟。该墓地为基督教的教民墓地。此次发掘对中法交流、梨树县早期天主教历史等方面研究提供了一批重要资料。

［Pauline Sebillaud（史宝琳）］

黑龙江省

【富裕县小榆树细石器遗址】

发掘时间：2017 年 7 ~ 8 月

工作单位：黑龙江省文物考古研究所、黑龙江大学历史旅游文化学院考古学系

小榆树遗址位于富裕县友谊乡宁年村小榆树屯的东北部，地理坐标为北纬 47°52′17.5″，东经 124°28′15.9″。2017 年为配合尼尔基水利枢纽配套项目黑龙江省引嫩扩建骨干一期工程的建设而开展的一项考古发掘工作，发掘面积 2300 平方米。该遗址地层简单，仅有 2 层堆积，第①层为耕土层，厚 0.15 米 ~0.2 米，土色黑褐色，土质较疏松，此层出土有少量的扰出石制品。第②层为文化层，土色灰褐色，土质较黏硬，厚 0.2 米 ~0.3 米，包含有少量的石片、石器残块、刮削器、细石核等石质遗物。该遗址遗物留存不多，全部为石制品，以燧石和玛瑙为主要原料。石制品类型以细石器工业技术制品为主，体现出强烈的细石器工业技术特征。根据地层堆积和器物特征，可以确定该遗址为石器时代。由于地表未见陶片、磨制石器和新石器时代典型的通体压制箭头和镶嵌石刃，因此该遗址很可能为一处新石器时代早期或旧石器时代末期的遗址。旧石器时代向新石器时代的过渡与更新世向全新世的气候变暖相一致，是人类经济生活方式发生巨大转变的一个时期，是目前考古学界最前沿的课题之一。此次发现的小榆树遗址为深入研究松嫩平原新、旧石器时代过渡课题提供了难得的田野资料。

（田　禾　包曙光）

【穆棱市泉眼河南旧石器晚期至汉魏时期遗址】

发掘时间：2017 年 6 ~ 11 月

工作单位：黑龙江省文物考古研究所

泉眼河南遗址位于穆棱市穆棱镇泉眼村南约 250 米、穆棱河左岸与泉眼河交汇处的二级台地上。地理坐标为北纬 44°24′08.7″，东经 130°18′31.8″。海拔 370 米 ~385 米。遗址东西约 300 米、南北约 150 米，现存面积 4.5 万平方米。为配合穆棱市奋斗水库工程建设，黑龙江省文物考古研究所对该遗址进行抢救性考古发掘工作。依据遗存年代、性质与空间分布差异，将该遗址分为 Ⅰ、Ⅱ 两个发掘区同时开展考古发掘工作。

Ⅰ区位于遗址北部较低处的二级阶地前缘，共布 5 米 ×5 米探方 52 个，发掘面积 1300 平方米。共清理房址 8 座、灰坑 18 个，出土陶器、石器等文物标本 200 余件。陶器均为手制，器壁较厚，质地疏松、烧造火候较低，分为夹粗砂黄褐、红褐及黑褐陶三种，器表以素面陶居多，有少量彩绘，部分陶器口沿下饰有数周细凹弦纹，有少量乳丁状耳及柱状耳。可辨器形有罐、碗、杯、豆、砖、纺轮、陶塑等。石器数量较多，以磨制为主，种类有磨盘、磨棒、石斧、石凿、石刀、石锄、研磨器、石杵、砺石等。

Ⅱ区位于遗址南部较高处的二级阶地后缘、北距 Ⅰ 区约 200 米。采用正方向，共布 5 米 ×5 米探方 36 个，发掘面积 900 平方米，共清理灰沟 1 条、灰坑 44 个，出土及采集的石器标本共计 2500 余件。以石

器数量最多近2500件，器类包括石片石核、石片、石叶石核、石叶、细石叶石核、细石叶、两面器、刮削器、尖状器、钻器、断片及断块等。玉器5件，包括环、斧、匕型器、坠饰等。

根据层位关系、揭露和出土的遗迹、遗物特征判断，泉眼村南遗址主要包括旧石器时代晚期、新石器时代早期、汉魏三个时期文化遗存。旧石器时代晚期文化遗存主要分布于Ⅱ发掘区，出土的石器数量巨大，工业类型以石叶、细石叶技术及两面器技术为主要特征，剥片技法以软锤和间接法为主，工具加工多采用压制法和软锤修理技术。新石器时代早期文化遗存少量分布于Ⅱ发掘区，仅发现少量的石器、玉器、陶片等，石器属于东北亚地区的细石器工业类型，剥片技法以细石叶和小石片技术为特点，工具加工多采用较为精湛的压制修理技术。汉魏时期文化遗存主要分布于Ⅰ发掘区，少量分布于Ⅱ发掘区。陶器以素面陶居多，以口沿下饰有数周细凹弦纹的侈口弧腹罐最具特色，应为汉魏时期穆棱河上中游地区所独有的一种文化特征。少量乳丁状耳和柱状耳显示其与牡丹江流域的东康类型和绥芬河流域的团结文化之间关系较为密切。

此次发掘是首次在穆棱河上游地区开展大规模、正规的考古工作，填补了这一地区田野考古工作的空白，对Ⅰ、Ⅱ发掘区所含旧石器时代晚期、新石器时代早期、汉魏三个时期文化遗存的揭示，对于初步构建及完善穆棱河上中游地区考古学文化的编年体系，以及深入开展该区域文化谱系、生业方式、生态环境及人地关系等方面的综合研究，具有十分重要的推动作用。

（王长明）

【黑龙江沿岸遗址联合考古调查】

调查时间：2017年5月；7月

工作单位：黑龙江大学历史文化旅游学院考古学系、俄罗斯阿穆尔州文化遗产保护中心

为促进中俄双方学者对两岸考古遗址的直观认识，我们联合组织了在黑龙江中游两岸的考古遗址考察。此项工作分两个阶段进行，第一个阶段中俄联合在黑河境内黑龙江沿岸的遗址考察。2017年5月22~25日，我们在黑河市文物管理部门有关工作人员的带领下，先后考察了西沟、黎明、边疆、鹿场4处新石器时代遗址和四方城、西石砬子、河西3座辽金城址。俄方参与考察的除了阿穆尔州文化遗产保护中心的两位考古学者，还有来自新伯利亚考古、历史与民族研究所的学者涅斯捷罗夫和阿尔金。在考察结束后，俄罗斯学者来到哈尔滨同黑龙江大学考古学系和黑龙江省文物考古研究所进行了更进一步的学术交流。

第二个阶段的考察地点在俄罗斯阿穆尔州境内的黑龙江（阿穆尔河）沿岸。2017年7月10~15日，我们组成6人考古队，同阿穆尔州文化遗产保护中心的学者一起对黑龙江左岸的11处遗址进行了实地考察。这些遗址包括了5座新石器时代居住址、5座靺鞨时期墓地和居住址、1处金代城址以及3个时代不明的特殊遗迹。在工作结束后，联合考察队在阿穆尔州博物馆召开发布会，向社会公布了中俄联合遗址考察的工作情况，当地电视台、报纸等媒体及部分市民参加并提问。

这两次中俄联合考察工作加深了两国学者对彼此考古发现与研究工作的认识和了解，为下一步的深入考古合作奠定了基础。

（王乐文　包曙光）

【饶河县小南山新石器时代遗址】

发掘时间：2017年6~11月

工作单位：黑龙江省文物考古研究所、饶河县文物管理所

小南山遗址位于饶河县城东南的乌苏

里江左岸。2015年黑龙江省文物考古研究所在小南山遗址发掘300平方米，主要发现为新石器时代早期遗存，还有部分新石器时代晚期遗存。早期遗存以墓葬为代表，出土较多玉器。2016年发掘了2015年度各发掘区之间的区域，但由于气候原因仅清理发掘完第①、②层，2017年度继续发掘完成。

此次发掘面积750平方米，共清理墓葬26座，出土各类标本1600余件，其中玉器46件，石制品1000件，复原陶器6件，陶片600件。陶器纹饰以栉齿纹为特点。2017年度墓葬与2015年度发现的墓葬相似，突出特点是上封积石，下凿基岩，火烧毁器。封石由不规则的石块堆积而成，多为一层，保存完整者呈圆形，但圆形范围内的石块大小分布有差别，在东南角多集中有数块较大的石块，其他位置石块相对小一些。例如M38，直径为3.3米，由50厘米~15厘米大小的石块堆铺而成，石碓东南部分的大石块集中呈东北—西南方向分布。再如M23，呈方形，长2.15米、宽1.8米、深0.8米，墓葬底部发现有玉环2件，其中一件由两部分穿孔缀合而成，还有箭杆整直器一对以及石刀和陶罐等。

自1972年发现和发掘新开流遗址以来的40余年的时间里，在三江平原地区再未发掘过任何的新石器时代遗址。而在与之相邻的俄罗斯境内的新石器考古却有较大的发展，考古学文化序列已经初步建立，但是仍存在一定的缺环。尤其是最早的奥西波夫卡文化与孔东文化（最新的认识是孔东文化的时代大体相当于新开流文化）之间的大约距今10000~8000年的文化遗存发现得非常少，近些年在苏丘岛上和孔东村附近虽有一些发现，但材料还非常的单薄。此次在小南山遗址发现的早期遗存，在陶器和石器反映的文化面貌上恰恰可以衔接奥西波夫卡文化和孔东文化之间的空缺，在年代上与小南山早期遗存的测年结果非常吻合，代表了三江平原地区早于新开流文化的一支新的考古学文化，或可命名为“小南山文化”。

（李有骞）

【齐齐哈尔市洪河新石器时代遗址】

发掘时间：2017年6~12月

工作单位：黑龙江省文物考古研究所

洪河遗址位于齐齐哈尔市富拉尔基区杜尔门沁达斡尔族乡洪河村南约1千米处，坐落于嫩江中游右岸高出江面约10米、地势平坦台地的临江边缘，东北隔江与梁思永在1930年发掘的昂昂溪五福C遗址相距十余千米，与分布于同一台地的全国文物保护单位老龙头墓群相距约4千米。遗址堆积深厚，文化层堆积厚2.5米~3米，保存较好。

为科学地界定梁思永确立的昂昂溪文化内涵、性质与年代，在国家文物局的支持和黑龙江省文化厅的指导下，该遗址历经2013~2015年发掘，2017年是第四个工作年度。6~8月，首先对洪河遗址主要是新石器时期遗存进行全面钻探，钻探面积2万余平方米。发现了规模不同、位置相邻、并列分布的新石器晚期连通江岸的两道环壕，大环壕东西长约130米、南北残长约80米、宽约4米~6.5米、深3米~3.5米。小环壕在大环壕西侧，东西长约80米、南北残长约60米、宽约2.5米~3米、深2米~2.5米。探明了两道环壕内分布有数量相差较多的房址；房址面积多在50平方米以上，100平方米以上的也有发现，基本搞清了洪河遗址新石器时期聚落的分布格局。

8~11月，发掘工作选择连接大环壕与壕内房址相对集中的区域进行，揭露面积750平方米。发掘的这段大环壕平面呈长条状，南北向，方向356°。口大底小，北宽南窄，剖面呈倒梯形，西壁呈斜坡状，东壁上部较陡峭，下部较斜，沟底东侧折收，北窄南宽，北高南低呈缓坡状。南北残长 4.5 米，东西口部宽 5.56 米 ~ 6.22 米，底部宽 0.88 米 ~ 1.41 米，口距底深 3.65 米。从清理堆积情况看，该环壕经过二次使用，新石器晚期修建并首次使用，夏商时期再次使用。

大环壕内清理新石器晚期房址 6 座（其中规模最大的面积约 110 平方米），夏商时期房址 4 座、灰坑 5 个、沟 1 条，两周时期房址 7 座、灰坑 13 个。出土器物主要包括有陶器、石器、骨器、蚌器等 300 余件，包含路卡什金 1928 年和梁思永 1930 年在五福 C 遗址清理墓葬出土和地表采集的同类器物，且造型一致，包括刻划几何纹球腹小平底罐和带流碗（罐）等。

洪河遗址 2017 年考古工作，取得了重要的学术成果。一是为嫩江流域新石器晚期至两周时期考古学文化的编年谱系研究提供了新材料。二是由于具有明确的器物组合，认识到洪河遗址新石器晚期遗存与梁思永确立的昂昂溪文化性质相同，属于同一考古学文化；通过洪河新石器晚期遗存明确的内涵、性质和年代，进而厘清了昂昂溪文化的内涵、性质和年代，还原了昂昂溪文化的本来面貌，认定洪河环壕聚落应是“昂昂溪文化”的中心聚落。三是洪河新石器晚期遗存修建的环壕和环壕内的房址，其规模在中国范围内目前发现的史前时期环壕聚落中，都是比较大的；洪河遗址新石器晚期遗存修筑如此规模环壕聚落，表明昂昂溪文化生产力比较发达，私有化程度加大，与周邻聚落的冲突比较激烈，社会组织比较完备。洪河环壕聚落遗址的发现，说明在新石器晚期嫩江中游的社会发展进程可能与中华文明中心区同步。这将改变中国历史的传统认识，将嫩江流域进入文明社会门槛提前了千余年，进而改写了黑龙江流域的文明史。

（张　伟）

【抚远市亮子油库新石器时代至辽金时期遗址】

发掘时间：2017 年 8 ~ 10 月

工作单位：黑龙江省文物考古研究所、黑龙江大学历史文化旅游学院考古学系、抚远市文物管理所

亮子油库遗址位于抚远市西南约 6 千米处蛇山西坡的二级台地上，北距黑龙江约 4 千米，北倚蛇山，南临浓江河。此遗址为黑龙江省文物保护单位，但近年来由于当地人修建墓地和毁山取石活动遭到日益严重的破坏。经过国家文物局的批准，在黑龙江省文化厅和黑龙江省文物考古研究所的支持下，2016 年 7 月 10 日 ~ 10 月 21 日，黑龙江大学历史文化旅游学院考古学系与抚远市文物管理所组成联合考古队，对该遗址进行了考古发掘，当年揭露面积 500 多平方米。但由于气候原因，未能全部清理完毕。

2017 年的发掘主要是接续 2016 年未完成的工作，共发现灰坑、墓葬及房址等各类遗迹共 200 多处。出土新石器时代至辽金时期的各类器物小件 1000 余件，其中数量最多的仍然是石器。2017 年度最重要的收获是发现了成排分布的新石器时代房址。这些房址都是地穴式建筑，多为圆角长方形或近方形，东北—西南或西南—东北走向。一般长 1.5 米 ~ 2 米，宽 1 米左右，最大者长 2.05 米，宽 1.87 米。房内立柱较细，未见室内灶。这些房址虽然面积小，但是数量众多，分布密集，叠压打破关系复杂，可能是长期反复建筑、使用的结果，反映出古人在此频繁活动。根据对当地渔民捕鱼活动的调查，初步判断这些房址大多应是捕鱼季节在此暂居的地窨子。

（王乐文　蒋　辉　梁会丽　杜永发）

【桦川县瓦里霍吞隋唐时期城址考古调查】

调查时间：2016 年 9 月 ~2017 年 11 月
工作单位：黑龙江省文物考古研究所

瓦里霍吞城址位于桦川县悦来镇万里河村，地处松花江右岸的一个天然矮山上，北临松花江干流，西傍松花江北流江叉——头道河。地理坐标为北纬 47°10.5′，东经 130°51′，海拔约 108.4 米。此城一直被认为是辽金时期所建，为辽代五国部之一越里笃所在。

1974 年 5 月，黑龙江省博物馆曾对城址进行过调查，在城内西部发现了一处新石器遗址，1979 年 5 月又进行了复查。当时地表散布着较多的细石器、夹砂陶片及一定数量的辽金轮制泥质灰陶等。调查认为此次采集的遗物应有早晚之分，但未做进一步的工作，也未对城址情况进行深入的探讨。1999 年，因雨水冲刷在城内发现了一座清代的夫妻合葬墓，出土了数量较多的金、银、铜、玉饰品及一些丝织品。

2016 年 9 月 ~2017 年 11 月，黑龙江省文物考古研究所再次对城址进行了调查和试掘。此次工作为配合城址的遗址保护规划编制进行，主要目的是了解城址基本状况及保存现状，开展了城内外实地踏查以了解城址基本状况；在城址内部选择合适地点进行小面积局部试掘以了解城内地层堆积情况；对城墙现有冲沟豁口进行剖面清整以了解城墙结构、建筑年代等问题；对城内现存“点将台”遗址、南瓮城、东瓮城遗址进行钻探以了解现知遗迹形制、结构等相关问题的工作。

一 遗址概况及保存现状

瓦里霍吞古城所在之地是一座天然小山，城墙借地势而建，形状不甚规则，从城外看高大雄伟，城内则由于地势较高，与城墙落差多为 2 米 ~3 米，唯东南部城墙从城内看也颇为高大。古城周长约 3500 米，面积约为 80 万平方米，据史料记载，城址东、西、南、北分别设城门，均居城垣中间。按现存情况看，东、南二门有瓮城，大致呈半圆形，其余门址位置并不明确。古城南部有两道城墙。城内西偏北有圆丘状土台，当地俗称“点将台”，中有凹坑。另传闻城中原有通向江边的地下通道，出口处原有石门，后坍塌损毁，其位置也渐不为人知。《桦川县志》亦载，“中有穴下通隧道，可由正北直达江畔”。遗址整体保存尚好，但外侧城墙有数处因坍塌而仅余内侧半片的情况，城墙因雨水冲刷而形成了十余处冲沟豁口；城内水土流失严重，每雨过后，城内田间路上可见较多裸露于地表的陶器残片、动物骨骼甚至经过夯打、踩踏的土质堆积等人类活动遗迹、遗物。

二 城墙结构及建筑年代

经过对城墙冲沟豁口处的剖面进行清整，发现城墙经过四次较大规模的建筑和修整。第一次城墙建筑主要为借助地势对山体进行修整后于其上堆土而成，其后的三次建筑为对城墙的加高和加宽工程，第二、三次建筑可见夯打建筑方式。局部可见多次修补迹象。据采集样本进行 ^{14}C 测年判定，四次修筑间隔时间不长，约在 200 年以内完成。在南部内侧城墙和北部城墙均发现有打破一期城墙的木柱结构，为挖坑埋设。因目前仅于局部发现，尚无法断定其属于城墙原本建筑的设计结构还是城墙出现损毁后形成的补充结构。对 5 根木柱采集样本进行 ^{14}C 年代测定并进行对照，树轮校正年代基本落在 720 ~860 年，即木柱结构形成年代大致为唐代，也即城墙的建筑年代应不晚于此。

三 城内地层堆积

由于试掘可选位置的限制，此次试掘仅发现了明确的清代以后地层，但从采集的遗物看，人类活动所产生遗存大致包含新石器至近现代各个时期。

四　城址遗迹情况

城内现大部分区域辟为耕地，南部和北部城墙局部建有现代民居，难以观察到遗迹的存在，仅城中部偏西位置有一较高土包，俗称“点将台”，当地文物部门已作为古代遗迹进行了圈围保护。此次工作对“点将台”和南瓮城、东瓮城及其附近区域进行了考古钻探。通过对“点将台”遗址的钻探，发现其为一多边形夯土台基，北部有半圆形踩踏面，基址西、南部罕见文化遗存，东部30米以外、北部20米以外，发现较多人类活动迹象，据此判断，“点将台”遗址可能为一带有广场的公共建筑基址。通过对南瓮城和东瓮城及其附近的钻探，发现城内有多条道路向南瓮城交汇的迹象，且有的路从较早时期一直沿用至晚期，南瓮城城墙东南部发现疑似门址的迹象；现存东瓮城城墙外侧发现有呈弧形条带状夯土迹象，疑为南外城墙延伸至此并作瓮城。

此次调查了解了城址的基本状况，对城墙的建筑结构和建筑年代有了新的认识，对相关遗迹的形制、性质有了初步判断，可能对黑龙江地区隋唐时期的考古学研究产生重大影响。同时，认识到瓦里霍吞古城是黑龙江省历史上重要的人类活动地点，其地域内人类连续活动的特征，决定了它在考古学研究上不可替代的地位，相关研究对建立三江平原地区考古学文化的年代学标尺具有重大意义。此次调查收获重大，对今后瓦里霍吞城址和三江平原地区的考古学研究具有指示性意义。

（刘晓东）

【穆棱市泉眼河西渤海国时期遗址】

发掘时间：2017年6～10月

工作单位：黑龙江省文物考古研究所

该遗址位于穆棱市穆棱镇泉眼村西侧，地处穆棱河左岸的一级阶地上，地理坐标为北纬44°24′28.71″，东经130°18′28.78″。地势西北高东南低，海拔高度在361米～369米之间。遗址东距泉眼村200多米，西北距镇政府11千米，连接两地的公路在遗址东缘穿过。该遗址于2002年文物调查时发现，2012年进行了复查和勘探，2017年为配合穆棱市奋斗水库项目建设进行了抢救性发掘。此次发掘位于该遗址的东南部，布5米×5米探方41个，加后期扩方，发掘面积近1200平方米。清理房址3座、水井2口、灰坑78个，出土陶器、石器、骨器、铁器、铜器近百件，可初步判断其年代处于渤海国中晚期。

房址距离地表较浅，保存状况较差，仅残存有灶址、踩踏面、墙体以及曲尺形烟道。房址坐北朝南，灶位于东南部，为地面灶，与曲尺形烟道相连。烟道东西长约7米，南北宽约1.8米，残高0.3米，土石垒砌而成（25厘米～30厘米）。烟道分两条，每条宽约0.2米～0.3米，烟道内残留有红烧土颗粒、草木灰、炭粒、烟炱等。两烟道北折汇合成一条烟道，该部分长约3.75米，宽约1.5米～1.8米，从形制上看烟囱应与房屋主体分离。

水井位于房址南侧。J1采用竖向掘土、石砌井壁方式建造；掘土范围规整，平面呈长方形，南北长约2.6米，东西宽约2米，竖向深约2.2米；石砌井壁内方外圆（大石块规则摆砌方形，小石块填缝找平加固），口小底大，内口径约0.4米，内底径约0.7米；井壁与坑壁间添充泥土和砂石。J2采用竖向掘土、上部石砌井壁、下部木板撑壁方式建造；掘土范围较为规整，平面上看东南为圆弧，西、北两侧为直壁（分别长约3.2米、3米），近扇形，竖向井深3.4米，其中石砌井壁深2.6米，木板撑壁深0.8米；石砌井壁内方外圆（大石块规则摆砌方形，小石块填缝找平加固），口小底大，内口径约0.5米，内底径约1米；石砌井壁随深度增加逐渐加厚，近底部为双层石块堆砌；木板撑壁采用木板榫卯相连，每侧4块，每块木板长约1.1米，宽0.2米，厚5厘米~6厘米；井底发现有石磨盘和碎陶罐；井壁与坑壁间添充泥沙，经踏实。

灰坑数量较多，多为垃圾坑或窖穴，平面形状呈圆形、长方形、椭圆形，直壁或斜壁，平底，出土陶片、兽骨、铁器、铜器等。

遗物以陶器居多，其中灰色和黑褐泥质陶为主，红褐和黑褐夹砂陶次之；陶胎薄厚均匀，烧制火候高；轮制，部分经慢轮加工；陶器素面居多，少数在口沿下或腹上部采用戳印、刻划、压印等施纹技法施加纹饰，主要有指甲纹、圆点纹、水波纹、菱形纹、莲花纹、太阳纹、短平行线纹、折线纹等；器物造型多样，多折沿敞口，鼓腹有肩，平底；器类主要有鼓腹罐、球腹罐、双耳罐、瓮、大口细颈瓶、盆、器盖等。石器数量较少，仅见有斧、锤等工具；骨角器以骨簪、角锥为主；铁器发现较少，锈蚀严重，可辨器形有刀、钉、锹等；铜器数量最少，仅见饰件一类。

此次发掘是首次在穆棱河上游开展的考古发掘，不仅填补了这一地区田野考古工作的空白，而且还丰富了渤海国中晚期的文化面貌，为研究渤海国社会发展、族群构成、聚落布局等提供一批翔实的资料。

（刘　伟）

【宁安市渤海国及辽金时期江东边墙遗址】

发掘时间：2017年11月7~9日

工作单位：黑龙江省文物考古研究所

江东边墙是全国重点文物保护单位——牡丹江边墙的重要组成部分，2006年被公布为第六批全国重点文物保护单位，2012年被列入长城资源。江东段边墙，整体呈东南—西北走向，东端起自江南乡永泉村东南6.8千米中山区的山顶上，西端止于江南乡缸窑村西南1.8千米牡丹江右岸的江边台地上，全长22余千米，历经江南乡永泉村、四方村、永乐村、斗沟子村、江东林场、缸窑村，总计35段。该边墙始建于渤海国时期、辽金沿用，是具有明显特色的军事防御设施。

为配合基本建设工作的开展，对国道鹤大公路宁安镇过境段涉及江东边墙遗址处开始进行考古勘探工作。拟建项目依傍现有公路，呈东北—西南走向穿越边墙，占用边墙及保护范围长近70米、宽30米，总面积约2100平方米。

江东边墙遗址地层大致可分为三层：第①层：0~0.3米，灰褐色耕土，含大量植物根系。第②层：0.3米~0.8米，褐色扰土，较松，土质为黏土，含少量草木灰、石粒等。第③层：0.8米下，黄褐色自然土层，较致密，土质为黏土、纯净。

在该区域勘探发现夯土遗迹一处，横跨探区东西两侧，表面有较明显的凸起，呈L形向东西两侧延伸，开口于①层下，距地表0.3米，残长50米，残宽约6米~7米不等，夯土厚约0.2米~1.3米不等，夯土有明显的夯层，夯层厚约8厘米~13厘米，土质花杂，包含有少量粗砂和石块。夯土为依山势而建、平地起夯，未发现有基槽，由于夯土残留较薄，两侧堆积部分已平整为耕地。

此次工作系首次对江东边墙遗址进行的考古工作，对边墙的构筑方式及年代界定，有着重要的学术价值。

（赵哲夫　曹　伟）

【哈尔滨市阿城区金上京皇城东建筑遗址】

发掘时间：2017年5~10月

工作单位：黑龙江省文物考古研究所

金上京遗址，位于哈尔滨市阿城区南郊，阿什河左岸。金上京城由毗连的南、北二城组成，平面略呈曲尺形，总面积约6平方千米。皇城位于南城的偏西部。以往的调查勘探，了解到皇城内分布三列建筑址遗存布局，中部为宫殿区，东西两侧各有建筑址依次分布。

通过考古勘查，皇城东部建筑址体量较大，相关遗存分布密集。2016～2017 年发掘区大致位于宫殿区第四殿址以东位置。其西北部，与其西侧紧密衔接的为一组相对独立的小型建筑址，编号为 TJ1。2017 年黑龙江省文物考古研究所对 TJ1 以东区域进行大面积发掘，揭露面积 2500 余平方米。

经过发掘清理和勘探，TJ1 以东和以南区域的主体建筑为一呈“十”字形的夯土台基址，台基址整体由三部分单独的夯土台基交汇构成。东西向的西段编号为 TJ2、南北走向的台基编号为 TJ3、东西向的东段编号为 TJ4。三条台基交汇组成“十”字形的台基址，高出周围的砖铺地面约 0.7 米～0.8 米。台基上磉墩排列有序，表面残存铺砌的方砖。其中南北向台基的北部上面分布着多处取暖设施（灶址），台基址的边缘均有一定宽度的包砖墙残留。综合分析，此处应为廊庑基址。结合 2017 年考古勘探成果，南北向台基长 270 余米，是一条纵贯皇城东部的长廊址。

TJ2 西段与 TJ1 的南端相连接。TJ2 平面呈东西向长方形，东部略宽于西部。发掘揭露部分东西长 24 米，南北宽 17.8 米～11.8 米。东部与 TJ3 相连，东部高出 TJ3 约 0.15 米～0.2 米。其上排列磉墩 13 个。磉墩的排列，西部为单列，东部为双列。TJ2 南部墙基外包砖已无存，基槽宽 0.6 米，墙基痕迹尚在，有白灰残迹。

TJ3，南北走向，平面呈长方形。南北揭露长度 59.8 米，北部宽 13.7 米～14 米。TJ3 上共发现柱础基础（即磉墩）54 个，灶址 3 个。磉墩平面略呈方形，呈南北向对称排列，东西两侧各 2 列。磉墩之间东西间隔 0.45 米～0.5 米，南北间隔 2.8 米～3 米。TJ3 东西两侧各有砖砌护壁墙及散水。磉墩上面有的还存留柱础石。TJ3 西部被 TJ2 东部叠压，即 TJ3 的修建应略早于 TJ2。

TJ4，平面形状呈长方形，东西走向，其和 TJ2 在一条线上。发掘揭露部分东西长度为 23.2 米，南北宽 10.7 米。该段台基南北两侧各有包墙砖和散水，包砖墙基宽 0.8 米，散水宽 0.45 米。台基上亦有磉墩，呈东西向 3 排分布。磉墩的宽度约为 1.3 米，东西间距 2.5 米～2.9 米、南北间距约 2.9 米。TJ4 的夯土基础叠压在 TJ3 的散水之上，即 TJ4 的修建应略晚于 TJ3。

由 TJ2、TJ4 及 TJ3 构成的“十”字形长廊式基址，其将东部区域分隔成若干建筑单元，并互有关联。在长廊的东北部，分布有 TJ5 和 TJ6。

TJ5，即 5 号台基，平面呈方形，夯土结构。东西长 6.8 米～7 米，南北宽 6.7 米。该台基址西部和南部紧贴 3 号和 4 号台基址修筑。东侧和北侧外壁有包砖及散水。包砖多已无存。推测 TJ5 是一处平台式建筑。

TJ6，即 6 号台基，平面长方形，位于 TJ5 的东部。夯土结构，台基四周残留包砖墙，包砖外有方砖铺设的散水。东西长 6.3 米，南北宽 1.8 米，外侧有包砖。台基上东、西各有 1 个磉墩，间距 3.8 米。推测 TJ6 可能为牌楼式建筑。

在长廊的东南部，分布有 TJ7 和 TJ8，两者以包砖墙相连接。TJ7 和 TJ8 未予完整揭露，只发掘出一小部分。从磉墩柱网结构上看，应是大型殿址基础的一部分。

在长廊东段与 7 号台基及 8 号台基之间，分布有排水沟和水井等附属设施。

排水沟，即 SG1，位于 TJ4 南侧，平面呈长方形，与 TJ4 大致平行，略有弯曲，斜壁底平，西高东低呈坡状，揭露长度 15 米，两侧沟壁以长砖顺向错缝砌筑，用白灰勾缝。沟底局部保存较完好，为方砖错缝铺筑，从所处位置看，此排水沟是一处明渠式的排水设施。但在东、西两处连接南北建筑址的两段隔墙下有涵洞，为砖砌券顶。

水井，即SJ1，口部距地表1.2米。井的上口平面呈椭圆形，土圹，口大底小，斜壁。井口东西长径3.2米，南北短径3米。实际发掘深度4米，经钻探至井底深度约10.3米。从井壁壁面上发现有磉墩及础石分析，推测井口周边原有“亭子”类建筑。

在廊庑址与各个建筑台基址之间，分布有砖砌的甬路相通。

此次发掘，出土遗物以灰瓦、青砖等建筑构件为大宗。灰瓦有板瓦和筒瓦、滴水及瓦当。瓦当纹饰主要为龙纹、兽面纹和花卉纹。其他有套兽头、螭首、鸱吻、人物塑像等残件。

2017年度发掘的TJ3、TJ2和TJ4是属于皇城内东部区北部贯串各建筑之间的两条交叉的廊庑基址。TJ1是廊庑址西北部区域一组相对独立的建筑基址。

通过对关键部位的发掘解剖，了解到作为廊庑址的TJ3、TJ2和TJ4存在叠压关系，TJ3分别早于TJ2和TJ4，东西向和南北向的三条廊庑址大致属于两期修建。

（赵永军　刘　阳）

【哈尔滨市阿城区清代墓葬】

发掘时间：2017年6月

工作单位：黑龙江省文物考古研究所

山水新城起步区是哈尔滨市阿城区南部开发建设区域，位于阿城旧城区与金上京会宁府遗址之间，为金上京会宁府遗址保护区中的特别建设控制地带。为配合山水新城起步区内拟建图书馆（含文化馆）项目和朗勤·溪山美郡项目的建设，黑龙江省文物考古研究所对这两处建设项目所涉及的遗存进行了抢救性考古发掘。

此次发现和清理的两座墓葬，皆为竖穴土圹墓，编号为M1和M2。墓葬所在区域地层堆积较为简单，第①层表土层，为耕土层；第②层为灰褐色土，较致密，含少量青花瓷片；第②层下即为生土。

M1位于图书馆（含文化馆）项目建设区域的西北部，地理坐标为东经126°58′38.91″，北纬45°31′18.99″。M1开口于第②层下，墓口距地表约0.4米。长方形土圹墓，方向315°（人骨头骨方向）。墓圹口长约2.8米，宽1.96米～2.14米，墓口距墓底深0.7米。土圹内双棺并列，棺木腐朽严重，骨骼少量遗留。墓内出土银扁方1件，酱釉陶罐1件，铁棺钉若干。推测该墓为夫妇合葬墓。

M2位于朗勤·溪山美郡项目建设区域的东北部，地理坐标为坐标为北纬45°31′39.91″，东经126°58′59.62″。M2开口于第②层下，墓口距地表约0.4米。长方形土圹墓，方向335°（人骨头骨方向）。墓圹口长约2.6米，宽1.6米～2米，墓口距墓底深0.6米。土圹内双棺并列，棺木腐朽严重，残留少量骨渣。墓内出土青花瓷碗1件、“道光通宝”铜钱1枚及铁棺钉13枚。推测其为夫妇合葬墓。

从墓葬的形制结构及出土器物特征分析，上述两座墓葬的年代较为接近，大致为清代晚期。

（刘　阳）

【哈尔滨市七三一部队旧址特殊武器研制厂遗存】

发掘时间：2017年8～10月

工作单位：黑龙江省文物考古研究所、侵华日军第七三一部队罪证陈列馆

该遗址位于哈尔滨市平房区东北轻合金股份有限责任公司院内，南距细菌实验室及特设监狱遗址约250米，西距北岗焚烧炉遗址约240米，地理坐标为北纬45°36′37.83″，东经126°37′36.54″。特殊武器研制厂主要功能是研究和制造细菌炸弹和细菌炮弹等进攻型细菌武器，同时对疫苗、菌苗和血清进行预防性研究和生产的主要场所。这是一个用房屋围成的大院，呈

“回”字形建筑，东栋是研究马血清的实验室，南栋是研制小型细菌武器的高温实验室、灭菌室、研究室，西栋、北栋及其中间庭院存放着备用的汽车、坦克和炮车。

东栋，水泥地面的双坡顶长方形砖混建筑。北端与北栋相连，南北长 115.3 米、东西宽 15.3 米。东栋现存建筑为特殊武器研制厂遗址保留最多的单体建筑，东、西两道墙体自北向南保存长度为 91 米、墙宽 0.34 米、高 4.5 米，南北两端封堵后，现作为东北轻合金股份有限责任公司的库房。原始窗口对称分布于东、西两道墙体上，东、西两道墙体各 24 处。

南栋，平顶长方形砖混建筑。东端与东栋相连，东西长 115.3 米、南北宽 15.3 米。南栋建筑由外墙和室内建筑构成，布局复杂。外墙及扶壁柱保存较差，在南栋中部和西部相对保存较多，墙宽 0.34 米。门道 1 处，分布于西墙中部，宽 6 米。窗口 6 处，分布于南栋中部南、北两道墙上，每道墙 3 处。室内结构复杂，自西向东分为Ⅰ、Ⅱ、Ⅲ、Ⅳ、Ⅴ、Ⅵ、Ⅶ七个区域。

西栋，双坡顶长方形砖混建筑。南端与南栋相连，南北长 115.3 米、东西宽 15.3 米。西栋现存建筑较少，东、西两道墙体自南向北保存长度约 36 米、墙宽 0.34 米，最高处仅存 4.2 米，可辨窗口 5 处。

北栋，平顶长方形砖混建筑。西端与西栋相连，东西长 115.3 米、南北宽 15.3 米。

庭院，呈方形，面积近 1 万平方米，未见黄色垫土。

（魏明江）

【哈尔滨市七三一部队旧址瓦斯室遗存】

发掘时间：2017 年 3～7 月

工作单位：黑龙江省文物考古研究所、侵华日军第七三一部队罪证陈列馆

该遗址位于侵华日军第七三一部队罪证陈列馆院内（哈尔滨市平房区新疆大街 47 号），南距侵华日军第七三一部队罪证陈列馆新馆 25 米，西距侵华日军第七三一部队旧址铁路专用线遗址 43 米，北距动力班地下回水池遗址 35 米，地理坐标为北纬 45°36′27.63″，东经 126°37′57.68″。遗址东部为瓦斯储藏室，遗址西部为瓦斯发生室，二者相距 19 米。瓦斯储藏室是与瓦斯发生室同时建立的配套设施。

瓦斯储藏室平面呈圆形，为平顶的顶、中、底三层砖混结构建筑，地上一层、地下两层，室内通高 7.45 米。盖顶位于瓦斯贮藏室最顶部，呈平顶圆饼状，直径 14.1 米、厚 0.25 米。现存三层地面，地面直径均为 13.3 米。室内层高分别为顶层 2 米、中层 3 米、底层 2.1 米。其基础较为坚固，是在深基坑底部所铺碎石垫层上构建圆饼状混凝土基础，基础直径 16.8 米、厚 0.4 米～0.5 米。

瓦斯储藏室外墙体横截面呈圆环形，依据墙体剖面形状不同自上至下可分为 a、b、c、d 四段，墙体内壁平滑且上下垂直。南北向剪力墙，共 6 道，每层 2 道且相互平行，剪力墙东西两端与外墙体相连。其内有砖混结构立柱和钢混结构立柱两种型制，共 10 根。钢混结构横梁，2 根。横向通道与纵向孔洞数量较多，其中横向通道 15 处。纵向孔洞按照形状不同，大体分为 A、B 两型，A 型呈圆形，共 9 处；B 型呈长方形，共 10 处。机座基础有 12 个，均位于底层，根据基座顶面是否有地脚螺栓分为 A、B 两型，A 型 4 个、B 型 8 个。

瓦斯发生室通过基础以及基础之上的墙体的合围，将瓦斯发生室大体分为南、北两部分，南部短、北部长，平面呈“凸”字形。南部可见 1 个隔间，编号为 F1；北部可见 5 个隔间，自东向西编号分别为 F2、F3、F4、F5 和 F6。局部隔间底部有地下室的存在，即 F2、F3、F4。瓦斯发生室发现原有门道有 12 处、窗口 1 处、台阶 1 处、基座基础 17 处。

（魏明江）

上海市

【松江区松江南站明清墓葬群】

发掘时间：2017 年 5 月 18 日 ~7 月 24 日
工作单位：上海博物馆

墓葬群位于上海市松江区车墩镇打铁桥村，2016 年 12 月，因房产开发建设被发现。2017 年 2 月我馆对墓葬群进行了考古勘探，初步确认墓葬群占地约 6 万平方米（东西约 500 米，南北约 120 米）。上报国家文物局并获发掘执照后，在上海市文物局的组织协调及建设单位的积极配合下，上海博物馆考古部对该墓葬群进行了抢救性考古发掘。共清理明清墓葬 163 组。

该墓葬群以家族墓形式为主，大体可分为糯米浆三合土浇浆墓和糯米浆三合土灌浆墓两种。浇浆墓是以糯米浆三合土将砖砌或石板墓室浇筑封护的墓葬，这类墓葬体量较大，大多有墓道；灌浆墓是以糯米浆三合土灌注墓坑与木棺间隙进行封护的墓葬，这类墓葬体量很小。从家族墓的排列方式看，浇浆墓大多呈“品”字形排列，灌浆墓大多呈“一”字形排列。从墓向上看，浇浆墓皆头向北，灌浆墓除两组十座墓葬（M7、M8、M9、M10、M13 为一组，M111、M112、M113、M114、M115 为一组）为头向东以外，其余皆头向北。从整体分布上看，西部的墓葬数量较多，排布密集，保存情况较好；东部的墓葬数量较少，排布较为分散，部分墓葬仅剩墓坑。分区域观察，西部的墓葬排布较有规律，大体是中部为浇浆墓，南、北排布灌浆墓；东部的墓葬较为分散，浇浆墓和灌浆墓有分别集中排布的情况。

该墓葬群所在区域原为村庄所在，多数墓葬被盗扰，出土随葬品数量极少，也未发现任何墓志及买地券等文字信息。从墓葬形制及墓地布局上判断，浇浆墓的时代早于灌浆墓，浇浆墓的时代大体为明代晚期，而灌浆墓的时代已经入清代。

松江南站明清墓葬群位于明清时期松江县城的南门外偏东方向约 2 千米处。以往松江区同时期的墓葬多发现于明清时期松江县城的东门外和西门外，此次发掘确认县城的南门外当时也存在大规模的家族墓地。

此次发掘是上海地区首次对明清墓葬群进行整体揭露，确认松江南站墓葬群是目前上海地区发现的最大一处明清时期家族墓群。通过发掘，对上海地区明清时期家族墓地的形制、布局有了进一步的认识，为探讨明清时期松江的地方史提供了考古学证据。

（黄　翔）

江苏省

【泗洪县半城新石器时代遗址】

发掘时间：2017 年 9～12 月

工作单位：中国国家博物馆、南京博物院、泗洪县博物馆

半城遗址位于泗洪县半城镇雪南村向南 400 米处，在雪南通向刘岗、王岗、渔沟等村的南北水泥路（Y162）东侧水田里，有一东西向现代水渠从中穿过。在水渠修建过程中翻出较多的陶片，该遗址主体堆积为顺山集文化时期，还有少量的青莲岗文化时期的彩陶片。根据地表陶片分布范围，判断遗址的面积约为 1.5 万平方米。

为了解遗址文化堆积的分布范围，2017 年 9 月下旬对遗址进行初步钻探，发现一条近东南西北向壕沟的存在，但其分布是断续的状态，堆积最深处达 2 米以上，包含物较为丰富，含大量的陶片、烧土颗粒，局部还有连续的烧土层。根据初步钻探显示，文化层堆积仅限于西南东北向的壕沟一带，此壕沟的东西两侧，几乎不见文化层。

随后我们对半城遗址进行了发掘，由于钻探显示文化堆积主要是位于壕沟内，本次发掘区的选择首选的方案就是对壕沟进行解剖。在遗址的西南处设立基点，在壕沟中段，由西向东分别布两个 10 米 ×10 米的探方 T0437、T0637 以及一个 5 米 ×10 米的探方 T0737。发掘工作开展前结合 1∶10000 地形图，利用 RTK 进行了部分测绘工作。发掘工作从 2017 年 10 月 20 日持续到 12 月 11 日。发现在发掘区耕土和近代扰土层下，还叠压着零星的商周时期的灰坑，这些灰坑打破了顺山集文化时期的壕沟。壕沟内堆积厚约 80 厘米～270 厘米，很多呈坡状分布。出土遗物有较多陶片、动物骨骼、蚌壳，螺蛳壳，一定量蚌刀，少量石器、骨锥和陶纺轮等。出土陶器以釜、罐、钵、支脚为主，主体文化内涵应延续了整个顺山集文化时期。我们发掘过程中注意对脆弱易碎陶器进行现场加固与提取，及时采集浮选土样、^{14}C 测年样品、微体植物遗存分析土样。

半城遗址的此次发掘，虽然没有发现青莲岗文化时期的堆积，但是为顺山集文化时期聚落形态、生业经济等方面的研究提供了新材料，仍然具有较为重要的学术意义。（庄丽娜　邱振威）

【溧阳市秦堂山新石器时代遗址】

发掘时间：2016 年 11 月～2017 年 11 月

工作单位：南京博物院、溧阳市文化广电体育局、溧阳市文物管理委员会

秦堂山遗址位于溧阳市上兴镇东塘村委章村西约 300 米处，北距上兴镇约 4 千米，东南距溧阳市区约 26 千米，中心地理坐标为北纬 31°28′10.4″，东经 119°14′20.4″。该遗址于第三次全国文物普查时发现，2011 年由江苏省人民政府公布为江苏省文物保护单位。

2013～2015 年，南京博物院考古研究所与溧阳市文化广电体育局、溧阳市文物

管理委员会等组成考古队对秦堂山遗址进行了两次考古发掘及勘探工作。经考古发掘及勘探确认，秦堂山遗址总面积近18万平方米，涵盖马家浜文化、崧泽文化、钱山漾文化、广富林文化、马桥文化及唐宋、明清不同时期文化遗存。前两次总发掘面积470平方米。

为进一步了解秦堂山遗址不同时期文化内涵与聚落布局情况，经国家文物局批准，2016年11月至2017年11月，南京博物院考古研究所联合溧阳市文化广电体育局、溧阳市文物管理委员会对遗址进行了第三次考古发掘。该次发掘主要对Ⅰ区马家浜文化时期墓地及生活区进行了扩大清理，对Ⅱ区毛家山地点大型沟状遗迹进行解剖，总发掘面积220平方米。

Ⅰ区为秦堂山地点，共清理马家浜文化时期墓葬134座、灰坑70余个、洞类遗迹150余个。

此次发掘清理的马家浜文化时期墓葬与第一、二次发掘墓葬连成一片，属同一墓地。墓葬分布十分密集，层层叠压打破。墓葬分属不同层位，早晚关系明确。除墓葬外，较少见生活类遗迹，表明该区域作为独立的墓地得到持续沿用，而地层堆积则与西侧的居住区相贯通。为保存当前发掘层面墓葬，局部发掘区未清理至生土。部分墓葬墓坑不明确，并存在多具人骨连续叠压的现象。墓葬以单人一次直肢葬为主，有少量堆骨二次葬。多为侧身葬，并见仰身或俯身葬。人骨大多保存较差；开口于贝壳层（蚬、蚌、螺等）之下或打破贝壳层的墓葬中人骨大多保存较好；部分墓葬存在未经打破或扰乱而无头骨的情形。随葬品分属陶、石、玉、骨几大类。陶器器类有鼎、釜、罐、钵、盖、纺轮、网坠等，石器主要为锛、纺轮，玉器有玦、璜、管、珠等，骨器有鹿角靴形器、匕、簪、动物獠牙等。随葬陶器中的鼎、罐多为非实用的明器。

马家浜文化时期生活类遗迹多位于墓地西侧，整体地势较墓地略高。主要为大量的灰坑、洞类遗迹及个别疑似房址与灶。灰坑与洞类遗迹分布密集，往往因不成规律、也找不到明确的活动面而无法辨认出房址。部分灰坑平面呈长椭圆形，剖面呈台阶状，这类灰坑多较窄深，性质不明。常见灰坑及洞类遗迹内填大量烧土块的现象。

Ⅱ区位于Ⅰ区东侧的毛家山地点，2015年曾在该区域进行局部发掘，确认此区域文化堆积以崧泽文化为主体，并发现有钱山漾文化、广富林文化、马桥文化遗存。钱山漾、广富林及马桥诸文化遗存不见地层堆积，存在一定数量的灰坑遗迹。同时进行的勘探显示在Ⅰ区北侧有一条大致呈东西走向的沟状遗迹，连接东侧的自然河沟与西侧的低洼地。

为明确上述沟状遗迹的性质与时代，此次发掘在其中部布南北向3米×16米解剖探沟一条，编号ⅡTG1。经解剖确认，该沟应为崧泽文化时期所开挖，直到唐宋时才彻底淤塞，沟北侧发现有唐宋时期的砖石混铺小路。

经过连续三次考古发掘，我们基本摸清了遗址不同时期聚落布局及文化内涵。秦堂山遗址时代跨度大，文化内涵丰富，是地域文明的重要载体，为我们探索和研究该地区历史文化提供了时代标尺。秦堂山遗址马家浜文化时期遗存具有鲜明的地域特征，与宜兴骆驼墩、西溪、溧阳神墩遗址同为太湖西部以平底釜为主要文化特征的“骆驼墩文化”的重要组成部分，丰富了“骆驼墩文化”的内涵并拓展了其外延。

（甘恢元　王宜京）

【泗洪县赵庄新石器时代遗址】

发掘时间：2017年2～9月

工作单位：南京博物院、宿迁市博物馆、泗洪县博物馆

赵庄遗址位于泗洪县梅花镇赵庄村，

南距泗洪县城15千米。遗址于20世纪60年代初由南京博物院尹焕章等先生调查发现，1982~1983年南京博物院对遗址进行了第一次考古发掘；2013年赵庄遗址东侧水田因耕作暴露出数座大汶口文化墓葬，南京博物院考古研究所派员对其进行过抢救性清理，并借机对遗址进行了全面勘探；2016年9月至2017年1月，南京博物院联合宿迁市博物馆、泗洪县博物馆对遗址进行了第二次考古发掘。前期的考古发掘与勘探确认，赵庄为一处总面积达85万平方米，涵盖新石器（大汶口文化）、商周、汉及唐宋诸时期遗存的大型聚落遗址，其大汶口文化晚期聚落总面积超过30万平方米。

因第二次发掘区未清理结束，加之遗址上正在进行的村庄整体拆迁及复耕工作使得遗址面临被破坏的压力，经国家文物局批准，我们于2017年2~9月对遗址进行了第三次考古发掘。此次考古发掘延续上2016年度工作，并以其为中心扩展发掘区域，连同第二次考古发掘区，总共发掘面积1100平方米。

此次发掘取得重要收获，共确认壕沟1条（大汶口）、房址1座（大汶口）、墓葬25座（大汶口及周代）、灰坑250个（大汶口、周及汉代）、灰沟22条（大汶口及周代）、陶窑2座（大汶口）、兽坑7处（大汶口）、水井2口（大汶口及周代）。

壕沟已确认区段位于遗址东部、发掘区的西侧，宽度20米左右、深2.5米。沟内堆积夹杂大量陶片与灰烬，陶窑及兽坑多位于沟内。

2017年度清理的部分大汶口文化晚期墓葬随葬品丰富、葬具清楚。如M28墓圹长近3米、宽1.5米，随葬品达70件，葬具为单棺；M32为已清理的最早墓葬单位，同出有良渚文化典型器双鼻壶，并见泥质瓦足鼎；M43是赵庄遗址大汶口文化遗存中首次确认的一椁一棺墓；M44则第一次在棺内发现东西纵向隔板。几乎所有有葬具的墓葬均伴有墓底横置枕木的现象。

陶窑共清理2座，均位于壕沟内，顺坡而建，打破壕沟堆积并被更晚堆积所叠压。其中Y2保存较好，操作间、火道及火膛基本完好，火膛中部有纵向挡墙将其一分为二，底部及四壁高度烧结，火膛被残陶器所填塞。

大汶口文化晚期水井发现1口（编号J2），J2为先开挖大型长方形基坑，再填埋“井”字形木质框架加固而成，因顾及地下水及塌方危险，未完全清理。

兽坑共发现7处，其中6处位于壕沟堆积内，除SK2为肢解的狗外，其余6处均为整埋的猪或狗。

大汶口文化遗物按质地可分为陶、石、玉、骨等几大类，陶器有鼎、豆、罐、壶、鬶、杯、盆、盉、器盖、拍、纺轮、网坠等；石器有钺、锛、砺石等；玉器有环、锥形器、坠等；骨器有锥、簪、镞等。

发掘区内西南部周代遗存最为丰富，其余区域有零星灰坑分布。遗迹有墓葬、灰沟、灰坑、水井等，出土遗物主要有陶罐、鬲、豆、盆、甗及青铜镞、蚁鼻钱等。

赵庄遗址2017年度考古发掘获得了丰富的大汶口文化晚期遗存，新发现的壕沟、M32等较高等级墓葬、大型水井、陶窑、整埋的猪狗等重要遗迹结合遗址聚落布局及整体规模，无不表明赵庄遗址所具备的区域性中心聚落属性。

（甘恢元 姚文娟 伍苏明 宁振南）

【宜兴市下湾新石器时代至商周时期遗址】

发掘时间：2017年5~11月

工作单位：南京博物院、无锡市文化遗产保护和考古研究所、宜兴市文物管理委员会

宜兴下湾遗址位于宜兴市环科园潢潼

花园南侧（原宜城镇下湾村），宜兴人民医院新址东北部。2002 年底至 2003 年初，南京博物院曾对其进行考古调查、勘探与发掘，确定其为一处商周到崧泽文化晚期的遗址。因宜兴市人民医院新址建设涉及到遗址，2016 年底，无锡市文化遗产保护和考古研究所对遗址进行了初步勘探，并制定了考古工作计划和保护方案。2017 年 5 月，南京博物院对遗址进行了再次勘探，探明遗址残存总面积约 2.9 万平方米，涵盖崧泽文化晚期到良渚文化早期、商周、唐宋及明清等不同时期文化遗存，其中崧泽文化和良渚文化早期、商周时期的文化遗存最为丰富。

2017 年 5～11 月，南京博物院考古研究所联合无锡市文化遗产保护和考古研究所、宜兴市文物管理委员会对遗址进行了发掘。此次考古发掘发现的遗迹有房址 1 座、明清墓葬 1 座、灰坑 70 余个、水井 2 口、灰沟 7 条等，出土了崧泽文化、良渚文化、商周、唐宋、明清等不同时期的文化遗物，包括石器、陶器、原始瓷、印纹硬陶、骨器、瓷器、青铜器等。其中，石器占大宗，可分为石锛、石镞、石斧、石刀等。

此次考古发掘在遗址东部和西部发现的崧泽晚期到良渚早期的文化遗物对研究崧泽文化和良渚文化提供了新的材料。同时，还发现了湖熟文化遗物，对研究湖熟文化的分布范围、湖熟文化与马桥文化之间的关系提供了新的材料。

（闫　龙）

【句容市孔塘新石器时代及商周时期遗址】

发掘时间：2017 年 7～12 月

工作单位：南京博物院

孔塘遗址位于句容市郭庄镇孔塘埂村以北 360 米，G25 长深高速西侧约 120 米处。现地貌为高于地表约 2 米、呈不规则椭圆形的土墩，东西长约 150 米、南北宽约 130 米。墩体中心被取土破坏。

南京博物院考古研究所自 2015 年至 2017 年已在此连续发掘三年。2015 年在遗址西部布方发掘了 300 平方米，发掘墓葬 200 座、灰坑 124 个、灰沟 2 条、柱洞 177 个，出土陶器、玉器、石器等小件 600 余件，出土大量新石器及商周时期陶片。2016 年 9 月，为探究遗址的功能分区及形成过程，在遗址东部布 10 米 ×10 米探方 2 个，在西部偏南布 23 米 ×3 米探沟 1 条。清理出商周时期墓葬 1 座、新石器时代墓葬 6 座、灰坑 53 个、灰沟 3 条、柱洞 33 个。

2017 年 7 月，延续 2015 年、2016 年的工作，在遗址西部布方 300 平方米、在东部布方 100 平方米。截至发稿前，清理新石器时代墓葬 24 座、灰坑 58 个、灰沟 4 条、柱洞 30 个。由墩体中心向外围，新石器地层逐渐变薄，晚期地层逐渐增厚。在新石器时代，遗址经历了由居住地到墓地的演变，随着使用过程的延续，墩体逐渐增大增厚。2015 年的发掘区揭露了密集的墓葬区，2016～2017 年的发掘区域已经接近墓地边缘。经过三年的发掘已将墓葬区大部分揭露出来，墓葬年代大致相当于崧泽文化晚期至良渚文化早期，接近墩体中心的区域墓葬密度较大，向外围密度逐渐降低。商周时期遗迹遗物以生活遗迹和实用器为主。

孔塘遗址文化层较厚，新石器时代、商周时期文化内涵丰富；新石器时代文化面貌独特，既有本地文化因素的传承，又有周边文化因素的渗透；商周时期地层较厚，遗迹遗物丰富。孔塘遗址的发掘为研究宁镇地区新石器时代及商周时期考古学文化提供了丰富的资料。

（朱晓汀）

【高邮市龙虬庄新石器时代遗址】

发掘时间：2017 年 2～12 月

工作单位：南京博物院、扬州市文物考古研究所、高邮市龙虬庄遗址管理委员会

龙虬庄遗址位于高邮市东北约 5 千米处的龙虬镇龙虬庄村。1970 年，南京博物院等单位对龙虬庄遗址进行了考古调查；1993～1996 年间，南京博物院考古研究所、扬州市博物馆、盐城市博物馆和高邮市文管会联合进行了 4 次考古发掘。1993 年，龙虬庄遗址被评为中国十大考古发现之一，2001 年被国务院批准公布为第五批全国重点文物保护单位，2011 年入选江苏省大遗址名录。

为配合龙虬庄遗址公园的建设，经国家文物局批准，自 2016 年 9 月起，南京博物院、扬州市文物考古研究所和高邮市龙虬庄遗址管理委员会联合对龙虬庄遗址及其周边区域进行了全面的考古勘探和局部发掘，探明遗址核心区平面分布近似长椭圆形，东西长约 345 米、南北宽约 285 米，面积约 6.5 万平方米。发掘的探方内，发现了良渚文化、商周、唐宋等不同时期的文化因素遗存。

2017 年 2 月，南京博物院在 2016 年的工作基础上，继续进行考古发掘。到 12 月为止，发现的遗迹主要为墓葬、灰坑、灰沟、柱洞等。发现新石器时期墓葬 7 座（在 M404 西侧还发现有两个头骨，应为墓葬，暂未清理），有单人墓、多人合葬墓，多为东西向，其中有两座为儿童墓。仅一座墓葬有随葬品，其他皆无随葬品。

此次考古发掘出土了一批陶器、玉石器、骨器等器物。陶片分为夹砂陶、泥质陶和夹蚌陶，以夹砂陶为主。夹砂陶分为夹砂红陶、夹砂红褐陶、夹砂灰陶等，陶质粗糙，器形可辨有鼎、壶、豆、匜、纺轮等。石器有锛、镞等。骨器为骨勾、骨镞、骨锥等。

此次考古发掘，最大的收获是发现了用蚌壳和陶片平铺的遗存，分布面积较大，这在新石器时期同时期遗址中是较少发现的，为明确遗址的平面布局提供了依据。此次考古发掘将为龙虬庄考古遗址公园的建设提供了考古依据，为文物保护规划及大遗址保护规划提供了基础数据和规划建议，提供科学的资料和信息，为进一步了解和深入研究龙虬庄遗址、淮河流域的新石器时代考古学文化提供基础资料。

（闫　龙）

【徐州市贾汪区庙台子商周遗址】

发掘时间：2017 年 7 月～2018 年 1 月

工作单位：徐州博物馆（徐州市文物考古研究所）

庙台子遗址位于徐州市贾汪区大泉街道徐州市第七中学南侧，东邻江苏师范大学贾汪校区。20 世纪 60 年代，南京博物院调查发现并命名，为一处台地，漫坡状，中心高出北侧农田约 2 米。遗址台地面积约 4500 平方米。徐州博物馆（徐州市文物考古研究所）曾于 2002 年、2010 年进行过两次抢救性考古发掘，共揭露 350 平方米。徐州博物馆（徐州市文物考古研究所）于 2017 年度再次对其进行抢救性发掘。

此次发掘共布探方 11 个，规格 10 米×10 米。台地南侧布正南—北向探沟 2 条，分别为 TG1、TG2，前者规格为 50 米×2 米，后者 18 米×2 米。台地东侧布正东—西向探沟 TG3，规格为 18 米×2 米。此次实际发掘 1080 平方米，共揭露出房址 14 座、灰坑 63 个、灰沟 7 条。

遗址堆积丰富，包含早期的商周遗存与较晚的汉代与明清遗存。文化层可分为 7 大层及部分亚层，依据与土质、土色、包含物等因素将文化层初步分为五期，现分述如下：

第一期：商代晚期，第①层，褐色黏土，土质坚硬，含较多细小铁锰结合颗粒，

出土夹砂褐陶鬲、夹砂灰陶罐等残片。该时期遗迹以 F10、F11、F12、F13、F14、G1、G5、G6、G7 为代表。

第二期：西周中期，第①层，深灰色粉土，很疏松，包含大量木屑、木炭、灰烬等物。揭露出以为 F1、F2、F3 为代表的红烧土建筑，及大量同时期灰坑与灰沟 G2、G3。出土大量生产工具、生活用具及鹿角、兽骨等，应为主要的生活废弃物堆积层。可见铜削、铜箭镞、石镞、骨镞、骨笄、骨匙、石刀、石锛、陶纺轮、陶鬲、陶罐、陶豆等。

第三期：西周晚期，第 4b ~ 3a 层，灰绿色粉土，较疏松，包含大量木炭颗粒、红烧土颗粒，出土大量灰陶鬲、罐、豆残片及少量陶簋、纺轮、石范、鹿角、兽牙等器。该时期遗迹有 F4 ~ F9、G4 及同时期的大量灰坑。

第四期：汉代，其文化层已被晚期人类活动破坏，仅见分布于遗址西北缘的部分遗迹，以开口于②层下的 G2、H18 ~ H25 为代表。

第五期：明清时期，第②层，堆积位于遗址北缘与西缘，褐色黏土层，包含大量细碎红烧土颗粒，出土灰陶砖瓦残片。该时期主要遗迹为由条石构筑的白马寺庙宇台基。

通过此次庙台子遗址发掘工作，揭露出大量与人类活动关系密切的房址和灰坑，同时出土了大批遗物，积累了珍贵的第一手资料，对于研究苏北地区商周时期的文化面貌有着重要的意义。其中以 F1 ~ F3 为代表的红烧土联排式房址布局完整，结构清晰，为研究该地区商周时期的居住方式提供了新材料。

（田二卫）

【镇江市丹徒区断山墩周代遗址】

发掘时间：2017 年 2 ~ 7 月

工作单位：南京博物院

断山墩遗址位于镇江市丹徒区丁岗镇平昌新城南，连云港至镇江铁路 CK319.9 段北侧。为配合该铁路工程建设，2016 年度对考古发掘所涉范围及其周边环境进行了考古钻探。2017 年度，对遗址南部受连镇铁路影响的部分范围进行了抢救性考古发掘。

断山墩遗址呈南北向的长椭圆形状，墩体顶面被分隔成两片区域。顶面长约 184 米、宽约 88 米，总面积 1.7 万平方米；墩体底面长约 226 米、宽约 122 米，总面积约 2.8 万平方米。此次发掘最重要的收获是比较清晰地揭露了遗址南部的壕沟。壕沟紧贴台形遗址边缘，宽度近 17 米，深度近 1.6 米。算上壕沟，整个遗址的面积约 4.1 万平方米。在沟底发现有类似于拦水坝或挡水条性质的设施，皆为生土坝（条）。沟内堆积分为 4 层，每层之间的包含物基本一致，以大量印纹红陶为主，次为印纹灰陶及印纹硬陶，发现一定数量的粗红陶鬲足及原始瓷碗（盅）底。陶片纹饰多菱形填线纹、席纹、小方格纹、“回”字纹等。原始瓷碗（盅）底皆为密集的重圈弦纹。依此可判断该壕沟的年代与墩体基本一致，大致为西周至春秋时期。

（胡颖芳）

【苏州木渎东周古城】

发掘时间：2017 年 1 ~ 4 月

工作单位：中国社会科学院考古研究所、苏州市考古研究所

苏州木渎古城 2017 年的田野工作延续 2016 年未完成的 D161 的工作。D161 位于合丰地点东侧边缘部位。土墩平面呈不规则形圆形，东西长约 48 米，南北宽约 40 米，高出周围稻田约 2 米。整个土墩的边缘略竖直，上部较为和缓，略有坡度。通过工作，系统了解、解剖了此处土墩，对其形成、发展和最终的使用有了充分的了解。

土墩的形成不晚于西周时期。土墩最

早的雏形位于略偏北处，大致呈方形，南北长约 12 米，东西宽约 10 米，高约 1.3 米。土墩的除南侧边缘较为陡直外，其余边缘呈坡状，稍和缓。早期土墩的堆积分为两层。土墩底部较平，与周围农田基本在统一水平面上。在土墩顶部发现西周中期的 M62 打破早期土墩，在东侧有战国时期的 M63 打破土墩边缘。由这两座墓葬，可知早先土墩的形成时代不晚于西周中期。该土墩直到战国时期，仍大体保留着原始状况。

D161 的主体形成于汉代，是在早先土墩的基础上在周边逐步覆土形成的。其中在南侧覆土较多，使土墩的中心南移约 10.5 米。通过解剖确认后期土墩的堆积可分为 6 层。这些堆积构成了一处南北长约 35.5 米，东西宽约 37 米，高约 1.3 米的不规则土墩。在土墩上方发现汉代墓葬 59 座。根据墓内出土遗物，可大致推断墓葬的时代从西汉中期延续至西汉晚期，或可延续至东汉早期。这些墓葬均为②层下开口，打破土墩本体，应为一处经过较长时间使用的单纯性墓地。由土墩上发现墓葬的时代可知土墩主体的形成时代不晚于西汉中期，且不早于战国时期。

这 59 座墓葬中除 2 座为砖室墓外，其余均为土坑竖穴墓。墓葬方向多为东西向，少数为南北向。墓葬间有部分叠压打破关系。墓葬大多为单棺，少数为双棺合葬墓。墓内随葬品置于棺外头前，亦有置于棺侧。随葬品以釉陶壶、罐较为多见，且多成偶数配置。在棺内随葬小釉陶壶的现象较为普遍。此外棺内多放置铜钱，部分有铁剑、铜刀等共出。汉代以后，此处未再经大规模使用，逐渐归于沉寂。

D161 的系统发掘，是对合丰地点周边大量土墩中发掘较为系统的一座，丰富了对此区域的认识。

1. 早期土墩，特别是西周时期遗存的发现，再次确认早在西周时期，合丰地点已有人群活动，留下一定的遗存。这一发现与以往在合丰地点的发掘成果相印证，为探讨合丰地点的早期状况提供了新的资料。

2. 战国时期 M63 的发现，为合丰小城及合丰地点的延续使用补上了关键一环。

3. 大量汉代墓葬的发现表明汉代此处仍有相当的人群活动，仍处于较为繁荣的阶段。

4. 两座汉代砖室墓的发现，不仅仅为探索本区域的最终使用时代提供资料，更是丰富了本区域墓葬类型资料。

5. D161 东侧紧贴着一条小河道，挡住了河道的去向。这表明河道的形成时代应该晚于土墩的时代。这一认识为探索该地的环境和人地关系等提供了新的视角。

（唐锦琼　孙明利）

【常州市金坛区立夫路东周土墩墓群】

发掘时间：2016 年 12 月 ~2017 年 11 月

工作单位：南京博物院、金坛博物馆

立夫路土墩墓群位于常州市金坛区薛埠镇宝塘村西高岗上，墓群内尚存土墩 20 余座，整体保存状况一般，部分保存状况较差。S265 省道茅庵段建设工程穿越墓群东侧，占压 3 座土墩墓，分别编号 D1、D2 和 D3。

2016 年 12 月 ~2017 年 11 月，南京博物院考古研究所联合金坛博物馆对位于工程占压区范围内的土墩墓进行了抢救性考古发掘。发掘采用布设“十”字隔梁的经典发掘方法，将整个土墩划分为四个象限，严格控制各象限发掘进度，统一地层堆积认识，发现重要、复杂遗迹现象时增设小隔梁，如“剥洋葱”般厘清土墩墓的营造过程。

D1 南北残长 16 米、东西残长 10 米、残高 1.8 米，早年修路时被破坏了东部和西部，残留面积较小。墩内共清理残存墓葬 6 座，除主墓外，其余墓葬均朝向土墩中心位置，墓葬内随葬品多少不一，器类基本相似，器形相近。M6为主墓，面积较大，墓葬东西两侧被破坏，随葬器物较少，有硬陶罐、夹砂陶鼎、器盖等，主墓封土内发现祭祀器物群1处。主墓清理完毕后，于垫土层下发现两处基槽，槽内发现若干柱洞。

D2紧邻立夫路东侧，南北残长22米、东西残长16米、残高1.5米，破坏最为严重，文化层几乎被挖机全部破坏。在扰乱的地层中清理出土较多陶器、原始青瓷器，甚至还有青铜矛。墩内清理出残墓6座、器物群8处，遗迹开口层位多数被破坏，土墩底部仍残留墓下建筑1处，有清晰的成排柱洞。

D3紧邻立夫路东侧，东西长23米、南北长26米、高约4米，墩体西侧被道路破坏，整体保存一般，文化层复杂。墩内共清理墓葬20座，其中主墓1座，其余墓葬均朝向墩子中心。发现器物群22处，各处器物数量多少不一，器类与墓葬内随葬品基本一致。

D3属于典型的一墩多墓中的向心式结构，所有墓葬严格按照营造设计理念进行筑造，各墓葬层位关系多有不同，早晚不一，但均朝向土墩中心。各墓葬埋葬方式存在明显差异，不但有平地掩埋式、浅坑式，还新发现了“土椁式”埋葬方式。墓葬之间少有打破关系，另外台形（祭台）遗迹现象的发现，丰富了土墩墓的营造方式。

此次发掘的土墩墓中遗物较为丰富、器类较多，主要有几何印纹硬陶罐、瓿、坛，夹砂红陶鼎、釜、器盖，硬陶盂、碗，青瓷碗、盘、盅，泥质灰陶盆、罐、器盖等，根据器物形制判断3处土墩墓均属于春秋时期。

此次土墩墓抢救性考古发掘工作收获较大，有新发现、新认识，有不断尝试新方法，不仅在考古发掘、文物保护、大遗址保护等专业领域内有拓展创新，还开展了多项公众考古活动，真正做到“探索地域文明，服务社会大众”。此次土墩墓的发掘，充实了土墩墓的基础资料，也丰富了土墩墓的内涵，为研究宁镇丘陵地区土墩墓的形制、营造方式及文化属性，提供了多样的科学信息。

（曹　军）

【泗阳县凌城汉代遗址】

发掘时间：2017年4～10月

工作单位：南京博物院、泗阳县博物馆

凌城遗址位于泗阳县众兴镇凌城村，为秦代陵县故城和西汉时期泗水国的都城遗址，现为省级文物保护单位。遗址中心地理坐标为北纬33°46′050″，东经118°38′230″。遗址面积约25万平方米，中间有一条古老的排水河南北穿过，遗址北200米有新修的宿淮铁路东西横过。遗址大部分被黄河泛滥的泥沙淤没，唯有北部隆起处的地表上分布有丰富的历史文化遗物，另外遗址东侧及东北角隐约可见城垣迹象。现遗址文化堆积厚约3米。地表采集标本有绳纹板瓦、筒瓦、大缸、罐、泥质灰陶壶、豆、钵、盘等器物残片。同时，在遗址南部、吴庄东侧曾出土五铢钱、半两钱、瓦当、石柱础等。

2017年4月，凌城遗址考古调查、勘探与试掘工作开始进行。6月底，完成了城址的考古调查、勘探。经过调查勘探，确认凌城遗址为一汉代夯土城址。平面近梯形，北窄南宽，北城墙长约300米、南城墙长约500米、东西两城墙长约500米，面积约20万平方米。城墙顶距地表20厘米～150厘米，残高5米以上，宽约15米。

2017年7～10月，完成了南城墙探沟TG1和城内北部探沟TG2的解剖工作，发掘面积300平方米，初步对夯土城墙、城内文化层堆积及城址保存情况有所了解。经发掘，城墙内、外表土下皆为厚厚的淤泥、泥沙层，厚约5米，其下为汉代地层。出土大量汉代筒瓦、板瓦，别无其他遗迹、遗物发现。此次发掘为凌城遗址、三庄汉墓的研究提供了重要资料，表明凌城遗址是汉代诸侯国城址的重要组成部分。

（马永强）

【仪征市庙山汉墓调查与勘探】

调查时间：2017 年 6 ~ 9 月

工作单位：南京博物院、扬州市文物考古研究所、仪征市博物馆

庙山汉墓是第七批全国重点文物保护单位。2017 年 6 ~ 9 月，为编制《庙山汉墓保护规划》，南京博物院联合扬州、仪征等地文物考古部门在 2016 年考古勘探的基础上进行为期 3 个月的考古调查、勘探。在对包括吴家山、郑家山、舟山、庙山、团山及其周边区域的全面系统调查、勘探后，基本确定了以团山、庙山为中心的西汉早期陵园的位置，确认了其西陵墙的存在。同时，在陵园外西北处发现一处保存良好数量众多的汉代墓葬群。

勘探发现，庙山汉墓墓坑平面呈“中”字形，方向 358°。南北各有墓道，其中南墓道长 37 米、北墓道长 44 米。墓道宽 7 米 ~ 14 米。墓室南北长 23 米、东西宽 20 米。团山汉墓位于庙山汉墓西北部，两者中心间距约 380 米。团山汉墓墓坑平面呈“甲”字形，东向墓道一条，方向约 88°。墓坑坑口长 20 米、宽 20 米，墓道长约 12 米、宽 6 米 ~ 10 米。团山汉墓周围探出 3 处疑似陪葬坑和 12 座排列有序的陪葬墓。以上调查、勘探成果为编制《庙山汉墓保护规划》提供了基础资料。

（杭　涛）

【江苏省水文化遗产调查】

调查时间：2017 年 6 ~ 12 月

工作单位：南京博物院、南京市考古研究院、连云港市重点文物保护研究所、苏州市考古研究所、镇江博物馆、徐州博物馆、淮安博物馆等

2017 年，根据江苏省水利厅和江苏省文物局联合下发的《关于联合开展全省水文化遗产调查的通知》（苏水河〔2015〕4 号）的部署，由南京博物院牵头组织实施全省工程建筑类水文化遗产的调查。自 4 月起，南京博物院联合各地级市考古单位组建了苏州、无锡、常州等共 11 支水文化遗产调查组，其中南博调查组具体负责南通市、盐城市和泰州市的调查和登记工作。截至 2017 年 12 月，南博调查组已完成南通市和盐城市的野外调查工作，泰州市的野外调查工作正在进行中。此外，连云港市的野外调查工作已由连云港市重点文物保护研究所完成，其余 9 个地市的野外工作正在进行中。

6 ~ 7 月，南博调查组在南通市水利部门提供的《水文化遗产摸底调查表》的基础上，对当地 9 个区县开展了野外调查工作，共收获遗产点 173 处，包括河道、井泉、闸站、桥梁、堤防、湖泊、水文站、取水口、码头、名人故居、祠堂墓园等类别。其中，全国重点文物保护单位 2 处（濠南别业、张謇墓），省级文物保护单位 2 处（如皋水绘园内东水关、濠阳小筑）。8 ~ 9 月，南博调查组在盐城 9 个区县开展了水文化遗产的野外调查工作，共发现 307 处工程建筑类遗产点，涉及河道、闸站、水井、遗址、堤坝、桥梁、灌区、渡口、塔、鱼道、古树、治水名人故居 12 类工程建筑文化遗产，包含全国重点文物保护单位 1 处（海春轩塔），省级文物保护单位 3 处。

（周润垦　高　伟　邬　俊）

【睢宁县下邳古城遗址】

发掘时间：2017 年 2 ~ 8 月

工作单位：南京博物院、睢宁县博物馆

下邳古城遗址位于睢宁县古邳镇。2014 ~ 2017 年，南京博物院、睢宁县博物馆对其进行了考古调查、勘探与发掘。共布探沟 9 条，发掘面积 300 平方米。

下邳古城为一座长方形城址，南北长约930米、东西宽约630米。城墙墙体中间夯土，外侧条石起基、青砖包砌，城墙表面局部有建筑遗存。城墙顶部残宽约18米、残高约2.5米。该城址共布探沟9条（TG1～TG9），发现房址11处、道路5条、灰沟5条、灰坑15个，出土金、铜、骨、铁、石、瓷、陶等各类质地遗物300余件，城址时代下限为明清时期。结合文献，下邳古城毁于清康熙七年（1668）黄河决口形成的洪灾，就此废弃。

在明清城墙的解剖中，发现了宋代的城墙遗址；在城内的发掘中，发现了大面积的宋代院落式建筑遗迹，说明明清下邳古城遗址下叠压宋代城址。结合文献，西晋时下邳为下邳国，且在该城址的发掘中也发现了西晋时期的房址，说明下邳古城遗址的年代上限可推至西晋时期，该城址也可能为西晋时期的下邳国治所所在。

在该城址东侧1000多米处又发现了一条南北向夯土城墙。经勘探，确定为一城址。城址平面呈长方形，北城墙向北略弧，城址西南部叠压于下邳古城城址之下。城址东西长1500米、南北宽1350米。城墙顶部距地表深约0.3米、顶宽约16米、底宽约32米、残高约5.5米。城墙堆土中包含少量绳纹陶片、红烧土颗粒、草木灰等，且城内堆积为汉代文化层，出土汉代筒瓦、板瓦残片等，确定该夯土城址时代最晚为汉代。结合文献，认为该夯土城址应为东汉时期下邳国之都城——下邳城。故而，下邳古城的时代上限最晚可追溯至东汉时期。

综上所述，下邳古城的时代上限最晚可追溯至东汉时期，其时为下邳国都城；魏晋时期下邳城依然存在，可能为西晋下邳国治所所在；宋金之时，黄河决口，下邳被淹，下邳城重修；清康熙七年大地震导致的黄河决口引发洪灾，下邳城遭到彻底破坏。

（马永强　姬长飞）

【扬州蜀岗古代城址北城墙东段西部城门遗址】

发掘时间：2016年6月～12月；2017年4月～12月

工作单位：中国社会科学院考古研究所、南京博物院、扬州市文物考古研究所

发掘地点位于扬州市邗江区蜀岗——瘦西湖风景名胜区管理委员会瘦西湖街道办事处综合村北部的城墙上，发掘面积2000平方米。为了继续了解明扬州蜀岗古代城址的历史沿革，探寻蜀岗古城的北城门遗址，依南京博物院1979年发掘和2011年、2012年扬州蜀岗古城址的勘探，2016年、2017年扬州唐城考古工作队再次发掘，找到并清理出了汉至南宋时期的城门遗址或相关迹象。

从遗迹与地层以及遗迹之间的相互关系来看，大致可以分为四期遗存。第一期遗存是残存有排叉柱础石的汉代城门，由墩台、门墩、门道、马道等构成。第二期遗存是在前期基础上修缮而成的城门遗构，推测其上限或为东晋时期，下限不会晚于杨吴时期；门道北口、门墩南侧残存有砖砌包砖墙、砖铺散水面等，砖面上有模印文字"北门""北门壁""城门壁"；门洞边壁用土坯垒砌而成，部分地方残存着平贴在边壁面上的瓦片，门洞东西向纵截面现呈略向门道中部内弧的形状；排叉柱础石之上的排叉柱坑部分可看出有修缮痕迹，坑边填缝砖的平面上有类似陶拍拍打而形成的绳纹。第三期遗存为杨吴时期在城墙外（北）侧开挖的基槽和垒砌的包砖墙，此时城门或被封堵。第四期遗存是叠压在前期遗存之上的南宋时期的城门，残存有门洞边壁砌砖底部及柱坑和柱洞、门道等。同时出土了砖面模印有"北门""北门壁""城门壁"文字的城砖、云纹瓦当和人面纹瓦当等建筑构件以及东汉时期的青瓷器、玉器、铜钱等残件。

扬州蜀岗古城北城墙东段西部城门遗

址的发现，明确了西汉至南宋时期扬州蜀岗古城的北城墙上不止有一座北城门，确定了汉晋南朝时期扬州广陵城“北门”的位置，再次说明南宋时期曾修缮并使用过唐子城的东半部分且在“北门”之上重新修建了城门。同时，从该城门遗址的沿革情况及其与蜀岗古城南城门的位置关系来看，可推测该门址亦与隋唐时期蜀岗古城的北城门相关，亦为探寻隋江都宫城中轴线提供了重要线索。该遗址既是反映扬州蜀岗古代城址历史沿革的缩影，又是研究中国古代城门形制变化及相关建筑技术的重要资料。

（王　睿　王小迎　汪　勃）

【张家港市黄泗浦遗址】

发掘时间：2017 年 5 ~12 月

工作单位：南京博物院、苏州市考古研究所、张家港博物馆

黄泗浦遗址位于张家港市杨舍镇庆安村与塘桥镇滩里村交界处，总面积约 120 万平方米。2008 年 12 月至 2009 年 1 月、2009 年 8 月至 2010 年 1 月、2011 年 4 月至 2011 年 12 月、2012 年 12 月至 2013 年 1 月，由南京博物院、张家港市文广新局、张家港博物馆组成的联合考古队对遗址先后进行了四次考古发掘，发现了南朝、隋、唐、宋、明清等不同时期的遗存，对黄泗浦遗址临江入海的港口性质和文化内涵形成了整体认识。

为进一步明晰黄泗浦遗址古河道的走向与结构，充实遗址保护规划所需材料，此次发掘着重对黄泗浦河道进行解剖清理。截至 2017 年 12 月，已清理出 3 个不同时期的灰坑、1 座宋代房址和 1 座明清墓葬。黄泗浦河道的西侧岸已基本露出，河道内堆积已清理至宋代地层，相关清理工作正在进行。此次出土遗物除瓷器外，还有陶器、石器、铜器、银器等，以及一块刻有“□延皇帝……释迦如来……□舍钱施……”的文字砖。瓷器以生活用器为主，窑口种类丰富，胎质较细腻、釉色均匀。此次发掘将为深入了解黄泗浦古河道的淤积过程、提高对遗址文化内涵的认识，提供了新的考古学材料。

（周润垦　车亚风）

【太仓市樊村泾元代遗址】

发掘时间：2016 年 3 月 ~2017 年 12 月

工作单位：苏州市考古研究所、太仓博物馆

该遗址位于太仓市城厢镇樊泾村小区西、上海西路北、致和塘南岸，于 2016 年 1 月中旬因太仓市樊泾河北延沟通工程施工而被发现。

为抢救、保护地下文物，同时配合地方经济建设，在 2016 年度工作基础之上，2017 年度考古队重点对拟建设开发范围所涉及的遗址区域展开抢救性考古发掘工作。新增发掘总面积约 10000 平方米，发现房址、道路、河道、灶台、河湾驳岸、瓷片堆积等各类遗迹现象 430 余处。其中，东发掘区房屋基址规模较大，有大型围墙，墙体厚重，内部建筑分组规划，道路布局规整，且发现大量瓷片堆积迹象，初步推测该区为元代仓储区及其遗存；西发掘区房屋建筑基址密集，规制相对较小，有一定的规划布局，发现有多处灶台，初步推测该区为元代居住生活区遗存。

出土以元代中晚期龙泉窑青瓷为主的遗物 100 余吨，可复原器物标本达 30000 余件，完整器 100 余件。可辨器形有碗、盘、炉、高足杯、洗等 40 余类。可辨窑口有龙泉窑、景德镇窑、磁州窑等。釉色精美，纹样繁多，工艺考究，大量器物内底有汉字或八思巴文款式，特别是“至元四年”“枢府”的发现，为遗址及遗物断代提供了重要参考。

根据发现的遗迹现象及遗物特征，遗址主体年代为元代中晚期，下限为明代初年。遗址核心文化遗存分元代中晚期、元代晚期、元末明初三期。初步推测其为大元王朝在江南地区经营的一处瓷器贸易集散地及

相关遗存。

此次考古发现是江南地区乃至全国元代考古的重大新发现，填补了苏南地区元代大型遗址的空白，为研究太仓城建和历史文脉提供了翔实物证。

遗址发现了目前除龙泉窑址考古之外规模最大的一处龙泉窑青瓷遗存，对补充元代龙泉窑青瓷标型器和建立元代龙泉窑青瓷标本库具有重要学术价值。

遗址出土的瓷器器形纹样与20世纪70年代韩国新安沉船出水的瓷器高度一致，从物的角度实证了太仓是元明时期海上丝绸之路重要港口之一，为太仓对接“一带一路”建设以及海上丝绸之路研究提供了新材料。

（张照根　张志清）

【常州市金坛区丁庄明清窑址】

发掘时间：2016年12月~2017年5月

工作单位：徐州博物馆（徐州市文物考古研究所）

丁庄窑址位于常州市金坛区薛埠镇茅东村丁庄，包括丁庄北和丁庄南两个发掘地点，相距约600米。为配合江苏省265省道建设，经国家文物局批准，由南京博物院、徐州博物馆、金坛博物馆组成联合考古队，对丁庄窑址进行抢救性发掘，共发掘三座窑址，其中两座馒头窑，一座龙窑，分别编号Y1、Y2、Y3。其中Y1和Y3保存情况较好，Y2被施工破坏严重，残剩火道，窑门、部分窑壁。根据窑的形制结构、包含物以及地层打破关系判断，三座窑址时代为明清时期。现将Y1、Y3情况简要介绍如下。

Y1，距地表0.9米，开口二层下，打破第③层以及生土层，方向330°。该窑为馒头窑，其平面近似圆形，该窑顶部已坍塌，残存部分平面呈椭圆形，窑壁斜直，窑壁系青砖垒砌而成，厚度为10厘米左右。窑壁由里向外可分为三层：窑壁烧结层，为青灰色，中间层为黄褐色烧土，最外层为红烧土。整座窑址由操作坑、火道、窑门、火膛、窑床、烟道几部分组成。操作坑，系窑门外与窑门相接的一个不规则的长方形坑，坑南北长3.5米，东西宽0.85米~1.4米，深0.4米，坑口距现地表1.5米，坑底较平，坑内堆积含有少量灰色陶片，底部有一层厚约0.1米的木炭灰。在坑的两侧有二层台，土质坚硬，长约1米，宽约0.5米~1.4米，二层台东北角上有一红陶缸，形制较大，口径达1米左右。红陶缸内出土瓷片，青花瓷、青瓷、酱油瓷片。操作坑南部有一条残长3.5米，宽0.5米~0.8米的路，铺设有较多碎瓦片，与操作坑相互连接。该窑火道，位于窑室的东南部，略呈“八”字形。火道上为青砖垒砌券形顶，南部少许坍塌。窑门为长方形，亦为青砖垒砌，壁面已被烧成青灰色，顶部为青砖支撑，上口宽80厘米，底部宽45厘米。火膛位于窑床南部，窑床与窑门之间，呈前窄后宽的扇形，长1.55米，宽0.8米~1.35米。火膛内部均为青砖层层垒砌，火膛底部与窑床高差约1.06米，火膛壁烧结程度极高，火膛壁面及底部表层均被烧成青灰色。窑床整体可以分为两个部分，一部分为环绕窑壁二层台部分，其中二层台宽0.45米，另一部分为火膛后长方形部分，长1.65米，宽0.6米~1.45米，表面青灰色、较平整。窑室后壁挖设两条烟道，并列分布，作为排烟通道，烟道平直，与窑床相互连接，长0.9米，宽0.54米，深0.15米。烟囱情况因工程道路施工原因未能继续向西扩方，因此情况不明。由烟道情况来看，可能为一个烟囱。窑内出土大量窑壁坍塌的碎砖块，但并无陶瓷片出土，结合周围地层出土大量的青灰色砖瓦片来看，推测为烧砖瓦的窑。根据窑的形制结构、包含物以及地层打破关系判断，时代为明末清初。

Y3，距地表0.3米，开口②层下，打破③、④层以及生土层。该窑为斜坡龙窑，残长57.8米，已发掘48.2米，宽2米~2.4米，坡度5°~12°，方向67°，高低落差

5.5 米。其平面近长条形，该窑顶部已坍塌，从残存坍塌情况来看，应为券顶结构。窑壁较直，窑壁系红砖垒砌而成，厚度为20 厘米左右。龙窑窑尾被现代房屋打破，窑头部分由于处于工程便道之上未能整体揭露。整座窑址仅残剩龙窑中间窑体部分，以及南北三座侧门和一道护窑墙。

南侧门 1 位于龙窑西部，窑头部分，为外撇“八”字形，红砖垒砌并夹杂有陶器残片，前宽 0.78 米，后宽 1.3 米，长 1.7 米 ~2.7 米，门南部有操作坑，并继续向西南延伸，因延伸部分已处于施工便道之上，未对南侧门 1 进行整体揭露。

南侧门 2 位于龙窑东部，窑尾部分为，侧门壁较直，红砖垒砌并夹杂有陶器残片，长 1.9 米，宽 0.7 米，并继续向西延伸，因征地原因未整体揭露。

北侧门位于龙窑中部，外撇“八”字形，红砖垒砌，长 2.68 米，前宽 0.84 米，后宽 1.2 米，并继续向东延伸。

护窑墙位于龙窑西部，南壁之外，南北并列分布三道墙，以砖石堆砌为主，间以器物残片。残长 1.2 米，宽 0.2 米 ~0.4 米，残高 0.2 米。

由于龙窑未整体清理出来，从窑内包含物局部解剖来看，散落较多陶片，有缸沿、罐口等，在窑头部分出土一片青花瓷片，窑内倒塌碎砖块中夹杂有较多陶片，陶色有红灰陶为主，器形有罐、盆、缸、窑具等。结合周围地层出土陶片来看，此龙窑主要烧的器物，以罐为主，间以盆、缸等。根据窑的形制结构、包含物以及地层打破关系判断，龙窑创烧年代为明末，一直沿用至清代。

除丁庄南北窑址外，经调查，距离丁庄北窑址 2.6 千米左右的刘巷村，因土地平整，发现多座馒头窑址，形制结构基本与丁庄北窑址一致，时代也应相去不远。距离丁庄南窑址 1.5 千米左右的下庄村南，有一座窑址，地形和丁庄南窑址基本一致，也为低矮山坡，上为毛竹林，从剖面看包含较多陶片、窑具和丁庄南窑址相近，时代基本一致。由此看来，从丁庄窑址发掘以及附近窑址调查来看，明清时期此地窑址较多，已经形成比较有特色的手工业聚集地。虽然此次发掘窑址烧造器物较为粗糙，使用对象为普通平民百姓，但是，真实再现了明清时期金坛地区人民生活场景，对于研究金坛手工业发展和人民生活情况提供了新的资料。

（王庆光）

【昆山市周庄镇明代墓葬】

发掘时间：2017 年 8 ~9 月

工作单位：苏州市考古研究所

昆山市周庄镇明墓抢救性发掘项目，位于苏州昆山市周庄镇全功路与云海路交叉口西北部，白蚬湖东岸。

布探方 1 个，发掘墓葬 10 座。后又布探沟 2 条，以了解墓地的堆积和墓葬之间的关系。实际发掘面积 120 平方米，出土各类文物及标本近 20 件。此墓地在以前的生产建设中已经遭到破坏，仅有 3 座墓葬未被盗扰，但仍有一些迹象值得关注。

墓葬形制、打破关系和年代：该项目的墓葬中出现了三种墓葬形制，单砖室券顶墓、单砖室石板平顶墓和石室墓葬。前两种形制都属于明代江南地区小型墓的典型类型，后一种形制比较少见。

平面布局：此墓地 10 座墓葬平面总体呈左右对称的雁阵式排列，形制特殊，在江苏省乃至全国以往各地的资料报道中都比较少见，为明代家族墓地的排列方式提供了新材料。

下葬方式与墓道：从墓葬的南壁及墓葬整体的浇浆状况可综合推断，棺木分吊入和推入两种方式。棺木吊入的墓葬均没有墓道，墓葬南壁和内壁经过石灰粉刷，平整光滑，封砌完好；而棺木推入的墓葬，墓室南壁内部封砖参差不齐，有的墓葬的墓底有垫砖。

合葬墓：M4 和 M5 为合葬墓，有几个迹象分别如下。浇浆是围绕两个墓葬外围一次性浇筑；M4 的墓室东壁和 M5 的西壁共用一个砖墙；M5 的下葬时间应早于 M4 的墓主。

墓地营建：通过 TG2 和 TG3 的解剖可以得知，M5、M6 两座墓葬打破明代灰坑 H1。可知墓地的营建是因地制宜，未对墓地的地基作专门的处理。

此墓地前后沿革了较长时间，从明代中期到一直延续到中晚期。墓地规划有序，在布局上，单个墓葬为横向单排的形式，总体呈左右对称的雁阵式排列。每个墓葬在平面上南北方向略有错开，体现了家族内部的尊卑、长幼次序。可以确认这是一处明代平民家族墓地。（牛煜龙）

【常州市金坛区邵庄清代遗址】

发掘时间：2017 年 5 ~9 月

工作单位：南京博物院

邵庄遗址位于常州市金坛区尧塘镇西华村邵庄与武进区嘉泽镇宋庄交界处，遗址东、北、南三面环水，西面为树林、村庄，平面略呈不规则方形。遗址总面积约 60000 平方米，中心地理坐标为北纬 31°42′23″，东经 119°42′60″。

此次发掘分别在金坛和武进区内进行，处在新孟河延伸拓浚工程夏溪河至湟里河新开河段范围内，发掘面积共计 2083 平方米，共发现并清理灰沟 4 处、灰坑 10 个、路基 3 处、墓葬 50 座（其中小型墓 20 座）。

灰沟、灰坑及路基多集中分布于发掘区西侧。路基 L1 呈南北向，揭露部分长 38.5 米、东西宽 3.8 米，垫土密实，路面车辙印迹明显。在路基东侧揭露并清理 50 座清代墓葬，可分两片区域。其中 M1 ~ M4 分布偏北，墓向基本一致，随葬器物有釉陶罐、铜钱等，时代特征明显，铜钱可辨有“乾隆通宝”。另一处发现墓葬 46 座，位于南侧较低洼处，东西布列，较为集中，排列有序，墓向以南北向为主，少数东西向。长 150 厘米、宽 60 厘米及以下小规格墓葬有 20 座，应为孩童墓。出土随葬品 63 件，多数为铜钱，有 27 枚，另有少量瓷碗、釉陶罐等。两处应为宗族性质的墓地。

经过考古工作，得到如下收获与认识：1. 邵庄遗址文化层堆积相对丰富，揭露遗迹现象充分反映了遗址的重要性，具有很好的考古价值。2. 此次发掘收获了较为丰富的考古资料，揭露了较大范围的清代家族墓群，对丰富金坛和武进区域的历史资料，深入探究邵庄周边的文化内涵具有重要的意义。3. 对于清代村落的揭露及其周边墓群的发现可为历史记载的空白补充实物资料，同时对类似的考古遗存的发掘工作提出了一个新思路。以清代路基的揭露为契机，进而主动寻求与之相关的文化遗存，例如道路两侧的田地、房舍、水沟、墓葬等，以一点寻一线，以多点找其面，进而在更广范围内展开考古工作，全面认清遗址的文化堆积情况。

（高　伟）

浙江省

【嵊州市兰山庙旧石器时代遗址】

发掘时间：2017 年 3 ~6 月

工作单位：浙江省文物考古研究所、嵊州市文物管理处

为了配合杭绍台高速项目建设，浙江省文物考古研究所和嵊州市文物管理处联合对崇仁镇兰山庙旧石器时代遗址进行了配合性考古发掘。兰山庙遗址地处嵊州盆地内的低山丘陵，地理坐标北纬 29°34′36″，东经 120°41′36″。

此次发掘面积 60 平方米，发掘深度 5 米，大部分标本出自网纹红土，共获得石制品 60 余件，多为石核、石片、断块，岩性以燧石、石英岩、石英砂岩为主。优质燧石多为小石片，打击点集中，打击泡突出，与典型的南方主工业类型不同。石核简单随意，无预制和修理，没有固定的剥片方向和部位。从共存的大量砾石和岩块分析，该遗址可能非原生堆积。年代距今 15.6 万 ~10 万年，处于旧石器时代中期。这也是曹娥江流域首次发现的旧石器，为探讨这一地区万年前的人类活动提供了线索。

（徐新民　刘亚林）

【义乌市桥头新石器时代遗址】

发掘时间：2017 年 2 月 20 日 ~2018 年 1 月 27 日

工作单位：浙江省文物考古研究所

桥头遗址位于义乌市城西街道桥头村村西，2014 年，面临 03 省道支线扩建工程及桥头村新农村建设工程破坏。经国家文物局批准，浙江省文物考古研究所对其进行了正式发掘。2015 年和 2016 年，遗址继续发掘，发掘面积共 1500 平方米。

发掘显示，遗址的东、南、北三面为人工的环壕，西面连接自然河道。环壕的内沿基本完整，外沿破坏严重，但在南部和西北角还是得到了局部的保存。南部环壕的上部受到后期洪水的冲击，在考古迹象上表现为商周层下堆积一层砂砾层，在砂砾层下，环壕的底部得到局部的保存；北部环壕被近现代动土破坏严重，仅在西北角保留一部分。总的看来，桥头环壕遗址的完整性基本确立。环壕的宽度约 10 米 ~15 米，深度约 1.5 米 ~2 米。以环壕的外沿为界限，则环壕聚落的南北长度约 80 米，东西宽度约 50 米。

为取得更好的发掘效果，应桥头考古队要求，当地文物部门在发掘区之上加盖了钢结构的保护棚。2017 年度的发掘在保护棚内进行，重点的发掘对象是环壕堆积。经过发掘，确认环壕填土由内而外呈倾斜状堆积相，证明环壕遗址废弃后，环壕所包围的中心台地依然被利用，在利用过程中环壕被废弃、填埋。环壕填土的分层在不同位置并不一致，大致分 4 ~6 层。出土陶器由绳纹釜、浅腹平底盘、红陶罐、壶等，年代相当于跨湖桥文化时期，早期处在上山文化与跨湖桥文化之间，为探索两者的关系及分期研究提供了新的重要资料。同时也证明，迟至跨湖桥文化时期，环壕功能废止。

桥头环壕遗址是上山文化考古的重要发现，环壕所包围的中心台地属于什么性质，是普通的生活区还是具有公共性质的特

殊建筑？有待进一步的考古探索。桥头环壕遗址是上山文化聚落考古的一大突破。

另外，桥头遗址上山文化阶段，发现较丰富的彩陶，分乳白彩和红彩两种，以条带纹为主，彩纹中出现了太阳纹的图案。这些彩陶是中国境内迄今发现的最早的彩陶。这些彩陶与跨湖桥遗址中的太阳纹图案一脉相承，充分说明上山文化是跨湖桥文化的重要源头。

（蒋乐平）

【余姚市井头山新石器时代遗址调查】

调查时间：2017 年 5 ~ 6 月

工作单位：浙江省文物考古研究所、河姆渡遗址博物馆

井头山遗址位于余姚市三七市镇，在田螺山遗址西侧 1500 米、河姆渡遗址西北侧 8000 米处，于 2013 年下半年在土建地质钻探施工的钻孔后被发现。2014 年上半年由浙江省文物考古研究所经过正式的机钻调查后确认：1. 从文化层埋藏深度（距地表 8 米 ~ 10 米）来看，该遗址是已知中国沿海地区最深的一处遗址；2. 从地层堆积层位来看，其年代明显早于河姆渡文化，对于河姆渡文化来源的探索具有特别重要的价值，再从陶片特征来看，年代大致在距今 9000 ~ 8000 年；3. 从堆积性状来看，其是浙江境内迄今发现的唯一的一处史前贝丘遗址，且明显早于已发现的绝大多数贝丘遗址。遗址地层堆积的特殊性状对于最近 1 万年以来沿海地区的环境演变和海平面上升过程与古人类在中国沿海地区的起源和发展过程的相互关系的研究具有特殊的价值。

2017 年 4 月，井头山遗址获批国家文物局颁发的发掘执照。在确定“考古工作方案”之前，对遗址基本情况再次进行了一次正规、系统、全面的钻探调查。

机器钻探调查第一阶段，在原厂区 1500 多平方米的遗址主体范围内进行，钻孔 24 个，平均钻深 10 米左右，最大钻深 16 米多。机钻调查探明比较清楚的遗址分布范围和文化堆积埋藏深度和厚度，以及地层中文化遗存的包含概况。

机器钻探调查第二阶段，在已探明遗址主要范围的公路（北侧 61 省道）的北面和西侧南北向小河的西面，扩大钻探范围。在公路北面做了 3 个孔的钻探，小河西面做了 5 个孔的钻探。结果，在公路北面的钻孔中均未发现明显的文化层；在小河西面的中段 2 个钻孔的相似深度中也发现了类似原厂区范围内的相似文化堆积。

机器钻探调查第三阶段，对所有 400 米左右的钻芯进行分类观察、处理和堆积性状记录。同时，“全新世极端气候事件与稻作农业起源和人类适应”课题的中国科学院地质与地球物理研究所的吕厚远教授的研究团队来井头山遗址现场采集主要钻孔的土样。

调查结果显示：井头山遗址主体位于原厂区范围内的中部偏东的位置，处于海拔 72 米的井头山东南面山坡下方一个埋深地下 6 米的下伏小山丘东坡下，文化层分布北界约止于 61 省道，南界止于地下小山丘的南坡中段，南北长约 150 米，西界处在地下小山丘的顶坡下，东界处在坡下较深处，堆积分布东西宽约 50 米。

文化堆积最浅处距现代水田面近 6 米，最深处距现水田面 10 米左右。文化堆积最大厚度在 180 厘米左右，多数文化堆积在 50 厘米 ~ 100 厘米，呈近南北向长条状叠压于地下小山坡的中段。文化堆积大体可分 3 到 4 个小层，包含物的具体构成有明显区别：上部小层含少量贝壳和植物碎屑；中部小层，夹杂密集的各类贝壳遗存，少植物碎屑；下部地层少贝壳，但多植物碎屑。在现代小河西南面地块，钻探中发现的南北向地下小山丘的西坡下深 7 米 ~ 8 米处，也发现分布有类似东坡下的文化堆积，暂不计入该遗址的面积数值。

之后，鉴于该遗址文化层埋藏的超常规深度（距现地表 9 米左右），以及文化

层上面覆盖的海相沉积层的不稳定性，从考古发掘实施过程的安全性考虑，决定发掘前必须先采取发掘基坑的安全围护措施。于2018年1月进行了井头山遗址考古发掘基坑围护施工工程招标。

（孙国平　郑云飞　黄渭金）

【湖州市南浔区树下兜新石器时代遗址】

发掘时间：2016年12月；2017年2～8月

工作单位：浙江省文物考古研究所

为配合湖州南浔“三高”连接线工程（连接申苏浙皖、申嘉湖、练杭3条东西向高速公路），浙江省文物考古研究所于2016年8月对南浔树下兜遗址进行了考古调查和钻探，2016年12月和2017年2～8月开始正式的发掘工作，发掘面积1000平方米。

树下兜遗址位于湖州市南浔区马腰村树下兜小组，遗址堆积厚度约2.5米～3.5米，年代包括马家浜、良渚、马桥、唐宋、明清时期，揭露出明清路基1段；宋代墓葬2座，水井2口，石墙基1段，灰坑4个，灰沟5条，窖坑1个；马桥时期灰坑60个，灰沟4条；良渚文化墓葬2座，马家浜文化灰坑2个。此次发掘的主要收获是发现了一处良渚时期的台地，保存面积不大，约250平方米，台地上仅发现了2座良渚文化中期的墓葬，无其他遗迹类型。马桥时期继续沿用该台地，并利用台地周边的低洼地倾倒生活废弃物，围绕土台发现了比较丰富的马桥时期的遗迹、遗物。在遗址南部较低位置，还发现了少量马家浜文化的灰坑。由于发掘面积有限，遗址东部和北部的情况尚不清楚。

（孙瀚龙）

【宁波市奉化区下王渡新石器时代遗址】

发掘时间：2017年10月～2018年2月

工作单位：中国人民大学历史学院考古文博系

下王渡遗址位于宁波市奉化区方城镇下王渡村，此次是对下王渡遗址Ⅱ期的抢救性发掘工作。Ⅱ期项目共1000平方米，由宁波市文物考古研究所主持，分为三个发掘区，中国人民大学承担发掘区Ⅱ、Ⅲ的考古工作，面积为500平方米。

下王渡遗址主体为良渚文化时期的生活堆积。中国人民大学发掘区的地层堆积分为八层：第①层为现代耕土，第②层为宋元时期文化层，第③层为周代文化层，第④层相当于良渚中晚期文化层，第⑤层相当于良渚早期文化层，第⑥层相当于河姆渡晚期文化层，第⑦、⑧层及以下为海相沉积层。发掘清理各个时期灰坑5个、墓葬4座、灰沟2条。

河姆渡晚期的遗迹为H9、H10、H11、H13，出土有泥质黑皮陶豆、船桨和木器残件等。河姆渡晚期出土一件石犁首，遗物主要有鼎、豆、盘口绳纹釜、垫圈、罐等。良渚时期的遗迹为M1、M2、M3、M4和G4，墓葬内均不见人骨，出土有石锛、石纺轮、玉坠、泥质黑皮陶豆和夹砂陶釜等。G4无出土物。良渚时期出土石器种类丰富，有农业生产工具石犁首，狩猎工具石箭镞，手工业工具石锛、石刀、石楔、石凿和石纺轮。出土陶器以夹砂红陶和夹砂灰陶较多，夹炭夹砂陶、泥质灰陶、泥质红陶、黑皮陶和泥质黑陶较少。器形包括鼎、豆、绳纹釜、盆、罐、圈足盘、钵、支脚、器盖、甗等。其中夹砂红陶鼎的鼎足有T形鼎足和弧边扁鼎足两类，均饰有纵向刻划纹。商周时期的遗迹为H2、G2，H2出土陶罐残件。G2无出土物。商周时期的遗物有原始瓷碗和大量印纹硬陶片等。宋元时期只有文化层，未见遗迹单位，遗物为少量青瓷片。

下王渡遗址的发掘，丰富了河姆渡文化和良渚文化的内涵，为研究两个文化之间的关系提供了一批实物资料，同时对于研究宁绍地区史前文化的变迁具有重要的价值。

（王爱梅）

【海宁市达泽庙新石器时代遗址】

发掘时间：2017 年 2 ~ 6 月；2017 年 12 月 ~2018 年 1 月

工作单位：浙江省文物考古研究所、海宁市文物保护管理所

达泽庙遗址位于海宁市马桥街道先锋社区达泽庙自然村，为配合太湖南排工程，2017 年达泽庙遗址进行了第三次发掘，揭露面积 1100 平方米。

2016 年进行的第二次发掘自西向东揭露了工程涉及区域的西部和中部，此次发掘区系第二次发掘未能开挖的部分（民宅及通道），因房屋拆除得以发掘，由此将第二次发掘区连成一个整体。所见地层依次为崧泽文化、良渚文化、马桥文化、商周、春秋战国时期的堆积，共清理崧泽文化墓葬 12 座、灰坑 27 个、井 2 口，良渚文化墓葬 24 座、灰坑 7 个，马桥文化灰坑 2 个，战国灰坑 5 个，另有宋墓 1 座。出土各类编号器物 213 件。

史前墓地是本次发掘的主要收获，36 座崧泽及良渚墓葬出土了 169 件各类随葬品。墓地位于两个土台及扩展区域，分三组成群分布，头向均朝南，唯 M36 的东南角有一个埋设夹砂缸的坑。墓坑长 1.7 米 ~ 2.7 米，宽 0.6 米 ~ 1.2 米，随葬品 1 ~ 14 件不等，有 2 座无任何遗物。随葬品以陶器为主，器形有鼎、豆、罐、盆、簋、双鼻壶、宽把杯、纺轮等；玉器数量较少，材质以叶蜡石居多，器形有锥形饰、珠串、刀、坠饰、隧孔珠等，其中 M36 的珠串由 74 颗微型的叶蜡石珠子串成；石器只在少数墓中出土，器形多为石钺，偶见石镞，唯 M49 出土 4 件石钺。遗物显示这片墓地从崧泽文化晚期开始，基本延续至良渚文化晚期，表明在此期间一直有先民栖居于此。墓葬规格较为一般，但在 T0606 表土中发现一块残玉璧，H77 内出土一件精美的坠饰，回顾 1990 年第一次发掘出土的龙首纹玉牌饰，不排除遗址区曾有过高等级墓葬。

此次发掘区仅为工程所涉史前聚落的一个局部，工程线路东部尚有数户农家未解决搬迁问题，发掘工作部分受阻。

（赵　晔）

【宁波市北仑区大榭新石器商周及宋元时期遗址】

发掘时间：2017 年 3 ~ 9 月

工作单位：中国人民大学历史学院考古文博系、上海文物保护研究中心、南京大学

大榭遗址位于宁波市北仑区大榭岛，此次为Ⅱ期抢救性发掘工作，由宁波市文物考古研究所主持，发掘面积共 3000 平方米，中国人民大学历史学院考古文博系、上海文物保护研究中心、南京大学共同承担具体发掘任务。中国人民大学历史学院考古文博系承担的发掘面积为 1000 平方米，位于Ⅱ期发掘区的北部。

大榭遗址主体为宋元时期生活堆积、商周时期生活堆积、钱山漾时期生活堆积和良渚时期生活堆积。中国人民大学发掘区内地层堆积划分为 5 层：第①层为表土层；第②层为宋元时期文化层；第③层为商周时期文化层；第④层为钱山漾时期文化层；第⑤层为良渚时期文化层。考古发掘中共发现遗迹现象 23 个（组），其中宋代遗迹 6 个（组）；东周时期遗迹 11 个（组）；钱山漾时期遗迹 2 个；良渚时期遗迹 4 组。发掘区内共出土遗物 686 件。

良渚时期主要出土夹砂陶片、石器残件、动物骨骼等遗物，遗迹有树洞四组 T0910d1、T0913d1 – d2、T1009d1 – d5、T1109d1 – d8。钱山漾时期主要出土夹砂红陶、贝壳、动物骨骼等遗物，遗迹有红烧土堆积 st8、st10。商周时期主要出土印纹硬陶片和原始瓷器，遗迹有 G6，树洞一组 d1 – d6，H68、H70、H71、H72、H73、H74、H75、H76，陶片堆积 TP4 – TP11，出土印纹硬陶片和原始瓷器等。宋元时期

主要出土大量龙泉窑、泰顺窑等瓷器小件，遗迹有G3、G4、G5、H69、石墙两组，出土青瓷碗、韩瓶等。

大榭Ⅱ期遗址的发掘，揭示了大榭遗址不同时期的文化遗存，进一步明确钱山漾时期土台部分边缘区域，出土的大量瓷器为研究大榭岛宋元时期文化历史提供了丰富的实物资料。

（汪海伦）

【杭州市余杭区良渚古城新石器时代遗址】

发掘时间：2017年2月~2018年1月

工作单位：浙江省文物考古研究所、良渚文物保护管理所

良渚古城城内2017年度的主动发掘项目主要包括钟家港、池中寺等遗址。

钟家港分为中段、南段补充发掘和北段及北段西扩部分三个发掘区，共揭露4000平方米。经过发掘，基本明确了此区域莫角山东北坡存在四个阶段的堆筑过程，邻近的钟家港中段古河道的堆积与台地的堆筑层相对应，尤为重要的是其中第一阶段的河道内堆积中出土了相对较多的良渚早期偏晚阶段的陶器、石器等，该层堆积叠压莫角山东坡堆筑土，由此首次从地层学和^{14}C测年证实莫角山始筑年代在距今5000年前后，大致与反山、水利系统等同时。钟家港北段及北段西扩部分发掘区和钟家港南段补充发掘区分别发掘了1800平方米和1400平方米，通过发掘，明确了河道的废弃过程，发现至少三个阶段的河岸扩建和废弃过程，获得了一大批陶器、石器等遗物，均属良渚文化晚期前段，对隔梁中各层进行全淘洗，获得一批动植物遗存、陶器、石器等各类遗物。

同时对位于莫角山南部、皇坟山和桑树头之间的池中寺台地进行了大规模揭露和和局部解剖，发掘面积800平方米，发现3座良渚晚期的房基土台。通过勘探和试掘确认台地堆筑土下分布有面积达1万平方米的炭化稻谷堆积，初步估算含有20多万斤炭化稻谷，由此可知古城城内的稻谷储存量相当可观。同时通过对池中寺外围的勘探确认池中寺东部为人工堆筑堤形成的大型蓄水池。

为配合瑶山申遗展示工程，受良渚管委会的委托，我们对瑶山顶部进行清理，并对清理出的祭坛、石磡、墓葬、灰土沟等遗迹进行了整体航拍、测量定位河三维扫描工作，并获取了灰土沟及部分墓葬内填土土样。通过试掘获知了祭坛的东边界，东西长约40米、南北宽约19米，是利用山体基岩整平并局部堆垫黄土而成。此次考古清理为瑶山遗址的复原展示和申遗工作提供了精确翔实的考古资料。

（刘　斌　王宁远　陈明辉　王永磊　朱雪菲）

【杭州市余杭区良渚遗址外围水利系统遗存】

发掘时间：2017年3月~2018年2月

工作单位：浙江省文物考古研究所

该项目属于良渚大遗址考古项目。2017年3月国家文物局决定将整个良渚水利系统纳入良渚古城申报世界文化遗产的范围，需要对水利系统的若干问题作出研究。2017年度实际完成工作内容如下：

一　蜜蜂垄

蜜蜂垄是高坝西组最西侧的坝体。2000年201省道扩建时，曾被认为是春秋战国墓葬进行过发掘。对坝体结构和遗迹年代等未进行详细研究。此次发掘原定目标是对残余坝体及库区进行探沟解剖，获得结构认识和测年样本，进行工程和环境分析。2017年9月开始，在北部布设贯穿坝体的东西向长探沟，南侧靠近山体的位置布置探方，清理面积600平方米。通过发掘对于坝体的结构、工艺和材料有了新

的认识，明确了坝体边界，发现了叠压在坝边之上的库区淤积层。清理了坝底基槽和上部堆筑土，发现坝体基槽开凿在基岩上，槽内以一种较细的黄褐色沉积土填筑、上部铺筑青灰色淤泥作为心墙，再外部覆盖山体黄色土。靠近迎水面位置边坡有少量草裹泥。南侧靠近山体的探方发现一处贯穿坝体的沟状遗迹，推测可能是水坝取水口。沟口宽度约4米~5米，沟内有明显的流水形成的逐层堆积的迹象，目前尚未清理到底。沟内还发现若干朽木，可能与沟西边护岸设施相关。沟南侧直接接到山体基岩，可能经过修整。沟底接近坝底高程，应该不是溢洪道。推测此小沟可能用于取水，当要蓄水时可以堆填草裹泥等材料，沟宽较小，且一侧为基岩，有利于迅速堵口，防止侵蚀渗漏。

二 黄路头

良渚遗址北侧大遮山南麓有一条南北向高垄，从石岭村—翁家头—角窦湾向南延伸，穿过今东苕溪，连接良渚古城的反山姜家山和桑树头墓地，并与古城西南角的凤山连接。黄路头位于该高垄的北段。因建设水渠驳岸，沿渠道边缘进行了清理。2016年清理了南部区域，发现崧泽晚期—良渚墓葬12座，2017年北部区域苗木赔偿完成，故从2017年7月至年底发掘550平方米，清理墓葬13座，并发现周边建筑遗迹，显示为一处崧泽晚期到良渚时期的聚落遗址。此高垄是一条重要的分水岭，为塘山东段和中段的分界线，从遗址分布来看，高垄以东遗址有200多处，高垄以西除了坝体之外几乎没有遗址。因此应是与良渚水利系统相关的一个结构。通过黄路头发掘可知，这条高垄在崧泽晚期开始由人工堆筑形成。在建设良渚城墙时，高垄被北墙和西墙的内外城河截断，成为城内的贵族墓葬区。因此黄路头的发掘对了解塘山的结构和良渚古城区域早晚的变迁，具有重要意义。

三 奇鹤村燕子窝

高坝分东西两组，中间的奇鹤村山谷以往未发现坝体，之前推测此区域或可能也有坝体遭到破坏，故2017年7月开始对此区域进行全面勘探，并根据遥感资料对地形较高的坝体疑似区域进行试掘，面积70平方米。发掘至2017年8月结束，证实此处高地是形成于历史时期的建筑基址，无良渚时期堆积，此谷口在当时应该是开放的，分析显示西组高坝的溢洪道可能流入此山谷。

四 溢洪道的发现与试掘

为配合申遗，需对水利系统的结构功能进行解读。我们使用GIS软件制作数字高程模型进行可能的溢洪道的寻找。根据复原的坝高，分别将低于该高程0.5米、1米、1.5米的高程进行高反差颜色的设置，结果在东西两组高坝库区的东侧，都发现了疑似的溢洪道位置。其中东组坝体溢洪道位于猫尾巴山和鸡笼山之间的自然隘口，宽度约10米，勘探显示该隘口底部为基岩，最大高程28.7米。据水利专家分析良渚时期利用自然山体修整作为溢洪道的可能性很高。目前正对该位置进行探沟试掘，面积80平方米。

综上所述，2017年度共发掘1300平方米，发现溢洪道、取水口重要线索，为水坝结构和库区堆积等研究提供重要材料。黄路头的发掘形成对南北高垄的认识，有助于了解塘山遗址的结构功能，并对古城系统历时性变化产生新的认识，为良渚申遗提供重要的考古学支撑。

（王宁远 范 畴 朱雪菲 闫凯凯 李 博 陈欢乐 葛建良）

【海宁市伊家桥新石器时代及唐宋时期遗址】

发掘时间：2017年7月1日~11月15日

工作单位：浙江省文物考古研究所、海宁市文物保护管理所

为配合浙江美大实业公司厨电工程项

目，2017 年对海宁伊家桥遗址进行了考古发掘，揭露面积 2200 平方米。浙江省第二届田野考古培训班的 8 名学员参加了后期发掘。

遗址位于海宁市马桥街道柏士村新丰组，1989 年因取土被发现，2009 年列为海宁市文保点。遗址上原有现代民宅，2010 年房屋拆迁，遗址南部的小河弹花浜被拓宽取直，破坏了部分遗址本体。当年 10 月，省考古所派人对河道拓宽地带开挖了两条探沟，揭示的良渚文化堆积不足 0.5 米，清理良渚文化墓葬 1 座。2017 年 5 月，海宁市文物保护管理所再次对遗址进行钻探调查，确认遗址保存面积 2000 余平方米。

此次发掘将遗址主体全部揭露，文化层堆积厚度 0.2 米 ~2.5 米，主要为良渚文化和唐宋时期两个阶段的堆积，共清理良渚文化灰坑 27 个、灰沟 3 条、井 2 口，唐宋时期墓葬 6 座、灰坑 16 个、灰沟 10 条、井 4 口，另有明清时期灰沟 1 条。

良渚文化遗存围绕西南部一个人工台地呈扇形分布，台地上残存柱坑等居住遗迹，东侧一水井（J6）内出土一件完整陶罐。外围有一条由西北至东南斜跨遗址的大灰沟（G3），沟宽 1.9 米 ~3.6 米，深 0.6 米 ~0.8 米，沟壁坑洼不平，底部有较多长方形的凹坑；沟内局部出土陶片较多，石器皆零星出土，器形有锛、镞、刀、砺石等。唐宋时期遗存主要分布于 G3 区域两侧，其中墓葬散布于中段，方向均不一致。M3 人骨架保存完好，随葬品仅 1 件瓷碗。M4 葬具保存较好，残高 30 厘米，人骨架基本完整，出土瓷碗和瓷罐各 1 件。水井皆分布于 G3 东部南侧，口径 1 米左右，深约 3 米，井内有一些砖瓦、瓷器、粗陶、石臼等日用残件，其中 J3 内出土瓷碗、茶盏、瓷壶、韩瓶、双耳瓷罐、石杈、铜钱等 11 件器物。H22 出土一件唐代瓷壶，还掺杂了一支史前时期的玉管。

伊家桥遗址展现了良渚文化和唐宋时期该地区的世俗生活状况。良渚时期的文化特性与附近的达泽庙遗址具有同步相似性，部分遗迹单位内也发现了崧泽晚期的陶片。嘉兴地区基本不具备瓷器生产的条件，唐宋及明清时期来自不同窑口的瓷器，对研究当时的商品贸易具有一定价值。

（赵　晔）

【杭州市余杭区玉架山良渚文化遗址】

发掘时间：2017 年 2 月 ~2018 年 1 月

工作单位：浙江省文物考古研究所、余杭博物馆

玉架山遗址地处余杭东部，西距良渚古城 20 余千米，因余杭经济开发区建设，经国家文物局批准，浙江省文物考古研究所与余杭博物馆于 2008 年 10 月至 2018 年 1 月对遗址进行了全面钻探调查与发掘。调查勘探面积总计约 1 平方千米，发现了由 6 个相邻的环壕组成的良渚文化聚落遗址，总面积约 15 万平方米。目前已发掘面积 3 万余平方米，共清理良渚文化墓葬 524 座、灰坑 25 个、建筑遗迹 10 处，出土陶器、石器、玉器等各类文物 6000 余件（组）。

2017 年度发掘基本情况与主要收获：环壕Ⅴ被道路施工破坏后残存约 6000 平方米，主要是发掘其东半部，发掘面积 2700 平方米，清理良渚文化墓葬 25 座；对东壕沟、北壕沟和壕沟的东北转角进行了局部清理。

墓葬均为长方形竖穴土坑墓，头向以朝南为主，3 座朝北，人骨架保存较差，可分辨的多为仰身直肢葬，叠压打破关系较少；随葬品共约 200 件（组），每墓 2 件至 28 件不等，陶器种类有鼎、豆、罐、缸、尊、盘、盆、簋、纺轮等，其中鼎、豆、罐（或尊）是陶器的基本组合；玉器主要有锥形器、管珠等；石器主要为石钺，

有少量石镞和网坠等。

钻探和发掘表明，遗址以方形环壕为主体外围，挖沟筑台。壕沟挖掘于生土面上，宽约3米~4米、深0.8米~1米。

玉架山遗址首次发现了由多个环壕组成的完整的聚落，为我们研究良渚文化社会的组织结构，基本的社会组织单元及其人口数量，氏族内部和氏族之间的等级差异等都提供了全新的材料和视野。这种聚落模式不仅是良渚文化的首次发现，也是长江流域史前考古的新发现，是田野考古上的新的突破，对于该地区以及良渚文化以后的考古工作有着重要的借鉴意义。

（楼　航　方中华　王建平　姚六珍）

【德清县杨墩良渚文化遗址】

发掘时间：2017年9月~2018年1月

工作单位：浙江省文物考古研究所、德清县博物馆

德清杨墩遗址位于湖州市德清县雷甸镇杨墩村木鱼桥南，西南距良渚古城遗址18千米，海拔2.85米。遗址于20世纪80年代因砖瓦厂取土暴露出厚达2米的深灰色文化层，至90年代，当地开挖鱼塘暴露出大量玉料而遭到盗掘。2001年，浙江省文物考古研究所曾在此进行试掘，确认为一处新石器时代遗址。为了进一步明确遗址范围、性质及年代等问题，经国家文物局批准，联合考古队对该遗址进行了调查、勘探和发掘工作。

首先，对杨墩遗址及遗址北部的中初鸣村、王家里、田板埭等区域进行了调查和勘探。杨墩遗址目前地表多果树和池塘，勘探显示遗址北、东、南部表土及扰土较厚，其下即为生土。遗址西部保存较好，1米以下即为良渚文化层，发现有灰坑、土台等遗迹。中初鸣村位于遗址北部约1500米，采集有良渚文化陶片及玉料。

其次，发掘区位于杨墩遗址中部偏南，共布5米×10米探方9个，发掘面积共450平方米，共清理良渚文化时期土台2处、灰坑1个。出土较多陶片、玉器和少量石器，陶器可辨器形有鱼鳍形鼎足、“T”字形鼎足、锥状足、侧扁足、袋足鬶等；玉器包括半成品的玉锥形器、遂孔珠及玉料等共50余件；石器包括石锛、石镞等共十余件。文化内涵为良渚文化晚期。

虽然此次没有发现房址等迹象，但是出土的半成品玉器、带加工痕迹的玉料、加工工具等是制玉作坊的重要特征，因此推测杨墩遗址应是良渚文化晚期的一处玉器加工作坊。勘探显示杨墩遗址、中初鸣遗址所在的这一区域可能存在着多处加工和制作玉器的场所，还需进一步的工作进行确认。

（方向明　朱叶菲）

【湖州市昆山新石器及商周时期遗址】

发掘时间：2017年3月~2018年1月

工作单位：浙江省文物考古研究所、湖州市文物保护管理所

遗址位于湖州市吴兴区八里店镇昆山村，遗址面积约100万平方米，为第七批全国重点文物保护单位。1957年发现，后经多次调查、发掘。2014年《湖州昆山遗址考古工作规划》列入国家文物局重点课题项目。按照规划内容，浙江省文物考古研究所联合湖州市文物保护管理所对昆山遗址进行了一系列主动性考古调查和发掘工作。

为了解昆山南部遗址堆积情况、探索有无大型建筑或城墙，2017年度的发掘集中于昆山南部、大东吴厂区以北，分东、西两区进行，总发掘面积1000平方米。发现各类遗迹50余个，出土小件标本90余件，时代主要属于高祭台类型，少量广富林文化阶段遗存。

广富林文化阶段，发现南北排列的2座土台，土台之间为G4，其各自范围尚未确定。出土遗物主要是陶器，夹砂黑陶、

红褐陶为主，少量泥质灰陶、黑皮陶和粗泥灰陶，可辨器形有侧扁足鼎（有的鼎足足跟内侧有凹窝，足尖有按捺）、折腹豆、圜底盆、圈足盆、有领罐（肩部有刻划三角纹）、袋足鬶、缸等。

高祭台类型阶段的遗存是主体。发现大型建筑遗迹1处、房址4座、沟槽7条、灰坑17个、灰沟3条、灶址1座、柱洞（柱坑）若干。大型建筑遗迹位于西部发掘点，平面呈四边形，方向167.5°，由20条沟槽和100余个柱洞（柱坑）组成，东部边界清晰，其余边界尚未明确。现揭露长26.05米、宽8.15米。解剖发现沟槽底部铺垫有枕木，木柱直接立于枕木之上。房址为地面式，由沟槽和柱洞（柱坑）组成，平面大致呈长方形，大多有隔间，门道多朝南、朝东。房址早期阶段平面呈南北向长方形，晚期阶段平面呈东西向长方形。未发现明显室内灶址和室外活动面。单体的沟槽平面呈长条状，因发掘面积有限未能揭露全貌，大多应是房址的一部分，只沟槽1例外。沟槽1，东西向延伸，方向91.4°，东部边界清晰，西边界尚不明确。现揭露部分长27.5米、宽0.35米～0.45米。沟槽内靠近南侧有等距分布（30米～40厘米）的直径约10米～15厘米的小柱洞，推测其可能为一围栏遗迹。灰沟体量较大，如G1，平面呈喇叭状，东西向，西边窄东边宽。揭露部分长14米、宽7.1米～16.05米、最深1.5米，沟内堆积共有10层。这一阶段的出土遗物以陶器为主，有三足盘、印纹硬陶罐和原始瓷豆等；铜器出土4件，2件青铜矛，1件铜铙残件，1件铜镞。

另外，西部发掘点还发现有烧土堆积和夯土痕迹，分布范围和性质不明，需进一步做工作。

综上所述，2017年度的考古发掘丰富了昆山遗址的文化内涵，首次明确发现了广富林文化阶段的堆积单元，也增添了浙北地区商周时期遗存分期的重要参考资料。同时，新发现的大型建筑遗迹、房址、沟槽以及铜矛、铜铙等遗存对于研究商周时期昆山遗址的聚落布局结构具有重要的启发意义。

（闫凯凯　罗汝鹏　刘建安）

【安吉县龙山107号东周墓】

发掘时间：2017年1月1日～11月12日

工作单位：浙江省文物考古研究所、安吉县博物馆

龙山墓群位于安吉县递铺街道古城村，与安吉古城遗址仅隔一座海拔100米左右的九龙山余脉。在不足5平方千米的范围内共有地表隆起的土墩268座，主要分布在低山丘陵地带和山脊线上。2013年，龙山墓群和安吉古城合并公布为全国重点文物保护单位。

龙山107号古墓葬位于墓群中部，当地俗称“八亩墩”，与“九亩墩”隔水相望。2011年、2014年先后两次遭严重盗掘，2016年3月，获得国家文物局批准进行抢救性发掘。

整个八亩墩由外到内共分为三重结构，是一个要素齐整的贵族墓园。最外是一周人工挖掘的规整隍壕，隍壕平面为转角规整的长方形，壕内部分东西长182米，南北宽115米，面积2万余平方米，壕宽约21米。壕内有两周共30座地面隆起的小型土墩，土墩平面多呈圆形馒首状，直径10米～20米，高1米～2米，两两对称分布。107号墩位于整个墓园中心的小山之巅，墓顶海拔高度41.8米，与山脚地面相对高度约20米。土墩整体呈东西向长方形覆斗状，顶部平整，四周边壁整齐陡直。土墩底脚平面东西长56米，南北宽约30米，顶部平面东西长28米，南北宽12米，高8米。

2016年11月正式开始发掘，截至2017年底，已完成所有外围土墩的发掘，

共清理春秋战国之交的墓葬29座，另有2座明代砖室墓，1座由砖石垒建墙基的晚期房址，1处性质不明的晚期砖结构遗迹。

主墓周边土墩均为一墩一墓，墓葬位于土墩中心，除D109M1为南北向小型石室墓外，其余均为竖穴土坑墓。其营建过程为：首先在平地向上堆筑一个顶面平整的土墩，再在堆墩的中心挖掘竖穴墓坑，埋葬完成后，再将原土回填并加筑封土，进而完成整个土墩的堆筑。

28座竖穴墓坑均呈东西向长方形，长2.7米～4.91米、宽1.4米～2.72米，深0.6米～1.93米，墓坑普遍较浅，均不挖至生土。由于选用挖墓坑的熟土回填，墓坑边壁普遍不清晰。其中21座墓葬在墓坑一端发现斜坡墓道，19座墓葬底部发现用单层块石铺垫的长方形石床。除各墩中心的墓葬外，在D109M1、D115M1、D117M1、D118M1、D119M1、D120M1、D139M1的外围还发现了专门摆放器物的器物坑或器物组。

由于墓葬多在20世纪90年代遭到不同程度的盗掘，墓内随葬品组合大多已不完整。明确未遭盗扰的墓葬共8座，随葬品数量8～20件不等，以13件左右居多。连同墓外器物坑出土器物，整个发掘已出土器物260件，器物种类包括印纹陶坛、罐，原始瓷盖碗、杯、盘，泥质陶盆、盘、壶、鬲、盉、罐、豆、纺轮，夹砂陶鼎、鬲、三足盘、器座，3座墓葬出土了长条形石器。D117Q1及D132M1两个单元出土了非越文化因素的陶鬲。

D109M1是唯一的一座石室墓，石室位于土墩中部的长方形浅坑内，平面呈南北向长方形，长2.7米、宽1.5米、深0.85米，墓向340°。墓室东、西、北壁均用小块石垒砌，南端有与墓室顺向的平底墓道，墓道两侧也用块石垒叠。石室底部残存3件印纹硬陶器残件、2片泥质陶片。石室西北部，距离石室北端约1.2米处，有一个东西向长条形土坑，坑长2.7米、宽0.8米、深0.4米，坑内发现器物6件，包括5件印纹硬陶罐和盖在罐口上的泥质陶盆。

D111M1，东西向“甲”字形竖穴土坑墓，总长9.75米，由墓室和墓道两部分组成。墓室平面呈长方形，口大于底，墓口长4.91米、宽2.66米～2.72米，墓底长4.51米、宽2.27米～2.31米，深1.6米～1.93米，墓室西端正中墓道长4.84米、宽1.24米～1.7米，墓向271°。墓室底部可见东西向长方形棺椁痕迹。墓内随葬器物20件，主要集中在椁内东端，3件位于椁内西端和棺内，器物种类包括印纹硬陶罐、带盖原始瓷盅式碗、泥质陶盆、纺轮、长条形石器及4颗细小的石珠。

D125M1，东西向“甲”字形竖穴土坑墓，总长5.15米，其中墓室长3.95米、宽1.62米～1.64米，位于西端的墓道长1.2米、宽0.9米，墓深0.8米，墓向273°。墓室底部有用大块扁平块石铺垫而成的长方形石床。随葬品共14件，其中泥质陶盆、壶各1件位于石床西部北侧，1件长条形石器位于石床中部，其余11件随葬品集中堆放在墓室后端，器物种类包括印纹陶罐、原始瓷盅式碗、原始瓷杯、泥质陶盆等。

安吉龙山八亩墩是安吉古城外围规模最大的墓葬之一，也是形制最为完整的春秋战国时期贵族墓园。尤其是围绕主墓的两圈小型土墩，墩内墓葬营建方式相同，形制相近，朝向统一，墓内出土遗物的时代面貌也难以区分早晚。体现出墓园整体规划的统一性，墓葬形制和时代的一致性。八亩墩外围的隍壕是继印山越王陵之后，浙江省发现的第二个墓例，隍壕平面形制规整，只是规模与印山大墓存在一定差距。这些围绕主墓的土墩均分布在隍壕围绕的墓园范围内，与中心主墓必然存在紧密的关联。

从土墩及墩内墓葬的文化因素分析，先营建土墩再挖浅坑埋墓的做法是春秋战国时期吴越地区较为多见的，墓底用块石铺垫石床也与越地常见的石床型土墩墓极为相似，是传统土墩墓文化因素的延续。墓内随葬品以印纹硬陶和原始瓷器为主，器形和纹饰也与同时期越墓中所出完全一致。但与典型的越墓相比，也存在着明显的差异，如墓内多伴出数量较多的泥质陶及夹砂陶器，尤其是 D117Q1 和 D132M1 出土的袋足鬲，显然与越文化无关。多座墓葬中出土的泥质陶乳丁足小壶，多见于吴地的遗址或墓葬中，如江宁陶吴土墩墓、苏州新庄遗址、丹徒北山顶殉人墓等。

安吉龙山 107 号古墓葬的发掘不仅仅是一座贵族墓葬的发掘，更是一个贵族墓园的完整揭露，是研究春秋战国时期越国贵族墓园制度的典型样本。墓葬的时代与安吉古城的早期阶段基本对应，该墓园的发掘对安吉古城的性质、文化属性、历史定位等问题的研究也具有非常重要的意义。

（黄昊德　游晓蕾　汪飞英　田正标）

【长兴县碧岩寺东周至明清时期墓群】

发掘时间：2017 年 3 ~ 12 月

工作单位：浙江省文物考古研究所、长兴县博物馆

长兴县碧岩村土墩墓葬群考古发掘为配合基建考古项目，2016 年 3 月起，为配合长兴图影太湖度假区管委会“龙之梦”大型项目的开发建设，浙江省文物考古研究所会同长兴县博物馆对长兴县碧岩村土墩墓葬群展开考古调查和发掘。因为墓地规模宏大，分 Ⅰ、Ⅱ、Ⅲ 三个区域进行发掘。

Ⅰ区：共探明 18 个土墩，清理了 63 座墓葬，以长方形竖穴土坑墓为主，共 45 座；另有少量长方形竖穴砖室墓和长方形竖穴石框墓、石床墓。多为西汉晚期至东汉早中期，出土大量陶器、铜器、铁器等，器形有罍、弦纹罐、壶、盆、铁剑、铜镜等。

Ⅱ区：发掘土墩 58 处，清理墓葬 245 座，出土器物 3072 件（组）。墓葬年代几乎涵盖自春秋到明清的多数年代，其中以汉墓为多。春秋战国时期的墓葬，以石床型土墩墓数量较多，少量的平地掩埋型土墩墓、石室土墩墓，其中石室墓受扰较严重。西汉时期有土坑墓、土坑木椁墓、土坑砖椁墓、土坑石框石床墓等。东汉时期土坑墓和砖室墓并存，其中砖室墓大多受扰，六朝至明清基本大都是砖室墓且受扰严重，宋代有少量土坑墓。

Ⅲ区：共发掘土墩 20 座，清理商晚期至春秋战国时期的土墩墓 7 座，两汉时期的土坑墓、砖室墓 80 多座，明清时期的砖室墓 4 座及 1 座窑炉遗迹。出土随葬器物 100 多件。

长兴县碧岩村土墩墓葬群范围大，大型土墩多为一墩多墓，一些土墩埋葬关系复杂，墓葬类型多样。但发现的春秋战国墓葬至汉代墓葬多为中小型墓葬，多为平民墓葬。目前发现的较大型土墩，也都是一墩多墓的存在，从出土随葬品看，应是小型家族或世家的家族墓葬。大量的墓葬对我们认识浙北地区自商周以来，历经两汉，直至宋明时期的丧葬习俗的发展演变，具有重要的价值。

（徐　军　孟国平　马竹山）

【安吉古城遗址】

发掘时间：2017 年 8 月 16 日 ~ 12 月

工作单位：浙江省文物考古研究所、吉林大学边疆考古研究中心

安吉古城遗址位于安吉县递铺镇古城村西北部。遗址南依龙山，西邻白石山，城址西侧有沙河，东侧有西苕溪。2006 年被国务院公布为第六批全国重点文物保护单位。

城址平面略呈方形，城墙为平地堆土筑成，整体保存较好，墙宽约23米，现存高度3米~6米。城内面积约33万平方米，包括护城河在内总面积40余万平方米。

2013年，对城址进行详细的考古勘探，发现古河道12条，主要分布于城内中部、北部。尤其是在城内中心偏北部，发现了四周有河道围护的长方形官署建筑区。

为了明确城内古河道的堆积性质及时代，了解官署建筑区的建筑时代及平面布局，2017年度联合考古队对城址内圈河道的南侧中部缺口进行发掘，面积950平方米。

发掘区域内发现三层文化堆积，第①、②层为明清及近现代堆积，第③层黄褐色黏土层含较多夹砂灰陶、夹砂红褐陶、印纹硬陶和原始瓷器，为城址同时期的地层堆积。该年度共发现灰坑29个、灰沟3条、建筑台基1座以及与之相对应的瓦砾堆积1处。遗存主要为三国、两晋时期。出土数量较多的瓦当、铭文砖、陶器、瓷器等。

发现大型夯土台基一座（TJ001），平面近方形，边长十余米，厚约0.5米。台基用纯净的黄土夯筑而成，在台基表面发现有两个疑似柱坑的遗迹，台基表面上发现了东吴时期人面纹瓦当，台基周围有大量瓦砾堆积，疑为建筑废弃堆积。

发现灰沟3条。其中G001与台基TJ001基本同时，开口在第②层下，主要分布在T3527N、T3528N、T3226N、T3227N、T3131E、T3031E等探方中。在T3527N中，G001开口距地表深0.4米~0.5米，沟底宽约4米，深1米~1.35米，沟内堆积自上而下可分四层。各层中均包含大量夹砂陶、泥质陶、印纹硬陶、青瓷器等；各层出土的小件器物有瓦当、文字砖、青瓷碗、陶盆、陶纺轮、陶器座等。

发掘灰坑29个，以H008和H020为例。H008位于T3431N北隔梁中，开口在第①层下，打破TJ001，被H006打破，开口距地表0.23米。坑口近圆形，弧壁圜底，口径0.68米~0.88米，坑深0.16米。坑内堆积为灰黑色沙质黏土，夹杂有大量的红烧土颗粒、炭屑。遗物主要为夹砂灰陶或红陶、印纹硬陶、青瓷片等，坑底发现贴底分布的瓦片、陶片和可复原的青瓷罐1件。H020位于T3527中，被G001打破，打破生土，开口距地表0.64米。坑口平面近圆形，弧壁圜底，口径0.98米~1.02米，坑深0.84米。坑内堆积分三层，各层中均包含有夹砂陶、泥质陶、印纹硬陶片。

2017年度安吉古城遗址发掘所获遗存主要为汉代至两晋时期，发现少量战国时期遗存。出土遗物以板瓦、筒瓦、瓦当等瓦件为主，共出土各类小件器物74件，包括铜器、铁器、原始瓷器、陶器等。通过该年度的发掘，初步了解了发掘区域内夯土基址的分布及内圈环河的走向，基本明确了官署建筑区南侧缺口为三国两晋时期形成的小的封闭区域，包括大型夯土基址、生活有关的灰坑、水井等遗存，夯土基址周边有独立的河道围护。该年度的发掘，对于了解城址的平面布局，研究六朝时期的大型夯土建筑结构，开展区域内城址结构、建筑布局的综合研究，乃至探索历史时期大型土遗址的展示和保护问题，都具有十分重要的意义。

（黄昊德　李晓健　林　森）

【永嘉县坦头唐代瓯窑遗址】

发掘时间：2017年5~12月

工作单位：浙江省文物考古研究所、温州市文物保护考古所、永嘉县文物馆

坦头窑址位于温州市永嘉县三江街道龙下村，这里是楠溪江入瓯江口，也是瓯窑的重要分布区。

此次发掘发现了窑炉一座和灰坑等作

坊遗址，出土大量的瓷片标本。龙窑沿山而筑，保存基本完整。

窑业废品堆积主要在窑炉前端两侧的下坡低地区，出土物以各种类型的碗为主，其次是壶、罐、钵、盆、粉盒、碟、灯盏、盏、碾轮，窑具有匣钵、垫具与间隔具等。出土的青瓷产品质量上乘：胎质细腻，呈灰白色；釉色极佳，以淡青釉为主，玻璃质感强，釉面晶莹。基本为素面，少量的细线划花与褐彩装饰。地层中发现了“大中”的纪年，时代为唐代中晚期。

坦头窑址是瓯窑的重要窑场。瓯窑是浙江乃至国内的重要窑场之一，也是最早出现在文献中的窑场，晋杜毓在《荈赋》中曾写道“器择陶拣，出自东瓯”，东瓯即今永嘉一带。

坦头窑址的发掘具有以下重要意义：

第一，首次完整揭露唐代瓯窑窑场。理清了窑场的基本布局、窑炉的完整结构等窑业基本信息。

第二，首次较全面地揭露了唐代瓯窑产品的基本面貌与特征。胎釉质量上乘，面貌上以浅白的胎体上施以各种彩绘瓷为最具特征，在国内同时期的窑业中独树一帜。

第三，首次在窑址中发现纪年标本，为唐代晚期瓯窑产品确立年代标尺。

第四，首次发现唐代“官作”字样：一件匣钵上发现“奉王监”三个字和一件瓷碗上“官作碗”等多个字样。这为整个唐代窑业管理制度的研究，提供了重要资料，具有指向性的意义。

（张馨月）

【慈溪市后司岙晚唐至宋代窑址】

发掘时间：2017 年 5 ~ 12 月

工作单位：浙江省文物考古研究所、慈溪市文物管理委员会办公室

为了配合“海上丝绸之路”世界文化遗产的申报工作，同时为窑址群的保护与展示规划编制提供依据，经国家文物局批准，浙江省文物考古研究所对后司岙窑址北宋时期堆积进行了考古发掘。

后司岙窑址位于慈溪市桥头镇上林湖中部的西岸边，编号为 Y66，是上林湖越窑遗址中最核心的窑址。发掘面积近 900 平方米。揭露龙窑炉一座，出土包括秘色瓷在内的大量北宋越窑青瓷精品，同时，在瓷窑址考古发掘方法上也作了诸多尝试。

在考古发掘方法上进行了许多尝试：

第一，整个窑场，包括废品堆积区，均以遗迹的方式进行清理。每一文化层发掘过程中仅剔除泥土，留下所有窑具、窑炉砖块以及各种青瓷产品，再进行三维扫描，重要标本建立三维坐标。第二，以九宫格方法进行标本的清理与采集。由于窑址堆积厚而疏松，发掘一般以 10 米 ×10 米的规格进行。但大探方发掘会丧失遗物分布的重要信息，因此我们将大探方以九宫格法将整个探方划分成九小格，各自独立采集标本。第三，所有的标本均统计与采集的方法。第四，发掘过程三维化全记录和古代窑场废弃过程的三维化重建。这一发掘与记录过程，对今后考古报告的编写，将带来重大的变化。

后司岙窑址本身的发掘也收获巨大，理清了以后司岙窑址为代表的北宋秘色瓷的基本面貌与生产工艺，秘色瓷的产品种类丰富，以碗、盘、钵、盏、盒等为主，亦有执壶、瓶、罐、碟、炉、盂、盏托等。

后司岙窑址北宋地层出土的秘色瓷产品，与北宋皇陵、辽祖陵出土的秘色瓷特征相同，可以确定晚唐五代北宋时期的多数秘色瓷器当为该窑址的产品。

（郑建明）

【嘉兴子城古城址】

发掘时间：2017 年 2 ~ 12 月

工作单位：浙江省文物考古研究所、嘉兴市文物保护所

嘉兴子城遗址，是嘉兴自五代天福五

年（940）升格为州府城市以来的历代衙署（秀州、嘉兴府、路）所在地，素来是浙北的政治中心之一。民国以来，相继作为军队营房和军区医院等机构所在地。子城南门清代谯楼完好保存，是国家级历史文化名城嘉兴的历史文化地标。

2014～2015 年，为了子城遗址公园建设的需要，浙江省文物考古研究所会同嘉兴市文物保护所，对遗址进行了考古勘探，以厘清遗址的分布范围和基本内涵。子城遗址四至边界清晰，面积约 7 万平方米：东南西北的北宋城墙遗迹，系夯土城芯，内外包砖，明代以后，城墙逐渐废弃；子城中轴线上，发现成片建筑遗迹，自前而后，依次有宋明时期的甬道、仪门、戒石坊、大堂（设厅）、二堂遗址等；中轴线两侧，经过局部勘探也发现有仓储库房或其他衙署遗迹，大堂西侧发现了吏廊遗迹；遗址中还出土了大量唐宋元明时期的建筑构件、瓷器、碑刻等遗物。

江南地区的"古今重叠型"城市，子城多居于城市的核心区，在大规模的城市建设中，通常很难保留下来。在浙江乃至江南地区而言，州郡一级的城市，唯有嘉兴子城遗址格局完整，保留至今，并且具有全面揭露和展示的条件。通过目前的考古调查勘探，可知子城城墙和城内遗址保存状况较好，具有全面还原中古时期江南子城面貌的基本条件，对研究唐宋江南地区衙署建筑和城市制度具有极其重要且不可替代的学术价值。

（郑嘉利）

【慈溪市荷花芯宋代窑址】

发掘时间：2017 年 2～4 月

工作单位：浙江省文物考古研究所、慈溪市文物管理委员会办公室

为了配合上林湖越窑遗址考古遗址公园建设和申遗工作，浙江省文物考古研究所在 2015 年考古发掘基础上继续对该窑址进行发掘，共布设探方 8 个，发掘总面积为 309 平方米。新揭露出包括北宋时期房址 3 处和匣钵挡墙 3 道等在内的较为丰富的遗迹。

房址 3 处，依次编号为 F7、F8 和 F9。F7 平面呈不规则长方形。该房子保存较差，东壁长 2.32 米，北壁长 6.58 米。壁面由 M 形匣钵排布组成，柱础石位于北壁西部。F8 平面呈不规则长方形。该房子除西壁、北壁残存外，其余无存，西壁长 4.52 米，北壁长 3.62 米。西壁面由钵形匣钵、北壁由平顶直壁小垫柱不规则直线形排列组成。除局部残缺外整体保存良好。匣钵直径最大 24 厘米，最小约 19 厘米，高 20 厘米。垫柱直径 10 厘米左右，高 10 厘米。F9 平面呈不规则长方形。该房子除西壁、北壁残存外，其余破坏严重已不存在，西壁长 1.92 米，北壁长 0.7 米。西壁面由钵形匣钵、北壁由平顶直壁小垫柱不规则直线形排列组成。匣钵直径 22 厘米、高 20 厘米，垫柱直径 10 厘米、高 10 厘米。

匣钵挡墙 3 处，依次编号为 DQ7、DQ8 和 DQ9。DQ7 呈不规则直线形。墙直线距离长 13.1 米，水平长 12.98 米，墙壁较规则，有匣钵和匣钵残片相接、填充。墙体为 M 形大匣钵排列组成，最高层有三个匣钵叠砌而成，除局部少量残缺外保存较为完整，匣钵直径约 24 厘米，高 20 厘米。DQ8 平面呈不规则直线形，DQ9 平面形状呈直线形，二者的建材、工艺，略同于 DQ7。

除上述遗迹外，也揭露了北宋晚期的地层堆积，出土大量瓷器、窑具等遗物。但器物组合较为简单，以碗、小盘、杯、盒、灯盏为主，另有少数熏炉、执壶、盏、盏托、钵、罐、碾轮等。胎质较粗，胎色较深，釉面干枯，釉层薄而不甚均匀，凝釉明显。器物装饰基本为素面，仅杯、盒盖类器物上有深弦纹圈装饰及熏炉上有刻划花装饰。装烧方法方面，多数产品为叠烧，其中除同类产品叠烧外，也存在不同

产品混合叠烧。从地层中出土匣钵很少，故推测多数产品应为明火裸烧。

（谢西营）

【舟山市定海区顾家路宋代窑址】

发掘时间：2017 年 9 ~ 12 月

工作单位：浙江省文物考古研究所、舟山市文物考古保护所

2017 年 8 月底，329 国道舟山段改建工程途径白泉镇顾家路和平村，在施工过程中，于该村西南方向的小山坡（村民称“瓶帽山”）上发现了大量瓷片以及一座龙窑遗迹，发现时工程作业已对窑炉本身以及地层堆积造成较大破坏。为避免文物资源遭到建设施工继续破坏，联合考古队对该窑址展开抢救性发掘。

经过现场勘探调查，窑址面积约 1100 平方米，由于施工建设已对窑址造成一定破坏，实际发掘面积为 1000 平方米，分为东西两区，东区采用探沟发掘，布曲尺形探沟一条，东西向长 15 米，宽 3 米，南北向长 5 米，宽 2.5 米，深度约 2 米，发掘面积 50 平米米。西区采用探方法发掘，布 10 米 ×10 米探方 9 个，10 米 ×6 米探方 1 个，实际发掘面积 950 平方米。

此次发掘共清理出窑炉 2 座、灰坑 1 个、灰沟 1 条、瓮棺 1 个、残建筑单元 2 处，出土器物包括瓷瓶、瓷盏、瓷碗、瓷罐、灯支座、器盖、瓷壶、垫具等 1300 余件。

顾家路窑址是舟山境内第一次正式发掘的瓷窑址，此次发掘共发现两座宋代龙窑，产品以瓷瓶、瓷盏等普通瓷器为主，产量、规模较大，烧造时间较长。在东发掘区探沟的最早地层中，还发现了少量青瓷碗，可能是其他窑炉的废弃产品，由此推断该窑址当时的烧造规模可能不止目前发现的两座，或许在发掘区周围形成过一个小型的窑址群。从青瓷碗的发现来看，在该窑址群生产的最初阶段，还烧制过较高级的青瓷产品，由于东部发掘区只进行了探沟式解剖，窑炉遗迹分布在发掘区和施工区以外，因此对其全貌的了解尚不清楚。

在西发掘区内发现的两座龙窑均已残破，Y1 残长约 38 米，宽约 1.5 米；Y2 残长约 20 米，宽约 1 米，两者均保留了残存的窑壁、窑床，未发现窑门及其他结构。从地层堆积和器物面貌判断，两者年代十分接近，年代上限不早于南宋，Y1 可能略早。

通过观察器物，顾家路窑址的瓷器生产分为早晚两个阶段，器物类型和品相质量上都存在比较明显的区别，早期产品器形较大，釉色品相较好，晚期产品器形较小，釉色不均或不施釉，品质较差。这种转变和差异或许是因为烧制技术的嬗变，或是因为窑工群体的迁移，又或者是产品需求的改变，其背后的社会原因值得进一步探究。此次发掘无疑提供了丰富的考古资料。

（孙瀚龙）

【绍兴市柯桥区兰若寺宋代墓地】

发掘时间：2016 年 11 月 ~2017 年 12 月

工作单位：浙江省文物考古研究所、柯桥区文化发展中心考古处、北京大学考古文博学院、浙江大学文化遗产研究院

为配合绍兴市柯桥区平水镇稽山集团兰若寺水库裸心湖建设项目开展，2016 年平水镇政府向浙江省文物局申报考古勘探工作。2016 年 11 月 1 日始，浙江省文物局委托浙江省文物考古研究所对建设规划范围进行考古探勘，至 2017 年 12 月底基本确定该区域内应存在一处规模大、等级高的南宋时期墓地（下称兰若寺墓地）。

兰若寺墓地位于平水镇东部青龙山与日铸岭之间的峡谷地区，小地名称皇坟山，墓地距离南宋皇家陵园宋六陵仅 6 千米。

田野勘探发现兰若寺墓地由风水环境、墓园、坟寺等组成，为配合建设项目开展，

此次考古发掘工作主要针对墓地的墓园部分进行抢救性发掘。

墓园的选址是典型南宋时期江南地区丧葬习俗的模式，具备完整的风水格局，墓园坐北朝南，至少由四级大台地构成，中轴线方向为323°。

根据建筑布局差异，墓园可分为上、下两部分园区。其中，第一级台地为下园区，第二级至第四级台地为上园区，墓园整体面积至少为12000平方米。

下园区墙体的石砌墙基基本保持完整，构成封闭区域，占地约6000平方米，其间除保存部分神道、东墙南墙交汇处的主要门道遗存以及南墙中段的便门遗存外，其余遗迹基本破坏殆尽。该区域推测可能是与南宋帝陵单独建设的用于日常祭享和守陵人居住的“下宫”具有相似意义的院落建筑区。

上园区建筑遗存保存较好，核心建筑皆为中轴对称，目前已发现殿门、厢房、享殿、庭院、祭台、拜台、阙楼、环墉、内墙、墓穴等遗迹，其中殿门与享殿皆为面阔7间、长度约30米的大型建筑，是目前已知南宋时期规模最大的墓园建筑。核心建筑东侧另有一部分建筑结构简单的小型建筑区，可能为神厨一类的附属建筑分布区。

兰若寺墓地主墓部分与南宋时期高等级贵族墓特征基本一致。墓室乃同坟异穴、东西并列的两个长方形墓室组成，以砖石混筑墙体、大石板盖顶的方式构筑。墓室被盗严重，通过对盗洞的解剖分析，可知墓室应在宋元之交已经多次被盗掘，同时亦有明显的后期填补、整修痕迹，与历史记载的“妖髡毁墓”颇为契合。

另外，在墓园东侧约200米处暴露出兰若寺寺庙遗迹，从地表采集遗物以及建筑构筑方式看，兰若寺寺庙很可能为墓地赐享的坟寺遗址。

兰若寺墓地的建筑，石材耗费量巨大，存在多种石料，石雕精美，尤以高浮雕构件最为突出。同时，墓园中出土了数量庞大的陶质仿木构建筑构件，与宋六陵遗址采集遗物特征一致，当是严格按照宋代官式建筑营造法式微缩而成。另外，在墓园垫土中还出土了一批建筑构件陶范，另有带有商标类戳印文字的贴塑花砖，结合墓园西侧发现的袖珍陶窑遗迹，应当是论证墓园营建模式的重要资料。

从考古成果分析，兰若寺墓地建于南宋晚期，使用年代下限不晚于元代初年，当是目前已知南宋时期等级最高、规模最大、茔园最完整的贵族夫妻合葬墓地，在宋六陵已遭毁坏、布局不清的现状下，兰若寺墓地对于研究南宋墓葬制度、南宋帝陵制度、南宋建筑史、宋元之际历史事件等课题具有极为重要的学术价值。

（罗汝鹏）

【苍南县明代壮士所城】

发掘时间：2017年10月~2018年1月

工作单位：温州市文物保护考古所、苍南县蒲壮所城文物保护管理所

壮士所城亦称雾城或旧城，位于苍南县渔寮乡雾城村。经国家文物局批准，联合考古队对该城开展了主动性考古发掘工作。壮士所城自废弃后，遗址的时间基本定格在明代前叶，为后人研究明代海防所城的建置布局，留下了重要的标本。

考古人员首先做了覆盖全城及其周边辐射区的大面积的遥感测绘和田野调查，绘制1:2000的大比例地形图，建立了三维数据模型。通过测绘和调查，基本明确了壮士所城的轮廓及其与周边环境的关系。据此，考古队建立了遗址全范围的电子探方系统，选取壮士所城中心位置的城隍庙东侧地块为主要发掘区，同时在西城和南城做局部解剖，总发掘面积800平方米。

在主发掘区内，发现的遗迹现象包括了房基、道路、窖穴、水井、暗沟和大型

排水渠等，均由块石垒砌而成。其中水井、暗沟和排水渠虽因揭露面积较小，结构关系尚不清晰，但已为我们了解城内的水资源配套系统提供了非常重要的资料。夯土路面的发现，则为研究壮士所城最初的路网格局提供了重要信息。此外，探方内还发现4处长方形石构窖穴，其性质和作用也颇值得关注。

2017年的考古工作，基本实现了课题的初步构想，尤其是城中部的排水系统和道路的发现，为我们深入了解壮士所城的布局打下了良好的基础。但因发掘面积有限，许多问题仍有待今后田工作的深入开展。同时，也希望通过考古工作，进一步推动壮士所城的保护与展示利用，让壮士所城向公众展示更加丰富多彩的历史文化信息。

（李晖达）

【开化县龙坦明代窑址】

发掘时间：2017年8～12月

工作单位：浙江省文物考古研究所、开化县文保所

龙坦窑址位于开化县苏庄镇龙坦村。1982年开化县文物普查小组在野外调查时，首次在龙坦村对面的茶山上发现多处瓷片堆积。1985年10月29日，开化县文管会办公室又对该处做了详细复查，采集了部分标本，并据此初步推断该处为元代始烧的窑址（参见《考古》1995年第8期）。为了进一步探明该窑址的时代、生产面貌及与周边地区，尤其是景德镇地区制瓷业的关系等方面的问题，开展此次考古发掘。此次工作主要分为两部分。第一部分，龙坦窑址考古发掘。第二部分，周边地区窑址及窑业资源调查。其中窑址发掘部分，截止到2017年12月共布设探方7个，总发掘面积为350平方米。周边窑址调查方面，在考古发掘的同时，我们有针对性地对周边地区的窑址及窑业资源分布情况也进行了有益的调查工作。目前已经发现窑址点4处。

此次发掘的收获如下：

首先，揭露出包括龙窑窑炉、储泥坑、澄泥池和匣钵挡墙在内的大量遗迹，为窑址布局与复原提供了较为翔实的资料。龙窑窑炉位于发掘区中部，编号为Y1，目前揭露出来的长度约15米，宽度约1.8米～2.3米，头南尾西。储泥坑位于发掘区西部，编号为K1，内储藏大量白色瓷土。澄泥池位于发掘区中部偏东，编号为CH1，紧邻窑炉，底部残存有纯净的白色瓷土痕迹。匣钵挡墙两道，编号为DQ1和DQ2，应为分割功能区所致。

其次，揭露出较为丰富的地层堆积，出土了包括瓷器、窑具在内的较为丰富的遗物。瓷器产品类型多样，以釉色来区分，可分为青花瓷、白瓷、紫金釉瓷、蓝釉瓷和青釉瓷五种，尤以青花瓷、紫金釉瓷和蓝釉瓷的质量最优。器形多样，主要有敞口碗、侈口碗、敞口盘、侈口盘、折沿盘、敞口盏、盒、瓶、花盆、高足杯、砚台、执壶、钵、炉、盆托、器盖、罐、擂钵、擂棒、瓷塑等。胎质细腻，釉色纯正。青花纹样装饰多样，有鱼藻纹、莲荷纹、折枝花卉纹、蝴蝶纹等。装烧工艺较高超，为提高产量多采用涩圈叠烧法。此外值得注意的是，瓷器款识较多，以釉下青花书写。据不完全统计，目前可见款识有“福”“瑞”“善”“寿”“真”“德”“瑗”“珙”“锪”“进”“白”“岳”“岳”“娘”“上二”“三”“十”“廿二”“三七”“半百”等。窑具多样，包括匣钵、垫饼、垫柱等。

从目前发掘情况来看，该窑址产品面貌及年代特征相对集中，基本上可确定为明代中期。证据有二。第一，地层中出土了白釉花盆，内腹有“正德庚午（1510）年造”纪年文字。此外还采集到“成化年造”器物。另外据早期调查资料，据称在

窑址附近曾采集到“正德戊寅（1518）□造”器物。第二，与景德镇同时期产品相比较，可对比的材料有明代早中期菲律宾潘达南与圣克鲁兹沉船出水景德镇青花瓷器（参见《考古与文物》2017 年第 2 期）。此外，浙江安吉和德清地区明代墓葬中也出土过类似青花瓷产品（参见《东方博物》2014 年第 1 期；《东方博物》2007 年第 4 期。）

总之，通过此次发掘，我们已经基本上掌握了龙坦窑址的年代、产品面貌及技术体系等方面信息。通过对比研究，龙坦窑址具有以下重要价值。

第一，该窑址是浙江地区目前发现的年代最早的青花瓷窑址，时代可达明代正德年间。第二，在以往的认识中，明清时期青花瓷等产品烧造应采用馒头窑，而龙坦窑址揭示出来的明代龙窑遗迹突破了以往认识。第三，该窑址的发掘为我们探究“青花浙料”这一学术问题提供了大量一手资料。目前文献中最早提及青花浙料始见于《明神宗实录》，时间为万历三十四年（1606），“乙亥，江西矿税太监潘相，以矿撤触望移住景德镇，上疏请专理窑务。又言，描画瓷器须用土青，惟浙青为上，其余庐陵、永丰、玉山县所处土青颜色浅淡，请变价以进，从之”。其中《明神宗实录》所载为官窑始用青花浙料的年代，相较于民窑则无任何记载，目前学术界尚未对青花浙料进行过相关科技测试。因此，我们拟以此次考古发掘为契机，针对地层出土的瓷片进行理化分析，以期开启并推动该课题的研究。

（谢西营）

安徽省

【颍河流域区域系统调查】

调查时间：2017 年 11 月 ~2018 年 1 月

工作单位：中国国家博物馆、安徽省文物考古研究所

颍河系淮河的一条重要支流。颍河流域上游是中华文明最重要的发祥地，龙山时期文化遗存遍布河流两岸。其中河南禹州瓦店遗址，是龙山晚期至二里头时期的重要遗址，是夏商周断代工程、中华文明探源工程的最重要发现之一。而皖西北的阜阳地区是颍河中下游主要的流经地，近年台家寺遗址的重要发现更吸引了全国的关注。有鉴于此，国家博物馆与安徽省文物考古研究所合作，展开颍河流域区域系统调查，调查工作系跨年度任务，调查时间初步设定为 3 年至 5 年，调查的地域设定为颍河干流及其支流的河道向两边各扩展 2000 米，调查的年代跨度设定为新石器时期至汉代。

2017 年度的调查工作主要在界首境内的颍河流域展开。采取区域系统调查的方法，合理的规划调查线路后，所有队员一字排开，以 30 米 ~50 米的间距向前踏查。以 3 块以上陶片及剖面作为确定遗址的原则，遗址的范围按照陶片的分布范围及周围的地形地貌综合考虑后划定。在遗物的采集和数据的记录上辅之以高科技手段，力求科学、完整、精确。经过近两个月的调查，实际踏查面积约 130 平方千米，发现古代遗存共计 19 处，其中古遗址 18 处，古墓群 1 处。

通过对地表采集标本的分析，18 处古遗址中年代为新石器时代晚期的 1 处，商周时期的 2 处，战国—汉代的 14 处，南北朝时期的 1 处，1 处古墓群的年代为汉代。

由于界首市位于颍河流域的中下游，地势低洼，存在较厚的淤积层，地表能见度低，此次调查并未达到预期的效果。但已发现的 19 处古代遗存，对于今后研究颍河流域不同时期的人口变化、聚落变迁及其与环境的互动关系提供了重要资料。

（张义中）

【蚌埠市禹会村新石器时代遗址】

发掘时间：2017 年 2 ~9 月

工作单位：中国社会科学院考古研究所安徽队

禹会村遗址位于蚌埠市西郊的涂山南麓，淮河大堤和 206 国道从遗址西部穿过。中国社会科学院考古研究所于 2006 年对遗址进行了调查勘探，并于 2007 ~2011 年选择南部（Ⅰ ~ Ⅲ区）进行了五次大规模的考古发掘。发掘揭露的大型礼仪性建筑（Ⅰ区祭祀台）和一系列特殊遗迹被认为与“禹会诸侯于涂山”的历史事件有关。2017 年度 206 国道拓宽改造工程迫在眉睫，中国社会科学院考古研究所安徽队承担了该工程文物保护项目中的抢救性考古发掘工作。考古发掘区域位于道路东侧 24 米范围内，我们将整个发掘区划分为北部（Ⅳ区）、中部（Ⅴ区）和南部（Ⅱ区和Ⅳ区）三部分。近现代的路沟和建筑对遗址破坏相当严重，除中部仅发现零星的龙山

文化遗存外，北部和南部都获得了相当丰富的考古发现，这对理解禹会村聚落的历时演变和平面布局具有重要意义。

北部发掘区（Ⅵ区）发现了集中分布的双墩文化遗存，包含大型房基槽 1 处，灰坑 70 余个，红烧土坑（堆）近 20 处，和柱洞密集分布区。房基槽位于发掘区最北部，大部分被取土破坏，剩余部分长约 23 米，开口宽度约 1 米，平均深度 0.6 米。基槽内发现有 12 个近圆形柱洞，柱洞与基槽内填土包含有双墩文化陶片、兽骨和炭屑，均经夯实。灰坑和红烧土坑集中分布于房基槽南部，坑内堆积以陶片和兽骨为主，还包含有红烧土块。柱洞密集分布区位于Ⅵ区最南部，柱洞尺寸、深浅、和结构不尽相同，存在连续不断的营建与改造过程。柱洞周边与红烧土铺垫相邻，经观察红烧土铺垫是建筑废料集中堆弃形成的，底部块径大，顶部破碎，部分碎红烧土颗粒散落至周边地层中。

遗址南部分别在Ⅱ区和Ⅳ区各发现一处大型人工堆筑台基。TJ1 位于Ⅱ区北部，呈东西走向。南（内）侧有壕沟，北（外）侧为洼地。TJ2 位于Ⅳ区南部，呈南北走向。西侧被国道占压，东侧为洼地。TJ1 目前揭露长度 34 米，顶部最宽处 12.3 米，底部最宽处 23.23 米。北部边缘部坡度较缓，南部边缘坡度较为陡峭。TJ1①层为黄褐色花土倾斜状堆积，主要堆筑于台基南坡，应为加固台基内坡铺垫而成。TJ1②层为灰黄色土水平状堆积，堆筑于台体上部，顶部被晚期文化层破坏严重。TJ1③层为灰白色土水平状堆积，作为台体基础部分，顶面与底面均凸凹不平，堆积厚薄不均。TJ1③层表面发现有零星的龙山文化陶片和少量灰烬，其性质尚不清楚。TJ2 目前揭露长度约 20 米，顶部宽 15.8 米，底部宽 20 米，内外坡度基本一致。内侧发现有壕沟线索，因被道路叠压，未进行发掘。通过初步勘探，TJ1、TJ2 和Ⅰ区祭祀台延伸相连，呈“L”形的平面结构。禹会村遗址南部为龙山文化核心分布区，西部和南部被淮河破坏严重，东部和北部已发现的人工堆筑台基恰构成了核心区的边界，因此有理由推断存在龙山文化大型围垣聚落的可能。

【合肥市庐阳区大雁墩西周遗址】

发掘时间：2017 年 2～7 月

工作单位：安徽省文物考古研究所、安徽大学历史系考古学专业

合肥市大雁墩遗址位于合肥市庐阳区，东距四里河路西侧的庐州公馆大门约 600 米处，1976 年在距该遗址不远处出土了珍贵的分裆铜鼎——西周“乔夫人”鼎，1985 年被列为合肥市重点文物保护单位。遗址四周地势低平，本体为台墩形，周缘多为断崖，地表有大量石子、砖瓦砾、烧土块及大量陶片，植被为大量杂草和少量灌木。遗址中心地理坐标点为北纬 31′88″009°，东经 E117′23″753°。为配合合肥普天合电新能源科技园项目规划用地建设，2017 年度我们对大雁墩遗址进行了抢救性考古发掘。发掘区选择在文化内涵较丰富的遗址北侧（北区）、西侧（西区）和南侧（南区），发掘面积 1000 平方米，其中北区发掘 100 平方米，西区发掘 275 平方米，南区发掘 625 平方米。

此次发掘共发现各类遗迹 30 处，其中有灰坑 12 个，灰沟 1 条，房址 6 处，墓葬 6 座。灰坑平面形状多为椭圆形，仅有 1 处长方形和 1 处梯形。房址均残缺，多由略成排的柱洞组成，无法判断平面布局和结构。墓葬均为土坑墓，其中 5 座成人墓，1 座婴儿墓。成人墓中有 3 座俯身直肢葬，2 座仰身直肢葬，除 1 座墓葬的骨架缺失头部外，其余墓葬的骨架基本完整。出土遗物主要有石器、陶器、骨角器和青铜小件。石器有石刀、镰、锛、凿和石球。陶器主要器形有鬲、罐、豆、簋、甗、钵、

杯和纺轮，以夹砂陶为主，灰、黑和红没有明显比例差异，泥质陶数量相对较少且大多为小型器物，如罐、豆等；纹饰以绳纹为主，其次为弦纹、间断绳纹和折线几何纹，偶见方格纹等印纹硬陶，大型器物多有附加堆纹。骨角器有骨锥形器、簪、匕、龟甲、鹿角和羊角。龟甲发现13件，其中有钻灼痕迹、可确定为卜甲的有8件。青铜小件主要有青铜削、镞和戈，另外发现有少量青铜炼渣。

大雁墩遗址出土的折肩绳纹泥质罐、凸棱粗柄豆、深腹簋与陕西丰镐地区周文化典型器物一致，而浅弧腹鬲、高圈足鼓腹簋、折盘粗柄豆等在六安堰墩遗址、霍邱堰台遗址、含山大城墩遗址、霍山戴家院遗址等处都有发现，因此推断大雁墩遗址是一处西周时期的聚落遗址，陶器组合具有在周文化基础上发展起来的江淮地域特色。从出土石器多为石刀、石镰、石锛、石凿，有少量石镞和石球来看，西周时期大雁墩遗址先民可能主要从事农业生产，同时进行一定的渔猎活动。青铜炼渣的发现则表明在大雁墩遗址西周时期可能存在本地的青铜器生产活动。龟甲，特别是卜甲的发现是研究大雁墩遗址先民精神信仰的重要资料。总之，合肥大雁墩遗址的发掘为研究江淮之间西周聚落遗址的陶器文化面貌、生业经济形式、墓葬形制、葬俗和居民精神信仰提供了珍贵资料。

（罗　虎　周崇云　朱华东）

【皖江流域古代矿冶遗址调查】

调查时间：2016年12月~2017年12月

工作单位：中国国家博物馆、安徽省文物考古研究所

为深入研究皖江流域古代采矿、冶金及金属原料流通等问题，中国国家博物馆与安徽省文物考古研究所组成联合调查组继续在池州、铜陵、滁州等地实施古代矿冶遗址专题调查。

2016年12月至2017年3月，调查组相继启动池州市东至、石台、青阳三县的调查。东至县文物管理所、石台县文物管理所、青阳县博物馆分别派员参加了属地的野外踏查，至3月底，累计排查可疑地点85处，基本覆盖了三县全境，确认遗址和遗物采集点13处，新发现石台桥头背后山、铜铃坡、青阳何家冲、天坑山、鸡山等采矿遗址，及东至铜锣尖、青阳大一小铁墩等冶炼遗址。发现采矿老硐口、灰坑等遗迹，及陶瓷器残片、石器、支护木、炼渣等冶炼相关遗物。安徽大学及安徽师范大学也派研究生参与了调查工作。

2017年4月，复查铜陵铜山采冶遗址，新发现较大面积的炼渣分布，并根据铜山矿早年施工所见陶片、砖瓦等遗物，推断该处为汉代的大型采冶遗址。

2017年12月，启动滁州地区的古代矿冶遗址调查，在滁州市博物馆和全椒县文管所的大力支持下，在琅琊山铜矿现代坑采巷道中新发现古采井巷若干，洞壁可见清晰的工具凿痕，井内淤积物中发现较多瓷器残片和木器，瓷器为唐、五代遗物，古采井巷的年代应不晚于此。复查全椒县马厂镇铜井遗址时，在铜井山西侧大梁村内发现大量炼渣，其整个村舍即坐落于一大型炼渣堆之上，当为一处大型冶炼遗址，但年代有待进一步考证。

（李　刚　钱静轩）

【凤阳明中都遗址】

发掘时间：2017年5~12月

工作单位：安徽省文物考古研究所、山东大学

为配合凤阳明中都皇故城国家考古遗址公园建设，经国家文物局批准，安徽省文物考古研究所、山东大学联合对明中都遗址开展2017年度考古发掘。发掘点包括承天门遗址、奉天殿遗址、宫城城墙与护城河、内金水河和禁垣内窑址群，发掘面

积约2950平方米。除承天门的城门、禁垣墙与奉天殿遗址的宫殿台基、金水河河道、宫城城墙与护城河外，还清理了明清时期窑址4座、沟4条、水井3口、灰坑14个、路5条、房址2座、灶3个、建筑墙基（包含基槽）6条，出土铜、铁、瓷、石、骨、陶质器等160余件。

奉天殿遗址经过2015～2016年度的发掘，发现明代宫殿台基存在两重边界，由中心夯土台与外圈围夯土台构成，中心夯土与外圈夯土存在土色差异，外圈夯土则残存有以条石包筑的须弥座边缘。此次发掘明确该中心夯土台平面为长方形，东西长约75米，南北宽约38.5米，并发现外圈夯土台基西部边缘在向北内折后再次向西转折，推测该台基整体上应呈“工”字形。

承天门遗址的发掘为2017年度工作重点，发掘确定承天门为三券过洞式城门，城台东西长约95.5米、南北进深约22.45米。三个门洞居中，东、西门洞的宽度均为4.55米，从痕迹看中门洞与东门洞之间的隔墙宽约3.2米，以对称推测，中间门洞宽度约为5.45米。承天门的城台为内部夯土作芯外围包砖的结构。土芯现保存高度约2.5米～3米，计有10～12层夯土，夯土为一层砖瓦一层土。承天门城台的夯土芯边缘基本垂直，外侧包砖厚约4.8米～5.4米。从解剖得知，承天门城台的包砖及其夯土芯都坐落在一个较城台更大的夯土平台上，平台的夯土也为一层砖瓦一层土夯筑而成，该夯土平台下挖有基槽，基槽范围较平台略小，稍大于城台，深度约0.7米。基槽内填筑的也是夹砖瓦的夯土层，砖瓦分布相对松散。发掘还于承天门城台旁发现了明初修建的排水渠、红色条石包砌的夯土台、包砖的夯土墙基等。

窑址区位于皇城西南禁垣内，2015年在该处勘探出一批布列整齐的窑址，此次发掘清理了其中4座窑址。均为馒头形窑，方向一致，窑炉在西，操作间位于东边。窑址修建时先在地面上挖地穴做出窑床、火膛和操作间，操作间与窑室之间在地面下掏挖出火道，其中有两座窑炉共用同一个操作间。地面以上的窑墙等设施现已基本无存，保存的主要是原地面下的部分。两座独立窑址的窑室直径分别为2.85米和2.9米，两联窑的两个窑室均偏小，直径皆为2.3米。窑床均为不是很硬的青灰色烧结面，烧结厚度较薄。火膛平面呈扇形，比窑床低0.5米左右。烟囱平面呈近椭圆形。火膛与火门间的通道长约1.25米～1.8米，宽约0.6米～1米，残高1米～1.2米，火门外砌有挡火墙。操作间位于火门东侧，地穴式，近长方形或椭圆形，底部靠近火门处均有大量黑灰，底面局部垫有砖块，操作间东端坡道上设有4～6级台阶。发掘还在窑址周边发现了较多柱洞，推测窑址使用时曾在其上搭盖过临时性建筑。窑址操作间内出土有瓷碗、瓷盘、瓷盏、铜钱等遗物十余件。

内金水河和宫城东北角城墙与护城河的解剖发掘尚未完全结束，但已经基本探明内金水河和宫城护城河的河道宽度、河坡情况、宫城城墙的建造方式等。

此次发掘基本弄清了承天门的城台结构、规制、建造过程和建筑工艺，在奉天殿遗址、城墙、水系、窑址的发掘中也取得了重要进展。发掘不仅为遗址的保护、展示设计提供了依据，同时也为研究明中都皇城的布局、规制、建筑工艺等坚实了基础。

福建省

【平潭综合实验区平原镇东花丘青铜时代遗址】

发掘时间：2017 年 10～12 月

工作单位：福建博物院

东花丘遗址位于平潭综合实验区平原镇山显美村南垄自然村东北面约 300 米的台地上，西南面紧临壳丘头遗址。遗址原被开垦为耕地，现已荒废，长满杂草。2016 年，福建博物院文物考古研究所与平潭综合实验区社会事业发展局联合进行平潭史前文化遗址专项调查和勘探，在东花丘遗址采集了大量新石器时代至商周时期的陶片和石器，遗址面积约 2 万平方米。

经国家文物局批准，2017 年 10 月 11 日～12 月 12 日，福建博物院文物考古研究所对遗址进行正式发掘。此次发掘区域位于东花丘西南侧的较平坦区域，共布方 13 个，发掘面积 325 平方米。

在地层堆积上，发掘探方地层共分 6 层，其中第⑤层以上均为唐宋以来风沙形成的堆积。第⑥层为史前文化堆积层，所有史前遗迹均开口于⑥层下，打破生土。

在文化遗迹上，共发现墓葬 2 座、灰坑 4 个和柱洞 75 个。墓葬均为长方形竖穴土坑墓，其中 M1 破坏比较严重，仅见散碎的夹砂陶片。M2 出土有夹砂陶罐、釜和硬陶罐等。因天气等客观原因，灰坑、柱洞仅刮出平面形状，未对其进行清理。

东花丘史前遗存的文化面貌与早年发掘的福清市东张下湾墓葬比较相似，年代应与之相当，距今 3500～3000 年。

东花丘遗址是平潭岛重要的青铜时代遗址之一。遗址出土的大量夹砂绳纹陶与以云雷纹为主要纹饰的印纹硬陶共存的现象，可能代表了当时平潭岛本地土著文化与来自闽江下游地区外来文化之间碰撞、融合的过程。通过此次发掘，为探索福建内陆史前文化向海岛扩散等问题提供了重要的资料。

（黄运明　王晓阳　范雪春）

【邵武市李家山六朝墓】

发掘时间：2017 年 9 月～2018 年 1 月

工作单位：福建博物院

李家山六朝墓位于邵武市水北镇故县村，墓葬数量较多，分布于闽江支流富屯溪北岸故县村周围的多处山丘。故县村内曾有始建于三国时期的邵武县旧县遗址。经国家文物局批准，福建博物院于 2017 年 9 月至 2018 年 1 月对故县村西北面的墓葬进行考古发掘，发掘面积 500 平方米，揭露券顶砖室墓 12 座（编号 M1～M12），根据时代可分西晋至东晋早期和东晋中期至南朝刘宋初期两期，虽均为券顶砖室墓，但两期的墓葬形制和结构略有不同。

西晋至东晋早期两座砖室墓（M8 和 M9）的结构和形制大体相同，均为长方形单室券顶墓，墓室前部有长条形斜坡式墓道；墓室后部出现棺床，包括棺床在内的墓底共分三至四级，M8 墓底铺砖为纵向齐缝平铺和横向齐缝平铺，M9 墓底铺砖为横向错缝平铺；墓室四角均砌筑有砖柱；两墓的前壁下部与两侧墓壁一同围合砌筑，由墓道进入墓室并非直通墓底，而是至墓室前壁时和墓底形成高差。以往发现的福建六朝早期墓葬中，尚未有同类形制结构。

东晋中期至南朝刘宋初期墓葬共 10 座，墓葬平面以“凸”字形为主，少量呈“刀”字形，由墓室和甬道组成，墓前面为直通墓底的长条形斜坡式墓道。砖室墓墓体长度一般为 5 米 ~6 米，其中有两座为带多节甬道的“凸”字形较大型墓葬，墓体长度分别为 10.23 米和 10.72 米。该期砖室墓的墓底多数砌有棺床，即墓底一般分二级，少量不砌筑棺床；底砖多呈两纵两横，还有少量“人”字形，以及“人”字形和两纵两横的混合铺法；多数墓葬的两侧墓壁设置有单砖平凸的龛台。

出土随葬品 42 件，其中青瓷器 33 件，金银器 7 件，铁器 2 件。青瓷器有六系罐、四系罐、双系罐、盘口壶、唾盂、碗、盘、盏、盂。金银器有钗、手镯、戒指（或指环）。铁器有剪、刀。

邵武李家山 12 座墓葬的分期，与政和县六朝墓的分期基本保持一致，说明两晋时期闽西北内部富屯溪流域和松溪流域在墓葬文化上保持了基本相同的发展变化。M8、M9 墓室四角都砌筑有砖柱，说明西晋至东晋早期，较为发达的江西地区就已经对闽北施加了影响。东晋中期至南朝刘宋初期的 10 座墓葬，其墓壁装饰以同心圆纹为主，其次有钱纹，这与将乐县发现的东晋南朝墓基本相同；而政和县是以叶脉纹、平行短斜线和平行长直线为主。这可能与分属不同的小地理单元（即富屯溪流域和松溪流域）有关。

（陈明忠）

【将乐县南口乡下瑶窑址】

发掘时间：2017 年 12 月 ~2018 年 1 月
工作单位：福建博物院、将乐县博物馆

下瑶村窑址位于将乐县南口乡下瑶村，窑址规模较大，分布面积数千平方米，是闽西北一处重要的窑场。窑址所在的南口乡位于金溪中游，是宋元明时期建宁、泰宁等县与将乐商品贸易往来的必经之地，水运交通相当发达。经国家文物局批准，福建博物院、将乐县博物馆联合组织队伍，于 2017 年 12 月至 2018 年 1 月，对窑址进行考古发掘，发掘面积约 600 平方米，揭露 2 座分室龙窑遗迹（编号 Y1、Y2）及 2 处作坊遗迹（编号 F1、F2）。

Y1，是一座东北至西南走向的分室龙窑，窑头方向 247°。Y1 共有早晚两期，存在叠压关系，窑顶皆坍塌。其中晚期的 Y1 ~1 是在 Y1 ~2 的基础上缩建了窑头和窑尾，窑身则利用了 I Y1 ~2 的 10 间窑室，整个窑炉长度也随之缩短。Y1 ~1 斜长 36 米，水平长 32 米，高差 9 米。前面窑室较窄小，中后部窑室较宽大。整个窑炉通过 9 道隔墙分成 10 间独立窑室，前后窑室之间通过隔墙底部通火孔相连。

Y2，是一座呈东北—西南走向的斜坡式分室龙窑，窑头方向 247°。窑头被毁，窑尾保存较好，窑室共残存 12 间。斜残长 55.2 米，水平残长 53.4 米。窑底坡度为 17°，高差 15.6 米。

F1，位于 Y1 南侧，揭露面积约 270 平方米，清理出淘洗池、沉淀池以及排水沟、工作平台等遗迹，分属二组工艺流程，年代与 Y2 相当。

F2，位于 Y1 西南侧，保存一座方形鹅卵石砌的房基，长、宽约 9.2 米，房内保存有水碓、石磨等遗物。从出土器物来看，应为清代榨油坊。

出土遗物以青白瓷为主，少量青瓷、酱黑釉瓷以及窑具。器形以碗、盘、碟为主，少量杯、炉、执壶、水注、瓶、罐等。

其中 Y1 年代为南宋中、晚期，Y2 为南宋晚期至元代。

下瑶窑址对研究福建省分室龙窑的分布与起源有着重要意义，其产品在国内外沉船中亦有发现，说明下瑶凭借便利的交通，部分产品也成为我国古代海上丝绸之路贸易的组成部分。

（羊泽林）

江 西 省

【抚河流域先秦遗址考古调查】

调查时间：2014 年 7 月 ~2017 年 11 月

工作单位：江西省文物考古研究院、抚州市文物博物管理所、抚州市辖县区博物馆（文管所）

抚河流域先秦遗址考古调查即是由国家文物局立项批准的专题考古调查项目，其目的在于改变江西在该流域的考古调查工作滞后的局面，摸清这个区域先秦遗址的基本情况，建立抚河流域先秦遗址数据库，奠定抚河流域建立先秦文化编年序列的基础。在此基础上，了解抚河流域先秦时期遗址分布形态和规律，探寻抚河流域先秦文化在中华文明多元一体格局中的价值和地位。

项目由江西省文物考古研究院牵头，采取了与抚州市、县文博单位共同组队、与西北大学文化遗产学院合作，同时将田野调查、考古钻探及基础资料的整理工作委托给西安弘道文化遗产保护工程有限公司实施等方法，极大地提升了科研水平、技术手段、工作效率和质量，为项目的顺利开展奠定了良好基础。

调查工作自 2014 年 10 月正式启动，分三阶段先后完成了对抚州市辖区范围内 11 个县（区）的田野调查。2014 年 10 月 ~ 2015 年 4 月，完成了宜黄县、乐安县、崇仁县境域内的调查勘探工作；2015 年 10 月 ~2016 年 4 月，完成了金溪县、资溪县、东乡县、临川区境域内的调查勘探工作；2016 年 11 月 ~2017 年 4 月，完成了南城县、南丰县、黎川县、广昌县境域内的调查勘探工作。重点勘探工作一直持续至 2017 年 10 月，查缺补漏工作持续到 2017 年 12 月。调查区域以境内抚河及其支流为重点对象，同时兼顾市境信江、赣江水系的部分小河流经地段，在 4000 平方千米调查范围内，新发现先秦遗址 337 处，可分为山冈类和环壕类两类遗址，其中环壕类遗址达 100 处，数量之多，形态之丰富，保存状态之良好、聚落结构之清晰在江西尚属首次，超出此前的学术认知。

南方地区植被茂密，林深树密，田野调查的难度极大。在实践中，西安弘道公司参照区域系统调查的方式摸索出一套行之有效的方法，在调查之前，利用高清卫星图片寻找环壕聚落，并以环壕遗址为中心，向周边 2 千米范围进行辐射调查。在调查过程中，各组成员配备有探工，通过徒步踏查确定遗址后，及时对踏查确定的遗址进行地层堆积和遗存分布的重点钻探，初步查明各遗址的堆积情况和分布范围，测量并绘制了各遗址平面图。在调查与勘探中，充分利用 RTK 测绘、小型无人机航拍等科技手段，尽可能获得与遗址相关的更多信息，极大地提高了野外工作水平和效率。调查结束后，形成的资料照片 43000 余张，勘查报告、遗址调查表、探孔登记表、勘探日记、记录资料清单、移交清单均以县为单位，每县一套 10 册资料，内容详尽、体例科学、资料清晰。在此基础上，绘制了抚州市先秦遗址分布总图及各县市区分图，完成了抚州市先秦遗址数据库的建设、各县市区的先秦遗址勘探报告，并发表了部分调查成果。与此同时，还开展了初步研究工作。一是对调查采集的标本进行了整理和分析，初步进行了分期工作，以资溪、东乡两县为例，共分为新石器时代末期、夏至早商时期、晚商时期、西周早中期、西周晚期至春秋时期、战国时期六个阶段，形成了分期表，是今后建立抚河流域先秦考古学文化编年序列、深入研究该区域先秦时期文化面貌、社会结构等重大课题难得的基础性实物资料。二是对调查发现的环壕类聚落和聚落群、山冈类聚落和聚落群进行了梳理和分类，基本证实聚落形态应是先秦时期社会结构的反映，存在着等级差异，是社会复杂化进程的重要体现。三是考古成果及时发布，其中《江西抚河流域考古调查报告Ⅰ、Ⅱ》已由文物出版社出版，相关的《调查简报》和《调查报告》等资料成果即将陆续发表和出版。

2017 年 12 月 24 日，江西“抚河流域先秦遗址 2014～2017 考古调查项目”结项暨业务委托评审会在江西宜黄召开，来自中国社会科学院考古研究所、中国文物信息咨询中心、北京大学、西北大学、武汉大学和湘、浙、粤、皖等南方考古院所的专家高度肯定了该项目取得的工作成果，一致认为：“该项目是国内面积最大的一次区域考古调查，目标明确，组织规范，科学实施，成果显著。新发现先秦时期遗址达 337 处，结合以往的工作，共确认先秦遗址 373 处，极大地丰富了区域考古资料，完善了抚河流域先秦时期文化序列。初步研究发现了抚河流域先秦时期环壕聚落和山冈聚落两种形态及其分布规律，为探讨南方地区先秦时期人类社会的演变打下了良好的基础。该项目所形成的创新工作方法，对同类地形、地貌条件下的考古调查具有示范和推广意义。”

江西考古工作者将根据专家意见，在已有成果的基础上，及时总结经验，归纳和提炼学术成果，为推动长江中下游区域文明模式的研究、确立抚河流域先秦文化在中华文明多元一体格局中的地位和作用作出更大贡献。

（王上海　严振洪）

【南昌市高新区吕蒙岗新石器时代遗址】

发掘时间：2017 年 2～7 月

工作单位：江西省文物考古研究院、南昌市博物馆

吕蒙岗遗址位于南昌市高新区麻丘镇广安村委孙家自然村东南约 800 米处一块台地上，于 20 世纪 80 年代文物普查中被发现。吕蒙岗遗址处于鄱阳湖西南侧赣江与抚河之间的冲积平原地带。遗址西面靠风光旖旎的瑶湖，东侧紧邻抚河支流焦头河，四周为良田沃地。遗址呈南北向的垅地，南北长约 500 米，东西宽约 200 米，高出四周稻田约 1 米～1.5 米，总面积约 1 万平方米。

因南昌航空城瑶湖机场建设的需要，经国家文物局的批准，江西省文物考古研究院会同南昌市博物馆，对南昌瑶湖吕蒙岗遗址进行了抢救性考古发掘。

根据吕蒙岗遗址地形特征和实际情况，在遗址中南部进行了布方发掘，发掘总面积 2000 平方米。在遗址南部揭露出新石器晚期墓葬群、半地穴式房址、灰坑等遗迹，并出土了大量陶器与石器标本。

新石器时代晚期墓葬揭露 13 座，皆开口于第③层。墓葬形状为土坑竖穴墓，东西向 7 座，编号为 M1、M2、M3、M9、M10、M12、M13；南北向 6 座，编号为 M4、M5、M6、M7、M8、M11。其中 M8、M12、M13 无随葬品，其余墓葬皆有 5～10 件随葬品。随葬品陶器基本组合为鼎、豆、壶，石质生产工具组合主要为铲、锛、凿组合。

半地穴式房址揭露 1 座，编号为 F1，

开口于第③层下，打破生土层。房坑平面呈不规则长方形，西端窄，东端宽。房坑东西长5米、南端宽2米、东端宽3.3米、深0.5米。门道位于北侧。房坑四壁与底经过火烤，呈灰白色。

出土遗物陶器多为生活用具，器形有鼎、豆、壶、盘、碗、杯等，其特点大多为红陶，并施有一层黑色的陶衣。石质多为生产工具，器形有钺、刀、铲、锛、凿、镞、砺石等，石器切割规整，磨制精细光滑。特别是石钺与石刀，器形硕大，器体很薄，并有对穿孔，最具特色。

吕蒙岗遗址出土遗物不仅有自身特点，也含有赣中地区樊城堆下层文化、筑卫城下层文化、郑家凹墓地文化、安徽潜山薛家岗文化等多种文化特征。吕蒙岗遗址是抚河流域下游首次科学发掘的新石器晚期遗存，这将为我们认识这一区域文化打开全新的大门。吕蒙岗遗址墓葬出土大量可复原的陶器与石器标本，这将是我们建立这一区域谱系文化的珍贵资料。吕蒙岗遗址处于鄱阳湖滨、抚河与赣江之间的冲积平原下游，南北交通要道之上，集多种文化因素于一体，是研究长江中下游中华文明起源与发展的重要资料。

（李育远　田　庄　彭伟楸）

【宜黄县锅底山新石器时代环壕遗址】

发掘时间：2017年7月~2018年1月

工作单位：江西省文物考古研究院、抚州市文物博物管理所、宜黄县文物管理所

环壕遗址在江西偶有零星发现，因受材料所限，未对其作深入了解。近年来，随着抚河流域先秦遗址考古调查工作的开展，共发现此类遗址近百处，这对我们了解此类遗址的分布规律、文化性质及功能布局无疑提供了丰富的实物资料。经国家文物局批准，联合考古队对位于抚河上游的锅底山环壕遗址及周边地展开了考古调查、勘探与发掘工作。

锅底山遗址位于宜黄县棠阴镇解放村东北方向，西距316省道约300米，西南距紫云古寺约400米，宜水河在其西南约650米的地方流经。遗址由台地、壕沟及外壕堤三部分组成，中部台地高出四周农田约2米~5米，平面呈长方形，长105米、宽65米，地势南北高中间低，总面积约6800平方米。台地环以壕沟，北壕沟宽约40米、西壕沟宽约38米~43米、南壕沟宽约36米~43米。外侧东壕堤因历代农耕被毁，其余均有残存。

此次发掘区域位于遗址的西北角和北壕沟，发掘面积360平方米。发掘清理的遗迹主要有城墙、壕沟和壕堤，发现新石器时代晚期至商周时期的灰坑共29个。出土器物主要为石器及陶器，石器有锛、斧、镞等；陶器有罐、鼎（足）、豆等残片及纺轮等。陶片分印纹硬陶与夹砂陶，印纹硬陶主要为灰色、红色，纹饰较为丰富，常见有方格纹、菱格纹、席纹、绳纹、交错绳纹、刻划纹、雷纹、篮纹等；夹砂陶陶色见有浅灰色、浅黄色、红色，均为素面。

该遗址的堆积较厚，一般在3米左右，分为4层。城墙开口于④层下，位于台地外侧。发掘表明城墙堆积厚度为3.6米，共分⑰层，第①~⑯层朝内呈斜坡堆积，堆筑方式明显；第⑰层为城墙垫土层，上有集束棍棒夯筑迹象。北壕沟宽40米，呈两端浅中部深的锅底状，中部最深处约1.3米。壕堤砌建方式基本与城墙相同。

锅底山遗址发掘的遗物与周边遗址对比，其年代可主要分为以下两个年代组：

第1组：主要是第③、④层，器物以盘型鼎、舌状鼎足等为代表，该类器物在抚河流域新石器末期常见，在广丰社山头、新余拾年遗址中亦见有同类器，因此推断该类的年代应为新石器时代晚期至夏时期。

第2组：主要是第①、②层，以扁状

鼎足、折沿罐等为代表，纹饰多见有雷纹、绳纹、菱格纹，该类器形在抚河流域上游、中游地区常见，在金溪县先秦时期遗址调查中亦可见到同类器，年代可推定为商周时期。

锅底山遗址面积仅为6000余平方米，但却在四周堆砌城墙并环以壕沟和壕堤，遗址结构特殊，从地层关系判断，城墙年代为新石器时代晚期。同时通过对该遗址周边进行的区域调查，已发现同时期的山冈坡地遗址9处环绕它，说明形成了以该城址为中心的小型聚落。

该类遗址的正式发掘在江西尚属首次，为构建抚河流域先秦文化编年序列提供了重要的实物资料，为深入研究展现早期中华文明多元一体格局、推进早期中国区域文明模式研究提供了新视野，具有重要学术意义。

（严振洪）

【瑞昌市铜岭铜矿遗址东周及宋代遗存】

发掘时间：2017年8～12月

工作单位：江西省文物考古研究院、瑞昌市铜岭铜矿遗址管理处

铜岭铜矿遗址位于瑞昌市夏畈镇铜岭村。地理坐标为北纬29°45′，东经115°35′。铜岭铜矿遗址是我国商周时期一处重要的矿冶遗址，其年代始于商代中期（或略早），经西周、春秋，于战国早期停止开采，宋代重新开采且具有一定规模，其中以商代中期、春秋晚期至战国早期两个阶段最为兴盛。

遗址于1988年1月由村民筑路时发现。经过多年考古调查和勘探，铜岭遗址以铜岭头采矿区为中心，周边分布着7处重要的生活、冶炼相关遗址。其中焦炭厂、檀树咀遗址均大面积分布有商代文化遗存，下戴铜石坡、邹家、余家山和禁地铜石坡主要为东周时期的冶炼区。

2017年9月至2018年1月，为配合瑞昌铜岭遗址大遗址保护以及“双遗址公园”建设，江西省文物考古院联合相关单位，在瑞昌铜岭铜矿遗址开展考古发掘、勘探工作。

截至2017年12月，考古发掘共发现清理东周时期炼铜炉1座、灰坑5个、冶炼活动面1处，宋代焙烧炉1座、活动面1处、特殊遗迹（冶炼相关）3处，清代房址1座、炉1个、灶坑2个、灰坑7个、活动面1处，大炼钢铁时期炼铁炉1个、灰坑2个。出土少量铁器、陶片、瓷片和大量冶炼相关遗物。考古调查勘探新发现东周遗址1处，根据遗址上分布有多处炭窑判断，它是一处烧炭场所。

此次发现以东周炼铜炉、宋代焙烧炉最为重要。

东周炼铜炉，编号为17TXL3，残。位于TW14N18方内，开口于①层下，向下打破生土层。由基坑、炉体、操作面和排渣坑四部分组成。基坑直接挖在生土上，平面略呈半圆形，锅底状，直径约1.5米，深0.7米。炉体位于基坑中部，呈圆筒状，炉腹内径约0.5米、残高0.4米；炉壁用黏土掺合碎石块（耐火材料）制成，炉腔内壁有3厘米～8厘米厚的黑色挂渣，炉底挂渣厚约10厘米，炉底残留有少量铜块。基坑上方南部铺垫一层厚约15厘米包含较多碎石子垫土层，形成操作面，然后在靠近炉体部分挖有一小排渣坑。排渣坑呈长条形，靠近炉体部分较宽，弧壁，中部略深，长0.5米、宽0.12米～0.3米、深0.08米～0.22米。根据炉壁外层红烧土分布情况，炉体原高在0.7米以上，要高出操作面。根据炉腔内壁挂渣有分层现象来看，炼铜炉可持续使用一段时间。

宋代焙烧炉，17TXL2，尚未清理完毕。位于TW11N18北部，开口于①层下。平面形状呈长方形，直壁，底部不平，由北向南倾斜。长4.85米、宽1米～1.4米、深0.05米～0.2米。北、东、西炉壁

较直，南壁中部有3个缺口，应该为投柴孔，南壁两端设有排烟孔。炉底呈青灰色。炉内堆积废弃的红烧土块，包含少量砖块、石块和极少量青白瓷片。初步推断其为焙烧炉，有待进一步检测分析。

2017年度铜岭遗址考古主要收获有四个方面：

第一，新发现东周遗址1处，为烧炭场所，对铜岭遗址的功能布局有了新的认识。第二，通过考古发掘深入了解瑞昌铜岭下戴铜石坡遗址的堆积分布状况和遗址年代。瑞昌铜岭下戴铜石坡遗址存有现代、清代、宋代和东周四个时期的遗存，其中遗址西北部以东周遗存为主，遗址东北部以宋代遗存为主。第三，东周炼铜炉和宋代焙烧炉的发现有助于我们了解和分析当时冶炼技术和工艺水平。第四，瑞昌铜岭铜矿遗址宋代仍有开采冶炼活动，并具有一定规模。

（崔　涛　张绪来）

【樟树市国字山战国墓】

发掘时间：2017年11～12月

工作单位：江西省文物考古研究院、中国社会科学院考古研究所、樟树市博物馆

此次发掘的墓葬编号M3，位于樟树市大桥街道彭泽村委会洪光塘自然村东南，筑卫城遗址以西约350米，国字山遗址M1西侧约80米处。M3西部已在修筑樟树市盐化大道时遭到破坏，整个墓室西部暴露在道路旁的断崖上，墓室上部也被破坏，封土不存，发掘前叠压在修路时堆积的建筑垃圾下。为了防止对M3造成进一步的破坏，2014年11月～2015年12月对M3进行初步抢救性的发掘，2017年完成对M3的发掘。

M3为东西向短墓道竖穴土坑墓，方向92°。M3东部残存一条墓道，墓道长1.8米，东侧南北残宽3.3米，西侧靠近墓室处宽3.8米；西部已被破坏，是否有墓道不清楚。

墓室东西向，东南向长10米，南北宽9.7米，现墓底距地表深3.3米。墓边不是很规整。墓室内均用膏泥填塞，较为致密，经过夯打，但夯层不是很清晰，填土内含少量碎陶片。M3被两个盗洞打破，一个位于墓室中央，另一个位于墓室北侧，盗洞上部较为清楚，至下部范围不是很清楚，判断其为较早盗洞。当时棺椁还没有腐朽，盗洞直接通入椁室，后来棺椁腐朽填土塌陷所以盗洞范围上部清楚下部不是很清楚。

M3墓葬内部为两棺两椁。造墓过程为先在墓底垫10厘米厚的膏泥再在上面铺10厘米厚的木炭，在木炭上铺一层薄竹片，然后在墓室中部用五根枕木东西平铺，在枕木上南北向铺底板。在底板上再构建椁室。棺椁都已朽只剩底部痕迹。外椁分为9个厢，内椁有两重棺。椁室外用木炭和黄色土填塞夯打形成一个二层台，二层台宽约1.1米，高约0.8米。墓葬底部只见少量残存漆皮和陶罐残片，陶罐表面为规整细方格纹，战国晚期风格。

虽然M3被盗，但是从墓葬形制和残存少量陶片判断，其时代为战国晚期。M3与国字山M1距离较近，形制相似，应该是M1的陪葬墓；且M3在筑卫城附近，应该与筑卫城有很大的关系。

（王意乐　唐锦琼　李　昆）

【南昌市西湖区象南中心东汉至三国时期墓葬】

发掘时间：2017年8～11月

工作单位：江西省文物考古研究院、南昌市博物馆

墓葬位于南昌市西湖区，为南昌老城区核心区域，北靠孺子路，东邻象山南路，南接南浦路，西边为船山路。绿地集团南昌象南中心项目部在2017年7月施工过程

中发现古墓，江西省文物考古研究院闻讯后，立即会同南昌市博物馆对现场进行了勘查并报国家文物局。之后联合考古队对墓葬进行了抢救性发掘，共发掘清理墓葬11座，发掘面积约2000平方米，出土陶器、瓷器、铜器、铁器、金器、漆木器以及采集样本等各类遗物400余件（套）。

本次发掘墓葬11座，时代从东汉到东吴时期。墓葬主要有土砖混合结构墓、砖室墓、砖木混合结构墓三种类型。土砖混合结构墓2座（M1、M3）；砖室墓8座（M2、M4、M5、M6～M10），其中M9、M10为带耳室砖室墓；砖木混合结构墓1座（M11）。M1～M10时代为东吴时期，M11时代为东汉早期。

东汉早期的M11的墓葬形制较为特殊，为砖木混合结构墓，属于土坑木椁墓向砖室墓转变的过渡时期。墓向159°。平面形状为方形，长、宽均为4米。东部被M10打破。墓顶为平顶，由砖在椁顶板上面平砌而成。椁板共8块，均为东西向，自南向北依次摆放。墓室分为东西两室，隔墙南部有门连通。墓室内共放置6具木棺，东室4具（1大3小，编号M11G1～G4），西室2具（编号G5、G6）。木棺均为一整块木凿成，前、后挡板及棺盖为榫卯结构相连，打开棺盖后，发现其内尸骨保存完好，并发现有漆木器与纺织品。墓主人骨经体质人类学鉴定可知，G2年龄为30±5岁，可能为女性，其余5具棺均为未成年的小孩，最大的约13～14岁，最小的才5～6岁。根据墓葬出土的货泉及五铢铜钱，以及其出土的名刺上“广陵郡广陵县”字样，判断墓葬应该属于新莽之后的东汉早期墓葬。这是因为虽然货泉铸造于新莽时期，但是由于“广陵郡广陵县”在新莽时期被取消，改名为“江平郡安定县”，东汉后才恢复的缘故。

关于这批墓葬的初步认识如下：

1. 此次发现的墓葬属于东汉至东吴时期，位于明清时期南昌城区范围内。此次发现的墓葬说明在汉晋时期此处应属于郊外，为我们研究汉晋时期南昌城的发展与变迁提供了重要的线索。2. M11是南昌首次发掘砖木混合结构墓葬，为研究南昌地区竖穴土坑墓向砖室墓转变过程提供了重要的实物资料。值得注意的是，M11墓穴内放置六具棺木，除主棺墓主人外，其余均为未成年人，墓主人之间的关系及葬俗仍值得我们进一步深入研究。3. 此次发现的东汉早期的衣物簿和名刺以及东吴时期的买地券为我们研究东汉、三国时期的历史和文化提供了可靠的实物资料。其中颜黄买地券，它是目前我国发现最早的写有“土公”“东海小童”文字的买地券，也是目前发现的三国时期唯一石质买地券和三国时代最早的女性买地券。定约对象不仅有鬼神，还有后世活人，在其他地券中未有，书写类型也与其他买地券不同。另外，广陵江都都乡里的出现，江都此时已为废县，颜黄为移民，都乡里是特殊安置机构，对于了解三国基层建设和移民问题等有价值。4. 此次在M11内发现纺织品，特别是在4号棺中发现东汉时期的针织品，具有很高的价值。5. 位于孙吴境内的M9内出土蜀国钱币——太平百钱、M1出土的“蜀郡”漆盘，在南昌地区尚属首次发现，说明当时吴蜀之间有着密切的贸易往来。

（杨 军 田 庄）

【赣州市章贡区七里镇窑址】

发掘时间：2017年6～12月

工作单位：中国文物信息咨询中心、江西省文物考古研究所、赣州市博物馆

七里镇窑址位于赣州市章贡区水东镇七里村。窑址分布在贡江与赣雩公路之间的沿江地带，分布总面积近1平方千米，现存窑包堆积20处。七里镇窑自晚唐创烧以来，宋元曾鼎盛一时，到明中期停烧。

所烧产品主要有晚唐五代时期的青瓷与白瓷，宋元时期的青白瓷与酱釉瓷以及黑釉瓷，是江西宋元四大名窑之一。1959 年列为第二批江西省文物保护单位，2013 年 3 月被国务院公布为第七批全国重点文物保护单位。

为配合国保单位保护规划的编制，经国家文物局批准，2017 年 6 ~ 12 月，中国文物信息咨询中心、江西省文物考古研究院与赣州市博物馆联合对七里镇窑遗址进行了考古调查、勘探与发掘工作。

一　考古调查

2017 年 3 ~ 10 月，通过查找地方史料、访问地方老人与实地踏勘相结合，摸清了七里镇窑历史上的产业布局与遗存分布范围。制作了《七里镇窑历史上的三山五岭分布图》《七里镇窑现存窑包分布图》《七里镇窑制瓷作坊区位图》《七里镇窑窑工居住区位图》《七里镇窑古路、古街、古码头分布图》。

二　考古钻探

2017 年 10 ~ 11 月，聘请专业的考古钻探公司——洛阳九龙钻探公司对窑址分区分片进行重点钻探。钻探区域分为 12 个地块，由西至东编号为 T01 区、T02 区、T03 区、T04 区、T05 区、T06 区、T07 区、T08 区、T09 区、T10 区、T11 区、T12 区，钻探总面积约 25023 平方米。通过钻探，共发现遗迹现象 7 处，其中青砖铺地遗迹 3 处，编号为 Z1、Z2、Z3，瓷土堆积 5 处，编号分别为 CT1、CT2、CT3、CT4、CT5。

三　考古发掘

2017 年 11 ~ 12 月，在考古钻探的基础上，决定对 T04 区（殷屋对门窑包南面台地）进行发掘。在这片台地上已经钻探发现了 Z1 与 CT2，有可能发掘出制瓷作坊遗迹。根据地形，我们布置了 5 米 × 5 米的标准探方 32 个。目前已经对北面的 20 个探方进行了发掘，在距地表深 30 厘米 ~ 80 厘米处发现一个长 18 米、宽 1.5 米 ~ 2.4 米的弧形砖砌遗迹，由于尚未全面揭示，目前对这一遗迹的认识还不清楚。另外，还发现了一个陶缸遗迹，疑似制瓷作坊内的擂釉缸。

通过对七里镇窑址的系统调查、重点钻探与考古发掘，搞清了七里镇窑遗址的分布范围和遗存保存情况；殷屋对门作坊区的考古发掘，增加了七里镇窑址考古出土遗迹的类型。这些考古新成果为做好第七批全国重点文物保护单位——七里镇窑遗址保护规划的编制工作提供了第一手的科学数据与资料。

（肖发标）

【上饶县包家宋元明清金矿遗址】

发掘时间：2017 年 9 月 ~ 2018 年 1 月

工作单位：江西省文物考古研究院、北京科技大学科技史与文化遗产研究院

包家金矿遗址位于今上饶县西部的茶亭镇，居于信江中游。遗址距上饶县城约 23 千米，距铅山县城约 20 千米，北距信江主航道约 5 千米。遗址范围大致在北纬 28°15′00″ ~ 28°16′00″，东经 117°52′30″ ~ 117°54′00″，主采矿区位于包公尖金矿区，属武夷山余脉。山脉呈北东向延伸，主峰包公尖海拔 678 米，侵蚀基准面最低标高 180 米，地势东南高西北低。

该遗址于 2009 年 7 月初在第三次全国文物普查中发现，此后考古人员对此遗址进行多次调查，初步廓清了该遗址的采矿、冶炼区域，对遗址的年代、生产规模以及生产技术有了初步认识。为了进一步了解该遗址冶金生产的情况，2017 年度在冶炼区布了 8 个探沟进行试掘。

考古发掘工作分 3 个区域进行，其中前炉区域布宽 2 米、长 4 米的探沟 2 个，后炉区域布宽 2 米、长 4 米的探沟 3 个，金家弄区域布宽 2 米、长 8 米的探沟 1 个，

宽2米、长4米的探沟2个，总计发掘面积72平方米。其中4个探沟相对地势比较低，4个探沟离山体较近相对地势高。

试掘情况显示冶炼区相对地势较低的区域，由于洪水冲击等原因，文化层破坏严重，只留下一些大的遗迹，如淘洗池、人工堆砌的水沟等。出土遗物主要以瓷片、炉渣、矿石等，各地层都出土有宋元明清各时期的瓷片，以明清时期为主。地势相对较高的区域文化层保留较好，其中宋代地层保存最好，基本没有破坏。宋代地层中出土有瓷碗、炉渣等，未发现冶炼炉。发掘过程中选取了各种不同状态的炉渣进行科技检测分析，通过分析数据还原该遗址的冶炼工艺。

包家金矿遗址的调查试掘工作揭示了该遗址所蕴含的多个重要信息。首先发现了古人开采脉金矿以及通过火法冶炼提金的实物证据，为研究这两项技术在我国古代的发展模式提供了新的材料。矿石和炉渣分析显示此遗址可能同时生产金、银两种金属。炉渣中较高的银含量说明银的提取效率较低，而其主要原因是矿石中铅含量不足。包家工匠可能主要利用了第一类矿石中的铅来提取第二类矿石中的金银，而未从其他区域大量进口金属铅或铅矿石以增加提银效率。这一技术选择的背后动因可能与包家遗址较小的生产规模以及较低的专业化程度有关。

（徐长青　李文欢）

【抚州市文昌里灵芝山汤显祖家族墓园遗址】

发掘时间：2017年5～10月

工作单位：江西省文物考古研究院、抚州市文物博物管理所、抚州市博物馆、临川区文物管理所

文昌里灵芝山一带是文献记载中汤显祖及家族成员墓葬原址所在地。2016年10月31日，因文昌里棚户区改造和历史文化街区项目的建设需要，当地文物部门在前期的调查和清理工作中，发现了数块散落的红砂岩墓顶石盖板。其中两块石盖板上有刻字，一块残长230厘米、宽61厘米、厚14厘米，带有子口，自右至左刻有“汤临川玉茗先生墓”两列八字，另一块残长181厘米、宽40厘米、厚11厘米，自上而下刻有“玉茗公墓”一列四字，同时还发现残剩下半截红砂岩墓碑，自上而下刻文尚剩“□□□□□□义仍汤公之墓”。接着在清理过程中又陆续发现了22座砖室墓，由于性质不明，工作人员对墓葬四周进行了清理，并在已坍塌的墓葬后隔间发现4方墓志铭，取出后通过对墓志铭释读，确定了墓主人身份是汤显祖的家族成员，初步确定此处就是文献记载中的汤显祖及家族成员的埋葬地。2017年5～10月，经国家文物局批准，江西省文物考古研究院会同抚州市文博部门对汤显祖家族墓园遗址开展了考古调查、勘探和清理工作。

由于汤显祖家族墓园所在地被晚期建筑垃圾所覆盖，因此此次勘探我们主要采取试掘的方式，试掘以清理晚期建筑垃圾为主，适当剔除清代堆积，控制在明代层面上，以了解汤显祖家族墓园基本布局为目的。此次试掘区根据地形地貌自南而北分为三个区域，分别编号为A、B、C。A区为34米×12米，计408平方米；B区为33米×10.2米，计336.6平方米；C区为32米×9米，计288平方米，试掘区总面积1032.6平方米。

汤显祖家族墓园遗址的考古清理总计发现明清时期墓葬54座（含前期清理发现的22座），大部分保存较好，唯M4毁坏严重；出土了墓志铭6方（含前期清理发现的4方）；揭露了明清时期的附属建筑遗迹3处，一处为东侧的清代两排石柱础（残剩11个），所占面积为长方形，长21.3米、宽3.2米。一处为北部的明代石

板路，残长约2.5米、宽约2米。一处为最北侧东西向的红砂石岩墙基一道，残长约14米、宽约0.35米。上述遗存的发现，再结合前期清理工作发现的盖棺石、残墓碑等遗物，为弄清楚汤显祖家族墓园的基本布局和确定汤显祖墓葬的具体位置提供了珍贵的实物资料，主要收获如下：

一 汤氏家族墓园内地层叠压有序，墓葬时代清晰

根据试掘区域内的西壁、南壁剖面，地层堆积叠压有序，大体可分为三层，第①层为现代建筑垃圾层；第②层为灰黑色瓦砾层，出土有"丁丑"字样的清代青花瓷片，为清代地层；第③层为黄褐色黏土层，略带沙性，夹杂少量瓦片，出土有明嘉靖与成化年瓷片，为明代地层，该层由西向东倾斜，符合灵芝山山形走势。从揭露的54座墓葬所处的层位关系，明代墓葬49座开口于②层下，清代墓葬5座开口于①层下，时代与层位关系相吻合，墓葬时代清晰。

二 核心区域内墓葬分布错落有序，汤氏家族墓园布局基本清晰

在所发现的54座墓葬中，其中券顶砖室墓45座，小型平顶砖室墓7座，石盖板墓葬2座，除M18朝向相反外，墓葬方向均坐西朝东，墓群整体基本沿原灵芝山东坡向下排列。所有墓葬大致可分为六排，其中逆向而葬的M18和小型平顶墓与附近的大墓似有辈分差异或依附从属关系。总体看来，所发现的墓葬虽在排列上小有错落，但总体仍不失有序。

汤氏家族墓园的西侧和南侧由于历史建筑保留之需要，无法延伸试掘，故准确界址无法确定，但根据墓葬排列规律，应已至边界。经考古揭露的东侧两排石柱础和北侧约14米长的红砂岩石墙基，均为清代遗迹，根据光绪二十三年《文昌汤氏宗谱》收录清康熙二十九年《祖基复原记》记载，明末清初因战乱的原因汤家失去了对灵芝园的控制权，直至康熙己巳年（1689年）才收回，随后对灵芝园进行了复原。据此我们推断应为汤氏后人在灵芝园收回以后所修祠堂及北围墙留下的遗迹，故墓园的东侧和北侧边界基本可以确定。

三 汤氏家族部分成员身份及所葬位置揭晓

在所揭露的墓葬中，总计发现墓志铭六方。在M5、M6、M10、M14、M18五座墓的后隔间发现墓志铭各一方，在M11与M12双室合葬墓的前隔间发现墓志铭一方，各方墓志铭具体情况如下。

M5墓志铭：圭首碑形，青石质。通高122厘米、宽61厘米、厚5厘米。底部中间有梯形插榫，高17厘米、宽9.3厘米~23厘米、厚5厘米。榫中有穿，直径3厘米。圭首刻朵云托太阳纹、志额两侧各刻一朵云纹装饰。志额阴刻篆书："明故汤孺人艾氏墓志铭。"墓志铭全文位于68厘米×53厘米的长方形刻划线框内，全文为阴刻楷书，24列，满列33字，全文共690字。墓主人身份为汤显祖高祖子高公夫人艾氏。

M6墓志铭：圆首碑形，青石质。通高107厘米、宽62厘米、厚3厘米。底部中间有梯形插榫，高17厘米、宽13厘米~31厘米、厚3厘米，榫中有穿，直径4厘米。志额边侧刻三朵云纹装饰。志额阴刻篆书："明故义士汤公子高墓志铭。"墓志铭全文位于62.5厘米×54.5厘米的长方形刻划线框内，全文为阴刻楷书，计26列，满列33字，共707字。墓主人身份为汤显祖高祖子高公。

M10墓志铭：圭首碑形，青石质。通高111厘米、宽52厘米、厚4.5厘米。底部中间有梯形插榫，高16.7厘米、宽9厘米~19.5厘米、厚4.5厘米。志额上侧刻二朵云纹，中以太阳纹相间隔，左右两侧各刻云纹一朵装饰。志额刻扁方形框线，内阴刻篆书："明故西塘汤君之墓志铭。"

墓志铭全文位于66厘米×46厘米的长方形刻划线框内，全文为阴刻楷书，计26列，满列50字，共1032字。墓主人身份为汤显祖祖父西塘公。

M14墓志铭：长方形，青石质。高79厘米、宽45.5厘米、厚2.3厘米。志额阴刻篆书："祖母魏夫人迁祔灵芝园"。墓志铭全文为阴刻楷书，计27列，满列54字，共1348字。墓主人身份为汤显祖祖母魏夫人，墓志铭为汤显祖亲自撰文所立。

M18墓志铭：长方形，青石质。高95厘米、宽63厘米、厚2厘米。志额阴刻篆书："明勅赠吴孺人墓志铭"。墓志铭全文为阴刻楷书，计24列，满列40字，全文共890字。墓主人身份为汤显祖第一任夫人吴夫人，墓志铭为汤显祖亲自撰文、所立。

M11～12双室合葬墓志铭：长方形，青石质。通高77.5厘米、宽47.7厘米、厚2厘米。志额阴刻篆书："明勅赠文林郎少海汤公元配潘太孺人合墓志铭。"墓志铭全文为阴刻楷书，计28列，满列51字，全文共1173字。墓主人身份为汤显祖弟弟少海公与其夫人潘氏。

所出六方墓志铭内容主要包含墓主人的人物生平、生活细节、族谱关系、重要的家族活动以及人物评价等内容，对了解墓主人生平及其有关的家族谱系，补充和纠正《文昌汤氏宗谱》所记载的内容和谬误，分析当时社会制度和意识形态，研究当时的书法、文学等均提供了宝贵的实物资料。

（王上海　严振洪）

【景德镇市御窑遗址】

发掘时间：2017年8～12月

工作单位：江西省文物考古研究院、故宫博物院、景德镇市陶瓷考古研究所、景德镇市御窑遗址管理处

为配合景德镇市御窑遗址保护修编方案的实施，经国家文物局批准，联合考古队对景德镇市御窑遗址进行了主动性的考古发掘。此次发掘区域位于景德镇市御窑遗址的西北角（现龙珠阁以西的御窑围墙外），北临彭家弄，东靠御窑围墙，南接毕家上弄，西倚毕家上弄横弄。此次发掘共布5米×5米探方14个，扩方2个（位于发掘区的西侧），共布探方16个，发掘面积为400平方米。

目前已发掘地层堆积可分四层，第①层为水泥地面层，为当代球场的水泥地面。第②层为近代扰乱层，第③层为新中国成立初期地层，第④层为民国地层。四层下为清末地层，暂未发掘。

目前在已发掘遗迹有新中国成立初期的大灶、水泥池等，民国的道路和作坊遗迹。

已出土遗物主要为明代、清代、民国、新中国成立初期的瓷片及与制瓷相关的产品（如垫饼、匣钵等）。出土明代的御窑瓷片可辨款识有"大明成化年制""大明弘治年制""大明嘉靖年制""大明万历年制"等。此外，还有"金录大醮坛用"的特殊款。出土的清代御窑瓷片可辨识年款主要有"康熙年制""雍正年制""大清雍正年制""乾隆年制""大清乾隆年制""大清道光年制""大清咸丰年制""大清同治年制""大清光绪年制""大清宣统年制"等，其中尤以"大清道光年制"款瓷器为多。出土民国时期的瓷片可辨款识主要有"公""公司""瓷业公司""江西瓷业公司"等。器形基本以碗、盘为主。发现有青花、釉里红、粉彩、斗彩等装饰技艺。胎质基本为白瓷胎。

（饶华松　刘　龙）

山东省

【鲁东南沿海区域系统调查】

调查时间：2017 年 11 月 25 日 ~ 12 月 17 日

工作单位：山东大学历史文化学院

2017 年度，由山东大学、美国芝加哥菲尔德博物馆等组成的联合考古队继续在鲁东南沿海地区开展区域系统考古调查工作，此次调查取得了较为丰硕的成果。

2017 年度调查是在 2016 年调查区域的基础上继续向北、向东推进，主要对洋河流域进行调查，涉及区域包括胶州市张应镇、洋河镇等。此次调查共发现并系统记录的遗址有百余处，时代跨度从大汶口晚期至汉代，其中大汶口晚期遗址 1 处、龙山文化遗址 15 处、西周时期遗址 10 处、东周时期遗址 27 处、汉代时期遗址 116 处。

此次调查发现的遗址中面积较大、遗存较丰富的主要有三里河遗址、刘家大庄遗址、小王邑遗址、城子遗址、李子行遗址及李子行—匡王庄遗址等。其中三里河、刘家大庄、城子及李子行龙山遗址已在早年的调查中发现，且有的遗址经过系统的发掘。此次调查又对其遗址面积进行了估算；其余均为此次调查所新发现的遗址。现择要对此次调查的发现进行介绍。

三里河遗址位于胶州市区内北三里河村西，首次发现于 1959 年（参见《文史哲》1963 年第 2 期），后经中国社会科学院考古研究所系统发掘（参见《胶县三里河》，文物出版社 1988 年版）。目前遗址保存状况不容乐观，大部分被现代建筑所压，仅北三里河村与旃檀庵村之间的地表可见陶片分布。采集的陶片中主要以大汶口晚期、龙山早期、龙山中期为主，另有少量西周、东周以及汉代时期的遗存。大汶口时期遗存可辨器形有鼎、鬶、罐、壶、盆等；龙山时期遗存可辨器形主要有鼎、罐、豆、甗、杯、匜等。

调查材料使我们对遗址面积有新的认识。刘敦愿先生最早调查三里河遗址时曾判断遗址的面积约 6 万平方米（参见《文史哲》1963 年第 2 期），在《胶县三里河》的发掘报告中推测为 5 万平方米（参见《胶县三里河》，文物出版社 1988 年版）。然而据地表采集陶片的分布来判断，三里河遗址的面积至少有约 12 万平方米，之所以如此推测是因遗址被现代建筑所压，陶片从遗址中心区遗址延续至现代建筑物附近，且可能继续延伸，故只能据目前调查区域的最小面积推测其遗址面积。

城子遗址位于胶州市区内城子村东南，与三里河遗址仅一街之隔。遗址大部分被压在城子村及三里河小学之下，其具体面积已不详。刘敦愿先生等人调查三里河遗址时首先到达的即是此遗址，因当时调查的目的不是此遗址，故未作详细介绍（参见《文史哲》1963 年第 2 期）。遗址为小河边的一处台地，目前台地最高处在城子村中央位置。我们于村东南角的断崖处发现有一片面积较大的夯土层，或即为刘敦愿先生所述之墙基。所采集的遗存主要以东周、汉代时期为主，少量西周时期的遗存。西周时期遗存可辨器形有簋；东周遗存可辨器形有盆、豆、钵、罐等；汉代遗存可辨器形有盆、瓮、壶、钵、罐、豆、盂、砖瓦等。

刘家大庄遗址位于洋河镇刘家大庄西北，近洋河，397 省道穿过遗址南部。遗址面积约 18 万平方米，以龙山时期遗存为主，并有少量西周、东周及汉代遗存。在遗址边缘近洋河的断崖处发现有文化层，厚约 1 米。龙山时期遗存可辨器形有鼎、罐、盆、甗、器盖、匜，石器有石锛。西周时期遗存可辨器形有鼎、鬲、罐、豆，东周时期遗存有罐、盆、豆。汉代遗存主要有盆、瓮、壶、瓦等。

小王邑遗址位于洋河镇小王邑西约 150 米的台地上，目前遗址上已被种植经济林木。遗址面积约 21 万平方米，以汉代时期遗存为主，在遗址西南角近洋河处发现有少量的龙山时期遗存。龙山时期遗存可辨器形有鼎、甗、罐、器盖、豆等。汉代遗存可辨器形有盆、瓮、瓦等，并发现一件残破的工具模。

李子行遗址，也称为四亩地遗址，位于李子行村南约 300 米的山脚台地上。该遗址见于《中国文物地图集·山东卷》记载。此次调查发现的遗存主要以龙山时期为主，另有少量西周、汉代遗存。遗址边缘断面上发现有文化层。采集的陶片中可辨认的器形有鼎、罐、甗、圈足盘等。

此外，我们在李子行村北发现一处面积更大的汉代遗址，暂称之为李子行—匡王庄遗址。遗址位于洋河镇战家村以东、香甸村以西、李子行村以北、匡王庄以南的范围内。面积约 275 万平方米。该遗址遗存较单纯，主要为汉代遗存，有少量东周遗存。汉代遗存可辨器形有盆、罐、瓮、豆等。

李子行—匡王庄遗址南面靠山，山上产蛇纹石。北面洋河，便于交通。调查过程中发现地表到处散布有蛇纹石。因此我们推测，该区域自龙山时期汉代一直有人类在此居住，或与蛇纹石的开采相关。

总之，此次区域系统调查复查了以往所发现的遗址，对遗址的面积有了新的认识，同时也发现了不少以往不为人所知的遗址，对于研究鲁东南地区的古代社会聚落形态的变迁具有重要的意义。

参加 2017 年度调查的人员，美方有 Gary M. Feinman、Linda M. Nicholas，中方有方辉、王焕、龙啸、马方青、单琦惠、王政良、王安琪、杜泽瑜、曹靖靖、卜凡童、高扬、刘安鲁等人。

（龙　啸　方　辉）

【泰安大汶口新石器时代遗址】

发掘时间：2017 年 3 ~ 8 月

工作单位：山东省文物考古研究院

为配合大汶口国家考古遗址公园的建设，山东省文物考古研究院于 2017 年 3 ~ 8 月对泰安大汶口遗址进行了考古调查和发掘工作。

考古调查采用区域系统调查方式，调查面积近 100 平方千米，确认遗址共 10 处，其中新发现遗址 6 处，时代可从龙山文化时期延伸至汉代。

考古发掘面积为 800 平方米，发掘位置位于汶河北岸、S801（泰曲公路）东侧，以河堤为界，分北、南两部分。北区位于河堤北侧，面积 400 平方米，接续 2016 年发掘区西边缘向西扩大揭露，共解剖大汶口文化房址 3 座，清理大汶口文化墓葬 1 座，大汶口文化灰坑 7 个，龙山文化灰坑 19 个。大汶口文化房址均为方形地面式建筑，面积 20 平方米至 35 平方米不等，年代均属于大汶口文化早期阶段。这三座房基与 2012 ~ 2016 年所揭露房基的形制结构、建筑方式、排列布局比较一致，大体属于同一房址组。

南区位于大堤南侧，面积 400 平方米，共解剖大汶口文化房址 4 座，清理大汶口文化柱洞坑多个，清理大汶口文化墓葬1座、宋元至清代墓葬8座，清理北辛文化灰坑2个、大汶口文化灰坑79个，清理大汶口文化沟3条、汉代沟1条。南区清理出大量的柱洞或柱坑，形制规模不一、深浅不一，且互相存在叠压打破关系，目前辨认较为清楚的大汶口文化房址共4座，年代也集中于大汶口文化早期阶段。大量柱洞和柱坑的发现，证明此处应为大汶口人群的密集活动场所，房址经过多次营造、修整、重建的过程。

北区的聚落布局排列有序，而南区的房址排列不甚规整，面积和形制结构也多有不同，彼此经常存在叠压打破关系，或可证明南区与北区的人群活动方式有很大差别。这一现象提示我们，在大汶口遗址内可能存在有不同的社群组织，而这些不同的社群组织在生活方式、社会组织等方面有不同特色。

（高明奎　梅圆圆）

【章丘城子崖龙山文化岳石文化及东周时期遗址】

发掘时间：2016年10月～2017年7月

工作单位：山东省文物考古研究院

此次工作主要是对岳石晚期城址北门进行揭露，同时对遗址西北部各期城墙与壕沟（原A3探沟西侧）部位进行东西向解剖。

揭露的北门属岳石文化晚期，位于1930年已发掘纵中探沟TG44～TG45东侧10米处。通过发掘，发现城门豁口西侧城墙基槽及门道西侧廊柱基槽。北门西侧城墙结束部位平面呈圆弧形，可见分版板块。基槽西深东浅，呈斜沟状延伸直至地面。门道廊柱基槽与城墙走向垂直，基槽为直壁平底浅沟状，残深约0.4米，平面呈南北向长条形，长9.9米，宽1.15米。所发现柱洞均分布于基槽靠东一侧，现存10个，根据柱洞间距判断原应为12个，直径0.24米～0.33米，残深约0.2米～0.32米，柱洞填土内可见木柱腐朽后白色残留物，底部均有垫石。

另利用探沟对遗址西北部城墙及壕沟区域进行解剖，探沟为东西向，长约56米。由东向西分别发现岳石晚期、龙山、岳石早期城墙，城墙外侧存在龙山、岳石早期及东周时期壕沟。该区域地势最高，为遗址各期城墙及壕沟保存最完整的区域，各期遗迹相互关系最为清晰。通过揭剖，确定了各期城墙的分布位置及更替关系，亦对每期城墙的规模与结构、后期修葺以及壕沟的清淤过程有了更清楚的认识。

（朱　超　孙　波）

【莒南县址坊龙山文化遗址】

发掘时间：2017年12月～2018年2月

工作单位：山东省文物考古研究院

址坊遗址位于莒南县朱芦镇址坊社区东南约600米，刘家东山村西北300米，瓦日铁路南侧。本次发掘清理面积450平方米，共布5米×10米探方9个。清理灰坑11个、灰沟2条。除1个灰坑属于周代外，其余遗迹皆属龙山文化时期。

址坊遗址龙山文化堆积主要出土有鬶、罐、尊形器、匜形盆、平底盆、甗、壶、高柄杯、单把杯、觯形杯、圈足盘、鼎、纺纶等陶器及残片，陶质以夹砂为主，少量夹细沙和泥质，陶色以灰黑、黑陶为主，少量红陶和白陶。另外还出土部分石器。龙山文化时期灰坑以H3、H4为例。H3开口于①层下，打破H4和生土，平面形状呈椭圆形，长1.74米、宽1.04米、深0.2米，斜壁、圜底，填土为灰褐土夹黄土块，一次性堆积，出土陶片以夹砂灰黑陶为主，少量泥质黑陶、红陶，火候较高，可见器形有鼎、罐、圈足盘、鬶、匜形盆、器盖等，时代约属龙山中期。H4被H3打破，打破生土，平面形状呈椭圆形，长1.8米、宽1.5米、深0.19米，直壁、平底，填土为灰褐土夹黄土粒，一次性堆积，陶片较多，出土陶片以夹砂黑陶为主，少量泥质黑陶和夹砂红陶，可见器形有鼎足、甗口沿、罐、把手等，时代约属龙山中期。沟1和沟2均为南北向，沟1平面形状不规则，宽9.6米～14米，底部高低不平，深0.7米～1.38米，填土可分5层，时代跨度从龙山文化早期晚段至晚期早段。沟2壁较规整，宽7米，深2.5米，填土可分为5层，时代约属龙山文化中期。

址坊遗址地属鲁东南沿海区域，龙山文化面貌属于尧王城类型。该遗址出土夹砂灰陶、黑陶鬶残片较为少见。另外还出土一批可修复的陶器，如双耳尊、罐、器盖、匜形盆、圈足盘、鼎、觯形杯、镞等，石器如刀、镞、斧、锛、镰、锤等。为研究山东龙山文化陶器演变以及临近区域间文化联系提供了重要资料。

（赵国靖　张　恒）

【曲阜市老农业局龙山文化及东周遗址】

发掘时间：2017年1～12月

工作单位：山东省文物考古研究院

为配合曲阜市旧城改造基本建设项目，山东省文物考古研究院对曲阜市老农业局遗址进行发掘。遗址位于曲阜城区西部，鲁国故城中西部，明故城西北角外侧。发掘面积2600平方米，方向11°。发掘灰坑198个，墓葬56座，井12口，路2条，沟9条。包括龙山、东周和汉代等多个时期的重要遗存，以东周时期为主。

龙山文化遗存主要为一地层（第⑥层）和一座陶窑（Y1）、一个灰坑（H185）等若干遗迹。出土有鼎、罐、钵、壶等。

遗址内东周时期各类遗迹的分布有其鲜明的特点：西北部地势较高处为春秋中、晚期窖穴区，这些窖穴多口小底大呈袋状，虽密集排列，但少打破关系。遗址中南部为东周时期的墓地，时代从春秋晚期一直延续到战国早期。墓地北部为东周、汉代沟和道路。

东周时期文化堆积是遗址的主体，包括墓葬、水井、灰坑、道路等多种遗迹，其中55座竖穴土坑墓是此次发掘的主要收获。分瓦棺葬3座、瓮棺葬5座，中小型竖穴土坑墓47座。这些竖穴土坑墓基本呈南北向。长3.2米～4.2米，宽2米～3.5米，最大者南北长6.2米，东西宽4.8米。葬具多为一棺一椁，少见二椁一棺、一椁二棺和单棺者。葬式基本为仰身直肢，头向北。随葬器物多置于棺椁之间，种类有铜器、陶器、玉石器、骨角器等。铜器计112件，有鼎、簠、盘、匜、豆、舟、敦、车马器、剑、戈、殳等；陶器计106件，有盖鼎、盖豆、壶、罐、鬲、盂、卮等；玉石器14件，有圭、猪龙等；骨角器24件，如彩绘鹿角、骨梳、骨串饰等，另外，出土有大量贝币和一件金箔残片。就墓地布局来看，这些墓葬东西向大致分4排排列，多夫妻并穴葬。

汉代遗存主要分布在发掘区东北部，并向东延伸，以较多大型灰坑（沟）为主。这些大型灰坑（沟）内填土疏松，因夹杂大量水锈而颜色发绿。结合这些遗迹的沉积相堆积特点和先期的勘探成果，可以确定该区域主要为遗址的一处汉代大洼地。

曲阜市老农业局遗址发现有目前鲁故城内最早的龙山文化早期遗存，为了解古文化源脉提供了资料；东周时期遗存丰富，呈现“聚族而居、聚族而葬”的文化面貌；墓葬规划整齐，为“士”一级墓地。此次发掘遗物众多，M6出土青铜鼎（M6：11）和陶罍在滕州大韩墓地出土有同类器，为解读该区域古国、古文化面貌提供重要考古材料。

老农业局遗址的发掘对于了解鲁故城城内的遗址分布和聚落变迁具有重要价值，

遗址内东周时期丰厚的文化堆积和大量的遗迹，尤其是中小型墓地的发现对于鲁故城、鲁国和鲁文化研究具有重要意义。

（韩 辉 许晶晶）

【济青高铁东古城村北周代遗址】

发掘日期：2017 年 3 月 5 日 ~7 月 31 日

工作单位：山东省文物考古研究院

东古城村北遗址位于临淄区齐都镇东古城北，南距齐故城北墙约 300 米，与临淄齐故城关系密切。为配合济青高速铁路工程建设，山东省文物考古研究院对东古城村北遗址进行考古发掘。

2017 年度发掘是 2016 年发掘项目的接续，发掘区位于当时Ⅰ区的北部。布设 10 米 ×10 米探方 25 个，方向为 25°。共发掘墓葬 147 座、灰坑 242 个、水井 12 口。发掘区从早到晚主要发现西周时期的居住遗址、春秋战国墓地及汉代制骨作坊边缘及儿童瓮棺葬区。西周时期主要发现大量的大型灰坑、水井及少量土坑竖穴墓葬，典型周式文化器物可早到西周早期偏晚阶段，为理解成王东征及鲁北地区周人扩张提供了有益线索。春秋战国时期此处为墓葬区，均为土坑竖穴墓，大部分为中小型墓葬，随葬陶器组合以偶数的鼎、簋、豆、罐为基本组合，大部分墓葬有腰坑和壁龛。汉代的灰坑中多发现带沟槽的砺石和少量骨料，疑为制骨作坊的边缘，且在发掘区西部分布有大量的儿童瓮棺葬，葬具为专门烧制，但组合并不固定，以盆、釜、筒形瓮等相互组合为主，另有少量瓦棺。

经过此次发掘，对于了解临淄齐故城以北区域的文化内涵有很大帮助，应将其纳入临淄齐故城的文化景观中加以整体考察和研究。西周早期周式文化典型器物的发现对于探索临淄齐故城的性质及周人在山东地区的扩张提供了线索。

（赵益超 魏成敏）

【临淄齐故城大城西墙排水道口北侧城墙遗存】

发掘时间：2017 年 6 ~ 12 月

工作单位：山东省文物考古研究院

城墙剖面位于大城西墙北部排水道口北侧约 90 米。本年度山东省文物考古研究院组织力量对西城墙进行解剖。通过揭示可知，该段城墙总体结构由主体、护坡组成，护坡西侧为城壕。

城墙主体夯筑于生土层之上，残存宽度约 21.6 米、高约 2.5 米。由 5 处夯土板块组成，自内向外夯筑而成，底部较平，未见基槽。自东向西夯土板块编号为夯Ⅰ ~夯Ⅴ。夯Ⅰ位于最内侧，残存宽度为 12.3 米、高 2.5 米，灰褐黏土夯筑而成，致密，圜底夯，夯层厚度为 4 厘米 ~10 厘米，夯窝直径约 4 厘米。其余板块较小，由浅灰褐黏土夯筑而成，夹杂大量的灰陶片，夯层厚度普遍较夯Ⅰ厚，多为 16 厘米 ~20 厘米。

护坡紧临夯Ⅴ西侧，呈斜坡状。残存宽度 2.4 米、高 0.54 米。灰褐黏土夹杂料姜石夯筑而成，局部夯打，较致密。

城壕位于城墙西侧，距护坡外侧约 0.8 米。目前揭露 4 米，沟壁较缓，沟内填土为灰褐黏土，出土有大量的板瓦、筒瓦残片。

（董文斌 郑同修）

【临淄齐故城小城北门遗址】

发掘时间：2017 年 6 月 23 日 ~12 月 20 日

工作单位：山东省文物考古研究院

临淄齐故城为周代齐国的都城。分为大城和小城，小城位于大城西南部，共有 5 座城门，分别为东墙、北墙、西墙各一个，南墙二个。经勘探初步了解北门位于北墙中部偏西，西距大城小城结合处约 110 米。

该遗址 2017 年度共发掘面积 2450 平

方米。发现金元、唐代、汉代及战国末期等时期的墓葬、灰坑、道路、灰沟和水井遗迹90余个，出土器物以汉代陶罐和战国瓦当为大宗，铁器、石器及骨器较少。

此次发掘区内共发现南北向道路4条，与早期城门建筑有关的遗迹为L1，耕土下即发现，长度约70米，宽约3.2米～6米，南北向道路，与城墙走向基本垂直；整体堆积深度达1.5米，延续时间较长，堆积共分为8层，顶部为近代、金元、唐代时期道路，底部四层为早期道路，时代为战国至西汉，宽3.2米～3.4米，厚约40厘米，可见有明显的3条车辙，宽度1.1米；早期道路两侧均为夯土，基本可认定此处为齐故城小城北门。

北侧出入口位置道路变宽，有较大区域均为路土，根据勘探可知北向有三条道路，一条为靠近城墙，与城墙走向一致，宽度较窄，堆积较薄；一条为东北向，道路较宽，堆积较厚；一条为偏西北向，依走势应通往大城西门。

南侧出入口两侧为大型长方形夯土建筑基址，东侧较大，西侧较小。东侧建筑基址呈南北向长方形，面积约3400平方米，西侧面积约1000平方米。

（郑同修　董文斌）

【邹城市邾国故城遗址】

发掘时间：2017年3～7月

工作单位：山东大学历史文化学院考古与博物馆学系、山东大学文化遗产研究院

邾国故城遗址，位于邹城市南10千米峄山南麓，即峄山镇纪王城村周围。城址北依峄山，南面郭山，东有高木山，平面略呈长方形，面积近6平方千米。城址北部中央为宫殿区所在，俗称“皇台”，面积近17万平方米。该遗址自清代以来不断采集出土重要文物，如秦诏版陶量、东周至秦汉时期陶文等。1964年，中国科学院考古所山东队正式对该遗址进行了考古调查，1977年被列为省级文物保护单位，2006年被列为全国重点文物保护单位。

按照项目规划，山东大学历史文化学院考古与博物馆学系、山东大学文化遗产研究院师生对该城址进行了第二次发掘。发掘区位于“皇台”中部偏北，共布5米×5米探方19个，发掘面积近500平方米。出土遗存比较丰富，其中遗迹包括灰坑270余个、沟渠10条、房址8座、水井4口，还有窑炉2座等。出土大批遗物，其中陶器有鬲、盂、豆、罐、盆、瓦、瓦当、砖等；铜器包括新莽铜器8件，以及钱币、印章等。遗存年代多数属于春秋、战国、汉代，另有少量北朝至隋唐时期遗存。

其中，8件新莽铜器出土于3号水井（J3），包括诏版2件、货版1件、衡杆1件、环权4件。根据铭文可知，这批铜器的制作年代为新莽始建国元年，即公元9年。3号水井为圆形砖井，直径1.1米（井坑直径2.3米）、深11米，错缝砌筑规整，大部保存完好。这批新莽铜器是迄今为止首次经过科学发掘出土，也是一次性集中出土数量和种类最多的汉代度量衡器。同时，这批铜器制作精良，保存较完好，铭文字数多，透露的历史信息丰富而重要。此外，这批铜器出自邾国故城遗址的宫殿区“皇台”之上，证明“皇台”范围应存在汉代官署区，这对研究遗址的城市布局和功能具有重要意义，也为下一步的田野工作提供了重要线索。

（王　青　郎剑锋　陈章龙）

【枣庄市山亭区东江东周遗址】

发掘时间：2017年9月～2018年1月

工作单位：山东省文物考古研究院

东江遗址位于枣庄市山亭区山城街道东江村南侧约100米处，遗址内分为东、西两个台地，东西总长约1500米，南北宽

约500米，总面积达75万平方米左右。枣庄市博物馆于2002年曾在遗址东部台地发掘贵族墓葬6座。

2017年度共发掘2800余平方米，发掘区位于小邾国贵族墓所在的东侧台地上及其西侧相邻区域。

遗迹以灰坑为主，其中又以窖穴为多。共清理东周灰坑400余个，按平面形状大致可分为圆形与长方形两类，其中圆形占绝大多数。于发掘区南部发现大型建筑夯土基址1处，呈东西向长方形结构，长27.09米，宽9.9米。该基址由外圈夯土基槽与内部垫土区构成，外部基槽近直壁沟状，口部略外张，不同位置深浅差别较大，浅处约1米，深处超过2.2米。基槽内夯土呈黄褐色，层次清晰可辨，质地坚硬，夯层厚约7~16厘米。中部垫土区域为灰黑色花土，包含较多陶片、石块。东西长16.5米，南北宽3.45米，垫土厚约30厘米，经过简单加工。另于台地西侧断崖处发现南北向夯土城墙残迹，仅存城墙东侧宽约1米的部分，城墙夯层清晰可辨。城墙外侧发现存在壕沟，经探沟解剖，壕沟呈斜壁缓坡浅沟状，为一次挖掘而成，口部宽约17.5米，残深约3.2米，根据堆积大致判断可能经历了大小两次清淤过程。另有极少量墓葬，灶、沟等遗迹。

出土遗物以陶器为主，少量石器、骨器、蚌器、铜器，共计约100件。

根据遗迹相互叠压、打破关系，发掘遗迹时代大致可分为春秋早期—春秋晚期至战国早期—战国晚期三段。其中，春秋早期遗迹数量较少，与早年发掘小邾国国君墓时代相近，春秋晚期及战国早期遗迹以发掘区北部少量灰坑为主。战国晚期为壕沟废弃年代，以大量圆形窖穴、壕沟内堆积及南部大型建筑基址为代表。城址破坏严重，目前可以明确的是西、北两侧城墙及壕沟，东、南两侧城墙与壕沟由于“农业学大寨”取土破坏无法确认，据20世纪60年代卫片初判，该城面积约4万平方米。

（朱　超　王　龙　吕　凯　王春云）

【寿光机械林场东周盐业遗址】

发掘时间：2017年4~6月

工作单位：山东省文物考古研究院、寿光市博物馆

为配合黄水东调水利工程建设，山东省文物考古研究院对位于寿光市羊口镇国有机械林场内的盐业遗址进行了发掘。

在通过勘探手段管窥遗址布局的基础上，为最大范围地抢救考古遗存和全面揭露遗址文化内涵，我们规划了3个发掘区，分别编号为第一地点、第二地点、第三地点。

第一地点布设13个5米×10米的探方。清理有灰坑、墓葬、灶等遗迹单位共19处，出土有鬲、豆、缸等陶器残片，时代约为东周时期。

第二地点布设6个5米×10米的探方。清理有灰坑、灶等遗迹单位共16处，出土有少量瓷片，与陶片、碎砖多混杂在一起，年代约为宋元时期。

第三地点布设8个5米×10米的探方。清理有灰坑、沟、井、灶等遗迹单位共11处，出土有豆、盆、缸等陶器残片，时代约为东周时期。

通过发掘，我们对遗址整体空间布局、聚落时空的位移，甚至地貌变迁背后的人地互动关系都有了初步的了解。第一地点和第三地点，相隔距离较近，文化堆积年代一致，从遗迹类型和出土器物分析，应是东周时期的制盐遗址。形制分明的盐灶、盐井，附近大量的陶片堆积，均表明这是一处煮盐遗址。第二地点圆形、方形或椭圆形的灰坑，分布在盐灶的周围，表明这处制盐工艺有别于其他两个地点的遗存。

机械林场盐业遗址的勘探、发掘，目前所获遗迹、遗物对探讨鲁北沿海东周至

宋元时期的制盐工艺和流程提供了新颖的材料，也为我们深入研究盐业考古背后的环境和社会变迁提供了可能。

（王子孟　崔圣宽　王德明）

【滕州市大韩东周墓地】

发掘时间：2017 年 10 月 ~2018 年 1 月

工作单位：山东省文物考古研究院、滕州市文物局

大韩墓地位于滕州市官桥镇大韩村东，地势平坦。该墓地主体时代为东周时期，另外还发现有龙山文化、商周及汉代时期的遗存。该墓地曾被盗掘，滕州市公安部门追缴出自大韩墓地的青铜器多达 150 余件（套）。2017 年 4 ~5 月，曾对墓地进行了初步考古勘探，墓地东西长约 100 米，南北宽约 70 米，总面积约 7000 平方米。

这次发掘共清理墓葬 52 座，其中小型墓 38 座，中型墓 7 座，大型墓 6 座。另外，还有 1 座未完工的墓葬。

小型墓均未被盗掘，除 1 座属清代外（M35），多为战国晚期墓葬。皆为长方形土坑竖穴墓，有的设置腰坑。这批墓多为一棺，少数一棺一椁。人骨皆仰身直肢，头向多数向北，少部分向东、南或西。随葬品较少，仅几座墓葬在壁龛或脚龛中随葬少量陶圈足壶、圈足小罐或小壶、盘、匜等，部分墓葬随葬玉质或石质的口含，个别随葬铜带钩、玛瑙环等。

中型墓部分被盗掘，均为春秋晚期墓葬。根据墓道，中型墓可分为三类。第一类无墓道；第二类为带有东向短小墓道的“甲”字形墓；第三类墓亦为带有东向墓道的“甲”字形墓，墓道稍长且不规整，墓道面一般凹凸不平，或有凹槽。中型墓墓室皆分为椁室与器物箱，或椁室在南、器物箱在北，或反之。皆一棺一椁。人骨架皆为仰身直肢，头向东。墓主身边一般撒有朱砂。器物箱中随葬鼎、豆、敦、罍、盘、匜、成套纽钟、车軎、剑、戈、镞等青铜器，鬲、鼎、盂、豆、罐（罍）等陶器及石编磬等，一部分陶器带有彩绘。

大型墓亦有一部分墓葬被盗掘，皆为战国早中期墓葬。多为带一条墓道的“甲”字形或刀把形墓葬。另外，刀把形墓中还有一种弧形墓道的墓葬，十分罕见。大型墓墓室亦分为椁室与器物箱，或椁室在南、器物箱在北，或反之。墓葬多发展为一棺二椁。人骨仰身直肢，头向东。墓主身边一般撒有朱砂。器物箱中随葬鼎、簠、盖豆、敦、舟、罍、鈚、盘、匜等青铜器，鼎、豆、壶、方座簋等陶器。该类墓亦有一部分陶器带有彩绘。

M38 为未完工的墓葬，从墓室至墓道逐渐收窄而呈斜坡状，西侧有两层台阶，说明在挖掘的过程即终止了建墓。

从棺椁制度、墓葬规模、用鼎等情况分析，大、中型墓葬应为士一级贵族墓葬。小型墓则为一般平民墓。从被盗情况看，不排除西侧还存在更高级别的墓葬。这批墓葬大范围成群，小范围成组，排列很有规律。该墓地的发掘，对研究枣滕地区东周文化遗存，完善区域文化谱系，深入研究泗上十二诸侯及其与周边古国关系，研究墓葬制度与丧葬习俗等方面具有重要学术价值。

（刘延常　李　健　杨光海　魏慎玉　郝导华）

【滕州市前台东周及北朝隋代墓地】

发掘时间：2017 年 2 ~5 月

工作单位：山东省文物考古研究院、滕州市博物馆

墓地位于滕州市羊庄镇前台村东南近 200 米处，地处山区缓坡地带。根据一东西向冲沟可分为南北两部分。继 2016 年下半年对冲沟南侧进行发掘后，2017 年上半年又对冲沟北侧庄里水库大坝占压区进行了清理发掘。共清理墓葬 238 座，出土文物 200 余件。

东周墓葬195座，均为土坑竖穴墓，多木质一棺一椁。除一座双室合葬墓外，其余均单室墓，部分异穴合葬。人骨保存较差，多东向，可辨者均仰身直肢葬。瓮棺葬一座，可能为儿童墓。出土器物100余件，多为陶器，器形有罐、鬲、壶、盂、盒、鼎等。另有铜镞、玉料、铜带钩、铜铃等数件。

北朝晚期至隋代墓葬43座，多为石椁墓，大部以碎石块垒砌而成，部分可见木棺痕迹。少量单室，其余双室至四室不等，各室间以石板相隔。出土器物有瓷壶、瓷罐、瓷碗、陶罐、铜镜、铜钗、铜环和铜钱等。

该墓地年代跨度较长，各时代墓葬分区明显，形制多样，结构具有特色，出土文物较多，为鲁南地区墓葬形态、葬俗和社会文化研究提供了新材料。

（王　龙　魏慎玉）

【枣庄市山亭区沃里战国至西汉墓地】

发掘时间：2017年6～11月

工作单位：山东省文物考古研究院

沃里墓地位于枣庄市山亭区山城街道办事处沃里村东北部，所在地为山前平原，西边靠近薛河支流西江。2017年5月进行庄里水库取土场勘探时发现。墓地范围东西110余米，南北约70米，面积约8000平方米。墓葬年代涵盖战国及西汉时期，因生产活动平整土地，表土下未见文化层，墓葬均打破生土。2017年6月下旬正式开展发掘工作，至11月中旬基本结束。共发掘墓葬140座，其中战国墓葬124座，西汉墓葬15座，空墓1座。出土陶器270余件，铜器23件。

现存墓葬按布局可分为东、西两区，战国墓葬在两个区域中集中分布（中心密集，边缘松散），西汉墓葬在墓群东部，大致呈东北—西南向一列分散排列。战国墓葬分布密集，多南北向，常见双墓并穴排列现象；西汉墓葬多东西向，亦多有并穴现象。

战国墓葬共124座，全部为土坑竖穴墓，墓口长度以2.5米、宽度以1.2米左右最常见。葬具可辨者多皆仅有一棺，亦见一椁一棺者。墓底据现地表多1米～1.5米，亦有少数深度超过2米者。葬式多仰身直肢，头向以向南为主，向北者较少，向东、西者极少见。随葬陶器多置于棺外一侧，其中少数置于浅龛内，极少数置于头或脚端棺外。器形以罐为主，少数墓葬随葬有铜器，多置于棺内，有舟、铃、剑、戈、镞等。

西汉墓葬共15座，其中石椁墓14座，土坑墓1座。均为东西向，墓口尺寸较战国墓大，深度距现地表多2米以上。石椁椁板加工较规整，内侧多有菱形及同心圆圈纹饰，皆有底板、盖板，盖板一般为两块，经简单加工。椁内均有木棺。人骨多仰身直肢，头皆向东。随葬品均为陶器，置于椁外一侧边箱中，边箱多用石板构筑。器形有鼎、盒、壶、罐、盘、钫等，部分陶器保存有红白相间彩绘。

沃里墓地战国墓葬与前台墓群年代相近，地理位置上相距2000米，附近应有相应时期居住遗址。该地区成规模的西汉墓葬是庄里水库库区首次发现，年代为西汉中期，早于横岭埠、前台、东江西南等处。此次发现对于研究战国到汉代这一区域人口扩散、人群迁移遗迹及不同时期人群关系有重要意义。

（吕　凯　王春云）

【济南市历城区梁二战国墓葬】

发掘时间：2017年3～7月

工作单位：济南市考古研究所、历城区文广新局

为配合济南新东站片区安置房建设工程，济南市考古研究所在历城区梁二村东南部发掘一座大型战国墓葬M3。该墓在

2016年度发掘期间勘探发现，后经国家文物局批准发掘。

M3位于2016年发掘的M1东侧15米。形制为“甲”字形竖穴土坑积石木椁墓，开口距地表约1米，方向180°。与一般“甲”字形墓葬不同的是，该墓墓道未在墓室中轴线上，而是偏向东侧，且方向与墓室方向略有偏差。除西半上部被土方施工破坏，北、东、南侧被少数晚期扰坑、扰沟打破外，墓葬整体结构保存较好。

斜坡墓道长23.5米、残宽4.1米～10.5米。墓室口长27.5米、残宽22米、至二层台深5米。墓室四壁及墓道两壁呈四级台阶状内收，西半部仅存三级，台阶加工较为规整，均刷有一层白灰。墓道台阶呈斜坡状上升，与墓道底基本平行。墓室台阶宽0.6米～1.25米、高1.2米～1.8米不等，墓道台阶宽0.45米～0.8米、高1.15米～1.75米不等（均不含残存较矮的第一级台阶）。墓道与墓室填土同时回填，为灰褐、黄褐、浅红褐花土，层层夯筑而成，四周较中部略高。夯窝平面呈圆形，圜底或近平底，一般直径4厘米～6厘米、深1厘米、夯层厚10厘米～40厘米（上部较厚、底部较薄）。

椁室上口高约0.2米的部分呈斜坡状，下部主体直壁，口长5.12米、宽4.3米、深1.9米，底长4.2米、宽3.4米。底部铺一层厚约10厘米的石板，四周立砌大型石块，木椁与石块、石块与土圹之间填以河卵石及土。从残存情况分析，椁室顶之上铺有高约30厘米的卵石、蚌壳层，平面长方形，四边范围宽出椁室约40厘米～50厘米，其中四周为卵石，中部为蚌壳。由于早期盗扰破坏，棺椁、人骨等均被扰乱无存，根据残存灰痕推测木椁长2.8米、宽1.92米。

墓内共发现盗洞13处，8处盗入椁室内。其中盗洞D1内出土灰陶豆盘、器盖，时代可能为战国晚期；D6出土一块覆莲纹残碑座，可能为宋元时期；D12内出土较多砖瓦，可能为宋代。随葬品发现很少，仅在盗洞内发现铜盖弓帽、铺首、熨斗等器物十余件。

根据墓葬形制、规模推测M3墓主人当为大夫一级的贵族，其与M1东西并列且据村民所言两墓为同一封土，故推测为夫妻合葬墓。这两座墓是济南乃至山东地区近年来发现的规模最大的战国墓，虽然被严重破坏或盗扰，但仍具有重要价值。两墓形制特征与临淄等地的齐国墓葬基本一致，但未在二层台上发现普遍存在的陪葬坑、陪葬墓等设施，其原因可能与墓主人地位变化、经济衰落等相关，也有可能是边疆与京畿腹地葬俗不同所致。战国时期济南位于齐国西陲，地处与魏、赵、燕等国交战的前沿。此次发掘为研究齐国葬俗、齐国边邑、齐文化变迁、齐国历史等提供了重要资料。

（房 振 刘秀玲 郭俊峰 王惠明）

【广饶县申盟亭汉代墓地】

发掘时间：2017年9～11月

工作单位：山东省文物考古研究院、东营市历史博物馆

为配合S227河辛线广饶段线路的施工建设，山东省文物考古研究院对位于东营市广饶县申盟亭村北的墓地进行了发掘。

依据前期勘探，并考虑工程建设将会对位于路基范围内的2座墓葬造成彻底破坏，决定用探方法对其进行覆盖发掘，同时对墓地周围继续进行重点勘探，以期从聚落空间角度对墓地的保存状况、其他遗迹及功能区划有更深入的了解。

此次发掘共清理灰坑4个，窑1座，墓葬2座。其中墓葬为带斜坡墓道砖砌多室墓，基本以墓道为中轴线设置前室、中室、后室，在旁边另辟侧室。因遭盗扰严重，顶部结构不明，墓室内填有大量碎砖、陶片等。出土有少量陶器、铜钱、人骨等，

拼对的陶器有案、釉陶壶、盘、魁、勺、耳杯、仓、井、猪圈等，从随葬器物和墓葬形制分析，墓葬时代应为东汉晚期；陶窑由操作间、窑门、火膛、窑室、烟道等部分组成，其平面呈火膛、窑室合为一个圆形，属北方较常见的圆形馒头窑。依据窑炉的挖筑方法、结构及产品特征推断，其年代约为东汉，从打破关系分析，陶窑打破其中1座墓葬的墓道，窑时代不早于东汉晚期；灰坑平面多呈不规则形，叠压于耕土层下，打破墓葬或生土，出土有少量瓷片、陶片，时代约为明清时期。

全覆盖式勘探佐以重点墓葬发掘，对单个墓葬的残存封土、保存现状进行了完整揭露，基本弄清楚了墓葬的形制和营造方式，对整个墓群的空间布局进行了测绘和分析。所获汉代至明清时期的考古材料，对了解鲁北地区历史时期人类生活方式和墓葬习俗有重要意义。

（王子孟　郝导华　荣子录　赵　金）

【枣庄市山亭区海子汉代遗址】

发掘时间：2017年5～12月

工作单位：山东省文物考古研究院

海子遗址位于枣庄市山亭区山城街道办事处海子东村东北部，面积约5万平方米。发掘前对遗址进行了详细的勘探工作，经过勘探，我们了解到遗址西部有一条南北向沟，沟以东遗迹较丰富，以西基本未见文化堆积。遗址中部、西南部及东北部发现遗迹较多且分布较密集。

2017年5月起，山东省文物考古研究院联合郑州大学考古系对海子遗址开展发掘工作，至目前为止发掘面积达3000余平方米，清理汉代房址10座，道路2条，界沟1条，灶2个，不同历史时期灰坑40余个及墓葬9座，基本掌握了遗址范围及文化内涵。主要收获汇报如下：

发掘区西部第③层下发现汉代沟一条（G1），南北向，沟内局部保存有较好的石砌墙基，沟内发现碎陶片铺成的道路，并有向东拐角。G1北端变浅，被一平面形状不规则的碎石铺面叠压。汉代儿童石椁墓M3打破G1。由整体勘探情况知G1位于遗址的西部边界，推测为居址界沟。

发现并清理房址10座。发掘区南部发现汉代房址一组，其中有墙基一道，推测为院落墙，编号Q1。Q1北侧清理出一条路面（L1）。发现的房址可分为两类：地面式和半地穴式。两种类型的房址相间分布。地面式保存均较差，仅余部分墙基或基槽，墙基均以石块砌筑。半地穴式保存相对较好，做法为先于平地上挖出基坑，基坑坑壁多为斜壁，墙基贴坑壁构筑，主体多为石块及土掺杂，砌筑不规整，内外侧多处见竖立石板。房址内部上层堆积为石块及残瓦片，底层堆积均为深灰褐色，较疏松，含有大量黑灰及较多烧土、陶片等。室内地面多不平整，甚至呈斜坡状。部分半地穴房址室内底部堆积取样化验结果显示粪甾醇指数较高，推测性质为厕所或畜圈。

综合现有发掘成果，我们推测海子遗址为一处具相当规模且有界沟的汉代居住遗址。此次发现的石砌房址极少见于同时期其他遗址，具有比较重要的研究价值。

（吕　凯　王春云　王　龙）

【枣庄市山亭区前台北汉代墓地】

发掘时间：2017年3～10月

工作单位：山东省文物考古研究院

前台北汉代墓地位于枣庄市山亭区前台村东北，薛河南岸的台地上。其南1000米为前台汉墓群，西距北台上遗址500米，与海子汉代聚落址隔河相望。

为了配合枣庄庄里水库的建设，山东省文物考古研究院对前台北墓群进行了考古发掘。此次发掘，共清理汉代墓葬200余座。墓葬多为石室墓从单室到四室不等，多带有画像，主要为车马出行、穿壁纹、社树、铺首衔环等内容。墓葬多数被盗，出土器物有成组明器、陶罐、釉陶壶、铜镜等。

在发掘过程中，我们发现了墓地的南部兆沟，其余三个方向的兆沟因取土破坏未找到。通过打破关系及出土器物判断，墓地北部的墓葬年代应为西汉末期，向南墓葬年代随之变晚，年代为新莽时期及东汉早中期。墓葬成组分布，同一组墓葬间多存在打破关系；不同组墓葬之间的间隙较大，应是不同家族墓葬之间的区隔。在发掘过程中，我们还发现儿童墓都在墓地南部兆沟两侧，不与成人墓葬混合，这也应该与当时的葬俗有关。此处的儿童墓也都为石椁墓，跟成人墓葬式相似，但未发现陪葬品。

通过出土的两枚印章、墓葬的朝向和多组墓之间的打破关系来看，前台北墓地应为多个家族的共同埋葬地点，换而言之前台北墓地应为一处公共墓地。通过墓葬之间的打破关系又可以验证汉代墓葬埋藏中的“昭穆制度”及“父蹬子肩”说法。

前台北墓地位于薛河支流东江南侧台地上，与海子汉代聚落址隔河相望，或为海子汉代聚落址的附属墓地。从聚落址跟墓葬之间的位置关系来看，又可进一步了解汉代“视死如视生”及汉代人的阴阳观念。

（王春云　吕　凯）

【滕州市后掌大汉代宋金墓地】

发掘时间：2017 年 11 月 ~2018 年 1 月

工作单位：山东省文物考古研究院、滕州市汉画像博物馆

墓地位于滕州市官桥镇后掌大村东北，为配合省道 345 的改建工程，山东省文物考古研究院和滕州市汉画像博物馆于对墓地进行了揭露发掘。

共发掘墓葬 58 座，其中汉代墓葬 46 座，宋金墓葬 12 座。

汉代墓葬皆为石椁墓或石室墓，墓向多为西南或东南向，少数墓葬北向。用石板垒砌成石椁或石室，墓葬分一椁室、二椁室或三椁室，石室墓带斜坡墓道，有前堂。墓中随葬有陶器。

宋金墓葬中大型带壁画石室墓 1 座、台阶墓道砖室墓 10 座、砖椁墓 1 座。

砖椁墓：用青砖砌筑方形墓椁，内摆放散乱骨架，不见器物。应为迁葬墓。

砖室墓：用青砖垒砌而成，南向台阶短墓道，弓形墓门，雕砖门墙门楼，门外用青砖封门。短甬道。扁方形墓室，四壁用青砖砌筑斗拱、门窗、灯台，有的砌筑有棺床。骨架摆放在棺床上或墓室底部。少见器物。皆为迁葬墓。

大型石室墓位于墓地的北部地势高处，用拆解的汉代画像石墓石板砌筑而成。南向台阶墓道，南向墓门，石头雕刻门扉两扇，弓形顶南北长甬道，东西两侧砌筑平顶耳室。墓室位于墓葬的北侧，有墓室门与甬道相通，门扉两扇，同墓门。正方形墓室，下砌底座，直立石壁，上筑过梁，顶部用八块石板垒砌八边形穹隆顶，上盖藻井石。

存彩色壁画五幅，分布在墓室门两侧和其余三壁上。墓门两侧各绘一立人，东壁绘宴饮图、北壁绘侍寝图、西壁绘游乐图，墓室顶部原有红色彩绘，仅存零星斑痕。

石室墓在墓门外出土绿釉瓷碗 2 件，内有毛笔及红色颜料。墓内出土崇宁元宝 5 枚，该墓的埋葬当在 1102 年或以后，为北宋晚期墓葬。

墓内骨架散乱，由于盗掘，位置及葬式不清。其埋葬性质无法确定。

墓地的发掘，为滕州市古文化的研究提供了新的资料。北宋带壁画石室墓的发掘，在山东地区少见，对研究宋代的文化艺术具有重要的参考价值。

（李振光　李　慧　杨爱国）

【平度市即墨故城汉代文化遗址】

发掘时间：2017 年 2～5 月

工作单位：山东省文物考古研究院

遗址位于平度市东南约 30 千米的古岘镇大朱毛村一带，地跨古岘镇和仁兆镇，现占有大朱毛、前朱毛、纸房、北城子、南城子、东葛家庄、门戈庄、大城西、小城西、西王戈庄、东王戈庄等自然村庄的土地。城址分为内、外城，均有城壕。外城平面呈不规则的长方形，南北长约 4.5 千米，东西宽约 3.2 千米，面积约 14.4 平方千米。内城位于外城东南部，平面近长方形，南北长约 1.37 千米，北部宽约 1.3 千米，南部宽约 0.98 千米，面积约 1.6 平方千米。内城东城墙与外城的东城墙、东南城墙重合。此地地势平坦，土壤肥沃。外城东临小沽河，西近墨水河，水系发达，交通便利。

此次发掘是紧临 2016 年发掘地点进行的，发掘面积 700 平方米。包括 2016 年的发掘，共布 5 米 ×10 米的探方 29 个，发掘面积共 1450 平方米。

发掘区的地层堆积较简单，第①层为耕土层。第②层为黄褐色粉砂土，土质较疏松，厚 0.06 米～0.25 米，出土物较少，属近代文化层。第③层为红褐色粉砂土，土质较疏松，厚 0.06 米～2 米，出土大量陶片及少量瓷片等，该层为宋明文化层。第③层下为建筑基址夯土。

由于发掘面积的限制，这次发掘只揭露了大型建筑基址的一部分。此次发掘最重要的收获是发现了大型石柱础及与其对应的建筑基址。现在还留在原位的石柱础共发现 8 个（其中一个周围被下挖，一个被砸碎）。另外，对应的其他 5 个石柱础因被后期灰坑打破而无存。这些石柱础排列十分规整，每个石柱础皆被加工过，虽然局部加工不精细，但总体上十分规整，直径均为 85 厘米，厚 48 厘米。

在石柱础的分布区域，发现比较密集的夯窝。夯窝或成排成列分布，或排列没有一定规律。夯多为平头夯，夯窝直径大多在 8 厘米～10 厘米左右。在大型石柱础的东南部，发现了一段长约 5 米的"拦边墙"，其外围可能为铺地砖的分布区域，但是揭露出的面积狭窄，又被后期破坏而不清，只有等待以后做进一步工作来证实。

另外，通过发掘，还清理了宋至清代的灰坑 2 个、水井 1 口，清代墓葬 2 座及不明时代的房址 1 座。

总之，通过发掘，不仅对当地汉代考古学文化内涵、分期的研究有重要价值，而且有利于对即墨故城城址建筑基址的结构及分布情况的了解，进而对汉代城址的布局及演化过程等方面的研究亦具有重要的推动作用。

（郝导华）

【定陶王陵 2 号墓】

发掘时间：2017 年 3～12 月

工作单位：山东省文物考古研究院、定陶县文物局

根据原《定陶王陵 M2 号墓总体保护规划》，配合墓葬周围止水帷幕工程施工。2017 年度定陶王陵 M2 号墓的考古工作主要是对 M2 号墓周围进行大范围考古勘探；清理施工过程中发现的各种遗迹现象；探沟解剖封土及墓道等。

M2 号墓周围南北长 149 米、东西宽 110 米的施工范围内，发现被 G3 叠压打破的墓道、墓道两侧夯土台、墓圹外周边版筑夯土台基等重要遗迹。

墓道东向 94°，开口于现地表下 5 米～5.8 米，东西长 20 米。墓道分东、西两部分。西部东西长 8.6 米、南北宽 12.4 米，西部墓道内两侧各有对称角柱分布；东部东西长 11.4 米、南北宽 7.6 米～8 米。墓道上宽下窄，底部铺垫青砖，深约 11 米。墓道南北两侧各有一个版筑夯土台。夯土台平面南北宽 9.6 米～10.4 米、东西长

11.4 米。台面上部各有 4 个间距 4 米的方形柱坑，形如阙台。台内外两侧皆贴护木板。目前解剖墓道深度与墓室门口同深，约 8.7 米，在该填土层面发现东西长 18 米、宽 1 米的木板痕迹。墓道探明深度比墓门底部深 2.3 米。

墓圹外围发现大型版筑夯土台。该台应是构成墓室的重要组成部分（亦称地上夯土墓室），简称内台。缓坡式台面平面基本呈方形，边长 48 米，台高约 5 米 ~6 米，台面上围绕墓圹分布有柱洞 26 处，与墓道两侧形如阙台的夯土台构成一个整体，形成一大型高台建筑基址。

筑夯土台外围又围筑一周宽 15 米的夯土堆积，简称外台。外台基本近方形，边长 78 米，台面斜坡近平，最高处低于内台边缘 0.8 米。外台外侧边缘斜坡下延，坡度较大。整个外台分四个时间段夯筑而成。外台台面发现有绳索、夯窝、脚印痕迹等。在外台西南角下勘探发现三处石质遗存。

探沟解剖内、外台及外围封土构筑方式。内台四周外缘贴护木板自汉代地表起向上逐层上缩夯筑而成。内、外台无基槽，皆在一缓坡状低洼地之上夯筑夯土基础上起建。外台外侧边缘有一排水沟。

总之，墓圹外版筑夯土台，墓道两侧版筑阙台等遗迹是首次发现，整体布局具有强烈的礼制性意义，为研究帝王墓葬封土结构提供了第一手实物资料，从另一面证实该墓葬等级之高。

（崔圣宽）

【东阿大秦村唐宋时期遗址】

发掘时间：2016 年 11 月 ~2017 年 4 月

工作单位：山东省文物考古研究院、东阿县文物管理所

东阿大秦村遗址位于东阿县铜城街道大秦村东，所在区域为南水北调续建配套工程大秦水库选址建设地。遗址位于水库偏东部，距地表深约 6 米，核心区域南北长约 145 米、东西宽约 110 米。

2017 年度，山东省文物考古研究院在东阿县文物管理所的配合下对水库建设中发现的遗迹进行了抢救性发掘，共清理墓葬 1 座、井 2 口、灰坑 4 个、排水沟 1 条、灶 3 个、房址 21 座、庭院 13 处、门址 2 处，因条件所限，仅清理了属于五代宋初的地表遗迹。根据碑文判断所在为北朝定国寺、唐代龙兴寺和后周宋初天齐大王行宫。调查发现行宫西北有一处唐宋聚落遗址。

天齐大王行宫保存最为完整，平面呈曲尺形，南北最长约 84 米、东西最宽约 70 米。行宫内以前后主殿、石香幢、香火坛、门址构成的中轴线为中心，主要建筑东西对称分布，其中主殿西侧为偏厢建筑群，残留房址 5 座，可能为生活居住区；偏厢南部为西厢房建筑群，清理房址 4 座；西南部凸出部分仅存房址 1 座；主殿东侧为一处偏殿建筑，偏殿南部为东厢房建筑群，清理房址 2 座，这些建筑基本上均为砖砌，台阶、散水、铺地砖、门砧石等保存较好，因重复使用前代物品，部分房址可能有改建现象。行宫布局严谨，房址之间由庭院间隔，四面有土筑围墙，房址前及庭院内、围墙内侧可见成排绿化树桩。

行宫范围内出土文物主要有功德碑、石佛像、瓦当、建筑构件、木制品、瓷片、铜钱、骨贝器等。石佛造像可分为佛头、佛身、童子等，部分器物表面髹漆贴金；木制品主要为椽木、坐斗、木梳等；瓷器多为定窑、邢窑等产品，以碗、罐为主，部分器物底部有墨书；钱币主要有五铢、常平五铢、永安五铢、开元通宝、波斯萨珊银币等；香火坛中还出土有未烧透的圆形方孔纸钱。

龙兴寺至少应建立于初唐，可能毁于盛唐之后。出土文物有开元二十五年龙兴寺佛顶尊胜陀罗尼经幢、青釉碗底墨书“龙兴寺”、唐开元九年造像题记、景云二

年造像题记等。

北魏永熙三年蔡儁碑中提到“定国寺主”，疑定国寺即北魏末年的遗址所名，结合出土的大魏造像题记、北齐河清三年造像题记、乾明年间造像台座等遗物，推知该寺可能延续到北齐。

大秦村遗址历经多次兴废，最终因水患而有意识毁弃，是山东所见历时最长、规模最大的宗教遗存之一，为研究泰山信仰的发展演变提供了新的资料。大秦村遗址对于研究南北朝隋唐时期的佛教传播、水文变迁、民众信仰等均具有重要意义。

（李宝军　吴志刚　郑同修　刘　荣　张召刚　张楠楠）

【济南市章丘区女郎山宋元清墓葬】

发掘时间：2017 年 6 月

工作单位：济南市考古研究所

为配合女郎山郊野公园管理房建设项目，济南市考古研究所于 2017 年 6 月对拟建设区域进行了考古发掘。共发现小型墓葬 11 座，其形制有土坑洞室墓 9 座、土坑竖穴墓 1 座、砖室墓 1 座。共出土器物 36 件（组）。

土坑洞室墓由墓道、墓门、墓室组成，墓向南。墓道均为竖井式，平底或底部略有斜坡。墓门大部分被取土破坏或被盗扰，仅 M1、M5 形制比较清晰，分别为拱形土洞门和砖砌门楼，多用石板、石块或素面砖垒砌封门墙；其中 M5 墓门为仿木结构门楼，形制较简单，上部残缺，两侧下部为长方形基座，座上外侧砌出倚柱，其内砌出槫柱、立颊，立颊上置中部设两枚长方形门簪的门额，门额上部缺失，墓门中下部辟有券顶门洞，门洞外侧砌封门砖墙，下部为平砖斜铺，上部为平砖横铺。墓室底部平面有长椭圆形和圆形两种，平底、弧壁或直壁、弧顶。该类墓葬可分单人葬和多人合葬两种，葬式为仰身直肢葬或二次葬，头向西或北，均有葬具木棺，其中 M5 有砖砌棺床。随葬品主要有瓷碗、瓷罐、瓷灯、铜钱、锡器等，根据出土器物推测土坑洞室墓时代分属宋元、清代时期。

土坑竖穴墓 1 座，墓向 5°。墓室平面长方形，长 2.4 米、宽 1 米，因上部取土破坏，残存深度为 0.2 米。直壁、平底，葬具为一棺，人骨一具，保存较差，粉化严重，葬式可辨为仰身直肢。随葬品较少，主要有瓷罐、铜钱等，根据出土器物推测该墓时代为北宋中期。

砖室墓 1 座，该墓为双室砖室墓，墓向 5°。平面呈长方形，直壁，平底。顶部已被破坏。墓室四壁用青砖砌筑，砌筑方式一顺一丁，顶部铺长方形石板。中间有一砖墙将墓室分为左右两个长方形墓室，两墓室之间有过道相通。墓室北部各有一壁龛，上下两层，有花瓣形装饰。底部不设铺地砖。葬具为木棺，棺内各有人骨架一具，均保存较差。随葬器物有瓷罐、瓷灯、耳饰、铜钱等，根据出土器物推测该墓时代为清代。

此次发掘的墓葬均为小型墓葬，其墓葬形制和随葬品组合与之前发现的济南地区宋代、明清时期墓葬形制基本一致。此前 2009 年济南市考古研究所在女郎山清理出汉至明清各时期墓葬 400 余座，说明女郎山自汉代开始就是一个相对集中的墓地。此次发掘对研究济南地区各时期的葬制葬俗有重要意义。

（刘秀玲　丁文慧　郭俊峰）

【济南市长清区东王宋金时期墓葬】

发掘时间：2017 年 8～9 月

工作单位：济南市考古研究所、长清区文物保护管理中心

2017 年 8～9 月，为配合长清区文昌街道东王社区城中村改造项目，济南市考古研究所、长清区文物保护管理中心对项目占压区域内的东王墓地进行了抢救性发掘。此次工作发现小型墓三座，其中圆形

砖雕壁画墓两座、土坑竖穴墓一座，根据墓葬位置由北向南编号分别为 M1、M2、M3。

M1 位于发掘区西北部，形制为竖穴土坑石椁墓，方向 190°。墓圹平面近梯形，直壁，底部南高北低，长 2.4 米 ~2.54 米、宽 2.6 米 ~2.9 米，圹内用不规则石块砌成东西两个椁室，均呈梯形。该墓为双人合葬，墓主人头向均向南。其中东室葬具为一棺，出土一白釉瓜棱瓷罐；西室未见葬具及随葬品。

M2 为此次发掘面积最大的墓葬，位于发掘区东南部。形制为圆形砖雕壁画墓，北部和南部被现代沟打破，方向 185°，由台阶墓道、墓门、甬道、墓室四部分组成。墓道位于墓室南端，平面呈梯形，直壁、现存 6 级台阶，长 4.5 米、宽 1.26 米 ~1.68 米、深 0.6 米 ~2.9 米。墓门为仿木结构门楼，两侧下部长方形基座，座上两侧砌出槫柱、立颊，立颊上置中部设两枚四瓣花形门簪的门额。其上为普柏枋，枋上斗拱两朵、加工不甚规整，均为补间铺作、残存部分为重拱六铺作。墓门中下部辟有双层纵券顶门洞。甬道为券顶，两壁错缝平砌。墓室在墓圹内用青砖砌筑，平面近圆形，直径 2.7 米、高 2.8 米。穹隆顶，底部设有棺床，墓壁上用青砖砌出四组斗拱。墓门及墓室内壁均残存少量白灰，推测原来绘有壁画，已辨识不清。墓室内发现 3 具人骨，其中 1 具为儿童，葬具均为一棺。出土铜钱 13 枚、白釉瓜棱罐 1 件、瓷蛙 1 件、石球 1 件、铁勺 1 件。

M3 位于发掘区西南部，为圆形砖雕壁画墓，方向 200°，由斜坡墓道、墓门、甬道、墓室四部分组成。墓道较短，位于墓室南端，平面长方形，长 2.05 米、宽 1.2 米，直壁。墓门为仿木结构门楼，形制较简单，残存立颊、槫柱下部，券顶门洞。甬道较短。墓室平面近圆形，直径 2.4 米、高 2.25 米，直壁、穹隆顶、底部设有“凹”字形棺床，墓壁上用青砖砌出斗拱、房屋、门窗等建筑以及桌椅、衣架等家具。墓门及墓室内壁均残存少量白灰，推测原来绘有壁画，已残失殆尽。墓室内有四具人骨，儿童及成年人各两具，头向均向西。其中南侧人骨葬具为一棺，北侧三具人骨摆放凌乱，无葬具，应为迁葬。墓室内西南部发现 1 白釉瓜棱瓷罐、1 白釉花口印花瓷碗，南侧人骨周围发现铜钱 6 枚。

从墓葬形制来看，圆形砖雕壁画墓在济南地区流行于宋元时期。从出土器物来看，M1 虽然未出土铜钱，但是白釉瓜棱瓷罐具有北宋时期的特征；M2 出土铜钱虽然为北宋晚期，但是白釉瓜棱瓷罐的底部外侧有脐底，这种特征流行于金代；M3 出土铜钱为唐代、北宋早期，但白釉花口印花瓷碗的印花工艺盛行于北宋晚期。综合以上因素，我们初步判断这些墓葬的年代为宋金时期。

此次发掘为济南地区宋金时期的丧葬制度以及社会、历史研究提供了新的材料。根据墓葬形制及出土器物推测，三座墓葬可能属于家族墓葬，由北向南、由西向东排列，对于研究济南地区宋金时期家族墓地的排列制度提供新的材料。出土瓷器也对研究济南地区宋金时期的瓷器生产活动、经济交流活动有推动作用。

（邢琪 房振 付欣 王爽）

河南省

【灵井许昌人遗址】

发掘时间：2017 年 5 ~7 月

工作单位：河南省文物考古研究院、中国科学院古脊椎动物与古人类研究所

2017 年度河南省文物考古研究院、中国科学院古脊椎动物与古人类研究所组队，对灵井许昌人遗址进行了再次发掘，这也是该遗址连续第 13 个年头的发掘，共发掘 9 平方米。

遗址形成过程分析指标，主要包括考古材料指标和地学指标。具体到灵井许昌人遗址，此次采用的考古材料指标包括：石制品的尺寸分布、化石和石制品的产状（长轴方向和倾角）特点、化石和石制品的空间分布特点；地学指标包括：沉积物粒径分布、磁化率、地球化学元素、矿物成分。

初步研究结果显示，“许昌人”生活时期的沉积环境经历了三个阶段：下部灰绿色粉砂层，沉积颗粒较细，Fe^{3+}/Fe^{2+} 比值较小（还原性强），代表缺氧环境下水域平静、水流动力相对较弱的沉积环境；中部棕红色粉砂层，不含钙积层，沉积颗粒较粗、Fe^{3+}/Fe^{2+} 比值波动增加（氧化性增强）、磁化率值和 CIA（化学蚀变指数）值较高，代表了水域波动频繁，水流动力相对较强的沉积环境；上部浅棕红色粉砂层，不含钙积层，Fe^{3+}/Fe^{2+} 比值显著增加，但磁化率和 CIA 值降低，可能暗示该阶段处于相对冷湿的沉积环境，水动力仍然较强。总体来看，不同阶段的考古遗存都经历了水下埋藏环境。整个剖面以粉砂为主，沉积物粒度特征表明，尽管存在水动力强弱上的相对变化，但水动力总体上并不大，以低能量水流为主。石制品的尺寸分布显示，小于 2 厘米的石制品所占比例最高（占全部石制品的 69.5%），但仍低于模拟实验结果（87.1%），表明文化遗物经历了一定程度的筛选和搬运。化石和石制品呈现 NE 方向的优势长轴方向，倾角集中在 0° ~10°，指示遗物在形成过程中经历了低能量水流动力的扰动。

（李占扬　赵清坡）

【荥阳市青台仰韶文化遗址】

发掘时间：2017 年 3 ~12 月

工作单位：郑州市文物考古研究院

荥阳青台遗址位于荥阳市广武镇青台村东，枯河北岸的一处岗地上，仰韶遗址面积约 31 万平方米。2015 年，郑州市文物考古研究院与中国丝绸博物馆联合共同申报“青台遗址丝绸起源”发掘项目，2017 年共发掘面积 600 平方米。仰韶时期各类遗迹现象丰富，有部分现象暴露后未进一步清理，结合 2015 年度和 2016 年度勘探和发掘现象，目前对遗址认识如下：

一　环壕

仰韶时期环壕共三条，目前清理一环壕西及西南转角一段，以及二环壕三处缺口。共有三种形制，一是发掘缺口踩踏痕迹明显，将环壕隔断为并不相通的两部分，明显是出入通道；二是缺口为两条不同时

期的沟先后形成，缺口处将环壕隔断，而成为出入的通道；三是沟底部发现有一排柱坑，平面呈“凹”字形。

二　居住区

居住区主要位于一环壕和二环壕的北部偏中地带，这里房屋分布较为密集，相互间叠压打破，可知此地为先民们已规划好适宜居住的区域。目前清理的房址有单间、双间、三间之分，布局有南北并列，也有东西并列的，建造方法有木骨塑泥、平地起筑、土坯砌筑等。最要的是发现了史前最早的砖坯房屋。

三　墓葬区

墓葬大致可分两大期，早期墓葬方向多北向，晚期墓葬方向多西向。另有少量东向。葬式以单人仰身直肢为主，多疑似经过缠裹束缚，如墓57，身体四肢及手、足非常紧凑。同时青台遗址墓葬内普遍使用葬具——棺。

四、疑似北斗九星祭祀区

在遗址东部，一环壕外侧，发现有九个陶罐组成的疑似北斗九星图案，九星罐东部有圆形祭土台，东部有大、中、小三个瓮棺，葬具均为小口尖底瓶，南部有一个祭祀坑，内置一个四肢呈大字展开，腹部高起的非正常死亡骨架，并有一大缸，整个祭祀区周围有较多疑似地臼的遗存。

【郑州市上街区登封路仰韶文化遗址】

发掘时间：2017年5～10月

工作单位：郑州市文物考古研究院

为配合上街区区级市民服务中心项目工程开展此次考古发掘工作，具体地点位于郑州市上街区登封路以西，锦江路以北。

共发掘面积500平方米，清理探方4个，清理遗迹单位较为单一，均为有仰韶时期灰坑，共33处。开口多在③、④、⑤层下，灰坑的形状可分为圆形和不规则形两种，其中圆形袋状较多，不规则形甚少。圆形灰坑的形制多比较规整，一般多呈口小底大，壁弧状外张略平滑，袋状，平底。不规则形灰坑多为斜直壁或弧壁，底多寰底。个别灰坑坑壁上残留有明显工具痕迹。灰坑大小不一，深浅不等。填土多为一次堆积，个别分二次或三次堆积，包含遗物多较一致，填土多为深灰色土或浅灰色土，灰黑色土较少，质地较松，包含物较丰富，含有大量的红烧土颗粒、红烧土块、炭屑及草木灰、残陶片等。灰坑的性质就其形制规模观察，其大多应为窖穴或半地穴房址等。另外亦有个别灰坑在清理至灰坑底部时发现有人骨、瓮棺或动物骨骼，疑似与祭祀相关。如：H2内坑底南部发现人骨一具，葬式呈上下叠压屈尊状，东侧有一猪头骨。H5内坑底西部发现人骨架1具，仰身直肢，头北面上。H11坑底西部发现保存较好侧卧猪骨1具。H29坑底南部发现一红色彩陶罐儿童瓮棺等。

此次发掘的出土遗物主要有陶器、石器、骨器、蚌器等。陶器以夹砂褐陶、灰陶为主，另有较多泥质红陶与灰陶，器形主要有罐形鼎、盆形鼎、罐、钵、器盖、尖底瓶、瓮、甑、盆等。纹饰以素面为主，部分饰弦纹、附加堆纹，另有少量绳纹和彩绘。石器有石锛、石球、石铲等。骨器有骨针、骨锥，蚌器有蚌镰等，另出土有大量动物兽骨等。

此次发掘对于研究郑州地区仰韶时期的社会生产、生活提供了一批新的考古学实物资料。

（丁兰坡　魏青利）

【中牟县后魏仰韶文化及战国时期遗址】

发掘时间：2017年1～5月

工作单位：郑州市文物考古研究院

G310线中牟境改建工程项目从后魏遗址南部边缘区建设控制地带内穿过。结合2015年上半年对后魏遗址的全面勘探的情况，2016年6月下旬对该工程穿过的南部边缘区建设控制地带进行了详细勘探，发现了较为重要的遗迹现象，有仰韶时期的文化层、灰坑和古河道等。

后魏遗址是省级文物保护单位，郑州市文物考古研究院在报请国家文物局、河南省文物局和郑州市文物局批准以后，于2016年7月中旬，开始对该工程的占地进行考古发掘。截至2016年12月底，对发掘区西半部分进行发掘，当年发掘探方12个，发掘面积1200平方米，清理古河道1处，仰韶时期灰坑29个，战国时期的灰坑17个，墓葬4座。

2017年度对工地发掘区东半部分进行发掘，发掘探方6个，分别是T0411、T0412、T0721、T0722、T0723、T0724，清理仰韶文化时期灰坑5个、战国时期灰坑11个、灰沟1条、清代墓葬2座。发掘出土有陶片12袋，出土陶器有陶罐、陶豆、陶钵等。出土陶片少量为仰韶、龙山文化时期，为泥质灰陶和夹砂灰陶，夹砂红陶和泥质红陶，少量的彩绘陶、磨光黑陶等，多为素面，少量的绳纹、弦纹、附加堆纹等，可辨认的器形有陶罐、陶鼎、陶钵等，另发现有鹿角、石铲等。

墓葬2座，编号为M5、M6，均为长方形竖穴土坑墓。M5，东西向，为夫妻合葬墓，双棺双骨架，头向东，随葬有清代铜钱12枚。M6，南北向，无骨架及随葬品，似为迁葬墓。

灰坑16个，其中仰韶文化时期的5个，战国时期的11个。

灰坑和灰沟，分布于东部4个探方内，上层为战国时期灰坑，多近圆形或椭圆形，坑壁较为规整，多为斜直壁、竖直壁，平底，推测多为取土坑，少量可能为窖藏坑。下层为仰韶文化时期灰坑，为圆形或方形，坑壁均较为规整，竖直壁，平底，为窖藏坑。

战国时期灰沟1条，编号为G2，位于工地发掘区东部T0724南部，开口于③层下，探方内清理部分东西长7.8米，南北宽0.9米~1.8米，西端较宽；壁较规整，工具痕迹不明显，略弧，下部内收，底平，底长7.8米，宽0.5米~1.1米，深0.3米~0.35米，西端略深，底距地表1.6米~1.65米。出土有少量的陶片，应为战国时期的取水沟。

古河道1处，编号为G1。

对古河道的东半部分进行解剖发掘，结合2016年度古河道西半部分的发掘情况，钻探的古河道G1较为准确，为西北—东南走向，开口于第③层堆积下，开口距地表2.5米，宽34米~36米，深1.6米，底距地表4.1米；沟壁较为规整，斜直壁，坡度略大，底较为平坦。G1内堆积分为两层，均较为纯净，无包含物，判定其应为古河道堆积，年代应早于遗址文化层的年代。

（高赞岭　闫付海）

【南乐县仓颉陵遗址】

发掘时间：2017年3~6月

工作单位：河南省文物考古研究院、濮阳市文物保护管理所、南乐县文物管理所

为了摸清南乐县仓颉陵遗址范围、内涵、时代及遗址文化层堆积情况等，进一步提升遗址的保护等级，联合考古队对仓颉陵遗址进行了初步勘探。后期对勘探资料进行了整理。通过此次勘探，初步探明仓颉陵遗址是一处十分重要的史前环壕聚落遗址。

仓颉陵遗址位于濮阳市南乐县梁村乡吴村，是豫北地区著名的名胜古迹，是华夏子孙敬仰的造字圣人仓颉的陵地，为第三批省级文物保护单位。20世纪90年代原南乐县文化局、文化馆等单位曾对仓颉陵遗址进行试掘，出土大批史前时期的陶器、石器、骨器、蚌器等遗物。

此次勘探以仓颉陵墓冢为中心，向东西南北方向，呈“十”字形布孔，孔距2

米。通过此次勘探可知，仓颉陵遗址文化堆积层呈“堌堆状”。遗址中部上层为淤沙层及胶泥层，厚约 1.4 米～2.3 米。其下为深灰色文化层，厚约 3 米～3.5 米。遗址边缘地带，上层淤沙层及胶泥层厚约 5 米，其下的文化层厚约 2.5 米～3 米。此次在仓颉陵遗址文化层内，由上而下依次勘探发现有商周时期、龙山时期、仰韶时期遗物，与既往发掘情况一致。

遗址四周边缘地带发现有环壕存在。其中北侧、东侧、南侧壕沟保存相对较好，西侧壕沟破坏较为严重。壕沟南北长约 162 米，北侧壕沟残长约 115 米，南侧壕沟残长约 145 米。壕沟开口距地表 7 米～9 米。沟内填土上层为灰褐色土，下层为淤积土。沟壁斜壁内收。壕沟口宽 15 米～30 米，自深 2.5 米～4 米。壕沟被遗址下部的早期文化层叠压。壕沟内勘探出有仰韶、龙山时期的陶片及残石器等遗物。依据上述层位及遗物情况判断，此次仓颉陵遗址勘探所发现的环壕时代较早。

遗址外围为厚达数十米深的淤沙、胶泥及淤泥层。

此次仓颉陵遗址考古新发现，为我们重新审视南乐仓颉陵遗址的价值和地位，对濮阳地区史前文化的研究等方面都具有十分重要的意义。

（李一丕　王景莲　刘纪庄）

【伊川县土门仰韶文化遗址】

发掘时间：2017 年 3～12 月

工作单位：洛阳市文物考古研究院

土门遗址位于伊川县白元乡土门村东的高台地上，南侧为永定河，向西汇入伊河。遗址东高西低，地理坐标为北纬 34°23′45.33″，东经 112°26′45.66″，海拔 232 米左右。

2017 年 3 月开始，洛阳市文物考古研究院业务人员对土门遗址进行了调查与勘探。通过考古调查、勘探以及对遗址周边的断崖剖面的清理，我们基本确定了遗址的范围以及堆积层次。遗址内文化堆积厚约 2 米～4 米，断壁上发现有人为破坏、盗挖彩陶现象。在文化层内发现有大量的红烧土、田螺残壳、陶片、兽骨等。地表遗物丰富，采集有陶器、石器、兽骨等遗物。陶片以泥质红陶为主，少量灰陶。纹饰有划纹、绳纹、凹弦纹、附加堆纹等，可辨器形有小口尖底瓶、缸、鼎、盆、罐、钵等，另见有若干彩陶片。从采集遗物分析，该遗址内主要为新石器时代仰韶文化时遗存。

2017 年 10～12 月，在盗挖彩陶区域进行试掘，位置在遗址区的西北部。共布三条探沟。T1 依地形而布，T2、T3 按磁北方形，发掘总面积 110 平方米。清理出灰坑 18 个，房址 6 座。灰坑多为周代遗存，仅 H15 为袋状坑，年代为仰韶晚期。房址 6 座，多数保存极差，仅存居住面或墙体，层位关系推断其基本为仰韶文化遗存。出土各类小件 20 余件，有陶纺轮、石球、石凿、骨饰和蚌器等，多为仰韶文化遗物。

（任　广）

【扶沟县新区新石器时代及宋元时期遗址】

发掘时间：2016 年 12 月～2017 年 5 月

工作单位：周口市文物考古管理所

2016 年年底，周口市文物考古管理所在扶沟县行政新区全民健身中心工地进行考古勘探中发现一处重要的新石器时期史前文化遗址。该遗址内涵丰富，是周口市配合基本建设通过考古勘探的首次重要发现。

2017 年 3 月，经上报国家文物局后对该遗址局部进行考古试掘。经过两个多月的考古发掘，发掘探方 10 个，发掘面积 240 平方米。初步认定该遗址年代上限为原始社会新石器时期屈家岭文化和大汶口文化，下限为宋元时期。清理发掘屈家岭文化时期至商代的灰坑28个，大汶口文化时期的古井1口，宋元时期的二次葬1座，采集标本近千袋，出土有石器、陶器、骨器等。出土的标本中，可辨识器物有新石器时期屈家岭文化时期的陶纺轮、宽沿灰陶罐等，新石器时代大汶口文化的高足陶杯、镂孔圈足陶豆，新石器时代的靴形骨器等，以及至商周时期的夹砂夹蚌粉红陶鼎、绳纹陶罐、灰陶簋、夹蚌粉红陶鬲、陶纺轮、石斧、石凿、骨锥等一批珍贵文物。

该遗址文化堆积层较厚，清理时出土了大量的器物标本，初步整理发现当时生活使用器物烧制量大，种类较多，造型规整，烧制火温较高，纹饰繁缛清晰等，推断当时生产分工细，制陶规范、制作水平较高，初步判断手工业应较为发达。地层中夹杂有大量的炭米和较多的动物骨骼、牙齿、麋鹿角、狗骨等。根据出土标本判断有大型食草类动物和一些凶猛食肉类动物等。出土动物骨骼分布凌乱，无规律排放，应为食后遗弃，另外出土了较多的鼎、鬲、甗等蒸煮器，说明该部落应较为富足，生活水平较高。

扶沟，古称桐丘，公元前196年置县，因桐丘东有扶亭，西有湖水沟，故此得名，迄今已有2200年的历史。扶沟县自古以来文化繁荣，历史悠久，是古代人类宜居之地，地下文物埋藏丰富，该遗址文化层堆积厚，时代延续长，文化内涵丰富，距今6000年左右，比桐丘故城早近3000多年，该遗址与桐丘故城在地理区域位置较近，它们之间是否存在着历史联系，还需进一步研究、探讨。

（杨　浦）

【社旗县毛堂新石器时代遗址】

发掘时间：2017年9月～2018年1月

工作单位：河南省文物考古研究院、北京联合大学、南阳市考古研究所

毛堂遗址位于社旗县东南部潘河街道办事处辖区，属于城乡接合部，东面为耕地，南邻毛堂自然村西邻兴隆路，北邻纬三路。2015年12月，社旗县文物管理所在对毛堂一带进行调查时发现该遗址，总面积约25万平方米，文化堆积在30厘米～250厘米左右。为明确该遗址的文化内涵及聚落形态，探讨与同时期临近地区考古学文化之间的关系，经国家文物局批准（考执字〔2017〕150号），联合考古队对该遗址进行第一次正式发掘。

发掘共布正方向探方32个，规格为5米×5米，实际发掘面积800平方米。参加实习的2015级文物与博物馆学专业27名本科生抵达社旗毛堂后随即开始考古实习工作，室外发掘工作基本结束后2017年度还进行了部分室内整理工作。

该遗址文化内涵丰富，根据遗迹遗物判断应是屈家岭至石家河文化时期南阳盆地一处中心聚落。此次发掘清理遗迹丰富，共发现房基13座、灰坑242个、沟8条、墓葬55座、瓮棺13座（初步判定）等其他遗迹，出土器物完整及可修复者500余件，包括陶器、石器、玉器、骨器等。发掘区域的新石器时代地层连续，依次为石家河、屈家岭和仰韶文化。

发掘的同时，还对遗址及周围进行了大规模的调查与勘探，确定遗址面积南北长约830米，东西宽约300米。勘探表明，在遗址西部有一条古河道，古河道的年代早于遗址形成年代。遗址同时期，古河道被用作壕沟，遗址西部壕沟与古河道重合，东部在古河道中部。在遗址中东部古河道以内区域发现有大面积的红烧土，面积约3000平方米。从钻探情况看，应是房子倒塌之后遗留，初步推断这个区域属于该遗址的生活区。

此次发掘为研究南阳盆地新石器时代文化面貌的变迁以及南北文化的交流提供了新的实物资料。此外，两周时期及汉代墓葬的发现也为研究该地历史时期聚落面

貌及发展演变补充了资料。

（张　雯）

【新密古城寨龙山文化遗址】

发掘时间：2016 年 11 月 ~2017 年 12 月

工作单位：河南省文物考古研究院

新密古城寨遗址位于新密市曲梁镇大樊庄村古城寨村民小组。遗址现位于溱水东岸的台地上，遗址东面紧邻一条现代冲沟，南北两面不远处可见平缓的黄土覆盖的基岩岗地。

遗址主体为一座保存较好的龙山时代城址，除了西面被溱水冲毁外，北东南三面城墙保存基本完好，南北城墙中部有相对的缺口，可能是古代城门的位置。1997 ~ 2001 年，河南省文物考古研究所曾进行了较大规模的考古发掘，被评为“2000 年全国十大考古新发现”。

2017 年度考古工作可分为钻探和发掘两部分。考古勘探工作集中在对遗址范围和护城河方面。首先，勘探确认了遗址的规模及范围。勘探结果表明，目前古城寨遗址南北约 730 米，东西约 680 米，现存面积约 50 万平方米。其次，为了解城址护城河的情况，又沿城墙周围钻探。结果表明，除西面为溱水冲毁而情况不明外，古城寨城址北、东、南三面皆为护城河围绕。大体上，护城河宽度约在 20 米 ~50 米之间，深约 6 米 ~9. 5 米，由于地表起伏的原因不同部位深度略有差异。此外，在城外的遗址东北部，还勘探发现有形状较规整的夯土遗迹，其形制、时代及功能等尚需进一步工作。

为了解古城寨城址护城河的结构、地层堆积及时代，2016 年度考古发掘了东城墙外护城河中段。探沟西起东城墙外侧，东到护城河外，东西长约 68 米，南北宽约 5 米 ~15 米，发掘面积 800 多平方米。

根据堆积性质、沉积特征，护城河内堆积可以分为以下几个阶段，最底部是龙山时代的使用堆积，覆盖其上的是龙山晚期的废弃堆积，之上是龙山晚期之后自然沉积的河流相淤积层，之上叠加了厚层东周时期包含物很少的红褐色黏土层，之上覆盖了东周和汉代两个阶段的人工堆积，顶部为明清时期的堆积。护城河底部形态存在一定差异，护城河底部为中粗砂岩的基岩，东岸坡为人工取土形成缓坡岸，而西岸坡则是为保护城墙基础层人工夯筑形成的缓坡。护城河底部出土较多龙山时期陶片。发掘结果表明，古城寨城址的护城河最早始于龙山时代，龙山晚期即遭到废弃，之后开始淤积，有明显的东周秦汉时期的淤积层和文化堆积，直到明清时期才彻底淤平。

2017 年度新密古城寨遗址的考古工作进一步证实了古城寨城址龙山文化的时代属性，而其宽大的壕沟、高耸的城墙，为评估当时的社会控制力以及区域社会文明化进程提供了新资料，壕沟内时代明确的自然沉积为复原当时的古环境提供了新资料。

（张小虎）

【淮阳县平粮台龙山城址】

发掘时间：2017 年 4 ~ 12 月

工作单位：河南省文物考古研究院

淮阳平粮台城址考古勘探与发掘是国家重点文物保护经费资助的项目，2017 年继续进行勘探和发掘，完成勘探面积约 15 万平方米，发掘揭露面积 360 平方米。

2017 年度勘探的区域是城址外北部，结合之前在城址内外其他区域勘探的情况，通过 GIS 生成数字高程模型可以看出，现今地表除了平粮台城址以外，外围区域地势比较平坦，这是因为淮阳地处黄泛区，自宋金以来，河流的多次泛滥，导致该区域黄沙深埋，早已湮没了以前的地貌环境。而同区域生土的高程模型并不像现今地表这样平坦，平粮台城址区域的地势最高，其次是城外的西北部、北部和东部，西南部和距离城址更远的地方地势明显较低，表明平粮台城址应当是建在一处较大规模的台地上的，城址外的城壕显然是人为干预的结果。这处台地的边缘倾斜向下，断崖式降低的特征并不十分明显，其外围是否存在人工干预的痕迹还有待进一步工作。

在城址内南部靠近城门处发现了层层叠压的龙山时期的道路，根据比较明显的“地面”，至少可以分为四期道路。最早一期道路直接叠压于生土之上，同城墙建筑年代相当；最晚期道路大致为平粮台四期前后。说明平粮台城址筑城之初，南城门的位置就已经固定了下来，一直延续使用。在第二期道路垫土中发现一片玉冠饰残片，残长 4 厘米，宽 2.4 厘米，厚 0.4 厘米，透雕。其造型与山东临朐西朱封 M202 出土玉冠饰的翼、珥和口三部分非常相似。

2017 年度另外一项收获，是从地层关系上厘清了平粮台城址南城墙中部龙山时期三组排水管道的早晚关系：20 世纪 80 年代发掘的南门卫房道路下倒“品”字形排水管道年代最早，时代为平粮台三期；其东部 G6 内单根的排水管道次之，再往东 G4 内两根排水管道的年代最晚。这些管道均是城墙夯筑之后敷设的，排除了筑城之前预埋的可能性。

在城址内南部龙山时期 G28 底部发现了两头完整的黄牛骨，一大一小。根据骨骼姿态可以看出，埋葬时牛已死亡，肌肉未腐。两头牛平躺，上下叠压，没有挣扎和捆绑的痕迹。这是我国龙山时期十分罕见的埋葬整头黄牛的遗存，对于研究我国家养黄牛的起源和驯化具有重要的价值。

（曹艳朋　朱树政）

【濮阳市华龙区戚城龙山文化东周及汉代遗址】

发掘时间：2016～2017 年

工作单位：河南省文物考古研究院、濮阳市戚城文物景区管理处

戚城遗址位于濮阳市华龙区古城路与京开大道交汇处，为第四批全国重点文物保护单位。

2016～2017 年，戚城遗址考古工作采用全面勘探与重点部位解剖试掘相结合的方法，共计勘探面积超过 35 万平方米。其中重点勘探面积超过 30 万平方米。共计勘探出灰坑 341 个、扰坑 19 个、灰沟 10 条、护城壕沟 2 条、水井 161 口、夯土基址 14 处、夯土台 2 处、道路 11 条、墓葬 81 座、灶 3 个、窑址 2 座。其中发现环壕，或灰沟与夯土基址组成的城防设施 3 处。共计发掘面积约 2500 平方米，发掘深度超过 11 米。通过上述工作，使我们对戚城遗址平面布局、功能分区及历史沿革等有了新的认识。

新发现的东周时代外城北至子路墓祠北围墙，东至京开大道西侧边缘处，南达石化路南的戚城村北东西向水泥路，西至温馨园小区与濮阳市妇幼保健院之间。戚城遗址东周外城复原后，南北长约 1000 米，东西宽 900 余米，面积超过 90 万平方米。城墙分主墙体和内护坡两部分，采用版筑、夯筑、堆筑三种筑法。城墙基宽（含基础护坡部分）约 38.7 米，残高约 4.7 米。

戚城东周时代内城及龙山城（二者大体重合）之内，东部、东北地势较高，发现有道路遗迹。道路自内城东墙北段缺口处，向西至城内中部，折转向南，直达南墙缺口处，呈反“7”字形，可能为城内的干道。在反“7”字形道路的拐角内，发现有夯土墙与围沟组成的东周城防设施，或为东周时期最内的一道城防。夯土基址主要集中城内东北部。在东周城防的东南

部亦有少量的夯土基址，时代较晚。在城内东部，围绕地势较高区域，有环壕分布。该环壕时代可能早于龙山城址时代。在城内西南部，亦有环壕分布。该环壕时代可能偏晚。在城内中部偏西，即南北向干道西侧，发现有小型墓葬区。该墓葬区为夫妻异穴并葬墓。城内西北、东北、东南有较大灰坑分布。东南有众多的小灰坑集中分布。这种现象可能与城址修建有关。

在东周时代内城与外城东墙之间，发现两座夯土台，可能为东周时期的会盟台遗址。其中西台早于东台。此外，在龙山城墙东墙、西墙中部外侧，发现有对称分布的疑似马面遗迹。

龙山早期，戚城遗址为一处环壕聚落；龙山晚期，城址出现；东周时期，三重城防并用，是一处具有都邑性质的城邑；汉代时期，原东周内城延续修补利用；宋金时期，戚城城墙再次被修补利用。此外，还发现戚城遗址分布于一处东北最高，向西向南呈缓坡状的“螃背”形台地上。东部边缘坡度较陡。戚城东周外城东城墙沿陡坡边缘而建。

（李一丕　李中义）

【信阳市浉河区菜园新石器至商周时期遗址】

发掘时间：2017 年 5 ~ 12 月

工作单位：河南省文物考古研究院

菜园遗址位于信阳市浉河区游河乡老庙村菜园组，游河北岸台地上，遗址高出周围 3 米左右，当地俗称擂鼓台。遗址坐标北纬 32°15′10.68″，东经 113°54′53.30″，海拔 84 米，面积 1 万余平方米。2017 年 5 月，为配合出山店水库建设，对遗址进行考古发掘，发掘面积 1100 平方米。

遗址地层堆积较厚，文化层厚约 5 米，出土陶片丰富，有夹砂灰陶、夹砂褐陶、泥质黑陶、泥质灰陶、泥质红陶，纹饰有素面、绳纹、篮纹、方格纹、附加堆纹等。陶器有鬲、罐、盆、鼎、尊、碗、甗、瓮、豆、甑、斝、钵、壶、陶坠、纺轮、杯、缸、器盖等，石器有刀、镞、斧、凿。

目前，共清理遗迹 195 处，其中，灰坑 131 个、墓葬 47 座、沟 3 条、房基 8 处、陶窑 6 处。出土有西周、晚商、早商、二里头、龙山和石家河文化时期的遗物。通过对遗址的发掘，为我们研究信阳地区新石器时代、夏商、西周历史提供了实物资料。尤其菜园遗址发现的早商时期遗物，不仅填补了该地区早商时期遗物的空白，也为寻找链接郑州商城和湖北盘龙城之间区域中心性聚落提供了线索。

（周　通）

【信阳市平桥区母子河新石器西周及宋元时期遗址】

发掘时间：2017 年 3 ~ 12 月

工作单位：河南省文物考古研究院

母子河遗址位于信阳市平桥区平昌关镇母子河村西北部，东为叶井村民组。遗址以西 1000 米左右即为淮河主流，西侧紧邻母子河，该河自平昌关南流，至母子河遗址西侧、南侧因拦河蓄水形成长约 400 米、宽 60 米 ~ 80 米的水面，然后流经母子河村北、张楼村南，在陈庄西 120 米处入淮。遗址所处区域地势较高，主体部分为高出周围地表 2 米左右的小土包，呈慢坡状分布，南北长约 290 米，东西宽约 130 米，总面积约 3.7 万平方米。现为农耕地，种植小麦等农作物。该遗址是 2008 年 12 月河南省文物考古研究院与信阳市文物管理局进行文物调查时发现的，处于拟建出山店水库淹没区。

2017 年度为了配合了出山店水库建设，河南省文物考古研究院在母子河遗址发掘 1000 平方米。地层堆积最浅为 20 厘米 ~ 30 厘米，中部最深 230 厘米，大致可分 4 层，其中③层以下为古文化层。共清理灰坑 11 个、灰沟 1 条、房基 1 处、瓮棺葬76座以及柱洞若干。出土遗物丰富，大致可分为龙山、西周、宋元等三个大的时期。目前，大部分资料正在整理中。

母子河遗址发现的龙山时期遗存以瓮棺墓为主，少量的灰坑和房基。其中瓮棺葬有76座，大部分遗迹边缘很难划清，葬具以矮扁足鼎、夹砂罐、深腹盆为主，部分葬具里面发现有未成年个体人骨遗骸。根据器物形态，出土遗物的年代可推断为龙山晚期，文化性质属杨庄二期文化。以往河南龙山时代晚期考古学文化研究，多以郑洛地区、颍汝地区为主，而豫东南地区除驻马店杨庄遗址外，很少有龙山时期遗存发现。此次母子河遗址龙山晚期遗存以及之前孙寨遗址同类遗存的发现，极大地丰富了豫东南地区龙山晚期的考古研究材料，对于搞清龙山晚期黄淮地区及其周边的文化互动交流有重要意义。

（武志江）

【濮阳县瑕丘遗址】

勘探时间：2015～2017年

工作单位：河南省文物考古研究院、濮阳市文物保护管理所、濮阳县文物管理所

受省文物保护专项经费资助，经河南省文物局批准，2015年7月以来，河南省文物考古研究院联合濮阳市文物保护管理所、濮阳县文物管理所对濮阳县瑕丘遗址进行了大规模的调查和勘探。此后，又对勘探材料进行了梳理。截至2017年年底，相关工作已基本结束。

瑕丘遗址位于濮阳县五星乡堌堆村。因其西北距濮阳县城18里，故又称十八里堌堆遗址。村西南部现存大、小堌堆各一座。村子外围原有土筑的晚期寨子一座。寨子轮廓局部在地表依稀可辨，东西稍长，近椭圆形。

此次对北、东各到村子北部、东部边缘，西南到安寨村北部莲池的范围内进行了勘探。勘探面积约1000平方米。平均勘探深度达4.5米左右。

通过勘探，在村内东部偏北处，发现城址一座。该城址南北稍长，东西稍窄，略呈长方形。西墙保存较好，长约396米；北墙自西北角向东残长164米，中部消失156米，近东北角处北墙残存长约6米～7米。复原后，北墙长约326米。东墙仅存北段，残长约276米。南墙仅存西段，残长约38米。该城所存部分为城墙基础部分，夯土厚约0.5米～1.3米。

通过对大、小堌堆勘探可知，大堌堆堆积层可分8层，厚约9米；小堌堆堆积层可分6层，厚约9.7米。在大、小堌堆上，勘探出土有夏商时期的陶片。

此次还在村西南角及村外西南，发现有两处早期遗迹。两处遗迹均呈南北向带状平行分布。两处带状遗迹均为深褐色花土，两侧则为黄沙和红胶泥的淤积层。其中村西南角的带状遗迹南北长约126米，残宽约38米。其内出有泥质灰陶，陶片较薄，素面或外饰细绳纹，时代较早。此外，其内还包含有碳粒、红烧土粒等。村外西南的带状遗迹南北长约107米，残宽约21米。因为水位较浅，两处带状遗迹是否经过夯打，有待判明。

相传瑕丘遗址为舜都“负夏”邑。此次为该遗址首次开展的考古工作，对于摸清瑕丘遗址的范围、内涵及时代等提供了重要资料。

（李一丕　王景莲　刘中禹　单孝东）

【方城县桂河新石器时代遗址】

发掘时间：2017年3～4月

工作单位：河南省文物考古研究院

桂河遗址位于方城县小史店镇桂河村东，地势稍高于周围。遗址破坏较为严重，乡村生产公路从遗址中部穿过，将遗址分为东西两部分，路边断崖上能够看到文化堆积。河南省文物考古研究院配合周南高

速项目对遗址进行抢救性考古发掘，布设10米×10米探方10个，实际发掘面积950平方米。

遗址地层堆积较简单，耕土层之下即为生土。此次发掘仅发现一条环壕，不见同期灰坑等其他遗迹现象。经勘探和发掘确认，环壕平面呈圆角方形，东西约86米，南北约82米，宽约8米，深约0.5米，内壁稍陡直，外壁呈坡状。壕内为青灰色填土，含有烧土颗粒和烧土块。出土少量陶片和石器。陶片以夹砂灰陶为主，饰篮纹，器形有夹砂罐、瓮、豆、器盖、鼎足等。石器有石斧、石镰、石铲、砾石和半月形穿孔石刀等。依据出土器物形态，该遗址属于龙山晚期遗存。

遗址不见文化层，环壕深度仅0.5米，且不见同期遗存，据此现象推测此地在龙山时期地势应较高，人们在这里挖壕，进行生产和生活，后来遭到人为大规模取土破坏，遗址基本夷为平地，文化层和人们生产生活痕迹荡然无存，仅保留较浅的环壕。

（王　豪）

【宜阳县苏羊龙山文化遗址】

发掘时间：2017年2～12月

工作单位：洛阳市文物考古研究院

宜阳苏羊遗址位于宜阳县张坞镇苏羊、下村和留召三自然村内，坐落于洛河南岸的二级阶地和黄土塬上，面积约62万平方米。以所属村庄可分为苏羊区、下村区和留召区，各区的东西两面均有沟壑围绕，在下村区和留召区南部发现有疑似人工壕沟，苏羊区处于现代村庄下情况不明，这样各遗址区即为一完整聚落。根据调查和初步钻探，苏羊区面积约16万平方米，堆积最为丰富，较厚处可达6米；下村区面积约32万平方米，堆积较丰富处约1.5米；留召区面积约13万平方米，堆积厚度约1米。

2017年度洛阳市文物考古研究院对苏羊遗址进行调查，并分别在苏羊区和下村区布方发掘。苏羊区发掘面积1200平方米，共清理灰坑41个、房址2座。灰坑以圆形袋装为典型。灰坑内所出器物中陶器有红顶钵、三足彩陶钵、扁腹罐、直口罐、彩陶盆（口沿）、罐型鼎、斝、杯（涂漆）、纺轮、器盖等，石器有石铲、石斧、石锛、石镞等，骨器有锥、针、镞等。年代约为王湾三期。

下村区发掘面积800平方米，清理出壕沟1条、灰坑20个。壕沟内发现有汉唐时期的道路，作为上下通道使用。灰坑多为袋状，以平面圆形和椭圆形为主，圆形灰坑直径约2米～3米，主要作为房屋和窖穴使用。出土陶器类有直口扁腹罐、豆、罐、曲腹盆、扁足鼎、杯、纺轮等；石器有刀、斧、锛、镞等；骨器有镞、针、锥等；蚌壳制作的环形器。下村区遗址年代应在王湾二期，经济活动以种植为主，从事制陶、纺织、狩猎等活动。

（程保增）

【正阳县铁佛寺二里头文化遗址】

发掘时间：2017年5～8月

工作单位：河南省文物考古研究院

铁佛寺遗址位于正阳县熊寨镇大张庄村南，西100米即田白河（正阳县、确山县界河），北650米大张庄，东400米为李新庄。地理坐标为北纬32°31′49″，东经114°14′12″，海拔73米。遗址地势呈中间高四周低，遗址原东西长约250米，南北长约280米，面积约7万平方米。1987年平整土地时遗址中部最高处被推掉1米多，该遗址遭破坏比较严重，遗址西部仅存少量灰坑，中部高地仅存少量的文化层，遗迹现象距地表比较浅，现存面积约1.2万平方米。

为配合息邢高速的建设，河南省文物考古研究院组织队伍对工程占压区域进行了考古发掘，发掘面积3400平方米，共清理灰坑64个、灰沟8条、水井4口、陶窑1座，出土有陶器、瓷器、石器、铁器、骨器等。经过发掘，发现该遗址文化内涵比较丰富、延续时间比较长，包含有石家河文化遗存、二里头文化遗存、东周文化遗产、汉代遗存、唐宋遗存以及明清遗存，其中以二里头文化遗存最为丰富。最具代表性的是二里头时期的陶鼎、大口尊、圆腹罐、深腹罐、花边口沿罐、捏口罐、刻槽盆等。在二里头文化遗存中，不见二里头一期遗物，有少量的二里头二期遗物，以二里头三期、四期遗物为主。另外出土有少量的唐宋时期的瓷碗以及明清时期的青花瓷碗。

铁佛寺遗址位于驻马店东南区域，属淮河流域，虽然遗址面积不大，但是文化内涵丰富，延续时间比较长，文化面貌上与驻马店杨庄遗址比较接近。经过对出土遗物的简单梳理，我们可以看到该遗址在早期属于石家河文化的影响范围，随着二里头文化的兴起与传播，该遗址在二里头文化二期开始受到影响，到二里头文化三期、四期时二里头文化已经成为该区域的主导文化。该遗址的发掘为我们探寻二里头文化的南进提供了一定的线索。

（周润山）

【荥阳市马沟村东二里头文化及周代遗址】

发掘时间：2017年5～12月

工作单位：郑州市文物考古研究院

为配合河南焦郑黄河大桥开发有限公司国道234焦作至荥阳黄河大桥及连接线（荥阳马沟段）项目工程，开展此次考古工作，具体地点位于荥阳市高村乡西北部马沟村东，牛口峪村西，S314公路以北。

通过考古发掘，共计布10米×10米探方10个，清理有各时期灰坑122个，另清理墓葬64座。现分述如下。

一　各时期的灰坑坯

二里头时期灰坑，平面多为圆形，坑壁多直壁，除不规整坑壁外，多经过加工，坑壁光滑规整，个别有明显工具加工痕迹，坑底多平底，较深，填土多灰黑色，质地较为疏松，包含物有较多的烧土颗粒、炭屑以及陶片等，根据形制结构及出土物推测其用途可分为废弃窖穴、水井、取土坑等。

西周时期灰坑平面多为圆形，坑壁分斜壁外扩、直壁、斜壁内收和不规整四种，坑壁多经过加工，光滑规整，坑底多平底，较深。

二　各时期的墓葬

战国墓葬均为长方形竖穴土坑墓，平面为长方形，口大于底，平底，多为单棺，少量为一棺一椁，内置人骨一具，葬式多为仰身直肢或侧身屈肢，头向以北居多。棺内头部左右多有随葬品，个别随葬品置于壁龛内。

汉代墓葬主要有“日”字形砖室墓，由墓道、封门、墓室三部分组成，个别有耳室，该形制墓葬多8～10个墓葬为一组，方向多为坐南向北或坐北向南，与相邻的另外一排墓葬墓道与墓道或墓室与墓室相向面对。墓道均为长方形竖井状，墓室多由空心砖砌成纵长方形，底部由空心砖平铺。单室墓形制较相同，多两座墓为一组，相邻者多共用一个耳室（过洞）。从平面排列情况看，应为夫妻合葬墓，与其他地区的“过桥仙”类似，俗称“隔山葬”。

二里头和西周时期灰坑内出土器物多为生活用器的陶器碎片，以泥质灰陶为大宗，其次为夹砂灰陶。可辨器型为陶罐、陶壶、陶盆、陶豆、陶盂、陶鬲等。纹饰多为素面，然后为绳纹、弦纹，其次为附加堆纹。另出土有石器、骨器等。战国墓葬内出土有一大批随葬物品，陶器器型较多，有罐、鼎、壶、盘、豆等。汉代墓葬虽然多被盗扰或破坏，但仍出土有一大批随葬物品，主要有罐、瓮、仓、灶、井、壶、奁、量、案、耳杯、勺、厕、鸡、狗、鸭、猪、羊等；另有少量铜镜、铜钱等。

通过此次考古发掘，发现此遗存以二里头和西周时期遗迹为主，另有战国和汉代墓葬，墓葬分布较为集中且有规律，应是经过规划的战国和汉代时期家族墓葬区。这些为我们研究二里头、西周、战国、汉代时期此地人类的生产、生活和社会状况提供了珍贵的实物资料。

（魏青利　丁兰坡）

【新郑市吴庄社区两周遗存】

发掘时间：2017 年 1 ~5 月

工作单位：河南省文物考古研究院

该工程用地位于 107 国道西、七里井村北。东邻吴庄完全小学、居民区、瓷砖厂，西邻规划中的 107 国道绿色廊道，南邻新村镇七里井村居民区，北邻新村镇吴庄村居民区。占地面积 35 万余平方米。从该项目所处位置来看，此处应是七里井韩王陵的附属墓地。

发掘共清理春秋战国时期墓葬 8 座，并有陪葬的车马坑 1 座，坑内有铜饰件 3 件。车马坑的发现，说明墓主人的身份非同一般。另外在墓葬区还发现了祭祀坑 7 座，祭祀坑内出土有完整或凌乱的兽骨以及破碎陶片，从陶片的年代看，应为战国时期。

在发掘区的北部又布 10 米 ×10 米探方 32 个，5 米 ×10 米探方 2 个，10 米 ×2 米探沟 5 条，20 米 ×2 米探沟 1 条，165 米 ×2 米探沟 1 条，共清理出西周晚至战国时期灰坑 37 个、花土坑 6 个、陶窑 1 座、水井 4 眼、小型房基 1 个、壕沟 3 条，出土蚌器、石器等数十件，收集陶片近百袋。

其中东边的壕沟宽 5.8 米，深约 1.3 米，从发掘区的北部一直延伸到七里井村内，约 400 米长；北边的壕沟宽 3.2 米，深 2.6 米，清理长度 100 余米。两条壕沟在发掘区的东北部交汇在了一起。从清理的壕沟情况判断，东面的壕沟和北面的壕沟应为七里井韩王陵的陵外围壕。

重要的发现是一处大型夯土建筑遗址，根据层位关系和出土物推断，其年代自战国到汉代时期，其中战国时期面积为 1300 平方米，汉代时期为 1000 余平方米，已清理出墙基、柱洞等遗迹。

这一区域是七里井韩王陵的所在地，由于发现墓葬数量较多，所以河南省文物考古研究院和当地文物部门一起，对距离韩王陵较近区域的墓葬提出了就地保护的措施，发掘的墓葬基本上都是远离韩王陵的中小型墓葬，应属韩王陵范围内的附属墓葬。

此次发现的房基和灰坑均西周时期，说明这一带在韩王陵确立之前，还是一处小型的西周时期的聚落遗址（面积约为 800 平方米）。

（樊温泉　沈小芳）

【鹤壁市淇滨区辛村墓地西周遗存】

发掘时间：2017 年 8 ~2 月

工作单位：河南省文物考古研究院、鹤壁市文物工作队、南京大学历史学院考古文物系

此辛村墓地即原浚县辛村墓地，今属于鹤壁市，位于鹤壁市淇滨区西郊的金山办事处辛村，淇河北岸的二级台地上。2017 年为配合穿过该保护区的快速通道扩宽工程，联合考古队对占压区内的地下文物进行抢救性考古发掘。2017 年度共发掘面积 4100 平方米，清理出西周时期的墓葬 20 余座外，还系统地揭露出西周时期的其他遗迹，有殉人殉牲坑、埋物坑、房基、道路、瓮棺葬、灰坑等，出土了包括骨锥、簪、镞及大量骨料、卜骨，陶制的鬲、簋、罐、瓮，陶或石质地的纺轮，以及铜镞、铜马衔，少量玉器在内的各类遗物。

此次发掘具有重要意义：1. 首次确认辛村墓地外围区分布着大量西周时期的非墓葬遗存，深化了辛村墓地的内涵，为展开以该遗址为核心的聚落考古提供了重要思路和线索。2. 此次发掘为近年来豫北地区为数不多的针对西周时期遗存的大规模考古发掘，出土遗物十分丰富，为学界研究西周时期卫国的物质文化提供了最具代表的实物资料。

（高振龙）

【灵宝市中河霸王城西周及汉代遗址】

发掘时间：2016 年 10 月 ~2017 年 8 月

工作单位：河南省文物考古研究院

灵宝中河霸王城遗址位于灵宝市阳店镇中河村沟南组西，遗址现位于南北两条冲沟之间的黄土台塬上，西面不远处即是陇海铁路。规划中的蒙华铁路从遗址东南部穿过。

2016 年 10 月，为了配合蒙华铁路建设，开始对灵宝市阳店镇中河村霸王城遗址进行考古发掘工作。考古发掘工作主要在蒙华铁路线路占压范围内进行，同时为了进一步了解遗址时代、性质，也在城内开展了全面的钻探和局部小范围试掘工作。此外，为了解城墙的结构、建筑技术及时代，还清理了部分城墙剖面。发掘面积共计 600 多平方米。同时，还调查了附近的两个同时期城址。主要收获有以下几点：

第一，考古勘探及发掘表明，城址内现存西周和汉代两个时期的遗存。由于晚期破坏严重，目前遗存少而零星。

第二，发现的西周遗存有房址和灰坑两类，其中房址为圆形或“吕”字形半地穴式建筑，灰坑有圆形和方形两类。器物组合以鬲、罐、盆、甗、簋等，未见豆。生产工具仅见石刀、石镞、陶纺轮。

第三，汉代遗存发现数量较少，仅发现灰坑 1 个，出土数量较多的板瓦、筒瓦及日常生活陶器。

第四，从建筑特点、夯土出土的包含物来看，中河霸王城城址应修建于汉代。

第五，中河霸王城遗址应与西水头城址、项城城址大致同期，这几座城址之间的关系尚待进一步探讨。

中河霸王城遗址的发掘为了解西周时期的社会状况提供了新资料，也为了解汉代考古和汉代社会历史增加了新内容。

（张小虎）

【新郑市郭店常家庄社区两周遗址】

发掘时间：2017 年 11 月 ~2018 年 2 月

工作单位：郑州市文物考古研究院

新郑郭店常家庄社区两周遗址位于新郑市郭店镇新老 107 连接线以南、潮河西岸。该遗址所在地原地势为滨河西岸的一条南北向岗地，因长期的工农业生产平整土地等活动，岗地渐缓呈缓丘状。上层黏土质地，深度在 2 米左右存在厚度约 0.6 米 ~1 米的砂土层。缓丘中间高地残存部分文化层厚度在 0.05 米 ~0.18 米，灰坑深度大多在 0.8 米左右。

此次发掘共清理灰坑 56 个，墓葬 50 座，窑址 1 座。

灰坑以圆形、椭圆形居多，少量为长方形及不规则形。圆形、椭圆形灰坑坑壁规整，一部分为直壁，一部分为口大底小的垂腹袋状坑，应属于窖藏坑。灰坑间有叠压打破关系，填土多为灰褐色、黄褐色，较疏松。出土物主要为陶片，分为泥质灰陶、泥质红陶。器形由鼎、罐、尊、甑、壶、簋、盘、鬲、豆、盂等实用器，制作简单粗糙，未见仿铜陶器。灰坑时代涵盖殷晚期、西周早中晚及春秋战国时期等。

墓葬均为土坑竖穴墓，东西向，排列整齐有一定规律。墓坑填土为黏土质地的黄褐土，较硬。墓葬葬具基本为单棺，头东向，多为仰身直肢葬式，仅个别为仰身屈肢葬式，骨架腐蚀较严重多朽化成灰。葬制结构有腰坑墓、壁龛墓、头厢及

“一”字形等类型。墓葬时代涵盖春秋晚期、战国早期、中期等。个别墓葬打破早期灰坑。墓葬出土器物为泥质灰陶、泥质红陶。红陶器主要是指陶鬲，个别夹砂。其余为泥质灰陶。腰坑墓陶器组合基本为鬲、豆、壶、盂或鬲、壶、盂或罐、豆、盂或鬲、壶等，壁龛墓陶器组合主要为鬲、壶、罐或鬲、豆、壶、盂或豆、盂等，个别墓葬出现碎釜葬现象。陶器均为实用器具，没有仿铜类陶器。

窑址为单烟道馒头形土坑竖穴窑，残存底部，时代为春秋晚期。

常家庄社区两周遗址位于滨河西岸高台地上，从商代晚期以来一直有人类活动。根据遗迹现象及出土器物分析，平民族属文化性质单一，延续存在时间较长，春秋晚期之后逐渐融合了郑文化因素，战国后期消亡。

（黄富成）

【伊川县新城东周遗址】

发掘时间：2017 年 7 ~ 12 月

工作单位：洛阳市文物考古研究院、伊川县文物管理办公室

伊川新城遗址位于伊川县城东南 1500 米的城关镇古城寨村、野狐岭与平等乡古城村一带，北距洛阳市 40 余千米。新城故城又名伊阙城，是战国中晚期韩国西部的重要城邑，也是洛阳城南的战略要塞，是洛阳城的南大门，地理位置颇为险要。该遗址西部为低缓的丘陵和山地，东部为伊河。在春秋时期为伊洛之戎和戎蛮子的聚居地，战国时期归属韩国，设为新城县，并在此修筑城邑，新城故城由此而来。著名的伊阙之役就发生在这里。

此次考古调查与勘探，基本摸清了外城城圈范围、保存状况和内城局部区域遗迹分布情况。遗址外城北墙及西墙保存较好，城外有护城壕。北墙及西墙北段的夯土残存于现地表之上，北墙残长约 1400 米，西墙残存长约 850 米，南墙仅存一小段，长约 20 米，未发现东墙夯土遗存。内城位于外城南部偏东，内城南墙基本与外城南墙西段对应，西墙残长约 320 米，宽约 15 米；北墙残长 200 米，大部分被压在现生产路之下，暂未发现东墙夯土遗存。内城内发现有夯土遗存，可能与建筑遗迹有关。

（薛　方）

【濮阳市华龙区义乌东周遗址】

发掘时间：2017 年 7 ~ 10 月

工作单位：河南省文物考古研究院、濮阳市文物保护管理所、首都师范大学历史学院考古系

2017 年 7 ~ 8 月，濮阳市文物保护管理所在华龙区任丘路与丽都路交叉口恒丰绿地地下停车场市政工程项目勘探时发现一处面积约 2000 平方米的文化遗址。初步勘探表明，该遗址文化层堆积厚约 1 米 ~ 2 米，包含有较多的东周、仰韶等时期陶片，与其西北侧的金桥遗址文化堆积相似，很有可能为金桥遗址的聚落边缘区域。为了解该遗址文化内涵，2017 年 9 月，濮阳市文物保护管理所对其进行了小面积的试掘，布 2 米 ×10 米探沟（TG1）一条，发现灰坑 3 个、灰沟 1 条，出土有东周时期的筒瓦、地砖以及陶盆等遗物。为了全面、深入地了解该遗址的文化面貌以及濮阳地区 4000 多年来的地形地貌演变情况，2017 年 10 月中旬，河南省文物考古研究院、濮阳市文物保护管理所联合首都师范大学历史学院考古系对此处遗址进行了正式发掘，布 10 米 ×10 米探方 6 个，分别为 T1 ~ T6，其中 T2 将 TG1 包含其中。

T1、T2、T3、T5 等均发现较厚的砂土层、泥砂混合层和胶泥层。T1 第③a 层为胶泥层，深度为 48 厘米，厚度 10 厘米 ~ 68 厘米，土色为红色，混杂黄色和黑褐色颗粒，土质致密；第③b 层为泥砂混合层，厚度 0 ~ 15 厘米，土色为黄色夹杂少量黑褐色；

第④、⑤、⑥层均为胶泥层，深度约为97厘米~152厘米，厚度8厘米~75厘米，土色为黑色或黄褐色，土质较致密，文化遗物较少。T4和T6均发现较厚的东周文化层。T2第②、③层为东周文化层，整体西高东低，厚度为0~85厘米。②层包含物丰富，出土有数量较多陶片、瓦片以及兽骨、牙齿等，出土一件陶豆。③层厚度为0~70厘米，土色为黄褐色偏黑，较为疏松，包含少量陶片，陶片体量小。T6共分4层，其中第②a、②b和③层均为东周文化层。②a层厚度约0~11厘米，土色为浅棕色，土质疏松，包含物较少。②b层厚度约0~19厘米，土色为深棕色，土质较致密，包含物较少。③层厚度约51厘米，土色呈黄褐色，土质较致密，遗物有炭遗存、石球、陶钵和陶片若干。在探方T4、T5、T6东侧，发现明显的泥沙堆积现象。

此次发掘共发现带钩、石球、陶钵、陶豆、动物骨骼等遗物，以及水井、灶坑、灰坑、灰沟等遗迹。T3H12开口于③a层下，平面形状近似椭圆形，弧壁，平底，形状不规则，剖面形状为长条形，内含大量陶器残片和部分铁器残件。灶坑T3Z1开口于③b层下，平面形状为椭圆形，弧壁，平底，形状较为规则，剖面形状为袋状，坑内填充黄褐色黏土、灰烬和草木灰。

该遗址的发掘收获了一批遗迹和遗物，对该遗址的性质和文化内涵及其年代具有重要意义，同时解决了该遗址与金桥遗址的关系，发现的河水淤积层和古湖泊遗迹对研究该地区环境的变迁提供了重要参考材料。

（袁广阔）

【漯河故城遗址】

发掘时间：2017年4~12月

工作单位：河南省文物考古研究院

建业西城森林半岛·云熙府项目位于漯河市西城区。2017年度配合该项目建设，河南省文物考古研究院与漯河市文物考古所对项目占压区域进行了考古发掘，发掘面积3000平方米。遗址文化层平均厚约2.5米，可分为10层，以汉、唐时期为主。共发现灰坑130个，灰沟10条，水井35口，墓葬5座，瓮棺葬9座，陶窑5座。出土有罐、盆、豆、碗、网坠、纺轮等陶器，以及瓷、铜和铁器等。

2015年，河南省文物考古研究院在编制“漯河古城遗址”保护规划编制时，对漯河古城遗址及周边进行了调查勘探，在省级文物保护单位——漯河古城遗址外，新发现春秋至汉唐的大城和内北城。此次发掘区域即位于新发现的大城遗址的西南部。

此次考古工作进一步明确了古城遗址西南部一带遗迹遗物分布情况，为“漯河古城遗址”保护规划编制、研究古城的文化分期、城址布局等提供了新的实物资料。

（梁法伟　刘　晨）

【新郑市铁岭东周墓地】

发掘时间：2017年6~12月

工作单位：郑州市文物考古研究院

铁岭墓地位于新郑市西北2500米的新村镇吴庄大队铁岭村与冯庄及其周边，墓地南缘为双洎河，东缘为双洎河的一条南北向支流，西缘有双洎河的另一条南北向支流。铁岭墓地所在三河夹角间的台地上，大致呈方形，北部稍宽，南部稍窄，面积近40万平方米。地理位置：北纬34°25.969′，东经113°41.340′，海拔119米。

2006~2010年，郑州市文物考古研究院在河南省文物局南水北调文物保护办公室协调组织下，对南水北调中线工程干渠新郑段铁岭墓地进行考古发掘，发掘墓葬1427座，另有灰坑、窑址、房基等若干。后经过不完全调查勘探，整个墓地墓葬多达4000余座。从发掘情况看，铁岭墓地长期以来遭盗掘破坏严重。时至今日，盗墓现象仍时有发生。

铁岭墓地2017年度发掘墓葬89座，仅1座为战国晚期空心砖墓，其余为土坑竖穴墓，大多口大底小。墓葬遭盗扰严重，南北向分布为主，个别为东西向分布。按墓葬结构分，大致分三类：无棺椁、一棺、一棺一椁。黄土碱性较大，棺椁木灰化严重，人骨朽化成褐色粉末状；按陪葬品组合及结构等分，大致分为：壁龛墓、头厢类墓、仿铜器墓、明器墓葬等。葬式主要为仰身直肢和屈肢葬。

发掘遗物共有以下几类：

1. 陶器。陶器有鬲、罐、豆、壶、盂、鼎、敦、盘、罍、匜、舟、尊、釜等。其中仿铜器墓陶器组合大多为鼎、盘（或盆）、舟、匜、敦、罍或尊。泥质陶器组合有壶、豆、釜；鼎、豆（盖）、敦、匜、盘等。大多仿铜陶器为白衣素面，部分仿铜陶器饰有暗纹彩绘。器足流行兽首纹蹄形足，耳多饰兽首纹。

2. 玉器。玉器有玉牌、玉柱、璧、璜、玦、环、圭等；另有水晶珠、玛瑙珠等。

3 青铜器。青铜器有戈、鼎足、箭镞、铜铃、铺首、铜环等

4. 骨器及其他。骨器有骨贝、骨镳、骨珠、骨笄等。

通过发掘和地形地貌分析，铁岭墓地年代为春秋晚期至战国早中晚期，中小型墓葬较多，大型墓葬基本盗空。少量墓葬中出土壁龛陶器组合及成套的仿铜陶器组合较完整，器足及耳饰流行兽首纹，具有典型的周文化遗风，推测这是一处郑韩故城外围郑国公族墓地，一直延续至战国中期左右。大型公共墓地的出现有可能与郑韩故城内某一宗室有关，这为郑韩故城周边族属分布及郑文化发展与演变的研究提供了重要科研素材。

（黄富成）

【伊川县徐阳春秋墓地】

发掘时间：2017年4～12月

工作单位：洛阳市文物考古研究院

伊川徐阳春秋墓地位于伊川县鸣皋镇徐阳村南顺阳河南岸台地之上。徐阳春秋墓地调查面积6万平方米，发现长方形竖穴土坑墓墓葬200余座，车马坑5座。2017年批准发掘面积2500平方米，发现墓葬34座，暴露车马坑7座，各时期灰坑45个，沟2条。

陪葬车马坑7座，其中大型车马坑1座，中型车马坑4座，小型马坑2座。车马坑均拟实施整体搬迁，进行实验室考古，故均未清理。墓葬34座，大型墓葬2座，其中一座被盗扰，另一座保存完整，正在实施整体搬迁。中型墓葬5座，其中2座被盗扰，另外3座正在实施清理和整体搬迁。小型墓葬27座，其中宋墓2座，其他均为东周墓葬。东周墓葬具均单棺无椁，葬式除盗扰不明外，均为仰身直肢，其中一具发现有头部开孔现象，小型墓葬随葬器物有陶器，器形有单耳罐、绳纹罐、陶盆等，其中一座墓葬中还发现有金饰。宋墓2座，仰身直肢，随葬铜钱、陶罐等。灰坑45个，以西周时期灰坑为主，也有少量唐宋时期。西周时期灰坑以圆形平底为主，唐宋时期灰坑多为不规则形。

通过2017年度的田野考古发掘，基本摸清了大型墓葬与陪葬车马坑的对应关系，同时开展相关科技检测，徐阳墓地为戎人遗存的文化面貌更加清晰，为今后深入探讨墓地的文化属性提供了更加翔实的考古资料。

（马占山）

【宜阳县韩都故城】

发掘时间：2017年1～12月

工作单位：洛阳市文物考古研究院

宜阳韩都故城遗址位于今宜阳县城以西2.5万米的韩城镇东侧，1984年文物普

查时发现，2013 年被公布为第七批全国重点文物保护单位。城址平面呈不规则长方形，南北长 1510 米 ~ 2150 米，东西宽 1630 米 ~ 1843 米，总面积约 310 万平方米。2017 年，经国家文物局批准，洛阳市文物考古研究院对遗址内两座大型墓葬（编号：17LYHBM1、17LYHBM2）进行了布方发掘。

M1 位于城址中部偏西，方向 77°，开口③层下，打破生土，由斜坡墓道和长方形墓室组成。平面呈曲尺形，墓口距地表 0.35 米 ~ 0.97 米。墓道东西长 8.24 米、南北宽 2.96 米 ~ 3.8 米，墓室呈长方形，墓口南北长 18.2 米、东西宽 7.5 米 ~ 9 米，深 3.48 米 ~ 4.26 米，斜壁内收，上部坍塌不规整，底部凹凸不平，南北 16.28 米、东西宽 6.26 米 ~ 6.4 米。填土内出土陶片较多，另见少量铜镞、空首布等。底部未见棺椁痕迹和随葬器物，推测可能在建造过程中因为某些原因中断。

M2 位于城址北部，开口④层下，被晚期沟打破，打破生土。平面形状极不规则，口部距地表 0.54 米 ~ 4.8 米，南北最长约 46.7 米、东西宽 6 米 ~ 32.25 米。填土为花土，东侧墓壁斜壁内收，西、北边界暂未暴露。填土内出土有铜镞、陶片等遗物。南壁斜坡还发现较多踩踏面痕迹和箭镞扎进生土壁的现象。其西南、东侧发现柱洞若干，西侧发现略呈长方形坑 6 个，坑壁较规整，有工具痕迹和踩踏痕迹，底不平，呈台阶状。从目前情况分析，原认为 M2 为墓葬的判断有待商榷，该遗存可能为取土或军事防御设施。

在发掘的同时，考古调查与勘探也在进行，主要发现有灰坑、墓葬、道路、夯土、沟、烧窑等遗迹现象。在 M1 东侧发现曲尺形遗迹 6 处，与 M1 所在区域呈东西对称分布，其北还发现宽约 10 米道路一条，路两侧发现有沟，推测存在较强的关联。

此次调查和发掘深化或修正了以往对宜阳韩都故城文化内涵的认识，为正确判断城内遗存分布情况和遗址内外功能布局提供了新的思路，也为学术研究和文物保护规划的编制提供了新的材料和依据。

（张龙丹）

【荥阳市碧桂园思念项目战国至清代墓葬】

发掘时间：2017 年 2 ~ 5 月

工作单位：郑州市文物考古研究院

郑州思念果岭置业有限公司碧桂园思念项目工程，位于荥阳市 S314 公路以南，清华园路以东。

通过考古发掘，共清理不同时期遗迹现象 49 处，其中战国墓葬 2 座，汉晋墓葬 12 座，唐代墓葬 3 座，宋代墓葬 23 座，清代墓葬 6 座，汉代灰坑 3 个。此次发掘汉晋墓葬和唐代墓葬的清理较为重要。

1. 汉晋时期墓葬。方向均为南北向，墓葬形制可分为三种，第一种为砖室多室墓，墓葬规模较大，多由墓道、封门、甬道、前室、后室五部分组成。墓道多为长方形斜坡状，封门及墓室均用小砖封堵错缝平砌而成。第二种为“日”字形，由墓道、封门、墓室三部分组成，个别有耳室或侧室。墓道均为长方形竖井状，壁规整，两壁多设置有可供上下的脚窝，墓道底平。墓室底呈纵长方形，封门及墓室用小砖错缝平铺和空心砖侧砌两种。第三种为“甲”字形墓，多为单室砖室墓，墓道均为长方形斜坡状，封门及墓室均用小砖错缝平铺，地砖为一字平铺。墓葬遭盗扰严重。出土器型有陶多子盒、陶罐、陶瓮、陶仓、陶灶、陶井、铜钱等。

2. 唐代墓葬。方向均为南北向，墓葬形制可分两种，一种为“甲”字形墓，多为单室砖室墓，由墓道、封门、甬道、墓室四部分组成，墓道均为长方形斜坡状，封门、甬道及墓室均为小砖错缝平铺而成，甬道顶为暗券，墓室顶多坍塌，地平面呈弧边长方形，地砖有一字平铺和人字形平铺两种。另一种平面呈刀把形，墓道、封门、甬道及墓室的一个墓边在同一条直线上。出土有铜钱、铜镜以及墓志一合。

这批墓葬按时代分区，各区分布较集中且有规律，时代特征典型，排列较为有序，应是经过规划的公共墓葬区。墓葬年代上迄战国，下至清代代，为研究战国、汉晋时期、唐代、宋代、清代墓葬的演变序列提供了新的实物资料。

（丁兰坡　魏青利）

【郑州市古荥镇战国至清代墓地】

发掘时间：2017 年 6 ~ 8 月

工作单位：郑州市文物考古研究院

为配合正商绿境花园一号院（LJY16 ~ 01）项目工程，开展此次考古工作，具体地点位于郑州市古荥镇北，省道 S314 以南，毓秀路西，春熙路南，绿达路北。

发掘共计清理各时期遗迹 121 处，其中各时期墓葬 116 座（战国墓葬 25 座，汉代墓葬 7 座，晋代墓葬 8 座，唐代墓葬 5 座，宋代墓葬 63 座，清代墓葬 8 座），战国灰沟 2 条，宋代水井、窑址、灰沟各一处。这批遗迹均开口于地层堆积层①层下，相互之间有叠压打破关系，分布较为有序。现就清理较为重要的晋代和唐代墓葬分述如下。

晋代墓葬为 8 座，均为砖室墓，形制可分两种：一种是单室墓，由墓道、封门、甬道、墓室等部分组成；另一种是双室墓，由墓道、封门、甬道、前室、过洞、后室等部分组成。两种形制的墓道均为长斜坡状，壁规整，个别墓道至底部有台阶，墓道壁有明显人为加工痕迹。封门由小砖错缝平砌而成，甬道为拱形顶，两侧为小砖错缝平铺，墓室底平面近方形，双室墓之间有过洞相连，过洞为拱形券顶，墓室四壁微向外弧，均为小砖错缝平铺，底部由小砖一字平铺。个别墓室顶部未塌陷，为穹隆顶。

唐代墓葬为 5 座，均南北向，单室墓，由墓道、封门、甬道、墓室、棺床等部分组成，个别墓葬在甬道两侧设置有壁龛。墓道可分为长方形竖井状和长斜坡两种形制，位于墓室南侧，竖井状墓道两壁有供上下的脚窝，壁均较规整。封门由小砖错缝平砌，甬道位于墓道和墓室之间，券顶已不存，底平面呈纵长方形，两侧为小砖错缝平铺。墓室位于甬道北侧，顶已残，底平面呈方形，墓室四壁从残存情况来推测应为砖砌，砌法不详。底部由小砖一字平铺，在墓室西部或北部设有棺床，棺床较墓底高出有 5 厘米 ~ 10 厘米，个别墓葬还残存有棺。

通过考古发掘，晋代墓葬出土有鲜明时代特色，有陶多子盒，瓷四系盘口壶、陶罐、陶武士俑等，唐代墓葬出土一批弥足珍贵的器物，有墓志两合，一合为唐徐州司马上柱国郑仁合墓志，另一合为唐前环州参军荥阳郑公达故夫人卢氏墓志，另有铜镜、铜盆、铜钱、银勺、银簪、玉璧、金箔饰件、瓷人物俑、瓷动物俑、瓷壶、瓷罐、瓷碗、瓷灯盏、陶罐、陶碗、铁釜、铁剑、铁镜等。

这批遗迹中的各时期墓葬分布较为集中且有规律，形制较为统一，时代特征典型，排列较为有序，应是各时期经过规划的家族墓葬区。唐代两合墓志的出土，为研究荥阳郑氏提供了新的资料。同时，这批墓葬为我们研究晋、唐各时期的生产、生活和葬制、葬俗提供了珍贵的实物资料。

（魏青利　丁兰坡）

【郑州市西四环路战国墓葬】

发掘时间：2017 年

工作单位：郑州市文物考古研究院

为配合郑州市民公共文化服务区南区地下交通系统及地下空间项目，对位于郑州市西四环以东，陇海路以南，富民路西侧的工程施工区域开展考古工作，并发现有古代墓葬存在。经国家文物局批准，郑州市文物考古研究院对该项目进行了考古发掘。

该项目范围内经上层拆迁清理，现存地表即为生土层，墓葬开口均已暴露，打破生土。

发掘清理战国墓葬 38 座，马坑 1 处，兽坑 1 处，汉代墓葬 1 座，清代墓葬 1 座，共计 42 处文化遗迹。

战国墓葬平面形状均呈长方形，按形制结构可分为两类，一类为竖穴土圹墓，另一类为偏洞室墓，以第一类占绝大多数。竖穴土圹墓口稍大，底略小，壁微斜，呈覆斗形，底平。由于墓葬较深，一般在墓葬东南角有单排或双排脚窝。一般在墓室北侧挖有壁龛，用来放置随葬品。葬具方面，多为一棺一椁，也有单棺墓。棺椁均朽，留有灰痕。墓室内骨架多保存一般，有些保存较差。葬式一般为仰身直肢，也有少量侧身屈肢。墓葬多为南北向，也有部分为东西向。墓葬有一定的排列规律，东西排，南北列，推测为有规划的家族墓地。马坑与兽坑各发现一处，均位于发掘区东部。马坑平面呈正方形，中间有马骨两具，头向东，相向而卧。汉代墓葬平面呈甲字形砖室墓，包括墓道、墓门及墓室三部分。墓道呈长方形，斜坡下行，壁直；墓门为砖砌拱形，两辅两券，形制规整；墓室由前室、后室组成，后室又分为东西侧室。随葬品置于前室，后室放置墓主。东侧室发现一具骨架，保存较好，为仰身直肢一次葬；西侧室发现二具骨架，保存较差，放置凌乱，葬式不明，推测为二次迁葬而来。葬具见有棺痕。墓葬呈南北向，墓室朝南。

战国墓葬内发现的随葬品以陶器为主，多为泥质灰陶，少量红陶和磨光黑陶。以素面为大宗，罕有纹饰，多为弦纹、暗纹等。常见的器物组合为鼎、豆、壶、盘、匜，还见有盒、盂等。除陶器外，还有部分铜器，按用途可分为兵器、车马器、饰品等。兵器见有剑、戈、镞等，车马器有镳、衔、车軎等，饰品如带钩、铜璜、铜珩等。此外，还清理出了水晶环、石子等随葬品。汉代墓葬内发现有陶罐、灶、鸡、狗等，并有少量“五铢”铜钱。

依据战国墓葬的形制及出土物文化特征推断，这批战国墓葬应属于战国中期前后。有规律的排列表明，该地应为有规划的家族墓地。墓葬普遍规格不高，应为一处平民墓地。少量墓葬形制较大，出土物有一定的规格，并且周边有马坑和兽坑作为祭祀，墓主应该在该墓地中有较高的地位。随葬品中有较多的兵器陪葬，似乎表明了墓主应该有一定的军功。该战国墓地的发现，对于研究战国时期的丧葬制度、社会生产、生活、军事等问题，提供了科学的发掘材料。

（刘青彬）

【郑州市航空港区苗庄村战国汉代墓群】

发掘时间：2016 年 10 月 13 日～2017 年 5 月 10 日

工作单位：郑州市文物考古研究院

为配合郑州航空港区双鹤湖路东延工程，开展此次考古工作。苗庄墓葬群位于郑州市航空港区明港办事处苗庄村（原属郑州新郑市八千乡苗庄村）西南部，道路呈东西向从马陵岗横穿而过。此次共发掘清理墓葬 192 座，灰坑 22 个，沟 4 条，陶窑 4 座，水井 1 口。出土遗迹较丰富、时代文化延续较完整，同时出土了一批较精美的文化遗物。

墓葬 192 座，战国时期墓葬 9 座，汉代墓葬 183 座。

战国时期墓葬 9 座，均开口在①层下。形制结构均为长方形竖穴土坑墓。绝大部分为南北向，极个别为东西向。壁面规整，底部平整。部分墓葬在底部中间部位发现有长方形浅灰色腐土痕，应系棺木腐朽后所存留。由于墓葬遭盗扰严重，未发现随葬品。

汉代时期墓葬183座，均开口在①层下。形制结构多为长方形竖穴土坑墓、长方形空心砖室墓，少量“甲”字形砖室墓、刀把形砖室墓、“日”字形砖室墓。长方形竖穴土坑墓，壁面规整，平直，底部平整。长方形空心砖室墓，内置大型空心砖椁室，四周及上顶和底部均用空心砖砌成，砖面有压印而成的草叶纹、柿蒂纹、乳丁纹等为饰。“甲”字形砖室墓、刀把形砖室墓、“日”字形砖室墓均由小青砖错缝平砌而成。部分墓葬在底部发现有人骨架，保存不完整，均为仰身直肢，头向北或西。墓葬多遭盗扰，破坏严重，仅在少数墓葬内出土有铜洗、铜镜、铜钱、陶鼎、陶罐、陶仓等随葬品。

灰坑22个，平面形状多为圆形和椭圆形，个别为不规则形，周壁平整，坑壁清晰完整，应为当时的窖藏坑、取土坑等。填土为灰色杂土，土质较硬，结构稍致密，含碳粒、烧土粒等，出土有陶器残片、蚌壳等。时代均为汉代时期。

沟4条，均长条形，根据分布位置及出土物推测为墓葬群排水或防御设施。时代均为汉代时期。

陶窑4座，形状为椭圆形、圆形，由于破坏严重，均仅存窑室底部，填土内含炭块、红烧土块，出土有陶器残片、板瓦残片等。时代均为汉代时期。

水井1口，形状上部为圆形土圹、下部为小青砖错缝垒砌而成八边形，填土淤积痕迹明显。时代为汉代时期。

汉代墓葬内出土随葬品以陶器为主，另有少量铜器、铁器等。主要器型有陶鼎、罐、瓮、盒、碗、仓、甗等，纹饰素面为主，另有弦纹、彩绘等，少量器物上有刻划纹符号。铜器有铜镜、铜洗、铜带钩、铜钱等。另有少量铁带钩等。

汉代灰坑内出土有陶罐、盆等残片。以泥质灰陶为主，素面居多，少量绳纹。另出土有少量蚌壳。

此次发掘确认了遗存的文化性质与时代，同时获取了该区域战国、汉代时期较完整的考古发掘资料，这些信息对于研究当时自然环境、社会文化、埋葬制度等提供一批新的实物资料。

（高赞岭　朱少铮）

【郑州商城遗址汉代夯土墙遗存】

发掘时间：2017年2～8月

工作单位：河南省文物考古研究院

为配合郑州市金水区城北路打通及棚户区改造项目建设，河南省文物考古研究院对郑州市金水区紫荆山路与城北路交叉口西南部区域进行了考古发掘。

此次考古发掘工作共布10米×10米探方12个，38米×8米探方1个，6米×10米探方6个，12米×9米探方1个，发掘面积1972平方米。整个发掘工地，发掘深度普遍达5米～6米，清理出商代至明清时期的灰坑、沟、水井等各类遗迹87处。其中，夯土墙1处，灰坑66个，水井16口，沟4条。

夯土墙位于此次考古发掘范围的西南部，从T304的五个剖面来看，走向为西北—东南向，残存长度约38米，宽度约8米，个别高度在3米左右。由于被近现代建筑及明清时期G3所破坏，此次发掘区域内保存状况不太完整。夯土墙夯层堆积不规则，厚薄不均匀，未见明显夯窝，可能为堆筑并简单夯打。夯土土色不一致，有黄砂土含有料姜石颗粒、黄褐色土、灰黑色杂土等，可见对于选料并无严格要求。根据打破夯土墙的G3及被夯土墙叠压的灰坑等包含物分析，夯土墙的年代最早至汉代，主要使用年代在唐宋时期。

另外，发掘区北部分布广泛的灰黑色

淤土沟状堆积，与南部的夯土墙的走向大体一致，使用延续年代基本吻合，受发掘面积所限，发掘区域外也仅通过钻探来获取灰黑色淤土堆积分布范围、深度等信息。

据文献记载及往年考古成果，城北路一带还保存有一道夯土城墙，修建年代始于汉代。此次清理发现的夯土墙、壕沟规模较大，形制较为复杂，对探索汉代以来郑州城市规划格局的重大变迁再次提供了科学翔实的第一手资料。

（杨树刚）

【孟津县新庄汉代烧窑遗址】

发掘时间：2017 年 1 ~12 月

工作单位：洛阳市文物考古研究院

该遗址位于孟津县平乐镇新庄村东北部，地处邙山东汉陵区最北端，南距刘家井东汉帝陵约 2.5 千米。

洛阳市文物考古研究院于 2014 年 7 月开始对遗址开展系统的考古工作，截至 2017 年年底，累计发掘面积 4000 平方米，清理完整窑炉 21 座，初步确认其为邙山东汉帝陵陵墓、陵园建设所需建材的重要产地。

2017 年的主要工作，一是对遗址西北部曲尺形排水沟向东延伸部分作了解剖，确认其形制；二是对东南部排窑区西侧新发现的夯土、路土和排水沟进行发掘。发掘面积 516 平方米。

发掘结果表明，西北部排水沟并未向东延伸且变宽，而是变成一处渗坑。渗坑长 2.6 米、宽 2.16 米、口底深 1.43 米。排水沟发掘长 2.7 米、宽 1.34 米 ~ 1.6 米、口底深 1.06 米。原勘探发现沟口变宽区域，经发掘实为大小不等、形制各异的灰坑。推测这些灰坑应当是在烧造建筑材料过程中，大量取土而形成的。坑内出土了一些烧坏的砖瓦残次品，在部分扇形砖的表面，还可以看到经过烧造后，砖与砖之间交接部分形成的明显痕迹。

同时，在排窑区西侧，清理出东西平行分布的夯土、排水沟和路土，三者均呈南北走向，发掘长度 10 米。夯土宽 2.8 米 ~3.8 米，路土紧邻夯土西侧，在沟的东西两侧均有分布，宽 14.2 米 ~ 15 米。沟北部略宽，南部略窄，口小底大，口宽 1.6 米 ~ 1.8 米、底宽 1.61 米 ~ 1.78 米，口底深 1.74 米 ~ 1.82 米。根据发掘情况，初步推断排水沟为暗渠。受发掘面积所限，夯土、路土、沟三者之间的早晚关系，以及与东部排窑区的空间联系，目前尚未解决。

新庄烧窑遗址前期出土了大量的空心砖残块和少量的日用陶器，在 2017 年的工作中又发现了烧制变形的陶器残片和空心砖的半成品，可以确定除了烧造砖瓦外，窑址还同时生产空心砖和陶器。2017 年，对窑址出土的部分标本进行了检测。检测结果表明，空心砖和筒瓦、板瓦等建筑材料和陶器一样，采用了二氧化硅和三氧化二铝都较高的河床沉积黏土，这些黏土是特意从附近的河床开采过来的。而遗址内出土量最大的扇形砖、方砖等砖材，则是就近取的窑址附近的黏土。

（李继鹏）

【洛阳市邙山陵墓群考古调查与勘测】

发掘时间：2016 年 9 月 ~2017 年 12 月

工作单位：洛阳市文物考古研究院

按照《洛阳邙山陵墓群考古工作计划（2014 ~2020 年度）》工作安排，洛阳市文物考古研究院继续围绕二汉冢东汉陵园遗址周边开展调查钻探工作，目的在于解决二汉冢陵园的范围和布局等问题。完成钻探面积 89.04 万平方米，取得了一些阶段性成果。

一是发现建筑基址 2 处。

一处位于二汉冢封土东北部，前期发现的两组陵园建筑的北部。建筑基址东西长 316 米、南北宽 143 米，由东、西二组建筑组成。建筑基址内部发现有夯土墙、夯土墩、排水沟、踩踏面、灰坑、灶等。

一处位于二汉冢封土东约800米，南北向水泥路的东侧。建筑基址南北长112米、东西残宽80米，由夯土墙、夯土墩、灰坑等组成，其东、西、南三面均被晚期现象破坏，无法确认其全貌。

二是发现墓园遗址4处。

570号封土墓冢的墓园遗址，位于曹休墓的东南部。墓园平面呈长方形，南北长200米、东西宽164米，墓冢位于墓园中部偏北，四周环以沟槽为界，沟宽1.3米~1.4米、口深0.3米~0.6米、底深1.3米~2.3米。墓园南部沟槽中部有一宽2米的缺口，应为门址所在。墓园遗址内，封土的北侧发现了烧窑9座，形制均为由窑道和窑室组成的单体窑炉，但目前还无法确定其与墓冢和墓园遗址之间的明确联系。

在曹休墓南约270米处，发现墓园遗址一处。墓园平面呈长方形，南北长111米、东西宽98米，四周环以沟槽为界，沟宽1.2米~1.3米、口深0.3米~1米、底深1米~1.6米。墓园南部沟槽中部有一宽7米的缺口，可能为门址所在。墓园中部发现三座墓葬，略呈“品”字形分布，中间一座形制略大。

连霍高速与洛常路交汇处南约110米处发现一座墓园遗址，平面呈长方形，东西长98米、南北宽92米，四周环以沟槽为界，沟宽1.3米~1.5米、口深0.5米~1.5米、底深1.7米~2.8米。墓园中部发现墓葬一座，墓道南向。

在上述墓园遗址东部约130米处，发现另一座墓园遗址，平面呈长方形，南北长91米、东西宽57米，四周环以沟槽为界，沟宽1.3米~1.5米、口深0.4米~1.2米、底深1.8米~2.8米。墓园南部沟槽中部有一宽5米的缺口，可能为门址所在。墓园中部发现墓葬一座，墓道南向。

（李继鹏　严　辉）

【新郑市文苑小区汉墓】

发掘时间：2017年5~7月

工作单位：河南省文物考古研究院

该工程用地位于新郑新区，东邻郑州新尚置业有限公司轩辕湖壹号小区，西邻文化路，南距郑韩故城保护范围36米，北邻学院路。

此次发掘共清理春秋战国至汉代时期墓葬52座，灰坑5个，水井21口，出土陶、瓷、铜、铁等不同质料文物200余件。这些墓葬，年代以汉代为主，多为砖室墓，另有少量战国时期竖穴土坑墓。其中M16和M12较为特殊。

M16，开口于扰土层之下，距地表深140厘米，方向345°。由墓道、封门、甬道和墓室四部分组成。墓道：位于墓室的北侧，平面呈L形，长820厘米、宽165厘米。封门，底部残存两层砖及一个砖块，据此推测其可能为砖室结构。甬道，两壁较直，坡底。墓葬形制为砖室墓，平面呈长方形。墓葬平砖错缝垒砌，券顶，竖排队缝起券，铺地砖为竖排对缝平铺。墓室长345厘米、宽160厘米、高190厘米，墙高90厘米、券高100厘米。砖为长方形小条砖，砖长42厘米、宽12厘米、厚10厘米。该墓的特别之处在于，发现有车马出行图案的精美画像砖，这种在小砖上模印车马出行的现象以前非常少见，为研究郑韩故城汉代时期的丧葬礼仪和车舆制度提供了宝贵的实物资料。

M12，开口于扰土层下，距地表深150厘米，方向190°。墓葬形制为带斜坡墓道竖穴土坑墓，平面呈“凸”字形。全墓由墓道、甬道和墓室三部分组成。墓道位于墓室南侧。平面呈长方形。长510厘米、宽185厘米。甬道：长120厘米、宽116厘米、高190厘米。墓室：平面呈长方形，长400厘米、宽170米厘、高220厘米。该墓出土随葬器物28件，包括陶鼎、陶盘、陶罐、铁剑等，其中较多的低温铅釉陶壶，釉面光亮，呈现绿、黄深浅不同的色调。这对研究郑韩故城秦汉时期的陶瓷制造技术具有一定的学术价值。

（樊温泉　余　洁）

【郑州市航空港古城村西汉墓地】

发掘时间：2017年6月1日~7月3日

工作单位：郑州市文物考古研究院

为配合郑州航空港经济综合实验区新港十一路东延工程项目，此次考古发掘位于郑州航空港区新港办事处故城村西南，属苑陵故城南门外文物密集区。现道路建设占压路段以北为苑陵故城，城址保护范围，道路建设占压区域原为高岗地。

此次共清理各类古代遗迹50处。其中战国灰坑22个，西汉墓葬22座，宋代墓葬6座。出土遗迹较丰富、时代文化延续较完整，同时出土了一批较精美的随葬品。

战国灰坑均开口于②层下，平面形状有圆形和椭圆形。填土为灰色杂土，土质结构松软，含红烧土颗粒、炭粒等。内壁规整，直壁，底部平整。清理出土少量战国时期陶器残片，多为夹砂红褐陶和泥质抹光灰陶，部分陶片表面饰有中绳纹等。器形有陶豆、陶罐、陶釜等。

西汉墓葬均开口于②层下，均为长方形竖穴土坑墓。填土为黄褐花土，其中M24出土随葬品较为丰富，填土有人为夯打迹象，土质较硬，含少量砂姜颗粒、现代植物根系等。由于年代久远墓内棺木朽蚀严重，仅存棺痕，棺内人骨架已朽蚀，仅存痕迹。棺内出土有铜带钩、铁环首刀、“五铢”方孔铜钱。棺外出土有铺首衔环铜方壶1件（破）、铜鼎1件（残、破）、铜豆1件（破）、铜鸟饰件1件、铜盒1件（残、破）、铜盆1件（残、破）、铁剑1件（残、破），由于人为夯打，陶器均被压破，器形有陶瓮、陶壶、陶罐等。

M25填土有人为夯打迹象，土质较硬，含少量砂姜颗粒、现代植物根系等。由于年代久远墓内棺木朽蚀严重，仅存棺痕，棺内人骨架已朽蚀，仅存痕迹。棺内出土有“五铢”方孔铜钱。棺外出土有铜鼎1件（残、破）、铜奁1件（残、破）、铜壶1件（残、破）、铜豆1件（残、破）、铜盆2件（残、破）、铜炉1件（残、破）、铜镜2件（破）、“五铢”方孔铜钱、陶罐、陶瓮，部分陶器由于人为夯打均被压破，器形有陶瓮、陶壶、陶罐等。这两座墓葬能出土多件铜器，这表明其墓主人身份一定不会太低，待墓葬出土随葬品修复整理完毕后再行研究判断。M27内出土陶罐1件（残、破）。器形有红陶釜、陶豆、陶壶、陶罐等。其他墓葬多出土少量陶器残片。

宋代墓葬均开口于②层下。平面均为“甲”字形，竖穴式墓道土圹砖室墓。填土内含大量碎砖块。由于墓葬上部破坏严重，墓室仅残底部，少许砖墙，砖墙为小砖错缝平砌而成，墓室拐角处砌有仿木构件。保存较好的M7墓室南部砌有假窗。墓底用小砖铺底。墓内出土有铜钱。墓道均位于墓室南部呈长方形，底部为斜坡状。

此次发掘清理出土了一批重要文物标本，确认了该处遗迹的文化性质与时代，对于研究古代人丧葬礼俗、社会文化等提供一批新的实物资料。

（校庆义　高赞岭）

【郑州市中原新区郑上路汉代墓葬】

发掘时间：2017年2~4月

工作单位：郑州市文物考古研究院

为配合郑州中原新区郑上路以南片区富贵路新建设工程，开展此次考古工作。发掘地点位于郑州市中原新区郑上路以南，西四环路以西。

此次共清理墓葬21座，其中汉代墓葬14座、宋代墓葬3座、清代墓葬4座。这批汉代墓葬自西向东均匀分布于道路路径内，方向多坐北向南，少数坐南向北，个别坐西向东，排列较为有序。

汉代墓葬14座，墓葬形制分砖室墓和土洞墓两类，方向多坐北向南，少数坐南向北。砖室墓形制有单室墓与双室墓两种。1. 单室墓，平面形制呈“甲”字形，由墓道、封门、甬道及墓室四部分组成。墓道均为长方形竖井状或斜坡状，壁规整。封门由小砖错缝平砌，甬道多暗券已毁。墓室底平面多呈近方形，四壁为小砖错缝平砌，一字形砖铺底，多盗扰，内有少量随葬品。2. 双室墓，形制较大，由墓道、封门、甬道、前墓、过洞、后室等几部分组成。墓道平面呈长方形，底为斜坡状，壁经加工规整。封门多已无存，仅有少量存有少许平砌小兰砖。甬道小砖券砌，多已毁坏。墓室为砖室，分前室和后室，形状前室近呈方形，后室多呈长方形，墙壁均由小砖错缝平砌而成，底部多有小兰砖铺地，因严重盗扰破坏，墓葬的券顶及墙砖均多已无存，多仅存墓葬土圹及少许底部墙砖和铺地砖，墓葬内填土为五花土和淤土，含有较多乱砖块，出土有部分随葬物品等。土洞墓，形制较小，均由墓道和墓室组成，墓道形状为长方形竖井状，平底。墓室为长方形拱顶、平底状土洞，均遭盗扰。

这批汉代墓葬，虽然多被盗扰或破坏，但仍出土有部分随葬物品，随葬物品中完整的较少，残碎的较多，多因墓葬坍塌或盗扰所致。墓葬出土有陶罐、陶仓、陶壶、陶盘、耳杯、灶、猪舍、井、陶勺、铜勺、铜镜、铜钱等。

通过这些重要文物，确认了墓葬的时代，获得了一批新的考古学实物资料，对于研究郑州地区汉代社会文化、葬俗、葬制等有着重要的意义。

（丁兰坡）

【郑州市中原新区马庄汉唐宋及明清时期墓地】

发掘时间：2017年1~4月

工作单位：郑州市文物考古研究院

为配合郑州西流湖控股有限公司中原新区马庄14－230－K01－02地块项目工程，开展此次考古工作。具体地点位于郑州市中原新区新田路以西，陇海西路以北。

此次共清理各时期墓葬20座。这批墓葬分东西两组，多坐北向南，少数坐东向西或坐西向东，排列较为有序。

汉代墓葬1座。砖室墓，形制较大，由墓道、封门、甬道、前墓、后室等几部分组成。墓道平面呈长方形，底为长方形斜坡状，壁经加工规整，近门口处平。封门无存。甬道小砖券砌，已毁坏。墓室为砖室，分前室和后室，形状前室近呈方形，后室呈长方形。墙壁均由小砖错缝平砌而成，底部多有小兰砖铺地，因遭严重盗扰破坏，墓葬的券顶及墙砖均已无存，仅存墓葬土圹。

唐代墓葬9座。墓葬形制主要分为两种，一是砖室墓，由墓道和墓室两部分组成，墓道为长方形竖井状，墓壁较为规整，底平，墓室底平面呈纵长方形。从残存墓砖情况来看，墓室四壁应为错缝平铺而成，因遭盗扰严重，多仅剩土圹部分。二是土洞墓，由墓道和墓室两部分组成，墓道为长方形竖井状，墓壁较为规整，底平，墓室为掏洞形成，底平面呈长方形。

宋代墓葬5座。其中3座为砖室墓，形制近同，由斜坡台阶墓道、封门、过洞、天井、甬道、墓室等组成。墓道口部平面呈长方形，底为台阶斜坡，台阶及壁规整，位于南侧，天井呈长方形竖井状。土洞为过洞式，封门不存，甬道居墓道及墓室之间，平面呈长方形，墓室顶已残，底平面呈六边形，先修土圹，六面土圹规整光滑，然后砌砖。从残存墓砖情况来看，推测为错缝平铺的砖雕结构，惜多已破坏无存。另两座为土洞墓，形制较小，结构类同唐代土洞墓，均被盗扰。

明清时期墓葬5座。其中明代墓葬2座，土洞墓，分墓道和墓室两部分相连组成，墓道为长方形竖井状，宽度较宽，墓门口有空心砖封门，墓室为掏洞形成，长方形，底平，已遭盗扰。清代墓葬3座，均为长方形竖穴土坑墓，因遭盗扰严重，个别长方形墓圹已不甚规整，墓底平整，多置单棺或双棺，骨架多朽腐无存。

这一批汉代、唐宋及明清时期的墓葬，虽然多被盗扰或破坏，但仍出土有部分可以确认该批墓葬的文化性质与时代的随葬物品。汉代墓葬出土有陶仓、陶罐等，唐代墓葬出土器形有陶罐、瓷壶、瓷碗等，铜器有铜镜，铁器有铁鼎，另有蚌壳等。宋代、清代墓葬因遭严重扰动，仅发现有部分瓷器残片等。此次发掘对于研究郑州地区汉代、唐宋和明清时期的社会文化、生活、葬俗、葬制等提供了一批新的考古学实物资料。

（丁兰坡　魏青利）

【荥阳市中原路汉代墓地】

发掘时间：2017年8～9月

工作单位：郑州市文物考古研究院

为配合河南国奕实业有限公司东润玺城B地块项目工程，开展此次考古发掘工作，具体地点位于荥阳市中原路以北，桃贾路（X032线）以西。

此次共清理汉代墓葬51座。这批墓葬均开口于地层堆积层①层下，砖室墓较多，土洞墓较少，形制较相同，深度较深，墓葬多南北方向，墓道与墓道、墓室与墓室相对应，南北布局，东西排列，较为有序。

墓葬形制主要分为三大类，第一类为"日"字形砖室墓葬，这类墓葬占多数，均为单室墓，由墓道、封门、墓室三部分组成，个别有耳室或侧室。该形制墓葬多4～5座形成一组，排列较为紧密，方向均呈组状，大多坐南向北或坐北向南，个别坐东向西。墓葬间有共存现象，多一排墓葬的墓道与另一排墓葬的墓道相对应，一排墓葬的墓室与另一排墓葬的墓室相对应，极为规律有序。墓道均为长方形竖井状，壁规整，两壁多设置有可供上下的脚窝，墓道底平，封门由小砖错缝平砌、空心砖竖砌及外由小砖封砌内由空心砖砌成三种。墓室多由空心砖砌成纵长方形，底部由空心砖或小砖平铺。墓室少量由小兰砖券砌而成，并有小砖和空心砖混用情况。墓顶有小砖券顶和空心砖平砌两种，形制多较相同，并列墓葬相邻者多共用一个耳室（过洞）。从整体平面排列情况看，应为夫妻合葬墓，与其他地区的"过桥仙"类似，俗称"隔山葬"。第二类为"甲"字形砖室单室墓，多由墓道、封门、墓室三部分组成，仅有一座由墓道、封门、甬道和墓室四部分组成。墓道多为长方形竖井状，另有个别长斜坡墓道，壁规整，底平。封门情况与"日"字形相同。墓室形状多呈长方形或近方形，砖券墙体由兰砖错缝平砌，底部由小砖平铺，多呈"一"字形，个别墓室一侧设置有壁龛或小耳室，墓顶由小砖券顶砌成拱形，均已遭盗扰破坏坍塌，墓圹保存较为完整。第三种为土洞墓，由墓道、封门、墓室三部分组成，墓葬形制结构基本与"日"字形相同，不同之处无砖券。

这批汉代墓葬虽然多被盗扰或破坏，但仍出土有一大批随葬物品，随葬物品中完整的较少，残碎的较多。出土器物中种类亦较多，有陶器、铜器等，器形有陶罐、陶瓮、陶仓、陶灶、陶井、铜洗、铜钱等。

这批墓葬分布于荥阳坛山南侧，分布较为集中且有规律，墓葬形制较为统一，时代特征典型，排列较为有序，应是经过规划的公共墓葬区。通过发掘清理出土了较多重要文物标本，确认了墓葬的文化性质与时代。这些墓葬上迄西汉中晚期，下至东汉中期，为研究汉代中小型墓葬的演变序列提供了丰富的实物资料。

（丁兰坡　魏青利）

【商水县杨单庄汉宋清代墓群】

发掘时间：2017 年 7～10 月

工作单位：河南省文物考古研究院

杨单庄墓群位于商水县张庄乡杨单庄村东北约 200 米处，为配合周（口）南（阳）高速公路修建，确保地下文物安全，河南省文物考古研究院对工程涉及的杨单庄墓群进行了考古工作。发掘面积共 4530 平方米，发现汉代墓葬 105 座，宋代墓葬 4 座，清代墓葬 11 座。出土各类文物 500 余件。

汉代竖穴土坑墓 81 座，砖室墓 24 座。出土器物主要为陶罐、陶壶、陶盒等各类陶器以及五铢、大布黄千铜钱、铜镜、铁器等。其年代为西汉中晚期到东汉初期。其中 M59 为一座空心砖墓，平面呈长方形，南北长 3.9 米，宽 1.4 米，内置一棺。墓中出土了一枚双面小篆铜印章，一面为“宋黡”字样，另一面为“隐阳三老”，这枚印章不仅证实了墓主人生前的身份地位，还为《汉书》等文献记载的“三老”这一官职提供了真实的证据，同时也为研究该地区在汉代的行政区划分提供了实物资料。

宋墓 4 座，皆为竖穴土坑墓，出土器物较少，主要为各类陶器和“咸平元宝”“治平元宝”铜钱等。

清墓 11 座，皆为竖穴土坑墓，出土器物较少，主要是铜钱、铜扣等。

另外，还发掘了窖藏坑、窑址、水井各 1 处。窖藏坑为砖券结构圆形竖穴式，时代为汉代，遭破坏较严重，出土有少量陶片和碎砖块等。窑址为近圆形结构，破坏较严重，未发现有出土物，时代为汉代。水井为土坑竖直壁，时代为清代。

此次发掘的各时期墓葬 120 座，虽部分盗扰严重，但仍出土了一批珍贵的文物，获得了商水地区汉代、宋代、清代的中小型墓葬的第一手资料，对研究商水地区历史时期丧葬习俗的演变、行政区域的划分等问题具有较重要的意义。

（朱树政）

【洛阳汉魏故城宫城太极殿宫院勘探】

勘探时间：2016 年 3～12 月

工作单位：中国社会科学院考古研究所洛阳汉魏城队

在完成对太极殿及太极东堂的发掘后，2016～2017 年，汉魏洛阳城考古发掘工作的重点围绕探明太极殿宫院的四至展开。分别对太极殿宫院东北角院落、北侧廊庑建筑、西侧宫门遗址等进行了发掘；同时结合发掘的晚期遗迹，对北周时期在太极殿宫院营建的夯土基址位置和范围进行了勘探确认。多点发掘、互相佐证的发掘方式，使我们对太极殿宫院的整体布局及时代演变有了较为全面的认识。

整座宫院以太极殿中心殿址及南侧的宫城三号宫门为南北轴线，三号宫门是太极殿宫院的南侧出入口，宫城十四号建筑遗址的大型廊庑门址是宫院的北界，在宫院的东墙、西墙设置有门址。太极殿中心殿址及东西两侧的太极东堂、太极西堂东西一线雄踞于整座宫院北部中央位置。

第一，通过对宫城十三号建筑遗址、十四号建筑遗址的发掘，明确了太极殿周边附属建筑的建筑形态。在太极殿中心殿址，尤其是太极东堂东侧、北侧，还有多座大小不一、功能各异的殿址。这些殿址之间以由夯土隔墙、墙心柱及檐柱组成的连廊相围合，构成一个个较为封闭的院落，院落之间又以门道相连通。

第二，具体了解到太极殿宫院的东界、北界以及东北角的位置和建筑形态，为复原太极殿宫院的整体布局提供了准确的资料。结合此前在三号宫门、太极殿宫城西南角等处发掘资料分析，太极殿宫院平面为长方形，东西面阔约 320 米、南北进深约 370 米。

第三，以往在宫城三号宫门、太极东

堂东侧、太极殿宫院东北角北侧、西南角东侧等地点，多处发现未完工的北周时期大面积夯土基址，2017 年度进行了详细勘探，获得了较为清晰的北周时期营建洛阳宫宫院的建筑基址分布及布局形制结构。发现的北周时期大面积夯土基址，分别位于太极殿宫院的四面，夯筑的基址均位于魏晋至北魏宫院廊庑的内侧，部分打破魏晋至北魏基址。其夯土基址东西宽约 18 米、深 1.8 米～2.5 米。在太极殿宫院的东、西、南三面中段均有外凸的基址，宽达 23 米，厚度约 2.5 米。当与在宫院南面、东面和西面修筑的宫门有关。结合发掘揭露的部分分析，北周时期营建太极殿宫院只建成了建筑的夯土基础部分，并未完全建成。

北周时期营建洛阳宫宫院相关建筑遗迹的确认，对太极殿宫院的时代沿革有了更清晰的认识，尤其北周时期在魏晋和北魏宫院内侧重修的廊庑与宫门基址，虽未完成，但其对前代宫院的沿承关系十分明确。

这些发现进一步丰富了汉魏洛阳城宫城的文化内涵。不仅具体了解魏晋南北朝时期宫室建筑的多样建筑形式和建筑特点，而且从宏观上把握了以太极殿为中心的宫城中枢区乃至于整个宫城的形制布局及时代演变，并进而为探究魏晋南北朝时期国家政治核心的架构提供了科学的发掘材料。

（郭晓涛　刘　涛　钱国祥）

【洛阳汉魏故城宫城十三号建筑遗址】

发掘时间：2017 年 3～12 月

工作单位：中国社会科学院考古研究所洛阳汉魏城队

为继续究明汉魏洛阳城宫城太极殿宫院建筑群的整体建构和建筑空间布局，以太极殿宫院遗址为中心，2015 年，洛阳汉魏城队在太极殿东堂台基的东北侧发现了一座由廊庑围合的大型院落遗址，并对其局部进行了发掘，考古发掘编号为宫城十三号建筑遗址。2017 年，对该遗址进行了大面积发掘，面积为 2800 平方米，具体收获如下。

十三号建筑遗址的院落呈东西向长方形，东西长 96 米、南北残长 27 米，北侧被北周夯土基址破坏。院落内有两道南北向廊庑分隔为西院、中院和东院。中院东西 52 米，两侧院落东西均 19.2 米，左右对称。间隔院落的廊庑上均设有单门道门址，门道宽约 3.3 米。其中南廊中部的门址南北连通中院和太极东堂，东西两侧廊房南部各设一门址分别连通中院与东、西院。此次发掘的东院，西、南、东三面以廊庑合围，中部北侧为庭院，南侧有一房址。房址北向，北面居中有门址通往庭院。房址为东西向长方形，东西宽 10.4 米、南北进深 7 米。根据四周夯土墙内的础坑，确定该房址东西面阔三间、南北进深两间，开间约 3.1 米。房址内部地面为保存较好、做工考究的白灰地面。

院落的外围廊和隔廊均是由夯土隔墙、墙心柱及檐柱搭建而成，廊庑进深 3.9 米，南廊共有 23 间，开间 3.9 米。院落的东围廊同时也是整个太极殿宫院的外围廊，故只在西侧设一排檐柱。该围廊后墙东侧 4.7 米处，另有与其平行的夯墙，宽 1.1 米～1.2 米，发掘长度近 100 米，结合太极殿宫院东南角的发掘，可以确认是太极殿宫院的东墙。在宫院东围廊与东墙之间，为宽约 4.7 米的夹道。这种由围廊后墙和外墙之间形成的夹道，在太极殿宫院西南角也有发现，表明太极殿宫院的东西两侧，由内而外分别为外围廊、夹道和宫院外墙。

在院落的南部还发现一座平面略为长方形的夯土殿基，殿基西距太极东堂台基约 18 米。殿基东西长约 18.3 米，南北宽约 15.1 米，台基的东、北、西三面有宽约

0.9 米的夯墙基址，东、西墙基上各分布有 4 个础坑，北墙基上有 6 个墙心柱坑，表明该基址为一座阔五间、进深三间的殿址。台基南侧居中有一南北向漫道，宽约 2.6 米、南北残长约 5.8 米。在殿址北侧设置有座阔五间、进深一间的廊房，其规格与院落围廊、宫院围廊基本一致。这部分廊房与院落南围廊之间，形成东西宽约 18 米，南北深约 4.1 米的天井，并向西与太极东堂北侧的天井相连。

十三号建筑遗址的发掘是太极殿宫院建筑群考古的重要组成部分，发现的大型院落遗址表明，在太极殿以及东、西堂核心建筑的周边还存在着性质不同、功能各异的建筑单元。这些建筑单元围绕太极殿中心建筑，既有夯土围墙相互分隔，又有门址相互连接，成为太极殿宫院建筑的有机构成部分。十三号建筑遗址南侧的夯土殿基位于太极东堂正东，与太极殿及东、西堂一线分布，应该是太极殿主体建筑的重要单元。为理解宫城核心建筑的表现形式提供了重要的资料。

（钱国祥　郭晓涛　刘　涛　莫　阳）

【洛阳汉魏故城宫城十四号建筑遗址】

发掘时间：2017 年 3～12 月

工作单位：中国社会科学院考古研究所洛阳汉魏城队

2017 年度的工作，继汉魏洛阳城考古发掘的主要目标继续围绕宫城太极殿展开，集中精力确定周边附属建筑的形制结构和整体布局。为确定太极殿宫院的北侧边界，在太极殿北侧进行了大面积的勘探，基本确定的北界的位置。从 2015 年起，洛阳汉魏城队在太极殿北侧区域试掘了一条南北向探沟，发现了较为复杂的不同时期夯土基址，并且发现了东西向的廊庑遗迹。2017 年度为进一步明确上述廊庑遗迹的分布与建筑形制，对太极殿北侧区域进行大面积发掘，考古编号为宫城十四号建筑遗址，发掘面积约 2000 平方米。

宫城十四号建筑遗址的地层堆积较为简单，遗址大面积覆盖在北朝晚期的废弃堆积之下。遗址为东西向的廊庑建筑，南距太极殿发掘区约 30 米。该廊庑基址与太极东堂北侧大型院落的廊庑建筑结构和规模一致，均是由夯土隔墙、墙心柱及两侧檐柱搭建而成，进深与开间均 3.9 米，目前在发掘区内揭露出 14 间。在廊庑南、北两边约 2.4 米处，各有一条走向与廊庑平行的沟渠。沟渠局部残存有砌砖，平底，口宽约 0.6 米。

该廊庑上设有三处门道，在发掘区内揭露了中间和西侧两个门道。东侧门道也经勘探确认，三个门道均间隔六间。门道宽约 3.9 米。门道南北均有慢道，西门道慢道宽约 3.2 米，中门道慢道宽约 3.6 米。慢道在跨越廊庑南北两侧的沟渠时，沟渠顶部局部残存有砖券结构。由此可见，慢道通行的区域，沟渠为暗沟。其中中门道位于太极殿宫院的南北中轴线上；东、西门道则南对太极殿主殿台基北侧的东、西慢道处。经勘探可知，该廊庑与太极殿中心殿址之间再无建筑，其向东延伸，可与十三号建筑遗址东围廊相接。由此推测，该围廊即为太极殿宫院北廊。

从地层堆积和遗迹叠压关系来看，宫城十四号建筑遗址的主体建筑年代不晚于北魏，目前在多处北魏地面之下发现有魏晋时期的铺砖遗迹，但魏晋时期的具体建筑布局形制上不清楚，还有待于进一步解剖发掘确认。

十四号建筑遗址的发掘基本确定了北魏太极殿宫院的北界，其建筑形式为一组大型两面坡的东西向长廊，在长廊上，开辟有三处单门道门址用以连接和北部下一组宫院的交通。为进一步明晰太极殿宫院的四至以及整座宫院的时代沿革提供了重要的考古学实证资料。

（郭晓涛　钱国祥　刘　涛）

【曹操高陵陵园遗址】

发掘时间：2016 年 11 月 ~2017 年 5 月

工作单位：河南省文物考古研究院、安阳市文物考古研究所、曹操高陵管理委员会

为配合高陵保护展示工程建设，经国家文物局批准，诸单位联合对位于河南省安阳市西高穴存南部的曹操高陵陵园及建筑遗迹进行了发掘。

此次发掘发现了曹操高陵陵园的垣墙、壕沟、神道及相关建筑遗迹，确认高陵存在地面建筑。陵园整体为内垣外壕的结构，M2 即曹操高陵为陵园的中心，M1 的年代要早于陵园，M1 在陵园建造之前已经被废弃回填。建筑遗迹分布于陵园的东部和南部。其中东部建筑位于东部壕沟外侧，被神道分为南北两个区域。南部建筑位于陵园南部垣墙与陵墓（M2）之间。发掘表明东部闸门沟及东北部的夯土遗迹都要晚于陵园，与陵园布局没有直接关系。陵园建筑遗迹总面积 2000 余平方米，但是建筑废弃堆积十分稀少。垣墙仅余基槽部分，地面平整。壕沟被回填并大部分夯实。根据这些特征判断，陵园建筑可能被有计划拆毁，并对建筑废弃堆积进行了仔细清理。结合这些特征判断，这次陵园毁弃行为可能与文献记载的曹丕毁陵园活动有关。

陵园东北角被另一个墓葬打破。该墓葬坐西向东，斜坡墓道的南北两侧有台阶，与高陵 M2 及洛阳西朱村曹魏时期墓葬具有相似的结构特征，可能是在陵园毁弃之后祔葬于高陵的墓葬。由于施工原因，目前暂未开展发掘工作。

高陵陵园建筑的存在反映了曹操在当时不同于一般诸侯王的特殊地位，其布局特征与东汉帝陵明显不同，但与北魏帝陵存在一定的相似之处，表现出比较独特的时代特征。此次对陵园的大面积发掘揭露了陵园的主体建筑结构，厘清了与高陵相关的若干问题，为全面解读高陵文化内涵和曹魏时期贵族墓葬丧葬制度提供了新材料。

（周立刚　李世伟）

【周口市港口物流园区建设项目晋代墓葬】

发掘时间：2017 年 12 月 2 ~26 日

工作单位：周口市文物考古管理所

为配合周口市港口物流园区 3 号港池工程建设，周口市文物考古管理所对施工中发现的 3 座墓葬进行考古发掘。

工地位于周口市港口物流园区内，西距周口市区约 14 千米，北邻沙颍河约 100 米，西距大广高速约 1000 米，东南邻后范营村。2016 年 5 月在 6 号港池的施工中也发现过大型墓葬。2017 年 3 月在港口物流园区未来家园工程的建设中也发现了 2 座同时期的大型墓葬。

此次共发现古墓葬 3 座，2 座上有封土，封土距现地表约 2.3 米，封土直径约 18 米，高约 2.3 米。封土经夯打，夯层厚 10 厘米 ~16 厘米。墓葬均开口于第③层下，开口距地表 4.2 米 ~4.6 米，底距地表 5.6 米 ~5.8 米，深 1.2 米 ~2.4 米。

M1 墓室南北长约 13 米，东西宽 4.4 米，残深 1.2 ~2.2 米。墓葬平面呈多边形，为南北向半地穴式多室砖室墓。M1 由墓道、封门、甬道、前室、前室西耳室、前室中室通道、中室、中室西耳室、东回廊、主室、小龛 11 部分构成。墓道在南，小龛在北。甬道、通道、主室、耳室、回廊顶均为拱形顶，在它们的端部有复卷。中室、前室顶为四角攒尖顶。M2 平面呈多边方形，为南北向半地穴式多室砖室墓。M2 分为东西两部分中间有通道相连，主要由东西墓道、封门、甬道、前室、前室耳室、前室东西通道、前室中室通道、中室、中室耳室、中室东西通道、主室、小龛 12 部分构成。墓道在南，小龛在北。甬道、通道、主室、耳室、回廊顶均为拱形

顶，在它们的端部有复卷。墓壁为错缝平砌，由底向上为四平一杂、六平一杂、四平一拔。共用6种花样的砖砌筑。墓底为东西向或南北砖平铺，先铺底再砌墓壁。墓壁应绘有壁画，但是脱落无法分辨。

M3平面呈长方形，为南北向半地穴式多室砖室墓。M3主要由东西墓道、封门、甬道、东西通道、主室5部分构成。墓道在南，拱形顶，弧形封门，墓底“人”字形砖平铺，北壁东向侧砌。先铺底，再砌墓壁，墓壁为错缝平砌。

这三座墓葬均遭到严重的破坏，有的墓葬盗洞多达十余个，但还是出土了40多件文物，主要有陶楼、陶狗、陶猪圈、陶案、陶灶、陶耳杯、陶壶、博山炉盖、陶罐、陶鸡、陶盘、铜钱、铜带钩、铁刀等。这其中陶楼最珍贵，共分三层，通身绿釉，体量较大，是周口市近二十年出土的最为重要的珍贵文物之一。

从墓室结构和出土文物来看，这三座古墓的时代应为三国至晋。从出土的墓葬型制和规模来看，这三座墓的主人身份非常高，应是地方最高长官。此处应为一处三国至晋时期大型的墓群。

（焦华中）

【隋唐洛阳城宁人坊东南隅建筑遗址】

调查、发掘时间：2017年3～12月

工作单位：洛阳市文物考古研究院

在2016年发掘的基础上，洛阳市文物考古研究院对宁人坊东南隅建筑遗址中线北段继续清理，逐步摸清了在这条线上的建筑分布状况和界限。这组建筑是以方形夯土台基为中心，向北由院落、房屋、道路、院墙组成的建筑群。院落有两处，房屋南北向至少四进，最北端为院墙，院墙之外为坊内东西向十字街。

中心方形夯土台基以北约25.5米的范围内未发现建筑遗迹，此为第一处院落，此处地势略低，地层内砖瓦等遗物较少，土质略松。再向北约9米范围内，土质较硬，界限明显，北端残存有东西向平铺青砖，该范围属建筑遗迹。再向北约10米，有一条宽2米、深0.6米的东西向晚期排水沟，沟内填土为淤土，并包含有砖瓦等建筑构件。排水沟以北约27米范围内有大量活动面、砖磉墩、平铺砖、灶坑等，此范围属房址，南北至少3间，进深7米～8米。房址东出探方，西侧有一宽0.95米，南北残长6.15米，用卵石铺就的散水，东高西低，西（外）侧卵石规则排列。此处房址分布较为密集复杂，房屋东西跨度约为5米～7米，因东侧出探方，详细情况待下一步的考古工作。再向北属第二处院落遗址，此处灰坑较多，地层中砖瓦等包含物也较多，其中一个平面圆形，直径1.5米、深1.7米的坑中出土了大量砖瓦和少量瓷器碎片，瓦片中以板瓦占绝大多数，其他灰坑中也出土了较多砖瓦。此院落可能为该建筑群的后院，南北跨度约10米。再向北有一条东西向的夯土条带，其土质较硬且纯净，边界平直，推测可能为建筑的北墙基槽，南北宽1.5米左右。再向北为坊内东西向十字街路土，踩踏痕迹明显，分布有东西向车辙。路土南北宽约15米，东西出探方。

该区域还出土有少量陶质佛像、白瓷碗、白瓷钵残片、开元通宝铜钱等。

（屈昆杰）

【宜阳县隋唐福昌城遗址】

调查、发掘时间：2017年5～12月

工作单位：洛阳市文物考古研究院

《隋书·地理志》曰：“宜阳……有福昌宫。”《旧唐书·地理志》载：“福昌，隋宜阳县。……武德元年……仍改熊州之宜阳为福昌县。”《新唐书·地理志》载：“福昌，畿。本宜阳……（武德）二年更宜阳曰福昌，因隋宫为名。”

福昌城遗址位于今洛阳市宜阳县韩城

镇福昌村北塬上，南临323省道，距洛河约1.5千米，北部和东部被仁厚河环绕，西、南两侧为断崖，北距郑卢高速公路约1千米，东距宜阳县城约25千米。遗址中心地理坐标为北纬34°28′42.10″、东经111°52′32.56″，海拔280米。遗址西南角为省级文物保护单位——福昌阁。2016年1月，洛阳市文物考古研究院对福昌城遗址进行了初步调查，大致确定了遗址的范围、年代，推断遗址可能为隋代的福昌宫，为东西两京故道上的重要离宫。

为了解福昌城遗址的具体分布范围、文化内涵及保存现状，洛阳市文物考古研究院对福昌城遗址进行了大范围的勘探调查与考古发掘。截至2017年底，勘探面积3.5万余平方米，发掘面积900余平方米。考古工作基本了解了城址的分布范围及保存状况。城址依地势而建，平面呈不规则形，地势较平坦，东西长约850米，南北宽约170米~600米，总面积约30万平方米。地表现残存有东、西两道夯土墙。西墙残长15米、宽约7.5米、残高1米~1.7米。东墙保留较为完整，残长120余米，宽3米~5米，高4米~6米。在城内中部发现有商周时期的灰坑、隋唐时期的人类活动踩踏面，以及数座宋金时期小型墓葬和水井等遗迹现象，出土有少量瓷器、铜钱和较多外素面内布纹板瓦残片和绳纹砖等建筑构件。

通过此次调查和发掘，更清楚地了解了福昌城遗址的分布范围、时代属性、文化沿革等，为下一步的考古工作提供了重要资料。

（赵晓军）

【洛阳市隋代回洛仓遗址】

发掘时间：2016年10月~2017年6月

工作单位：洛阳市文物考古研究院

经国家文物局批准，继续对回洛仓进行主动发掘，发掘面积1000平方米。发掘工作的目的，是为了解回洛仓管理区内钻探出的灰坑是否与回洛仓内遗迹有关。此次清理出仓窖1座、灰坑1个、墓葬7座。

此次发掘出仓窖1座，编号为C221号。仓窖位于T17探方内，开口于④层下，距现地表深1.2米，夯土基槽开口直径16.5米，残存仓窖口直径12.9米，仓窖底距现地表深7.5米。仓窖均呈口大底小的圆缸形。仓窖口、仓窖壁均塌落严重。仓窖内均为纯净的淤土堆积，从淤土堆积情况看系自然形成，无人为回填的迹象。在仓窖近底部的周壁保留有木板灰所组成的“防潮层”等遗迹。仓窖底平坦，经过夯打，仓窖底堆积分为自下而上的青膏泥、木板，未发现有残存的席痕。木板已腐朽呈青灰色，但木纹清晰，木板铺设的方法保存基本完好。木板的铺设方法是，木板在仓窖中心部位木板呈东西向并排铺设，板宽约20厘米、厚3厘米，在窖底周围则采用环窖心的圆形方法铺设，板宽约20厘米~23厘米、厚3厘米。仓窖内遗物出土的遗物较少，主要是隋唐时期残碎的陶片。

位于T18探方内④层下清理出编号为H1的隋代灰坑1个，出土有隋代砖瓦等遗物。尤其重要的是，首次发掘出与回洛仓仓储有关的完整铭文砖1件，此外还出土有带铭文的残砖7件。铭文详细记载了管理仓窖的机构为“太仓署”，仓名为“新都仓”，以及储粮的数量，粮食的来源，仓窖在仓城中的具体位置，粮食入窖的年、月、日，各地与回洛仓粮食有关的官员姓名等重要文字记载，再次确定该仓城为隋代文献记载的回洛仓。

此次清理墓葬7座。这批墓葬均被多次盗扰，墓内随葬品已基本无存，但是墓葬形制保存较好。其中西晋墓葬2座，均为长斜坡墓道土洞墓。墓道位于墓室南部，方向180°。墓葬由墓道、墓门、前室、后室几部分组成。墓道因出发掘区的探方，均未全部清理。墓道口宽1.2米，墓道底距现地表深 7 米 ~ 8 米。前室平面呈方形，底铺青砖，长、宽各 2.9 米，后室长 2.7，宽 1.36 米，墓室顶部已塌落。墓内骨架已被扰无存。前室内残存有少量被盗扰的陶器及碎片。可辨明器形的有陶灶、陶磨、陶灯、陶鸡、马、武士俑、多子盒、帐座、四系罐等遗物。

宋代墓葬 5 座，均为靴形土洞墓。墓道长 2.2 米、宽 0.62 米 ~ 1 米，墓室长 2.8 米 ~ 3.1 米、宽 1.7 米，深 4 米 ~ 5 米。大部分墓内骨架已被扰无存，个别墓为仰身直肢葬。墓室内残存有少量被盗扰的陶瓷器及碎片。可辨明器形的有陶罐、瓷碗、铜钱等遗物。

此次发掘有助于全面了解回洛仓管理区南部的遗迹保存情况，出土了重要的纪年铭文砖，为研究隋代大型官仓的仓储制度及粮食储藏管理等提供了宝贵的实物资料。

（王　炬）

【洛阳市龙门石窟唐代香山寺遗址】

发掘时间：2017 年 4 ~ 11 月

工作单位：北京大学考古文博学院、龙门石窟研究院、洛阳市文物考古研究院

龙门石窟香山寺是唐宋时期龙门石窟周边著名的十寺之一。香山寺遗址位于龙门东山南端山麓多级台地上，坐北面南，中心地理坐标北纬 34°32′49″，东经 112°28′40″，海拔高程 209 米 ~ 236 米。初步勘查，遗址总面积 4 万多平方米。

经国家文物局批准，三方联合组成的香山寺考古队，开展了龙门唐代香山寺遗址考古发掘项目第二年度的工作，主要发掘了香山寺遗址第三台地堆积部分。

2017 年度主要是对遗址区最高台地上中部靠东的建筑基址进行了考古发掘。发掘区共布 5 米 ×5 米探方 32 个，总发掘面积 800 平方米，主要发现了塔基（为区别于 2016 年发掘发现的塔基，此处塔基暂称为塔基二）；另发掘遗址北侧万佛沟内第 1 号窟前建筑遗迹，均取得了重要的阶段性成果。

一　塔基区发掘

地层堆积：塔基二区高台堆积一般约 1.3 厘米深，自上而下划分为三个堆积层，分为地表堆积、扰乱堆积和建筑遗迹。整个地层堆积基本呈水平分布。遗迹：在发掘区中心偏北的位置发现一个边长 8.1 米的方坑，方向为北偏东 13°。方坑底距离地表面约 1.3 米，坑口距地表面约 45 厘米，方坑深约 85 厘米。坑内为大量碎砖、土堆积，坑中部为塔基塔芯或地宫，已扰乱，中间出土一石函，石函已被扰动、翻转，成侧翻状包裹于由碎砖块、土构成的堆积中。石函顶暂未发现（塔基塔芯还未清到底）。在方坑外东侧距离右侧坑边 2.5 米处发现两处由碎石块堆积的近圆形遗迹，推测为磉墩，磉墩直径约 1.2 米，南北向相距约 4 米。在方坑外西侧紧邻方坑发现一片呈倾斜状的铺砖堆积，南北长约 4.5 米，东西宽约 2.5 米，铺砖面呈西北高东南低分布，西北部铺砖相对完整，东南部砖多残损；西北部为单层铺砖，东南部为多层铺砖，最多部分达到 9 层铺砖。在塔基堆积南部发现三处建筑遗址，距塔基方坑西南角南约 12 米、西约 1 米处发现一处呈“L”形的铺砖面，从北向南依次由一层平立砖、一层斜立砖和一层平铺砖构成，平铺砖用大方砖铺成；距方坑正南边约 10 米处，发现一长约 1.2 米的铺砖面，方向与方坑相同，从北向南依次由二层平立砖，一层斜立砖和一层平铺砖构成；距离方坑东南角约 8 米处，发现一长约 2.5 米的铺砖面，均为东西向平铺，方向和方坑相同。

遗物：出土物主要有石函、大型刻划纹石条、石刻造像残件、经幢残块、陶瓷器、铜钱、铁器、瓦当及大量砖等。初步认识：发现的方形大坑、夯土、砖铺面等

建筑遗迹和出土的大量碎砖，初步推测此处原为砖塔。方坑应为塔基，为地表下埋藏的基础部分；塔基中心出土的石函，推测为地宫埋藏之物，惜被扰动，其功能可能为舍利函，说明塔基中心曾有地宫；塔基前（南侧）的房基、道路等遗迹，对了解香山寺中的塔、道路、房屋等的相对布局关系有重要意义；塔基所在为寺院遗址中地势最高、面积最大、视野最好的平台，显示了当时该砖塔位置的重要性，为研究寺院中的殿、塔布局提供了重要资料。

二　瘗窟清理

考古人员在2016年对香山寺遗址北部万佛沟第1号窟（北崖壁上新发现瘗窟）窟前遗迹进行清理工作的基础上，2017年度继续开展了清理工作，开两个5米×5米探方将窟前崖壁清理到底，同时在洞窟西侧崖壁上清理出了从万佛沟底步行上洞窟的原始道路，共清理面积近200平方米，发现了窟前建筑遗迹和塌毁后的建筑构件以及生活用品等，取得了重要成果。

地层堆积：遗址完全位于斜度很大的山坡上，其地层堆积较厚处地层可分为四层。第①层为表土层，第②层为黄色土，夹杂有碎石，有零星瓷片瓦片出土，包含一层散乱分布的乱石。第③层为黄褐色土，其中有较多的石质瓦垄、石立柱、石门等残件。第④层为深褐色，土质较纯净，含大量砖瓦、瓷片及石瓦垄残件。遗迹遗物：新发现遗迹有路面，在西侧崖壁上则发现宽约80厘米的较平整路面，沿此路面向西可一直延伸至万佛沟底。遗物：出土物有瓷器、陶器、铁器、白灰块及木炭痕迹、碎瓦片、石碑残件，石立柱，石瓦垄等。初步认识：该处洞窟应与香山寺有一定关系，或者为香山寺的一处别院。其窟前平台面向西山视野开阔，说明其选址是经过详细的考察和设计的；根据洞窟形制和窟前平台的设计推测西侧洞窟为禅窟，东侧洞窟内或放有活动像，窟主生前可能为在龙门一带活动的高僧，或是社会地位较高的佛教徒，生前在此活动。高僧圆寂后，门人弟子将其骨灰或遗体直接放入西侧洞窟内并将窟门封上，形成瘗窟；通过对窟前崖壁上堆积的清理，根据崖面的走势和遗迹可以判断最初上瘗窟的通道应为从西侧的万佛沟内延伸过来，即沿着窟前西侧的山势而上，并与窟前清理出的方石垒砌而成的台阶连接起来。

2017年度的考古发掘，初步揭露了龙门唐代香山寺的最高台地上的塔基建筑基址、部分附属设施及万佛沟新发现瘗窟的窟前建筑全貌，初步了解了台地上的地层堆积和遗迹的文化面貌。出土遗迹遗物对研究唐代香山寺的寺院布局、塔基的构造、建筑的毁坏、唐代僧尼的瘗葬龙门、窟前建筑构造、文化内涵等问题有着重要价值。

2018年，香山寺考古队拟继续开展第三年度的香山寺遗址考古发掘工作，将在探究寺院整体布局、建筑构造、基址的功能、使用过程、文化内涵等方面继续深入，主要拟对寺院遗址第三台地塔基区和塔前院落堆积进行全面发掘，以全面了解塔基结构和前部、西部的建筑遗址，以期获得更全面的认识。

（路　伟　韦　正　李兴隆　朴南巡）

【项城市姜胡同村唐代纪年墓】

发掘时间：2017年2月19～26日

工作单位：周口市文物考古管理所

2017年2月初，周口市文物考古管理所对河南省项城市新桥唐墓进行了抢救性清理。该墓出土随葬器物有三彩器、瓷器、铜器、铜钱、漆器、玉石件及纪年墓志砖。其中“贞元六年”纪年墓志砖，为该地区唐代墓葬提供断代标尺。

2017年2月初，河南项城市新桥镇姜胡同村村民在宅基地取土时发现一座砖室墓，村民张永升立即向有关部门进行上报。墓葬位于姜胡同村南河沟“弓弯”北岸处。墓葬平面为近宫扇形，带墓道竖穴砖室墓，坐北朝南，墓壁外凸呈弧形，由墓道、甬道、墓室组成。因墓葬位于农家宅基地上，我们只能进行以抢救文物为主的清理。墓道位于甬道正南，已被早期村民取土挖去，残宽 1.36 米，近封门处残深 0.6 米，长度及形制不详。甬道为砖砌，平面为梯形，拱顶已被毁坏，南内宽 1 米，北内宽 0.9 米、进深 0.33 米、残高 0.65 米。墓室平面南窄北宽，近梯形状，墓室空间分南北两部，北部为砖砌棺床，南部为墓底，未铺墓砖。墓室南北长 2.62 米，北起弧部宽 2.27 米，中部棺床处宽 2.4 米，南起弧部宽 2 米、高 0.6 米。棺床沿墓室北壁用残砖东西向平砌，东西长 2.4 米、南北宽 1.43 米、高 0.38 米的棺床。墓壁外弧，四壁用青砖砌筑。用砖长 0.32 米、宽 0.155 米、厚 0.048 米。砖饰纹饰有三种，一是在砖窄沿饰三联外圆内方的圆钱纹。二是饰对角棱形方格纹，棱形方格纹中间为一完整棱形纹，两侧各饰一半棱形。三是文字，有“大吉”和“大吉昌□”两种，字为汉隶体。

随葬器物（出土遗物）出土遗物共计 13 件，有三彩器、瓷器、铜器、漆器、铜钱、玉石件和墓志砖。

青釉碗，敞口，尖唇，折腹，饼形足，足缘无斜削痕迹，褐红胎。釉色为青釉，器内满釉，器表施半釉，器心有积釉，剥釉严重。酱釉盘口壶，小盘口，圆唇，短束颈，溜肩，长鼓腹，平底。灰白胎。釉色为酱釉，器内满釉，器表施釉至下腹，施釉肥厚，有多处积釉，釉有均匀开片。青釉四系罐，2 件。一件尖圆厚唇外翻，短直颈，四系有两系残缺，丰肩，鼓腹，下腹斜内收，平底，褐红胎。釉色为青釉，器表施釉至下腹，釉层较薄，有垂釉现象。另一件尖圆厚唇外翻，短直颈，四系残缺，溜肩，长鼓腹，下腹斜内收，平底，褐红胎。釉色为青釉。器表施釉至下腹，垂釉严重。

银钗，呈“U”形，两端细，中间粗。截面呈圆形。

六花枝葵花镜，六出葵花形，内缘圆形。圆形钮，纽外饰一周凸起的连珠纹将镜面分为内外两区。内区饰六个较小的单元纹饰，四支花，一蜜蜂，一蝴蝶，蜂蝶相对应。外区饰六支二种不同的折枝花，一种枝叶茂盛，枝头有三朵花；一种花开叶枝中。铜洗，口微敞，腹壁近直，底近平。铜勺，勺斗半球形，长曲柄。柄正面有刻划线。长柄断裂，勺体锈蚀严重。出土铜钱共 29 枚，其中“开元通宝”28 枚，“乾元重宝”1 枚。“开元通宝”钱，圆形，面背均有内外郭。“开元通宝”分为武德开元、月痕开元和小径开元三型。

玛瑙珠 1 件，圆形透明体，中间一孔。漆盘敞口，圆唇，浅腹，腹壁弧曲下收，近平底。器表红褐色。腐朽严重。

三彩炉，卷沿，圆唇，鼓腹，圜底，肩部有 4 处浅浮雕宝相花，下附三兽形足（残缺）。粉红胎，上颈部施黄褐釉，颈以下施蓝白釉，釉色绚丽多彩。

墓志砖，为青灰砖稍加磨制而成。近正方形，边长 34 厘米，厚 6 厘米。志文阴刻楷书，9 行，共计 72 字。志文如下：

上陳州┘南頓縣武臺鄉┘平丘里藥解村先歿故人┘畢子瑜先亡九年┘儿□（封）先七（亡）十少璘┘

□（小）穎州┘沈丘縣鲖陽鄉┘思忠里□遇村孫二娘┘以（地）孫景脩□（母）□（张）□（二）娘□（阎）□（村）┘貞元六年四月四日銘傅□（记）。

综上所述，从出土墓志砖志文可知，文中记录墓主人华子瑜先亡九年（781），夫人孙二娘与其在贞元六年（790）合葬于此。墓志的出土为界定墓葬时间，提供确凿的证据。该墓年代应为 790 年。墓志文中提及的陈州、南顿县、五台乡、平丘里，药解村以及颍州、沈丘县、鲖阳乡、思忠里这些古地名，对考证地方行政建制的沿革和地名演变有一定的参考价值。以往豫东南地区不曾发现唐隋明确纪年墓葬，此次发掘填补了这一地区唐代纪年墓葬的空白，为豫东南地区隋唐墓的断代提供了新的标尺，同时为研究豫东南地区的历史文化提供了珍贵的资料。

该墓出土器物，相比较同区域扶沟县赵洪达墓器物组合有明显区别，具有明显本地特征。按隋唐分期姜胡同古墓应属第三期中唐时期墓，但从墓葬形制上和隋唐一期相似，都为“凸”字形砖室墓，与扶沟县赵洪达墓葬形制相近。按随葬器物属性来说，中唐表现出墓主人官品爵位的仪仗俑群和镇墓用的镇墓兽、天王俑等全部消失（徐殿魁杏园4墓），取而代之的实用器物比例大幅度增加。出土13件器物全部是实用器物，不见前两期明器组合。当然不否认，一座墓内随葬品的多寡种类，还往往要受多方面因素的制约，如墓主的官品级别、身份地位，乃至家境状况、社会关系、门望宗族等。该纪年墓葬分期是否存在很强的地域性，是否符合南方隋唐中期墓葬形制有待进一步研究。

（杨苗蒲）

【商水县王楼唐宋金遗址】

发掘时间：2017年10～12月

工作单位：河南省文物考古研究院

王楼遗址位于商水县舒庄乡王楼村东，为配合周（口）南（阳）高速公路建设，河南省文物考古研究院对工程涉及的王楼遗址进行了勘探和发掘。

经勘探，遗址面积约14万平方米。完成发掘面积1900平方米，发现宋金时期灰坑18个、井1口、沟3条、墓葬56座，此外发掘唐代墓葬2座。出土陶、瓷、铜、铁等质地文物数百件。

灰坑有圆形和不规则形两种，其中有4个应为窖穴。水井平面呈圆形，井壁竖直。沟呈长条状，沟内堆积为较疏松的浅灰土，含有少量红烧土粒和灰土颗粒。

宋金时期墓葬皆为小型墓。其中土坑竖穴墓53座，多为二次迁葬墓，人骨较散乱。随葬品有陶器、瓷器、铁器和铜钱等。砖室墓3座，仅墓底铺有少量青砖，被破坏严重，人骨保存较差。唐代墓葬2座，皆为砖室墓，呈“船”形（墓室两侧弧形，整体似一艘船），且为合葬墓，随葬品有瓷器、铜钱、铜镜等。唐代“船”形墓在河南地区较少见，而江浙地区较多。

此次发掘对了解唐、宋、金时期该区域民众的迁徙及丧葬习俗的演变有一定意义。

（朱树政）

【鹤壁市淇滨区辛村明清时期家族墓葬群】

发掘时间：2017年8～12月

工作单位：河南省文物考古研究院、鹤壁市文物工作队

该墓葬位于鹤壁市淇滨区金山办事处辛村路口以西。为配合鹤壁市新建快速通道拓宽项目，共发掘明清墓葬20多座。墓葬分四类：竖穴土洞室墓、砖石混合墓、砖室墓、竖穴土坑墓。部分墓葬封土仅残有底部，少数地表存有墓碑。随葬品以黑釉瓷罐、镇墓瓦、铜钱为主。多为夫妻合葬，或一夫一妻，或一夫多妻，少数为二次迁葬墓。其中一座为砖石混合墓，墓门为石质仿门楼式，墓门上阴雕刻莲花、向日葵等纹饰，二十四孝图中“哭竹生笋”“卧冰求鲤”等四幅主题图案。除了仿木结构石质门楼墓门外，一座墓葬的室顶部用鹅卵石堆垒而成，呈乌龟造型，乌龟头部高20厘米，填土中处还有仿书式的砖，暗寓“灵龟负书”。墓域内还发现以砖堆垒的乌龟，乌龟头部、前爪用铁犁装饰。以碎石堆积而成的乌龟造型在全国颇为罕见，对研究明清时的风水观念、民间乌龟信仰提供了重要的材料。

（韩朝会　牛合兵）

湖北省

【松滋市关洲新石器时代遗址】

发掘时间：2015 年 11 月 ~2017 年 6 月

工作单位：湖北省文物考古研究所、松滋市博物馆

关洲遗址位于松滋市陈店镇全心村四组，属于长江江心洲。遗址东西长约 500 米，南北宽约 50 米，总面积约 25000 平方米，是目前发现的同时期面积最大的遗址。

2015 年 11 月至 2017 年 6 月，湖北省文物考古研究所对关洲遗址进行了考古发掘和整理。发掘区选在遗址东部临长江北岸，共布 5 米 ×5 米探方 13 个，共计发掘面积 325 平方米。

一　年代

整个遗址地层堆积厚达 10 米，共分为 11 层。地层时代从新石器时代延续到明清时期。其中第⑤ ~ ⑪层为新石器时代文化层。第⑪层下的淤沙较为纯净，仍含有少量陶片、鱼骨和淤沙，因长江水位上涨而停止发掘。新石器时代文化层埋深距地表约 7 米 ~9 米，发现城背溪文化和大溪文化两个时期的文化遗存。经对遗址地层剖面采集炭屑测年，关洲遗址城背溪文化时期的绝对年代大致为距今 8500 年 ~7700 年，相当于于澧阳平原彭头山文化晚期和皂市下层文化，是目前发现的鄂西地区最早阶段的新石器时代的文化遗址之一。

二　聚落

遗址大致沿长江呈狭长的带状分布，主要遗迹类型有土坑墓、红烧土建筑遗迹、灰坑、陶片堆积、废弃鱼骨堆积等，说明在距今 8500 年的新石器时代早中期，长江沿岸已经出现了比较稳定的较大规模的定居聚落。这对于我们认识城背溪文化时期的人类聚落形态、生业类型、文化面貌均具有十分重要的意义。

三　遗物

遗址出土大量城背溪文化时期的石器、陶器、骨器、鱼骨。陶器制作工艺较为原始，器形有釜、罐、盆、盘、钵、支座等，纹饰以交错细绳纹、刻划纹数量较多，刻划纹形态多样，有成组分布的几何状纹饰，也有水波纹、篦划纹、压印草叶纹等。在一块陶器的底部还发现压印的稻穗纹样，说明水稻种植已经是当时人类重要的食物来源。石器以打制为主，亦有少量磨制石器。需要注意的是，遗址还发现了大量的兽骨和密集成层分布的鱼骨，主要种类有青鱼、草鱼、鳙鱼、鲇鱼、鼋、猕猴、狗、黑熊、水獭、獾、猪、梅花鹿、黄麂、水牛以及鸟类等。食物来源的广谱性，说明渔猎经济仍然比较发达，是人类食物资源的重要补充。

关洲遗址的发现与发掘，为研究鄂西最早阶段的文化城背溪文化及其来源、长江河道演化史及提供了非常重要的资料。

（刘　辉　赵　军）

【钟祥市寨子山新石器时代遗址】

发掘时间：2017 年 10 月 ~2018 年 2 月

工作单位：湖北省文物考古研究所

寨子山遗址位于钟祥市洋梓镇大桥村三组向家畈南边寨子山，西南距钟祥市区

约10千米，东北与大桥村村部隔河相望，地处大洪山西南麓、襄荆通道汉江东岸的山前地带。北纬31°14′34.25″，东经112°40′39.38″，海拔50米~70米。寨子山是一近东西走向的小山岗，北边为东西流向的汉江支流张家大桥河，西边为一条南北流向的小溪。遗址面积约10万平方米，主要位于寨子山背水避风的南坡上。

为配合枣潜高速公路的建设，经国家文物局审批，依考执字〔2018〕第（022号），对寨子山遗址进行勘探发掘，分三个发掘区，发掘面积600平方米。第一发掘区为主发掘区，寨子山西南山脚边，位于工程正线上，布5米×5米探方16个，发掘面积400平方米，共发现新石器时代长方形土坑竖穴墓17座，瓮棺墓6个，房子1座，灰坑66个，灰沟2条，时代为屈家岭文化至石家河文化早期。第二发掘区位于寨子山西坡上，布10米×10米探方1个，共清理油子岭文化晚期墓葬3座，屈家岭文化时期房子1座，灶1个。第三发掘区位于寨子山山鞍部，布5米×5米探方4个，共清理屈家岭文化时期红烧土带1条，灰坑1个。TG1位于寨子山山顶寨子内，发现屈家岭文化时期建筑遗迹1处。

在东区即第一发掘区发现的17座新石器墓葬中，只有7座出土随葬品。其中M3为屈家岭文化时期墓葬，仰身直肢葬，随葬5件陶器，分别为罐1、碗1、鼎2、彩陶杯1；M15为石家河文化早期墓葬，仰身直肢葬，随葬15件陶器，分别为罐6、碗4、鼎2、杯1、壶1、器盖1。在西区即第二发掘区发现的3座油子岭文化晚期墓葬中，M18和M19为分器合葬墓。M18为成人和小孩东西并排合葬，均为仰身直肢葬，随葬陶器均位于腿脚部，均为黑陶小明器；成人为鼎1、簋2、曲腹杯1、豆1；小孩为簋3、鼎1、曲腹杯1；在脚端西侧熟土二层台上随葬12具猪下颌骨。M19为三个成人东中西并排合葬，均为仰身直肢葬，其中东侧人骨的下半身腿骨呈四根垫于盆骨下，随葬陶器均位于腿脚部，均为黑陶小明器；东侧为簋3、鼎1、豆1、曲腹杯2；中间为簋3、鼎1、罐1、曲腹杯1；西侧为小簋1、大簋1；在脚端东侧熟土二层台上随葬21具猪下颌骨。

油子岭文化晚期墓葬揭示了极为复杂的早期丧葬文化，其分器合葬、残肢葬、随葬陶器明器化、随葬大量猪下颌等现象背后包含着复杂的人际关系、阶层关系、丧葬制度、财富分化和文化交流等，这些都是早期社会复杂化的具体体现。西区油子岭墓葬随葬大量的猪下颌和东区出现许多埋藏整猪的灰坑以及磨光黑陶猪的发现，都表明该遗址对于猪的利用已经相当成熟并具有一定的规模。遗址出土的人骨及动物骨架保存较为完好，为体质人类学和族群DNA研究提供了很好的实物样本。另外，在遗址东区出土的许多屈家岭至石家河早期的陶器器底或器腹上发现有较为复杂的刻划符号，这为文字起源的研究提供了非常重要的实物资料。

通过这次调查勘探和发掘，发现寨子山遗址是一处规模较大的新石器时期聚落遗址，其保存较好，内涵丰富，时间涵盖油子岭文化晚期、屈家岭文化时期至石家河文化早期。该遗址的考古发现为长江中游文明进程研究提供了非常重要的实物资料。

（陆成秋）

【孝感市孝南区王家坟新石器东周及明清时期遗址】

发掘时间：2017年6~8月

工作单位：湖北省文物考古研究所

王家坟遗址位于孝感市孝南区朋兴乡胜光村杀猪湾北，滠水的西岸，滠水的支流罗家河成半环状从遗址的西边流过，南距叶家庙城址约2.5千米，遗址中心位置地理坐标为北纬31°00′01.0″，东经113°

53′46.6″，海拔 24 米。受湖北省文物局委托，为配合汉十高铁的建设，湖北省文物考古研究所、孝南区博物馆组成了联合考古队对孝感市孝南区王家坟遗址进行了抢救性发掘。

此次发掘在遗址北端布设了 5 米 ×5 米的探方 7 个，以正北方向为正方向，完成发掘面积 175 平方米。王家坟遗址发掘所发现的地层一共分为三层，第①层为表土层，厚约 0～40 厘米，浅灰褐色或者夹白锈斑，质地较硬，含植物根茎及近现代砖块、瓦片、瓷片等，还见有零星的红烧土颗粒及新石器时代的陶片；第②层为东周文化层，深约 10 厘米～90 厘米不等，厚约 15 厘米～60 厘米，仅在西边两个探方偏东部有分布，出土陶片以夹砂红陶为大宗，从鬲口沿、鬲足的特征来看，该文化层所出遗物年代位于东周时期；第③层深 28 厘米～52 厘米，厚 0～25 厘米，浅黑灰土，质地较松软，夹杂较多的烧土及木炭颗粒，出土大量屈家岭文化时期陶片，以黑、褐陶为主，其次灰陶也有，其中磨光黑皮陶、蛋壳陶不在少数，纹饰以素面为主，兼有“凸”“凹”弦、压印纹等，器类较为丰富，该文化层分布整个发掘区，是王家坟遗址主要的文化堆积。第③层下有一层 5 厘米～10 厘米的黄色次生土层，再往下则为生土层。从遗迹来看，发现屈家岭文化时期烧土坑 1 个、灰坑 2 个、洞坑遗迹若干、明清墓葬 5 座；出土遗物较为丰富，虽然极少完整器，但是器类较为齐全，主要为新石器时代屈家岭文化时期及东周文化时期，屈家岭时期文化遗物器类有盆（盆形鼎）、罐（罐形鼎）、缸、碗、钵、杯、圈足器、纺轮、陶球、石斧、石凿等，东周文化遗物相对较少，主要有鬲口沿、鬲足、豆、陶拍、石斧等。

王家坟遗址共发现了屈家岭文化时期、东周文化时期、明清时期三大时段的文化遗存。王家坟遗址所出土遗物与其南边叶家庙城址的遗物年代大致相当，是以叶家庙城址为中心的大型聚落群中一处比较重要的遗址，该遗址的发掘对于研究叶家庙城址为中心的聚落布局形态无疑具有十分重大的意义。少量东周文化遗物的发现，对于研究该地区的东周文化序列提供了一批重要的线索。明清墓葬的发现对于研究当地的风俗民情也具有一定的参考价值。

（史德勇）

【天门市石家河新石器时代遗址】

发掘时间：2017 年 9 月～2018 年 1 月

工作单位：湖北省文物考古研究所、北京大学考古文博学院、天门市博物馆

2017 年主要对石家河遗址三个地点进行了发掘，即三房湾遗址、印信台遗址、朱家坟头遗址。

三房湾遗址位于石家河古城内南部，2017 年度主要延续 2016 年的发掘，在 2016 年发掘区的北边再布 5 米 ×5 米探方 8 个。此次发掘再次揭露出大量的红陶杯堆积，还发现一座小型陶窑，仅存底部，但结构清楚，同时还发现数个红陶杯叠烧在一起的现象，这为三房湾作为大型专业制陶作坊提供了有力的证据。另外，在 2 层下发现的以灰黑土为主的沟状堆积中，还发现大量的红陶鬶的残片，表明三房湾制陶作坊不仅烧制红陶杯，还大量烧制红陶鬶等精美陶器，其时代从石家河文化晚期延续到后石家河文化时期。

印信台遗址位于石家河古城外西部，2017 年度发掘地点主要位于台地的西部和南部边缘，各开一条探沟。发掘大致确定了石家河文化时期台基的范围，表明台地边缘完全由人工堆筑和加工而成。需要特别注意的是，在石家河文化人工台基下面，还发现有屈家岭文化时期的黄土堆积遗存，疑似为人工台基，表明印信台遗址作为祭祀场所，可能从屈家岭文化时即已开始

使用。

朱家坟头遗址位于石家河遗址古城外西北，是2017年新发掘的一个遗址，现存面积约1700平方米。发掘表明存在三个时期的文化遗存。

第一期遗存为屈家岭文化。为单纯的家族墓地，共发现33座屈家岭文化晚期的土坑墓。墓葬排列有一定规律，绝大多数墓葬为东北—西南向，少部分墓葬朝向为西北—东南向或正北向。随葬品数量多寡不一，部分墓葬多达十余件，一般不超过十件，少数墓葬不见随葬品，根据部分墓葬之间存在打破关系及随葬品特征，存在进一步分期的可能。

第二期遗存为石家河文化，破坏较为严重，仅北部和西部保留有少量文化层和遗迹，主要遗迹类型有灰坑、灰沟、房基、灰烬层、柱洞等。根据揭露遗存和出土遗物分析，石家河文化时期，朱家坟头已成为普通居住址。

第三期遗存为后石家河文化，发现遗存很少，仅见一条灰沟、两个灰坑。两个灰坑较为特殊，其中H3较小，为规整的圆形，坑内出土陶器较多，有广肩罐、擂钵、陶鸟等，还出土一件石锛。H20为一特大灰坑，形制为长方形，长8.2米、宽5.6米、深1.85米，坑内堆积可分为3层，出土陶器有缸、高领罐、豆、圈足盘、红陶杯、陶塑动物等，从坑的形制和结构看，应为人工有意加工，具有特殊的功能和意义。

朱家坟头屈家岭文化晚期家族墓地，是石家河聚落群内第一个经完整揭露的墓地。而石家河文化时期居住址的发现，则表明石家河古城鼎盛时期的居住区分布范围是非常庞大的，远远超出了古城的范围，这大大丰富了对石家河遗址聚落布局和形态演变的认识。

（刘　辉　向其芳）

【宜城市花庙新石器时代遗址】

发掘时间：2017年2～7月

工作单位：湖北省文物考古研究所

花庙遗址位于宜城市区西北郊的雷河镇七里村二组花庙自然村北边，在宜城市委招商引资项目猛狮集团建设用地范围内，东距鲤鱼湖湖汉西岸最近处约600米。

2016年11～12月，宜城市博物馆在猛狮集团建设用地范围内进行考古勘探，发现花庙新石器时代遗址。2017年度，经国家文物局审批，开展考古勘探及发掘工作，以2米×2米梅花孔布探孔，重点勘探约6万平方米。根据勘探结果布10米×10米探方11个和20米×4米探沟1条，实际发掘面积1000平方米。

此次发掘共发现灰坑9个，灰沟4条，柱洞遗迹3组，瓮棺2个，墓葬1座，出土150多件文物小件和50多袋陶片。经初步辨认，出土遗物有斜腹红陶杯、折沿罐、釜、鬶、纺轮、石簇、石斧等，所发现遗迹和遗物属于新石器时期石家河文化遗存。该遗址的发现和发掘对研究宜城地区新石器时期考古学文化提供了新的材料。

（陆成秋）

【武汉市黄陂区盘龙城商代遗址】

发掘时间：2017年9月～2018年1月

工作单位：武汉大学、湖北省文物考古研究所、武汉市文物考古研究所

盘龙城遗址位于武汉市北郊、黄陂区西南的盘龙城经济开发区叶店村。地理坐标为北纬30°41′40″，东经114°15′57″，海拔20米～40米。遗址南临府河，东、北濒盘龙湖。遗址中心区东西长约1100米，南北宽约1000米，总面积约3.5平方千米。此次发掘承接前几个年度的考古工作，重点在杨家湾、小嘴两个地点进行了相关的调查、勘探和发掘工作。

一 杨家湾地点

杨家湾地点在盘龙城城址北部的岗地上，2017 年度田野工作主要对杨家湾北坡发现的石头带遗存和杨家湾坡顶进行解剖和发掘。

杨家湾北坡的荒林中存在着多处陡坎，这些陡坎将杨家湾北坡变成了拥有多个层级的阶地。继 2015 年在杨家湾北坡发现石头带，2017 年 3 月我们在北坡西部的解剖工作认识到石头带的分布可能与杨家湾北坡上见到的陡坎有密切的关联。11 月的发掘工作中采用了与陡坎相垂直的解剖沟作为发掘的基本单位，杨家湾北坡的中部、东部两处区域设置了 JP1、JP2、JP3 三条解剖沟，观察到不同陡坎下石头分布情况的差异，其中 JP1 内石头水平分散的分布在文化层之中，JP2 与 JP3 的石头带沿着陡坎轮廓堆叠分布，解剖过程中在石头层之间还发现有较完整的商代红陶缸。

杨家湾坡顶发掘区在杨家湾岗地坡顶偏向北坡的区域，2017 年度在 2014 年发掘的探方南侧和东南角各布一个探方进行发掘，结合 2014 年探方内地层进行认识，可知这一区域生土的地形存在由东南向西北的阶梯状断坎。而覆盖生土之上的商代文化层呈现出倾斜状堆积形态，推测是商代人在早期进行地形改造，并在晚期废弃后对此地进行填埋的现象。

2017 年度对杨家湾地点的工作得出认识有：

1. 根据解剖观察石头带的层位情况以及相关地层的包含物，我们判断石头带的形成时代在商代，结合杨家湾坡顶的地层情况，推测商人曾经对盘龙城进行过地形改造。

2. 石头带的堆积形态分为两种情况，第一种是散布在文化层中的较为水平分布的石头带，第二种是堆叠而成的石头陡坎后其上覆土，其中后者沿着陡坎的方向分布，在杨家湾北坡的东、西两个相隔 400 米的区域都有发现，推测是商人改造地形，营造不同层级的阶地过程中用以加固阶地边缘的设施。

3. 结合前几个年度的勘探资料我们发现，石头带的分布存在规律，主要分为两个主体部分，第一个部分是沿着湖岸呈现东西走向，其分布范围集中在杨家湾北坡，西至江家湾，东到杨家嘴。第二部分呈南北向分布，在杨家湾岗地北坡的近中部位置，有一条较为密集的石头带向南延伸到岗地之上。

二 小嘴地点

小嘴地点位于小嘴岗地北部，发掘区整体地势西高东低，自西向东可分为四级台地，该区的工作主要为了解决盘龙城商代铜器铸造相关问题。发掘工作从 2015 年起至 2018 年已经进入第四个年度，此前的工作集中于小嘴第三、四级台地，主要发现共计 16 条大小灰沟以及部分灰坑，通过部分灰沟的解剖工作，基本厘清了遗迹间的层位关系和空间布局，并发现有陶范、坩埚、青铜颗粒、砺石、木炭块等铸铜遗物，证明盘龙城存在青铜器铸造活动。2017 年度的工作在已发掘区域的西部进行扩方，工作集中于第二级台地，扩方面积 350 平方米，在扩方区新发现灰沟 4 条，并找到向西延伸灰沟的西界。同时发现若干生活垃圾坑及一处房址 F1，出土有铜渣、炉壁、青铜颗粒、砺石、木炭块等铸铜遗物，此外还发现卜骨一件。除此之外，我们对西部第一级台地进行了钻探，发现台地北部分布有较厚文化层。

2017 年度的发掘收获如下：

1. 基本摸清了灰沟遗迹的西界，新发现的灰沟遗迹与之前发现的沟状遗迹方向或平行或垂直，因此我们认为这些沟状遗迹经过人为有意识规化形成。

2. 此次发掘发现一处房址 F1，以及若干大型灰坑，为讨论小嘴遗址的聚落布局提供了重要材料。

3. 尽管尚未找到与青铜器铸造工序相关的遗迹，但是青铜器生产相关遗物的发现也指示我们青铜器铸造作坊应在发掘区附近。结合勘探工作的收获，我们认为西部第一级台地仍旧有较厚文化层，因此有可能为青铜器铸造场所在地。

盘龙城遗址的发掘工作具有连续性特征，2017 年度的工作对我们认识商代人的手工业活动和对居址的地形改造活动提供了新的材料。

（赫德川）

【蕲春县凤形山西周遗址】

发掘时间：2017 年 9 月 ~2018 年 1 月

工作单位：武汉大学历史学院考古系、湖北省文物考古研究所、蕲春县博物馆

该遗址位于蕲春县青石镇笔架山村，地处边街河西北边的第二、三级台地上，第二次全国文物普查时发现。2017 年度对该遗址进行了勘探和发掘，勘探面积 20000 平方米，发掘面积 1435 平方米。发掘区域位于遗址中南部的台地上，发掘区北侧有一口水塘。

此次发掘比较完整地揭露了一个西周时期的小型聚落。揭示西周时期房址 3 座，灰坑 28 个，灰沟 2 条。3 座房址均为地面式建筑，平面呈矩形或梯形，残存有基槽、石块和垫土，推测该遗址内诸座房屋均系石块砌筑墙基，再于其上筑墙，具有独特的建筑风格。房址四周有灰坑（沟）、灶和小路。聚落结构较为完整。出土遗物主要为陶器，大多为红陶，纹饰以绳纹和篮纹为主，器类有鼎式鬲、附耳甗和折肩罐等。另有少量石器和青铜器，如石臼和铜箭镞。这是比较典型的大路铺文化遗存。

发掘区南部还有零星新石器时代和宋代遗存。勘探表明遗址北部也有很薄的新石器时代晚期遗存。

（李　冰　王智超）

【宜昌市万福垴东周遗址】

发掘时间：2017 年 3 ~9 月

工作单位：湖北省文物考古研究所

万福垴遗址位于宜昌市白洋工业园区（原隶属于枝江市白洋镇万福垴村六组）。地处长江左岸的二级台地上，西北距宜昌市区 35 千米。地理坐标为北纬 30°25′24.5″，东经 111°26′50.9″，海拔 58 米。2017 年度湖北省文物考古研究所、重庆师范大学、宜昌博物馆联合对万福垴遗址进行了发掘。

2017 年度发掘分为三个区域，万福垴片区在 2016 年发掘区以南布方 38 个，在 2016 年发掘区以东 180 米处布方 14 个，在甘家河片区布方 12 个，规格 5 米 ×5 米，以正北方向为正方向，目的在于彻底厘清编钟周围的埋藏环境与堆积状况。同时，对该遗址遗存分布情况与文化特征进行总体上的了解。2017 年共计发掘 1050 平方米，共清理各类遗迹单位 42 个，绝大部分开口于②层或者③层下，其中灰坑 40 个，灰沟 2 条。

此次发掘出土器物多为陶器。陶器以夹砂褐陶为主，泥质磨光黑皮陶占有一定的比例，灰陶数量较少，还有极少的白色印纹硬陶。夹砂陶以绳纹为主，部分泥质陶也饰以绳纹，网格纹与方格纹也占一定的比例。鬲、甗、罐、瓮等器表往往饰绳纹，肩部再饰凹弦纹，将绳纹间断；折肩罐领、肩部打磨光滑，饰以竖条状或网格暗纹，腹部多饰交错绳纹，或上部绳纹下部网格纹，个别器物安有乳丁。圆肩罐多饰绳纹或网方格纹，釜均为夹砂褐陶，器表饰网格纹或方格纹，泥质陶中磨光黑陶所占的比例较大，豆、簋等盛装器往往器表打磨光滑，这类器物器表都饰有各式各样的暗纹，纹饰有宽带状竖条纹、窄条状竖条纹、斜条纹、网格纹、放射纹、卷云纹、S 纹等。印纹硬陶器形多为釜，还有少量鼎。陶器基本组合为鬲、罐、簋、钵、

豆、甗等。

万福垴遗址的文化年代处于典型楚文化形成的关键时间点，它的文化内涵对于厘清春秋中期及以前的考古学意义上的楚文化渊源与发展脉络就显得十分的重要。尤其值得注意的是，2017 年 G7 发掘出土的一批较为重要的器物，如豆（有的带乳丁纹）、尊、器盖等磨光黑陶器，这些器物制作工艺精细，应属于陶礼器。同时，这些器形最早见于中原殷墟的商文化晚期，在湖北荆南寺、毛家咀等遗址中可见到它的影子。

（史德勇）

【随县长堰东周遗址】

发掘时间：2017 年 7 ~ 9 月

工作单位：湖北省文物考古研究所、中国人民大学历史学院考古文博系

长堰遗址位于随县的安居镇车岗村刘家湾，中心位置的地理坐标为北纬 31°45′39″，东经 113°12′52″，海拔 90 米，在第一次全国文物普查过程中就被发现。遗址西南 2000 米处为羊子山墓地，西南 4000 米处为安居遗址。武汉至十堰铁路孝感至十堰段工程从遗址东部穿过，对遗址安全产生威胁。为配合铁路基本建设，由湖北省文物考古研究所主持，对遗址进行了抢救性发掘，分为三个发掘区，共开 5 米 × 5 米探方 16 个，揭露面积 465 平方米，具体负责发掘工作的单位为中国人民大学历史学院考古文博系。

此次发掘发现的两处新石器时代的房址在该地区以往的考古发掘中较为少见。虽然遭破坏严重，但仍在一定程度上丰富了该地区新石器文化研究的材料。长堰遗址在以往的调查中被认定为东周时期的遗址，此次发掘除墓葬外，出土东周时期的遗物较少，但发掘二、三区第③层文化层中，从出土陶片来看仍是较为典型的东周时期遗存，但是遗存地层较薄，且包含物较少，说明此次发掘地点可能位于遗址生活区的边缘地带，墓群的发现也从侧面印证了这一点。

此次发掘的墓葬共有 23 座，均为竖穴土坑墓，但从墓葬形制上可以分为两类，一类为小型竖穴土坑墓，其长度都在 2 米左右，宽度都在 70 厘米左右。共有 21 座，其中两座有壁龛且随葬陶器，其余均未见壁龛且无随葬品。由于地层破坏严重，发现的两个壁龛均暴露在表土层下，因此不排除部分墓葬原本带有壁龛，后期被毁。大部分都发现棺木痕迹，均为单棺制。从部分出土牙齿的墓葬来判断，绝大部分墓葬的头向都为东南向，应该是属于同一个族群。另一类为形制规模较大的土坑竖穴墓，有 M19 和 M27，随葬品较为丰富。M19 发现大量勾连棺椁木板的铅楔，在之前湖北地区楚墓（例如擂鼓墩二号墓）的发掘中亦有发现。此次发掘 M19 出土的人物御龙玉佩具有较高的研究价值，此类玉佩在熊家冢和院墙湾发现的楚墓中亦有发现。此次发掘的这件玉佩玉质略差，制作者突出人物胸部似在彰显性别特征，强调此人为女性，由此推知院墙湾和熊家冢出土的人物御龙玉佩中的人物形象应为男性。此外有学者已经指出，这种人物形象所穿长袍饰连续间隔长方形网纹，是典型的中山国服饰。河北平山县灵寿城 M3 中就发现与之非常相似的人物型玉佩。从玉佩整体风格来看又具有典型楚文化的特征，因此此类玉佩应该是楚国本地制造，但是明显受到中山国文化因素的影响。此次玉佩的发现，为我们进一步了解战国时期的区域文化交流提供了新的研究素材。

（魏　镇）

【荆州市荆州区楚纪南城雨台山古墓群张大冢墓地】

发掘时间：2017 年 9 月 ~2018 年 2 月

工作单位：湖北省文物考古研究所

张大冢墓地隶属于荆州市荆州区纪南

镇雨台村，是全国重点文物保护单位楚纪南故城——雨台山古墓群的重要组成部分。地理坐标为北纬 30°25′58.78″，东经 112°13′36.00″，西南距楚纪南故城约 1.6 千米、荆州古城约 9 千米，东部紧邻湖北省文物考古研究所纪南城工作站。墓地是由 4 座带封土堆的墓葬为主，其间罗列较多小型墓葬所组成的大型墓地，面积约 45 万平方米。

2017 年 9 月 ~2018 年 2 月，湖北省文物考古研究所组织人员对张大冢二号墓及其周边墓葬进行了发掘。共发掘墓葬 17 座，按平面形制可分为“甲”字形竖穴土坑墓 4 座，长方形竖穴土坑墓 13 座；按墓葬方向可分为东西向墓葬 8 座、南北向墓葬 9 座。被盗严重，出土铜器 31 件（套），陶器 32 件（套），玉器、玛瑙器、料器各 1 件。

张大冢二号墓，其坑口平面形状为“甲”字形、坑底近长方形，墓坑南壁中部有 1 条斜坡墓道。墓坑为口大底小、坑底有 2 道垫木凹槽，墓壁下部有生土二层台，北壁下部有足龛的竖穴土坑。墓壁经过修整，壁面平整光滑，局部发现修整工具痕迹。张大冢二号墓（M2）具体形制如下：

墓口：平面形状不甚规则。东边长 546 厘米、西边长 555 厘米，南边宽 428 厘米、北边宽 430 厘米。

墓底：平面形状不规则，底较平，有 2 道横向的椁室垫木凹槽。墓底东边长 326 厘米、西边长 334 厘米，南边宽 166 厘米、北边宽 173 厘米；南部的垫木凹槽长 168 厘米、北部的垫木凹槽长 172 厘米、皆宽 12 厘米、深 10 厘米。

墓道：口的南边较窄、北边较宽，斜坡，下端较窄，壁斜直并修整光滑。墓道口的西边长 882 厘米、东边长 880 厘米，南边宽 175 厘米、北口宽 224 厘米，北底宽 144 厘米，底坡长 1135 厘米，墓道口至墓道底深 560 厘米，墓道底距地面深 1187 厘米。

生土二层台：墓底向上 101 厘米处的墓壁四周有一周生土二层台，局部不规则、存在原始跨方状况。二层台东边长 362 厘米、西边长 373 厘米、宽 209 厘米，台面宽 5 厘米 ~15 厘米。

壁龛：在北壁中部二层台面向上处，与墓道相向，推测为足龛。平面近圆角长方形，立面的底平、两边壁竖直、顶上凸弧、北壁略向外凸弧。足龛口的东、西两边壁、从上到下都有宽 5 厘米、进深 6 厘米的封板边榫或装饰。足龛平面长 113 厘米、宽 86 厘米、高 150 厘米。

墓葬附属设施：M2 封土清理完毕后，发现其墓坑外东、西两侧各有 1 个柱洞、北侧有 2 个柱洞，推测是下葬时起吊栽柱所用。

M2 墓道、墓室内上部填土基本相同，土质较黏，结构致密，皆经夯筑，为红、黄、褐、灰色等五色土，呈块状。墓室内二层台下 55 厘米处以下填土变成灰黄色，土质含砂量增大、结构较松散，不见夯层及夯窝。填土中夹杂有红胎磨光黑灰陶、灰陶豆柄、灰陶器口沿等残片。

M2 葬具已腐烂，仅存一棺一椁痕迹，椁痕下南北两端分别有 1 道横向的垫木槽痕，南垫木痕长 167 厘米、宽 10 厘米、高 10 厘米，北垫木痕长 172 厘米、宽 10 厘米、高 10 厘米。椁痕长 320 厘米、宽 156 厘米、高约 24 厘米 ~28 厘米，椁痕厚 10 厘米；棺痕长 188 厘米、宽 66 厘米 ~68 厘米、高 23 厘米 ~25 厘米，棺痕厚 5 厘米 ~8 厘米。未发现人骨，葬式不明。方向 185°。

M2 头箱内出土铜鼎 4 件、铜壶 4 件、铜敦 4 件、铜勺 2 件、铜匜 1 件、残玉璧 1 件；边箱内出土铜剑 2 把、铜盘 1 件、铜戈（含鐏）1 套、铜镞 1 束；足龛出土陶鼎、陶敦、陶壶、陶缶、陶簠各 2 件，陶豆1件。

通过此次发掘的墓葬形制及出土遗物，初步判断张大冢二号墓及其周边墓葬应为一处战国中期晚段的楚国下等贵族的家族墓地。但不甚统一的墓葬朝向是否有相对时间早晚关系或人群的不同，还需后续工作去研究。同时，这处墓地的年代也反证了楚纪南故城作为战国中期郢都的真实性。

（闻　磊）

【襄阳市架子岗汉代遗址】

发掘时间：2017年11～2018年1月

工作单位：重庆师范大学西南考古与文物研究中心、湖北省文物考古研究所

架子岗遗址位于襄阳市东津镇郑湾村张家岗北架子岗岗地之上。该岗地平面呈长方形，南北长约400米，东西宽约250米。中心位置地理坐标为：北纬32°4′51.0″，东经112°21′39.0″，海拔100米。此次发掘面积为224平方米。

此次发掘灰坑16个、灰沟4条以及柱洞11个。其中灰沟中包含大量的遗物，G1、G2、G3以陶片为主，G4绝大部分为各种筒瓦、板瓦瓦片。

此次发掘出土遗物众多，主要以陶器为主。陶器中数量最多的为板瓦、筒瓦残片，其中G4中板瓦、筒瓦密集分布。此外主要还有纺轮、网坠、折沿盆、盘口罐、高领罐、矮领罐以及数量较少的碗、瓮、缸、甑等。其中，盆与罐的数量较多。陶器主要以泥制灰陶为主，主要纹饰为绳纹、篦划纹、方格纹及少量的几何纹饰。值得一提的是，此次发掘出土了大量的圆陶片，其中以瓦制作者占比较大。经过初步观察，这些圆陶片均经过人工修整或磨制，少量已穿孔或半穿孔者，可初步判断为纺轮的粗坯或半成品。圆形陶瓦片之前也在邓城遗址的发掘中也有出土，此次的大量发现可与之相互印证，具体的用途有待进一步的研究论证。除了陶器外，发掘遗物中还有铁刀、铁斧、铁剪刀等金属器以及磨石、石磨等石器。

根据出土器物来看，遗址年代应为汉代。出土遗物中有数量较多的板瓦和筒瓦，表明这里有较高规格的建筑遗存。架子岗岗地遗址分布范围大，是一处规格较高、保存较好、具有重要学术价值的汉代聚落遗址。该遗址的发掘为讨论汉代的人口以及聚落提供了重要资料。

（蒋　刚　甄宏达　谢小波）

【谷城县高铁北站汉墓群】

发掘时间：2017年6～9月

工作单位：四川大学历史文化学院考古系

谷城北站墓群位于谷城县城关镇龚家河村田家洼自然村。墓群中心位置地理坐标为北纬32°20′41.0″、东经111°37′14.0″，海拔85米。墓群在一连绵起伏的坡地上，坡地北高南低，由北向南分为高低不一的三级台地，南北长200米～250米、东西宽150米～200米，面积约4.5万平方米，地表现为人工种植的树林。为配合武汉至十堰铁路孝感至十堰段工程的建设，四川大学历史文化学院考古学系对该墓群进行了抢救性勘探和发掘，发掘墓葬27座，其中砖室墓5座，土坑墓葬22座。

砖室墓分为三种类型：一为不带墓道的长方形砖室墓（M20）；二为带斜坡墓道长方形单室砖墓（M18、M21、M25）；三为带斜坡墓道长方形前后室砖墓（M27）。土坑墓分为两种类型：一为不带墓道的长方形竖穴土坑墓，共计18座（M1～M4、M6～M12、M14、M15、M17、M19、M22、M23、M26）；二为带斜坡墓道的竖穴土坑墓，共计4座（M5、M13、M16、M24）。

除M25、M27破坏严重外，其余墓葬皆保存较好，所出土随葬品多寡不一，共计140件（套），其中M10、M23、M24出土铜器13件，器类有鼎、钫、蒜头壶、蒜

头扁壶、鍪、勺、构件，另有玉璧1件、铁鼎1件、陶豆2件。其余墓葬随葬品以陶器为主，除个别仓、壶为釉陶器外，陶质皆为泥质灰陶，器形有鼎、盒、壶、豆、杯等仿铜陶礼器，双耳罐、蒜头壶、鍪、盂、瓮、小罐等生活用器和仓、灶、井、狗、鸡、猪、圈厕、磨等模型明器；铜器有銷、带钩、镜、构件；铁器有剑、削刀、臿；钱币11枚，钱文可辨识者6枚，“五铢”4枚、“大泉五十”2枚；另有卵石2件、漆器2件（腐朽严重，未提取）。

从墓葬形制和随葬品看，该墓群年代上限可至秦汉之际至西汉早期，下限可至东汉中晚期。部分墓葬呈现两两或三座并排分布的现象，墓葬形制、随葬品大致相同，推测为家族合葬或夫妻合葬；从早到晚，墓葬类型有明显变化，土坑墓年代相对较早，砖室墓主要出现在两汉之际至东汉中晚期，随葬品由早至晚，呈现明器化的趋势。该墓群有部分墓葬出土有青铜器、玉器，部分墓葬仅出土少量生活用陶器或明器，可见墓主身份等级有一定差异，早期墓葬的墓主身份等级较高，晚期可能多为平民。

此次发掘为研究鄂西北秦汉时期丧葬习俗的变迁及与其周邻地区的关系提供了新的重要材料，其中M23出土玉璧及一件铜鼎腹部铸有“江一斗”之铭文，对研究该地区秦汉时期铜器的生产、玉器的来源及使用有重要价值。

（葛林杰　马驰浩　何　建　胡　盛　陈　焜）

【荆州市凤凰地汉代墓地】

发掘时间：2016～2017年

工作单位：荆州博物馆

荆州凤凰地遗址（墓地）位于荆州市纪南生态文化旅游区凤凰办事处高路村七组，因其地形似一只展翅飞翔的凤凰故得名。遗址总面积约4.3万平方米，遗址主体为新石器时期石家河文化遗址，并有少量东周遗物及较多汉代墓葬分布。墓地西距郢城遗址东城垣约400米，西北距纪南城4000米；西南距荆州城3500米。1986年12月～1987年1月，荆州博物馆为配合荆（门）沙（市）铁路江陵火车站的建设，曾发掘34座小型土坑墓，其中一座墓出土了汉文帝十六年的告地书。2016年3月至2017年为配合楚都大道修建工程，我们对遗址进行了抢救性考古发掘。发掘前为高路村七组耕地及防水材料厂厂址。

该遗址的石家河文化层厚约1米，遭晚期及近代扰乱严重，遗迹有灰坑、瓮棺等。东周文化层厚约0.5米，遗迹有灰坑、水井等。发掘面积近3000平方米，共计清理墓葬数十座，其中宋墓、明墓各一座，其余为汉墓。不少规模较大的汉墓都遭到现代盗扰。二十四号墓是其中规模较大、保存最好的一座，其重要收获如下：

1. 弄清了墓地的性质及M24的大小、结构。发掘表明，遗址下层为新石器时代石家河文化时期遗存，上层为东周时期遗存，西汉早期为大庶长的家族墓地。二十四号墓位于遗址中部高地上，南北向，头向南，为土坑竖穴木椁墓。墓葬开口长4.7米、宽3.1米，椁室长3.36米、宽1.77米，为一椁一棺一头箱一边箱结构。

2. 墓中出土了漆木器、陶器、竹器、铜器等各类文物130件（套）。漆木器有漆奁、漆盒、耳杯、漆盘、漆扁壶、漆盂、漆匕、木俑、片俑、木马、木牛、木车；竹器有竹笥（其中一件内有木简、木牍，另一件内盛乳猪骨及鸡骨头）、小竹篓（内装红枣及桃核）；陶器有陶仓（内有金黄色的稻谷、粟米）、陶灶、罐、壶、盂、盆等；铜器有铜镜一面。另外还有柴薪。尤其是出土的一件直径达65厘米的大漆盘，这批漆木器保存较好，色泽亮丽。

3. 尤其重要的是，墓中出土一枚木牍告地书和四十一枚木简遣册。根据告地书记载，墓主人女性，杨市人，为西汉十八级爵位“大庶长”之寡妻，下葬于“十二年壬寅朔丁巳”，即汉文帝十二年八月十六日，即公元前168年9月20日。根据简文记载，西汉时期除了在地面上是由“中乡守青”管辖的，在阴间也是有属地管理的，墓主人其下葬区域在阴间的管辖地是“徙地下新部里”、敢告地下乡主：“尉象□”。这是荆州目前出土西汉时期古墓葬中墓主人身份最高的“官夫人”。

4. 在发掘中提倡“文保为先”的理念，首次对陶仓内的稻谷、粟米出土时的金黄色色泽进行了成功保护。

（肖玉军　贾汉清）

【襄阳市襄州区余沟东汉墓地】

发掘时间：2016～2017年

工作单位：荆州博物馆

余沟墓地所在的襄州区古驿镇，地处鄂豫交界，南接襄阳，北连河南新野县，东与襄州区程河镇相邻，西部与老河口市接壤。墓地东部为襄阳绿鑫源食用菌种植场，西部为余沟村林场及余家沟水库。墓地为低矮丘陵地貌，由5条冲沟及6条南北向岗地组成。墓地为首次发现并命名，2016年下半年至2017年年初为配合鄂北地区水资源配置工程文物保护工作，对该工程涉及的余沟墓地进行了考古勘探及考古发掘。

余沟墓地地层堆积比较简单，大部分探方从上至下仅有一层黄褐色表土（耕土），表土厚0.3米～0.4米，土壤含水分量较低，土质结构较疏松，包含大量的植物根茎与少量的近现代砖瓦块。表土下即为黄色生土。墓葬均开口在表土下，打破生土。

发掘东汉时期墓葬14座，皆为竖穴土坑墓，大多有一条墓道，同向并列双墓道的发现一个M12；墓葬方向南北向、东西向均有。墓葬平面形状主要有“甲“字形、“中”字形、长方形或曲尺形等；葬式有单人单棺墓，也有同穴双棺合葬墓；均遭受严重盗扰，葬具及人骨均无保存。出土文物与标本共53件。

此次发掘共出土陶、铜等质地文物43件。其中陶器35件，可辩器形主要有鼎、仓、罐、盂、圈、甑等；铜钱为7枚，锈蚀严重，可辨钱文有“五铢”“大泉五十”及“货泉”等；铁器1件，锈蚀呈粉末状。另采集墓砖标本10件，其中带铭文墓砖5件。由于墓葬早期遭扰等原因，随葬品保存极差，仅存少许器物残片，多数无法修复。

墓葬的相对年代皆为东汉时期，这批墓葬的埋葬方向缺乏明显的规律性，应该是一处共用墓地。此外，所发掘的14座墓葬的整体规格不高，应为居住在周边的平民墓地。

此次发掘的14座东汉时期砖室墓虽早期遭严重盗扰，但仍出土了一批珍贵文物。尤其是M2出土的可以识别“五”“□□三年”等带纪年铭文墓砖及M6出土的“五铢”“大泉五十”铜钱、M8出土的“货泉”铜钱，对研究该地区的东汉时期墓葬考古序列提供了较好的标尺。

（肖玉军）

【石首市瞿家岗东汉六朝及明代墓地】

发掘时间：2017年1～2月

工作单位：荆州博物馆

瞿家岗墓群所在的石首市高陵镇，距石首城区10千米，东邻南口镇，北隔安乡河与公安县藕池镇为邻，西北抵安乡河与公安县黄山头镇相望，南与湖南安乡县官当镇和团山寺镇接壤，是湘鄂两省，公安、石首、安乡三县（市）的接合部。墓群处于高陵镇高陵岗村，为低矮丘陵地貌。墓群中部高、四周低，其北部略平缓，东北部为低洼的冲沟，西、北部最低。

瞿家岗墓群探方地层堆积较简单，大

致分为两层。第①层为现代农耕层，黄褐色黏土，土质疏松，厚约0.25米～0.35米，耕土包含物为植物根系，偶见砖瓦等晚、近期遗物。第②层为近代扰乱层，土色为灰黄色，距地表0.25米～0.35米下，质坚硬，有褐色条纹结构，包含少量瓷片。第②层下即为褐色生土层。

发掘的20座墓均位于瞿家岗墓群的西部边缘，其中勘探方KT01分布18座、KT05分布2座。东汉时期墓葬1座：M15，六朝墓4座：M13、M14、M16、M19，余下的15座皆为明代墓葬。这批墓葬以土坑墓居多，砖室墓为东汉和六朝时期墓葬。墓葬方向南北向、东西向均有。墓葬平面形状主要为长方形；葬式有单人单棺墓，也有同穴双棺合葬墓。

此次发掘共出土瓷、陶、铜等质地文物共21件。其中陶器12件，主要器型有井、甑、灶、釜等；铜器为1枚铜钱、1支发簪、9粒铜纽扣；瓷器6件，主要器形有碗、盏、杯、盘口壶、罐。另采集墓砖标本14件，其中带纹饰的墓砖7件。由于墓葬早期遭扰等原因，随葬品保存较差。

通过此次已经发掘的20座墓葬的形制、随葬品，有以下几点认识：一是基本可以确定土坑墓墓葬的相对年代为明朝时期。砖室墓为东汉至六朝时期；二是墓葬的整体规格不高，应为居住在周边的平民墓地；三是根据制作的高程模型对墓地的选址有了一个初步的认识。

（肖玉军）

【鄂州市鄂城区牛头山六朝墓群】

发掘时间：2017年2月～2018年1月

工作单位：湖北省文物考古研究所、鄂州市博物馆

墓群位于鄂州市鄂城区凤凰街办司徒村三组、四组范围内，属河港湖汉和岗丘地形，地理坐标北纬30°19′36.8″，东经114°35′31.6″，平均海拔25米。根据2015年考古勘探材料和恒大首府二期地块工程建设进程，本年继续对墓群进行了抢救性发掘，共发掘清理墓葬151座，其中六朝时期墓葬147座，宋墓1座，明清墓3座，出土随葬器物500余件套。

2017年度发掘的六朝墓葬大部分为中小型土坑砖室墓，另有少量的长方形竖穴土坑墓，砖室墓多单室，平面形状有长方形、方形、凸字形和刀形等。有少量砖室墓带砖砌排水沟。有意思的是发现了一座单室砖墓券顶上方用碎砖碎瓦作填土以防被盗。此次发掘墓葬葬具及人骨无保存，部分墓葬可见棺钉。出土随葬器物有陶器、瓷器、铜器、铁器、金银器以及玉石器等器类，其中陶器有双耳罐、槅、盘、勺、灶、仓、井和俑等，瓷器有四系罐、双唇罐、盘口壶、碗、盂、盏、樽和俑等，铜器有洗、镜、手镯、簪和铜钱等，铁器有镜、剑、刀、矛和剪刀等，金银器有镯、钗和指环等。

此次考古发掘的墓葬年代主要集中于孙吴、西晋、东晋和南朝时期，墓葬形制丰富，出土遗物种类全面，能够较为集中且广泛地反映鄂州地区六朝时期不同形制墓葬及历史遗存的面貌与特征，极大地丰富了鄂州及鄂东南地区六朝时期历史考古文化研究的材料，对鄂州及鄂东南地区的六朝时期考古文化序列的健全及完善亦有极大的促进作用。

（田桂萍　余成龙）

【石首市明代王之诰家族墓地】

发掘时间：2017年1～2月

工作单位：荆州博物馆

王之诰墓位于荆州石首市南口镇二郎庙村5组。属于石首市文物保护单位“车落湖墓群”西北部范围内。该墓葬墓冢东部边缘距蒙华铁路30米，西部紧邻车落湖东南岸。为配合蒙华铁路工程对该墓地进行了考古调查、勘探。

根据明史、石首县志、石首地名志、文物普查资料、王氏族谱等资料记载，王之诰，字诰若，明代石首人，嘉靖二十三年进士。官至兵部尚书、刑部尚书等，与张居正是儿女亲家，是荆州同乡。

地面调查发现其墓葬封土西北部地表及西部车落湖岸边还遗留有早年墓葬神道石龟、石构件等；在对王之诰墓进行考古勘探后发现，该墓葬虽然经历近500年的风雨冲刷，现仍保留有距地表约1米~2米的较大封土堆。探孔土层分为3层，第①层0厘米~40厘米为耕土层，该层位包含物有杂草根、棉花根及近现代瓷片等，第②层40厘米~70厘米为文化堆积层，该层位包含物有与墓葬相关联的青砖、石灰等，第③层70厘米~160厘米为花土层，土质土色为黄灰色黏土，第④层下为黄褐色生土。勘探表明，王之诰墓冢为不规则圆形，直径约15米~20米，面积约177平方米，方向西南224°50′，整体布局由山墙、左右石碑座、牌坊组成。墓地为竖穴土坑结构，墓室范围长约7米，宽约4.5米，墓室上部覆盖石灰糯米浆，未勘探到棺木，勘探中发现较多明代青砖，推测墓室可能为砖结构。

根据勘探结果，初步探明了墓地的基本布局，墓室范围、深度、保存状况等。初步认为此处为明代王之诰家族墓地。

（肖玉军）

【大冶市金牛铁屎包明清冶炼遗址】

发掘时间：2016年11月~2017年1月

工作单位：湖北省文物考古研究所

金牛铁屎包冶炼遗址位于大冶市金牛镇胡铁村姜次长湾北部，面积约95000平方米。遗址第二次文物普查时被发现并登录，历年来进行过多次调查。此次为配合鄂州至咸宁高速公路修建对遗址进行了发掘，共布设10米×10米探方5个，5米×5米探方1个，扩方75平方米，发掘面积600平方米。

在遗址南部冶炼遗存发掘区发现了一批与冶炼相关的重要遗存：在T2发现有一大片炭灰堆积层，外缘还发现有柱洞，分析这处炭灰堆积为冶炼活动的木炭堆料场。T3南部和T4北部地表为一层厚约20厘米~40厘米的炼渣层，应为位于其上部的炼炉排渣形成的堆积层。在T3西南部的冶炼层之下还发现炼炉1个，此外还发现有灰坑1个、灰沟2条。出土遗物较为单一，绝大部分为大小的炼渣块，还见有少量的红烧土块、炉壁块、木炭块。

此外在遗址的中部和北部发掘墓葬5座，4座为土圹砖室墓，年代为两晋时期。其中2座被破坏较为严重，没有发现任何随葬品。另外2座保存相对较好，墓壁残存约80厘米，略有挤压变形现象，三顺一丁法构筑，墓室一端有一壁龛，少量墓砖上有钱纹装饰。未发现人骨和葬具痕迹，葬式不明。一座为土坑竖穴墓，未发现任何随葬品，从人骨的残存状况推断年代应为清代。共出土瓷器14件，大多保存较为完好，但均脱釉严重，绝大部分仅剩下瓷胎。残存有釉的瓷器为青绿釉，见有冰裂纹。瓷器胎色为灰白色，胎质较为坚硬但略显粗糙，器形有盘口壶、碗、盏。

根据考古工作的情况，形成几点初步认识：1. 此次考古工作证实在冶炼遗址形成之前遗址所在山冈为一处古代墓地，年代在六朝至宋代，这处墓地的发现和发掘是黄石地区六朝唐宋考古的新发现。2. 从目前清理的4座墓葬的墓葬形制和出土的瓷器来看：墓葬形制与鄂城六朝墓的Ⅶ型1式墓相似，为六朝全期常见的一种墓葬形制。M1出土的盘口壶与鄂城六朝墓Ⅰ型2式盘口壶相似，流行于西晋后期至两晋之际；M2出土盘口壶与鄂城六朝墓Ⅱ型1式盘口壶相似，流行于西晋至东晋前期。大体可以判断2墓的年代大体在西晋后期至东晋前期。3. 通过此次勘探和发掘，弄清了冶炼遗存的分布、堆积状况。另外结合炼渣层中出土的青花瓷片、炼渣的形态特征和其他情况分析冶炼遗址的年代应在明清时期，对周边同类型冶炼遗址年代的推断提供了重要的依据。发现的炼炉和冶炼堆料场等遗存较为重要，对研究鄂东南地区明清时期的矿冶生产状况和技术水平提供了较为重要的基础材料。

（席奇峰）

【荆州市荆州区明清开元观遗址】

发掘时间：2017 年 5～8 月

工作单位：荆州博物馆

荆州三观之开元观位于荆州古城西门内荆州博物馆馆区西南部（荆州市荆中路166 号）。配合开元观内环境全面整治项目进行了考古发掘，其目的是为了全面复原开元观面貌，弄清开元观内遗存，包括甬道、偏殿及相关附属墙基遗迹，为保护规划的制定提供科学依据。

开元观坐落于荆州古城西部，为荆州重要的道教文化标志性建筑。现存建筑沿中轴线往后依次为古建筑山门、雷神殿、三清殿、天门、祖师殿。此次发掘面积约960 平方米，其典型文化层可以分为⑥层，第①～③层为现代层和民国、清代层，第④层为明代地层，第⑤～⑥层为宋代地层，其下为生土层。

发现甬道遗迹四处、墙基遗迹三处、台基遗迹两处。

出土遗物有铜器、铁器、瓷器、陶器、骨器等小件文物共 16 件。其中铜钱 8 枚，锈蚀严重，可辨钱文有“嘉靖通宝”；铁叉 1 件；陶器 3 件，陶钵、陶盆、陶饰件各 1 件；瓷器 3 件，青瓷碗 2 件，瓷杯 1 件，骨牌 1 件。以及大量的青花瓷、陶、瓦、砖碎片及少量陶质建筑构件。瓷器、陶器均保存较差，仅存残片。

通过此次对开元观及附属建筑的考古发掘工作，结合发掘遗迹、出土文物及相关文献研究，已取得较好收获：甬道遗迹 L1、L2、L3 分别位于开元观山门与雷祖殿之间、雷祖殿与三清殿之间、三清殿与祖师殿之间中轴线上，可推断为清代开元观中轴线甬道遗迹。此外，还有雷祖殿与三清殿西部发现的路面遗迹 L4，应为内部小路；墙基遗迹 Q1、Q2、Q3 及方形柱础遗迹应为文献记载被损毁的偏殿建筑墙基或开元观院墙墙基，基础保存较好；台基遗迹 J1、J2 结构不完整，保存较差，仅残留底部，推测可能为祭台。

（肖玉军　陈　程）

【孝感市孝南区钟家石桥清代墓地】

发掘时间：2017 年 6～8 月

工作单位：重庆师范大学西南考古与文物研究中心、湖北省文物考古研究所

钟家石桥墓群位于孝感市孝南区陡岗镇红旗村钟家石桥湾北 200 米。墓地位于一处平面呈不规则形的台地之上，台地高出周围地表约 3 米～5 米。中心位置地理坐标为：北纬 31°00′58.1″，东经 113°49′52.1″，海拔 33 米。此次发掘面积为 300 平方米。

此次发掘的遗迹有墓葬和窑址两种，其中墓葬 5 座，均为竖穴土坑墓，窑址 1 座，残损严重。年代为清代。在考古调查与钻探中采集到菱形花纹墓砖 4 块，其中只有一块是完整的，其他均为残块。墓葬中仅在 2017XDYM4 头部发现枕瓦一块。其他墓葬及窑址中不见任何遗物。此次发掘为讨论清代的人口以及聚落都提供了重要资料。

（蒋　刚　甄宏达）

湖南省

【临澧县伞顶盖旧石器遗址】

发掘时间：2017 年 5 ~8 月

工作单位：湖南省文物考古研究所、临澧县文物局

遗址位于临澧县佘市桥镇荷花村官岭组。东距临澧县城约 13 千米，北部约 1.5 千米处为流经澧水南部一级支流——道水河。地理坐标为北纬 29°25′11.1″，东经 111°30′37.2″，海拔 110 米。

遗址发现于 2011 年开展的区域旧石器专题调查。为进一步弄清该遗址的文化堆积、时代特征、石器工业等学术问题，湖南省文物考古研究所主持对该遗址进行了考古发掘。

遗址布方规格为 1 米 ×1 米，共发掘面积约 120 平方米。发掘过程中全程使用全站仪获取空间坐标，测量登记遗物出土产状等信息。揭露堆积厚度约 5 米，地层自上至下可分为 6 层，其中第①B ~ ④层为主要文化层，尤以③层和②层遗物最为集中，⑤层及以下基本不见遗物。根据土质土色及包含物特征，遗址文化层可以大致分为上、下两个时期。上文化层包括①B、②层，为黄褐色粉砂质黏土，含有较多的褐色铁锰结核颗粒，土质较疏松，与下覆地层呈不整合接触；下文化层主要包括③④层，为红褐色粉砂质黏土，灰黄色细而较密的网纹，含较少的褐色铁锰结核膜，土质较紧密，地层之间呈渐变状态。

出土石制品约 5000 件，其分布密度在华南地区同时期的旧石器遗址中少见。石制品类型多样，包括砾石（备料）、石核、石片、断块、碎屑、工具、石锤等，石片、碎屑等废片类产品居多。石制品原料包括燧石、石英砂岩、石英岩、石英、硅质岩、砾岩，其中以燧石为主，其次为石英砂岩。个体以中小型居多，大型产品较少。工具组合可分为重型工具和轻型工具两类，前者包括石核砍砸器、重型刮削器、手镐、手斧，后者则主要为边刮器，另有雕刻器、凹缺器、尖状器，以轻、小型工具占多数。剥片方法主要属于简单的剥片策略，极少数有对剥片面的维护或台面的预处理，下文化层中以固定台面进行旋转打片形成多个剥片面的单台面石核和具有向心剥片模式的盘状石核占有一定的比重。整体而言，上、下文化层的石器工业面貌较为一致，但上文化层也可以看到一些新的发展特点，如新出现数量不少的赤铁矿断块，燧石所占比例上升，大型尺寸石制品的数量显著减少，小型工具的比例进一步提高，以石片为毛坯的刮削器、尖状器、凹缺器占据绝对地位。因此，两个文化层的石器工业特点显示了由不典型砾石石器工业向石片石器的一种渐变和继承性的石器技术发展趋势。

由于年代测定工作正在开展之中，目前根据区域第四纪地质研究成果以及遗址文化层特征，大致推测遗址的上文化层时代为晚更新世早期，下文化层大致属中更新世中晚期，在考古学上属于旧石器时代的早期晚段至旧石器时代中期。

伞顶盖旧石器遗址是迄今湘西北澧水

流域发现的石制品数量最为丰富的中心营地遗址。以燧石原料利用模式为主的石器工业面貌在华南地区具有显著的区域性特点。遗址的考古发掘对我们认识华南旧石器时代石器技术的发展、人类文化的多样性、适应行为和栖居形态等具有重要的学术价值。

（李意愿）

【泸溪县下湾新石器及商代遗址】

发掘时间：2017 年 8～12 月

工作单位：湖南省文物考古研究所、湘西自治州考古研究所

遗址位于泸溪县浦市镇北郊，沅水左岸一处低矮台地。地理坐标北纬 28°05′41.56″，东经 110°06′14.76″，海拔 103.26 米。面积约 3 万平方米。下湾遗址是一处贝丘遗址，文化堆积内包含大量人们食剩抛弃的贝类外壳（以螺、蚌类为多），文化层厚 0.5 米～6.5 米。该遗址于 1980 年和 2016 年先后进行过两次发掘。此次发掘共布 10 米×10 米探方 17 个、扩方 1 个，实际发掘和清理面积约 1700 平方米。除了发现大量新石器和商时期遗存外，该遗址还有少量战国至两汉、宋至明清时期的遗存。

商时期遗存包括一批墓葬及少量地层。地层遗物不多，可辨器形有高领罐、大口缸、釜、竹节柄豆等。墓葬均为长方形竖穴土坑墓。墓圹狭长，人骨已朽。随葬器物铺满墓底，以陶器为主，常见泥质黑陶或灰陶豆、高领罐等，夹砂陶多见红褐陶釜，少数墓葬随葬陶纺轮或石器。这批墓葬具有浓厚的地域特征，年代不晚于二里冈文化时期。

新石器遗存包括墓葬、大型祭祀场所以及大量特征鲜明的遗物。墓葬均为长方形竖穴土坑墓，不见人骨。随葬器物不多，陶器少，多见石器，有少量玉器和骨器。石器有斧、凿、铲、刀、璜、玦等。玉器有钺、璜等。

大型祭祀场所位于遗址东北部，主要由一批祭祀坑组成。分布密集，以方形、直壁、平底等特征为主，坑壁、底均有明显加工痕迹，形制规整，十分罕见。坑内常见大量砾石、砺石、打制石器及石制品，另有少量陶器及动物遗骸。坑口长径一般在 1 米左右，坑深 0.5 米～1 米不等。

遗物包括陶器、石器、骨蚌器以及大量水、陆生动物遗存。其中，表现神灵崇拜的陶器图像是下湾遗址显著特征。这些图像大多比较抽象，而且具有等分、对称等特点，常见“太阳”“神兽”“神鸟”“神像”等图像，而且有些图像还是首次发现。石器极其丰富，多打制，常见砍砸器、刮削器、盘状器、锤、砧、斧、锛、凿、砺石、网坠等，另有少量铲、刀、璜、玦等。骨蚌器以骨锥居多，蚌器较少。从遗物特征看，下湾遗址新石器时代遗存是以高庙文化为主，稍晚出现较多来自洞庭湖地区的汤家岗文化以及大溪文化早期因素。

下湾遗址独特的遗迹、遗物以及丰富的文化内涵，不仅为湘西地区文化谱系研究提供了关键材料，而且，许多遗存涉及史前人类精神崇拜及早期文明起源等重要内容。因此，它是一处极具研究价值的重要遗址。

（尹检顺）

【宁乡罗家冲新石器时代至商周时期遗址】

发掘时间：2014 年 9 月～2017 年 12 月

工作单位：长沙市文物考古研究所

罗家冲遗址位于宁乡市青山桥镇青山社区一组，地处沩水支流楚江上游北岸的二级台地上，东北距宁乡市区约 77 千米。周围地形为低山、丘陵环绕的山间盆地，楚江自盆地中部穿境而过，遗址现存面积约 25000 平方米。

2013 年 10 月 ~2014 年 1 月，长沙市文物考古研究所对遗址进行了初步调查。为全面了解遗址文化内涵，经国家文物局批准，2014 年至 2017 年，长沙市文物考古研究所连续进行了两次主动性考古发掘，实际发掘面积约 1700 平方米。

主要发现有新石器时代末期大型回廊式建筑基址（F2）和商周时期共存的一组重要遗迹：大型地面式房屋建筑基址（F1）、壕沟、祭台等。另发掘清理了一批祭祀坑（或为二次葬）、灰坑、沟、井、灶、红烧土堆积以及与 F2 分布于同一层面具有早晚关系的柱洞群。

收集遗物标本 3000 余件，分为陶器、石器、玉器和小件青铜器四类。陶器有釜、釜形鼎、罐形鼎、盆形鼎、鬶、罐、豆、纺轮、壶、支脚、器盖、圈足盘、鬲足、杯、动物形陶塑、陶拍垫、筒形器等。石器数量较为丰富，种类齐全，制作技术发达，包括石镞、石刀、石斧、石锛、石凿、石铲、石镰、石矛、石钺、石玦、石环、石纺轮以及大量用于加工石器的砺石、石坯、半成品、石料等。玉器有玉璜、玉锛、玉刀、玉环。青铜器有镞、耳环等。

根据遗物特征，可初步将遗址年代粗分为早、中、晚三个时期。早期遗存中出土有大量具有石家河文化因素的器物，如盆形鼎、折腹壶、器盖、折盘豆、盂形器、曲腹杯、圈足杯、长颈捏流或卷叶流鬶、宽扁瓦楞纹和圆锥形刻槽鼎足、小高领罐、红陶瓮口沿等。中期遗存出土了时代相当于中原夏商时期具有浓厚地域特征的器物标本，整体文化面貌与湖南本地已知的考古学文化类型具有显著差别，可能为一个新的地方类型。根据遗址晚期遗存中出土的少量典型器物，判断遗址年代下限延续到了春秋战国时期。

罗家冲遗址发掘出土了大量堆积序列完整、地域特征鲜明的器物标本，主体年代从新石器时代末期延续发展至商末周初，时代下限与炭河里遗址相衔接，对探索炭河里文化源头、深入研究宁乡铜器群的出土背景以及构建和完善湘江下游地区新石器时代至商周时期的文化谱系具有重要的学术价值。

（曹栋洋　何　佳）

【澧县孙家岗遗址新石器时代墓地】

发掘时间：2017 年 10 月 ~2018 年 1 月

工作单位：湖南省文物考古研究所、澧县文物局

孙家岗遗址位于澧县大坪镇大杨村，一处比周围高出约 1 米 ~2 米的岗地上，总面积约 22.9 万余平方米。中心点地理坐标北纬 29°39′40″，东经 111°36′30″，海拔 48.2 米。墓地位于岗地东部，1991 年曾发掘清理新石器时代墓葬 33 座，2016 年在墓地北部发掘新石器时代墓葬 7 座。2017 年对墓地进行了大规模的揭露，总发掘面积 1228 平方米。先后揭露新石器时代墓葬 98 座，其中 1 座为瓮棺墓，其他皆为长方形竖穴土坑墓。同时，也对墓地西部和遗址东环壕进行了解剖。

孙家岗新石器时代墓地所有土坑墓皆呈西南—东北向，据随葬品分布情况判断，头向西南，普遍在 240°~246°之间。墓圹长度普遍在 2 米 ~2.6 米，但见有 4 座长度在 1.4 米 ~1.6 米，疑似未成年人墓。墓圹宽度则普遍在 0.6 米 ~0.8 米。各土坑墓残深皆不超过 30 厘米。部分墓葬直接开口的稻田耕土层下，遭近现代人类活动扰动，破坏较大，多仅余墓底，少量随葬陶器残片幸存在原生土面上，已无法复原出原墓圹的位置与大小。所有墓内人骨都已朽腐。

新石器时代墓葬随葬品见有陶器和玉器两类。陶器 340 余件，以广肩斜腹平底的带领罐为主，占陶器数量的 7 成以上，泥质红陶或外表施黑衣，多饰绳纹与篮纹。其他还有圈足盘、平底钵、高柄杯、斜腹

杯、壶、小平底罐、器盖和鬶等，盘与杯类多为磨光泥质黑陶。玉器总计53件。其中绝大多数为玉器碎粒，完整或较完整者17件。玉质多灰白色不透明，有虎首、蛙、鸟等动物形牌饰，还有笄、坠、凿和环等。另有1玉蝉、1玉珠及1玉蝉残件玉质呈黄色，有一定透明度。

玉器的流行，带领广肩罐的大量出现，浅腹圈足盘与各式精致磨光黑陶杯以及鬶的普遍出现，使孙家岗遗址新石器时代墓地呈现出与洞庭区域传统石家河文化迥异之文化面貌，其时代已进入后石家河文化时期。孙家岗遗址揭示出的这批墓葬资料无疑将成为我们了解这一时期洞庭湖地区考古学文化面貌和社会情况的一把钥匙。

（赵亚锋）

【保靖县四方城城址和周边墓群调查勘探】

调查勘探时间：2017年3～4月

工作单位：湖南省文物考古研究所、湘西自治州文物局、保靖县文物局

四方城遗址位于保靖县城东面约5千米的迁陵镇要坝村，是战国、两汉至唐宋时期一处典型的山区遗址。2013年3月四方城遗址被国务院公布为第七批全国重点文物保护单位。为配合保靖县酉水明珠工程建设和进行项目影响评估，我们对四方城城址和周边墓群进行了调查普探和重点勘探工作。

根据已往的考古资料，四方城遗址是由四方城城址、战国粮窖遗址、汉代青铜冶炼作坊遗址与周边墓葬共同组成。经初步调查，该项目涉及四方城城址南面台地和周边的洞庭、彭家园、汰乃枯、女巴枯、辛吉枯、泡儿枯、乳香岩、王堡、歇铁、麻栗堡、庙堡11处墓群。

此次调查勘探工作的具体步骤为：第一，收集历年考古工作资料，以掌握遗迹和墓葬的大体分布。第二，开展实地调查，了解文物点现状。第三，对涉及的文物点进行探铲勘探。其中墓葬区按2.5米×2.5米布点勘探，以了解墓葬分布大致时代。城址区按5米×5米布点勘探，以了解地层堆积和遗迹分布情况。第四，对此次调勘资料进行汇总。

现对部分文物点调查勘探情况进行介绍。

1. 四方城遗址。地处酉水河北岸。经勘探，城址南台地西面有壕沟、冲沟等遗迹现象，宽近70米，呈东高西低的倾斜状分布。壕沟东面为与四方城城址使用过程相关的文化层堆积，为黄灰色土层和灰黑色文化层相叠压，该层在城址南部有较大面积的分布。其东面又为壕沟、冲沟等遗迹现象，宽近72米，呈西高东低的倾斜状分布，壕沟底部疑有卵石铺就的倾斜面。再往东超出四方城城址区域后为黄色生土堆积，未见文化层。另从整片区域的勘探结果看，地表下均有厚约2.1米～2.9米的现代泥沙淤积层，其下为文化层堆积，多在地表下4.5米左右到达生土。临近酉水河岸的南部边缘地带文化层分布较薄，越向北逐渐变厚。

2. 洞庭墓群。位于酉水河南岸，墓群所在牛肚湾为一处大致呈斜三角形的丘陵、台地地貌。经重点勘探和RTK测点，我们将墓群的范围缩小到四处主要埋藏区域，分别位于牛肚湾的东北、北部、中部和东部，墓葬时代主要为汉代。此外，在牛肚湾的西北部还发现有少量明清墓葬。

3. 辛吉枯墓群。位于四方城遗址东北侧，三面临酉水，为台地地貌。1995年在辛吉枯发掘战国、两汉墓葬10座，1997～1998年发掘战国、汉代墓葬18座。1999年调查发现汉代墓葬40多座。经勘探，可确认线路内有墓葬分布，主要位于线路西侧，东侧多为泥沙淤积形成的现代堆积。线路西侧见有一黄土台，面积较广，可能与建筑有关。

4. 歇铁墓群。位于四方城东北，为矮山地貌，地势开阔。2004 年州县文物部门在歇铁发现有战国、汉代墓群。从实地调查勘探看，地面见有多座墓葬封土，大者直径 20 余米。经勘探，可确认线路内有较密集的墓葬分布，可能是与四方城城址相关的主要墓葬区。

5. 庙堡墓群。位于四方城东北，东临酉水，为矮山地貌，墓地分为庙包、桐油包、油坊包三大块。经勘探，可确认线路范围内有较密集的墓葬分布，主要位于庙堡的南部和中部区域，墓葬性质不明。

通过此次调查勘探和对考古资料的梳理，我们对四方城遗址有了更多的认识。

1. 遗址的时代。此次调查勘探开展前，当地文物部门已做了诸多工作，认为四方城城址的始建年代为战国和秦代，经西汉、新莽、东汉，一直沿用到唐宋后废弃。此次调查勘探中，我们对以前的考古资料进行了梳理，发现出土器物中有两晋时期的瓷盏、六朝莲瓣纹瓦当、唐代长沙窑执壶、宋代白瓷碗等标本。另外，在此次调勘时，我们在四方城城址南台地近酉水河岸处，发现有西晋时期湘阴窑青瓷碗残片。故结合以前的工作成果，认为四方城遗址时代为战国秦、西汉、新莽、东汉、两晋、六朝至唐宋时期。

2. 墓葬的分布。经过此次调查勘探，可以确认四方城遗址周边墓群的主要时代为战国、西汉和东汉，不同时期的墓葬埋藏地点应有较明确的地域划分。这一点经过目前的勘探，已大致显露出轮廓，更加详细的区域划分有待以后的工作。

3. 遗址的地位。四方城城址位于酉水河中游北岸，根据目前的考古工作和相关文献资料记载，如《后汉书》《水经注》等记录，均表明当时四方城城址的设立具有重要的战略意义。酉水自古以来就是湖南进入巴蜀的重要通道，战国至秦时在酉水上游设立有里耶古城（秦迁陵县），两汉时期又沿河设有沅陵、酉阳、迁陵诸县。而四方城遗址所见墓葬主要为战国和两汉，也说明城址最重要、最活跃的阶段就是这一时期，如何评估其历史地位确值得思量。

此次考古调查勘探工作完成后，2017 年 5 月 9 日湖南省文物局特邀考古、文物保护、水利等方面的专家，召开了保靖县酉水明珠工程文物影响评估专家咨询会。经项目论证和影响评估，工程所涉及文物范围进行了大幅度调整，仅涉及一处文物点，为洞庭墓群。

（袁　伟）

【中方县荆坪战国墓地】

发掘时间：2017 年 4 ~ 7 月

工作单位：湖南省文物考古研究所

荆坪墓地位于中方县城西南，东临舞水河，西临包茂高速。2017 年的发掘区主要位于岩头园村的牛玉组、罗家冲组和大塘背组交界区域。根据现场地理地貌和村落分布，我们将发掘区划分为 3 个子发掘区，分别编号为Ⅰ、Ⅱ、Ⅲ发掘区。共发掘墓葬 39 座，其中战国墓葬 37 座（M163 ~ M199），晚期墓葬 2 座（WM13、WM14）。

此次发掘共发现战国墓葬 37 座，其中第Ⅰ发掘区 14 座、第Ⅱ发掘区 3 座、第Ⅲ发掘区 20 座。上述墓葬皆为土坑墓，根据墓坑形态，此 37 座墓葬可以分为墓道墓（A 型）和竖穴墓（B 型），其中竖穴墓根据墓葬长宽比又可分为宽坑墓（Ba 型）与窄坑墓（Bb 型）。

上述墓葬填土皆为五花砂土，部分墓葬填土有明显的夯筑迹象。葬具方面，葬具保存状况较差，仅见板灰痕迹，依痕迹观察，多数墓葬为一棺一椁结构，剩余墓葬为单棺无椁。随葬品一般放置于头箱、边箱或壁龛内。随葬器类有陶鼎、陶敦、陶壶、陶豆、陶盆、陶罐、陶盒、陶钫、陶匜、陶勺、陶匕、陶盘、青铜剑、青铜戈、青铜矛、戈镈、矛镦、琉璃环、蜻蜓眼料珠等19个器类共175件器物。

此次荆坪墓地的发掘，进一步丰富我们对此区域考古学文化面貌的认识，对于进一步探索该区域楚文化发展、民族关系等问题提供了新的考古学材料。

（奚培坤）

【长沙市望城区铜官镇谭家坟山战国墓群】

发掘时间：2017年3~8月

工作单位：长沙市文物考古研究所

墓群位于长沙市望城区铜官街道花实村江岔子组，第二次全国文物普查中被发现并登录于《中国文物地图集（湖南分册）》，登录其分布面积约3000平方米，属西汉时期墓葬群，封土堆高3米~4米，底径7米~10米。地表已暴露竖穴土坑墓，墓区内散布有编织纹陶器残片。

前期勘探发现古代墓葬44座，灰坑1个。后随发掘进程的推进又陆续发现以古代墓葬为主的各类遗迹25座（处）。

所有遗迹分布于三处相邻山包顶部，西距湘江不足1000米。遗迹分布区域原始地貌保存较好，植被茂密，表土层较厚，表土层下即为以网纹红土为主的红色生土，土质较紧密。墓葬大多开口于表土层下，封土堆保存状况不好，墓坑、墓道等形制一般保存完整。

战国墓葬均为长方形竖穴土坑墓，普遍开口于表土之下，墓底距现代地表深度除少数不足2米外，多数为3米~4米，个别较深者可至7米。按形制和规模可大致分为4个类型：

第Ⅰ类为带斜坡墓道的“甲”字形竖穴土坑墓；第Ⅱ类墓室规模与M37相当或略小，无墓道。此两类墓葬，墓室形状接近正方形，长度2.5米左右，宽度1.5米左右，深度均超过3米。第Ⅲ类长度在2.5米左右，宽度约在1米~1.2米，深度2.5米~3米，个别者超过3米；第四类长度2米左右，宽度不足1米，深度不足2米，近底部墓室两侧或三面均有生土二层台，其一端有龛。

除战国墓葬外，又发现年代早于战国的窑址1座，明代墓葬2座及年代不明的灰坑1个。此次发掘共出土各类遗物200余件（套），战国墓葬随葬品以陶器为大宗，皆为仿铜陶礼器，器物组合以鼎、敦、壶为主，个别者为罐、豆、盂，有少量陶器上仍残存彩绘。所出金属器较少，均为实用器，分为铜器与铁器两类。铜器主要为铜剑、铜戈、铜镜、蚁鼻钱、砝码。铁器仅2类4件，为铁剑2柄和2件铁锸。

谭家坟山墓群古墓葬数量多，分布密集，保存完整，是长沙地区发现的较大规模的战国时期墓群。出土文物也非常丰富，品种类别多，特别是出土了一批数量较多，质量较好的楚国金属货币——蚁鼻钱，较为珍贵。战国中晚期，楚人南扩，逐步占领和统治湖南地区，这些文物的出土，见证了楚人在湖南的经营和开发。

（赵　今）

【长沙开福区伍家岭战国至明清时期墓地】

发掘时间：2017年2~9月

工作单位：长沙市文物考古研究所

伍家岭位于长沙市开福区芙蓉中路与三一大道交汇处。2017年度，为配合“天健·芙蓉盛世花园三期”项目建设，长沙市文物考古研究所对该区域进行抢救性发掘，共发掘战国晚期、西汉、东汉、六朝、唐宋及明清时期墓葬160余座，少量唐宋至明清时期的古井、建筑基址、窑址、方形坑等遗迹。

墓葬以战国至西汉时期为主，共90余座。其中，中型墓2座，均为带墓道的

"甲"字形土坑竖穴墓，其余均为小型长方形土坑竖穴墓，其中的12组可能为夫妻合葬墓。随葬器物以仿铜陶礼器为主，鼎、敦、壶组合和鼎、盒、壶组合最为常见，个别随葬有铜镜、铜剑、铁剑、铜砝码、琉璃璧、滑石璧、泥"半两"、泥"郢称"、泥"金饼"等。东汉六朝时期墓葬6座，均为砖室墓，其中1座东汉砖室墓规模较大，其余5座均为小型砖室墓，随葬器物为青瓷盘口壶、瓷碗、印纹硬陶罐等。规模较大的M125，为带墓道的砖木混合结构墓葬，砖室底部及三道枕木沟内部平铺一层白膏泥，枕木沟内放置方柱形枕木，葬具为外椁、内棺。M125规模较大，级别较高，形制特殊，在长沙乃至湖南地区都比较罕见。唐宋时期墓葬30余座，均为长方形土坑竖穴墓，墓葬规模较小，随葬器物以瓷壶、瓷碗、瓷盘为主，个别随葬铜镜、铜钗、铜钱等。明清时期墓葬27座，均为长方形土坑竖穴墓，规模较小，排列有序，均未见随葬器物。

长沙在西汉时期先后为吴姓和刘姓长沙王封地所在，伍家岭及其周边地区地处长沙城北，当时多为丘陵地带，在以往考古调查及发掘中，多次发现战国晚期至西汉时期墓葬。此次发掘的该时期大量墓葬，尤其是多座夫妻异穴合葬墓，对于研究当时的丧葬习俗具有重要意义。五代时期，长沙是马楚政权的都城。马氏父子主政湖南时期，在长沙城北大肆扩建行宫园林，此次发现的建筑基址、古井、方形坑等遗迹与文献记载的五代马楚政权城北兴建的会春园等宫苑位置基本一致，时代亦有重合，很可能属于五代马楚政权在长沙城北兴建的宫苑建筑的一部分，为学术界研究五代马楚时期历史及长沙古城的变迁，提供了可靠的考古资料。

（何　佳　孙　明）

【衡阳市珠晖区酃县故城遗址调查勘探】

调查勘探时间：2017年5~7月

工作单位：湖南省文物考古研究所、衡阳市文物局

酃县故城遗址位于衡阳市珠晖区和平乡湖东村，北临耒水，西依苗圃、六绪诸山，南望酃湖，东面、南面为耒水冲积平原。据文献记载，酃县故城始建于西汉高祖五年（前202），历经西汉、东汉、三国，至东晋太元二十年（395）省酃县入临蒸县而废止，存续时间长达597年，是衡阳境内存续时间最长的一处古城址。为配合酃县故城遗址公园建设，我们对酃县故城进行了调查普探和重点勘探。

经勘探，酃县故城应由大城和小城组成。大城范围为北临耒水，西近二环东路，南至衡州大道，东傍湖东小学。小城位于大城内西北。

1. 大城。大体近长方形，东西长约650米、南北宽约550米，大城破坏较严重，仅能从外围护城河判断出城址轮廓。大城西面护城河保存完好，为南北向直线分布，北段宽约31米，南段宽约20米~22米；护城河内侧有部分城墙夯土留存，宽度约17米。南面护城河为多个窄条状小塘断续相连，部分地段已被人工填平，为东西走向略外弧，宽约20米~30米，深约1.4米~1.8米。东面护城河已全部毁平，地表看不出任何遗迹，且部分区域有房屋等现代建筑。经勘探，东面护城河为南北走向略外弧，宽约30米~40米，深约1.2米~1.8米；护城河内侧见有黄灰色城墙夯土，宽度约17米，残深约0.2米~0.3米。大城北面临耒水，为天然屏障。总之，大城的护城河分布为西面非常清晰，保存较好；南面为断续分布，基本可连出位置；东面则根据勘探结果大致可勾画出轮廓。大城内破坏严重，仅东面偏北区域有文化层留存，见有战国、两汉时期陶片。其他区域多未见文化层，或为湖泊冲积层，或

为表土下直接进入黄色纯净土层。

2. 小城。位于大城内西北，与大城共用西面的护城河。小城平面为长方形，东西长约350米，南北宽约250米，设有城墙和护城河。现小城西北、南面、东面均有部分城墙留存，西面、南面护城河清晰。小城西面有护城河，为南北向直线分布，宽约31米，深约2.6米；内侧见有城墙夯土，宽约13米~15米。小城南面有护城河，基本为东西向直线分布，宽约32米；内侧见有城墙夯土，宽约12米。小城东南处城墙和护城河略呈弧形，护城河宽28米~32米，城墙宽约12米。小城东侧城墙清楚，为南北走向分布，宽约15米~17米；其外护城河因当地建搅拌站毁坏，但参照早期地图大致可复原其位置。小城北面紧临耒水，此次勘探该处未发现有城墙夯土。结合小城西北城墙位置和走向，我们估计北面城墙被耒水冲刷严重，原有北城墙约在今耒水河岸北面约5米~10米位置。小城内文化层堆积丰富，分布特点为东边丰厚、西边略薄。在小城东南角的水塘处发现有较多板瓦、筒瓦，其附近文化层较厚，钻探时亦多发现陶片。小城东北面文化层厚度不一，据钻探数据，部分区域仅有30厘米~40厘米，深的地方可达1.7米，一般厚度为70厘米。综合以上勘探结果，大致推测小城东南有较重要的建筑遗址，可能为官署、衙署区域；东北面文化层深浅不一，或说明有较重要的遗迹分布。

同时，根据此次勘探结果，我们估计小城内可能设有三个城门。小城西面护城河清晰，没有明显被打断的地方，暂时假设无城门。小城北面偏东处有一处明显的南北向缺口，可与耒水相通。经勘探，缺口残长约70米，宽约20米~25米，深约1.8米，其内多为淤土，估计这里原是一处水门。小城东面居中处有一段土质异常，非常紧实，内夹杂有砖石、陶片等，估计为人工夯筑或踩踏形成。该段残长约25米、宽约20米。小城南面偏西处现有一处路面打断贯通的护城河，外通大城，路面宽约20米。现该段路面已水泥硬化，无法勘探确认。但从整个城址的布局来看，小城南面应设有一处城门与大城相通。

此次钻探工作结束后，我们对勘探采集标本进行了清洗和观察。大城采集标本以泥质陶为主，陶片较厚。其中最多的为灰陶和黑陶，灰陶多饰麻布纹，另有少量红褐陶和灰白陶，红褐陶上见有较细叶脉纹装饰，部分陶片上有细方格纹，器形可辨有陶罐。时代主要为战国、西汉、东汉。小城采集标本以灰陶、黑陶、灰褐陶为主，有少量红陶。纹饰有戳印纹、绳纹、斜方格纹等。所见器物有黑陶豆柄、红褐夹砂陶鼎足、灰白夹砂陶壶残片、泥质黑陶罐口沿、灰褐陶盘口壶残片等。时代为战国、西汉、东汉和两晋。

通过调查和勘探工作，我们对鄙县故城遗址有了新的认识。

1. 从勘探所收集的信息分析，小城为当时人类主要活动和建筑区域，可能战国和两汉时期的官署等重要建筑都在小城内。大城也具备一定的防御性质或功能，但主要是依靠护城河和低矮的城墙。

2. 小城的南面和东面应设有城门与大城相通，目前只是在大城的东面偏北区域发现有人类活动遗存，大城南面性质不明，当时可能有人类活动，但被破坏。

3. 大城在战国、两汉时期是当时人类的主要活动区域，大城始建年代可能为战国。三国两晋时期城址范围可能急剧缩小，人类主要在小城内活动，并对城墙和护城河重新加工，形成现在所见的规模或轮廓。

4. 鄙县故城城址的使用从战国一直沿用到东晋太元二十年，后迁于湘江西岸的临烝县，可能是耒水和鄙湖的原因而逐渐荒废。

（袁　伟）

【蓝山县五里坪汉唐墓葬】

发掘时间：2017 年 6 ~ 12 月

工作单位：湖南省文物考古研究所

五里坪古墓群位于蓝山县城东北，是一处以汉晋时期墓葬为主，规模较大的古墓群。经国家文物局批准，2012 ~ 2016 年湖南省文物考古研究所在五里坪抢救性发掘古墓葬 350 余座、古窑址 8 个，共出土器物 2100 余件（套）。2017 年 6 ~ 12 月在墓群北部清理汉唐时期墓葬 47 座，其中有 12 座西汉墓，34 座东汉墓，1 座唐代墓，出土陶器、铜器、铁器、玉石器、漆木器等共 505 件（套）。

汉唐时期墓葬主要位于一处低矮的山冈南面，地表仅有一座墓葬见有封土堆。墓葬有一座中型墓葬，其余均为小型墓，有土坑墓、砖室墓两类。长方形竖穴土坑墓主要见有长方形、“凸”字形和“刀”字形三种。砖室墓均为单室墓，由墓道、甬道和墓室三部分组成，主要有“凸”字形和“刀”字形两种。发现 9 座纪年砖室墓，包括有“永元七年八月造工”“永康元年作”“建和元年”等。

随葬器物种类较丰富，以印纹硬陶器为主，有少量的青铜器、铁器、青瓷器、金银器、玻璃器、玉器以及漆木器等。其中西汉墓葬埋葬较深，随葬品较为丰富，多陪葬有青铜兵器和半两钱。

抢救性发掘的汉唐时期墓葬中，有较多西汉墓和纪年砖室墓，且年代明确，其丰富了五里坪古墓群的文化内涵，具有重要价值，也为建立湘南地区汉唐时期考古学文化编年提供了更为翔实的资料。

（陈　斌）

【临武县渡头古城汉至两晋四时期遗址】

发掘时间：2017 年 4 ~ 8 月

工作单位：湖南省文物考古研究所

渡头古城遗址位于临武县汾市镇渡头村武水河南岸，西距县城约 1.8 万米，是一处以渡头古城址为中心，并包括了城址周边墓群的古聚落遗址。

为更好地认识、保护和利用渡头古城遗址，湖南省文物考古研究所向国家文物局申请主动发掘并得到批准。2016 年 12 月 ~ 2017 年 1 月完成了渡头古城遗址的调查和钻探工作。对古城城址布局有了清晰的认识，渡头古城城址主体保存较完整，由古城、瞭望台和护城壕组成，平面基本呈正方形，主体年代为两汉时期。

2017 年 3 ~ 8 月，经国家文物局批准，开始对渡头古城遗址进行发掘。在古城的北墙处布设 5 米 × 5 米探方 18 个，实际发掘面积 288 平方米。主要揭露出城外两条不同时期的护城壕，另抢救性发掘一座两晋时期墓葬。

遗址和墓葬出土遗物主要有陶器，还有少量的铜器、铁器和银器。陶器主要有陶罐、陶盆以及陶钵等器物残片，还有少量的青瓷片。陶瓦主要有板瓦和筒瓦，以及少量的云纹和人面纹瓦当。出土器物年代主要为汉至两晋时期。

这次发掘为建立湘南地区汉晋时期考古学文化编年，了解汉至两晋时期的城址布局，城址与墓葬之间的分布关系提供了新的考古资料，也对汉晋时期中央王朝如何控制岭南具有重要的研究价值。

（陈　斌）

【湘阴县青竹寺东汉窑址】

发掘时间：2017 年 10 月 ~ 2018 年 2 月

工作单位：湖南省文物考古研究所、岳阳市文物考古研究所、湘阴县文物旅游局

青竹寺窑位于湘阴县城西南 6 千米的静河乡青湖村，地处湘江支流湾河东岸丘陵坡地上，2017 年度发掘了两处龙窑遗迹和相关的瓷片堆积。其中 Y1 为东汉龙窑，前部被建房取土所破坏，窑头火膛和窑尾的排烟设施均已不存，保留了中后部，残

存长度约7.5米，宽2.7米，窑炉为半地穴式，窑壁内侧经过加工抹平，上部用泥坯砖砌筑，窑顶结构不详。龙窑两侧有数个柱洞，表明当时搭建有简单的棚子。在清理Y1倒塌堆积过程中出土了近百片硬陶和青瓷残片，产品主要是青瓷，硬陶占很小的比例。青瓷器形有罐、洗、釜、鏂等，以罐最多，釜和洗次之，罐的器形丰富多样，有抬肩式四系罐、扁鼓腹四系罐、深腹四系罐等。青瓷器的纹样常见细方格纹、水波纹、连弧纹，另有少量蕉叶纹和鱼纹。硬陶胎质呈青灰色，器形主要是罐和器盖，器身满布麻布纹或方格纹，与青瓷相比，硬陶胎体略粗，采用附近随处可取的黏土烧制而成。

此次东汉龙窑的发现和清理，首次明确了东汉时期岳州窑的窑炉形态，进一步完善了岳州窑的窑炉发展序列，为研究长江中游地区青瓷的起源和龙窑的发展演变提供了重要资料。获取了一批有明确层位和出土地点的标本，基本弄清了青竹寺窑的产品特征和装烧方法，青竹寺窑的大多数器物口沿刮釉，施釉不及底，使用玉璧型垫圈或圆形垫饼作为部分产品之间的垫隔具，通过叠烧的方式提高产量，不见支烧具。青瓷胎体细腻，釉色莹润，釉层有开片，多有脱釉现象，与湘江中游大浦新发现的三国时期青瓷窑的产品相比，产品质量更高，变形、生烧、釉面落砂的现象很少，成品率很高，再次证明湘江下游是技术最为成熟的早期青瓷起源地之一。

（杨宁波）

【湘阴县东汉至三国及宋元时期百梅窑址】

发掘时间：2017年11月~2018年2月

工作单位：湖南省文物考古研究所、岳阳市文物考古研究所、湘阴县文物旅游局

百梅窑位于湘阴县樟树镇百梅村马草坡一带，是汉唐时期湘江下游岳州窑青瓷窑址之一，同时也有宋元时期窑业遗存。早在1988年已有文物部门对其进行发掘，但当年发掘重点在百梅窑宋元时期窑址，对东汉至三国时期的窑业遗存仅有简略的介绍。为揭示东汉至三国时期岳州窑的历史面貌，完善岳州窑窑业技术的脉络，了解东汉至三国时期岳州窑产品的工艺技术特征，为岳州窑的文物保护做好基础工作，经国家文物局批准，我们对岳州窑的百梅窑遗址进行了主动性发掘。

发掘地点位于河岭上与巷子口两处东汉至三国时期窑业遗存集中分布区，相距约50米。河岭上窑区发掘面积300平方米，该区域多经扰动，未见原生窑业堆积层。巷子口窑区发掘面积100平方米，清理自然断面2处，出土大量东汉至三国时期的窑业遗物。这两个区域所获陶瓷标本的面貌既有相似之处，又有显著的区别。二者共有的器形有平底碗、洗、四系罐、硬陶釜，器物形制相近，碗多芒口平底碗，碗底多见有方形印，纹饰以篦划的连弧纹、水波纹为主，洗内偶见印花鱼纹，罐釜则多拍印方格纹。主要区别在于河岭上窑区中的圈足碗，钱文、席纹、网格等各种拍印纹罐、缸，不见于巷子口窑区。此外两区所见窑具有别，河岭上有少量的覆钵形支烧具，巷子口偶见璧形垫圈残件。

在巷子口发掘区清理的断面上有未经近现代人为扰动的原生堆积层，底层窑业堆积中的4个^{14}C测年数据最大可能性年代分别为73~226年、133~264年、21~170年、86~242年，这四个测年数据年代范围都在东汉至三国时期，与此前的考古类型学研究成果相符，进而明确了百梅窑的兴烧年代。巷子口发掘区自然断面底层文化堆积又细分为若干不同的堆积单位，可初步分为早晚两期，两期遗存最主要的区别在于早期窑业遗存以抬肩四系罐、敛口平底碗、硬陶釜为主，四系罐占有较重

分量，晚期窑业遗存以芒口平底碗为主，罐、釜的比例明显下降。早期罐口多刮釉，碗类多叠置在罐之上，装烧量有限，晚期碗口多刮釉成芒口，大量使用对口装烧法，扩大了装烧量。岳州窑相关历史遗存保存状况普遍不好，此次发掘未见窑炉与作坊，百梅窑遗址东汉至三国时期原生窑业堆积尚存约200平方米，是早期岳州窑的代表性历史遗存，对探讨成熟青瓷的起源与传播等相关历史问题具有重要价值，亟待加强保护。

（张兴国）

【衡东县洋塘山东汉至三国时期窑址与墓群】

发掘时间：2017年2～8月

工作单位：湖南省文物考古研究所、衡阳市文物局、衡东县文物局

洋塘山窑址与墓群位于衡东县大浦镇浅塘村、蓟江村、新民村，湘江在其西侧蜿蜒而过，窑址及墓群位于湘江东岸的丘陵地带，周围有水塘分布其间。由于衡阳大浦通用机场的建设，我们对项目范围内涉及的窑址和墓群进行了抢救性发掘，取得了以下几个方面的收获：

第一，发现并清理了45座墓葬，分为窄长方形土坑墓、“凸”字形土坑墓、长方形土坑墓、长方形砖室墓、“凸”字形砖室墓、横前堂双后室墓几类。这批墓葬时代集中在东汉至南朝时期，以砖室墓为主，随葬品以印纹硬陶居多，少量软陶，器形有硬陶罐、钵、灶、仓、壶、盆、灯，铜鐎壶，铁釜、支架等，这批墓葬的发现为研究湘江中游地区汉至六朝墓葬的年代分期及葬制葬俗提供了丰富的材料。在墓葬区内发现了烧制墓砖的窑址，均为马蹄形窑，其中以Y15和Y16最为完整，由窑前工作面、火膛、窑床、烟道构成，窑室后壁均匀分布有三个吸火孔与烟道相连，窑内出土有与墓葬相同的叶脉纹砖等，证明洋塘山墓群的墓砖均为就地烧制，烧制印纹硬陶的龙窑与墓葬区距离较远，表明龙窑在规划选址时已考虑避开墓葬区。

第二，发现了东汉至三国时期的印纹硬陶和青瓷窑址6座，其中以东汉早中期烧制印纹硬陶的Y21和Y10、东汉末年至三国时期烧青瓷的Y4保存最为完整，均由火膛、窑床和窑尾的排烟系统组成，火膛的结构一脉相承，窑床宽1.7米～2.1米不等，坡度集中在16°～24°，在窑炉前部还发现了窑址相关的窑渣堆积、踩踏面、灰坑等遗迹，这几座窑址年代前后衔接，窑炉演变序列清晰完整，首次揭示了湘江流域从印纹硬陶到印纹硬陶与青瓷混烧的过程，初步勾勒出湘江中游青瓷起源的脉络。

第三，首次在湖南发现一类独特的窑炉形态，共6座，平面呈船形或倒梯形，由火门、窑床、出灰孔、烟道等构成，窑底近平，一侧带有4～5个出灰孔。在窑内及窑炉的周围均未发现其相关的产品，通过^{14}C测年得知这类窑址的年代在唐宋时期，为研究此类窑炉的发展演变提供了丰富的材料。

第四，发现一座宋元时期的长斜坡龙窑，窑尾被冲沟毁坏，窑头位于红线外，未能清理，已发掘长度42.5米，坡度约16°～19°，窑室宽2.9米，窑身系用厚约6厘米的长方形泥坯叠砌，窑床上摆放着排列有序高矮有别的垫柱，产品以青瓷碗为大宗，兼烧小罐、盏、高足杯，一般施釉不及底，下部露胎，碗底及圈足均有泥钉痕迹，部分泥钉与产品黏连。

综上所述，洋塘山所发现的东汉至三国时期窑炉，其产品既有模型明器，也有实用器，证明洋塘山一带曾经是一处重要的窑场，对于研究汉晋时期湘江流域甚至是长江中游地区的窑业经济、商业贸易等提供了材料。而印纹硬陶向青瓷演变序列的发现为研究长江中游青瓷的起源提供了

重要的依据。

【宁乡市茶园魏晋墓群】

发掘时间：2017 年 12 月 19 ~ 31 日

工作单位：湖南省文物考古研究所、宁乡市文物局

茶园墓群位于宁乡市金洲镇箭楼村南洲四组黄土岭上，西南距宁乡县城约 1 万米，东南距望城区乌山镇约 3000 米。墓群坐落在低矮丘陵岗地的前缘，北距沩水约 800 米，面向开阔的沩水冲积平原。墓群最高处地理坐标北纬 28°20′39.32″，东经 112°42′35.67″，海拔 58 米。该墓群南北长约 500 米，东西宽约 200 米，面积约 10 万平方米。墓群南部有两座砖窑厂，烧砖取土对墓群造成严重破坏，地表散落较多花纹砖。

长沙至益阳高速公路扩容工程从墓群中部穿过，为配合高速公路建设，尽量减少工程施工对文物的破坏，我们对高速公路红线范围内的墓葬进行抢救性发掘，共清理砖室墓 6 座。

从已发掘的 6 座墓葬看，该墓群墓葬分布较零散，山坡北部 1 座，山顶 2 座，山坡南部 3 座，墓葬方向基本为东西向或南北向。均为长方形券顶砖室墓，仅 M2 保留部分券顶，其余均只残留部分墓壁和墓底。M3 有长方形墓道和甬道，余无。M2 墓底不铺砖，M4 墓底仅后半部分铺砖，余者墓底均铺一层砖或两层砖。均无排水沟、葬具等。墓壁均为单砖错缝堆砌，墓底砖均为纵横平铺。随葬品不丰富，M1 随葬 1 件陶碗、1 柄铁剑，M2 随葬小罐、罐、碗各 1 件，M3 随葬陶罐 4 件、器盖 1 件、铁鼎 1 件、铁剑 3 柄，M4 无随葬品，M5 仅见 1 柄铁刀，M6 随葬罐 1 件，釜 2 件。墓砖尺寸多为长 32 厘米 ~ 36 厘米、宽 14 厘米 ~ 18 厘米、厚 6 厘米 ~ 8 厘米不等，纹饰仅见“米”字纹和几何线条纹两种。从墓葬形制、墓砖纹饰和随葬品特征初步判断，该墓群年代应为魏晋时期。这批墓葬的发掘为湘中地区汉晋时期墓葬研究提供了新的资料。

（王良智）

【邵阳市召伯宋代窑址】

发掘时间：2017 年 6 月

工作单位：湖南省文物考古研究所、邵阳市大祥区文物局

召伯窑址位于今邵阳市东约 1 万米的邵水南岸，属于资水上游丘陵地区，有丘陵、岗地、平地、河流冲积小平原等地貌，窑址均分布在低矮的丘陵或岗地之上。召伯窑址历史遗存分布于邵水南岸桥头、召伯、立新三村的丘陵和低岗地带，以召伯村为中心，沿邵水河呈东西向分布，分布范围东西长约 2000 米、南北宽约 500 米，总面积超过 1 平方千米，是资水上游地区一处大规模的制瓷遗址。调查发现召伯窑址现存历史遗存按其功能大致可分为作坊区、烧制区、码头区、公共建筑区，是一个保存较为完整的制瓷遗址。

作坊区主要由挖取原料形成的水塘及其周边的制瓷作坊组成，典型遗存有长塘、谢米塘、窑塘、上梅山取料池等。烧制区由制瓷窑炉及其窑业废弃堆积组成，此次调查共发现窑业废弃堆积区共 15 处，有嘉裕塘、徐家塘、彭家山（3 处）、老屋后、杨丫塘、瓦渣山、书房岭、禁山岭、伍家园、李家台、拓丘、渡头桥中学、报公岭等地，各地窑业堆积规模不一，其中瓦渣山、禁山岭、李家台、彭家山的窑业废弃堆积保存相对完好，在禁山岭、伍家园、李家台、彭家山四地发现了窑炉残迹。码头区分布于邵水南岸一线，东西向分布，村民传言曾有姜家码头、土码头、渡头桥码头，但因修建邵水护堤现已不存。在一处名为油铺园的台地上发现较多残破砖瓦和瓷片，其中有雕刻花纹的方砖，非普通民居建筑用材，推测该处有大型砖瓦公共

建筑分布，可能用于当时的公共祭祀活动。

召伯窑址制瓷原料就地取材，正烧产品胎质紧密、胎色灰褐，器类较多样，有碗、碟、盘、壶、罐、碾具、网坠、盅、钵等，普遍使用化妆土，以器心印花为主要装饰特征，多在碗、盘等器心内印制工匠姓氏、特殊字符标识、各式菊花纹样等，釉色以青釉为主，少量酱釉与绿釉，窑具有泥圈、泥钉支圈、泥钉、匣钵。窑炉以泥筑龙窑为主，李家台、彭家山、禁山岭、伍家园等地都发现有残存的龙窑窑床，此次调查还发现有多处馒头窑，其中一处馒头窑（Y4）用于烧制青瓦。

此次调查未发现明确的纪年材料，绝大部分窑业遗物与湘江流域衡州窑类型窑址特征相近，部分器物造型又与北宋中晚期景德镇地区窑址类似。此前的调查曾发现有“耀州窑系”风格的瓷器，初步推断召伯窑盛烧于北宋中晚期，部分窑场延续至南宋。

召伯窑址是资水上游地区规模罕见的一处大型制瓷遗址，是宋代邵州地区社会经济发展的历史见证。其制瓷工艺体现出了衡州窑、景德镇窑和耀州窑的某些技术风格，部分瓷器产品具有较强的地域特色，是宋代制瓷技术高度发达和广泛传布的物质见证。召伯窑址有龙窑和馒头窑两种窑炉形态共存一域，为研究宋代窑业热工设备的区域特征提供了很好的个案。宋代之前邵州开发程度较低，宋代是邵州历史发展的重要阶段，北宋邵州人口激增，召伯窑址见证了邵州在宋代跨越式的大发展，是北宋政权对邵州和梅山地区进行重点开发的历史见证。召伯窑址及其周边地区历史文化底蕴深厚，是召伯村乡村建设和邵阳市文化建设的宝贵资源。

（张兴国）

广东省

【龙川县仁屋山新石器时代遗址】

发掘时间：2017 年 8 月 ~2018 年 1 月

工作单位：广东省文物考古研究所、龙川县博物馆

仁屋山遗址位于广东省东北部河源市龙川县鹤市镇富石村，中心坐标为北纬 24°01′35.1″，东经 115°20′23.3″，海拔 310 米，相对高度约 70 米。仁屋山为顶部较平缓的山前侵蚀台地，南距韩江上游五华河支流鹤市河约 2 千米。为配合河惠莞高速建设对其进行抢救性发掘，发掘区位于北部山脊与西北坡，发掘面积 1800 平方米。

此次考古发掘共清理新石器时代晚期遗迹近 60 个，其中墓葬 14 座、灰坑 43 个、灰沟 1 条。墓葬皆为长方形竖穴土坑墓，大致沿山脊方向分布，墓向多为西北—东南向，随葬器物数量普遍较少、组合较为简单，多见陶罐与石锛，个别墓葬仅见石器。灰坑形制较不规范，部分灰坑发现较多红烧土块与炭屑，局部文化层中亦较多见红烧土块，分布无明显规律，性质与用途暂不明。发掘出土陶器、玉石器等各类文物 500 余件。陶器以泥质印纹陶为大宗，部分夹砂软陶，泥质印纹陶常见夹少量石英砂粒现象；纹饰以条纹、曲折纹为主，少量叶脉纹、重圈纹、菱格纹及绳纹等，器物腹部流行饰多道附加堆纹，口沿内壁偶见刻划符号；器形有罐、釜、壶、豆、纺轮及鼎足等，罐多为平寰底或平寰底加矮圈足。石器类型较为丰富，有锛、镞、环、穿孔石器及砺石等，另发现两侧面带有刻划符号玉料 1 件，符号尺寸较小，其刻划形象、笔划特征与陶器口沿内壁所见之符号差别甚大，其性质有待进一步确认。

仁屋山遗址文化面貌与粤东地区新石器时代晚期虎头埔文化具有较多的一致性，以印纹硬陶为主要特征，流行饰条纹、曲折纹与附加堆纹等，与莲花山南麓、潮汕平原的虎头埔文化类型遗存相比较，该遗址的矮圈足器的比例相对较低，而多见平寰底器，表明新石器时代晚期在广东地区广泛分布的虎头埔文化具有区域差异。遗址地处东江流域与韩、梅江流域的交界地带，所发现文化遗物亦可见粤北地区与粤东地区的考古学文化交流现象。同时，仁屋山遗址文化层堆积保存较好，遗迹现象之间有明确的地层关系，为梳理粤东北地区虎头埔文化提供了可靠的地层、年代依据。

龙川仁屋山遗址的考古发现对于深入研究广东地区虎头埔文化的区域特征与发展序列具有重要意义，为岭南地区先秦考古学文化谱系、区域文化交流与早期社会复杂化进程等课题研究提供了重要的新材料。

（刘锁强）

【和平县老院新石器时代遗址】

发掘时间：2017 年 9 ~ 12 月

工作单位：广东省文物考古研究所、中山大学社会学与人类学学院、和平县博物馆

老院遗位于和平县大坝镇上镇村恩前

村，南距大坝镇约3.2千米，距和平县城约9千米。遗址身处丘陵地形区，四周群山环绕，遗址所在地为一块台地。遗址中心地理坐标：北纬24°32′02.39″、东经114°56′06″，海拔198米。该遗址发现于1992年，未经正式考古发掘，2015年广东省文物考古研究所与中山大学社会学与人类学学院联合对大坝镇进行区域系统调查时复查了该遗址，发现新石器时代晚期文化层与遗迹。此次发掘共布设5米×5米探方22个，总面积550平方米，实际发掘面积433.3平方米。

此次发掘主要发现了新石器时代晚期灰坑38个、柱洞131个、墓葬8座、灰沟1条，商时期灰坑3个，晚清民国时期灰坑4个、柱洞7个。此次发掘清理的灰坑以平面圆形或近圆形、直壁平底的桶形坑为主，口径多在1米以内。柱洞平面以圆形或椭圆形为主，直径多为十几或二十几厘米。深度不等，多数深30或40多厘米。壁面均较直。底面多为平底，也有楔形尖底。柱洞分布较密集，未发现明显排列规律。墓葬均为长方形土坑竖穴墓，平面形状为窄长条状，面积1平方米左右。除M1为正东西向外，其余7座墓葬均为西北—东南向。除M1和M8无随葬品外，其余墓葬均有少量随葬品，随葬品以陶豆、陶罐和石锛、石镞为主。老院遗址出土陶器器类有罐、豆、盆、器盖等，其中尤以罐、豆为主。墓葬出土陶器组合以罐、豆为主。纹饰有条纹、交错条纹、间断条纹、叶脉纹、梯格纹、重线菱格纹、凸点菱格纹、重线菱格凸点纹、曲折纹、圆圈纹、附加堆纹、席纹、平行弧线纹等。老院遗址出土了大量石制品，共400余件，其中大部分为兵器、工具。兵器主要是石箭镞和石钺，工具以石锛为主，此外还有几柄石刀。此次发掘出土的石制品，无论是兵器还是工具，除个别外，绝大多数体量都较小，长度多在5厘米以内，且制作精巧。数量众多、小而精的石器成为老院遗址出土遗物的一大特色。

此次发掘区域初步判断为一处新石器时代晚期的聚落遗址。文化性质方面，以虎头埔类型文化因素为主，兼具石峡文化（鼎足）、昙石山文化（最大腹径在腹中部的圜底罐）等文化因素，还可以看到来自福建以及长江下游等地区考古学文化的影响。此次发掘面积虽然不大，但是遗迹现象与出土遗物皆较为丰富，反映出该地区新石器时代晚期考古学文化因素的多样性和复杂性，有助于厘清粤东北地区新石器时代晚期考古学文化面貌，对于完善岭南史前考古学文化谱系有重要意义。此外，老院遗址出土磨制石器数量较多，其中近一半为石镞，其他如石锛、石刀、石钺等，大部分体量较小，一般长度不超过5厘米，可能预示该地区在新石器时代晚期的生计模式以渔猎采集为主，此次考古发现为探讨岭南地区史前生业经济及社会复杂化等问题提供了新的文物资料。老院遗址出土遗物不仅具有岭南新石器时代晚期文化的共性，也不乏来自福建及江西等岭北长江流域地区的考古学文化因素的强烈影响。该遗址的考古发现有助于深入研究长江中下游地区与珠江流域以及福建地区在新石器时代晚期的文化交流与人群扩散等问题。

（金志伟　刘晓宇）

【佛冈县龟嘴岭新石器时代至东周时期遗址】

发掘时间：2016年5～8月

工作单位：广东省文物考古研究所、清远市文广新局、佛冈县文广新局、清远市博物馆、佛冈县博物馆

龟嘴岭遗址位于佛冈县龙山镇车步村东部的山冈上，西距清远市约36千米，东北距佛冈县约18千米，西北距北江约16千米，南距广州市72千米。良洞水库在遗

址北侧约200米，滃江在遗址南部约1.3千米。地理坐标为北纬23°45′57.52″，东经113°24′36.57″，海拔63米。遗址呈东北—西南向不规则形分布，总面积约3000平方米。

该遗址是2015年在配合汕湛高速惠州至清远段工程建设进行考古调查时发现的。此次发掘使用电子全站仪在第Ⅲ象限和第Ⅳ象限布设正南北方向10米×10米规格探方10个，发掘面积约1000平方米。遗址由于以前破坏较为严重，地层堆积厚薄不一，最厚处地层堆积可分为7层。共清理灰坑21个、柱洞20个。出土陶器、瓷器、石器、铜器等遗物300余件。陶器主要以几何印纹软陶为主，硬陶次之。器类有罐、釜、碗、钵、豆、器盖、纺轮、鼎、尊、簋、瓿等。纹饰有绳纹、曲折纹、编织纹、弦纹、方格纹、菱格纹、云雷纹、叶脉纹、回纹、重圈纹、篦点纹、夔纹、镂孔以及凹弦纹+篦点纹、方格纹+凹弦纹+篦点纹、曲折纹+菱格凸块纹、夔纹+菱格凸块纹+凹弦纹等。石器有石锛、石斧、石镞、石铲、石凿、石矛、石戈、石环、牙璋、砺石等。

根据地层关系和出土遗物判断，该遗址存续时间应为新石器时代晚期至东周时期。遗址处于北江支流滃江中游，位于粤北山地区与珠江三角洲之间的过渡地带，地理位置较为重要。滃江为北江中游较大的支流，发源于佛冈县水头镇上潭洞的通天蜡烛（山名）南侧，经佛冈、清远二县，在清新县江口镇注入北江。汤塘镇、龙山镇一带有多条支流汇入滃江，滃江两岸分布较多地势低缓的低山台地，亦有开阔的山间平原，其地理环境较为适宜古代人类居住活动。20世纪50年代末，在修建良洞水库时曾发现先秦遗址11处，采集到大量石器、陶器等文化遗物。此后，佛冈县境内又先后发现有猪牯墩山遗址、老君庙山遗址、余龙围山遗址、岗嘴头围遗址等多个重要的先秦时期遗址，采集到青铜铙、矛、剑、石镞、石矛、石锛等珍贵文物标本。但之前佛冈县开展的考古工作相对较少，文物资料较为薄弱。龟嘴岭遗址的考古发掘为研究珠三角地区与粤东、粤北等地区在新石器时代晚期至东周时期相互之间的文化交流和影响具有非常重要的价值。

（吴启昌）

【龙川县山中埂新石器时代至战国时期遗址】

发掘时间：2017年8～12月

工作单位：广东省文物考古研究所、龙川县博物馆

山中埂遗址位于龙川县鹤市镇莲坑村西侧的丘陵山冈上，南向为韩江水系五华河支流的鹤市河及其冲积平原，东、西、北侧皆为丘陵山冈，西侧距东江最近处约15千米。所在海拔高度300米～320米，与山脚处河谷平原高差约40米。为配合河惠莞高速龙川至紫金段公路建设，2017年8月广东省文物考古研究所与龙川县博物馆联合对山中埂遗址进行发掘。

此次发掘共布设10米×10米探方7个，发掘面积700平方米。地层分为3层，清理遗迹有墓葬3座、灰坑9个、灶1座、窑址1座、沟1条，出土陶器、石器260余件。②③层及相关遗迹为早期遗存，年代为新石器时期晚期至夏纪年阶段，陶质以泥质灰陶和夹砂褐陶为主，出土陶器有釜、罐、钵、豆、纺轮等，陶器纹饰主要有条纹、曲折纹。叶脉纹等，石器有镞、锛、环、玦、石钻芯等。①层为晚期遗存，年代为春秋至战国早期阶段，未见同时期遗迹，出土有菱格凸点纹、复线菱格纹组合纹饰陶罐、夔纹陶片等遗物，陶器内侧垫压痕迹明显。

初步判断，山中埂遗址早期遗存是一处聚落遗址，文化特征与虎头埔、平宝山、

乌崬岭、龟山一组、石峡三期文化遗存相似，属于虎头埔文化范围之内。晚期遗存陶片特征与龙川荷树排晚期遗存、五华屋背岭、仰天狮山遗址相似。山中埂遗址的发掘对研究粤东北地区先秦考古学文化研究具有重要意义，为研究粤东北地区新石器时代晚期至战国时期文化谱系、生计模式、社会状况提供了新材料，并为研究东江、韩江及珠江流域的文化交流提供了新线索。

（唐博豪）

【广州市增城区龙井山与松仔岗商至明清时期墓地】

发掘时间：2016 年 11 月 ~2017 年 2 月

工作单位：广州市文物考古研究院

龙井山、松仔岗墓地位于东江支流雅瑶河北岸，西距广州古城区约 36 千米。2016 年 11 月 ~2017 年 2 月，广州市文物考古研究院配合“增城汽车零部件产业园”项目工程建设对墓地进行了抢救性考古发掘。清理古墓葬 25 座，其中商时期 3 座、东汉 1 座、晋及南朝 17 座、唐代 1 座、明代 1 座、清代 2 座，出土陶、瓷、铜、石、铁等质地文物标本 183 件（套）。

商代墓葬 3 座（M12、M15、M16），均为长方形竖穴土坑墓。M15 长 1.73 米、宽 1.01 米、残深 0.4 米，随葬夹砂陶釜、水晶玦、石钺 3 件器物。

东汉墓葬 1 座（M7），长方形假双层竖穴木椁墓，坐北朝南。有斜坡式墓道，坡度 17°。墓室分前后室，前室较低。后室底部有一条横向、两条纵向的枕沟。墓内随葬铜碗、铜洗、陶罐等 7 件器物。

晋及南朝时期墓葬 17 座，均为长方形券顶砖室墓，遭盗扰，部分墓葬券顶已被破坏无存。M6 墓向 332°。墓室券顶保存较好，北部被盗洞打破。墓坑长 11.5 米、宽 4.85 米、残深 2.46 米。前端有斜坡式墓道。墓室由甬道、前室和后室组成。封门保存完好，墓壁单隅。墓室内部有多组承券结构，前室摆设祭台，东西两壁中部设灯台，后壁保存完整，有假柱和壁龛，底部铺砖。残存釉陶、铁、滑石质随葬器物 23 件，器形有盏、洗、碗、四耳罐、鸡首壶、铁剑头、滑石猪及棺钉等。M3 墓向 321°，墓道内填塞较多大石块。残存随葬器物有唾壶、盘、碗、钵、三足砚、器盖和执壶等。M10 随葬青釉瓷盒底部刻划“永和六年”（350）文字，明确了墓葬年代。

唐代墓葬 1 座（M9），为长方形竖穴砖室墓，墓向 350°。墓坑全长 6.46 米、宽 1.3 米、残深 0.63 米。斜坡式墓道。墓室前部有砖砌祭台，东西两壁有对称“假窗”，券顶不存。墓内残存随葬盏、碟、碗、双耳罐等 8 件青釉陶器。

此外，清理明代长方形灰砂墓 1 座（M5），为双棺合葬，葬具、人骨均已朽不存。清代长方形竖穴土坑葬 2 座（M13、M14），葬具和人骨不存，随葬酱釉小陶罐。

龙井山、松仔岗墓地墓葬数量较多、时代跨度大。商时期墓葬中出土的具有权力象征意义的礼器——石钺，对探索增江流域商时期文明具有重要意义。分布集中的晋及南朝墓群是广州古城区以外首次发现，墓葬结构保存较好，极大地丰富了广州地区该时期墓葬资料。

（张　希）

【肇庆市端州区肇庆古城遗址】

发掘时间：2017 年 6 ~12 月

工作单位：广东省文物考古研究所、肇庆市博物馆

肇庆古城遗址位于肇庆市端州区宋城路，平面略呈长方形，是一处始建于宋、沿用至民国时期的城墙遗址，该城原依丘陵而建，北近七星岩，再北为北岭山，其南地势较低，紧邻西江。为配合肇庆市府

城保护复兴项目，2017年度广东省文物考古研究所对肇庆古城墙遗址进行了考古调查和勘探，勘探结束后又对遗址的朝天门（北门）、南薰门（南门）和景星门（西门）进行了考古发掘，发掘面积共2000平方米。

此次发掘发现的遗存年代涵盖汉至民国时期，以清至民国时期遗存为主。主要发现了宋代的道路1条、墙基1座，明清时期的城门3座、月城1座，清代道路2条，晚清民国时期的水闸2座、道路9条、沟10条、房址4处、建筑基址5处、夯土遗迹2处等。出土遗物数量较多，类型丰富，以生活用器为主，亦有较多建筑材料。生活用器可分为瓷器、陶器、玉器、石器、铜器、铁器、骨器、玻璃器等，以瓷器最多，且多为青瓷和青花瓷，器形主要有盏、碗、杯、盘等。建筑材料主要为砖、瓦、石柱础等。

揭露的三座城门包含土、砖、石、木结构建筑等，组成完整、结构复杂，保存较为理想。三座城门规模适中，符合地方府城的规格。发掘结果印证了肇庆古城的营建历史，填补了肇庆古城各时期建筑资料的空白，证明了肇庆古城墙是集防御、防洪功能于一身的综合体系。南门月城应属明清时期月城的典型形制，为研究明清时期月城建筑形制、结构、功能提供了宝贵的资料。

（陈雨生）

【广州市胸科医院汉代至明清墓群】

发掘时间：2017年4～8月

工作单位：广州市文物考古研究院

广州市胸科医院位于广州古城北郊的横枝岗，属于地下古墓葬重点埋藏区。配合医院的整体改造工程，广州市文物考古研究院对工程建设范围进行了抢救性考古勘探发掘，清理墓葬134座，包括西汉墓葬14座、东汉墓葬2座、西晋墓葬5座、东晋墓葬1座、南朝墓葬12座、隋代墓葬2座、唐代墓葬20座、宋代墓1座、明代墓葬9座、清代墓葬68座，出土金、铜、铁、滑石、陶瓷质地器物等各类文物标本741件（套）。

西汉墓葬均为竖穴木椁墓，有斜坡式墓道，部分墓葬墓室分横前堂和后室，少量墓葬有排水沟，墓坑底部多有枕沟。随葬文物较丰富，最多达92件（套），以陶器为主。东汉墓葬均为长方形券顶砖室墓，多数被盗扰，残存随葬器物较少。

两晋南朝墓葬均为券顶砖室墓，部分有排水沟。西晋墓M30保存较好，墓向265°。墓坑平面为长方形，长5.4米、宽1.6米～2.04米、残深1.34米～1.98米，前端有斜坡式墓道，坡度30°。墓室内长4.94米、宽0.94米～1.32米，分甬道和主室。封门单隅，用残断砖结砌。墓壁和券顶均为单隅。甬道前端券顶上砌额墙。主室内长3.94米、宽1.32米、高1.38米，墓壁在距底1.1米处起券，券顶大部分保存。两侧墓壁与甬道相接处距底0.65米砌灯台，距底第二层砖之上砌四个对称的方形小龛。墓底用残砖横向平铺。券顶部分墓砖印有“永嘉七年癸　酉永保休祥”“永保子孙皆　寿考宜君子”等铭文。残存随葬器物分布在甬道及主室，有青瓷钵、四耳罐、青瓷盏，铜矛等12件（套）。

隋唐时期墓葬多为长方形券顶砖室墓，一般分前室、后室，前室中部砌渗水井，后室砌棺床。宋代墓葬为二次葬，在长方形土坑内放置两个装殓人骨的陶罐。明代墓葬有长方形竖穴土坑墓、券顶砖室墓等形制，M9为二次葬，在土坑内放置上下两层装殓人骨的陶罐，并随葬稻米。清代墓葬均为小型竖穴土坑墓，长1.8米～2.5米、宽0.5米～0.8米，大部分没有随葬器物。

此次考古发掘成果进一步丰富了广州

城区东北郊的古墓葬资料。“永嘉七年”（313）纪年墓（M30）是近年来广州地区考古发现保存较为完整的西晋墓葬，对研究广州地区两晋南朝时期的墓葬分期、历史地理及社会文化具有重要意义。

（程　浩）

【广州市越秀区小东园东汉砖室墓】

发掘时间：2017 年 10 ~ 11 月

工作单位：广州市文物考古研究院

墓葬位于广州市越秀区中山一路南侧居民小区小东园 21 栋的北西。为配合居民楼加装电梯工程，广州市文物考古研究院对电梯井施工范围进行抢救性勘探，发现东汉砖室券顶墓 1 座。由于受电梯井施工范围局限，并考虑到居民楼的安全，此次考古工作只清理墓的前室和甬道，发掘面积约 10 平方米。

该墓为东汉砖室券顶墓，墓向 304°。墓道位于墓室的西北部，平面呈梯形，长约 1.6 米，宽 1.2 米 ~ 2 米。墓室分甬道、前室、北耳室和后室。封门为双隅顺砌错缝平放，呈弧形外凸。甬道长约 1.4 米，宽约 2.1 米。前室残长约 3.4 米、宽约 3.8 米，前室墓底部有一层铺地砖，铺地砖为错缝顺放平铺。北耳室位于电梯井基坑的北部，因地下管线较多，未发掘。后室被居民楼压住，也未发掘。前室靠近甬道位置发现残木板一块，可能是棺板。残存器物集中分布在前室西北部，有陶罐、陶屋、陶牛、陶羊等器物。

（史雪飞）

【广州市海珠区金沙路东汉南朝墓葬】

发掘时间：2017 年 6 ~ 9 月

工作单位：广州市文物考古研究院

工地位于广州市海珠区西部，西邻珠江后航道。为配合海珠区金沙路 9 号大院万力集团总部基地项目（一期）建设开展的抢救性考古勘探发掘工作，清理东汉砖室墓 2 座、南朝砖室墓 1 座。

M2 为东汉砖室墓，墓向 111°。该墓被现代建筑基础和晚期扰坑破坏，仅存后室后部门，底砖不存。后室残长 2.14 米、宽 1.78 米、残深 0.9 米。墓室内填灰黄色黏土夹杂散砖。墓砖为单隅错缝叠压结砌，有青灰棱形纹及素面砖。随葬器物不存。

M3 为东汉砖室墓，墓向 81°。墓坑平面为长方形，墓道不存。该墓室分为前后室，墓室长 7.2 米、宽 2.5 米、残深 0.4 米。封门单隅。墓砖为单隅错缝叠压结砌，长方形灰黄砖。残存随葬陶器 6 件，有直身罐、盒、三足鼎、细颈瓶、豆等。

M1 为南朝墓，为券顶砖室墓，墓向 356°。墓坑平面为“凸”字形，墓道不存。墓室长 6.9 米、宽 1.78 米、残深 0.74 米。封门单隅。墓砖为墓砖为单隅错缝叠压结砌，灰黄网格纹砖。墓内随葬器物不存。

（宋中雷）

广西壮族自治区

【隆安县娅怀洞旧石器及新石器时代遗址】

发掘时间：2015 年 5 月 ~2017 年 9 月

工作单位：广西文物保护与考古研究所

娅怀洞遗址是一处石器时代洞穴遗址。位于隆安县乔建镇博浪村博浪屯的一座孤山上。2014 年发现，由前洞厅和内洞组成，总面积约 110 平方米。2015 年 5 月至 2017 年 9 月，广西文物保护与考古研究所对遗址连续进行了三个年度的考古发掘，分为四个发掘区，总揭露面积约 50 平方米，发掘深达 7.5 米，文化堆积厚度约 5 米，包括旧石器时代和新石器时代的堆积，以旧石器时代晚期的堆积为主。发现一座旧石器时代的墓葬，出土一具包括完整头骨在内的人类遗骸；发现距今 16000 年前的稻属（*Oryza*）植硅体，以及两处旧石器时代的用火遗迹；出土数以万计的遗物，包括大量打制石制品以及少量磨制石器、骨器、蚌器和陶片；此外，还出土了大量的水陆生动物遗骸及植物等种类丰富的自然遗存。遗址的年代初步推断为距今 44000 ~ 4000 年。文化遗存大致可以分为四期。其中第一期至第三期属于旧石器时代，第四期为新石器时代。

此次发掘填补了广西史前文化缺环；以石片石器为主的旧石器文化遗存属于岭南地区旧石器时代晚期新的文化类型，对于探讨岭南及东南亚地区更新世晚期人类行为及文化的多样性具有非常重要的意义；距今 16000 多年前的人类头骨化石及墓葬的发现，为了解华南晚更新世人类体质特征与演化特点、早期现代人群的迁徙与交流以及旧石器时代晚期人类的埋葬习俗提供了重要实证；距今 16000 年前的稻属植硅体的发现，为研究古代人类利用野生稻的历史提供了珍贵的实物资料。

（谢光茂）

【田林县者达旧石器时代遗址】

发掘时间：2018 年 8 ~ 9 月

工作单位：广西文物保护与考古研究所、田林县博物馆

者达遗址位于田林县八桂乡者达村者达屯西面约 100 米的瓦窑山上，遗址东、西、北三面为连绵山坡，南面约 20 米为驮娘江，属二级阶地。为配合田林县瓦村电站建设，对该遗址进行抢救性考古发掘，在遗址南部布 5 米 ×5 米探方 10 个，揭露面积 250 平方米。

遗址堆积厚 0. 8 米 ~ 1. 6 米不等，共有 3 层堆积。其中第①层为表土层，黑褐色黏土，含少量石制品和近现代陶瓷片。第②层为暗红色黏土堆积，结构紧密，成团块状，包含有砍砸器、刮削器、手镐等石器及部分砾石。第③层为红色黏土堆积，结构紧密，包含物有砍砸器、刮削器、手镐及部分砾石、风化岩块等。

石器以砍砸器为主，其次为手镐和刮削器。其均以砾石加工而成，岩性以火成岩和砂岩为主，器表均存在较为明显的风化，颜色多呈黄褐色。石器打制方式较为简单，以单面加工为主，打制部位主要集

中在一端或一侧，其余大部保留砾石面。综合石器特征看，遗址年代为旧石器时代晚期。

此次发掘是百色地区除百色盆地旧石器之外又一新考古发现，为研究百色盆地旧石器的发展演变提供了新资料。

（王　星）

【田林县八囊旧石器新石器时代及汉代遗址】

发掘时间：2017 年 8 月 30 日 ~2018 年 1 月 30 日

工作单位：广西文物保护与考古研究所、田林县博物馆

田林八囊遗址位于田林县八桂瑶族乡弄瓦村八囊屯所在的玩笔坡上。遗址东为宽阔的驮娘江河谷，西、南、北三面均为连绵的山坡，东距驮娘江约 100 米。2010 年调查发现该处遗址。据调查，遗址南北长约 300 米，东西宽约 100 米，分布面积约 3 万平方米。2017 年度为配合田林瓦村水电站建设，联合考古队对该遗址进行了抢救性考古发掘。此次发掘将遗址分为 A、B 两个区，发掘面积共 511 平方米，下挖深度达 2.4 米。发现并清理了 130 多个柱洞、18 个灰坑、1 处用火遗迹，出土了石器、陶器等 1000 多件文化遗物。

遗址出土的遗物包括石器、陶器两类，以石器占绝大多数。石器分打制石器和磨制石器两种，以打制石器占绝大多数，磨制石器少许。打制石器以砍砸器占绝大多数，还有少量刮削器、手镐、尖状器、石锤、石片、石核等；器身多风化较严重，部分器物棱角已磨蚀不清，多呈黄褐色。磨制石器仅出土两件，器形为石斧、双肩石铲。陶器数量不多，均为陶片，不见完整器，分夹砂陶和泥质陶两种。夹砂陶夹砂较粗，质地较软，呈褐色，素面。泥质陶为硬陶，陶色有红色、灰色，以红色为主，表面纹饰有方格纹、戳印纹。

从发掘情况看，田林八囊遗址堆积较厚，遗物较多，文化内涵丰富，延续时间长，包含了两汉时期和新、旧石器时代的文化遗存。此次发掘出土的大量地层明确的文化遗存，为我们研究广西地区历史时期、原始时期的文化发展和演变及其与云贵地区文化的关系提供了新的地层明确的实物资料。

（梁　优）

【田林县百劳新石器时代遗址】

发掘时间：2018 年 5 ~8 月

工作单位：广西文物保护与考古研究所、田林县博物馆

百劳遗址位于田林县八渡瑶族自治乡东朋村平乐屯西北部约 1 千米的百劳坡上，遗址西南部为连绵山坡，西北部山脚下约 15 米为驮娘江，属二级阶地。遗址东北部有条小溪自东南向西北汇入驮娘江。为配合田林县瓦村电站建设，对该遗址进行抢救性考古发掘，在遗址北部布 5 米 ×5 米探方 14 个，揭露面积 337.5 平方米。

遗址堆积厚 0.6 米 ~3 米不等，共有 10 层堆积，依据地层堆积及出土遗物可分为三期。

其中第⑨⑩层为第一期，均为黄色黏土，遗物相对较少，主要以小石片和较大型的砍砸器为主。砍砸器均单面加工，疤片数量少，不见磨制石器和石器加工工具。石制品均存在不同程度的风化，其中小石片数量比重明显高于其他各期。

第⑥⑦⑧层为第二期，均为灰黄色砂黏土，遗物包括石器加工工具、打制石器、磨制石器和陶器几种，以石器加工工具和打制石器为主。石器加工工具包括石锤、石砧、砺石、窄槽砺石、磨石等，石锤和窄槽砺石数量相对较多，个别窄槽砺石双面均刻划有纹饰，纹饰线条对称，刻划流畅。陶器数量较少，且均为夹砂绳纹红陶片，器形均为圜底的釜、罐类。

第③④⑤层为第三期，均为棕色砂土堆积，黏性较小，遗物只有石制品，不见陶器。石制品种类同样包括石器加工工具、打制石器和磨制石器几种。石器加工工具包括石锤、石砧、砺石、窄槽砺石等，以石锤数量最多，其中一件窄槽砺石双面均刻划有纹饰。打制石器以砍砸器类型最为丰富，有单边直刃、双边直刃、多边刃、盘状和尖状砍砸器等。

结合百色地区史前遗存的研究成果，初步推断该遗址第一期年代为新石器时代早期，第二、三期年代为新石器时代中期。

百劳遗址地层堆积系列相对完整，石制品较为丰富，为研究驮娘江流域史前文化面貌及其与云贵高原及东南亚地区史前文化关系研究提供了新的材料。

（王　星）

【贵港市同济大道东汉及南朝墓葬】

发掘时间：2017 年 5 ~ 6 月

工作单位：广西文物保护与考古研究所、贵港市博物馆

为配合贵港市同济大道工程建设，对施工范围内的 9 座古墓葬进行发掘。墓葬均为砖室墓，编号为 M1 ~ M9，时代分属东汉和南朝时期。

东汉墓共 2 座，编号分别为 M6 和 M9。墓葬破坏较严重，券顶均已坍塌，由斜坡墓道、甬道、前、后室组成，其中 M6 还带有侧室。墓壁均采用两顺一丁的方式进行错缝结砌，墓砖均较大，有青砖和红砖两种，以青砖居多，墓砖单面均按压有手掌印，且在砌筑时掌印均朝下。墓底采用“人”字形和平铺相结合的方式进行铺垫。由于墓葬曾遭多次盗扰，随葬器物大多被盗掘一空，出土器物仅见陶屋、陶簋、陶壶、陶瓮、陶四耳罐几种，且均较为残碎。

南朝墓共 7 座，分别为 M1 ~ M5、M7、M8。盗扰较为严重，绝大部分仅残存零星铺地砖，个别墓葬甚至铺地砖也很少残留。墓砖均呈红色，尺寸大小相当，未见随葬器物。除 M5、M7 遭施工破坏较为严重而形制不明外，其余墓葬形制尚依稀可辨。其中 M2 为单室带斜坡墓道的“凸”字形墓，M8 为前、后室带斜坡墓道的“中”字形墓，M1、M3、M4 均为长方形砖室墓，除 M4 保存相对完整外，M1、M3 仅在墓底残留零星铺地砖。

此次发掘的 9 座墓葬虽遭早期遭盗扰，随葬品亦基本无存，但对于广西东汉、南朝墓葬的研究还是具有一定的价值，特别是东汉墓中普遍存在的手印纹砖，其不仅数量大，而且种类丰富，对广西东汉手工业的研究具有一定的意义。

（谢广维　叶长玖　甘雨棠）

【合浦县科园路东汉至晋代墓葬】

发掘时间：2017 年 6 ~ 8 月

工作单位：广西文物保护与考古研究所

为配合合浦科园路东侧储备土地项目，在用地范围发掘古墓葬 48 座。除 1 座石板墓年代不详外，其余均为砖室墓，年代分属东汉、三国和晋三个时期。

东汉晚期墓 18 座，除 1 座为长方形外，其余均为由墓道及前室、后室构成的“中”字形墓，部分墓葬还带有侧室。墓顶大部坍塌，除一座前室为穹隆顶外，其余均为直券顶。出土器物 163 件，有陶、铜、铁、滑石、琉璃等类别。其中陶器共 156 件，有罐、双系罐、四系罐、盂、筒、提筒、钵、簋、樽、三足盘、鐎壶、魁、鼎、甑、案、熏炉、莲花器、井、仓、灶、屋、厕等器类。铜器有碗、盘两种。铁器有臿、匕首。滑石器仅滑石炉一种。

三国墓共 28 座，平面有长方形、“凸”字形和“中”字形几种。随葬器物共 102 件，有陶、铜、铁、石、金、银、琉璃等类别。其中陶器共 78 件，有筒、罐、碗、钵、盘、壶、盂、案、釜、甑、熏炉、莲花器、仓、

井、灶、溷、厕等器类。铜器有铜镜。铁器有棺钉、匕首和钩。金银器有金箔、银钗和银手镯。滑石器仅滑石炉一种。

晋墓仅1座，由墓道、甬道、前室、后室及侧室几部分构成，后壁有壁龛。由于该墓损毁严重，其大部分墓壁及墓顶已不存，亦未发现随葬器物，仅能从其墓砖上大致判断其年代。该墓墓砖均为条砖，砖色以灰白色为主，余为青灰色及淡红色，纹饰基本以刻划纹为主，规格较大，一般长30厘米左右，宽16厘米左右、厚5厘米~7厘米。其规格较东汉三国时期的砖室墓墓砖要大。

这批墓葬虽然遭盗扰破坏均较为严重，但是对于合浦汉、晋墓葬的研究还具有重要参考价值。

（黄登奎）

【梧州市龙圩区俚僚文化遗产调查】

调查时间：2017年4~10月

工作单位：广西文物保护与考古研究所、北海市文物局、梧州市苍梧县文物管理所、贺州市文物管理所

2017年度首次开展俚僚文化专项调查，工作地点为梧州市龙圩区大坡镇、广平镇、新地镇、苍梧县岭脚镇及北海市铁山港区营盘镇、南康镇、海城区福成镇，调查根据相关记载和遗产线索（如遗址和铜鼓）来展开，重点关注沿江、沿海区域，新发现先秦至隋唐遗存点184处。

梧州市新发现的遗存点有151处，年代为六朝隋唐时期，遗址处在低矮的山岭上，地表发现陶片、瓷片、墓砖等遗物，其中有30多处遗址还发现炼炉、鼓风管、炉渣、矿石等冶铁遗存。陶器可辨器形有釜、罐、瓮、锅、盆、钵、碗、杯、拍、纺轮，纹饰有弦纹、方格纹、水波纹、曲折纹、圆圈纹、篦纹、叶脉纹、射线纹、钱纹、附加堆纹等。瓷器烧成温度稍低，青釉易脱落，器形有碗、钵、唾壶、器盖等。炼炉分为“碗式”和“竖式”两种，直径60厘米~70厘米。鼓风管形如圆筒，用黏土羼砂制成，直径约12厘米。炉渣呈黑褐色，疏松多孔，状似海绵。矿石为片状或块状，表面呈赭、黑或灰褐色。2012年曾在大坡镇发掘1处同类遗址——后背山遗址，发现灰沟、灰坑、柱洞、炼炉等遗迹。此前在这片区域发现几座同时期的砖室墓。

北海市新发现的文化遗产有33处，其中岭丘遗址29处、砖室墓3座、石板墓群1处，墓葬因冲刷、耕建等影响而露于地表。岭丘遗址的年代范围从先秦到隋唐，地表发现石器、陶片、瓷片、墓砖等遗物，石器有双肩石斧、穿孔石器、砺石等，陶片为硬陶或夹砂陶，器形有罐、瓮、釜、豆、盏、网坠，纹饰有绳纹、夔纹、“米”字纹、曲折纹、弦纹、水波纹、方格纹、叶脉纹、菱格纹等，瓷器是晋唐时期的青瓷碗、碟、罐等。砖室墓年代为汉六朝时期，墓葬和陶片拍印几何纹。石板墓群年代为六朝时期，分布密集，地表可见32座，墓室用矿石板铺砌（个别墓葬兼用砖），长0.4（残）米~3.16米、宽0.4米~1米，地表采集到完整的陶罐和青瓷碗，另有较多的陶瓷器残件，陶器有罐、碗、釜，纹饰有弦纹、方格纹、水波纹、叶脉纹、绳纹等。

俚、僚作为族名之本义，大抵是古代对南方地区僻居川洞尚未归附人群的蔑称，在岭南曰俚，在西南曰獠，后来二者常连缀出现，用于泛称岭南土著人群。根据史籍记载，六朝时期俚人活跃在相当于今广东西南部和广西南部（郁江—浔江—西江河段以南区域），目前在这片区域内发现了数百处六朝隋唐时期的遗产点，其中包括铜鼓、聚落、墓葬、冶铁、冶铜等文化遗产。此次调查新发现的184处遗存点，应有相当部分属于俚人文化遗产。广西先秦至隋唐时期的几何纹陶文化遗产，特别是汉唐郡治之外的聚落址，是之前文物普

查所忽视的一个领域，从早年文物考古发现和近年考古调查的情况来看，应该还有相当数量的文化遗产未被发现。广西古代乌浒、俚、僚等族群的文化遗产面貌，目前仍知之甚少，对其进行深入探究并建立考古学文化谱系，是考古界今后任重道远的科研目标。

（蒙长旺　花　飞）

【北海市唐代窑址考古调查】

调查时间：2017 年 7 ~9 月

工作单位：广西文物保护与考古研究所、北海市文物局、贺州市文物管理所

北海地区目前发现 3 处唐代窑址，均位于北部湾沿海，由东往西依序为合浦县山口镇英罗窑址、铁山港区南康镇芋头塘窑址和晚姑娘窑址。英罗窑址于 2015 年进行发掘并发表《合浦县英罗唐代窑址及宋代遗址》在《中国考古学年鉴 2016》。2017 年度开展海上丝绸之路考古调查试掘项目，对发现于 20 世纪 80 年代的晚姑娘窑址进行了发掘，同时根据当地群众提供的线索，新发现了芋头塘窑址。

晚姑娘窑址位于南康镇里头塘村委晚姑娘村东南面 200 米的南康江西岸斜坡上，分布范围南北长约 600 米，东西宽约 50 米，地表可见大量的陶瓷器残件和烧土块、砖块、窑具等遗物。近年来，窑址所在的岭坡被大范围取土（瓷土用于制瓦和外卖）及建设太阳能发电场，对窑址本体及周围环境造成了严重破坏。此次抢救性发掘窑址的濒危部分，揭露面积 118 平方米，发现龙窑、灰坑、柱洞等遗迹，提取陶瓷器标本 581 件。龙窑全长 10.4 米，宽约 2.5 米，坡度 20°，顶部坍塌，底部仍存，前后分为火膛和窑床两部分，之间有砖砌隔墙，窑床底部前段硬结呈灰黑色板块状，窑壁用灰白砖单隅结砌，外面再用土块和黏土垒糊作为壁衬。出土器物包括瓷器、陶器、窑具，以青瓷器为主，器形主要有碗、碟、罐、瓮、壶、盆、盘、钵、网坠、砚台，以碗、碟居多，陶器有罐、釜、壶，窑具有垫饼、垫具等。

芋头塘窑址位于南康镇雷田村委芋头塘村，分布范围约 5 万平方米。窑址坐落在两个向海湾延伸相连呈“V”形的岭坡上，东侧一座称为后背山，西侧一座称为白虎头，岭坡上密布虾塘，原址大部分被破坏，断壁可见文化堆积层，地表散落大量的陶瓷器残件和烧土块、砖块、窑具等遗物。产品以青瓷器为主，可辨器形有碗、碟、罐、瓮、钵、盘、盆、提梁壶、网坠，还有少量的陶釜、罐、盆等。本次调查采集陶瓷器标本 100 多件，有些器物保存状况较好。

晚姑娘、芋头塘、英罗 3 处窑址，产品类型大部分相同，形制一致，参照两广地区唐代墓葬和遗址出土的同类器物，可知 3 处窑址的年代大体为唐中晚期。窑场属于南方青瓷民窑系统，从类型和工艺看，产品应为民用生活器具。瓷器胎体厚重，里外施青釉但不及外底，釉面稍显粗涩，素面，仅个别器物肩部饰水波纹，有些罐、瓮、盆、垫饼的肩部或底部刻划文字或符号，碗、碟内壁多留有支钉痕。目前在北部湾沿海的北海、钦州、防城港、南流江—北流河流域的玉林、西江流域的贵港及广东、越南、印尼等地均发现有类似于北海唐窑的瓷器。广东新会官冲窑的瓷器与北海唐窑同类器近似，但类型较为丰富，其馒头窑也与英罗、晚姑娘窑址的龙窑不同。

（花　飞　蒙长旺）

【桂林市正阳西巷唐代至清代遗址】

发掘时间：2017 年 1 ~3 月

工作单位：广西文物保护与考古研究所、桂林市文物保护与考古研究院

正阳西巷遗址位于桂林市城区的正阳

西巷，即原明代靖江王府正阳门外右侧。2013 年为配合正阳东巷的修建工程，广西文物保护与考古研究所曾在正阳东巷进行过考古发掘，揭露出明代靖江王府宗祠基址。此次发掘是为配合桂林市正阳西巷历史文化地段保护修缮及旧城改造工程项目的实施而开展，发掘面积 170 平方米。

通过发掘，发现了唐代至清代各个历史时期的文化堆积及大量遗物。其中唐代遗存包括砖铺面、砌砖排水沟等遗迹及“V”字纹方形地砖、乳丁或莲花纹瓦当等遗物；宋代遗存主要包括砖铺路面、鹅卵石散水、砌砖排水沟等遗迹及戳印有“官且”“官”字的青灰色板瓦；元代遗存主要为砖铺路面；明代遗存包括琉璃砖瓦垫面，磉墩等。同时在遗址内还发现南朝至清代各个时期的陶、瓷片。

从发掘情况看，此次发掘尽管没有发现唐朝以前的地层堆积，但却发现不少南朝时期的遗物，这为我们寻找唐以前始安县治的位置提供了重要线索。另外，此次发掘虽然未发现社稷坛等大型建筑基址，但是从 2013 年东巷发现的靖江王府宗祠基址所处位置看，正阳西巷应该就是明陈琏在《桂林郡志》里绘制的《王府图》社稷坛所处的位置。

（王　星）

【柳城县元代木桐窑址】

发掘时间：2017 年 7～8 月

工作单位：广西文物保护与考古研究所

木桐窑位于柳城县大浦镇木桐村融江西岸，属柳城窑址的一部分。2017 年 7 月，为配合大埔至凤山二级公路改扩建项目，对窑址进行考古发掘，发掘面积 100 平方米。

发掘部位为废品堆积区域，遗迹较少。出土器物有碗、盘、碟、盏等类型，胎釉均较粗糙，胎色多呈青灰色，火候较高，釉色有青黄釉、青釉及酱釉几种，釉面厚薄不均，内底或外底多有支钉痕迹。年代为元代。

从器物特征看，窑址年代为元代。相较于宋代制瓷业的繁荣，广西元代窑址数量相对较少，目前发现主要有田东那桓窑及柳城诸青瓷窑址。从产品特征及烧造方式看，这两处窑址均极为相似，且均和兴安严关窑存在明显的传承关系。此次发掘为广西元代窑址的研究提供了更多的资料。

（由　丹）

【凭祥市大连城清代遗址】

发掘时间：2017 年 5～8 月

工作单位：广西文物保护与考古研究所、凭祥市博物馆

大连城位于凭祥市凭祥镇连全村连城屯，距凭祥市区约 1.5 千米，距友谊关约 2 千米，是镇南关通往龙州的中间点，地处广西边防东线与西线的汇合部。是中法战争后，广西提督兼边防督办苏元春修建的边防第一指挥中心。此次发掘是为配合凭祥市新建博物馆项目的实施而开展，发掘面积 7700 平方米。

通过发掘，发现了清代建筑基址一处以及大量的文化遗物。其中发现的建筑基础为北、中、南并列三路，其中中路、南路仅存一、二进，北路残存三进。北路为两进一院布局，一进为面阔两间进深一间，通面阔 14.3 米，通进深 7.4 米；二进面阔七间进深一间，通面阔 35 米，通进深 11.1 米，一院为石铺院子。中路和南路为两进一院二厢房布局，一进面阔七间进深一间，通面阔 35 米，通进深 9.4 米；二进面阔七间进深一间，通面阔 35 米，通进深 10.8 米；两厢房左右对称于天井，布局均为面阔四间进深一间，通面阔 27 米，通进深 5.3 米。遗址仅存墙基和部分墙体，各墙基深约 1 米，宽约 0.8 米～1 米，片石垒砌；墙体为夯土墙，各墙体均内外批灰，

仅在墙角和门框用青砖砌筑。遗址内清理出一层瓦砾倒塌堆积，据此推断原屋面为小青瓦屋面。出土的遗物包括大量的陶瓷器及残片、炮弹和子弹残件等。

此次发现的遗址占地面积较大，布局工整规矩，基础、墙体做工及用料考究，通过对当时历史文献的记载和分析，结合此次发掘的出土遗物和遗址的布局情况，推测此次发现的建筑基址为兵营遗址。该遗址的发现为研究广西的边防与海防研究提供了重要的资料，也为复原大连城内的军事防御布局提供了重要依据。

（陈晓颖）

【钦州市乌雷炮台清代遗址】

发掘时间：2016 年 12 月 ~2017 年 3 月

工作单位：广西文物保护与考古研究所、钦州市博物馆

乌雷炮台位于钦州市犀牛脚镇乌雷村东南约 2 千米的海岛上，炮台始建于清康熙五十六年，民国时期废弃。20 世纪六七十年代当地建设乌雷小学时于炮台内拆取砖石，致使炮台内建筑遭到毁灭性破坏。2011 年 4 ~5 月，为配合保护规划的编制，广西文物保护与考古研究所对炮台遗址西南部进行了发掘，清理出南兵房、官署、台门等遗迹，基本弄清炮台南部建筑布局。

此次发掘为配合炮台的保护维修而开展，发掘位置主要位于遗址北部，面积约 1000 平方米。通过发掘基本弄清炮台内城墙、北兵房、火药局、台阶的结构布局，另外还发现两处不明性质的小圆坑及石砌遗迹一处。其中内城墙周长约 160 米，由石砌基础和青砖包砌而成。墙基以条石平铺叠砌于海岛基岩之上，石基之上砌砖，砌法各段不一，多为两顺一丁结砌。

火药局分别位于墙体东部略偏南的台阶两侧，与文献记载的“火药局两间”相符。其均构筑于墙体内，平面均呈“凸”字形，底部铺砖，前有门道直通炮台内，门槛清晰可辨。

台阶位于炮台东南部，与城门在同一轴线上，呈阶梯式自城内直通城墙顶部。台阶两侧以青砖包砌，中间夯填泥土，表面有阶梯状石砌台阶，台阶多已损毁。

北兵房位于炮台东北部，呈西北—东南向，与南兵房相对，且布局结构基本对称。兵房墙体均已倒塌不存，仅残存少部分墙基、门槛及少量铺地砖。

出土遗物以陶器、瓷器为主，其次为铜钱。陶器主要有盆、罐、碟、器盖、灯盏等；瓷器有青瓷及青花瓷两种，青瓷较少，器形有碗、杯等；青花瓷有碗、杯、盘、碟、汤勺等，部分底部有“慧、士、杜、才、公、志、在、中、翁、太和、尚美、合利、广、玉、广盛、上、上合”等字；铜钱有“康熙通宝”“乾隆通宝”“嘉庆通宝”“道光通宝”等；此外还出土有越南“明命通宝”“景兴通宝”等铜钱。

此次发掘基本弄清了炮台的结构布局，为炮台的维修保护提供了基础资料，同时在发掘中还出土来自越南的“明命通宝”“景兴通宝”及来自福建、钦州浦北一带的陶瓷器，这些遗物对于研究清代的商品流通及与越南之间的交流提供了难得的资料。

（谢广维　谢广学　陈虞添）

海南省

【万宁市踏头新石器时代及宋元遗址】

发掘时间：2017 年 12 月 3 ~ 23 日

工作单位：海南省文物考古研究所

踏头遗址位于万宁市东澳镇踏头村东南约 1 千米，西北距坡头港约 1.4 千米，东南距南海海岸线约 1 千米。地理坐标为北纬 18°40′46″，东经 110°20′28.2″，海拔约 5 米。遗址坐落在神州半岛老爷海出海口近旁东岸的沙丘之上，呈西南—东北走向，其分布区原为茂密的自然林地和较为平整的沙地，当地村民俗称此地为“坡压园”。

遗址在 2016 年 11 月下旬被发现于现今神州半岛中海地产 C05 项目建设用地内。同年 12 月下旬，中国社会科学院考古研究所华南队专业人员在三期施工用地采集比较丰富的陶片，另采集较多石器。

2017 年 4 月，海南省文物考古研究所组织专业人员对一期、二期建设用地（共 62429 平方米）进行考古调查、勘探，推测踏头遗址的中心部分已遭到破坏。

2017 年 7 ~ 8 月，海南省文物考古研究所与中国社会科学院考古研究所合作，对踏头遗址进行了抢救性发掘，发掘共布 5 米 ×5 米探方 10 个，总面积共 250 平方米。初步认识遗址的地层堆积及文化内涵。

同年 12 月 3 ~ 23 日，海南省文物考古研究所与中国社会科学院考古研究所合作，对踏头遗址进行了较为系统的考古勘探和试掘。勘探范围位于 C05 项目三期地块西北部区域，面积为 10500 平方米，共布探孔 1576 个，分布有陶片的探孔共有 189 个，主要集中于勘探区西北部约 800 平方米的区域内。深度 0 ~ 70 厘米左右出土瓷片、硬陶等晚近时期的遗物，沙土为灰黑或灰褐色疏松沙土；深度 70 厘米 ~ 130 厘米出土新石器时期陶片，多为灰褐或红褐色疏松沙土，此深度以下红褐色沙土逐渐消失，130 厘米 ~ 230 厘米及以下为灰白色沙土，无遗物出现，沙质纯净。

另外，试掘了 4 条探沟。探沟分布于勘探区西北部东北—西南走向的遗物分布密集带内，编号分别为 T1、T2、T3、T4。探沟面积均为 2 米 ×10 米，4 条探沟面积共 80 平方米。探沟地层明确，共分 4 层：第①层为表土层，未见遗物；第②层为宋元文化层，出土少量宋元青白瓷片等；第③④层为新石器文化层，出土夹砂红陶、夹砂灰陶、石器等。未见遗迹。

探沟的地层表明了钻探探孔 0 ~ 70 厘米左右的深度为①②层，70 厘米 ~ 120 厘米左右为③④层。试掘深度以及所出土的遗物类型与钻探深度、出土遗物类型的结果相一致。整理的陶片多由探沟所出，石器均由探沟所出。

根据各探沟地层堆积情况和遗物的特征，可将踏头遗址分为以下三期：第一期文化遗存，此期遗存主要分布在 T1、T2、T3、T4 的第④层。未见任何遗迹现象，出土遗物主要是陶器和石器。1. 陶器，未见完整器。可辨器形有盘口罐、高领罐、陶釜等。陶釜口沿主要有敞口平圆唇以及敛口平圆唇几种。2. 石器，共 7 件，器形主要有斧。保存均较为完好，通体磨光，无肩，其中几件留有片疤。第二期文化遗存，此期遗存主要分布在 T1、T2、T3、T4 的第③层。未见任何遗迹现象，出土遗物主要是陶器和石器。1. 陶器，未见完整器。可辨器形主要有敞口罐和陶釜。陶釜口沿主要为敞口圆唇。2. 石器，共 3 件，器形均为斧。保存均较为完好。通体磨光，无肩。第三期文化遗存，此期文化遗存主要由探孔第②层与 T1、T2、T3、T4 的第②层所出，无遗迹现象。出土物主要有瓷片与铜钱。1. 瓷器，数量不多。器表多施青白釉、青釉、褐釉等，均为残片。2. 铜钱，一枚。

踏头遗址第一期文化遗存所见的盘口器，与陵水走风遗址有一定的相似性，踏头遗址第二期文化遗存所见的折沿罐以及陶器表面的龟裂现象，也见于邻近的万宁龙保新村遗址以及陵水文墩等遗址。根据地层叠压关系及出土遗物的形制特征，联系周边地区相关遗存，我们初步推测踏头遗址第一期和第二期遗存的年代距今约 3500～3000 年。第三期遗存有“绍熙元宝”铜钱以及其他宋元瓷片的出土，据此可以判断第三期为宋元时期遗存，该期所见的瓷器，对于探讨宋代当地的生产生活以及海南地区的经济贸易有着重要的意义。

踏头遗址是一处较为重要的史前时期遗址，其文化内涵丰富。此次勘探与试掘为了解遗址的分布范围与地层堆积情况提供了重要资料，对于构建和完善海南东南沿海地区史前考古学文化发展序列有着重要的意义，以及对下一步对于如何保护踏头遗址有着重要的参考价值。

（王明忠　杨　彬）

重庆市

【长寿县巨梁沱旧石器时代至新石器时代及商周汉代遗址】

发掘时间：2017 年 5 ~7 月

工作单位：重庆师范大学西南考古与文物研究中心、重庆市文化遗产研究院

巨梁沱遗址位于长寿区江南街道龙山社区八组至巨（锯）梁沱村五组长江边的第二级阶地边缘地带，地理坐标为东经 107°4′55. 58″，北纬 29°47′3. 04″，海拔 165 米 ~180 米。此次发掘分 A、B 两区，发掘面积 810 平方米。

巨梁沱遗址 A 区共发掘 5 个探方，它们的地层堆积情况是：2017CJAT5、2017CJAT6 主要为河卵石及石制品堆积层；2017CJAT7、2017CJAT8 主要为汉代文化堆积层，并夹杂有极少商周时期的陶片及打制和磨制石器。B 区第①层为表土层；第②层为近现代扰乱层，出土有陶片、青灰砖、瓷片、釉陶（缸胎）片、玻璃碎片等；第③层为商周文化层，出土陶器能辨别出器形的主要有圈足器、罐口沿、残豆柄等，另还有石斧、网坠、砍砸器、石片等。

巨梁沱遗址出土有大量石制品。种类主要有石核、石片、砍砸器、刮削器等，另还有大量的断块，石制品有一次加工的，也有二次加工的，以前者为主，后者少许。值得注意的是，石制品中发现了 2 块、3 块、4 块，最多的还有 6 块、7 块可以拼合的。该遗址可能是一处远古时期古人类的石器制作露天（旷野）加工场，年代可能是属于旧石器时代晚期向新石器时代初期的过渡阶段。

此次调查与发掘资料丰富了长寿区商周时期文化遗存的研究内容。A 区旧石器时代晚期至新石器时代初期远古人类遗址的发现，填补了长寿地区首次发现的历史空白，为我们研究三峡地区这一时期的人类活动的历史提供了珍贵的实物资料

（杨　华　何学琳）

【云阳县磐石城新石器时代商周及明清时期遗址】

发掘时间：2017 年 2 ~8 月

工作单位：重庆市文化遗产研究院

该遗址位于云阳县青龙街道，地处彭溪河（小江）与长江交汇地带。（晋）常璩《华阳国志 · 巴志》记载："朐忍县，［郡］西二百九十里。水道有东阳、下瞿数滩。山有大小石城势。" 因此，磐石城通常被认为是"大石城"。南宋吕师夔屯兵磐石城以抗击蒙古军队。南宋德祐元年（1275），元至元十二年七月，元将杨文安进攻石城堡（磐石城），守将谭汝和降。明末清初"夔东十三家"之谭诣驻军磐石城。乾隆五十四年，云阳涂氏购得磐石城，直至民国时期。

此次考古工作包括调查、试掘和发掘三个阶段，完成调查面积约 0. 8 平方千米，调查遗迹包括城墙、城门、祠堂、道路、堰塘、水井、暗堡、墙基、采石场等诸多类型。调查发现，以上遗迹的时代总体在

清至民国时期。

试掘与发掘合计完成面积2700余平方米，共发现早（新石器、商周）和晚（清至民国）两个阶段的文化遗存。早段遗存集中分布于遗址的中部区域，为新石器和商周时期，属首次发现，出土大量陶片和少量石器。新石器时期遗存以夹砂红褐陶为主，可辨器形有花边口沿罐、折盘口罐等，在内涵上应属于玉溪坪文化；商周时期遗存多为泥质灰褐陶，可辨器形有小平底罐、高柄豆等，另有石斧、石锛、石耜等石器。晚段遗存主要为清至民国时期，发掘房址、粮仓、炮台、水井、道路、排水沟、墙基等各类遗迹19处，出土器物以青花瓷片为主，器形有碗、杯、勺、盘等，还出土有陶片、瓦片、铜钱等。

此次工作较为全面地了解了磐石城遗址的保存现状和文化面貌，廓清了磐石城遗址的整体格局。新石器、商周时期文化遗存的发现丰富了磐石城遗址的文化内涵，将磐石城遗址的历史前推至新石器晚期，具有重要的意义和价值。清至民国时期的遗迹类型丰富、数量众多，为这一时期的建筑及其选址、布局和功能等问题的研究提供了重要的考古资料。

（杨鹏强　李大地）

【涪陵区龙子凼新石器时代汉代及明清遗存】

发掘时间：2017年7～12月

工作单位：重庆市文化遗产研究院、涪陵区文物管理所

龙子凼遗址位于涪陵区李渡街道盘龙村五社，东距涪陵城区直线距离约10千米。遗址分布于长江左岸约2千米的沿江坡地上，北为鹤凤大道，东距黄鳝沟河沟300米，南临长江，西邻攀华码头作业区。海拔165米～196米，中心地理坐标北纬29°43′14.0″，东经107°14′05.0″。

龙子凼墓群发掘区由东向西分为三区：ⅠA区为糖房新石器遗址区，ⅠB区为大坟坝汉墓区；Ⅱ区为窑址坡明清窑址区；Ⅲ区为猫洞嘴汉墓区。考古发掘面积1411平方米，主要发掘清理的遗迹包括新石器灰坑2个、灰沟1条，汉墓7座，明清窑址2座，出土器物及标本300余件。

新石器遗存包括ⅠAT1、ⅠAT2的⑨、⑩层，ⅠH6、ⅠH7、ⅠG4，ⅠAT3⑦、⑧层，以后者最具代表性。出土陶器较为破碎，以泥质陶大宗，夹砂次之。陶色以红褐陶、灰陶多见，两者数量相若，另见红陶、黑皮陶、黄陶等。纹饰陶约占36%，多见粗、细、交错绳纹，另见箍带纹、凹凸弦纹、戳印纹、弦断纹、网格纹，少量掐印纹、挑剔纹、凸点纹、乳丁纹，也见箍带+细绳、网格+箍带、戳印+细绳等复合纹饰。陶器可辨有黑皮陶折腹盆、双唇罐、高领罐、小平底器、敛口钵、尖底器、花边口沿器等。石器打制石片多见，也有磨制的石斧、石锛、石坠、石刀等，另有砺石、石核等石制品。

汉代墓葬见于ⅠB区和Ⅲ区，ⅠB区发掘清理东汉砖室墓3座（可辨刀把形），出土器物41件，陶器大宗，石璧1件。陶器见陶罐、陶俑、陶钵、陶盆、陶灯、陶鸡、陶灯座、陶博山炉、陶狗、陶盘、陶猪、陶甑、陶楼、器盖，完整器少，残碎器多见。Ⅲ区发掘清理新莽至东汉时期墓葬4座，包括长方形竖穴土坑墓2座、砖室墓2座（刀把形、“凸”字形），出土器物62件，陶器大宗，另见残碎铜鍪1件、铜钱数枚、金属装饰件2件，采集石器2件。陶器50件，器形有陶钵、陶灯、陶耳杯、陶缸、陶狗、陶构件、陶罐、陶盒、陶壶、圜底罐、陶鸡、陶井架、陶楼、陶马、陶盆、陶器盖、陶塘、陶俑、陶甑等。汉代墓葬以大坟坝M3较有特色，其封门砖系菱格车轮纹，车轮置于菱格纹两端，各为半轮，墓砖西端车轮旁装饰并排两个实心“8”图案。这种封门砖图案不见于墓葬其

他部位，在峡江地区目前也较为罕见。

明清窑址位于Ⅱ区窑址坡，发掘清理窑址2座，系明清瓦窑。ⅡY1为半倒焰入窑封顶式馒头窑，平面略呈椭圆形，由窑室、烟囱、窑床、火膛、窑门组成，其顶部及操作间损毁不存。残长3.78米、宽径3.44米、残高0.2米~1.6米。ⅡY2平面略呈“只”字形，由窑圹、窑室、烟囱、火膛、窑门、操作间六大部分构成，窑址上部结构不存，通长7.7米、宽6.5米、高0.6米~2.9米。

（陈　东）

【忠县坪上商周汉至六朝及唐宋遗址】

发掘时间：2017年6~9月

工作单位：重庆市文化遗产研究院

坪上遗址位于忠县洋渡镇鱼洞村，作为三峡后续消落区地下文物保护项目，重庆市文化遗产研究院对该遗址开展了抢救性发掘工作，发掘面积共计1010平方米，发现了商周、汉至六朝、唐宋三个时期文化遗存，主要遗迹现象为商周时期灰坑2个，汉至六朝时期墓葬15座，唐宋时期灰坑3个。

此次发掘中最为重要的发现是一处汉至六朝墓地，共清理墓葬15座，包括了土坑墓11座，砖室墓2座，石室墓1座和瓮棺葬1座，墓葬方向基本一致，排列有序，初步判断为家族墓地。墓葬中出土了大量随葬品，计有陶壶、甑、罐、盆、井、豆、仓、魁、勺、博山炉盖及陶俑、铜钱、铁刀、铁剑等重要文物共计240余件，是探讨这一地区汉至六朝墓地的选址与布局、随葬品组合、墓葬分期等问题的重要参考。值得注意的是，我们在发掘中留意到大部分墓葬填土中有罐、钵的现象，钵作为器盖倒扣于罐口，这或许是区域内某种丧葬习俗的体现。

（燕　妮）

【忠县龙洞东汉至六朝时期墓群】

发掘时间：2017年10月~2018年1月

工作单位：重庆市文化遗产研究院

龙洞墓群位于忠县东溪镇，地处龙洞山北侧坡地上，北临长江，隔长江与忠县白公祠相望，南倚桃子园山，东隔神溪口与翠屏山崖墓群相望。作为三峡后续消落区地下文物保护项目，重庆市文化遗产研究院承担了对该墓群的抢救性发掘工作，共计完成调查面积约2000平方米，勘探面积约5000平方米，发掘面积1204平方米，发现并清理了东汉、六朝时期岩坑墓、崖墓18座，出土陶、瓷、铜、铁质类遗物标本160余件（套）。

此次发掘共分为Ⅰ、Ⅱ、Ⅲ三个发掘区，其中Ⅰ区（11座）、Ⅲ区（5座）为崖墓，Ⅱ区（2座）为岩坑墓。

崖墓是此次最重要的发现，共计16座，均为单室、长墓道，其中8座墓室内可见有壁龛。墓葬被盗扰严重，仅9座墓葬残留有少量随葬品，出土遗物可分为日常用器和明器两大类，日常用器以罐、盆、钵、甑、碗、壶为大宗，明器以人物俑、动物俑为主，另有少量模型明器如陶房、陶井、陶塘等，时代主要集中在东汉中晚期至六朝时期。岩坑墓2座，均直接在岩石上开凿竖穴墓室，残留遗物以罐、钵为多，时代为东汉中晚期。

墓群墓葬分布密集而规律，未发现有叠压打破关系，推测其应为一处经过布局的家族墓地，时代从东汉中晚期延续到六朝时期，为研究其这一阶段丧葬行为的发展与演变奠定了实物基础。部分墓葬墓壁保留了清晰的开凿痕迹，为研究崖墓的建造技术与加工工艺提供了丰富的研究对象。

（周　勇）

【丰都县窑子塝—壕沟两宋遗址】

发掘时间：2017 年 5 ~6 月

工作单位：重庆师范大学西南考古与文物研究中心、重庆市文化遗产研究院

壕沟遗址位于丰都县兴义镇胜利社区二社。遗址位于长江东岸的斜坡上，地理坐标东经 107°48′54.44″，北纬 29°57′26.51″，海拔 160 米 ~170 米。此次发掘面积为 800 平方米。

此次发掘中没有发现窑址、灰坑等遗迹，发掘的地层也不是原生堆积，均为晚期淤积而成的次生堆积。但是出土遗物数量较多，主要有杯、盘、碗、盏、执壶、罐、瓶、器盖、网坠、足等生活用具以及支圈、垫环等窑具，多为残破或变形品，选取标本 140 件。出土瓷器多为拉坯轮制，无纹饰，整体做工粗糙。胎质以砖红、青灰、灰胎为主，釉多施于器物的上腹部，釉色以黄釉或青黄釉为主，多有流釉现象。

壕沟遗址出土遗物与相距不远的石板溪、铺子河、大沙坝、老院子、沙溪嘴等遗址中出土的碗、执壶、罐、盏、杯等遗物特征一致，年代相当，大概为两宋之际。

窑子塝遗址出土遗存丰富，器类众多，个别器物中还出现阴刻（划）文字“某字号”等情况，这对于研究峡江地区两宋之际的民窑状况、商品经济、文化交流等都具有重要的学术意义

（蒋　刚　谢小波）

【奉节县南宋白帝城遗址】

发掘时间：2017 年 2 ~9 月

工作单位：重庆市文化遗产研究院

白帝城遗址位于奉节县新县城以东 10 千米瞿塘峡西口的长江北岸，包含白帝山、鸡公山、马岭为主范围内的两汉至宋明时期历代城址，曾为东汉巴东郡治、唐夔州州治、宋夔州路治所在地。南宋白帝城是历代城址中保存最好的，是重庆地区规模最大、保存最好的宋蒙（元）战争山城遗址之一。据文献记载，南宋白帝城建于淳祐二年（1242），至元十五年（1278）降元后废弃，是宋蒙西线战场的最后一道屏障。

自 20 世纪 70 年代以来，白帝城遗址先后开展了多次考古工作；1998 年至今，重庆市文化遗产研究院围绕白帝城范围内开展山城防御体系的考古工作，历经多年的调查、勘探、发掘，基本厘清了南宋白帝城的文化面貌。

按照三峡后续文物保护工作的要求，三峡地区重要遗址的文物保护工作必须与当地经济社会的发展紧密结合。为进一步推动文物保护与展示利用规划的编制，从考古学的角度深化西南宋蒙（元）战争山城防御体系的研究，经国家文物局批准，2017 年 2 ~ 9 月，重庆市文化遗产研究院对白帝城遗址开展了历时 7 个月的田野考古工作，共完成调查面积约 5 平方千米，勘探面积 25000 平方米，发掘面积 3090 平方米，清理遗迹 20 处，出土器物标本 434 件（套）。一方面通过调查、勘探、发掘相结合，在既有成果的基础上，对整个遗址及周边地区展开全面调查，对前期各次考古工作的成果使用 RTK、多旋翼无人机进行航拍和测绘，形成 1：500 地形图、三维模型、正射影像、遗迹测绘等丰富的数据资料；另一方面重点突破、多点解剖，选择以“子阳城”遗址为突破口予以重点揭露，同时以探沟法对城内各高台进行解剖式发掘，力图了解城内建筑布局和水网系统。在发掘中注重多学科手段介入，全面提取木炭、骨骼等各类样品，以科技手段细化各时期建筑的筑弃年代。

一　主要遗迹

此次清理的遗迹以城防设施为主，包括城墙 6 段、城门 2 座、房址 2 处、墩台 1 处、兵器埋藏坑 1 处、排水沟 4 条、道路 2 条、护坡墙体 2 段。

1. 城墙　白帝城遗址城墙围合长度近7000米，现有南宋城墙约3900米。为了解城垣结构，我们对樊家台、堰塘坪及皇殿台等6段城墙进行了发掘，均为夯土甃石结构。以樊家台城墙为例，系樊家台内城垣东南段，墙体截面呈梯形，外墙较陡直（坡度约80°），以泥灰岩长方形石块错缝叠砌而成；内墙相对低矮，以不规则的石块石灰勾缝砌筑。城墙顶部呈内低外高两级平台状，高差约0.15米，每级平台各成一条通道。发掘揭露出的城墙长31.3米，顶部宽5.5米、底部宽6.5米~6.8米，内墙残高0.7米、外墙残高4.4米。城墙顶面南北侧相距约12.4米处各发现一处房屋建筑基址，均面阔一间，原始建筑面被破坏，周围塌落有大量瓦砾，结合附近礌石的分布，推测此类建筑可能为战棚类设施。

2. 城门　2座，均为单门洞石构城门，分别位于皇殿台东南部和西南部。其中，以位于皇殿台西南部的2号城门保存较好，为皇殿台瓮城门。瓮城接于皇殿台西部，由北、南、西三面墙体围合而成，平面近长方形。主城门位于皇殿台西南角（未发掘），瓮城门辟于瓮城西北角。瓮城城门座东北朝西南，方向245°，门道平面呈“凸”字形，面阔1.5米~2.9米、进深5.6米、残高1.6米，内、外门道因顶部坍塌而形制不明。外门道后端设有门槛石，内门道前端侧壁对称设置有近方形栓眼一对，底部铺有附带圆形门臼的门砧石两方。门道底部用石板砌筑有“T”形排水暗沟构成城门排水系统，其上铺设石板作为道路面。门外道路沿城墙两侧通行，均设置阶梯踏道供上下，踏道已毁。瓮城废弃堆积内发现大量模印“桑閤门宅谨施”的瓦片，从出土位置与分布来看可能与瓮城城门有关。

3. 墩台　1处，位于中间台与寨子之间的山坳东部。叠压于Ⅱ区T8⑧下。系城墙附属防御设施，夯土甃石结构，两侧与城墙外墙相互咬合，于前端形成一个面阔6.6米、外凸于城墙约1米的平台，周围墙体用长方形石块错缝砌筑，石灰勾缝，内部用泥土、石块夯实而成。台体顶部破坏严重，现平面基本与两侧城墙夯土持平，残存有部分瓦砾堆积及铁箭镞、礌石类兵器。

4. 兵器埋藏坑　1处（H1），位于樊家台东南部，紧邻城墙。叠压于Ⅰ区T9⑥下。方向10°。平面近长方形，长2.72米~2.76米、宽2.4米、残深0.3米~0.95米。西部开凿于山体基岩上，周壁用长方形石块错缝叠砌而成，石灰勾缝，壁面较直，底部不规整。坑内堆积可分2层，上层为人为填塞的大量黄色石块，分布密集且较平实，其下为大量兵器遗存及少量瓷器，包括铁箭镞69件、铁雷16件、铁矛1件、铁兵器构件2件、铁钉3件、铜弩机1件、白釉瓷碗1件、粗瓷罐1件；下层为青灰色淤积土，含少量瓦片。坑内共存的铁箭镞均为重庆地区南宋山城遗址中的常见器形，出土的瓷碗为景德镇窑宋末元初产品。根据坑内出土的5件木炭和1件动物骨骼在美国佛罗里达贝塔（BETA）分析实验室的^{14}C测年结果，出土木炭、骨骼的常规^{14}C测定年代为800±30BP、830±30BP、850±30BP，校正后日历年龄为公元1184~1275年、1160~1264年、1152~1260年，相当于南宋中晚期，其最晚时代与文献所载白帝城于1278年降元并拆毁这一时间节点较为接近。结合地层关系、共存器物、^{14}C测年及时代背景分析，推测该坑应为夔州守军投降前掩埋，其废弃年代当在1278年及以前。

二　出土遗物

出土遗物标本434件，种类有陶、瓷、铜、铁、石、骨质器等。遗物时代包含汉至六朝、唐代、南宋、明、清各个时期，尤以南宋时期的各类兵器较为丰富，包括铁雷、铁箭镞、铁矛、铁镦、铁兵器构件、铜弩机、礌石等。铁雷共发现16件，可分为球形和橄榄形两类，每件均由盛药罐和填药口两部分组成。球形雷填药口为浅圆饼状，通高10厘米~14厘米、腹径10厘米~14厘米，重量一般为2.2千克~4.4千克；橄榄形雷填药口呈高覆斗状，通高12厘米~14厘米、腹径11厘米~12厘米，重量一般在2千克~2.5千克。箭镞141件，包括铁箭镞135件、铜箭镞6件，铁箭镞包含凿形镞、柳叶形镞等不同类型，箭镞形体多数较大，长度一般在14厘米~20厘米左右，应与大型守城弩配套使用。其他兵器还有大量礌石，少量铁蒺藜、铁矛、铜弩机等。

建筑材料有陶筒瓦、板瓦、瓦当、滴水及铁钉等。日常生活用具瓷器以黑、白釉瓷为主，少量青花瓷，器形主要有碗、盏、罐、盆、瓮等，共计80余件。钱币类型较多，有减轮五铢、直百五铢、开元通宝、熙宁重宝、元丰通宝、圣宋元宝、绍熙通宝、淳祐通宝、崇祯通宝、乾隆通宝、道光通宝、同治通宝等。此外，还出土少量铜饰件、铜铃铛等。

三　主要收获

白帝城为南宋政权西线抵御蒙（元）防御体系的重要组成部分，东控荆楚，西扼巴蜀，被誉为“弊吴之根本”，地位非常重要。通过此次考古工作，在既有成果基础上，取得了一系列新的突破：

1. 进一步廓清了南宋白帝城的空间格局，明确了“城连城、城中城、城外城”城防体系。白帝城虎踞夔门西口，充分利用夔门险要的山形水势营造城池。考古调查与发掘情况显示，南宋白帝城平面形状近似马形，分布在今白帝山、马岭、鸡公山“两山一岭”范围内，由白帝城、下关城、瞿塘关和子阳城组成，各城池彼此相连，城内又踞山为内城，形成“城连城、城中城”的梯次防御格局。城外还修建有许多巩固城防的寨堡和设施，形成了“城外城”的协防体系，如东、西两侧有擂鼓台城址、宝塔坪遗址协防草堂河和长江上游，东南夔门峡口南、北峙立的安乐寨、烽燧防御瞿塘峡，南面江中有锁江铁柱控江，北部鸡公山山麓沿线有黑岩头、鸡公山等据点加强陆路纵深防御。

2. 基本掌握了子阳城遗址片区文物遗存的现状、整体布局和文化内涵，进一步深化了对子阳城时空变迁的认识。子阳城片区南宋遗存保存较好，遗迹以城门、城墙、房址、兵器坑等城防设施为主，遗物以兵器为主，建筑材料次之，生活用具较少，可见城内应以军事防御为主；城池布局依山就势，设置多重城垣，城内高台据险为城，彼此设有通道连接，相互呼应；文化内涵丰富，涵盖汉至六朝、南宋、明、清不同时期遗存，首次明确了子阳城内樊家台、中间台、皇殿台、寨子各高台在南宋时期应为内城，属军事防御的台城。结合文献记载及此次发掘成果看，子阳城遗址始建于东汉（或为汉赤甲城故址），南宋抗蒙（元）时期历经夔州守将韩宣、徐宗武两次筑城逐步拓展而成，修建时间集中于1255~1267年间，至1278年夔州迫于形势降元后废弃，明清时期沿用。

3. 揭露了一批以城墙、城门、墩台为代表的城防设施，为宋蒙（元）战争山城防御体系的研究提供了最新实物资料。特别是城墙顶面设有内低外高两级平台，且间隔一定距离设有疑似战棚一类的建筑设施，其结构与布局具有一定代表性。城门结构保存较好，且现存有完好的瓮城垣，是迄今为止宋蒙（元）山城遗址中为数不多的实例，为这一时期山地城池的防御设施类型、城门结构布局研究提供了重要参考资料。

4. 初步厘清了遗址的路网和水网系统。路网方面，通过皇殿台瓮城的发掘，确认了由皇殿台经寨子、中间台到樊家台各台城间的连通道路，堰塘坪地点发掘确认了城墙外侧的顺城道路。水网方面，城址的水源源于城外西北部卧龙岭下的圆通寺，以陶制水管输入子阳城水池，再输入下关城水池，形成梯级供水系统；排水系统由石砌排水沟构成，错落分布于城门、城墙处，逐级起到排水的作用。

5. 获取了宋蒙（元）战争时期的火药武器，填补了我国火器考古发现的空白。此次在樊家台兵器坑、皇殿台瓮城出土16件铁雷，形态特征与文献所载“震天雷”类铁火炮相似，如《金史·赤盏合喜传》载：“……其守城之具有火炮名‘震天雷’者，铁罐盛药，以火点之，炮起火发，其声如雷，闻百里外，所爇围半亩之上，火点著甲铁皆透。”根据铁雷内部填充物X射线荧光分析结果，樊家台兵器坑出土铁雷内部填充物成分以镁、铝、钙、硅类元素为主，含有微量硫元素，填充物为泥土；皇殿台瓮城出土铁雷内部填充物成分除含有微量镁、铝、钙、硅类元素外，还有高达34%的硫元素，这与《武经总要》中火砲火药方比例的含硫量占比31.8%较为接近，其填充物应为黑火药，铁雷属火药武器。既往资料显示，火器现存的最早实物形象见于重庆大足石刻149号窟内的南宋建炎二年（1128）石刻，为铳和手砲，最早实物为1970年黑龙江阿城县出土的元代（1290）铜火铳。此次发现的铁雷，从层位关系、共存器物及测年数据均显示其时代为南宋末期，应为目前我国考古所见最早的火器实物，是火药应用于军事的一次重大发现，为研究南宋火器的应用、中国火药史及火器史均提供了重要依据。此外，从出土位置看，皇殿台、樊家台为子阳城区域东、西峙立的两大制高点，出土铁雷的瓮城和兵器坑隔冲沟相望，周围还分布有铁箭镞、礌石等兵器遗物，可见两处皆为重要的防御节点，铁雷已成为守城的常备武器；从检测结果看，樊家台兵器坑集中掩埋的铁雷无火药成分，可能并未装填火药，而皇殿台瓮城出土的1件铁雷有火药成分，应为守城战争时尚未使用完便弃于瓮城内，由此推测，铁雷在战时填充，即填即用，这也是出于安全的考虑。

6. 奠定了白帝城大遗址的保护规划和展示利用的良好基础。以考古手段廓清了遗址的现状和历史脉络，揭示了城墙、城门、墩台等各类遗存的形制与结构，为下一步科学制定该遗址保护、合理展示与利用专项规划奠定了坚实的基础。

（孙治刚　邹后曦）

【沙坪坝区江家嘴宋明墓葬】

发掘时间：2017年2～3月

工作单位：重庆市文化遗产研究院、沙坪坝区文物管理所

江家嘴墓葬位于沙坪坝区凤凰镇威灵寺村13社，地处北高南低的坡地上，北面、南面为水泥公路，东面为马家湾民房院子，西面散见民房2座。地理坐标为北纬29°40′36.273″，东经106°20′0.119″，海拔254米。此次考古发掘面积100平方米，发掘清理宋墓2座、明墓1座，出土器物计29件（套）。

宋代墓葬M1、M2为长方形竖穴岩坑石室墓，系同穴异室合葬，墓室后壁、两侧壁墓墙与岩坑壁间均有条石加固相抵，墓顶由封土填埋。墓葬由岩坑、八字挡墙、封门、墓室及墓龛藻井组成。M1、M2封门门额之间镶嵌一椭圆形龙首面。M1、M2主体雕刻图案内容基本相同，墓葬后壁为石制仿木斗拱结构，后龛为妇人启门图，两侧壁为青龙、白虎图。后龛立柱、基座，墓室侧壁另雕刻有卷草、藤蔓花叶、菊花、瑞鹿等图案。M1藻井雕刻双凤环绕图，M2为八卦图。随葬品以瓷器为主，金属装饰件次之。瓷器以青白瓷为主，酱釉瓷略少，器形有碟、碗、盘、杯、瓶、盏、壶等。金属器包括金耳环、银簪、铜

簪、铜镜、铁棺环等。另采集M2墓主牙齿标本1件。从随葬品来看，金属饰品均出土于位于西侧的M1，墓主应为女性，两座墓应为夫妻同穴异室合葬。

明代墓葬M3为长方形竖穴土圹石室墓，系四墓室合葬，其墓圹在西部打破M2东侧八字挡墙。M3由石板构筑，东侧两竖置墓壁近顶处有弧形加宽现象。未发现随葬品，墓室底部后端均可见有2~3块瓦，应是这一时期枕瓦丧葬习俗的实物体现。

此次发现的两座宋墓，墓室结构保存较好、墓内雕刻内容可辨、随葬品组合完整，进一步丰富了渝西地区宋代墓葬材料，对于研究宋代丧葬习俗具有重要的参考价值。

（陈　东）

【巴南区乌壁岗岗宋明墓葬】

发掘时间：2017年4~6月

工作单位：重庆市文化遗产研究院、巴南区文物管理所

乌壁岗岗墓群的发掘是为配合巴南观景口水库建设工程而进行的抢救性文物保护工作。墓群位于巴南区姜家镇河坝村油草湾社，中心地理坐标为北纬29°23′43.3′，东经106°51′59.6″，海拔250米。2017年4~6月，重庆市文化遗产研究院对该墓群进行了清理发掘工作，发掘面积950平方米。共清理宋明墓葬12座，其中宋墓6座、明墓6座。共出土瓷质、琉璃质器物标本19件，器形有瓷碗、盏、罐、碟及琉璃簪。

乌壁岗岗墓群墓葬分布密集，对研究巴南地区宋、明时期的墓葬形制和丧葬习俗等方面具有重要的价值。墓葬时代最早为宋代，反映出自宋代开始，五布河流域的人口已经有较大的密度，经济社会发展已经达到较高的水平。从墓葬形制看，此次发掘的宋代墓葬多为同坟异穴的双墓合葬，明代墓葬则为横联多室墓，最多达7室，在一定程度上说明宋元至明代，由夫妻合葬向家族合葬的转变。

（黄　伟）

【渝北区多功城宋至明清时期遗址】

发掘时间：2017年4~8月

工作单位：重庆市文化遗产研究院

多功城遗址位于两江新区翠云街道云卉路社区翠云山，2000年被重庆市人民政府公布为重庆市文物保护单位。2017年4~8月，为了进一步弄清多功城遗址的营建历史与城址布局，支撑多功城遗址保护规划编制，经国家文物局同意，重庆市文化遗产研究院对遗址开展了考古调查、勘探及发掘，调查面积约3万平方米，勘探7750平方米，发掘面积824平方米，清理城墙2处、房址5座、采石场2处、道路1条。发现的遗存涵盖南宋、明、清等多个时期。

多功城遗址城墙周长约540米，为夯土包石结构，外墙保存较为完整，内墙保存较差。关于其始建年代，一直未有定论。此次考古工作中，在西城墙发现了宋代夯土堆积，部分外侧残留丁向包砌、逐层收分的石墙。以CQ1为例，夯土堆积构筑于斜坡状的原生基岩面，横截面呈梯形，底宽约5.4米，顶宽约2.8米，残高1.4米~2.1米，土质致密较纯净，包含物仅有零星瓷片。明清时期则在宋代城墙的基础上进行增筑修补。通过夯土城墙确认了多功城的始建年代，解决了学术界长期存在的争议。

在多功城城内北部高地发现了成组分布的院落式建筑基址，基址中出土了金母、雷公等具有道教风格的造像，根据题刻记述，证明其与文献中记载的明清翠云寺密切相关。这一发现进一步丰富了多功城遗址的历史文化内涵，对于研究复原多功城遗址的历史沿革与发展具有重要的学术价值。

通过实地踏查、考古勘探、测绘记录及发掘验证，首次全面地获取了多功城遗址的历史文化信息，特别是城墙、城门、蓄水池、道路、房址、采石场等遗迹的发现和清理，对川渝山城布局、城防系统研究具有重要的参考价值。此次工作也为多功城后续保护规划的编制，以及遗址的保护、管理与合理利用奠定了良好基础。

（汪　伟　高　磊）

【涪陵区龟陵城宋至明清时期遗址】

发掘时间：2017 年 11 月 ~2018 年 1 月

工作单位：重庆市文化遗产研究院、涪陵区博物馆

遗址位于涪陵区李渡新区马鞍街道玉屏社区一组，坐落在长江北岸三台山上，东距涪陵城区 10 千米。龟陵城，又名三台砦、东堡寨，是川渝地区重要的抗蒙（元）山城之一，曾为涪州治所所在地。地理坐标为北纬 29°42′55.6″，东经 107°16′21.1″，海拔 216 米 ~306 米。遗址据三台山三迭地势而筑，由山顶环城、东外城、南外城和西外城四部分组成，占地面积约 30 万平方米。

此次发掘区集中位于山顶环城，主要包括西城门、王子顶西侧建筑基址区，并对东、西外城进行了小规模解剖。其中，西城门完成发掘 200 平方米，主要遗迹有城门 1 座、城墙 1 段，出土有青白釉瓷碗残片、白釉瓷盆底残片、青花瓷碗残片、铁镦等遗物，时代分属宋和清两个时期。西城门坐北朝南，方向 180°，夯土甃石结构，由城门洞、城门楼台基、道路与排水沟组成，保存完好。城门洞为石构券顶，底平面呈“凸”字形，通面阔 1.94 米 ~2.38 米、进深 4.64 米，券顶高 2.38 米。城门楼台基平面呈长方形，长约 10.5 米、宽 5 米、残高 1 米，四壁以条石包边，中部夯土填实。台基及西部城墙解剖显示，此处遗迹现象包含三个建筑使用期，城门应始建于南宋，清代经过修葺。

王子顶西侧地点实施发掘 360 平方米，主要遗迹有房址 1 座、灰坑 3 个，出土有陶滴水、青花瓷碗等遗物，时代为清代。房址座东南朝西北，方向 265°，平面呈长方形，揭露部分面阔三间 12.7 米，残进深 4.2 米，尚存有石砌墙基，墙基内倒塌有黄色黏土和瓦砾堆积，墙基外用黄色砂土夯筑围护，初步推测房址墙体应为石基夯土墙。

龟陵城是目前重庆市范围内现存的宋蒙（元）战争山城防御体系中的 12 个著名的山城之一，是扼守重庆至夔门水路的重要节点。通过此次考古发掘，基本廓清了龟陵城的布局结构，进一步明确了遗址的始建年代特别是城门及城墙的筑造年代，遗址的文化内涵得到了有效充实，为西南地区宋蒙（元）战争山城防御体系等相关领域的研究提供了新资料。

（范　鹏　孙治刚）

【江津区石佛寺宋至明清时期遗址】

发掘时间：2017 年 11 月 ~2018 年 2 月

工作单位：重庆市文化遗产研究院

该遗址位于江津区德感街道办事处中渡村二社，地处长江北岸一处“U”形山谷内，南距长江约 700 米，与江津主城隔长江相望。中心地理坐标为北纬 29°18′10.01″，东经 106°16′17.44″，海拔 344 米 ~377 米。2016 年 10 月至 2017 年 1 月，重庆市文化遗产研究院对该遗址进行考古调查、勘探和试掘，证明其是一处宋至明清时期的寺庙遗址，由寺庙建筑基址区、石上建筑遗迹区、墓葬区、摩崖造像区等组成。其中石上建筑遗迹区系在三块天然巨石上开凿出的平台、踏道、地宫等遗迹，另采集和出土了一批石造像、石碑刻、陶建筑构件、瓷生活用品等标本。

为进一步弄清石上建筑遗迹区的建筑方式、始建年代以及墓葬区的性质和时代，

经国家文物局批准，重庆市文化遗产研究院对该遗址开展了主动性考古发掘，发掘区域主要集中于石上建筑遗迹区的巨石周围和墓葬区，发掘面积共计1000平方米。其中石上建筑遗迹区揭露出的遗迹主要有灰坑5个、墓葬2座，时代分别为宋代和明清时期，另巨石周围出土有大量宋代的陶瓦当、滴水、板瓦等建筑构件，说明这些天然巨石上至少在宋代已经修造有建筑物，也从侧面反映出佛寺的格局在宋代已经基本形成。墓葬区共揭露出8座石室墓，时代为宋代和明代，其中宋代墓葬共4座，墓葬种类有单室墓和双室墓，周围均发现有马蹄形石围，M5、M11的墓室内雕刻有文字、花卉、仿木结构建筑等；明代墓葬共4座，墓葬种类有单室墓和多室墓，M8、M11为单室墓，墓内发现有焚烧过的骨殖，另外M6墓楣上发现有“广寿塔基”字样，推测这批墓葬可能与僧人或佛教居士有关。此次发掘对认识石佛寺遗址的年代、布局结构等具有重要价值，为进一步开展该遗址的考古发掘、保护和展示利用提供了重要的参考资料。

（牛英彬　邹后曦）

【合川区钓鱼城范家堰宋至清代遗址】
发掘时间：2017年8月~2018年1月
工作单位：重庆市文化遗产研究院

该遗址位于钓鱼城北部的二级阶地上，背倚钓鱼山顶，面朝嘉陵江，南靠薄刀岭，北邻马鞍山，处于钓鱼山西部弧形山凹地带，与牟山、虎头寨隔江相望。中心地理坐标北纬30°00′25.9″，东经106°18′24.7″，海拔293米。本年度对范家堰遗址进行第四期考古发掘，发掘面积4020平方米。新发现宋元至明清时期房址、道路、灰坑、水沟、墙等各类遗迹35处，其中房址8座、道路3条、灰坑5个、水沟13条、墙6段。出土器物标本200余件，可分为陶、瓷、铁、铜、石质器五大类，以陶瓷器为主，可辨器形有碗、盘、盏、灯、盆、瓶、壶、钵、罐、砖、板瓦、筒瓦、瓦当、滴水等；铁器有镞、钉、钱币等；铜器有镜、钱币等；石器有礌石、臼等。

2017年度发掘了衙署中轴线与大水池之间的区域，众多的遗迹、遗物填补了两者之间的空白缺环，使我们对范家堰遗址的整体布局和具体细节有了更深入的认识。从宏观上看，这一区域主体遗迹多为房址，规格形制均小于衙署中轴线及大水池区域，应为两者的过渡或附属设施，进一步丰富了范家堰遗址建筑遗存的类型，特别是在其中一座房址中发现了陶质铺地方砖，在该遗址中尚属首次发现。就微观角度而言，以往发掘范家堰遗址的排水系统多是断续的、零散的，2017年度的考古发掘使众多的排水渠道连接为一体，其中多条排水渠道纵跨范家堰遗址数层台地，最长达近百米，明、暗沟结合，时隐时现，其营造方式独具匠心，规划设计科学合理。此外，两座规格形制相同、制作精细的石构水池，以水渠相互连通，且与整个遗址排蓄水系统有机连为一体，不仅具备排蓄水功能，而且还有非常高的艺术价值。这些都有助于进一步深化对范家堰遗址古代建筑遗存排蓄水系统的理解和研究。2017年度工作中，大量遗迹发掘清理和遗物的出土，为钓鱼城范家堰遗址的保护、展示工作提供了可靠支撑，为国家考古遗址公园规划建设及世界文化遗产的申报提供了重要的实物资料。

（袁东山）

【万州区天生城宋元至清代遗址】
发掘时间：2017年2~9月
工作单位：重庆市文化遗产研究院

城址位于万州区周家坝街道天生城社区，地处长江北岸，临近苎溪河与长江交汇处。相传刘备曾驻兵于此，故又名天子城。宋蒙（元）战争时期，城址为南宋川渝山城防御体系的重要组成部分。明末清初，为“夔东十三家”之“三谭”的抗清武装据点。现已被公布为第七批全国重点文物保护单位。

2017 年 2～9 月，为配合三峡后续大遗址保护工作，对城址开展了考古调查发掘。工作分为三个阶段：2～3 月，首先对城圈闭合、城门设置及遗存分布情况开展全面调查；4～5 月，对外城新发现的城垣、道路节点布设探沟试掘；6～9 月，选择内城遗存分布密集区域（马家堰塘遗址），布设探方清理揭露。调查面积约 2000 平方米，基本廓清了城址宋代以来内、外两重城圈的布局结构，新发现城门（卡门）、采石场等文物点 28 处。发掘面积 3106 平方米，清理揭露城墙、城门、房址、道路、排水沟、水池等各类遗迹 68 处，出土陶、瓷、铜、铁及石质器物标本 125 件。

此次工作在城址布局与沿革方面均有所突破，取得了一系列收获。一是首次在鹅公包、东外城及前、后寨门瓮城等区域发现多处宋代建筑遗存，填补了城址宋代遗存的相关空白。二是通过调查试掘，确认宋代天生城由山顶台城、东外围城及北外子城三部分组成，将遗址本体分布范围由孤立的山顶区域，向北扩大到鹅公包一带，向东扩大到二级山崖，印证了《宣相杨公攻取万州之记》中“一鼓而拔其外城”的相关记载。数处城门、城墙的叠压关系，为研究城址沿革变迁提供了重要线索。三是新发现一批保存较好的清代（部分晚到民国时期）采石场、洞居建筑、防空洞、炮台，深化了对城址文化延续性的认识。四是内城清理的两处清代大型院落基址，布局完整、保存较好，是晚期城内生产、生活社会面貌的真实体现，为内城功能分区提供了线索。此外，相关考古工作成果及时纳入了天生城国保规划、修缮方案及遗址公园设计，为遗址保护与展示利用提供了实物材料和科学依据。

（蔡亚林　方　刚）

【云阳县唐家湾明代墓群】

发掘时间：2017 年 5～7 月

工作单位：重庆市文化遗产研究院、中山大学社会学与人类学学院

唐家湾墓群位于云阳县云阳镇蔬菜村三组的长江北岸，中心地理坐标为北纬 30°57′10.7″，东经 108°54′50.7″，海拔 150 米～172 米。2016 年 6～7 月曾在此发掘 900 平方米，发掘南朝至明代墓葬 29 座。2017 年度发掘自 5 月 23 日～7 月 23 日进行，历时 61 天。实际布 10 米×10 米探方 7 个，5 米×10 米探方 4 个，总共发掘面积达 900 平方米，发掘墓葬 30 座、灰坑 4 个。参加人员有中山大学教师 1 人、在读硕士研究生 1 人、资深技术工人 3 人。

墓葬形制有土坑墓和石室墓两种。以小型土坑墓为主，共 29 座，规格较统一，单棺，部分带一头龛，龛内随葬魂瓶或陶罐等器物，少量有疑似墓志铭的方形砖块，上书朱砂文字，模糊不可辨。葬式为仰身直肢葬，头枕盖瓦，瓦片数量三至五片不等。石室墓仅 M228 一座，面积较大，木圹呈不规则形，围有一圈石板，未见人骨和随葬品。出土器物 82 件，包括陶器 41 件、瓷器 8 件、铜器 9 件、银器 4 件、铁器 20 件。

唐家湾主要分布了明代墓葬，以长方形竖穴土坑墓为主，各个墓葬之间大小和形制有一定的差别，并带有不同的头龛，可能代表了墓主人不同的经济实力，魂瓶、陶罐、瓷碗等的随葬，甚至蛋壳实物的发现，对于研究三峡地区明代葬俗提供了有一定价值的实物资料。

（王　宏　沈美辰）

【忠县临江二队明代炼锌遗址】

发掘时间：2017 年 6～9 月

工作单位：重庆市文化遗产研究院、忠县文物局

忠县临江二队遗址位于忠县洋渡镇沿

江四社、长江右岸的二级台地上。中心地理坐标为北纬 30°08′23.8″，东经 107°56′45.3″，海拔 155 米～170 米。遗址北临长江，南靠缓坡，东临水扬溪，西隔小冲沟与沿江四队墓群相望。遗址南高北低，东西长约 300 米，南北宽 40 米～60 米，埋藏面积约 15000 平方米。2013 年 6～8 月，重庆市文化遗产研究院对该遗址进行了首次考古发掘，发掘面积 2113 平方米。2017 年 6～9 月，作为三峡消落区地下文物保护项目，重庆市文化遗产研究院再次对该遗址进行了抢救性考古发掘，共完成勘探面积 8000 平方米，发掘面积 2798 平方米。清理冶炼炉、坑、沟、柱洞等明代炼锌相关遗迹 78 处，出土陶、瓷、铜、铁等各质类遗物近 200 件。

清理明代炼锌遗迹 78 处，包括冶炼炉 8 座，以及冶炼配套灰坑 40 个、灰沟 5 条、柱洞 25 个。上述遗迹分属 6 个相对独立的冶炼场地，相互之间以断坎分隔，根据地势呈三层梯级状分布。其中 1 座保存较完好的冶炼炉，残长 14.4 米、宽 1.3 米、高 0.7 米。该冶炼炉侧壁使用土坯砖砌筑，该工艺在以往发掘的明代冶炼炉中不见。此外，还清理了数个直径超过 4 米的堆煤坑、炼煤坑以及直径为 15 米的大型蓄水坑。

出土陶、瓷、铜、铁等各质类遗物近 200 件，以陶质冶炼罐、冷凝窝为主，还有部分青花瓷器，器类有瓷碗、瓷杯、瓷盘等。部分瓷碗底部有“大明宣德年制”“大明成化年制”“成化年造”“丛菊斋”等款识。

在发掘过程中注重多学科综合研究，采集了矿石、矿渣、煤炭、木屑等各类检测标本。其中，矿石经 XRD 检测分析表明为异极矿。在堆煤坑废弃堆积内出土有木屑，经美国 BETA 实验室进行 ^{14}C 测年，其年代为 400 ± 30 年，树轮校正年代为 1436AD～1522AD（76.4%）或 1574AD～1624AD（19%），时代应在明代中期至晚期。2017 年度的考古发掘工作进一步丰富了临江二队遗址的内涵，为进一步了解明代炼锌工艺流程、冶炼炉形制发展变化等问题提供了宝贵的实物资料。同时，为探讨遗址的年代上限以及中国单质锌始炼年代问题提供了新的考古学证据。临江二队遗址是三峡地区目前所发现面积最大的明代炼锌遗址，综合 2013 年、2017 年两个年度的考古工作，临江二队遗址已发掘冶炼场 12 个，包括冶炼炉 18 座以及冶炼配套遗迹近 200 个。通过调查、勘探工作发现，在此次发掘区以西的部分仍有数千平方米的炼锌废弃堆积分布。

（肖碧瑞　李大地）

【江津区朝源观明清时期遗址】

发掘时间：2017 年 4～6 月

工作单位：重庆市文化遗产研究院

遗址位于江津区四面山镇洪洞村八社，地处四面山风景区西北部的插旗山半山腰。中心地理坐标为北纬 28°38′57.0″，东经 106°19′00.1″，海拔 1218 米。该遗址是一处明清时期的道观遗址，为配合该遗址的保护和展示利用工作的需要，2017 年 4 月，重庆市文化遗产研究院对该遗址开展考古调查、勘探和试掘，发现了一批明清时期的道观相关遗迹，采集和出土了一批石造像、石碑刻、石建筑构件等遗物。

该遗址主要分为建筑基址区、墓葬区、采石加工区、生活遗迹区等。遗迹种类有建筑基址、石刻造像、采石场、造像加工点、引水石槽、古墓葬、古道路等，另外遗址内还发现 8 座小山包有明显人工修整痕迹，部分山包顶面平整，完整地呈现了该遗址的选址特点、布局结构以及建造工艺等。此次共发现道士墓 3 座，其中 M1 为朝源观清代开山住持杨来霖之墓，该墓为一座大型石室墓，由前室、后室组成，墓室前有高大的石牌楼，墓室内雕刻有墓主人像等，其规模、结构在重庆地区清代墓葬中甚为罕见。另外两座墓葬为小型牌楼墓，根据墓碑铭文可推断该观是道教全真龙门派道场，反映了明清时期龙门派在西南地区的传播与流布。同时，此次集中发现了一批明清时期的道教石刻造像。这批造像雕刻精美、技法高超，可分为摩岩造像和圆雕造像，其中摩岩造像主要分布于正殿内，造像题材有三清、孔子、庄子、释迦牟尼、尹喜、五岳五天圣帝、五老五炁天君等；圆雕造像主要有道教神祇、武士、菩萨等。这批造像整体体现出儒、释、道“三教合一”的思想，显示出道教龙门派对儒、佛文化的吸收与融合以及教义的发展演变，为研究西南地区晚期道教提供了珍贵材料。综上所述，该遗址是一处规模较大、遗存类型丰富、保存较好的明清时期道观遗址，为研究西南地区的道教考古、道教史、宗教美术史、建筑史等提供了珍贵的实物资料。

（牛英彬　邹后曦）

四川省

【川南地区旧石器时代考古调查】

调查时间：2017 年 11 月 ~2018 年 1 月

工作单位：四川省文物考古研究院

为摸清川南地区古人类文化遗存的现状，研究其分布规律和文化内涵，以期发现更多古人类活动的遗迹、遗物，为进一步的调查和研究工作的开展奠定基础，四川省文物考古研究院组成考古调查队对川南地区进行旧石器时代考古专项调查。此次调查仅为初步的摸底调查，是在四川地区开展系统旧石器专项调查的第一阶段，重点是对该地区已发现的旧石器时代遗址及古生物化石点进行埋藏学观察，分析其埋藏特点和环境生态背景。

在调查过程中，调查队除对富林遗址、鲤鱼桥遗址、回龙湾洞穴遗址、龙垭遗址等古人类遗址和对泸州市古蔺县、宜宾市筠连县等第四纪哺乳动物化石点较多的区域进行实地调查、勘探外，在宜宾和泸州均发现有新的哺乳动物化石点，最重要的是在攀枝花地区新发现一处旧石器时代遗址——滤水崖遗址。滤水崖遗址为旧石器时代晚期的岩厦遗址，在遗址内采集有砾石石核、石片、砍砸器等 20 余件砾石石器和少量的哺乳动物化石。该遗址是川南地区近 30 年主动调查发现的第一处旧石器时代遗址，具有十分重要的意义。

（郑喆轩）

【盐源县皈家堡新石器时代至大理国时期遗址】

发掘时间：2017 年 10 月 11 日 ~12 月 5 日

工作单位：成都文物考古研究院、凉山彝族自治州博物馆、盐源县文物管理所

盐源皈家堡遗址位于盐源盆地杨柳河西岸二级阶地，隶属凉山彝族自治州盐源县双河乡杨柳桥村二组。中心地理位置为北纬 27°26′57.9″，东经 101°36′1.7″，海拔 2399 米。南距省道 S307 约 420 米，西北距老龙头墓地直线距离约 3.5 千米。遗址平面为不规则方形，保存面积为 3 万余平方米，地形北、东为河滩，西为冲沟，南为低洼地，地表平坦，种植有玉米、苹果树等。该遗址于 2016 年 10 月由成都文物考古研究院、凉山彝族自治州博物馆、盐源县文物管理所组成联合考古队进行了第一次正式考古发掘，2017 年 10 月中旬，联合考古队再次对皈家堡遗址进行考古发掘，发掘面积 800 平方米。

在此次发掘的新石器时代遗存中发现了丰富的遗迹现象和出土了大量的遗物，目前共发现有房址（15 座）、灰坑（93 个）、器物坑（2 个）、水井（10 口）、窖藏（1 个）、灰沟（3 条）、墓葬（8 座）、柱洞若干、陶窑废弃物等遗迹与遗物现象。另外，还发现一些特殊的遗存，如有序叠放的石刀堆积、积石坑、陶器坑等。墓葬和瓮棺是 2017 年度新发现的遗存，为我们认识该地区新石器晚期居民的丧葬习俗提供了重要资料。而不同时期建筑遗存的确认，对于我们认识新石器时代不同时期建

筑特征提供了重要信息。遗址中最早阶段新石器遗存的再度确认，进一步夯实了盐源盆地距今5000年前新石器时代居民活动的考古学证据，其与西北地区新石器文化有着密切的联系。2017年度新石器遗存出土遗物较之此前更为丰富，以石器、陶器数量最多，复原了大量的陶器，另有少量的骨器和玉器。石器磨制精致，器形多样，石器原料来源丰富，加工工艺复杂。石器主要有斧、锛、凿、刀、箭镞、网坠、石球、纺轮、切割器、研磨器等，其中以穿孔石刀、网坠、箭镞、锛、凿较有特色，部分石器遗留有线切割痕迹的半成品、石片等，充分体现当时有着发达的石器制作技术传统。陶器有罐、壶、钵、瓶、瓮、杯、碗、杯、盆、器座等，刻划和戳印纹饰发达，纹饰繁缛，具有鲜明的区域特质与时代特征。研究表明，新石器时代居民的经济形态呈现复杂性，他们既有发达的旱作农业经济，同时也有广泛的渔猎经济活动。

以火葬墓、灰坑、水井等为代表的大理国时期遗存的发现，为盐源盆地两宋时期的历史与社会研究增添了重要的实物资料，这是目前盐源地区经过正式考古发掘获取的大理国早期考古资料，对于大理国早期历史与社会的研究具有重要的意义。

青铜时代的遗存发现是此次发掘的一个新收获，此类遗存主要为陶器，这些陶器的发现，丰富了该遗址文化内涵的历史性厚度，为该地区青铜时代文化内涵与年代序列提供了实物资料。该阶段遗存的文化与时代特征同安宁河中上游地区的早期青铜时代遗存一致，这反映出两地在商周时期有着密切的文化交流，可能属于同一青铜文化圈。青铜时代早期遗存的发现，将盐源地区青铜文化时代延伸至距今3000年左右。

2017年度的考古发掘进一步确认了该遗址新石器时代遗存中最早遗存的文化面貌与时代特征，发现了同时期建筑遗存和遗物，将盐源盆地的历史上溯至距今5000年以前，其独特的文化特征和绵长的历史以及复杂而多元的文化元素，对于认识川西南地区新石器时代文化内涵与时代特征及聚落形态等研究有着重要的意义。同时还发现了可能代表该遗址新石器时代最晚遗存的墓葬，对于认识该遗址新石器晚期居民的丧葬习俗提供了资料。此次发掘发现的一批地域文化特征鲜明、年代特征突出的新石器时代和青铜时代文化遗存，极大地丰富了雅砻江流域下游新石器文化和商周时期青铜时代文化的内涵与外延；历史时期遗存的发现，为凉山境内大理国时期的历史与文化提供重要的实物资料，皈家堡遗址的发掘工作具有重要的意义。

盐源盆地地处青藏高原东缘、横断山区中部，是历史上黄河上游甘青地区经川西高原南下进入云贵地区的文化走廊、民族走廊的重要节点。皈家堡遗址新石器时代遗存具有鲜明时代与地域文化特征，其晚期遗存文化特征与云南西部地区的新石器文化有着密切的联系，早期遗存则与中国西北地区的新石器文化有着渊源关系。它的发现与研究凸显了盐源地区在川西南与滇西地区新石器文化传播与发展中占据着重要地位，对于认识中国西北与云南西北部地区在距今5000年前文化互动与人群移动具有重要的个案意义。它的发现与研究揭示出地处青藏高原东缘和横断山区南部的“川西南走廊”—“川滇通道”（即由中国西北经川西南至滇西北的通道）在距今5000年前就已经开辟。它为“南方丝绸之路”的开通奠定了基础，彰显了川西南地区在中国先秦考古研究占有不容忽视的地位，揭示了西北地区人群向西南地区移动的复杂性与多元性。

（周志清　补　琦　孙　策　刘灵鹤　李　田）

【会理县猴子洞新石器时代至战国遗址】

发掘时间：2017 年 6 月 ~2018 年 2 月

工作单位：四川省文物考古研究院、凉山彝族自治州博物馆、会理县文物管理所

猴子洞遗址位于凉山彝族自治州会理县新安乡马鞍村六组，处于城河西岸二级阶地。遗址时代为新石器时代至战国时期，总面积 14000 平方米。此次发掘布 5 米 ×5 米探方 164 个，实际发掘面积 4152 平方米。

发掘区文化堆积可分 7 层。第①②层为近现代地层，第③层为明清时期，第④层为唐宋时期，第⑤⑥⑦层为早期文化层，第⑤⑥层堆积较厚，出土物丰富，第⑦层仅在个别探方零星分布，堆积较薄，其下为生土或山体基岩。

此次发掘发现遗迹现象丰富，共发现墓葬 121 座、房址 19 座、灰坑 78 个、灰沟 6 条、灶坑 4 个等。墓葬以石棺葬为主，墓向主要为西北向。墓葬绝大部分成组成排分布，多以两三座成组，多组成排分布。石棺均为梯形，少数带头厢或脚厢。墓葬以单人仰身直肢葬为主，发现有部分合葬墓。墓葬人骨保存较好，发现有割肢葬和普遍的拔牙习俗。单座墓葬随葬品出土较少，常见仅随葬一件陶器，少数墓葬随葬有陶器和石镞的器物组合，不见铜质随葬器。随葬品种类共有各类陶器、石镞、骨饰、海贝、螺壳、蚌壳、动物骨骼、牙、角等。

房址形制包括杆栏式和半地穴式两种。杆栏式房址平面形状均为圆形，半地穴式房址包括长方形和多边形，个别房址靠穴壁有生活平台，房址内常见火灶遗迹分布。

遗址出土遗物丰富，种类包括陶器、石器、骨角牙蚌器、铁器等，其中尤以石器小件最为丰富。石器有斧、锛、凿、刀、杵臼、矛、锥、镞、纺轮等生产生活用具。陶器包括折沿圆腹罐、直口圆腹罐、敛口罐、长颈敞口壶、束颈喇叭口壶、敛口杯等，器形均为平底器，部分器物带单耳和鋬。陶质以夹砂陶为主，泥质陶也较丰富。陶器流行在器物上腹、颈、口部饰纹饰，早期以各种绳纹为主，晚期纹饰丰富，流行花边口沿，以表现各种图案的刻划纹为主，另有绳纹、篦点纹、戳印纹、附加堆纹、弦纹等。骨器有骨锥、骨镞等生产生活用具，也有骨珠、骨环、海贝等装饰品。

猴子洞遗址早期遗存的年代初步判断为距今 4300 ~3000 年，是一处极为重要的包含石棺葬墓地和聚落的早期遗址，为研究石棺葬的起源与发展、城河流域早期文明的形成和青藏高原东麓区域早期文化的交流与互动等课题提供了重要的考古资料。

（刘化石　高　寒）

【嘉陵江中游地区考古调查】

调查时间：2017 年 2 ~4 月

工作单位：四川省文物考古研究院、南充市文化广电新闻出版局

为弄清嘉陵江中游地区（蓬安至南充段）先秦及汉代遗存的分布状况，并为下一步的考古工作和文物保护工作奠定基础，组成的联合考古调查队对该区域进行了拉网式考古调查。此次调查共发现新石器至汉代遗址 35 处，其中先秦遗址 10 处（8 处为新发现）。

此次调查发现的乔家嘴、线坝、铁线坝、羊口村等新石器时代遗存，是首次在嘉陵江中游地区发现大量的新石器时代遗址。它填补了嘉陵江中游地区新石器时代文化的空白，对于了解该区域新石器时代的文化内涵及其与峡江地区、甘青地区新石器时代文化关系提供了重要的资料。各遗址的新石器时代遗物具有一定的差异，可能代表了新石器时代不同时段的遗存。线坝遗址出土的陶片，以夹砂红褐陶为主，纹饰以绳纹、附加堆纹、戳刺纹为主，流行卷沿罐，可能代表了该区域较早的新石

器时代文化。而羊口村、铁线坝等遗址出土的陶器，以夹砂灰褐、黄褐为主，流行折沿罐、盘口罐等，可能代表了较晚的新石器时代遗存。

此次调查发现的蔡家壕、淄佛寺、羊口村、乔家嘴等商周时期的遗存大大扩充了嘉陵江中游地区商周文化内涵。对于了解三星堆—十二桥文化的分布范围及走向提供了重要材料。调查发现，嘉陵江中游地区商周遗存较为丰富，出土器物丰富且典型，是四川商周遗存分布较为集中的区域之一。各遗址的商周时代遗物存在一定的差异，代表了两个不同时期，以蔡家壕遗址为代表的三星堆三期遗存的发现，是首次在嘉陵江中游地区发现三星堆文化的遗存。而以淄佛寺、乔家嘴等遗址为代表的十二桥文化，出土器物既具有十二桥文化的特点，又有本地的特点，是十二桥文化一个重要的地方类型。

（陈卫东）

【会理县马鞍子新石器时代及商周时期遗址考古调查】

调查时间：2017 年 3 月 22 ~ 30 日

工作单位：成都文物考古研究院、凉山彝族自治州博物馆、会理县文物管理所

马鞍子遗址位于会理县东南部的通安镇新发镇乐寨村四组，遗址地处通安至新发公路右侧一河沟边的台地上，台地两头高中间低形似马鞍，故名。遗址坐落于两条小河沟交汇之处，东部开阔，西部狭窄，文化堆积仅见分布于鞍部，马鞍两端不见。遗址中心地理坐标为，北纬 26°20′31″，东经 102°15′50″，海拔 1784 米，现存面积约 21600 平方米。

该遗址因 2015 年当地村民在遗址西部建房时被发现，2016 年 11 月会理县文物管理所所长唐翔对该遗址进行调查，确认该遗址为先秦时期遗址。遗址现地表种植石榴为主，另有少量麦子，地表散落着大量的石器和陶片，石器主要包括石斧、石锛、石片石器、石料等。陶片以夹砂灰黑、灰褐陶为主，褐陶、红陶、灰陶次之；常见纹饰主要有刻划纹、篾点纹、绳纹等。器形主要为平底罐、钵等。此外，在遗址内还发现大量建筑遗存的土坯墙块和红烧土及动物骨骼。为了进一步了解该遗址的文化内涵、时代特征和保存状况等信息，再次对该遗址进行调查。除了地面踏查外，为了获取进一步信息，同时在遗址西部挖一条 5 米 ×4 米的探沟，编号 2017SHMTG1。由于堆积较深，考虑保护原因和获取资料的目的，遂在整体发掘至第⑤层后，对该探沟仅进行二分之一发掘。此次调查与试掘采集和出土了大量的遗物，以陶片、石器、动物遗骸最为多见，另外还有大量的红烧土土块和炭屑，遗迹现象仅见一烧土坑。

马鞍子遗址先秦时期文化堆积深厚，出土遗物丰富，具有鲜明的地域与时代特色。依据器物组合与层位关系，可将该遗址先秦时期堆积粗分为两个时期，以第⑥⑦层为代表的早期遗存，该期遗存出土遗物相对较少，其以缸形器、锯齿状花边罐为主，另有少量束颈罐，可能流行动物泥塑足、高领盘口罐；不见乳丁纹罐、圈足器和带耳器、尊形束颈罐、筒形小罐、叶脉纹器底、饼足器底、乳丁纹状装饰、壶形器、钵、立耳罐等。晚期包括第③④⑤层及开口于第④层下的烧土面。该期遗存依据层位关系和器物组合差异，可分为早、晚两段，早段除了早期常见锯齿状花边罐、束颈罐、缸形器外，束颈罐和花边罐的器形相对丰富，最大变化是始出现立耳罐、高领盘口罐、壶形器、角形乳丁、器耳及叶脉纹装饰及饼足器底，但目前未发现明确的乳丁罐形制。晚段锯齿状花边罐、缸形器、高领盘口罐少见，束颈罐不仅数量多，而且形制较为为丰富；乳丁罐大行其道，不仅数量众多而且器形丰富；还有壶

形器及新出现的尊形罐、钵、镂孔圈足杯等，耳部和叶脉纹装饰发达，饼足器盛行。马鞍子遗址早期遗存时代推测距今4000年左右，其文化面貌同会理境内的新石器遗存（饶家地遗址早期遗存、莲塘遗址、唐家坡遗址早期遗存等）文化面貌一致，其与金沙江南岸以龙川江流域为中心的元谋大墩子、永仁菜园子应属于同一文化圈。马鞍子遗址晚期遗存时代推测为商代晚期至西周前期，其明显受到安宁河流域商周时期高坡遗存的影响，其可能与滇东北地区的野石山遗存也有着密切的关联。

马鞍子遗址的调查对于认识会理东北部地区先秦时期的文化面貌与时代特征提供重要的实物资料，同时也提供了金沙江南北两岸自新石器时代晚期以来频繁的人群互动与文化交流，延伸该区域先秦的时期考古学文化内涵与外延。遗址中大量土坯和烧流变形物及人骨的存在，说明该遗址有着广泛的定居活动和烧窑作坊及墓地的存在，但囿于该遗址目前尚未进行系统的钻探与一定规模的考古发掘，对其认识还需要下一步的系统钻探与发掘来拓展。

（周志清　唐　翔　孙　策　刘灵鹤）

【西昌市新庄新石器时代至春秋时期遗址】

发掘时间：2016年8月～2017年9月

工作单位：四川省文物考古研究院、凉山彝族自治州博物馆、西昌市文物管理所

新庄遗址位于西昌市阿七乡螃蟹村一、二、四组及大田村一组，地处安宁河西岸二级台地。遗址呈南北向分布，南北约1000米，东西约400米，分布面积约40万平方米。2014年，四川省文物考古研究院在开展成昆铁路（峨米段）扩能改造工程文物考古调查时发现该遗址。

为配合成昆铁路建设，四川省文物考古研究院、凉山彝族自治州博物馆、西昌市文物管理所于2016年8月至2017年9月对该遗址进行了考古发掘与勘探。总共发掘面积6800平方米，清理灰坑、灰沟、房址、灶、窑址以及墓葬等各类遗迹980余个，出土石器、陶器等各类小件器物3000余件（组）。出土陶器陶质陶色有夹砂红褐陶、灰褐陶、黄褐陶、黑褐陶，另有少量泥质黑陶；纹饰主要有刻划纹、叶脉纹、戳印纹、“∽”形纹饰、附加堆纹、弦纹等纹饰；可辨器形有侈口罐、敞口罐、瓮、单耳罐、双耳罐、花边口器、带流壶、圈足杯、纺轮等。石器主要为磨制石器，另有少量打制石器；磨制石器主要以穿孔石刀、石锛、石凿为主，另有石斧、石镞、石纺轮、磨石等；打制石器有石斧、石镞、刮削器等。

房址165座，可分为两种类型：半地穴式及地面建筑。半地穴建筑130余座，面积一般在5平方米～10平方米，部分底部可见火塘痕迹。地面建筑主要是指柱洞组成的建筑，面积一般在5平方米～80平方米。

新石器至青铜时期墓葬共清理447座，形制包括竖穴土坑墓、石室墓、瓮棺葬等，分布规律，叠压打破关系较多。多数墓葬出土随葬品，一般在1～50余件不等。随葬品主要以陶器为主，另有少量铜器、石器等。陶器有壶、带流壶、罐、带流罐、双耳罐、尊、圈足豆、圈足簋、圈足杯、纺轮等；铜器有剑、戈、镯、铜泡等；石器有条状砾石、镞、针、斧、锛、凿等；玉器有玦、串珠等。

通过对遗址出土遗物的整理，同时结合^{14}C测年数据，新庄遗址的年代为新石器晚期至春秋时期。此次发现大量半地穴建筑以及先秦时期墓葬，为安宁河流域首次发现；遗址各时期功能分区明显，出土大量生活用具及生产工具，对研究当时的聚落形态有着重要意义；墓地排列有序，器物组合清晰，器物特点典型，其文化内

涵丰富、文化因素多样，既有当地的土著文化，亦有与西北地区、滇西北地区、成都平原等周边文化有着密切联系，可以确认新庄遗址应为安宁河流域与周边文化交流的一处重要据点。新庄遗址的发现为建立安宁河流域考古学文化的序列，探索西南夷民族的形成与迁徙以及西南地区考古学文化的交流与融合具有重要的学术意义。

（李万涛）

【西昌市羊耳坡新石器与青铜时代及南诏大理时期遗址】

发掘时间：2016 年 8 月 ~2017 年 7 月

工作单位：四川省文物考古研究院、凉山彝族自治州博物馆、西昌市文物管理所

羊耳坡遗址位于西昌市裕隆回族乡长村及星宿村，地处安宁河西岸二级台地。2014 年，四川省文物考古研究院在开展成昆铁路扩能工程考古调查时发现该遗址，为配合成昆铁路（峨米段）扩能工程的建设，2016 年 8 月 19 日至 2017 年 7 月 27 日对羊耳坡遗址进行考古发掘工作，共计发掘 6039 平方米。

经发掘表明，羊耳坡遗址是一处涵盖新石器时期、东周到汉代、南诏大理时期、明清时期的重要古文化聚落遗址。已发掘了不同时期的房址、墓葬、灰坑、水沟、瓮棺等各类遗迹现象 399 处，出土各质类陶、石、铜、铁、金银器等文物 937 件（套）。

新石器时期的遗迹不多，主要为灰坑，形状多见圆形和不规则形，出土遗物多为夹砂灰陶或褐陶。东周到汉代的遗迹主要有房址、墓葬、灰坑、水沟等。

房址有半地穴式、干栏式和基槽式三种。墓葬共发现不同时期的两个墓地，均为土坑墓，分别命名为蛮子沟墓地与槽子田墓地，两个墓地南北相距约 30 米，蛮子沟墓地居北，共发现墓葬 97 座，排列整齐有序，随葬品种类有陶器、金器、银器、铜器、铁器、铜铁复合器、石器等。槽子田墓地居南，共发现墓葬 80 座，可分为长方形和“凸”字形墓两类，其随葬品有陶器、铜器、石器等。

南诏大理时期遗迹主要为灰坑，共发现 86 个，呈圆形、椭圆形等，坑壁、坑底均经过修整，平滑圆顺。出土遗物主要为陶罐或陶釜残片。

羊耳坡遗址的考古发掘对研究安宁河流域新石器时期、青铜时代和南诏大理国时期的考古学文化提供了新资料，尤其是蛮子沟墓地为安宁河流域首次发现排列如此整齐、密集的青铜时代土坑墓地，其文化面貌也与已知的安宁河流域考古学文化不同；而以槽子田墓地为代表的这类遗存则广泛分布于安宁河流域，但有别于之前发现的大石墓遗存。

（连　锐　郑万泉）

【西昌市安宁场商周时期遗址】

发掘时间：2017 年 2 ~9 月

工作单位：四川省文物考古研究院、凉山彝族自治州博物馆、西昌市文物管理所

该遗址位于西昌市月华乡安宁村，地处安宁河西岸，东距安宁河约 200 米。中心地理坐标为北纬 28°08′17.1″，东经 102°09′13.7″，海拔为 1580 米。遗址呈南北分布，南北 2660 米，东西 200 米，分布面积为 54 万平方米，保存状况较好。2016 年度对遗址Ⅲ区南部进行过发掘。

为配合成昆铁路（峨米段）扩能改造工程月华西站建设，2017 年度继续对遗址Ⅱ区、Ⅲ区北部进行了考古发掘，共计 3700 多平方米。遗址Ⅱ区堆积层位多，达 14 层，堆积厚度达 2.8 米，其中第⑩⑪层为遗址的先秦时期文化层。发现先秦时期房址、灰坑、灰沟等遗迹 200 余处，柱洞

2000余个。出土遗物以陶器、石器居多，陶器主要有鸡冠耳罐、乳丁纹罐、高领罐、双耳罐、带流壶、圈足碗、平底器、盏和纺轮等。石器有盘状砍砸器、刮削器、石斧、石锛、穿孔石刀、石锤、石球、网坠、砺石、磨盘、磨棒、石杵、箭镞、铁矿石等。此外，采集了400余份炭样和土样标本。

遗址内发现的房址晚期层位为半地穴式，早期层位为基槽式和柱洞式，半地穴式房址底部中间或附近均有用火痕迹，部分已经烧成红烧土，部分留存草木灰烬。用火痕迹旁边多见柱洞，两个一组或者四个一组。少数房址四周可见与之相关的数个柱洞，多数房址四周未见柱洞。基槽式和柱洞式建筑面积更大。灰坑多为不规则形。灰沟发现数量较多，主要为自然形成冲沟，沟内堆积陶石器较多，Ⅱ区G7较为重要，沟内出土较多鸡冠耳罐残片，这在安宁河流域较为罕见。

出土陶片主要为夹砂褐陶，红褐陶居多，次为灰褐陶和黄褐陶，羼和物以石英砂粒居多，泥质陶数量稀少；绝大部分陶片都为素面，其次可见刻划或戳印组成的几何纹饰，少量陶器饰有绳纹、乳丁纹、附加泥条堆纹，绝大部分平底器器底都有叶脉纹装饰。

安宁场遗址位于安宁河中上游西岸，出土器物与相邻的冕宁高坡、三分屯、西昌礼州、棲木沟、大泥坝、烧房背后等遗址的出土器物十分相似。但2017年度Ⅱ区新发现鸡冠耳罐、高领双耳罐与Ⅲ区区别较大，初步认为安宁场遗址年代跨度较大，属于商周之际或略早。

安宁场遗址的发掘对认识安宁河流域考古学文化面貌、构建考古学文化年代序列、厘清考古学文化谱系关系等具有重要意义。

（陈苇　徐海伦　唐亮　姜先杰）

【会理县庙子老包商周时期墓葬】

发掘时间：2017年3月22～27日

工作单位：成都文物考古研究院、凉山彝族自治州博物馆、会理县文物管理所

庙子老包墓地位于会理县东南的通安镇新发乡铜厂村四组，平面形状呈圆形的小山包上，距离郭家堡墓地直线距离500米左右。地表现主要种植玉米。2009年3月，由成都文物考古研究所、凉山彝族自治州博物馆、会理县文物管理所组成的联合考古调查队对庙子老包墓地进行了详细的考古调查。联合考古队在庙子老包墓地的调查中发现，该墓地基本上在20世纪60年代坡改地运动中已经遭到彻底破坏。2009年调查中曾发现一残墓，由于农民种植庄稼已经将其大部破坏，剩余部分残存于田埂断面上，依稀可见陶罐、圈足杯残件。由于该墓不具备清理条件，未做进一步的发掘，只是将该墓的遗物进行了采集和记录。采集出自该墓的石坠5件、陶圈足2件。据发现者称该墓还曾出土有纺轮、箭镞等器物。2017年3月，由成都文物考古研究院、凉山彝族自治州博物馆、会理县文物管理所组成联合考古队对新发乡铜厂村周边调查时，再次复查了该墓地，在铜厂村四组村民王继发地里陡坎上暴露一个残墓，器物已经裸露出头，为了防止被进一步破坏，联合考古队对其进行了抢救性清理，该墓编号为2017SHMM1。该墓的地理位置为北纬26°16′37.05″，东经102°16′19.69″，海拔为1924.1米。该墓被破坏严重，仅出土了少量的陶器，但为了解庙子老包墓地的墓葬形制、时代和文化内涵提供了重要的考古资料，下文将该墓的清理情况简报如下。

M1为竖穴土坑墓，平面形状大致呈圆角方形。墓圹开口于耕土层下，直接打破生土层，距地表0.3米。由于村民常年

耕种和坡改地，墓室东段大部分不存，目前仅存墓室西端一小段，现存一个窄坎。墓室目前残长 3 米 ~3.2 米，宽 1.86 米，残深0.06 米 ~0.9 米，方向 285°。墓室内未见人骨和葬具的痕迹，葬式和葬具均不明。填土为灰褐色砂土，结构疏松，内含少量植物根茎和炭屑。在墓室的西端堆置了大量的随葬器物，因后期人为活动破坏，陶器多残碎，这些器物的堆放未发现明显的规律，随葬器物多是交错而放，再加上填土挤压，器物摆放凌乱。随葬品大致的堆放情况是最上层陶器，往下就是陶器、石器交错而放，越接近底部陶器的数量逐渐减少，但摆放没有一定的规律可循。随葬器物主要是陶器和石器。陶器的器形主要有圈足杯、罐、壶、瓶、纺轮等；石器有镞、凿、锛、砺石。

庙子老包墓地 M1 出土器物和埋葬习俗同成河上游的雷家山墓地 M1 有着惊人的相似之处，庙子老包墓地 M1 的时代可能在西周中晚期至春秋前期。由于庙子老包墓地已经全然被毁，其墓地整体的情况已经不可能调查清楚，且清理的 M1 号墓本身也损坏殆尽，由于破坏严重，其出土遗物难于全面反映该墓随葬器物的文化全貌，但残留的圈足杯、壶形器、带耳罐、瓶、针叶形箭镞、穿孔石坠等，为认识该墓地文化面貌提供了重要实物资料。庙子老包 M1 号墓所出土的随葬品具有明显的地方和时代特征，特别是该墓出土的圈足杯、壶形器、罐等器物，具有明显的区域和时代特色。庙子老包 M1 号墓的清理，对于了解会理东北部地区青铜时代遗存的文化面貌提供了重要的考古资料，丰富了会理境内的青铜文化面貌，展示出该区域多元的青铜文化面貌，其延伸了以雷家山为代表青铜时代遗存的文化内涵与外延。

（周志清　孙　策　刘灵鹤　唐　翔）

【广元市昭化区摆宴坝商及汉唐宋遗址】

发掘时间：2017 年 8 ~12 月

工作单位：四川省文物考古研究院、广元市博物馆、昭化区文物管理所

摆宴坝遗址位于广元市经济开发区石龙街道办事处摆宴村，地处嘉陵江左岸二级阶地上，与土基坝遗址隔江相望。

此次发掘面积 100 平方米，发现有商代、汉、唐宋三个时期遗存。其中商代遗存发现灰坑、沟、柱洞等遗迹，出土有小平底罐、高柄豆、器盖、壶等，文化面貌与三星堆遗址相近，年代相当于三星堆文化的三、四期。发现汉代墓葬一座，为土坑木椁墓，椁、棺等葬具已不存，根据痕迹判断，应为一椁双棺。出土有陶罐、壶、瓮、铜鍪、壶、五铢钱、铁釜等。年代应在西汉中晚期。唐宋时期遗存发现有灰坑、窑等遗迹，出土有陶网坠、璧形底瓷碗、圈足瓷碗、黑釉瓷片和开元通宝等。

摆宴坝商代遗存的发现对于研究三星堆文化的北向分布及与汉中地区商代文化的互动有着重要意义，汉代墓葬及唐宋遗存的发现对于研究金牛古道提供了有价值的实物材料。

（金国林）

【西昌市李家湾商周及战国至汉代遗址】

发掘时间：2017 年 2 ~6 月

工作单位：重庆师范大学西南考古与文物研究中心、四川省文物考古研究院、凉山彝族自治州博物馆、西昌市文物管理所

李家湾遗址位于西昌市琅环乡五星村组李家湾子村，地理坐标北纬 28°4′40″，东经 102°9′21″，海拔 1560 米。遗址位于安宁河中游西岸距安宁河 100 米左右的二级台地上，西面为大王山和蛮王山，属于山间扇形坡地，地势略微西高东低。此次发掘面积为 2022 平方米。

此次发掘清理出大量商周时期及战国

到汉代的各种遗迹，包括11座竖穴土坑墓、10座瓮棺葬、16座房址、102个灰坑以及大量柱洞，并出土了大量的陶片（以夹砂红褐、灰褐陶为主）、石器（以盘状砍砸器为主）、骨器等遗物。土坑墓中出土有三足鼎、盆、釜，部分鼎和釜带耳；作为瓮棺的陶器主要是细绳纹翻卷沿大罐；地层中出土陶器完整器主要是陶纺轮、陶碗（钵）等，无大型器物。遗址中出土大量陶片，多为夹砂红褐陶、夹砂灰陶和黄褐陶等，少量泥质陶，部分陶器表面有磨光黑陶衣，可辨器形主要有肩部饰有乳钉的侈口罐、翻卷沿罐、陶盆、陶碗（钵）、器盖等。此次发掘遗存大体可以分成以下几类。

1. 包括附加堆纹口沿罐为典型器的遗存，这类遗存与横栏山遗址为代表的文化遗存内涵一致。该类遗存数量较少。

2. 细绳纹翻卷沿大罐作为葬具的瓮棺葬遗存。这是一类新的遗存，目前在安宁河流域其他地点不见。

3. 以乳丁侈口罐、翻卷沿罐、陶盆、陶碗（钵）、器盖为典型器的遗存。这类遗存包括第③层、所有房址、所有灰坑等，是此次发掘最为丰富的遗存，分布范围遍布所有探方，遗迹类型丰富、出土遗物数量庞大、内涵明确。这类遗存与高坡遗址为代表的遗存内涵一致，为充分认识“高坡类型”的文化内涵提供了十分重要的资料。

4. 以带流壶、耳上带横向泥条的双耳罐为典型器的遗存。这类遗存与以往发现的大石墓遗存文化内涵一致。该类遗存数量极少。

5. 以三足鼎、盆、釜随葬的土坑墓遗存。这是一类新的遗存，尤其是三足器在安宁河流域首次发现，其他地点不见。

此次发掘丰富了高坡文化的文化内涵，同时新发现了两类遗存，对完善安宁河流域考古学文化谱系具有十分重要的学术意义。

（蒋　刚　陈　苇　冯　锋　唐　亮　马玉萍　姜先杰）

【广汉市三星堆遗址】

发掘时间：2017年10～12月

工作单位：四川省文物考古研究院、三星堆博物馆

2017年度，四川省文物考古研究院、三星堆博物馆在三星堆遗址东城墙南段、月亮湾城墙南段和西城墙内侧三个地点进行了考古发掘，发掘情况如下。

一　东城墙南段

东城墙南段的解剖工作，通过一条垂直于墙体长46米、宽4米、深近6米探沟的发掘，使我们得以对东城墙的体量、结构和年代较之20世纪90年代的第一次发掘（未解剖至底）有了更新和更进一步的认识。东城墙是三星堆城址体量最大的一道城墙，为主城墙+副城墙结构，堆筑为主，土坯为辅，与三星堆城址其他诸道城墙的结构均不相同。由于东城墙内侧被三星堆三期晚段灰沟打破且叠压三期晚段灰沟，故东城墙的始建年代应为三星堆遗址三期晚段，是三星堆城址最晚形成的城墙之一，这对于了解三星堆城址的形成过程具有十分重要的意义。

二　月亮湾城墙南段

为了解月亮湾城墙南段（亦即月亮湾城墙的拐角段）的年代、性质及其与月亮湾城墙北段乃至月亮湾小城的关系，2017年底对该段城墙进行了试掘，已开挖面积约200平方米，发掘区域集中在月亮湾城墙南北两段的现存交界（折拐）处，意图尽量在平面上确定两段城墙的关系。发掘表明，现存墙体距地表很浅，所开探方均在近现代层下露出夯土墙体，但有13处被汉代砖室墓打破，墙体顶部受损较为严重，不过基本的夯土结构尚能辨认。目前的工作已基本能确定月亮湾城墙南段为三星堆

时期人工堆筑而成，并在平面上找到了南北两段原始墙体的交界部位。

三　西城墙内侧

根据2016年的勘探，西城墙拐角北侧可能有“码头”遗存，为确认其性质，2017年底对该地点进行了试掘，已开挖面积逾100平方米，目前还未见与码头相关的遗迹，2016年勘探时关于“码头”定性的根据——一古水道西侧岸边成片的木质朽毁遗存，现在看来实为一大片草木灰烬的坡状堆积，堆积范围长逾24米、宽逾3米，有一定厚度，可分层，普遍夹杂红烧土颗粒，局部间杂灰色淤土、碳化的竹节和竹编“篱笆”残迹，包含物有较多陶器残片（较大片、部分可复原）、残石璧、残断玉器和不少鹿角、鹿头，时代为三星堆遗址第二期，初步推测这类堆积为倾倒祭祀活动垃圾所致。该地点附近应有类似于金沙遗址的河边祭祀遗存或本身就是，有待进一步的发掘证实。

灰烬层以上、近现代层以下分别有三星堆遗址第三期和第四期的文化堆积，坡状堆积以西的平地堆积中还发现有三星堆遗址一期的文化堆积。

（雷　雨　冉宏林）

【成都市青白江区三星村遗址】

发掘时间：2017年3～12月

工作单位：中国社会科学院考古研究所四川工作队、成都文物考古研究院、青白江区文保中心

为配合青白江区国际铁路港物流园区的新加坡枫树物流公司的基建工程项目，成都文物考古研究院、中国社会科学院考古研究所四川工作队及青白江区文保中心，共同对基建范围内的三星村遗址最新地点进行了考古发掘。截至2017年12月底，发掘并未完工，将延至来年。在2017年的考古工作中，从勘探到发掘，拟对施工范围内的全部遗址整体揭露，它将提供揭示相关成都平原从宝墩文化晚期，到三星堆文化早期的发展演进过程的考古实物资料，展示这个重要转折期间的古文化遗存的面貌。

三星村遗址主体部分在前些年已经作过多次发掘。2003年底，青白江区新建攀成钢新厂区的工程建设中，考古勘探发现了古遗址；2004年经过一个月的试掘，在厂区偏南清理出土了居址和较丰富的遗存，有反映宝墩文化晚期的（A组），也有代表三星堆文化的（B组）两类遗存。勘探中有多个地点发现过古文化遗存，说明三星村遗址有可能面积较大。同时开始意识到处于三星堆文化一二期之间的陶器遗存，对三星堆文化的起源探讨具有学术意义。另外，为配合成绵乐高铁线路的建设工程，在攀成钢厂区范围东侧外，还发掘到比较好的三星村遗址的墓地等遗存，揭露较大面积，出土丰富的以宝墩文化晚期为代表的新资料。2015年在三方合作进行的中国社会科学院创新工程课题考古调查中，在已知遗址区域的南侧外，新发现了三星村遗址新地点，分布于原遗址区外，凸出向南，断续相连，构成了伸延外突的一处新区，估计范围约2万～3万平方米，可能反映了三星村遗址较特殊的聚落布局结构和形态；同年为配合攀成钢厂区内的一处施工，成都文物考古研究院再次进行了短时间的小范围清理，收获一定的新资料。

2017年的发掘，就是对这片新发现的遗址地点进行配合基建的考古，同时也是创新工程课题的项目。从勘探开始，就有计划做了多条超长探沟的纵横布控，以了解这部分遗址的遗存分布和地层及古地貌情况。发掘地点集中在现代村舍建筑被拆迁之后的地势稍高的区域，是根据勘探线索而展开的发掘，并随之不断扩大范围，至年底时，共揭露达3千～4千平方米。发掘出土遗迹丰富，但因现代村舍建筑的破坏影响，遗址原始堆积的地层大多被破

坏较严重。在发掘清理中，发现墓葬以及大量灰坑。以各种大小不等的较规则的方形和圆形灰坑为多，墓葬分布其间，显示出较特殊的构成，推测具有某种祭祀的特点，同时发现埋葬动物的坑。灰坑及部分地面，堆积明显的灰烬层和灰土，许多灰坑都还有薄层的木炭堆积，有的还有火烧痕迹，也有坑内填埋石头的现象。出土陶片大多破碎。

遗迹现象之间有个别打破关系，但难见地层叠压。因其上的地层被后期破坏，无法从地层关系区分遗迹年代早晚，有的通过出土陶片可判定遗存年代和分期。然而许多遗迹缺乏陶片，需要仔细辨识，更需要细致认真的发掘，进度较慢，给考古研究带来一定困难。在发掘中，新发现了宝墩文化墓葬出土的圆形玉器和象牙器。出土的陶片遗存明确显示从宝墩文化向三星堆文化过渡的现象和特征，反映文化的衔接更加清晰，在考古学上具有重要的学术意义，是成都平原早期蜀文化研究的重要新进展。

发掘工作中，还进行了多学科采样和相关研究的探索，对于成都平原古环境、聚落考古的遗址结构变化、早期农业、稻作水田及水环境的演变、植物和动物考古等诸多研究，均有学术价值。发掘还在进行中，整个工作将要持续到2018年。

（杨占风　李　佩　蒋志军　兰玉龙　张光磊　叶茂林）

【茂县营盘山西周至战国石棺葬墓地】

发掘时间：2017年11月

工作单位：成都文物考古研究院、茂县羌族博物馆

营盘山石棺葬墓地位于阿坝藏族羌族自治州茂县凤仪镇所在的河谷冲积扇平原，地处岷江东南岸三级台地上，地理位置为北纬31°41′，东经103°51′。平面约呈梯形，东西宽120米～200米，南北长约1000米，总面积近15万平方米。遗址东面临深谷阳午沟，东北面、北面、西面均为岷江所环绕，东距茂县县城约2.5千米，海拔1650米～1710米，高出岷江河谷约160米，表面地势略呈缓坡状。1979年1月中旬，原茂汶羌族自治县文化馆曾在营盘山清理了一座已暴露在水沟边的同类墓葬，2月初又在营盘山基建工程中发现石棺葬群，配合该工程清理已暴露的9座，前后两次共清理了10座墓葬，出土随葬器物250余件。成都文物考古研究所、阿坝藏族羌族自治州文物管理所、茂县羌族博物馆于2000年、2002年、2003年、2004年、2006年在营盘山遗址进行了五次试掘及发掘，揭露面积近2000平方米，勘探面积达6000平方米，共计清理了石棺葬200余座。为推进国家“一带一路”建设及丝绸之路的考古工作和文化遗产保护工作，配合国家大遗址保护成都片区相关工作的实施，加强“十三五”时期成都阿坝文化交流合作，提升区域文化一体化发展水平，实现合作共赢，并为省重点文化工程古蜀文明传承创新工程奠定基础，也为营盘山遗址的保护规划制定工作提供现场资料，成都文物考古研究院与茂县羌族博物馆2017年继续深入推进岷江上游地区的考古工作，组成了联合考古队，对营盘山遗址进行调查、试掘工作。

营盘山遗址范围内分布有大量石棺葬，由于苹果树栽培而暴露出来，且面临进一步农业生产的破坏，故对暴露出来的石棺葬进行了发掘清理，共计清理石棺葬12座。石棺葬多为成组分布，墓向偏东南，竖穴土坑墓，墓口平面呈长方形，葬具为石棺，以大石板砌于墓坑内。石棺头宽足窄，头高足低。顶部盖板从足端依次叠压而成。两侧由石板错缝相接，足端靠外，石板顶部打磨成阶梯状以方便合上盖板。棺底无石板。部分墓葬侧板底部有石块加固。M1位于遗址中部偏西。M2、M3、M4、

M5、M12位于遗址北部偏东南方向较为一致，平行排列，规格较大。其中M2、M12头端用薄石板隔出高低2道头厢，M3隔出3道头厢。M6、M7、M8与M9、M10、M11各为一组位于遗址北部偏东北，方向较为一致，平行排列，规格短小。共出土陶、铜器130余件，器形包括陶簋式豆、陶双耳罐、陶单耳罐、陶盂、陶罐、陶长颈小罐、陶小杯、铜片饰、铜泡钉等，其年代涵盖西周晚期至战国晚期。这是营盘山石棺葬墓地首次发现的带有3道头厢的石棺葬，也是岷江上游地区继茂县牟托一号墓之后考古发现的第二座带有3道头厢的石棺葬，具有非常重要的学术价值。

（向 导 刘祥宇 陈 剑）

【成都市成华区海滨村战国至宋代墓葬】

发掘时间：2017年3~6月

工作单位：成都文物考古研究院

2017年3~6月，为配合成都市商业用地需要，成都文物考古研究院对海滨村年家院子工地展开了勘探发掘工作。海滨村年家院子位于成都市成华区海滨湾社区，北邻城北高速，东邻蜀龙路，南与二仙桥相望，西邻青龙路。共清理墓葬31座，其中战国时期土坑墓10座，五代及宋代砖室墓21座。出土陶器、瓷器、钱币、铜器、铁器、石刻等一批重要文物。其中M1及M30出土钱币数枚。几乎涵盖了从战国秦惠文王二年（前336）“初行钱”到汉高后二年（前186）“行八铢钱”时期铸造的各种半两，包括战国半两、秦半两、汉初榆荚半两及高后八铢半两，年代序列清晰，为我们认识半两钱发展演变规律提供了实物资料。

另外，M23出土的买地券上见有“……故彭州就粮左定戎指挥使前守蓬州刺史……”等文字，丰富了对后蜀政权的军事建置单位的记载。M24出土两所墓幢，是唐末五代时期，密教与四川当地传统的丧葬习俗相结合，密教信仰根植于人们的日常生活之中，走向世俗化、大众化的典型体现。

（王 瑾 易 立）

【成都市青羊区光华村战国晚期至南宋墓地】

发掘时间：2017年3~8月

工作单位：成都文物考古研究院

墓地位于成都市青羊区光华村街与青羊大道交汇路口东北侧，北距金沙遗址约1.5千米，东距杜甫草堂约1.7千米，中心地理坐标北纬30°39′58.14″、东经104°00′33.54″。

此次共发掘墓葬75座，包括土坑墓和砖室墓两种类型，包含了三个时期的遗存。

第一期：战国晚期到西汉。这一阶段的墓葬发现了28座，均为土坑墓，其中多数为木椁墓。此类墓葬葬具一般完全腐朽，个别有一些黑色的朽痕，还有涂抹白膏泥的现象。人骨保存很差，葬式不明。随葬品包括陶器和铜器、铁器三类。陶器数量较多，以圜底罐、豆、釜为基本组合，有的还随葬有大口瓮，壶、鼎等。陶器烧制较差，多数保存不好。铜器有兵器、容器、装饰品、钱币等种类。其中兵器包括铜矛、铜剑、铜钺、胄顶；容器包括铜鍪、铜盘、铜壶；装饰品主要有铜带钩；钱币基本为半两钱。铁器主要有铁锸、铁镰等。

第二期：东汉时期。这一类墓葬有21座，均为砖室墓，包括东西向和南北向两类。一般成排分布，应经过规划。多数破坏严重，仅剩底部。墓葬形制均为长方形，有素面砖和花纹砖两类。花纹砖常见联璧纹和菱格纹。墓葬由甬道和墓室两部分组成，甬道多偏向一边。随葬品以陶器为主，包括陶仓、陶罐、陶灶、陶俑、陶井、陶鸡、陶狗等，还有较多的五铢钱。此外还有少量铁器，包括铁剑、铁削等。

第三期：晚唐五代至两宋。这一阶段的墓葬有26座，均为砖室墓，包括中型墓和小型火葬墓。中型砖室平面多为梯形，部分带有甬道和后龛、壁龛，还有较多的肋柱支撑。小型墓一般结构简单，长1米左右，宽度不足1米，墓内多见烧过的骨渣，应为火葬墓。出土器物以瓷器为主，常见器形有四系罐、双耳罐、碟、碗等。多伴出开元通宝钱或者铁钱。此外还有个别玉器、石器。

此次发掘证明成都市区西部的光华村街区域曾存在一处规模较大、使用时间较长的墓地。（李　佩　易　立）

【会理县河漂战国至汉代及明清时期遗址】

发掘时间：2017年10月～2018年1月

工作单位：四川省文物考古研究院、凉山彝族自治州博物馆、会理县文物管理所

河漂遗址位于会理县鱼鲊乡河漂村三组，遗址西邻金沙江，东、西两面各有一冲沟，南北长约300米，东西宽约240米，面积约7.2万平方米。2017年10月～2018年1月，为配合乌东德水电站枢纽工程的建设，四川省文物考古研究院对河漂遗址进行了考古发掘工作，发掘面积5512平方米，共清理出各类遗迹36处，其中房址3座，灰坑31个，灰沟1条，墙基1条，另有柱洞50余个。出土有陶珠、铜钱、铁器、石器等各类小件50余件。

明清时期遗存主要为灰坑、墙、沟等，出土遗物以瓷器为主，多为青瓷，酱釉和青花数量较少，可辨器形有杯、碗、盘等。

战国时期遗存主要为房址、灰坑，均分布在遗址东南部，出土遗物较少，仅发现有少量夹砂陶片，主要为夹砂红褐陶、夹砂黄褐陶，器表多饰绳纹，个别有篮纹，可辨器形主要为罐，多宽折沿、方唇。其时代可能为战国晚期到汉代。

河漂遗址应该是一处以明清时期堆积为主体，同时有早期遗存分布的聚落遗址；发现的各类遗迹现象对认识当地少数民族地区的建筑形式、聚落形态有一定的帮助；出土的瓷器标本对认识地方窑口的特点提供了新的资料。

（郑万泉）

【广元市昭化区土基坝汉代遗址】

发掘时间：2016年12月～2017年6月

工作单位：四川省文物考古研究院、广元市博物馆、昭化区文物管理所

土基坝遗址位于广元市昭化区石盘村，地处白龙江左岸、嘉陵江右岸二、三级阶地上，与摆宴坝遗址隔江相望。分布有汉代遗址、战国—汉代墓葬。

此次在土基坝遗址发掘200平方米，发掘清理3座汉代墓葬，均已被盗。其中M1保存较为完整，为一棺一椁，墓口长4.8米，宽2.9米～3米，深2.3米。椁室现存四侧壁及底部木板，长3.9米，宽2米，深1.2米～1.26米。木棺现存部分侧板及底板，长2.3米，残深0.55米。随葬器物有陶罐、瓮、壶、铜钫、鍪等。M2保存较差，存土圹，椁、棺等葬具均已不存，在盗洞中发现数枚榆荚半两。M3为1座砖室墓，砖室券顶部分已不存，墓室通长6.3米，宽1.76米，分为甬道、前室、后室三部分。甬道长1.4米，宽1.4米。前室为横长方形，长0.9米，宽1.8米，底部低于后室两层方砖。后室与前室等宽，长4米。后室葬具不存，前室及甬道残留有部分随葬品，可辨器形的有陶罐、俑、房、五铢钱等。从随葬品和墓葬结构看，M1、M2年代应为西汉早期，M3年代应为东汉中晚期。

（金国林）

【渠县城坝汉代遗址】

发掘时间：2017年2～7月

工作单位：四川省文物考古研究院、渠县博物馆

城坝遗址为第六批全国重点文物保护

单位，位于四川省渠县土溪镇之渠江东岸，距县城26千米，面积约567万平方米。为配合国家大遗址考古工作，2014年至2017年，四川省文物考古研究院已连续四年在该区域开展大规模考古勘探及考古发掘工作。

2017年度考古共分为五个发掘区，揭露面积约1350平方米，发掘情况分述如下：

Ⅰ区位于郭家台城址东部，东城墙内，发掘面积150平方米。因受地形和发掘面积的影响，并未清理出完整的建筑遗存，仅发现一些分布不规律的柱洞。但出土瓦片、陶片数量众多，证明城内应存在较重要的建筑遗存。其中出土的一枚“宕渠”纹瓦当，对于进一步理清两汉时期的“宕渠”城具有重要意义，亦对进一步探讨先秦时期的“賨城”提供了重要证据。

Ⅱ区位于郭家台城址南部，为南城墙所在区域。揭露面积近700平方米。通过发掘，基本可以确认南城墙的构筑分为两期，早期应为西汉时期，采用版筑技术，夯层厚度10厘米～20厘米，部分区域夯窝明显；晚期为东汉增修部分，增修部分系在早期城墙的两边分别挖基槽，上部再用包含大量瓦片、石块的灰黑土进行夯筑，夯层不明显。这与史书记载基本符合，亦为进一步认识两汉时期宕渠城提供了重要的实物资料。同时，在城墙的上部和城墙内堆积着大量的瓦片、砖块等建筑材料，说明附近可能存在较大型建筑遗迹。

Ⅲ区位于唐家湾村东，处于郭家台城址外西南部，发掘面积共200平方米。当地的一直有“48座车子井”的传说，这一方面反映了水井遍布城坝遗址，另一方面可能跟当时农业灌溉有关。共清理水井6口，其中土井5口，陶圈井1口。深浅不一，浅者3米多，深者14米尚未及底，部分井并未使用就已废弃。井内均出土有较多的汉代陶、瓦残片，其中J6出土1件六朝时期青瓷四系壶，也表明其废弃年代为六朝时期。

此外，为了解城坝遗址丘陵地带零星分布汉墓的文化内涵、年代等问题，在城坝遗址边缘区域的熊家嘴和城坝村与天府村交界处的丘陵地带，清理了破坏严重的两座汉代木椁墓。其中M44，长约7米，宽4.2米，深近2米。墓室南端底部有一处宽约0.4米排水沟遗迹，底部铺有一层鹅卵石，形制较为特殊。该墓也是目前城坝遗址发掘墓葬规模较大者，虽然早期即被盗扰过，但仍出土了陶、石、铜、漆质类器等随葬品50余件。据其墓葬形制及出土器物判断，属于西汉中晚期墓葬。

此次考古工作获得了大量经科学发掘的实物资料，包括出土各类文物及遗迹，结合以往的考古工作成果，对城坝遗址的文化内涵有了进一步的认识，对丰富该地区古代文化乃至川东地区汉代考古研究均具有重要意义。

（郑禄红　陈卫东）

【眉山市彭山区武阳故城遗址考古调查】

调查时间：2017年6～12月

工作单位：四川省文物考古研究院、眉山市彭山区文物管理所

武阳故城遗址位于四川省眉山市彭山区武阳镇五一社区，北距成都约60千米。2007年四川省人民政府将其列为四川省省级文物保护单位。2017年6～12月，我们对该遗址进行了调查和勘探。通过此次考古工作，我们对该遗址有了较为清晰的认识，取得了重要收获。

此次调查发现城址一座，平面呈三角形，面积约23万平方米。该城址北连牧马山，西距岷江10米～80米，东距府河约1000米，高出水面约10米。城墙依地势而建，土结构，未见包砖。目前残存城墙长度约为2000米，残宽3米～40米不等，地面以上的高度为0.8米～4.5米。城址

东侧与北侧均发现有壕沟，壕沟的宽度为30米~50米，深度约为1.5米~4米。同时，我们发现了与城址相关的城门和道路等设施。此外，我们在城址周边发现有墓地和窑址，其中墓葬44座，窑址11座。

根据文献记载及地望，我们推测这座城址应为武阳城。文献记载秦灭巴蜀后于武阳置县，西汉沿袭秦制。东汉中期至南齐时期成为犍为郡郡治所在地。从考古调查勘探的情况来看，城内的堆积以汉至三国时期为主，与文献记载大致相符。

武阳城位于成都以南平原与山地的过渡地带，岷江与府河交汇之所在，是进入成都平原的门户，自古以来为兵家必争之地。秦始皇统一六国后，在全国实行郡县制，武阳为最早置县的地区之一。东汉中期以后更是成为犍为郡的郡治，为四川盆地内最为重要的汉晋城址之一。通过此次考古调查勘探，对城址内外的布局和结构有了初步的了解，但包括官署、路网和居住格局等在内的情况尚不清晰，需要开展进一步的考古发掘工作来获取相关信息。

（刘志岩）

【广元窑系考古调查】

调查时间：2017年8~9月

工作单位：四川省文物考古研究院、广元市文物局

广元瓷窑铺遗址是四川地区较重要的窑口，已经过多次发掘，有着较明确的认识。为了解广元地区整体古代窑址遗存分布状况，四川省文物考古研究院与广元市文物局围绕瓷窑铺遗址这一重要窑址而开展了初步考古调查工作。

此次共调查7处遗址，年代从汉至晚清民国，分布在广元利州、昭化、旺苍、苍溪等地。其中1处清末时期窑址只留有口头传说，现有遗存分布的6处，计汉代1处，唐宋时期2处，清至民国时期3处。

1处汉代遗址为翰林坝遗址，位于白龙江左岸二级台地上，为一处面积较大的平坝，地表散见有大量汉砖。据村民介绍，发现时汉砖原呈数列平行状排布，长约数米，未见闭合或拐角。砖多为长方形，侧面有轮形纹、菱形纹等东汉晚期常见的几何纹样，规格基本同于该地区同时期墓砖。此区域暂未发现窑炉、窑具等遗存。

2处唐宋时期窑址为窑湾遗址和安家窑遗址。窑湾遗址位于昭化镇鸭浮村，白龙江右岸的浅湾内，在翰林坝遗址以南约3千米处。遗址分布面积约2万平方米。采集标本有罐、钵、盏等器形的残片及匣钵残片。器物釉色多为酱釉，也见有绿釉，但未见瓷窑铺遗址器物中的兔毫釉。安家窑遗址位于旺苍县龙凤乡一处深湾内，初步调查遗址分布面积约1万平方米。采集有匣钵、罐或碗的残片，釉色多为酱釉，色较浅。2处遗址器物釉色、胎体质量等皆不及瓷窑铺，但仍与其有较高的相似性。

3处清至民国时期遗址多发现有各类生活器物的残片，见有青花、青釉、白釉等种类。

广元几处较大的遗址皆位于嘉陵江、白龙江旁边，是其分布基本规律。唐宋时期几处窑址呈现出较一致的面貌，但又以瓷窑铺遗址所出器物质量为高。通过此次调查，对认识广元及四川地区窑址分布等情况提供了重要资料。

（刘　睿）

【乐山军民合用机场考古调查】

调查时间：2017年11月~2018年1月

工作单位：四川省文物考古研究院、乐山市文物保护研究所、五通桥区文物保护管理所

乐山军民合用机场位于乐山市五通桥区，临近成贵铁路和乐宜高速公路。为配合机场建设，四川省文物考古研究院联合市、区相关单位对建设区域内进行文物考古调查勘探。共发现文物点40处，其中古

代遗址 11 处，主要为盐井和制盐作坊遗址；墓葬 25 座，2 座汉晋时期崖墓，余下为明清墓葬；另有 4 处清末民国时期传统建筑。

大海灶制盐作坊遗址现存清代四合院老宅，院子前面为两口盐井和灶房等遗存。试掘清理其中一口盐井，小口深井，井口围石长 0.65 米，宽 0.65 米，厚 0.3 米，孔洞直径 0.37 米。井口距地表约 0.8 米，部分已被破坏，仅存有两个长宽约 0.3 米的青砂石。砂石上有较明显人工加工凿痕。井口上填土含有较多的炭渣，内含少量陶瓷碎片。井口南部平铺有部分青石板。打听并勘探发现灶房和疑似卤水池各一处。

调查发现的这些文物点在一定程度上反映了该地区自明清时代古代人们日常生活、生产等文化面貌，尤其是制盐作坊遗址与盐井遗址的发现将进一步推动川南盐业考古工作；同时发现的明清墓葬有助于了解明清时期该区域移民的葬礼、葬俗和社会文化等。

（陈 苇 徐海伦）

【巴中市青龙嘴水库考古调查】

调查时间：2017 年 9 月 5 ~ 24 日

工作单位：四川省文物考古研究院

青龙嘴水库位于巴中市，共涉及两个区县的六个乡镇。2017 年 9 月 5 ~ 24 日，四川省文物考古研究院受四川省内江水利电力建筑勘探设计研究院成都青龙分院的委托，组织专业人员对青龙嘴水库涉及范围内的地下、地面文物进行考古调查及勘探。

此次调查发现工程建设淹没线范围以内及附近的文物点共计 30 处，其中淹没线内文物点 26 处包括古墓葬 22 处，古建筑 4 处。22 处古墓葬包括 16 处崖墓，3 处石室墓，3 处清墓。淹没线附近文物 4 处，包括古墓葬 3 处，古建筑 1 处。3 处古墓葬包括 2 处崖墓和 1 处石室墓。这些墓葬类型十分丰富，包括崖墓、石室墓、立碑土丘墓等，年代跨度从汉代至清代。崖墓的形制较小，但部分崖墓内发现有侧室（龛），这批崖墓的年代应为东汉末年至魏晋南北朝时期；石室墓多为双室墓或三室墓，从形制来看应为明代墓葬。古建筑多为清末民初时期的民居，保存情况较好，部分建筑材料上的彩绘清晰可见，木质窗棂的雕刻也十分讲究，石柱础也种类多样，非常珍贵。

这些文物点的发现极大地丰富了巴中地区的相关文物考古资料，对研究巴中地区汉代至近代两千多年的历史文化、社会面貌及民居古建等具有重要的史料价值。

（连 锐）

【德阳市旌阳区汉代崖墓群】

发掘时间：2017 年 3 ~ 7 月

工作单位：四川省文物考古研究院、德阳市旌阳区文物管理所

2017 年 3 ~ 7 月，为配合德阳市旌阳区华强沟水库的建设，四川省文物考古研究院和德阳市旌阳区文物管理所对库区范围内通过事先调查发现的汉代崖墓群进行了抢救性发掘，共发掘墓葬 78 座。该崖墓群分布于刘家大山、黄狗坳、岩洞梁子和池家埂 4 个地点，其中刘家大山 32 座，黄狗坳 25 座，岩洞梁子 19 座，池家埂 2 座，另有 24 座保存甚差，因安全因素未清理，仅提取资料。

这批崖墓保存较差，部分墓室坍塌严重，均被不同程度盗扰，个别墓葬还存在后期利用的现象。墓葬方向与山体走向大体垂直；以单室墓为主，双室墓有 8 座，岩洞梁子 M3 是唯一一座三室墓，墓室平面近呈长方形，整体前低后高，方便排水，弧形顶，部分中部较平，形似券顶，直壁或斜直壁，部分墓葬底部可分为高低有别的前后两部分；仅 5 座未发现侧室（龛形石棺），其余均有 1 ~ 4 个不等的长方形侧

室（龛形石棺），侧室顶部多呈斜弧状，斜弧壁，平底；每墓壁龛以1个和2个多见，最多仅3个，平面多呈长方形；除了3座墓疑似没有灶台外，其余绝大多数均有1个灶台，刘家大山M10是唯一一座有2个灶台的墓葬，多数仅有1个火膛。多数墓葬不见葬具，仅刘家大山M16有1座连岩石棺和2座陶棺。少数墓葬有雕刻或黑彩，均为门楣、斗拱、窗棂等与建筑有关的装饰，岩洞梁子M10在墓室左前壁上雕刻一扇微开的双开门，较为少见。

随葬品均被不同程度扰乱，所见陶生活用器有釜、甑、盆、钵、罐等，陶模型明器有房、塘，陶俑有侍俑、执蛇俑、狗、鸡、鸭、羊等，另外出土若干铜钱和1枚铜镜。从尚未被彻底扰乱的少数墓例来看，陶狗和执蛇俑多位于墓门处，意在镇守墓府，陶俑和日常用器多置于墓室前部，靠近灶台，意在服侍墓主人日常起居，铜钱多置于墓室中后部靠近墓主人。

从随葬品组合、形制推测这批墓葬的年代大致为东汉晚期至蜀汉时期，墓主人身份较低，应为一般平民。这批墓葬是德阳市旌阳区首次发现的大型崖墓群，从而极大地丰富了沱江流域的汉代崖墓资料，对于探讨该区域东汉晚期至蜀汉时期埋葬制度和相关社会历史问题具有重要意义。

（雷　雨　冉宏林）

【眉山市彭山区高家沟东汉崖墓】

发掘时间：2017年11月

工作单位：四川省文物考古研究院

高家沟崖墓群位于眉山市彭山区江口镇石龙村二组，为国家重点文物保护单位江口崖墓的一部分。

2017年因修建九龙山隧道，影响到属于高家沟崖墓群的三座崖墓，四川省文物考古研究院对其进行了发掘。

三座崖墓中均开凿于红色砂岩之上，M1保存较好，M2、M3保存较差，不同程度的存在风化情况。M2的墓室后部塌陷，墓室及左侧室均填满淤土。M3遭早期采石破坏，墓道及墓室前部基本不存，墓室后部被淤土填满。

M1位于发掘区最东侧崖壁，由墓道、墓门、甬道、墓室、侧室、灶龛、后龛组成。墓葬全长9.2米。该墓因后期使用，墓葬内淤土较少，除在墓道处发现残破的排水管，未发现其他器物。

M2位于M1右侧，由墓道、墓门、甬道、墓室、侧室等组成。墓葬全长5.14米。墓葬内发现陶棺、陶罐、陶俑、陶甑、陶鸡等残片以及2枚五铢钱。

M3位于M1上0.3米，现可见由墓道、墓门、甬道、墓室、侧室组成。该墓葬清理长9.24米。M3出土陶案、陶房、陶罐等残片以及4枚五铢钱。

根据墓葬的形制以及出土的器物残件等推测，这几座崖墓当为东汉时期崖墓，为研究四川彭山地区东汉墓葬形制、丧葬习俗等提供了实物资料。

（李　飞）

【资潼高速考古调查】

调查时间：2017年7～8月

工作单位：四川省文物考古研究院、成都文物考古研究院

成资渝高速公路成都天府国际机场至潼南（川渝界）段（简称资潼高速项目）项目在四川境内起于简阳市江源镇，止于安岳县龙台镇，共长约110千米，穿越地区以川东丘陵地带为主。

调查共发现文物点23处，皆为古墓葬，年代上以明、清时期为主，亦有汉代时期。

汉代崖墓位于简阳境内，仅有1处。地表暴露出2座，时代初步估计为东汉。此区域汉至魏晋时期崖墓较多，值得注意。

明代墓葬计有10处，广泛分布在沿线各地，皆为石室墓。其形制见有单室、双室乃至多室，多室较流行。一般为3座以

上的墓群。其中可见有明早期特征的石室墓，墓门为仿木雕刻，并见有铁质门把手残痕，较有特色。

清代墓葬计有12处，分布于沿线各地。此次调查清墓布局，前为墓碑，后接墓冢，墓冢既有距墓碑有一定距离者，也有与墓碑相连者。墓冢分土冢及外包石块两类。墓碑常见单碑单檐式，亦见有较复杂的形式，如三柱两开间三重檐式、五柱四开间单重檐式等。前者在四川其他地区较常见，而多间单檐是此区域较有特色的墓碑形式。

此次调查发现文物点以明、清时期为主，兼有汉代时期。从类型上来看皆为古墓葬，这些涉及古代民间信仰、丧葬习俗和生活生产技术等方面。这批文物点的发现对于研究该地区相应时期内的社会与经济发展变迁有一定意义。

（刘　睿）

【成都市青羊区灯笼街汉唐宋至明清遗址】

发掘时间：2017年8～12月

工作单位：成都文物考古研究院

为配合成都市青羊区国投建设发展有限公司用地需要，对灯笼街107号地块进行了文物勘探和发掘工作。该地块位于成都市青羊区万和路与灯笼街相交处、府河以内的区域，其东面与2014年发掘的江汉路遗址直线距离约400米。共揭露汉、唐宋至明清灰坑、灰沟、水井等多处遗迹，同时出土了数量众多、类型丰富的陶瓷器（片）、砖瓦等遗物。

1. 汉代遗迹：H12位于TN03W01东北部，开口于第④层下，打破生土。平面近椭圆形，斜壁，圜底。坑内填土为灰黑色黏土，出土大量陶器残片，可辨器形有钵、釜、纺轮、盆、罐、瓮、鼎足等。

2. 唐宋遗迹：此段时期遗迹较多，以灰坑、灰沟为主，均开口于第③层下。G2位于TN01W01北侧、TN02W01南侧，平面呈长条状，打破第④层及生土，沟内堆积可分为3层。第①层，填土为青灰夹黄褐色黏土，含细砂，出土大量陶瓷器，可辨器形有碗、罐、盘、缸等。第②层，为青灰色黏土，出土大量陶瓷器，可辨器形有碗、盆、盏、盒、罐、香炉、钵等。第③层，为黑色淤泥，局部夹杂有青灰色土，出土大量陶瓷器，可辨器形有碗、钵、罐、香炉、盏、壶、缸、盆等。

3. 明清遗迹：H10位于TN03W01西南，开口于第②层下，打破第③④层及生土。平面呈圆形，斜壁，圜底。坑内填土呈灰黑色，出土大量瓷片及建筑构件等，可辨器形有碗、盘、罐、香炉等。

该遗址出土遗物数量众多，可分为陶器和瓷器两类。陶器仅出土于H12、H13两个单位，以夹砂陶为主，时代为汉代。瓷器在唐宋、明清等时代地层以及单位中均有出土。唐宋时期瓷器以四川本地为主，有极少的北方窑口产品；明清时期以青花为主，集中于明代晚期，也有少量龙泉窑青瓷。

从遗址的地层来看，最早的文化层形成于汉代，以下即为生土。但汉代的遗迹及遗物数量不多。唐宋时期遗迹众多，与江汉路遗址主体时代相同，这表明在高骈筑罗城以前，属于城外的附郭郊区。由于目前成都旧城北部的考古资料相对缺乏，该遗址的发掘对于考察唐代子城乃至秦汉时期大、少城的方位问题具有一定的参考价值。

（江　滔）

【崇州市易家坝唐代墓群】

发掘时间：2017年12月

工作单位：成都文物考古研究院、崇州市文物管理所

2017年12月中旬，为深入推进成都平原大遗址保护工作，并配合紫竹古城遗址保护规划方案的编写，成都文物考古研

究院、崇州市文物管理所继续对崇州市燎原乡紫竹古城遗址城外的西侧、南侧和东侧进行补充钻探。在钻探中，发现紫竹古城东城墙外，距城墙约200米的农田新开挖的排水沟中暴露出一批唐代墓葬。该地属燎原乡铧头村三组，小地名为易家坝，地理坐标为北纬30°33′50″，东经103°36′2″，海拔约520米。为保障文物安全，防止文物被盗，在燎原乡政府的配合下，对墓砖已经暴露的墓葬进行了抢救性发掘。

发掘共清理唐代墓葬7座。这些墓葬均遭到了不同程度的破坏，除M6保留有墓顶的部分砖外，其余6座均仅剩墓底。墓葬中使用的砖除唐代砖外，部分墓葬还使用了汉代菱形纹梯形砖。部分合葬墓在头部一侧中心位置用一砖相隔，较有特点。

M2、M7中可见人骨。M2的人骨仅残存部分头骨。M7人骨较完整，从骨骼形态判断，M7墓主下葬时应为蹲踞姿态。我们提取了这些人骨的牙齿，以期能在今后的体质人类学研究中获得更多信息。

墓葬中的出土器物有瓷器、铜钱等。其中瓷器器形有盘口壶、五足炉、饼足碗、盏、盂等。铜钱有“开元通宝”和“乾元重宝”两种。

以往成都平原范围内发现过的唐墓数量不多，大型唐代墓群更为少见。此次发掘确认，易家坝墓群应为一处以平民墓为主的唐代墓群，其中出土的五足炉、饼足碗等均为典型唐代文物，M2中出土的4枚“乾元重宝”铜钱更为断代提供了较为直接的依据。此次唐墓群的发现为成都平原唐代墓葬的研究提供了珍贵的材料，同时也为崇州市历史、文化的研究提供了素材。

（刘祥宇　周志清　陈　剑）

【新津县杨柳唐宋遗址】

发掘时间：2017年12月

工作单位：成都文物考古研究院

杨柳遗址和墓地位于新津县花源镇杨柳村一组，地理坐标为北纬30°27′41.38″，东经103°53′13.11″，海拔468米。为配合中交牧山美庐项目建设，2017年12月，成都文物考古研究院对该遗址进行了抢救性发掘，发掘面积约200平方米。发现唐宋时期墓葬和灰坑遗迹，出土了大量的器物。

该文物点地层堆积共有4层，其中①②层为近现代耕土层，③层为明清地层，④层为唐宋地层。遗迹均开口于④层下。发现遗迹有灰坑2个，灰沟1条，火葬墓5座。

灰坑2个。H1，平面形制椭圆形，长径约2米，斜坡状底。坑内发现大量卵石堆积，用途不明。

墓葬有砖室墓和石室墓两类，共5座。平面形制为长方形，墓葬较小，长约1米左右，均为火葬墓。除M2为石室墓（砌筑方式为四壁顺砌竖铺，墓底平铺两块石板）外，其余均为砖室墓。砖室墓砌筑方式均为错缝顺砌平铺，墓底平铺地。值得注意的是，M2底部发现有腰坑，外部南侧发现有疑似祭祀遗存。

发掘出土遗物有陶器、瓷器、石制品、铁器等。陶器有瓮、盆等，瓷器有青黄釉瓷碗、四系罐、碟、盏等，石制品有红砂石质买地券（字迹不清），铁器有铁钱等。据出土器物和墓葬形制判断时代为五代至两宋时期。

此次发掘进一步了解了成都新津花源地区唐宋时期墓葬分布规律，并为相关研究提供了新资料。

（索德浩　杨　洋）

【成都市武侯区群众路唐宋时期砖室墓】

发掘时间：2017年3～4月

工作单位：成都文物考古研究院

2017年3～4月，为配合四川音乐学院配套小学的建设，成都文物考古研究院对群众路工地开展了勘探发掘工作。群众路位于成都市武侯区，北邻丝竹街，东邻四川音乐学院，南邻民主路，西邻一环路。共清理唐宋时期砖室墓7座，出土陶器、瓷器、陶俑、墓券、铜器、石器等一批重要文物。

其中M1墓主人左手掌握玉猪一枚，右手臂佩戴铜臂钏一件，臂钏内附一张叠卷后的纸质佛教真言抄本。该纸质抄本带有明显的密教色彩，其功能在于保佑佩戴者生时平安吉祥，死后免受地狱之苦。对于研究唐代中晚期，四川地区的宗教信仰及丧葬习俗具有重要意义。

（王　瑾　易　立）

【富顺县龙硐明代墓地】

发掘时间：2017年4~5月

工作单位：四川省文物考古研究院、富顺县文物管理所

龙硐明代墓地位于自贡市富顺县龙万乡龙硐社区，龙硐小学修建新校厕时发现明墓1座，随即进行了抢救性发掘。

该墓葬为石室多室墓，坐东北朝西南，墓向232°。平面呈长方形，长12米、宽4.24米、高2.36米。该墓葬由墓圹、廊道、墓室组成，前半部为廊道，后半部10个墓室并立。廊道呈长方形，内部贯通，顶部为横列式券顶，左右各有1个壁龛，壁龛上雕刻有花卉、动物图案，壁龛下部为须弥座，雕刻有卷草纹饰，整体雕刻精美；廊道外侧由20块封门石封住，每两块封门石为一组，与10个墓室的墓门相对应。10个墓室整体结构基本一致，外侧为两扇仿木构隔扇门，门中部刻简单植物图案，门上有铁环，可向外侧开启；墓顶为纵列式券顶，墓底为棺台，棺台两侧有排水槽；墓室两侧壁为素面，后壁雕刻有牌坊图案。除2号墓室外，其余9个墓室内均有枕瓦和棺钉残存，部分墓室内有零星棺木和残骨。除枕瓦和棺钉外，未发现其他随葬品。

虽然该墓葬仅出土有枕瓦、棺钉，但是其整体规模较大，形制规整，廊道两侧壁雕刻精美，其发掘为研究川南地区明代墓葬形制、丧葬习俗以及这一地区的经济、文化提供了重要的材料。

（郑喆轩）

【三台县祠堂湾水库考古调查】

调查时间：2017年3月

工作单位：四川省文物考古研究院、三台县文物管理所

三台县祠堂湾水库位于绵阳市三台县永新镇境内。为配合该水库基本建设，考古队依法对水库建设涉及区域的文物情况进行详细的实地调查、勘探。库区地貌为低山丘陵，共发现文物点19处，分别有汉代崖墓1处（2座）、明代石室墓2处（4座）、清代墓葬14处（有碑墓葬27座）、民国墓葬2处（有碑墓葬3座）；其中两处为三普文物点，其余为新发现文物点。崖墓和明墓均口部外露，有被盗迹象；清墓和民国墓墓碑多有比较精美的雕刻，内容涵盖动物、花卉、历史人物、神话、“二十四孝”等诸多题材，碑文上记录有赵、李、谢、勾等家族清乾隆以来移居此地定居的许多信息。

此次调查的墓葬多属于清代，而在清代，三台县是“湖广填四川”的一个重要区域，部分碑文上也有相关记载。此次发现的清代墓葬墓主均为“湖广填四川”的移民及其后裔，其相当多的后人仍居住于此，这对于进一步研究“湖广填四川”的历史背景、移民措施以及对近现代历史的影响无疑具有重要的作用。同时，汉代崖墓及明代墓的发现对研究该地区同时代历史文化也有重要的意义，对相关史料是有益的补充。

（郑喆轩）

贵州省

【贵安新区洞穴考古调查】

调查时间：2017 年 5～12 月

工作单位：贵州省文物考古研究所、贵安新区社会事务管理局、安顺市文物局、贵阳市文物局、平坝区文物管理所、西秀区文物管理所、清镇市文物管理所、花溪区文物管理所

贵安新区是 2014 年经国务院批复设立的第八个国家级新区，其区域范围涉及原贵州省贵阳、安顺两市所辖的清镇、花溪、平坝、西秀 4 市（区）的 21 个乡（镇、街道办事处），规划面积 1795 平方千米。在贵安新区大开发的进程中，文物保护的任务十分繁重，为厘清洞穴遗址的分布和保存现状，认识洞穴遗址中文化遗存的时代、面貌，为今后的学术研究、文物保护提供基础资料，在前人工作的基础上，2017 年度我们对贵安新区范围内的洞穴进行了全面的调查。共确认含有旧石器时代、新石器时代、商周秦汉等不同时期文化遗存的洞穴遗址 128 处，其中新发现 27 处，采集打制石制品、磨制石器、陶器、骨器、人类遗骨、动物遗骨、烧骨等大量遗物。

贵安新区范围内已确认的洞穴遗址，主要分布在新区中部和西部地区，这一地区地貌类型以岩溶丘陵、溶蚀盆地以及峰林盆地为主。洞穴遗址以平坝区分布最多（89 处），其中以区境南部的白云、夏云、羊昌、高峰、马场等乡（镇）分布最为密集；西秀区东部所属贵安新区的蔡官、七眼桥、大西桥、旧州、刘官等乡（镇）也有较多分布（30 处），清镇市（5 处）、花溪区（4 处）所属贵安新区范围分布相对较少。多数洞穴遗址保存状况不佳，但也不乏一些堆积深厚、保存良好、极具工作潜力的遗址。洞穴遗址文化遗存的时代早晚有别，根据调查所获材料初步分析，遗址中的文化遗存以旧石器时代晚期和新石器时代为主，历史时期的遗存较少，在一些洞穴中既存在旧石器时代的文化堆积和石制品、动物化石等遗物，也含有新石器时代的文化堆积和遗物，反映出不同时代人群在同一洞穴中长期生活的景象。

贵安新区洞穴遗址中的旧石器时代遗存，文化面貌基本一致。石制品整体以小石片石器为主体，个别遗址砾石石器发达。石制品原料以燧石为主，硅质灰岩亦较多见，水晶、石英岩、石英、石英砂岩、细砂岩等原料使用较少；石制品尺寸以 5 厘米以下的小型石制品为主，5 厘米～10 厘米的中型石制品所占比例较小，10 厘米以上的大型石制品少见；石制品的剥片方法以硬锤锤击法为主，锐棱砸击法、砸击法也有少量应用；石器类型构成比较简单，刮削器占绝大多数，存在少量的尖状器和砍砸器；石器毛坯以石片为主，石核、断块等块状毛坯所占比例较小；石器修理主要采用锤击法，修理方式多样，整体上以正向加工和转向加工为主，反向加工所占比例较小。除石制品外，骨、角器也较常见，类型以铲、锥为主。

贵安新区洞穴遗址中的新石器时代遗存，文化遗物仍以打制的石制品为主，磨制石器、陶器虽有发现，但数量往往较少。打制的石制品仍保留旧石器时代的技术特征，但技术更加成熟，石器修理趋于精细。磨制石器主要见有斧、锛、箭镞等类型。调查所获陶器多为残片，火候较低，胎壁较薄；陶质以夹砂陶为主，泥质陶较少；陶色多不纯正，以红褐、黄褐、灰褐等色较为常见；纹饰以细绳纹为主，附加堆纹、戳印纹亦较常见；因多较残碎，大多器形莫辨，从已有的少量口沿判断主要为侈口的罐类。由于该区域以往所做考古发掘工作较少，新石器时代遗存的时空框架尚未确立，对于这些陶器的年代和文化类型尚不十分清楚，有待深入研究，仅大体可知以附加堆纹、戳印纹为主要特点的陶器的主体年代为距今5000～4000年前后的新石器时代晚期。

贵安新区洞穴遗址中的商周至秦汉时期遗存，打制的石制品少见或基本不见，往往较多发现陶器。调查所获陶器多为残片，火候高低不一，多数显得较高，胎壁往往较厚；陶质仍以夹砂陶为主，泥质陶少见；陶色多不纯正，灰褐、黄褐陶较为常见；纹饰以中绳纹和粗绳纹为主，方格纹亦较多见；因较残碎，大多器形莫辨。参照周邻地区的考古发现，可以大体确认这些陶器属于商周至秦汉时期，但尚难进行更加仔细的区分。

总体而言，此次调查基本摸清了贵安新区洞穴遗址的分布情况和保存状况，填补了一些区域的空白，充实了一些区域的发现，完善和修正了一些洞穴遗址的信息，获得了丰富的文化遗物，对诸遗址的时代、性质、面貌有了更加深入的认识，有助于今后学术研究和文物保护工作的开展。限于该区域考古发掘与研究工作开展得还不充分，关于洞穴遗址中文化遗存的时代、内涵、性质等信息，还需做更多的工作。

（张改课　董　州　朱　梅　杨　磊　杨　偲）

【榕江县孟潘新石器时代遗址考古调查】

调查时间：2017年10月

工作单位：贵州省文物考古研究所、榕江县文物局

孟潘遗址位于榕江县古州镇头塘村孟潘（打鱼寨），都柳江北侧的一级台地上。因都柳江中段红岩水库的修建，对其库区的调查时发现，地理坐标北纬25°54′7.28″，东经108°30′50.52″，海拔263米。

遗址距江面高约20米，处在孟潘寨子后面的阶地上，地势较为平坦，台地面积约5000平方米，遗址分布面积约3000平方米。从遗址北侧断崖处的断面知，遗址堆积厚约3米，可分层，土色有细微差别，主要以黄褐色土为主，内杂极少量的炭屑或烧土颗粒，在其内采集到石制品十余件，主要是打制石器，包括断块、砍砸器、刮削器等，石器的打制痕迹明显，打制技术可见锤击法和砸击法；另采集到一件磨制石器，按形态推测其为磨石，未采集到陶片等遗物。

在孟潘遗址西侧约1.6千米处的板寨，1982年6月曾因砖瓦厂取土制砖在距地表深约1.5米的黏土中出土一批石器，1985年贵州省博物馆对该地进行调查时发现打制石器及细方格纹泥质红陶片，石器主要有斧、镞、矛和穿孔残器。

板寨和孟潘皆处在都柳江两侧冲积回湾处，皆有较大面积的淤积台地，高出江面约15米～20米，地势较平坦，适合人居；从采集到的陶片及石器特征推测，遗址的年代应为新石器时代中晚期。该遗址的发现对都柳江史前文化的认识提供了重要资料。

（杨　洪　梅承刚）

【凯里市机花新石器时代遗址考古调查】

调查时间：2017 年 3 月

工作单位：贵州省文物考古研究所

2017 年 3 月，贵州省文物考古研究所在对凯里环城高速公路北段的文物调查时发现机花遗址，遗址位于凯里市湾溪街道茶坪村河口组，清水江东侧的一级阶地上，地理坐标北纬 26°37′37″，东经 107°58′42″，海拔 545 米。

遗址分布呈不规则状，南北最长 280 米，东西最宽 160 米，分布面积约 3.5 万平方米。保存较好处的堆积厚度约 2 米 ~3 米，堆积可分层，有酱褐色土和黑褐色土等，其内杂少量烧土颗粒和炭屑，在地层中可见少量鹅卵石分布，部分有加工痕迹。在遗址边缘采集到石制品 4 件，原材料皆就地取材的卵石，打制石器分石片、砍砸器、石杵及石锤各 1 件，打制技术主要为锤击法加工。

从采集到的石制品特征与天柱及锦屏境内清水江两侧所分布遗址出土石制品比较，在石质的选用，打制技术及石制品种类上皆相似，属同一种文化类型，其时代应大体相当，即机花遗址的年代应在新石器时代中晚期。

（胡昌国）

【习水县黄金湾新石器时代及商周汉晋时期遗址】

发掘时间：2017 年 3 ~7 月

工作单位：贵州省文物考古研究所、遵义市文物局、习水县文体广电新闻出版局

在 2015、2016 年度工作的基础上，经国家文物局批准，2017 年 3 ~7 月，贵州省文物考古研究所、遵义市文物局、习水县文体广电新闻出版局等单位对习水黄金湾遗址再次进行了较大规模的抢救性考古发掘。2017 年度发掘区域主要位于黄金湾遗址南区中部及北部，发掘面积 2300 平方米，清理新石器时代、商周、汉晋等不同时期遗迹 169 处，包括房址 8 座，灰坑 124 个、灰沟 8 条、陶窑 1 座、墓葬 28 座，出土大量陶、石、铜、铁、银质文物。汉晋时期遗存是发掘所见最丰富的遗存，新石器时代遗存和商周时期遗存相对较少。

2017 年度发掘所见新石器时代遗迹主要为灰坑，遗物以陶器为主，兼有少量石制品。陶器陶质以夹砂陶为主，泥质陶较少；陶色以红褐、灰褐、灰等色为主；纹饰以细绳纹、细线纹，以及细绳纹、细线纹交错构成的菱格纹为主，还见有少量附加堆纹、箍带纹等与菱格纹的组合；可辨器形有折沿深腹罐、折沿鼓腹罐、喇叭口高领壶、花边口沿罐、敛口小平底钵、杯等。商周时期遗迹主要为灰坑、灰沟和陶窑；遗物以陶器为主，泥质陶较多见，陶色以灰、灰褐两色为主，素面陶较多，带纹饰者多见中绳纹，可辨器形有高领罐、小平底罐、尖底杯、高柄豆等。总体上新石器时代及商周时期遗存与 2016 年度发掘所见面貌基本一致。在汉晋时期遗存方面，遗址南区中部区域房址、灰坑、灶坑、灰沟等遗迹十分丰富，墓葬发现相对较少；出土遗物以建筑材料、日常生活用具、生产工具等为多，伴出较多汉代钱币；从整体格局及出土文物来看，遗址南区中部区域主体上具有居住区的特征，居住区外围有少量墓葬分布。通过对遗迹、遗物的分布情况分析，确认黄金湾遗址区内存在为目前所见赤水河流域及黔北地区规模最大的一处汉代聚落遗址，包含有至少一处以上的居住区和三处具有明确规划的墓葬区。

总体而言，黄金湾遗址的新石器时代遗存，既富有地域特色，又与峡江地区的新石器时代晚期遗存具有较多的共性；商周时期遗存虽然发现较少，但明显可见十二桥文化的影响；汉代遗存以典型的汉文化因素为主体，并见有较多巴蜀地区文化因素。黄金湾遗址的发掘，充分显示出赤

水河作为一条文化、经济、政治通道的重要作用，对于认识赤水河流域和黔北地区新石器时代至汉晋时期的聚落结构、文化特征、社会风貌，以及构建该地区的考古学文化发展序列等问题具有重要的学术意义。

（左云杰　张改课　许国军）

【铜仁市碧江区新屋商周时期遗址】

发掘时间：2017 年 9 ~ 12 月

工作单位：贵州省文物考古研究所

新屋遗址位于铜仁市碧江区灯塔办事处柑子冲村新屋组，锦江南岸一级台地上，2009 年“三普”调查时发现，2017 年 9 ~ 12 月，为配合铜仁市松桃至玉屏城际快速道路建设，对其进行抢救性考古发掘，发掘 10 米 ×10 米探方 4 个，共 400 平方米。

发现发掘遗迹有灶、灰坑、窑址、柱洞等 28 个。出土遗物陶器有平底罐、圈足罐、高领罐、圈足碗、敛口钵、器盖、纺轮、豆柄等；青铜器有青铜剑等；石器有石斧、石球、石锛、石核及磨制、打制石器的半成品等。

小河遗址商周时期文化遗存为第⑪层至第⑱层，从出土遗物特征看，可分为早晚两期。早期为第⑱层至第⑰层，陶质陶色以泥质黑皮陶及夹粗砂黄褐、红褐陶为主要特征；器形以高领罐、小平底罐、敛口钵为代表，圈足器较多，其次为平底器，少量器盖；纹饰以弦纹为主，其次为方格纹、绳纹，少量水波纹、瓦楞文。晚期为第⑯层至第⑪层，陶质陶色以泥质灰陶和夹细砂陶为主，泥质黑皮陶基本消失；器形以圈足器为主，平底器减少，不见小平底罐和敛口钵，新出现平折沿侈口罐；纹饰以方格纹、弦纹为主，新出现细线纹和戳印圆圈纹。

虽然早晚两期区别较明显，但是出土遗物具有较多的相似性，文化的延续性较强，比如圈足碗、圈足罐、大平底罐等器形从早期遗址延续到晚期。新屋遗址的发掘对建立锦江流域商周时期的文化发展演变关系，将提供重要的参照意义。

从出土遗物特征推断，该遗址的时代为商周时期。

（李二超　闵　凯）

【铜仁市碧江区落箭坪商周至明清时期遗址】

发掘时间：2017 年 10 ~ 12 月

工作单位：贵州省文物考古研究所、四川大学历史文化学院

落箭坪遗址位于铜仁市碧江区灯塔办事处落箭坪村小组靠近锦江南岸的河边阶地上，西距铜仁市区 6 千米，北距渝怀铁路 350 米。2009 年 7 ~ 9 月，贵州省文物考古研究所会同铜仁市文物局、江口县文物管理所等单位，在对锦江流域贵州段进行系统的“三普”调查中发现了该遗址。为配合渝怀铁路复线建设，并进一步确认该遗址的堆积、面积、时代及文化属性，贵州省文物考古研究所和四川大学历史文化学院组成了联合考古队于 2017 年 10 ~ 12 月对落箭坪遗址进行了考古发掘。

发掘区主要位于临近河岸的台地上，按遗址的地形走向共布有探方 7 个，探沟 5 条。遗址地层堆积可分为 13 层，其中① ~ ④层为晚期堆积，④层以下为早期遗存。

早期遗存主要分布在发掘区最西部两个探沟，共发现有 1 座窑址和 3 个灰坑，出土遗物主要包括打制石器和陶器。石器都以锦江河滩砾石为原料制作而成，多为打制石器，极少量石器两侧能见有磨制痕迹，加工痕迹不明显，器型主要有刮削器、砍砸器、石锛、石镞、石磨盘等。陶片均为夹砂陶，陶色以灰、黄褐为主，部分带黑皮，可辨器类仅有罐及少量平底器，纹饰可见绳纹、弦纹及二者的组合纹饰。依据出土遗物的特征判断，早期遗存年代应为商周时期。

晚期遗存发现有房址、柱洞、灰坑等遗迹，出土遗物较为丰富，包括瓷器、粗瓷、铜器、铁器、铅器、骨器等。其中青花瓷片数千片，可复原三十余件，主要器形有碗、盘、杯、碟，纹饰较丰富，见有狮子戏球纹、鹭鸶纹、博古纹、法罗纹、莲托八宝、螭龙纹、树石栏杆纹等。根据出土遗物，推测当时生活在这里的应是具有一定社会地位和财富的人，年代为明代中期至清代中期。

落箭坪遗址的发掘丰富了锦江流域先秦时期及明清时期遗存的内涵，为我们了解当时人类的生活习俗、文化面貌、锦江流域考古学文化序列和文化类型的建立提供了重要的资料，也为下一步考古研究工作的深入开展打下了一定的基础。

（史　忞　曾　宇　左凤英　陈　卿）

【遵义市红花岗区皇坟嘴墓地】

发掘时间：2017 年 3 ~ 12 月

工作单位：贵州省文物考古研究所、杨粲墓博物馆

遵义，古称播州。始置于唐贞观十三年（639），唐末为南诏所陷，唐乾符三年（876），从杨端于平南诏入播至“平播之役”，杨氏共传 27 代 30 世，对播州世袭统治长达 725 年，留下了丰富的历史遗存。在中国西南土司遗址申遗考古工作的基本框架下，从 2012 ~ 2017 年，我们对海龙屯、养马城等关屯遗址，对新蒲土司墓地、团溪雷水堰墓地等进行了系统清理发掘，取得了重大收获。为了进一步弄清杨粲所在皇坟嘴墓地格局、墓葬的身份，2017 年 2 ~ 12 月，经国家文物局批准，我们对墓地进行系统清理，取得了重要收获。

皇坟嘴墓地位于遵义市红花岗区深溪镇坪桥村皇坟嘴，处在湘江主河道的二级台地上，皇坟嘴原称官坟嘴，也称“官坟坝”。该地地理环境优越，湘江河在此萦抱弯环，北来北去，构成杨粲墓三面临江、四面群山拱卫的格局，地势险要，宋代曾建白锦堡治于此，后迁治穆家川后，遂废为墓地。墓地后方为台地，在其上发现上、下两个清代营盘。墓地由杨粲墓（M1）、杨嘉贞墓（M2）、杨烱墓（M3）、杨斌墓（M4）四座土司墓构成。

杨粲墓（M1）于 1953 年发现，贵州省博物馆考古队于 1957 年对该墓进行过清理发掘，并对墓葬进行原地复建，1982 年被列为全国重点文物保护单位，后在原址建成博物馆，免费对外开放。系南宋播州安抚使杨粲夫妇合葬墓，是我国迄今为止已发现的规模最宏大、雕刻最丰富的南宋墓葬，具有唐宋以来高度写实主义传统，被誉为“西南石刻艺术宝库”。

2014 年，为配合“播州杨氏土司遗存考古调查项目”的实施，我们对墓地进行系统勘察，并对杨粲墓前三座土司墓进行测绘、拓片、照相等资料收集工作，并将其编号为 M2、M3、M4。此次对墓地的发掘取得了一系列成果，弄清了杨粲墓前三座土司墓葬的身份，M2、M3、M4 分别为杨氏 18 世杨嘉贞墓、23 世杨烱墓、27 世杨斌墓。

皇坟嘴墓地及赵家坝墓地清理发掘，有着重要学术价值及意义，通过墓地的发掘及墓主的确定，丰富和完善了播州杨氏土司墓葬的序列，年代跨越元至明末，伴随着中央对西南少数民族地区实行羁縻至土司管理制度的演进过程，为宋元明考古和土司考古提供了重要的新资料，对贵州乃至整个西南地区土司制度及其文化特性的研究有着重要意义。

（周必素）

【遵义市红花岗区赵家坝元代墓地】

发掘时间：2017 年 3 ~ 12 月

工作单位：贵州省文物考古研究所、杨粲墓博物馆

赵家坝墓地位于遵义市红花岗区深溪

镇坪桥村沙新组大林山山腰平缓地带，当地人称“官坟”，位于皇坟嘴墓地北面，与皇坟嘴墓地隔湘江相望，相距600米。墓地背靠大林山，面向湘江，周围群山环绕。1957年贵州省博物馆在对杨粲墓进行清理时对该墓地M1进行过清理，主要针对女墓室进行清理，墓地于1982年被列为省级文物保护单位。2014年，为配合“播州杨氏土司遗存考古调查”项目的实施，我们对墓地进行系统勘察，并对墓地进行资料收集工作。墓地由杨忠彦墓、杨元鼎墓和疑似土司夫人墓三座墓构成。经过此次发掘确认，墓地中的M1、M2为播州杨氏第19世土司杨忠彦墓、20世杨元鼎墓、M3为某一代土司夫人墓。

墓地的发掘使确定的播州杨氏土司墓地增加到5处，丰富和完善了播州杨氏土司墓葬的序列。同时发现并确认的元代土司墓葬，为研究播州元代葬俗及丧葬制度提供了直接、可靠的材料，一定程度上反映了元代土司制度的建立及完善。

（彭　万）

【松桃县干溪村明代壁画墓】

发掘时间：2017年9~12月

工作单位：贵州省文物考古研究所

干溪村壁画墓位于松桃县盘信镇干溪村附近的小山包上，在于2017年6月配合铜仁市松桃至玉屏城际快速道路建设，而展开调查时发现，于同年9月进行抢救性考古发掘。M1，被盗，墓中遗物无一存留，仅在墓室外部扰土中发现一块青花瓷碗底。

M1由封土、墓道、墓碑、封门、墓室五部分构成，总长7.82米，宽3.12米，深1.36米。封土近圆形，东西长3.5米，南北宽4.5米，残高1.3米，封土东侧有一盗洞，直通墓室；墓道，残存平面形状为“八”字形，长2.06米，宽2.9米~4.54米、深0.94米~0.56米；墓碑，仅存碑座，碑座由两块长方形条石顺排平铺构成，条石上有三个穿孔，用以安放墓碑，但墓碑被毁，现已不存；封门，用长方形砖砌筑，顺砖错缝平铺，部分已经破坏，宽1.8米，残高1.38米；墓室，平面形状呈长方形，长3.06米，宽1.8米，高1.45米~1.65米，墓室内挖有一土圹，长2.58米，宽1.06米~1.1米、深0.2米，在北、西、南三侧形成一个生土二层台，推测用以放置随葬品。墓室顶部为券顶，从墓室两侧壁用长方形砖顺砖错缝平铺起券，墓室顶部外壁覆盖有一层厚5厘米~10厘米的掺和土，质地坚硬，用以加固墓室。在墓室内壁涂有一层厚约1厘米的石灰，在石灰表面绘有壁画。壁画分布于墓室顶部和后壁，墓室顶部壁画保存较好，东西长1.92米~2米，南北弧宽2.2米，壁画用黑色颜料绘制一条四爪的龙，龙身盘屈，穿梭于祥云之间。墓室后壁壁画破坏严重，已模糊不清，宽1.8米，高1.45米。葬具被破坏，仅存散乱棺木，棺木外涂红色和黑色漆，葬式不明。

根据田野调查、墓葬形制、壁画特征等推测，该墓葬为明代。

（李二超）

【余庆县月台高屋基明代遗址】

发掘时间：2017年5~10月

工作单位：贵州省文物考古研究所、敖溪镇政府

月台高屋基遗址位于余庆县敖溪镇胜利社区东风组，地处乌江支流敖溪河的东岸，总面积不低于10000平方米。2017年5~10月对遗址进行了科学的考古发掘，发掘面积近1000平方米。通过发掘，发现房屋建筑基础4处，踏道1处，水池1处，沟9条，清理墓葬1座，探明明代围墙约10米。遗址遗迹保存情况虽不甚乐观，但所出之遗物较为丰富，尤以青花瓷器居多，且青花瓷的器形、纹饰题材多样，时代特

征鲜明，包含了丰富的历史信息。还出土有陶器、铜器、铁器、骨器、建筑构件等，共计出土文物标本700余件，其中可修复的器物达百余件。

从遗迹、遗物，结合文献推测，月台高屋基遗址或为余庆长官司的衙署遗址。余庆长官司毛氏作为播州宣慰使司下辖的六大长官司之一，其与播州宣慰司的联系必然十分密切，遗址的发掘将为研究播州土司文化乃至贵州土司文化提供更加细化的材料，为研究宣慰司与长官司之间的互动联系提供新的实物资料，并将开辟播州宣慰司与下属长官司关系研究的先河，使贵州土司研究更加系统、更加全面，同时为余庆县敖溪镇打造“千年土司文化旅游古镇”奠定良好的文化基础。

（许国军　谢长勇）

【遵义市明代播州罗氏土司墓葬及祠堂遗址】

发掘时间：2017年8月～2018年2月

工作单位：贵州省文物考古研究所、播州区文物管理所

为配合桂花大道延伸段项目建设，2017年4月7～13日，贵州省文物考古研究所及播州区文物管理所组织专业考古队对桂花大道延伸段项目完成考古勘探调查工作；2017年8月14日～2018年2月，联合考古队对桂花大道延伸段道路工程建设用地范围内文物点进行全面细致的考古勘探发掘、文物点保护规划工作。

此次工作共涉及发掘大型墓葬11座，其中发掘3座，调查8座。这批墓葬年代在宋元之际至明中晚期，其中4座墓葬墓主身份信息较清晰，即播州罗氏23世罗季明、24世罗友忠、26世罗琛、30世罗缙。

清理遗址3处，即玉堂庙遗址、金山寺遗址、祠堂湾遗址，各处遗址破坏较大，遗存信息量稍小。其中玉堂庙及金山寺在播州罗氏谱书中记载颇详。

此次发掘所涉的遗存多数与播州罗氏土司相关，这也是贵州首次对播州罗氏土司遗存进行系统性的考古发掘，是播州土司考古的重要一步。同时，播州罗氏土司存有清康熙、咸丰两个年代的族谱，谱书中对于罗氏宗庙、祠堂、坟茔、庄宅、田畴等均有极为详细的记录，且可与现存多处遗存相互对应，因此对于深化播州土司社会的研究具有重大意义。

（韦松恒）

云南省

【剑川县海门口新石器时代及青铜时代遗址】

发掘时间：2016年10月~2017年1月

工作单位：云南省文物考古研究所、四川大学历史文化学院考古学系

海门口遗址位于剑川县甸南镇海口村海尾河以西，遗址于1957年向西拓宽海尾河而发现并进行发掘清理，1978年、2008年先后又进行了两次考古发掘，此次发掘是云南省文物考古研究所和四川大学共建考古学实习基地以来的首次发掘。

发掘区位于第三次发掘（2018年）发掘区（河滨区）西南，地处海尾河一级台地前缘。发掘面积1050平方米，共清理灰坑123个、灰沟24条、房址5座、灶8个、路1条、墓葬2座，出土陶片数万片，青铜、玉石等各类小件800多件。玉器有凿、锛类小型器物。石器以磨制的锥、镞、刀、斧为主，以及杵、凿等器类。青铜小件有镞、锥等青铜时代遗存。陶器以夹细砂陶为主，夹粗砂陶数量很少，有少量泥质陶。灰褐、红褐、黄褐陶比重较大，黑褐陶略少，褐陶、灰陶、黑陶少见。早期纹饰陶发达，以戳印、刻划纹饰为主，多以组合纹饰构成三角、条带、方格等图形，制作精美。晚期陶器制作粗糙、陶胎普遍偏厚。主要器类有敛口钵、双耳罐、侈口罐、壶等。从遗物判断，早期偏早阶段遗存与宾川白羊村新石器时代遗存特征接近，时代应大致相仿，是遗址迄今所发现的最早阶段遗存。早期偏晚阶段遗存属于青铜时代晚期。前者分布于台地前缘，后者主要发现于台地与河滨间的过渡地带。此次发掘还清理了青铜时代葬墓2座（单人二次葬1座、多人二次合葬1座），填补了“海门口文化”墓葬遗存的空白。而浅穴式建筑与杆栏式建筑共存也反映了早期人群居住方式的多样性。除早期遗存外，此次发掘也获取了少量历史时期遗迹、遗物，其中平地起建的大型“凹”字形房屋（可能为南诏大理时期）也为大理地区古建筑的研究提供了新的资料。

2016年度的工作为我们了解遗址的聚落结构与聚落变迁提供了重要的线索。结合过去的发掘资料我们大致可以看出，遗址早期阶段人群主要居住于一级台地区域，其后逐步向河滨区迁移，至青铜时代晚期阶段河滨区成为人群居住、活动的核心区，而此时的一级台地前缘可能已经成为墓葬区。

（何元洪　原海兵　闵　锐）

【剑川县海门口新石器时代至青铜时代遗址】

发掘时间：2017年10月~2018年1月

工作单位：云南省文物考古研究所、四川大学历史文化学院考古学系、剑川县博物馆

剑川海门口遗址位于剑川县甸南镇。为进一步揭示遗址内涵，于2017年开展第五次发掘，总面积1155平方米。

发掘区的地层堆积，厚薄不一，约在0.5米~2米之间。一般而言，第①~④层

为近现代地层；第⑤层青灰色砂土层为南诏、大理时期文化层；第⑥层黑色黏土层为青铜时代晚期文化层，其下叠压第一活动面；其下为第⑦层黑色砂土层，叠压于第二活动面之上；其下为第⑧层青灰色黏土层，叠压于第三活动面之上；第三活动面下为第⑨层黑色砂土层，较为纯净，其下为生土。生土面上有较多遗迹，为第四活动面。

共清理墓葬27座、房址8座、灰坑122个、灰沟30条、灶2个、垃圾堆4个、火堆2个、路1条。墓葬均为捡骨二次葬，可分为二期。一期3座，开口于第二活动面下。3墓葬式奇特，头骨排成一列，上下重叠2或3层，头骨之间整齐摆放肢骨。二期24座，打破第二活动面，亦为竖穴土坑墓，但大多数原应有石块砌边，破坏十分严重。

第一活动面上发现房址1座（F1），为地面开挖基槽，基槽内有小柱洞，可能是木骨泥墙的建筑形式；第三活动面上7座，2座为半地穴式（F2、F5），其余为平地起建形式。F2椭圆形，壁面经过烧烤，再于其上铺垫黄土，筑造考究。

在第二、第四活动面上，开口有若干小坑，直径约0.3米～0.45米，里面往往放置1件完整陶器，有的伴出有机质串珠、青铜手镯等。这类坑或有某种特殊功用。

此次发掘出土遗物较为丰富，包括铜器15件、石器178件、完整或可修复陶器40余件、陶片数万片，另有骨牙角器、木器、有机物串珠等。

此次发掘的主要收获包括：

1. 区分出四个活动面，除第四活动面为生土面之外，其余都是人工铺垫，铺垫物多为红烧土及黄土，夹杂黑土。活动面上发现各类遗迹。

2. 墓葬分属两个不同时期，早期墓葬形制特别，晚期墓葬可能原为石构墓，尽管保存不好，但对探究滇西地区乃至西南西区石构墓的起源与流变、捡骨二次葬俗等都具有十分重要的价值。

3. 发掘地层序列清楚，遗物丰富，可资建立遗址从新石器时代晚期直至整个青铜时代的完整陶器编年序列，对认识整个滇西乃至川西南地区古代文化发展演变序列也是有力的参照。

4. 此次在河东两个探方的发掘，证实遗址在海尾河东亦有分布，这对遗址范围的确定提供了新信息，为保护范围的修订提供了科学依据。

（赵德云　黎海超　李　帅　闵　锐）

【大理市青铜时代与南诏时期太和城遗址】

发掘时间：2016年11月～2017年1月

工作单位：云南省文物考古研究所、大理州文物管理所、大理市文物管理所

根据《太和城遗址考古工作计划》，2016年11月至2017年1月，对2015年勘探中发现的太和城遗址二、三号两处大型建筑遗存进行了考古发掘，发掘面积共2000平方米。

二号建筑遗存位于太和城遗址内北部凤阳邑村西的山麓缓坡台地上，发掘面积1100平方米。勘探时发现此地有大型建筑遗存，命名为9号建筑基址，平面形状略呈方形，建筑面积约600平方米，距地表深约1米～1.4米不等。从地层来看，该区域因重复作为稻田和耕地之用，地下遗存破坏严重，至发掘结束时仅清理出应为南诏时期同一建筑遗存的卵石铺筑方形柱础6个、卵石铺筑面1处。南诏时期地层中的出土遗物仅有零星釉陶片、夹砂红陶片等。南诏时期堆积层之下另发现一处青铜时代的残圆形建筑石墙基遗迹，在附近的同一地层中出土青铜钺、青铜镞等各一件。

三号发掘区域位于太和城遗址内南部

的缓坡台地上，发掘面积900平方米。勘探时发现有大面积的铺地砖、石柱础分布，命名为1号房址。揭露出的房址南北宽约25米，东西进深约15米，面积约380平方米，坐西面东，面阔五间，室内用砖铺地，房与房之间无墙相隔，正房、厢房通透相连。房址构筑于人工夯筑而成高约0.9米、面积约1200平方米台基上，从房址南侧有另一台基的石挡墙、北侧有另一建筑等来看，南北两侧还各有另一建筑存在；从地层来看，其被包含有南诏有字瓦的瓦砾堆积层覆盖，故其时代应为南诏时期；从出土遗物有残石佛首、青铜鎏金扬枝观音立像及青铜金刚杵等来看，其为宗教建筑的可能性较大。

出土文物主要出土于三号发掘区，有汉晋时期纹饰残墓砖2块、南诏有字残瓦338片、南诏残花纹砖7块、残方砖21块、残绿釉砖2块、残陶鸱吻10件、残红砂石佛首1件、完整青铜鎏金扬枝观音立像1件、青铜金刚杵1件、残绿釉陶瓶2件、残绿釉陶碗1件、残黄釉陶盏1件、残灰陶盏1件、贴金箔夹砂陶片4小块、开元通宝2件、残滴水16件、残瓦当24件等。

发掘揭露出的1号房址大型建筑遗存为研究南诏时期的建筑提供了最新的考古资料。出土的青铜鎏金扬枝观音立像与南诏风格的残石佛首共出，且房址的时代为南诏时期，从而将该类观音像的出现时间提早到了至少是南诏晚期。房址四周还有相关的其他建筑遗存也为下一步在该区域顺藤摸瓜进行考古工作提供了线索。9号建筑基址发现的残圆形建筑石墙基被叠压在南诏文化层之下，从同一地层出有青铜钺、铜镞各一件及零星夹砂红衣红陶片来看，该遗存应为青铜时代，表明青铜时代在太和城遗址区域已有人类的生活居住，这为太和城遗址增添了新的文化内涵。

（何金龙）

【文山市小龙青铜时代墓地】

发掘时间：2017年9～11月

工作单位：云南省文物考古研究所、文山州文物管理所、文山市文物管理所

墓地位于文山市德厚镇小龙村西南山坡上，德厚河从墓地北边坝区自西向东流过。早些年当地村民曾频繁于墓地所在山坡上采集到诸多如铜凿、铜斧之类的器物。云南省文物考古研究所于2014年6月、2016年5月、2016年12月至2017年1月对该墓地进行过三次调勘。

此次发掘是针对该墓地的第一次发掘，在两个区域进行，编号分别为Ⅰ区和Ⅱ区。其中Ⅰ区位于墓地南部，发掘面积300平方米，清理墓葬32座；Ⅱ区位于墓地北部，发掘面积700平方米，清理墓葬121座。墓葬均为小型长方形竖穴土坑墓，墓口距地表深为20厘米～60厘米，墓坑长180厘米～230厘米、宽60厘米～110厘米、深100厘米以内，方向均大体呈东西向。墓葬无人骨保留，亦未发现葬具痕迹。出土随葬器物共计252件，按质地分为铜器、陶器和玉石器。铜器以铜戈、铜矛、铜箭镞为多，偶见铜削、铜凿、铜镦、铜扣饰等器物。其中铜戈主要分为双翼戈和有銎戈两类，铜矛多是一种长骹窄叶矛。陶器以一种体型较小、制作粗糙的夹砂褐陶圜底釜为多，结合墓葬的叠压打破关系可以看到此类陶釜存在由矮扁到高瘦的演变规律，另外偶见陶杯。玉石器数量较少，器形有玉玦、玉管、珠饰等。单个墓葬随葬器物相对较少，组合较为固定，大部分只随葬陶釜，另外则是铜戈、铜矛、铜箭镞这些兵器中某种或多种与陶釜的组合。

发掘的墓葬无论从墓葬规格还是随葬器物的种类、多寡程度均没有反映出明显的社会阶层分化，器物组合的不同可能反映的是墓主性别或社会分工的差异。根据

随葬器物的特征，初步判断墓地年代为滇东南青铜文化早期，是文山州已知年代最早的青铜时代墓地。

（万　杨）

【昆明市晋宁区上西河石寨山文化及汉代遗址】

发掘时间：2017 年 1～6 月

工作单位：云南省文物考古研究所、晋宁区文物管理所

上西河遗址发掘是石寨山大遗址考古工作中的一个子项目。云南省文物考古研究所等单位于 2017 年 1～6 月，对上西河遗址乙区进行了发掘。上西河遗址分为甲、乙和丙三个区域。甲区位于遗址的东部边缘、丙区位于遗址的北部，乙区位于遗址的西部。甲区发掘面积 300 平方米、丙区发掘面积 100 平方米，乙区发掘面积 1100 平方米。2016 年完成甲区和丙区的发掘工作。2016 年度批准发掘面积为 1000 平方米，2017 年度批准面积为 500 平方米。

甲区发现了汉代的陶片和瓦片以及红烧土颗粒等，丙区发现了汉代的房屋基址以及灰坑等遗迹，在汉代堆积下面的一条时代更早的沟槽中，发现了纯石寨山文化的陶片，未见晚期陶片，当为石寨山文化时期的沟槽。

乙区主要发现了汉代和石寨山文化时期的干栏式房屋、半地穴式和地面起建的房屋以及灰坑等遗迹现象，汉代的遗迹主要为水井，均为圆形桶状，有用陶和石质材料加固井圈的，也有不做任何加固的。

从出土的陶片的形制变化并结合地层、遗迹关系，上西河遗址乙区，明显分为三期。一期以带流器和器座为代表，二期为典型的石寨山文化时期，以釜、罐等为代表，三期为汉文化时期，本地的陶器群和汉文化的陶器群共生。

上西河遗址无论是汉文化时期还是石寨山文化时期，其聚落均位于现今滇池水面以下，表明无论是汉代还是更早的石寨山文化时期，滇池区域是相对干旱的。

上西河遗址的发掘，为我们在滇池冲积平原地区寻找石寨山文化的遗址和古滇国的城址，指明了方向，同时，也丰富了我们对石寨山文化（滇文化）遗址的认识，为从遗址角度构建石寨山文化的编年序列提供了实物资料。

（蒋志龙）

【昆明市西山区大营庄滇文化遗址】

发掘时间：2017 年 3～5 月

工作单位：云南省文物考古研究所、西山区文物管理所

遗址位于昆明市西山区海口镇管委会（海口镇）大营庄村的东南面，螳螂川的西面，东距滇池西岸约 13 千米。该遗址为 2010 年中美合作滇池区域史前聚落考古调查中发现，为贝丘遗址，遗址面积约 4 万平方米，此次发掘面积 500 平方米。

大营庄遗址地势较为平坦，北部略高，地层从北向南倾斜，呈坡状堆积，北部地层较为完整，南部地层有缺失。探方及探沟发掘最浅处距地表深度 45 厘米，最深处距地表 280 厘米，文化层划分为 5 层。清理的遗迹类型有灰坑、房址、活动面、基槽、红烧土遗迹等。其中灰坑 35 个、房址 4 个、活动面 2 个、基槽 5 个、红烧土遗迹 1 个。另外，在遗址的最底部清理出一条古河道，河道内堆积为青黄及青灰色淤泥土，应为古螳螂川河道。

发掘出土大量文化遗物，包括瓷片、铜钱、陶器、石器、骨器、蚌器、铜器、玉器、玛瑙石、矿石及较多动物骨和少量人骨，小件编号 100 余件。其中陶器数量最多，器形丰富，夹稻壳红陶同心圆纹盘、夹砂红陶子母口小钵数量最多，其他器形有釜、钵、盘口罐、高领罐、带流罐、花边口沿罐、折口浅盘等。其中夹稻壳红陶同心圆纹盘、夹砂红陶子母口小钵是典型

滇文化陶器；盘口罐、带流罐及花边罐等器形与通海兴义遗址出土器物在文化因素上有可以对比分析之处。

从此次发掘及勘探情况分析，大营庄遗址的形成过程与螳螂川古河道变迁密切相关。海口大营庄遗址是螳螂川流域一处重要的滇文化遗址，不仅对了解螳螂川流域的滇文化面貌十分重要，而且对了解滇池盆地与外界的沟通和联系也十分重要。此次发掘为揭示滇池西岸史前聚落形态提供了新的材料。

（李小瑞）

西藏自治区

【札达县格布赛鲁墓地】

发掘时间：2017 年 7 月 6 日 ~8 月 4 日

工作单位：西藏自治区文物保护研究所、陕西省考古研究院、札达县文物局

2017 年度，西藏自治区文物保护研究所与陕西省考古研究院联合考古队在阿里地区文化局、札达县文物局的大力支持与协助以及西北大学的参与下，对札达县象泉河支流桑达河谷台地的格布赛鲁遗址、象泉河中游的相关遗址开展了为期一个月的考古发掘与调查工作。

格布赛鲁（Gad pa ser rul）遗址所在地位于阿里地区札达县城北约 10 千米处的桑达沟内，行政上隶属于托林镇。根据遗迹分布情况，可将整个遗址区分为东、西二区。西区遗存位于西侧台地中北部，主要发现有建筑、佛塔以及位于土林崖壁上的洞窟遗存。遗址区地表见有擦擦等佛教遗物。此外，该区还见有破坏后暴露于地表的石框墓。东区遗存分布在南向约 2 千米的台地范围内，为格布赛鲁墓地范围，中部由一道向西伸出到东岸台地边缘的小山丘为界，分为南北两部分。北部主要发现有地表石框遗迹、洞室遗迹、石堆遗迹、石框墓葬等，遗迹分布较为密集；南部主要为石构遗迹以及少量石框墓葬。遗址区地表见有数量较多的陶片、石器，被盗后散落在地表的少量铜器、完整陶器，以及动物化石、水晶矿石等。

由于格布赛鲁墓地靠近定居村舍，以及处于南北交通路线的山谷台地，长期遭受着盗掘破坏。为了对被盗墓葬进行抢救性保护，2017 年度的工作重点是对遗址中的格布赛鲁墓地开展的考古发掘。此次发掘区位选在墓地北部区内，共布置了 5 个探方，编号为 T1 ~ T5，其中 T1 为 10 米 × 10 米，T3 为 10 米 ×15 米，其余 T2、T4、T5 均为 3 米 ×3 米，共发掘清理了墓葬单位共计 9 座，为 M1 ~ M9。

因 M6 与 M10、M11 实际为一个封土下的一座墓葬单位，所以将三座墓葬编号合并为一个单位的 M6。除 M6 的墓葬形制结构为土坑墓外，其余均为土坑石室墓。M1、M2、M7、M8 葬式为仰身直肢葬外，其余墓葬有可能为二次捡骨葬，但因盗扰厉害，故不好作出准确判断。

此次考古发掘获取了陶质、石质、骨质、铜质、铁质、木质、玻璃、贝饰、皮质等各类遗物 300 余件（组），收集 100 余个个体的人骨和动物骨骼，采集了朽木、木炭、土样、作物种子等测年与检测分析样品 20 余个，取得了十分重要的收获。

墓地中出土陶器的组合为罐、钵，均为圜底器。此外，2017 年度发掘中，还对每个遗迹进行了航拍和三维建模，对 M1 的头骨及其头饰进行了整体石膏打包，以便后期在实验室中对头骨及头饰进行更加科学的清理，为复原工作奠定基础。

经对墓地 7 个样本进行的碳素检测，5 个遗迹单位的年代数据为距今 3560 ~ 3000 年期间（1600 ~ 1050BC），2 个数据为距今 2310 ~ 2127 年（361 ~ 178BC）。可以看

出，墓地有早晚两个时间段的遗存。并且显示，早期墓葬均为石室墓，晚期为竖穴土坑墓。

此次考古发掘工作是格布赛鲁墓地在遭受长年盗扰破坏后的首次正式发掘，收获了大量的实物材料，对此区域的古代文化遗存有了初步的了解。此次考古调查与发掘工作将为格布赛鲁墓地的保护和获得重要信息奠定了良好的工作基础，也为了解象泉河流域古代遗存、早期文明的演进及其与周边考古学文化的关系提供了重要的实物资料与线索。

（夏格旺堆　席　琳）

【洛扎县厅村早期青铜时代墓地】

发掘时间：2017 年 4～5 月

工作单位：西藏自治区文物保护研究所、山南市文物局、山南市博物馆、山南市洛扎县文广局

厅村墓地位于洛扎县拉康镇第一居委会厅自然村居委会南侧，地处西藏南部边境位置。2017 年 4 月 20 日，当地在施工建设过程当中在深约 6 米的地层下发现。4 月 25 日西藏自治区文物保护研究所考古专业人员赶赴厅村现场，确定为早期的石棺墓葬，当即与市、县、镇、村各级会面协调后进行了抢救性考古发掘工作。

此次抢救性发掘面积约 50 平方米，共发现两座早期墓葬。所发现的两座墓葬形制均为用青石板砌筑的近正方形石棺葬。其中 M1 长 1.8 米、宽 1.7 米，上部用青石板盖顶，墓葬葬式为墓主人侧身屈肢葬，合葬一具二次捡骨的人骨。M2 人骨腐朽严重。两座墓葬出土丰富的随葬品，其中主要以陶器为主，器形以圜底罐居多，有单耳、双耳、无耳等，类型丰富。另外出土铜器、石器、料珠等遗物。两座墓葬共计出土器物 68 件，其中 M1 单个墓葬出土陶器量达到 52 件，是西藏境内考古工作开展以来单个墓葬出土陶器最多的一座墓葬。

从地理位置、墓葬的形制以及葬式、出土的遗物判断，它与 20 世纪 90 年代西藏自治区开展第一次文物普查时期在隆子县斗玉乡发现的墓地考古学文化相近，并同扎囊县结色沟墓地出土的个别器物类型比较一致。初步判断该墓地考古学文化与西藏南部高山峡谷地带与雅鲁藏布江中游河谷地带之间的早期考古学文化联系密切。根据最新的 ^{14}C 测年结果，厅村墓葬的考古学年代为距今 3000 年左右的早期青铜时代，厅村墓地的发现补充和丰富了这一区域早期青铜时期的考古学文化，为研究西藏地方早期历史和西藏考古学区域研究提供了非常重要的依据。

（赤列次仁）

【拉萨市协山谷杰丁噶摩崖石刻群调查】

调查时间：2017 年 2 月

工作单位：西藏自治区文物保护研究所

2017 年 2 月 16 日，拉萨市柳吾新区嘎琼寺驻寺干部永中久美进行野外徒步散心时，根据村民格桑次仁提供的线索，在拉萨市东面蔡贡塘辖境“协”山谷（Shal）的“杰丁噶”小山谷内首次确认了一处早期摩崖石刻造像群。2 月 19 日，在他的带领下，西藏自治区文物保护研究所专业人员与他的几位朋友结伴来到了实地，对几个地点作了简单的调查，对石刻群的题材和年代有了更进一步的认识。因摩崖造像所处地名为“杰丁噶”，故可将这处石刻命名为“杰丁噶摩崖造像群”。

造像位于协村西南距离约 2 千米的山谷，凿刻于山坡旷野岩壁上，朝向基本为东面或东南面。根据地势和造像地点分布的距离，可将摩崖造像划分为 6 个小地点，共十几个画面和画幅组合构成。以东南西北向由低向高依地势分布于山坡岩壁和地势平缓的大岩石上。其中，2 号地点的摩崖造像最为集中，位于一座可能为寺院建筑废墟的后侧，即西侧；寺院建筑遗址位

于东侧岩壁前缘，总体地形较为平缓。

最大的石刻像为椅座式弥勒像，高4米余，其余多数为1米~2米之间。整体石刻水平相当高，这处石刻造像无一例外地采用阴线刻技法完成，雕工技术娴熟，线条流畅。石刻群整体保存相当好，具有很高的历史、艺术、科学价值。

6个地点十几个画幅中，可辨题材有三世佛（1号地点），大日如来、财神、不空成就佛、金刚手、猕猴献蜜、七政宝图（2号地点），文殊、观音、地藏普萨（3号地点）、椅座式弥勒、除盖障普萨（4号地点）、龙王佛（5号地点）、药师佛（6号地点）。另外，在2号地点的一块岩石上有藏文“A shi levu”的题记，这个藏文题记很有意思，其含义尚需进一步考证。

根据造像特征和题材，石刻群的大致可分为两个时期的作品，早期的约为9~10世纪，晚期的估计在11~12世纪。藏文题记字体特征有较为明显的吐蕃遗风。协山谷“杰丁噶”摩崖造像群是目前所知拉萨河谷发现的年代最早、雕工水平最高、规模最大的早期石刻群。为西藏腹心区域的佛教思想、艺术史和历史文化的研究，提供了极其珍贵的实物资料。根据这处石刻群具有的文物价值，2017年底由西藏自治区文物保护研究所推荐，西藏自治区人民政府公布为“第七批西藏自治区文物保护单位”名单。

（夏格旺堆　罗布扎西）

【琼结河流域考古调查】

调查时间：2015~2017年

工作单位：西藏自治区文物保护研究所、四川大学中国藏学研究所、山南地区文物局

雅鲁藏布江中游支流琼结河是雅砻部族活动的中心区域，被誉为藏族文明的发祥地。历年来的考古发现证明早在距今约3000年前后就已经有先民在这里生息繁衍，孕育了后世延绵不绝的辉煌文明。作为“西藏山南雅砻河流域考古工作计划”的一部分，西藏自治区文物保护研究所、四川大学中国藏学研究所与山南市文物局组成的联合考古队于2015~2017年对琼结河流域进行了考古调查工作，取得了重要收获。

通过三年对琼结河流域进行的全面调查，新发现各类文物点共计51处（其中琼结县境域新发现48处，乃东区境域新发现3处），包括古遗址6处、古墓葬26处、古建筑3处、石窟寺及石刻（岩画点）16处。复查文物点6处，包括古遗址1处、古墓葬4处、古建筑1处。其中重要的新发现有曲米当封土大墓、赞姆比塘岩画点等。

琼结河流域考古调查是我区第三次全国文物普查工作结束后第一次开展的以流域为对象的全面考古调查工作，调查新发现的文物点达到了48处，而琼结县三普最终登录的文物点仅有50处。这不仅极大地丰富了我们对区域古代文化的认知，也为开展更加深入的调查工作进而更加深入了解各地域古代文化提供了全新且更加有效的示范模式。

琼结河流域新发现的曲米当封土大墓，其规模之宏大、保存之完好，即便是在雅砻部族活动的中心区域也仅仅是较藏王陵略逊而远超其他封土墓的超级大墓。以曲米当封土大墓的发现为线索，可以期望在即将开始进行的雅砻河流域调查结束后，适时启动前吐蕃时期赞普陵墓的地望考证工作。或许，随着对史料记载的梳理、地名的考证以及从墓葬分布位置、规模、朝向等诸多方面进行的综合研究，有望对分布于雅砻部族中心区域的一些特殊封土墓葬的性质提出有一定说服力的新认识。

琼结河流域发现的众多旷野岩画，其风格迥异于广布于阿里、那曲、日喀则等地以及新疆阿尔泰、宁夏贺兰山、内蒙古

阴山等处以动物、人物写实风格为特征的岩画，类似的岩画还发现于雅鲁藏布江中游地区的曲水县境内以及林周县北部的唐古乡等地。这批岩画因其绝大多数不可辨的图案使我们对其所表达的内涵几乎茫然无绪，也正因为如此，为我们进一步研究雅鲁藏布江中游地区的历史与文化提供了令人感兴趣的重要资料。

（陈祖军）

【仁布县江嘎塘岩画调查】

调查时间：2017 年 3 月

工作单位：西藏自治区文物保护研究所、日喀则市仁布县文化（文物）局

江嘎塘（Kyang kar thang）岩画地点位于仁布县帕当乡萨嘎村与萨达村交界一座被称为查夏（Brag shar）的旷野大岩石上，地处雅鲁藏布江南岸的一级台地边缘，其前方或北侧为紧邻雅鲁藏布江的断崖，北距雅鲁藏布江约 120 米，海拔 3739 米。

岩石平面呈不规则五边形，南北最长 24 米，东西最宽 15 米。岩画凿刻于顶部及靠顶部的侧面上，主要画幅集中于岩石顶部东北侧，因北面为断崖，无法近距离调查。其刻画方式主要有两种：一是先用细线刻划出轮廓，再通过密点敲凿出剪影式图像；二是粗线条轮廓式两种。

现调查的岩画主要内容以动物为主，由鹿、狗、羊、驴等动物为主，也有少量的人像、佛塔等。另外，后期有人模仿早期岩石遗存，在岩石壁面上刻画了新画幅，其新旧对比鲜明。

江嘎塘岩画地点是雅鲁藏布江干流区域内发现的第一个岩画地点，填补了雅鲁藏布江干流区域没有岩画的空白。尽管目前难以准确判定其年代，但是对探讨西藏腹地低地山谷定居农业区域内和雅鲁藏布江干流地区古代岩画的形成和发展具有很重要的科学研究价值。

（罗布扎西　夏格旺堆）

【曲水县色麦墓地】

发掘时间：2017 年 10 月 30 日 ~ 11 月 15 日

工作单位：西藏自治区文物保护研究所、拉萨市文化（文物）局、曲水县文化（文物）局

为配合曲水县茶巴拉乡光伏电站的建设，根据我所之前对茶巴拉乡三个拟建光伏电站工程建设区的文物考古调查、勘探工作，在建设区范围内，以及周边发现了色麦宗府遗址、色麦墓地、杂岗墓地及杂岗岩画点等各类文物遗存。其中色麦墓地、杂岗墓地及杂岗岩画点均为新发现点，且均位于拟建范围内。为进一步做好相关文物考古调查、保护与研究工作，经向国家文物局申请，对其部分遗存进行考古勘探、发掘工作。2017 年 10 月底至 11 月中旬，在拉萨市文化（物）局、曲水县文化（物）局的协助下，西藏自治区文物保护研究所组织考古专业人员对色麦墓地展开了考古调查及发掘工作，调查共发现百余处墓葬，发掘其中的两座墓葬。

色麦墓地位于曲水县茶巴拉乡色麦村四组南约 700 米。经调查，墓地所处的小地方称加乌塘，故其墓地更名为加乌塘墓地。墓地所处由于后期当地百姓采石取土时形成的南北向山路将其分东西两区，分布面积约 20 万平方米，共调查发现墓葬 119 座，从墓葬构筑方式分石框墓、大石墓、封堆墓三类。墓葬封土结构均因常年雨水冲蚀受损，加之后期人为扰动，保存状况不一。根据墓葬构筑方式的不同，此次发掘区位选在墓地东区内的 M2、M16，经考古发掘，两座墓葬均有可能为二次捡骨葬，受后期扰乱，除零星的骨骸外，未见完整的骨骼。值得一提的是，M16 为大石墓，且大石墓框正中又见石板墓室，此类套式墓葬结构类型在雅江、拉萨河谷流域极为少见，具有极高的研究价值。两座墓葬出土少量的人和动物骨骸，以及部分

陶器残片。

经过对墓地2个样本进行的碳素检测，M2年代数据为距今1288～1176年（662～774AD），M16年代数据为距今1286～1180年期间（664～770AD）。通过此次考古发掘工作收获了实物材料，加之标本测年数据，对该区域的此类古代文化遗存有了进一步的了解和认识，也随着相关考古研究工作的不断深入，为研究雅鲁藏布江、拉萨河流域古遗址、古墓葬的年代序列及文化面貌提供了重要的实物参考和依据。

（罗布扎西）

陕西省

【高陵县东营新石器时代遗址】

发掘时间：2017 年 1 ~4 月

工作单位：陕西省考古研究院、高陵区文体广电旅游局

东营遗址位于高陵区马家湾街道长庆东路与泾渭八路十字的西南角，地处泾河、渭河交汇的三角台地上，南临渭河、对望灞河入渭河口、东距泾渭河交汇处约 5 千米。2016 年 5 月起，陕西省文物考古研究院对该项目征地范围内古代文化遗存进行了系统的考古调查、勘探及抢救性考古发掘工作。

为进一步掌握遗址的文化内涵、聚落布局与结构，2017 年度，对该项目发掘未完的区域进行了继续清理，发掘面积约 400 平方米，发现文化堆积非常丰富，地层堆积最深处可达 2.4 米，共清理不同时期灰坑 66 个、墓葬 11 座、瓮棺葬 4 座、晚期灰沟 4 条。

客省庄二期文化时期遗存仅见少量灰坑类遗迹，灰坑平面以圆形、椭圆形居多，还见有少量长方形、圆角方形及不规则形，出土陶器主要有单把鬲、豆、夹砂罐等。

半坡文化史家类型遗存见于发掘区内的下层堆积及开口于其下的各类遗迹，主要包括灰坑和墓葬两大类，其中灰坑 18 个、墓葬 4 座、瓮棺葬 4 座。灰坑形制多不甚规整，圆形筒状坑和袋状坑极为少见。4 座墓葬均为竖穴土坑墓，单人葬，葬式为仰身直肢，人骨基本保存完整，多无随葬器物。4 座瓮棺葬开口平面呈圆形或椭圆形，葬具多为夹砂罐与圜底钵扣合而成，人骨保存较差，具体葬式不清。

还发现秦代墓葬 6 座，包含 3 座竖穴土圹墓和 3 座偏洞室墓，墓葬方向以南北向为主，还发现个别墓葬为东西向，均为单人屈肢葬。竖穴土圹墓平面呈长方形，随葬品多放置于骨盆上方或木棺北侧，按质地可分为陶器、骨器、石器、铜器等四大类。陶器数量最多，以罐、盆、釜为基本组合，还发现有陶壶。在部分墓葬内还发现有以动物进行殉葬的现象，多放置于人骨附近或木棺外侧。偏洞室墓带长方形墓道，并在墓道底部向一侧掏挖长方形平顶洞室安葬死者，葬具仅见一具木棺，基本无随葬器物。

发掘区位于高陵东营遗址的东端，文化遗存丰富。其中半坡文化史家类型墓葬及瓮棺葬的发现，属该遗址范围内首次揭示出的同类遗存，对于该时期丧葬习俗、丧葬制度等课题研究具有重要价值。客省庄二期文化遗存、秦代墓葬均与以往考古发掘情况相似，丰富了对遗址文化内涵和各期遗存的文化面貌的认识，为进一步探讨渭水流域史前时期聚落布局发展、史家类型葬制葬俗、关中地区秦墓及秦文化的发展等问题积累了宝贵的实物资料。

（杨利平）

【西安市雁塔区马腾空新石器时代东周及唐代遗址】

发掘时间：2017 年 1 ~12 月

工作单位：陕西省文物考古研究院

马腾空遗址位于西安市雁塔区等驾坡

街道办马腾空村，遗址位于浐河西岸二级台地上。

2017年度继续对2016年布方揭露的墓地和遗址区进行发掘，完成面积约700平方米；清理史前、战国、唐及唐代以后灰坑约395个；史前、春秋、战国、秦、汉代、唐代、清代墓葬154座、瓮棺10座；房址19座、灶坑7个、沟4条、井4口、陶窑1座、道路1条。发掘表明，马腾空遗址的地层堆积是从新石器时代仰韶文化晚期开始，经东周延续到隋唐及以后不同时期。

在遗址区北部发现了一段残存长约88米、宽10米，现存深约2.2米的仰韶晚期聚落环壕，环壕以内（南）发现有同时期房址、陶窑、灰坑、墓葬。房址为半地穴式，有的因长期使用形成不同时期的堆积；在7座仰韶晚期墓葬中，1座随葬石钺、石铲。

东周文化堆积最丰富，发现有半地穴房址、窖藏坑、灰坑、沟、墓葬等遗迹。已经清理的125座东周时期秦墓，葬式、随葬品与关中西部及咸阳周边秦墓基本相同，时代最早的墓葬可到春秋中期；发现有比较密集、成排分布的半地穴式房址；在遗址发掘区东北部一座房址内，清理出有鼎、浴缶、盆3件战国楚式青铜器的窖藏。

遗址北部一段仰韶晚期的环壕，系关中地区同时期聚落首次发现。遗址区仰韶晚期墓地的发现，对研究同时期葬俗、人种提供了新材料。战国、唐代围沟墓的清理，丰富了中国古代围沟墓的资料。首次在关中中、东部地区的秦人遗址内发现战国晚期至秦代具有楚式风格青铜器的窖藏，反映了战国晚期以来秦、楚文化的密切交流。史载秦武公十一年（前687），“初县杜、郑，灭小虢”，《史记正义》引《括地志》云“杜”在长安县东南，马腾空遗址东周时期文化层的开始形成应与春秋中期秦武公设立杜县密切相关。

（王志友　徐雍初）

【横山县贾大峁龙山文化遗址】

发掘时间：2017年8～10月

工作单位：陕西省考古研究院、榆林市文物考古勘探工作队、横山县文物稽查大队

贾大峁遗址位于横山县横山镇贾大峁村，南距芦河约600米，面积有上百万平方米。2017年度发掘面积800平方米，发现了一些房址、灰坑等遗迹。在瓦兹塔、杏树峁等地点发现了一些房址。以瓦兹塔F5为例，该房址为半地穴式房址，平面呈长方形，口大底小，壁面向下内收，壁面不规整，平底。长4.4米、宽1.9米～2米、深0.7米～1米。此外，还发掘了1座灰坑葬。

此次发掘，为研究龙山时期的聚落布局、墓葬制度等提供了资料，发现的动物、植物等遗存为研究当时的生业方式、环境等提供了新材料，同时丰富了陕北地区龙山时期的聚落和社会形态研究。

（郭小宁）

【横山县红梁龙山文化遗址】

发掘时间：2017年4～7月

工作单位：陕西省考古研究院、榆林市文物考古勘探工作队、横山县文物稽查大队

红梁遗址位于横山县塔湾镇红梁村西阳洼圪梁，南距芦河约400米，面积20万平方米以上。

此次发掘面积1300平方米，共发掘遗迹68个，其中灰坑51个、房址9座、墓葬2座、陶窑3座、沟3条。出土小件器物82件。比较重要的是发现的房址多为窑洞式，且有2座保存较好。以F7为例，F7为窑洞式房屋，由前室、后室、通道三部分组成，前室为半地穴，后室为窑洞。该

房址总长为11米，其中前室长4.6米、后室长2.4米、门道长2.1米，宽0.9米～3.1米。

此次发掘的窑洞式房址保存较好，其他遗迹较丰富，年代与横山贾大峁遗址年代相当，应为龙山早中期。这些遗存，为研究该时期的聚落布局提供了资料，同时丰富了陕北地区龙山时期的文化序列。

（郭小宁）

【横山县高家洼龙山文化遗址】

发掘时间：2017年10～11月

工作单位：陕西省考古研究院、榆林市文物考古勘探工作队、横山县文物稽查大队

高家洼遗址位于横山县横山镇高家洼村，南距芦河约800米，面积约10万平方米。此次发掘面积1000平方米，发现有窑洞式房址、灰坑等遗迹，以H8为例，平面为长方形，周壁较直，平底，坑内堆积可分3层，内含大量石块、炭屑等，出土有大量陶片、极少量动物骨，可辨器形有斝、罐、杯、纺轮等。

此次发掘为研究陕北地区龙山时期的聚落布局、生业模式等提供了丰富资料，同时丰富了该区域的文化序列。同时，结合已发掘的贾大峁、红梁、庙梁、王圪堵水库区的一系列遗址，并参考调查资料，对深入研究芦河流域遗址分布、生业模式变化、环境变迁等有重要意义。

（郭小宁）

【神木市石峁新石器时代遗址】

发掘时间：2017年1～12月

工作单位：陕西省考古研究院、榆林市文物考古勘探工作队、神木市石峁遗址管理处

2017年度石峁遗址考古工作依然集中在皇城台东部，是2016年工作的延续和扩展，该次发掘重点主要是门址上（西）部和东护墙北段。2017年度皇城台门址的发掘工作接续2016年工作向上（西）揭露，在原有广场、外瓮城、南北墩台的基础上，新揭露内瓮城和主门道。

内瓮城是在南墩台后侧连接的石砌建筑，系东西向石墙与南北向墩台（墩台Ⅱ）复合形成的“L”形建筑，与外城东门址内瓮城整体结构类似，不同的是，皇城台门址内瓮城里还发现一座“石包土”的平整墩台（墩台Ⅰ），将内瓮城中的空间进一步“锁”小，只可向北拐入主门道。主门道位于内瓮城北侧，坐落于北墩台之上，以周侧石墙堵隔形成，仅留一窄小通道与内瓮城南北相连，由周侧石墙内壁的“壁柱槽”可知，皇城台门址主门道应系一覆顶的封闭空间，加之墩台Ⅰ与主门道之间还设有门塾，我们认为，主门道应是通往皇城台台顶的最后“关卡”。值得注意的是，墩台Ⅰ、门塾、主门道之间形成的“重点防控区域”下端发现有几处刻划符号，图案繁复，琢刻于向上攀爬的石铺路面上。

皇城台东护墙北段墙体的规模性揭露，清理出气势恢弘的石墙遗迹和数量巨大的各类遗物。虽然距年度发掘计划的初设目标稍有滞后，但是目前高8米～15米、长约100米的石砌墙体足以窥见皇城台当年的巍峨雄壮。

发掘揭露的墙体整体保存较好，呈台阶状自下而上逐阶内收，在不同高度上采用了不同的砌筑理念，大致可以观察出下部单墙矮、层阶多、无纴木，上部单墙高、层阶少、有纴木等砌筑规律。与2016年的发现相似，皇城台东护墙北段的“弃置堆积”内出土遗物以骨器为大宗，数量巨大，多为针、镞、锥等小件工具类器物，伴有大量骨料、砺石、石刀等制骨工具出土，进一步夯实了我们找寻皇城台制骨作坊的信心。100余片卜骨的集中出土也是2017年度的重要收获，或许暗含了皇城台

的信仰和宗教功能。陶器数量可观，在2016年鬲、盉、斝、罐、豆、瓮等日用陶器和水管、瓦等建筑陶器的基础上，还辨识和拼对出鹰形陶器，身体各部位塑造得栩栩如生，作展翅伸颈状。另外，通过对动植物遗存的分析鉴定，我们认为4000年前石峁遗址周边呈现的是“松林密布、鹿鹤双行”的自然景观。

（邵　晶）

【延安市芦山峁新石器时代遗址】

发掘时间：2017年7～12月

工作单位：西北大学文化遗产学院、延安市文物考古研究所

延安芦山峁遗址考古工作是国家文物局“十三五”期间三大研究项目之一——“河套地区聚落与社会研究”专项子课题，由延安市文物考古研究院联合西北大学文化遗产学院、延安市文物考古研究所共同组队实施。

2014～2015年，初步完成该遗址的调查和勘测工作。调查勘测确认，遗址依自然地形，空间布局大致呈“王”字形，核心区为地形狭长的营盘梁，营盘梁上三处较高的地点分布着三座独立的龙山晚期夯土小城，由东至西分别编号为1～3号小城，迄今尚未发现大城迹象。结合发掘和勘探资料，可以确认1号小城大体呈长方形，南北长约120米、东西宽约80米，面积约1万平方米。城墙为夯筑而成，沿台地边缘而建，保存较为完整。2016年，完成了对1号小城东南角的发掘，发掘该城址南墙、城外两座房址和城门遗存，但该小城的宏观布局未得到揭示。

2017年度，继续开展1号小城的发掘，目前已全面揭露出南城墙和西城墙，并发掘出小城内后部的一排房址和6个灰坑，两个年度累计发掘面积约3000平方米。发掘显示，1号小城的南墙与西墙墙宽2.8米～10米，残高约0.6米。南墙中部有排水设施的位置应为门址所在，北墙东部也有缺口存在，可能为另一处城门。在西南角发现墙体内有用玉刀奠基的现象。发掘的9座房址中，F2、F4、F5呈东西向排列，坐北朝南，方向153；房址形制相同，呈长方形，前有檐廊，后为主室，墙体均平地夯筑起建，墙体内侧表面涂抹草泥，草泥表面经火烧烤之后涂抹白灰，墙面残留有多处白灰。房内居住面表层涂抹白灰。其中F4位于正中位置，面积最大，南北长14.1米、东西宽13.15米，总建筑面积约185平方米。其中主室部分南北进深7.65米，檐廊进深2.75米，墙内面阔9.15米，墙体宽2米，残高0.5米～0.75米，墙体内、外侧保存有贴壁柱洞12个。在西侧墙体的柱洞内和东部的居住面以下分别发现有用多个猪下颌骨奠基的现象，在西侧墙体底部发现有用玉斧奠基的现象。在大型房址附近的堆积中除发现有大量陶、石器之外，还发现有一定数量的筒瓦与板瓦的残片。筒瓦为泥质灰陶，长约40厘米，两端及两侧边缘均装饰条带状附加堆纹。板瓦呈长方形，泥质灰陶，长47厘米、宽29厘米、厚1厘米，表面两侧长边有折棱。此外，还发现有疑似瓦当残片，瓦当表面堆塑兽面纹饰。

从整体布局上来看，营盘梁地点城址坐北朝南，前后开门，城中靠后的位置有三座大型建筑，中间的F4大房址为中心，以F4的南北中线与南城门外的排水沟连成一线为中轴线，形成左右对称结构。三座大型房址都属于超大型建筑，排列有序，显然不是一般居民的居址。房址附近发现的筒瓦、板瓦等建筑材料，目前也仅见于陶寺宫殿区等高等级的区域，瓦当更是全国仅见，加之墙内外发现的各类奠基遗迹，说明这些大型建筑有原始殿堂的性质，具备宫城的雏形。

（马明志　翟霖林　张　华）

【靖边县庙梁新石器时代遗址】

发掘时间：2017 年 9 ~ 12 月

工作单位：陕西省考古研究院、榆林市文物考古勘探工作队、靖边县文管办

庙梁遗址位于靖边县杨桥畔镇杨二村东侧芦河南岸的台地之上。遗址于第三次文物普查期间被发现，为配合蒙西—华中运煤铁路建设，我院联合榆林市文物考古勘探队、靖边县文管办对遗址进行了抢救性发掘。发掘总面积 4000 平方米，共分为 4 个发掘区，清理房址 27 座、墓葬 1 座、圆形灰坑 54 个、方坑 1 个、窑址 2 座及灰沟 2 条。

房址多集中分布于发掘区北部的缓坡之上，成排分布，均为地穴式建筑，根据形状又可分为两类。一类房址前室多已无存，但后室面积较大，均为圆形，面积在 15 平方米以上，地面均为白灰面，后室内多掏挖有储藏窖穴；另一类为前后连接的相套结构，前室多有保存，为方形的半窑洞式结构，后室为圆角方形，但面积较小，在 10 平方米以下，地面均为生土踩踏面，后室不见储藏窖穴。

灰坑多数为圆形袋状，深度多在 1.5 米以上，个别深达 3 米以上，坑壁较为规整，在其中两个坑内还发现有灰坑埋人现象。H26 发现有三具儿童骨骼，其中两具葬式为俯身直肢，一具系埋入时被肢解，人骨散乱。H37 内发现一具成年男性骨骸，侧身屈肢，左臂肱骨有骨折痕迹，右下臂扭曲。方坑内出土有疑似马骨一具，颅骨保存较完整，肢骨已散乱。

发现的唯一一座墓葬 M1 为竖穴土坑墓，打破灰坑，墓内人骨保存较差，头向向北，具体葬式不明，出土陶豆 1 件。

遗址出土遗物包括陶、石、骨等标本 100 余件，陶器以灰黑陶为主，有少量红褐陶，多饰绳纹和篮纹，个别饰有白彩。典型器形有钝尖底尖底瓶、双耳罐、矮领鼓腹罐、折腹钵、斝、豆等，与之前发掘的靖边五庄果梁遗址出土陶器基本一致，当属于龙山时代早期遗存。庙梁遗址的发掘为研究陕北地区龙山时代的文化内涵、聚落结构、埋葬制度及社会复杂化问题提供了资料。

（邸　楠）

【葭芦河流域聚落调查】

调查时间：2017 年 8 ~ 12 月

工作单位：陕西省考古研究院、榆林市文物考古勘探工作队

葭芦河流域聚落调查为国家文物局“十三五”期间三大研究项目之一——“河套地区聚落与社会研究”项目子课题。葭芦河是黄河支流，发源于榆林市榆阳区东部，在佳县县城南侧汇入黄河。葭芦河流域面积 1134 平方千米，主要位于佳县境内。2016 年 7 ~ 10 月，我院与榆林市文物考古勘探工作队合作，开始对葭芦河流域新石器至青铜时代聚落遗址进行专题调查，调查面积约 270 平方千米，调查区域为葭芦河主干流上游。2017 年 8 ~ 12 月，调查进入第二阶段，调查面积约 250 平方千米，调查区域为葭芦河支流五女川上游。9 月，山西省考古研究所委派任海云、赵辉、贾尧三位课题组成员参加了 2017 年度的调查，双方在实践中共同探索和改进了调查方法。至此，两年度调查面积总计约 520 平方千米，发现新石器至青铜时代聚落遗址 253 处。

调查信息表明，葭芦河流域东周以前的文化遗存以仰韶晚期至龙山时代聚落为主，占到发现总数的 90% 以上，其他时期遗存极少。遗址分布于河流的干流两岸黄土梁峁上，而径流量较小的小型溪流两侧遗址数量较少。由于河流上游基岩暴露较少，缺乏石材资源，因此基本未发现石城遗址，而河流下游基岩裸露地带普遍分布着大小不等的石城遗址。依据面积，目前

发现的龙山时代聚落遗址可以划分为2个层级，第一个层级的面积为20万~50万平方米，属于中型聚落，第二个层级的面积为4万~20万平方米，属于小型聚落，未发现大型聚落。从遗址断面所见迹象可以看出，龙山时代聚落内的遗迹类型主要有房址、灰坑、墙体、陶窑等，房屋多见白灰地面，偶见铺设石板地面者，房内有灶坑、柱洞、窖穴等设施。从采集标本可以看出，葭芦河流域在龙山时代早期属于侧装双鋬陶鬲的分布区，属于晋中杏花村四期文化范畴，与石峁遗址早期的永兴店文化正装双鋬陶鬲有别。但是到龙山时代晚期之后，这里被永兴店文化的正装双鋬陶鬲所取代。这一变化与龙山时代石峁城址的崛起之路相吻合。

葭芦河流域聚落调查，为认识陕晋蒙地区龙山时代聚落分布密度、空间规律、聚落层级等问题提供了可信的数据支撑，是开展聚落与社会复杂化研究的必要手段。由于此次调查采用区域系统调查方法，也可为估算河套地区不同时期聚落的总数量提供参照标尺。调查中全面科学采样，也将对绝对年代学研究、植物考古、动物考古、环境考古、生业考古等多层面的综合研究提供数据支撑。

（马明志　康宁武　周　健）

【旬邑县孙家商代及战国遗址】

发掘时间：2017年5~8月

工作单位：西北大学文化遗产学院、陕西省考古研究院、旬邑县文物旅游局

孙家遗址位于旬邑县张洪镇孙家村东南，面积约20万平方米。遗址地形为斜坡状台塬，东西四道冲沟把遗址分割成三个相对独立的土塬。遗址东南部冲沟可与三水河相通。第二次全国文物普查时发现，1994年陕西省考古研究所在该遗址进行了试掘。张天恩将以孙家遗址为代表的遗存划分为两个阶段，前段的年代应相当于殷墟一期前后，后段的年代可能相当于殷墟第二期，并将其命名为先周文化“孙家类型”。该遗址的发掘对周人起源问题的探讨具有十分重要的学术意义。

此次发掘以象限法对整个遗址进行了发掘区划分。2017年度先后在遗址中部偏西、西南部、东南部进行布方发掘，发掘面积近1000平方米。发掘揭露灰坑204个，墓葬3座，房址1座，陶窑2座，灰沟13条。出土遗物较为丰富，主要见有陶器、石器、骨器三大类，其中陶器以炊器为主，见有鬲、甗、罐等，盛储器有盆、豆，另见有陶纺轮、陶拍、陶模等工具；骨器见有卜骨、骨锥、骨匕、骨笄等；石器有石锤斧、石斧、石斧、石纺轮、石圆饼等。获得遗存的年代为商代晚期和战国时期，其中商代晚期遗存为本次发掘的主体，所见陶器以夹砂灰、灰褐陶为主，器物组合为鬲、甗、盆、罐、瓮、豆，陶鬲见有花边分裆鬲、高领袋足鬲及弧裆鬲，文化因素构成较为复杂。战国时期遗存主要为秦文化遗存，3座墓葬所见人骨均为屈肢葬，2座墓为土坑竖穴，1座为偏室墓。

通过初步分析，孙家遗址所见商时期遗存的年代主要为殷墟时期。孙家遗址先周时期遗存与邻近的枣林河滩、断泾等遗址有一定的联系，整体上孙家遗存略早于枣林河滩遗址所见先周时期遗存。诸遗存揭示了高领袋足鬲在该区域经历了由少变多的过程。通过2017年的发掘工作，结合枣林河滩、断泾遗址等发现，基本构建了该地区的先周时期的文化演进序列，对以往提出的“孙家类型”赋予新的考古学内涵。孙家遗存的发掘为先周人群变迁、“公刘居豳”“古公亶父迁岐”等历史事件的复原提供了十分重要的考古材料，对周人的起源与发展研究带来了诸多新线索。

（豆海锋　刘　斌　杨　磊）

【扶风县周原遗址齐镇村西周遗存】

发掘时间：2017 年 9～12 月

工作单位：陕西省考古研究院、北京大学考古文博学院、中国社会科学院考古研究所、宝鸡市周原博物馆

为配合北京大学考古文博学院田野考古实习及国家文物局田野考古实践训练班的举行，周原考古队自 2017 年 9 月以来进行了较大规模的田野发掘工作。2017 年度发掘区位于扶风县法门镇齐镇村东南，属于周原遗址核心区。揭露面积 2400 平方米，清理出西周时期的夯土基址两处、小型房址多座、灰坑 200 余个、墓葬 40 余座、车马坑 5 个、马坑多个、瓮棺葬十余个、水渠和道路各一段。出土器物主要有陶器、玉石器、蚌器和骨器等。

此次发掘区广泛分布有片状夯土，由于后期破坏严重，已经难以复原夯土基址原貌。

车马坑和马坑均分布在夯土基址的南侧和西南侧，也即庭院部分；从层位关系上看，车马坑和部分马坑均是此夯土基址使用期间埋葬的，与夯土建筑基址关系密切，我们初步判断可能是建筑使用期间的祭祀遗存。类似的遗存在殷墟和凤翔马家庄遗址曾经发现过，如果此次发现的车马坑确与建筑有关，则是西周时期这类遗存的首次发现，对于研究西周时期祭祀礼俗具有重要意义。其中规模最大的一个车马坑南北长 14.5 米、东西宽 3 米。

此次发掘的 40 余座墓葬中，有腰坑和殉狗的墓葬比例高达 40%，是典型的殷遗民墓。墓葬在早期均遭盗掘，从个别墓葬墓主人骨的扰动情况来看，某些盗扰活动发生在墓主尸骨尚未腐烂之际，这一现象值得注意，应是社会动乱时期外来人群对墓地的洗劫行为。其中 M43 是一座西周中晚期之交的小型墓，但在二层台上发现殉人一位，这在西周墓葬中极为罕见；M16 则是此次发掘墓葬中规模最大的一座，典型的西周晚期中型墓，虽遭盗掘，但仍残留有铜翣和玉覆面。该墓是一座带腰坑的殷遗民墓，但却随葬姬姓高等级贵族常用的玉覆面，也是一个值得注意的现象。

水渠和道路均位于发掘区西南部，两者大体平行，均呈西北—东南走向。水渠呈沟状堆积，保存较好。发掘区内长度约 22.5 米，渠宽 4.5 米；沟内为纯净的淤土，底部局部发现有生土梁。水渠北侧是一条生土空白带，在此空白带的东端，发现有极为致密的路土压在此生土之上，由此证明此生土带实际上为道路的路基部分。从两者走向来看，渠、路共存。道路、水渠和建筑基址的组合为研究西周时期周原遗址聚落布局提供了新的视角，周原贵族对道路以及水资源的占有实际上是贵族阶层特权的具体体现。

从地层关系上看，此次发掘的主体遗存属西周时期，大致可以分为三个阶段：西周早期，发掘区分布有灰坑、小型房址等遗存；西周早期偏晚至西周中期，大型夯土基址和车马坑分布于此；西周晚期，其中西周晚期偏早，基址已废弃，大片灰坑分布，西周晚期偏晚，发掘区主要是中小型墓葬分布区。

（陈 钢）

【扶风县周原遗址周原大道西周遗存】

发掘时间：2017 年 5～10 月

工作单位：陕西省考古研究院、宝鸡市周原博物馆

为配合周原大道建设，对大道沿线进行了发掘，分为上康村、任家村和下樊村三个发掘区，总发掘面积 1945 平方米。共发掘清理西周时期墓葬 6 座、半地穴式房址 4 座、沟渠 3 条、陶窑 1 座、道路 1 条、灰坑 179 个，另有 17 座清代墓葬。出土了丰富的陶、骨、蚌等质地文物。

上康村发掘区位于村东50米，遗迹主要分布在村东取土壕的两侧。该发掘区内遗迹分布相对松散，主要以居址类遗存为主，零星分布有墓葬。依据出土遗物判断，该发掘区遗存年代大致为西周晚期。

任家村发掘区位于任家村东北，遗迹分布亦较松散。该发掘区地层堆积简单，遗迹均开口于晚期地层下，直接打破生土。遗迹以半地穴房址和规模较大的灰坑为主。其中，F1大致呈方形，一侧被晚期墓葬打破，室内有踩踏痕迹、灶坑及烧结面。门道位置不清，室外周边未发现柱洞，仅在中心位置发现一柱洞。东南角位置有一圆形规整灰坑，或属于该房址的附属窖穴。另外，该发掘区发现的形状大致呈圆形、规模较大的灰坑，亦有可能作为地穴式房子或窖穴使用。依据出土遗物判断，该处遗址点的年代大致为西周晚期。

下樊村发掘区位于下樊村西，遗迹分布相对密集。以南端沟渠为界，西周遗迹主要分布在沟渠以北，中间区域有一条宽约8米的道路。结合勘探情况，此次解剖发掘的沟渠应属G17的一部分，该沟西端可能和G9相连，东到美阳河，西至王家沟。该部分沟渠横截面呈“U”形，沟壁不甚平整，呈台阶状。沟内堆积以砾石和细砂石为主，杂有淤土层。砾石大者径约40厘米，小者约1厘米~2厘米。道路遗迹位于G17的北约200米，东西向宽约8米，有6道深浅不一的车辙。车辙分布不甚规整，无法明确哪两条属于一组。该发掘区发现的墓葬中，M21为北向且带头龛，龛内有陶鬲、罐各1件，年代属于西周晚期；M23形制特殊，为一座东西向竖穴偏洞室墓，墓主头向朝西，未见随葬品。H171平面形状近圆形，口径长约4米，底内收，径约2.9米。坑壁凹凸不平整，部分似龛，坑底不平整，深2米~2.5米。坑内堆积较厚，共分13层，出有丰富的陶器、石器、骨器和蚌器等，其中陶鬲就修复出20件。根据出土遗物判断，下樊发掘区所属遗存的年代大致从西周早期延续至西周晚期。

三个发掘区均位于周原遗址的东部边缘地带，以往开展工作较少。此次配合周原大道修建开展的考古发掘，可以作为周原遗址边缘地区的一条剖面带，对于掌握周原遗址范围内遗存分布有重要作用。尤其是下樊村发掘区内的沟渠和道路遗迹的发现，丰富了周原遗址的“框架性遗迹”总量，为聚落布局研究提供了资料。

（王占奎　李彦峰　陈　钢）

【西安市长安区丰镐遗址】

发掘时间：2017年1~12月

工作单位：陕西省考古研究院

2017年度，丰镐遗址考古发掘继续在镐京区域的斗门镇花园村东街地点进行。发掘面积400平方米，发掘清理灰坑57个、水井8口、墓葬4座、房址1座、陶窑1座。其中，发掘清理的F3与2016年发掘的F2有门道相通，为套间房，长4.2米、宽2.2米，地面经火烧处理，房内东南角有火塘。陶窑为竖穴式，窑室底部直径2米，窑篦上有不规则长条形火眼12个；火门圆拱形，宽0.43米、高0.33米；火塘为圆形，中间有方形立柱。水井均为长方形，长约1.5米、宽约0.8米，深7米~7.5米。墓葬均为长方形竖穴，小型墓大小仅能容身，有1件陶器或无任何随葬品；较大的墓葬带有二层台，底部有腰坑，坑内埋狗，随葬品以陶器为主，有鬲、豆、罐、簋、瓿、盂等，其中，M4随葬有铜鼎（带3字铭文）、铜戈（残）各1件及铜衔镳等。灰坑中出土陶片较多，以泥质和夹砂灰陶为主，器形以鬲、罐、豆、盂为多见。另外，西周文化层及遗迹单位内还出土了铜、石、骨、蚌等各类材质的小件器物80余件。

2017年花园村地点的考古发掘，进一

步丰富了西周丰镐遗址的研究资料，对研究西周考古及历史具有重要价值。2016 至 2017 年度共发现水井 10 口，在不足 2000 平方米的范围内发现如此多数量的水井，预示该区域聚集有较多人群或存在用水量较大的手工业作坊。2015 年至 2017 年相继发掘出的 F1、F2、F3 三座相连通的套间房址，总面积近 40 平方米，是丰镐遗址目前发现的面积最大和唯一一处三套间的半地穴式房子，为研究周人的房屋布局和结构提供了宝贵资料。

（岳连建　杨　磊）

【澄城县刘家洼周代墓地】

发掘时间：2017 年 1～12 月

工作单位：陕西省考古研究院、渭南市博物馆、澄城县文体广电局

刘家洼墓地位于澄城县王庄镇刘家洼村，分布于洛河左岸支流长宁河上游的鲁家河东岸，邻沟而居，地处关中东部的渭北台塬北部，北距黄龙山约 10 千米。2016 年底该墓地被盗，公安机关追回各类文物逾百件，包括青铜礼器 60 余件、石磬 10 件、编钟 7 件及大量的车马器、玉器等，引起了政府部门和学术界的高度关注。2017 年初，陕西省考古研究院与相关单位联合组成考古队，对墓地及其周邻开展了系统的田野工作，取得了重要收获。

一是勘探确认了墓地的范围与墓葬数量，了解了墓葬形制与墓地布局特点。墓地南北长约 110 米、东西宽约 70 米，总面积约 7700 平方米。共发现墓葬 56 座，车马坑 2 个，马坑 1 个。所有墓葬皆为南北向。特别引人瞩目的是，发现了 2 座“中”字形大墓（编号 M1 与 M2），东西并列分布，居于墓地中部偏东处。其中 M1 南北总长 64 米，墓室口部南北长 11、东西宽 10 米，南北墓道均宽 8 米，南墓道为主墓道，长 32 米；M2 与 M1 相比，南北总长相若，但墓室口面积小，墓道窄。在两大墓西北方各有长方形车马坑。其他墓葬皆为长方形竖穴土坑墓，其中墓口面积 10 平方米以上的 20 座。

二是对墓地进行全面发掘，截至 2017 年底已清理中小型墓葬 14 座，出土了铜、金、铁、石、玉等质地器物。青铜礼器有鼎、壶、盘、匜、甗等，兵器有戈、矛、甲胄及大量的车马器等。这些与追缴回的青铜器种类、形制、纹饰基本相同。金器有虎形饰、牛首衔环饰、螺旋形金丝环。铁器为一柄铜柄铁剑。墓葬普遍见有铜翣，以及由石坠（或陶珠）、铜鱼等组成的串饰。使用木质棺椁葬具，墓主人头向多朝北，仰身直肢。根据墓葬及随葬品特征判断，年代为春秋早期或略偏晚阶段。

三是周邻区域调查，找到了与墓地年代相匹配的两处居址遗存，跨鲁家河两岸与墓地相邻分布。河西岸的居址区发现有陶窑、灰坑、板瓦堆积及陶器残片；河东岸居址区位于墓地以北约 700 米处，由夯土和壕沟组合成面积十余万平方米的相对封闭区域。勘察发现有大量灰坑和板瓦建材堆积。特别值得一提的是，还采集到一块陶范残块。根据采集陶器与板瓦的特征判断，两处居址的年代为春秋早中期之际前后。

刘家洼墓地无论是墓地布局、葬俗特点，还是随葬品特征与组合，均与同一区域的韩城梁带村芮国墓地相类，当属典型周系族群墓地。大墓的规模，仅次于同时期甘肃礼县秦公大墓，墓主人身份亦当为诸侯国国君级别。夯土墙、板瓦建材、陶范，亦彰显出墓地对应的聚落非同一般的等级。由此推断，这里当为春秋时期某一周系封国所在，是陕西关中东部周代考古又一重要新发现，对于研究周代京畿区域的封国采邑制度等及相关问题具有重要意义。

（种建荣　孙战伟　石　磊）

【宝鸡市陈仓区太公庙秦国陵园遗址】

发掘时间：2017 年 11 月 ~2018 年 1 月

工作单位：宝鸡市考古研究所、宝鸡陈仓区博物馆

太公庙秦国陵园与平阳城址村位于宝鸡市陈仓区虢镇以东 5 千米处，渭河北岸的二级台地之上，因 20 世纪 80 年代村民取土时曾发现出土举世瞩目的秦公钟、镈乐器祭祀坑后，被学界认为是早期秦文化遗存重要的分布区之一。

在 2013 年发现的秦公大墓、车马坑进而证明陵园的存在的基础上，根据“陵随都邑”的规律，我们判断秦人“九都八迁”中的重要都邑平阳城应在其附近。2017 年度考古工作主要以考古调查、勘探为主。勘探面积约 96 万平方米，发现仰韶遗址 2 处、秦汉遗址 1 处、春秋战国墓地 1 处。

2017 年度考古工作探明了该区域存在较为密集的仰韶、西周、秦汉等不同时期的聚落遗址及古墓葬，对进一步了解太公庙周边区域不同时期遗迹分布情况具有重要意义。

（李　岗　田亚岐　冯　丹）

【凤翔县雍山血池秦汉祭祀遗址】

发掘时间：2017 年 6 ~ 12 月

工作单位：陕西省考古研究院、中国国家博物馆、宝鸡市考古研究所、凤翔县文物局、凤翔县博物馆

血池遗址是目前我国秦汉时期“祭天”遗址中，与文献记载完全对应，由坛场、祭祀坑、建筑、道路等内涵构成的完整“畤”文化遗存所显现之完整功能面貌的首次发现。为了进一步全面地了解该遗址已确认范围的细部结构，以及遗存的外围形态，2017 年度有计划性地开展了持续性考古勘探和发掘工作，并取得了重要收获。

2017 年度的勘探工作一是从雍城经塔陵村通往雍山之间的交通道路，以及从尧典村通往雍山上的祭祀道路进行勘探；二是对遗址祭祀坑与建筑遗址区继续进行勘探。共勘探出各类遗迹单位 1671 处，分别为祭祀坑 1654 组（个）、沟道 5 条、灰坑 5 个、道路 5 条、建筑材料堆积范围 2 处。此外，还对整个雍山上的遗址区四至进行勘测，为今后遗址保护范围的划定提供了依据。

2017 年度，除对上年度中山梁上的车马坑发掘资料进行初步整理之外，重点对位于“坛场”西南方的三牲“献食”祭祀坑和建筑材料堆积区进行发掘，发掘面积 2000 平方米。三牲“献食”祭祀坑为密集长条状或长方形不规则坑，相对于此前在车马坑出土的大量玉器和铜器，而“献食”祭祀坑内出土器物较少，说明两类祭祀坑的瘗埋形式存在较大差异。在建筑遗址分布区除发现大量陶质建筑材料外，还发掘出夯土和柱础，初步判断系一处早年曾遭破坏的秦汉时期建筑遗迹。在血池遗址出土的陶片上，发现了重要的陶文遗存，有“上畤”“下祠”“竹宫”“上”等，为进一步断定血池遗址畤文化遗存所具有的唯一属性，以及“秦四畤”与“雍五畤”的传承关系提供了新的佐证。

（田亚岐）

【秦咸阳城胡家沟建筑遗址】

发掘时间：2017 年

工作单位：陕西省考古研究院

胡家沟建筑遗址位于咸阳市窑店镇胡家沟村东北部的二道塬地上，属秦咸阳城遗址保护范围内。2014 年勘探确定该处有五组大型建筑基址，其中四组呈东西一线分布。2016 ~ 2017 年对其中一组（IIB1JZ2）进行发掘。

IIB1JZ2 位于五组中稍偏西处，规格较小。其西距秦咸阳宫一号宫殿基址约 1.1 千米，南距汉安陵约 0.6 千米。平面长方

形，方向10°。距现地表深1.1米～1.2米，总长78.3米、宽19.5米，土木结构，顶有覆瓦，主要包括四面外垣墙、廊道及三间房屋等部分。广泛分布烧土及木炭，建筑应毁于烈火。

外垣墙基槽宽2米，最大残高0.5米，南墙保存很差，无明确的门道结构。廊道宽1.8米。三间房屋面积近等，有隔墙分隔。

房屋按照由西向东的次序为F1、F2、F3。F1、F3内各存有三排四列柱础石，F2内柱础石呈倒"凹"形分布且柱石下有边长1.2米夯土墩。各间内的柱石间距东西4.3米、南北4.7米，外侧柱础与墙间距4.1米。除倒塌堆积外，F3内发现大量石磬残块、一枚封泥以及陶质生活类容器残片。

石磬残块有数量较多的刻文。经初步辨识，内容有"乐府""北宫乐府""右四""八""二"等。封泥近长方形，四字，有边框无界格，阳文戳印，似为"内府缯官"。

初步判断，该建筑是一处属于秦咸阳城大型府库类建筑，与北宫乐府有关，石磬残块应为多组编磬。

发掘区内还发现有晚期建筑及墓葬。建筑保存较差，主要分布于早期建筑的东南方，局部残存宽约0.7米～1米的散水。出土有铁、陶质的"大泉五十"钱范及"五铢"钱，判断时代不早于为西汉晚期。

（许卫红）

【西安市秦汉新城长兴村战国西汉及北宋时期遗址】

发掘时间：2017年3～9月

工作单位：陕西省考古研究院、秦咸阳宫遗址博物馆

长兴村遗址位于秦汉新城窑店镇长兴村北部，属秦咸阳城遗址手工业作坊区。发掘面积2900平方米，分东、西两处发掘区，清理遗迹479处，类型包括水井、灰坑、房址、墓葬、灰沟、道路、窑穴、灶等，出土遗物460余件（组）。时代涵盖战国晚期至秦、西汉及北宋等不同历史时期。

战国晚期至秦代及西汉时期遗存以房址、灰坑、水井、瓮棺葬等为主。清理的房址均为民居建筑，早段为半地穴式，晚段为地面式建筑，形状规整、规模较大，反映出"秦咸阳城手工业作坊区"在西汉渭城县期间的沿用情况，再一次呈现了"汉承秦制""秦建汉葺"的历史面貌。除了大量制陶遗物、遗迹之外，此次发掘亦出土了大量骨器甚至是成堆的制骨废料，说明该遗址不仅只有制陶业一种生产模式。

北宋时期遗存以平民墓葬为主，共179座。分布密集、布局规整，相互间无打破关系，应是一处有规划的集中公墓。墓向近南北，竖穴偏洞室结构，墓室位西，墓道居东，墓室深于墓道，以土坯或砖封门。墓主头向北，面多向西，无葬具，仅有2座随葬铜钱和粗瓷罐。遗骸多完整，少量二次葬，成人和儿童的埋葬方式一致。墓主年龄偏低，10岁以下的有60余例，其中不乏刚出生的婴儿，50岁以上的不足10例。其独特的葬俗及成因对研究咸阳地区宋代居民成分、灾异情况等极具重要价值。

此次发掘对研究秦咸阳遗址手工业作坊区的内涵提供了新材料。

（许卫红　张杨力铮）

【空港新城岩村秦人墓地】

发掘时间：2017年6～12月

工作单位：陕西省考古研究院、西咸新区空港新城规划建设局（文物局）

岩村秦人墓地位于空港新城底张镇岩村南部，共发掘战国晚期至秦代墓葬48座、汉代墓葬1座、清代墓葬6座，出土陶、铁、铜、煤精、玉石、骨质遗物260余件（组）。

墓葬结构包括竖穴土圹、直线式单洞室、直线式双洞室三类。多数为木质葬具，一椁一棺或单棺，亦有瓮棺。葬式有直肢与屈肢两类。多见鼎、盒、壶等陶礼器，个别墓葬中还出土有铜鼎、铜壶、铜剑。M66 使用瓮棺葬具，为盆、瓮组合。瓮内有大量植物颗粒及茎叶，混杂有墓主遗骸，因骨质朽化严重，仅可辨为成年个体。另有铁带钩 1 件，应为入殓所着服饰配件。瓮棺外放置陶鬲 1 件，有使用的烟炱痕迹。其瓮体硕大，高 85 厘米，非常罕见。尤其是在瓮的口沿、肩部发现多组阴刻三角形与直线图案。推测此类葬具和埋葬形式，应该有特殊的含义。

此次发掘墓葬与坡刘、花杨村二处秦人墓地相接，三者所见墓葬形制、随葬品类型亦有很大的相似性，应属同一处秦国人墓区。

（许卫红　张杨力铮）

【空港新城卓邢村战国及秦墓葬】

发掘时间：2017 年 7～10 月

工作单位：陕西省考古研究院、西咸新区空港新城规划建设局（文物局）

该项目包括园区四路和园区十路两处发掘区，占地面积 11 万平方米。

园区十路发掘区位于广德路的南部，北距致平大街约 250 米，原属咸阳市渭城区周陵街道办卓邢村农耕地。园区十路发掘区内共发掘墓葬 15 座。除 M15 外，均为竖穴墓道单室土洞墓，出土的随葬品类型基本相同，为战国秦墓。另外，在 M15 的东南发现 2 座陶窑。15 座墓葬共出土文物 111 件（组），均以陶器为主，少量的铜器、铁器。

园区四路发掘区位于十路发掘区东 50 米处，原属咸阳市渭城区北杜街道办邓家村家耕地。共发掘墓葬 9 座，其中有 7 座墓葬为明代墓，形制为平面呈梯形的竖穴墓道单室土洞墓。另外 2 座墓葬均为带长斜坡墓道的多室土洞墓，随葬品丰富，时代为西晋。9 座墓葬共出土文物 69 件（组），以陶器为主，还有一定数量的铜器、铁器。

此次发掘丰富了咸阳原古文化遗存分布，为区域古代墓葬形制、古代文化遗存研究等提供了新资料。

（刘呆运）

【西安市临潼区秦始皇帝陵大遗址勘探】

勘探时间：2017 年 8～12 月

工作单位：秦始皇帝陵博物院

2017 年度的秦始皇帝陵大遗址考古勘探工作主要是对秦始皇陵园外侧的东部和北部 160 万平方米的区域进行系统的考古勘探，以更加全面地了解秦始皇帝陵大遗址的范围、考古遗迹的分布、形制以及内涵，为秦陵大遗址的保护和研究，以及地方经济和文化建设提供更加翔实的考古资料。

截至 2017 年 12 月底，共完成考古勘探面积约 40 余万平方米。发现古代墓葬 76 座，马厩坑 23 个，其他灰坑 24 个，窑址 4 座。其中在位于秦始皇帝陵园和兵马俑博物馆之间的上焦村附近，共发现秦代墓葬 25 座，马厩坑 23 个。这些墓葬大小不均，长 2.2 米～17.6 米，宽 1 米～6 米，墓底距地表 2.8 米～7 米。这些墓葬绝大部分是竖穴洞室墓和斜坡道洞室墓，分布非常集中。马厩坑长 2 米～4 米，宽 1 米～2 米，坑底距地表 1 米～3 米。这些遗迹应该与秦始皇帝陵园有着极其密切的关系。

1976 年 10 月，陕西考古研究所的考古工作者曾经在上焦村发现了 17 座墓葬，发掘了其中的 8 座。8 座墓中各有一棺一椁，其中 7 座墓中各有人骨一具，五男二女。墓中尸骨凌乱，有的躯体与四肢分离，有的头骨与躯干相分离，有的头骨上有箭头，表明墓主系非正常死亡。这些墓葬的陪葬品非常丰富，有金、银、铜、铁、陶、玉、蚌、贝、骨、漆质地器以及丝绸残片200余件。专家们通过研究后认为，这些墓葬的主人应该是被秦二世胡亥杀死的秦始皇的子女们。

此次考古勘探发现的25座墓葬包括了1976年发现的17座墓葬。这些墓葬中值得注意的有三个方面，一是几乎所有的墓葬都是东西向，洞室朝西向着陵园的方向；二是这些墓葬之间没有叠压打破关系，说明这些墓葬极有可能是同时建造的；三是这些墓葬的排列非常有规律，东侧有一排15座墓葬几乎是在一条直线上，说明这些墓葬的分布应该是经过了统一规划。综合这些因素，我们同意关于这些墓葬的主人是秦始皇子女的观点。

在这25座墓葬中有两座墓葬比较特殊。这两座墓葬是这些墓葬中仅有的两座南北向墓葬。两座墓墓室相邻，墓道朝向相反，一向南，一向北。同时这两座墓葬的规模也是所有墓葬中最大的。最为特殊的是，周围有14座墓围绕这两座墓葬分布，似乎有着特殊的含义。

初步认为两座墓葬中的一座可能是秦始皇长子扶苏之墓。扶苏墓一般认为在今陕西绥德城内，但清顺治《临潼县志》载“秦太子扶苏墓在县东三十五里”，清康熙《临潼县志》载“扶苏墓在县东谷北里药水村。”所以扶苏墓位于此处也不是完全没有可能。

（陈治国）

【西安市临潼区秦始皇帝陵1号兵马俑坑陪葬坑】

发掘时间：2017年8～12月

工作单位：秦始皇帝陵博物院

2017年度的发掘主要集中在T23方西隔梁，发掘面积40平方米。根据T23西隔梁的土质不同，遗迹可分为三部分：A. 原俑坑回填土遗迹；B.（a、b）原试掘方回填土遗迹；C. 盗洞。具体情况如下：

A. 原俑坑回填土遗迹：位于T23西隔梁东半部，长约19.5米，宽约0.2米～0.74米，土质细腻，土质褐，内含少量小沙粒。与原试掘方回填土遗迹有明显界线。

Ba. 原试掘方回填土遗迹：位于T23西隔梁西半部南部，南北长约11.5米～13.9米，东西宽约1.3米～1.80米。土质较杂，内含大石块及较多小石块，土色褐。

Bb. 原试掘方回填土遗迹：位于T23西隔梁西半部北部，东西宽约1.3米～1.8米，南北长9.9米～8.7米。土质较杂，内含较多小石块，但大石块的数量明显少于Ba区，土色褐。Ba、Bb皆形成于1974～1979年一号坑钻探、试掘时期，Ba压在Bb之上，似为在回填时，用了不同区域的土所致。

C. 盗洞：盗洞位于T23西隔梁的东半部，盗洞呈不规则长方形，原南北宽约1.13米，东西残长2米。现未解剖，深度不详。盗洞内土质细、硬，内含小砂粒，土色灰黑。从盗洞打破红烧土层这一现象来判断，“盗洞”的行为要晚于秦俑坑焚毁的时间。

在原俑坑回填土中清理提取青铜铜销1件，通长4.5厘米。分为两部分，前端为圆柱，直径0.4厘米，长3.7厘米，后端销部为长方体，长0.8厘米，宽0.5厘米，厚0.4厘米，虽为长方体，但并非标准的长方体，销尾的一面为抹角，而非直角。在长方体的中部，有一圆洞，直径0.25厘米。铜销表面布满绿色的锈蚀，锈层厚，锈层下见有青黑色铜质。其用途暂时不清。

（申茂盛　刘春华　李　卓）

【西安市临潼区秦始皇帝陵C区1号墓】

发掘时间：2017年8～12月

工作单位：秦始皇帝陵博物院

秦始皇帝陵C区1号墓位于秦始皇帝陵园外城西侧约440米处，南距原临马公路约250米，是带有两条斜坡墓道的南北向中字形墓葬。

2017年度对墓葬南侧陪葬坑（8.3米×5.5米）进行了发掘。目前深度已达3.8米，发现三个盗洞，其中一个在3.5米处消失，一个在3.8米处消失，另一个继续向下延伸，盗洞内发现粗壮动物残骨。目前仍处于发掘当中。

继续发掘墓室部分，向下发掘至约14.5米，墓室内全部为夯土回填。清理盗洞三处，盗洞继续向下延伸。墓室部分已清理至木炭层，木炭普遍分布于墓室。由迹象来看，似从南侧墓道填埋，覆盖在椁木之上，南侧厚，北侧薄。最厚处约有40厘米。椁木全部塌陷，部分区域已露头。墓室东西壁台面有多处裂缝和垮塌现象，上覆盖木炭，木炭随着台面的垮塌而向墓室中心倾斜，致使台面上木炭堆积也向墓室中心倾斜，形成外侧薄、里侧厚的堆积现象。另外，台面的立面上也黏连有大量木炭。在东侧东西最厚达30厘米。南壁为斜坡道断面，也分布有大量木炭。木炭清理后，在东壁部分区域上发现有朽木痕迹。目前还在清理当中。

（蒋文孝）

【空港新城杨家村汉唐遗址】

发掘时间：2017年2～5月

工作单位：陕西省考古研究院、西咸新区空港新城规划建设局（文物局）

杨家村遗址位于空港新城周陵镇杨家村（该村已经拆迁）西部、西北以及东部，南临空港新城管委会。此次清理古代墓葬17座、灰坑20个、陶窑5座。出土文物153件，其中彩绘泥塑佛头像72件。发掘的古墓葬中西汉墓葬5座，唐代墓葬10座，宋代墓葬2座。

遗址位于发掘区东北部，发掘面积1000平方米。从地层及出土器物初步推断，灰坑为唐宋及以后时期。窑址Y1、Y4为共用窑道和操作间的并列窑室。Y2的窑室接近马蹄形，出土物未见绳纹板瓦，应晚于南北朝。结合附近遗址年代，推测窑址年代不会晚于隋唐。出土的塑像为泥质，模制，外敷彩。大部分为头部，身躯部分仅见手掌残件。头部高约10厘米～30厘米，后部扁平，推测应与躯干部分贴于墙上。颈至头部有圆孔，或是与身躯部分以竹木相连。塑像可分为佛、菩萨、弟子、供养人。一般弟子面部施红彩，菩萨面部为白彩。佛头像高髻、窄脸、长直鼻、细颈，有北魏瘦骨清像的特点，有部分也有下颌圆润、颈部较粗的特点，最晚年代应该不会晚于北周。

此次考古发掘的墓葬从西汉持续至唐宋，遗址年代为北周及以后时期，为研究咸阳地区古代墓葬的丧葬习俗、墓葬制度等提供了翔实的实物资料。窑址保存较好，形制完整，全面揭示了窑址的结构特征，为研究北周、隋唐时期窑址的演变及建筑材料等提供了新资料。Y2出土的彩绘泥塑佛像，为历年来考古发掘少见，推测或为北周武帝或者唐武宗灭佛时佛教徒在附近寺院取来藏匿于此处。此次彩绘泥塑佛头像为陕西首次集中发现，具有重要的学术意义。

（肖健一）

【汉文帝霸陵江村大墓】

发掘时间：2017年8～12月

工作单位：陕西省考古研究院、西安市文物保护考古研究院

2017年度，根据汉文帝霸陵保护工作需要，对位于霸陵区域的江村大墓进行了抢救性发掘。江村大墓位于西安市灞桥区狄寨街道江村以东300米，北眺霸陵凤凰咀，南望薄太后南陵。8月起，陕西省文物考古研究院联合西安市文物保护考古研究院对该大墓被盗区域的外藏坑进行重点

勘探，考虑到其位于汉文帝霸陵陵区之内，工作之初采取统一分区、编号、布方，将发掘成果纳入霸陵 GIS 地理信息系统，并最终选取江村大墓西南部的 WK22、WK27、WK29、WK32、WK38 进行发掘，发掘面积约 1000 平方米。

WK29、WK32 开口距现地表约 5 米，平面呈长方形，东西长 4.2 米、南北宽 2.1 米，底距现地表约 8 米，底部见动物骨骼及板灰，内填较致密深褐色花土。目前已发掘至第②层堆积，深度 0.3 米 ~0.8 米，地层中几乎不见任何遗物，初步推断可能与 20 世纪 70 年代在薄太后南陵发现的外藏坑类似，埋藏珍禽异兽。WK22、WK27、WK38 南北纵向排列，平面呈长方形，竖穴土圹结构，规模较小，东西长 6.5 米 ~8.6 米，宽 3.5 米 ~4.2 米，坑底距地表均为 5 米，底部见陶俑和板灰。WK27 规模较大，东西向，全长 33.6 米、宽 7.8 米 ~8.8 米，由斜坡道和坑体两部分组成，坑体在东，斜坡道在西；底距现地表约 7 米，底部见漆木器、车构件、陶俑及板灰等。这三座外藏坑在撰文时正清理上层堆积。同时，在 WK15 的盗洞附近征集到 30 件重要的石磬标本，其中 23 件基本完整，均由青色石灰岩磨制而成，上方钻有小孔便于悬挂，大小厚度不一，石磬表面光滑，大多在侧面有线刻铭文，可见“十三年”“三”“四”等字样。

江村大墓因 2001 年被盗的裸体黑俑进入学界视野，引起学者的高度关注，期望通过此次细致科学的考古工作，搞清楚江村大墓的归属，确定其与汉文帝霸陵的关系，从而进一步推动汉代陵寝制度研究。另外，为配合西安市江村沟垃圾填埋场的基本建设，2017 年 10 ~12 月，对填埋场南侧沟畔上的汉代陶窑遗址进行了发掘。发掘总面积 600 平方米，清理陶窑 9 座、灰坑 2 个，出土了回纹铺地方砖、素面半圆形瓦当、云纹圆瓦当、板瓦、筒瓦、瓦钉、陶范等大量汉代遗物。

江村沟垃圾填埋场汉代陶窑遗址位于汉文帝霸陵西侧 1.8 千米的台地边缘，3 ~4 座陶窑共用 1 个操作间，单体陶窑规模较大，分布密集，初步确定为霸陵营建设置的官营制陶作坊，对于西汉时期手工业研究及帝陵制度研究具有重要意义。

【泾阳县大堡子汉代墓地】

发掘时间：2017 年 3 ~6 月

工作单位：陕西省考古研究院、泾阳县文物旅游局

泾阳县大堡子汉代墓地位于泾阳县高庄镇大堡子村西南，南距汉高祖长陵约 5 千米、长陵邑约 3 千米。共发掘墓葬 73 座。其中，汉代墓葬 62 座、唐代墓葬 5 座、金代墓葬 1 座、时代不明 5 座。共出土器物 300 多件，陶器以鼎、盒、壶、罐、仓、灶等组合为主。

汉代墓葬形制分为竖穴墓道和斜坡墓道洞室墓两种，根据墓葬形制、出土的星云纹镜、草叶纹镜、半两钱等器物判断，墓葬年代为西汉时期，其中以西汉早、中期最为集中，个别年代进入新莽时期。

值得注意的是，在大堡子墓地发现 4 条围沟，围沟内有两座或两座以上墓葬，围沟内的墓葬应该是属于同一家庭，西汉早中期围沟墓的发掘填补了秦汉时期围沟墓的缺环，为研究汉代家庭、家族以及墓地相关制度提供了基础材料。其中 M41 出土印章有“臣□”等，身份可能是中下级官吏，该墓地很有可能与长陵邑的居民有关。

（耿庆刚）

【西安市高陵区朝南村汉代墓地】

发掘时间：2017 年 1 ~7 月

工作单位：陕西省考古研究院、高陵区文体广电旅游局

朝南村墓地位于西安市高陵区姬家街道办朝南村南侧，东西长约 1500 米、南北

宽约600米。此次共发掘古墓葬389座。

这批古墓葬均为中小型墓，时代以战国晚期至汉代为主，占墓葬总数的96.5%，墓葬形制及数量分别为：竖穴土坑墓51座、竖穴墓道土洞墓230座、竖穴墓道砖室墓2座、斜坡墓道单室土洞墓42座、斜坡墓道带天井土洞墓27座、斜坡墓道单砖室墓6座、斜坡墓道带天井砖室墓12座、斜坡墓道多砖室墓6座。另外，有唐墓10座、宋墓1座、明清墓2座。

葬具有一棺一椁、单棺、双棺3种形式，葬式多为单人仰身直肢葬，少数为单人屈肢葬、双人合葬。出土器物1933件（组）。种类有陶器鼎、盒、壶、钫、缶、罐、仓、灶、灯、熏炉，铜器鼎、钫、盆、弩机、镜、印章，铁剑及骨器、钱币等。

通过发掘，对朝南村墓地的分布范围、时代有了较为清楚的认识，墓地与古城村遗址相距4千米，是汉代左冯翊的重要葬地。墓葬分布密集，打破关系多，组群关系较为清楚，部分墓葬周围设有围沟，为中小型汉墓的考古学研究提供了重要的实物资料。

（杨武站　袁　明　马金磊）

【咸阳市渭城区李家寨汉代墓地】

发掘时间：2017年6～10月

工作单位：陕西省考古研究院、秦汉新城文物局、渭陵文管所

渭城区李家寨墓地位于咸阳市渭城区周陵镇李家寨村南，共发掘墓葬22座，除1座十六国墓葬、2座明清墓葬外，其余均为汉代墓葬。其中以M22规模较大，平面呈“甲”字形，由斜坡墓道、墓室、东西耳室组成，全长30.7米，墓道长21.1米，墓室长9.6米、宽8米，墓室底部距开口11.3米。墓道、墓室自开口依次向下内收四层台，在四层台东西两侧各有一耳室，在四层台向下开挖长5.6米、宽3.8米的空间，在其内构筑高于四层台的封闭砖室空间，应是砖椁室，其内放置木棺。M22的发掘意义主要有二：一是东耳室保存完好，出土有铜熏炉、铜鐎斗、釉陶灯、云母片等器物二十余件；二是发掘过程中对墓葬出土的砖全部采集，基本能够复原所用砖的数量，该墓新型的墓室构筑方式，为大中型汉墓形制的研究提供了新的材料。

（耿庆刚）

【空港新城窦家村汉唐及十六国时期墓地】

发掘时间：2017年5～11月

工作单位：陕西省考古研究院、西咸新区空港新城规划建设局（文物局）

窦家村墓地位于空港新城周陵镇窦家村（已拆迁）东部、南邻周公大道，西邻自贸大道。发掘面积1000平方米。清理古墓葬19座，灰坑2个，晚期壕沟1条，出土文物173件。

经发掘证实，8座墓葬时代为汉代，墓葬形制为带斜坡墓道的土洞室墓、竖穴土洞墓或竖穴土圹墓，方向为东西向或南北向。6座为十六国墓葬，东西走向，均为带斜坡墓道的土洞墓室，出土器物145件。3座时代为唐代。2座墓葬时代不明。遗址发掘区域位于十六国墓葬西部、北部，发掘的壕沟为东西向，时代为明代。此次考古发掘的墓葬年代为汉、唐以及十六国时期，特别是十六国时期的墓葬，墓位经严格规划，布局整齐、错落有致，应该与其东临的KGTC～2017～001号储备用地的十六国墓葬为同期的家族墓地。

（肖健一）

【西安市雁塔区月登阁汉唐墓葬】

发掘时间：2017年8～11月

工作单位：陕西省考古研究院

月登阁墓地位于西安市雁塔区等驾坡月登阁村北、海亮唐宁府项目占地范围内。

共发掘墓葬22座，其中汉代墓葬11座、唐代墓葬10座、清代墓葬1座。汉墓6座为斜坡墓道洞室墓、5座为深竖穴墓道洞室墓，墓地持续时间较长，西汉中晚期为主。唐墓均为带斜坡墓道的刀把形土洞墓，出土器物45件（组）。

此次发掘的收获主要有两个方面：一是M9和M10两座墓葬年代为西汉中期偏早阶段，这两座墓葬同处一封闭区域内，应是家庭或家族墓葬。二是M13出土一合石质嘉庆年间的买地券、石质灵牌和石质符，为研究清中期葬俗提供实物资料。

（徐雍初）

【西安市长安区贾里村汉唐墓葬】

发掘时间：2017年4～6月

工作单位：陕西省考古研究院

贾里村墓地位于西安市长安区贾里村项目占地范围内。共发掘墓葬10座，其中汉代墓葬2座、隋代墓葬1座、唐代墓葬1座、清代墓葬6座。汉墓均为带斜坡墓道的洞室墓，唐墓为带斜坡墓道的双天井土洞墓。共出土器物25件（组）。此次发掘为研究西安地区周边中小型墓葬形制和葬俗提供了宝贵资料，也为研究这一区域汉墓、隋唐墓葬和清代墓葬序列提供了数据。

（徐雍初）

【西安市灞桥区贺韶村汉唐墓葬】

发掘时间：2017年10月～2018年1月

工作单位：陕西省考古研究院

贺韶村墓地位于西安市灞桥区贺韶村，中国邮政西安邮件处理中心项目占地范围内。共发掘10座墓葬和1座陶窑，出土器物38件（组）。其中汉代墓葬7座、北魏墓葬1座、唐代墓葬2座。汉墓5座为带斜坡墓道的洞室墓，2座为深竖穴墓道洞室墓。唐墓分别为带斜坡墓道的双天井土洞墓和三天井土洞墓。此次发掘为研究西安地区汉墓和唐墓提供了新资料。

（徐雍初）

【秦汉新城东石村汉墓】

发掘时间：2017年8～10月

工作单位：陕西省考古研究院、秦汉新城文物局

东石村汉墓位于西咸新区秦汉新城周陵街道东石村北，共清理汉代墓葬5座，形制均为“甲”字形墓，现以M2为例介绍。M2坐北朝南，长斜坡墓道砖室墓。封门位于甬道北端，由条砖砌成。墓室由于盗扰，顶部大部分坍塌。东、西、北三壁由条砖错缝平砌，黄泥合缝黏接。顶部条砖错缝平砌而成，南北进深3.9米、宽1.9米，高1.6米。东西两壁高度1.1米。随葬器物釉陶壶、仓、奁、陶壶、陶灯、铜钱等。

通过发掘，了解了这批墓葬的形制和内涵，进一步丰富了咸阳周陵地区的汉墓资料；同时由于这批墓葬毗邻汉代帝陵区，对于研究陵区的变迁具有一定意义。

（王　东）

【秦汉新城摆旗寨村汉墓群】

发掘时间：2016年12月～2017年6月

工作单位：陕西省考古研究院、秦咸阳宫遗址博物馆

摆旗寨村古墓群位于秦汉新城渭城镇摆旗寨村北，共发掘西汉晚期至新莽时期墓葬36座、祭祀坑1座，十六国、西魏时期墓葬各1座。

西汉晚期至新莽时期墓葬均为竖穴墓道洞室或砖室结构的小型墓，墓向杂乱，打破关系复杂。出土各类遗物约510余件（组）。陶（釉陶）器多见罐、盆、甑、碗、仓、灶等生活器或明器，少见鼎、盒、壶等礼器。铜弩机、铁剑等兵器较为多见，铜钱除五铢外，尚有较多“货泉”“大泉五十”“小泉直一”“货布”等新莽钱币。

体质人类学观察结果显示，墓主普遍较年轻，男性所占比例稍高。

西魏墓葬（M28）为此次最重要的发现。由墓道、两个天井及前后土洞墓室组成，总长41.8米，墓向172°。出土墓志、青瓷碗、玻璃盏、水晶坠、金指环、金发饰、东罗马金币、波斯银币、夹苎胎素面黑漆器、彩绘陶俑、模型明器等遗物240余件（组）。根据墓志内容可知，墓主名陆丑，鲜卑族，随孝武帝元修入关中后，历任武官职，封乐陵县开国子，邑三百户，卒于文帝大统四年（538）。随葬的东罗马金币，一枚为阿纳斯塔修斯一世在位期间铸造，另一枚可能为丝绸之路沿线地区的仿铸品，是目前此类遗物在国内所见的较早材料，反映了西安地区丝绸之路文化往来的悠久历史。

（许卫红　张杨力铮）

【秦汉新城西石村汉代遗址】

发掘时间：2017年6～8月

工作单位：陕西省考古研究院、秦汉新城文物局

西石村遗址位于西咸新区秦汉新城周陵街道西石村北，共发掘清理墓葬12座、汉代建筑基址（F1）1处。

此次发掘清理的墓葬时代比较集中，从西汉晚期一直延续到东汉，形制分为深竖穴墓道砖室墓和长斜坡墓道砖室墓两种。随葬的器物亦大多为常见的釉陶壶、陶仓、灶、耳杯、狗、罐等生活明器，M2出土了成组的玉圭、玉璧、玉璜、玉人、玉眼罩、玉鸽等器物，M5和M6更是在墓室东侧发现了祭祀坑，内置陶壶和禽类动物骨骼，这些与祭祀相关的考古发现无疑对我们研究汉代中小型墓葬的祭祀制度具有重要意义。

建筑基址面积约300平方米，南北朝向，由10个柱础坑围合而成，南北排列成三排，其中北侧第一排4个柱础坑，第二排2个柱础坑，第三排4个柱础坑，排列比较规律。整个建筑基址大体呈方形，南北、东西均为15米，柱础坑的大小也相对比较接近，部分柱础坑上面还保留有柱础石，未见人为加工痕迹。由于遗址上方已被完全破坏，只残存基础部分，所以房址的内部结构现在无从判断。F1周边地层散落有汉代板瓦、筒瓦残片，加之F1周边又分布着一定数量的汉代墓葬，初步推断有可能是某个家族墓地的祠堂或是家庙遗址。

（王　东）

【秦汉新城大寨西村汉代遗址】

发掘时间：2017年3～5月

工作单位：陕西省考古研究院、秦汉新城文物局、康陵文管所

大寨西村遗址位于西咸新区秦汉新城周陵街道大寨西村以北，属渭北台塬地带，地势呈北高南低。共发掘清理东汉墓葬2座、西汉晚期围沟1条，发掘面积400平方米。

2座墓葬均为东西向、长斜坡墓道砖室墓。墓道长度13米～19米、宽1.3米～2.2米，口大底小，南北两侧都内收有二层台；墓室包括前后室，各带一侧室，由于盗扰墓室内部坍塌严重，随葬器物大多位于前室和侧室。比较特殊的是，M2墓室内各壁面皆发现大面积烘烤的迹象，呈棕黑色或棕红色；底部堆积有约2厘米～5厘米厚的木炭灰，人骨亦被刻意烧成炭化的渣块，此次发掘为深入研究同类墓葬提供了新的材料。

围沟（G1）东距康陵西侧封土边缘垂直距离约430米，南北走向，平面呈长条形，口大底小，壁面斜直内收，修整规整，解剖长度20米。根据出土的文字瓦当、筒瓦、板瓦等建筑材料的时代特征，初步推断应为围沟废弃后短时间集中回填而形成。

结合近年西汉帝陵钻探资料，此次发掘的围沟应为西汉平帝康陵陵园的西围沟，

为西汉帝陵的深入研究提供了重要资料。

（王 东）

【空港新城西郭村汉魏隋唐时期遗址】

发掘时间：2017年5～12月

工作单位：陕西省考古研究院、顺陵文管所

西郭村遗址位于咸阳底张镇西郭村西，发掘墓葬18座，遗址约1000平方米。

遗址发掘区共清理陶窑9座，其中有6座陶窑南北两排、窑门相对分别共用一操作间，从出土砖瓦等建筑材料以及陶窑的形制来看，应属于隋唐时期，规模较大，似属于官营作坊。墓葬有汉、西魏、北周、隋唐、明清等不同时期，其中M4出土墓志一合，墓主为高车人，记载其祖、父三代的官职，葬于大统十五年。此墓是为数不多的西魏纪年墓之一，为研究魏晋时期官制、民族融合等问题提供了新的材料。

（耿庆刚）

【空港新城十六国墓葬】

发掘时间：2017年5～10月

工作单位：陕西省考古研究院、西咸新区空港新城规划建设局（文物局）

为配合空港新城西部民航特种设备保障服务中心项目建设，陕西省文物考古研究院在用地范围内发掘两座墓葬，其中M2为空墓，主要介绍M1的发掘情况。

M1为斜坡带台阶墓道的双室土洞墓，坐北向南，总长29.35米。由墓道、空心砖封门、条砖封门、前甬道、前室、后甬道、后室等部分组成。墓主夫妇葬于后室，葬式为仰身直肢，葬具为木棺。墓内随葬品分布在前室和后室，出土文物42件（组）。

据墓葬形制及出土器物分析，M1时代应为十六国早期。该墓的发掘，对我们深入了解西晋至十六国时期墓葬形制结构、丧葬习俗、随葬品组合规律等内容提供了可靠的实物资料。

（刘呆运）

【西安市汉城南路唐代墓地】

发掘时间：2017年1～3月

工作单位：陕西省文物考古研究院

两个项目均位于西安西郊汉城南路西侧，东面毗邻西钞厂家属院，其中红光新城北面紧邻团结西路，红光商务大厦则位于红光路北侧，发掘区北距汉城遗址约5千米，东距唐长安城开远门遗址仅2千米，发掘位置极为重要。合计发掘墓葬42座，其中，M11为呈南北向、“甲”字形斜坡墓道单室土洞墓，全长17.5米，出土有陶俑、骑马俑以及其他生活用品明器，依据出土物判断应为十六国时期墓葬。

其余墓葬除一座墓葬可以初步确定为十六国墓外，其余均为唐代中晚期墓葬，墓葬平面多为“刀”形墓，依据墓道东侧和墓室东侧平面结构的不同又可区分为直线式土洞墓和直背、弧背、折背几种墓形，随葬器物可见天王俑、风帽俑、陶马、陶骆驼等以及塔式罐、“萝卜”罐、“开元通宝”，个别墓葬出土有较精美的瓷器，如M13出土了较为少见的全绞胎瓷盖1件。

此次发掘进一步丰富了唐长安城墓葬研究的实物资料，为研究十六国及唐代墓葬分布提供了宝贵资料。

（段 毅）

【西安市长安区大居安村唐代墓地】

发掘时间：2017年1～5月

工作单位：陕西省考古研究院

墓地位于长安区郭杜街道大居安村中段西侧、学府大街与居安路十字东南角，发掘5座唐墓和1座明代墓。

5座唐墓自东北向西南分布，其中3座砖室壁画墓遭盗毁，破坏较甚。2座为单天井土洞墓。其中，M5为四天井单砖室壁画墓，有 4 个壁龛，使用石质封门，据出土墓志推知，墓主为唐中宗时期襄武郡公、户部尚书李承嘉，以景龙四年（710）入葬高阳原，卒年 60 岁。李承嘉祖父为唐太常卿、陇西公李宽。李宽碑于 2013 年发掘出土，位于李承嘉墓北侧约 2 千米处，此外在 2004 年，陕西省文物考古研究院曾在距李承嘉墓西侧约 1 千米的西北大学长安校区发掘了唐李倜墓，墓主字孝晟，与李承嘉之父李孝旻是兄弟行，加之李宽神道碑的出土，也说明李宽墓也当在附近，因此李氏家族墓地可能就位于该区域。M6 为三天井双砖室壁画墓，有 2 个壁龛，全长超过 40 米，目前关中地区发现唐代双砖室墓比较少，非勋即贵，主要集中发现于唐高宗初年至玄宗开元时期，因此墓主等级应当比较高。

值得一提的是，M5、M6 可能遭遇官方毁墓，但仍出土有各类随葬品 300 余件（组）。该墓地的发掘，丰富了高阳原地区唐代考古研究的实物资料。

（邢福来　苗铁飞）

【西安市大明宫国家遗址公园勘探】

勘探时间：2017 年 3～8 月

工作单位：中国社会科学院考古研究所陕西第一工作队

西安千古情是仿杭州宋城的旅游开发项目。项目选址区位处大明宫国家遗址公园西南，西邻西宫墙址，南临南宫墙址，东至上朝西路西侧，北临二马路小学。考古勘探分东、中、西三区展开。其中西区为管理公司停车场，中区为中建公司大院，东区为园区上朝西路至中建公司大院东墙之间，勘探面积共 39480 平方米。

勘探发现唐代踩踏面 2 处、夯墙残迹 1 处；宋元池址和灰坑各 1 处。两处踩踏面东西相距约 50 米，距现地表 1.5 米～1.8 米，厚 0.2 米～0.5 米，直接覆压于生土之上。皆被晚期扰乱，形状不甚规整。其中东侧踩踏面东西 70 米、南北 84 米；西侧踩踏面东西 124 米、南北 90 米。皆为唐大明宫丹凤门西部广场遗存。夯墙遗址位处东踩踏面内，距现地表深 1.2 米，呈南北向，残长 13.2 米、宽 0.8 米，夯基残厚 0.35 米，为分隔大明宫内西部广场空间的重要遗迹。

宋元池址距大明宫南宫墙约 40 米、西宫墙约 45 米，东西长 127 米、南北探出 67 米，深 5.8 米。池内堆积上层为 2.5 米厚的水浸土；下层为 0.8 米～1.3 米厚的淤积土。2009 年池址以西曾发现打破唐宫墙基的 3 座宋元陶窑，推测该池与之为同时期遗存。灰坑位处池址西南，略呈三角形，南北长 38 米、东西宽 25 米，深 3.5 米。内含陶瓷器残片、铁器残渣和红漆皮屑。应为制陶窑场的垃圾处理坑。

此次勘探的 2 处踩踏面、夯墙等遗迹为唐大明宫遗址的重要组成部分，其中的夯墙残迹为了解御道两侧的空间形制布局提供了重要线索。宋元池址及灰坑与打破西宫墙基址的 3 座陶窑有密切关系，是该组陶窑用于抟泥的重要水源地。同时，陶窑和池址的发现对于研究大明宫西、南两面宫墙的损坏和附近唐代文化层的缺失提供了重要的信息。

（李春林）

【西安市唐大明宫含耀门以西过水涵洞遗址】

发掘时间：2013 年 4～7 月

工作单位：中国社会科学院考古研究所陕西第一工作队

遗址位于大明宫含耀门至含元殿间内宫墙之下，西距含元殿遗址 154.5 米，东距含耀门遗址 160 米。发掘区域东西 9 米，南北 20 米，共 180 平方米。遗址由内宫墙、涵洞、南北两侧渠道构成。内宫墙长 9 米，宽 7.7 米，残高北侧 0.8 米，南侧 1.3 米，内宫墙北侧地面较南侧地面高约

0.5米。

涵洞发现于这段内宫墙中部之下，为南北向，全长10.5米，宽0.9米，高1.93米，北高南低，高差约16厘米。砖砌券顶结构，泥浆勾缝，洞底以砖平铺，侧壁垂直垒砖而砌。北侧即宫墙北壁，南端伸出宫墙南壁2.8米。两端皆置有石框铁栅结构的栅栏，其中洞北口保存完好，其上压有整块石板，3根高0.58米的铁条通过榫孔将上下石板连接构成栅门，铁栅条上有锈斑，比较酥脆。石板以上起券部分有3层砖，券洞部分则以7层砖平砌填实。洞南口顶部已损毁，仅留有装置铁栅的石条，表面等距有3个榫孔，形制当与洞北口相同。洞内残存淤泥厚0.74米，淤积层次清晰，顶面有细碎的木炭灰屑。

涵洞以北渠道发掘长6米，宽1.2米，深1.4米，往北不远渠床分两股向北、向东北分别伸出发掘范围。涵洞以南渠道发掘长3.5米、宽1.2米，深0.9米，距洞口3.8米处，渠床发现一长方形深坑，坑口东西2.3米，南北1.9米，深1.7米，四壁陡直，四隅有立柱印迹，壁面以木板支撑，底有镢锨器械清淤遗痕。坑口东北地面坚硬，为人长期踩踏而成。故推测方坑是用来收集雨水，以备旱季洒扫之需，类似水窖，同时也利于雨水沉淀杂物，确保下游渠道清澈。

自方坑继续往南，勘探显示，渠道有东拐迹象。

出土文物81件，其中建筑构件15件，有脊兽、板瓦、筒瓦、莲花纹瓦当；陶器34件，红陶9件，灰陶25件，多为盆、罐、盏、碗；瓷器28件，有碗、盏、壶、罐等；石器2件；另出土朱砂、木器残块各1件。

该涵洞遗址是大明宫内一处重要穿墙排水设施，是含耀门以西院落排水至含元殿前龙首渠的重要通道。与宫墙、院落、渠道等建筑要素密切相关，是了解大明宫内形制布局的重要线索。对了解宫内比邻区域的排水系统、院落组合有着重要价值。含耀门以西过水涵洞与大明宫南起第一道内宫墙是共为一体的建筑，从砌砖规格、绳纹特点看，年代当与含元殿、含耀门一样，为唐高宗龙朔年间。大明宫北宫墙之下和皇城含光门西侧城墙下曾先后发现过类似过水涵洞。这为横向研究长安城的引水、排水系统和相关建筑形式提供珍贵的实物资料。

涵洞属隐蔽阴暗之建筑单元，是古代城防的死角。严密的铁石栅栏设置，可有效防止奸盗入宫的企图，表明唐代宫城建设中融入了强烈的安保意识。目前，西安市对该处过水设施遗址已实施原址保护展示，正式向公众开放。

（李春林）

【西安市唐大明宫玄武门东南过水涵洞遗址】

发掘时间：2013年4~8月

工作单位：中国社会科学院考古研究所陕西第一工作队

遗址位处玄武门南185米。发掘区域东西15.9米，南北10.4米，总发掘面积计165平方米。自西往东分别发现道路、路沟、夯墙及夯墙下砖石结构涵洞一处。道路、路沟、夯墙平行排列，紧密衔接。

道路仅露出东侧局部，未完整发掘。南北向，宽度不明，从走势看，应为玄武门通往宫内的大路。路沟呈南北向，宽约2米，两侧坡度和缓，内中堆积土呈灰色。

夯墙西近且与路沟平行，呈南北向，发掘长10.4米，宽约3米。残存最高约0.25米，中部塌陷处即为过水涵洞，涵洞东西向，以砖石混砌筑成。长2.86米，外宽1.06米，内宽0.63米，高0.7米，洞底平整，西高东低，显示排水方向为自西向东。涵洞两端上下及左右侧壁皆以条石拼砌，条石近似方形，边长0.6米，厚

0.2 米。涵洞中间渠底两端条石表面各凿有榫孔 3 个，当是放置铁栅的榫孔。榫孔呈方形，边长 8 厘米，深约 4 厘米。

从周边关联遗迹看，这处涵洞是为解决玄武门内道路的排水问题而建的，它将路沟所集雨水通过夯墙下导引向东部的院落，对了解和研究玄武门南宫内东部的排水问题，提供了重要的线索。西安市对该处过水设施遗址已实施原址保护展示，正式向公众开放。

（李春林）

【西安市唐大明宫太液池南岸石桥遗址】

发掘时间：2013 年 4 ~8 月

工作单位：中国社会科学院考古研究所陕西第一工作队

遗址位处太液池西池东南，地处龙首原北坡之下，西北距太液池 80 余米。2009 年冬曾经局部揭露，此次为全面发掘。

发掘区域东西 16 米，南北 24 米，面积 384 平方米。发现南北向渠道及石桥残基，遗址由渠道、石桥和桥两侧道路三部分构成。

渠道随地势自南往北流，发掘长 24 米，宽 1 米，深 1.1 米，两侧壁多已垮塌，呈和缓的泥壁，局部残存砌砖，推测整体渠壁原应有砌砖。

石桥遗址位处渠道中部，南北总长 8 米，东西宽 2.2 米，残高 0.9 米。桥体是由条形砂石块构筑而成。桥顶塌落，但原用石块在堆积中有发现。两侧壁和桥底保存较完整。侧壁以石块整齐垒砌，显得陡直平整；底部也以条石拼砌，外侧混杂铺有砖块。铺石表面有白灰泥浆痕迹和安置铁栅的榫孔。白灰泥浆痕迹位于桥底中央，南北向呈长方形，形状表明是分水墙所立石基的粘接遗痕。从痕迹看，分水墙厚约 0.22 米，将桥洞分隔为东西两部分。各宽 0.6 米。榫孔四排，榫孔大约 5 厘米见方，深 3 厘米，个别残留铁锈痕迹。桥南北两侧皆有“八”字状砖壁分水陂，残高 0.9 米。应是为防止水流冲击桥基而专门砌的设施。

桥址东西两边为路土，路土层理结构明显，土质坚硬，特别在桥址东边较高保存较好的路段，还可见清晰的车辙碾压印痕。道路发掘长 24 米，宽 5 米，呈东西向，是联系大明宫内龙首原上殿院与太液池南岸的一条重要道路。

从遗迹现状观察，这是一座有分水桥基的双孔石桥，渠底的四排榫孔，显示桥洞曾安装有四排铁栅栏，这样缜密的布局，一方面有利于拦截龙首原宫院的树枝杂物随水流入太液池，一方面也有防止盗贼藏匿的功用。西安市对该处石桥遗址已实施原址保护展示，正式向公众开放。

（李春林）

【隋唐长安城圜丘遗址外围遗存】

发掘时间：2012 年 12 月 ~2013 年 8 月

工作单位：中国社会科学院考古研究所陕西第一工作队

此次考古是配合陕西师大附中教学楼的规划进行的，基建区域位处唐圜丘遗址以西，原为陕西师大雁塔校区化学系操场，北邻天坛路，西邻陕西人民教育出版社，南邻三宝双喜集团，正东隔道路与隋唐圜丘遗址相邻。南北长 183 米、东西宽 101.14 米。因地表多为卵石灰砂铺筑而成，探铲无法打穿，故只对完成清表的教学楼基槽进行了细密的勘探，基槽呈“凹”字形，长 370.16 米，宽 14 米，勘探约 5182.24 平方米。

考古工作分勘探与发掘两步完成。勘探显示，唐圜丘以西操场当年在平整地基过程中，唐代文化堆积除南部残留部分外，大多已遭破坏。勘探并清理隋唐遗迹单位 16 处。包括隋代渠道 1 处；道路 1 条；承压生土 3 处；夯土 1 处。唐代灰坑 7 处。其后对这 13 处古代遗迹进行了试掘，开挖探沟6处，发掘面积近400平方米。

渠道和道路皆位处圜丘坛体西南19米开外，呈东西向，渠道早于道路且叠压于道路之下。勘探长84米、宽4.3米、深1.8米，淤土纯净，呈红胶泥色，为短期使用的渠道，与圜丘及其周边祭祀建筑过程中大量用水有关，建成后随即又被填埋。

道路勘探部分重叠于渠道之上，是利用渠道渠床而形成。勘探亦长84米、宽8米、厚0.15米，路土坚实，车辙痕迹深厚。或为隋初建筑天坛时使用的道路，或为祭天时仪仗车队使用的道路。

3处承压生土分别发现于探沟T1、T2、T3，是在于灰红色的生土面显现出局部受过重压的迹象，宽3.7米~4.7米不等，土质致密，明显与外围生土不同，而与人为形成的夯土也有明显差异。应为夯土类建筑基槽底部受压而形成的痕迹，且都延伸出了各自所在的探沟。这3处承压生土宽3.7米~4.7米不等，土质致密，明显与外围生土不同，而与人为形成的夯土也有明显差异。似为夯土类建筑基槽底部受力作用而形成的痕迹。联系三者距圜丘皆37.5米，似处于以圜丘中心同一圆弧上，显示在圜丘外围曾经有过一圈基础宽3.7米~4.7米的墙类建筑，可能就是《大唐郊祀录》中提及的“内壝”遗存。南部发现的宽3米，厚约0.1米~0.15米的呈东西向的夯土遗迹可能也是“内壝”的组成部分。

7处灰坑形状皆不规则，填土多伴出有大量白灰皮渣屑，为圜丘修缮过程中建筑废料和垃圾填埋场所。

出土遗物有莲花纹方砖、莲花纹瓦当、筒瓦、板瓦、灰陶罐、红陶罐、铜饰片、玻璃簪、铜勺、开元通宝钱，渠道淤泥中出土了少量汉代绳文板瓦、绳文筒瓦、仓类釉陶器残块和“五铢”钱。

2012~2013年的考古对了解和研究隋唐圜丘遗址的外围建筑布局、形制和内涵有重要价值，与白灰皮渣屑同出的莲花纹方砖、莲花纹瓦当、筒瓦、板瓦等建材，显示圜丘周围还应有铺砖覆瓦的建筑。这给进一步考察和研究圜丘外围建筑的形式提供了重要信息。这批考古资料也对圜丘遗址的整体保护、展示设计及工程施工的参考依据。

（李春林）

【隋唐长安城圜丘周边遗址勘探】

勘探时间：2017年3~9月

工作单位：中国社会科学院考古研究所陕西第一工作队

此次勘探是配合西安市隋唐天坛公园规划设计项目开展的，涉及圜丘本体以北、以东、以南三面拆迁区，南北最长198.5米、东西最宽142米，面积17177.46平方米。因北、南两面清表不到位，东面有工程临时房屋占用，实际勘探面积为11179.16平方米。

勘探搞清了圜丘周边拆迁区内的文化层堆积和保存的基本状况，表明圜丘东北、以南遗址区唐代文化堆积已被基建施工破坏至生土。坛体以北、东南局部尚残留较好的唐代文化堆积和遗迹，其中北侧发现隋唐道路1处，东南面发现隋唐时期的踩踏面1处。唐代道路位于圜丘第一层子陛正北，且与之相连。呈南北向，南北长21.5米、残宽3.9米、距地表深0.8米、路土厚0.05米，表面有车碾压的辙痕。踩踏面东西长约44米、南北宽约35米，厚0.03米~0.05米。

第一层子陛正北的道路路土较厚，车辆碾痕明显，应为搬运祭祀品的重要通道。东南踩踏面的发现有助于了解圜丘周围的地形和地貌，对于了解隋唐圜丘东南广场地面的准确标高提供了依据。2018年2月，复原保护后的隋唐圜丘（天坛）遗址公园已正式向公众开放。

【西安市光学小区西南隋唐宫城夯土遗址调查】

调查时间：2017 年 5 月 25～27 日

工作单位：中国社会科学院考古研究所陕西第一工作队、西安市大明宫遗址保管所

遗址位于西安市莲湖区自强西路以北约 50 米，光学小区西南，新新灯具厂北侧，西邻陕西交通职业技术学院。遗址远看似土丘，呈东西走向，高出现地表约 8 米，长 30 米，宽近 15 米，上面长满树木杂草，以构树和刺槐为主，四周被现代民居所包围。从侧面断裂处和顶部一圆形井的坑壁看，有明显的夯土层理结构，夯层厚 12 厘米～15 厘米，夯土质地坚硬，呈纯黄色。从规模看，显然是一处较大的古代建筑基址。

从位置看，该夯土建筑基址东西横卧，走势大致与隋唐太极宫北宫墙遗址接近，而从夯土的厚度和夯筑痕迹观察，也与之前大明宫宫墙的夯土一致，初步可推定为唐太极宫北宫墙的一段遗存。

隋唐长安郭城墙可见于地表的已经很少，该段夯土遗存既是隋唐长安城的北墙，又是太极宫的北宫墙，有着十分重要的考古和历史价值。未来可进行考古勘探和发掘，进一步明确其性质和形制结构。目前，建议文物管理部门在其外围树立起保护标牌，宣示其文物价值，并将之正式纳入文物保护巡查名单，以便开展有效的保护。

（李春林）

【西安市兴庆宫遗址公园勘探】

勘探时间：2016 年 11 月～2017 年 8 月

工作单位：中国社会科学院考古研究所陕西第一工作队

兴庆宫是唐长安城的重要组成部分，是唐玄宗时期居住和处理朝政的重要宫殿区。1957 年，陕西省文管会曾初步勘察出兴庆宫遗址的位置、范围和形制。今西安市兴庆宫公园只是唐兴庆宫遗址西南一部分。

此次勘探主要是围绕兴庆宫公园内的三八林景点等五处空阔地域进行的。勘探总面积达 20 万平方米，发现唐代各类遗迹单位 32 处，尤以建筑夯土居多，有 18 处。水渠 1 条，池岸 5 处，道路 4 条，砖井 1 口，窑 2 座，踩踏面 1 处。编号 11、12 号夯墙即为南宫墙段落遗址，编号 6～10 号、28 号、30 号夯土为兴庆宫南部的建筑基址；编号 13 的渠道为兴庆宫西部与龙池沟通的重要水道。编号 15 号、17 号、19 号、14 号、20 号五处土质黏硬泥夯遗存，围合的黑色淤泥范围，即是龙池遗址。其中编号 15 号、17 号、19 号构成龙池的北岸，编号 14 号、20 号构成龙池的南岸。编号 18 号的路土是临池道路的一部分。

此次勘探为全面了解兴庆宫西南部的文化层堆积状况、遗迹种类和遗址的保存状况积累了大量的材料。18 处夯土基址的体量类似大明宫太液池周边常见的堂、亭和连廊类的建筑，显示出该区域为兴庆宫的游宴区。编号 13 号的水渠，为研究龙池的水源和兴庆宫的水网结构提供了重要线索。编号为 14 号、15 号、17 号、19 号、20 号五段泥夯结构的池岸轮廓走势。显示龙池平面东北大西南小，呈葫芦形，这部分纠正了宋代吕大防石刻《兴庆宫图》所见的椭圆形认识。

（李春林　龚国强）

【隋唐长安城东市遗址】

发掘时间：2017 年 5～12 月

工作单位：中国社会科学院考古研究所陕西第一工作队

隋唐长安东市遗址位于西安市碑林区，2015 年、2016 年先后进行过两次勘探和发掘工作。2017 年以 2016 年勘探和发掘为基础，再次对乐居场拆迁区内的东市东北部遗址开展工作。以 10 米 ×10 米的方格对整个区域布设探方，将已完成清表呈十

字状交叉 2016 年所布的探沟 T3、T4 纳入探方网格内进行发掘，确保精准定位遗迹单位和遗物。实际发掘探方有 T2K ~ T33K、T21D ~ T21N 与 T21P ~ T21W 共 51 个，发掘面积 2400 平方米。

发掘清理遗迹单位共 109 个。其中探方 T2K ~ T32K 遗迹单位最多，分布最密集，包括灰坑 77 个，砖井 12 口，土井 5 口，道路 3 条，房基 5 处，炉膛 2 处，池址 1 处、沟渠 6 条。从布局特点看，道路与沟渠皆为南北走向，房屋建筑基址多位处西部，其中探方 T5K 有两座前有砖砌散水后有背墙的房基 F1、F2，F1 坐东朝西，F2 坐西朝东，F1、F2 发掘皆长 4.7 米、东西宽 5 米，夯基厚 0.5 米。中东部密集分布有灰坑，根据形制与出土遗物分析，多为手工业作坊的操作坑遗存。井窖类散布于灰坑之间，砖井多是水井，土井及窖多为储藏原料或产品的遗存。炉膛遗迹有 2 处，皆残存底部烧土，烧土较厚，面积大，联系附近出土的坩埚，推测应是冶铸类作坊遗存。

此次发掘的 109 处遗迹可明确为隋唐时期东市遗址的重要遗存。其中的道路、渠道对于了解东市东北部的空间格局有重要价值。中东部密集的砖井砖窖、土井土窖与灰坑互相之间有着密切的组合关系，结合遗物，基本可推断为手工业作坊的遗存。其中 T12KL1 的炉膛遗迹和东侧出土铁器的条形窖 T12KH5，可确认是一处冶铸铁器的作坊遗址；西部排列整齐的房基可能为邻近井字大街的店铺遗址。

2017 年东市遗址出土各类器物 500 余件，以建筑构件为主，有莲花纹方砖、莲花纹瓦当、长方形条砖、青棍筒瓦、石础；还出土大量陶瓷器、三彩器、骨器、贝雕、铁器、玉器和铜钱等。连同 2015 年、2016 年两年的发掘，东市遗址目前出土的遗物已达 1500 余件。除建筑遗物外，大多反映了东市工商业的方方面面，对于全面了解唐代的手工业作坊的产品内容、规模等有着重要价值。

（李春林　龚国强）

【富平县银沟唐至元代遗址】

发掘时间：2016 年 11 月 ~2017 年 12 月

工作单位：陕西省考古研究院、富平县文物旅游局

银沟遗址位于渭南市富平县城区二环内东北角旧县村与华朱村，总面积达 2.3 平方千米，遗址区堆积较厚，分布有大量的陶瓷器碎片。

此次共计发掘面积 900 平方米。揭露宋金时代道路 1 条、房址 3 座，唐代陶窑 3 座、水井 3 口，宋元壕沟 2 道、踩踏面 1 处，另有各时代灰坑 104 个，出土遗物包括大量的陶器碎片、少量瓷片、青石质陀罗尼经幢残块、石器及钱币，还出土一些琉璃瓦片，另有数量不等的砖瓦残块、陶瓷碎片、铁器及石、骨质器物及泥质造像残块。唐代陶窑附近灰坑出土的陶罐在形制、尺寸上都与附近的唐节愍太子墓出土的陶罐一致。所出瓷器来源复杂，以耀州生产的瓷器为主，另有今河南、河北、江西等地窑口的瓷器。

通过发掘表明，该遗址文化层堆积年代集中于唐至元代，揭露出的两道壕沟为人工壕沟，在南部的东西向壕沟边缘还有人工夯筑的遗迹。揭露出来的道路为南北走向，与揭露出的东西向壕沟垂直。发掘显示，该遗址区周边的大型围沟为人工壕沟，壕沟内南部区域地层堆积深厚，尤其宋元堆积丰富，偏东北部出土有泥塑残块，似有佛寺类遗存，北部唐代堆积较厚，分布着密集的灰坑和陶窑，应与手工业作坊区相关。

【唐长安城禁苑梨园遗址调查】

调查时间：2017 年 4 ~ 12 月

工作单位：中国社会科学院考古研究所陕西第一工作队

梨园是唐玄宗在内廷设置的音乐歌舞

教习场所，因起初设在禁苑果木园圃“梨园”而得名。梨园有狭义和广义之分。狭义仅指唐代光化门北禁苑内的梨园。近年来，围绕遗址确切地址说法不一，但大都局限在今西安市星火路以西、丰禾路与北二环路之间。2017 年度调查即围绕该区域展开。

梨园遗址调查立足文献资料，兼采民间走访，采用踏查、钻探等考古调查方法，采用逻辑推理和排除法，对东至星火路、西至北二环西段（南北向）、南至丰禾路、北至北二环西段（东西向）范围，即唐代北郭墙西段以北、禁苑遗址西南部（汉及北周都城南墙外）的区域内的空地和基建工地开展了初步调查。重点对李尤白认定的梨园遗址——大白杨村小学以东进行实地踏查，工作区域东西 100 米、南北 350 米。利用范围内建筑基坑四壁的剖面分析和对校门东北草地的钻探，未发现唐代文化堆积和建筑遗迹。而在大白杨村小学西南不远，2012 年中国社会科学院考古研究所陕西第二工作队曾在梨园路以北的基建工地发现过 10 座唐代仓窖，确认梨园路以北的大白杨村应为一处大型唐代粮仓遗址，而不可能为梨园遗址。

因梨园遗址的地点涵盖范围较大，2017 年的调查仅仅是一个开始。目前的结果虽仍不能确认梨园的地望，但排除了李尤白的定论，否定了大白杨村的可能性，进一步缩小了未来探查的方向和范围。

（李春林　龚国强）

【富平县唐李道坚墓】

发掘时间：2017 年 2～10 月

工作单位：陕西省考古研究院、富平县文物旅游局

唐李道坚墓位于富平县西南城关镇新庄村道理组，属于唐献陵陪葬墓，位于献陵东北约 2 千米处。该墓曾多次被盗，1994 年富平县文物部门曾对该墓进行了初步调查，将该墓命名为富平朱家道村壁画唐墓，并发表了相关资料，之后被研究唐墓壁画的学者多次引用。由于该墓被盗严重，陕西省文物考古研究院于 2017 年对该墓进行了抢救性发掘，截至 2017 年底，墓葬田野考古发掘工作已经结束，对墓葬周边遗迹的勘探及墓葬壁画的保护工作正在进行中。

李道坚墓为一座长斜坡墓道单室砖墓。墓室地面封土已经被破坏，残存部分直径约 3 米，高约 1.5 米。该墓因多次被盗，陪葬品已基本不存，仅在第二天井下壁龛内出土一批陶俑，陶俑中有较多的骆驼俑。另在甬道口出土墓志一合。李道坚墓壁画虽经多次被盗及水浸，部分壁画脱落，但是残余内容仍十分丰富，墓道内有昆仑奴、侍从、羽人驭青龙及白虎等，墓室内部东壁为乐舞图，北壁有双鹤屏风、昆仑奴牵牛屏风；西壁为六扇山水屏风；南壁有卧狮屏风。

根据墓志判读，墓主李道坚为唐高祖李渊重孙。据史料记载，李道坚为李渊重孙，其祖父为鲁王李灵夔，父亲为范阳郡王李蔼。据史料记载，李灵夔“少有美誉，善音律，好学问，工草隶”，李蔼“艺辍多材，慈深善诲，蔼夙奉趋庭之训，早擅临池之工”。李道坚墓壁画内容丰富，题材独特，其山水屏风壁画为目前发现的唐代纪年墓中最早的山水屏风壁画。该墓墓志的出土对墓葬的时代有了明确的认识，为该墓葬的研究提供了极为重要的依据。希望通过考古、文保、艺术史、美术等多学科结合的研究手段，对于该墓展现的唐代政治、艺术、文化等方面进行更深入的研究。

（李　坤）

【唐代帝陵之代宗元陵】

发掘时间：2017 年 1～12 月

工作单位：富平县文物旅游局

2017 年度，唐陵考古工作主要对唐代

宗元陵神道石刻及下宫建筑遗址进行发掘和清理。陵园石刻大部分遭到损毁及掩埋，南神道地面现存4件石刻，北神道地面现存7件石刻，勘探及调查新发现19处石刻。此次工作对所有石刻进行了清理、记录，并提取了完整的三维数字化信息，还清理了下宫大型宫殿建筑1处，采集文物标本近50件。

元陵下宫遗址位于元陵堡东北约650米处，勘探发现南北分布的两座大型建筑基址。发掘的下宫1号建筑基址，整体呈长方形，西半部被现代水渠破坏，现东西残长约28米、南北进深约25米。经复原可知，整座建筑遗址由南北3排柱础、东西8列柱础构成，进深2间，面阔7间。在建筑的南北还清理出散水和踏步的痕迹。殿址四周散水基本损毁，其外侧的挡砖基本保留，东部夯土台基外侧还保存了部分包砖。这些留存的散水和包砖遗迹标示出了散水的范围和走向、台基的构筑样式，也框出了大殿建筑的完整范围。

发掘前地面上堆积高1米~2.5米的瓦砾，在堆积层内发现了大量的红烧土痕迹，经过清理，在殿址原始地面的高度发现一层厚2厘米~5厘米的烧结面，与遗址上遗留的柱础石表面同高，且所有柱础石的四周均有炸裂现象，应为火烧后留下的痕迹。

此次发现的元陵下宫1号建筑基址，是目前考古发现的保存最完整、面积最大的唐代陵园建筑基址，对研究、复原唐代的宫殿建筑具有重要意义。

（张　博）

【绥德县圪针湾唐代佛窟】

发掘时间：2017年10~12月

工作单位：陕西省考古研究院、绥德县博物馆

窟龛造像位于绥德县满堂川镇圪针湾村核桃基地内、螺丝圪垯山顶东南侧断崖上。此次抢救性清理佛窟6座，坐北朝南，均系开凿于黄土断崖上的土洞窟，自东向西排布，依次为K1~K6。K1进深5.8米，为僧房窟，后部壁龛中下部大体完整，龛下的石板土床、泥灶、踩踏地面保存较好。K4进深5.96米，窟内后部为一佛龛，龛后高佛台上三佛并坐，可能为“三身佛”；中前部四尊倒塌塑像可能为二胁侍菩萨与二弟子。此外，龛内还发现有画像石板1件、石兽墩1件、石供器2件。窟前部北侧为相对而坐的文殊、普贤塑像，中南侧东、西两壁绘有壁画，内容可能为药师佛与十二神将及炽盛光佛与九曜。此外，中南侧还有4件尚在原位的石柱础和已移至县博物馆保存的石柱身1件、石夯1件。窟内佛龛与前部壁面上分布有数组供养人题名。K5进深2.86米，窟内后部造像龛内塑一尊结跏趺坐于山石座上的地藏菩萨像。窟前部北侧为相对而立的闵公与道明和尚塑像，东、西两壁自北向南绘制表现地狱情节的壁画，南侧中部发现带人物题名的石供器1件。K2、K3、K6均为小型龛式窟，保存状况较差，后两者内发现有泥塑造像、石碑造像、圆雕石造像、石供器残块等共计10件。墓门画像石时代为汉，石碑造像与圆雕石造像的时代根据造像风格与题记可初步推测为唐代中期，洞窟、塑像、壁画、石供器等根据造型特征与风格可知其时代为明代中期。

（席　琳）

【空港新城北朱村唐代墓地】

发掘时间：2017年3~10月

工作单位：陕西省考古研究院、西咸新区空港新城规划建设局（文物局）

发掘区域位于西咸新区空港新城万联大道以西、宜平大街北侧，东距唐昭仪上官婉儿墓约900米，原属咸阳渭城区北杜街道办北朱村生产用地，西北距北朱村约

500米。

在建设用地范围内，发掘了两座带有大型围沟的唐代七天井长斜坡单室土洞墓，均由斜坡墓道、天井、过洞、壁龛、甬道和墓室六部分组成。M1位于发掘区域西侧，尚保存有封土遗迹，封土南北长17.5米、东西宽15.6米，堆积厚度0.3米，外围是一周大略呈方形的围合沟壕，全长387.48米。M2位于M1东侧，略偏南，围沟呈半框形，西面没有围沟，仅在北、东、南三面布设有与M1形制相同的围沟，全长243.4米，两组围沟开口宽1.2米~1.38米，底部宽0.3米~0.7米，底部距开口深1.6米~1.8米。

发掘表明，M1遭盗扰较甚，仅在墓道靠近底部处出土较多残碎的陶俑，所幸的是墓道处仍残留有壁画，内容有青龙白虎和侍女，其中西壁的壁画保存相对较好，依据墨线绘制，线条遒劲有力，运笔流畅。M2虽然也曾遭盗扰，但是四处壁龛仍被完整保留，出土有骑马俑等遗物，在墓室中出土了较为丰富的遗物，出土的墓志表明该墓葬下葬时间为天宝七年（748）八月。墓主人是唐代著姓范阳卢氏，其夫则为琅邪王氏，身份为右威将军东京留守。葬地被称为洪渎原，与上官婉儿墓志指称相同。M2的棺床底部和侧面描绘布设的壁画则为以往唐墓出土所稀见，弥足珍贵。

（段　毅）

【西安市高新区双水磨宋金遗址】

发掘时间：2017年3~4月

工作单位：陕西省考古研究院

双水磨遗址位于西安市高新区丈八路与科技六路交汇处的双水磨村，西距老皂河200米。共发掘1100平方米，发现各类遗迹30个，其中灰坑24个、墓葬3座、陶窑1座、井2口。灰坑形制不规整，其中一个出土大量陶片和少量瓷片。墓葬有2座为空墓，1座保存较好。陶窑保存极差，井保存较完整。以M3为例说明。M3为洞室墓，方向80°，墓道位于墓室东端，墓道口东西长2.7米、东宽1.12米、西宽1.48米、深3米，底长2.7米、东宽0.96米、西宽1.34米。墓室位于墓道西端，为土洞拱顶，宽0.78米、高1.62米。墓室两端距地表0.72米处有壁龛。墓道内填黄褐色五花土，土质较疏松，未经夯制。墓室内填淤积坍塌土。墓室内见铁钉初步确认葬具为木质，其他不明，葬式不清。

该遗址出土了大量陶片和少量瓷片，年代应为北宋末年至金代。这批资料丰富了西安地区宋金时期的考古学内涵，有助于研究当时人们的活动区域、生活方式及生活用具等。

（郭小宁）

【西安市高陵区高泾路明清墓地】

发掘时间：2017年7~9月

工作单位：陕西省考古研究院、高陵区文体广电旅游局

墓地位于西安市高陵区高泾路南侧。共发掘明清时期墓葬7座，出土文物15件。

7座墓葬中6座为竖穴墓道土洞墓，葬具为单棺或双棺，陪葬器物有少量的瓷碗、瓷罐、铜钱等。其中，M3为斜坡墓道带前庭石室墓，由墓道、前庭、墓室三部分组成，前庭和墓室位于竖穴墓圹内。墓道平面为南北向长方形，底为斜坡状，下部有三级台阶。前庭平面近东西向长方形。前庭东、西两侧紧贴墓圹各有一面照壁，东西相对。前庭上部填土中出土墓志一合。墓室为石砌而成的三个并列相连的洞室，洞室内各置木棺一具。墓室口部设有石门、石门楼。门额文字由西向东依次为："待封孺人文氏寿墓""皇清待赠乡饮介宾金翁赵公之墓""待赠孺人

荣氏之墓”，门框两侧各有对联一副。石门楼、门楣、门扇表面减地线刻梅、菊、荷、蕉叶、团花及兔、鹿、鹤、瑞兽等图案。

此次发掘的明清墓葬为研究高陵地区明清时期家族墓地、墓葬形制、葬俗及建筑艺术提供了重要的实物资料。

（杨武站　袁　明　马金磊）

甘肃省

【临洮县马家窑遗址】

发掘时间：2017 年 7～12 月

工作单位：甘肃省文物考古研究所、中国社会科学院考古研究所

为进一步了解马家窑遗址的文化内涵，并为制定遗址保护规划提供基础资料，2017 年甘肃省文物考古研究所和中国社会科学院考古研究所再次开展合作，对马家窑遗址进行了第四次发掘。主要目标包括三个方面：1. 重点解决 2016 年瓦家坪发掘所见大灰沟的整体走向、范围、具体形制及其性质。2. 对 2016 年钻探所知巴郎坪台地丰富的马家窑文化遗存择点发掘，以补充近些年发掘所获马家窑文化遗存偏少的不足。3. 提取更多多学科分析样品，获得马家窑文化生产、生活及自然环境的新资料，为相关保护工作提供科学数据。

发掘工作于 2017 年 7 月 1 日展开，12 月 15 日结束。在上述方案指导下，该年度发掘地点选在遗址南部，巴马峪沟北侧的瓦家坪和巴郎坪两处台地上。这其中瓦家坪台地共布设探方 14 个，扩方 1 处，揭露面积约 400 平方米，清理出不同时期房址 1 处、灰坑 23 个、沟 2 条；巴郎坪台地共布设探方 5 个，揭露面积约 125 平方米，清理的遗存主要为地层堆积和少量灰坑。两处发掘区收集了大量陶、石、骨等人工遗物和自然检测样品，进一步丰富了学术界对马家窑遗址不同时期文化堆积及各类遗存的认识，为马家窑遗址的保护、开发及相关学术问题的研究提供了重要资料。

（周　静　郭志委）

【张掖市西城驿遗址】

发掘时间：2017 年 4～10 月

工作单位：甘肃省文物考古研究所

2017 年对西城驿遗址 A 区台地东部发掘 1000 平方米，并且对 2016 年发掘的 30 个探方继续清理发掘，总共清理各类遗迹单位 333 个，包括墓葬 2 座、灰坑 295 个、房址 19 座、灰沟 5 条和红烧面 12 处。房址包括土坯建筑、半地穴式建筑和地面立柱式建筑，其中以半地穴式建筑居多。同时对金塔缸缸洼遗址和火石梁遗址各试掘 25 平方米，火石梁遗址清理房址 5 座、灰坑 41 个、墓葬 2 座和红烧面 1 个。其中房址全部为地面立柱式建筑，其由柱洞、地面和火烧面组成。2 座墓葬为竖穴土坑墓，都属于居住址内埋葬。缸缸洼遗址总共清理房址 2 座，灰坑 9 个，其中 2 座房址为地面立柱式建筑，其由柱洞、地面和火烧面组成。

西城驿遗址出土遗物主要包括陶器、石器、骨器、玉器（料）、冶金遗物、碳化种子和动物骨骼等。陶器主要包括 A 类马厂—西城驿—四坝文化时期陶器，B 类齐家文化时期陶器。铜器主要包括小件的铜器（铜刀、铜锥等）以及冶炼相关的遗物（铜渣、矿石、炉壁、鼓风管、铜范等）。骨器主要包括生活用品。石器包括打制石器和磨制石器。炭化植物种子，主要包括粟、黍和麦类作物等。火石梁遗址和缸缸洼遗址出土器物与西城驿遗址出土器物基本一致，包陶器、石器、骨器、玉器（料）、铜器及冶金遗物、炭化种子和

动物骨骼等。其时代相当于西城驿遗址早中期（马厂文化晚期—西城驿文化）的遗存。

通过对黑河流域3个遗址的发掘，揭示了黑河中下游地区马厂文化晚期至四坝文化时期的聚落形态及演变过程。对认识黑河流域的文化谱系提供了新材料，该区域经历了马厂晚期/齐家文化—西城驿/齐家地层—四坝文化/齐家文化发展序列。同时，缸缸洼遗址和火石梁遗址的发掘丰富了西城驿文化的文化内涵。

丰富的文化遗存对认识黑河中下游地区马厂文化晚期至四坝文化时期的环境、生业、技术和意识形态研究等具有重要的意义。出土的冶金遗物、炭化种子、动物骨骼、权杖头和土坯建筑等遗物对开展早期东西文化交流研究具有重要意义，证明黑河流域在新石器晚期—青铜时代是重要的文化交流通道。

（陈国科）

【甘肃洮河流域考古调查及试掘】

发掘时间：2017年5~6月

工作单位：甘肃省文物考古研究所、北京大学考古文博学院、美国哈佛大学人类学系

中美合作“甘肃洮河流域新石器至青铜时代文化与社会之演进”项目2017年度考古调查与发掘，是该项目开展工作的第二个年度。2017年5月11日至6月5日，中美联合考古队对广河县齐家坪遗址进行了第二次发掘，同时开展了定西市临洮县灰嘴屲遗址的首次试掘和辛店遗址的考古调查。

齐家坪遗址的发掘确定在两个地点。遗址南部发掘点延续2016年度的工作，继续清理并完成Y1结构的整体揭露，揭露面积12平方米。Y1的窑室平面呈圆角长方形，包括操作间和窑室两个组成部分。从窑室结构和出土陶瓷片判断，该窑址属于宋代。北部发掘点位于2016年度发掘地点的北侧，揭露面积4平方米。清理了有打破关系的2个灰坑，均属于齐家文化。其中1个灰坑内还出土了人形陶塑1件。

灰嘴屲遗址属首次发掘，该遗址为一处典型的辛店文化聚落。遗存包括灰坑和墓葬两类，我们选择了一处地磁反应较为强烈的地点进行发掘，布2米×2米的探方一个，试掘面积4平方米。清理灰坑4个，相互之间有叠压打破关系，但均为辛店文化。其中1个灰坑内出土羊肩胛骨卜骨1个。

辛店遗址的调查包括地表踏查、RTK测绘和地磁探测三个部分，调查地点包括南侧的骆驼崖和北侧的石郭家村，实际调查面积约5万平方米。调查确认骆驼崖为聚落区、石郭家村为墓葬区，RTK测绘则获得了该遗址的整体地貌和环境信息。

（周　静　傅罗文）

【华池县大梁峁龙山时期遗址】

发掘时间：2017年9~12月

工作单位：甘肃省文物考古研究所、北京大学考古文博学院

“河套地区聚落与社会研究”课题是国家大遗址保护“十三五”专项规划重大课题之一，是跨区域的综合性考古研究项目。为配合“河套地区聚落与社会研究”课题总目标的落实，同时立足于建立甘肃陇东地区史前考古学文化谱系和框架。2017年9~12月，甘肃省文物考古研究所与北京大学考古文博学院合作，分前、后两个阶段完成了2017年度的田野考古工作，首先是对华池县大梁峁遗址的考古试掘与调查，其次是对灵台县桥村遗址、西山遗址，镇原县大塬遗址、老虎咀遗址的考古调查。

大梁峁遗址位于庆阳市华池县林镇乡四合台村西梁自然村，海拔1530米左右，遗迹主要分布在大峁梁、小疙瘩、西梁和

边家山四个台地上，以大峁梁台地最为丰富，此次试掘区即选择在大峁梁台地的东南端。试掘工作于该年9月21日展开，11月16日结束。共布设5米×5米探方4个，揭露面积100平方米。清理龙山时期窑址1座、灰坑17个和现代灰坑1个，出土了大量陶片、料姜石，并出土较多石块、兽骨和白灰面残片等，收集了陶、玉、石、骨、角和蚌质类小件100余件（组），并对重要遗迹的不同层位堆积进行了植物浮选和植硅体样本提取，同时提取了大量木炭样本进行年代测定和植物种属分析。此外还对Y1窑室外壁红烧土进行提取以测定窑室温度，从而确定其属于烧制陶器还是烧制石灰的窑址。

此次发掘区域属于作坊区，清理的窑址、灰坑和大量出土的陶片、料姜石、兽骨及玉石制品，为我们了解陇东地区龙山时期的考古学文化面貌提供了重要实物资料。在试掘基础上，我们对马莲河上游支流的蒲河流域、泾河上游支流的黑河流域进行了田野调查，重点选择镇原县大塬遗址、老虎咀遗址，灵台县桥村遗址、西山遗址进行全面调查，初步掌握了两个流域龙山时期遗址的考古学文化面貌，为课题的进一步开展奠定了重要基础。

（周　静）

【渭河上游地区考古调查】

调查时间：2016年4月~2017年10月

工作单位：秦文化与西戎文化研究项目联合调查队

2016年至2017年秦文化与西戎文化研究项目组建联合调查队对渭河上游地区天水段、甘谷段、武山段地区进行考古调查。调查主要沿渭河干流及其支流两岸进行，共发现遗址137处。2016年11月对天水段渭河干流及其支流两岸进行考古调查。此次调查共发现遗址42处，新发现遗址4处。遗址以史前遗存居多，周秦遗存为主的遗址有5处。

2017年4月、10月，调查队对天水市甘谷县及武山县境内的遗址进行了调查，两次调查共发现遗址95处。两县境内的史前遗址占绝大多数，周秦遗址十多处。各类遗址按照面积大小可分为四个等级：总面积2万平方米及以下的小型遗址共21处，总面积2万~10万平方米的中型遗址共48处，总面积10万~20万平方米的大型遗址共10处，总面积20万平方米以上的超大型遗址共16处。有些遗址以史前遗存为主，但是包含有部分周秦汉等时期的遗存。以周秦遗存为主的遗址甘谷县有磐安镇毛家坪遗址等5处；武山县有洛门镇东旱坪—刘家墩遗址等5处。

渭河上游地区甘谷武山段调查为我们了解该地区汉代之前的文化面貌提供了依据，校正了第三次全国文物普查资料的谬误，更加科学、系统地对该地区遗址资料进行整理。全面了解了该地区西戎文化、秦文化遗址的分布和范围，对认识秦戎关系、周秦文化与西戎文化范围意义重大。

此次渭河上游调查基本廓清该地区史前—周秦文化分布范围和文化序列，明确了周文化、秦文化和西戎文化的分布范围，了解了各个不同时期不同文化的大致脉络和分布。认识到至少在西周晚期之前，周文化是渭河上游地区的主导文化，周王朝牢牢把控着渭河上游地区的控制权。西周晚期至春秋时期，周文化衰落，秦文化慢慢崛起并取代周文化。文化的变迁与政治的兴衰相呼应。

调查发现大部分遗址人为破坏严重，对现存遗址的保护是亟须考虑的问题。

（侯红伟）

【宁县石家东周墓群】

发掘时间：2017年4~12月

工作单位：甘肃省文物考古研究所

石家墓群位于庆阳市马莲河以东、九

龙河以南早胜原上，现隶属于宁县早胜镇西头村。

2017年甘肃省文物考古研究所继续对石家墓群东侧区域进行考古发掘，共清理东周时期墓葬6座。其开口于耕土层或垫土层下，打破垆土层。墓葬形制皆为南北向竖穴土坑墓，口大底下或口小底大，墓圹近底部周围多留二层台。未盗掘墓葬为一椁一（重）棺，个别墓葬四壁抹一层浅绿色涂料，较为特殊。葬式明确者，一座为仰身直肢葬，一座为侧身屈肢葬。

随葬品组合上以铜礼（容）器、车马器、棺饰组合、墓主人近身饰物为主。其中棺饰组合中发现高于棺盖板之上木质框架——疑似“棺罩”；高于棺盖板之上纺织物印痕——“荒帷”；紧贴棺身纺织物痕迹——“褚”；“池”下串饰物遗存，组合比较复杂，以墓葬M40为例，其由石磬形饰、陶珠、费昂斯珠、石贝、铜铃、铜鱼组成。石磬形饰、石贝各两两成组，陶珠或夹杂个别费昂斯珠以四个呈一线排列。悬挂排列上石磬形饰组单独式悬挂；陶珠（夹杂个别费昂斯珠）组置顶端，末端衔接一对石贝组的复合式珠贝组合。铜鱼两两成组，各组内两铜鱼形制各异，鱼尾夹角呈尖角或弧角，大小不一，头朝上，每间隔一段小距离悬挂。铜铃内外两道各悬挂一件，每间隔一段大距离出现。新发现一批金器，其采用铸造，纹饰有中原流行的夔龙纹、兽面纹及“﹛”“<”，是继河南三门峡虢国墓地、山西晋侯墓地、陕西韩城梁带村芮国墓地后，在该省境内的新发现。新发现一大批玉器。在器类方面，大致可分佩饰用玉、礼仪用玉、丧葬用玉三类。佩饰用玉发现有发饰诸如笄等，耳饰诸如玦等，串饰诸如组玉佩等；礼仪用玉中涵盖琮、瑗、璜、圭等瑞玉类；丧葬用玉有饰棺等。另外，石家墓群新发现少量商周时期或更早时期的旧玉，诸如玉琮、玉瑗、鸟形玉佩饰等。

石家墓群是首次在庆阳地区发现的春秋时期高等级贵族墓地。区域位置重要，地处泥阳古道干线上，南接唐古道，直通彬县境内的丝绸之路。马莲河自北向南汇入泾河，贯通北方草原文化与中原文化联系；东侧，以纵贯南北子午岭为主脊，襟带邠岐，三秦之屏障。文化面貌复杂、多重因素共存，为探讨东周时期文化传播、民族融合及互动提供了新的考古学材料。

（王永安　张俊民　郑国穆　孙　锋）

【漳县墩坪春秋至东汉时期墓地】

发掘时间：2017年6～12月

工作单位：甘肃省文物考古研究所

墩坪墓地位于漳县三岔镇三岔村北200米的墩坪上。2014～2016年，甘肃省文物考古研究所对该墓地进行了连续性的发掘，清理墓葬127座。2017年，我们继续对该墓地进行发掘，清理墓葬54座，其中西区东周墓葬9座，东区汉墓45座。东周墓葬形制、内涵与往年发掘一致，不再赘述。

2017年度发掘汉墓可分为土坑墓和砖室墓两类。土坑竖穴墓又可分为带斜坡墓道竖穴土坑墓和长方形竖穴土坑墓两类。

带斜坡墓道竖穴土坑墓。墓道呈斜坡状，位于墓室东部或西部。按墓葬规模，可分大、中型。1. 大型墓。墓道位于墓室西部。墓室平面长方形，葬具一椁三棺，在木椁四周积有较厚的木炭。多人合葬，皆为仰身直肢葬。随葬品极少，有钱币、陶罐等。随葬少量殉牲，多为马、牛、羊等的颌骨，放置散乱。2. 中型墓。墓道位于墓室东部或西部。墓室平面长方形，葬具多为一棺一椁，部分仅有一棺，棺内底常见铺草木灰的现象。多数墓葬底部铺有南北向垫木。葬式多为单人仰身直肢葬，头向东或西，个别墓葬为双人合葬墓。墓主人周身常放置若干白色和灰色鹅卵石块。随葬品以陶器为主，还有少量漆器、铁器和铜器等，多置于棺椁之间。部分与墓室相接的墓道末端随葬殉牲，为马、牛、羊的头和蹄骨，墓室中殉葬动物肩胛骨或肢骨。

长方形竖穴土坑墓。平面长方形，东西向，部分墓室内有窄生土二层台。葬具多为一棺或一椁一棺，少数无葬具。多数墓葬底部铺设垫木，以南北向为主，个别为东西向。在小型墓墓主人身下有铺垫一层厚约30厘米五色土的现象。葬式多为单人仰身直肢葬，个别为屈肢葬，头向东或西。墓主人周身常放置若干鹅卵石。随葬品以陶器为主，还有少量漆器、铜器和铁器，置于棺椁之间。殉牲以动物肢骨或肩胛骨为主，少数为马牛羊的头蹄骨。此外，还有部分“空墓”，或仅见少量羊头骨，或仅有漆皮，可能是迁出葬。

砖室墓，一般由墓道、甬道和墓室等组成。墓道多为斜坡式，个别为台阶式。除一座双室墓外，余者均为单室墓。墓顶多为券顶。墓室多用青砖铺地，偶见青砖和鹅卵石混铺。砖室墓多合葬，个别墓葬棺内底铺草木灰。一些墓葬中亦有随葬卵石的习俗。随葬品较少，有陶器、铜钱和铁器等。

2017年度的发掘表明，墩坪墓地的时代跨度从春秋晚期至东汉。战国中期至汉代，北方草原文化迅速衰落，新的文化传统逐渐形成。文化的兴衰变化体现了与重要政治事件的密切关系，土著文化与中原文化的结合反映出汉帝国对西垂边疆的经营。

（杨月光　毛瑞林）

【张家川马家塬战国墓地】

发掘时间：2017年4～12月

工作单位：秦文化与西戎文化研究项目联合考古队

马家塬墓地的考古项目已持续进行了12年。2017年度的考古发掘工作是在往年研究基础上的延续，墓地共发现墓葬75座，祭祀坑2座，马车遗迹61辆。

该年度的田野考古工作包括勘探和发掘两方面内容：

一　考古勘探

对墓地冲沟西侧第四、五级田地以及M19所处田地以东至墓地重点保护范围东界进行勘探，勘探总面积6436平方米。探明墓葬7座，其中4座为首次发现。

二　考古发掘

于墓地冲沟西侧第三、四级田地发掘墓葬共17座，其中第三级田地揭露面积1400平方米，清理墓葬11座；第四级田地采取先重点勘探，后针对探明的墓葬进行发掘的方式，发掘面积200余平方米，清理墓葬6座。墓葬被盗严重，保存较完整者5座，被盗12座，以墓室被盗为主。出土马车遗迹12辆、随葬品150余件（组）。墓葬的结构、埋葬习俗、马车形制、随葬品种类等与2016年发掘所获基本相同。其中墓室与竖穴垂直布局的竖穴偏洞室墓8座，分别为M31、M32、M36、M55、M73、M74、M75、M76，墓室与竖穴平行或直线式布局的竖穴顺室墓9座，分别为M30、M33、M34、M35、M37、M38、M39、M56、M72。

通过该年度发掘有以下几点认识：1. 墓葬的时代为战国晚期，少数可能晚至秦统一以后。2. 冲沟西区、M6西侧分布有这一时期墓葬36座，其中竖穴顺室墓明显增多（19座），M6东侧仅发现3座，且西区随葬品的质量不及东区，应有年代早晚之别。3. 直洞室墓与关中地区战国中晚期“直线式”洞室墓结构相似，墓主应与秦人关系密切。4. 小型墓葬中部分不随葬车辆，随葬车辆者多存在将车体构件拆分后随葬或仅随葬车饰件以代替整车的现象，说明并无严格的葬车制度，车辆的有无、构件的完整程度、装饰豪华与否与墓主的财力关系更为密切。5. 所有墓葬以M6为中心南北成排、半月形带状布局，并以规模相对较大的中型和次中型墓葬为局部中心，尤以墓地北部及西部最为明显，显示墓地似经统一规划、有序埋葬。

（谢　焱　刘兵兵）

【肃北县马鬃山径保尔玉矿遗址】

发掘时间：2017 年 10 ~ 12 月

工作单位：甘肃省文物考古研究所

2007 年以来，甘肃省文物考古研究所连续多年在河西走廊开展了玉矿遗址的调查工作，先后发现了肃北马鬃山径保尔草场、马鬃山寒窑子草场和敦煌旱峡玉矿遗址。从 2011 ~ 2017 年对径保尔草场玉矿遗址开展了 7 个年度的考古调查和发掘工作，获得了一批关于早期玉矿工业遗址的重要遗存，为探讨古代玉矿及相关研究提供了丰富的资料。

2017 年，径保尔草场玉矿遗址发掘区 A 区向东 100 米，发掘面积 1600 余平方米，清理房址、灰坑、石料堆积等遗迹单位 70 余处。房址包括半地穴式、地面柱洞式、地面砌墙式三大类，且以半地穴式为主，共 32 座，半地穴房屋单间 25 座，套间 7 座。半地穴式房屋的结构基本一致，平面呈方形，主要由房址主体、柱洞、门道、储藏坑、土台、操作台、灶、活动面等部分组成，部分操作台之上有砺石。部分房屋有叠压打破关系，在结构上多有前后期改造使用的现象，其中 8 座存在早晚两期使用，1 座房子存在三期使用，23 座为一次使用。根据房址和灰坑（储藏坑）的空间分布特征和排列规律，所有的房址围绕中间的储藏坑呈近扇面形分布，每组房址有 2 ~ 7 间不等，反映了当时采矿生产组织形式，中间的储藏坑所在区域为公共场所，用来储藏玉料和生产生活的资料。

发掘出土遗物主要有陶器、石器、铜器、铁器、玉料及石料（玉料围岩）、皮革、植物遗存、动物遗存等。陶器包括典型中原汉式陶器和骟马文化陶器。石器主要有采矿选矿工具石锤和选料加工工具砺石等，其中砺石形体大小各异，磨光面粗细不同。铜器主要有武器、工具和装饰品等，武器以箭镞为主，工具包括大量容器残片。铁器有镞、矛、剑、刀、斧及工具等。骨器主要包括工具及装饰品。玉料以透闪石为主，多青玉、糖玉，少量为白玉，部分玉料局部磨光，部分有火烧痕迹，从产状分析可分为山料和戈壁料，以山料为主，戈壁料较少。

房屋的整体布局和成组分布可能反映了当时生产的组织管理形式，且不同的建筑形制反映了其不同的性质和功能。从房址的结构及出土遗物来判断，半地穴式房屋主要用于采矿人群居住和拣选玉料。多座房屋在使用过程中存在着改变房屋内部结构的现象，可能存在多次利用的现象。多组房屋存在叠压和打破关系，对我们开展聚落分期及认识各期聚落组成和形态演变具有重要意义。

根据出土遗物类型学研究和 ^{14}C 测年研究表明，该玉矿遗址的年代在战国到西汉时期。其发现为探讨古代玉矿开采技术、生产组织形式及中国古代“西玉东输”等提供了重要资料，同时对认识中国古代采玉人群族属及中原王朝与边疆地区民族关系等具有重要意义。

（陈国科）

【敦煌市阳关遗址考古调查】

调查时间：2017 年 10 ~ 11 月

工作单位：甘肃省文物考古研究所、敦煌研究院、中国科学院遥感与数字地球研究所、兰州大学资源环境学院、敦煌市博物馆

阳关遗址位于敦煌市南湖一带，是陆上丝绸之路南道的重要关卡。从斯坦因中亚探险之后，有关阳关遗址的确切位置一直未得到确认。学术界说法不一，莫衷一是。随着丝绸之路的成功申遗，敦煌一年一度的“文博会”召开，有关阳关位置的

问题也被提到议事日程。

因此，由甘肃省文物局牵头，相关单位抽调人员组成调查队，在2015年初步调查的基础上，对已有阳关遗址的重点分布区域进行了为期近一个月的实地调查。

这次调查主要分两部分，先期是由遥感所的同仁将通过卫星图像得到的数据进行实地勘验、解疑释惑，实地考察学术界所说“阳关遗址”的几个地点；通过无人机，对古董滩、红山口及其附近进行航拍，完成1:500与1:1000比例尺的地形图或高清影像图。由之可以判读古董滩所在区域的疑似点，方便进一步实地验证。调查区域涵盖古董滩、二墩到南湖、双墩子墓群到黄水坝。

后期人员实地调查了红山口及其周边的地理形胜，阳关遗址一说的石棺材所在地，完成阳关遗址重要参照物“寿昌城”的勘验。在实地调查的过程中，对古董滩范围内现存的房址、沟渠以及疑似耕地进行了确认观察，除在遗址中采集近40份测年标本外，还重点、有选择地收集了陶片、石器、炉渣、残砖等遗物标本。确认了葫芦斯台所在，完成了附近地区崔木土沟南部烽火台的初步调查。

由于这次人手较少，时间短，收获不大。但是在这个过程中也培养了新手、人才，让新人实地感受了有可能是阳关遗址所在的地点，为今后的工作积累了经验。将部分影像资料进行了实地验核，完成了1:500、1:1000的高清影像图，对图像判读后，发现了几个有意思的区域，为进一步开展古董滩与阳关遗址的考古调查奠定了基础。

（张俊民）

【庆阳市西峰区新庄东汉唐宋墓地】

发掘时间：2017年8～12月

工作单位：甘肃省文物考古研究所

新庄墓地位于庆阳市西峰区彭原镇彭原村新庄组的东部农田内，地势平坦开阔，为村庄和田地所叠压，在历次的全国文物普查中均未发现，2017年6月在银西铁路甘宁段庆阳机场隧道工程的施工过程中被发现。2017年6～7月，甘肃省文物考古研究所对铁路施工涉及新庄墓地的区域进行了钻探，共发现墓葬26座、窑址1座；8～12月，甘肃省文物考古研究所对该墓地已勘探发现的遗迹现象进行了清理。

此次发掘的墓葬中东汉墓葬12座，唐代墓葬3座，宋代墓葬11座，东汉墓葬均为竖穴土圹墓道洞室墓，唐、宋墓葬以长斜坡墓道洞室墓和阶梯形墓道洞室墓为主。出土器物共包括陶器、铜器、玉器、石器、瓷器等几大类，主要有陶罐、陶俑、铜镜、铜镯、铜币、玉蝉、瓷碗等。其中东汉墓葬随葬品主要有陶罐、陶俑、铜币、铜镜、玉蝉等；唐、宋墓葬随葬品以塔式罐、银饰等为主。

窑址由火膛、窑室、烟道三部分构成，根据窑内所出砖坯尺寸初步推测该窑为汉代砖窑。火膛平面近半圆形，火膛口在火膛西侧，南北壁和上侧壁略弧，下侧与火膛底部相接，剖面近马蹄铁形。窑室位于火膛东侧，烟道的西侧，平面近长方形。三个烟道位于窑室东壁，窑室东南和东北角以及东壁正中各有一个。

此次新庄墓地的发掘是近年来西峰区首次对汉至宋代墓地进行的大规模清理，对于研究庆阳地区古代社会丧葬习俗、物质文化生活等方面提供了一批重要资料。该墓地延续使用时代较久，与其东南方的彭原城遗址在使用年代上可以相对照，墓葬分布亦有从西北向东南逐渐集中的趋势，也说明新庄墓地或为彭原城居民常年使用的公共墓地。

（王　山　岳晓东　俄钦淇）

【镇原县北魏田园子石窟】

发掘时间：2017年3月22日～4月2日

工作单位：甘肃省文物考古研究所

田园子石窟位于镇原县方山乡蒲河行

政村田园子自然村，石窟开凿于西南—东北向的蒲河支流官路沟水西侧的砂石崖面上。2017 年 3 月当地村民新建村道施工时意外暴露。此次发掘共清理出 4 个洞窟，洞窟基本坐西向东，自南向北依次编号。

1 号窟，平面竖长方形平顶，拱形门洞。窟内地面有少量灰烬层，四壁有开窟凿痕，未留造像石胎遗迹，当为未完工洞窟或为僧人禅修或居住之用。

2 号窟，平面横长方形穹隆顶，正壁与左、右壁底部有低平台相通。正壁，一结跏趺坐佛及二胁侍菩萨。左壁，一交脚弥勒及二胁侍菩萨。右壁，一结跏趺坐佛及二胁侍菩萨。造像整体造型粗犷、健硕。佛，高肉髻、方圆脸，大耳垂肩，颈粗短，肩宽阔，或坦右肩半披袈裟，或圆领通肩式袈裟，结跏趺坐，双手作禅定印。菩萨，从轮廓看似为高髻、戴宝冠，宝缯外飘，身体显得粗壮、敦实。窟门侧小龛“释迦、多宝二佛并坐”题材。

3 号窟，平面横长方形穹窿顶，三壁各凿浅敞龛。正壁，正中龛雕凿一结跏趺坐佛及二胁侍菩萨。左壁，敞龛内原为一交脚弥勒二胁侍菩萨，现仅存右胁侍，交脚弥勒及左胁侍均已残，可见弥勒下部为狮子座。右壁，浅龛内一“倚坐”式坐佛及二胁侍菩萨。主佛，大耳垂肩，长颈，内着僧祇支，双领下垂式宽大袈裟或坦右肩半覆搭右臂袈裟。胁侍菩萨，均身体修长，天衣、披巾飘逸，裙摆具飘散之势，宽松洒脱。

窟内出土铜佛像 7 件、背屏式石造像碑 1 件、石造像塔 1 节、佛像画像石 1 件及五铢钱 1 枚。其中 3 件铜像有可辨纪年：北魏熙平二年（517）、隋开皇十四年（594）及隋仁寿二年（602）。

4 号窟，平面横长方形、三壁各凿浅敞龛。顶部因施工已推毁，从壁面转角向上内收的痕迹推测可能为类似 2 号窟的穹隆顶，前壁残存门道。正壁，正中浅龛一结跏趺坐佛二胁侍菩萨。左壁，浅龛内一交脚弥勒二胁侍菩萨。右壁，浅龛内一“倚坐”式坐佛二胁侍菩萨。主佛，均为面形瘦削，颈项细长，双肩下垂。内着僧祇支，外穿双领下垂式宽袖袍衣，衣领棱脊突起，佛衣整体有厚重感。两侧胁侍菩萨，从轮廓看，菩萨戴宝冠，宝缯及发辫垂肩，披帛于肩部略外翘，天衣、披巾飘逸，裙摆具飘散之势，宽松洒脱。造像整体风格呈现“秀骨清像、褒衣博带”潇洒飘逸的汉化风格。

田园子石窟 1 号窟为禅修（或生活）窟，2～4 号窟为造像窟，均为三壁三佛，各配胁侍菩萨，表现过去、现在、未来的“三世佛”。只在 2 号窟前壁门道侧小龛内有释迦、多宝佛并坐，表现大乘佛教《法华经·见宝塔品》的法华信仰。从窟龛形制和造像样式判断，田园子石窟为北魏时期的佛教遗存。

从发掘现场地质层位及洞窟堆积综合判断，田园子石窟系开凿使用一段时期后，石窟所在官路沟西侧崖面的上部黄土堆积山体发生突发性地质灾害滑坡，将洞窟一次性整体掩埋。可以推断石窟遭受滑坡掩埋应该在 602 年之后。

田园子石窟的发掘，对于研究汉唐以来丝绸之路东段的关陇北道上佛教文化传播及当时的政治、经济、军事及交通均有重要意义，填补了北石窟寺所在的蒲河流域上游地区佛教石窟考古的空白。

（郑国穆）

【泾川县泾州古城宋代佛教遗址】

发掘时间：2017 年 5～11 月

工作单位：甘肃省文物考古研究所

泾州古城佛教遗址位于泾川县城关镇共池村，原泾州古城内，地理坐标为北纬 107°21′08.18″，东经 30°20′50.17″，海拔 1035 米。

2017 年度的发掘区域是在 2016 年发

掘区域的基础上进行的。其中在2016年发掘区以南布得探方10个，其中10米×10米规格探方8个，5米×10米规格探方4个；向2016年发掘区域以西扩方4个，南北长5米，东西宽2.7米，发掘面积为1054平方米。

遗址南侧遗迹现象较为简单，发现灰坑1处，包含物为大量破碎砖瓦、砾石；排水设施1处，东西走向，青砖铺就。南侧发现3个疑似角柱石，推测应为一台基四角所立，其上应有建筑物或为坛。从遗迹现象及剖面可以判断，该遗址南部边缘基本确定。遗址西侧遗迹现象与2016年发掘区域有一定的延续性，发现若干东西向墙基，或由青砖、青石铺砌，较为规整，或由残砖、碎瓦垫铺，制作较为粗糙。另外，对遗址北侧一现代扰乱坑进行清理发掘，发掘面积200平方米。发现路址1处，由瓦片竖向铺就；水渠遗迹1处，青砖铺就；另发现多处不连续踩踏痕迹。

出土遗物70余件，主要为铜钱、瓦当等，除此之外出土佛教造像碑残件1件，彩绘贴金造像残件1件，莲花化生瓦当1件，对遗址的性质起到一定的指示作用。

2017年度的发掘工作，旨在弄清宋代龙兴寺的四至及内部功能格局。目前为止遗址的东侧及南侧边缘基本已经确定，西侧由于新修建大云寺的限制，不能确定。由于遗址后期自然和人为破坏较为严重，遗迹现象较为零散，对遗迹早晚关系的确定及遗址内部功能的判断带来一定的困难。

根据目前发掘的遗迹现象，初步判断大部分发掘区域应为龙兴寺的次中心区域及附属建筑。发掘区中部自南向北为主要区域，似为中轴线，其东西排布一些附属建筑。中轴线上自南向北分别排布庭院、大型建筑基址1座。庭院东侧院墙上开门，有明确的门道遗迹，其外侧为方砖铺设的路址，通向水井。水井北侧为厨库区域，之前此区域发现了大量的铜箸、勺等也证明了此区域的功能。中轴线西南，发现铁器加工遗迹，包括火炉、烟道、灰坑、铁渣坑、水缸等。

（吴　荭　马洪连）

【武威市亥母寺遗址】

发掘时间：2017年4～12月

工作单位：甘肃省文物考古研究所、甘肃地质灾害防治工程勘察设计院

亥母寺遗址2017年工作主要包括洞窟支护加固、考古发掘和资料整理研究三个方面。洞窟支护加固在2016年支护加固基础上，基本完成01、02、03窟的整体支护与加固。该年度清理发掘洞窟2座（01、03窟），发现各类遗迹10处。其中护坡2段、炕1座、灰坑3个、坑1个、壁画残垣1段、房址2座。

01窟保存相对较好，由内外两部分构成。内部为洞窟主体，平面近不规则的条带状，呈东西—西南走向。外部为窟前建筑基址，由1996年修建的现代大殿、1938年修建的房屋及清代中晚期建筑组成。03窟位于01窟南侧，亦由内外两部分构成。内部为洞窟主体，由入窟通道、窟内通道以及五个窟室组成。外部为窟前建筑，由两段护坡和F1构成。护坡为20世纪80年代阻挡山体滑坡而建，依山体边坡由卵石垒砌而成。F1为地面式排房建筑，沿03窟窟口南北两侧山体而建，坐西向东，清理房屋8间，为清中晚期建筑。

出土遗物与2016年相同，以文献、佛教遗物、生活用品及建筑构件四大类为主，兼有少量兵器、碑刻、钱币等物，并新发现卜骨4块。在发掘的同时，对武威西夏博物馆藏亥母寺遗址20世纪80年代出土文物进行了整理研究。共整理各类文物649件，其中擦擦589件、文献24件（共计123页）、泥范22件、藏文刻石2件、布鞋6只、铁器1件、布本经2件，亥母铜像、天官铜像、米拉日巴泥塑像各1件。

经过2017年度的发掘，基本明确亥母寺遗址的四个洞窟或是利用洞窟裂罅进行人工修整后开凿的石窟，自西夏开凿，历元、明、清各代均有延续，各洞窟并非同一时期开凿，存在先后早晚关系，具有使用功能上的差异。该遗址在1927年武威大地震前就已被废弃，废弃后洞窟空间被利用，进行了牲畜圈养，现存窟前建筑主体为清中晚期建筑。亥母寺遗址发现的西夏文文献及佛教遗物对研究西夏时期的社会历史、语言文字及宗教艺术具有重要价值。

（蒋超年　赵雪野）

青海省

【民和县鄂家东新石器至青铜时代遗址】

发掘时间：2017 年 8 ~ 10 月

工作单位：青海省文物考古研究所、四川大学考古学系、喇家遗址博物馆

鄂家东遗址位于民和县中川乡美一村鄂家自然村东北相连的高台上，西距喇家遗址直线距离约 10 千米。遗址平面呈长方形，东西长约 120 米、南北宽约 70 米，面积 8400 平方米左右。

近年来，当地村民平整耕地、修建水塔、挖埋通水管道等，对遗址西部造成了极大破坏。同时，为配合喇家国家考古遗址公园建设，进一步认识喇家遗址周边区域文化内涵，2017 年下半年，青海省文物考古研究所联合四川大学考古学系、喇家遗址博物馆对鄂家东遗址进行了为期两个月的抢救性发掘工作，获得了一些较为重要的成果。

此次发掘面积逾 500 平方米，清理各类遗迹共计 54 处，其中房址 4 座，墓葬 2 座，灶 1 个，灰坑 47 个。遗迹间的打破关系十分丰富。发掘出土陶泥器、玉石器、骨角器等诸类标本 300 多件，可修复的完整陶器 40 余件。据层位关系和出土遗物判断，此次发掘的遗存主要属于马家窑文化、齐家文化和辛店文化。其中，马家窑文化仅发现灰坑 21 个，出土彩陶壶、彩陶盆、粗陶罐、穿孔陶刀、陶玲、石球、石环、骨针、角簪等大量遗物；齐家文化清理房址 3 座，灰坑 17 个，出土的夹砂侈口罐多为叠唇，肩腹部纹饰以蜂窝状绳纹为主，双大耳罐、泥质双耳罐腹部多有竖向划纹，这些特征显示出此处齐家文化遗存的年代可能偏早；辛店文化遗迹共发现房址 1 座，墓葬 2 座，灶 1 个，灰坑 9 个，出土大量施细绳纹的直口双耳圜底罐，另有少量陶碗、器盖等。陶片主要为夹砂陶，陶色不纯，彩陶极少，根据出土遗物判断，此次发掘的辛店文化遗存均属山家头期。

鄂家东遗址的发掘，挽救了一批正遭受破坏的新石器时代晚期—青铜时代考古遗存，明确了民和县中川乡鄂家东遗址存在马家窑文化、齐家文化、辛店文化等诸多文化遗存，不仅使我们初步了解该遗址的文化内涵，并且为深入探究喇家遗址与其关系、官亭盆地古文化格局及相关问题提供了一批弥足珍贵的资料。

（甄　强　杜战伟　王倩倩　何克洲）

【丝绸之路南亚廊道（青海段）考古调查】

调查时间：2017 年 8 ~ 9 月

工作单位：青海省文物局、青海省文物考古研究所、西北大学、陕西省考古研究院、青海省社会科学院、青海师范大学

2017 年度丝绸之路南亚廊道（青海段）工作调查主要集中在海南藏族自治州共和县、兴海县和贵南县境内，调查路线为日月山口—倒淌河—尕海滩—东巴村—加拉村—褡裢海—切吉水库—大河坝，长约 200 千米，调查面积约 80 平方千米。共

调查遗迹41处，踏查道路6段，城址32处，烽燧2处，墓葬1处，岩画1处。其中新发现14处，道路、墓葬、岩画均为新发现。其中共和县19处，兴海县14处，贵南县9处。

调查共发现城址32处，根据第三次全国文物普查命名及规模大小等情况，可分为4类，即城、堡、建筑遗存和建筑群。其中城址19处，均为历年普查发现，规模较大，在地面可看到较为明显的墙体。在第三次全国不可移动文物普查的基础上，结合历史文献，通过考古调查、剖面取样、勘探、航拍等多种手段获取文物及测年、动植物样本，从而更全面地去认识古城。堡9处，规模较小，墙圈边长均在100米左右，无明显城墙，经勘探后确认其现存墙体非夯筑构成。建筑遗存3处，均分布于贵南县境内，出土大量建筑构件，墙体等地面建筑破坏殆尽，无法判断其具体遗存性质。

调查发现道路遗迹6段，均为新发现。分别为上沟后段、色娘沟段、切吉沟段、曼丈沟段、幸福沟段、塔拉滩段。发现道路主要分布于山脉峡谷之中，连通日月山至兴海县境内。由于道路周边未找到相关遗物对其年代无法作出准确判断，但此次调查路线基本在平原与平原的连接点处，属于道路节点。

此次调查基本摸清共和县、兴海县和贵南县境内历史时期遗存的分布状况。确认几段古道的具体分布及走向，以道路为基础串联了相关古城及其相关遗存。采集较多的遗物标本及测年样本，为今后确认古城及相关遗存的年代提供了可能。在此基础上开展了民俗、古环境等的综合调查，对当地的民俗、历史、文化遗产资源、古今环境变迁有了更加全面和深刻的认识。必将为该区域文化遗产保护与世界文化遗产的申报提供坚实的资料基础。

（蔡林海）

【循化撒拉族自治县黑城子宋金城址】

发掘时间：2017年6～9月

工作单位：青海省文物考古研究所、循化县文管所

黑城子城址位于循化撒拉族自治县道帏藏族乡比隆村东1.2千米处的道帏河右岸的二级阶地前沿，平均海拔2800米。为配合循大（循化县至大力加山）高速公路建设，对该城址进行了抢救性发掘。

城址平面略呈长方形，东西长135米，南北宽122米，东西城墙中部各辟有一门，除西南角因道帏河长期冲蚀而损毁外，其余城墙较为完整。城内地势由东北向西南倾斜，高差约25米，其内堆积因早年平田整地而破坏严重，布局不甚清楚，堆积较为混乱。发掘区位于城址东部，共揭露面积5560平方米，清理出房址4座、灰沟13条、灰坑137个。房址均不甚完整，面积约20多平方米，墙基多用石块垒砌而成，几乎每座房址墙角处均建有一个长约2米、宽1米有余近似火炕的取暖设施，由入火口、火道（两条或三条）、排烟孔组成，火道上覆盖有石块。灰沟多呈西南—东北向，用途不详。形状规整的窖穴类灰坑较少，多为埋藏垃圾的坑状遗迹。从残存遗迹现象的分布来看，城址北部较为密集，而南部相对稀少。

此次发掘出土陶器、瓷器、铜器、铁器、石器、骨角器及漆木器等200余件。陶器有盆、罐、碗、钵、盘、盒、器盖、纺轮、砚台等，器表多饰有篮纹、凹弦纹，盆等大口类器物内壁多拍印有圆点纹，部分陶器表面饰有黑色陶衣。瓷器以宋代耀州窑瓷器为主，器形有碗、盏、盘、碟、执壶、器盖等。酱釉、黑釉及白釉瓷器一般为素面；青釉瓷器部分饰有印划、刻划牡丹、婴戏等纹饰；此外还发现少量白地黑花瓷片及晚期青花瓷片。铁器大多锈蚀严重，器形难辨。铜钱、铁钱多为北宋钱

币。另出土有色子、围棋子等博戏娱乐用品。堆积中瓦砾较多，但瓦当、滴水发现较少，图案有莲花纹、连珠纹、兽面纹及人面纹等。出土动物骨骼极多，以马骨为主，此外还有牛、羊、猪、狗、鹿等骨骼。

据《宋史》《皇宋通鉴长编纪事本末》及《金史》等文献记载，该城筑于北宋崇宁三年（1104），原名甘朴堡，后赐名来同堡，金灭北宋后沿用。黑城子城址地处宋代河州与廓州之间往来的交通线上，该路由甘肃临夏出发，西逾大力加山口至青海循化、化隆等县。黑城子城址是青海省第一座经过考古发掘的古代驿站遗址，为研究宋金时期的交通、邮驿制度等提供了较为丰富的实物依据。

（马　骞　王忠信　李冀源）

宁夏回族自治区

【青铜峡市鸽子山旧石器时代遗址】

发掘时间：2017 年 5～9 月

工作单位：宁夏回族自治区文物考古研究所、中国科学院古脊椎动物与古人类研究所、青铜峡市文物管理所

鸽子山遗址位于青铜峡市西部贺兰山台地中段鸽子山盆地周边。在 2013 年的考古调查中，共计发现 15 个地点。2014、2015、2016 年已经对鸽子山遗址连续进行了三年的考古工作。

2017 年 5 月，宁夏青铜峡鸽子山遗址考古发掘工作正式展开。该年度考古发掘出土遗物共计 10314 件，主要有各类石制品 8315 件，动物化石 1062 件，禽类蛋壳 36 个，炭样采集 888 个，炭化木 7 个，装饰品 4 个，火塘遗迹 36 个，柱洞遗迹 23 个。

1. 对鸽子山第 10 地点东部核心区域第①扰乱层，用 2 米筛网进行水洗，挑选扰乱层中的遗物。以 60 厘米为一个深度，逐层清理，高度为 4 米。

2. 在第②文化层，布方发掘，1 米×1 米，共计 200 个。同时进行网格状采集浮选土样，并且对重点遗迹进行采样。在第②文化层底部出土有较多的石制品。厚度 1 米。

3. 在第③文化层，为黄色细砂层，约 2 米厚，含大量锈斑和植物根孔，下部出土较多石制品，出土一石磨盘残断，发现火塘和灰烬遗迹等。

4. 第④文化层，大量出现各类炭屑密集区和火塘。共计清理火塘 36 个。火塘周围分布有 12 个大小各异的疑似柱洞的遗迹现象。部分中部及底部有烧石，含大量木炭块。底部土质较周围硬，从东北向西南方向排列分布。

鸽子山遗址揭露了约 1.3 万～1.2 万年，8.3 万～4.8 千年两个时段的人类活动期。1.3 万～1.2 万年时期，农业开始在世界许多地方出现，人类开始从狩猎—采集人群逐渐转向定居生活。这一时段出土的材料为研究我国旧—新石器过渡阶段人类文化演化，特别是为我国西北干旱—半干旱地区的区域文化特点提供了难得的材料，并与水洞沟遗址一起构筑了我国西北地区旧石器时代晚期约 4 万～1 万年的文化演化框架。

鸽子山遗址发现磨盘/磨棒（完整及残段）上千件，是我国同期旧石器遗址中数量最多的。这为农业起源培育了技术与认知萌芽，为西北地区农业起源研究提供了丰富的材料。

鸽子山遗址考古发掘揭露的火塘遗迹和疑似柱洞的建筑类遗迹，充分说明了当时古人类在鸽子山地区活动频繁，并努力改造自然条件，应对不利气候。同时，这些火塘的修筑结构不一致，有的是平地堆烧，有的是挖一浅坑堆烧，还有在火塘边用石块和砾石围筑一圈，这些形态不一的火塘是否有煮食、干燥、烧水等不同的功用？后期研究将逐步揭开这一谜题。更为重要的发现是鸽子山遗址在距今万年前的

地层中揭露了20余处疑似柱洞的建筑类遗迹，这是我国迄今发现最早的建筑类遗迹，对于研究旧石器时代末期人类的居址形态和生存模式有重要意义。

（郭家龙　彭　菲　王惠民）

【红河支流李儿河流域新石器遗址考古调查】

调查时间：2017年4月9日~5月8日

工作单位：宁夏回族自治区文物考古研究所

红河系泾河支流，流域内分布着丰富的古代文化遗存。宁夏回族自治区文物考古研究所组织多家单位及人员，在2017年4月9日~5月8日间，对彭阳境内的红河支流李儿河流域进行了区域系统调查。调查采用全覆盖地面踏查的方式，对发现的遗迹、遗物进行摄像、绘图、记录、采集。在调查的过程中发现和复查了13处新石器遗址。

发现的13处新石器时代遗址主要分布在河流两岸的二级台地及缓坡上。遗址分布在北岸的较多，且遗址面积相对较大。北岸的遗迹分别为：上蔡遗址、阿沟遗址、下蔡遗址、张化堡子、张化刘庄遗址、丁家沟遗址、杨明喇嘛山遗址、熊洼大桥梁遗址；南岸的遗址分别为：上蔡李儿河（王家山）遗址、上蔡潘湾遗址、张华庄斜路川遗址、姚塬遗址、姚河塬遗址。

调查过程中发现有房址、灰坑、窑址、墓葬、灰层等遗迹现象。房址多为窑洞式，窑室整体形制基本完好，部分残留有白灰皮地面。灰坑发现有袋状、直桶、锅底状灰坑。窑址残留部分基本为烟道部分，窑室和操作间基本残毁不存。发现的墓葬多为竖穴土坑墓，多被盗掘，在地面上散落有人骨。

在上蔡潘家湾遗址中发现有仰韶中期的重唇口尖底瓶口沿、仰韶晚期的叠唇罐、内斜沿罐等；在上蔡李儿河遗址中发现有红黑双彩的彩陶陶片；在13处遗址中发现的多为齐家时期的刻划纹双耳罐、单耳罐、双耳罐、大口罐、侈口罐等。

此次李儿河流域的调查，对完善红河流域乃至宁夏南部的新石器文物谱系具有重要意义。大量齐家文化遗址的发现为研究齐家文化的发展和扩张提供了重要资料。潘家湾遗址中仰韶文化遗存的发现，对研究仰韶文化的传播、发展具有重要意义。

（王晓阳）

【隆德县神林周家嘴头新石器时代遗址】

发掘时间：2017年

工作单位：宁夏回族自治区文物考古研究所

神林周家嘴头遗址位于隆德县神林乡双村村西的河嘴塬地上，朱家河和渝河分别从遗址南北两侧流经。1988年被评为第二批区级文物保护单位。2013年曾经对该遗址进行过调查和简单勘探。在该遗址采集到较多的仰韶文化陶片。

2017年对该遗址进行了考古发掘，发掘面积为937.5平方米。清理灰坑57个（H039为现代坑），房址12座，窑址9座，墓葬2座（近现代和刘家文化墓葬各1座），灰沟1条。出土有尖底瓶、陶钵、陶罐、陶盆等器物。

2017年的发掘初步搞清楚了遗址的整体文化面貌，包含有刘家文化、齐家文化、仰韶晚期三个时期的文化遗存。在已发掘的区域内，刘家文化遗存仅M001这1处，分布在遗址的中部，齐家文化遗存多分布在遗址的南侧，靠近塬地顶部，仰韶晚期文化遗存分布在发掘区的北侧，靠近河川地带。

一　刘家文化遗存

仅发现墓葬1座。竖穴土圹墓，头北向。人骨腐朽严重，仅存少量头盖骨。陪葬有1件夹砂红陶单耳罐。

二　齐家文化遗存

遗址内的齐家文化主要分布在发掘区的南侧，靠近塬地顶部区域。大多数为灰坑，灰沟1条。出土有陶罐、陶盆等器物。

三　仰韶文化遗存

遗址中最主要的文化遗存即为仰韶文化。房址、窑址、灰沟、大部分灰坑均为仰韶晚期遗存。房址多为长方形，门道西向，中间有一圆形灶坑，居室和墙壁多铺抹有白灰皮。部分房址有人为堆砌的墙体，墙体颜色明显区别于周边堆积，但是未见夯筑等人工痕迹。除长方形房址外，亦有少量圆形房址，破坏严重，门向不详。窑址形状基本一致，窑室位于南侧，为圆形馒头状窑顶，窑室内有三条火道将窑室平面分为两个区域，用以放置陶器。火塘为圆形或方形灰坑，位于窑室的北侧。灰坑是数量最多的遗迹，主要分布在东侧的发掘区。多为圆形灰坑，部分灰坑内发现有兽骨。

隆德县博物馆收藏有一刘家文化圜底高领罐，M001的清理发掘表明，刘家文化遗存在隆德地区不是孤例，对研究刘家文化的传播和分布范围具有重要意义。

齐家文化出土遗物基本和页河子龙山遗存、沙塘北塬遗址相近，年代上也基本一致。

仰韶晚期出土遗物仍旧以平沿或敞口尖底瓶、深腹罐、斜沿罐、厚唇缸、宽平沿盆、卷沿盆、浅腹盆、钵、盘为主。纹饰以绳纹、线纹为主，附加堆纹亦有一定数量。陶质以红陶为主，颜色多不纯正，偏橘黄色。彩陶数量较少，以黑彩为主，亦有少量的白色彩绘。文化面貌整体接近页河子仰韶遗存和大地湾四期遗存。

遗址中清理出2组9座陶窑，同时期其他地区成组分布的陶窑较为少见，或许是一处专门用于制作陶器的作坊，和社会经济分工有一定的关系，对研究古代社会的文明形成和进程有一定的意义。

除了页河子遗址外，宁夏南部地区再无其他遗址的仰韶时期遗存发掘。周家嘴头遗址的发掘，为宁夏南部六盘山以西地区仰韶文化的来源和传播提供了新的素材，对仰韶文化的研究具有重要意义。

（王晓阳　杨　剑）

【彭阳县马鞍桥梁战国至秦时期墓地】

发掘时间：2017年5～7月

工作单位：宁夏回族自治区文物考古研究所

马鞍桥梁墓地位于彭阳县新集乡东北5.6千米，地理坐标为北纬35°49′5.87″，东经106°30′49.53″，海拔1780米。为两座西北—东南分布的山头，东西凸起中间下凹。马鞍桥梁墓地东南距小河湾遗址3.2千米，东南距姚河塬商周遗址1.5千米。在山顶及周边区域发现墓葬89座，被盗现象比较严重。

2017年5～7月间由宁夏回族自治区文物考古研究所工作人员清理发掘东侧山头顶部7座墓葬。墓葬开口之上1米～1.3米上下分布耕土层和扰土层，①层耕土层厚0.4米～0.6米，灰褐色，土质松散；②层扰土层，厚0.6米～0.7米，黄褐色，土质较疏松。墓葬间很少有叠压打破关系。

马鞍桥梁已发掘的7座墓葬均是直线式洞室墓，其中6座为墓室在西墓道在东，1座为墓室在东墓道在西。墓室长度均在5米～6米间，较浅者近3米深，深者近5米深。所有墓葬墓道填土均有分层夯打现象，各层可见数量不等，分布无规律的圆形夯窝，直径6厘米～8厘米，深2厘米～3厘米，但各墓夯打层数各不相同，多者5层，少者2层。4座墓墓道发现脚窝，2座位于墓道东南两壁，2座位于墓道东北两壁，均呈纵向直线式，各墓脚窝数量不等，脚窝形状不一，显示掏挖较为随意。部分墓葬发现木板封门痕迹，但因木板腐朽导致坍塌，无从分辨封门由横板或立板构成，其中3座墓发现封门下有凹槽用于固定封门，5座墓墓道两端发现封门柱洞。7座墓葬具均为单木棺。4座墓墓室侧壁发现壁龛。除一座墓外，其他墓均发现尸骨旁有动物骨骼，可辨认的大部分为猪肩胛骨，极少数为羊骨。其摆放大部分位于尸骨膝盖、肘关节附近，为有意陪葬动物骨骼。葬式4座为仰身直肢，2座侧身屈肢，1座侧身微屈肢。7座墓共出土遗物16件，陶器有圜底釜、罐、茧形壶；铜器有铜铃、带钩以及蜻蜓眼、铁带钩、残玉璧等。陶器大多分布在龛内，带钩、玉器等多位于棺内尸骨附近。

由于马鞍桥梁清理发掘墓葬数量较少，墓葬中随葬陶器数量不多，各墓器物相似性不高，仅从器物型制判断，7座墓葬年代应在战国中晚期至秦时期。

（马天行）

新疆维吾尔自治区

【伊犁国道218高速公路沿线考古发掘】

发掘时间：2017年5~9月

工作单位：新疆维吾尔自治区文物考古研究所、中国人民大学考古文博系

为了配合伊犁G218高速公路建设，新疆维吾尔自治区文物考古研究所、中国人民大学考古文博系对项目所涉及的墓葬进行了抢救性考古发掘，共计发掘墓葬192座。墓葬地处阿布热勒山南麓山前台地或地势平坦、开阔的平地上，巩乃斯河北岸山前草原地带。分属于尼勒克县种羊场墓地和新源县阿西勒1号墓群等十余处墓地。

发掘的墓葬按照地表封堆体量大小可分为中小型墓葬和大型墓葬两类，中小型墓葬封堆直径在10米~15米左右，大型墓葬封堆直径在20米~50米，高2米~5米。根据墓葬形制的不同，此次发掘墓葬可分为竖穴土坑墓、竖穴土坑偏室墓及石棺墓三种。从整个墓葬发掘情况看，大型墓葬均多次遭到严重盗扰，没有一座保存完好，出土少量残金饰、铜器小件；中小型墓葬相对较好，出土一批完整陶器、人骨。发掘出土陶器、铁器、铜器、金器、骨器、石器、珠饰等遗物共计约250件（组），陶器主要有罐、壶、杯、钵等，夹砂红陶或夹砂灰陶质地，圜底器为主，平底器和尖底器较少；青铜器主要有刀、箭镞、铜镜等；铁器多锈蚀严重；骨器、金器和珠饰等多为小件器物且数量较少，以装饰品为主。墓葬年代跨度较大，早自青铜时代和早期铁器时代，晚至汉初。青铜时代墓葬基本沿北山脚下呈东西向分布而秦汉时期墓葬多分布在山前开阔地或沿山梁呈南北链条状分布。

这批墓葬反映了若干不同时期文化遗存，时代最早的距今约5000年，从墓葬形制和出土针杉纹尖底罐陶器看，和西亚的颜亚那文化具有极强的联系，填补了伊犁地区青铜时代早期文化的空白。此次考古发掘墓葬类型多样、时代文化特征鲜明，兼之有新类型遗存的出现，不仅丰富了这一区域的文化内涵，对进一步研究、构建伊犁河谷史前考古学文化序列及与周边地区文化交流和对比提供了新的宝贵材料，对探索早期中西文化交流有着重要价值。

（阮秋荣　巴依尔）

【伊犁州（墩—那）高速公路尼勒克段沿线考古发掘】

发掘时间：2017年5月5日~7月28日

工作单位：新疆维吾尔自治区文物考古研究所、中国人民大学考古文博系

2017年5月5日~7月28日，中国人民大学考古文博系参与了由新疆维吾尔自治区文物考古研究所主持的对墩麻扎至那拉提高速公路沿线的古墓葬（尼勒克段）的抢救性考古发掘工作。

尼勒克段古墓葬地处阿布热勒山南麓台地或地势平坦、开阔的平地上，巩乃斯河北岸山前草原地带。该路段分为2标段

和3标段，其中2标段发掘墓葬14座；3标段98座，共计112座。墓葬涉及的时代为铜石并用时期至战国秦汉时期。墓葬基本沿北山脚下呈东西向分布而秦汉时期墓葬多分布在山前开阔地或沿山梁呈南北链条状分布，墓葬分布比较密集。墓葬地表均有土石混合封堆，多呈圆形或椭圆形。墓葬形制包括竖穴土坑墓、竖穴土坑石室墓、竖穴土坑偏室墓及石圈石棺墓四种。中小型墓葬直径多在7米~15米，封堆高0.3米~1米，其中M69有圆形环壕的大型墓葬，封堆长径34米、短径32米、封堆高3.9米，环壕直径75米。大部分墓葬带有圆形石围，仅少量无封堆地表石棺墓。墓室大部分为东西向或西南—东北向，少量为南北向；葬式以仰身直肢葬为主，少数为仰身屈肢，侧身屈肢；头向上以头西脚东为主，少数有头东脚西或头南脚北；由于大部分墓葬盗扰严重，故葬式不详。出土陶器、青铜器、铁器、骨器、金器、珠饰品、石器和角器等共计96件（组），多为当时的生活用品或随身佩戴的装饰品。陶器主要有罐、壶、杯、钵等，夹砂红陶或夹砂灰陶质地，圜底器为主，平底器和尖底器较少；青铜器主要有刀、箭镞、铜镜等；铁器多锈蚀严重；骨器、金器和珠饰等多为小件器物且数量较少，以装饰品为主。

这批墓葬反映了若干不同时期文化遗存，时代最早的接近公元前三千纪（M5），最晚的相当于汉代。墓葬中所见铜刀、铁刀、箭镞、羊骨等反映出游牧文化的特征。陶器中，针杉纹尖底罐有阿凡纳谢沃文化因素。另外，此次发掘中有两座墓葬封堆较大，规格较高，墓主身份地位可能较高。如，M68封堆形制较为特殊，平面呈东西向橄榄形，东西长35米，南北最宽12米，高1.35米，墓室为东西向竖穴土坑偏室墓，墓室早年遭盗扰，仅出土有铜镞。封堆中出土的水波纹陶片可能属于匈奴文化因素。如M69为圆形土石封堆，直径34米，外围环壕沟宽4米，封堆中部以下墓室为东西向土坑竖穴偏室墓，墓葬已遭破坏、盗扰，人骨残缺不全。据调查和航拍资料显示，M69附近有大量同类型墓葬，根据其分布规律和体量、形制等推断，年代大约在早期铁器时代至汉代，可能与伊犁河流域塞人—乌孙文化有关。此次考古发掘成果为巩乃斯河流域史前考古学文化框架提供了新资料，对研究伊犁河谷考古学文化序列，与伊犁河下游哈萨克斯坦境内同类型遗存进行比较，探索早期中西文化交流有着重要价值。

（那嘎·特尔巴依尔）

【巴里坤县海子沿青铜时代至铁器时代遗址】

发掘时间：2017年6月1日~8月7日

工作单位：新疆维吾尔自治区文物考古研究所、西北大学文化遗产学院

海子沿遗址位于巴里坤县县城西约17千米的海子沿乡海子沿村北的平地上，北距巴里坤湖南岸约800米，为县级文物保护单位，最早于1988~1989年第二次全国文物普查时被发现。因现代人为取土挖石对遗址造成严重破坏，西北大学文化遗产学院与新疆维吾尔自治区文物考古研究所联合，协同哈密地区文物局和巴里坤县文物局，于2017年6月1日~8月7日对遗址进行了考古发掘。

2017年度发掘地点位于海子沿遗址中心位置，发掘对象为一边长约30米、高约1米的土丘遗存。发掘采用探方法，揭露面积900平方米，共清理房址1座，墓葬4座，人工平台2处，地面13处，灰坑41个，灰堆3个，灶2个，柱洞10个。

发掘确认土丘遗存主体为一大型石结构房址，现存东西长32.7米、南北宽27.6米，周缘有大而厚的石筑墙体，保存最好处高约2米。房址内亦由较小的石墙

分隔为多个房间。外门道位于东北部，门向东开，不同房间之间亦由门道相通。根据地层堆积状况可知，该房址至少经过3次修建、使用和废弃过程，并留下上、中、下3层地面。

第一次使用对应的下层地面由5个房间构成，出土遗物较少。第二次使用对应的中层地面由6个房间构成，地面上分布灰坑、柱洞、灰堆等遗迹，并发现多处陶器在原地破碎的现象，地面东部还有2具人骨。第三次使用对应的上层地面覆盖整个房址，地面西南侧和东南侧也分布有灰坑、灶和大量破碎的陶器、石器、骨器等。

房址出土遗物包括陶器、石器、骨器和青铜器，选择标本3000余件。其中双腹耳深腹罐、双沿（颈）肩耳罐、双鋬圜底釜、双腹耳鼓腹罐、单耳罐等器形和倒三角纹、网格纹、波浪纹等彩陶纹饰和以往发掘的巴里坤南湾墓地、兰州湾子遗址、石人子沟遗址、红山口遗址、泉儿沟墓地等皆非常类似，应属青铜时代晚期，年代约在公元前1300～前800年前后。

另有4座打破房址的墓葬，均为竖穴土坑，葬式有侧身屈肢葬、仰身直肢葬和二次扰乱葬，出土随葬品有铁刀、骨镞、骨器等，其年代应属于早期铁器时代，从葬式和随葬品的差异看，墓葬之间可能也存在一定的早晚关系。

海子沿遗址是目前巴里坤盆地发掘的海拔最低、距离巴里坤湖最近的聚落遗址，此次发掘的房址也是东天山地区目前发掘规模最大的单体建筑遗迹。对全面认识东天山地区考古学文化面貌，完善考古学文化时空框架，复原古代东天山地区聚落形态与社会状况，探讨东天山山区与平原、农业与牧业关系等重大学术问题提供重要线索。

（任　萌　马　健　习通源）

【和布克赛尔县219国道沿线考古发掘】

发掘时间：2017年5～7月

工作单位：新疆维吾尔自治区文物考古研究所

为了配合G219吉木乃至和布克赛尔公路建设，新疆维吾尔自治区文物考古研究所与和布克赛尔县文物局联合对和布克赛尔县境内项目所涉及的墓葬进行了抢救性考古发掘，共计发掘墓葬31座。墓葬地处塔尔巴哈台山南麓的松树沟及山顶，山顶是平原，水草丰富的草原，地势较高，海拔2420米，是牧民最理想的放牧之地。墓葬分布于松树沟沟口、沟内和山顶。墓葬地表封堆有土墩墓、石堆墓、石围墓、胡须墓等、石围石堆，呈方形或圆形。墓葬有石棺墓、竖穴偏室墓、竖穴土坑、竖穴木棺墓等。葬式有仰身直肢、仰身屈肢等。出土遗物30余件，质地有陶、石、铜、铁、金等，器形有罐、瓶、刀、剑、马衔、箭镞、珠子等。

小石棺墓有三座，全部为青铜时代墓葬，是典型的切木尔切克文化类型的墓葬。

竖穴偏室墓有两座，墓室内填砂土和大量的卵石。墓葬基本都被盗掘，人骨凌乱，根据迹象推测，有的是在下葬后不久就被盗掘破坏，随葬品较少，珠子、残铁件等，初步推测这类墓葬年代为早期铁器时代。

竖穴土坑墓，数量较多，多被盗掘，有三座墓葬随葬马匹。其中一座大墓随葬三匹马，葬式仰身直肢，出土有铁马衔、金器、铁刀等，该墓葬根据出土遗物推测属于巴泽烈克文化。在山顶的两座竖穴土坑墓里发现仰卧屈肢的人骨架，身上撒着红色的赤铁矿粉。同时，出土了蛋形陶器以及陶罐等，另出土两件旧石器。从墓葬形式和死者姿势以及出土的文物来分析，为阿凡纳谢沃文化的形态。

木棺墓有三座，墓葬早期被盗，但可见零碎的人骨和陶杯，属于早期铁器时代。

此次墓地发掘工作在吉木乃县和布克赛尔县境内考古历史上尚属首次，通过这次发掘工作，初步了解了吉木乃和和布克赛尔县境内的墓葬类型，对研究塔城阿勒泰历史及考古学文化提供了一批珍贵标本资料，具有非常重要的意义。

（阿里甫江·尼亚孜）

【石河子市十户窑青铜时代铁器时代及唐代墓群】

发掘时间：2017 年 4 ~8 月

工作单位：新疆维吾尔自治区文物考古研究所、新疆生产建兵团军垦博物馆

为配合新疆生产建设兵团第八师 S101 线石河子段公路工程项目建设，对工程项目选址范围内的墓葬进行了抢救性考古发掘。

十户窑墓群位于依连哈比尔尕山北麓山间地带、玛纳斯河西岸南北向长条形五级台地上，台地被由西往东的自然冲沟分割成条块状单元。十户窑墓群的墓葬从北往南分布在三块相邻的台地上，第三次全国文物普查时将其命名为十户窑Ⅰ、Ⅱ、Ⅲ号墓群，其中Ⅲ号墓群规模最大，墓葬数量最多。从各墓群空间布局上看，这批墓葬呈链状或者片状，构筑在冲沟两侧宽敞平整的台地上。这种行为方式充分考虑了族群整体墓区的空间、方位及就地取材（墓葬封土、墓道填石、棺椁葬具所用的石块均来自临近墓群的自然冲沟内）的实际需求，反映出墓主人在选择、利用墓群空间位置上有较为周详的规划。从墓葬保存情况来看，已有四分之一的墓葬受到不同程度的盗扰；从墓葬封土标识、墓室结构、埋葬方式以及随葬品组合来看，已发掘的墓葬分属青铜时代、早期铁器时代、唐代前后三个阶段。此次发掘的墓葬地表均见明显的封土标识（地表表土揭取后），就其平面形状而言，墓葬封堆绝大多数呈圆形，结合剖面来看，可分石圈土堆、石圈土堆覆石、石堆三类结构有明显差异的墓葬，高度较现地表平齐或略微凸起。其中，石圈土堆覆石或为土堆上覆盖卵石，或土石堆相间堆积，或土石堆下埋置圆形石环圈。墓葬封堆多在 4 米 ~10 米之间。数十座墓葬封堆在 10 米 ~20 米之间。

墓穴一般开口在封堆中部下的原生黄土层。其中，依据墓室结构的差异，可将这批墓葬分为竖穴土坑墓、竖穴石棺墓、竖穴石室墓、竖穴偏室墓四类。其中，竖穴偏室墓根据偏室开口方向不同又可分为北偏室、南偏室和东偏室三型。这些类型的墓葬墓穴内普遍填大小不一的卵石并夹杂黄土。竖穴偏室墓偏室开口用卵石逐层垒砌形成石墙以封堵偏室，通过清理发现少部分墓葬石墙的内侧见栽立有原木痕迹，偏室内填五花土或者青沙。竖穴石棺墓则是在竖穴土坑底部四周栽立卵石，形成无顶无底的简易石质葬具。青铜时代中期墓葬多为竖穴土坑墓、少数为竖穴木椁墓和竖穴石室墓，流行火葬或者单人侧身屈肢葬，随葬缸形、罐形陶器，青铜短剑、耳环等。早期铁器时代的墓葬中竖穴偏室墓占绝大多数，竖穴土坑墓次之，竖穴石棺墓最少。这些墓葬常见单人仰身直肢葬，合葬墓较少，且分为同穴合葬和异穴合葬两类。随葬品多以木盘（少数墓葬发现木盘痕迹）、羊骶骨、铁刀、陶器为固定组合。女性墓葬中随葬眉笔、铁簪的现象较常见。陶器中以夹砂红陶为主，夹砂灰陶次之，器类中数量依次为罐最多，壶次之，钵最少。器形方面带耳器在数量上占绝对优势，夹砂红陶中彩陶占一定比例，其中彩绘以三角纹、变体涡纹、条带纹为主体纹样。此次发掘的随葬陶器中，实用器较多，器表多带有明显的烟炱痕迹。Ⅱ号墓群分布的主要是唐代前后的墓葬，数量较少；墓葬地表封土为圆形石堆，直径在 3

米～10米之间，多为竖穴土坑墓和竖穴偏室墓，清理个别墓葬发现有木质葬具和殉马现象。相对其他两个墓群，Ⅱ号墓群墓葬形制较为典型，墓主人多采用仰身直肢葬，随葬品中不见陶器，装饰品相对种类丰富，制作精美。

玛纳斯河流域是天山北麓东西走廊的通道，地理位置独特，河流两岸墓群规模较大，这是首次开展的较大规模的考古发掘工作，发掘墓葬数量较多，文化内涵丰富，为我们研究依连哈比尔尕北麓一带史前时期社会、历史、文化等方面提供丰富的信息。

（张　杰　蒋　静）

【阜康市白杨河上游青铜时代至唐代墓群】

发掘时间：2017年4～9月

工作单位：新疆维吾尔自治区文物考古研究所

白杨河上游墓群位于阜康市上户沟哈萨克民族乡白杨河村水磨南约8千米处，西北距阜康市约43千米。墓群地处天山博格达山北麓，准噶尔盆地南缘，分为电站上库区、下库区两片墓地。墓葬大致沿白杨河呈南—北向分布，主要为石堆墓，封堆以直径3米～6米、高0.2米～0.5米者居多。石圈墓较少，石圈直径10米～12米。部分墓葬封堆不明显或无封堆。封堆较大的墓葬均被盗扰。

为配合阜康市抽水蓄能电站项目，新疆维吾尔自治区文物考古研究所对工程涉及的墓葬进行了发掘，2017年度清理墓葬100座。墓葬类型丰富，有竖穴石棺、竖穴石室、竖穴土坑、竖穴偏室、竖穴洞室多种类型。遗址较少，其中在1号墓地发现有石构居址，采集陶片及兽骨等，以夹砂陶片为主。

竖穴石棺墓大多埋藏较浅，有的石棺上有盖板。个别石棺墓口有小石堆，距地表较深。石棺分大、小两种，大多无人骨及随葬品，少数石棺内有人骨，随葬少量铜器及彩陶器。大石棺多为成人二次葬，骨殖不全；小石棺多为婴幼儿葬。

竖穴石室墓有单人、双人葬，均为仰身直肢葬，头西脚东，以单人葬为主，双人葬较少。有的石室上有盖板，随葬品多为素面陶器，有罐、钵、杯等器物组合，另有少量铁器及珠饰。

竖穴土坑墓数量多，分布广。葬式有单人仰身直肢、侧身屈肢、二次葬等多种类型，以单人仰身直肢葬为主，二次葬数量较少，侧身屈肢葬仅1例。另有少量葬马墓。部分墓主人一侧殉马。随葬品有彩陶器、素面陶器、铜器、铁器等。

竖穴偏室墓有南偏室、北偏室两种，墓主人位于偏室内，墓道内殉马，随葬品以铜器为主，多见铜带具、马具，有少量耳环、戒指、脚链等装饰品，不见陶器。

竖穴洞室墓洞室位于墓道西或南侧，墓主人位于洞室内，墓道内殉马，随葬品不见陶器，有牌饰、铜镜、耳环等装饰品以及铜饰件、马鞍、马镫等马具。

白杨河上游地区墓葬类型丰富，年代跨度较大。其中以青铜时代晚期、早期铁器时代、汉代前后、晋唐时期的文化遗存比较突出。墓葬形制及葬式葬俗与博格达山北麓的木垒、吉木萨尔、奇台等县墓葬有相似之处，与吐鲁番盆地、乌鲁木齐等地有共同的文化因素，对研究这一区域的历史发展脉络及与周边地区的文化交流等具有重要价值。

（闫雪梅　鲁礼鹏　艾尼瓦尔　付　昶）

【阜康市白杨河中下游青铜时代至唐代墓群】

发掘时间：2017年7～10月

工作单位：新疆维吾尔自治区文物考古研究所

白杨河中下游墓群位于阜康市上户沟哈萨克民族乡白杨河村白杨河中游和下游地带，西北距阜康市约40千米，南距白杨河上游墓群约8千米，共有墓葬140余座，集中分布在白杨河中游、下游西岸，白杨沟内有南北向柏油公路贯通。

为配合阜康市抽水蓄能电站对外交通公路工程，新疆维吾尔自治区文物考古研究所对项目涉及的墓葬进行了发掘，2017年共发掘墓葬56座。墓葬主要为石堆墓，地表有明显的石堆标志。封堆直径4米~8米，高0.2米~0.5米不等。下游墓群南部墓葬封堆较大，直径8米~20米、高0.6米~1米不等，最大墓直径可达34米，大墓呈南北向链状分布。

经发掘，白杨河中游有竖穴石棺、竖穴土坑、竖穴石室、竖穴偏室、竖穴洞室多种墓葬类型。以竖穴土坑墓为主，其余墓葬数量较少。年代早至青铜时代晚期，晚至唐代。从墓葬特征看，与白杨河上游地区墓葬有相似的特点，其中小石棺墓年代较早，竖穴洞室墓年代最晚。竖穴偏室、竖穴洞室墓普遍殉马，随葬品以马具、箭箙等为主，不见陶器，与白杨河上游地区一致。个别墓葬在墓口西侧随葬带耳陶器，与白杨河下游地区墓葬特征一致；墓葬中出土有海贝、珊瑚等，反映这一地区与外界的交流。

白杨河下游主要发掘了南区墓葬，以竖穴土坑墓为主，有少量竖穴木棺墓。这些墓葬多被盗掘，有的仅存少量金饰。如M11被盗，填土中有羊首形金饰、云纹金饰件等。M15残存金耳环、金丝、金珠等，其中两枚金耳环造型别致，工艺考究。M12被盗一空，其北部东西向分布8个殉葬坑，坑内多殉马，仅一例人殉。大墓中部有4座祭祀坑，其中有两两一组的祭祀坑，墓口西侧置两个带耳大陶罐，其北侧坑葬马，南侧坑内仅见少量彩陶片、马骨，未见人骨，或为一种特殊的祭祀习俗。根据这一区域墓葬的规格、布局以及随葬品推测，墓主人等级较高，与吐鲁番交河沟北贵族墓地有相似之处，或为贵族墓地。从出土的彩陶特征来看，属苏贝希文化的范畴。墓地年代早至战国中晚期，晚至唐代。

白杨河中下游墓葬的发掘，是继2010年阜康白杨河水库墓地、大黄山一分厂墓地之后的再次发掘，对构建博格达山北麓区域的考古学文化序列具有重要意义。其中下游地区大型墓葬及其附属墓葬、殉葬坑的发现意义重大，对探索战国秦汉时期车师前后国及山北六国历史文化具有重要价值。

（闫雪梅　张铁男　张奋强　冯　超）

【温泉县阿敦乔鲁二号墓葬与房址】

发掘时间：2017年7~9月

工作单位：中国社会科学院考古研究所、新疆维吾尔自治区文物考古研究所、博尔塔拉蒙古自治州文物局、温泉县文物局

遗址位于温泉县博尔塔拉河流域阿敦乔鲁遗址以北约900米处（凯代布鲁克），包括一处完整的墓地以及相邻的两座房址。

2017年度的考古工作，主要目的是对阿敦乔鲁周边的重点遗迹进行清理、发掘，以期了解它们与阿敦乔鲁类型（文化）的关系。2017年度的田野发掘工作主要围绕着这片遗迹展开，一共布设10米×10米探方12个。在发掘过程中，根据遗迹分布的实际需要，有所增减。

2017年度的遗迹分成居址和墓葬以及祭祀遗迹等几类，墓葬位于东部，居址位于墓葬的西侧。从发掘的情况看，居址的东侧墙体保存极差，推测与后来的损毁、占压有关，分别介绍如下。

房址共两处，均由石块砌出墙体，在地表上出露一排较高的石头遗迹，最高的石块可达1米余。两座房址大致呈南北相邻（其中，南侧房址的北墙，利用了北侧房址墙体部分）；北侧的房址编号为ADQLⅡ（居址）F1，南侧的编号ADQLⅡ（居址）F2。其中F1的长度为，东西长11.10

米，南北宽 11.40 米，房址的东墙复原长度为 10.25 米，平面略呈西宽东窄的簸箕形状。F1 北、西、南三面墙体（基石）保存略好，在地表上可以看出基本轮廓。其中西墙的中部是一块巨大的石块，构成 F1 西墙的中心点，通过该石块的中心点连通门址的中线，构成了该房址的中轴线。F1 的墙体基本由内外两层石块组成，内侧石墙整齐略小，残缺较多，墙体的厚度约 50 厘米～60 厘米。在 F1 室内中部略偏西，保存有长方形的火塘，火塘的方向与房址一致，其中西、北南三面用长条形立石围砌，东侧地表逐渐抬升，与室内地表略平齐。长 1.49 米，宽 0.68 米～0.9 米，深 0.25 米。在火塘的两侧发现有陶片集中分布的情况。在火塘东南约 1 米，发现一处半圆形窖穴，窖穴边缘出土一个大陶罐。F1 的东墙仅余下零星小石块，大型立石无存，从踩踏痕迹推测，门址在东墙的中部。

F2 呈东西长，南北短的弧边长方形，整体长度约 116.4 米，宽约 8.7 米～6.4 米。石墙保存不完整，在房址内部有较多平卧的大石块，未见其他遗迹。

2017 年度发掘的墓葬共计 35 座（包括婴儿墓葬），集中分布在Ⅱ（居址）以东，其外围基本叠压于 F1 的东侧。从已有的资料看，墓地可以大致分出三个墓域（区），在整个墓地西侧和南侧边缘有明显的界标。从墓葬的分布趋势上看，推测是以中央大墓 ADQLⅡM16 为中心，依次向南向北形成纵向（南北）排列；然后以此排核心，分别向东向西（修筑）墓葬，渐次向外侧展开。墓葬的基本形状为石棺墓，石棺大小不等，从 2.1 米×1.56 米到 0.93 米×0.63 米不等，石棺外侧有 1 或 2 圈长方形石围；石棺（的）侧立石板部分出露地表之上，石棺之上大多无盖石，保存下来的仅有几座石棺保存有盖石。根据个别石棺侧立石（侧挡）的高度差别分析，也可能存在无盖板的形式。墓葬的方向多为东西向，也有南北向甚至其他方向（小墓或婴儿墓葬）。

这批墓葬大多经过扰动，多数墓葬的人骨和陶器（片）也见于石棺之外的表土中，但是也有多座墓葬保存了最初的埋葬形态。其中 M1 人骨保持了侧身屈肢的埋葬形态（葬式）。婴儿墓中，可见到的人骨埋葬形态亦可以判断为侧身（微）屈肢。

墓葬出土物以陶器为主，也见有零星的铜器（针、扣）小件。陶器有夹砂褐陶和少量红陶，器形单一，大多为平地钵或罐，未见圜底器，器表的纹饰为刻划（或压印）三角纹或网格纹，基本分布于肩部。出现红色陶衣。

2017 年度的田野发掘工作，进一步丰富了阿敦乔鲁类型（文化）的内涵，尤其是房址的清理，获得了非常重要的资料，拓宽了我们对阿敦乔鲁考古学文化的认识。对这批墓葬年代的初步判定是属于阿敦乔鲁之后的重要遗存（也可以说是后阿敦乔鲁时代的重要墓葬遗存），年代推定为公元前 15 世纪前后。

（丛德新　尚国军）

【乌恰县康苏水库工程项目战国至汉代墓葬】

发掘时间：2017 年 6～7 月

工作单位：新疆维吾尔自治区文物考古研究所

康苏水库工程位于乌恰县境内康苏河上，坝址位于康苏镇以北约 8 千米。工程所涉及的古墓葬位于康苏河出山口处地势较宽阔的两岸台地上，其中西岸坡度较陡，台地较为狭窄，由于大坝施工已经开始，一些墓葬因施工而破坏消失，目前仅北部的少量墓葬尚存，多数封堆较小，其中有一处地表为方形石围，东侧有残存的立石。东岸台地地势平坦，面积较大，墓葬多因水库施工中修建停车场、林带、工棚、办公楼等而破坏消失，地貌也发生了很大变化。现存的墓葬封堆直径5米~13米，高约0.5米~1.5米，主要集中在东岸靠河床的台地边缘，西侧为高十多米的陡崖，墓葬多被盗掘，封堆顶部可见深浅不一的盗坑。因水库施工破坏，一些墓葬封堆部分或全部消失，台地边缘的墓葬所在区域被挖成露天茅坑。

此次共发掘康苏水库西岸墓群8座墓葬和东岸墓区的13座墓葬，共计21座墓葬，此外还有位于东岸的一处建筑遗址（编号F1）。在挖掘的21座墓葬中有7座有人骨，多数无墓室，为封堆下地表直接葬人，也有的在地表挖有浅坑或在地面铺有黄土，再在黄土上葬人。以单人葬为主，也有的葬有2个以上个体。以一次葬为主，也有二次葬。仰身直肢为主，也有个别仰身屈肢。保存稍好的人骨架均头向西或西北，随葬品均位于人骨架肩部右侧。出土文物十余件（套），主要为陶器，从墓葬形制和出土器物来看，康苏水库墓地和之前发掘的托帕水库墓地的情况基本相同，其年代也暂定为战国—汉代。

此次发掘的东岸M1较为特殊，封堆下的黄土中有两具二次葬的人骨，但未见地表下的墓室，在封堆下东部还发现疑似祭坛一座，石垒结构周围有较多的红烧土和木炭。将封堆下的黄土层清理完毕后在西部发现古代小水沟，其上建有三道水坝，用卵石和黄土垒成，其中最北的水坝地势最高，保存最好，长约5米。由于这些水坝位于墓葬封堆下，这些水坝的年代早于墓葬，距今应在两千年以上。

（艾　涛　冯志东）

【乌恰县托帕水库工程项目战国至汉代墓葬】

发掘时间：2017年5~6月

工作单位：新疆维吾尔自治区文物考古研究所

2017年乌恰县托帕水库工程建设涉及克其克喀拉铁克宁萨依墓群和琼帕斯阔尔滚墓葬，二者均位于水库淹没区内，其中克其克喀拉铁克宁萨依墓群位于巴音库鲁提乡政府西北约8千米的喀拉铁克沟口东岸台地上，西南约300米为212省道。该墓群于2009年在第三次全国文物普查中发现，共登记墓葬33座。墓葬封堆直径约2米~10米，高约0.4米~1.5米，封堆外形较为规整，主要由20厘米左右的石块堆积而成。部分墓葬封堆已遭破坏，中部有明显的盗坑。琼帕斯阔尔滚墓葬位于克其克喀拉铁克宁萨依墓群以南约1.3千米，东南距巴音库鲁提乡政府约7千米，西距离212省道约70米，地处冲沟北侧台地上，北侧有近现代墓葬，共有墓葬2座，封堆直径分别为7米、4米，高约0.5米。

此次共发掘克其克喀拉铁克宁萨依墓群中的26座墓葬和琼帕斯阔尔滚墓葬中的2座墓葬。克其克喀拉铁克宁萨依墓群中发掘的26座墓葬根据封堆大小可分为两类，其中封堆较为高大的墓葬共17座，封堆直径在6米~10米，高在0.6米~1.5米。此类墓葬中的15座封堆外层石块较小，中部石块较大且数量较多，封堆下为竖穴土坑和地表葬人两种情况，其中竖穴土坑墓占其中大多数，墓室位于封堆下的中部，深度普遍较浅，在0.3米~1.1米之间，人骨和随葬器物保存较好，仰身直肢，墓向大致为西北方向，多为单人一次葬，也有的葬有两三个个体。地表葬人墓葬数量较少，有个别二次葬，人骨和随葬器物保存较差。在有随葬品的墓葬中，随葬品的组合与放置位置均基本一致，均为圜底陶罐或陶钵一件，其中在M12出土网格纹彩陶钵一个，是新疆西端的喀什、克州罕见的彩陶。此外多有随葬的铁刀一把，随葬品均位于人骨架的右肩部右侧，有的位置略高于人骨架。这些封堆较大的墓葬形制与出土器物基本一致，初步判断年代为战国—汉代。

其余封堆较小的墓葬共约20座，封堆直径约1米~3米，高0.2米~0.6米，此次发掘了其中8座，从已经发掘的小封堆墓葬判断，此类墓葬基本为竖穴偏室或者竖穴洞室墓，仰身直肢，头骨向北，面向西，无随葬品，初步判断为伊斯兰教传入后的墓葬。

（艾　涛　冯志东）

【博乐市哈拉吐鲁克水库铁器时代至汉代及宋元墓地】

发掘时间：2017年5月3~23日

工作单位：新疆维吾尔自治区文物考古研究所

为配合博乐市哈拉吐鲁克水库工程，新疆维吾尔自治区文物考古研究所会同博州文物局联合对水库淹没区的18座古墓葬进行了抢救性考古发掘。

哈拉吐鲁克水库位于博乐市西北41千米，博尔塔拉河支流的西岸二级台地上，沟口深400米，距离水库大坝300米。

墓葬呈南北向散状分布，均为圆形石堆墓，封堆以岩石块或河卵石堆积或垒砌而成，直径4米~11米、高0.2米~0.5米，其中5座墓葬的石堆部分被简易路破坏。

从发掘情况看，墓葬分为竖穴偏室墓、竖穴土坑墓、竖穴土坑二层台墓3种类型。

1. 竖穴偏室墓，3座，保存基本完整，墓室位于封堆中部下，平面形状呈圆角长方形。偏室开口于竖穴北壁，部分偏室可见片石封堵。墓主头西脚东，为仰身直肢葬，头部右侧随葬陶器、铁器、羊尾椎骨等。

2. 竖穴土坑墓，11座，土、石封堆，中部凹陷，其中6座墓葬人骨被早期扰动，骨骼凌乱。其余墓葬墓主头西脚东，仰身直肢葬，各随葬1件陶器。

3. 竖穴土坑二层台墓，4座，墓底二层台宽0.1~0.3米不等。1座墓葬人骨架已被早期扰动，仅有上半身且骨骼凌乱。其中墓葬墓主人骨架头西脚东，仰身直肢葬，随葬有陶器、铁刀、铁簪、羊尾椎骨等。

此次发掘墓葬数量较少，但墓葬类型多样，竖穴土坑、竖穴偏室与竖穴土坑二层台墓与周边地区同类墓葬相比，类型基本一致。根据墓葬类型、葬式葬俗、出土器物等对比，初步推测这些竖穴偏室墓年代为早期铁器时代至汉代；竖穴土坑墓室年代可能晚至宋元时期。通过该墓地的发掘，进一步丰富了博尔塔拉河流域的考古资料，对研究当地古代文化具有非常重要的意义。

（阿里甫江·尼亚孜）

【奇台县石城子汉代遗址】

发掘时间：2017年4~7月

工作单位：新疆维吾尔自治区文物考古研究所

石城子古城遗址位于奇台县半截沟镇麻沟梁村东北、河坝沿村南的麻沟梁上，地处天山山脉北麓山前丘陵地带。北通奇台、吉木萨尔等绿洲，南越天山可至吐鲁番盆地，为天山南北的重要通道之一。地理坐标：北纬43°37′0″，东经89°45′45″，海拔1770米。古城依地势而建，北高南低，起伏较大。平面为长方形，东西长约280米、南北长约380米，总面积约110000平方米。其中北城墙和西城墙保存较完整，东、南部临深涧，涧底有麻沟河向东绕北经黑沟流向新户梁。

2017年发掘面积500平方米，包括北城墙、西城墙、护城壕以及2间房屋的局部，城外西北角地面上发现大量坍塌瓦片，瓦片下有红烧土、灰烬等痕迹，疑为角楼被火烧后的残留。城墙系夯筑，剖面呈梯形。北城墙外侧部分墙体用瓦片包砌，起到加固和保护墙体的作用。城墙顶部均宽约6米，墙基宽约7米~8米。护城壕略呈“U”形，口部宽约4米，深约1米。西城墙外侧还有一道深沟，推测与护城壕性质相同，起到双重防御的作用。北城墙墙体及底部有9个柱洞，部分洞内残留有木柱和柱础石。另外在西墙墙体内侧依托城墙修建了两间房屋，中间以土坯墙相隔，墙体底部用草拌泥涂抹，其上涂白灰，并再施红色颜料。遗物与往年相同，主要为建筑材料、少量的陶器及1件铁铤铜镞。建筑材料与陶器均为典型的汉式风格。

两汉时期中原王朝为巩固边防，根据敌情、地形和任务等军事要素的不同，在西域设置边城、戍堡、烽燧等军事设施，构建军事防御体系，石城子遗址就是其中之一。遗址依崖体而建，居高临下，地形险要，易守难攻。城内依托北、西城墙建子城，印证了晁错在《言守边备塞疏》中所倡议的“复为一城，其内城间百五十步”的边城形制，弥补了单一城墙防御的缺憾，同时在城上建角楼，城外建马面，护城壕，也构筑了“金城汤池”的城郭模式，军事遗存的性质十分显著，战略意义重大，对于进一步研究两汉时期中原王朝在西域的军政建置及采取的一系列有效措施具有重要的学术价值和意义。

（田小红　吴　勇）

【阜康市泉水沟汉代墓地】

发掘时间：2017年6月

工作单位：新疆维吾尔自治区文物考古研究所

泉水沟墓群位于阜康市上户沟哈萨克族乡西沟村西北，白杨沟公路北侧的戈壁地带。墓地北邻G216高速公路，南邻S303省道，西距甘河子镇约6千米。

为配合阜康市京新（G7）高速公路改扩建项目，2017年6月，新疆维吾尔自治区文物考古研究所对工程涉及的5座墓葬进行了发掘，其中石堆墓4座，石圈墓1座。墓葬大致呈东北—西南向排列，分布范围东西250米、南北100米。其中2座石堆墓封堆较大，直径分别为14米、8米，高约0.4米，1座顶部有盗坑；其余墓葬封堆不明显，直径3米~5米，略高于地表。

经发掘，有竖穴石室墓1座，竖穴土坑墓2座，无墓室墓2座。其中M1为竖穴石室墓，被盗扰。单人葬，左侧身直肢，头骨损坏，残存肱骨、盆骨及下肢骨，未发现随葬品。M3为墓群中最大的石堆墓，封堆直径14米、高0.4米，在封堆南部采集有夹砂陶罐残片。封堆下有规整的圆形石圈，直径9.7米。石圈近中部为墓室，墓室较浅，被盗扰，残存少量骨骼，未见随葬品。M4封堆直径近8米，高约0.4米，顶部有盗坑。竖穴土坑墓，墓室中残存少量骨片，无随葬品。

此次清理的5座墓葬，除2座未发现墓室外，1座为竖穴石室墓，2座为竖穴土坑墓，墓葬均被盗扰，未发现随葬品。

泉水沟墓地与甘河子镇东北11千米的南泉墓地距离较近。南泉墓地年代推测不晚或相当于西汉时期，从墓群所处的地理环境推测为古代游牧民的遗存。泉水沟墓地与南泉墓地墓葬形制相近，但因墓葬多被盗掘，随葬品少见，推测其年代或与南泉墓地年代相当。

（闫雪梅　鲁礼鹏　付　昶　王新磊）

【塔什库尔干县石头城遗址】

发掘时间：2017年7~12月

工作单位：新疆维吾尔自治区文物考古研究所

石头城遗址位于喀什地区塔什库尔干塔吉克自治县县城北侧，地处被称为“世界屋脊”的帕米尔高原。2017年度的重要收获是对石头城遗址的平面和空间布局有了新的认识并通过考古发掘得以证明。在此之前石头城被认为包括外城和叠压在清代城以下的内城组成，2017 年的工作证明石头城不仅包括外城和内城，在内城中还有北、东、西三个子城形成鼎立之势，空间布局非常独特，其中北子城也就是以前认为的内城，是石头城遗址的核心，应该是汉唐时期朅盘陀国的宫城所在地。

2017 年最大的发掘区域位于遗址西端和东北地势最低处，通过 2016 年和 2017 年的工作，对古城城门有了许多新的认识，其中东北地势最低处可以确认为一处城门遗址，这里东通塔什库尔干河，夹在南北山山体之间，发掘处的部分墙体表明这里依地势修建有喇叭形的瓮城结构，此类结构在石头城遗址内可能具有一定的代表性。北子城的发掘区域主要位于南部，重点之一是东侧之前被认为是佛寺的一处区域，由于早期已经严重破坏，许多区域还被叠压在清代的城墙之下，清理工作的收获不大。但对北子城西南区域的发掘出土了一些重要文物，包括一些的石膏地面和石膏造像残块，其中可以识别的有佛足和手指残块，表明这里应该也是古代佛寺的遗址，和玄奘在《大唐西域记》中记载的童受伽蓝有一定对应关系。对石头城遗址西端和中部低洼处的发掘也对了解古城古代供水系统提供了相应的证据。对石头城遗址南北二处高台的局部发掘也有一些收获，这些高台和《大唐西域记》中“台阁高广”的记载相吻合，应该和宗教尤其是佛教有关，其中北高台有可能是佛塔遗址。此外，这两处高台残存墙基的垒石方法较为特殊，由扁平小石块环绕大石的方法和巴基斯坦塔克西拉遗址等地的情形较为类似。

出土遗物包括陶器、石器、织物、铜器和文书残片，其中在北子城的西南的探沟南部出土遗物较为丰富，这里位于古代宫城的南墙外侧，有深达 3 米的斜坡状堆积，应该是当年倾倒垃圾的场所。

由于一些因素的影响，2017 年石头城遗址的正式发掘工作又被迫耽搁到很晚的时间才得以开展，时间紧任务重，发掘工作显得仓促，许多工作不得不在寒冷的冬季，在高原缺氧的冰天雪地里进行，这些都难免对发掘工作造成了一些不利影响。

（艾　涛　徐佑成）

【库车县龟兹故城穷特音墩唐代遗址】

发掘时间：2017 年 3 ~ 4 月；9 ~ 12 月

工作单位：新疆维吾尔自治区文物考古研究所

库车县位于新疆维吾尔自治区中西部，属阿克苏地区，地处塔里木盆地北缘，北依天山山脉，南临塔克拉玛干沙漠。地理上东与轮台县交界，西南与沙雅县相连，西与新和县、拜城县接壤，北与和静县毗邻。县城距乌鲁木齐市公路里程 750 千米。地处丝绸之路中道要冲，地理位置十分重要。龟兹故城位于库车县新、老县城之间，天山路（原 314 国道）从城中穿过。地理坐标：北纬 41°43′17.1″，东经 82°56′41.9″（北墙保护标志处）。

穷特音墩遗址位于库车县伊西哈拉镇肖尔巴格村东南，东南距龟兹故城北墙约 200 米。2017 年 3 ~ 4 月；9 ~ 12 月分两次对遗址进行发掘，发掘面积共计 500 平方米。发掘结束共清理房址 7 间、柱洞 1 个、排水道 2 条、灶 5 座、沟 1 条、高台 1 座、灰坑 20 个、晚期墓葬 9 座。房址 7 间分布于高台两侧，F1 ~ F6 位于高台北侧，F7 位于高台南侧，墙体均为土坯垒砌。F1 南墙东侧残存柱洞一处，为圆角方形，紧贴坑壁处各立放一块碎砖用于固定木柱，底部有柱础石。柱洞边长 30 厘米，残深 20 厘米。F2 残存柱槽 3 处，东墙 2 处，西墙 1 处。F3 残存柱槽 2 处，位于南墙。F6 清理出的南墙表面残存有草拌泥，上涂白灰，白灰上施红色颜料，但大量剥落。F4 北侧和F7东侧两处中期垫层中各清理出一条陶质排水道。灶5座，位于F2、F3北侧。沟1条打破F7、F2和高台，平面略呈长方形，剖面“U”字形，南端填土为红烧土。高台1座，位于南北两列房址中东部。平面呈“T”形。东端毁于水渠，西南部未发掘。土坯垒砌。土坯中间座泥为褐色沙土。灰坑20个，依形制可以分为圆形竖穴、圆形锅底、椭圆形锅底三种类型。墓葬9座，有竖穴土坑墓和竖穴偏室墓两种形制，墓主人均为仰身直肢，头朝南，无随葬品。出土遗物以陶器和钱币为主，另有少量铜饰、铁器、石器、骨器以及玻璃残器1件，钱币多为五铢钱、龟兹钱少量龟兹五铢以及“开元通宝”钱币。

通过发掘对穷特音墩遗址的内涵有了比较清晰的认识，进一步探明了龟兹故城的形制、布局，判断其主体年代应为唐代。不仅丰富了龟兹故城的学术价值和意义，而且对深化丝绸之路经济带沿线文化领域的研究、开发和综合保护也起到了积极的作用。

（冯志东　田小红　吴　勇）

【博乐达勒特古城遗址】

发掘时间：2017年5～11月

工作单位：新疆维吾尔自治区文物考古研究所、博乐市文物局、中国人民大学北方民族考古研究所

达勒特古城遗址位于博乐市达勒特镇破城子村北缘，为全国重点文物保护单位，是北疆地区为数不多保存较好的古城之一。现存城址为内外双重城，外城呈不规则形，西、北、东三面临古河道，仅南部与西南角残存有城墙，均夯筑而成，南墙残长约1000米，残高0.2米～2米，中部有一缺口，疑似城门所在。西南部残存城墙约600米，残高0.5米～1.5米，城内散布大量陶片。内城位于外城西北部，平面大致呈不规则的方形，边长100米，残高在2.5米～4.5米之间。城门位于东墙中部，外有瓮城。

2016年曾在内城西侧做了小范围的试掘。2017年是对该城址进行主动性工作的第二年，主要有调查、勘探、发掘三项工作。

结合1964年卫星影像与大比例地图对周边方圆2千米范围内进行调查，发现周边均有与城内陶片相似的泥质灰陶与红陶片，在城址东部古河道对岸的查干苏木庙村发现有文化层堆积，可能为城址附属遗存。村内曾清理出墓葬2座，疑似墓葬区所在。

在调查的基础上，对遗址内15000平方米范围进行了勘探，初步明确了城址的形制，内城近方形，方向北偏西约25°。其中，东墙长100米、宽4米、高3.3米～3.5米；南墙长93米、宽4米、高2.5米～4.1米；西墙长100米、宽5米、高2.9米～3.2米；北墙长103米、宽4米、高3.9米～4.4米。面积约10300平方米。城门位于东墙的中部，现宽约10米，外有瓮城。内城四周皆有马面。外城平面呈不规则长方形，西、北、东三面临河，西墙断断续续延续约240米、宽0.5米～4米；北部未发现城墙；东墙仅在东南角发现61米，宽约1米～2米，中部有一宽约7米的缺口，疑为城门；南墙平面略向外弧，长约1000米、宽约1米～5米，东端残宽约13米的缺口为南城门。外城西、南面均发现有护城壕，宽15米～22米。另在外城南侧发现“品”字形分布烽燧台基3处。

2017年实际发掘面积1914平方米。发掘区域为Ⅰ区内城的北侧、东南角、瓮城以及外城的东北部。共揭露不同时期、不同类型遗迹176处，出土小件遗物277件，另有近10万片陶片与大量动物骨骼。

内城北侧发掘面积550平方米，揭露出不同时期房址10间，灰坑26个，灶址6处，土坯墙体6道，井2个，柱洞7个，

灰沟1条，内城马面1处。出土遗物以陶片为主，多为泥质灰陶与红陶片，少量的夹砂红陶片，瓷片较少，可辨器形有罐、壶、盆、器盖等物。小件遗物以骨器为主，多为骨簪、骨镞等。

内城东南角发掘面积600平方米，揭露出房址15间，灰坑27个，灶址6处，墙体1道。在内角发现的F27是此次发掘规格较高的建筑，露头于③层下，建筑于生土层以下。整体为砖构建筑，布局平面形状大致呈“十”字状，共有5间房屋构成，进深4间，面阔2间。整体保存较差，门道位于北部，除最北端房间外，其余房屋的底部均有取暖用的火道（原理与炕道和今日的地暖相同），火塘与火门位于最南端的房间，烟道位于北侧和东侧的房间内。其建筑方式系现于地表向下挖掘基坑，后在基坑内砌火道，火道顶部呈“人”字形，上用砖铺设地面，其上采用三合土进行防水处理，有火道的房间内壁也均采用三合土进行防水处理。整个建筑进深约14.3米，东西最宽约7.6米，房间面积约9平方米，最大者约14平方米。火门呈拱券顶，门前操作空间系将内城南墙掏挖进去形成，东部一围挡的高台为堆放烧灰地点，堆积有大量的草木灰。F27北部、东部均有借用F27而建的房屋，房内堆积出土遗物较少，仅少量的陶片，但在其墙上可见有绿釉瓷片。

内城东南角外的发掘揭露出内城四角原存在有角台，但东南角角台已被四周晚期的房屋建筑所破坏，仅剩一长宽1米左右的夯土。

内城瓮城共发掘面积264平方米，揭露房址3间，灰坑2个，灶址2处，柱洞7个，墙体1处。瓮城的发掘基本搞清了内城瓮城的基本形制，平面呈南北向长方形，方向335°。南北长10.75米、东西宽7.3米，夯筑而成，夯层厚0.08米~0.11米，北墙、东墙保存较好，现存北墙顶部宽0.9米~1.6米，基部宽1.8米~2.1米，高1.48米~2.7米。东墙现存顶部宽1米~2.05米，基部残宽2.1米，残高1米~1.6米。南墙已破坏殆尽，现仅存0.27米（含拐角部分），残宽0.8米~1.6米，高度0.4米。瓮城内沿北墙、东墙内侧（紧贴墙体）横有圆木，其上覆长条形土坯，推测为地袱或修葺墙体的遗存，在瓮城西北角发现两根松木，上楔有整齐的木楔，形似拒马却小了许多，性质、作用不明。瓮城的门道应开在南部，已破坏不见。

外城东北部发掘面积500平方米。揭露房址3间，灰坑41个，灶址1处，柱洞4个，灰沟4条。外城东北部因早年取土破坏严重，仅发现两组建筑遗迹与大量的灰坑。较为重要的F8现仅存基部的土坯墙体，平面大致呈方形，南北长7.1米、东西宽6.3米，残高约0.2米~0.5米。其北部发现有陶排水管，惜被灰坑所打破。所发现的灰坑多为圆形，直壁平底，口径多在1.5米、深0.6米~1米，坑内填土疏松，出土遗物极少。

通过2017年的田野工作，基本了解了达勒特古城遗址的分布范围、基本形制和附属遗存；掌握了内城的形制、布局，了解了内城的防御设施；对内城里的重点遗迹的分布、形制有了基本的了解；基本搞清了内外城之间的关系，目前在内城揭露出遗迹，其始建年代均在内城废弃年代之后，而与外城所发现的遗迹年代大致相当，综合发掘层位堆积与出土遗物，对达勒特古城的年代有了基本的判断，其外城年代大致在蒙元时期，即公元13世纪以后，内城年代早于13世纪，或早至西辽时期，具体上限尚未确定。

通过多学科的综合研究，了解了达勒特古城的古环境，周边有丰富的水源，从发掘区域的堆积来看，城址的废弃也可能与洪水有关；对动植物考古的分析，初步了解达勒特古城原有粟、麦等作物，有牛、羊、马、骆驼等家畜和羚羊等野生动物；从目前发掘遗迹的情况初步判断达勒特古城的性质以居住生活遗址为主，从其所处地理位置和出土遗物来看，达勒特古城在当时有着发达的手工业和繁华的贸易交流。

（党志豪）

第三篇

赴外考古

【越南北宁省顺城县清姜社陇溪村汉唐时期城址】

工作时间：2017 年 11 月 28 日 ~ 12 月 25 日

发掘单位：中山大学社会学与人类学学院、越南河内国家大学所属社会科学与人文大学

陇溪城址位于越南北宁省顺城县清姜社陇溪村，中心地理坐标北纬 21°02′19″，东经 106°02′24″。2017 年度在城内发掘面积 20 平方米，按照正南北方向分别布 4 米×4 米、2 米×2 米共两个探方，文化层平均厚度约 3 米，出土器物包括砖瓦建筑构件以及大量陶瓷器残片。除此之外，还对城外一座被盗掘的东汉砖室墓进行抢救性发掘。

东汉砖室墓编号 M1 位于城外东南方向，该墓封土堆残高约 3 米，封土堆平面近圆形，直径约 16 米。封土堆西部由于两座现代墓修墓取土而被破坏，封土堆上有三个近现代的二次石棺葬，封土堆顶部有数个盗坑打到墓室底部，墓葬其中一个墓室完全暴露，残砖、泥土堆积在墓室内部。为了在有限时间内完成对该墓抢救性清理工作，并充分了解封土堆和墓室的结构，对这座墓葬的发掘采取沿着已经暴露的墓室的方向，在封土堆上开两条“十”字形探沟对封土堆进行解剖。

M1 平面呈“十”字形，由甬道、前室、后室和两个耳室构成，墓向北偏东 5°。墓葬南北长 9.6 米，东西宽 6.6 米。该墓葬被严重破坏，墓室内填土扰动严重。甬道、前室、后室的券顶被完全毁坏，东、西耳室残存单层券顶。前室与后室之间、前室与两个耳室相接处残存单层柱券结构。仅前室、东耳室保存部分“人”字形铺地砖。M1 劫余器物 15 件，主要为陶器，包括平底罐 4 件、三足罐 2 件、耳杯 1 件、直筒罐及盖 2 件、杯 1 件、盆 2 件、器盖 1 件、灶模型明器 1 件、房屋模型明器残片若干，除此之外还有玻璃珠 1 颗。M1 墓砖多装饰复线菱格纹和“×”字形纹。根据随葬品判断 M1 年代为东汉时期。

（韦伟燕）

【缅甸蒲甘佛塔修复项目】

调查时间：2017 年 1 ~ 11 月

工作单位：云南省文物考古研究所

2016 年 8 月 24 日，缅甸发生里氏 6.8 级地震，造成缅甸蒲甘地区佛塔遭受大面积不同程度的破坏。2016 年 9 月，云南省文物考古研究所派出专业人员参加了中方联合工作组的震后佛塔勘察工作；2017 年，经国家文物局推荐，受商务部委托，云南省文物考古研究所继续承担了中国政府援助缅甸蒲甘佛塔——他冰瑜寺修复项目前期专项调勘及可行性研究任务。

2017 年 1 月成立了可行性研究项目组；2 月组织、调集省内外专家 15 人对他冰瑜佛塔开展了专项调勘，并与缅方文化部共同承办召开国际研讨会，在会议期间对蒲甘当地文物保护人员进行了培训与交流工作；3 月编制完成了《援缅甸蒲甘佛塔修复项目可行性研究实施方案》，并通过商务部第三方评审机构的审批；3 月至 4 月，编制完成《缅甸蒲甘他冰瑜寺专项调勘报告及初步保护方案》；5 月至缅甸进行了现场考察，协同商务部和中国驻缅甸大使馆与缅方签订了《援缅甸他冰瑜寺修复项目可行性研究工作现场考察会谈纪要》，同时开展了现场考察工作；6 月至 11 月，经多次修改完善编制完成《中国政府援助缅甸蒲甘他冰瑜寺修复项目可行性研究报告》和《中国政府援助缅甸蒲甘他冰瑜寺修复项目立项建议书》。

项目内容为文物震后保护修复工程，具体包括文物建筑本体保护修缮工程、文物安全防范、监测工程、他冰瑜寺范围内的环境整治工程、文物展示利用工程、配

套用房、配电和照明等。为保证修复项目文物的真实性和完整性，修复保护工作将以现场勘察及残损报告、考古调勘发掘报告为主要依据，并充分考虑当地习惯做法和宗教传统，采用中国现行的技术标准及设计、施工规范结合联合国教科文组织关于世界文化遗产修复的强制性标准和规范。按照最小干预的原则，消除修复项目保护对象的安全隐患，并修复其结构失效部分，以最大限度地保护和保存其原有的历史信息，尽可能多地保护和使用其原有构件。在多方面论证、多方法实验，依据充分的前提下于工程隐蔽部位可适当使用新型材料和加固技术进行结构补强。

目前，可行性研究报告及立项建议书均已通过国家文物局以及商务部第三方评审机构的审批，正上报国务院待立项批复。

（周　怡）

【吉尔吉斯共和国古代城址调查】

调查时间:2017 年 10 月

工作单位:陕西省考古研究院、吉尔吉斯共和国国家科学院历史与文化遗产研究所

2017 年 10 月 8 日至 22 日,陕西省考古研究院派出学术考察团,对吉尔吉斯共和国国家科学院历史与文化遗产研究所进行了为期两周的学术访问与交流。

在访问期间,考察团一行对吉尔吉斯共和国楚河及塔拉斯河流域的 10 座古代城址进行了调查,分别是:布拉纳遗址(巴拉沙衮城)、阿克・贝希姆遗址(碎叶城)、小阿克・贝希姆遗址、科拉斯纳亚・瑞希卡遗址(新城)、坎布伦古城、诺娃巴克罗夫卡古城、托列克城、别洛沃德古城、阿克土波古城、库兰库尔克古城。除后两座位于塔拉斯河流域之外,其余均位于楚河流域。

其中,对阿克・贝希姆遗址(碎叶城)、布拉纳遗址(巴拉沙衮城)、科拉斯纳亚・瑞希卡遗址(新城)三座城址进行了重点调查，这三座城址已被列入世界文化遗产名录“丝绸之路:长安——天山廊道的路网”。对这些古城内出土的保存于历史与文化遗产研究所、斯拉夫大学博物馆、各古城陈列馆等处的遗物进行了仔细的调查与资料收集。

在调查的基础上,陕西省考古研究院与吉尔吉斯共和国国家科学院历史与文化遗产研究所签署了合作协议,从 2018 年开始,将联合对楚河流域的古代城址开展调查,并对科拉斯纳亚・瑞希卡遗址进行相应的考古勘探、发掘和研究。同时,围绕合作项目,双方也将开展信息资料的交流以及专业人员的往来互访。在发掘过程中,陕西省考古研究院也将对吉方参与工作的人员及学生进行必要的技术培训。

科拉斯纳亚・瑞希卡遗址是吉尔吉斯斯坦楚河流域最大的中世纪遗址,其中心部分保存较好。它是吉尔吉斯斯坦在丝绸之路上最大的考古遗迹之一,被认为是阿拉伯—波斯和中国文献上提到的中世纪城市新城。该遗址的宗教和民间建筑融合了突厥、印度、粟特和中国的文化特色,展现了袄教、景教、佛教的传播,是见证丝绸之路发展轨迹的重要遗存。残存的遗迹包括城墙、戍堡等建筑遗存,曾断续进行过多次发掘。

【乌兹别克斯坦拉巴特遗址】

发掘时间：2017 年 5 月 10 日 ~7 月 17 日

工作单位：西北大学文化遗产学院、乌兹别克斯坦考古研究所、铁尔梅兹大学考古系

拉巴特遗址位于乌兹别克斯坦苏尔汉达利亚州拜松市南约 3 千米的拉巴特村，地处拜松河西岸台地边缘，拜松河自南向北流经遗址东侧。其距古代索格底亚纳与巴克特里亚的分界“铁门关”约 20 千米，为西天山地区文化交流的必经之地。2015 年西北大学文化遗产学院在该区域进行考古调查时发现该遗址，因当地居民修建房屋严重破坏遗址西部区域，遗迹暴露在地

表。2017 年度西北大学文化遗产学院与乌兹别克斯坦考古研究所联合，协同铁尔梅兹大学考古系对该遗址进行考古发掘。

2017 年度发掘地点位于遗址西部区域，发掘对象为排列密集的墓葬。发掘采用探方法，揭露面积约 500 平方米，共清理墓葬 53 座、灰坑 1 个。墓葬上部均遭到不同程度破坏，未见墓葬地表建筑。根据形制可分为偏洞室墓、竖穴土坑墓两种；偏洞室墓在墓道西侧横向掏挖与墓道等长的墓室，并垒砌河卵石进行封门；竖穴墓为口底同大的长方形墓室。单人一次葬，葬式较为统一，头向北，仰身直肢。出土遗物较为丰富，以陶器、玻璃器、石器、铜器、铁器、金器为大宗，其中陶器以盛储器为主，见单耳壶、陶钵等；玻璃器、石器多为随身装饰的串珠；铜器为手镯、耳环等饰品；铁器为箭镞、短剑等武器、工具。

通过初步分析，拉巴特墓地年代为公元前 2 ~ 公元 1 世纪，为北巴克特里亚地区希腊化时期后的游牧文化遗存。拉巴特墓地墓葬形制、葬式葬俗、随葬品特征与苏尔汉河流域的卡尔查延、达尔俘津特佩等遗址存在一定的联系，但也有其自身的文化特征。拉巴特遗址的发掘，为研究该区域人群埋葬方式、社会组织结构等提供了宝贵的材料；丰富了该区域古代文化面貌，为构建苏尔汉河流域考古学文化谱系提供了重要依据，同时为研究北巴克特里亚地区早期铁器时代古代文化交流与融合、人群迁徙与交融提供了参考；对古代丝绸之路的研究提供了新契机。

（唐云鹏　王建新　梁　云）

【哈萨克斯坦拉哈特古城遗址】

发掘时间：2017 年 5 ~ 7 月

工作单位：陕西省考古研究院、哈萨克斯坦共和国伊塞克国家历史文化博物馆

拉哈特遗址位于哈萨克斯坦共和国境内天山北麓，属于伊塞克国家历史文化博物馆保护区域，东距中国霍尔果斯约 250 千米，西距阿拉木图约 50 千米，是丝绸之路的一处重要遗址点，当地传说是塞人王族的居住遗址。著名的伊塞克金人墓葬就位于该遗址附近。

在调查、勘探与试掘期间，将现场踏勘、传统发掘、普通记录与 RTK 测绘、三维摄影、高空航测等多种现代技术相结合，获取了较为客观、详细的科学资料。在伊塞克区域内，主要调查了以拉哈特遗址为主的早期铁器时代遗址 4 处，面积合计约 51 万平方米。拉哈特遗址略呈长方形，面积约 25 万平方米，遗址核心是一座近方形的高台，顶部小、底部大，高约 18 米，顶端面积约 3200 平方米，周围有两道壕沟围绕。

在拉哈特遗址区域内设置“十”字形勘探带，勘探长度合计约 1200 米，对遗址的框架性布局有了一定程度的了解。在拉哈特遗址内布设探沟 3 座，面积合计 32 平方米。其中，TG1 长 10 米、宽 2 米，发掘深度约 4.4 米，清理的主要遗迹有灰沟、灰坑、房址、灶、炉等。遗址出土器类有铁、陶、石、骨器等，可辨器物约 80 件（片），以罐、钵为主。另外，在该遗址附近还采集到可能是早期铁器时代塞人的陶器钵、罐共两件，一钵、一罐。初步认为，拉哈特遗址是以一号高台为核心，以壕沟为界，在高台周围设置了若干居住区域。该区域内还存在一些手工业作坊。

依据目前发掘到的陶器遗存面貌，可以推测到拉哈特遗址沿用了多个时代，晚期可至蒙元时代（13 世纪左右），早期可达到早期铁器时代（公元前 7 ~ 3 世纪）。结合调查、试掘收获，初步认为在伊塞克区域东西长约 30 千米的天山北麓地带内，在面貌、内涵近似的遗址中，拉哈特遗址的面积和规模最大，可能具有中心聚落的地位。

（丁　岩　路智勇　苗轶飞　赵汗青）

【蒙古国后杭爱省高勒毛都 2 号墓地】

发掘时间：2017 年 7 ~ 9 月

工作单位：河南省文物考古研究院、洛阳市文物考古研究院、蒙古国乌兰巴托大学考古学系

2017 年度由河南省文物考古研究院、洛阳市文物考古研究院和蒙古国乌兰巴托大学考古学系共同实施的中蒙联合考古项目“古代北方游牧民族文化研究”在蒙古国后杭爱省高勒毛都 2 号墓地（Gol Mod 2）开展田野工作。

高勒毛都 2 号墓地位于温都乌兰县境内地理坐标为北纬 48°，东经 101°13′，海拔 1800 米。该墓地于 2001 年被发现，随后乌兰巴托大学考古学系对其中编号 M1 的大型墓葬及陪葬墓进行了发掘，获得了重要发现。2017 年度中蒙联合考古主要对墓地中编号 M189 的大型墓葬一侧 12 座陪葬墓进行了发掘。

M189 位于整个墓地的西北部，西边距离已发掘的 M1 约 280 米。该墓葬为一座“甲”字形积石墓，坐北向南，方向 178°。墓室北宽南窄，东、西、北边长 29 米，南边长 26 米；墓道长 20 米，北宽 11 米，南宽 5 米。墓室及墓道边缘砌有石墙，北端高 1.5 米，最南端高 0.1 米，石墙内填沙和石块。12 座陪葬墓均为圆形积石墓，呈弧形分布于主墓东侧，自南向北编号为 PM1 ~ PM12。其中 PM12 积石的北端接近主墓北墙所在的东西向直线，PM1 积石的西端接近主墓室东墙所在南北向的直线。PM1 和 PM12 积石的中心距离主墓室东南角距离分别为 40 米和 41 米，中间各陪葬墓到此点的距离均小于 40 米。这些陪葬墓的布局应当是经过仔细规划的。

此次发掘出土遗物有铜器、陶器、铁器及金银器等。其中三枚铜镜为汉代器物，为一枚昭明镜、两枚规矩镜，分别出土于 8 号、11 号和 12 号陪葬墓中。出土的典型匈奴文化器物有铜鍑、陶罐、金饰、腰带等。根据遗物特征判断，这批墓葬年代相当于中国的新莽时期和东汉早期。陪葬墓内大部分人骨都是上肢和头部遭到破坏，随葬器物未见扰动痕迹，因此墓葬可能曾遭到报复性扰动。这是蒙古国境内第二批经过系统发掘的匈奴贵族陪葬墓，对于研究匈奴贵族葬俗、两汉时期中原地区与北方草原地区的文化互动交流有着重要价值。

此次中蒙联合考古项目是河南省第一次到蒙古国开展的境外考古项目，中方所派出队员均为 80 后青年业务人员。在两个月的合作中，队员们过硬的业务能力和良好的个人素质得到了蒙古国和俄罗斯同行的认可，充分展示了中国青年考古学者的风采。中方队员还与蒙古国乌拉巴托大学、俄罗斯布里亚特州立大学、莫斯科考古研究所等机构的专家学者进行了学术交流，建立了联系，为以后进一步拓展国际合作考古打下了基础。

（周立刚）

【西伯利亚地区联合考古】

发掘时间：2017 年 8 ~ 9 月

工作单位：重庆市文化遗产研究院

2017 年 8 月 15 日 ~ 9 月 10 日，为深化中俄两国文化遗产保护合作、加强两国人文交流，重庆市文化遗产研究院首次派出考古团队走出国门奔赴俄罗斯，与俄罗斯科学院西伯利亚分院考古学与民族学研究所共同组建联合考古队，开展西伯利亚地区联合考古工作。

联合考古队对叶尼塞河库尔塔克考古区（地质区）的卡缅内洛卡遗址进行了试掘，布设探方 1 个，试掘面积 8 平方米，出土遗物 45 件，均为石制品。结合石制品特征和阶地埋藏环境，初步推测遗存年代距今 2.8 万 ~ 2.4 万年。新发现的文化层对于完善库区旧石器时代文化年表具有重要价值。在阿巴坎河流域（乌斯季索斯段）的考古调查中，联合考古队新发现一

处旧石器时代遗址——马特盖奇克遗址。遗址以哈卡斯共和国贝斯基区马特盖奇克村命名，坐落于阿巴坎河右岸的二级阶地上。共布设探方2个，试掘面积共计12平方米，出土遗物29件，包括石制品22件、动物骨骼3件以及炭粒4件，初步推测遗存年代距今约1.2万年。马特盖奇克遗址的发现增添了阿巴坎河流域旧石器时代考古新材料，扩展了人们对于南西伯利亚地区旧石器时代遗址空间分布的认识，为后续相关研究工作奠定了基础。

石板墓（立石墓）是西伯利亚考古发展的第一个来源，广泛分布于米努辛斯克盆地，兴盛于塔加尔文化时期，但由于盗掘，许多墓葬都遭到破坏。乌斯季索斯石板墓群是其中保存相对较好的一处，位于米努辛斯克盆地的西南部，阿巴坎河与索斯河交汇处。联合考古队对乌斯季索斯自然文化露天博物馆西北部的25座石板墓利用全站仪、GPS等测绘设备并结合地理信息技术进行了精确测绘与记录，获取了一手资料，为后续相关保护与研究工作奠定了基础。

西伯利亚岩画数量众多，类型丰富，具有非常重要的学术价值，也是此次联合考察的对象之一。联合考古队对哈卡斯境内的赫热勒喀哈亚岩画和克拉斯诺亚尔斯克边疆区内的沙拉博林岩画进行了考察，对两处地点的部分岩画进行了拓片、照相及文字记录等留取资料工作。沙拉博林岩画是西伯利亚地区重要的艺术瑰宝，分布绵延长约3千米，题材丰富，其时代最早为距今8000年左右的新石器时代，并延续至中世纪。

中俄西伯利亚联合考古以再现亚洲原始先民的生存状态以及古代欧亚草原人类发展进程等为主导课题，以“一带一路”建设为重要合作平台，充分发挥了中方科技手段应用优势与俄方多学科、跨国际合作的经验优势，成功实现了双方既定工作目标，取得了重要收获，促进了两国文化交流与合作。

（汪　伟　代玉彪　高　磊　徐　进　张镇山）

【肯尼亚吉门基石遗址】

发掘时间：2017年

工作单位：河南省文物考古研究院、山东大学、肯尼亚国家博物馆

2017年度中肯联合考古队顺利完成了对肯尼亚吉门基石遗址考古发掘和巴林戈地区考古调查任务，发掘的吉门基石遗址完成考古发掘面积66平方米，出土旧石器时代中期石制品551件，类型包括石核、石片、石器、断块和石料等，此外，还出土哺乳动物化石数十余件。考古调查发现13处旧石器地点，发现石制品和动物化石近千件，时代包括旧石器时代早期、中期和晚期。其中，位于肯尼亚裂谷地区纳库鲁郡玛卡里亚瀑布，是迄今为止中国考古学家在非洲发现的第一处旧石器地点。

此次考古工作初步证明，东非大裂谷巴林戈地区分布有非常丰富的旧石器时代文化遗存，对探索早期人类起源、现代人起源等学术课题具有十分重要的意义。

考古工作结束后，考古队应邀为中国驻肯尼亚大使馆全体外交官和商会作了《肯尼亚巴林戈地区2017年考古调查与发掘》的学术报告，刘显法大使祝贺考古队在第一阶段发掘工作取得重要成果，并表示中肯考古合作对于推动中肯全面战略合作伙伴关系发展具有开创性意义。中国考古走出来是中国文化走向世界的重要体现，有利于增进中华文明与其他文明的交流互鉴，增强国人的文化自信。期待考古队在今后工作中不断取得新进展新成就，驻肯使馆将为中肯考古合作提供全力支持。

在考古发掘期间，曾在肯尼亚执政长达24年的前总统莫伊，在考古队驻地亲切接见考古队中方队员，因巴林戈地区是莫

伊前总统的故乡，他希望考古队在该地区有更大的考古成就。

此次联合考古由河南省文物考古研究院、山东大学等与肯尼亚国家博物馆合作开展，从2017年起分阶段实施。

（李占扬　侯彦峰　赵清坡）

第四篇

学术会议

【第五届“体验考古，感受文明——2016年度陕西考古新发现公众报告会”在陕西省西安市举办】

2017年1月17～19日，由陕西省文物局、陕西省社科联主办，陕西省考古学会、陕西省考古研究院、陕西历史博物馆承办的第五届“体验考古，感受文明——2016年度陕西考古新发现公众报告会”在陕西历史博物馆报告厅成功举办。会议期间，来自省局直属单位、各地市文博机构的文博同仁，高校学生、公众代表及媒体记者等千余人次参加了此次报告会。

此次报告会，先后有11位专家学者对相关领域的考古发现、文物及遗产保护等内容进行了精彩的报告。大致可以分为四个方面：考古发掘与研究方面包括杨利平副研究员的《葬身阡原：杨官寨遗址庙底沟文化墓地发掘》等；线性文化遗产调查与研究包括王建新教授的《从东天山到西天山：古代月氏文化的考古学探索》等；文物保护及展示利用方面包括赵西晨研究员的《相识相惜：出土文物现场保护漫谈》等。此次报告会，受到社会的极大关注和听众的一致好评。

【“洛阳市文物考古研究院2016年度考古工作汇报会”在河南省洛阳市举行】

2017年1月22日，“洛阳市文物考古研究院2016年度考古工作汇报会”在河南省洛阳市举行。中国社会科学院考古研究所徐光冀研究员，国家文物局专家组成员、中国国家博物馆信立祥研究员，江苏省考古研究所所长林留根，甘肃省文物考古研究所所长王辉，吉林省文物考古研究所所长安文荣，河南省文物局副巡视员孙英民，河南省文物考古研究院副院长刘海旺，中国社会科学院考古研究所洛阳工作站站长钱国祥，洛阳市文物局局长余杰，副局长王献本等国内知名专家学者，洛阳文博系统干部职工，部分国内媒体、考古志愿者参加了此次汇报会。

全天共汇报了16个项目。其中课题性考古调查勘测项目主要包括：宜阳苏羊遗址、宜阳四岭遗址、隋唐洛阳城西苑渠址遗迹勘探与发掘等；主动性考古发掘项目包括：栾川龙泉洞旧石器时代遗址、伊川徐阳墓地、宜阳南留古城遗址等；配合基本建设方面比较重要的项目有偃师潘屯村东汉大墓等。此次汇报会在时间上从史前文明到宋代，在内容上涵盖了田野考古、科技考古、文物保护与展示、保护修复等方面。

在汇报会上，专家们听取并逐项点评宜阳苏羊遗址等16个项目的考古成果汇报，其后组成评审组，评选出2016年度考古工作汇报会奖项。最终评选洛阳西朱村曹魏墓考古调查与发掘为特别奖；隋唐洛阳城里坊区——宁人坊区域遗址发掘为一等奖；宜阳苏羊遗址考古调查与发掘、孟津新庄汉代烧窑遗址为二等奖；宜阳韩都故城考古调查与发掘等5个项目为三等奖。

孙英民作最后总结发言，他指出洛阳在历史上的核心地位决定了洛阳的文物工作在全省的文物工作中起到核心作用。他在向洛阳考古院表示祝贺的同时，对下一步的工作提出了具体希望和要求。

【“凤翔雍山血池秦汉祭祀遗址专家座谈会”在陕西省凤翔县召开】

2017年2月8～9日，“凤翔雍山血池秦汉祭祀遗址专家座谈会”在陕西省凤翔县召开，来自中国社会科学院考古研究所、中国国家博物馆、北京大学等单位共19位专家参加此次座谈会。陕西省文物局周魁英副局长，陕西省考古研究院党委副书记、副院长李岗以及宝鸡市文物旅游局等相关人员参加会议，会议由陕西省考古研究院孙周勇副院长主持。

陕西省考古研究院雍山血池遗址考古

队领队田亚岐研究员汇报了雍山血池遗址考古工作概况及重要收获，随后各位专家对雍山夯土台和血池祭祀坑两处重要遗址进行了现场考察，并对下一步工作计划提出了针对性的意见和建议。周魁英作总结发言，对各位专家的莅临指导表示感谢，并表示陕西省文物局将一如既往支持雍山血池遗址的考古发掘、保护规划等工作，加强对文化遗产的保护、传承和利用。

【“早期秦文化考古研究项目2017年度考古工作会议”在陕西省西安市召开】

2017年2月9～10日，“早期秦文化考古调查与研究项目2017年度考古工作会议”在陕西省考古研究院召开。甘肃省文物局副局长肖学智及甘肃省文物考古研究所所长、研究员王辉，合作单位北京大学考古文博学院教授赵化成等，陕西省考古研究院副院长王小蒙、孙周勇，研究员焦南峰等30余位专家学者出席会议。会议由王辉主持。

甘肃省文物考古研究所侯红伟、陕西省考古研究院田亚岐和中国国家博物馆游富祥分别汇报了甘肃东南部早期秦文化、陕西关中西部早期秦文化和秦汉雍五畤考古调查三个项目2016年考古工作进展情况。会上讨论了《早期秦文化与西戎文化项目十年规划》，还对2017年田野考古、文物保护等工作进行了安排部署。

【“长江下游区域文明模式研究工作交流会”在浙江省杭州市召开】

2017年2月12～13日，浙江省文物考古研究所牵头在浙江省杭州市召开了“长江下游区域文明模式研究工作交流会”。北京大学考古文博学院、安徽省文物考古研究所、南京大学历史学院等7家合作高校和单位参加了此次会议。会议主题为：长江下游区域文明模式研究——从崧泽到良渚。会议就立项背景、课题目标等内容进行了全面论证，就课题开展过程中各单位的任务分工、人员、设备、技术手段和工作衔接等问题进行了研讨。

该项目组以长江下游四省一市所涉新石器时代文化遗址为工作对象，以崧泽到良渚时期为工作重点，打破行政区划，全方位、多层次、多角度地研究长江下游史前区域文明的产生发展进程；分析把握长江下游区域文明的发展机制和限制；总结理解这一区域文明的模式及其特点。

【“慈溪上林湖后司岙窑址考古发掘现场专家论证会”在浙江省慈溪市召开】

2017年2月25日，由浙江省文物考古研究所与慈溪市人民政府主办、慈溪市文化广电新闻出版局承办的“慈溪上林湖后司岙窑址考古发掘现场专家论证会”在浙江省慈溪市顺利召开。此次考古发掘现场专家论证会分为两部分——考古发掘现场考察和学术论证。

考古发掘现场考察阶段，由浙江省文物考古研究所研究员郑建明向与会专家现场详细介绍此次考古发掘所采取的考古工作方法、揭露出来的遗迹遗物情况以及此次考古发掘在越窑研究史上所取得的重要突破。在学术论证阶段，由浙江省文物考古研究所书记沈岳明主持，首先由郑建明研究员作后司岙窑址考古发掘收获的主题汇报。之后各位与会专家结合现场考察与主题汇报，对此次考古发掘的成果进行学术论证。与会专家一致认为，此次考古发掘发掘理念先进、发掘方法创新等方面都取得了重大突破，此次发掘对于解决晚唐五代时期秘色瓷的烧造产地、烧造工艺、兴衰过程以及晚唐五代时期宫廷用瓷等方面学术问题提供了大量学术资料。

与会专家有故宫博物院院长单霁翔、北京大学考古文博学院教授李伯谦、中国国家博物馆研究员信立祥、中国社会科学院考古研究所所长陈星灿、北京大学考古文博学院教授秦大树、故宫博物院研究员王光尧、故宫博物院展览部主任纪炜、中国文物报社总编辑曹兵武、主任李政、湖南省文物考古研究所所长郭伟民、江苏省考古研究所所长林留根、浙江省文物局副局长郑建华、浙江省文物考古研究所所长刘斌、浙江省文物考古研究所党总支书记沈岳明、宁波市文物考古研究所所长王结华等。

【第三届“交流与互动——民族考古与文物学术研讨会”在中央民族大学召开】

2017 年 4 月 8 ~ 9 日，由中央民族大学民族学与社会学学院考古文博系主办的第三届“交流与互动——民族考古与文物学术研讨会”在中央民族大学文华楼西区二层报告厅召开，共有来自全国各个高校、研究所和博物馆的近 90 名专家学者和领导参加了此次会议。会议报告共 7 场，内容立足于边疆地区的考古与文物资料，从不同的角度讨论了我国边疆地区与周邻古代文化的交流与互动、边疆考古新发现与区域族群文化史的新进展等内容。

【“西南边疆考古工作会”在云南省昆明市及红河州召开】

2017 年 4 月 16 ~ 20 日，“西南边疆考古工作会”在云南省昆明市及红河州召开。国家文物局考古处处长张磊和来自云南、四川、贵州等考古、文博机构代表以及北京大学、首都师范大学、四川大学等高校的专家学者共 20 余人出席了会议。

会议由云南省文物局副局长余剑明主持，云南省文化厅副厅长、文物局局长杨德聪在致辞中表示云南省文物局将在国家文物局的指导下，继续主动融入国家“一带一路”建设，进一步扩大在东南亚、南亚地区文物考古领域的对外合作。与会代表对以往西南边疆及涉东南亚、南亚国家考古工作情况作一一汇报，并对下一步边疆考古及涉东南亚、南亚国家考古工作进行研究讨论。

（吕　静）

【“第六届发现中国李济考古学奖学金颁奖仪式暨青年考古沙龙”在四川大学召开】

2017 年 5 月 13 日上午，“第六届发现中国李济考古学奖学金颁奖仪式暨青年考古沙龙”在四川大学江安校区举行。此次活动由发现中国文化基金主办，四川大学历史文化学院承办。颁奖仪式由发现中国文化基金代表金豆豆女士主持。她首先介绍了李济考古学奖学金的缘起并感谢各科研机构和专家学子们的理解与支持，更特别感谢包括 40 多位评委在内的各位考古业内的专家学者对于奖学金的指导与帮助，随后对今天到场的各位点评嘉宾进行了介绍。随后 8 位来自不同高校的获奖者进行了学术报告。

在颁奖仪式后，四川大学历史文化学院院长霍巍教授代表点评专家总结致辞。霍巍教授认为“中国考古学的未来一定在青年人身上”，并从此次活动中感受到考古学事业薪火相传。最后，霍巍教授代表与会嘉宾表达了对青年学子的殷切期望。

（明远考古文物社）

【“瓮棺葬与古代东亚文化交流国际学术研讨会”在河北省黄骅市召开】

2017 年 5 月 13 ~ 14 日，由中国社会科学院考古研究所、河北省文物局、河北省文物研究所和黄骅市人民政府共同举办的“瓮棺葬与古代东亚文化交流国际学术研讨会”在河北省黄骅市召开，参加会议的专家学者分别来自中国社会科学院考古研究所、北京市文物研究所、天津市文化遗产保护中心、北京大学、中国人民大学、吉林大学和中国社会科学院研究生院等国内考古机构和高校的专家学者及韩国、日本学者，沧州和黄骅当地的部分文史工作者也参加了会议。会议正式代表30余人，共收到学术论文提要24篇。

会议以瓮棺葬为主题，与会者围绕主题深入交流讨论，为郛堤城瓮棺葬及城址的研究、保护、展示和利用提供了强有力的学术支撑，进一步加深了中、日、韩各地瓮棺葬及其相互关系的认识。会议计划出版《瓮棺葬与东亚古代文明交流国际学术研讨会论文集》，已交付出版社。

【“西南考古协作会暨西南地区聚落与城址学术研讨会”在广西壮族自治区桂林市召开】

2017年5月24～25日，由广西文物保护与考古研究所、桂林市文化出版广电局、四川大学历史文化学院等单位联合举办的“西南考古协作会暨西南地区聚落与城址学术研讨会”在广西壮族自治区桂林市召开，来自西南省市的考古机构及北京大学、四川大学等高校的30余名专家学者参加了会议。与会专家学者就西南地区聚落与城址相关学术问题进行讨论，认为西南地区在深化古代海上丝绸之路、茶马古道、古代城址等重大学术问题的考古学研究中具有重要地位。

（王　星）

【“中国博物馆协会出版专业委员会2017年年会暨‘文物出版与新时期使命’学术研讨会”在河南省洛阳市召开】

2017年6月17～19日，由中国博物馆协会出版专业委员会、河南博物院、洛阳市文物考古研究院主办，《中国国家博物馆馆刊》编辑部、《中原文物》编辑部、《洛阳考古》编辑部承办的“中国博物馆协会出版专业委员会2017年年会暨‘文物出版与新时期使命’学术研讨会”在河南省洛阳市召开。

中国博物馆协会出版专业委会主任委员、中国国家博物馆副馆长白云涛，河南博物院院长马萧林，洛阳市文物局副局长王献本，洛阳市文物考古研究院院长史家珍，中国博物馆协会出版专业委员会秘书长朱万章等领导专家出席了开幕式。河南博物院副院长张得水主持会议，来自国内40多家文博期刊出版单位的80余位代表参加了开幕式，共同研究文博期刊的发展现状，探讨文博期刊发展的新思路。

（赵晓军）

【“旧石器考古在丁村：回顾、进展、研讨”学术论坛在山西省襄汾县召开】

2017年7月1～2日，由中国考古学会旧石器专业委员会和山西省考古研究所共同举办的“旧石器考古在丁村：回顾、进展、研讨”学术论坛在山西省襄汾县召开。来自中国科学院古脊椎动物与古人类研究所、中国社会科学院考古研究所、中国国家博物馆、北京大学、中国科学院大学、美国匹兹堡大学、首都师范大学、上海师范大学、宁夏回族自治区文物考古研究所、浙江文物考古研究所等国内外高校科研机构的50余位专家学者参加了此次论坛。论坛以“丁村遗址和中国旧石器考古新进展，共享旧石器考古新成果，探讨交流旧石器考古工作经验”为主题，从丁村遗址群及中国北方地区重要考古发现、现代人起源等诸多角度进行了热烈的讨论。会议期间，与会专家学者还对丁村遗址近年新发现发掘的部分遗址、丁村民俗博物馆等进行了参观考察。

（袁文明）

【“2017新郑骨骼考古国际培训班”在河南省新郑市开班】

2017年7月8日上午，河南省文物考古研究院与加拿大阿尔伯塔大学人类学系联合举办的“2017新郑骨骼考古国际培训班”（2017 Xinzheng International Osteological Workshop）在河南省文物考古研究院新郑工作站举行开班仪式。河南省文物局文物科技与对外合作交流处处长王瑞琴、河南省文物考古研究院院长刘海旺研究员、新郑市旅游和文物局局长赵舒琪、河南省文物考古研究院新郑工作站站长樊温泉研究员、加拿大阿尔伯塔大学人类学系副教授 Sandra Garvie－Lok 博士等领导和专家出席开班仪式。参加此次培训的阿尔伯塔大学、武汉大学和郑州大学的 9 名学生，以及河南省文物考古研究院周立刚、余洁等青年学者参加了开班仪式。在为期三个星期的时间里，这些青年学者，将以考古发掘出土的人骨为实例，共同探讨人骨的基础测量和记录、性别年龄鉴定、牙齿的观察和记录等方法和骨骼考古研究国际前沿理论。举办此次国际培训班正是为了搭建骨骼考古研究方面的国际合作平台，从侧面使国际社会从历史的角度更加深入地了解了河南和中原。

（樊温泉　余　洁）

【“考古与科技”青年学者论坛在厦门大学召开】

2017 年 7 月 9～10 日“考古与科技”青年学者论坛在厦门大学历史系召开，共有来自国内文博科研机构 46 名代表与会。此次论坛旨在搭建田野考古与科技分析的良性互动平台，聚焦考古学与自然科学方法的结合。围绕田野新发现、科技考古与新发现、文物研究三个话题，参会代表在论坛上分别作了深入的学术研究报告与精彩的田野发现报告，并同参与论坛的其他专家、学者进行了热烈的讨论。

（葛　威）

【“洛阳栾川龙泉洞遗址考古发现专家座谈会”在河南省栾川县召开】

2017 年 7 月 15 日上午，由洛阳市文物考古研究院主办的“洛阳栾川龙泉洞遗址考古发现专家座谈会”在河南省栾川县召开。中国社会科学院考古研究所陈星灿所长，中国科学院古脊椎动物与古人类研究所高星研究员，河南省文物管理局孙英民副巡视员，北京大学夏正楷、王幼平教授，中国人民大学陈胜前教授，河南省文物考古研究院李占扬研究员，北京师范大学杜水生教授，辽宁大学陈山教授等人受邀参加了座谈会。

与会专家考察了考古发掘现场及出土遗物标本，认为该遗址的考古发掘学术目标明确、规划完整、发掘规范、细致、严谨。遗址发现了重要的遗物和遗迹现象，出土石制品、骨制品、动物化石种类丰富，用火遗迹结构清晰，为科学研究提供了重要的材料，为复原旧石器时代人类活动面貌提供依据。

（赵晓军）

【第八届“蒙古、贝加尔西伯利亚与中国北方古代文化”国际学术研讨会在吉林大学召开】

2017 年 9 月 11～12 日，由吉林大学边疆考古研究中心主办、中国人民大学北方民族考古研究所和吉林省文物考古研究所协办的第八届“蒙古、贝加尔西伯利亚与中国北方古代文化”国际学术研讨会在吉林大学召开。来自俄罗斯科学院物质文化史研究所、俄罗斯科学院西伯利亚分院、蒙古国科学院历史与考古学研究所、外贝加尔地区库兹涅夫地志博物馆、英国牛津大学、美国宾夕法利亚大学等，以及中国社会科学院考古研究所、北京大学等 8 个国家 42 家单位的 80 余名专家学者参加了此次会议。吉林大学副校长吴振武教授、吉林大学边疆考古研究中心主任朱泓教授、内蒙古博物院原院长塔拉研究员、吉林省文物考古研究所所长安文荣研究员在大会上分别致辞。

此次会议围绕中亚、东亚及北亚地区

的石器时代考古、青铜与早期铁器时代考古、游牧帝国时代考古以及自然科学手段在考古学中的应用等议题进行探讨，分为大会学术报告和三组九场学术研讨。与会代表发言内容涉及考古新发现与研究新进展、现代人的起源与扩散、陶器起源与传播等多个方面。

“蒙古、贝加尔西伯利亚与中国北方古代文化”国际学术研讨会是由中国、俄罗斯与蒙古国多家大学及科研机构共同组织并每年轮流举办的大型学术交流平台，旨在围绕欧亚草原与中国北方边疆地区的古代文化、人类与环境方面的前沿问题，开展定期的国际性学术交流活动。

【“古代玻璃的科技考古研究会议”在北京大学召开】

2017 年 9 月 15 日上午 9 点，“古代玻璃的科技考古研究会议”在北京大学考古文博学院举行。与会学者包括英国诺丁汉大学 Julian Henderson 教授、中国科学院大学考古学与人类学系杨益民教授、西北大学文化遗产学院温睿教授、中国科学院上海光学精密机械研究所刘松副研究员、中国文化遗产研究院成倩副研究员、成都市文物考古研究院杨颖东副研究员、英国诺丁汉大学博士生萧扬、北京科技大学科技史与文化遗产研究院博士生王颖竹、中国科学院大学考古学与人类学系硕士生刘念、北京大学考古文博学院崔剑锋副教授作为会议发起人，组织并参与了该会议。

【“手工业考古沙龙”第一期——“矿冶遗址的发现与研究”在四川大学召开】

2017 年 9 月 16 日，四川大学历史文化学院考古学系主办的“手工业考古沙龙”第一期——“矿冶遗址的发现与研究”在四川大学顺利举行。参与沙龙讨论的还有来自成都文物考古研究院、成都博物馆、重庆市文化遗产研究院、四川省铸造学会、牛津大学、东京大学等单位的研究人员和四川大学历史文化学院、四川大学制造学院、四川大学材料学院的师生。此次沙龙的主讲嘉宾陈树祥研究员（湖北省文物考古研究所）、李延祥教授（北京科技大学）、陈建立教授（北京大学考古文博学院）、莫林恒副研究员（湖南省文物考古研究所）、李映福教授（四川大学历史文化学院）、吕红亮教授（四川大学历史文化学院）、黎海超讲师（四川大学历史文化学院）、刘芳博士（四川大学历史文化学院）分别作了报告。

（周　丽　刘　芳）

【“中国城头山（首届）世界稻作文明论坛”在湖南省澧县召开】

2017 年 9 月 21 ~ 23 日，“中国城头山（首届）世界稻作文明论坛”在湖南省澧县召开。此届论坛由常德市人民政府、国际杂交水稻工程技术研究中心暨湖南杂交水稻研究中心和《财经》杂志社主办，澧县人民政府承办。出席论坛的有来自农学、文化遗产保护与研究以及考古学方面的专家 60 余人，“杂交水稻之父”——中国工程院院士袁隆平担任论坛主席，联合国世界粮食计划署中国办公室副国别主任 Caroline Legros 女士，中国工程院院士、华南农业大学教授罗锡文，中国考古学会副理事长、北京大学考古文博学院原院长赵辉等人出席了论坛并作了主旨演讲。

此次论坛主题为“世界稻作文明起源与发展”。与会专家学者通过“稻作文明进程与稻作产业前瞻”“城头山遗址与世界稻作文明起源”“澧阳平原史前遗址群申遗论证会”三场分论坛，共同梳理稻作文化发展脉络，并达成了“城头山共识”。湖南省文物考古研究所所长郭伟民主持了

"城头山遗址与世界稻作文明起源"及"澧阳平原史前遗址群申遗论证会"两场分论坛。

（乔卓俊）

【"湘鄂豫皖楚文化研究会第十五次年会"在安徽省寿县召开】

2017年9月22～24日，由楚文化研究会、寿县人民政府主办，安徽省文物考古研究所、安徽省考古学会和寿县文物局承办的"湘鄂豫皖楚文化研究会第十五次年会"在安徽省寿县召开。北京大学考古文博学院原院长、楚文化研究会理事长高崇文，安徽省文化厅党组成员、文物局局长何长风，湖北省博物馆馆长、湖北省文物考古研究所所长、楚文化研究会常务副理事长方勤等领导出席了此次会议的开幕式。参加会议的还有来自北京、江苏、浙江等省市科研机构和文博管理部门代表，及清华大学、武汉大学、华中师范大学等18所大学代表，以及有关新闻媒体代表等共计180余人。

会议主要包括理事会换届选举和学术交流两个方面内容。在新一届理事会中，李学勤被推选为名誉理事长，高崇文担任理事长，方勤为常务副理事长，郭伟民、刘海旺、邓峰担任副理事长，秘书长由冯少龙担任。会议议题主要包括：楚文化考古新发现与研究、楚文化与长江中下游地区文明化进程研究及安丰塘水利遗产研究。会议邀请了周波、张义忠、武志江等11位代表作了大会发言。

（陈代玉）

【"夏商时期玉文化国际学术研讨会"在四川省成都市召开】

2017年9月24～26日，由成都金沙遗址博物馆、中国社会科学院考古研究所、四川广汉三星堆博物馆主办，成都文物考古研究院、成都博物馆协办的"夏商时期玉文化国际学术研讨会"在成都市召开，来自国内外40余家文博研究机构、80余位玉文化研究专家将于齐聚一堂。与会的知名学者包括徐光冀、郭大顺、高炜、郑光、王巍等。会议收到论文及提要50余篇，40余位学者进行了大会学术发言。

会议的主要研讨内容包括：三星堆与金沙玉器及与文化研究，认为三星堆金沙文明中，玉器及玉文化是其重要组成部分，并且是反映夏商文明及玉文化流动的重要节点。新发现与新信息的公布是此次会议和今后若干年夏商时期玉器及玉文化研究中夺目的亮点，如陕北石峁遗址的新发现等。此外还有陕晋豫地区龙山阶段晚期至二里头文化时期的玉器与玉文化研究、单件玉器及某种玉器装饰风格的早晚形制特征及溯源的研究、商代玉器研究、夏商时期周边地区的玉器及玉文化研究。此次是历年来举办的夏商玉器及玉文化讨论会中，成果最为显著的一次。

在9月24日研讨会召开的同时，《玉汇金沙——夏商时期玉文化特展》在金沙遗址博物馆开幕，此次展览汇集了全国各地区出土的夏商玉器精品250余件（组），是国内夏商时期出土玉器最大规模的首次集中展示，同时还进行了学术专著《金沙玉工Ⅰ——金沙遗址出土玉石璋研究》的首发式。

（陈　剑）

【"博物馆与博物馆学——新时代博物馆定义的再思考国际研讨会"在北京大学召开】

2017年10月9～10日，由北京大学考古文博学院和中国考古学研究中心主办，国际博物馆协会博物馆学专业委员会（ICOFOM）亚太分会协办的"博物馆与博物馆学——新时代博物馆定义的再思考国际研讨会"在北京大学考古文博学院召开。从9日上午到10日上午，研讨会呈现三个分议题，与会嘉宾分别从博物馆定义的理论层面、博物馆与非物质文化遗产和博物馆未来发展的角度，对博物馆定义展开了讨论。10 日下午，会议进入到圆桌会议环节，由北京大学考古文博学院院长杭侃教授主持。此次会议的研讨成果经过提炼整理，将递交至 2019 年举办的第 25 届国际博协全体会议，期待此次研讨会上由多方探讨和实践佐证所呈现的新观点，可切实推动博物馆的再定义，从而引领世界各国博物馆的创新与发展。

【“传承与创新：考古学视野下的齐文化学术研讨会”在山东省临淄市举行】

2017 年 10 月 12 ~ 14 日，“传承与创新：考古学视野下的齐文化学术研讨会”在山东省临淄市举行。此次会议由山东省文物考古研究院、山东大学历史文化学院、临淄区人民政府、淄博市文物局共同举办。来自北京大学、中国人民大学、日本岩手大学等国内外 20 所高校，中国社会科学院、故宫博物院、陕西省文物考古研究院等 17 家科研院所，以及省内 34 家相关文博单位的专家学者共计 140 余人齐聚于临淄，共襄盛会。

此次会议共收到 92 篇论文或提要。内容主要涉及齐文化考古发现与研究，齐国与周边古国及其相互关系研究，考古学视野下的齐国经济、政治、思想等传统文化研究，齐文化遗产保护与利用研究，以及齐文化专题研究（青铜器及铭文、陶文及古文字、长城等）。

此次会议的举行，是贯彻习近平总书记在全国文物工作会议上的讲话精神，是实践中共山东省第十一次党代会提出的“加强齐文化传承和保护，建设齐文化传承创新示范区”而举行的，是一次传承和弘扬中国传统文化的盛会。

【“《华夏考古》创刊 30 周年座谈会”在河南省郑州市召开】

2017 年 10 月 13 日上午，“《华夏考古》创刊 30 周年座谈会”在河南省郑州市黄河迎宾馆召开。来自《考古》《考古学报》《考古与文物》等 16 家期刊、报纸，郑州大学、河南大学以及《华夏考古》编辑部历任主编等 40 余位嘉宾出席了此次会议。

中国社会科学院学部委员刘庆柱先生、中国考古学会理事长王巍先生、郑州大学副校长韩国河先生、河南博物院院长马萧林先生、《考古学报》副主编冯时先生、《考古》杂志社社长洪石女士等 24 位嘉宾代表进行了发言，对《华夏考古》创刊 30 周年表示祝贺，肯定了《华夏考古》30 年的成长历程，并讨论了学术刊物的定位与发展方向。另外，李伯谦先生与《文物》编辑部还发来贺信，《华夏考古》编辑部主任辛革女士宣读了李先生的亲笔贺信。

【“第二届国博遥感考古年会”在中国国家博物馆召开】

2017 年 10 月 25 ~ 26 日，“第二届国博遥感考古年会”在中国国家博物馆召开。会议由中国国家博物馆、东南大学联合主办，国博遥感与航空摄影考古研究中心承办。会议旨在总结以往合作成果、拓展研究领域、加深行业交流，促进遥感技术在考古学研究领域和遗址保护方面的应用。来自中国科学院、中国社会科学院、中国测绘科学研究院、部分省市考古研究单位、北京大学、清华大学等高校的 60 余位代表参加了会议，16 位学者围绕“低空与地面遥感技术的考古学应用”这一主题发表了学术演讲，介绍了遥感、摄影测量的前沿技术和遥感考古的新成果，参会代表们进行了深入的讨论与交流，并对我国遥感考古的发展前景给予了热切的期望。中国国家博物馆与洛阳市文物考古研究院合作编著的《洛阳大遗址航空摄影考古》一书在此次年会上首次发表。

（李　刚）

【“第七届黄淮七省考古论坛”在山西省太原市举办】

2017 年 10 月 25 ~ 26 日，由山西省文物局主办、山西省考古研究所承办的“第七届黄淮七省考古论坛”在山西省太原市举办，来自中国社会科学院考古研究所、中国国家博物馆、科学出版社、山西大学以及陕西、山西、山东、河北、江苏、河南、安徽七省文物考古界的 80 余名代表参加了此次论坛，论坛围绕“黄淮七省在中国文明起源及发展历程中的重要作用以及黄淮七省两周考古新发现、新认识”进行探讨。

论坛分主题发言、学术交流、新时代考古所发展论坛三个部分。中国国家博物馆考古部研究员戴向明、山西大学历史文化学院考古系教授谢尧亭首先作主题发言。随后，豫、皖、鲁、陕、冀、苏、晋七省就 2017 年度各自的考古新发现和研究成果进行了学术交流。在“新时代考古所发展论坛”上，七省文物管理部门及考古科研机构负责人就考古事业发展面临的问题、文物考古资源的规范化管理与保护等问题进行了深入的讨论。26 日，七省与会专家前往兴县碧村遗址考古发掘现场、山西省考古研究所侯马工作站、晋国博物馆等地进行实地考察和现场交流。

（郝丽君）

【“‘透骨见人：多维视角探寻多彩的古代人类生活’——人类骨骼专业委员会第二届年会”在四川大学召开】

2017 年 10 月 27 ~ 30 日，由中国考古学会人类骨骼考古专业委员会主办、四川大学历史文化学院承办的以“透骨见人：多维视角探寻多彩的古代人类生活”为主题的人类骨骼考古专业委员会第二届年会在四川大学成功举办。此次年会共有来自中国社会科学院考古研究所、中国科学院古脊椎动物与古人类研究所等 8 家科研机构和北京大学、吉林大学、四川大学、美国耶鲁大学等 16 家国内外高校学者以及龙越基金相关负责人员的 52 位学者参加了会议。

此次会议有 40 多名学者和学生提交了论文和摘要。34 名学者围绕人体骨骼解剖学最新进展、中国古代人类起源、骨骼形态学研究、古代人群疾病与创伤研究、古代人群食谱研究、古代人群 DNA 研究、古代人群与文化的相互关系等研究、人类骨骼考古的理论思考、文化行为学等领域展开学术交流与讨论。会议全面展示了中国人类骨骼考古的现状和发展趋势。

（原海兵）

【“陕西高陵杨官寨遗址庙底沟文化墓地考古新发现现场会”在陕西省西安市召开】

2017 年 11 月 4 ~ 5 日，由中国考古学会新石器专业委员会、陕西省考古学会主办，陕西省考古研究院、高陵区人民政府承办的“陕西高陵杨官寨遗址庙底沟文化墓地考古新发现现场会”在陕西省西安市高陵区顺利召开。此次会议共有来自中国社会科学院考古研究所、中国文化遗产研究院、美国加州大学洛杉矶分校寇岑考古研究所等国内外多家科研院所，北京大学、中国人民大学等多家国内高校的 60 余位专家和学者参加。

陕西省考古研究院杨官寨遗址考古队杨利平、胡珂，西北大学文化遗产学院穆艾嘉，复旦大学现代人类学教育部重点实验室文少卿，加州大学洛杉矶分校寇岑考古研究所叶娃，西安建筑科技大学尤涛分别就杨官寨遗址考古及庙底沟文化墓地新发现、泾渭河流域的古地貌研究、杨官寨遗址墓地人骨研究、杨官寨人群的遗传结构、国际视野下的杨官寨中美田野考古、杨官寨遗址保护规划发表了主题演讲。在5日上午的专家座谈会上，各位专家分别就杨官寨遗址墓地的年代、社会结构展示利用及下一步的工作等问题进行了广泛而热烈的谈论。

【“手工业考古·首师大论坛”在首都师范大学举行】

2017年11月4～5日，首都师范大学历史学院主办了“手工业考古·首师大论坛”，此次论坛得到北京市教委科技创新平台项目“首都手工业遗产传承与发展”的大力支持。来自23所高校、33家科研机构和文博单位的专家学者齐聚一堂，围绕“手工业考古”这一主题展开学术讨论与交流。8家主流媒体及2家期刊到会参与报道。此次为期两天的论坛围绕“考古新发现与新认识”“手工业考古理论与方法”“手工业技术与生业经济”“手工业综合研究”“手工业遗产保护与传承”五大主题，包括石器、骨器、陶器等多个手工业门类进行交流与讨论。此次论坛很多研究均立足于田野考古资料，围绕古代手工业经济开展不同层面的研究，既关注手工业考古，更关注手工业遗产传承与保护。论坛的召开对于促进手工业考古与遗产保护走向深入研究，以及学科交流和学科人才的培养具有重要学术意义。

（钱益汇）

【“商代古城与大遗址保护研讨会”在香港举行】

2017年11月6～7日，由河南省文物考古研究院与香港承真楼、香港中文大学文化管理文学士课程联合主办的“商代古城与大遗址保护研讨会”在香港举行。来自中国社会科学院考古研究所、河南省文物考古研究院、山东省文物考古研究院、四川省文物考古研究院、郑州市文物考古研究院、襄阳市文物考古研究所、郑州大学、武汉大学、香港中文大学、香港考古学会、香港古物古迹办事处、台湾“中研院”历史语言研究所以及日本九州大学、卢森堡国家中央考古研究院、德国弗劳恩霍夫应用科学研究所、以色列考古研究所等16个单位的学者分别从“商代遗址的发掘和研究”“商代考古研究”“考古遗址保护的理论和实践”三个方面作了22场主题演讲。

（杨树刚）

【“动物、植物与人——生物考古学术研讨会暨第八届中国动物考古学术研讨会、第六届中国植物考古学术研讨会”在中山大学召开】

2017年11月10～14日，由中国考古学会动物考古专业委员会、中国考古学会植物考古专业委员会主办，中山大学社会学与人类学学院、动植物考古国家文物局重点科研基地承办的“动物、植物与人——生物考古学术研讨会暨第八届中国动物考古学术研讨会、第六届中国植物考古学术研讨会”在中山大学召开。这次研讨会是我国动物考古和植物考古两个研究领域分别举办研讨会多年后，首次携手合作，共同举办的学术会议，百余名来自国内高校、科研机构的专家学者参加了会议，49位与会学者作了报告。

（余　翀）

【“信阳楚墓发现六十周年暨两周城址考古与保护学术研讨会”在河南省信阳市召开】

2017年11月11日上午，“信阳楚墓发现六十周年暨两周城址考古与保护学术研讨会”在河南省信阳市召开。此次会议由中国考古学会两周考古专业委员会、河南省文物局、信阳市人民政府、河南省文物考古学会主办，城市考古与保护国家文物局重点科研基地等承办。出席开幕式的嘉宾李伯谦、高崇文，曹新博等。参会代表分别来自北京大学、吉林大学、山东大学等16所高等院校，中国社会科学院考古研究所、中国艺术研究院以及固始县、罗山县等20多家科研和行政管理机构。参加此次会议的正式代表86人，共收到学术论文或摘要40篇。

11日上午的大会发言，一共有7位学者在信阳地区楚墓考古发现、城阳城址国家考古遗址公园规划等方面发表了演讲。11日下午，32位学者分两组进行了学术研讨，讨论的内容涉及信阳楚墓考古发现、研究与保护；城阳城址的考古发现、研究与保护等方面。11日晚间，会议承办方组织参与过信阳楚墓发掘与整理的部分专家学者，召开了“信阳楚墓发掘六十周年座谈会”。12日，与会代表参观了城阳城遗址等。

【“‘龙山时代的中原——以墓葬为视角’学术研讨会”在河南省郑州市召开】

2017年11月13～14日，由中国考古学会新石器时代考古专业委员会和河南省文物局主办，河南省文物考古研究院和北京大学考古文博学院共同承办的“‘龙山时代的中原——以墓葬为视角’学术研讨会”在河南省郑州市召开。来自北京、河北、山西等地60余位专家学者参加了此次会议。河南省文物考古研究院魏兴涛研究员与北京大学考古文博学院张海教授分别作了主题大会发言。之后，15位专家学者围绕龙山时代的墓葬与社会研究进行发言，西北大学文化遗产学院陈洪海教授、中国社会科学院赵春青教授和北京大学考古文博学院吴小红副院长先后主持研讨。最后，中国考古学会副理事长、北京大学考古文博学院赵辉教授对会议进行了总结，强调中国考古学正处于传统物质文化史研究向古代社会研究的转折期中，特点在于前一阶段的研究任务还没有完成，但已有相当一部分精力转向古代社会研究的新任务，而此次研讨会中各位专家学者的报告发言正体现出当前中国新石器时代考古学研究逐步转向复原古代社会的多元努力，同时也让我们深切地意识到获取更多以自然科学作为支撑的考古资料的重要性，这便是学科下一步发展的动向和趋势。

会议还组织与会专家学者参观位于河南省文物考古研究院郑州西山工作站的“河南龙山墓葬出土器物专题学术展”，以及淅川马岭、淅川下寨等遗址的文物标本。

【南方十六省“基建考古对社会的重要贡献专题研讨会”在广西壮族自治区北海市召开】

2017年11月13～19日，由广西文物保护与考古研究所、北海市文化新闻出版广电局主办，北海市文物局、合浦县文物局承办的“基建考古对社会的重要贡献专题研讨会”在广西壮族自治区北海市召开。来自上海、江苏、浙江等16个省级考古所（院）的40名代表参加了此次会议。代表们围绕“基建考古对社会的重要贡献”研讨主题，分别汇报了近十年来基建考古取得的重要成果，同时分析了基建考古工作中存在的问题及今后工作方向。

（蒙长旺）

【“西北大学第二届丝绸之路青年学者论坛”在西北大学召开】

2017年11月15～19日，“西北大学第二届丝绸之路青年学者论坛”于陕西省西安市举办。此次论坛是陕西省第二届丝绸之路青年学者论坛分会场。西北大学文化遗产学院承担了文化遗产保护领域方向分会场的组织任务，于11月17～18日在文化遗产学院考古教学标本室召开论坛。

论坛期间，分别由兰州大学教授董广辉作题为《史前时代跨大陆农业传播与人类向青藏高原的扩散》、美国圣路易斯华盛顿大学人类学系助理教授刘歆益作题为《公元前1492年：旧大陆农业全球化的图景》、意大利萨兰托大学教授助理 Fabio Fabrizio 作题为《意大利非法考古发掘与文化遗产损害问题研究》、牛津大学博士后刘睿良作题为《时空之变：利用牛津体系研究古代金属资源流通模式》、美国加州大学洛杉矶分校近东语言与文化系教学研究员 Evan Anders Carlson 作题为《公元前两千纪的 Aššur 和 Kar Tukulti Ninurta：国际社会中国家认同的形成》的学术报告。

（西北大学文化遗产学院研究生学生会）

【“东亚现代人起源与早期中原文明研讨会”在郑州大学召开】

2017年11月18～19日，由郑州大学与复旦大学主办，郑州大学历史学院、郑州大学历史文化遗产保护研究中心、河南省文物考古研究院、郑州市文物考古研究院和洛阳市文物考古研究院联合承办的“东亚现代人起源与早期中原文明研讨会”在郑州大学新校区召开。来自北京大学、中国科学院古脊椎动物与古人类研究所、复旦大学、南京大学、西北大学、新疆大学、首都师范大学等20多位高校和科研院所的专家参与了此次会议。

（周亚威　程嫄倩）

【“中国早期文明与华夏民族学术研讨会”在重庆召开】

2017年11月20～21日，由重庆师范大学、中国殷商文化学会、《中国史研究动态》编辑部联合主办，重庆师范大学历史与社会学院、中国古代文明与国家起源研究中心承办的“中国早期文明与华夏民族学术研讨会”在重庆师范大学城校区召开。来自中国社会科学院、《中国史研究动态》编辑部、复旦大学、中国人民大学、四川大学、河北师范大学及重庆师范大学等高校和科研机构的专家学者参加了此次会议。会议围绕文明起源、文明传播、“酋邦”“分层社会”等理论概念、早期时代观念与历史文化传承等展开。

【“第三届全国青年考古学者论坛——古代环境、经济与社会研讨会”在山东大学举办】

2017年11月25～26日，本着为青年考古学者搭建学术交流、分享学术思想平台的宗旨，山东大学历史文化学院、首都师范大学历史学院、山东省文物考古研究院共同举办“第三届全国青年考古学者论坛——古代环境、经济与社会研讨会”。来自北京大学、吉林大学、西北大学等33所高校，中国社会科学院考古研究所、中国科学院地球环境研究所、中国国家博物馆等21所科研机构的近90名学者参加此次论坛。与会代表围绕“资源与环境”“经济与技术”“聚落与社会”三大主题展开热烈讨论，时间上从旧石器时代到宋元明清，空间上从国内研究到国际研究，从已有材料的再探讨到考古新发现的重大突破，从传统考古学研究到新技术新方法新理论的应用，探讨问题涉及古代社会方方面面，为青年学者提供了学术合作的思路和契机。全国青年考古学者论坛已经连续举办两届，此届论坛是第一次走出北京。

（路国权）

【“东南旧石器时代人类技术与生存行为学术研讨会暨张森水先生逝世十周年纪念座谈会”在浙江省安吉县召开】

2017年11月27日，“东南旧石器时代人类技术与生存行为学术研讨会暨张森水先生逝世十周年纪念座谈会”在浙江省安吉县召开。此次会议由中国科学院古脊椎动物与古人类研究所、浙江省文物考古研究所、安吉县文物局主办，来自北京大学、河北省文物考古研究所等全国高等院校、科研院所30余人参加了会议。上午，与会代表前往溪龙乡上马坎张森水纪念园，通过敬献花篮、栽种松树、参观上马坎遗址等活动，缅怀为中国旧石器考古呕心沥血的张森水先生。下午，专家学者们围绕张先生提出和倡导的区域渐进与文化交流、南北方二元结构等研究理论和方法进行了讨论，并回顾了张先生为地方旧石器考古的发掘等方面作出的贡献。最后，中国著名旧石器考古学家高星先生作会议总结，并强调了继承张先生的学术遗产、发扬先生的精神品格的重要性。

【“含山凌家滩遗址发掘30周年学术研讨会” 在安徽省合肥市召开】

2017年12月1～3日，“含山凌家滩遗址发掘30周年学术研讨会”在安徽省合肥市召开。此次会议由安徽省文化厅、省政府参事室（文史馆）、马鞍山市政府、中国考古学会新石器专业委员会、中国先秦史学会联合主办，安徽省文物考古研究所、马鞍山市文化旅游委员会、含山县人民政府共同承办。参加会议的有来自北京、上海、江苏等13个省市科研机构和文博管理部门代表及北京大学、清华大学、中国人民大学等10所大学的专家学者，以及相关新闻媒体代表等共计80余人。会议组织全体代表赴含山县凌家滩遗址及周边进行现场调研，考察了包括凌家滩文化村、墓葬祭祀区展示现场等在内的凌家滩国家考古遗址公园的建设情况。3日，会议组织了研讨会发言。与会专家代表对考古学、历史学研究成果、考古遗址公园建设等主题各抒己见。最后，中国社会科学院考古研究所学部委员、研究员、博士生导师、中国考古学会理事长王巍先生对研讨会作了总结。

（陈代玉）

【“五代十国考古发现与研究学术研讨会”在广东省广州市召开】

2017年12月2日，由北京大学考古文博学院、中国考古学会宋辽金元明清考古专业委员会和广州市文物考古研究院联合主办的“五代十国考古发现与研究学术研讨会”在广东省广州市召开。国内考古研究院所、博物馆、高校的专家学者60余人齐聚广州，共同研讨五代十国时期的历史和文化面貌。

广州市文化广电新闻出版局总工程师刘晓明、北京大学考古文博学院院长杭侃分别在开幕式上致辞。杭侃、董新林、秦大树等学者分别作主题学术发言。随后，与会学者围绕史迹、历史与制度研究，出土文物及海贸交通研究两个主题进行了分组讨论。会议共收到学术论文（摘要）35篇，涉及五代十国时期都城、陵墓、手工业等文物遗存，以及五代十国历史与制度、对外交往史等多方面研究。这是首次以五代十国时期考古发现为主题的学术研讨会，对于推动五代十国时期历史考古研究具有重要意义。

（孙玉霞）

【“好川文化发现20周年学术研讨会”在浙江省杭州市召开】

2017年12月4日，“好川文化发现20周年纪念活动”在浙江省杭州市开幕。此次纪念活动由浙江省文物局、浙江省遂昌县人民政府主办，浙江省文物考古研究所、浙江省遂昌县文化广电新闻出版局承办，北京大学严文明教授、牛津大学杰西卡·罗森教授等80余名专家学者参加了此次活动。浙江省文物局副局长郑建华参加开幕式并致辞。

开幕式结束后，召开了“好川文化发现20周年学术研讨会”。来自浙江省文物考古研究所、北京大学的学者，就好川文化的文化内涵、年代问题、闽浙赣地区的文化交流等问题进行了主题报告。随后，多位专家就报告中涉及的问题进行了交流与探讨。严文明先生对此次学术研讨会进行了总结，回顾了好川墓地发掘与保护的历程，对研讨会进行了点评，提出了加强考古学理论建设与方法论实践的要求。

为配合此次纪念活动，在西湖博物馆举办了“好川文化发现20周年特展”，展示了好川墓地、曹湾山遗址、山崖尾遗址出土的器物。

【“古代青花瓷材料及其文化内涵国际学术研讨会”在中山大学召开】

2017年12月4～7日，由中山大学社会学与人类学学院主办的“古代青花瓷材料及其文化内涵国际学术研讨会”在中山大学南校园马丁堂二楼学术报告厅举行。来自英国、以色列、韩国等多个国家的国际学者和来自故宫博物院、国家水下文化遗产保护中心、中国科学院等多家国内相关机构的30多位著名专家参加了此次会议。此次国际研讨会重点针对“青花瓷原料与制作工艺”“青花瓷考古学研究”等四个方面进行了探讨。同时，会议还邀请了以色列海法大学海事研究所MichalArtzy教授、西北工业大学文化遗产研究院杨军昌教授和上海视觉艺术学院教授兼中国文物保护基金会秘书长詹长法分别就地中海货物航运、古代金银器保护技术和文化遗产保护的经济价值等内容作了专题报告。

【“第七届全国高校学生考古论坛”在吉林大学成功举办】

2017年12月9～10日，由教育部人文社会科学重点研究基地吉林大学边疆考古研究中心与“边疆考古与中国文化认同”协同创新中心主办的“第七届全国高校学生考古论坛”在吉林大学中心校区成功举办。中国社会科学院考古研究所许宏研究员、西北大学文化遗产学院赵丛苍教授、山东大学历史文化学院王青教授等学者作为点评嘉宾出席此次论坛。来自北京大学、中国科学院大学、吉林大学等高等院校的72名学生代表参加了此次论坛。

与会代表按照“史前及夏商周考古组”“秦汉至宋元明考古组”“科技考古、文化遗产保护组”三个组分别进行发言讨论。此外还进行了“高校学生与公众考古”学术沙龙活动，分享了由吉林大学考古学生创办的微信公众号“时空挖掘机”的创办和运行经验。各位代表也纷纷各抒己见，分享各自高校学子关于公众考古的经历与经验。

在闭幕仪式中，中国社会科学院考古研究所许宏研究员、四川大学王煜副教授及北京大学张海副教授作为各组点评专家代表充分肯定了硕士及博士研究生论文选题内容丰富，不少论文体现出较高学术水平。

【“河南省文物考古学会第六届会员代表大会”在河南省郑州市举行】

2017年12月14～15日，“河南省文物考古学会第六届会员代表大会”在河南省郑州市举行。中国考古学会、中国文物学会、河南省社会科学界联合会分别向大会致贺信。来自河南省各地的58家文物考古研究单位和高等院校的近300名代表参加了会议，与会代表通过投票，选举产生理事159名，常务理事64名。孙英民连任会长，刘海旺任执行会长。

大会期间举办了多场学术报告会，这是对河南近年来文物保护工作成就的综合展示。来自中国社会科学院考古研究所驻河南考古队、河南省文物考古研究院、郑州市文物考古研究院、郑州大学、河南大学等文物考古研究单位和高校的16位代表分别就近几年的考古新发现和学术新观点作了专题报告。

【“中国考古学会新兴技术考古专业委员会第三届年会”在厦门大学召开】

2017 年 12 月 15～18 日，“中国考古学会新兴技术考古专业委员会第三届年会”在厦门大学举办。此届年会由中国考古学会新兴技术考古专业委员会主办，厦门大学考古人类学实验中心和厦门大学人文学院历史系承办，中国科学技术大学科技考古实验室作为专业委员会挂靠单位及会议发起者之一全程参与此次年会的组织工作。来自厦门大学、中国科学技术大学、北京大学等高校以及中国国家博物馆、南京博物院等文博单位的专家学者共 50 余人参加会议。会议代表围绕考古测年方法、古环境重建、资源考古、史前贸易和文化交流等多项专题进行了汇报交流，并对近年来科技考古中出现的热点问题进行了研讨。

【“2017 年度‘浙江重要考古发现’评议会”在浙江省宁波市召开】

2017 年 12 月 18 日，由浙江省考古学会主办的 2017 年度“浙江重要考古发现”评议会在浙江省宁波市召开。来自浙江省文物局、浙江省考古学会、浙江省文物考古研究所、浙江大学等单位的专家学者参加了此次评议会。浙江省文物考古研究所刘斌所长担任会议主持，浙江省文物局副局长郑建华在会前致辞。

2017 年度，浙江省田野考古工作取得了颇为丰硕的成果，据了解，2017 年度，省内勘探和调查的项目多达 151 处，发掘项目 41 项，其中参评重要考古发现的项目共 20 项，经过初步的筛选，有 13 项重要发现入围参评汇报会。

在汇报会结束之后，经考古学会的各位评委商议，最终评议出 8 个项目作为 2017 年度“浙江重要考古发现”，分别为：宁波奉化下王渡遗址、良渚古城钟家港及池中寺遗址、宁波大榭史前制盐遗址、永嘉坦头唐代瓯窑遗址、杭州临安衣锦街吴越国建筑遗址、杭州西湖南高峰塔遗址、绍兴兰若寺南宋墓地、开化龙坦明代青花窑址。

【“2017 郑韩故城考古新发现——郑韩故城北城门遗址和郑国车马坑三号坑”座谈会在河南省新郑市召开】

2017 年 12 月 22 日上午，由河南省文物考古学会、河南省文物考古研究院、新郑市旅游和文物局联合举办的“2017 郑韩故城考古新发现——郑韩故城北城门遗址和郑国车马坑三号坑”座谈会在河南省新郑市格林苑酒店顺利召开。

中国社会科学院学部委员、郑州大学历史学院院长刘庆柱，中国考古学会理事长、中国社会科学院学部委员王巍等省内外 20 多位专家学者参加座谈，河南省考古学会会长孙英民、郑州大学副校长韩国河、河南省文物考古研究院院长刘海旺、郑州市文物局局长任伟、新郑市副市长李猛等领导及郑州日报、郑州晚报和市新闻中心等媒体参加了此次会议。

与会专家充分肯定了郑韩故城考古新发现的重要性，并就郑韩故城考古新发现进行深度的文化交流与研究。专家们表示：郑韩故城北城门是故城城市考古的重要部分，对于研究先秦时期都城城市布局等方面具有重要意义，加强对郑韩故城北城门遗址的复原展示和对郑国三号车马坑的整体保护，对提升城市文化品质，推动故城的保护与展示利用意义重大。

（樊温泉）

【“江苏省考古学会 2017 年年会暨学术讨论会”在江苏省南通市召开】

2017 年 12 月 27～28 日，“江苏省考古学会 2017 年年会暨学术讨论会”在江苏省南通市举行。来自南京博物院、南京大学、省内各地市考古所及文广新局等单位的专家学者共80人出席会议。会议收到参会者提交的论文39篇。

此次会议分为主旨演讲和学术讨论两个环节。江苏省文化厅副厅长、南京博物院院长龚良和南京大学历史学院教授、文化与自然遗产研究所所长贺云翱分别作了《互联网背景下文博事业发展与传播的讨论》和《文化视角下的城市考古——以南京市为例》两场讲座。龚良指出，考古事业需要插上互联网的翅膀，要利用数字化技术提升文物科技保护水平。贺云翱指出，城市考古机构需要文化思维，城市视角的城市考古要发展每个城市的文化内涵。

会议围绕“探索地域文明、保护文化遗产、服务社会大众”的主题，与会学者展开了热烈的交流和讨论，讨论集中在考古发掘新收获及认识、科技考古等方面。

（费玲伢）

第五篇

对外学术交流

【中国社会科学院考古研究所】

出访

2016年10月5日～2017年3月22日，应日本东北学院大学院邀请，中国社会科学院考古研究所西安研究室主任刘振东研究员担任该校的客座教授，分别给本科生和研究生讲授中国古代都城和陵墓考古。

2017年1月10～17日，应德国慕尼黑大学东方研究所汉学系的邀请，中国社会科学院考古研究所白云翔研究员、汉唐考古研究室主任朱岩石研究员、洛阳工作站站长钱国祥研究员三人，前往德国慕尼黑参加国际学术会议并进行学术访问。

2017年3月12～21日，应亚洲研究协会邀请，中国社会科学院考古研究所边疆民族考古研究室主任李裕群研究员赴加拿大安大略省多伦多参加亚洲研究协会（AAS）主办的2017年年会，并作了《新疆佛教寺院遗址的新发现》的演讲。

2017年3月28日～4月6日，中国社会科学院考古研究所汉唐考古研究室副主任董新林研究员应美洲考古学会邀请，赴加拿大参加“美洲考古学会第82届年会”，并作了《辽上京遗址考古发掘和研究新认识》的演讲。

2017年4月7～14日，应法国波尔多政治学院和葡萄牙里斯本大学邀请，中国社会科学院考古研究所所长陈星灿研究员于2017年4月7～11日赴法国出席中国社会科学院与法国波尔多政治学院联合设立的“中国研究中心”成立揭牌仪式，并访问波尔多蒙田大学等机构。4月11～14日赴葡萄牙对里斯本大学、葡萄牙国际问题研究所等智库机构进行访问。

2017年4月9日～5月22日，应美国加州大学洛杉矶分校洪都拉斯人类学与历史研究所的邀请，中国社会科学院考古研究所史前考古研究室主任梁中合研究员和郭志委助理研究员赴美国访问加州大学洛杉矶分校，并赴洪都拉斯科潘遗址参加合作考古发掘工作。

2017年4月20日～5月14日，应斯坦福大学、圣路易斯华盛顿大学、洪都拉斯人类学与历史局的邀请，中国社会科学院考古研究所考古科技实验研究中心主任赵志军研究员赴美国、洪都拉斯进行学术访问与植物考古工作。

2017年5月10～14日，中国社会科学院考古研究所编辑室主任洪石副研究员和边疆民族考古研究室王飞峰助理研究员应韩国上古史学会及忠北大学博物馆的邀请，赴韩国忠北大学参加了韩国上古史学会第47回国际学术研讨会。

2017年7月16日～8月28日，应加州大学洛杉矶分校、洪都拉斯人类学与历史局的邀请，中国社会科学院考古研究所史前考古研究室副主任李新伟研究员赴美国、洪都拉斯进行学术访问并参加考古发掘工作。

2017年9月18～25日，应美国哥伦比亚大学东亚系和哈佛大学人类学系的邀请，中国社会科学院考古研究所所长陈星灿研究员赴美国进行学术访问。

2017年10月5～12日，应印度德干学院的邀请，中国社会科学院考古研究所所长陈星灿研究员、科研处负责人刘国祥研究员、史前考古研究室朱延平研究员和边疆民族考古研究室仝涛副研究员赴印度进行学术访问，并对其正在发掘的哈拉帕时期的拉齐噶里遗址进行调研。

2017年10月20～31日，应乌兹别克斯坦社会科学院考古研究所的邀请，中国社会科学院考古研究所副所长朱岩石研究员赴乌兹别克斯坦进行学术访问并参加考古发掘工作。

2017年10月21～26日，应国际科学院联盟的邀请，中国社会科学院考古研究所所长陈星灿研究员赴日本参加在日本东京举办的国际科学院联盟（UAI）第89次代表大会。

2017年11月29日~12月2日，应韩国首尔市的邀请，中国社会科学院考古研究所副所长朱岩石研究员出访韩国，参加在汉城百济博物馆召开的“2017风纳土城发掘调查20周年纪念国际学术会议”。

来访

2017年1月3~10日，应中国社会科学院考古研究所邀请，埃及古物部阿菲菲等3人来华访问并作学术讲座，介绍埃及考古的相关情况。

2017年1月11~19日，洪都拉斯人类学和历史局局长特拉佩罗应邀访问中国社会科学院考古研究所，举行座谈并参观相关博物馆。

2017年2月18~26日，日本独立财团法人文化财机构奈良文化财研究所今井晃树等3人应邀到中国社会科学院考古研究所进行学术访问，访问洛阳工作站、考察汉魏洛阳城考古工地，并与中国考古学者进行学术交流，考察出土瓦当。

2017年4月1日~12月31日，日本学者菊地大树博士应邀到中国社会科学院考古研究所进行学术访问，围绕中国古代家马开展研究。

2017年5月8~19日，应中国社会科学院考古研究所邀请，乌兹别克斯坦社会科学院考古研究所由伊万诺夫、艾拉胡诺夫和米尔扎阿赫迈多夫组成代表团，访问考古研究所并作学术演讲，访问期间到河北、河南、陕西、山西等地参观考古所的发掘工地和遗址。

2017年7月20~21日，英国伦敦大学学院（UCL）考古系教授伊恩·弗里斯通应邀访问中国社会科学院考古研究所，并以《土耳其科尼亚省赛尔柱王朝库拜德·阿拜德宫装饰壁砖的生产技术》为题开展学术讲座。

2017年9月14日~12月13日，美国圣路易斯华盛顿大学博士生Ximena Lemoine到访中国社会科学院考古研究所，进行为期3个月的学术访问。

2017年11月6日，法国高等研究院校长于贝尔·波斯特一行6人率团到中国社会科学院考古研究所进行访问，陈星灿所长与代表团举行了座谈。

2017年12月18~19日，日本独立财团法人文化财机构奈良文化财研究所副所长渡边晃宏、主任研究员今井晃树一行对中国社会科学院考古研究所进行工作访问，举行座谈会并参观了考古研究所的文物陈列室、考古实验室和可移动文物保护实验室等。

【中国科学院古脊椎动物与古人类研究所】

2017年8月3日~9月2日，在中国科学院“国际人才计划”项目的资金支持下，国际著名考古学家、美国威斯康星大学（University of Wisconsin）人类学系的Henry Thomas Bunn教授到中国科学院古脊椎动物与古人类研究所进行合作研究与讲学。在为期一月的访问过程中，Henry教授与中方学者合作完成了泥河湾许家窑遗址出土动物骨骼材料的考古学研究工作并以*Early Homo at Olduvai and the Evolution of Hunting*及*Adaptations of Hadza Hunter－gatherers at Lake Eyasi, Tanzania: an Archaeological Perspective*为题介绍、展示了国际动物考古学领域的重要研究进展。

（张双权）

【中国国家博物馆】

2017年8月7~11日，中国国家博物馆综合考古部主任杨林研究馆员应美国阿拉斯加费尔班克斯大学人类学系主任本·彼得教授的邀请，赴美国阿拉斯加，参加在费尔班克斯大学举办的极地遗产考古年会的学术交流，并参观了费尔班克斯大学博物馆和当地的考古发掘工地。会议代表提出，希望中国极地考察工作重视长城站、中山站的环境保护和文化与自然遗产保护等问题。初步确定下届年会在新西兰召开。

【辽宁省文物考古研究所】

2017 年 3 月 16 ~ 22 日，吴炎亮、万雄飞赴以色列希伯来大学进行了学术交流。在以色列期间，吴炎亮所长与以色列希伯来大学亚洲系吉迪教授就双方合作事宜进行了交流，并就双方在阜新地区开展的“中国东北地区农业与定居的起源”项目执行情况进行研讨。双方就如何开展区域系统性考古调查、东西文明比较研究及文化遗产保护和开发利用等问题进行了现场研讨和交流。吴炎亮所长一行还实地考察了耶路撒冷老城遗址和内盖夫考古遗址，与以色列学者交流了区域系统性考古调查、环境考古、聚落考古等方面经验和方法。

2017 年 5 月 8 ~ 14 日，胡柏、梁振晶、司伟伟、于怀石、赵代盈、王贺六人赴韩国蔚山文化财研究院参加“第 25 回邀请演讲会——中国考古学特讲Ⅺ”，与韩方学者进行学术交流。胡柏、梁振晶、司伟伟、于怀石分别作了题为《辽宁文化遗产概述》《辽阳壁画墓艺术成因及相关研究》《辽代帝陵在中国帝陵制度发展中的地位及影响》《辽东南地区新石器时代生业方式初步研究》的学术讲演，并与韩国方面的专家学者进行了现场研讨和学术交流。赵代盈、王贺就无机物文物（尤其是金属质文物）的保护与保存处理等技术问题与韩方开展了一系列学术讨论，针对金属文物除锈、脱盐、连接、封护等过程中使用的材料、技术方法、仪器设备选择与使用等开展了深入交流，探讨了双方在对于铁质文物除锈、脱盐、缓蚀、封护等材料、技术选择等方面的差异。在韩期间，他们六人实地考察了蔚山文化财研究院考古发掘现场和文物修复室，双方就调查发掘现况、文物保护和保存技术等方面进行了广泛深入的讨论，互取所长。

2017 年 6 月 24 日 ~7 月 1 日，李龙彬、徐政、苏军强、谷丽芬四人赴日本进行学术访问和业务交流。李龙彬、徐政、苏军强分别作了题为《辽阳河东新城壁画墓及其相关问题》《辽宁地区战国秦汉时期瓮棺葬的初步研究》《辽代帝陵的考古发现与研究》的学术演讲，并与日方专家学者进行了现场研讨和广泛交流。谷丽芬与日方相关人员对奈良文化财研究所藏 3 ~5世纪相关陶器进行了观摩，为下一步研究收集了相关的数据资料。

在日本期间，他们四人还实地考察了奈良文化财研究所的平城宫遗址考古发掘现场和文物修复室，就双方调查发掘现况、文物保护和保存技术进行了学术交流；与东京、奈良、大阪、京都等地的博物馆、文化财研究所等相关科研机构就日本文化遗产的保存、保护、发掘、展示及标本保护、考古学研究等问题进行了广泛深入的讨论。

在日本期间，李龙彬副所长与奈良文化财研究所所长松村惠司就双方即将开展的“三燕文化出土遗物研究”合作事宜进行了深入探讨，并就下半年日方赴辽交流事宜进行了商谈。同时，日方进一步表达了深化交流与合作的愿望，希望双方能延长出访时间、增加出访频率，更好地相互了解，形成良好的学术互动氛围。

2017 年 9 月 12 ~21 日，韩国蔚山文化财研究所的吴光燮、金训熙研究员来访，并与辽宁省文物考古研究所文物技术保护部开展了文物保护材料和保护修复设备工具、仪器的交流，探讨铁质文物缓蚀，封护的方法和工艺，共同开展了文物除锈实验。此外，还参观了辽宁省文物考古研究所在本溪博物馆、五女山遗址博物馆、营口西炮台遗址管理处、旅顺日俄监狱旧址博物馆的临时保护修复实验室，考察保护修复后的文物情况。

2017年10月12～16日，韩国蔚山文化财研究院院长杨尚弦一行7名学者来辽宁进行学术交流和考察。韩方学者李秀鸿、权龙大和金光洙分别作了《蔚山的三韩时代文化》《蔚山的古坟文化》和《蔚山加川里遗迹的发掘调查》的学术演讲。之后，韩方学者赴阜新、锦州、沈阳等地进行了参观考察。先后参观了阜蒙县博物馆、辽宁省博物馆，并考察了高林台遗址、北镇琉璃寺遗址、小河北墓地、新立遗址等考古发掘现场。

2017年10月17～21日，日本奈良文化财研究所小池伸彦、广濑觉、栗山雅夫、谏早直人、大泽正吾一行5位学者来辽，访问期间，双方对刚刚结束的“辽西地区东晋十六国时期都城文化研究”合作项目进行总结，肯定合作成果的同时，探讨继续深入合作交流的问题。在会谈中，双方本着相互尊重、友好交流原则对2017～2020年即将合作开展的“三燕文化出土遗物研究”项目的具体方案进行了推敲、细化，经过磋商达成了共识，并最终签署了合作协议。到访期间，中日学者对部分三燕文化出土遗物进行了摄影、绘图，从新的视角对这批文物开展了观摩研究，为新的合作研究的顺利开展奠定了良好基础。

（李　霞）

【吉林省文物考古研究所】

2017年8月29日～9月3日，安文荣等8人访问了俄罗斯科学院远东分院远东民族历史、考古与民族研究所。双方科研人员进行了学术座谈，并互赠了学术成果。随后参观该所博物馆及文物库房、俄罗斯远东联邦大学博物馆，并对俄罗斯滨海边疆区的多个渤海、金代遗址进行了实地考察。

【南京博物院考古研究所】

2017年3月18日，所长林留根受邀出席日本东京大学举办的“长江流域文明的形成”学术讨论会，发表了题为《跨越长江的良渚文明——中国江苏兴化东台蒋庄遗址考古发现与研究》的学术报告。

2017年9月22日，所长林留根受邀出席在韩国首尔汉城百济博物馆讲堂举行的“百济初期古坟的起源与其系统——石村洞古坟群”国际学术会议，作了题为《古代中国江南地域发现的土墩墓的特征》的学术演讲。

【浙江省文物考古研究所】

出访

2017年10月15日～11月4日，郑嘉利研究馆员参加浙江省文物局文化遗产培训团赴法国。

2017年10月20～30日，刘斌所长、研究馆员受美国加州大学洛杉矶校区中国研究中心、墨西哥人类学与历史研究所、洪都拉斯人类学与历史研究所的邀请，对上述国家和机构开展学术交流，演讲题目为《良渚古城与中华五千年文明》。

来访

2017年2月20～24日，日本3位动物考古学者（菊地、丸山、青叶）前来田螺山开展合作研究。

2017年2月27日～3月11日，“稻作与中国文明——稻作文明学综合研究”中日合作研究课题，日方20多名研究人员至浙江余姚田螺山遗址开展合作研究工作。

2017年3月21日，英国学术院院士、剑桥大学教授、著名考古学家科林·伦福儒勋爵实地考察了良渚遗址，上午参观了老虎岭水坝、钟家港发掘现场、反山遗址、莫角山宫殿区和良渚遗址考古与保护中心。当天下午，科林·伦福儒作了题为《世界早期复杂社会视野下的良渚古城》的讲座。

2017年9月，加拿大多伦多大学人类

学系盖勒教授等3位学者赴浙江省文物考古研究所学术交流访问，开展“中国浙江上山文化研究课题”，具体开展了永康湖西遗址试掘调查和取样。

2017年9月7～23日，日本金泽大学一行45人来浙江省文物考古研究所进行学术交流访问，继续开展中日合作课题“新石器时代考古综合研究”，到访田螺山遗址开展相关课题工作。

【河南省文物考古研究院】

2017年10月17～22日，受到韩国文化财厅国立中原文化财研究所的邀请，由河南省文物考古研究院副院长魏兴涛带队，梅志刚、孙凯一行人出访韩国。此次访问主要为推进“与中韩冶铁文化的形成及发展过程相关的联合研究”项目，并参与该项目最终报告会。10月21日，国际学术研讨会——“东北亚制铁技术的发展动向”在韩国中央国立博物馆举行，孙凯以《新世纪以来中国冶铁考古的发现与研究简况》为题作了学术报告。

2017年11月，韩国文化财厅国立中原文化财研究所学艺研究室室长金容民、学艺研究士韩志仙、郑太垠访华，并与河南省文物考古研究院签订了为期5年的“中韩古代文化形成和发展过程的合作研究”协议书，内容涉及古代冶铁文化相互研究、城市的形成与发展研究等相关研究、文物保护、修复与利用研究等诸多方面。访华期间，韩志仙以《韩国中原地域制铁遗迹检讨和制铁技术复原实验简略报告》为题作了学术报告。

【洛阳市文物考古研究院】

2017年3月10～11日，日本岩手大学平泉文化研究中心主任薮敏裕、刘海宇博士等一行6人来洛阳市文物考古研究院进行了学术交流。院长史家珍、史前研究室主任司马国红、汉魏研究室主任严辉、隋唐研究室主任赵晓军等人与日方进行了座谈。院长史家珍向日方代表介绍了该院近年来所开展的主要工作、取得的主要成果及今后的工作方向。该院工作人员向日方分别介绍了伊川徐阳墓地和西朱村曹魏墓的工作情况，日方薮敏裕主任介绍了在日本平泉文化的研究情况。日方希望就平泉文化与我院展开进一步的合作研究。日方代表还实地考察了西朱村曹魏墓和出土的遗物。

（赵晓军）

2017年5月18日，中国文物交流中心工作人员与日本NHK展博事业部秋山大介、东京国立博物馆市元等学者，在河南省文物局科技外事处副处长陈彦堂、洛阳市文物管理局局长助理苏应礼陪同下，到洛阳市文物考古研究院观看了曹休墓、西朱曹魏墓部分出土文物，并听取了王咸秋对墓葬及出土文物情况的汇报。为促进中日文化交流，中国文物交流中心与日本NHK、东京国立博物馆合作，拟于2019年春季在日本举办“三国志展”，展览拟选取三国时期的文物精品，从多元角度向日本观众呈现中国历史上三国时期的文化精髓。

（赵晓军）

2017年7月23～30日，洛阳市文物考古研究院隋唐研究室主任赵晓军副研究员，受邀参加了巴西里约热内卢市召开的第二十五届世界科学技术史大会，在“跨文化视野下的计量史研究”分会场作了《论中国度量衡制度的起源与形成》的学术报告，并与参会学者进行了交流。

（赵晓军）

2017年8月26日，由日本冈山县冈山市古代吉备国研讨会和冈山市政府中国历史文化研究会共同举办的学术演讲会在日本冈山市博物馆举办。洛阳市文物考古研究院办公室副主任程召辉、保管信息中心副主任侯秀敏受邀，赴日本参加了本次演讲会，并分别作了《洛阳地区曹魏贵族墓考古新发现》和《丝绸之路与隋唐洛阳城》的演讲报告。演讲会期间，程召辉、侯秀敏与参会的日本文博界学者、历史文化研究爱好者就相关问题进行了热烈探讨。

（赵晓军）

2017 年 10 月 11 日，以平泉文化研究中心主任薮敏裕教授为首的日本岩手大学代表团一行 4 人来洛阳市文物考古研究院进行了学术交流。洛阳市文物考古研究院院长史家珍，隋唐、汉魏、商周、史前研究室和保护中心等业务科室及办公室的相关人员参加了座谈会。双方围绕日本岩手平泉寺的考古与历史，以及隋唐时期洛阳的园林遗址等考古工作，举行了学术报告。双方就洛阳平泉山庄对日本平泉寺的影响进行了深入探讨，拟就平泉遗址的考古与研究工作开展长期的合作关系。

（赵晓军）

【湖南省文物考古研究所】

2017 年 4 月 26 ~ 29 日，湖南省文物考古研究所郭伟民研究员赴高丽大学世宗校区韩国考古环境研究所参加了“早期城市的考古学”学术会议，并作了《中国史前时期城市的起源与演变》的报告。

（乔卓俊）

2017 年 10 月 20 ~ 29 日，受美国加州大学洛杉矶分校中国研究中心、墨西哥人类学与历史研究所、洪都拉斯人类学与历史研究所的邀请，湖南省文物考古研究所研究员郭伟民，在美国加州大学洛杉矶分校参加“早期中国的探索”研讨会，在墨西哥参观人类博物馆和古遗址，在洪都拉斯科潘参加“对比视角下的科潘”研讨会，开展了系列交流与访问。

（乔卓俊）

2017 年 11 月 12 日 ~2018 年 1 月 17 日，湖南省文物考古研究所团队第四次赴孟加拉国，和阿哥拉萨—毗诃罗普尔（Agrashar Vikrampur）基金会聘请的奥迪海亚·阿斯温（Oitihya Onneswan）考古研究中心组成联合考古队，对毗诃罗普尔（Vikrampura）古城纳提什瓦（Nateshwar）遗址进行了第三次大规模的考古发掘，取得重要考古成果。发掘团队中方成员为柴焕波、莫林恒、李意愿、贾英杰。自 2014 年孟加拉国有关单位向中国驻孟加拉国大使馆申请，请求中国对毗诃罗普尔佛教遗址考古发掘给予帮助，湖南省文物考古研究所即与孟方签订了长期考古发掘保护研究协议。

（乔卓俊）

【广西文物保护与考古研究所】

2017 年 10 月 15 ~ 21 日，广西文物保护与考古研究所邀请越南社会科学院考古研究所代表团来广西进行学术访问，双方签订了科研交流合作协议，就加强科研人员交流、在越南合作发掘遗址等方面达成了共识。此次来访的越南代表团成员有越南社会科学院考古研究所所长阮江海、副所长阮家队、研究员程能钟，越南安克市副市长黎坦谈。访问期间，越南社会科学院考古研究所代表团参观考察了隆安娅怀洞遗址、百色旧石器遗址、白莲洞遗址、甑皮岩遗址等考古遗址。越南社会科学院考古研究所阮家队副所长、程能钟研究员在南宁分别作了题为《越南安克手斧文化》《越南史前考古及相关问题》的学术报告。

（陆艳慧）

【四川省文物考古研究院】

2017 年 3 月 27 日 ~4 月 3 日，四川省文物考古研究院周科华、刘化石、辛中华、李飞一行赴加拿大温哥华参加美洲考古学会第 82 届年会，并在会上分别作了《四川最新的考古发现》《大渡河中游的新石器时代文化》《茂县下关子遗址新石器和石构墓遗存的发现与研究》《宜宾南溪出土的陶佛像研究》等学术报告，展示了四川近些年来在新石器时代至秦汉时期的一些重大考古发现和最新研究成果。

（李　飞）

【云南省文物考古研究所】

2017 年 3 月 20 日，日本京都大学农学研究科稻村达也教授、奈良考古学研究所本村充保研究员一行 4 人在昆明理工大学生命科学与技术学院伊日布斯教授的陪同下到云南省文物考古研究所进行交流访问。日方此次的目的是希望了解云南省在农耕起源方面，尤其对农耕遗址与遗物相关的研究进展。在考古学研究领域，以中国传入日本的水稻技术为研究对象，复原当时的水田构造与水稻形态为研究目的。日方人员向我方人员介绍了日本绳纹时代、弥生时代水田发掘情况，我方向日方简要介绍了云南宾川白羊村、剑川海门口的农作物发现情况。最后，双方还表达了今后在稻田遗址发掘、研究方面进行交流的合作意向。

（吕　静）

2017 年 8 月 18 ~ 24 日，牛津大学教授杰西卡·罗森和马克·波拉德在北京大学徐天进教授及四川大学李映福教授、黎海超博士的陪同下至云南考察交流，同时与云南省文物考古研究所就下一步的合作性研究进行了深入的探讨。

（吕　静）

中国文物交流中心与日本 NHK、东京国立博物馆合作拟于 2019 年春季在日本举办“三国志展”（暂定名）。为能多角度向日本观众呈现历史上三国时期文化精髓，2017 年 9 月 22 日，日本 NHK 展博事业本部部长秋山大介、东京国立博物馆特别研究员谷丰信等一行 5 人在中国文物交流中心展览交流处许婺陪同下到云南省文物考古研究所就展品事宜进行调研。

（吕　静）

2017 年 12 月 5 ~ 12 日，以云南省文物局副局长、文物处处长蔡永辉为领队的云南省赴意大利古代壁画保护学习交流团对意大利进行了访问。代表团先后访问了罗马、那不勒斯、庞贝、佛罗伦萨、米兰等著名的遗产地。与意大利文物保护与修复高等研究院（ISCR）签订了《意大利文物保护与修复高等研究院与云南省文物考古研究所交流合作协议》，与那不勒斯奥尔索拉·贝宁卡萨大学签订了《意大利奥尔索拉·贝宁卡萨修女大学与云南省文物考古研究所交流合作协议》，并受到了庞贝市市长 Pietro Amitrano 的接见。

（马　波）

2017 年 12 月 6 日，英国埃克赛特大学考古系副主任、南亚研究中心主任 GillianJuleff 教授和日本爱媛大学东亚古代铁文化研究中心主任、日本手工业考古学术委员会成员村上恭通教授在四川大学历史文化学院副院长李映福教授的陪同下到云南省文物考古研究所访问，就下一步古代铁器合作研究和保护事宜进行了交流。

（吕　静）

【陕西省考古研究院】

2017 年 3 月 28 日 ~ 4 月 3 日，杨利平、胡松梅、杨苗苗参加在加拿大温哥华举办的第 82 届美洲考古学大会。三人分别作了《高陵杨官寨遗址庙底沟文化墓地考古发掘》《石峁遗址动物遗存的发现及重要意义》《杨官寨动物遗存分析》的主题报告。

2017 年 9 月 18 ~ 25 日，受哈佛大学及哥伦比亚大学唐氏早期中国研究中心的邀请，孙周勇赴美国参加围绕石峁遗址考古新发现的“早期中国年度讲座”。论坛分别在哈佛大学政府和国际研究中心蔡氏大礼堂和哥伦比亚大学肯特大厦唐氏中心举行，孙周勇分别以《黄土高原上的早期中国——陕西石峁遗址考古新发现》《中国北方第一个早期国家——石峁遗址的发现与阐释》为题作主题演讲。

【秦始皇帝陵博物院】

2017 年 4 月 5～11 日，应美国大都会艺术博物馆的邀请，张卫星为配合展览在该馆作了《皇帝立国：秦始皇陵的功能与表达——近年来秦始皇陵的考古发现和研究》的演讲，著名学者芝加哥大学中国美术史教授巫鸿先生在总结中高度评价了秦始皇陵考古中关于空间的认识，并提出进一步的研究思路。

（张卫星）

【甘肃省文物考古研究所】

2017 年 10 月 20～29 日，受美国加州大学洛杉矶校区中国研究中心、墨西哥人类学与历史研究所、洪都拉斯人类学与历史研究所的邀请，甘肃省文物考古研究所研究员王辉所长，对上述国家和机构开展学术交流。

【青海省文物考古研究所】

2017 年 9 月 16～22 日，应瑞士阿贝克基金会邀请，青海省文物考古研究所所长李智信带领考察团一行 4 人前往瑞士阿贝格基金会交流学习。瑞士阿贝格基金会是世界著名的纺织品文物收藏、保护、研究和教学机构，其博物馆藏品以丝绸之路沿线纺织品为主，兼顾与纺织藏品展示研究相关的雕塑、青铜器、玻璃器等艺术品。访问期间，考察团分别考察了阿贝格基金会纺织品博物馆在文物保护修复、库房建设、展览设计、文物保护教学、研究出版等方面的工作，并与基金会主席多米尼克·凯勒先生、基金会纺织品博物馆馆长尼古拉·邵塔博士就今后的合作事宜进行了商谈。

（高志伟）

【北京大学】

出访

2017 年 1 月 1～13 日，林梅村教授应 Allameh Tabatabaie University 邀请出访伊朗，考察伊朗南部海路遗址。

2017 年 1 月 12～26 日，陈建立教授应牛津大学邀请出访英国，开展合作研究。

2017 年 1 月 12～27 日，吴小红教授应希伯来大学邀请出访以色列，合作开展早期洞穴遗址的年代研究和讨论学生联合培养。

2017 年 1 月 28 日～2 月 16 日，张弛教授应牛津大学邀请出访英国，赴牛津大学讲学。

2017 年 2 月 11～20 日，林梅村教授应巴黎高等研究实践学院邀请出访法国。

2017 年 2 月 15～19 日，李崇峰教授应海德堡科学院邀请出访德国，参加海德堡科学院发展委员会年会。

2017 年 3 月 28 日～4 月 6 日，吴小红教授应加拿大雷蒙菲莎大学邀请出访加拿大，参加学术会议及与当地大学交流合作。

2017 年 4 月 20～25 日，林梅村教授应日本平山郁夫丝绸之路美术馆邀请，参加“平山郁夫与丝绸之路玻璃器展”并进行学术交流与访问。

2017 年 7 月 9～21 日，徐怡涛教授应莫斯科建筑学院邀请出访俄罗斯，参加学术会议，演讲题目为 *The Analysis of the Influence of Song Dynasty's "Ingzao Fashi" on Frameworks of Tingtang and Diange from Hubei and Fujian Regions*。

2017 年 7 月 28 日～8 月 6 日，王幼平教授应东非古人类与古生物学会、美国芝加哥大学生物与解剖学系邀请出访埃塞俄比亚，参加东非古人类学双年会，并赴哈达地区考察古人类遗址发掘现场。

2017 年 8 月 3～7 日，李崇峰教授应乌拉尔联邦大学邀请出访俄罗斯，参加

Buddhist Art in Eurasian Cultural Spaces: Diversity in Harmony，并发言。

2017 年 8 月 18 ~ 24 日，秦大树教授应日本出光美术馆邀请出访日本，调查出光美术馆收藏的埃及福斯塔特遗址出土的中国瓷器，并调查日本中近东文化中心和早稻田大学合作发掘埃及福斯塔特遗址出土的中国瓷器。

2017 年 8 月 26 日 ~9 月 5 日，徐天进教授、张弛教授应蒙古国科学院历史和考古研究所邀请出访蒙古国，参加欧亚大陆青铜时代考古会议。

2017 年 9 月 3 ~ 17 日，杭侃教授应东京大学邀请出访日本，开展合作研究。

2017 年 9 月 4 ~ 8 日，王幼平教授应亚洲第四纪科学研究会第三届国际会议组委会邀请出访韩国，参加亚洲第四纪科学研究会第三届国际会议。

2017 年 9 月 30 日 ~ 10 月 9 日，张颖助理教授应 Archaeozoological Laboratory of the Department of Nature and Environmental Science, University of Sassari 邀请出访意大利，参加第 19 届鱼类遗存国际学术会议（FRWG 19th Meeting）。

2017 年 10 月 6 ~ 10 日，孙华教授应龙谷大学世界佛教文化研究中心邀请出访日本，参加“沼田奖获奖纪念讲演会”并发表讲演。

2017 年 10 月 12 ~ 22 日，陈建立教授应韩国公州大学文物保存科学系、韩国金属材料学会、韩国国立中原文化财研究所邀请出访韩国，参加“第四届中韩文物保护研究生论坛”（10 月 12 ~ 16 日）、“第九届世界冶金史大会”（10 月 16 ~ 19 日）和“东北亚制铁技术的研究动向国际研讨会”（10 月 19 ~ 22 日），演讲题目为《从炉渣分析看古代炒钢技术的判定标准》《先秦时期中国中原地区制铁技术向周边地区的传播》。

2017 年 10 月 20 ~ 29 日，李水城教授、张弛教授应受美国加州大学洛杉矶分校中国研究中心、墨西哥人类学与历史研究所、洪都拉斯人类学与历史研究所的邀请，在美国加州大学洛杉矶分校参加“早期中国的探索”研讨会，在墨西哥参观人类博物馆和古遗址，在洪都拉斯科潘参加“对比视角下的科潘”研讨会，并参观了其他博物馆和古遗址。

2017 年 10 月 20 ~ 30 日，杭侃教授、徐天进教授、杨哲峰副教授、曹宏副研究员等应伦敦大学学院邀请出访英国，参加伦敦大学会议，讨论会议和展览筹备。

2017 年 11 月 8 ~ 11 日，韦正教授应韩国文化财厅国立文化财研究所、国立江华文化财研究所邀请出访韩国，参加国立江华文化财研究所举办“风纳土城发掘 20 周年纪念国际学术大会——百济王都，风纳土城发掘成果与课题”。

2017 年 11 月 21 日 ~ 2018 年 2 月 17 日，陈建立教授应伦敦大学学院高级研究所邀请出访英国，开展合作研究。

2017 年 12 月 1 日 ~ 2018 年 2 月 28 日，秦岭副教授应伦敦大学学院高级研究所邀请出访英国，开展合作研究。

2017 年 12 月 14 ~ 19 日，王幼平教授应东北日本旧石器文化学会邀请出访日本，参加学术研讨会，演讲题目为《中原地区旧石器考古发现与研究进》。

来访

2017 年 5 月 22 日 ~6 月 6 日，英国艺术史学家、考古学家、汉学家、英国国家学术院院士（FBA，1990 ~ ）、大英帝国爵级司令勋章获得者（DBE，2002 ~ ）、英国牛津大学教授杰西卡·罗森（Jessica Rawson）访问北京大学，发表系列演讲（共 4 讲），分别为《两个古代社会（公元前 3000 至公元前 1000 年）：中国和美索不达米亚，相似与差异》《中国与欧亚草原上的黄金大墓（公元前 1000 至公元前 221 年）》《秦、汉王朝与它们同时期的伊朗、地中海（公元前221至公元400年）》《北朝、佛教的传入以及唐王朝时期的新型国际体系》。

2017年10月31日～11月24日，意大利那不勒斯大学著名考古学家葛嶷教授（Bruno Genito）访问北京大学，发表以《丝绸之路考古：伊朗、中亚和欧亚草原（公元前500年～公元500年）》为题的系列演讲（共6讲），分别为《伊朗、中亚及其与中国西部的文化联系——以考古学为基础》《丝绸之路考古学：路径、图像、物质文明》《中亚的粟特人及考古与历史之间的中外问题》《欧亚草原的游牧民族：铁器时代和中世纪早期》《辛梅里安人、斯基泰人、萨尔马提亚人和塞人：欧亚游牧活动中的伊朗语族部分》《中世纪早期的游牧民族：匈人、匈奴、月氏、乌孙、鲜卑和阿瓦尔人》。

2017年12月15～22日，哈佛大学教授、美国国家科学院院士 Ofer Bar－Yosef 访问北京大学，发表系列演讲（共4讲），分别为《从农业的发明到信息时代》《中国与欧亚大陆西部旧石器时代文化的差异》《农业的多元起源：全球与区域视角》《气候危机与旧石器时代到新石器时代的人类文化》。

【吉林大学】

2017年5月24日，在吉林大学参与国际教学周活动，为本科生讲授"新大陆文明起源"课程的肯塔基大学人类学系讲师 Renee M Bonzani 博士应邀来边疆考古研究中心座谈，并以《追踪碧桃从亚洲到美洲的传播轨迹》为题作了一场精彩的报告。

2017年6月1～2日，韩国国立首尔大学校考古美术史学科金壮锡教授来中心访问，并于1日晚作了题为 *Selective Acceptance of Refugees by Hosts: Post－Migration Political Landscape around the 4th Century BC in Southern Korea* 的学术报告。在讲座结束后，金壮锡教授还与部分师生就考古学理论以及研究案例中的细节问题进行了深入讨论。

教育部长江学者讲座教授、美国哥伦比亚大学东亚语言和文化系终身教授、哥伦比亚大学唐氏早期中国研究中心主任李峰教授应吉林大学边疆考古研究中心的邀请来校讲学，并作长江学者系列学术讲座：早期中国文明研究的新课题。分别于2017年6月6日、6月9日、6月13日、6月29日、7月3日作题为《金文称名原则和西周的宗族婚姻制度》《青铜器的社会背景和金文的性质问题》《Literacy 和早期中国：古代文明的比较视角》《关于西周青铜器制作系统的新模式》《比较文明的研究和成文法律形成的社会基础》的讲座，吉林大学考古学与文物博物馆学专业师生聆听了讲座。

2017年6月21～24日，应朝鲜社会科学院考古研究所的邀请，吉林大学、延边大学学术代表团对朝鲜进行了为期4天的学术访问。吉林大学边疆考古研究中心·高句丽渤海研究中心宋玉彬教授、林雪川副研究员随团出访。访问期间，代表团参观了高句丽时期的平壤城、大城山城，并对正在发掘的堡城里高句丽壁画墓进行了现场学术观摩。堡城里壁画墓位于平壤市乐浪区堡城里，是一座带由墓道的穹隆顶单室墓。根据墓葬结构、壁画题材及出土遗物，朝鲜学者认为，这是一座高句丽早期壁画墓，对于开展高句丽壁画墓研究具有重要的学术意义。

2017年6月22日～7月1日，吉林大学边疆考古研究中心王立新教授受蒙古国国立大学艺术与科学学院社会科学部的邀请，赴蒙古国参加联合考古调查。在为期一周的野外调查中，考察组重点调查了蒙古国后杭爱省鄂尔浑河流域、塔米尔河流域和巴彦洪格尔省颓因河流域的十多处鹿石、赫列克苏尔与石板墓等青铜至早期铁器时代石构遗迹。其中巴彦洪格尔省中部达沁高勒的一处匈奴墓地是此次调查新发现和确认的一个地点，新发现带圆形石围的匈奴墓葬10座。考察结束后，王立新教授还参观了蒙古国科学院历史与考古研究所、蒙古国国家博物馆等单位，并与蒙古国国立大学艺术与科学学院初步达成了进一步开展人员交流与合作研究的意向。

【山东大学】

2017年4月23~26日，荷兰莱顿大学考古学院副院长 Matthijs van Kolfschoten 教授应邀访问了山东大学文化遗产研究院，为考古系师生带来了题为 *Lower Palaeolithic Hominin Subsistence and Behavior at Schöningen* (*Germany*) 的学术讲座。访问期间，还参观了考古实验室和学校博物馆、章丘焦家遗址、城子崖遗址和龙山文化博物馆。Kolfschoten 教授的来访，进一步加深山东大学文化遗产研究院与莱顿大学在考古学学科方面的合作与交流，在诸如学生交流名额、互办学术活动等方面达成了合作意向。

（李晓哲）

2017年6月2~5日，耶鲁大学人类学系主任文德安（Anne Underhill）教授应邀来山东大学访问，就“环境与社会考古国际合作联合实验室”建设进行交流。耶鲁大学人类学教授 RoderickMcintosh、加州伯克利地理年代学研究中心 Gary Scott 一同来访。来访期间，文德安教授一行还在山东大学历史学院师生的陪同下，对山东大学校博物馆、环境与社会考古学实验室，邹城郏国故城遗址、章丘焦家遗址发掘工地，孟府、孟庙及青岛校区博物馆进行了参观考察，并针对古地磁测年实验室的选址、布局、施工等具体问题提出了建设性意见。

（王子婵）

2017年6月26日上午，英国伦敦大学学院庄奕杰博士应邀访问山东大学文化遗产研究院，为考古系师生带来了题为《国外地学考古进展》和《古代水资源和土地利用管理的地学考古调查》的学术报告，讲述了近期地学考古的研究进展，并结合测年数据和历史文献，解释了人类活动对景观的巨大影响。

2017年9月8日，英国牛津大学考古系杰西卡·罗森（Jessica Rawson）教授为山东大学历史文化学院师生作题为《青铜视野下的商周文明：中心化、制度化和文化交流》的报告。罗森教授认为，虽然青铜技术最初由欧亚草原引入中国，但是中原地区的居民很快就将其本地化，商王朝背后的支撑网络都与青铜器相关，包括世袭网络（与商王室关系的远近）、铭文网络（扩散了书写形式）、技术网络（复合范和铅青铜）、资源网络（铜矿、锡矿、铅矿）等。周王朝同样兼容并蓄，将许多中亚和草原地带文化因素整合到周文化之中，同时将其标准化，使之成为周代丧葬文化的有机组成部分。

2017年9月12日，加州大学洛杉矶分校李旻教授应邀访问山东大学文化遗产研究院，带来题为《重返夏墟：社会记忆与经典的发生》的讲座。李旻教授认为，龙山时代的繁荣地区——晋南盆地是周人传说叙事的重要场景，主张通过探究周人营建新天下时使用的历史、地理知识来理解经典传统中三代文明观的形成。《禹贡》记载的内容应该可以上溯为龙山时代的社会记忆，龙山时代政治和宗教遗产是三代文明社会记忆与经典发生的重要源泉。李旻教授的研究开拓了三代古史研究的新空间，使夏王朝相关问题的讨论成为可能。

2017年9月27日，波士顿大学慕容杰（RobertMurowchick）教授为山东大学考古系师生们带来了题为《亚洲文化遗产的危机与挑战》的学术讲座。讲座逐一阐释了亚洲文化遗产面临的危机，即自然灾害、国内动荡、军事行动、经济发展项目和掠夺古物贸易。慕容杰指出应从五个方面迎接挑战：意识到文化遗产可以作为地区经济发展和拉动就业的经济引擎；意识到文化遗产被政治与民族主义利用的弊端；加强文物保护立法的国际合作，控制文物违法交易；收藏者和博物馆需要在文物交易中负起相应的责任；加强对文物脆弱性、不可再生性的认知教育。

2017 年 10 月 14 日，以色列希伯来大学吉迪（Gideon Shelach）教授为山东大学考古系师生们带来了题为《中国东北地区农业起源的多维度、跨学科研究》的学术讲座。吉迪教授主要围绕“中国东北地区农业与定居的起源”研究过程和成果进行介绍。通过对辽宁阜新地区小河西、兴隆洼文化两个遗址的发掘与研究，发现聚落分布显示出从山地到平原的转变；尽管小河西到兴隆洼的文化转变是非常迅速的，但东北地区向农业转变花费的时间比我们以往认识的要长，甚至到了公元前 6 千纪，这一地区仍然广泛利用野生资源。文化变迁主要的推动力是向定居生活的转变而非动植物的驯化。

2017 年 10 月 31 日，美国丹佛博物馆亚洲部主任、美国夏威夷大学焦天龙教授应邀为山东大学考古系师生作题为《中国史前海洋聚落考古的若干问题》的讲座。焦天龙教授认为，进行中国史前海洋聚落考古，主要旨在探索以下问题：史前海洋聚落的特点、区域性与历时性变化，与内陆聚落不同的海洋聚落田野技术等。而海洋聚落考古的定义可以从聚落位置、生计形态和精神信仰三方面来判定，提出以遗址的地层海相沉积、海洋资源开发的情况以及“距离法”等依据作为判定其为海洋聚落的结论。焦天龙认为，相比于文化因素分析，对石器的产地进行分析能够在研究史前航海技术上提供更为直接的证据；而中国东南史前海洋聚落航海技术的发展，与南岛语族的起源与扩散密切相关。

（王一帆）

2017 年 11 月 7 日，美国纽约城市大学皇后学院 Kate Pechenkina 教授受聘为山东大学环境与社会考古学学科创新引智基地海外成员，并为师生们带来一场题为《早期中国居民的疾病与创伤》的学术报告。Pechenkina 教授通过对人头骨测量值的主成分分析，她认为从仰韶文化时期到东周时期中原地区的人群在基因上没有发生大的变化，人群一直在此繁衍。对东周时期居民疾病与创伤的研究成果表明，当时居民可能已经存在梅毒和密螺旋体疾病；新郑几处墓地的人骨材料中发现的其他传染性疾病和创伤，还有肺结核、麻风病、类风湿性关节炎等。Pechenkina 教授讲座展示的古病理研究案例为广大师生开启新的视窗。

2017 年 11 月 14 日，法国波尔多大学弗朗西斯科（Francescod Errico）教授受聘为山东大学环境与社会考古学学科创新引智基地海外学术骨干，并为山东大学考古系师生带来了题为《全球视野下的人类文化起源》的讲座。弗朗西斯科教授认为非洲和欧洲各自在文化发明的道路上行进着，这种发明可能持续，也可能中断再重拾。面对变化的生存环境，不同地区的人群会作出不同的反应，形成各自的文化创新模式，这种发展可以是非连续性的，相邻区域间也会有文化交流，传统的达尔文主义的观点不能用于解释这类多地非线性发展的模式；文化创新是受环境和社会因素影响的，对于不同地区要进行区别研究。

（陈婷婷）

2017 年 11 月 20 日～12 月 1 日，瑞典乌普萨拉大学（Uppsala University）考古系丹尼尔·罗温伯格（Daniel Löwenborg）博士为山东大学考古系师生讲授了“地理信息技术在考古中的应用”（Geographic Information System，GIS）系列课程，并举办了专题讲座包括“课程导论和GIS技术概览”“地理信息技术在考古中的应用”和“数字考古的未来”。罗温伯格博士结合自己参与和主持的多项研究项目，介绍了地理信息技术在考古中的应用领域和可以解决的问题，以及乌普萨拉大学在考古材料数字化过程中如何让调查和发掘材料重复使用、实现学界内资源共享的宝贵经验。

（赵珍珍）

2017年12月12日，瑞典乌普萨拉大学保罗·莱恩（Paul Lane）教授为山东大学考古系的师生们带来了题为《人类世的考古学：历史科学的新兴挑战和机遇》（*Archaeology in, of and for the Anthropocene: Emerging Challenges and Opportunities for the Historical Sciences*）的学术讲座。莱恩教授指出，古生态学为我们提供过去生态系统的特征，是理解古代社会与气候互动关系的工具；考古与历史资料用于理解人、决策和生态系统三者的空间关系，是构建社会情景的基础；社会情景模拟关于多方利益，可为阻止气候恶化探索潜在的解决方案。“人类世的考古学”的概念，就是要连接过去、现在和未来，强调了人类活动对于地球的深刻影响，提供了人与自然关系研究的新视角。

（刘海燕）

【四川大学】

2017年10月30日，应四川大学历史文化学院的邀请，美国圣路易斯华盛顿大学T. R. Kidder教授和Michael D. Frachetti教授来该校进行学术交流，就考古学国际联合实验室的共建方案和海门口遗址的环境研究计划进行深入讨论。

2017年11月23日~12月4日，为贯彻落实党的十九大精神，积极促进“一带一路”国际合作，发挥四川大学南亚研究传统优势，打造国际合作新平台，霍巍教授、吕红亮教授随晏世经副校长率领的四川大学代表团访问斯里兰卡。访问期间，前往佩拉德尼亚大学（University of Peradeniya）、科特拉瓦拉国防大学（General Sir John Kotelawala Defense University）和凯拉尼亚大学（University of Kelaniya）3所知名高校考察访问。与凯拉尼亚大学考古系的高级讲师明兰卡（Mangala Katugampola）参观考察了斯里兰卡中北部的一系列考古遗址如：圣城阿努拉德普勒（公元前3~9世纪）（Anuradhapura）、锡吉里亚古城（公元5世纪）（Sigiriya）、Ibbankatuwa大石墓、科隆坡国家历史博物馆等，就进一步合作发掘的地点进行了详细的考察，并最终与凯拉尼亚大学取得一致意见。

2017年12月4日，应四川大学历史文化学院的邀请，日本爱媛大学东亚古代铁文化研究中心村上恭通教授一行3人来四川大学进行学术访问，并在历史文化学院教师的陪同下参观了川渝地区的冶金考古遗址。

2017年12月12日，英国埃克塞特大学考古学系副主任Gillian Juleff教授到四川大学历史文化学院考古系访问，并与考古系教师就冶金考古相关研究进行交流。

【郑州大学】

2017年7月15~22日，应郑州大学历史学院、河南省文物考古研究院邀请，澳大利亚墨尔本大学文化材料保护中心托尼亚·埃克菲尔德（Tonia Eckfeld）教授赴历史学院访问交流。托尼亚·埃克菲尔德教授一行参观了位于古荥镇的历史文化遗产保护研究基地及荥阳官庄遗址发掘现场，并就建立郑州大学海外虚拟文化遗产院相关问题进行了磋商。

（崔天兴）

【南京师范大学】

2017年1月，韩国忠南大学历史系张

寅成教授等学者来访南京师范大学文博系，就中国六朝与朝鲜半岛百济的考古历史研究开展学术交流活动。

2017 年 5 月，周裕兴教授前往韩国大田忠南大学参加“百济研究国际专家研讨会（workshop）”，并作了题为《南朝陵墓发现与保护研究》的会议主题发言。

2017 年 10 月，王志高教授前往韩国庆州参加“东亚古代都城的筑造礼仪和月城城壕木简”国际学术研讨会，并作题为《中国南京秦淮河滨出土六朝简牍及相关问题》的会议主题发言。

2017 年 11 月，韩国扶余文化财研究所李宪柱所长等一行来访南京师范大学文博系，参观教学科研场所，洽谈学术交流与合作等事宜。

【中山大学】

2017 年 11 月 6～7 日，应中山大学社会学与人类学学院邀请，越南国家大学所属社会科学与人文大学历史系副主任 Dang Hong Son 博士、Lam Thi My Dung 博士一行来中山大学进行学术访问，双方就 2017 年度学术交流与合作事宜充分交换了意见。

（韦伟燕）

2017 年 11 月 28 日～12 月 25 日，中山大学社会学与人类学学院特聘副研究员李俊博士、博士后韦伟燕，带领 2015 级本科生和研究生参加中、越合作发掘项目“越南北宁省顺城县清姜社陇溪城址考古发掘项目（2017 年度）”，该项目由越南河内国家大学所属社会科学与人文大学历史系组织。

（韦伟燕）

2017 年 12 月 11～15 日，中山大学社会学与人类学学院副院长郑君雷教授、特聘副研究员余翀博士，应邀赴越南河内国家大学所属社会科学与人文大学历史系进行学术访问，并赴中、越正在联合发掘的越南北宁省顺城县清姜社陇溪城址指导工作。

（韦伟燕）

【武汉大学】

2017 年 3 月 12 日，加拿大英属哥伦比亚大学人类学系荆志淳教授访问武汉大学，并作了题为《特洛伊战争与地质考古》的学术讲座。

2017 年 5 月 9～10 日，美国哥伦比亚大学东亚语言和文化系终身教授、教育部长江学者讲座教授（2014，吉林大学）、哥伦比亚大学唐氏早期中国研究中心（Tang Center for Early China）主任、哥伦比亚早期中国讲座主席李峰访问武汉大学，并分别作了题为《大遗址：归城考古的方法和实践》和《周代金文中称名制度再议：论楚地青铜器上所见妇女称谓》的学术讲座。

2017 年 9 月 28 日，波士顿大学考古与文化遗产研究中心主任慕容杰（Robert Murowchick）访问武汉大学，并作了题为 *Letting the Artifacts Speak for Themselves: the Study of Chinese Bronzes in the Wes* 的学术讲座。

2017 年 12 月 1 日，美国人文与科学院院士、百人会会员、旧金山亚洲艺术博物馆馆长许杰访问武汉大学，并作了题为《独特的文化桥梁：旧金山亚洲艺术博物馆的历史收藏及展览》的学术讲座。

2017 年 12 月 12 日，哈萨克斯坦教育与科学部苏莱曼诺夫东方学研究所所长 Meruyert Abusseitova 访问武汉大学，并作了题为《从新发现的文献和考古遗存看哈萨克斯坦和中亚的历史与文化》的学术讲座。

2017 年 12 月 15 日，法国高等研究实践学院教授、著名汉学家杜德兰（Alain Thote）访问武汉大学，并作了题为《为什么早期中国会使用简牍文书随葬?》的学术讲座。

【复旦大学】

2017年3月，哈佛大学人类学系教授迈克尔·赫兹菲尔德（Michael Herzfeld）到访，举办讲座《手工艺遗产：关于传统知识传播的思考》。

2017年4月，法国巴黎社会科学高等学院博士后菲利普·德姆根斯基到访，举办讲座《城市空间的转型困境：青岛老城区的历史与近况》。

2017年4月，英国莱斯特大学博物馆学学院学术主任、讲师马思甜（JanetMarstine）到访，举办讲座《博物馆中的艺术家：博物馆与公众关系的新展望》。

2017年4月，悉尼大学城市学高级讲师王光亮到访，举办讲座《当历史遭遇不确定的未来——上海城市士绅化与历史保护的人类学思考》。

2017年5月，美国新墨西哥大学人类学系博士候选人张萌到访，举办讲座《社会复杂化研究的三个案例：建筑、城堡与陶器研究》。

2017年5月，美国柯盖德大学东亚语言文学系教授江可平（John A. Crespi）到访，举办讲座《“漫”游上海——民国漫画与都市导航》。

2017年6月，波兰驻上海总领事馆文化教育事务官员莫妮卡·萨帕拉（MonikaZapala）到访，举办讲座《波兰的文化与艺术》。

2017年6月，波兰—日本华沙计算机科学研究院教授马辛·季日茨基（Marcin Giżycki）到访，举办讲座《波兰电影海报（Polish Film Poster by Polish Expert）》。

2017年9月，日本爱媛大学文学部副教授笹田朋孝到访，举办讲座《考古学视野下的游牧国家研究——以外蒙的发掘调查为中心》。

2017年11月，美国纽约大都会博物馆亚洲部中国艺术主任孙志新到访，举办讲座《〈秦汉文明〉特展及其策划与实施》。

2017年11月，日本国立民族学博物馆名誉教授、前馆长须藤健一到访，举办讲座《博物馆与人类学》。

2017年11月，挪威文化遗产研究所教授多勒格林·斯内夫·古多姆森（Torgrim Sneve Guttormsen）到访，举办讲座《“深度城市”——城市规划中的考古学概念性工具》。

2017年12月，哈佛大学人类学系John E. Hudson考古学教授傅罗文（RowanFlad）到访，举办讲座《早期丝绸之路上的技术变革：甘肃洮河流域的田野考古成果》。

【北京联合大学】

2017年4月11～18日，应北京联合大学邀请，法国人类古生物研究所（Institut de Paléontologie Humaine）代表团到访中国，代表团团长由该所所长、法国法兰西研究院科学院通讯院士、法国法兰西研究院金石学和文学院通讯院士、法国国家自然历史博物院荣誉教授Henry de Lumley率领。代表团访问广西文物保护与考古研究所，还赴广西百色进行了野外考查。

2017年4月13～22日，华盛顿大学人类学系的Michael J. Storozum博士应邀来访，进行为期10天的学术交流。Michael博士此次来访的主要目的是参加于4月16日举办的“第二期环境考古主题研讨沙龙”，并就北京联合大学和华盛顿大学、新加坡南洋理工大学之间学术项目的合作进行沟通和交流。4月18日下午，Michael博士在北京联合大学应用文理学院二教楼312室作了题为《An Introduction to Geoarchaeology（地学考古介绍）》的学术讲座，介绍了国内外地学考古的研究和发展历程。

2017年7月20日～8月20日，北京联合大学考古学5名硕士研究生应邀赴法国Arago遗址进行实习、考查活动。在实习之余参观了法国人类古生物研究所、陶特瓦尔史前博物馆。在实习结束之后，学生们到巴黎参观了卢浮宫、埃菲尔铁塔、凡尔赛宫等法国著名地标性建筑。此次赴法实习增强了研究生的实践工作能力，对北京联合大学建设高水平的考古学与历史学学科平台有重要意义。

【中央民族大学】

2017年10月11～19日，中央民族大学海外知名学者民大讲坛邀请英国埃克塞特大学考古学终身教授安东尼·哈丁教授进行了5场讲座，题目分别为：《青铜时代的生活：人、物、地方与社会（上、下）》《青铜时代中国与欧洲的比较》《盐业考古新进展》《史前的战争》。

【首都师范大学】

2017年2～8月，受首都师范大学人事处青年教师境外研修项目资助，首都师范大学历史学院考古系袁泉副教授赴日本筑波大学艺术系开展合作研究，日方合作导师八木春生教授，合作课题为“唐代墓葬中的宗教文化因素”。访问日本期间为师生作了两次学术报告，题目分别为《首尔崇实博物馆藏圣母像考》和《新安沉船出水花瓶考》。

（袁　泉）

2017年3月9日，受首都师范大学历史学院邀请，美国南佛罗里达大学Robert H. Tykot教授作了题为《利用无损便携XRF研究黑曜石、陶器、金属器、骨器等材料的贸易、成分、饮食等相关问题》的学术报告。

（王　涛）

2017年8月～2018年7月，受国家留学基金委资助，首都师范大学历史学院王涛副教授作为访问学者赴美国匹兹堡大学人类学系学习交流，合作导师为该系对比考古研究中心主任Robert D. Drennan教授，合作题目为“世界背景下的中国新石器化进程：对比考古的视角”。

（王　涛）

2017年9月8日，受首都师范大学历史学院邀请，美国斯坦福大学刘莉教授作了题为《酒的起源》的学术报告。

（王　涛）

2017年10月，受中国社会科学院考古研究所邀请，首都师范大学历史学院王涛副教授和博士后钟华赴洪都拉斯科潘遗址参加发掘工作。随后两人还参加了由中国社会科学院考古研究所主办、洪都拉斯人类学与历史学研究所、日本金沢大学协办的“科潘：比较的视角”国际研讨会。

（王　涛）

【中国人民大学】

2016年10月～2017年10月，中国人民大学副教授陈晓露，到美国宾夕法尼亚大学进行访学，期间作了题目为《西域世俗佛教》的演讲。

2017年4月24日，美国西密歇根大学（Western Michigan University）历史系终身教授熊存瑞来中国人民大学学术交流，并为学校师生作了题为《从玄奘的经历看初唐的出行》的讲座。

2017年7月1～31日，中国人民大学2016级硕士研究生张嘉桐、刘睿喆参与西班牙安达卢西亚省史前洞穴遗址考古发掘与实验室整理。

2017年7月，中国人民大学2017级硕士研究生李泽浩、王笑寒参与意大利拉比亚乔拉遗址考古发掘。

2017年9月25日，美国洛杉矶加州大学人类学系与亚洲语言文化系副教授李旻到中国人民大学学术交流，并为学院师生作了题目为《三代空间与考古山川》的讲座。

2017年10月18日，英国埃克塞特大学考古系（Department of Archaeology, University of Exeter, UK）终身教授安东尼·哈丁到中国人民大学学术交流，并为学院师生作了题目为《青铜时代中国与欧洲的对比》的讲座。

2017年11月10日，俄罗斯艾尔米塔什博物馆东方馆中亚、高加索、克里米亚部主任、塔吉克斯坦片治肯特考古队队长卢湃沙来中国人民大学学术交流，讲座题目为《山中的粟特人——在塔吉克斯坦希索拉克（Hisorak）地区的考古发现》。

2017年12月15~17日，俄罗斯西伯利亚联邦大学考古系主任曼德雷卡·派威尔·美拉第威尔维奇来中国人民大学学术交流，讲座题目为《俄罗斯叶尼塞河流域考古》系列讲座，共三天六场讲座。

【辽宁大学】

2017年10月12~19日，辽宁大学历史学院华玉冰教授应韩国青铜器学会的邀请赴韩国进行为期一周的学术交流与考察。10月13日，在高丽大学世宗校区农心馆参加了“韩国青铜器学会”创立10周年国际学术会议，主题为“在东北亚的韩国青铜器时代文化”。会上，华玉冰教授发表了《人文背景下的千山山地石棚的起源与发展》的主题演讲。10月17日，应岭南大学李清圭教授邀请作了《东大杖子墓地初步研究》的讲座。

【黑龙江大学】

2017年5月，俄罗斯科学院新西伯利亚分院民族、考古与历史研究所涅斯捷罗夫·杰尼斯·巴弗洛维奇研究员来黑龙江大学讲学，题目是《黑龙江流域中世纪城址研究》。

2017年5月，俄罗斯阿穆尔州文化遗产保护中心主任沃尔科夫·杰尼斯·巴弗洛维奇来黑龙江大学讲座，题目是《中俄联合考古队2016年在乌斯季·伊万诺夫卡墓地发掘收获》。

【中国科学技术大学】

2017年7月下旬，孟加拉国Sufi Mostafizur Rahman教授访问中国科学技术大学科技史与科技考古系，并带来《Wari - Bateshwar遗址——孟加拉之根》精彩演讲。Wari - Bateshwar是孟加拉国东北部最重要的考古遗址，作为南亚次大陆最早的钱币类型——穿孔银币的发现地而闻名。遗址诞生于约公元前200年，是半宝石石珠的加工中心和贸易中心，与东南亚和地中海流域均有联系。有学者认为该遗址是托勒密所提到过的一处公元2世纪古贸易中心。对它的探索自1996年起，重要发现主要包括史前工具，铜石并用时代居住坑穴，泥筑防御工事，穿孔银币，半宝石石珠，护身符，砝码，玻璃珠，赤土陶器，道路，砖筑建筑等。

2017年9月20日~10月3日，应伊朗马什哈德菲尔多西大学邀请，中国科学技术大学科技史与科技考古系张居中教授和程至杰博士于赴伊朗开展学术交流与考察。此行重点考察了伊朗东北部扎拉维呼罗珊省的史前遗址，包括马什哈德西北部的Tapeh Devin, Tup Derakht, Tapeh Gharch, Tapeh Gharch Ali Zeinal，内沙布尔的Tapeh She、Tapeh Borji。这些遗址多为高出地面的土丘，保存状况普遍较好，很少遭到人为破坏，地表遗物丰富，多数为新石器时代—铜石并用时代—青铜时代—铁器时代的连续性遗址，土质多为砂土。伊朗东北部地区发掘的史前遗址尤其是新石器时代遗址数量较少，史前文化发展序列不完整，有必要开展发掘工作加以完善，同时在此开展系统的考古研究对于深入认识丝绸之路上的文化交互具有重要意义。

2017 年 9 月下旬，Stephen Koob 教授访问中国科学技术大学，9 月 28 日为该校带来题为《古代玻璃器的科技分析》的讲座，重点介绍玻璃化学、古代玻璃文物特点、出土玻璃器的即时保护、玻璃的老化症状等问题。

第六篇

考古教学

2017 年毕业的本科生人数

北京大学考古文博学院考古学专业	32 人
北京大学考古文博学院文物与博物馆学专业	3 人
北京大学考古文博学院文物保护技术专业	8 人
吉林大学文学院考古学专业	32 人
吉林大学文学院文物与博物馆学专业	28 人
山东大学历史文化学院考古学系	37 人
西北大学文化遗产学院考古学专业（含文化遗产管理方向）	50 人
西北大学文化遗产学院文物保护技术专业	29 人
四川大学历史文化学院考古学系考古学专业	29 人
四川大学历史文化学院考古学系文物与博物馆学专业	6 人
郑州大学历史学院考古系考古专业	22 人
南京师范大学社会发展学院文物与博物馆学系	23 人
厦门大学人文学院历史系考古专业	8 人
中山大学社会学与人类学学院人类学系考古专业	23 人
武汉大学历史学院考古学系考古学专业	11 人
南开大学历史学院考古学与博物馆学系文物与博物馆学专业	23 人
复旦大学文物与博物馆学系博物馆学专业	2 人
复旦大学文物与博物馆学系文物与博物馆学专业	21 人

续表

北京联合大学应用文理学院文物与博物馆专业	23 人
北京联合大学应用文理学院文化遗产专业	54 人
中央民族大学民族学与社会学学院文物与博物馆学专业	33 人
首都师范大学历史学院考古系	18 人
中国人民大学历史学院考古学及博物馆学专业	5 人
西南民族大学旅游与历史文化学院文物与博物馆专业	50 人
辽宁师范大学历史文化旅游学院文物与博物馆学系	15 人
重庆师范大学历史与社会学院文物与博物馆学专业	41 人
辽宁大学历史学院考古学系考古学专业	25 人

注：黑龙江大学、东北师范大学、云南大学、暨南大学、中国科学技术大学等院系和专业或目前不招收本科生或2017 年无毕业学生，特此说明。

2017 年毕业的硕士研究生

北京大学考古文博学院

专业方向：汉唐考古

　易诗雯：《元代酒具研究》

指导教师：齐东方

专业方向：科技考古

　宋　段：《新疆尼雅遗址出土丝织品的溯源研究》

指导教师：吴小红

文物与博物馆专业硕士

　王中伟：《新石器中期黄河中下游房屋形态初步研究》

　王雅芬：《甘南拉卜楞寺建筑多样性研究》

指导教师：方　拥

　孙宇峰：《桐林遗址出土陶鬶及相关问题研究》

指导教师：秦　岭

　姜圣芃：《东赵遗址年代学研究与古食谱分析》

指导教师：吴小红

　黄碧雄：《关于曾国考古研究若干问题的述评》

指导教师：孙庆伟

　刘百舸：《枣庄徐楼出土红铜纹饰青铜器铸镶工艺研究》

　张　夏：《徐楼东周墓出土青铜器的腐蚀及诊断》

指导教师：胡　钢

　郝春阳：《丝绸之路上的长柄香炉》

指导教师：林梅村

　梁鑫蕊：《徐州地区北朝时期墓葬及相关问题研究》

指导教师：韦　正

　涂元葳：《扬州出土唐青花瓷的工艺研究》

指导教师：胡东波

　贺逸云：《辽代与唐代墓葬对比研究》

指导教师：齐东方

　娃斯玛・塔拉提：《阿力麻里遗址研究综述》

指导教师：陈　凌

蔡鸿博：《试析宋代南方地区丧葬习俗中的信仰因素》
顾志洋：《山东菏泽沉船的考古学研究》
李　凯：《北宋中期浦江地区制瓷业及相关问题研究》
李孔昭：《两宋瓷香炉的考古学研究》
指导教师：秦大树
翟若普：《西藏夏鲁寺一层建筑发展再探》
指导教师：魏正中
王铂涵：《麦积山石窟鼯鼠排泄物污染的清洗研究》
杨　凡：《考古遗址保护建筑与考古遗址本体保护研究》
郑贝贝：《宁波“小白礁Ⅰ号”船体舱料的制作材料研究》
指导教师：周双林
赵冰清：《试论博物馆文创的若干问题》
指导教师：杭　侃
王立铎：《双向沟通视角下博物馆观众的角色与作用》
赵可益：《基于全纳教育视角下的博物馆特殊群体教育服务》
李泰弦：《博物馆教育专门人才制度的现况与发展方案：以韩国国立博物馆为例》
指导教师：宋向光
郑启尉：《马来西亚马六甲古城——遗产的保护与展示利用》
指导教师：孙　华

吉林大学文学院考古学及博物馆学

专业方向：旧石器时代考古
崔祚文：《穆棱河流域中游旧石器工业研究》
指导教师：陈全家
赵　莹：《谢列姆贾河流域与辽河流域旧石器时代晚期文化的比较分析》
指导教师：方　启

专业方向：史前考古
董　兵：《洛南盆地的手斧研究》
孙倩倩：《东北地区史前研磨工具研究》
肖　湾：《中国史前八角星纹的图像分析与阐释》
指导教师：陈胜前

专业方向：新石器时代考古
李　宁：《论鱼皃村三期文化》
郑延洁：《东北地区新石器时代斜口陶器研究》
指导教师：赵宾福
刘　派：《辽西地区新石器时代葬俗比较研究》
指导教师：李伊萍
牟晓琳：《河姆渡文化研究》

指导教师：陈国庆
　李琳君：《从考古学视角出发的古遗址保护规划研究》
指导教师：段天璟

专业方向：夏商周考古
　李晓健：《太行山东麓地区周代陶鬲谱系研究》
　李宜峰：《郑洛地区东周时期陶豆形制研究》
　周　冰：《越式青铜鼎研究》
指导教师：王立新
　胡子尧：《泾河流域西周墓葬研究》
指导教师：井中伟

专业方向：中国北方青铜时代考古
　赵欣欣：《内蒙古东周北方系青铜服饰品研究》
　周　琪：《宁夏东周北方文化青铜器研究》
指导教师：杨建华

专业方向：战国秦汉考古
　何雨濛：《八卦营墓地研究》
指导教师：潘　玲

专业方向：魏晋隋唐考古
　谢　静：《牡丹江流域和图们江流域渤海墓葬研究及区域性特征分析》
指导教师：王培新

专业方向：宋元考古
　石玉兵：《宋元时期北方海港及相关考古遗存的初步研究》
　张梦纳：《南方宋墓装饰题材的区域性研究》
指导教师：吴敬
　潘晓暾：《浅析 2000 年黄骅市海丰镇遗址出土金代瓷器》
　王　慧：《宋辽金考古遗存中的孩童形象研究》
　Damchaabadgar Sodnomjamts：《回鹘汗国首都哈剌巴拉嘎斯古城出土的建筑顶部瓦件研究》
指导教师：冯恩学

专业方向：动物考古
　解明英：《后套木嘎遗址 2015 年出土动物遗存研究》
指导教师：陈全家

专业方向：环境考古

迟　畅：《黑龙江海浪河流域旧石器晚期遗址的孢粉分析及古环境初步研究》
李　静：《GIS 支持下的广鹿岛地区新石器时代至青铜时代人地关系浅析》
指导教师：汤卓炜

专业方向：体质人类学
李　钊：《山西长子县西南呈西周墓地人骨研究》
指导教师：朱　泓
梁宁宁：《柳林高红墓地人骨研究》
指导教师：张全超

专业方向：文物研究
杨亚鹏：《江西省出土的隋唐瓷器研究》
指导教师：吕　军

专业方向：陶瓷考古
马一博：《北方地区唐宋元时期制瓷工具初探》
苗诗钰：《南方地区唐宋时期制瓷工具初步研究》
指导教师：彭善国

专业方向：西亚考古
彭　博：《欧贝德时期摩苏尔地区的文化互动》
指导教师：杨建华

专业方向：博物馆学
王海月：《博物馆免费开放政策研究》
指导教师：张文立
刘　瑶：《吉林市博物馆〈吉林牛子厚与京剧艺术展览〉的教育功能研究——以观众调查为视角》
田亚男：《酒文化博物馆的初步研究》
王　迪：《博物馆展览中多媒体内容策划及写作研究》
张　新：《吉林省文庙博物馆的初步研究》
指导教师：吕　军

文物与博物馆专业硕士
专业方向：文物研究
陈国京：《宋元时期瓷器开光装饰的初步研究》
指导教师：吕　军

专业方向：博物馆学
杜雨婷：《史蒂芬·威尔的博物馆评估矩阵分析》

张星瀚：《博物馆藏品三维展示手段的探索——以吉林大学考古与艺术博物馆馆藏青铜器为例》
指导教师：张文立
李　燕：《博物馆宣传推广手段及其效果研究——以常州博物馆为例》
张馨元：《基于博物馆服务功能的微信应用研究》
张　鑫：《探索性儿童博物馆的初步研究——以老牛儿童探索馆为例》
指导教师：吕　军
肖凤娟：《国内综合性博物馆选址研究——以吉林省博物院新馆为例》
指导教师：李伊萍

山东大学历史文化学院考古学系

专业方向：史前考古
李金斗：《甘青地区史前时期建筑遗存研究》
指导教师：栾丰实
张晓雯：《章丘焦家遗址大汶口居民生存状态研究》
闵　凯：《屈家岭文化至后石家河文化时期石家河古城社会演变——基于聚落布局与文化传统的视角》
穆东旭：《崧泽晚期至良渚早期的社会分工及社会分化研究》
指导教师：王芬副

专业方向：先秦考古
孙蒙蒙：《黄土崖遗址Ⅰ区发掘与研究》
指导教师：王　青

专业方向：商周考古
王　亚：《藁城台西商代聚落与社会》
指导教师：方　辉
杨广帅：《豫北冀南地区西周时期墓葬研究》
指导教师：王　青

专业方向：秦汉考古
张　珂：《人本思想下的汉代西北边塞戍卒境遇考略——以考古遗迹与汉简为中心》
指导教师：方　辉

专业方向：宋元考古
刘　欣：《论山东地区宋金元砖雕壁画墓的营造工艺》
指导教师：崔大庸

专业方向：社会考古

李晓哲：《古以色列国与良渚文化社会发展模式研究——以撒玛利亚与良渚古城聚落形态对比研究为例》
指导教师：栾丰实

专业方向：植物考古
宿　凯：《城子崖遗址岳石文化时期微环境的复原——来自壕沟沉积物的地学考古证据》
安静平：《山东地区青铜时代农业和野生植物利用考察——基于植物考古的证据》
指导教师：靳桂云
马方青：《山东郑国故城东周至西汉植物考古观察：2015 年的植物大遗存》
指导教师：陈雪香

专业方向：外国考古
唐海源：《公元前 9 世纪至公元前 6 世纪犹大的陶器标准化与社会复杂化》
指导教师：栾丰实

专业方向：文化遗产
龙佳漪：《遗址群保护规划研究——以鲁西堌堆遗址群为例》
指导教师：陈雪香
杨琳琳：《考古遗址的阐释与展示体系规划研究——以大辛庄遗址和嬴城遗址为例》
指导教师：方　辉

专业方向：文物及博物馆
汤铭明：《鲁西南县级博物馆现状调查与初步分析》
指导教师：王　青
杨　颖：《我国可移动文物登录制度研究》
指导教师：李慧竹
巴　蕾：《新媒体时代博物馆宣传研究——基于微信、微博的数据分析》
陈红梅：《专题博物馆展览内容策划研究——以绍兴市兰亭书法博物馆为例》
郑佳妮：《山东地区博物馆文化创意产品现状与前景研究——以山东博物馆和青岛啤酒博物馆为例》
指导教师：陈淑卿

西北大学文化遗产学院

专业方向：新石器时代考古
王天艺：《黄土高原地区先秦窑洞式建筑研究》
蔡孟芳：《两湖地区史前陶鼎研究》
指导教师：钱耀鹏
郑　飞：《新石器时代陶灶研究》

指导教师：陈洪海
　高　升：《陕北神木石峁遗址植物遗存研究》
指导教师：赵志军　陈洪海

专业方向：商周考古
　史　忞：《滇东黔西地区出土东周秦汉时期青铜兵器研究》
　施韵琦：《重庆峡江地区巴文化军事遗存的考古学观察》
指导教师：赵丛苍

专业方向：秦汉考古
Khamdamov Sukhrob：《中亚河间地区出土中国文物的早期铁器时代遗存研究》
　王素花：《咸阳费家村东汉墓葬发掘与研究》
指导教师：王建新
　冯　锴：《临潼李东汉墓研究》
　王超翔：《华阴卫峪秦墓研究》
指导教师：段清波
　赵　兆：《甘谷毛家坪遗址秦文化遗存的分期与编年研究》
　刘　婷：《春秋秦车形制结构复原研究》
指导教师：梁　云
　史美燕：《汉代画像石与画像砖中的百戏表演研究》
指导教师：徐卫民

专业方向：魏晋隋唐考古
　白　月：《大同地区出土北魏葬具的研究》
　郑睿瑜：《浙江地区六朝墓葬的考古学研究》
指导教师：冉万里
　李　阳：《西藏阿里琼隆遗址初步研究》
指导教师：张建林　冉万里

专业方向：文化遗产管理
　聂玉涵：《黔东南河坝村瑶族文化困境与出路初步分析》
　王　璐：《米脂地区窑洞建筑群的传承与发展研究》
　李标标：《大遗址与所在地居民共生关系初探》
指导教师：刘军民
　裴梦斐：《汉长安城国家大遗址保护特区管理体制研究》
指导教师：徐卫民

专业方向：文物保护学
　王　博：《常用文物加固材料在不同湿度环境中的适用性研究》
指导教师：王丽琴

徐　淼：《汉阳陵露天土遗址的植物保护功能研究》
指导教师：孙满利
张晓英：《埋藏对文物蛋白胶料气质联用鉴别结果的影响研究》
指导教师：杨　璐
兰　栋：《陕西淳化枣树沟脑遗址出土人和动物骨骼的同位素分析》
指导教师：凌　雪
李静波：《有机酸和蛋白质检测方法在酒残留物研究中的应用》
指导教师：温　睿
曹婧婧：《传统加固剂与合成加固剂性能对比研究及明胶改性初探》
指导教师：白崇斌　王丽琴
白　璐：《岭南沿海地区蠡壳窗及其病害成因分析》
指导教师：铁付德　刘　成

专业方向：文物与博物馆
张一笛：《黄河中游史前釜灶研究》
指导教师：钱耀鹏
蒋佳妮：《长江中下游春秋战国城池防御设施研究》
邢夏菡：《陕西佛坪厅故城文化遗产特征及利用途径探讨》
指导教师：赵丛苍
卜汉文：《西汉水上游周秦汉时期遗址的考古学观察——以〈水经注·漾水〉为线索》
指导教师：梁　云
张晨牧：《榆林地区战国秦汉长城沿线城址调查研究》
李佳瑜：《走马梁汉墓相关问题研究》
指导教师：田亚岐　段清波
杨培艺：《雍畤遗存研究——以血池遗址考古新发现为切入点》
指导教师：田亚岐　徐卫民
郁　菁：《考古发掘中血池遗址保护利用相关问题研究》
指导教师：田亚岐　周剑虹
符燕妍：《秦汉时期传统青铜礼器的发展——以鼎壶为例》
指导教师：尹夏清　段清波
李冰洁：《陕西咸阳西石羊庙汉墓出土铜器制作技术研究》
指导教师：赵西晨　刘　成
王昕晗：《中原地区出土隋唐时期乐舞俑研究》
指导教师：冉万里
陆　晶：《关中地区十六国北朝陶俑服饰初步研究》
梁思远：《关中地区十六国北朝乐俑研究》
牛舒婧：《河南地区宋金时期墓葬出土瓷器初步研究》
李　瑾：《中国近现代文物的现状与对策研究》
指导教师：尹夏清　赵丛苍

黄　姣：《汉阳陵土遗址保存现状调查研究》
白云峰：《Photoscan 多视角三维重建技术在土遗址保护中的应用研究》
指导教师：孙满利
王申钰：《集聚效应下西咸新区大遗址保护管理研究》
指导教师：周　萍　周剑虹
牛贺强：《莫高窟第 245 窟保存现状及病害研究》
指导教师：郭青林　王丽琴
张　润：《乡村旅游背景下的唐昭陵遗址保护与利用研究》
孙龙华：《西安历史文化街区保护与利用研究——以三学街—碑林片区为例》
指导教师：周　萍　刘军民
周　荃：《“人居型”文物保护单位保护与活化探索——以安定堡故城为例》
吕亚歌：《陕西省长征文物保护利用研究》
指导教师：周　萍　吴铮争
师渤翔：《无损光谱分析在阿勒泰彩绘岩画相对年代研究中的探索》
指导教师：铁付德　刘　成
赵　倩：《信阳城阳城址战国楚墓出土彩绘陶器保护修复研究》
指导教师：容　波　刘　成
李阿丹：《莫高窟壁画制作调胶工艺的模拟实验研究》
指导教师：王旭东　刘　成
于孟楠：《传统纸质书画装裱用浆糊改性研究》
指导教师：杨　璐
孔梅仙：《深蓝色硅酸铜钡的模拟制备与研究》
指导教师：夏　寅　王丽琴
杜瑄瑶：《城市建成区建筑遗产建设控制地带划定研究》
指导教师：冯　健　周剑虹
张晟铭：《游戏化在文化遗产价值传播中的应用》
指导教师：周剑虹

四川大学历史文化学院考古学系

专业方向：先秦考古学
韩　芳：《青南高原登额曲流域的细石叶工艺》
陈心舟：《雅鲁藏布江中游公元前第二千纪至公元前第一千纪末考古遗存的初步研究》
指导教师：吕红亮
张绮航：《大渡河中游新石器时代考古遗存的初步研究》
指导教师：李映福
蒋　辉：《齐家文化研究》
指导教师：于孟洲

专业方向：汉唐考古

刘漪然：《横断山区及东麓地带战国秦汉时期铁器研究》
刘　芳：《汉唐时期武陵山区朱砂矿冶的考古调查与初步研究》
指导教师：李映福
周毅恒：《岭南地区西汉墓葬研究》
指导教师：赵德云
程访然：《东汉石刻所见四川地区外来人口研究》
王筱昕：《广西桂平弩滩村明代城址的初步研究》
指导教师：霍　巍

专业方向：专门考古（西南考古）
杨　波：《川西平原晚期蜀文化墓葬研究》
杨雨霏：《晚期巴文化融入汉文化进程——以涪陵地区墓葬为例》
指导教师：赵德云

专业方向：专门考古（宗教考古）
邓宏亚：《四川唐代佛道合龛摩崖造像研究》
干倩倩：《川渝地区唐宋时期十六、十八罗汉造像研究》
余　靖：《安岳千佛寨摩崖造像的初步研究》
指导教师：白　彬

专业方向：专门考古（美术考古）
蒲汀汀：《汉代盘鼓舞画像研究》
张红刚：《汉画像铺首衔环研究》
指导教师：罗二虎

专业方向：文物与博物馆学
白沛田：《博物馆展览前置评估内涵与方法探析》
指导教师：霍　巍
张秀娟：《四川大学历史系藏线装书书衣纸病害分析及其修复用纸适用性研究》
指导教师：罗雁冰

文物与博物馆专业硕士
王紫薇：《浅论石寨山文化和东山文化的关系》
罗斯丹：《汉画像石中的二桃杀三士图像研究》
田厚嘉：《云南地区东汉魏晋时期墓葬的初步研究》
徐　进：《基于 GIS 的渝西地区宋代墓葬研究》
指导教师：李映福
姜思旭：《战国秦汉时期西南地区弩机研究》
指导教师：赵德云　刘　弘
李　康：《汉晋墓葬“前抵型”镇墓兽研究》

陈佳琪：《四川地区出土汉代铜镜研究》
郭青青：《汉代蜀制漆器研究》
黄文姣：《西南地区宋代画像石室墓的初步研究》
指导教师：罗二虎
闫　飞：《海岱地区汉代基层聚落研究》
戴胜男：《巴蜀船棺葬研究》
指导教师：赵德云　易　立
罗晓霞：《汉代庖厨图研究》
指导教师：陈长虹　霍　巍
徐　鹰：《三峡地区六朝青瓷的初步研究》
高思颖：《洛阳地区五代时期墓葬壁画的研究》
指导教师：代丽鹃　白　彬
伍月园：《通过表面颜料层探讨成都下同仁路南朝佛教造像的病害》
指导教师：罗雁冰
贺晓旭：《广元石窟摩崖题刻整理研究》
曹　贞：《巴中石窟摩崖题刻整理及相关问题研究》
指导教师：董华锋　吕红亮
关金乐：《并州北齐墓葬研究》
梁　璐：《成都市西珠市街遗址发掘与研究》
邵星积：《峡江地区唐宋墓葬文化因素分析》
指导教师：白　彬　易　立
徐赛凤：《四川大学博物馆藏邛崃龙兴寺唐代佛教造像相关问题研究》
指导教师：达娃扎西　霍　巍
易江崃：《新媒体时代博物馆的宣传模式研究——以新浪微博的运营为例》
侯朝宣：《我国博物馆管理体制沿革及思考》
指导教师：霍　巍
冯煜晖：《基于 SWOT 的高校博物馆文化旅游分析——以川大博物馆为例》
指导教师：李晓涛　霍　巍
王　婧：《成都博物馆贝林动物展教育活动策划研究》
汪　勤：《博物馆文创活动发展中的公共空间利用策略研究——以成都博物馆新馆为例》
陈鹏屹：《中国古代军事体育文物展陈内容设计方案》
李　倩：《“竞技·游戏——中国古代蹴鞠文物展”展陈策划》
陆　萍：《试论博物馆的情感教育功能》
指导教师：周　静　霍　巍
陈　锐：《从考古发掘品移交之争看文物保护观念的变迁》
指导教师：吕红亮

郑州大学历史学院考古系

专业方向：先秦考古

赵江运：《豫南鄂东北地区史前文化研究》
刘青彬：《豫中地区仰韶遗存文化因素分析》
指导教师：靳松安
张超华：《豫西北地区夏商时期考古学文化研究》
贺　俊：《中原史前夏商时期奠基遗存研究》
李晓燕：《商周斜坡墓道研究》
指导教师：张国硕

专业方向：汉唐宋元考古
王峰威：《郑洛地区汉代城址的考古学观察》
指导教师：赵海洲
程晓平：《长江中下游东汉墓出土青瓷研究》
指导教师：韩国河
王艳杰：《郑州汪沟遗址出土人骨的初步研究》
指导教师：赵海洲　周亚威
朱梦园：《考古学视野下的宋代女性研究》
常　乐：《燕云地区辽金墓葬研究》
指导教师：陈朝云

专业方向：文化遗产与博物馆
刘露露：《基于数理统计学的乌孙墓葬研究》
郝柯羽：《鲜卑人体金饰品研究——基于数量统计的考察》
戎天佑：《嵩山地区有形文化遗产的可持续发展研究——基于 SWOT - CLPV 矩阵模型的探索》
指导教师：孙　危

文物与博物馆专业硕士
刘凤亮：《舞钢市大杜庄遗址王湾三期文化遗存发掘简报》
沈小芳：《新郑天成隔热材料厂东周墓葬发掘简报》
指导教师：靳松安　樊温泉
马舒文：《汉水中游地区史前玉（石）器切割工艺的发现与研究——以淅川沟湾遗址为例》
指导教师：靳松安　崔天兴　樊温泉
刘海彦：《驻马店张楼遗址考古报告》
指导教师：崔天兴　魏兴涛
王　雪：《中原地区夏代族群迁徙研究》
张明明：《郑州商城城墙建筑结构研究》
张新耀：《郑州商城白家庄期遗存分析》
指导教师：张国硕　贾连敏
刘明明：《登封南洼人骨研究》

指导教师：赵海洲　周亚威　顾万发
　张娇娇：《商至西周玉人研究》
　田　帅：《西周墓葬出土青铜明器研究》
指导教师：郜向平　杨文胜
　陈　娟：《郑州西北郊两周时期制陶工业研究》
指导教师：郜向平　崔天兴　顾万发
　刘明辉：《两周时期组玉佩初步研究》
指导教师：王　琳　李素婷
　缪雪燕：《田野考古数字化实践与思考——以官庄遗址为例》
指导教师：惠夕平　李　健
　任翠霞：《新郑铁岭东周墓地青铜器研究》
指导教师：姚智辉　刘海旺
　余云祥：《南阳盆地春秋铜器墓初步研究》
指导教师：韩国河　崔本信
　陈南南：《韩都宜阳故城调查与发掘简报》
指导教师：张国硕　史家珍
　郭玉亭：《平顶山应国墓地出土青铜器铭文的整理与研究》
指导教师：王建军　贾连敏
　夏琳瑜：《卢舍那佛形态研究》
指导教师：李　锋　张志清
　王　宇：《大遗址保护利用探讨——郑州商城遗址保护与利用》
　刘秀娟：《洛阳地区博物馆公共服务能力现状调查》
　杨晓燕：《国内历史类博物馆藏品分类现状调查研究》
指导教师：徐　玲　武　玮

南京师范大学社会发展学院文物与博物馆学系

专业方向：旧石器时代考古
　李婷婷：《良渚文化祭坛与高台墓地研究》
指导教师：王根富

专业方向：历史时期考古
　肖剑波：《两周秦汉玉覆面研究》
指导教师：陈声波
　张啸宇：《明〈南京东城疏通河渠碑〉〈有司官赴任仪注碑〉研究》
指导教师：王志高

文物与博物馆专业硕士
　史　可：《江苏国家级传统村落保护研究》
　陶　冶：《昆山博物馆基本陈列文本设计》
　刘建红：《中国重要农业文化遗产的保护利用研究》

孙建平：《见证农村社会变革发展的轨迹——中国名村与博物馆研究》
指导教师：周裕兴
虞金永：《安徽马鞍山“天子坟”孙吴墓的发掘及初步认识——以墓葬形制结构为重点》
陈　梅：《人工讲解在南京地区博物馆展览中应用现状的调查与分析》
张梦涵：《论展板、说明牌在现代博物馆中的运用——以南京地区博物馆为例》
钱　茜：《试论区县级博物馆生存现状与发展方向——以南京地区为例》
指导教师：王志高
向贤彪：《景德镇明清御窑遗址的保护》
仲崇文：《考古与大众传媒合作方式探究——以曹操墓和海昏侯墓为例》
潘园园：《安徽省淮南市钱郢孜墓地发掘与研究》
陈　晗：《南京白局的保护与传承研究》
指导教师：王根富
彭国放：《霍山黄芽传统制作工艺的传承和保护》
丁　婷：《南京金箔传统锻制技艺的保护与传承研究》
方　玲：《对博物馆入境展览的探析——以南京博物院“法老·王”展览为例》
指导教师：陈声波

厦门大学人文学院历史系考古专业

专业方向：史前考古
桑佳旻：《早期河姆渡文化的社会考古学观察——以河姆渡遗址为例》
指导教师：张闻捷

专业方向：汉代考古
傅欣荣：《汉代用鼎制度研究》
指导教师：张闻捷

文物与博物馆专业硕士
专业方向：汉代考古
李双君：《江西南昌汉代海昏侯墓出土玉器》
指导教师：蔡保全

专业方向：科技考古
王　锐：《葫芦山遗址原始瓷主成分分析及相关问题研究》
指导教师：葛　威

专业方向：博物馆与文化遗产
李　宁：《日本九州地区出土弥生时期青铜器的整理与研究》
指导教师：张闻捷
王　珍：《唐代中后期扬州坊市制度的变迁》

指导教师：毛　蕾

牛　凯：《明代川陕边境茶马贸易地理初探》

指导教师：李智君

谢晓东：《海洋史视角下的明代“倭寇”研究——以乐清为中心》

指导教师：林　枫

张志华：《明清时期的闽江航运与河道社会》

指导教师：水海刚

王小燕：《明清山东士大夫的礼俗观及其困惑——以赵执信〈礼俗权衡〉为中心》

指导教师：饶伟新

康　茜：《清代福建食盐运销制度研究——以盐商、盐馆、渔船配盐为视角》

指导教师：张　侃

温观寿：《清代外销欧美漆器初探》

李　蜜：《关于我国人文艺术类高校博物馆宣教工作的思考和建议》

指导教师：刘　淼

中山大学社会学与人类学学院人类学系考古专业

专业方向：考古学及博物馆学

强玉为：《丹江流域西周时期遗存与早期楚文化的探索》

指导教师：王　宏

文物与博物馆专业硕士

张　萍：《铜石岭遗址的调查与初步研究》

指导教师：郑君雷

任华利：《铜鼓船纹研究》

罗雪菱：《以梦为鹿——欧亚草原早期装饰艺术中鹿的图像及其内涵研究》

指导教师：谭玉华

张　晨：《中古时期骆驼图像研究》

赵　静：《“事死如事生”与“生死异路”——基于临沂吴白庄汉画像石墓的个案研究》

指导教师：姚崇新

冯　爽：《试论三峡地区唐宋时期的借室葬现象》

张馨心：《北宋时期西村窑与耀州窑的对比研究》

指导教师：王　宏

周　磾：《岭南地区宋墓初探》

指导教师：刘文锁

张　婵：《清代通草水彩画的颜料与纸张材料研究——以鸦片战争博物馆馆藏为例》

万嘉丽：《海岱地区白陶之工艺初探》

指导教师：朱铁权

刘　凡：《建筑遗产活化利用初探——穗港典型案例比较研究》

宁立群：《全球化背景下的庙会重构现象研究——以南海神庙波罗诞为例》
指导教师：郭立新
江　南：《侨乡妇女的日常生活：以五邑银信为中心的考察》
指导教师：李宁利

武汉大学历史学院考古学系

专业方向：旧石器时代考古
周玉端：《柳州白莲洞遗址石器工业的技术分析》
指导教师：李英华

专业方向：新石器时代考古
赵冰竹：《油子岭文化研究》
指导教师：余西云

专业方向：商周考古
刘晓宇：《中商文化石器青铜容器研究》
廖　航：《试论东周时期江汉平原西部楚国势力的变迁》
指导教师：张昌平

专业方向：秦汉考古
赵路花：《汉画像石庖厨图研究》
指导教师：徐承泰

专业方向：宋元考古
宋若虹：《萧县欧盘窑址初步研究》
指导教师：贺世伟

专业方向：文物与博物馆学
郭长江：《曾国陶器研究》
瞿　磊：《楚墓殉人研究》
指导教师：张昌平
卫扬波：《随州叶家山西周曾国墓地出土青铜器保护修复研究》
指导教师：李清临
魏　兵：《河南济源泗涧墓地研究》
指导教师：徐承泰
戴晓萌：《北朝至隋唐时期入华粟特人汉化进程初探——以墓葬为中心》
周昱岐：《唐代石窟中阿弥陀佛的胁侍菩萨造像研究——以龙门石窟为中心》
钱　程：《中原地区唐墓出土玉器初探》
指导教师：王　然
方淑秀：《巩义黄冶窑出土隋唐时期陶瓷初步探究》

朱彭芳:《北京龙泉务窑初步探究》
指导教师:贺世伟

南开大学历史学院
专业方向:陶瓷考古
刘梦诗:《北朝瓷器研究》
指导教师:刘 毅
张傲丽:《江西地区隋唐五代墓葬出土瓷器研究》
指导教师:袁胜文

专业方向:中国古代建筑
张译匀:《天津市古建筑现状调查与相关问题研究》
指导教师:贾洪波

文物与博物馆学专业硕士
专业方向:新石器时代考古与物质文化研究
冯家祺:《西北地区青铜时代装饰品的初步研究》
指导教师:陈 畅 杨文胜(校外导师)

专业方向:先秦考古与物质文化研究
郑月竹:《内蒙古地区先秦墓葬出土人体装饰品研究》
指导教师:陈 畅 任伟(校外导师)

专业方向:夏商周考古与物质文化研究
焦韵博:《鲁南地区商文化墓葬研究》
指导教师:贾洪波 任 伟(校外导师)
骆 艳:《殷商西周墓道研究》
指导教师:贾洪波 杨文胜(校外导师)

专业方向:秦汉考古与物质文化研究
梁依倩:《西安及周边地区秦汉遗址类博物馆的初步研究》
指导教师:刘尊志 张卫星(校外导师)
杨本硕:《山东地区汉画像石中的庖厨图像研究》
李世龙:《汉代三河地区墓葬出土陶塑动物研究》
指导教师:刘尊志 张翔宇(校外导师)

专业方向:陶瓷考古
陆佳钱:《北宋龙泉窑瓷器研究》
指导教师:袁胜文 沈岳明(校外导师)
罗雅曼:《宋元磁州窑装饰中的动物题材研究》

指导教师：刘　毅　唐俊杰（校外导师）
　强　婷：《综合类博物馆陶瓷陈列研究——以天津博物馆为例》
指导教师：刘　毅　陈　卓（校外导师）

专业方向：文化遗产
　李俊娜：《非物质文化遗产传承与开发的对策研究——以抚顺铜瓷技艺为例》
指导教师：袁胜文　张文江（校外导师）

专业方向：中国古代陵墓
　张晓虹：《明十三陵等级因素分析》
指导教师：刘　毅　徐长青（校外导师）

专业方向：中国古代建筑
　张日月：《历史文化名村窦庄村保护开发中居民参与问题的调查与研究》
指导教师：贾洪波　万全文（校外导师）

专业方向：博物馆理论与实践
　冯　璐：《数字媒体技术在天津地区博物馆宣传教育工作中的应用与使用情况调查报告》
指导教师：黄春雨　陈　卓（校外导师）

复旦大学文物与博物馆学系

专业方向：考古学
　张高扬：《商贵族葬俗现象探究——以殷墟商墓青铜器摆放位置为视角》
　许超琪：《北宋宫廷收藏演变研究》
指导教师：朱顺龙
　张　萌：《南宋龙泉大窑地区青瓷与瓷土的 PIXE 研究》
指导教师：陈　淳
　尹恩珠：《宋金时期中国白瓷研究——以韩国与日本出土中国白瓷为中心》
指导教师：刘朝晖
　尚广超：《博物馆捐赠文物的考古学定位研究——以复旦大学藏蔡侯器为例》
指导教师：吕　静

专业方向：文物与博物馆学
　高　丹：《战国秦汉漆器人物纹考察》
　张　蒙：《战国至南北朝时期屏风的考察》
指导教师：吕　静
　卞伟红：《景德镇御器（窑）厂出土明晚期至清初期青花瓷研究——基于 2014 年考古发掘新资料》
指导教师：刘朝晖

程　骥：《吉州窑陶瓷刻划花装饰艺术研究》
胡媛媛：《清代雍正朝赏赐用瓷研究》
李　骁：《清代陶瓷学研究成果考略》
梅一帆：《乾隆宫廷收藏制度研究》
指导教师：朱顺龙
黄　艳：《新型树脂材料在瓷器修复中的应用研究》
指导教师：陈　刚
曹可硕：《贵州印江传统手工造纸业的历史变迁》
何阳斌：《贵州合水白皮纸传承模式研究——以印江县合水镇兴旺村为例》
指导教师：杜晓帆
韩吉婕：《我国博物馆艺术类展览文字说明的研究》
刘荣荣：《我国博物馆公共服务的发展对策研究》
周　天：《艺术类博物馆成人教育项目发展对策研究》
指导教师：郑　奕
姜泽瑞：《公众考古报刊研究》
谢　珂：《中国公众考古新媒体研究》
指导教师：高蒙河
钱茜盈：《济宁市博物馆展览文本设计方案》
孙惟伦：《阜阳博物馆基本陈列展览内容设计方案》
指导教师：陆建松

北京联合大学应用文理学院
专业方向：旧石器考古和古人类学
郭迎亚：《湖北省郧县韩家洲旧石器时代遗址石制品研究》
指导教师：冯小波

专业方向：新石器商周考古
刘佳月：《豫中地区新石器时代中晚期文化研究》
乔　婧：《仰韶文化庙底沟式彩陶的空间分布研究》
指导教师：韩建业
王晓光：《中原和江汉地区龙山时代生业经济比较研究》
指导教师：韩建业　张俊娜
高峤朕：《成都老官山汉墓〈医马书〉的释读及初步研究》
指导教师：武家璧　韩建业

专业方向：汉唐宋元考古
陈琳旭：《北京地区唐辽金元墓壁画研究》
彭　媛：《北京地区辽金时期火葬墓研究》
指导教师：陈悦新

专业方向：文化遗产保护与科技考古

汪　洋：《古建筑灰浆流失现象的分析研究》

岳嘉蕾：《山西太原地区寺观塑像壁画病害调查及分析》

王亚红：《固原北周至隋唐墓葬壁画揭取及修复研究》

指导教师：冯小波　周双林

专业方向：文化遗产数字化

于觐诚：《服务于中国古代绘画数字化展示的特征提取研究》

孙　湄：《基于特征提取的瓷器数据库设计——以宋代五大名窑为例》

指导教师：韩建业　王　辉

中央民族大学民族学与社会学学院考古学系

专业方向：考古学

贾贯峰：《试论长江中游新石器时代白陶的区域特征》

指导教师：杨　楠

金尼洋：《我国边疆地区早期火葬现象试析》

指导教师：肖小勇　朱　萍

冯雨程：《皖南周代青铜器文化因素与区域特征研究》

指导教师：马　赛

专业方向：文化遗产保护

梁梦雅：《辽代碑志与哀册中的契丹女性探讨》

朱亚丽：《明代陕西地区墓葬研究》

指导教师：刘连香

辛　岩：《金代家族墓研究》

指导教师：戴成萍

专业方向：出土文献研究

李　亮：《五代宋初洛阳乡里村坊及乡里制度——以墓志为中心》

指导教师：张铭心

文物与博物馆学专业硕士

专业方向：考古学

史晓贞：《仰韶文化“人面鱼纹”研究的学术史考察》

指导教师：杨　楠　孙国平

李开广：《大王岩岩画及其文化内涵》

张傅城：《“形意两忘”——滇桂地区蹲式人形岩画的形式与意涵回溯》

杨　咏：《花山岩画羊角钮钟图像探讨》

指导教师：张亚莎　李　彤

薛加友：《川渝地区商周青铜钟、铃研究》

指导教师：马　赛　孙周勇
马黎夏天：《伏羲女娲图像研究》
指导教师：肖小勇　杨　林
边雨田：《佉卢文书所见鄯善国税收制度》
指导教师：肖小勇　刘建国
郑林声：《论河北邺城遗址北吴庄佛教造像埋藏坑出土的背屏式佛像》
指导教师：篠原典生　朱岩石
张　娓：《云冈石窟第三期中型石窟佛龛研究》
指导教师：篠原典生　朱岩石
张　杰：《辽上京地区墓葬壁画的图像学研究》
指导教师：肖小勇　李文瑛

专业方向：文物学
王　玉：《陶明器所见汉代建筑屋顶形制》
黄　怡：《明清襄阳城空间复原研究》
指导教师：张薇薇　张　荣
范雪颜：《东魏北齐墓志所见丧葬习俗》
指导教师：张铭心　李彩萍
余　越：《邺城地区东魏北齐镇墓俑研究》
指导教师：戴成萍　朱岩石
韩　放：《俄罗斯艾尔米塔什博物馆藏龟兹文物调查》
指导教师：戴成萍　赵　莉
马梓童：《〈如意宝树佛本生计〉唐卡初步研究》
指导教师：戴成萍　刘　军
倪文丽：《五代十国墓志铭文所见女性理想形象》
指导教师：张铭心　们发延
胡　博：《青瓷莲花尊功能探讨》
指导教师：戴成萍　胡国强
王今美：《辽代契丹人凤纹探析》
指导教师：卡丽娜　祁庆国
黄　凯：《以纸为生：龙上寨手工造纸技艺探析》
指导教师：卡丽娜　们发延
卓　格：《馆藏中国少数民族织锦的保护与开发利用》
指导教师：祁春英　刘　军
周昀若：《彝族童帽纹饰及其文化内涵》
指导教师：祁春英　们发延

专业方向：博物馆学
郭笑微：《青铜时代至早期铁器时代哈密盆地区葬俗研究》
指导教师：朱　萍　冯　好

刘　媛：《扬州唐代墓志研究》
指导教师：刘连香　黄　琛
雷心瑶：《唐代壁画珍品馆观众结构研究》
张佳乐：《地方感的表征与建构：临汾会馆的博物馆化实践研究》
指导教师：潘守永　黄　琛
杨婉铮：《北京地区名人故居博物馆公众服务试析》
指导教师：朱　萍　安来顺
李尚乘：《首都博物馆藏品数字化的实践研究》
指导教师：潘守永　祁庆国

专业方向：文物保护
詹常亮：《木材阻力仪在饱水木构件保护中的应用研究》
指导教师：袁凯铮　成　倩
赵紫轩：《张家界市博物馆“漆古”铜镜保护修复研究》
指导教师：马赞峰　梁宏刚
王　灏：《云冈石窟水盐运移与风化程度的相关性研究》
指导教师：马赞峰　郭　宏
王焕君：《基于三维重建技术的云冈石窟砂岩风化剥落病害研究》
指导教师：马赞峰　刘建国
王亚雯：《北京地区近现代革命文物的保存现状调查与研究》
指导教师：袁凯铮　黄　琛

首都师范大学历史学院考古系
专业方向：新石器时代考古
金慧子：《辽东半岛先秦时期石构墓研究》
尤培培：《试论公元前三千年前后淮河上游与邻近地区的互动关系》
李　磊：《陶寺文化与老虎山文化的关系》
指导教师：袁广阔

专业方向：夏商周考古
席　乐：《传统与变革——郑州地区二里头文化向二里岗文化的转变》
指导教师：朱光华

专业方向：文物修复与保护
解天龙：《江西墎墩汉墓陪葬车马坑出土当卢的综合研究与数字化保护》
指导教师：钱益汇　李存信

专业方向：出土文献学
杨　茜：《北大汉简〈妄稽〉研究》
刘梦娇：《秦汉户赋研究》

指导教师：刘乐贤

文物与博物馆专业硕士

专业方向：中国考古

闫　龙：《试论淮河流域新时期时代的狗牲遗存》

指导教师：王　涛

房　鑫：《性别视角下中原地区西周时期玉器等级与用玉制度研究》

指导教师：钱益汇

陈　晖：《“燕云”地区金元墓葬研究》

指导教师：袁　泉

底亚昆：《秦出土文物中的地名资料编年集释》

苗润洁：《汉代简牍中匈奴和羌史料整理研究》

辛　婷：《宋金元时期墓葬中的榜题、题记研究》

曹　羽：《新中国钱币著录问题初探》

指导教师：后晓荣

专业方向：科技考古

范潇漫：《河南新郑唐户遗址制陶工艺初步分析》

指导教师：王　涛

专业方向：艺术考古

范　炜：《敦煌北朝时期飞天图像西源东流初探》

指导教师：欧阳启名

专业方向：文物鉴定

王语嫣：《史前至汉代象牙及象牙制品的考古发现与研究》

指导教师：朱光华

专业方向：文化遗产学

申　珅：《文化遗产的电视综艺表达及应用性研究》

指导教师：袁广阔

陈美希：《天津近代历史文化街区保护与利用的研究》

指导教师：袁　泉

白彦伟：《大同市历史文化名城保护现状与策略探究》

指导教师：钱益汇

戴秋林：《元明清北京文庙祭祀制度研究》

田相凤：《明清北京历代帝王庙祭祀制度研究》

秦友会：《明代奉先殿及其礼制研究》

李志新：《清代雍和宫祭祀制度研究》

蔡丽丽：《北京王府和德国巴伐利亚州城堡对比研究》

指导教师：郗志群

纪露海：《北京皮影制作工艺研究》

郑维丽：《非物质文化遗产视野下的泰山石敢当文化研究》

指导教师：马保春

潘景林：《1900～1937 年北京文物保护事业研究》

罗 佳：《北京地区辽金壁画墓研究》

指导教师：宋卫忠

专业方向：博物馆学

朱生辉：《中国民族类博物馆现状与趋势》

吴宝林：《试论移动互联网思维与博物馆应用》

王帅帅：《基于博物馆交互设计的社区型 APP 探究》

张国文：《试论近代中日博物馆的发展与差异》

指导教师：钱益汇

崔 沛：《关于博物馆文化创意产品"走出去"的设想》

指导教师：朱光华

中国人民大学历史学院考古文博系

专业方向：考古学及博物馆学

于晓婷：《丁村遗址群大三棱尖状器研究》

指导教师：陈胜前

孟燕云：《中国东北地区新石器时代至早期铁器时代猪文化的考古学研究》

程小雪：《纪录片在文化遗产保护与传播中的作用研究——以元上都申遗为例》

指导教师：魏 坚

贺晓霞：《内蒙古中南部地区先秦时期经济形态研究——以生产工具和动物遗存为中心》

指导教师：魏 坚 韩建业

王红博：《花边鬲谱系研究》

金俊烨（Kim Junyeop）：《韩国首尔市国立博物馆儿童教育现状调查研究》

指导教师：吕学明

魏 镇：《东汉墓地地面建筑研究》

刘 玲：《长江下游地区六朝文字砖的考古学研究》

指导教师：李梅田

张 骅：《清凉山万佛洞题记考析》

指导教师：魏 坚 李梅田

胡 琪：《北宋—西夏时期延安北部城寨遗址研究》

指导教师：魏 坚 刘 未

刘明可：《宋金墓葬中的"鹿衔草"图像研究》

指导教师：李梅田 刘 未

蔺艳丽：《金代铜镜研究》

张婷婷：《历史文化遗产的开发利用研究——以延安宝塔山、清凉山两景区为中心》
指导教师：魏　坚　王晓琨
杨　娟：《延安出土的明代墓志研究》
指导教师：魏　坚　陈晓露
刘雅洁：《鼓动延安——延安“鼓”文物与非物质文化遗产研究》
指导教师：李梅田　王晓琨
尼玛巴图（Nyambat Myagmarbaatar）：《蒙古国阿尔根高则高尔墓地考古学研究》
指导教师：魏　坚　奥德巴托尔

西南民族大学旅游与历史文化学院文物与博物馆系

专业方向：汉唐考古
王　杰：《高昌平灭前后的汉族移民及其郡望观念研究——以吐鲁番出土砖志为例证》
钮珊珊：《陕西地区汉唐时期铺首衔环及其相关问题的研究》
指导教师：乔　栋

专业方向：文化遗产与博物馆
杨　雪：《茂县营盘山石棺葬研究》
指导教师：杨　明
吴文静：《赫章可乐遗址出土剑研究》
指导教师：王建华

辽宁师范大学历史文化旅游学院文物与博物馆学系

专业方向：考古学
赵美涵：《辽东半岛地区新石器时代至青铜时代农业生产与发展》
赵海莉：《冀东北新石器至青铜时代生业研究》
刘兆霖：《小珠山三期文化研究》
艾廷一：《辽东半岛青铜时代海事活动研究》
指导教师：徐昭峰
张思祺：《那斯台遗址性质及其出土遗物研究》
付珈嘉：《大凌河流域红山文化祭祀遗存方式研究》
指导教师：雷广臻
刘安然：《牛河梁第二地点一号冢及其玉器研究》
张桂元：《牛河梁遗址第五地点研究》
指导教师：田广林
王萃玉：《辽海地区战国货币地理研究》
赵　鹏：《辽宁建昌东大杖子墓地研究》
指导教师：张德良
唐子尧：《辽南地区汉代砖室墓探析》

指导教师：刘俊勇

专业方向：文物与博物馆学
胡　静：《中华文明起源视角下的红山文化与良渚文化比较研究》
指导教师：雷广臻

专业方向：非物质文化遗产
王张峰：《濮阳地区非物质文化遗产保护与传承研究》
指导教师：王凯旋

重庆师范大学历史与社会学院考古文博系
专业方向：区域考古与历史文化
高　芮：《海岱地区史前社会与早期文明进程研究》
指导教师：刘俊男
梁有骏：《峡江地区两周时期社会生态的考古学观察——以墓葬资料为基础》
指导教师：杨　华
张慧妮：《峡江地区汉魏六朝时期墓砖研究》
指导教师：蒋　刚

专业方向：先秦考古
封世雄：《中国出土东周时期绿松石器研究》
指导教师：袁艳玲

专业方向：动物考古
王照魁：《旧石器时代动物考古学初探》
指导教师：武仙竹

专业方向：博物馆学
马　骏：《重庆市大渡口区博物馆建设研究》
指导教师：邓　晓

文物与博物馆专业硕士
专业方向：区域历史文化研究
刘金萍：《长江中下游地区方形多间连房初探》
何世坤：《古埃及地区史前社会与早期文明进程研究》
指导教师：刘俊男

专业方向：文物研究
王丽娜：《子犯编钟集注与释义》
指导教师：孔令远

植慧敏：《楚国铜镜初探——以湖北、湖南地区出土的铜镜为例》
指导教师：袁艳玲
周丽华：《三峡地区汉至两晋时期陶楼明器的初步研究》
指导教师：杨　华

专业方向：文化遗产保护
侯　能：《纳米 SiO_2 在大足石刻石质文物加固中的应用研究》
高　宵：《对巫山龙门口墓地发掘的东汉弦纹铺首铜鉴的科技分析与修复》
指导教师：郑利平
牟林霞：《湖北利川鱼木寨古民居与古墓葬调查报告》
何晨瑕：《重庆石柱西沱云梯街古建筑调查报告》
指导教师：蒋　刚
夏时贤：《梁平竹帘制作工艺传承问题的调查报告》
指导教师：武仙竹

专业方向：博物馆学
崔明昌：《重庆自然博物馆科普调查研究》
指导教师：邓　晓

东北师范大学历史文化学院考古系
王　玮：《长吉地区西团山文化生产工具研究》
指导教师：傅佳欣
陈　园：《西周车马器埋葬的区域特点研究》
指导教师：张礼艳
唐玉婷：《东北地区辽墓壁画中的车马出行图研究》
李桐熙：《利用乡土资源对中学生文化遗产保护意识的教育研究——以伪满皇宫为例》
指导教师：孙力楠
李　拓：《东北地区近代女真民居建筑形制研究》
指导教师：傅佳欣

文物与博物馆专业硕士
尹梁媛：《新石器时代玉人研究》
指导教师：唐晓轩
郭禹池：《东北地区出土青铜兵器研究》
祝艺丹：《齐国与鲁国墓葬比较研究》
周纪娜：《东周时期北方文化带服饰品研究》
杨　洋：《赤峰市喀喇沁亲王府现状及开发策略研究》
指导教师：张礼艳
张　洁：《南阳地区汉墓出土射猎图像研究》

肖　宇：《重庆地区汉代镇墓兽研究》
指导教师：汤志彪
董庆玲：《北朝墓葬壁画与集安高句丽墓葬壁画的比较研究》
赵　宇：《渤海国境内“朝贡道”陆路段考析》
张思一：《鞍山台町建筑群保护与利用研究》
指导教师：傅佳欣
张　薇：《辽宁地区出土辽代青白瓷器研究》
指导教师：唐晓轩
陈雪龙：《河南金元木构建筑保护与利用研究》
孟　盼：《中国近代山东地区基督宗教教堂的形式变化研究》
崔　暖：《乡村博物馆相关问题研究——以吉林省为例》
指导教师：孙力楠
张艺燃：《长春宽城子铁路附属地文物建筑研究与保护》
指导教师：张　微
闫德弘：《包头市梅力更召的调查与保护研究》
王艳艳：《山西白碧关村的现状及保护策略》
指导教师：余　静
卜佳琦：《历史街区视角下的工业遗产保护与利用——以长春第一汽车制造厂为例》
刘　瀛：《黑陶类工艺的保护与发展——以绥棱黑陶制作技艺的保护传承与发展为例》
指导教师：王义学

辽宁大学历史学院考古学系
专业方向：秦汉至元明清考古
徐　博：《辽宁明代堡城研究》
指导教师：陈　山

专业方向：文化遗产与博物馆
金景玲：《查海遗址博物馆展陈设计实践》
指导教师：张星德
高志鹏：《文化遗产视野下的新乐遗址展示问题与对策研究》
指导教师：华玉冰

黑龙江大学历史文化旅游学院
专业方向：北方考古
韩　峰：《东北地区史前叉鱼工具研究》
指导教师：王乐文
于国佳：《我国境内金代墓葬出土饰品研究》
指导教师：石　岩

专业方向：北方非物质文化遗产与艺术研究
周　维：《黑龙江少数民族传统服饰造型及其审美特征探究》
指导教师：余　雁

中国科学技术大学人文与社会科学学院科技史与科技考古系

专业方向：植物考古
禤华丽：《安徽 7.0 ~ 5.0Ka BP 古人类植物性食物资源利用及南北区域差异的淀粉粒分析》
指导教师：张居中　杨玉璋

云南大学历史与档案学院历史系

文物与博物馆专业硕士
张琳杉：《大理州境内的新石器文化研究》
王毓川：《南诏大理国时期阿閦佛造像研究》
曾永佳：《云南建水陶烟斗研究》
指导教师：赵　美
沈修香：《云南沧源崖画保护研究》
冯秀琦：《云南建水窑与玉溪窑青花瓷的研究》
潘　娇：《云南省博物馆展陈文物防震保护研究》
邢　彬：《吴式芬故居保护的研究》
指导教师：刘　强
刘媛媛：《后岗二期文化发展阶段及其与周邻文化的关系研究——以陶器为中心》
王英健：《拓跋鲜卑民族博物馆展陈设计初探》
指导教师：何　强
张建飞：《云南青铜时代杖及杖首研究》
苏　醒：《农村中小学生的博物馆教育研究》
钟楚宇：《南方丝绸之路云南段的线性遗产保护研究——以西线为中心》
赵　璇：《云南大学历史系专题展总体设计方案》
指导教师：陈　果
田　蕊：《关中平原唐墓壁画题材研究》
指导教师：韩　杰
张瑀珂：《昆明东西寺塔初探》
指导教师：王　璞
宋　佳：《安宁法华寺石窟造像研究》
指导教师：街顺宝
杨雪梅：《云南少数民族传统农具研究》
秦文丽：《云南少数民族生态博物馆研究》
指导教师：李安民

杨　爽：《昆明西山文化景观研究》
指导教师：张轲风
曾宗宾：《人物纪念馆内容设计研究——以昆明闻一多纪念馆为例》
指导教师：李东红

2017 年毕业的博士研究生

北京大学考古文博学院

专业方向：旧石器时代考古

林　壹：《方家沟遗址的石器生产和遗址形成过程研究》

指导教师：王幼平

专业方向：新石器及夏商周考古

蒋宇超：《龙山时代北方地区的农业与社会》

指导教师：赵　辉

裘炫俊：《东周时期燕文化的扩张与东北地区文化的变迁》

指导教师：徐天进

专业方向：汉唐考古

崔菊姬：《汉唐香具研究》

林崇诚：《明代金银器与社会生活研究》

指导教师：齐东方

潘　攀：《汉代神兽图像研究》

指导教师：赵化成

专业方向：陶瓷考古

李　鑫：《早期白瓷的考古学研究》

翁彦俊：《景德镇落马桥窑址宋元遗存的分期研究》

指导教师：秦大树

出站的博士后

专业方向：新石器及夏商周考古

马志坤：《江西万年仙人洞和吊桶环遗址早期植物利用：来自淀粉粒和植硅体的证据》

指导教师：张　弛　秦　岭

杨　博：《西周封国青铜器研究》

指导教师：雷兴山

裴书研：《晋国青铜器研究》

指导教师：徐天进

专业方向：科技考古

郁永彬：《彩陶手工业技术与社会：以大溪文化彩陶研究为例》

指导教师：吴小红

吉林大学文学院考古学及博物馆学

专业方向：旧石器时代考古

万晨晨：《水帘洞遗址石制品研究》

指导教师：陈全家

专业方向：石器时代与青铜时代考古

丁风雅：《中国北方地区公元前5000年以前新石器文化的时空框架与谱系格局研究》

指导教师：赵宾福

专业方向：战国秦汉考古

王　震：《中央集权国家形成的考古学观察——以中原地区东周时期墓葬为中心》

向明文：《巴蜀古史的考古学观察 ——以东周秦汉时期巴蜀文化墓葬为中心》

韦伟燕：《越南境内汉墓的考古学研究》

指导教师：滕铭予

专业方向：魏晋隋唐高句丽渤海考古

吴珍锡：《三燕文化及其与高句丽、朝鲜半岛南部诸国文化交流的考古学研究》

指导教师：王培新

专业方向：体质人类学

侯　侃：《山西榆次高校园区先秦墓葬人骨研究》

指导教师：朱　泓

山东大学历史文化学院考古学系

专业方向：商周考古

魏泽华：《晚商时期晋陕黄土高原地区的聚落与社会——以铜器为中心》

指导教师：方　辉

专业方向：美术考古

高继习：《中国古代舍利地宫形制研究》

李　静：《南宋禅宗绘画研究》

指导教师：崔大庸

西北大学文化遗产学院

专业方向：秦汉考古

同杨阳：《明代长城防御体系与农牧互动关系研究》
指导教师：段清波

专业方向：文化遗产管理
张译丹：《中国古代都城空间格局演化研究》
指导教师：李颖科　段清波
石群峰：《传媒遗产研究》
指导教师：李颖科　赵丛苍
李大伟：《明长城防御体系与价值研究》
指导教师：葛承雍　段清波
丁晓雯：《我国非国有博物馆发展困境及出路研究》
指导教师：徐卫民

四川大学历史文化学院考古学系
专业方向：秦汉至元明考古
熊昭明：《汉代海上丝绸之路的考古学研究——以合浦港为中心》
索德浩：《四川汉墓研究》
赵　兰：《四川地区宋代画像石室墓研究》
指导教师：霍　巍
葛林杰：《追求三代与师法汉唐——考古发现宋代复古器物研究》
指导教师：白　彬
李　飞：《播州杨氏羁縻土司墓葬研究》
指导教师：罗二虎

专业方向：美术考古
吕千云：《两汉院落陶模型明器的考古学研究》
指导教师：罗二虎
赵其望：《魏晋南北朝隋唐服饰中的西方文化因素》
指导教师：霍　巍

专业方向：文物学与艺术史
陈　成：《宋代规鉴图研究——两宋王朝的政治文化与艺术表达》
易　欣：《两宋时期考古艺术中的儿童世界》
李　帅：《以文治边：文物考古视瞰下明朝对西藏的经略》
指导教师：霍　巍

郑州大学历史学院考古系
专业方向：夏商周考古
汤洁娟：《中原地区两周手工业遗存研究》
指导教师：张国硕

专业方向：秦汉考古
　刘海旺：《汉代农耕聚落考古学研究》
　张鸿亮：《洛阳地区汉晋墓研究》
指导教师：韩国河

出站的博士后
　陈　博：《GIS 支持下的汉帝国城市体系研究》
合作导师：韩国河

南京师范大学社会发展学院文物与博物馆学系
专业方向：新石器时代考古
　俞方洁：《横断山区新石器文化格局及其与周边地区文化互动研究》
指导教师：汤惠生

专业方向：历史时期考古
　吕　健：《汉代封泥的考古学研究》
指导教师：裴安平

中山大学社会学与人类学学院人类学系考古专业
专业方向：考古学及博物馆学
　金海旺：《淮河流域西汉中小型墓葬研究》
指导教师：郑君雷
　张　弛：《公元前一千纪新疆伊犁河谷墓葬的考古学研究》
指导教师：刘文锁

武汉大学历史学院考古学系
专业方向：新石器时代考古
　李默然：《淅川马岭遗址后冈一期文化聚落与社会》
指导教师：余西云

专业方向：商周考古
　孙　卓：《论商时期中原文化势力从南方的消退》
指导教师：张昌平

专业方向：文化遗产保护
　李长盈：《大遗址保护规划编制评价体系研究》
指导教师：张昌平　余西云

专业方向：博物馆学

张晓云：《现代公共文化服务体系视角下的县级博物馆治理研究》
指导教师：余西云

复旦大学文物与博物馆学系
专业方向：考古学及博物馆学
谢银玲：《从青铜器看吴地早期文明的进程——华夏与周边早期文明融合之研究》
指导教师：陈　淳
姜　玢：《儿童心智与能力拓展的新天地——儿童博物馆的发展与当代建设路径》
厉樱姿：《博物馆经营绩效评估指标体系设计研究》
指导教师：陆建松

专业方向：考古学
郭璐莎：《五代北宋越窑青瓷研究 ——以上虞窑寺前窑址群为例》
指导教师：陈　淳
陈力子 ：《宋元磁州窑窑业繁荣现象及其动因研究》
指导教师：朱顺龙
王太一：《北京地区明代墓葬的考古学研究》
指导教师：高蒙河
朱　峤：《将博物馆纳入青少年教育体系的制度设计研究》
张　昱：《我国博物馆职业资格认证制度研究》
朱　懿：《中国博物馆人才培养体系建设研究》
指导教师：陆建松

中国人民大学历史学院考古文博系
专业方向：北方民族考古
李雪欣：《新疆北部地区史前考古学文化研究》
指导教师：魏　坚

专业方向：文化遗产
官士刚：《京杭大运河工程技术的考古学研究——以漕仓与水闸建造为中心》
指导教师：魏　坚

出站的博士后
专业方向：中国考古
关　康：《北京地区满文碑刻研究》
指导教师：魏　坚

中国科学技术大学人文与社会科学学院科技史与科技考古系
专业方向：冶金考古
长孙樱子：《陕西出土商代冶铸遗物的科学分析与研究——兼论晚商时期的金属资源

流通网络》

汪海港：《宝鸡地区西周铜器生产和资源流通研究——以周原和㚤国为例》

李　功：《古滇国金属技术与金属资源研究》

指导教师：金正耀

第七篇

逝世考古学家

牟永抗

2017 年 2 月 10 日，浙江省文物考古研究所研究员、著名考古学家牟永抗先生因病去世，享年 83 岁。

牟永抗，浙江黄岩人，1933 年 4 月 22 日生于北平，1949 年入读黄岩中学，曾参加新民主主义青年团。1950 年 7 月参加工作。1950 年 11 月入华东革大浙江分校学习，后留校担任教育干事。1953 年 5 月，调到浙江省文物管理委员会调查组。1954 年参加“第三届考古工作人员训练班”。1962 年浙江省文物管理委员会和浙江省博物馆合署办公后并入浙江省博物馆，1980 年转入新成立的浙江省文物考古所。1988 年被评聘为研究员。1986 年当选浙江省考古学会副会长，1989 年当选为中国考古学会第三届理事会理事。

在任职的四十余年中，牟先生主持发掘了宁波南郊汉墓群、吴越国钱元瓘及次妃吴汉月墓、绍兴 306 号春秋墓。负责或主持发掘了吴兴邱城、余姚河姆渡、桐乡罗家角等遗址，以及良渚遗址群反山、瑶山显贵墓地等。从 1982 年起，牟先生陆续在北京大学历史系、中国美术学院艺术史系等讲授有关考古学专题。1990 年在香港中文大学分别以“良渚文化玉器”和“龙泉窑与官窑”为题作学术演讲。1995 年应美中学术交流委员会之邀，赴美进行了为期十个月的学术访问。1997 年应旧金山亚洲美术馆之邀，又赴美访问三个月。2006 年受聘为台南艺术大学客座教授，赴台湾讲授“史前玉器与工艺的综合考察”。牟先生主编出版了《良渚文化玉器》《中国玉器全集》（第 1 卷），公开发表的近百篇学术论文，大部分收入《牟永抗考古学文集》。

牟先生长期从事田野考古调查发掘和研究，在浙江史前考古学文化谱系的梳理与阐述、中国史前玉器及其中国文明起源的研究，以及浙江瓷窑址考古学探索等领域作出了重要的贡献，取得了一系列重要的研究成果。

早在 20 世纪 60 年代，牟先生就提出浙江北部的史前文化大体上由马家浜、崧泽、良渚组成，随着河姆渡遗址的发现和河姆渡文化的确立，至 20 世纪 70 年代末，牟先生厘清了该地区史前考古学文化的基本谱系。1977 年发表《马家浜文化和良渚文化——太湖流域原始文化的分期问题》，明确阐述了太湖流域新石器时代考古学文化的内涵及时代框架，提出太湖流域原始文化是中华民族形成过程中不可分割的重要组成部分。牟先生较早觉察到传统史学中的一元传播论及中原中心论并不符合新获取的考古资料，这在地方考古学界，非常难能可贵。

1973 年，余姚河姆渡遗址被发现，牟先生全身心地投身于河姆渡遗址的第一次发掘和整理，起草了《河姆渡遗址第一期发掘的主要收获》，并在 1977 年春主持并完成了三十余万字的《河姆渡遗址第一期发掘报告》。在《试论河姆渡文化》中，对河姆渡文化的内涵、四个文化层之间的关系，以及与马家浜文化的比较及年代问题等进行了完整的论述。在《河姆渡》报告出版后，牟先生先后发表了《秕和穗——野生稻与栽培稻的考古学读识》《河姆渡干栏式建筑的思考和探索》等，对河姆渡文化研究具有重要意义。

1981年牟先生发表《浙江新石器时代文化的初步认识》，指出太湖流域新石器时代文化区也是交流凝聚作用的中心之一，良渚文化发展水平均居同期各支古文化的前列。20世纪70年代末至80年代初，牟先生的田野工作重心开始重点转移到浙北地区，在培养本地区考古人才梯队上用心良苦，是一位当之无愧的学科带头人。1986～1987年，在良渚遗址多年田野工作的基础上，先后领导发掘了反山和瑶山，在野外操作过程中，对于埋藏层次和器物配伍之间的关系认识取得了突破性进展，在反山、瑶山显贵墓葬单元的清理和发掘成为南方地区新石器时代田野考古操作的典范。在反山、瑶山发掘后，牟先生先后发表了多篇研究论文，《良渚玉器三题》《良渚玉器上神崇拜的探索》《东方史前时期太阳崇拜的考古学观察》等，从琢玉工艺、玉器配伍和功能、成组玉器背后反映的社会组织关系和原始宗教信仰等多方面进行了深入的阐述，提出了一系列独到的见解。

随着对于史前古玉和中华文明起源进一步的探索，牟先生借用古人"玉器时代"，提出中华文明起源过程中的特殊性，《试论玉器时代——中国文明时代产生的一个重要标志》《良渚玉文化和中华文明起源研究》等一系列论著，系统阐述了中华文明的特征和玉器时代的特点，认为在中华礼仪制度形成过程中，早于青铜礼器的成组玉礼器是社会生产力提高和社会内部结构产生一系列变革的结果，是这一地区古代礼制开始成熟的重要标志，玉器时代是中华文明出现的独有特征。牟先生晚年对于史前古玉与中华文明研究又进行深入思考，《试论中国古玉的考古学研究》《东方摇篮中的奇葩——中华史前古玉研究再思考》，为揭示东亚大地文明连续性的动因提供了极大的启发。

20世纪70年代末期，牟先生主持了浙西江山南区古遗址古墓葬的调查和试掘，建立起良渚文化之后至越国时期考古学文化的初步序列，为探索印纹陶及土墩墓分期序列的系统研究，迈开了成功的第一步。对于良渚文化晚期和河姆渡文化四期之后至春秋之前的浙江境内的原始文化面貌，牟先生还提出"高祭台类型文化"，并指出要把土墩当作墓葬或与某种特定的葬俗、葬制或祭祀有关的一种遗存来认识，而且也是高祭台类型的一项重要特征，这些重要论述迄今仍具有指导意义。

早在20世纪50年代末，牟先生就开始了瓷窑址的考古调查和发掘，通过对瓯江水库吕步坑、保定等窑址的发掘，从窑床、窑具、产品和制作方法等方面入手，初步建立起龙泉窑系的发展脉络。20世纪60年代初，牟先生独立主持大窑乙区及金村窑址的发掘工作，综合两地窑床与堆积层打破、叠压关系，结合丽水纪年宋墓标本，初步建立起龙泉青瓷的年代框架谱系。

20世纪80年代初，牟先生还主持发掘了春秋晚期绍兴306号墓，对出土的铜质房屋模型所反映的建筑形式和观念形态进行了精辟的讨论，还通过对于吴越地区青铜人像纹样的考察，否定了文献中所谓的"断发文身"的记载，指出考古学的发现虽然有一定的制约，但是文献学也会受到传统史学观念的干扰，考古学与文献学是两门不同的学科，文献记载不一定都能得到考古学的验证。

牟先生从事考古工作六十余年，长期投身野外，认真对待野外作业，一切从考古材料出发，实事求是对待考古材料，同时注重方法和观念的创新，并使这些方法和观念符合考古发掘的材料。牟先生学术视野开阔，从事的领域十分广泛，学术思维活跃，引领和指导了很多领域的研究。牟先生一直以来还十分关注研究所年轻学者的学术进步、指导年轻学者的野外发掘和考古学研究。牟永抗先生是新中国成立之后浙江考古事业的开拓者和学科带头人。

（方向明）

张忠培

著名考古学家张忠培先生于2017年7月5日在北京病逝，享年83岁。

张忠培先生1934年8月5日出生于湖南省长沙市，考古学家、教育家，吉林大学考古学科创始人。曾任吉林大学教授、博士生导师、历史系主任、研究生院常务副院长、吉林大学学位评定委员会副主席、学术委员会副主任和职称评定领导小组成员、国家哲学社科规划委员会考古学科组成员、第七届全国人民代表大会代表、故宫博物院院长、学术委员会主任、故宫研究院名誉院长、中国考古学会理事长、国家文物局专家组成员、长江三峡工程验收委员会委员、南水北调工程考古专家组组长等，获吉林省和国家有突出贡献专家称号，享受国务院津贴。

张忠培先生中学期间就关心国家大事，1949年，他组织全班同学参加了要求长沙和平解放的游行，自由、民主、平等思想始植于心。1952年，他从长沙长郡中学考入北京大学考古专业。1956年，留校任教并在苏秉琦和林耀华指导下攻读“原始社会史及少数民族地区考古”副博士研究生。1961年，毕业后赴吉林大学任教。1972年，创办吉林大学考古专业。1987年，组建考古学系；同年，调任故宫博物院院长。2008年，任中国考古学会理事长。

张忠培先生主持了大量田野考古工作，发表论著200多篇（部）。他从实践上构建了中国考古学文化谱系研究、国家形成等课题的宏大体系，于理论上论述了中国考古学的基础方法、研究对象、学科局限等基本范畴，在根本上阐明了中国考古学从哪里来、走过的路、如何发展等重大问题。他发现、提出、践行了“传承、吸收、融合、创新”的文化演进规律，实事求是地揭示出古代遗存的内在联系，阐释并总结成了“文化演进论”“社会发展论”，他倡导将考古工作纳入文物保护体制中，提出了引领文物保护理念的“遗产保护论”，他导人思考、激发智慧、言传身教、甘当人梯、培养人才，形成了独具特色的“考古教育论”，他把握和尊重规律，传承发扬、不断创新，提出了指导考古学发展的“考古方法论”。他总结出了代表中国水平的田野考古工作方法，被形象地比喻为“阵地战、运动战、游击战”相结合，推进了考古学的科学化进程。

（一）张忠培先生深入田野考古第一线，坚持让材料牵着鼻子走，构建中国考古学文化谱系，提出了既符合中国具体实际，又体现人类共同规律的文化演进论。

1958～1959年，张先生参与主持了华县、渭南考古调查、试掘和发掘，发表了《华县、渭南古代遗址调查与试掘》（1980）、《元君庙仰韶墓地》（1983）、《华县泉护村》（2003）等著作。

1983年，他在《苏秉琦考古论著选集·编后记》中指出，考古学文化区系类型论的实质即考古学文化谱系论，谱系不仅具有继承、源流的含义，也存在诸文化间的交往、渗透、借用的含义。他提出了关于考古学文化区和文化结构的意见：其一，考古学文化区可分成“亲族文化区”和“历史—文化区”；其二，任何考古学文化都是不同谱系的多元结构，发展和深化了苏秉琦区系类型思想。

张忠培先生在构建考古学文化时空框架体系过程中，通过对空三足器等典型器物研究诸考古学文化的年代、源流、传播和演进，著有《黄河流域空三足器的兴起》(1997)、《客省庄文化单把鬲的研究》(2002)、《杏花文化的侧装双鋬手陶鬲》(2004)、《滹沱河上游和桑干河流域的正装鋬手鬲》(2006) 等论文。

在《中国史前时代研究的一些认识》(1999) 中，张先生指出“中石器时代”向新石器时代转化阶段存在种植农业的发明和渔猎采集经济的发展两条道路，总结出中国新石器时代以华渭、泰沂、燕山南北、江汉平原、长江下游地区为中心的五个亲族文化区和考古学文化谱系。

2011 年，他于《文化杂交：广州的过去与未来》中指出，文化演进的过程是从量变到质变的渐进，文化演进的规律是“传承、吸收、融合、创新”的文化杂交之道。2016 年，他阐述了“考古学文化的文化”的认识，为从考古学文化的演进出发探讨社会问题构建了平台。

(二) 张忠培先生始于马克思主义，对人类社会进行了“透物见人”的系统研究，以中国为中心创立了社会发展论。

1962 年，张先生发表了《关于根据半坡类型的埋葬制度探讨仰韶文化社会制度问题的商榷》。1980 年，他向中国考古学会第一次年会提交了《元君庙墓地反应的社会组织初探》。此后，他又发表了《史家村墓地的研究》(1981)、《母权制时期私有制问题的考察》(1984)、《中国父系氏族制发展阶段的考古学考察》(1987)、《黄河流域史前葬俗与社会制度》(1994) 等论文，发现了私有制产生于母权制时期，提出从母权制发展到父权制历程的认识。他认为半坡文化为母权氏族制时期，西阴文化、刘林期大汶口文化和崧泽文化为父系氏族制时期。自半坡四期文化时期起，中国腹地进入到了父权制时代。

张先生从家庭组织结构的变化和社会阶层的分化等角度思考文明起源与形成路线，从“国家是文明社会的概括”和“国之大事，在祀与戎”中作研究。他把中国文明的起源与形成过程划分四个阶段：仰韶时代的半坡四期文化及其稍后时期、龙山时代或其后段、夏商时期、西周时期。发表了《中国古代文明之形成论纲》(1997)、《窥探凌家滩墓地》(2000)、《晋陕高原及关中地区商代考古学文化结构分析》(1994)、《夏商周三代及其前期考古学的进展与前瞻》(1999)、《中国古代的文化与文明》(2001) 等论著。

张先生系统讨论了中国文明起源与形成的基本概念、判断标准、演进模式、发展道路等问题。他指出，政权组织的有无是区分文明社会和原始社会的根本界标；不能简单地以冶金术、文字、大型礼仪及宫殿建筑、城市等因素作为出发点和判定文明的标准：酋邦的产生晚于典型部落时期，无法与“氏族模式”同时对应。他提出，中国自旧、新石器时代过渡开始，萌生了采集渔猎型和农业型两类新石器时代文化，进入文明时代之后，中国仍存在农业和牧业两类文明。他阐明，中国文明经历了“神王之国—王国—帝国—党国”的道路。发表了《关于中国文明起源与形成研究的几个问题》(2002)、《文化·人物·考古》(2012 年)、《良渚文化墓地与其表述的文明社会》(2012) 等论著。

（三）张忠培先生是吉林大学考古专业的创始人和奠基者，奠定了吉林大学考古专业的学科基础，引领了考古学科的健康发展。

1972 年，张忠培先生创办了吉林大学考古专业，坚持田野考古学实践，依成才规律制订教学计划和构建教师梯队。1978 年，他筹划并召开了首届中国古文字学术研讨会，成立了中国古文字研究会。1983 年，他与于省吾、金景芳等人商议，创建古籍研究所。1986 年，他创立中国北方考古研究室，为吉林大学边疆考古研究中心前身，1987 年，他组建了吉林大学考古学系，为吉林大学考古学院前身。

张先生认为，考古专业教育不仅要把学生塑造成研究者和工作者，还要转变受教育者的头脑。他强调基础知识、技能和理论训练，使学生具有独立发现、分析和解释人、遗存、时、空四者关系中呈现出来的差异与矛盾的能力。

张先生提议国家文物局制定《田野考古工作规程》，参与指导了国家文物局主办的田野考古领队培训班。他领衔过众多全国考古工地的检查工作，为提升中国田野考古学水平发挥了重要作用。发表有《地层学与类型学的若干问题》（1982）、《研究考古学文化需要探索的几个问题》（1986）、《关于考古学研究的几个问题》（1989）等论著。

（四）张忠培先生推动了故宫博物院的科学化和规范化管理，将保护文物当作使命，提出了把考古工作纳入文物保护体制等意见。

1987 年，张忠培先生被国务院任命为故宫博物院院长。他制定了完整的保护紫禁城及其文物体系的原则，狠抓文物保护工作，着力解决破坏性开放问题，重新确定故宫保护范围，研究制订藏品编目计划等。

张先生提出，故宫博物院实行院长负责制和岗位责任制，注重人才培养和学术交流，有计划地引进大批高等院校的专业人才，实行专业技术职务任命制，编制中长远规划，确立办院方针、原则和目标，提出“平安故宫、学术故宫、完整故宫、强大故宫”的理念，为故宫博物院的发展奠定了坚实基础。

张先生主持和参与了大量文物保护、考古遗址公园建设等工作，对文物保护中遇到的问题作了由学理入法理的研究，写出了《中国大遗址保护的问题》（2008）、《对城市更新与遗产保护问题的点滴认识》（2009）、《关于建立考古遗址公园的几点意见》（2010）、《考古学与文物保护》（2015）等论著。

（五）张忠培先生推进了中国考古学和文物保护事业的发展进程。

张先生曾先后担任中国考古学会理事、常务理事、副理事长、理事长。他主张开放办会、主题办会、民主办会，把中国考古学会办成“自由人的联合体”，主导了考古学的正确走向，为中国考古学、文物保护和文化传承等作出了重大贡献。

张先生尊重学术规律，科学把握学科发展阶段，坚持真理独立思考，开放兼容反对教条，传承发扬并不断创新考古学方法论。著有《中国北方考古论文集》（1990）、《中国考古学：实践·理论·方法》（1994）、《中国考古学：走近历史真实之道》（2004）、《中国考古学：走向与推进文明的历程》（2004）、《中国考古学：走出自己的路》（2018）、《中国考古学：说出自己的话》（2018）、《中国考古学：尽到自己的心》（2018）等专著。

张先生认为做学问一定要坚持独立人格、自由思考，不搞教条主义。不做时潮中的赶浪人，要做开风气的掀浪人。他坚持三不写论文原则：不为会议写文章，不为职称写文章，不为稿费写文章。他做人做事的人生信条是：不说违心话，不做违心事。可以在缺少物质享受的情况下做学问，不可以在没有人品的条件下求生存。在关乎国家前途和民族命运的大是大非面前，他无私无畏，坚持真理，善于将磨难转化为修炼自己的机遇。

（段天璟）

第八篇

考古学文献资料目录

考古学书目

壹　总类

一　考古学通论　附：金石学

族属的考古：构建古今的身份（外国考古学研究译丛）　［英］希安·琼斯（Siaân Jones）著　陈淳、沈辛成译　上海古籍出版社　2017年4月　序、目录19页　文237页　插图8幅　16开　译自 *The Archaeology of Ethnicity, Constructing Identities in the Past and Present*, Routledge 1997

先秦城邑考古　许宏著　金城出版社、西苑出版社　2017年12月　全二册　目录、前言15页　文718页　插图378幅　16开

先秦两汉农业与乡村聚落的考古学研究　刘兴林著　文物出版社　2017年11月　序、目录14页　文336页　插图61幅　插表25幅　16开

吉林省地下文化遗产的考古发现与研究（吉林大学边疆考古研究中心重大项目系列学术著作）　赵宾福、杜战伟、郝军军、张博编著　科学出版社　2017年5月　全二册　目录19页　文892页　插图374幅　彩版10页　16开

江苏考古（2014～2015）　江苏省文物局编　刘谨胜主编　南京出版社　2017年1月　279页　16开

影响中国的镇江文物　镇江博物馆编　杨正宏主编　江苏大学出版社　2017年2月　240页　插图287幅　16开

宁波考古六十年　宁波市文物考古研究所、国家水下文化遗产保护宁波基地编著　王结华主编　故宫出版社　2017年11月　239页　插图460幅　插表23幅　16开

考古龙州　杨清平、李敏编著　广西科学技术出版社　2017年12月　148页　16开

发现长安：中国社会科学院考古研究所西安研究室成立六十周年纪念　中国社会科学院考古研究所著　中国社会科学出版社　2017年9月　367页　插图106幅　彩版395幅　16开

问学之路：考古学人访谈录Ⅲ　王巍、乔玉主编　上海古籍出版社　2017年11月　290页　照片80幅　32开

徐旭生陕西考古日记（1933年2月11日～1935年6月14日）　徐旭生著　罗宏才注释　陕西师范大学出版社　2017年8月　文154页　照片4页　书影11页　16开

盱古衡今：郑德坤教授百年诞辰纪念　邓聪主编　香港中文大学中国考古艺术研究中心　2017年2月　16开

走进考古：杨育彬回忆录　杨育彬著　科学出版社　2017年10月　422页　插图437幅　16开

禹人絮语：考古随笔集（中国社会科学院老学者文库）　王吉怀著　中国社会科学出版社　2017年5月　249页　插图208幅　16开

说说考古　陈雍著　故宫出版社　2017年6月　283页　插图167幅　16开

时空之旅：文明摇篮追踪　郭立新、郭静云、范梓浩主编　上海文化出版社　2017年7月　序、目录13页　文376页　插图354幅　16开

骨文：讲述人类遗骸背后的考古故事　［英］保罗·G. 巴恩（Paul Bahn）编　张全超、夏文静译　科学出版社　2017年12月　238页　插图250幅　16开　译自 *Wriitten in Bones, How Human Remains Un-*

lock the Secrets of the Dead

考古入坑指南　李子一编绘　上海古籍出版社　2017 年 7 月　139 页　16 开

毛凤枝金石学著作三种（金石文献丛刊）　（清）毛凤枝撰　李向菲、贾三强点校　三秦出版社　2017 年 12 月　483 页　125 页　90 页　16 开　子目 1 关中金石文字存逸考　子目 2 金石萃编补遗　子目 3 古志石华续编

补　遗

鲁东南沿海地区聚落选址与聚落变迁研究（“中原历史文化”研究丛书）　惠夕平著　科学出版社　2016 年 10 月　文 167 页　插图 29 幅　插表 32 幅　彩版 20 页　16 开

二　论文集

第二届世界考古论坛会志（上海，2015）　中国社会科学院考古研究所、上海市文物局、上海研究院、上海大学编　中国社会科学出版社　2017 年 12 月　326 页　插图 186 幅　16 开

中华之源与嵩山文明研究（第三辑）　郑州中华之源与嵩山文明研究会、河南省文物局、北京大学考古文博学院编　孙英民、任伟主编　科学出版社　2017 年 6 月　348 页　插图 103 幅　插表 14 幅　16 开

文物研究（第二十二辑）　安徽省文物考古研究所、安徽省考古学会编　李虹主编　科学出版社　2017 年 3 月　文 305 页　插图 139 幅　彩版 16 页　16 开

文物考古论集（二）　咸阳市文物考古研究所编　岳起主编　三秦出版社　2017 年 1 月　文 458 页　插图 255 幅　彩版 8 页　16 开

边疆考古研究（第 21 辑）　吉林大学边疆考古研究中心、边疆考古与中国文化认同协同创新中心编　朱泓主编　科学出版社　2017 年 6 月　文 386 页　插图 189 幅　插表 30 幅　彩版 4 页　16 开

边疆考古研究（第 22 辑）　吉林大学边疆考古研究中心、边疆考古与中国文化认同协同创新中心编　朱泓主编　科学出版社　2017 年 12 月　文 412 页　插图 170 幅　插表 47 幅　彩版 2 页　16 开

西部考古（第十三辑）　文化遗产研究与保护技术教育部重点实验室、西北大学丝绸之路文化遗产保护与考古学研究中心、边疆考古与中国文化认同协同创新中心、西北大学唐仲英文化遗产研究与保护技术实验室编　冉万里主编　科学出版社　2017 年 4 月　342 页　插图 161 幅　插表 65 幅　16 开

西部考古（第十四辑）　文化遗产研究与保护技术教育部重点实验室、西北大学丝绸之路文化遗产保护与考古学研究中心、边疆考古与中国文化认同协同创新中心、西北大学唐仲英文化遗产研究与保护技术实验室编　冉万里主编　科学出版社　2017 年 8 月　455 页　插图 240 幅　插表 38 幅　16 开

东方考古（第 14 集）　山东大学文化遗产研究院编　科学出版社　2017 年 12 月　文 365 页　插图 239 幅　插表 41 幅　彩版 8 页　16 开

北方民族考古（第四辑）　中国人民大学北方民族考古研究所、中国人民大学历史学院考古文博系编　魏坚主编　科学出版社　2017 年 9 月　文 394 页　插图 253 幅　插表 17 幅　彩版 4 页　16 开

南方民族考古（第十三辑）　四川大学博物馆、四川大学考古学系、成都文物考古研究院编　霍巍、王毅主编　科学出版社　2017 年 11 月　文 341 页　插图 222 幅　插表 10 幅　彩版 4 页　16 开

南方民族考古（第十四辑）　四川大学博物馆、四川大学考古学系、成都文物考古研究院编　霍巍、王毅主编　科学出版社　2017 年 12 月　文 313 页　插图 210 幅　插表 7 幅　彩版 28 页　16 开

南方民族考古（第十五辑）　四川大学博物馆、四川大学考古学系、成都文物考古研究院编　霍巍、王毅主编　科学出版社　2017 年 12 月　文 311 页　插图 154 幅　插表 8 幅　彩版 24 页　16 开

文化遗产研究集刊（八）　复旦大学博物馆、复旦大学文物与博物馆学系编　陈淳主编　复旦大学出版社　2017 年 12 月　439 页　插图 145 幅　插表 32 幅　32 开

文物、文献与文化：历史考古青年论集（第一辑）　王煜主编　上海古籍出版社　2017 年 10 月　340 页　插图 148 幅　插表 22 幅　16 开

考古学民族学教学与研究（第一辑）　刘再聪、胡小鹏主编　甘肃文化出版社　2017 年 6 月　416 页

插图 159 幅 插表 8 幅 16 开

山东博物馆辑刊（2016） 山东博物馆编 郭思克主编 文物出版社 2017 年 10 月 191 页 插图 238 幅 16 开

江西文博（第一辑） 江西省博物馆编 陶涛主编 江西人民出版社 2017 年 12 月 文 315 页 插图 207 幅 插表 23 幅 彩版 6 页 16 开

湖南省博物馆馆刊（第十三辑） 湖南省博物馆编 岳麓书社 2017 年 12 月 675 页 16 开

广西文博（第一辑） 广西壮族自治区文物局编 吴伟峰、蓝韶昱主编 广西人民出版社 2017 年 9 月 410 页 插图 248 幅 插表 15 幅 16 开

红河文物考古论文集 红河州文物管理所编 云南民族出版社 2017 年 4 月 437 页 16 开

李下蹊华：庆祝李伯谦先生八十华诞论文集 何驽主编 科学出版社 2017 年 2 月 全二册 前言、目录 7 页 文 913 页 插图 369 幅 插表 37 幅 16 开

探索西域文明：王炳华先生八十华诞祝寿论文集（新疆师范大学黄文弼中心丛刊） 孟宪实、朱玉麒主编 中西书局 2017 年 12 月 文 432 页 插图 171 幅 照片 7 页 16 开

夏鼐文集（考古学专刊，甲种第四十号） 夏鼐著 《夏鼐文集》编辑委员会编 王世民执行主编 社会科学文献出版社 2017 年 5 月 全五册 目录 35 页 文 2591 页 插图 334 幅 插表 40 幅 图版 78 幅 照片 14 页 16 开

丝绸之路考古论集（徐苹芳文集） 徐苹芳著 上海古籍出版社 2017 年 12 月 文 151 页 插图 166 幅 手稿 10 页 16 开

辛占山考古文集（辽宁考古专家文库） 辛占山著 辽宁人民出版社 2017 年 1 月 文 338 页 插图 300 幅 照片 14 页 16 开

孙守道考古文集（辽宁考古专家文库） 孙守道著 辽宁人民出版社 2017 年 1 月 序、目录 7 页 文 397 页 插图 259 幅 照片 14 页 16 开

郭大顺考古文集（辽宁考古专家文库） 郭大顺著 辽宁人民出版社 2017 年 3 月 全二册 665 页 插图 361 幅 16 开

考古学史与商周铜器研究（中国社会科学院老年学者文库） 王世民著 社会科学文献出版社 2017 年 7 月 文 665 页 插图 85 幅 插表 19 幅 照片 8 页 16 开

新疆考古论文集（欧亚备要） 陈戈著 商务印书馆 2017 年 4 月 全二册 848 页 插图 116 幅 插表 31 幅 16 开

求索文明源：严文明自选集（北京社科名家文库） 严文明著 首都师范大学出版社 2017 年 9 月 目录、前言 15 页 文 490 页 插图 36 幅 16 开

岭南文物考古文集 杨式挺著 岭南美术出版社 2017 年 11 月 829 页 插图 575 幅 16 开

马世之学术文集（中原学术文库·文集） 马世之著 大象出版社 2017 年 5 月 429 页 16 开

邯郸考古研究：马忠理考古文集（邯郸市文物保护研究所资料文库） 马忠理著 邯郸市文物保护研究所编 中国文史出版社 2018 年 2 月 文 451 页 插图 225 幅 照片、彩版 9 页 16 开

王建考古文集 王建著 山西省考古研究所编 科学出版社 2017 年 6 月 序、目录 11 页 文 318 页 插图 56 幅 插表 7 幅 照片、手迹 40 页 16 开

栾丰实考古文集 栾丰实著 文物出版社 2017 年 3 月 全四册 前言、目录 15 页 文 1606 页 插图 497 幅 插表 97 幅 照片 30 页 16 开

正业居学：李水城考古文化论集（北京大学震旦古代文明研究中心学术丛书之三十七） 李水城著 上海古籍出版社 2017 年 12 月 404 页 插图 93 幅 插表 15 幅 16 开

江汉地区文化变迁（珞珈史学文库） 余西云著 商务印书馆 2017 年 8 月 330 页 插图 89 幅 插表 5 幅 16 开

古代美术与夏商殷周文明研究 钱志强著 中国社会科学出版社 2017 年 5 月 541 页 16 开

看见美好：文物与人物 郑岩著 人民美术出版社 2017 年 4 月 204 页 插图 169 幅 32 开

原史中国：韩建业自选集（六零学人文集） 韩建业著 中西书局 2017年7月 序、目录10页 文256页 插图78幅 16开

补 遗

长沙考古文存（第二辑） 长沙市文物考古研究所编 岳麓书社 2016年12月 16开

三 历史图谱、博物馆陈列说明和藏品图录

中华文明：古代中国基本陈列（中国国家博物馆古代藏品研究系列丛书） 中国国家博物馆编 北京时代华文书局 2017年11月 898页 16开

定州藏珍：精品卷 定州博物馆编 文物出版社 2017年8月 242页 彩版141幅 8开

古代辽宁 辽宁省博物馆编 刘宁主编 文物出版社 2017年11月 431页 插图149幅 彩版420幅 16开

阜阳博物馆文物集萃 阜阳博物馆编 杨柳、刘建生、杨玉彬主编 文物出版社 2017年8月 序、目录10页 彩版203页 16开

文物山东：第一次全国可移动文物普查藏品集萃 山东省文物局编著 中华书局 2017年8月 全二册 目录39页 彩版781页（999幅） 16开

河南博物院镇院之宝 河南博物院编 田凯主编 大象出版社 2017年10月 375页 插图316幅 16开

郑州文物精粹（郑州历史文明遗产丛书） 郑波编著 河南人民出版社 2017年12月 188页 16开

敦煌市博物馆馆藏珍贵文物图录 敦煌市博物馆编 万卷出版公司 2017年月 117页 16开

柏林·上海：古代埃及与早期中国文明 上海博物馆编 杨正刚主编 上海书画出版社 2017年4月 339页 彩版365幅 8开

南北辉映，礼乐至上 杭州博物馆编 杜正贤主编 西泠印社出版社 2017年4月 117页 插图18幅 彩版92幅 16开

丝路之魂：天府之国与丝绸之路 《丝路之魂：天府之国与丝绸之路》编辑委员会编著 王毅主编 商务印书馆、四川人民出版社 2017年4月 334页 插图13幅 彩版250幅 8开

丝绸之路：大西北遗珍 宁夏博物馆编著 李进增、陈永耘主编 文物出版社 2017年10月 379页 彩版257幅 16开

丝路文脉：宁夏历史文物集萃 宁夏博物馆编 陈永耘著 文物出版社 2017年12月 217页 彩版290幅 12开

丝绸之路：对话与交流，十三省市区馆藏文物精品展 甘肃省博物馆编 俄军主编 甘肃人民出版社 2017年7月 259页 16开

海外藏中国古代文物精粹：美国费城艺术博物馆卷（中国国家博物馆国际交流系列丛书） 马玉梅、木下弘美主编 安徽美术出版社 2017年5月 436页 插图22幅 彩版201幅 8开

补 遗

中国少数民族文物图典：甘肃省博物馆卷 甘肃省博物馆编 俄军主编 辽宁民族出版社 2016年5月 294页 彩版355幅 16开

中国少数民族文物图典：宁夏固原博物馆卷 宁夏固原博物馆编 魏瑾主编 辽宁民族出版社 2015年12月 序、前言、目录11页 彩版312页 16开

山东博物馆镇馆之宝（中华馆藏镇馆之宝丛书）于秋伟主编 中国青年出版社 2016年9月 252页 32开

皇泽精藏：皇泽寺博物馆藏品集萃 皇泽寺博物馆编 梁咏涛主编 文物出版社 2016年12月 245页 彩版129幅 16开

四 科技考古

韩康信人类学文选（复旦大学现代人类学教育部重点实验室学术著作） 韩康信著 科学出版社 2017

年6月 文483页 插表167幅 插图74幅 图版31幅 照片6页 16开

微痕考古研究 武仙竹著 科学出版社 2017年10月 文170页 插图57幅 插表18幅 彩版12页 16开

Gold in Ancient China 2000～2008CE 中国金器（冶金考古，四） 杨军昌、Paul Jett、陈建立著 文物出版社 2017年7月 281页 插图142幅 插表32幅 16开

湖北出土战国漆器漆膜检测研究：现代仪器分析技术的应用 李澜著 湖北人民出版社 2017年9月 230页 插图103幅 插表27幅 彩版111幅 16开

五 工具书

中国考古学年鉴（2016） 中国考古学会编 王巍主编 中国社会科学出版社 2017年11月 目录23页 文748页 彩版12页 16开

中国文物年鉴（2017） 国家文物局编 文物出版社 2017年12月 文509页 照片10页 16开

陕西文物年鉴（2016） 陕西省文物局编 吴晓丛主编 陕西人民出版社 2017年月 437页 16开

浙江文物年鉴（2015） 《浙江文物年鉴》编委会编 陈瑶主编 浙江古籍出版社 2017年7月 目录16页 文536页 插图259幅 照片8页 16开

浙江文物年鉴（2016） 《浙江文物年鉴》编委会编 陈瑶主编 浙江古籍出版社 2017年10月 目录18页 文437页 16开

浙江文物年鉴（2017） 《浙江文物年鉴》编委会编 陈瑶主编 浙江古籍出版社 2017年12月 目录15页 文460页 16开

中国文物地图集：上海分册 国家文物局编 陈燮君、谭玉峰主编 中华地图学出版社 2017年10月 591页 地图53幅 彩版604幅 16开

贰 田野考古资料

一 调查发掘报告

海淀中坞：北京南水北调配套工程团城湖调节池工程考古发掘报告（北京市文物与考古系列丛书） 北京市文物研究所编著 科学出版社 2017年11月 目录18页 文346页 插图322幅 彩版91页 16开

磁县双庙墓群考古发掘报告（南水北调中线一期工程文物保护项目，河北省考古发掘报告，第八号） 吉林大学边疆考古研究中心、磁县文物保管所编著 冯恩学、张晓峥、赵学锋、李江主编 文物出版社 2017年12月 目录11页 文141页 插图183幅 彩版34页 图版8页 16开

吉县州川河流域区域考古调查发掘报告：山西省考古研究所西部考古调查报告之一（河套地区先秦两汉时期文化生业与环境研究系列报告，四） 山西省考古研究所、吉县文物管理所编著 马昇主编 科学出版社 2017年6月 全四册 序、目录75页 文2354页 插图1791幅 插表54幅 照片4页 彩版64页 16开

屯留后河：战国至西汉墓葬考古发掘报告 山西省考古研究所、长治市文物旅游局、屯留县文化局编著 上海古籍出版社 2017年6月 序、目录4页 文441页 插图352幅 彩版31页 图版59页 16开

太原沙沟隋代斛律徹墓 山西省考古研究所编著 科学出版社 2017年3月 序、目录8页 文135页 插图67幅 插表8幅 彩版62页 16开

临汾西赵：隋唐金元明清墓葬 山西省考古研究所、临汾市文物旅游局编著 科学出版社 2017年9月 目录10页 文164页 插图119幅 彩版104页 16开

永陵南城址发掘报告 辽宁省文物考古研究所编著 文物出版社 2017年11月 全二册 目录38页

文556页 插图695幅 彩版236页 16开

沈阳考古文集（第6集） 沈阳市文物考古研究所编 张连兴主编 科学出版社 2017年12月 文287页 插图223幅 插表10幅 彩版16页 16开

前郭塔虎城：2000年考古发掘报告 吉林省文物考古研究所、吉林大学边疆考古研究中心编著 彭善国主编 科学出版社 2017年11月 目录13页 文210页 插图117幅 彩版93页 16开

镇江丁家村遗址（记忆与重塑：镇江博物馆考古报告集之五） 镇江博物馆编著 杨正宏主编 司红伟执笔 江苏大学出版社 2017年12月 文384页 插图271幅 插表17幅 附图29幅 附表20幅 彩版72页 16开

小青龙 浙江省文物考古研究所、桐庐博物馆编著 文物出版社 2017年11月 目录14页 文184页 插图108幅 彩版103幅 16开

杭州余杭汉六朝墓 杭州市文物考古研究所、余杭博物馆编著 文物出版社 2017年12月 目录27页 文379页 插图215幅 附表9幅 彩版215页 16开

柳孜运河遗址第二次考古发掘报告 安徽省文物考古研究所、濉溪县文物事业管理局、淮北市博物馆编著 宫希成主编 科学出版社 2017年3月 全三册 目录30页 文1059页 插图493幅 插表65幅 彩版96页 图版118页 16开

巨鹰墓地发掘报告（安徽六安城东墓地） 安徽省文物考古研究所编著 秦让平主编 上海古籍出版社 2017年6月 全二册 目录20页 文577页 插图505幅 图表12幅 插表27幅 图版28页 彩版63页 16开

濉溪石山孜：石山孜遗址第二、三次发掘报告 安徽省文物考古研究所、淮北市博物馆、濉溪县文物事业管理局编著 文物出版社 2017年11月 目录19页 文454页 插图406幅 彩版79页 16开

漳平奇和洞遗址 福建博物院、龙岩市文化广电新闻出版局编著 科学出版社 2017年12月 序、前言、目录20页 文454页 插图148幅 插表51幅 彩版58页 16开

将乐擂茶考古与研究 福建博物院、将乐县博物馆编 陈兆善、部骅、陈子文著 福建人民出版社 2017年7月 前言、目录10页 文306页 插图433幅 16开

江西抚河流域先秦时期遗址考古调查报告（二）：金溪县 江西省文物考古研究所、西北大学文化遗产学院、抚州市文物博物管理所、金溪县文物管理所编著 文物出版社 2017年5月 全二册 序、目录35页 文799页 插图926幅 彩版90幅 16开

江西莲花罗汉山西汉安成侯墓 江西省文物考古研究院、萍乡市莲花县文物办编著 上海古籍出版社 2017年10月 目录7页 文93页 插图40幅 彩版77页（104幅） 16开

角山窑址：1983～2007年考古发掘报告（江西省文物考古研究院考古发掘报告之一） 江西省文物考古研究院、鹰潭市博物馆编著 文物出版社 2017年9月 全二册 目录32页 文582页 插图114幅 刻划图片321幅 拓片81页 彩版237页 16开

海岱考古（第十辑） 山东省文物考古研究院编 郑同修主编 科学出版社 2017年10月 文504页 插图368幅 插表20幅 彩版4页 图版72页 16开

京沪高速公路山东段考古报告集 山东省文物考古研究院编著 郑同修主编 文物出版社 2017年11月 文455页 插图461幅 插表8幅 附表5幅 彩版87页 16开

济南魏家庄：战国至明清墓葬 济南市考古研究所编著 李铭主编 线装书局 2017年11月 文349页 插图405幅 彩版98页 16开

临淄山王村汉代兵马俑 山东省文物考古研究所、临淄区文物管理局（韩伟东、魏成敏、王会田）编著 文物出版社 2017年3月 290页 插图121幅 彩版155幅 16开

豫东考古报告："中国商丘地区早商文明探索"野外勘察与发掘（中国田野考古报告集，考古学专刊，丁种第九十号） 中国社会科学院考古研究所、美国哈佛大学皮保德博物馆编著 科学出版社 2017年6月 序、目录33页 文402页 插图296幅 插表12幅 彩版、图版136页 16开

洛阳大遗址航空摄影考古 中国国家博物馆、洛阳市文物考古研究院编著 杨林主编 文物出版社 2017年7月 308页 彩版、航摄影像图、平/剖面图216幅 16开

洛阳大遗址考古勘探报告集（第一辑）（洛阳文物考古丛书） 洛阳市文物钻探管理办公室编 吕劲松、桑永夫、安亚伟主编 中州古籍出版社 2017年6月 399页 插图50幅 插表47幅 16开

洛阳龙门唐安菩夫妇墓 洛阳市文物考古研究院编 程永建、周立主编 科学出版社 2017年9月 184页 线描图57幅 彩版123幅 拓图19幅 16开

洛阳西小屯春秋墓发掘报告（洛阳文物考古丛书） 洛阳市文物考古研究院编 程永建、史家珍主编 中州古籍出版社 2017年12月 目录6页 文100页 插图83幅 彩版54页 16开

三门峡市印染厂墓地 河南省文物考古研究院编著 中州古籍出版社 2017年6月 目录19页 文530页 插图336幅 插表9幅 彩版70页 图版82页 16开

辉县路固（南水北调中线工程河南省考古发掘报告，第三十四号） 中国社会科学院考古研究所编著 岳洪彬、岳占伟、苗霞、缪丹主编 科学出版社 2017年10月 全三册 目录22页 文826页 插图462幅 彩版344页 16开

白沙宋墓（宿白集） 宿白著 生活·读书·新知三联书店 2017年10月 232页 插图85幅 图版50面 附录插图24幅 16开

河南省安阳市文物钻探报告（第二辑） 河南省安阳市文物管理局、河南省安阳市文物钻探队编著 刘彦军主编 中州古籍出版社 2017年6月 321页 16开

枝江关庙山（中国田野考古报告集，考古学专刊，丁种第九十三号） 中国社会科学院考古研究所编著 文物出版社 2017年11月 全四册 目录38页 文1021页 插图493幅 插表95幅 附表9幅 彩版164页 16开

湖北宜城跑马堤东周两汉墓地 武汉大学、湖北省文物考古研究所、宜城市博物馆编著 张昌平主编 科学出版社 2017年12月 目录10页 文224页 插图216幅 插表15幅 彩版60页 16开

湖北南水北调考古报告集（第七卷）（南水北调中线一期工程文物保护项目，湖北省考古发掘报告集，第七号） 南水北调中线一期工程文物保护项目湖北省编辑委员会编 黎朝斌主编 科学出版社 2017年9月 文420页 插图428幅 插表10幅 彩版80页 16开

沙洋塌冢楚墓（南水北调中线一期工程文物保护项目，湖北省考古发掘报告，第六号） 湖北省文物考古研究所编著 黄文新主编 科学出版社 2017年2月 目录13页 文249页 插图221幅 彩版28页 图版84页 16开

武当山遇真宫遗址（南水北调中线一期工程文物保护项目，湖北省考古发掘报告，第七号） 湖北省文物考古研究所编著 孟华平主编 科学出版社 2017年9月 目录15页 文343页 插图212幅 彩版24页 图版44页 16开

益阳黄泥湖楚墓 湖南省文物考古研究所编著 文物出版社 2017年11月 全三册 目录42页 文729页 插图745幅 彩版54页 图版237页 16开

老司城遗址考古发掘报告（2013～2014） 湖南省文物考古研究所编著 科学出版社 2017年6月 全二册 目录11页 文617页 插图138幅 彩版28页 图版70页 16开

广州从化流溪河流域考古调查报告（广州文物考古研究丛书） 广州市文物考古研究院、中山大学南中国海考古研究中心编著 韩维龙、许永杰主编 广州出版社 2017年8月 717页 16开

南海I号沉船考古报告之一：1989～2004年调查（国家文物局水下文化遗产保护中心·考古报告系列——2） 国家文物局水下文化遗产保护中心、中国国家博物馆、广东省文物考古研究所、阳江市博物馆编著 张威主编 文物出版社 2017年11月 全二册 目录25页 文646页 插图176幅 彩版1449幅 16开

广西合浦文昌塔汉墓 广西文物保护与考古研究所编著 文物出版社 2017年3月 目录16页 文440页 插图332幅 彩版79页 16开

万州下中村遗址（长江三峡工程文物保护项目报告，乙种第二十九号） 重庆市文物考古研究所、万州

区博物馆编著　邹后曦主编　科学出版社　2017 年 10 月　目录 10 页　文 220 页　插图 197 幅　彩版 48 页　16 开

忠县邓家沱遗址与渔洞墓群（长江三峡工程文物保护项目报告，乙种第三十号）　郑州大学历史学院编著　李锋、许俊平、姚智辉、赵海洲主编　科学出版社　2017 年 12 月　目录 12 页　文 289 页　插图 214 幅　插表 3 幅　彩版 28 页　16 开

丰都大湾墓群（长江三峡工程文物保护项目报告，乙种第三十一号）　重庆市文化遗产研究院、宝鸡市考古研究所、丰都县文物管理所编著　刘军社、王颢主编　科学出版社　2017 年 11 月　目录 16 页　文 330 页　插图 306 幅　彩版 52 页　16 开

成都考古发现（2015）　成都文物考古研究院编著　科学出版社　2017 年 12 月　文 748 页　插图 609 幅　插表 56 幅　彩版 36 页　16 开

金沙遗址：阳光地带二期地点发掘报告（金沙遗址系列报告之一）　成都文物考古研究院、成都金沙遗址博物馆编著　文物出版社　2017 年 10 月　目录 32 页　文 501 页　插图 486 幅　插表 21 幅　彩版 108 页　16 开

成都下同仁路：佛教造像坑与城市生活遗址发掘报告　成都文物考古研究院编著　文物出版社　2017 年 10 月　目录 11 页　文 196 页　插图 189 幅　彩版 90 页　16 开

乐山西坝窑址　四川省文物考古研究院、乐山市文物保护研究所、五通桥区文物保护管理所编著　文物出版社　2017 年 12 月　目录 12 页　文 103 页　插图 62 幅　彩版 59 页（174 幅）　16 开

荥经高山庙西汉墓　四川省文物考古研究院、雅安市博物馆、荥经县博物馆编著　文物出版社　2017 年 12 月　目录 9 页　文 250 页　插图 164 幅　彩版 108 页　16 开

陆良薛官堡墓地（中国田野考古报告集，考古学专刊，丁种第九十二号；云南省文物考古研究所田野考古报告，第十九号）　中国社会科学院考古研究所、云南省文物考古研究所、曲靖市文物管理所、陆良县文物管理所编著　文物出版社　2017 年 5 月　目录 18 页　文 363 页　插图 347 幅　插表 17 幅　附表 2 幅　彩版 99 页　16 开

云南西部边境地区考古调查报告（云南省文物考古研究所田野考古报告，第二十号）　云南省文物考古研究所、怒江傈僳族自治州文物管理所、保山市文物管理所、德宏傣族景颇族自治州文物管理所、临沧市文物管理所、普洱市文物管理所、西双版纳傣族自治州文物管理所编著　上海古籍出版社　2017 年 12 月　目录 10 页　文 227 页　插图 96 幅　彩版 24 页　图版 143 页　16 开

贾里村西周遗址（陕西省考古研究院田野考古报告，第七十七号）　陕西省考古研究院编著　文物出版社　2017 年 11 月　目录 10 页　文 173 页　插图 151 幅　彩版 51 页　16 开

西安鱼化寨　西安市文物保护考古研究院编著　科学出版社　2017 年 2 月　全四册　目录 63 页　文 1478 页　插图 1327 幅　插表 365 幅　彩版 52 页　图版 221 页　16 开

西安西汉壁画墓（杜陵汉墓考古报告之一）　西安市文物保护考古研究院编著　文物出版社　2017 年 10 月　序、目录 19 页　文 154 页　插图 96 幅　彩版 146 页（300 幅）　16 开

唐昭陵韦贵妃墓发掘报告（陕西省考古研究院田野考古报告，第七十六号）　陕西省考古研究院、昭陵博物馆编著　科学出版社　2017 年 5 月　目录 10 页　文 169 页　插图 95 幅　拓片 16 幅　彩版 36 页　16 开

补　遗

禹州阳翟故城遗址（南水北调中线工程文物保护项目，河南省考古发掘报告，第三十二号）　武汉大学历史学院考古系、武汉博物馆编著　徐承泰、范江欧美主编　科学出版社　2017 年 11 月　全二册　目录 40 页　文 872 页　插图 361 幅　插表 10 幅　附图 397 幅　彩版 112 页　16 开

二　出土文物图录

2016 中国重要考古发现　国家文物局主编　文物出版社　2017 年 4 月　181 页　彩版 595 幅　16 开

美·好·中华：近二十年考古成果展（首都博物馆书库，丁种第肆拾壹部）　首都博物馆编　文物出版

社　2017 年 8 月　334 页　插图 18 幅　彩版 346 幅　16 开

山西“十二五”重要考古发现出土文物　山西省考古研究所编　山西人民出版社　2017 年 11 月　235 页　16 开

千年古港：上海青龙镇遗址考古精粹　上海博物馆编　杨志刚主编　上海书画出版社　2017 年 3 月　235 页　插图 10 幅　彩版 131 组　16 开

汴水蕴物华：柳孜运河遗址出土文物　安徽省文物考古研究所、淮北市博物馆编著　宫希成、闫红主编　科学出版社　2017 年 2 月　252 页　插图 17 幅　彩版 325 幅　16 开

叁　考古学分论

一　人类起源与旧石器时代

旧石器技术：理论与实践（国家社科基金后期资助项目）　李英华著　社会科学文献出版社　2017 年 6 月　459 页　插图 229 幅　插表 17 幅　16 开

砥砺集：丁村遗址发现 60 周年纪念文集　山西省考古研究所编　谢尧亭、王益人主编　三晋出版社　2017 年 5 月　480 页　插图 111 幅　插表 33 幅　彩版、图版、书影 72 幅　16 开

萨拉乌苏河晚第四纪地质与古人类综合研究　内蒙古博物院、华南师范大学地貌与区域环境研究所、中国科学院寒区旱区环境与工程研究所、中国科学院古脊椎动物与古人类研究所、山西大学历史文化学院、乌审旗文物局编著　董光荣、李保生、陈永志主编　科学出版社　2017 年 8 月　序、前言、目录 37 页　文 356 页　插图 95 幅　插表 55 幅　照片 14 幅　彩版 84 页　16 开

穴居时代：贵州旧石器时代考古（贵州文化遗产丛书：考古系列）　张兴龙著　贵州人民出版社　2017 年 1 月　112 页　插图 57 幅　16 开

脊椎动物、植物、牙形类化石及旧石器标本资源描述标准　吴淦国、何明跃主编　地质出版社　2017 年月　262 页　16 开

二　新石器时代

中国考古学：旧石器时代晚期到早期青铜时代　刘莉、陈星灿著　陈洪波、乔玉、余静、付永旭、翟少冬、李新伟译　生活·读书·新知三联书店　2017 年 9 月　目录、前言 15 页　文 492 页　插图 134 幅　16 开　译自 *The Archaeology of China: from the Late Paleolithic to the Early Bronze Age*, 2012

中国新石器时代　严文明著　文物出版社　2017 年 9 月　文 256 页　插图 60 幅　书影、图版 8 页　16 开

中国史前考古论集续集　王仁湘著　文物出版社　2017 年 1 月　492 页　插图 323 幅　16 开

史前考古文集（北京大学震旦古代文明研究中心学术丛书之三五）　赵春青著　科学出版社　2017 年 11 月　序、目录 14 页　文 437 页　插图 132 幅　插表 33 幅　16 开

中国新石器时代考古八十四年文献目录（1923～2006）（中国社会科学院老年学者文库）　缪雅娟主编　社会科学文献出版社　2017 年 9 月　全二册　目录 11 页　文 1295 页　16 开

中国史前考古学论著目（1910～2010）（中华之源与嵩山文明研究系列丛书）　赵春青编　科学出版社　2017 年 10 月　全二册　序、凡例、目录 9 页　文 1226 页　16 开

远古中国（中国历史地图）　王月前、洪石著　中国大百科全书出版社　2017 年 1 月　118 页　插图 235 幅　16 开

文明曙光：原始社会时期（中原古代文明之光丛书）　河南博物院编　曹汉刚主编　科学出版社　2017 年 10 月　175 页　插图 188 幅　16 开

仰韶时代彩陶的考古学研究（考古新视野）　朱雪菲著　文物出版社　2017 年 11 月　序、目录 14 页　文 354 页　插图 192 幅　16 开

沙井下遗址 ［瑞典］安特生（J. G. Andersson） 李勇杰译 陈星灿校 甘肃人民出版社 2017年12月 文115页 插图11幅 图版30页 16开 译自 *The Sha Ching Sites*

仪式圣地的兴衰：辽西史前社会的独特文明化进程（北京大学震旦古代文明研究中心学术丛书之三十六） 李新伟著 上海古籍出版社 2017年11月 205页 插图91幅 插表34幅 16开

红山文化研究（第四辑） 内蒙古红山文化学会、红山文化研究院编 于建设、滕海键主编 辽宁人民出版社 2017年7月 188页 插图54幅 16开

第十一届红山文化高峰论坛论文集 赤峰学院红山文化研究院编 于建设、滕海键主编 辽宁人民出版社 2017年8月 278页 插图166幅 插表11幅 16开

红山文化研究述要 内蒙古红山文化学会、红山文化研究院编 于建设主编 辽宁人民出版社 2017年7月 312页 16开

红山古国：敖汉旗红山文化典型遗址 田彦国、王苹主编 内蒙古科学技术出版社 2017年10月 序、目录11页 文177页 插图191幅 彩版46页 16开

松花江中上游流域文明之光：馆藏西团山文化文物精萃图论集 吉林市博物馆编 侯杏、王平主编 吉林文史出版社 2017年12月 559页 16开

新石器时代华北地区饮食文化的研究 杨卓轩著 天津人民出版社 2017年2月 307页 插图8幅 插表23幅 32开

环嵩山地区史前聚落分布时空模式及其形成机制（中华之源与嵩山文明研究系列丛书） 鲁鹏著 科学出版社 2017年8月 157页 插图66幅 插表40幅 16开

新石器考古研究文集 李友谋著 科学出版社 2017年6月 前言、目录10页 文351页 插图41幅 16开

人类生态视野中的长江下游农业起源 潘艳著 上海辞书出版社 2017年3月 序、目录27页 文330页 插图105幅 插表10幅 16开

长江流域史前城址研究 郑好著 人民日报出版社 2017年7月 226页 32开

图式的意义：良渚文化三大纹饰母题的研究 梁丽君著 西泠印社出版社 2017年9月 216页 插图138幅 32开

好川文化集萃 浙江省文物考古研究所、遂昌县文化广电新闻出版局编著 王海明主编 文物出版社 2017年11月 照片、目录7页 文、彩版155页 插图4幅 彩版128幅 16开

文明曙光：贵州新石器时代至商周考古（贵州文化遗产丛书：考古系列） 吴小华著 贵州人民出版社 2017年1月 124页 插图143幅 16开

龙山文化与早期文明：第22届国际历史科学大会章丘卫星会议文集 山东大学文化遗产研究院、章丘市文广新局编 栾丰实、王芬、董豫主编 文物出版社 2017年9月 文372页 插图194幅 插表46幅 照片、彩版22页 16开

补 遗

辽海地区的史前文明（辽海考古与历史丛书） 田野著 科学出版社 2016年11月 434页 插图220幅 16开

三 夏商周时代

三代考古（七） 中国社会科学院考古研究所夏商周考古研究室编 王巍、杜金鹏、岳洪彬主编 科学出版社 2017年10月 文626页 插图355幅 插表57幅 彩版16页 16开

宗子维城：从考古材料的角度看公元前1000至前250年的中国社会 罗泰（Lothar von Falkenhausen）著 吴长青、张莉、彭鹏、王刃余、张翰墨译 王艺、张良仁、来国龙审校 上海古籍出版社 2017年6月 目录、序21页 文532页 插图98幅 16开 译自 *Chinese Society in the Age of Confucius, 1000～250BC*, 2006

文化演进与互动：太行山两翼夏商西周时期青铜文化研究（吉林大学边疆考古研究中心系列学术著作）

蒋刚著　科学出版社　2017年1月　249页　插图99幅　插表38幅　16开

早商城市文明的形成与发展　袁广阔、秦小丽著　科学出版社　2017年1月　文251页　插图97幅　插表8幅　彩版8页　16开

夏商文化研究续集　陈旭著　科学出版社　2017年6月　173页　插图27幅　16开

殷墟发掘　胡厚宣著　复旦大学出版社　2017年1月　目录9页　文141页　图版100页　32开

殷虚发掘员工传（“中研院”史语所史料丛刊之五）　石璋如著　李永迪、冯忠美、丁瑞茂编校　“中研院”历史语言研究所　2017年6月　目录、序15页　文445页　照片47幅　插图6幅　附图9幅　16开

逐鹿与争鸣：东周时期（中原古代文明之光丛书）　河南博物院编　李宏主编　科学出版社　2017年6月　213页　插图134幅　16开

东方曁白：春秋战国文物大联展（中国古代文明系列展）　湖南省博物馆编　岳麓书社　2017年12月　261页　彩版195幅　8开

神秘王国：古中山国历史文化展秦始皇帝陵博物院编　侯宁彬主编　西北大学出版社　2017年6月　217页　插图29幅　彩版146幅　8开

解谜三星堆：开启中华文明之门　范勇著　天地出版社　2017年2月　引言、前言、目录14页　文338页　插图204幅　彩版8页　16开

神奇古蜀：三星堆和金沙遗址出土文物　河北博物院、四川广汉三星堆博物馆、成都金沙遗址博物馆编　北京联合出版公司　2017年9月　115页　彩版101幅　16开

孔雀河青铜时代与吐火罗假想（新疆师范大学黄文弼中心丛刊）　王炳华主编　科学出版社　2017年3月　636页　插图119幅　16开

青铜时代至早期铁器时代新疆哈密地区古代人群的变迁与交流模式研究（吉林大学边疆考古研究中心系列学术著作）　魏东著　科学出版社　2017年6月　目录6页　文146页　插图45幅　插表32幅　16开

图说盘龙城（武汉历史文化风貌丛书）　陈贤一、陈春、刘国胜编著　武汉出版社　2017年12月　273页　插图381幅　16开

楚文化研究论集（第十二集）　楚文化研究会编　上海古籍出版社　2017年8月　479页　插图75幅　插表19幅　32开

楚都丹阳探索（南水北调中线一期工程文物保护项目，湖北省研究报告，第一号）　徐少华、尹弘兵著　科学出版社　2017年11月　148页　插图19幅　16开

古国遗都炭河里（长沙文史书丛）　向桃初著　湖南人民出版社　2017年8月　261页　16开

石寨山发现60周年纪念文集　云南省博物馆编　云南人民出版社　2017年11月　441页　插图426幅　插表21幅　16开

补　遗

青铜之路：固原北方青铜文化　魏瑾主编　宁夏人民出版社　2016年12月　239页　16开

四　秦汉及汉以后各代

秦汉文明（中国国家博物馆国内交流系列丛书）　吕章申主编　北京时代华文书局　2017年12月　385页　彩版167组　16开

秦始皇帝陵博物院（总柒辑）　秦始皇帝陵博物院编　侯宁彬主编　三秦出版社　2017年9月　491页　插图139幅　16开

烈烈秦风：中国秦始皇兵马俑文物展　陕西省文物局、秦始皇帝陵博物院编　西北大学出版社　2017年4月　序、致辞、目录21页　文、彩版165页　插图7幅　8开

秦始皇帝陵史话（中国史话·文化系列）　王学理著　社会科学文献出版社　2017年11月　168页　插图35幅　32开

长安城与罗马城：东西方两大文明都城模式的比较研究（羊城学术文库） 周繁文著 社会科学文献出版社 2017年11月 全二册 序、内容提要、目录24页 文625页 插图179幅 插表21幅 16开

汉阳陵史话（中国史话·文化系列） 王学理著 社会科学文献出版社 2017年11月 156页 插图49幅 32开

盛世侧影：河南博物院藏汉唐文物精品 深圳市博物馆、河南博物院编 叶扬、田凯主编 文物出版社 2017年7月 219页 16开

长沙马王堆汉墓陈列 湖南省博物馆编 中华书局 2017年9月 310页 插图17幅 彩版263幅（组） 8开

西汉南越王博物馆 西汉南越王博物馆编著 林冠男主编 广东人民出版社 2017年2月 215页 16开

南越王与中山王 西汉南越王博物馆、河北博物院、河北省文物考古研究所编 吴凌云、罗向军主编 岭南美术出版社 2017年6月 彩版271页 16开

楚王梦——玉衣与永生：徐州博物馆汉代珍藏 华美协进社中国美术馆、徐州博物馆编 海蔚蓝主编 江苏凤凰美术出版社 2017年4月 211页 插图27幅 彩版76幅 16开

汉风物语：文物背后的故事 徐州博物馆编 李晓军主编 江苏凤凰美术出版社 2017年8月 184页 插图102幅 32开

广西北部湾地区出土汉代文物与海上丝绸之路研究 廖国一、黄启善等著 科学出版社 2017年11月 文241页 插图88幅 插表15幅 彩版4页 16开

有容乃大：两汉魏晋南北朝（中原古代文明之光丛书） 河南博物院编 王景荃、张建民主编 科学出版社 2017年6月 165页 插图155幅 16开

光宅中原：拓跋至北魏的墓葬文化与社会演进（北京大学震旦古代文明研究中心学术丛书之三十四） 倪润安著 上海古籍出版社 2017年3月 序、目录8页 文346页 插图120幅 插表15幅 16开

北魏平城考古研究：公元五世纪中国都城的演变 王银田等著 科学出版社 2017年6月 310页 插图201幅 插表5幅 16开

辽西地区东晋十六国时期都城文化研究 辽宁省文物考古研究所、日本奈良文化财研究所编 吴炎亮主编 辽宁人民出版社 2017年12月 317页 插图148幅 插表9幅 彩版30版 16开

两晋墓葬文化因素研究（南京大学历史学院考古学人书系） 吴桂兵著 南京大学出版社 2017年4月 目录10页 文322页 插图191幅 插表54幅 16开

盛世荣华：隋唐时期（中国古代文明之光丛书） 河南博物院编 武玮、黄新波主编 科学出版社 2017年11月 178页 插图170幅 16开

碎叶 努尔兰·肯加哈买提著 上海古籍出版社 2017年7月 前言、目录11页 文317页 插图136幅 附表16幅 16开

中兴纪胜：南宋风物观止学术研讨会论文集 浙江省博物馆编 王宣艳主编 中国书店 2017年7月 405页 插图546幅 16开

东京梦华：宋金元时期（中国古代文明之光丛书） 河南博物院编 郭灿江主编 科学出版社 2017年9月 202页 插图92幅 16开

辽金历史与考古（第七辑） 辽宁省博物馆、辽宁省辽金契丹女真史研究会编 刘宁主编 辽宁教育出版社 2017年10月 447页 插图63幅 插表21幅 16开

辽金历史与考古（第八辑） 辽宁省博物馆、辽宁省辽金契丹女真史研究会编 刘宁主编 科学出版社 2017年10月 文356页 插图161幅 插表7幅 彩版8页 16开

考古·古港：上海青龙镇的发掘与发现 上海博物馆编 杨志刚主编 上海古籍出版社 2017年4月 135页 插图181幅 16开

汪世显家族墓出土文物研究 甘肃省博物馆编 俄军主编 甘肃人民美术出版社 2017年10月 331页 彩版210幅 16开

地下与地上的对话：十七世纪的台湾与周边 陈玉美、郭素秋主编 2017年12月 295页 插图42幅 16开

补 遗

汉代郡国分治的考古学观察：以关东地区汉代墓葬为中心（国家社科基金后期资助项目） 宋蓉著 上海古籍出版社 2016年11月 435页 插图 16开

西夏考古论稿（二） 牛达生著 甘肃文化出版社 2016年12月 480页 插图221幅 16开

肆 考古学专论

一 甲骨卜辞 附：古文字研究

甲骨文与殷商史（新七辑） 宋镇豪主编 上海古籍出版社 2017年11月 363页 插图229幅 16开

典雅劲健：香港中文大学藏甲骨集 李宗焜主编 何碧琪著 中文大学出版社 2017年 260页 彩版71组 图版50幅 16开

殷墟小屯村中村南甲骨刻辞类纂 李霜洁编著 中华书局 2017年8月 目录、前言、凡例9页 正文341页 检字表、对照表18页 16开

殷虚文字丙编摹释新编（“中研院”历史语言研究所专刊之一一一） 张惟捷、蔡哲茂编著 “中研院”历史语言研究所 2017年9月 611页 摹本614幅 8开

甲骨文字诂林补编 何景成编撰 中华书局 2017年10月 全二册 前言、凡例、检字表24页 正文、附表、参考文献、后记1082页 16开

殷墟甲骨文编 韩江苏、石福金著 中国社会科学出版社 2017年4月 序、前言、目录44页 文1381页 插图41幅 16开

契文释录 彭邦炯著 上海书店出版社 2017年7月 360页 插图564幅 16开

花东子卜辞与殷礼研究（国家社科基金后期资助项目） 章秀霞、齐航福、曹建墩著 中华书局 2017年12月 405页 插图30幅 16开

甲骨文书籍提要（增订本） 刘一曼、韩江苏著 上海古籍出版社 2017年11月 目录、序、前言20页 文329页 书影20页 16开

饶宗颐甲骨书札 沈建华编 中西书局 2017年12月 序10页 文170页 照片、手迹6页 16开

古文字与中国早期文化论集 王晖著 科学出版社 2017年3月 482页 插图187幅 16开

古文字与古代史（第五辑）（中研院历史语言研究所会议论文集之十八） 李宗焜主编 “中研院”历史语言研究所 2017年4月 579页 插图115幅 16开

古文字学概要（修订本） 陈世辉、汤余惠著 福建人民出版社 2017年4月 315页 摹拓173幅 彩版4页 16开

商周文字论集 谢明文著 上海古籍出版社 2017年8月 373页 插图9幅 16开

战国文字通论（订补） 何琳仪著 上海古籍出版社 2017年7月 562页 16开

战国文字研究的回顾与展望 复旦大学出土文献与古文字研究中心编 中西书局 2017年8月 381页 插图59幅 插表23幅 16开

源远流长：汉字国际学术研讨会暨AEARU第三届汉字文化研讨会论文集 杨荣祥、胡敕瑞主编 北京大学出版社 2017年6月 338页 16开

二 青铜器及铭文

海外中国铜器图录（陈梦家著作集） 陈梦家编著 中华书局 2017年3月 全二册 影印本 559页

图版 310 幅　16 开

殷周青铜器综览（第一卷）：殷周时代青铜器之研究　［日］林巳奈夫著　［日］广濑薰雄、［日］近藤晴香译　郭永秉润文　上海古籍出版社　2017 年 5 月　全二册　目录、序、前言、凡例 19 页　文、附图、附表 489 页　插图 139 幅　照片、书迹 4 页　彩版 4 页　图版、图版出处目录、引书表 444 页　8 开

中国艺术史图典：青铜器卷　中国文物学会专家委员会编　彭适凡主编　上海辞书出版社　2017 年 1 月　303 页　16 开

晋西商代青铜器　山西省考古研究所、山西博物院编著　韩炳华主编　科学出版社　2017 年 11 月　全二册　序、目录 23 页　文 749 页　插图 1129 幅　16 开

黄帝故里新郑青铜器　新郑市文物局编　赵舒琪主编　光明日报出版社　2017 年 11 月　420 页　16 开

大邦之梦：吴越楚青铜器　苏州博物馆编　陈瑞近主编　上海古籍出版社　2017 年 12 月　序、目录 11 页　彩版、附表 209 页　16 开

楚国青铜器　湖北省博物馆（钱红）编著　湖北人民出版社　2017 年 4 月　91 页　插图 94 幅　32 开

青铜器与金文（第一辑）　北京大学出土文献研究所编　朱凤瀚主编　上海古籍出版社　2017 年 3 月　全二册　700 页　插图 196 幅　插表 122 幅　16 开

青铜器与山东古国学术研讨会论文集　山东省文物考古研究所、北京大学震旦古代文明研究中心、莒县人民政府编　刘延常主编　上海古籍出版社　2017 年 6 月　499 页　插图 231 幅　插表 14 幅　16 开

商周青铜器与先秦史研究论丛　邹芙都主编　科学出版社　2017 年 6 月　573 页　插图 251 幅　插表 30 幅　16 开

商周铜器与金文辑考（山东博物馆学术文库）　王恩田著　文物出版社　2017 年 7 月　506 页　插图 163 幅　插表 7 幅　16 开

青铜器论文集　何树环著　丽文文化事业公司　2017 年 2 月　520 页　插图 49 幅　插表 72 幅　16 开

炉捶之间：先秦两汉时期热锻薄壁青铜器研究　李洋著　上海古籍出版社　2017 年 11 月　251 页　插图 120 幅　插表 12 幅　32 开

司母戊鼎还有多少待解之谜　李维明著　四川人民出版社　2017 年 8 月　248 页　插图 37 幅　插表 28 幅　32 开

丝路天山地区青铜器研究　刘学堂著　三秦出版社　2017 年 12 月　文 282 页　插图 93 幅　插表 8 幅　彩版 100 页　16 开

商周青铜器族徽文字综合研究　雒有仓著　黄山书社　2017 年 5 月　450 页　插图 36 幅　附表 40 幅　16 开

近出西周青铜器集释：以作册般铜鼋、豳公盨、逨盘、獄器为研究对象（中国语言文字研究辑刊，十三编）　廖佳瑜著　花木兰文化事业公司　2017 年　全二册　404 页　16 开

西周"非对扬王休"铭文研究（西南大学历史文化学院民族学院学术文丛）　邹芙都、查飞能著　科学出版社　2017 年 5 月　310 页　插图 12 幅　插表 18 幅　图版 92 幅　16 开

东周金文与楚简合证（出土文献与中国古代文明研究丛书）　石小力著　上海古籍出版社　2017 年 7 月　181 页　插图 16 幅　插表 3 幅　16 开

四版《金文编》校补　严志斌编著　商务印书馆　2017 年 11 月　序、目录、凡例 21 页　文 379 页　16 开

补　遗

春秋方壶上的立体饰件研究（史物丛刊）　杨式昭著　（台北）历史博物馆　2016 年 7 月　117 页　插图 112 幅　16 开

楚系典型铜器群铭文整理研究　程鹏万著　黑龙江人民出版社　2016 年 9 月　537 页　16 开

三　简牍、帛书、文书写本

出土文献（第十辑）　清华大学出土文献与中国古代文明研究中心、清华大学出土文献研究与保护中心编　李学勤主编　中西书局　2017 年 4 月　316 页　插图 32 幅　16 开

出土文献（第十一辑）　清华大学出土文献与中国古代文明研究中心、清华大学出土文献研究与保护中心编　李学勤主编　中西书局　2017 年 10 月　文 424 页　插图 90 幅　插表 21 幅　彩版 2 页　16 开

出土文献研究（第十六辑）　中国文化遗产研究院编　刘绍刚主编　中西书局　2017 年 9 月　文 383 页　插图 78 幅　插表 10 幅　图版 4 页　16 开

出土文献综合研究集刊（第五辑）　西南大学出土文献综合研究中心、西南大学汉语言文献研究所主办　陈荣杰主编　巴蜀书社　2017 年 3 月　242 页　16 开

出土文献综合研究集刊（第六辑）　西南大学出土文献综合研究中心、西南大学汉语言文献研究所主办　陈荣杰主编　巴蜀书社　2017 年 9 月　300 页　插图 25 幅　16 开

出土文献与中国古代文明研究论文集　王子今、孙家洲、马利清主编　中国社会科学出版社　2017 年 12 月　268 页　插图 9 幅　16 开

简帛研究（2016，秋冬卷）　中国社会科学院简帛研究中心主办　杨振红、邬文玲主编　广西师范大学出版社　2017 年 1 月　292 页　16 开

简帛研究（2017，春夏卷）　中国社会科学院简帛研究中心、中国社会科学院历史所战国秦汉室、出土文献与中国古代文明研究协同创新中心主办　邬文玲主编　广西师范大学出版社　2017 年 6 月　344 页　16 开

简帛（第十四辑）　武汉大学简帛研究中心主办　陈伟主编　上海古籍出版社　2017 年 5 月　280 页　插图 19 幅　16 开

简帛（第十五辑）　武汉大学简帛研究中心主办　陈伟主编　上海古籍出版社　2017 年 11 月　273 页　插图 31 幅　16 开

甘肃省第三届简牍学国际学术研讨会论文集　张德芳主编　上海辞书出版社　2017 年 12 月　前言、目录 6 页　文 678 页　插图 56 幅　照片 9 页　16 开

竹简学：中国古代思想的探究（中国文明研究丛书）　［日］汤浅邦弘著　白雨田译　东方出版中心　2017 年 1 月　285 页　16 开　译自「竹簡が語る古代中国思想：上博楚簡研究」（汲古书院，2005 年）

中国古代简牍综览　［日］横田恭三　张建平译　北京联合出版公司　2017 年 1 月　285 页　插图 264 幅　16 开　译自「中国古代簡牘のすべて」（二玄社，2012 年）

清华大学藏战国竹简（柒）　清华大学出土文献研究与保护中心编　李学勤主编　中西书局　2017 年 4 月　全二册　238 页　原大图版 18 幅　放大图版 75 幅　6 开

清华大学藏战国竹简（肆～陆）文字编　贾连翔、沈建华编　中西书局　2017 年 10 月　418 页　16 开

清华简及古代文明　李学勤著　江西教育出版社　2017 年 12 月　554 页　16 开

新出简帛与古史再建　李学勤等著　经济科学出版社　2017 年 7 月　前言、摘要、目录 18 页　文 508 页　16 开

书于竹帛：中国简帛文化　山东博物馆、中国文化遗产研究院编　刘绍刚、郭思克主编　上海书画出版社　2017 年 9 月　263 页　插图 242 幅　16 开

新出土战国楚竹书研究　濮茅左著　上海辞书出版社　2017 年 6 月　目录、前言 10 页　文 664 页　16 开

《上海博物馆藏战国楚竹书（九）》读本（出土文献译注研析丛刊）　季旭昇、高佑仁主编　季旭昇、王瑜桢、赖怡璇、庞壮城、骆珍伊撰　万卷楼图书公司　2017 年 5 月　379 页　16 开

郭店竹简文本研究综论　刘传宾著　上海古籍出版社　2017 年 6 月　全二册　888 页　32 开

新蔡楚简（驻马店历史文化研究丛书） 谢辰编著 中州古籍出版社 2017年 376页 16开

里耶秦简（贰） 湖南省文物考古研究所编著 文物出版社 2017年12月 前言、凡例8页 释文124页 图版320页 8开

岳麓书院藏秦简（伍） 陈松长主编 上海辞书出版社 2017年12月 255页 8开

岳麓书院藏秦简（壹~叁）文字编 陈松长、李洪财、刘欣欣等编 上海辞书出版社 2017年6月 660页 16开

居延汉简（肆）（“中研院”历史语言研究所专刊之一〇九） 简牍整理小组编 2017年11月 图版、资料表354页 8开

地湾汉简 甘肃简牍博物馆、甘肃省文物考古研究所、出土文献与中国古代文明研究协同创新中心中国人民大学分中心编 中西书局 2017年12月 彩色图版、红外线图版、发掘日记、尺寸表236页 插图2幅 8开

《流沙坠简》考论（复旦出土文献与古文字研究博士丛书） 蔡渊迪著 中西书局 2017年12月 246页 插图7幅 插表19幅 16开

秦汉魏晋简帛论文目录（1955~2014）：集刊、论文集之部 沈刚编 中西书局 2017年11月 224页 16开

秦简牍整理与研究 陈伟等著 经济科学出版社 2017年7月 前言、摘要、凡例、目录15页 文440页 16开

西北边塞汉简编年 胡永鹏编著 福建人民出版社 2017年10月 626页 16开

长沙走马楼三国吴简：竹简（陆） 长沙简牍博物馆、中国文化遗产研究院、北京大学历史学系走马楼简牍整理组编 李均明、宋少华、刘军编 文物出版社 2017年12月 全三册 1088页 8开

走马楼三国吴简保护修复报告（馆藏文物保护修复报告丛书） 荆州文物保护中心、长沙简牍博物馆著 文物出版社 2017年7月 219页 插图50幅 插表39幅 16开

长沙简帛研究国际学术研讨会论文集 长沙简牍博物馆编 李鄂权主编 中西书局 2017年10月 文555页 插图45幅 插表30幅 照片、彩版14页 16开

长沙简牍研究（大国学研究文库） 王子今著 中国社会科学出版社 2017年12月 372页 16开

韩国木简研究（简帛研究文库） 戴卫红著 广西师范大学出版社 2017年10月 270页 插图13幅 图版16幅 32开

简牍帛书格式研究 程鹏万著 上海古籍出版社 2017年12月 443页 插图139幅 32开

子弹库帛书 李零著 文物出版社 2017年1月 全二册 266页 图版 8开

拾遗录：出土文献研究 白于蓝著 科学出版社 2017年6月 322页 插图11幅 16开

侯马盟书研究论文集 高智主编 三晋出版社 2017年11月 764页 16开

侯马盟书字表新编 张守中撰集 文物出版社 2017年7月 目录、序、凡例13页 文184页 16开

侯马盟书文字编 张道升著 黄山书社 2017年6月 536页 32开

补 遗

走马楼吴简研究论文精选 长沙简牍博物馆编 李鄂权主编 岳麓书社 2016年8月 全二册 632页 617页 插图36幅 插表108幅 16开

四 古代碑刻、墓志

风雨沧桑九百年——图说西安碑林：古代建筑、石刻艺术 赵九光编著 西北大学出版社 2017年5月 242页 插图192幅 16开

北朝关中地区造像记整理与研究 魏宏利著 中国社会科学出版社 2017年1月 目录17页 文465页 16开

任城王汉墓出土黄肠石题刻全集 胡广跃编著 三秦出版社 2017年3月 811页 插图9幅 拓本890幅 8开

元代白话碑集录（修订版）（当代中国学者代表作文库）　蔡美彪编著　中国社会科学出版社　2017 年 4 月　前言、说明、目录 10 页　文 276 页　插图 72 幅　图版 4 页　16 开

“中研院”历史语言研究所藏元代石刻拓本目录（“中研院”历史语言研究所目录索引丛刊）　洪金富主编　“中研院”历史语言研究所　2017 年 12 月　序、凡例、目录 29 页　文 609 页　拓图 816 幅　彩版 10 幅　16 开

北平庙宇碑刻目录（民国文存）　张江裁、许道龄编著　知识产权出版社　2017 年 1 月　目录 13 页　检查表、正文 121 页　16 开

元氏封龙山汉碑研究　李子儒著　河北人民出版社　2017 年 8 月　359 页　插图 94 幅　16 开

郑州古代碑刻（郑州历史文明遗产丛书）　王雪宝、王卫华编著　河南人民出版社　2017 年 6 月　384 页　插图 398 幅　16 开

开封繁塔石刻　开封市延庆观繁塔文物管理所编　李曼主编　中州古籍出版社　2017 年 12 月　序、凡例、目录 16 页　图版、释文 251 页　图版 169 幅　8 开

绥德古代碑刻　绥德县博物馆编　韩学亮主编　陕西人民出版社　2017 年 4 月　目录 10 页　图版、录文 444 页　彩版 2 页　16 开

古突厥碑铭研究（增订本）（欧亚备要）　芮传明著　商务印书馆　2017 年 6 月　316 页　16 开

集安高句丽碑研究（高句丽历史文化研究丛书）　耿铁华著　吉林大学出版社　2017 年 12 月　428 页　插图 182 幅　彩版、照片 85 幅　16 开

好太王碑拓本研究（高句丽历史文化研究丛书）　耿铁华、李乐营著　吉林大学出版社　2017 年 12 月　366 页　插图 78 幅　图版 452 幅　16 开

中国国家博物馆馆藏文物研究丛书：墓志卷　王义康、高世瑜主编　上海古籍出版社　2017 年 6 月　序、目录、凡例 10 页　文、图版 216 页　图版 81 幅（组）　16 开

洛阳新获墓志（二〇一五）　洛阳九朝刻石文字博物馆（齐运通、杨建锋）编　中华书局　2017 年 2 月　序 7 页　目录 9 页　墓志拓片、边饰拓片 423 页　8 开

风引薤歌：陕西历史博物馆藏墓志萃编　陕西历史博物馆编　强跃、师小群、呼啸主编　陕西师范大学出版社　2017 年 8 月　333 页　插图 18 幅　图版 99 幅　8 开

民族史视野下的北魏墓志研究　刘连香著　文物出版社　2017 年 3 月　490 页　插图 31 幅　32 开

河北临城馆藏墓志　王信忠编著　花山文艺出版社　2017 年 9 月　423 页　16 开

慈溪碑碣墓志汇编（上林湖丛书）　慈溪市文物管理委员会办公室、宁波市江北区文物管理所编　厉祖浩主编　浙江古籍出版社　2017 年月　全二册　845 页　16 开

魏晋十六国河西镇墓文、墓券整理研究　贾小军、武鑫著　中国社会科学出版社　2017 年 12 月　251 页　插图 95 幅　16 开

中国佛教石经：山东省（第三卷）　山东石刻艺术博物馆、海德堡科学院编　王永波、蔡穗玲主编　中国美术学院出版社　2017 年 6 月　512 页　插图 200 幅　8 开

补　遗

石经研究（第一辑）　房山石经博物馆、房山石经与云居寺文化研究中心编　北京燕山出版社　2016 年 12 月　349 页　插图 164 幅　图版 24 幅　16 开

五　古代玉器

玉华流映：殷墟妇好墓出土玉器（中国古玉科学研究丛书）　杜金鹏主编　中国书店　2017 年 1 月　219 页　插图 5 幅　彩版 102 组　16 开

中国古代玉石和玉器的科学研究（科技考古与科学史）　干福熹等著　上海科学技术出版社　2017 年 6 月　291 页　插图 230 幅　插表 69 幅　16 开

玉汇金沙：夏商时期玉文化特展　成都金沙遗址博物馆、中国社会科学院考古研究所编　王毅、陈星灿主编　四川人民出版社　2017 年 9 月　259 页　插图 42 幅　彩版 255 幅　16 开

金沙玉工（一）：金沙遗址出土玉石璋研究　成都金沙遗址博物馆、香港中文大学中国考古艺术研究中心编　王毅、邓聪主编　香港中文大学中国考古艺术研究中心、四川人民出版社　2017 年 9 月　282 页　插图 104 幅　彩版 75 幅　8 开

琢磨：宝鸡青铜器博物院典藏玉器特展　成都武侯祠博物馆、宝鸡青铜器博物院编　谢辉、陈亮主编　四川人民出版社　2017 年 10 月　211 页　插图 89 幅　彩版 115 幅　16 开

比德于玉：江苏博物馆馆藏精品玉器集萃　淮安市博物馆编　江苏凤凰文艺出版社　2017 年　129 页　彩版　16 开

六　古代货币

中国国家博物馆馆藏文物研究丛书：钱币卷（先秦）　中国国家博物馆编　王冠英主编　上海古籍出版社　2017 年 6 月　全二册　248 页　291 页　彩版 974 幅　16 开

金银货币与社会生活学术研讨会论文集　浙江省博物馆　李小萍主编　中国书店　2017 年 6 月　196 页　16 开

中国古代银锭科学研究（全彩版）（中国钱币博物馆系列丛书）　周卫荣、杨君、黄维著　科学出版社　2017 年 3 月　269 页　插图 203 幅　16 开

梯航百货万国商：海上丝绸之路货币与贸易（泉州）　李冀平主编　社会科学文献出版社　2017 年 12 月　145 页　插图 239 幅　8 开

罗伯昭钱币学文集（增订本）　罗伯昭著　马飞海、周祥、罗炯、黄春明主编　上海古籍出版社　2017 年 7 月　前言、序、目录 16 页　文 299 页　插图 174 幅　照片 7 页　彩版 41 页　16 开

七　铜镜

鉴若长河：中国古代铜镜的微观世界　霍宏伟著　生活·读书·新知三联书店　2017 年 10 月　347 页　插图 261 幅　16 开

隋至清中国纪年铜镜图典　呼啸编著　陕西人民教育出版社　2017 年 11 月　355 页　插图 5 幅　彩版、图版、拓片 341 幅　16 开

必忠必信：清华大学艺术博物馆藏铜镜　清华大学艺术博物馆编　上海书画出版社　2017 年 4 月　156 页　插图 25 幅　彩版 112 幅　16 开

阜阳汉代铜镜研究（阜阳历史文化丛书）　杨玉彬著　合肥工业大学出版社　2017 年 6 月　文 427 页　插图 35 幅　插表 26 幅　彩版 4 页　16 开

山东临淄战国汉代墓葬与出土铜镜研究　淄博市临淄区文物管理局编著　王会田主编　文物出版社　2017 年 11 月　全二册　808 页　插图 76 幅　彩版 684 幅　16 开

伍　美术考古

一　通论

古代墓葬美术研究（第四辑）　巫鸿、朱青生、郑岩主编　湖南美术出版社　2017 年 6 月　329 页　插图 306 幅　插表 11 幅　16 开

艺术史研究（第 19 辑）　中山大学艺术史研究中心编　中山大学出版社　2017 年　373 页　16 开

全球景观中的中国古代艺术（复旦大学光华人文杰出学者讲座丛书）　巫鸿著　生活·读书·新知三联书店　2017 年 1 月　293 页　插图 231 幅　32 开

中国美术考古学的风格谱系研究：以中古时期平面图像为中心　李杰著　科学出版社　2017 年 10 月　404 页　插图 357 幅　插表 27 幅　16 开

图像与仪式：中国古代宗教史与艺术史的融合（复旦文史专刊之十一）　复旦大学文史研究院编　中华

书局　2017 年 3 月　399 页　插图 278 幅　16 开
从天竺到华夏：中印佛教美术的历程　阮荣春、张同标著　商务印书馆　2017 年 1 月　目录 5 页　文 635 页　插图 379 幅　16 开
佛教艺术模式与样式（西部美术考古丛书）　罗宏才主编　上海大学出版社　2017 年 3 月　344 页　插图 284 幅　插表 15 幅　16 开
佛教美术考证自选集（中国艺术研究院学术文库）　金申著　北京时代华文书局　2017 年 3 月　380 页　插图 640 幅　16 开
唐代长安地区佛教造像的考古学研究　冉万里著　科学出版社　2017 年 8 月　272 页　插图 225 幅　16 开
汉画总录（第三一 ~ 三三卷）：邹城　朱青生等主编　广西师范大学出版社　2017 年 12 月　234 页　219 页　215 页　16 开
汉画像艺术概论　顾颖著　文化艺术出版社　2017 年 6 月　257 页　插图 177 幅　16 开
汉画像胡人图像研究（汉学大系）　朱浒著　生活·读书·新知三联书店　2017 年 7 月　401 页　插图 348 幅　插表 15 幅　16 开
象生与饰哀：汉墓石刻画像研究　龚诗文著　新文丰出版公司　2017 年 10 月　649 页　插图 416 幅　插表 47 幅　32 开
徐州汉画像石通论（汉学大系）　武利华著　文化艺术出版社　2017 年 11 月　404 页　插图 329 幅　16 开
郑州画像砖（郑州历史文明遗产丛书）　刘中伟等编著　河南人民出版社　2017 年 6 月　170 页　插图 144 幅　彩版 70 幅　16 开
太平有象：汉画像六十品　北京鲁迅博物馆编　大象出版社　2017 年 10 月　106 页　拓图 60 幅　16 开
河西画像砖艺术　马玉华、赵吴成著　甘肃人民出版社　2017 年 9 月　249 页　插图 26 幅　彩版、摹绘图 359 幅　16 开
美术考古学语境下的唐代石椁研究（古代历史文化研究辑刊，十七编）　李杰著　花木兰文化出版社　2017 年　全二册　234 页　插图　16 开

二　古代雕塑

孝堂山石祠　山东省石刻艺术博物馆、山东省文物考古研究所编　蒋英炬、杨爱国、信立祥、吴文祺著　文物出版社　2017 年 2 月　文 148 页　插图 86 幅　附图 4 幅　图版 41 幅　16 开
汉艺精华：雅安汉代石刻精品　李炳中主编　巴蜀书社　2017 年 7 月　91 页　插图 27 幅　彩版 48 幅　16 开
震旦艺术博物馆汉唐陶俑　寻婧元著　震旦文教基金会　2017 年　254 页　16 开
南朝访古录：南朝陵墓石刻艺术总集　杨祥民著　四川大学出版社　2017 年 9 月　243 页　16 开
大美之佛像：犍陀罗艺术　［日］栗田功著　唐启山、周昀译　文物出版社　2017 年 3 月　119 页　插图 89 幅　彩版 112 幅　16 开
佛像的故乡：犍陀罗佛教艺术　湖北省博物馆编　方勤、王兴平主编　文物出版社　2017 年 9 月　107 页　插图 57 幅　彩版 84 幅　16 开
汉唐佛教造像艺术史（增订本）　费泳著　湖北美术出版社　2017 年 10 月　485 页　16 开
镌岩造像：中原北方东部北魏中期至东魏石刻造像造型分析　黄文智著　文物出版社　2017 年 11 月　文 227 页　插图 271 幅　插表 6 幅　图表 13 幅　彩版 12 页　16 开
汉晋佛像综合研究　何志国著　上海人民出版社　2017 年 12 月　序、目录 19 页　文 420 页　插图 123 幅　16 开
山西五至八世纪造像碑的图像志研究　胡春涛著　广西美术出版社　2017 年 12 月　326 页　插图 102 幅　16 开

三　石窟寺

石窟寺研究（第七辑）　中国古迹遗址保护协会石窟专业委员会、龙门石窟研究院编　孙英民主编　科学出版社　2017年2月　文422页　插图426幅　插表11幅　彩版4页　16开

石窟艺术研究（第二辑）　麦积山石窟艺术研究所编　李天铭、孙晓峰主编　文物出版社　2017年12月　331页　插图171幅　插表19幅　16开

丝路之魂：璀璨的石窟艺术　成都博物馆、敦煌研究院、新疆维吾尔自治区龟兹研究院、麦积山石窟艺术研究所、四川省对外文化交流中心编　四川人民出版社　2017年1月　100页　32开

唐与回鹘时期龟兹石窟壁画研究（考古新视野）　刘韬著　文物出版社　2017年8月　目录8页　文317页　插图117幅　16开

高昌石窟壁画线描集（一）：吐峪沟石窟（吐鲁番学研究丛书）　吐鲁番学研究院、吐鲁番博物馆编　徐东良、陈玉珍、王龙编著　上海古籍出版社　2017年5月　130页　线描图105幅　16开

龟兹寻幽：考古重建与视觉再现（亚欧丛书）　［美］何恩之（A. E. Howard）、［意］魏正中（Giuseppe Vignato）著　王倩译　上海古籍出版社　2017年11月　285页　插图167幅　插表10幅　16开　译自 *Archaeological Visual Sources of Meditation in the Ancient Monasteries of Kuea*

敦煌艺术十讲　赵声良著　文物出版社　2017年11月　293页　插图158幅　16开

图说敦煌二五四窟　陈海涛、陈琦著　生活·读书·新知三联书店　2017年11月　247页　插图131幅　彩版62幅　16开

敦煌佛教与石窟营建（敦煌与丝绸之路石窟艺术丛书）　王惠民著　甘肃教育出版社　2017年9月　648页　插图101幅　16开

北周石窟造像研究（敦煌与丝绸之路石窟艺术丛书）　吴荭著　甘肃教育出版社　2017年1月　486页　插图79幅　插表19幅　16开

敦煌阴氏与莫高窟研究（敦煌与丝绸之路石窟艺术丛书）　张景峰著　甘肃教育出版社　2017年3月　680页　插图210幅　插表19幅　16开

梵室殊严：敦煌莫高窟第361窟研究　赵晓星著　甘肃人民美术出版社　2017年9月　320页　插图180幅　16开

北朝—隋时期敦煌法华图像研究（敦煌与丝绸之路石窟艺术丛书）　张元林著　甘肃教育出版社　2017年9月　376页　插图161幅　16开

归义军时期敦煌石窟考古研究　沙武田著　甘肃教育出版社　2017年9月　365页　插图311幅　16开

敦煌隋代石窟壁画样式与题材研究（敦煌与丝绸之路石窟艺术丛书）　杨郁如著　甘肃教育出版社　2017年9月　423页　插图192幅　16开

麦积山石窟初期洞窟调查与研究（敦煌与丝绸之路石窟艺术丛书）　魏文斌著　甘肃教育出版社　2017年3月　771页　插图281幅　插表29幅　图版140幅　16开

陕西石窟内容总录：延安卷　《陕西石窟内容总录》编纂委员会编　张建林主编　陕西人民出版社　2017年6月　全三册　序、前言、目录29页　文、彩版969页　插图1608幅　地图16幅　彩版297幅　16开

陕西石窟内容总录：榆林卷　《陕西石窟内容总录》编纂委员会编　张建林、乔建军主编　陕西人民出版社　2017年7月　全三册　目录13页　1240页　地图16幅　插图1655幅　附表11幅　16开

陕西石窟内容总录：铜川卷　《陕西石窟内容总录》编纂委员会编　张建林主编　陕西人民出版社　2017年12月　前言、概述、凡例23页　文370页　地图9幅　插图616幅　16开

邠州石室全录：彬县大佛寺石窟匾额、题记、石碣、石碑考释　孙彬荣编著　三秦出版社　2017年12月　序，目录12页　文145页　插图152幅　彩版6页　16开

大同石佛寺　［日］木下杢太郎著　张嘉伦译　云冈石窟研究院编　江苏凤凰美术出版社　2017年3月　265页　插图67幅　图版113幅　16开　译自「大同石仏寺」（东京座右宝刊行会，1938年）

云冈目录（近代以来海外涉华艺文图志系列丛书）　［日］木下杢太郎著　赵晖译　中国画报出版社　2017年11月　264页　插图66幅　图版113幅　16开　译自「大同石仏寺」（东京座右宝刊行会，1938年）

云冈石窟的营造工程（考古新视野）　彭明浩著　文物出版社　2017年5月　文295页　插图249幅　插表11幅　彩版4页　16开

四川散见唐宋佛道龛窟内容总录：自贡卷　四川省文物考古研究院、自贡市文化广播影视新闻出版局编　周科华、陈刚主编　文物出版社　2017年1月　211页　彩版406幅　16开

四川散见唐宋佛道龛窟内容总录：达州卷　四川省文物考古研究院、达州市博物馆编　唐飞、李冰雪主编　文物出版社　2017年1月　398页　彩版294幅　16开

四川夹江千佛岩唐代佛教艺术研究　四川省文物考古研究院、早稻田大学、西北大学编　高大伦、［日］肥田路美、于春主编　四川人民出版社　2017年3月　272页　插图147幅　16开

补　遗

丝路·思路：2015年克孜尔石窟壁画国际学术研讨会论文集　王赞、徐永明主编　河北美术出版社　2015年9月　366页　插图278幅　插表14幅　16开

四　古代建筑

中国古代建筑与艺术（近代以来海外涉华艺文图志系列丛书）　［日］关野贞著　胡稹、于姗姗译　中国画报出版社　2017年11月　472页　插图382幅　16开　译自「支那の建築と芸術」（岩波书店，1938年）

四川古建筑测绘图集（第四辑）　四川省文物考古研究院编　科学出版社　2017年6月　文356页　彩版20页　16开

西藏古建筑测绘图集（第二辑）　西藏自治区文物保护研究所编著　哈比布主编　科学出版社　2017年5月　文273页　测绘图286幅　彩版36页　16开

文物建筑（第九辑）　河南省文物建筑保护研究院编　科学出版社　2017年3月　219页　16开

文物建筑（第十辑）　河南省文物建筑保护研究院编　杨振威主编　科学出版社　2017年11月　195页　插图174幅　插表19幅　16开

中国汉阙全集　张孜江、高文主编　中国建筑工业出版社　2017年7月　440页　插图734幅　16开

四川古代牌坊（四川古建筑大系）　四川省文物考古研究院（唐飞、姚军）编著　文物出版社　2017年8月　目录16页　文、实测图、彩版461页　插图14幅　实测图131幅　彩版254幅　16开

广东出土汉代建筑明器（曼殊文丛）　陈闽编著　文汇出版社　2017年10月　189页　32开

五　陶瓷与窑址

一日看尽长安花：唐都长安三彩文物精华展集萃　潘沧桑主编　杭州出版社　2017年8月　123页　插图65幅　彩版87幅　16开

丝路幻彩：洛阳博物馆藏唐三彩精品展　成都武侯祠博物馆、洛阳博物馆编　谢辉、谢虎军主编　四川人民出版社　2017年1月　149页　彩版　16开

中国磁州窑（中国古瓷窑大系）　北京艺术博物馆编　赵学锋主编　中国华侨出版社　2017年7月　529页　插图335幅　彩版282幅　12开

鲁山窑调查报告　深圳市文物考古鉴定所、郑州市中原陶瓷标本博物馆编著　文物出版社　2017年11月　353页　插图636幅　插表67幅　彩版122幅　16开

鲁山段店窑遗珍　河南省文物考古研究院、平顶山博物馆、鲁山县段店窑文化研究所编著　科学出版社　2017年9月　191页　插图8幅　彩版225幅　16开

丝路之光：垦利海北遗址考古与文物精粹　山东大学历史文化学院、山东大学文化遗产研究院、垦利区博物馆编　陈章龙、赵清华主编　上海古籍出版社　2017年12月　150页　插图24幅　彩版334

幅　16 开

梦韵天青：宝丰清凉寺汝窑最新出土瓷器集粹　河南省文物考古研究院、宝丰汝窑博物馆编著　赵宏主编　大象出版社　2017 年 9 月　281 页　插图 100 幅　彩版 213 幅　16 开

汝窑瓷器与鲁山窑瓷器研究（中国古陶瓷研究辑丛）　中国古陶瓷学会编　故宫出版社　2017 年 10 月　446 页　16 开

中国汝窑学术论文集　郜现营、吕成龙主编　河南人民出版社　2017 年 10 月　570 页　16 开

叶县文集出土陶瓷器（河南省南水北调工程考古发掘出土文物集萃，五）　河南省文物局、河南省文物考古研究院编著　中州古籍出版社　2017 年　286 页　16 开

南方原始瓷简史　王汇文著　中国水利水电出版社　2017 年 5 月　118 页　插图 152 幅　插表 10 幅　16 开

青色流年：全国出土浙江纪年瓷图集　浙江省博物馆编　汤苏婴、王轶凌主编　文物出版社　2017 年 8 月　372 页　插图 99 幅　彩版 423 幅　8 开

秘色越器：上林湖后司岙窑址出土唐五代秘色瓷器　浙江省文物考古研究所、慈溪市文物管理委员会办公室编著　沈岳明、郑建明主编　文物出版社　2017 年 3 月　183 页　插图 57 幅　彩版 209 幅　16 开

瓷路人生：浙江瓷窑址考古的实践与认识（浙江省文物考古研究所学者文库）　任世龙著　文物出版社　2017 年 9 月　序、目录 10 页　文 347 页　插图 195 幅　照片 3 页　16 开

福建唐五代窑址考古研究　华锋林著　福建闽越王城博物馆编　海峡书局　2017 年 6 月　171 页　16 开

瓷中珍品（南宋皇城记忆）　邓禾颖著　杭州出版社　2017 年 10 月　73 页　32 开

哥瓷雅集：故宫博物院珍藏及出土哥窑瓷器荟萃　故宫博物院编　吕成龙主编　故宫出版社　2017 年 11 月　397 页　插图 83 幅　插表 6 幅　彩版 160 幅　12 开

闽南地区宋至清代制瓷手工业遗存研究　孟原召著　文物出版社　2017 年 6 月　摘要、前言、目录 17 页　文 338 页　插图 181 幅　16 开

红土黑彩：西汉南越王博物馆馆藏彩陶（西汉南越王博物馆馆藏系列丛书）　何东红主编　中山大学出版社　2017 年 3 月　235 页　彩版 200 幅　16 开

邛窑　成都文物考古研究所、邛崃市文物管理局编　黄晓枫主编　四川人民出版社　2017 年 5 月　249 页　彩版 229 幅　16 开

御窑·皇家：明代官窑瓷器展　山东博物馆编　郭思克主编　浙江人民美术出版社　2017 年 5 月　235 页　彩版 212 幅　16 开

明清官窑研究（一）：2016 年明清官窑国际学术研讨会论文集　景德镇市陶瓷考古研究所、景德镇唐英研究会编　江建新主编　华龄出版社　2017 年 5 月　218 页　16 开

明代弘治正德御窑瓷器：景德镇御窑遗址出土与故宫博物院藏传世瓷器对比　故宫博物院、景德镇市陶瓷考古研究所编　吕成龙、江建新主编　故宫出版社　2017 年 9 月　全二册　725 页　插图 47 幅　彩版 339 幅　12 开

高洁灵雅成化瓷：景德镇御窑出土成化瓷特展　厦门市博物馆、景德镇御窑博物馆、景德镇陶瓷民俗博物馆编　张仲淳主编　福建科学技术出版社　2017 年 9 月　222 页　彩版　16 开

故宫成化瓷器精选　蔡和璧主编　台湾“故宫博物院”　2017 年 2 月　335 页　插图 16 幅　彩版 207 组　16 开

故宫博物院藏清雍正青花瓷器　故宫博物院编　陈润民主编　故宫出版社　2017 年 9 月　309 页　彩版 203 幅　12 开

元明清官窑番莲花纹饰之研究（华侨大学哲学社会科学文库·历史学系列）　王怡苹著　社会科学文献出版社　2017 年 7 月　245 页　彩图表 7 幅　插表 47 幅　插图 14 幅　16 开

中国陶瓷在英国（1560～1960）：藏家、藏品与博物馆（艺术与鉴藏）　［美］毕宗陶（Stacey Pierson）赵亚静译　上海书画出版社　2017 年 2 月　文 185 页　彩版 13 页　16 开　译自 *Collectors*, *Collec-*

tions and Museums, *the Field of Chinese Ceramics in Britain*, *1560 – 1960*

CHINA 与世界：海上丝绸之路沉船与贸易瓷器　南京市博物总馆、宁波博物馆、上海中国航海博物馆编　吴阗、王力军、张东苏主编　文物出版社　2017 年 11 月　471 页　插图 117 幅　彩版 241 幅　8 开

明清景德镇外销瓷与制瓷技术外传　彭明瀚著　文物出版社　2017 年 7 月　190 页　插图 231 幅　16 开

器成天下走：明清外销瓷研究（广东省博物馆学术系列丛书）　黄静著　江西美术出版社　2017 年 11 月　228 页　16 开

补　遗

贵似晨星：清宫传世 12 至 14 世纪青瓷特展　余佩瑾主编　台湾“故宫博物院”　2016 年 5 月　351 页　插图 63 幅　彩版 116 组　16 开

六　古代绘画

中国古代物质文化史：绘画（墓室壁画，汉）　刘婕、李小旋、邵菁菁著　开明出版社　2017 年 6 月　272 页　插图 491 幅　16 开

中国古代物质文化史：绘画（墓室壁画，隋唐五代）　信佳敏、赵晶、唐宇、王磊编著　开明出版社　2017 年 10 月　269 页　插图 253 幅　16 开

中国古代壁画·唐代（一）：陕西历史博物馆藏　陕西历史博物馆编　罗文利、成建正主编　广西美术出版社　2017 年 8 月　全三册　651 页　彩版 177 组　附图 14 幅　8 开

百代过客：山西博物院藏古代壁画艺术精品集　上海博物馆编　杨志刚主编　上海书画出版社　2017 年 11 月　168 页　插图 20 幅　彩版 12 组　8 开

壁上观：细读山西古代壁画（博物新知丛书）　上海博物馆编　石金鸣、葛兆光、杨志刚主编　北京大学出版社　2017 年 12 月　479 页　插图 399 幅　16 开

地下画廊：河西走廊出土壁画彩绘砖　卢冬编著　甘肃人民美术出版社　2017 年 7 月　177 页　16 开

中国古代壁画艺术与数字化应用研究：以四川地区佛寺壁画为例　李雅梅著　高等教育出版社　2017 年 5 月　209 页　插图 139 幅　插表 46 幅　16 开

中国丝绸之路上的墓室壁画：总论卷　汪小洋编著　东南大学出版社　2017 年 9 月　208 页　插图 195 幅　20 开

中国丝绸之路上的墓室壁画：东部卷（山东分卷）　王诗晓、郭振文、金源编著　东南大学出版社　2017 年 9 月　148 页　插图 186 幅　20 开

中国丝绸之路上的墓室壁画：东部卷（江苏、浙江、福建、广东分卷）　邓新航编著　东南大学出版社　2017 年 9 月　171 页　插图 205 幅　20 开

中国丝绸之路上的墓室壁画：中部卷（河南分卷）　姚义斌、段少华、郭振文编著　东南大学出版社　2017 年 9 月　181 页　插图 182 幅　20 开

中国丝绸之路上的墓室壁画：中部卷（陕西分卷）　姚义斌、刘刚、吴思佳编著　东南大学出版社　2017 年 9 月　174 页　插图 227 幅　20 开

中国丝绸之路上的墓室壁画：西部卷（甘肃分卷）　包艳、张聘杰、史亦真编著　东南大学出版社　2017 年 9 月　132 页　插图 152 幅　20 开

中国丝绸之路上的墓室壁画：西部卷（宁夏、青海、新疆分卷）　吴思佳编著　东南大学出版社　2017 年 9 月　132 页　插图 112 幅　20 开

图像与空间：和林格尔东汉墓壁画与建筑关系研究　崔雪冬著　辽宁美术出版社　2017 年 7 月　204 页　插图 87 幅　16 开

画像、文字与生活：汉代墓室绘画图像学研究　张倩倩著　山东大学出版社　2017 年 4 月　245 页　16 开

高句丽壁画研究（高句丽历史文化研究丛书）　耿铁华著　吉林大学出版社　2017 年 12 月　394 页　插图 305 幅　插表 17 幅　彩版 78 幅　16 开

正定隆兴寺明代壁画艺术研究　王一飞著　中国美术学院出版社　2017年12月　200页　16开

岩画研究（2016）　宁夏岩画研究中心编　李彤主编　宁夏人民出版社　2017年1月　文194页　插图179幅　彩版14页　16开

文明的印痕：贺兰山高伏沟至小贺兰口岩画（贺兰山岩画保护研究工程丛书）　张少志、夏亮亮主编　宁夏人民出版社　2017年7月　181页　插图410幅　16开

贺兰山岩画研究集萃（贺兰山岩画保护研究工程丛书）　张少志、张建国主编　宁夏人民出版社　2017年7月　486页　插图333幅　16开

贺兰山贺兰口岩画（贺兰山岩画保护研究工程丛书）　贺吉德、丁玉芳著　宁夏人民出版社　2017年7月　463页　插图2528幅　16开

岩画与神圣景观（贺兰山岩画保护研究工程丛书）　［美］唐娜·L. 吉莱特（Donna L. Gillette）、［美］麦维斯·格里尔（Mavis Greer）、［美］米歇尔·H. 海沃德（Michele Helene Hayward）、［墨］威廉·布林·墨里（William Breen Murray）编　王永军、张傅城、孙源、张亚莎译　宁夏人民出版社　2017年7月　222页　插图111幅　16开　译自 *Rock Art and Sacred Landscapes*, 2014

世界岩画欣赏（贺兰山岩画保护研究工程丛书）　李祥石编著　宁夏人民出版社　2017年7月　360页　插图1496幅　16开

世界岩画：原始语言（贺兰山岩画保护研究工程丛书）　［意］埃马努埃尔·阿纳蒂（Emmanuel Anati）著　张晓霞、张博文、郭晓云、张亚莎译　宁夏人民出版社　2017年7月　147页　插图180幅　插表4幅　16开　译自 *Arte Rupestre: il Linguaggio dei Primordi*, 1994

环太平洋视域下的中国北方人面岩画（中华女子学院学术文库）　朱利峰著　中国社会科学出版社　2017年4月　392页　插图186幅　插表24幅　图版2361幅　16开

七　古代书法

善本碑拓过眼录（续编）　仲威著　文物出版社　2017年1月　目录5页　文377页　插图965幅　16开

纸上金石：小品善拓过眼录　仲威编著　文物出版社　2017年1月　全二册　241页　253页　拓本165组　8开

丰碑大碣：历代金石拓本精选　西安市水墨长安艺术博物馆编　宗鸣安、陈根远主编　陕西人民美术出版社　2017年8月　320页　8开

北魏平城书迹　殷宪编著　文物出版社　2017年5月　302页　插图320幅　照片28幅　16开

八　古代工艺美术

金银器与草原丝绸之路研究　张景明著　兰州大学出版社　2017年10月　前言、目录32页　文391页　插图265幅　16开

"中国漆器文化研究的回顾与展望"学术研讨会论文集　浙江省博物馆编　范珮玲主编　浙江摄影出版社　2017年11月　345页　插图425幅　插表14幅　16开

天孙机杼：常州明代王洛家族墓出土纺织品研究　华强、罗群、周璞著　文物出版社　2017年3月　272页　插图310幅　16开

锦程：中国丝绸与丝绸之路（中国丝绸博物馆展览系列丛书）　徐铮、金琳主编　浙江大学出版社　2017年9月　345页　彩版311幅　16开

陆 古代科学技术

华觉明自选集 华觉明著 大象出版社 2017年1月 全二册 目录、序14页 文1027页 插图850幅 插表111幅 彩版48页 16开

天工追梦：郑州古代科技文物展 郑州博物馆编 张霆主编 中州古籍出版社 2017年5月 243页 插图41幅 彩版236幅 16开

浙江科学技术史话 陈晓、朱继勇、徐德明编著 浙江大学出版社 2017年8月 219页 插图109幅 16开

经纬锦绣：中国古代丝绸纺织术（天工开物丛书） 赵丰、徐铮著 文物出版社 2017年9月 149页 插图81幅 32开

中国古代制陶工程技术史（中国古代工程技术史大系） 李文杰著 山西教育出版社 2017年10月 序、目录19页 文458页 插图277幅 插表47幅 彩版6页 图版20页 16开

窑火唤彩：中国古代瓷器制作术（天工开物丛书） 陈克伦、叶倩著 文物出版社 2017年8月 129页 插图166幅 32开

纸上春秋：中国古代造纸术（天工开物丛书） 佟春燕著 文物出版社 2017年8月 93页 插图79幅 32开

典册流芳：中国古代印刷术（天工开物丛书） 佟春燕著 文物出版社 2017年8月 102页 插图73幅 32开

先秦两汉度量衡制度研究（规矩方圆丛书） 赵晓军著 上海交通大学出版社 2017年9月 223页 插图73幅 插表6幅 16开

行舟致远，扬帆丝路：何国卫船史研究文选（南海文库） 何国卫著 南京大学出版社 2017年10月 532页 插图198幅 插表31幅 16开

柒 古代文化生活

金玉满堂：京津冀古代生活展 首都博物馆、天津博物馆、河北博物院编 科学出版社 2017年1月 413页 彩版550幅 16开

新疆佛教石窟中的古代民族服饰研究 乌云著 中国建筑工业出版社 2017年12月 120页 插图103幅 插表6幅 附图6组 20开

中国先秦音乐文物考古与研究 黄敬刚著 人民出版社 2017年9月 539页 插图200幅 附图35幅 16开

谁调清管度新声：丝绸之路音乐文物 河南博物院编 张得水、李琴、闫睿主编 文物出版社 2017年6月 272页 插图41幅 彩版202幅 照片8幅 16开

动·境：中华古代体育文物展 天津博物馆编 陈卓、钱玲、谢丹主编 科学出版社 2017年8月 198页 彩版218幅 8开

丝绸之路棉纺织考古研究 曹秋玲、王博著 东华大学出版社 2017年12月 154页 16开

捌 民族考古和边疆地区考古

戎狄匈奴青铜文化：草原丝路文明 李文龙编著 文物出版社 2017年1月 287页 彩版260幅 16开

丝绸之路彩陶暨嘉峪关历史文化学术研讨会论文集 王砚主编 兰州大学出版社 2017年7月 399页 16开

尼雅遗址与于阗史研究（欧亚备要） 孟凡人著 商务印书馆 2017年9月 431页 插图24幅 16开
西域考古与艺术（北大考古学研究丛书） 林梅村著 北京大学出版社 2017年9月 374页 插图201幅 16开
汉以前东北考古研究（吉林大学边疆考古研究中心系列学术文集） 朱永刚著 科学出版社 2017年11月 569页 插图155幅 插表16幅 16开
东北亚走廊考古民族与文化八讲（东北亚走廊与丝绸之路研究丛书） 王绵厚著 黑龙江人民出版社 2017年8月 251页 插图44幅 32开
喀斯特环境与贵州民族墓葬文化 严奇岩著 科学出版社 2017年3月 289页 插图35幅 插表11幅 16开
悠悠牂牁：北盘江考古记（贵州文化遗产丛书：考古系列） 杨洪著 贵州人民出版社 2017年1月 156页 插图112幅 16开
从远古走来的热土：澧水上源地区考古新成果 尚立昆主编 湖南人民出版社 2017年 506页 16开
穿越历史的迷思：考古发现与古巴蜀文明探索 李钊、何韬、邹家兴著 四川辞书出版社 2017年5月 206页 32开
都兰吐蕃文化全国学术论坛论文集 青海藏族研究会编 李庆主编 文物出版社 2017年4月 文426页 插图62幅 照片、彩版22页 16开
广西铜鼓精华 中国古代铜鼓研究会、广西民族博物馆编 覃溥主编 文物出版社 2017年12月 全二册 521页 彩版155组 8开

玖 宗教遗迹与遗物

佛光恒常：安徽佛教文物精品展 安徽博物院编 安徽美术出版社 2017年2月 147页 插图28幅 彩版85幅 16开
越中佛传：东南佛教盛事胜迹圣物 浙江省博物馆编 黎毓馨主编 中国书店 2017年3月 237页 插图27幅 彩版111组 8开
吴越遗韵：瑞光塔文物 钱玉成主编 古吴轩出版社 2017年5月 文138页 插图22幅 彩版19页 16开
天宫法藏：辽庆州塔天宫出土文物菁华 巴林右旗博物馆编著 商原驰、曹布敦嘎主编 科学出版社 2017年9月 序、目录10页 彩版、论述225页 彩版94幅（组） 插图47幅 16开

拾 历史地理与名胜古迹

晚清民国时期中国名胜古迹图集 ［日］常盘大定、［日］关野贞著 张明杰主编 王铁钧等译 中国画报出版社 2017年4月 散页函套装 全十二函 1804页 图版2531幅 8开 译自「支那文化史蹟」（京都：法藏馆，1939～1941；1976年重印，更名为「中国文化史蹟」）
中国文化史迹 ［日］常盘大定、［日］关野贞著 浙江人民美术出版社 2017年6月 影印本 全十二册 2383页 图版2312幅 16开 据「支那文化史蹟」（京都：法藏馆，1939～1941；1976年重印，更名为「中国文化史蹟」）
中国佛教史迹（近代以来海外涉华艺文图志系列丛书） ［日］常盘大定著 廖伊庄译 中国画报出版社 2017年11月 318页 插图112幅 16开 译自支那佛教史蹟踏查記（龙吟社，1938年）
中国纪行：伊东忠太建筑学考察手记（近代以来海外涉华艺文图志系列丛书） ［日］伊东忠太著 薛雅明、王铁钧译 中国画报出版社 2017年11月 目录12页 文291页 插图172幅 16开
从长安到拉萨：2014唐蕃古道考察纪行 陕西省考古研究院、甘肃省文物考古研究所、青海省文物考古

研究所、四川省文物考古研究院、西藏自治区文物保护研究所编 上海古籍出版社 2017年3月 259页 插图310幅 16开

(重修)余杭文物志 杭州市余杭区文化广电新闻出版局编著 冯玉宝主编 文物出版社 2017年1月 序、目录、正文497页 插图469幅 彩版、照片、地图23页 16开

齐齐哈尔文物志 辛健、沈沈 黑龙江人民出版社 2017年 325页 16开

古都遗珍:南京省级文物保护单位篇 南京市文化遗产管理局编 南京出版社 2017年 146页 16开

大匠无名:衢州全国重点文物保护单位 傅振、赵世飞 商务印书馆 2017年1月 356页 16开

温州古遗址(温州市第三次全国文物普查成果专题丛书) 温州市第三次全国文物普查领导小组办公室、温州市文化广电新闻出版局、温州市文物局编 蔡钢铁主编 浙江古籍出版社 2017年5月 前言、目录13页 文308页 插图647幅 16开

临平考古(临平历史文化丛书) 吕芹著 杭州出版社 2017年2月 242页 16开

推开隋唐大运河史的一扇窗:世界文化遗产点:柳孜运河遗址(安徽省哲学社会科学成果文库) 余敏辉、胡均著 安徽人民出版社 2017年 368页 16开

辽宁省燕秦汉长城资源调查报告 辽宁省文物局编著 李向东、王绵厚主编 文物出版社 2017年6月 序、目录24页 文241页 插图284幅 地图14页 彩版103页 16开

战国秦长城考察与研究(修订版) 彭曦著 江苏凤凰科学技术出版社 2017年4月 226页 插图251幅 16开

明蓟镇长城石刻 河北省文物研究所编著 郑绍宗主编 文物出版社 2017年11月 目录14页 文、拓本346页 拓本190幅 16开

齐长城资源调查工作报告 山东省文物局、山东省文物考古研究所、齐长城资源调查工作队、山东省博物馆编著 王永波、李振光主编 文物出版社 2017年12月 148页 照片39幅 图纸10幅 彩版33幅 16开

宁夏明代长城·河东长城调查报告(宁夏文物考古研究所丛刊之二十六) 宁夏文物考古研究所编著 文物出版社 2017年12月 全二册 目录38页 文、彩版715页 插图211幅 附表6幅 地图4幅 彩版584幅 16开

踏查达州古道 四川省文物考古研究院、达州市文体广电新闻出版局编著 高林伦、王隆毅主编 四川大学出版社 2017年7月 220页 彩版246幅 16开

南北通融:南粤古驿道展览图录(广东省博物馆展览系列丛书) 广东省博物馆编 魏峻主编 岭南美术出版社 2017年9月 323页 彩版 16开

辉腾锡勒草原访古 内蒙古自治区文物考古研究所编 张文平、袁永明主编 文物出版社 2017年10月 242页 插图203幅 16开

风流宛在:扬州文物保护单位图录 扬州市文物局编 华德荣、仲玉龙主编 苏州大学出版社 2017年11月 273页 彩版792幅 18开

补 遗

郑州市文物地图集(郑州历史文明丛书) 郑州市文物局编 阎铁成主编 西安地图出版社 2016年10月 全二册 457页 444页 插图128幅 地图209幅 16开

拾壹 中外关系与中外文化交流

绵亘万里:丝绸之路世界遗产 国家文物局、香港康乐及文化事业署合办 香港历史博物馆编印 2017年 283页 插图20幅 彩版237幅 16开

异宝西来:考古发现的丝绸之路舶来品研究(北京大学中国考古学研究中心稽古系列丛书之一) 北京大学中国考古学研究中心、那不勒斯东方大学亚洲非洲和地中海系、地中海与东方学国际研究协会

编 ［意］葛嶷（Bruno Genito）、齐东方主编 上海古籍出版社 2017年12月 251页 插图46幅 彩版49幅 16开

欧亚衢地：贵霜王朝的信仰与艺术 上海博物馆编 杨志刚主编 上海书画出版社 2017年12月 125页 插图16幅 彩版39组 16开

张骞探险之地（丝路译丛，第一辑：玄奘之旅） ［乌兹别克斯坦］瑞德维拉扎（Edvard Rtveladze）著 高原译 敦煌研究院编 漓江出版社 2017年7月 文249页 插图278幅 彩版8页 16开

从波斯波利斯到长安西市（丝路译丛，第一辑：玄奘之旅） ［美］乐仲迪（Judith lerner）著 毛铭译 敦煌研究院编 漓江出版社 2017年7月 文148页 插图79幅 彩版8页 16开

南海归帆：西沙华光礁I号沉船特展 河北博物院、海南省博物馆编 河北美术出版社 2017年3月 169页 插图111幅 彩版108幅 16开

东西汇流：13至17世纪的海上丝绸之路 广东省博物馆编 岭南美术出版社 2017年5月 198页 16开

南越王墓与海上丝绸之路（西汉南越王博物馆研究丛书） 西汉南越王博物馆编 李妍主编 广东人民出版社 2017年6月 252页 16开

海上丝绸之路广州史迹（广州文物考古研究丛书） 广州市文物考古研究院编著 韩维龙、易西兵主编 广州出版社 2017年8月 198页 插图269幅 16开

拾贰 文物保护、大遗址和文化遗产保护

一 文物保护事业

文物政策理论研究辑要 国家文物局编 文物出版社 2017年1月 306页 16开

文物保护法研究专辑V 《文物保护法研究专辑》编辑组编 文物出版社 2017年9月 211页 16开

文物工作研究：聚焦2015 刘曙光、柴晓明主编 文物出版社 2017年2月 文261页 插图55幅 插表7幅 彩版5页 16开

文物工作调研报告汇编（2016） 国家文物局编 文物出版社 2017年11月 240页 16开

第一次全国可移动文物普查工作报告 国家文物局第一次全国可移动文物普查工作办公室编 文物出版社 2017年11月 734页 16开

第一次全国可移动文物普查分省工作报告 国家文物局第一次全国可移动文物普查工作办公室编 文物出版社 2017年11月 734页 16开

社会力量参与文物保护论文集 中国文物保护基金会秘书处编 文物出版社 2017年7月 222页 16开

守护·传承：陕西省"十二五"文物保护成果 陕西省文物局编 赵荣主编 陕西旅游出版社 2017年2月 349页 插图835幅 16开

新中国成立初期浙江省文物保护研究（1950～1965）（当代浙江学术文库） 钱文艳著 中国社会科学出版社 2017年12月 301页 16开

陕西省石峁遗址保护条例 陕西省人民代表大会常务委员会法制工作委员会 陕西人民出版社 2017年 11页 32开

三峡工程湖北文物保护纪事（长江三峡工程文物保护项目报告，戊种第十三号） 李雁编著 科学出版社 2017年6月 188页 插图340幅 16开

补 遗

思考埃尔金大理石雕 ［美］约翰·亨利·梅里曼（John Henry Merryman）著 国家文物局博物馆与社会文物司（科技司）编 李洁译 译林出版社 2016年12月 506页 16开 译自 *Thinking about the Elgin Marbles*, 2009

二　文物保护技术与文物修复

博物馆藏品操作手册：文物及艺术品包装运输指南（文博编译丛书）　公益财团法人日本博物馆协会编　中国文物文流中心译　译林出版社　2017年12月　211页　16开

文物保护科技专辑V：材料与检测（中国文化遗产研究院中央级公益性科研院所基本科研业务费专项成果丛书）　中国文化遗产研究院编　文物出版社　2017年12月　484页　插图471幅　插表121幅　彩版118幅　16开

奚三彩文集：科技保护卷（南京博物院学人丛书）　南京博物院编　文物出版社　2017年11月　序、目录11页　文479页　插图196幅　插表115幅　照片8页　16开

青海省彩陶文物保护修复报告　青海省文物考古研究所、秦始皇帝陵博物院编著　科学出版社　2017年6月　226页　插图98幅　插表25幅　附表62幅　附彩版30幅　16开

襄阳市博物馆青铜器修复技术报告　襄阳市博物馆编著　张靖主编　科学出版社　2017年2月　前言、目录10页　文235页　插图253幅　插表35幅　彩版36页　16开

荆州博物馆馆藏青铜器保护修复　荆州博物馆编著　肖璇主编　科学出版社　2017年11月　284页　插图264幅　插表18幅　附表25幅　附图128幅　16开

秦俑及彩绘文物保护与研究学术研讨会论文集　秦始皇帝陵博物院、慕尼黑工业大学、陶质彩绘文物保护国家文物局重点科研基地编　周铁、艾默林（Erwin Emmerling）主编　科学出版社　2017年11月　301页　插图235幅　插表41幅　16开

中国古陶瓷修复研究　徐圆圆著　江苏凤凰美术出版社　2017年3月　103页　插图11幅　彩版30幅　16开

煌煌锦绣：沂南河阳墓地出土丝织品保护修复与研究　山东省文物保护修复中心编著　王传昌、徐军平主编　文物出版社　2017年11月　294页　插图638幅　插表6幅　附表3幅　16开

东亚纸质文物保护与传统造纸：第六届东亚纸张保护学术研讨会论文集　杜晓帆、庄立臻主编　复旦大学出版社　2017年6月　目录、前言18页　文355页　插图237幅　插表46幅　16开

中国书画文物修复导则　南京博物院编　译林出版社　2017年10月　164页　16开

中国古代彩绘的分析识别　和玲著　科学出版社　2017年5月　前言、目录9页　文334页　插图242幅　插表52幅　16开

遗彩寻微：中国古代颜料偏光显微分析研究（陶质彩绘文物保护国家文物局重点科研基地丛书）　夏寅等著　科学出版社　2017年5月　目录10页　文216页　插图118幅　插表57幅　16开

三　文物保护工程

石窟保护技术概论（中国文化遗产研究院·文物保护工程与规划系列）　张兵峰著　文物出版社　2017年6月　文259页　插图50幅　插表31幅　彩版19页　16开

四川石窟及摩崖造像病害及其治理工程实践　何发亮、贺晓东、韦荃、丁建芳、郭如军编著　西南交通大学出版社　2017年3月　作者简介、序、目录27页　文282页　插图227幅　插表45幅　16开

大足石刻大佛湾文物三维扫描及保护应用　吴育华、胡云岗、张玉敏著　文物出版社　2017年5月　187页　插图165幅　图版63幅　16开

中国石窟壁画修复与保护　黄骏、谢成水主编　中国美术学院出版社　2017年7月　209页　插图171幅　插表11幅　附表7幅　8开

心系石窟：岩土文物保护研究论文选　方云、王金华、赵岗编　中国地质大学出版社　2017年9月　273页　插图　16开

杭州飞来峰造像保护工程成果撷英　杭州西湖风景区（杭州市园林文物局）灵隐管理处（杭州花圃）编　唐宇力主编　文物出版社　2017年1月　182页　插图29幅　插表9幅　彩版84幅　示意图54幅　16开

瑞光塔保护修缮工程报告　苏州市文物局、苏州市文物保护管理所编著　陈嵘主编　文物出版社　2017年11月　目录13页　文、图282页　插图98幅　实测图48幅　彩版106幅　8开

广西文物保护工程设计文集（第一辑）　广西文物保护与考古研究所编著　广西科学技术出版社　2017年　719页　16开

新疆文物保护工程勘察设计方案集（二）（新疆文物保护研究丛书，甲种本之二）　新疆维吾尔自治区文物古迹保护中心编　梁涛主编　科学出版社　2017年11月　674页　插图230幅　插表56幅　附图265幅　16开

文物建筑迁移保护：基于水利工程影响下的案例研究（清华大学国家遗产中心博士文库，文化遗产保护实践研究系列）　朱宇华著　科学出版社　2017年6月　序、前言、目录8页　文296页　插图150幅　插表5幅　16开

补　遗

龟兹石窟壁画抢救性保护修复工程研究报告　新疆维吾尔自治区龟兹研究院、中国文化遗产研究院编　徐永明、叶梅、郭宏编著　文物出版社　2016年9月　302页　插图426幅　插表98幅　16开

四　遗址保护

古遗址保护与研究（南京博物院文物保护科技丛书）　南京博物院编　万俐、杨隽永主编　译林出版社　2017年12月　文286页　插图275幅　插表170幅　彩版8页　16开

郑州商城遗址保护郑州商城遗址保护管理处编　马玉鹏主编　科学出版社　2017年3月　181页　彩版、图版、平面图、规划图194幅　16开

汉魏洛阳城遗址保护与展示图集　洛阳市白马寺汉魏故城文物保管所编　聂晓雨主编　中州古籍出版社　2017年8月　166页　8开

图说明堂天堂　洛阳市文物局编　余杰主编　文物出版社　2017年5月　198页　插图243幅　16开

河南省土遗址保护方案案例辑　河南省文物建筑保护研究院编　杨予川主编　文物出版社　2017年12月　文139页　插图32幅　插表22幅　平面图、剖面图57幅　彩版15页　8开

汉长安城长乐宫4、5、6号建筑遗址保护工程报告　西安市汉长安城遗址保管所编　李琳、王永伟主编　三秦出版社　2017年　252页　16开

金沙大遗址保护与利用的探索与实践　成都金沙遗址博物馆编著　王毅主编　科学出版社　2017年11月　173页　插图139幅　16开

五　文化遗产保护

文化遗产研究（第三辑）中国社会科学院考古研究所文化遗产保护研究中心编　杜金鹏、梁宏刚主编　科学出版社　2017年8月　483页　插图482幅　插表44幅　16开

文化遗产保护科技支撑（新视野·文化遗产保护论丛）　单霁翔著　天津大学出版社　2017年1月　252页　插图　32开

文化遗产科学研究　杜金鹏著　科学出版社　2017年6月　419页　插图128幅　插表5幅　16开

可移动文物保护与利用工作手册　北京市文物局、中国文物信息咨询中心主编　学苑出版社　2017年11月　726页　16开

山东省可移动文物保护现状调研及保护对策研究　山东省文物保护修复中心编　山东大学出版社　2017年6月　133页　32开

拾叁　水下考古

水下考古（第一辑）　国家文物局水下文化遗产保护中心主办　宋建忠主编　上海古籍出版社　2017

年 12 月　267 页　插图 209 幅　插表 13 幅　16 开

安徽水下考古调查报告（2008～2016）（国家文物局水下文化遗产保护中心·考古报告系列，四）　国家文物局水下文化遗产保护中心、安徽省文物考古研究所编著　科学出版社　2017 年 6 月　目录 15 页　文 262 页　插图 421 幅　插表 2 幅　16 开

福建沿海水下考古调查报告（1989～2010）（国家文物局水下文化遗产保护中心·考古报告系列，一）　国家文物局水下文化遗产保护中心、中国国家博物馆、福建博物院、福州市文物考古工作队编著　文物出版社　2017 年 6 月　目录 18 页　文 400 页　插图 188 幅　彩版 811 幅　16 开

防城港水下考古陆地调查研究　何守强主编　广西人民出版社　2017 年 11 月　150 页　16 开

拾肆　世界古代文明与考古

大英博物馆展览：100 件文物中的世界史（中国国家博物馆国际交流系列丛书）　吕章申主编　北京时代华文书局　2017 年 2 月　257 页　插图 10 幅　彩版 101 幅　16 开

浓缩的世界史：大英博物馆百物展　上海博物馆编　杨志刚主编　上海书画出版社　2017 年 6 月　275 页　插图 2 幅　彩版 101 幅（组）　8 开

丝路秘宝：阿富汗国家博物馆珍品　敦煌研究院编　王旭东主编　文化艺术出版社　2017 年 9 月　致辞、前言、目录 17 页　彩版、专论 253 页　彩版 231 幅　16 开

浴火重光：来自阿富汗国家博物馆的宝藏　故宫博物院编　故宫出版社　2017 年 3 月　279 页　16 开

东南亚大陆早期文化：从最初的人类到吴哥王朝（东南亚文物考古译丛）　［新西兰］查尔斯·海厄姆（Charles Higham）著　云南省文物考古研究所（蒋璐、孙漪娜）译　文物出版社　2017 年 1 月　447 页　插图 595 幅　16 开　译自 *Early Mainland Southeast Asia, from First Humans to Angkor*, 2014

古代蒙古：年代学与民族文化史的若干问题（《新疆通史》翻译丛书）　［苏］Э. А. 诺夫戈罗多娃（Э. А. Новгородова）著　杨军涛译　新疆人民出版社　2017 年 6 月　449 页　插图 143 幅　16 开　译自 *ДревняяМон－голия*, 1989

埃及考古专题十三讲　中国社会科学院考古研究所编　中国社会科学出版社　2017 年 7 月　文 327 页　插图 274 幅　彩版、照片 9 页　16 开

古埃及：法老与神的世界　成都金沙遗址博物馆编　四川人民出版社　2017 年 1 月　260 页　彩版　16 开

典雅与狂欢：来自雅典卫城博物馆的珍宝　上海博物馆编　杨志刚主编　上海书画出版社　2017 年 12 月　78 页　彩版 46 幅　16 开

发现玛雅　［美］约翰·斯蒂芬斯（John Lloyd Stephens）著　崔松译　北京时代华文书局　2017 年 12 月　文 364 页　插图 26 幅　彩版 16 页　16 开　译自 *Incidents of Travel in Central America, Chiapas and Yucatan*

哥贝克力山丘石器时代的宗教：从狩猎到驯化，从战争到文明　［美］卡尔·W. 卢克特著　张佐堂、冯春波、贾荣慧、马宗保译　宁夏人民出版社　2017 年 11 月　367 页　32 开

补　遗

阿拉伯之路：沙特出土文物（中国国家博物馆国际交流系列丛书）　吕章申、陈煜主编　北京时代华文书局　2016 年 12 月　491 页　插图 23 幅　彩版 428 幅　16 开

（编辑者：张文辉）

新发表古代铭刻资料简目

（原形字用“□”号代替。期刊名称后的数码依次为期和页）

一　金文

殷商

觚

圈足内铭1族徽：“□”。

爵

錾下铭1字：“□”。

（以上2006年河南安阳市铁三路北段墓葬发现　　考古3：33、35）

爵

錾内铭4字：“舌齿父乙”。

［1972年甘肃平凉县（今崆峒区）四十里铺庙庄墓葬发现　　陇右文博4：87］

爵

錾内铭1字：“□”。

爵

錾内铭1字：“戉”。

爵

錾内铭1字：“□”。

爵

錾内铭1字：“启”。

觚

内侧铭：“□”。

爵

錾内铭1字：“□”。

（以上2009年11月至2010年7月河南安阳市刘家庄北地商代遗址墓葬发现　　文物6：11、17、22、24、27－28）

西周

簋

腹内底铭2行7字：“□□作父己　尊彝”。

（2016年3月至4月陕西渭南市澄城县王庄镇柳泉沟村西九沟墓葬发现　　考古与文物2：5）

簋

器、盖同铭，只是个别字略有不同。盖内壁铭3行20字，重文二：“井公乍中姊（姊）娄姬宝隮簋

其万　年子₌孙₌永宝用”。

（近年首都师范大学历史博物馆征集　　文物 3：83）

春秋

壶（4 件）

器腹铭 83 字：“唯王八月，初吉庚午，曾伯桼哲圣孔武，孔武元犀，克逖淮夷，余温恭且忌，余为民父母。唯此壶章，先民之尚。余是楙是则，允显允异。用其鐈鏐，唯玄其良，自作尊壶，用孝用享于我皇祖，及我文考，用锡（赐）害（匄）眉寿，子孙永宝”；器盖铭 78 字，内容与壶腹铭基本一致。

（2014 年至 2015 年湖北荆门市京山县平坝镇西侧苏家垄遗址发现　　江汉考古 6：5、8－9）

春秋至战国

軎辖（2 组 4 件）

中部有：“□”符号。

（2014 年 8 月至 12 月甘肃漳县三岔村墩坪遗址发现　　考古 8：42）

战国

戈

戈内上铭 3 行 12 字：“廿三年东　阳上库工　帀篚冶　”。

（2007 年至 2008 年安徽六安市双龙机床厂墓葬发现　　东南文化 1：87）

戈

内正面铭 3 行 15 字：“十八年属　邦买之造　库绵工爽第□□”。

（甘肃宕昌县新城子藏族乡老树川村烽火里烽火台遗址发现　宕昌县博物馆藏　　陇右文博 3：28）

马衔

一面铸 2 字：“旧庞”。

（2014 年 2 月湖北襄阳市襄城区欧庙镇卸甲山村一组墓葬发现　　江汉考古 4：15）

鼎

腹部近口沿下铭 1 行 7 字：“襄安文公壬渠旋”；右侧耳下铭 1 字：“七”。

（北京安峰堂藏　　洛阳考古 2：66）

戈

内铭 2 行 30 个字：“十九年邦大夫敨（部）贞邦冶敨（部）槨（郭）晨孟寶　邦司寇乐汤上库工师郭郿辰卖收器”。

（传为内蒙古绥远出土　原藏于山东省图书馆　今藏于山东博物馆　　文物 4：44－45）

元

权（5 件）

权身正面铭：“至大元年”；两侧为八思巴文；背面铭：“杭州路”；两侧铭：“人字”。

权身正面铭：“延祐三年”；背面铭：“正八一”。

权身正面铭：“延祐元年”；背面铭：“人七”。

权身正面铭：“元统二年”；背面铭：“□州路”；右侧铭：“天”。

权身正面铭：“延祐六年”；背面铭：“成人”。

（浙江安吉县博物馆藏　　东方博物第 64 辑：101－103）

明

钟

钟身分八格铭文521字，内容主要记官员、助钱百姓及铸造者。

万历二十六年（1598）季夏吉旦造。

（2016年1月浙江慈溪市观海卫镇五磊讲寺内发现　东方博物第62辑：85－86）

补遗

商

鼎

器腹内壁铭：“□”。

鼎

器内底铭：“□”。

鼎

器腹内底铭：“□”。

甗

器腹内壁铭：“□”。

爵（2件）

鋬内腹壁同铭：“□”。

壶

器颈部内壁铭：“戈”。

戈（M121：7）

内后部两面有似鸟形纹饰。

戈

内后端两面铭族徽：“□”。

器盖（M122：17）

盖顶内壁铭：“□”。

器盖（M122：34）

盖顶内壁铭：“□”。

戈（M122：23）

内后端两面铭族徽：“□”。

（以上2010年7月至2011年2月山东济南市古城区刘家庄村遗址发现　中国国家博物馆馆刊2016年7：84－92、95－98、105－110）

附：金银器铭

西汉鎏金勺

勺柄背面阴刻2行10字：“私府　大半升乙二斤六两”。

（1997年11月陕西西安市北郊陕西省印刷厂住宅区基建工地墓葬发现　考古与文物6：21）

明银器铭

戒指戒面中间铭：“安然秀气”。

耳勺柄背面铭：“青松耐岁寒”“红杏争春□”。

（以上2010年5月至12月河南宝丰县廖旗营村东墓葬发现　文物4：28－29）

清银镯

镯面铭有“寿”字。

（2004年5月至6月黑龙江嫩江县临江乡铁古拉村西南墓葬发现　北方文物4：17）

补遗

宋金银钗

金钗钗梁及钗脚均铭：“吴二郎造”款识。

金钗钗梁顶端及钗脚处均铭：“足金”。

银钗钗梁有款识，锈蚀较重，仅能辨认：“□□二□□”。

银钗钗脚有款识，可辨：“□家真银”。

（以上2008年8月山东济南市历下区卫港遗址发现　中国国家博物馆馆刊2016年6：42－45）

二　玺印

（凡未注明质料者均为铜质）

西汉

赵随（玉）

（2011年陕西咸阳市渭城区聂家沟村北部墓葬发现　文博6：23－24）

肖形印（玉）

（2016年3月至4月陕西渭南市澄城县王庄镇柳泉沟村西九沟墓葬发现　考古与文物2：6－7）

刘林（木）

吴眇容印

屈谁（骨角器）

（以上2011年4月至5月山东青岛市黄岛区张家楼镇土山屯村墓葬发现　考古10：39、41－42）

官律所平

（2016年10月7日新疆若羌县罗布泊镇楼兰古城遗存发现　新疆文物3：42）

廉普（石）

（2014年4月至6月浙江绍兴市柯桥区兰亭镇西南部的软港行政村蔺家山自然村后头山墓葬发现　东方博物第62辑：8－9）

东晋至唐

白记　熊祖国　熊勮白事　熊勮白牋　臣勮　熊勮（六面印）

印文漫漶不清

（以上2016年6月至8月江西南昌市梅湖景区花博园墓葬发现　南方文物2：73－74）

白记　张迈　张仲人　张迈白事　臣迈　张迈白笺（六面印）

（2016年江苏南京市雨花台区后头山墓葬发现　东南文化4：35－36）

印文不识

（2015年4月辽宁盖州市青石岭镇青石岭山城遗址发现　考古12：66）

金

也邻河拥定山谋克印

款记："大定十年六月""少府监造"。

（俄罗斯乌苏里斯克市拉兹纳亚河右岸之上的克拉斯诺亚罗夫斯克城址发现　　东方博物第65辑：68）

明

周府典仪所□月　封（木）

（2014年3月河南开封市新街口西南角明周王府官署遗址发现　　文物3：47）

补遗

魏晋

别部司马

（2009年5月河南洛阳市关林大道与兴洛西街交叉口墓葬发现　　中国国家博物馆馆刊2016年4：61－62）

三　墓志

南北朝

南北朝北周宇文氏夫人拓跋氏墓志

首题："周使持节骠骑大将军开府仪同三司大都督武侯新昌公宇文氏夫人拓跋氏墓铭"。

天和六年（571）十一月廿八日卒。

（2013年5月至2014年1月陕西咸阳市西咸新区空港物联产业城项目建设用地墓葬发现　　考古与文物3：44、54）

南北朝北齐刘通墓志（有盖）

盖称："齐故开府仪同刘公铭"。

无首题。

武平三年（572）十月三日卒。

同年十一月廿三日葬。

（2007年11月17日河南安阳市安阳县洪河屯乡上柏树村东南墓葬发现　　中国国家博物馆馆刊9：99）

南北朝北齐李亨墓志（有盖）

盖称："齐故奉车李君墓志铭"。

首题："齐故建忠将军奉车都尉李君墓志铭"。

武平七年（576）二月七日卒。

其年十二月十七日葬。

（2005年3月至4月河南濮阳县柳屯镇这河寨村墓葬发现　　中原文物4：25－28）

隋

隋王贤墓志（有盖）

盖称："王府君之墓"。

无首题。

卒年未详。

开皇十八年（598）十月廿三日葬。

（近年甘肃武威市新城区建设过程中发现　武威市文物考古研究所藏　　陇右文博3：3－4）

隋独孤罗墓志（有盖）

盖称："隋使持节大将军赵国德公独孤君墓志"。

首题："大隋故使持节大将军凉州总管诸军事凉州刺史赵国独孤德公墓志铭"。

开皇十九年（599）二月六日卒。

开皇二十年（600）二月十四日葬。

（1953 年陕西咸阳市渭城区底张湾墓葬发现　　华夏考古 2：122 – 125）

隋张寂墓志（拓本）

首题："大隋仪同三司内侍故张君之墓志铭"。

仁寿元年（601）年七月卒。

（2014 年陕西西安市南郊长安区杜陵乡出土　　考古与文物 5：103 – 104）

唐

唐遂安郡王王妃陆氏墓志（有盖）

盖称："大唐故陆妃墓志之铭"。

首题："大唐柱国交州都督遂安郡王故妃陆氏墓志之铭"。

武德八年（625）卒。

（日本和泉市久保惣纪念美术馆藏　　考古与文物 3：104 – 406）

唐刘祖墓志（有盖）

盖称："大唐刘府君墓志之铭"。

首题："唐故慎州逢龙县令上柱国刘府君墓志之铭"。

龙朔元年（661）四月一日卒。

（2014 年 6 月辽宁朝阳市文明路墓葬发现　　北方文物 3：15）

唐梁行仪墓志（有盖）

盖称："大唐故中书舍人赠吏部侍郎梁公墓志"。

首题："大唐故中书舍人赠吏部侍郎上柱国上邽县开国子梁府君墓志铭并序"。

龙朔元年（661）四月五日卒。

其年十月廿三日葬。

唐梁行仪妻薛氏墓志（有盖）

盖称："大周故薛夫人墓志铭"。

首题："□□中书舍人赠吏部侍郎中大夫梁公夫人河东薛氏墓志铭并序"。

仪凤二年（677）三月五日卒。

神功二年（圣历元年）（698）正月十日与丈夫梁行仪合葬。

（以上 2004 年 10 月 26 日至 11 月 21 日陕西西安市长安区境内高速公路建设工地发现　　中原文物 2：17 – 22）

唐长孙无傲墓志（有盖）

无盖称。

首题："大唐故邢州刺史长孙府君墓志铭并序"。

咸亨二年（671）十一月廿六日卒。

唐长孙无傲夫人窦胡娘墓志（有盖）

盖称："唐右勳卫郎将长孙庄故妻窦夫人墓志"。

首题："大唐右勳卫郎将长孙义庄故妻窦夫人墓志铭并序"。

贞观十一年（637）五月廿一日卒。

（以上 2013 年 12 月至 2014 年 2 月陕西西安市长安区高望堆村以西墓葬发现　　文博 5：62 – 65）

唐苏瑜墓志（有盖）

盖称："大周故苏君墓志之铭"。

首题："大周故始州司马襄城县开国男苏君墓志铭并序"。

长寿二年（693）二月七日卒。

其年八月葬。

〔2010年9月陕西咸阳市武功县南仁乡（现并入普集镇）宣村东北砖厂墓葬发现　考古与文物6：42-44〕

唐张弘墓志（有盖）

盖称："张君墓志"。

首题："大唐故齐州祝阿县丞张府君墓志铭并序"。

景龙三年（709）十一月廿日卒。

（1986年4月山东莘县张寨乡黄庙村南墓葬发现　文物4：18-19）

唐尹倬墓志（有盖）（M15）

盖称："大唐故尹府君墓志铭"。

首题："唐故右神策军正将兼护军中尉押衙银青光禄大夫　检校太子宾客兼侍御史上柱国安定县开国子袭食　实封一百廿五户东莱尹公墓志铭并序"。

大和五年（831）二月十七日卒。

唐尹氏墓志盖（志石佚）（M14）

盖称："大唐故尹府君墓志铭"。

（以上2011年底陕西西安市未央区西凹里村立丰惠泽苑墓葬发现　考古与文物2：32-34）

唐波斯人李摩呼禄墓志

首题："唐故李府君墓志并序"。

大和九年（835）二月十六日卒。

（2004年江苏扬州普哈丁墓园南侧工地发现　扬州市博物馆藏　文博6：69-70）

唐顾忖墓志（有盖）

盖称："唐故顾府君墓志铭记"。

首题："唐故齐州临济县令吴郡顾府君墓志铭并序"。

开成元年（836）十月十日卒。

开成二年（837）正月二十一日葬。

（2015年3月山东济阳县垛石镇前刘村墓葬发现　中国国家博物馆馆刊5：13-15）

唐吴璀墓志

首题："唐故渤海郡吴府君墓志铭并序"。

乾符二年（875）年三月二日卒。

唐吴□墓志

首题："唐故濮阳郡吴府君墓□铭□序"。

乾符五年（878）卒。

（以上2012年至2013年江苏无锡市滨湖区胡埭镇阖闾村吴氏家族墓地发现　东南文化2：48-49）

唐杜晋之墓志（有盖）

盖称："大唐故杜府君墓志铭"。

首题："大唐故朝散大夫守朔方长史杜府君墓志铭并序"。

天宝十五年（756）二月三日卒。

（2010年陕西富县茶坊镇发现　文博6：73-74）

唐王义康墓志（有盖）

盖称:“大唐故王府君墓志铭”。

首题:“大唐徐州长史朝请大夫上护军故王府君墓志”。

永隆二年(681)三月十三日卒。

其年十月与夫人牛氏合葬。

唐故徐州长史王义康夫人冯伍墓志(有盖)

盖称:“大唐故冯夫人墓志铭”。

首题:“大唐故徐州长史太原王君夫人冯氏墓志铭并序”。

开元元年(713)十一月十六日卒。

开元二年(714)二月二日与夫王义康合葬。

[以上2006年8月甘肃武威市凉州区金沙乡水坑村一组(赵家磨)墓葬发现　陇右文博3:5-9]

唐阴神护墓志(有盖)

盖称:“凉州故阴府君墓志铭”。

首题:“大唐故昭武校尉番禾府校尉阴公墓志铭并序”。

卒年未详。

开元十三年(725)十一月廿二日葬。

(2013年甘肃武威市凉州区南湖三号公馆工地发现　陇右文博3:9)

唐卢珰墓志(有盖)

盖称:“唐故范阳卢府君墓铭”。

首题:“唐故秀才范阳卢府君墓铭并序”。

咸通八年(867)七月六日卒。

(2010年1月河南荥阳市苜蓿洼村檀山阳坡墓葬发现　中国国家博物馆馆刊4:75-78)

唐李彝墓志(有盖)

盖称:“唐故李府君墓志铭”。

首题:“唐故和州含山县令李府君墓志铭并序”。

长庆三年(823)七月八日卒。

五代十国(2007年7月2日安徽泗县开发区玉兰居民小区墓葬发现　文物研究第22辑:221-223)

后梁张爽夫妻墓志(有盖)

盖称:“清河郡故张尚书志铭”。

首题:“故护国军节度押衙检校兵部尚书张公墓志铭并序”。

墓主乾化元年(911)十月十一日卒

乾化二年(912)正月卅日与其妻杨氏合葬。

(2009年3月至4月河南三门峡市经济开发区天一化工有限公司施工区墓葬发现　华夏考古4:34-35)

宋

宋范天祐墓志(有盖)

盖称:“宋故范府君墓志铭”。

首题同。

皇祐元年(1049)正月二十一日卒。

熙宁八年(1075)十一月二日葬。

(2010年5月陕西西安市雁塔南路墓葬发现　中国国家博物馆馆刊6:38-39)

宋故崇仁县君张氏墓志(有盖)

盖称："有宋故崇仁县君张氏墓志铭"。

首题："宋故崇仁县君张氏墓志铭"。

元祐九年（1094）六月八日卒。

大观元年（1107）十一月九日葬。

（2013 年 10 月河南荥阳市豫龙镇翟寨村北部五洲国际工业博览城墓葬发现　洛阳考古 1：89－90）

宋王仁杰墓志

额称："宋故承信郎王公墓志铭"。

首题同。

淳熙十六年（1189）七月二十二日卒。

［2016 年冬陕西洋县八龙乡（今戚氏镇）太师坟村发现　陕西历史博物馆馆刊 24：176－177］

宋史嵩之圹志

无首题。

宝祐五年（1257）八月卒。

宋史嵩之继室赵氏圹志

无首题。

开庆元年（1259）正月三日卒。

（以上 2011 年 12 月至 2012 年 4 月浙江宁波市余姚市河姆渡镇五联车厩岙西天缓坡处墓葬发现　南方文物 3：139－142）

宋梁端礼墓志

无首题。

咸淳八年（1272）六月十八日卒。

咸淳九年（1273）四月乙酉葬。

（2013 年 12 月浙江杭州市富阳区新登镇乘庄村杜墓山自然村南侧对面山东南山坡中部墓葬发现　文物 5：44－45、47）

辽

辽张郁墓志

首题："大辽故朝散大夫守鸿胪少卿前知泽州军州事清河府君张公墓志铭并序"。

大安六年（1090）十一月二十日卒。

寿昌三年（1097）三月十九日葬。

赵孝严撰文

（辽宁省博物馆新藏　中国国家博物馆馆刊 10：38－40）

金

金冯兴安墓志

首题："广威将军管押中京路军马千户冯君墓志铭"。

皇统七年（1147）十月七日卒。

（2003 年 5 月 26 日辽宁喀左县利州新区步行商业街东段墓葬发现　北方文物 4：11）

金时丰妻张氏墓志（有盖）

盖称："故礼宾副使时公夫人全记"。

首题："大金故礼宾副使时公夫人张氏墓志铭"。

皇统七年（1147 年）六月八日卒。

李芝撰　时瑜书

（1958年秋河北忻城县出土　　北方文物4：70－71）

金焦珪墓志（有盖）

盖称："大金故进义校尉焦君墓志铭"。

首题同。

大定十七年（1177）四月十七日卒。

大定二十六年（1186）十月十二日葬。

（河南孟州市城伯镇东武章村出土　孟州市博物馆藏　　中原文物1：66－68）

金墓志砖

志文漫漶不清，仅可辨出："大安元年八月"等字。

（1995年5月河南义马市千秋路北侧狂口村墓葬发现　　文物6：49）

元

元珊竹咬住神道碑

额称："大元赠荣禄大夫平章政事温国懿公神道碑铭"。

首题："大元故辅国上将军大宗正府也可扎鲁华赤赠荣禄大夫平章政事温国公谥懿靖珊竹公神道碑铭"。

至大元年（1308）十月七日卒。

延祐元年（1314）五月七日立石。

刘敏中撰　　刘赓书　　王颙篆

（河南沁阳市王曲乡古章村北发现　　中原文物2：85－87）

明

明刘徵士墓志

额称："明故刘徵士执礼墓志铭"。

首题字迹不清。

"宣德己未"（正统四年）（1439）七月初四日卒。

景泰五年（1454）十二月二十九日葬。

（2012年10月江西金溪县秀谷镇北胜利路西侧墓葬发现　　文物12：37）

明成敬墓志（有盖）

盖称："太监成公墓志铭"。

首题同。

景泰五年（1454）十二月四日卒。

（2006年陕西铜川市新区天使小区墓葬发现　　考古与文物5：32－34）

明白昂妻蒋氏墓志（有盖）

盖称："明故封正一品夫人白母蒋氏墓志铭"。

首题同。

正德十二年（1517）二月四日卒。

杨一清撰文　邵宝篆盖　曹仿书丹

明白埈妻杨氏墓志

首题："明故白淑人杨氏墓志铭"。

嘉靖元年（1522）二月八日卒。

邵宝撰文　毛宪书丹　龚大有篆

明白埈妾刘氏墓志（盖佚）（残）

首题："明故母刘硕人墓志铭"。
卒年未详。
段金书丹　吴閒篆盖
（以上分别藏于江苏常州市考古研究所、晋陵白氏宗祠遗址　　中国国家博物馆馆刊 6：48－52）
明郑瓛墓志（有盖）
盖称："明亚中大夫山东都转运盐使司运使郑君之墓"。
首题："明亚中大夫山东都转运盐使司运使郑君墓志铭"。
嘉靖八年（1529）四月二十三日卒。
明郑瓛继妻陈氏墓志（有盖）
盖称："敕封安人继妻陈氏墓志铭"。
首题同。
嘉靖元年（1522）五月二十九日卒。
（以上 1995 年江苏南京江宁开发区堽墓村发现　江宁区博物馆藏　　文物春秋 4：64－67）
明张士隆墓志
首题："大明陕西按察司副使张君仲修暨配孺人石氏合葬墓志铭"。
嘉靖四年（1525）正月二十四日卒。
（2011 年河南安阳市豫北纱厂墓葬发现　　中国国家博物馆馆刊 10：60）
明于濬暨妻顾氏合葬墓志（盖佚）
首题："故奉训大夫茂州知州于公暨乃配顾氏合葬墓志铭"。
墓主嘉靖七年（1528）十月初五日卒。
其妻顾氏正德十五年（1520）九月十八日卒
嘉靖八年（1529）七月二十七日合葬。
（甘肃兰州市七里河区八里窑市儿童福利院旧址发现　1995 年 5 月市儿童福利院捐赠　甘肃省博物馆藏　　陇右文博 4：33－35）
明于瑾墓志（有盖）
盖称："明赐按察副使色封文林郎广西道监察御史南溪先生于公暨配赠孺人庄氏封孺人周氏之墓"。
首题同。
墓主嘉靖十六年（1537）四月九日卒。
妻庄氏成化十九年（1483）七月十二日卒。
继室周氏嘉靖九年（1530）九月二十四日卒。
吕柟撰文　袁宗儒书丹　王潮篆盖
（20 世纪 90 年代初安徽滁州市滁州学院琅琊校区附近墓葬发现　　文物研究第 22 辑：236－240）
明冯世昌墓志（有盖）
盖称："大明武德将军进阶武节将军骁骑尉仪卫正清庵冯公志铭"。
首题："大明郑藩武德将军进阶武节将军骁骑尉仪卫司仪卫正清庵冯公配宜人萧氏合葬墓志铭"。
墓主万历八年（1580）三月二日卒。
万历九年（1581）十一月二十四日与其妻萧氏合葬。
何永庆撰　萧守身书　张应时篆
（2015 年 11 月 3 日河南沁阳市太行办事处沁园路北段河南晋煤天庆煤化工有限责任公司生活区建设工地墓葬发现　　中国国家博物馆馆刊 6：63－65）
明沈余庆夫妇合葬墓志（有盖）
盖称："明恩荫官生显考沈公配顕妣孺人刘氏合葬墓志"。

首题同。

墓主崇祯元年（1628）八月初七日卒。

其年十二月初四日与其妻刘氏合葬。

（2012年2月至6月河南洛阳市定鼎路北以西苗南村东南墓葬发现　洛阳考古2：62－64）

明郑敬王朱载壐圹志

额称："御赐"。

首题："大明郑敬王圹志"。

崇祯十三年（1640）四月初十日卒。

崇祯十四年（1641）十一月二十四日与妃刘氏、王氏合葬。

明郑王妃刘氏圹志

额称："御赐"。

首题："大明郑王妃刘氏圹志"。

天启三年（1623）十月十三日卒。

（以上1983年河南沁阳市西万乡校尉营村东墓葬发现　洛阳考古2：78－80）

明王志德墓志

首题："故敕封户部郎中前临泉王府教授□□□□铭"。

嘉靖十年（1531）六月二十六日卒。

其年十一月葬。

詹文庆撰　王来凤篆　王纶书

明王诰墓志（有盖）

盖称："□□□□大夫督察院右都御史棠溪王公墓志铭"（残）。

首题："明故资政大夫督察院右都御史棠溪王公墓志铭"。

嘉靖三十六年（1557）十一月二十二日卒。

李登云撰文　孙应奎篆盖　张承祚书丹

（以上2001年春河南西平县谭店乡王吉白庄村西南墓葬发现　文物研究第22辑：192－197）

明李真及妻樊氏墓志（有盖）

盖称："明寿官李公孺人樊氏合葬墓志铭盖石"。

首题："大明寿官李公孺人樊氏合葬墓志铭"。

墓主弘治十二年（1499）九月十日卒。

嘉靖元年（1522）三月迁葬。

明李瀛及妻柴氏墓志（有盖）

盖称："□□州同□□公暨安人柴氏墓志"。

首题："大明海州同知李公暨夫人柴氏迁葬墓志铭"。

墓主正德十二年（1517）八月二十八日卒。

柴氏正德十六年（1521）四月十七日卒。

嘉靖元年（1522）四月合葬。

明李恕墓志（有盖）

盖称："明故宁津司训李公墓志铭"。

首题同。

嘉靖二十九年（1550）五月二十五日卒。

明李恕妻卫氏墓志（有盖）

盖称："介轩李公孺人卫氏合葬墓志铭"。

首题："明故介轩李公孺人卫氏合葬墓志铭"。

嘉靖四十二年（1563）卒。

明李悌暨妻秦氏合葬墓志（有盖）

盖称：“皇明李公孺人秦氏吉葬墓志”。

首题：“三祖李公暨三祖母合葬墓志铭”。

李悌万历二十一年（1593）十二月二十九日卒。

秦氏万历二十二年（1594）七年初六日卒。

万历二十二年（1594）九月二十二日合葬。

明李古器暨妻蔺氏合葬墓志（有盖）

盖称：“明荣寿清泉李公孺人蔺氏合葬墓志铭”。

首题同。

墓主万历□年十一月十日卒。

妻蔺氏嘉靖四十三年（1564）八月十二日卒。

万历八年（1580）十月二十四日合葬。

明李古民墓志（有盖）

盖称：“故显考李公府君墓志”。

首题：“故显考李公墓志”。

万历二十一年（1593）八月十四日卒。

次年十二月十七日葬。

明李古民妻丁氏墓志（有盖）

盖称：“敕封承德郎显考李公母太安人丁氏合葬墓志铭”。

首题：“敕封承德郎显考李公暨母太安人丁氏合葬墓志铭”。

万历二十九年（1601）四月初五日卒。

明李持衡墓志（有盖）

盖称：“敕封承德郎定所李公墓志铭”。

首题：“显考承德郎李公墓志铭”。

卒年未详。

（以上 2010 年 5 月至 12 月河南宝丰县廖旗营村东墓葬发现　　文物 4：27－35）

明清砖墓志

志文朱书，漫漶不清。

（2014 年陕西咸阳市渭城区东北正阳镇白庙张闫遗址发现　　文博 4：33）

清

清李绶墓志（有盖）

盖称：“皇清诰授光绿大夫督察院左都御史杏浦李公合葬墓志铭”。

无首题。

乾隆五十六年（1791）卒。

董诰篆盖　　纪昀撰文　　刘墉书丹

（2005 年 4 月北京市石景山区鲁谷地区黄庄发现　　北京文博 3：57－58）

补遗

隋

隋观德王杨雄墓志（有盖）

盖称：“大隋京兆尹司空公光禄大夫故观德王之墓志铭”。

首题："隋京兆尹司空公光禄大夫故观德王之墓志铭"。

大业八年（612）三月十日卒。

隋观德王杨雄夫人长孙淑信墓志（有盖）

盖称："大隋京兆尹太子太傅司空公光禄大夫观国夫人长孙氏志铭"。

首题："隋京兆尹司空公光禄大夫观国夫人长孙氏志铭"。

建德二年（573）二月八日卒。

大业九年（613）九月十三日与夫杨雄合葬。

隋观德王杨雄妃王氏墓志（有盖）

盖称："大隋京兆尹太子太傅司空公光禄大夫故观国妃王氏之墓铭"。

首题："大隋故观王妃墓志铭"。

开皇四年（584）五月廿九日卒。

大业九年（613）九月十三日与夫杨雄合葬。

（以上新近发现　中国国家博物馆馆刊 2016 年 12：59－61、65－68）

唐

唐张献甫墓志（有盖）

盖称："大唐故张府君墓志铭"。

首题："唐故开府仪同三司检校尚书左仆射兼御史大夫使持节邠州诸军事行邠州刺史充邠宁庆等州节度支度营田观察处置等使上柱国朗宁郡王赠司空张公墓志文并序"。

贞元十二年（796）五月卒。

齐抗撰

（2012 年 3 月 28 日陕西咸阳市渭城区渭城镇龚家湾村北墓葬发现　中国国家博物馆馆刊 2016 年 8：47－50）

唐段斯立墓志（有盖）

盖称："唐故检校祠部郎中齐郡段公墓铭并序"。

首题："唐故河阳三城节度参谋检校尚书祠部郎中兼侍御史上柱国赐绯鱼袋段君墓志铭并序"。

会昌二年（842）正月十日卒。

其年十月六日葬。

李讷撰　杨鲁士书

（2009 年 10 月陕西西安市南郊凤栖原韩家湾村西南墓葬发现　中国国家博物馆馆刊 2016 年 9：67－68）

唐令狐览墓志（有盖）

盖称："大唐故令狐公墓志铭"。

首题："唐故朝散大夫前守同州长史上柱国敦煌令狐公墓志铭并序"。

会昌二年（842）冬十一月十三日卒。

会昌三年（843）十月十五日葬。

（2012 年陕西西安碑林博物馆藏　中国国家博物馆馆刊 2016 年 9：76－78）

辽

辽萧德顺墓志（盖佚）

首题："大契丹国故前南宰相义成军节度滑濮等州观察处置等使特进捡校太师同中书门下平章事知左夷离毕事使持节滑州诸军事行滑州刺史上柱国兰陵郡开国公食邑四千户食实封肆伯户萧公墓志铭并序"。

重熙十四年（1045）三月卒。

其年十月十二日葬。

（1989 年内蒙古赤峰市翁牛特旗乌丹镇包莫图嘎查山谷墓葬发现　中国国家博物馆馆刊 2016 年 1：66－68）

辽□晋卿墓志（有盖）

盖、志对铭志文。

首题："□□□□□□□□□□□将作少监知析津县事骁骑尉赐紫金鱼袋▨□君墓志铭并序"。

大康二年（1076）十二月卒。

（2007 年北京市密云县新景家园住宅项目建设工地墓葬发现　中国国家博物馆馆刊 2016 年 2：21－23）

金

金杨志墓碣

首题："故赠登州防御使杨公墓碣"。

靖康二年（1127）八月二十二日卒。

天眷二年（1139）七月二十五日迁葬。

（2014 年 9 月至 10 月河南济源市天坛街道办事处龙潭墓葬发现　中国国家博物馆馆刊 2016 年 2：9－10）

元

元左庭墓志（有盖）

盖称："故中顺大夫大名路开州尹致仕左公墓志铭"。

首题："有元故中顺大夫大名路开州尹致仕左公墓志铭"。

延祐元年（1314）七月十二日卒。

（2004 年 5 月山东聊城市莘县徐庄乡高前庄村南墓葬发现　中国国家博物馆馆刊 2016 年 1：74－75）

附：买地券

南朝孙氏买地券（木）

券文墨书 13 行，凡 152 字。

券主孙氏保大十二年（954）六月卒。

（2013 年 12 月江苏扬州市邗江区西湖镇润扬北路与台扬路交叉口墓葬发现　江汉考古 1：37）

五代十国顺义买地券（木）

券文墨书 10 列，凡约 150 字。

券主康周顺义□□年十月廿三日卒（推算为公元 924 年）。

（2016 年 3 月至 4 月江苏扬州市秋实路墓葬发现　考古 4：57）

宋孙氏买地券（木）

券文一面墨书 16 行，另面墨书 2 字："合同"。

券主景德二年（1005）卒。

宋刘六买地券（木）

券文一面墨书 14 行，凡 146 字。

另面墨书 2 字："合同"。

券主景德四年（1007）卒。

（以上2013年12月江苏扬州市邗江区西湖镇润扬北路与台扬路交叉口墓葬发现　江汉考古1：38－40）

金李居柔买地券

券文朱书13行，凡226字。

正大三年（1226）九月二十二日立券。

（2014年2月陕西西安市雁塔区观音庙村西影路副46号小区院内墓葬发现　考古与文物2：48－49）

明成敬买地券

正面券文朱书16行。字迹漫漶。

背面铭："合同"2字。

景泰五年（1454）十二月□日立券。

（2006年陕西铜川市新区天使小区墓葬发现　考古与文物5：34）

明康□元买地券

券文19行，凡381字。

额称："地券文"。

券主正德二年（1507）五月二十六日卒。

正德四年（1509）二月立券。

明萧弘素买地券

券文19行，凡381字。

额称："故先考萧公素庭地券"。

券主正德十三年（1518）十月初一日卒。

同年十月立券。

明周贵高买地券

券文17行，凡381字。

额称："明故义宰周公云崖地券文"。

嘉靖八年（1529）六月初七日卒。

嘉靖九年（1530）十二月廿八日立券。

明高锦凤买地券

券文18行，凡383字。

额称："明故郭母高氏地券文"。

嘉靖十三年（1534）七月廿一日卒。

嘉靖十九年（1540）正月廿六日立券。

明王魂买地券

券文16行，凡386字。

额称："故曾母王孺人地券"。

嘉靖二十四年（1545）七月二十九日卒。

嘉靖二十六年（1547）正月初一日立券。

明谢宝静买地券

券文15行，凡345字。

额称："地券文"。

嘉靖二十六年（1547）十二月朔日卒。

同年十二月初七日立券。

明刘扐偕妻郭氏买地券

券文多漫漶，凡413字。

额称："刘君梅窝偕配郭孺人地券文"。

万历八年（1580）冬立券。

明买地券

券文多漫漶，凡311字。

券主隆庆戊□月□二日卒。

万历十九年（1591）十二月立券。

明王继鹏买地券

券文11行，凡175字。

额称："墓券文"。

万历二十三年（1595）正月初四日卒。

同年春月立券。

明买地券

券文14行，凡227字。

额称："明故房姪孙学主圹券"。

万历十三年（1585）闰九月二十四日卒。

万历二十五年（1597）十二月初四日葬。

明买地券

券文13行，凡335字。

券主万历四十三年（1615）二月初七日卒。

同年八月立券。

明彭济堂买地券

券文漫漶，约247字。

额称："故先考彭公济堂塋券文"。

（以上江西太和县发现　南方文物1：285－291）

明买地券（板瓦）（残）（2件）

背面墨书2行，字迹漫漶。中间上部墨书2字："敕令"，下部为朱书符箓文。

背面左右两侧竖行墨书："镇墓大吉""生安亡稳"。中间上部墨书："敕令"，下部为朱书符箓文。

（以上2012年2月至6月河南洛阳市定鼎北路以西苗南村东南墓葬发现　洛阳考古2：61－62）

四　碑刻

汉画像石题记

文通祠堂刻石竖刻41行，凡606字："鲁国驺亭掾主簿掾文通食堂……汉安元年（142）六月七日甲寅毕成。石工高平□……"记述文通家族世系及女眷家族记事。

（2013年4月山东邹城市峄山镇北龙河村南墓葬发现　文物1：38－40、76－77）

汉墓室题记

后室南壁枋额中部墨书："南方"；北壁枋额中部朱书："北方"。

墓口北壁壁画武士背后墨书："门吏"。

墓室券顶绘满二十八宿星象图及宿名。

（以上2015年5月陕西靖边县杨桥畔镇杨二村芦河南岸沙滩梁峁区渠树壕墓葬发现　考古与文物1：12－25）

三国曹魏石牌铭（多件）

石牌均为六边形，一面阴刻文字，记载墓葬内随葬品的名称、数量、质地和尺寸。记述内容有衣衾类、器用类、食物类、敛奠丧仪类等。

（2015 年 8 月至 2016 年 12 月河南洛阳市寇店镇西朱村墓葬发现　　考古 7：79）

晋墓室题记

墓室底部个别砖铭：“太元十六年（391）徐氏所作”。

（2011 年 10 月至 2012 年 5 月浙江杭州市余杭区余杭镇东部运溪路同荆余路交叉口东北部 05、06 地块墓葬发现　　东方文博第 64 辑：30）

唐宋摩崖题记

3 号龛正壁左上方铭：“……□祐五年岁次癸巳三月辛丑朔十二日壬□□□僧表题讫”造像题记 9 行 137 字。

4 号龛内造像左侧铭：“先妣王氏供养……氏供养”题记 2 行。

5 号龛外龛左壁碑身铭：“二教龛记”，有：“福湛湛兮天长地久……咸通十二年（871）辛卯岁而玄莫□月□开一十四叶设斋表毕”等内容。

5 号龛外龛左壁底部造像头顶铭造像人姓名 30 字。

5 号龛外龛右壁造像下方铭：“敬为□□□妣敬造　七佛七身以咸通十二年（871）十一月十四日设斋表庆毕弟子孙行直永为供养”。

6 号龛右侧造像头光右侧铭：“……师佛一身咸通十□……”题记 3 行。

6 号龛左壁上部铭：“敬造救苦观世音菩萨二身咸通十二年（871）二月十四日设斋表庆毕……”造像题记 56 字。

6 号龛左壁中部偏下部龛楣铭题记 1 则。

13 号龛外右下方残存题记 3 行：“……龛……养　……通十……”

14 号龛正壁铭：“敬造作一龛……大阿罗汉一龛”“与众□□心镌造□以广政二□□年岁次甲子十一月五日设斋表庆讫”等内容。

14 号龛其他造像上分别铭题记 16 则。

15 号龛内龛右壁上部铭：“□造大圣地藏菩萨……以大□□　□开宝七年（974）太岁甲戌七月丁未朔十六日壬戌……”造像题记 9 行。

15 号龛外龛右壁下部小龛上方铭供养人姓名 4 行 23 字。

（以上 2014 年 7 月至 9 月四川安岳县长河源乡石锣村四组石锣沟摩崖发现　　文物 9：76－94）

宋塔铭

塔身第一层铭：“劝缘住持传天台教妙空大师……时大宋绍兴十七年（1147）丁卯散会甲辰十二日丙子立”10 行 170 字造像题记。

（2002 年春浙江海宁市沙泗浜河淤泥中发现　　东方博物第 65 辑：71－72）

辽墓室题记

西侧室顶部石条墨书：“同州弟”。

西侧室上部石条墨书：“六”。

［以上 1991 年 4 月至 9 月内蒙古大兴安岭巴林右旗幸福之路苏木（乡）床金沟上营村东北 4 号辽墓墓葬发现　　文物 9：22］

元碑

额称：“重修灵贶庙碑”。

首题：“潞州屯留县崇仁乡李高管重修灵贶王庙记”。

背面额间铭：“碑阴题额之记”。

至大元年（1308）立石。

（2009 年 6 月山西屯留县康庄工业园区发现　　中国国家博物馆馆刊 10：47－50）

元碑

首题：“□元邠州淳化县重修毕岳庙并创建乐楼题记”。

（2016年陕西咸阳市淳化县爷台山主峰南部方里镇碑子岘岘村发现　文博5：78－79）

元摩崖题记

崖壁铭："玉仙山会……至元八年（1271）十月十五日记耳……"11行200余字，主要记载了李熙玉及徒众建修玉山山会明岩通灵庵的经过。

（2016年10月甘肃甘谷县古坡乡大卜峪村南沟林区字崖湾崖壁发现　陇右文博3：12－13）

元墓室题记

券顶下部残存墨书题记："元贞元年（1295）闰四月十二日孙和季□脩讫供墓"。

（2015年10月30日内蒙古乌兰察布市卓资县梨花镇刘光窑行政村围堡自然村墓葬发现　草原文物2：17－18）

金经幢铭

幢身铭："佛顶尊胜陀罗咒"及题记和助缘施主、建幢人等姓名（经幢用悉昙字、行楷或楷体汉字刻铭）。

（2016年12月18日甘肃庆城县赤城村发现　陇右文博4：3－6）

明圣旨碑

碑文中有"宝云至（自?）唐祖（阻?）今岁年"，又曰：庙宇曾于明英宗天顺元年（1457）得到过重修。

成化十二年（1476）立石。

（2014年10月北京昌平区阳坊镇前白虎涧村西二道河"白虎涧景区"宝云寺遗址发现　北京文博2：55）

明碑

首题："重修佛堂寺石碑序"。

成化十四年（1478）立石。

明"卖地契"碑

（以上陕西榆林市佳县朱家坬乡崖畔村东南寺脑畔东崖壁佛堂寺发现　文物2：84－86）

明碑

额称："新建泰山行宫碑记"。

（2016年10月至12月山东济南市百花洲景区东部泰山行宫遗址发现　东方考古第14集：360－362）

明"敕命诰命"碑

天启六年（1626）十月立石。

（安徽石台县竹溪村村口发现　文物研究第22辑：246－247）

明《重修天王殿立碑记序》碑

大明正德十四年（1519）九月吉日立石。

（2013年山东济南市章丘区曹范乡叶亭村兴国寺大殿内发现　东方考古第14集：346）

明摩崖刻铭

崖壁铭："周至县金井里第□　平县师李□二十九岁　室金氏年三十岁自出共价　贰□修桥□　嘉靖三十年（1551）四月吉日"。

（2016年至2017年陕西秦岭傥骆古道遗址发现　文博3：25）

明湛若水墓室题记

东侧山手铭："山斗八座　真儒千载"。

西侧山手铭："九十五季　全归不朽"。

享堂二层正面篆书："谕葬"。

（以上2012年广东广州市增城区天平山东麓墓葬发现　考古学集刊20：59）

明墓室题记

墓室后壁碑身铭："万历庚戌岁仲春建造　明襄藩门正聂公讳相寿墓　申山寅向兼坤艮坐穴"；碑上部为一龛，龛上部条石铭："安乐窝"。

(2014 年 8 月至 9 月湖北襄阳市襄阳古城西南羊祜山墓葬发现　文物 11：41－42)

明石牌坊铭（4 件）

石铭："清官坊""天官坊"。

万历四十二年（1614）立石。

(甘肃正宁县永和镇罗川社区街道东部正中发现　陇右文博 4：42－43)

清碑

额称："重修泰山行宫碑记"。

(2016 年 10 月至 12 月山东济南市百花洲景区东部泰山行宫遗址发现　东方考古第 14 集：360－362)

清《敕赠文林郎河南中牟县知县慎翟李府君传》碑

碑刻上区为皇帝作颁圣旨，下段为碑刻正文。

康熙五十四年（1715）五月吉旦立石。

张贞撰　张在乙书

(2015 年 10 月山东安丘市辉渠镇东辉渠村南山李氏墓地发现　北方文物 4：81－82)

清石碣

碣铭："大清国山东济南府章邑之南有亭山庄，其庄有兴国寺……顺治六年（1649）三月十七日重修……"

清《重修兴国寺碑记》碑

乾隆元年（1736）立石。

清《新建祖□碑记》碑

乾隆五年（1740）立石。

清碑

嘉庆二十二年（1817）立石。

清《重修兴国寺》碑

嘉庆二十二年（1817）立石。

(以上 2013 年山东济南市章丘区曹范乡叶亭村兴国寺大殿内发现　东方考古第 14 集：346－348)

清碑

碑铭游览崆峒山诗句。

康熙二十八年（1689）立石。

清《游崆峒山记》碑

康熙三十五年（1696）立石。

清《崆峒元鹤记》

乾隆四十四年（1779）立石。

清《汪皋鹤元鹤歌》碑

乾隆四十四年（1779）立石。

清碑

额称："皇清"。

首题："重修崆峒山招鹤堂文昌殿碑序"。

光绪十八年（1892）立石。

(以上甘肃平凉市崆峒山发现　陇右文博 2：47－52)

清刻石铭（2 块）

"绩溪义冢碑记"记述绩溪会馆建设因由。(残)

乾隆二十四年(1759)立石。

"绩溪义园记"刻石记载乾隆二年会众集资在北京东城崇南坊霍家桥购地建立义地之事。

嘉庆元年(1796)立石。

方体 撰文

(以上1997年夏、1999年2月北京宣武区发现　北京文博1:74-76)

清《重修鲁班山池洞□□□记》碑

嘉庆二年(1797)十月八日立石。

清《重修鲁班山诸洞小引并序》碑(残)

道光九年(1829)立石。

(以上甘肃武山县榆盘镇鲁班村南石窟发现　陇右文博2:55-58)

清碑

额称:"永垂不朽"。

碑铭:"……八斗河之路南通洋邑北达西安皆乃要路之所……信仕善人坐视不忍□□善心独修桥一座以积来往客商之便……嘉庆五年(1800)庚申□季春……"

(2016年至2017年陕西秦岭傥骆古道遗址发现　文博3:27)

清"东西两塘修建石柴土工纪成"碑

碑文记述海塘修筑工程的概况和官员的名字。

"道光十六年(1836)素瓷丙申四月榖旦"立石。

清"重建海神庙碑记"碑

碑文记述了重建海神庙的重要性。

同治十三年(1874)十二月立石。

清"浙江江海塘全图"碑

此碑右为海塘图,图左附杨昌濬题跋。

同治十三年(1874)立石。

清碑

碑文首行记录了佃户姓名和租用的田地位置。

光绪元年(1875)四月立石。

(以上1993年至1999年浙江海宁市盐官古城东南隅海神庙内发现　东方博物第65辑:79-81)

清碑

碑铭:"大慈灵和尚觉灵神道碑"。

咸丰九年(1859)立石。

(山西晋城市晋庙铺镇大池头村发现　文物世界2:24)

清碑

告示碑,碑文多漫漶。

光绪十五年(1889)夏立石。

清碑

额称:"永垂不朽"。

首题:"重修留山庙记"。

碑背铭:"万善同归"。

光绪三十年(1904)三月立石。

清《福缘善庆》碑

为秀云观捐资碑。

光绪二十年（1894）二月三日立石。

清碑

额称："山灵庇佑"。

为秀云观捐资碑。

同治四年（1865）六月十三日立石。

（以上 2017 年山东安丘市留山秀云观遗址发现　文物春秋 6：22－24）

清大殿石柱铭

前两根石柱同铭："济南府章丘县醴泉乡神泉里张玮阖献施"。

后东柱铭："大清嘉庆十六年（1811）岁次未三月吉旦立柱"。

后西柱铭："□□济南府章丘县醴泉乡中兴里贡士范彦卿施梁柱一副，追笃先考同施人……"

殿内前檐东次间的阑额立面绘有："大清嘉庆十八（1813）年"古书图画。

（以上 2013 年山东济南市章丘区曹范乡叶亭村兴国寺大殿内发现　东方考古第 14 集：341－342）

清摩崖刻铭

崖壁有题记，多漫漶不清，存："清嘉庆　二十年修"字样。

（2016 年至 2017 年陕西秦岭傥骆古道遗址发现　文博 3：25）

清摩崖刻铭

崖壁铭："光绪戊寅""柔远人""江右张汝学重刻""关中王珪题"。

（2017 年 5 月甘肃玉门市赤金镇赤金峡崖壁发现　陇右文博 4：29）

补遗

唐石塔铭

塔身铭："开元廿八年（740）岁次庚辰……"

唐石塔铭

塔身一层石柱铭："天宝十一载（752）闰三月十一日……"

塔身一层西侧塔檐铭："大唐咸通十一年（870）九月十五日王文仲奉使……"等。

金《重修治平寺碑》

"大定癸卯岁重九日记……明□三年冬至日……立石"。

（以上 2012 年 9 月河北赞皇县嘉应寺村治平寺内发现　文物春秋 2016 年 1：46）

金《谷积山院建佛顶尊胜陀罗尼幢》

天眷元年（1138）立石。

（2014 年 5 月北京房山区谷积山灵鹫禅寺遗址发现　文物春秋 2016 年 2：62）

元《真定龙兴寺钞主赐紫沙门通照大师之碑》

至正六年（1346）八月立石。

（河北正定县兴隆寺内发现　文物春秋 2016 年 1：52－54）

明《重修治平寺记》

成化十三年（1477）立石。

清"重修治平寺"碑

乾隆五十五年（1790）立石。

（以上 2012 年 9 月河北赞皇县嘉应寺村治平寺内发现　文物春秋 2016 年 1：45）

五 有铭砖

汉有铭砖

砖铭："富贵"。

[2007年夏四川重庆市忠县杨镇将军村四社（队）挑水沟墓葬发现　　考古学集刊20：47]

汉至三国曹魏有铭砖

砖铭："永寿元年沈淮""澂泥"。

砖铭："沈泥"。

砖铭："澂泥二尺"。

砖铭："澂泥"。

（以上2015年8月至2016年12月河南洛阳市寇店镇西朱村墓葬发现　　考古7：76）

东晋有铭砖

砖铭："升平五年熊氏"。

砖铭："隆和元年熊氏"。

砖铭："大"。

砖铭："中"。

砖铭："八百卅四"。

（以上2016年6月至8月江西南昌市梅湖景区花博园墓志发现　　南方文物2：70）

南朝梁有铭砖

砖铭："天监十一年"。

（2008年福建南安市丰州镇桃园村皇冠山墓葬发现　　东南文化4：46）

唐有铭砖

砖铭："宣城"。

砖铭："宣"。

砖铭："卯"。

（以上2015年1月至2月江苏扬州市扬州邗江区梅岭公馆小区建设工地墓葬发现　　洛阳考古2：44）

宋有铭砖

砖铭："广州三城"。

砖铭："祐甲寅摧□□修城砖"。

砖铭："宝祐甲寅摧锋军修城砖"。

砖铭："水军广州修城砖"。

砖铭："水军"。

砖铭："水军修城砖"。

砖铭："水军合番禺砖"。

砖铭："水军记"

砖铭："使府城砖水军造"。

砖铭："东南第十一将造"。

砖铭："何从工作到如今，日日挑柴吃苦辛。一日秤来要五百，两朝定是共千斤。山高路远难行步，水深垣滑阻工程。传语诸公除减少，莫教思苦众军人"。

（以上广州博物馆藏　　华夏考古1：122－124）

宋有铭砖

砖铭："宋元嘉廿一年"。

（2012年6月安徽马鞍山市金山路修建工地墓葬发现　　文物研究第22集：151－152）

清有铭砖

砖铭："下左"。

（2010年10月至12月北京北海北岸阐福寺大佛殿遗址发现　北京文博4：95）

清有铭砖

砖铭："姑苏齐门外北市稍"，中间有"戊子"加图案纹，下端铭："大典万记"。

砖铭："光绪元年成造细料二尺二寸见方金砖"。

砖铭："督造官苏州知府李铭皖"。

砖铭："监造官苏州府照磨余临兆"。

砖铭："大五甲　徐介堂造"

砖铭："庙宫定造"。

砖铭："庙宫海宁洲癸酉年定造"。

砖铭："张御纶"。

砖铭："吴启郊"。

（以上1993年至1999年浙江海宁市盐官古城东南隅海神庙内发现　东方博物第65辑：78）

补遗

北魏有铭砖

砖铭："建安王妻"。

砖铭："乐乡君"。

（2012年8月10日陕西大同市坊间发现　中国国家博物馆馆刊2016年2：72）

六　陶文

战国陶文

陶器残片铭4字："三十四年"，并压印有印章。

（2016年7月至2017年1月江苏新沂市双塘镇钓台村东钓台释然村西北土墩遗址发现　东南文化5：47）

战国陶文

鼎外底戳印4字："咸阳巨丵"。

鼎外底戳印3字："咸阳巨"，器盖内戳印3字："咸阳巨"。

盒内底戳印4字："咸□里□"（2件）。

小盒内底戳印4字："咸□里□"（2件）。

（以上2014年9月至11月陕西咸阳市渭城区底张街道办花杨村墓葬发现　文博1：14－17）

秦陶文

壶（M20：3）下腹部有一方形戳记，字不可辨。

壶（M20：4）下腹部戳印1字："戏"。

盆（M20：7）内壁下腹有一方形戳记，字不可辨。

釜（M27：4）肩腹部有一方形戳记，字不可辨。

罐（M27：1）上腹部有一方形戳记，字不可辨。

鼎（M32：1）器盖内壁及器内底同铭1字："戏"。

壶（M32：2）下腹部有2处铭文，一处铭："戏"，另一处字不可辨。

鼎（M39：1）盖内壁有一方形戳记，字不可辨。

壶（M39：2）下腹部戳印1字："戏"。

罐（M39：3）内底中心铭1字："戏"。

甗（M39：4）内底下腹部有一方形戳记，字不可辨。

罐（M41：3）肩部有一方形戳印，字不可辨。

盆（M41：4）内底铭1字："戏"。

盂（M41：5）内底铭1字："戏"。

釜（M41：6）肩部有一方形戳印，字不可辨。

盆（M45：2）内壁下腹部有一方形戳记，字不可辨。

鼎（M46：1）盖及器身同铭1字："戏"。

壶（M46：2）下腹部铭1字："戏"。

罐（M46：4）肩部有一方形戳印，字不可辨。

罐（M46：5）肩部铭1字："戏"。

盆（M46：6）内底铭1字："戏"。

釜（M46：9）肩部有一方形戳印，字不可辨。

盆（M47：5）内底铭1字："戏"。

盆（M47：6）内底铭1字："戏"。

盆（M47：7）内侧下腹铭1字："戏"。

罐（M49：2）肩部有一方形戳印，字不可辨。

罐（M49：5）肩部有一圆形戳印，字不识。

鼎（M50：1）盖及器身同铭2字："丽亭"。

壶（M50：2）上腹部铭2字："丽亭"。

盆（M50：6）内底铭2字："丽亭"。

（以上2013年陕西西安市临潼区马额街道办事处马额塬墓葬发现　　文博1：27－31）

秦陶文（2件）

缶肩部阴刻4字："苏氏十斗"。

缶肩部阴刻4字："隗氏十斗"。

（以上近年陕西岐山县博物馆征集　　文物10：84－85）

汉陶文

盆内壁刻划4字："一半二斗"。

（2011年陕西咸阳市渭城区聂家沟村北部墓葬发现　　文博6：19）

汉陶文2件

瓶身朱书12行："建和二年（148）二月十一日　九□□□□神师谨为□氏之家有□，私人死者□□　□□□故天尸夜光，升所将（?）　临，重复祸央，年时句校，姓　命相当，尸□□□□为咎央。谨因神师，镇解复衷。　上天苍苍，下地肓肓，四维尽张，四　时五行，时气阴阳。故以铅人解离，　以当复衷。年命句校，无有祸　□。□□□以□□□当昌吉众　□□天自，从之如律令"。

瓶身朱书12行："建和二年（148）二月辛丑九日己　酉，左（?）神师谨为□氏之家……"

（以上2011年12月陕西咸阳市武陵源渭城区民生工程墓葬发现　　考古与文物2：20－21）

汉陶文

正面钱范右侧铭2字："巧三"。

（2005年12月至2016年1月陕西西安市未央区六村堡街道办事处东柏梁村东南汉长安城建章宫一号建筑遗址发现　　考古1：40）

汉陶文

镇墓瓶瓶身朱书11行78字："黄神使者乃□　张文材之家移央去　咎去行千里转□□□ 更之他乡重复□　鬼不除自死秏咎　虚不除自去四方亡气　各归其处□中□ 雄非尸殑殑□鬼何　不疾去□□天帝神　药当□□□如　律令"。文字结尾有两组星图，一组为北斗七星，斗魁四星保存较好，斗柄三星中间一星保存较差，十分模糊。另一组星图位于北斗斗柄下，为三组星两两相连，平行排列。另外瓶底书 2 行 7 字："天罡所指百鬼死"。

（陕西华阴市西岳庙文物管理处藏　　文博 2：63）

唐瓷铭

唾盂底墨书 4 行，仅可辨读："……润三月十九日……忠钣"。

（2014 年 3 月至 4 月陕西西安市枣园西路墓葬发现　　考古与文物 5：20、24－25）

宋瓷铭

碗内底款："东海徐铛"。

碗内底款："河滨遗范"。

碗足底墨书："郲"。

盏足底墨书："讹"。

其他瓷器上墨书："朱公子""佘""王"等字。

（以上 2011 年 11 月至 2012 年 1 月江苏东台市五烈镇辞郎村遗址发现　　东南文化 6：25－27）

宋瓷铭

碗足底墨书："王"。

碗圈足内墨书："十丁"。

（以上 2014 年河南开封市新街口万博时代广场项目建设过程中发现　　中原文物 3：14）

金瓷铭

碗外下腹及圈足分别墨书 3 个"郭"字。

（2014 年河南开封市新街口万博时代广场项目建设过程中发现　　中原文物 3：19－20）

元瓷铭

碗底墨书；"王"。

其他碗内底分别饰有："黄""锦""诗""龙""见""来"等字。

（2014 年河南开封市新街口万博时代广场项目建设过程中发现　　中原文物 3：20、23－24）

元瓷铭

雷钵外壁残存："正""十""年"。

筒形匣钵外壁多处似划刻："乙"。

（以上 2012 年 11 月至 2015 年 9 月江西景德镇市中华南路红光瓷厂厂区内落马桥窑址遗存发现　　文物 5：33）

元瓷铭（4 件）

枕面墨书宋词《生查子》："关山魂梦长，寒雁间书少。两鬓可伶青，只为相思老。归傍碧窗纱，说与人人道。真个别离难，不似相逢好"。枕背右侧墨书："相邑张家造"；左侧墨书："艾山枕用功"；底部压印："张家造"。

罐腹部墨书："丘陵不缁不磷相嘲"。

瓶肩部墨书："仁和馆"。

瓶腹上部墨书："日月盈昃"。

（以上近年河北乐亭县博物馆征集　　文物春秋 4：61－63）

明瓷铭

部分碗心残片存："福""贵""寿""大明年造""大明年置""万历……"及一些戳记和图记。

（2000 年 11 月至 2001 年 3 月河南洛阳市风化街与九都路交叉口明代院落遗址发现　　洛阳考古 1：26－28）

明瓷铭

碗内底书："大明宣德年制"。

碗外底书："大明成□□制"。

碗外底书："大明成化年制"。

碗外壁书：“谈几忘岁月，一笑傲乾坤”，外底书：“大明成化年制”。

碗外底书：“大明成化年制”。

碗外底书：“大明嘉靖年制”。

碗外底书：“大明成化年制”。

碗外底书：“佳□”。

碗外壁近口沿处书：“大明宣德年制”。

杯足墙内书：“大明成化年制”。

杯外底书：“成化年制”。

杯外底书：“大明成化年制”。

杯外底书：“大明成化年制”。

杯外底书：“大明成化年制”。

碗外壁饰：“官”。

（以上 2014 年 3 月河南开封市新街口西南角明周王府官署遗址发现　　文物 3：47－65）

明瓷铭

碗底部铭：“大明□德□□”。

碗底部铭：“大□万历年制”。

碗内壁残存：“福如东海，寿□□□”；底部铭：“大明万历年制”。

碗底铭：“玉堂佳器”。

碗底残存：“德”。

碗底部铭：“宣德年制”。

碗底部楷书：“玉堂□□”。

盘底部楷书：“大明嘉靖年制”。

盘底部铭：“□德□置”。

盘底部铭：“宣德年制”。

盘内底绘：“寿”。

盘底部铭：“隆庆年制”。

盘底部铭：“富贵佳器”。

盘底部铭：“□明□造”。

盘底部楷书：“□□□同”（万福攸同）。

盘底部铭：“大明宣德年制”。

杯底部铭：“大明宣德年制”“宣德□制”（5 件）。

碗底部分别铭：“大明万历年制”“□□□历年制”“□□宣□年造”“大明□德年□”（4 件）。

杯底部铭：“□□□□□制”。

盘底部铭：“大明嘉靖年制”（2 件）。

（以上 2010 年至 2014 年贵州遵义市汇川区高坪镇海龙囤村西北龙岩山“新王宫”遗址 F9 发现　文物 10：37－52）

明瓷铭

瓶腹部分别铭：“寿”“福”（2 件）。

碗心釉下划八思巴文字（2 件）。

（2012 年 10 月江西金溪县秀谷镇北胜利路西侧墓葬发现　　文物 12：36）

明清瓷铭

盘底铭：“大明成化年制”。

盘底铭：“大明弘治年制”。

碗外底铭：“大明成化年制”。

碗外底铭：“大明成化年制”。
碗底部铭：“大明成化年制”。
盘内底铭：“大明成化年制”。
碗内底铭：“大明成化年制”。
碗内底铭：“大明年制”。
碗外底铭：“大明正德年制”。
碗外底铭：“大明正德年制”。
盘外底铭：“大明正德年制”。
碗外底铭：“正德年制” 四字双行八思巴文款。
盘底部铭：“正德年制”。
壶底部铭：“正德年制”。
洗口沿下有：“正德年制” 款。
碗底部铭：“正德年制”。
碗底部铭：“正德年制”。
盘底部铭：“正德年制”。
碗底部铭：“正德年制”。
碗外底铭：“大明嘉靖□□”。
盘底部铭：“□□嘉□□制”。
盘底部铭：“大明万历年□”。
碗外壁书：“万”“年”“福”“禄”。
碗底部铭：“清雅”。
碗底铭：“□清康□年制”。
盘内壁铭：“□□□（一叶得）秋意，□春再芳菲”。
杯底部铭：“大清康熙年制”。
杯底部铭：“大清康熙年制”。
瓶底部铭：“大清康熙年制”。
碗底部铭：“大清丁末年制”。
碗底部铭：“江西瓷业公司”。
盘内底铭：“……光冷画屏，轻罗小扇扑流萤”。
碟底部铭：“江西瓷业公司”。
杯底部铭：“官窑内造”。
盘底部铭：“江西瓷业公司”。
碗底部铭：“大清光绪年制”。
碗底部铭：“大清宣统年制”。

（以上 2014 年 10 月至 2015 年 1 月江西景德镇市中心的珠山地区景德镇御窑厂遗址发现 文物 8：14－28）

明清瓷铭

碗内壁铭：“□号李”。
碗内底铭：“州”，外底青书：“大明成化年制” 款。
碗外底款：“□德□制”。
碗外底款：“□明成□化年制”。
碗外底青书：“目”。
碗内底铭：“南”。
碗内底铭：“佛”。

碗内底铭："宇"。

碗内底铭："肯"。

碗内底铭："内"。

碗内底铭："□□"。

其他瓷片上分别残存："藏山隐海之英""绿""葵""汉""玉""平""山""内府""公粱"等。

（以上 2011 年 9 月至 12 月、2013 年 8 月至 12 月、2015 年 10 月湖北施恩鹤峰县容美土司遗址群发现　江汉考古 6：32－36）

明清瓷铭

碗内底心绘"福"字；外底书："大清嘉庆年制"。

滴水构件中部书："福"。

盘外底书："大清雍正年制"。

杯底书："慎友珍玩"。

碗外底书："大明宣德年制"。

碗外底书："大清嘉庆年制"。

（以上 2015 年 1 月至 2 月江苏扬州市邗江区梅岭公馆小区建设工地墓葬发现　洛阳考古 2：44－52）

明清瓷铭

碗外底有："善□珍藏"款。

器盖中部书："京都前门内棋盘街路东"。

（以上 2016 年 10 月至 12 月山东济南市百花洲景区东部泰山行宫遗址发现　东方考古第 14 集：361、363）

明清板瓦铭

外素面有墨书符箓。

（2014 年陕西咸阳市渭城区东北正阳镇白庙张冐遗址发现　文博 4：33）

清瓷铭

罐腹墨书："香味"及"大清康熙二十年"。

（近年河北乐亭县博物馆征集　文物春秋 4：63）

清琉璃器铭

合角吻背面铭："浙省碑亭"。

筒瓦翅内侧铭："雍正八年琉璃窑造斋戒宫用"等字。

筒瓦翅内侧铭："浙省碑亭"（3 件）。

压当条残存："碑亭"。

（以上 1993 年至 1999 年浙江海宁市盐官古城东南隅海神庙内发现　东方博物第 65 辑：77－79）

清瓷铭

杯底款识："□"。

碗外壁分布 3 个"囍"字。

碟外底款识："□"。

（以上 2004 年 5 月至 6 月黑龙江嫩江县临江乡铁古拉村西南墓葬发现　北方文物 4：17）

清瓷铭

碗底存款识，但不可辨识（2 件）。

碗残片存有："喜""寿"等。

碗底存款识，但不可辨识（3 件）。

碗底部款识可辨识 1 字："王"。

盘有款识，但不可辨识（2 件）。
盘内底篆书："寿"。
盘底部款："大清嘉庆年制"。
碗底部款："道光"。
碗底存："大清道光年制"。
盘有款识："大□□年制"。
盘存款识："大清嘉庆年制"。
盘有款识："大清□□年制"。
碗底款识："大清道光年制"（5 件）。
碗底款识："大清嘉庆年制"。
碗底款识："大清年制"（2 件）。
碗底部款识："大清"。
盅底残存："四"。
器盖顶部篆书："寿"。
碟底部有款，内容不详。
碗外壁绘："寿"（2 件）。

（以上 2009 年河南南阳市淅川县滔河乡下寨村北下寨遗址发现　　中原文物 3：29 – 35）

附一：瓦当铭

汉瓦当

有："千秋万岁""长乐未央"。

（2015 年 1 月陕西咸阳市三原县西北部黄土塬上天井岸村建筑遗址发现　　考古与文物 1：50）

汉瓦当

有："□□未央"。

（2013 年 4 月至 7 月陕西西安市莲湖区三民村大兴西路汉代大型建筑遗址发现　　考古 1：27）

汉瓦当

有："与天无极"。
有："千秋万岁"。
有："长生未央"。
有："延年益寿"。

（以上 2005 年 12 月至 2016 年 1 月陕西西安市未央区六村堡街道办事处东柏梁村东南汉长安城建章宫一号建筑遗址发现　　考古 1：37 – 39）

附二：杂器铭

战国竹简

15 枚，内容为卜筮祭祷简和遣册两部分。

（2013 年 9 月至 2015 年 1 月湖北荆州市荆州区川店镇王山村望山桥一号墓葬发现　　文物 2：34）

战国竹简

21 枚，内容为遣册，记录了该墓的随葬器物，有车马器、礼器、兵器、生活用器及丧葬器具。

（1992 年 10 月湖北老河口市仙人渡镇安岗村墓葬发现　　文物 7：36）

战国竹简

4 枚，内容属遣册，记录了该墓随葬器物，有生活用器及服饰等。

（1992 年 10 月湖北老河口市仙人渡镇安岗村 2 号墓发现　　文物 7：57）

战国漆器

耳杯外底刻划 2 字："外杯"。

耳杯外底刻划 3 字："外外杯"。

（以上 2013 年 9 月至 2015 年 1 月湖北荆州市荆州区川店镇王山村望山桥一号墓葬发现　文物 2：24、29）

汉玉璧铭

璧侧沿阴刻 5 字："六百六十一"。

（1997 年 11 月陕西西安市北郊陕西省印刷厂住宅区基建工地墓葬发现　考古与文物 6：25）

汉木胎漆器釦沿（3 件）

足下铭 1 字："王"。

内壁铭 1 字："十"。

内壁分别铭："王""五""市"。

（以上 1997 年 11 月陕西西安市北郊陕西省印刷厂住宅区基建工地墓葬发现　考古与文物 6：24）

汉漆木器铭

木耳杯腹底黑漆书 2 字："东路"（7 件）。

木耳杯腹部一侧外壁烙印 1 符号："□"（7 件）。

（以上 2014 年 9 月至 12 月湖北随州市曾都区周家寨村墓葬发现　考古 8：5、8）

汉竹签牌（3 枚）

签牌上墨书："大婢可"。

签牌上墨书："大奴求人"。

签牌上墨书："大婢益夫"。

（以上 2014 年 9 月至 12 月湖北随州市曾都区周家寨村墓葬发现　考古 8：15）

汉简

出土简册当为一卷，可据内容推断为《日书》。其中有些篇目不见于其他《日书》文献，如"五龙"篇等。

（2014 年 9 月至 12 月湖北随州市曾都区周家寨村墓葬发现　考古 8：19）

汉竹木简

大致复原为 35 枚，其中 34 枚为有字简。内容为历谱。其中一枚写有："五凤二年"。

（2012 年 10 月至 12 月甘肃永昌县红山窑乡水泉子村西北墓葬发现　考古 12：52）

汉木牍

一面墨书，牍文为《告地书》："元年后九月丙戌，桃侯国丞寿（?）成、都乡佐疕：高里公乘路平不有从车一乘、马二匹、奴婢十人，各将千石米，谒告地丞下。以律令从事。"

汉竹签牌（3 枚）

签牌上分别墨书："大婢可""大奴求人""大婢益夫"。

（以上 2014 年 9 月至 12 月湖北随州市曾都区周家寨村墓葬发现　考古 8：15）

汉木牍（M6 棺 1：3）

两面墨书，记载随葬器物。

汉木牍（M8：18）

两面墨书，记载随葬器物。

（以上 2011 年 4 月至 5 月山东青岛市黄岛区张家楼镇土山屯村墓葬发现　考古 10：38、57－58）

汉刚卯（玉）

四壁均阴刻 2 行 8 字，凡 32 字："疾日严卯　帝令夔（殳）化　赤王固（周）伏　化兹灵殳　既正

既直　既觚记方　□（赤或庶）疫刚瘅　莫我敢当”。

（河南宝丰县商酒务镇古城西讲武城遗址发现　　文物7：78－79）

魏晋人形辟邪（木）

背面墨书：“图自代身便皆当行不得□（返）”。

（2005年秋甘肃酒泉市肃州区总寨镇（东洞乡）西部与上坝镇交汇处墓葬发现　　考古与文物3：33）

五代十国顺义木器铭（残）

木大都攻版墨书9列，约180字。

（2016年3月至4月江苏扬州市秋实路墓葬发现　　考古4：58）

宋漆器铭

钵口沿下部红漆所书：“罗真上牢”。

（2016年3月至4月江苏扬州市秋实路墓葬发现　　考古4：62）

金砚台铭

外底阴刻2字：“颐斋”。

（2014年2月陕西西安市雁塔区观音庙村西影路副46号小区院内墓葬发现　　考古与文物2：47－48）

元明建筑构建铭（木）

21个构建上有23条墨书题记，其中保存较完整的有19条1500余字，如：“维大元保宁府南部县西水进善里弟子李昌祖。蒲氏……”“大明洪武岁次戊寅冬月吉旦本院更换修造比丘应藏，上伺亲教本师德真，法兄应宝、童行法性，谨同十方众信等谨题”“大明万历二十一年岁次癸巳十二月一日庚戌朔十一日庚申明星黄道大吉良辰，当方专掌施资顶新换梁结甃……”等。

（2015年3月四川盐亭县东北富驿镇火星村花林寺大殿内发现　　文物11：81－85、89）

明牌匾（3块）（木）

牌匾红色底漆，鎏金楷书：“王事蜀□”。

牌匾红色底漆，鎏金楷书：“望□□□”“吏科给事中尹”。

牌匾红色底漆，鎏金楷书：“……崇祯十年十二月二十九日”。

（以上2014年3月河南开封市新街口西南角明周王府官署遗址发现　　文物3：47）

清铜烟袋锅铭

烟袋锅腹部铭2字：“□谷”。

（2004年5月至6月黑龙江嫩江县临江乡铁古拉村西南墓葬发现　　北方文物4：17）

清匾（木）

匾额：“敕赐”，匾正中墨书：“天下清官第一”，右款：“顺天府宛平县知县　王言立”，左款：“康熙四十三年（1704）年甲申鸿岁”。

（1983年江西新干县博物馆入藏　　南方文物2：286）

清铁旗杆座铭

铁狮旗杆座铭：“大清道光二十六年（1846）岁次丙午”及敬献者和金火匠姓名。

（甘肃正宁县永和镇罗川社区街道东部正中发现　　陇右文博4：42－43）

（编辑者：金文馨）

第九篇

大 事 记

2017 年中国考古学大事记

1 月　云南省文物考古研究所、四川大学考古学系自 2016 年 10 月对剑川县海门口遗址进行第四次发掘，10 月至翌年 1 月又进行了第五次发掘。两次发掘揭露面积 2305 平方米，发现早晚 4 个活动面，清理房址 13 座、灶 10 个、路 2 条、火堆 2 个、墓葬 29 座、灰坑 245 个、灰沟 54 条、垃圾堆 4 个。房址有浅穴式建筑、杆栏式建筑与地面木骨泥墙建筑。墓葬均为捡骨二次葬，可分为二期。填补了“海门口文化”墓葬遗存的空白。早期偏早阶段遗存与宾川白羊村新石器时代遗存特征接近，早期偏晚阶段遗存属于青铜时代晚期。

云南省文物考古研究所自 2016 年 11 月以来发掘大理市太和城遗址，揭露 2015 年勘探中发现的太和城遗址二、三号两处大型建筑址。二号建筑区（9 号房址）位于太和城遗址内北部凤阳邑村西的山麓缓坡台地上，建筑面积约 600 平方米，属青铜时代。三号建筑区（1 号房址）位于太和城遗址内南部的缓坡台地上，面积约 380 平方米，属南诏时期。出土遗物有残石佛首、青铜鎏金扬枝观音立像及青铜金刚杵等，可能为宗教建筑。

1 ~ 2 月　荆州博物馆勘探石首市南口镇二郎庙村王之诰墓。此处为明代王之诰家族墓地。

1 ~ 3 月　广西文物保护与考古研究所发掘桂林市城区的正阳西巷遗址。遗址位于原明代靖江王府正阳门外右侧，这里是明陈琏在《桂林郡志》里绘制的《王府图》社稷坛所处的位置。发现唐代至清代各个历史时期的文化堆积及大量遗物。

1 ~ 4 月　四川省文物考古研究院、国家文物局水下文化遗产保护中心发掘眉山市彭山区江口镇明末战场遗址。在围堰内进行探方发掘，揭露面积 10100 平方米，出水明清时期各类文物 30000 余件。其中，包括张献忠大西国的金封册、铸造的“西王赏功”金币、银币、“大顺通宝”铜币、铭刻大西国国号的五十两银锭和运载银两的木鞘等；明代蜀、楚、荣、吉等藩王府的金封册、银封册、金宝、银印和铭刻万历、天启、崇祯等年号的五十两银锭等；此外，还有戒指、耳环、发簪、手镯等各类金银首饰；铁刀、铁剑、铁矛、铁镞等各类兵器；金锁、金纽扣、金顶针，银勺、银筷子、银带扣，铜镜、铜缘钩、铜锁、铜钥匙，铁秤砣、铁篙杆等各类生活用具。遗址的形成可能与文献中记载的大西军领袖张献忠与明代参将杨展“江口之战”这一历史事件相关。该遗址被评为 2017 年度全国十大考古新发现。

1 ~ 5 月　陕西省文物考古研究院发掘西安市长安区郭杜街道大居安村唐代墓地。清理 5 座唐墓和 1 座明墓。其中一座唐墓 M5 为四天井单砖室壁画墓，有 4 个壁龛，使用石质封门，据出土墓志，墓主为唐中宗时期襄武郡公、户部尚书李承嘉，景龙四年（710）入葬高阳原，卒年 60 岁。李承嘉祖父为唐太常卿、陇西公李宽。李宽碑于 2013 年发掘出土，位于李承嘉墓北侧约 2 千米处。2004 年曾在距李承嘉墓西侧约 1 千米的西北大学长安校区发掘了唐李倜墓，墓主字孝晟，与李承嘉之父李孝旻是兄弟行，李宽墓可能也当在附近，该区域可能是李氏家族墓地。

1 ~ 11 月　浙江省文物考古研究所发掘安吉县递铺街道古城村龙山 107 号东周墓。龙山墓群与安吉古城遗址仅隔一座海拔 100 米左右的九龙山余脉，在不足 5 平方千米的范围内共有地表隆起的土墩 268

座。龙山107号古墓葬位于墓群中部，当地俗称“八亩墩”，与“九亩墩”隔水相望。整个八亩墩由外到内共分为三重结构，是安吉古城外围规模最大的墓葬之一，也是形制最为完整的春秋战国时期贵族墓园。隍壕是继印山越王陵之后浙江省发现的第二个墓例。

1～12月 陕西省文物考古研究院继2016年发掘神木市石峁遗址，清理皇城台东部门址上（西）部和东护墙北段，揭露内瓮城和主门道。内瓮城是在南墩台后侧连接的石砌建筑，系东西向石墙与南北向墩台（墩台Ⅱ）复合形成的“L”形建筑，与外城东门址内瓮城整体结构类似，在墩台Ⅰ、门塾、主门道之间的下端发现有几处刻画符号，图案繁复，琢刻于向上攀爬的石铺路面上。

山西省考古研究所自2015年7月以来连续发掘绛县卫庄镇雎村西周墓地。累计发掘面积17000余平方米，共清理墓葬854座。其中，大型墓葬10座，车马坑1座。时代从西周早期延续至西周晚期。

陕西省文物考古研究院发掘澄城县王庄镇刘家洼周代墓地。墓地南北长约110米、东西宽约70米，总面积约7700平方米。墓地在2016年年底被盗，追回各类文物逾百件，包括青铜礼器60余件、石磬10件、编钟7件及大量的车马器、玉器等。勘探发现墓葬56座，车马坑2座，马坑1座。其中2座“中”字型大墓（编号M1、M2），东西并列分布，居于墓地中部偏东处。其中M1南北总长64米，墓室口部南北长11米、东西宽10米，南北墓道均宽8米，南墓道为主墓道，长32米。M2墓室略小。在两大墓西北方各有长方形车马坑。其他墓葬皆为长方形竖穴土坑墓，其中墓口面积10平方米以上的20座。对墓地进行全面揭露，已清理中小型墓葬14座，出土了铜、金、铁、石、玉等器物。年代为春秋早期或略偏晚阶段。刘家洼墓地的布局、葬俗特点、随葬品特征与组合，均与同一区域的韩城梁带村芮国墓地相类，属典型周系族群墓地。发掘者推断这里为春秋时期某一周系封国所在。

洛阳市文物考古研究院发掘宜阳县韩都故城一座大墓。

洛阳市文物考古研究院在2009年至2015年勘探发掘孟津县朱仓M722东汉顺帝宪陵陵园遗址的基础上，2016以来再次大规模勘探、发掘朱仓M722、白草坡村M1030东汉帝陵陵园遗址，累计勘探面积360余万平方米，发掘面积共计约2万平方米。探勘帝陵7座，分别是：大汉冢、二汉冢、三汉冢、刘家井大冢、朱仓M722、朱仓M707、庞村镇白草坡村东汉帝陵。朱仓M722东汉陵园有“内陵园”和“外陵园”组成。内陵园平面为南北向长方形，南北长420米，四周有夯土基槽环绕。内陵园主要包括封土、地宫，以及东侧的1号台基建筑单元，在封土南侧还发现有部分建筑及其东部区域的多组闭合式小型院落。墓冢位于内陵园陵园的中部。外陵园位于内陵园东侧偏北，主要包括2号、3号台基建筑单元和1号、2号院落建筑单元。大致明确1号台基为“石殿”、2号台基为“寝殿”、3号台基与1号院落为“园省”、2号院落为“园寺吏舍”局部，在3号台基南侧外围还发现有动物祭祀坑等。发掘1号台基东部的内陵园东门址，门宽约24.2米，折合汉尺约100尺。可能与文献记载的“司马门”有关。白草坡村东汉帝陵（M1030）属洛南陵区，原始封土直径约125米，墓道宽10米。在封土东侧和北侧发现有环绕内陵园的道路。在封土东侧发现一处大型夯土台基，平面近方形，边长约80米。在封土东北侧，发现两组建筑基址群，周围有夯土垣墙环绕，垣墙内侧有排水渠。在道路南侧，封土正北方向发现一组东西对称的夯土台基，有可能是内陵园的阙台遗迹。该遗址被评为2017年度全国十大考古新发现。

富平县文物旅游局发掘唐代代宗元陵下宫遗址。这是目前考古发现的保存最完整、面积最大的唐代陵园建筑基址。

2月 浙江省文物考古研究所继2014年以来第四年度发掘义乌市城西街道桥头村新石器时代遗址。至翌年1月发掘面积1500平方米。遗址的东、南、北三面为人工的环壕，西面连接自然河道。环壕聚落的南北长约80米，东西宽约50米。出土陶器有绳纹釜、浅腹平底盘、红陶罐、壶等，年代相当于跨湖桥文化时期，早期处在上山文化与跨湖桥文化之间，为探索两者的关系及分期研究提供了新的重要资料。

浙江省文物考古研究所发掘良渚古城城内钟家港、池中寺等遗址。发掘至翌年1月。在钟家港揭露面积4000平方米，明确此区域莫角山东北坡存在四个阶段的堆筑过程。池中寺台地位于莫角山南部、皇坟山和桑树头之间，发掘面积800平方米，发现3座良渚晚期的房基土台，在台地堆筑土下分布有面积达1万平方米的碳化稻谷堆积，初步估算含有20余万斤碳化稻谷。

周口市文物考古管理所发掘项城市新桥镇姜胡同村唐代纪年墓。墓砖志文记录墓主人毕子瑜先亡九年（781），夫人孙二娘与其在贞元六年（790）合葬于此。该墓年代应为公元790年，是豫东南地区首次发现的隋唐明确纪年墓。墓志文中提及的陈州、南顿县、五台乡、平丘里、药解村以及颍州、沈丘县、鲖阳乡、思忠里这些古地名，对考证地方行政建制的沿革和地名演变有一定的参考价值。

西藏自治区文物保护研究所调查拉萨市蔡贡塘协山谷杰丁噶摩崖石刻群。这是目前所知拉萨河谷发现的年代最早、雕工水平最高、规模最大的早期石刻群。

西安市文物保护考古研究院编著的《西安鱼化寨》由科学出版社出版。

2月10日　中国考古学家牟永抗逝世。牟永抗1933出生于北平，1949年入读黄岩中学，1950年11月入华东革大浙江分校学习，后留校担任教育干事，1953年进入浙江省文物管理委员会工作，次年参加第三届考古工作人员训练班。1980年转入新成立的浙江省文物考古所，1988年评聘为研究员，是中国考古学会第三届理事会理事。主要从事浙江新石器时代考古、先秦考古和瓷窑址考古研究。曾主持绍兴306号大墓、余杭反山、瑶山等重要遗址的发掘。晚年侧重于中国新石器时代玉器尤其是良渚文化玉器研究。主要论著收入《牟永抗考古学文集》。

2~5月　山东省文物考古研究院继2016年发掘平度市即墨汉代故城遗址。

2~6月、12月　浙江省文物考古研究所第三次发掘海宁市达泽庙新石器时代遗址。至翌年1月揭露面积1100平方米。清理崧泽文化墓葬12座、灰坑27个、井2口，良渚文化墓葬24座、灰坑7个，马桥文化灰坑2个，战国灰坑5个，另有宋墓1座。出土各类编号器物213件。其中崧泽文化晚期与良渚文化墓葬，墓坑长1.7米~2.7米，宽0.6米~1.2米，随葬品1~14件不等。M49出土4件石钺。1990年第一次发掘曾出土1件兽首玉饰。

2~8月　湖南省文物考古研究所发掘衡东县大浦镇洋塘山东汉至三国时期窑址与墓群。清理45座墓葬及十多座窑址。墓葬属东汉至南朝时期，以砖室墓为主，随葬品以印纹硬陶居多。墓葬区内发现数座烧制墓砖的窑址，均为马蹄形窑。在离墓葬区较远处发现东汉至三国时期的印纹硬陶和青瓷窑址6座，都为龙窑，年代前后衔接，窑炉演变序列清晰完整，首次揭示了湘江流域从印纹硬陶到印纹硬陶与青瓷混烧的过程。

2~9月　南京博物院泗洪县梅花镇赵庄新石器时代遗址。1982~1983年曾进行发掘，2016年9月以来第二、三次发掘揭露面积1100平方米。遗址面积达85万平方米，涵盖大汶口文化、商周、汉及唐宋诸时期，大汶口文化晚期聚落总面积超过30万平方米。发现大汶口文化壕沟1条、房址1座、陶窑2座、兽坑7处，以及墓葬等。

中国社会科学院考古研究所安徽队再次发掘蚌埠市禹会村新石器时代遗址。遗址在2007~2011年进行了五次大规模的考古发掘，发现一座“大型礼仪性建筑”（Ⅰ区祭祀台）等遗迹，被认为与“禹会诸侯于涂山”的历史事件有关。发掘者推断这里可能存在龙山文化大型围垣聚落。

重庆市文化遗产研究院继2015年后对奉节县南宋白帝城遗址开展大规模的勘探与发掘。自20世纪70年代以来，白帝城遗址先后开展了多次考古工作。今年调查面积约5平方千米、勘探面积25000平方米、发掘面积3090平方米，重点揭露子阳城遗址片区。子阳城布局依山就势，设置多重城垣，城内高台据险为城，彼此设有通道连接，应以军事防御为主。始建于东汉（或为汉赤甲城故址），南宋抗蒙（元）时期历经夔州守将韩宣、徐宗武两次筑城逐步拓展而成，修建时间集中于1255~1267年间，至1278年夔州迫于形势降元后废弃，明清时期沿用。

2～10月 陕西省文物考古研究院发掘富平县城关镇新庄村唐李道坚墓。墓志记墓主李道坚为唐高祖李渊重孙。据史料记载，李道坚为李渊重孙，其祖父为鲁王李灵夔，父亲为范阳郡王李蔼。李灵夔“少有美誉，善音律，好学问，工草隶”。李蔼“艺辍多材，慈深善诲，蔼夙奉趋庭之训，早擅临池之工”。李道坚墓壁画内容丰富，题材独特，其山水屏风壁画为目前发现的唐代纪年墓中最早的山水屏风壁画。

2～12月 浙江省文物考古研究所勘探嘉兴子城古城址。嘉兴子城遗址，是嘉兴自五代天福五年(940)升格为州府城市以来的历代衙署（秀州、嘉兴府、路）所在地，素来是浙北的政治中心之一。在浙江乃至江南地区州郡一级的城市，唯有嘉兴子城遗址格局完整，保留至今，并且具有全面揭露和展示的条件。

3月 浙江省文物考古研究所勘探、发掘杭州市余杭区良渚遗址外围水利系统遗存。至翌年2月发掘了蜜蜂垄、黄路头等高坝遗存，探索溢洪道遗存。

浙江省文物考古研究所发掘湖州市吴兴区八里店镇昆山遗址。发现一批属于高祭台类型和少量广富林文化的遗存。

山西省考古研究所第四次发掘襄汾县陶寺北两周墓地。2014～2016年曾进行了三次发掘，清理大中小型墓葬17座。这次发掘面积约7000平方米，发现墓葬250余座、祭祀坑90余个，至2018年2月清理墓葬160余座、祭祀坑40余个，大多为春秋时期。其中，M3014为一椁双棺，在外棺南北两端局部暴露出红色的纺织品痕迹，应为“荒帷”，其上绘黑、黄色“巳”形图案，或是两“巳”相背的黻纹，是首次发现的春秋晚期荒帷实物资料。在一套编钟上有大量的铭文，其中1件甬钟上可见有“卫侯之孙申子之子书……”等刻铭，可确定该编钟与卫国有关，为揭开墓地性质、研究春秋晚期晋卫两国的历史提供了极为重要的资料。

西藏自治区文物保护研究所调查仁布县帕当乡嘎塘（Kyang kar thang）岩画地点。这是雅鲁藏布江干流区域内发现的第一个岩画地点。

山东省文物考古研究所、临淄区文物管理局编著的《临淄山王村汉代兵马俑》由文物出版社出版。

广西文物保护与考古研究所编著的《广西合浦文昌塔汉墓》由文物出版社出版。

山西省考古研究所编著的《太原沙沟隋代斛律徹墓》由科学出版社出版。

安徽省文物考古研究所、濉溪县文物事业管理局、淮北市博物馆编著的《柳孜运河遗址第二次考古发掘报告》由科学出版社出版。

3～4月 甘肃省文物考古研究所发掘镇原县方山乡蒲河村北魏田园子石窟。石窟开凿于西南—东北向的蒲河支流官路沟水西侧的砂石崖面上。清理4个洞窟，洞窟基本坐西向东，自南向北依次编号。1号窟为禅修（或生活）窟，2～4号窟为造像窟，均为三壁三佛，各配胁侍菩萨，表现过去、现在、未来的“三世佛”。只在2号窟前壁门道侧小龛内有释迦、多宝佛并坐，表现大乘佛教《法华经·见宝塔品》的法华信仰。

3～6月 浙江省文物考古研究所发掘嵊州市崇仁镇兰山庙旧石器时代遗址。这是曹娥江流域首次发现的旧石器。

河南省文物考古研究院、濮阳市文物保护管理所发掘南乐县梁村乡吴村仓颉陵遗址。以仓颉陵墓冢为中心，向东西南北方向基金逆行勘探。仓颉陵遗址文化堆积层呈“堌堆状”，由上而下依次发现有商周时期、龙山时期、仰韶时期遗物，与既往发掘情况一致。遗址四周边缘地带发现有环壕存在。

3～7月 山东大学历史文化学院考古系、文化遗产研究院发掘邹城市邾国故城遗址。其中，8件新莽铜器出土于3号水井（J3），包括诏版2件、货版1件、衡杆1件、环权4件。根据铭文可知，这批铜器的制作年代为新莽始建国元年，即公元9年，是迄今为止首次经科学发掘出土，也是一次性集中出土数量和种类最多的汉代度量衡器。这批铜器制作精良，保存较完好，铭文字数多，出自邾国故城遗址的宫殿区“皇台”之上，证明“皇台”范围应存在汉代官署区。

济南市考古研究所发掘济南市历城区梁二大型战国墓葬。M3墓主人当为大夫一级的贵族，其与M1东西并列，两墓为同一封土，推测为夫妻合葬墓。

3～10月　河北省文物研究所发掘肃宁县梁村镇后白寺村夏商时期遗址。遗址面积约1万平方米，发掘面积775平方米，遗存主要包括先商和晚商两个时期的文化遗存，丰富了商时期北部疆域的文化内涵。

陕西省文物考古研究院发掘西咸新区空港新城北朱村唐代墓地。墓地东距唐昭仪上官婉儿墓约900米。揭露两座带有大型围沟的唐代七天井长斜坡单室土洞墓。其中M2四处壁龛仍被完整保留，出土有骑马俑等遗物。据墓志，该墓下葬时间为天宝七年（748）八月，墓主人是唐代著姓范阳卢氏，其夫则为琅邪王氏，身份为右威将军东京留守，葬地被称为洪渎原，与上官婉儿墓志指称相同。M2的棺床底部和侧面描绘布设的壁画则为以往唐墓出土所稀见。

黑龙江省文物考古研究所、侵华日军第七三一部队罪证陈列馆发掘哈尔滨市七三一部队旧址瓦斯室遗址和特殊武器研制厂遗址。

3～11月　辽宁省文物考古研究所开展大凌河中上游地区红山文化遗存调查。调查范围主要包括大凌河南源流域、大凌河西支流域和第二牤牛河流域。共发现先秦时期遗址410余处，其中，兴隆洼文化遗址10处，红山文化遗址和墓地共140余处。

3～12月　郑州市文物考古研究院自2015年以来勘探、发掘荥阳市广武镇青台仰韶文化遗址。遗址面积约31万平方米，发掘面积600平方米。发现仰韶文化环壕三条。在遗址东部、一环壕外侧，发现由九个陶罐组成的疑似北斗九星图案，九星罐东部有圆形祭土台，东部有大、中、小三个瓮棺，葬具均为小口尖底瓶，南部有一个祭祀坑，内置一个四肢呈“大”字展开，腹部高起的非正常死亡骨架，并有一大缸，整个祭祀区周围有较多疑似地臼的遗存。

山西省考古研究所、山西大学历史文化学院继续发掘兴县碧村龙山时期遗址。在2016年揭露的一组石砌排房的东、南、西部揭露面积2000平方米，弄清了石砌排房所在台地外围护墙的形制和结构。在西部发现了早期半地穴房址，该批房址位于石砌排房西北方，清理的其中一座平面近似方形，复原面积在30平方米左右。

山东省文物考古研究院对定陶王陵2号墓周围进行大范围考古勘探。在M2号墓周围南北长149米、东西宽110米的施工范围内，发现墓道、墓道两侧夯土台、墓圹外周边版筑夯土台基等重要遗迹，整体布局具有强烈的礼制性意义，为研究帝王墓葬封土结构提供了第一手实物资料。

中国社会科学院考古研究所洛阳汉魏城队在完成对太极殿及太极东堂的发掘后，勘探发掘太极殿宫院东北角院落、北侧廊庑建筑、西侧宫门遗址，探明太极殿宫院的四至。明确整座宫院以太极殿中心殿址及南侧的宫城三号宫门为南北轴线，三号宫门是太极殿宫院的南侧出入口，宫城十四号建筑遗址的大型廊庑门址是宫院的北界，在宫院的东墙、西墙设置有门址。太极殿宫院平面为长方形，东西面阔约320米、南北进深约370米。太极殿中心殿址及东西两侧的太极东堂、太极西堂东西一线雄踞于整座宫院北部中央位置。而北周时期营建太极殿宫院只建成了建筑的夯土基础部分，并未完全建成。

贵州省文物考古研究所发掘遵义皇坟嘴与赵家坝播州土司杨氏墓地。墓地由杨粲墓（M1）等四座土司墓构成。明确了杨粲墓前三座土司墓葬的身份，M2、M3、M4分别为杨氏18世杨嘉贞、23世杨烔、27世杨斌墓。赵家坝墓地位于皇坟嘴墓地北面，发掘确认墓地中的M1、M2为播州杨氏第19世土司杨忠彦墓、20世杨元鼎墓，M3为某一代土司夫人墓。皇坟嘴与赵家坝播州杨氏土司墓地的年代跨越元至明末，丰富和完善了播州杨氏土司墓葬的序列。迄今已明确的播州杨氏土司墓地增加到5处。

4月　山东省文物考古研究院自2016年11月以来发掘东阿县铜城街道大秦村唐宋时期遗址。根据碑文判断这里为北朝定国寺、唐代龙兴寺和后周宋初天齐大王行宫。在行宫西北发现一处唐宋聚落遗址。大秦村遗址历经多次兴废，最终因水患而有意识毁弃，是山东所见历时最长、规模最大的宗教遗存之一。

河北省文物研究所自2016年11月以来发掘正定县开元寺南广场唐至明清时期遗址。

4~5月　西藏自治区文物保护研究所发掘洛扎县拉康镇厅村墓地。发掘面积约50平方米，清理两座早期墓葬。年代为距今3000年左右的早期青铜时代。

4~6月　山东省文物考古研究院发掘寿光市羊口镇国有机械林场内的盐业遗址。清理一批灰坑、沟、井、灶、墓葬等遗迹，出土有鬲、豆、缸等陶器残片，时代分别为东周和宋元时期。

重庆市文化遗产研究院发掘江津区四面山镇洪洞村朝源观明清时期遗址。发现道士墓3座。M1为朝源观清代开山住持杨来霖之墓，两座为小型牌楼墓。根据墓碑铭文可推断该观是道教全真龙门派道场，反映了明清时期龙门派在西南地区的传播与流布。发现一批明清时期的道教石刻造像，可分为摩岩造像和圆雕造像。其中摩岩造像主要分布于正殿内，造像题材有三清、孔子、庄子、释迦牟尼、尹喜、五岳五天圣帝、五老五炁天君等。圆雕造像主要有道教神祇、武士、菩萨等。这批造像整体体现出儒、释、道“三教合一”的思想，显示出道教龙门派对儒、佛文化的吸收与融合以及教义的发展演变。

4~6月、8~9月　山西省考古研究所自2015年以来第三年度发掘襄汾县丁村遗址群九龙洞遗址。在遗址西北部与黄土基座相接的区域发掘24平方米，获得石制品70余件，初步判断大部分出土于S4底部侵蚀面上下，使丁村遗址群的年代有可能扩展到50万年左右。

4~8月　新疆维吾尔自治区文物考古研究所、新疆生产建设兵团军垦博物馆发掘石河子市十户窑青铜时代铁器时代及唐代墓群。墓群位于依连哈比尔尕山北麓山间地带、玛纳斯河西岸南北向长条形五级台地上，从北往南分布在三块相邻的台地上，分别称为Ⅰ、Ⅱ、Ⅲ号墓群，其中Ⅲ号墓群规模最大，墓葬数量最多。墓葬地表封土标识，可分为石圈土堆、石圈土堆覆石、石堆三类。墓葬封堆多在4米~10米之间，数十座墓葬封堆在10米~20米之间。墓室结构分为竖穴土坑墓、竖穴石棺墓、竖穴石室墓、竖穴偏室墓三类。玛纳斯河流域是天山北麓东西走廊的通道，河流两岸墓群规模较大。这是首次开展的较大规模的考古发掘。

广州市文物考古研究院发掘广州市胸科医院墓地。其中晋墓（M30）保存较好，为券顶砖室墓，券顶部分墓砖印有“永嘉七年癸酉永保休祥”“永保子孙皆寿考宜君子”等铭文。残存随葬器物分布在甬道及主室，有青瓷钵、四耳罐、青瓷盏，铜矛等12件（套）。这是广州地区发现保存较为完整的西晋纪年墓。

4~10月　甘肃省文物考古研究所继续发掘张掖市西城驿遗址。同时对金塔缸缸洼和火石梁遗址各试掘25平方米。西城驿遗址出土陶器主要包括A类马厂—西城驿—四坝文化时期陶器，B类齐家文化时期陶。铜器主要包括小件的铜器（铜刀、铜锥等）以及冶炼相关的遗物（铜渣、矿石、炉壁、鼓风管、铜范等）。骨器主要包括生活用品。石器包括打制石器和磨制石器。碳化植物种子，主要包括粟、黍和麦类作物等。火石梁和缸缸洼遗址出土器物与西城驿遗址出土器物基本一致。其时代相当于西城驿遗址早中期（马厂文化晚期—西城驿文化）的遗存。对黑河流域这3个遗址的发掘，揭示了黑河中下游地区马厂文化晚期至四坝文化时期的聚落形态及演变过程，显示该区域经历了马厂晚期/齐家文化——西城驿/齐家地层——四坝文化/齐家文化发展序列。

新疆维吾尔自治区文物考古研究所发掘阜康市白杨河流域墓地，对探索战国秦汉时期车师前后国及山北六国历史文化具有重要价值。

南京博物院发掘泗阳县众兴镇凌城村汉代遗址，为秦代陵县故城和西汉时期泗水国的都城遗址。

广西文物保护与考古研究所开展梧州市、北海市俚僚文化遗产调查。

4～12月　河南省文物考古研究院发掘淮阳县平粮台龙山文化时期城址。明确平粮台城址应当是建在一处较大规模的台地上，城址外的城壕显然是人为干预的结果。在城址内南部龙山文化时期G28底部发现了两头完整的黄牛骨，一大一小，两头牛平躺，上下叠压，没有挣扎和捆绑的痕迹。这是龙山文化时期十分罕见的埋葬整头黄牛的遗存。

甘肃省文物考古研究所继续发掘宁县早胜镇西头村石家东周墓群。清理东周时期墓葬6座。随葬品组合上以铜礼（容）器、车马器、棺饰组合、墓主人近身饰物为主。其中棺饰组合中发现高于棺盖板之上木质框架——疑似“棺罩”；高于棺盖板之上纺织物印痕——“荒帷”；紧贴棺身纺织物痕迹——“褚”；“池”下串饰物遗存，组合比较复杂。新发现一批金器，其采用铸造，纹饰有中原流行的夔龙纹、兽面纹及“¦”“<”，是继河南省三门峡虢国墓地、山西省晋侯墓地、陕西省韩城梁带村芮国墓地后，在甘肃省境内的新发现。新发现一大批玉器，大致可分为佩饰用玉、礼仪用玉、丧葬用玉三类。佩饰用玉有发饰诸如笄一类，耳饰诸如玦一类，串饰诸如组玉佩一类等。礼仪用玉中涵盖琮、瑗、璜、圭等瑞玉类、柄形器等，戈一类武器等。丧葬用玉有饰棺用玉、琀玉等。另外有少量商周时期或更早时期的旧玉，诸如玉琮、玉瑗、鸟形玉佩饰等。这是在庆阳地区首次发现的春秋时期高等级贵族墓地。

秦文化与西戎文化研究联合考古队第12年发掘张家川马家塬战国墓地。清理墓葬17座，累计12年发掘共发现墓葬75座，祭祀坑2座，马车遗迹61辆。

5月　河南省文物考古研究院、安阳市文物考古研究所自2016年11月以来勘探、发掘安阳市西高穴曹操高陵陵园遗址。高陵陵园建筑布局特征与东汉帝陵明显不同，与北魏帝陵存在一定的相似之处，表现出比较独特的时代特征。

中国社会科学院考古研究所、云南省文物考古研究所、曲靖市文物管理所、陆良县文物管理所编著的《陆良薛官堡墓地》（中国田野考古报告集，考古学专刊，丁种第九十二号；云南省文物考古研究所田野考古报告，第十九号）由文物出版社出版。

陕西省考古研究院、昭陵博物馆编著的《唐昭陵韦贵妃墓发掘报告》由科学出版社出版。

5～6月　浙江省文物考古研究所调查余姚市三七市镇井头山新石器时代遗址。遗址地层堆积层位显示其年代明显早于河姆渡文化，对于探索河姆渡文化的来源具有重的价值，陶片形状显示其年代大致在距今9000～8000年。这是浙江境内迄今发现的唯一一处史前贝丘遗址。

5～7月　湖南省文物考古研究所调查勘探衡阳市珠晖区和平乡湖东村酃县故城遗址。年代为战国、西汉、东汉和两晋。

5、7月　黑龙江大学考古学系俄罗斯阿穆尔州文化遗产保护中心联合考察黑龙江沿岸遗址。

5～8月　湖南省文物考古研究所发掘临澧县佘市桥镇荷花村伞顶盖旧石器时代遗址。发掘面积约120平方米，出土石制品约5000件。这是迄今湘西北澧水流域发现的石制品数量最为丰富的旧石器时代遗址。

内蒙古自治区文物考古研究所发掘清水河县岔河口仰韶文化环壕聚落遗址。遗址在早年曾进行发掘，并提出“岔河口类型”一名。环壕大致呈椭圆形，存有东、西、南、北门。现北门及西门已经破坏不存。环壕主要使用年代为庙底沟文化阶段，而废弃年代则经历了从仰韶文化中期、晚期至阿善三期文化的漫长时间段。

广西文物保护与考古研究所发掘凭祥市凭祥镇连全村大连城清代遗址。遗址距友谊关约2千米，是镇南关通往龙州的中间点，地处广西边防东线与西线的汇合部，是中法战争后，广西提督兼边防督办苏元春修建的边防第一指挥中心。发掘面积7700平方米。发现清代建筑基址一处以及大量的文化遗物。可能为兵营遗址。

5～9月　宁夏回族自治区文物考古研究所、中国科学院古脊椎动物与古人类研究所自2014年以来第四年度发掘青铜峡市鸽子山旧石器时代遗址。出土遗物共计10314件，主要有各类石制品8315件，动物化石1062件，禽类蛋壳36个，碳样采集888个，碳化木7个，装饰品4个。年代分属约距今1.3万～1.2万年、8300～4800年两个时段。鸽子山遗址已发现磨盘/磨棒（完整及残段）上千件，是我国同期旧石器遗址中数量最多的。

5～10月　江西省文物考古研究院发掘抚州市文昌里灵芝山汤显祖家族墓园遗址。发现明清时期墓葬54座（含前期清理发现的22座），出土了墓志铭6方（含前期清理发现的4方）；揭露了明清时期的附属建筑遗迹3处。M5墓志铭：圭首碑形，青石质，通高122厘米、宽61厘米、厚5厘米。志额阴刻篆书："明故汤孺人艾氏墓志铭"，墓志铭全文共690字。墓主人身份为汤显祖高祖子高公夫人艾氏。M6墓志铭：圆首碑形，青石质。通高107厘米、宽62厘米、厚3厘米。志额阴刻篆书："明故义士汤公子高墓志铭"，墓志铭全文707字。墓主人身份为汤显祖高祖子高公。M10墓志铭：圭首碑形，青石质。通高111厘米、宽52厘米、厚4.5厘米。志额刻扁方形框线，内阴刻篆书："明故西塘汤君之墓志铭。"墓志铭全文1032字。墓主人身份为汤显祖祖父西塘公。M14墓志铭：长方形，青石质。高79厘米、宽45.5厘米、厚2.3厘米。志额阴刻篆书："祖母魏夫人迁祔灵芝园。"墓志铭全文1348字。墓主人身份为汤显祖祖母魏夫人，墓志铭为汤显祖亲自撰文、所立。M18墓志铭：长方形，青石质。高95厘米、宽63厘米、厚2厘米。志额阴刻篆书："明勅赠吴孺人墓志铭。"墓志铭全文890字。墓主人身份为汤显祖第一任夫人吴夫人，墓志铭为汤显祖亲自撰文、所立。M11－12双室合葬墓志铭：长方形，青石质。通高77.5厘米、宽47.7厘米、厚2厘米。志额阴刻篆书："明勅赠文林郎少海汤公元配潘太孺人合墓志铭"。墓志铭全文1173字。墓主人身份为汤显祖弟弟少海公与其夫人潘氏。六方墓志铭内容主要包含墓主人的人物生平、生活细节、族谱关系、重要的家族活动以及人物评价等内容，对了解墓主人生平及其有关的家族谱系，补充和纠正《文昌汤氏宗谱》所记载的内容和谬误，研究当时的书法、文学等均提供了宝贵的实物资料。

5～11月　河北省文物研究所发掘阳原县马圈沟遗址鱼咀沟旧石器2号地点。发掘面积约80平方米，总深度16.45米，共发现4个文化层，石制品792件、动物化石1573件。第IV文化层石制品数量多，原料以燧石为主，人工特征明显，部分打制精致，类型包括石核、石片、石器、断块、废料等，刮削器为主要的器形，数量相对较多，存在一定数量的精制品。第IV文化层层位与半山遗址相同，其时代为132万年。

吉林省文物考古研究所发掘吉林市丰满区东团山遗址。以往认为东团山遗址平地城部分为夫余国早期王城，但一直未得到考古学证据的支持。采集叠压于城墙之上的地层内出土的三组碳样，经^{14}C测年，分别为距今2150±30年、距今2040±30年及距今2020±30年。城址的始建年代为西汉时期，东汉早期存在毁弃过程，在东汉至辽金时期又继续沿用。城内发现有建筑遗址及瓦件、花纹砖等遗物，说明城址内原应有较高等级的建筑，该城址在夫余城址中具有较高的地位。

河北省文物研究所发掘崇礼县崇礼区四台嘴乡太子城金代遗址。推测太子城即《金史》中记载金章宗驻夏的泰和宫。

新疆维吾尔自治区文物考古研究所、中国人民大学北方民族考古研究所发掘博乐市达勒特镇破城子村北缘的古城遗址。现存城址为内外双重城。其外城年代大致在蒙元时期，即公元13世纪以后，内城年代早于13世纪，或早至西辽时期。

故宫博物院考古研究所对大高玄殿院落地面重点部位进行了勘探和清理工作。发掘面积500平方米，揭露院落内明、清时期的道路系统（御路、甬路）、排水系统及乾元阁前院落东值房、乾元阁西配殿房址等。

5～12月　山西省考古研究所发掘榆社县河峪乡西周村偶尔坪战国遗址。发掘面积约3300平方米，发现小型墓葬、灰坑、灰坑葬、半地穴式房址、陶窑、地下建筑遗存、一号夯土建筑基址和夯土城墙基址等70余处。地下建筑遗存共发现4座，其中F1、F2、F3为石砌建筑，建造方法是在长方形土圹内用河卵石垒砌石墙和积石基础，面积分别为46、45、55平方米。F4为夯土木构建筑，营造方法是在长方形土圹内周边夯筑宽厚夯土，中部起建木构建筑，建筑四壁和地面均以木材营造，地面下垒砌平整的积石基础，面积约70平方米。四座地下建筑遗存彼此相邻，十分罕见，年代属战国中期。

中国社会科学院考古研究所发掘隋唐长安城东市遗址。

中国社会科学院考古研究所、河北省文物研究所勘探、发掘临漳县邺城遗址东魏北齐宫城区。勘探面积约7万平方米，发现多处大面积及线性夯土遗存。发掘面积1984平方米。清理宫城轴线北部一座南北进深约33米、东西面阔约43米的大型夯土建筑基址。在宫城内揭露一座宫院，宫院围墙东西长约354米。在宫院西墙东侧发现大型汉墓1座，为竖穴土坑砖椁墓。墓圹平面呈长方形，南北长约7.5米、东西宽约3米。墓圹内用砖墙分隔成4个墓室。

浙江省文物考古研究所发掘永嘉县三江街道龙下村坦头唐代瓯窑遗址。一件匣钵上发现“奉王监”三个字和一件瓷碗上“官作碗”等多个字样。瓯窑是浙江乃至国内的重要窑场之一，也是最早出现在文献中的窑场，晋杜毓在《荈赋》中曾写道“器择陶拣，出自东瓯”，东瓯即今永嘉一带。

浙江省文物考古研究所再次发掘慈溪市后司岙晚唐至宋代窑址。后司岙窑址位于慈溪市桥头镇上林湖中部的西岸边，编号为Y66，是上林湖越窑遗址中最核心窑址。发掘面积近900平方米。揭露龙窑炉一座，出土包括秘色瓷在内的大量北宋越窑青瓷精品。后司岙窑址北宋地层出土的秘色瓷产品，与北宋皇陵、辽祖陵出土的秘色瓷特征相同，可以确定晚唐五代北宋时期的多数秘色瓷器当为该窑址的产品。

辽宁省文物考古研究所发掘北镇市富屯街道新立村小河北两座（M1、M2）辽代壁画墓。

南京博物院、苏州市考古研究所发掘张家港市黄泗浦遗址。遗址面积约120万平方米。2008年12月以来先后进行了4次发掘，发现南朝、隋、唐、宋、明清等不同时期的遗存，对黄泗浦遗址临江入海的港口性质和文化内涵形成了整体认识。

安徽省文物考古研究所、山东大学发掘凤阳县明中都遗址。发掘点包括承天门遗址、奉天殿遗址、宫城城墙与护城河、内金水河和禁垣内窑址群。

6月　湖北省文物考古研究所自2015年11月以来发掘松滋市陈店镇全心村关洲遗址。遗址东西长500米、南北宽50米，面积约25000平方米，属于长江江心洲遗址。发掘面积325平方米。发现城背溪文化和大溪文化两个时期的文化遗存。

四川省文物考古研究院、凉山州博物馆发掘会理县新安乡马鞍村猴子洞遗址。遗址面积14000平方米，至翌年2月发掘面积4152平方米。清理墓葬121座、房址19座、灰坑78个、灰沟6条、灶坑4个等。墓葬以石棺葬为主，绝大部分呈组成排分布，多以两、三座成组，多组成排分布。发现有割肢葬和普遍的拔牙习俗。房址形制包括杆栏式和半地穴式两种。早期遗存的年代初步判断为距今4300～3000年，是一处极为重要的包含石棺葬墓地的聚落。晚期遗存属战国时期。

山西省考古研究所发掘闻喜县河底镇酒务头村商代墓地。至翌年1月，发现商代大墓5座、中小型墓葬7座、车马坑6个，清理了商代晚期大墓2座（M1、M3），车马坑1座（K1）。这是闻喜县新发现的商代晚期高等级贵族墓地，具有典型的殷墟文化因素。

宁夏回族自治区文物考古研究所发掘彭阳县新集乡姚河塬遗址。至翌年2月发现一座西周文化早期城址，发掘包括诸侯级带墓道大墓的一批墓葬。一处西周铸铜作坊区内发现有水池、储泥池、烘范窑、道路、灰坑等遗迹，灰坑中出土大量陶范。在1块卜骨和1块卜甲上，共发现了西周甲骨文56字。这些刻辞均系微雕，在1.7厘米×1.2厘米范围内，刻辞20多字。这是继周原凤雏遗址之后，第二处发现的微雕甲骨文。发掘者推测姚河塬遗址是一处西周早期封国都邑城址，是西北地区唯一一座西周文化封国都邑城址。在周灭商之后，大举封建诸侯是在今陕西以东。至于西北地区，则没有分封诸侯国，姚河塬西周城址的发现可能弥补文献的缺失。该遗址被评为2017年度全国十大考古新发现。

陕西省文物考古研究院自2016年12月以来发掘秦汉新城渭城镇摆旗寨村墓群。清理西汉晚期至新莽时期墓葬36座、祭祀坑1个，十六国、西魏时期墓葬各1座。其中1座西魏墓葬（M28），出土墓志、青瓷碗、玻璃盏、水晶坠、金指环、金发饰、东罗马金币、波斯银币、夹苎胎素面黑漆器、彩绘陶俑、模型明器等遗物约240余件（组）。根据墓志内容可知，墓主名陆丑，鲜卑族，随孝武帝元修入关中后，历任武官职，封乐陵县开国子，邑三百户，卒于文帝大统四年（538）。

中国社会科学院考古研究所、河北省文物研究所自2016年3月以来发掘临漳县邺城遗址南郭区核桃园北朝时期2号基址。2号建筑基址位于塔基北约80米处，坐北朝南，是一座大型佛殿类建筑，两侧有附属的连廊和廊房。

湖南省文物考古研究所调查邵阳市召伯宋代窑址。

国家文物局水下文化遗产保护中心、中国国家博物馆、福建博物院、福州市文物考古工作队编著的《福建沿海水下考古调查报告（1989～2010）》（国家文物局水下文化遗产保护中心·考古报告系列，一）由文物出版社出版。

中国社会科学院考古研究所、美国哈佛大学皮保德博物馆编著的《豫东考古报告："中国商丘地区早商文明探索"野外勘察与发掘》（中国田野考古报告集，考古学专刊，丁种第九十号）由科学出版社出版。

山西省考古研究所、长治市文物旅游局、屯留县文化局编著的《屯留后河：战国至西汉墓葬考古发掘报告》由上海古籍出版社出版。

湖南省文物考古研究所编著的《老司城遗址考古发掘报告（2013～2014）》由科学出版社出版。石璋如著《殷虚发掘员工传》由（台北）"中研院"历史语言研究所出版。

6～8月　新疆维吾尔自治区文物考古研究所、西北大学文化遗产学院发掘巴里坤县海子沿乡海子沿村青铜时代至铁器时代遗址。对遗址中心的土丘进行全面揭露，发掘面积900平方米，清理房址1座，墓葬4座，人工平台2处，地面13处，灰坑41个，灰堆3个，灶2个，柱洞10个。土丘主体为一大型石结构房址，现存东西长32.7米、南北宽27.6米，周缘有大而厚的石筑墙体，保存最好处高约2米。房址内亦由较小的石墙分隔为多个房间。海子沿遗址是目前所知巴里坤盆地发掘的海拔最低、距离巴里坤湖最近的聚落遗址，发现的房址也是东天山地区目前发掘规模最大的单体建筑遗迹。

郑州市文物考古研究院发掘郑州市古荥镇战国至清代墓地。清理战国墓葬25座，汉代墓葬7座，晋代墓葬8座，唐代墓葬5座，宋代墓葬63座，清代墓葬8座。其中两合墓志。一合为唐徐州司马上柱国郑仁合墓志，另一合为唐前环州参军荥阳郑公达故夫人卢氏墓志。

6～9月　新疆维吾尔自治区文物考古研究所和北京大学考古文博学院继2016年第二次发掘吉木乃县通天洞遗址。首次发现了旧石器——铜石并用——青铜——早铁时代的连续地层剖面（"四叠层"）。经对动物化石^{14}C测定，旧石器时代的文化层堆积的年代约为距今4.5万年。发掘的洞穴洞口朝西，洞穴对面背风的岩壁下，有一处相对封闭的天然"四合院"，在这里采集到早期陶片和石英石。经浮选所得到的植物种子中，有5颗麦粒，其中小麦麦粒、大麦麦粒特征明显，经^{14}C测定年代，有4粒在四千多年到五千年前，是目前国内最早的小麦。该遗址被评为2017年度全国十大考古新发现。

内蒙古自治区文物考古研究所、包头市文物管理处发掘乌拉特前旗白彦花镇塔汉其石构墓群。清理了3座（M1、M4、M5）。墓葬平面均呈亚腰形，类似于腰鼓，头宽尾窄，墓框以较大石块垒砌，内侧填石块，明显隆起于地表；东北头侧栽埋一列片状石板，尾端西北角、西南角各放置一块大石块。墓框的最窄处砌有一道横隔墙，将墓葬分为前、后两部分。亚腰形石构墓以往认为分布在蒙古国中南部地区和内蒙古乌拉特草原，属于特布希文化，年代公元前1300年前后。但墓中砌有隔墙的亚腰形石构墓尚属首次发现。

河北省文物研究所、北京大学文博学院、北京科技大学科技史与文化遗产研究院勘探、发掘兴隆县李家营镇副将沟战国汉代遗址。清理2座灰坑，其中1座灰坑推测为低温脱碳炉址。出土一批炉渣、炉壁（挂渣）残块、铁矿石、鼓风管残片、小铁块（片）、耐火土坯及少量陶器残片等文化遗物。年代为战汉时期。低温脱碳炉址为冀北燕山腹地首次发现，副将沟遗址可能是一处集冶铁、铸铁以及铁制品后期加工的战汉时期重要矿冶遗址。

内蒙古自治区文物考古研究所发掘乌拉特中旗德令山汉代古城。为一座匈奴古城，应属于东汉王朝为降附的南匈奴部落修筑的城邑。

青海省文物考古研究所发掘循化县道帏藏族乡比隆村黑城子宋金城址。城址平面略呈长方形，东西长135米、南北宽122米，东西城墙中部各辟有一门，除西南角因道帏河长期冲蚀而损毁外，其余城墙较为完整。据《宋史》《皇宋通鉴长编纪事本末》及《金史》等文献记载，该城筑于北宋崇宁三年(1104)，原名甘朴堡，后赐名来同堡，金灭北宋后沿用。黑城子城址地处宋代河州与廓州之间往来的交通线上，该路由甘肃临夏出发，西逾大力加山口至青海循化、化隆等县。黑城子城址是青海省第一座经过考古发掘的古代驿站遗址。

重庆市文化遗产研究院继2013年第二次发掘忠县洋渡镇临江明代炼锌遗址。这是目前所发现面积最大的明代炼锌遗址。两次发掘，累计揭露冶炼场12个，包括冶炼炉18座以及冶炼配套遗迹近200个。在此次发掘区以西的部分仍有数千平方米的炼锌废弃堆积分布。

6～10月　吉林省文物考古研究所自2015年以来第三次发掘集安市财源镇霸王朝山城遗址。目前城内自南向北已编号的台地数量为18处。城内人工修筑台地的阶梯状台地，在高句丽山城中较为少见。

吉林省文物考古研究所第五年度发掘图们市长安镇磨盘村东夏国城址。7号建筑基址为城内早期遗存，出土木炭测年数据为公元538～645年。

6～11月　黑龙江省文物考古研究所发掘穆棱市穆棱镇泉眼村泉眼河南旧石器晚期至汉魏时期遗址。发掘2200平方米。发现的遗存主要包括旧石器时代晚期、新石器时代早期、汉魏等三个时期。

黑龙江省文物考古研究所继续发掘饶河县小南山遗址。2015年曾发掘300平方米，发现新石器时代早期遗存、部分新石器时代晚期遗存。早期遗存以墓葬为代表，出土较多玉器。2016年发掘了2015年度各发掘区之间的区域，2017年度继续发掘，揭露面积750平方米，共清理墓葬26座，出土各类标本1600余件，其中玉器46件，石制品1000件，复原陶器6件，陶片600件。陶器纹饰以栉齿纹为特点。墓葬与2015年度发现的墓葬相似。如M38，直径为3.3米，由15厘米～50厘米大小的石块堆铺而成，石碓东南部分的大石块集中呈东北—西南方向分布。再如M23，呈方形，长2.15米、宽1.8米、深0.8米，墓葬底部发现有玉环2件，其中一件由两部分穿孔缀合而成，还有箭杆整直器一对以及石刀和陶罐等。

辽宁大学考古系、辽宁省文物考古研究所继2015年第二次发掘阜新县沙拉镇六家子村塔尺营子他尺西沟兴隆洼文化遗址。发掘面积1008平方米，清理房址12座（编号F1～F12），沟2条（编号G1、G2）。出土遗物近2500件。其中陶器400余件，较大石器600余件，有石斧、石铲、磨盘、磨棒、敲砸器、砍砸器等和部分石料。小型石器1450余件，器形有细石核、细石叶和石片等。玉器8件，只有斧一种。此为一处单纯的兴隆洼文化聚落。

内蒙古自治区文物考古研究所发掘准格尔旗薛家湾镇柳树湾村福路塔社新村战国至西汉墓地。清理长方形土坑竖穴墓32座。这是战国晚期至西汉初期以秦文化为主体的墓群。

辽宁省文物考古研究所继2016年度发掘灯塔市西大窑镇官屯村燕州城高句丽山城。城址依山而建，大体上东高西低，呈簸箕形。城址南北长480米，东西宽440米，周长约2500米，面积约22万平方米。

山城始建于高句丽中期，辽代、金代都作为城址使用，等级较高，为一处重要的行政中心。

6～12月 黑龙江省文物考古研究所第四年度发掘齐齐哈尔市洪河新石器时代遗址。钻探面积2万余平方米，发现了规模不同、位置相邻、并列分布的新石器晚期连通江岸的二道环壕，大环壕东西长约130米、南北残长约80米、宽约4米～6.5米、深3～3.5米。小环壕在大环壕西侧，东西长约80米、南北残长约60米、宽约2.5米～3米、深2米～2.5米。二道环壕内分布有数量相差较多的房址；房址面积多在50平方米以上，100平方米以上的也有发现。洪河环壕聚落应是“昂昂溪文化”的一处中心聚落。

河北省文物研究所勘探、发掘容城县南阳战国两汉时期遗址，发现一座城址。城址平面大致呈方形，边长730米，面积约52万平方米。年代上限不早于战国末期。

山东省文物考古研究院发掘临淄齐故城小城北门遗址。

陕西省文物考古研究院、中国国家博物馆、宝鸡市考古研究所继续勘探、发掘凤翔县雍山血池秦汉祭祀遗址。发现了“上畤”“下祠”“竹宫”“上”等陶文，为进一步断定血池遗址畤文化遗存所具有的唯一属性，以及“秦四畤”与“雍五畤”的传承关系提供了新的佐证。

四川省文物考古研究院调查眉山市彭山区武阳镇五一社区武阳故城遗址。文献记载秦灭巴蜀后于武阳置县，西汉沿袭秦制。东汉中期至南齐时期成为犍为郡郡治所在地，为四川盆地内最为重要的汉晋城址之一。城内的堆积以汉至三国时期为主，与文献记载大致相符。

吉林省文物考古研究所发掘集安市太王陵南高句丽遗址。发掘面积3800余平方米，清理建筑址5处（编号为J1～J5）、石墙一道。遗址出土的莲花纹瓦当与千秋墓、太王陵出土的形制相同，菱纹砖、纹饰板瓦在太王陵也曾出土，推测年代约公元4世纪末至5世纪初，很可能为墓葬的祭祀建筑址。对于认识太王陵的陵寝设施具有重要意义。

7月 山东省文物考古研究院自2016年10月以来发掘章丘城子崖遗址岳石文化晚期城址北门。

中国国家博物馆、洛阳市文物考古研究院编著的《洛阳大遗址航空摄影考古》由文物出版社出版。

7月5日中国考古学家张忠培逝世。张忠培1934年出生于长沙，1956年北京大学历史系考古专业毕业后，留校任教，次年师从林耀华、苏秉琦攻读考古专业研究生，1961年获副博士学位后分配到吉林大学历史系任教。1972年创办吉林大学考古专业，1982年任吉林大学历史系主任，1987年任故宫博物院院长。他是中国考古学会第一、二届理事会理事，第三届理事会常务理事，第四届理事会副理事长，第五届理事会理事长。主要研究领域为中国新石器时代考古。代表著作有《元君庙仰韶墓地》《中国北方考古论集》《中国考古学：实践理论方法》《中国考古学：走近历史真实之道》《中国考古学：走向与推进文明的历程》《中国考古学九十年代的思考》等。

7～8月 黑龙江省文物考古研究所、黑龙江大学历史旅游文化学院发掘富裕县友谊乡宁年村小榆树细石器遗址。发掘面积2300平方米。出土遗物全部为石制品，以燧石和玛瑙为主要原料。石制品类型以细石器工业技术制品为主。由于地表未见陶片、磨制石器和新石器时代典型的通体压制箭头和镶嵌石刃，该遗址很可能为一处新石器时代早期或旧石器时代末期的遗址。

西藏自治区文物保护研究所、陕西省考古研究院发掘札达县托林镇格布赛鲁墓地。清理墓葬9座（M1～M9）。M6与M10、M11处在一个封土下，为土坑墓，其余均为土坑石室墓。M1、M2、M7、M8葬式为仰身直肢葬，其余可能为二次捡骨葬。出土陶、石、骨、铜、铁、木、玻璃、贝饰、皮质等各类遗物300余件（组），收集100余个个体的人骨和动物骨骼，采集了朽木、木炭、土样、作物种子等测年与检测分析样品20余个。随葬陶器的组合为罐、钵，均为圜底器。经^{14}C测定，5个遗迹单位的年代为距今3560～3000年期间（公元前1600～前1050年），2个数据为距今2310～2127年（公元前361～前178年）。早期墓葬均为石室墓，晚期为竖穴土坑墓。

7～9月　中国人民大学历史学院考古文博系发掘随县安居镇车岗村刘家湾长堰遗址。揭露面积465平方米，清理两处新石器时代的房址和23座东周墓葬。其中M19号墓发现大量勾连棺椁木板的铅楔，出土的人物御龙玉佩突出人物胸部，与院墙湾和熊家冢出土的人物御龙玉佩中的人物形象的胸部特征有区别，可能象征着性别的区分。

中国社会科学院考古研究所、新疆维吾尔自治区文物考古研究所继2012年以来连续发掘温泉县阿敦乔鲁遗址。2017年发掘阿敦乔鲁遗址以北约900余米处（凯代布鲁克）一处完整的墓地以及相邻的两座房址。墓葬出土物以陶器为主，也见有零星的铜器（针、扣）小件。年代略晚于阿敦乔鲁遗址，约公元前15世纪，丰富了阿敦乔鲁文化类型的内涵。

广西文物保护与考古研究所调查发掘北海市北部湾沿海的3处唐代窑址。3处窑址的产品类型大部分相同，形制一致，年代大体为唐中晚期，属于南方青瓷民窑系统。目前在北部湾沿海的北海、钦州、防城港、南流江—北流河流域的玉林、西江流域的贵港及广东、越南、印尼等地均发现有类似于北海唐窑的瓷器。

7～10月　内蒙古自治区文物考古研究所、故宫博物院考古研究所发掘化德县白音特拉乡南营子村四麻沟新石器时代遗址。遗址面积近30000平方千米，发掘面积800平方米，发现一批裕民文化遗存。裕民遗址^{14}C测定年代为距今8400年，推测四麻沟遗址的年代大概在距今8000年左右。

河南省文物考古研究院发掘商水县张庄乡杨单庄墓地。其中一座汉代空心砖墓出土了一枚双面小篆铜印章，一面为“宋黡”字样，另一面为“隐阳叁老”。这枚印章不仅证实了墓主人生前的身份地位，还为《汉书》等文献记载的“三老”这一官职提供了真实的证据。

7～11月　河北省文物研究所勘探、发掘石家庄市鹿泉区铜冶镇南故邑村石邑故城遗址。发现了完整的开采矿石、冶炼铜料、翻模制范、铸造铜器等各个环节的遗物，展现了冶铜工业的生产链。

7～12月　西北大学文化遗产学院、延安市文物考古研究所继2016年第二次发掘延安市芦山峁新石器时代遗址。发掘的9座房址中，F2、F4、F5呈东西向排列，坐北朝南，其中F4位于正中位置，面积最大，南北长14.1米、东西宽13.15米，总建筑面积约185平方米。在西侧墙体的柱洞内和东部的居住面以下分别发现有用多个猪下颌骨奠基的现象，在西侧墙体底部发现有用玉斧奠基的现象。在大型房址附近的堆积中除发现有大量陶、石器之外，还发现有一定数量的筒瓦与板瓦的残片。

南京博物院发掘句容市郭庄镇孔塘遗址。经过三年的发掘已将墓葬区大部分揭露出来，墓葬年代大致相当于崧泽文化晚期至良渚文化早期。

洛阳市文物考古研究院发掘伊川县新城故城遗址。著名的伊阙之役就发生在这里。

新疆维吾尔自治区文物考古研究所发掘塔什库尔干县石头城遗址，揭示石头城不仅包括外城和内城，在内城中还有北、东、西三个子城形成鼎立之势，其中北子城也就是以前认为的内城，是石头城遗址的核心，应该是汉唐时期朅盘陀国的宫城所在地。

8月　山西省考古研究所、山西大学历史文化学院开展兴县蔚汾河调查，在交楼申乡冯家沟村东、交楼申河东岸的山梁上新发现一座龙山时期石城聚落，面积约60万平方米。

江西省文物考古研究院继续发掘鹰潭市龙虎山上清镇大上清宫遗址。至翌年2月，继续在主体殿宇以东区域进行挖掘，发现院落两处，推测为三华院及崇元院。揭露出砖墙、方砖地面、卵石及青石条走道、古镜础、石砌护基、排水沟等建筑遗址，整体地层叠压关系较清晰，晚期建筑风格与大上清宫主体一致。出土文物以脊饰及历代瓷片为主。发现宋元时期地层，出土较多青白釉瓷片，并揭露出宋代人字纹铺砖地面。2014年以来的发掘显示，主体大殿建于中轴线位置工字连座的明台之上，且玉皇殿正南有月台台基，遗址整体营造法式参照北方官式建筑建造的而成。这是首次大规模发掘的道教祖庭基址，是目前发现的规模最大、等级最高、时代序列最完整、揭示遗迹最丰富的宫观建筑遗址。该遗址被评为

2017年度全国十大考古新发现。

贵州省文物考古研究所发掘遵义市播州区桂花大道明代播州罗氏土司墓葬及祠堂遗址。至翌年2月，发掘3座、调查8座宋元之际至明中晚期的大型墓葬，其中4座墓墓主为播州罗氏23世罗季明、24世罗友忠、26世罗琛、30世罗缙。还清理玉堂庙遗址、金山寺遗址、祠堂湾遗址。其中玉堂庙及金山寺在播州罗氏谱书中记载颇详。播州罗氏土司存有清康熙、咸丰两个年代的族谱，谱书中对于罗氏宗庙、祠堂、坟茔、庄宅、田畴等均有极为详细的记录，且可与现存多处遗存相互对应。这是首次对播州罗氏土司遗存进行系统的考古发掘。

故宫博物院考古研究所自2016年5月以来清理故宫长信门西北侧一个基建探坑，在慈宁宫花园东院北端即长信门东南侧发掘25平方米，确认现存长信门的始建年代为明后期。

首都博物馆编著的《美·好·中华：近二十年考古成果展》由文物出版社出版。

8～11月　江西省文物考古研究院、南昌市博物馆发掘南昌市西湖区象南中心东汉至三国时期墓葬11座，出土陶器、瓷器、铜器、铁器、金器、漆木器以及采集样本等各类遗物约400余件（套）。其中1座为东汉早期墓（M11），形制较为特殊，为砖木混合结构墓，属于土坑木椁墓向砖室墓转变的过渡时期。发现的东汉早期衣物簿和名刺以及东吴时期的买地券，为研究东汉、三国时期的历史和文化提供了可靠的实物资料。其中颜黄买地券，是目前我国发现最早的写有“土公”“东海小童”文字的买地券，也是目前发现的三国时期唯一石质买地券和三国时代最早的女性买地券；定约对象不仅有鬼神，还有后世活人，书写类型也与其他买地券不同。

8～12月　湖南省文物考古研究所发掘泸溪县浦市镇下湾新石器时代及商时期贝丘遗址。遗址面积约3万平方米，发掘面积约1700平方米。新石器时代遗存包括墓葬、大型祭祀场所以及大量特征鲜明的遗物。遗物包括陶器、石器、骨蚌器以及大量水、陆生动物遗存。其中，有表现神灵崇拜的陶器图像，常见“太阳”“神兽”“神鸟”“神像”等图像，有些图像为首次发现。文化面貌以高庙文化为主，稍晚出现较多来自洞庭湖地区的汤家岗文化以及大溪文化早期因素。商时期遗存包括一批墓葬，墓圹狭长，人骨已朽，随葬器物铺满墓底，以陶器为主，具有浓厚的地域特征，年代不晚于二里冈文化时期。

河南省文物考古研究院、南京大学历史学院考古文物系发掘鹤壁市淇滨区辛村（原浚县辛村）西周墓地。首次确认辛村墓地外围区分布着大量西周时期的非墓葬遗存。

江西省文物考古研究院、瑞昌市铜岭铜矿遗址管理处发掘瑞昌市铜陵铜矿遗址。清理东周时期炼铜炉1座、灰坑5个、冶炼活动面1处，宋代焙烧炉1座、活动面1处、特殊遗迹（冶炼相关）3处，清代房址1座、炉1个、灶坑2个、灰坑7个、活动面1处，大炼钢铁时期炼铁炉1个、灰坑2个。1座东周炼铜炉（编号为17TXL3），由基坑、炉体、操作面和排渣坑四部分组成。宋代焙烧炉的发现，显示瑞昌市铜岭铜矿遗址在宋代仍有开采冶炼活动，并具有一定规模。

秦始皇帝陵博物院勘探秦始皇陵园外侧的东部和北部区域，勘探面积约40万平方米。发现墓葬76座、马厩坑23座、其他灰坑24个、窑址4座。其中在位于秦始皇帝陵园和兵马俑博物馆之间的上焦村附近，共发现秦代墓葬25座、马厩坑23个。其中的两座墓葬比较特殊，是这些墓葬中仅有的两座南北向墓葬。两座墓墓室相邻，墓道朝向相反，一向南，一向北。同时，这两座墓葬的规模也是所有墓葬中最大的，周围有14座墓围绕这两座墓葬分布。勘探者推测一座可能是秦始皇长子扶苏之墓。

山西省考古研究所发掘万荣县西思雅村北魏汾州刺史薛怀吉墓葬。出土墓志志文主要记述了墓主人生平事迹和为官经历，薛怀吉曾先后受封北魏镇远将军、恒农太守、益州刺史、梁州刺史、汾州刺史等，北魏正光四年（523）殁于汾州刺史任上，死后诏赠平北将军、并州刺史，孝昌二年（526）归葬故里。薛怀吉墓形制规模较大，出土文物内涵丰富，且具有明确纪年，为北魏历史文化研究提供了极为重要的资料。

江西省文物考古研究院、故宫博物院、景德镇市陶瓷考古研究所发掘景德镇市御窑遗址。发掘遗迹有新中国成立初期的大灶、水泥池等，民国的道路和作坊遗迹。出土明代的御窑瓷片可辨款识有“大明成化年制”“大明弘治年制”“大明嘉靖年制”“大明万历年制”等年款；此外，还有“金录大醮坛用”的特殊款。出土的清代御窑瓷片可辨识年款主要有“康熙年制”“雍正年制”“大清雍正年制”“乾隆年制”“大清乾隆年制”“大清道光年制”“大清咸丰年制”“大清同治年制”“大清光绪年制”“大清宣统年制”等，其中尤以“大清道光年制”款瓷器为多。出土民国时期的瓷片可辨款识主要有“公”“公司”“瓷业公司”“江西瓷业公司”等。

9月 浙江省文物考古研究所开始发掘德清县雷甸镇杨墩村良渚文化遗址，遗址西南距良渚古城遗址18千米。至翌年1月发掘450平方米，清理良渚文化时期土台2处、灰坑1个。出土较多陶片、玉器和少量石器，陶器可辨器形有鱼鳍形鼎足、“T”字形鼎足、锥状足、侧扁足、袋足鬶等；玉器包括半成品的玉锥形器、遂孔珠及玉料等共50余件；石器包括石锛、石镞等共十余件。属良渚文化晚期。出土的半成品玉器、带加工痕迹的玉料、加工工具等是制玉作坊的重要特征。

湖北省文物考古研究所、北京大学考古文博学院继续发掘天门市石家河新石器时代遗址。至翌年1月，对三房湾、印信台、朱家坟头三处遗址进行发掘。在三房湾遗址再次揭露出大量的红陶杯堆积，还发现一座小型陶窑，有数个红陶杯叠烧在一起的现象，再次表明三房湾是大型专业制陶作坊区。印信台遗址的石家河文化人工台基下面，还发现有屈家岭文化时期的黄土堆积遗存，表明印信台遗址作为祭祀场所，可能从屈家岭文化时即已开始使用。

四川省文物考古研究院、凉山彝族自治州博物馆自2016年8月以来发掘西昌市阿七乡螃蟹村新庄遗址。发掘面积6800平方米，清理有灰坑、灰沟、房址、灶、窑址以及墓葬等各类遗迹980余个，出土石器、陶器等各类小件器物3000余件（组）。年代为新石器时代晚期至春秋时期。文化面貌既有当地的土著文化，亦与西北地区、滇西北地区、成都平原等周边文化有着密切联系。这是迄今安宁河流发掘面积最大、内涵最为丰富的一处新石器时代至春秋时期聚落址。

湖北省文物考古研究所发掘荆州市荆州区纪南镇雨台村张大冢墓地。墓地属雨台山古墓群的一部分，由4座带封土堆的墓葬为主，其间罗列较多小型墓葬所组成的大型墓地，面积约45万平方米。至翌年2月，对张大冢二号墓及其周边墓葬进行了发掘，揭露墓葬17座，可能为一处战国中期晚段楚国下等贵族的家族墓地。

江西省文物考古研究院、北京科技大学科技史与文化遗产研究院发掘上饶县茶亭镇包家宋元明清金矿遗址。至翌年1月发掘面积72平方米。发现了古人开采脉金矿以及通过火法冶炼提金的实物证据。

江西省文物考古研究院、鹰潭市博物馆编著的《角山窑址：1983～2007年考古发掘报告》由文物出版社出版。

洛阳市文物考古研究院编著的《洛阳龙门唐安菩夫妇墓》由科学出版社出版。

9月11～12日 由吉林大学边疆考古研究中心主办、中国人民大学北方民族考古研究所和吉林省文物考古研究所协办的第八届“蒙古、贝加尔西伯利亚与中国北方古代文化”国际学术研讨会在吉林大学召开。

9月24～26日 为配合《玉汇金沙——夏商时期玉文化特展》在金沙遗址博物馆展出，由成都金沙遗址博物馆、中国社会科学院考古研究所、四川广汉三星堆博物馆主办，成都文物考古研究院、成都博物馆协办的“夏商时期玉文化国际学术研讨会”在成都召开，来自国内外40余家文博研究机构、80余位玉文化研究学者出席了会议。会议收到论文及提要50余篇，40余位学者进行了大会学术发言。会后出版了会议论文集。

9～12月 榆林市文物考古勘探工作队发掘靖边县杨桥畔镇杨二村庙梁新石器时代遗址。发掘面积4000平方米，清理房址27座、墓葬1座、圆形灰坑54个、方坑1个、窑址2座及灰沟2条。H26发现有3具儿童骨骼，其中2具葬式为俯身直肢，1具系埋入时被肢解，人骨散乱。H37内发现一具成年男性骨骸，侧身屈肢，左臂肱骨有骨折痕迹，右下臂扭曲。方坑内出土有疑似马骨一具，颅骨保存较完整，肢骨已散乱。出土遗物包括陶、石、骨等标本100余件，典型器型有钝尖底尖底瓶、双耳罐、矮领鼓腹罐、折腹钵、斝、豆等，与之前发掘的靖边五庄果梁遗址出土陶器基本一致，属龙山时代早期遗存。

陕西省文物考古研究院、北京大学考古文博学院、中国社会科学院考古研究所、宝鸡市周原博物馆发掘扶风县周原遗址齐镇村西周遗存。揭露面积2400平方米，清理出西周时期的夯土基址2处、小型房址多处、灰坑200余个、墓葬40余座、车马坑5座、马坑多处、瓮棺葬十余个、水渠和道路各一段。车马坑和马坑均分布在夯土基址的南侧和西南侧，也即庭院部分，可能是建筑使用期间的祭祀遗存，属西周早期偏晚至西周中期。其中规模最大的一座车马坑南北长14.5米、东西宽3米。清理的40余座墓葬中，有腰坑和殉狗的墓葬比例高达40%，是典型的殷遗民墓。M16是典型的西周晚期中型墓，残留有铜翣和玉覆面，是一座带腰坑的殷遗民墓，但却随葬姬姓高等级贵族常用的玉覆面。

浙江省文物考古研究所发掘舟山市定海县白泉镇顾家路宋代窑址。清理出窑炉2座，是舟山境内第一次正式发掘的瓷窑址。

10月　湖北省文物考古研究所发掘钟祥市洋梓镇大桥村向家畈寨子山新石器时代遗址。遗址面积约10万平方米，至翌年2月，发掘面积600平方米，清理一批油子岭文化晚期、屈家岭文化、石家河文化早期的墓葬与房屋建筑等遗存。其中油子岭文化晚期墓葬M18和M19为分器合葬墓。M19为三个成人东中西并排合葬。出土的许多屈家岭文化至石家河文化早期的陶器器底或器腹上发现有较为复杂的刻划符号。

湖南省文物考古研究所再次发掘澧县孙家岗遗址。遗址面积22.9万余平方米。1991年曾发掘清理新石器时代墓葬33座，2016年在墓地北部发掘新石器时代墓葬7座。2017年对墓地进行了大规模的揭露，至翌年1月发掘面积1228平方米，先后揭露新石器时代墓葬98座，其中1座为瓮棺墓，其他皆为长方形竖穴土坑墓。随葬品见有陶器和玉器两类。玉器53件，有虎首、蛙、鸟等动物形牌饰，还有笄、坠、凿和环等，另有1玉蝉、1玉珠及1玉蝉残件，玉质呈黄色，有一定透明度。年代已进入后石家河文化时期。

湖南省文物考古研究所发掘湘阴县静河乡青湖村青竹寺东汉窑址。至翌年2月，揭露两处龙窑遗迹和相关的瓷片堆积。其中Y1为东汉龙窑，首次明确了东汉时期岳州窑的窑炉形态与产品特征和装烧方法。

辽宁省文物考古研究所自2016年9月以来发掘北镇市富屯乡龙岗子村琉璃寺辽代遗址。遗址四周筑有石围墙，平面呈不规则形，西北—东南向，面积约3.5万平方米，门址位于东南。遗址内有两道接近平行的石筑护坡墙，把遗址分成前、中、后三部分，形成阶梯式三进院落的整体布局，推测为医巫闾山辽代帝陵中的一处重要陵前建筑遗址。

天津市文化遗产保护中心发掘蓟县官街道砖瓦窑村明清多宝佛塔遗址。

江西省文物考古研究院、萍乡市莲花县文物办编著的《江西莲花罗汉山西汉安成侯墓》由上海古籍出版社出版。

西安市文物保护考古研究院编著的《西安西汉壁画墓》（杜陵汉墓考古报告之一）由文物出版社出版。

成都文物考古研究院编著的《成都下同仁路：佛教造像坑与城市生活遗址发掘报告》由文物出版社出版。

10月12～14日　由山东省文物考古研究院、山东大学历史文化学院、临淄区人民政府、淄博市文物局共同举办的“传承与创新：考古学视野下的齐文化学术研讨会”在山东省临淄市举行。来自北京大学、中国人民大学、日本岩手大学等国内外20所高校，中国社会科学院、故宫博物院、陕西省文物考古研究院等17家科研院所，以及省内34家相关文博单位的专家学者共计140余人出席了会议。会议收到论文或提要92篇，内容主要涉及齐文化考古发现与研究，齐国与周边古国及其相互关系研究，考古学视野下的齐国经济、政治、思想等传统文化研究，齐文化遗产保护与利用研究，以及齐文化专题研究（青铜器及铭文、陶文及古文字、长城等）。会后出版了会议论文集。

10～11月　西藏自治区文物保护研究所发掘曲水县茶巴拉乡色麦加乌塘墓地。墓地分布面积约20万平方米，调查发现墓葬119座，分为石框墓、大石墓、封堆墓三类。在墓地东区清理了两座（M2、M16）墓，均可能为二次捡骨葬。M16为大石墓，且大石墓框正中又见石板墓室，此类套式墓葬结构类型在雅江、拉萨河谷流域极为少见。经对墓地两个样本的^{14}C测定，M6年代为距今1288～1176年（662～774），M16年代为距今1286～1180年（664～770）。

10～12月　四川省文物考古研究院、三星堆博物馆发掘广汉市三星堆遗址东城墙南段、月亮湾城墙南段和西城墙内侧三个地点，对东城墙的体量、结构和年代产生新的认识。

甘肃省文物考古研究所继续发掘肃北县马鬃山径保尔玉矿遗址。2007年以来在河西走廊先后发现了肃北马鬃山径保尔草场、马鬃山寒窑子草场和敦煌旱峡玉矿遗址。2017年对径保尔草场玉矿遗址进行第7个年度的调查、发掘。在遗址A区发掘面积1600余平方米，清理房址、灰坑、石料堆积等遗迹单位70余处。房址包括半地穴式、地面柱洞式、地面砌墙式三大类，且以半地穴式为主，半地穴房屋单间25座，套间7座，共32座。所有的房址围绕中间的储藏坑呈近扇面形分布，每组房址有2～7间不等，反映了当时采矿生产组织形式，中间的储藏坑所在区域为公共场所，用来储藏玉料和生产生活的资料。出土遗物主要有陶器、石器、铜器、铁器、玉料及石料（玉料围岩）、皮革、植物遗存、动物遗存等。陶器包括典型中原汉式陶器和骟马文化陶器。玉料以透闪石为主，多青玉、糖玉，少量为白玉，部分玉料局部磨光，部分有火烧痕迹，从产状分析可分为山料和戈壁料，以山料为主，戈壁料较少。该玉矿遗址的年代在战国到西汉时期。

11月　南京博物院考古研究所自2016年11月以来第三次发掘溧阳市上兴镇东塘村秦堂山遗址。遗址总面积近18万平方米，2013～2015年两次发掘面积470平方米。文化面貌分属马家浜文化、崧泽文化、钱山漾文化、广富林文化、马桥文化及唐宋、明清不同时期文化遗存。这次发掘面积220平方米。清理马家浜文化时期墓葬134座、灰坑70余个、洞类遗迹150余个。与宜兴骆驼墩、西溪、溧阳神墩遗址同为太湖西部以平底釜为主要文化特征的“骆驼墩文化”的重要组成部分。

成都文物考古研究院继2000～2006年以来再次发掘茂县凤仪镇营盘山石棺葬墓地。1979年清理了10座墓葬，2000～2006年清理200余座（后由成都文物考古研究所、阿坝藏族自治州文物管理所、茂县羌族博物馆编写考古报告专刊《茂县营盘山石棺葬墓地》2013年由文物出版社出版）。这次发掘清理石棺葬12座，年代为西周晚期至战国晚期。

黑龙江省文物考古研究所自2016年9月以来调查桦川县悦来镇万里河村瓦里霍吞城址。此城一直被认为是辽金时期所建，辽代五国部之一越里笃所在。古城周长约3500米，面积约80万平方米。城墙经过四次较大规模的建筑和修整。5根木柱采集样本进行^{14}C年代测定并经树轮校正，年代基本在公元720～860之间，大致为唐代。

重庆市文化遗产研究院发掘涪陵区龟陵城宋至明清时期遗址。龟陵城，又名三台砦、东堡寨，曾为涪州治所所在地，是重庆市现存的宋蒙战争山城防御体系中的12个著名山城之一，是扼守重庆至夔门水路的重要节点。

中国社会科学院考古研究所编著的《枝江关庙山》（中国田野考古报告集，考古学专刊，丁种第九十三号）由文物出版社出版。

陕西省考古研究院编著的《贾里村西周遗址》由文物出版社出版。

湖南省文物考古研究所编著的《益阳黄泥湖楚墓》由文物出版社出版。

辽宁省文物考古研究所编著的《永陵南城址发掘报告》由文物出版社出版。

安徽省文物考古研究所、淮北市博物馆、濉溪县文物事业管理局编著的《濉溪石山孜：石山孜遗址第二、三次发掘报告》由文物出版社出版。

浙江省文物考古研究所、桐庐博物馆编著的《小青龙》由文物出版社出版。

国家文物局水下文化遗产保护中心、中国国家博物馆、广东省文物考古研究所、阳江市博物馆编著的《南海1号沉船考古报告之一：1989～2004年调查》（国家文物局水下文化遗产保护中心·考古报告系列—2）由文物出版社出版。

中国国家博物馆编著的《中华文明：古代中国基本陈列》由北京时代华文书局出版。

11～12月 山东大学历史文化学院美国芝加哥菲尔德博物馆等单位继续在鲁东南沿海地区开展区域系统考古调查工作。此次是在2016年调查区域的基础上继续向北、向东的洋河流域进行调查，涉及区域包括胶州市张应镇、洋河镇等。

12月 长沙市文物考古研究所自2014年9月以来连续两次发掘宁乡市青山桥镇青山社区罗家冲新石器时代至商周时期遗址。年代的下限与炭河里遗址相衔接。

浙江省文物考古研究所、北京大学考古文博学院、浙江大学文化遗产研究院自2016年11月以来发掘绍兴市柯桥区兰若寺南宋墓地。兰若寺墓地距离南宋皇家陵园宋六陵仅6千米，面积12000平方米以上，坐北朝南，至少由四级大台地构成。墓地的建筑，石材耗费量巨大，存在多种石料，石雕精美，尤以高浮雕构件最为突出。同时，墓园中出土了数量庞大的陶质仿木构建筑构件，与宋六陵遗址采集遗物特征一致，当是严格按照宋代官式建筑营造法式微缩而成。兰若寺墓地建于南宋晚期，使用年代下限不晚于元代初年，是目前已知南宋时期等级最高、规模最大、茔园最完整的贵族夫妻合葬墓地。

辽宁省文物考古研究所自2016年10月以来发掘北镇市富屯街道富屯村洪家街辽代韩德让墓葬。根据墓志铭文记载：该墓的埋葬年代为"统和二十九年"（1011），"统和"为辽圣宗耶律隆绪的年号，墓主人为大辽国一代名相韩德让。洪家街墓地为辽国大丞相韩德让及其继承人的家族墓地。墓内地画，是辽代墓葬中第一次发现。

福建博物院发掘将乐县南口乡下瑶村窑址。至翌年1月揭露二座分室龙窑遗迹（编号Y1、Y2）及二处作坊遗迹（编号F1、F2）。Y1分室龙窑年代为南宋中、晚期。Y2年代为南宋晚期至元代。窑址所在的南口乡位于金溪中游，是宋元明时期建宁、泰宁等县与将乐商品贸易往来的必经之地，水运交通相当发达。下瑶窑址产品在国内外沉船中亦有发现。

苏州市考古研究所自2016年3月以来发掘太仓市城厢镇樊泾村元代遗址。发掘面积约10000平方米，发现房址、道路、河道、灶台、河湾驳岸、瓷片堆积等各类遗迹现象430余处。出土以元代中晚期龙泉窑青瓷为主的遗物100余吨，可复原器物标本达30000余件，完整器100余件。可辨器形有碗、盘、炉、高足杯、洗等40余类。可辨窑口有龙泉窑、景德镇窑、磁州窑等。釉色精美，纹样繁多，工艺考究，大量器物内底有汉字或八思巴文款式，特别是"至元四年""枢府"的发现，为遗址及遗物断代提供了重要参考。遗址主体年代为元代中晚期，下限为明代初年。初步推测其为大元王朝在江南地区经营的一处瓷器贸易集散地及相关遗存。出土的龙泉窑青瓷，是目前除龙泉窑址之外发现数量与规模最大的一处。瓷器器形纹样与20世纪70年代韩国新安沉船出水的瓷器高度一致，显示太仓是元明时期海上丝绸之路重要港口之一。

福建博物院、龙岩市文化广电新闻出版局编著的《漳平奇和洞遗址》由科学出版社出版。

12月2日 由北京大学考古文博学院、中国考古学会宋辽金元明清考古专业委员会和广州市文物考古研究院联合主办的"五代十国考古发现与研究学术研讨会"在广州市召开。国内考古研究院所、博物馆、高校的专家学者60余人出席了会议。会议收到论文（摘要）35篇，涉及五代十国时期都城、陵墓、手工业等文物遗存，以及五代十国历史与制度、对外交往史等多方面研究。这是首次召开的以五代十国时期考古发现为主题的学术研讨会。

2017 年　陕西省考古研究院继 2015、2016 年以来连续发掘高陵县杨官寨遗址仰韶文化庙底沟类型墓地。墓地位于遗址环壕聚落东部，总面积近 9 万平方米，墓地内墓葬分布十分密集，初步估计墓葬总数超 2000 座。目前已揭露面积约 4000 平方米，共确认庙底沟文化时期墓葬 336 座、清理了 165 座。此次发掘的 76 座墓葬。部分人骨佩戴有骨簪、石环或陶环等装饰品，个别墓葬中还出土有颜料和龟甲。这是首次发掘的庙底沟类型大型成人墓地。该遗址被评为 2017 年度全国十大考古新发现。

山东大学考古与文博学系继 2016 年再次发掘济南市章丘区焦家遗址。发掘面积 1017 平方米，发现大汶口文化 1 圈夯土墙和壕沟、81 座墓葬、55 座房址和 1 座陶窑等。初步明确遗址从早到晚经历了早期居住址—墓区—晚期居住址三个大的发展阶段。发现 20 多座重椁一棺和一椁一棺的大型墓葬，随葬品数量最多的可达 70 件，常见玉钺、玉镯、骨雕筒、陶高柄杯、白陶鬶、白陶背壶、白陶杯和彩陶等。在南区大墓附近还发现了集中分布的近 20 多座祭祀坑，坑内或是堆满打碎的陶器，或是埋葬整狗、猪、鹰等。中型墓葬数量较多，葬具为一棺，在墓主头端和脚端位置放置陶鼎、陶罐、陶杯等，随身佩戴小件的玉石、蚌类装饰品。小型墓葬规模较小，多无葬具，无随葬品或仅见少量陶器、骨器和蚌器等。约 40% 的墓葬随葬数量不等的玉器，有玉钺、玉镯、指环、玉环、串饰和耳坠等。还有双人合葬、拔牙、手握獐牙和随葬龟甲器、贝类、彩陶彩绘陶及白陶等现象，丰富了对大汶口文化葬制和葬俗的认识。夯土墙的年代不会晚于大汶口晚期，是目前发现的海岱地区年代最早的城址。该遗址被评为 2017 年度全国十大考古新发现。

河南省文物考古研究院、濮阳市文物保护管理所自 2015 年以来勘探濮阳县五星乡堌堆村瑕丘遗址。相传瑕丘遗址为舜都“负夏”邑。勘探面积约 1 平方千米，平均勘探深度达 4.5 米左右。在村内东部偏北处，发现一座城址，勘探出土有夏商时期的陶片。

河南省文物考古研究院自 2016 年以来再次连续发掘新郑县郑韩故城。发掘故城东城的郑韩故城北城门遗址和郑国三号车马坑。探明春秋时期北城门的结构为一陆门一水门，印证了史书上对郑国“渠门”的记载。郑国三号车马坑位于文化路南端，是继郑公大墓发掘 16 年后的又一重要发现，是春秋晚期郑公一号大墓的陪葬坑，清出至少 124 匹平铺的马骨，在南半部的马骨上残存有 4 辆拆车葬式的木车和 5 个卸掉的车轮痕迹。郑公大墓陪葬各种车辆 48 辆以上，马 124 匹以上，出土的车辆和马匹之多，在我国东周考古发现中实属罕见，也为北城门遗址清理的带车辙的道路遗迹提供了有力的佐证。二者相互结合，显示了春秋战国时期车辚辚马萧萧的人文生活景象。该遗址被评为 2017 年度全国十大考古新发现。

河北省文物研究所、中国社会科学院考古研究所等单位自 2015 年以来发掘行唐县南桥镇故郡村东周遗址。发现东周时期墓地与居址，时代为春秋晚期至战国中期。在丧葬活动中使用华夏系统文化的车马坑殉葬制度，并随葬具有中原、燕、齐等文化因素的青铜器、兵器及车马器等，同时又使用具有北方族群特色的积石墓、头蹄葬，随葬青铜鍑、金盘丝耳环、环首刀以及大量使用玛瑙、绿松石饰品等，反映出北方族群文化与华夏系统文化之间的相互交融。

中国社会科学院考古研究所、西安市文物保护考古研究院自 2013 年以来继续勘探、发掘西安市阎良区秦汉栎阳城遗址三座古城。在三号古城北墙以南、西墙以东发现由南向北编号为一号至四号建筑的四个大型夯土建筑台基。在一号建筑基址南发现边长 100 米见方的大型院落。在三号古城出土的大量筒瓦、板瓦、瓦当中，有槽型板瓦、素面瓦当、动物纹瓦当、云纹瓦当等，还有一件长 73 厘米、直径 63 厘米的巨型筒瓦，是迄今为止中国考古发现的最大筒瓦。三号古城的年代为战国中期至西汉前期，可能为战国秦都栎阳，秦楚时期塞王司马欣之都，汉初刘邦所都栎阳。该遗址被评为 2017 年度全国十大考古新发现。

荆州博物馆自 2016 年以来发掘荆州市纪南生态文化旅游区高路村凤凰地汉代墓地。1986 年 12 月至 1987 年 1 月曾发掘 34 座小型土坑墓，其中一座墓出土了汉文帝十六年的告地书。发掘面积近 3000 平方米，发现石家河文化及东周文化层，清理汉墓数十座，宋墓与明墓各一座。其中 M24 汉墓保存较好，出土随葬品 130 件（套）。其中漆木器有漆奁、漆盒、耳杯、漆盘、漆扁壶、漆盂、漆匕、木俑、片俑、木马、木牛、木车；竹器有竹笥（其中一件内有木简、木牍，另一件内盛乳猪骨及鸡骨头）、小竹篓（内装红枣及桃核）。一枚木牍告地书和四十一枚木简遣册记载，墓主人女性，杨市人，为西汉十八级爵位“大庶长”之寡妻，下葬于“十二年壬寅朔丁巳”，即汉文帝十二年八月十六日（公元前168年9月20日）。根据简文记载，西汉时期除了在地面上是由“中乡守青”管辖的，在阴间也是有属地管理的，墓主人其下葬区域在阴间的管辖地是“徙地下新部里”、敢告地下乡主：“尉象□”。这是荆州目前出土西汉时期古墓葬中墓主人身份最高的“官夫人”。

西藏自治区文物保护研究所、四川大学考古系自2015年以来连续三年开展雅鲁藏布江中游支流琼结河流域考古调查。新发现各类文物点共计51处，将琼结县文物点增至98处，这是西藏第三次全国文物普查工作结束后第一次开展的以流域为对象的全面考古调查工作。其中，曲米当封土大墓，是略逊色于藏王陵而远超其他封土墓的超级大墓。发现的赞姆比塘岩画点等众多旷野岩画，其风格迥异于广布于阿里、那曲、日喀则等地以及新疆阿尔泰、宁夏贺兰山、内蒙古阴山等处以动物、人物写实风格为特征的岩画，类似的岩画还发现于雅鲁藏布江中游地区的曲水县境内以及林周县北部的唐古乡等地。

吉林省文物考古研究所、吉林大学边疆考古研究中心第四次发掘安图县宝马城金代长白山神庙遗址。累计发掘面积3498平方米，勘探188000平方米，共出土各类遗物超过5000件，其中2016年出土的玉册确证其为金代皇家修建的长白山神庙故址。2017年发掘面积562平方米，揭露了城内回廊外东南侧的建筑基址（编号JZ4）、南门与院墙东南转角。发现疑似玉册残块一件。这是中原地区以外首次通过考古发掘揭露的国家山祭遗存。该遗址被评为2017年度全国十大考古新发现。

2017年中国有关科研机构、高等院校派出近10个考古工作队赴国外合作开展考古发掘研究与文物保护工作。

2017年1～11月　云南省文物考古研究所开展缅甸蒲甘地区震后佛塔勘察工作，对他冰瑜寺进行修复项目前期的专项调勘。

2017年5～7月　陕西省考古研究院、哈萨克斯坦共和国伊塞克国家历史文化博物馆勘探、发掘哈萨克斯坦共和国境内天山北麓、伊塞克博物馆保护区域内的拉哈特古城遗址。调查了以拉哈特遗址为主的早期铁器时代遗址4处，面积合计约51万平方米。拉哈特遗址略呈长方形，面积约25万平方米，遗址核心是一座近方形的高台，顶部小、底部大，高约18米，顶端面积约3200平方米，周围有两道壕沟围绕。试掘32平方米。推测拉哈特遗址沿用了多个时代，早期可达到早期铁器时代（公元前7～公元前3世纪），晚期可至蒙元时期（13世纪左右）。

2017年5月10日～7月17日　西北大学文化遗产学院、乌兹别克斯坦考古研究所、铁尔梅兹大学考古系发掘乌兹别克斯坦苏尔汉达利亚州拜松市拉巴特遗址。揭露面积约500平方米，清理墓葬53座，灰坑1座。墓葬上部均遭到不同程度破坏，未见墓葬地表建筑。根据形制可分为偏洞室墓、竖穴土坑墓两种。偏洞室墓在墓道西侧横向掏挖与墓道等长的墓室，并垒砌河卵石进行封门。竖穴墓为口底同大的长方形墓室。单人一次葬，头向北，仰身直肢。出土遗物较为丰富，陶器以盛储器为主，见单耳壶、陶钵等；玻璃器、石器多为随身装饰的串珠；铜器为手镯、耳环等饰品；铁器为箭镞、短剑等武器、工具。年代为公元前2～公元1世纪，为北巴克特里亚地区希腊化时期后的游牧文化遗存。

2017年7～9月，河南省文物考古研究院、洛阳市文物考古研究院、蒙古国乌兰巴托大学考古学系共同实施中蒙联合考古项目“古代北方游牧民族文化研究”，发掘蒙古国后杭爱省高勒毛都2号墓地。该墓地于2001年发现，随后乌兰巴托大学考古学系对其中编号M1的大型墓葬及陪葬墓进行了发掘，获得了重要发现。这次发掘M189大型墓葬一侧的12座陪葬墓。M189位于整个墓地的西北部，西边距离已发掘的M1约280米。该墓葬为一座“甲”字形积石墓，墓室北宽南窄，东、西、北边长29米，南边长26米；墓道长20米，北宽11米，南宽5米。墓室及墓道边缘砌有石墙，北端高1.5米，最南端高0.1米，石墙内填沙和石块。12座陪葬墓均为圆形积石墓，呈弧形分布于主墓东侧。出土遗物有铜器、陶器、铁器及金银器等。其中三枚铜镜为汉代器物，为一枚昭明镜、两枚规矩镜，分别出土于8号、11号和12号陪葬墓中。出土的典型匈奴文化器物有铜鍑、陶罐、金饰、腰带等。墓葬年代相当于中国的新莽时期和东汉早期。陪葬墓内大部分人骨都是上肢和头部遭到破坏，随葬器物未见扰动痕迹，因此墓葬可能曾遭到报复性扰动。这是蒙古国境内第二批经过系统发掘的匈奴贵族陪葬墓。

2017 年 8 月 15 日 ~9 月 10 日，重庆市文化遗产研究院与俄罗斯科学院西伯利亚分院考古学与民族学研究所共同组建联合考古队，开展西伯利亚地区联合考古工作。对叶尼塞河库尔塔克考古区（地质区）的卡缅内洛卡遗址试掘 8 平方米，出土遗物 45 件，均为石制品，初步推测遗存年代距今 2.4 万 ~2.8 万年。新发现的文化层对于完善库区旧石器时代文化年表具有重要价值。开展阿巴坎河流域（乌斯季索斯段）考古调查，新发现一处旧石器时代遗址——马特盖奇克遗址。试掘 12 平方米，出土遗物 29 件，包括石制品 22 件、动物骨骼 3 件以及碳粒 4 件，初步推测遗存年代距今约 1.2 万年。对米努辛斯克盆地西南部的乌斯季索斯石板墓群 25 座石板墓进行精确测绘与记录。考察哈卡斯境内的赫热勒喀哈亚岩画和克拉斯诺亚尔斯克边疆区内的沙拉博林岩画，进行拓片、照相及文字记录等留取资料工作。沙拉博林岩画是西伯利亚地区重要的艺术瑰宝，分布绵延长约 3 千米，题材丰富，其时代最早为距今 8000 年左右的新石器时代，并延续至中世纪。

2017 年 10 月，陕西省考古研究院、吉尔吉斯共和国国家科学院历史与文化遗产研究所开展吉尔吉斯楚河及塔拉斯河流域 10 座古代城址的调查，分别是：布拉纳遗址（巴拉沙衮城）、阿克・贝希姆遗址（碎叶城）、小阿克・贝希姆遗址、科拉斯纳亚・瑞希卡遗址（新城）、坎布伦古城、诺娃巴克罗夫卡古城、托列克城、别洛沃德古城、阿克土波古城、库兰库尔克古城。除后两座位于塔拉斯河流域之外，其余均位于楚河流域。其中，对阿克・贝希姆遗址（碎叶城）、布拉纳遗址（巴拉沙衮城）、科拉斯纳亚・瑞希卡遗址（新城）三座城址进行了重点调查，这三座城址已被列入世界文化遗产名录“丝绸之路：长安——天山廊道的路网”。

2017 年 11 月 28 日 ~12 月 25 日，中山大学社会学与人类学学院、越南河内国家大学所属社会科学与人文大学越南北宁省顺城县清姜社陇溪村汉唐时期城址。发掘 20 平方米，文化层平均厚度约 3 米，出土器物包括砖瓦建筑构件以及大量陶瓷器残片。清理城外一座被盗掘的东汉砖室墓。该墓封土堆残高约 3 米，直径约 16 米。封土堆顶部有数个盗坑打到墓室底部，其中一个墓室完全暴露。平面呈“十”字形，由甬道、前室、后室和两个耳室构成，南北长 9.6 米、东西宽 6.6 米。劫余器物 15 件，有陶器、灶与房屋模型明器，还有 1 颗玻璃珠。

2017 年，河南省文物考古研究院、山东大学等与肯尼亚国家博物馆发掘肯尼亚吉门基石遗址，揭露面积 66 平方米，出土旧石器时代中期石制品 551 件，类型包括石核、石片、石器、断块和石料等，此外，还出土哺乳动物化石数十余件。对巴林戈地区开展考古调查，发现 13 处旧石器地点，发现石制品和动物化石近千件，时代包括旧石器时代早期、中期和晚期。其中，位于肯尼亚裂谷地区纳库鲁郡玛卡里亚瀑布，是迄今为止中国考古学家在非洲发现的第一处旧石器地点。